U0614808

中华成语典故

品鉴语言精髓　赏阅轶事掌故

图文珍藏版

王书利◎主编

图书在版编目（CIP）数据

中华成语典故：全4册/王书利主编. －北京：
线装书局，2013.1（2021.4）
ISBN 978-7-5120-0789-5

Ⅰ.①中… Ⅱ.①王… Ⅲ.①汉语－成语－典故
Ⅳ.①H136.3

中国版本图书馆CIP数据核字（2012）第279912号

中华成语典故

主　　编：王书利
责任编辑：高晓彬
出版发行：线装书局
　　地　址：北京市丰台区方庄日月天地大厦B座17层（100078）
　　电　话：010-58077126（发行部）010-58076938（总编室）
　　网　址：www.zgxzsj.com
经　　销：新华书店
印　　制：北京彩虹伟业印刷有限公司
开　　本：710mm×1040mm　1/16
印　　张：112
字　　数：1360千字
版　　次：2021年4月第1版第2次印刷
印　　数：3001-9000套

线装书局官方微信

定　　价：598.00元（全四卷）

班门弄斧

典故：鲁班是战国时代的鲁国人。他是一个善于制作精巧器具的能手，人们叫他“巧人”，民间历来把他奉为木匠的始祖。没人敢在鲁班门前卖弄使用斧子的技术，也就是说，想在大行家面前显示自己的本领，这种太不谦虚的可笑行为，就叫做“鲁班门前弄大斧”，简称“班门弄斧”。

寓意：比喻在行家面前卖弄本领，不自量力。古代用“班门弄斧”批评那种无知却又好卖弄的人，而现今鼓励人们大胆地表现自我，挑战权威，有时会说“弄斧必须到班门”。

程门立雪

典故：宋代有个叫杨时的人，是理学家程颐的学生，他40多岁时到洛阳去拜见程颐，当他与另一位同学来到程颐家的时候，天下起了大雪，程颐正在睡午觉，他们就站在门外静静地等候，直到程颐醒来，这时雪已经下了一尺多深。

寓意：旧指学生恭敬受教，现比喻尊敬师长，比喻求学心切和对有学问长者的尊敬。后人便用“程门立雪”这个典故，来赞扬那些求学师门，诚心专志，尊师重道的学子。

打草惊蛇

典故：唐代王鲁为当涂县令，搜刮民财，贪污受贿。有一次，县民控告他的部下主薄贪赃。他见到状子，十分惊骇，情不自禁地在状子上批了八个字："汝虽打草，吾已惊蛇。"

寓意：打草惊蛇，三十六计之一，作为谋略，是指敌方兵力没有暴露，行踪诡秘，意向不明时，切切不可轻敌冒进，应当查清敌方主力配置、运动状况再说。比喻由于行动不慎而使对方有了觉察与防范。

负荆请罪

典故：故事出自《史记·廉颇蔺相如列传》。赵国谋士蔺相如，因在渑池会上保住了赵王的面子，后来又用智慧保住了和氏璧，被赵王封为上卿，官比劳苦功高的廉颇大，廉颇不服气，扬言要当面羞辱蔺相如。蔺相如处处忍让，并告诉手下人原因：自己不是怕廉颇，而是怕将相失和，让秦国有机可乘。廉颇知道后，很惭愧，脱了上衣，身背荆条，向蔺相如请罪。

寓意：指背着荆杖，表示服罪，向当事人请罪，形容主动向人认错、道歉，给自己严厉责罚。

惊弓之鸟

典故：从前精通射箭的更赢和魏王谈论箭术，刚好一只大雁由东向西飞过，更赢拉弓便射，可惜虚发一箭，谁知大雁应声落地。魏王不解，更赢说：“这只受伤的大雁离了群，飞得低，听到弓弦响，吓得不知道怎么办，一用力伤口破裂而掉地。”

寓意：指被弓箭吓怕了的鸟不容易安定。比喻经过惊吓的人碰到一点动静就非常害怕。

刻舟求剑

典故：典出《吕氏春秋·察今》记述的一则寓言。有个楚国人乘船渡江，一不小心，把佩带的剑掉进了江里。他急忙在船沿上刻上一个记号，说：“这儿是我的剑掉下去的地方。”船靠岸后，这个人顺着船沿上刻的记号下水去找剑，但找了半天也没有找到。船已经走了很远，而剑还在原来的地方。用这样的办法来找剑，不是很糊涂吗？

寓意：比喻不懂事物已发展变化而仍静止地看问题，后引申成墨守成规不懂变通之意。

一箭双雕

典故：出自《北史·长孙晟传》。北周武将长孙晟足智多谋，奉宣帝之命协助宇文神庆护送公主赴突厥完婚。突厥国王摄图留长孙晟住一年，他们经常一起去打猎，一次发现空中有两只雕在争一块肉，长孙晟纵马前奔，拉弓搭箭射去，一箭正好射中两只大雕的胸脯。

寓意：原形容箭术高超，后比喻做一件事情达到了两种目的。

纸上谈兵

典故：出自《史记·廉颇蔺相如列传》。战国时赵国名将赵奢之子赵括，年轻时学兵法，谈起兵事来父亲也难不倒他。后来他接替廉颇为赵将，在长平之战中。只知道根据兵书办，不知道变通，结果被秦军大败。

寓意：指在纸面上谈论打仗。比喻空谈理论，不能解决实际问题；也比喻空谈不能成为现实。

前　言

中华文化博大精深，传统的蒙学读物就是重要的一部分，而成语典故又是蒙学教育最有魅力的材料。在中国浩如烟海的典籍中，保存和记载着无数的成语和典故，成语典故是汉语言文学中最璀璨、最精华的语言之一，是诸多语言种类当中最具有韵味、最有内涵的汉语财富，是博大精深的中国传统文化里最有特色的微观景色，也是华夏文明当中凝聚了先人智慧与才华的宝贵遗产。如果说汉语是浩瀚的大海，那么成语和典故就像大海中美丽的贝壳。每一个成语和典故的背后都有一个意义深远的故事，就像贝壳中珍贵的珍珠，经过岁月的打磨，熠熠生辉。

成语典故有其固定的结构形式和固定的说法，表示一定的意义，在语句中是作为一个整体来应用的。它们中有很大一部分是从古代相承沿用下来的，在用词方面往往不同于现代汉语，它代表了一个故事或者典故。

成语又是一种现成的话，跟俗语、谚语相近，但是也略有区别：成语大都出自书面，属于文语性质的。其次在语言形式上，成语是约定俗成的四字结构，字面不能随意更换，但是随着历史发展与文化变迁，也出现了一些不同于四字的成语，有三个字的，比如莫须有、安乐窝、敲竹杠等；五个字的，比如礼多人不怪、欲速则不达、三思而后行等；还有六个字、七个字、八个字甚至多达十几个字的，成语在语言表达中有生动简洁、形象鲜明的作用。

由于成语典故历史悠久，并且在流传过程中又不断地融进了中华民族几千年的政治、经济、文化、军事、典礼制度、风土人情、道德风尚和人们的志向兴趣等等，所以，成语典故不仅有着汉语言文学独特的魅力，同时也蕴含着华夏文明的历史渊源和灿烂文化。可以说成语典故既华美简约又微言大义；既包罗万象又隽永深刻。

成语典故之所以能够让语言放出光彩，是因为它具有非常强烈的感情色彩。它是久远故事中的精灵，沉淀了那个故事中最直接的情感，当人们提到“草木皆兵”“如履薄冰”时，便会想到那个人小心翼翼、担心害怕的样子。相反，当人们看到“出奇制胜”“防微杜渐”时，也会深切地感受到那份智慧与谋略，这就是成语和典故的魅力。当然也有些在后来的传承中,感染了人们的情绪,改变了最原始的意义,如“百步穿杨”“不为五斗米折腰”等。

阅读这些成语最原始的故事,了解它的来龙去脉,不仅可以培养、提高自己阅读的能力,也有助于加深对历史知识的理解,增强学习的趣味。

这套《中华成语典故》,大多数接通了历史与现实,具有强烈的生活色彩,又能满足纯净童心的滋养,还可以启迪成年人。而且这套《中华成语典故》的编写是很见功夫的,是独具匠心的,全书共分为“成语典故”“成语纠错”和“成语接龙”三部分,我们相信广大青少年读者会很喜欢,而那些关心孩子成长,对孩子的教育富有责任感的老师也会非常喜欢。

目　录

A

阿堵物

【释义】

阿堵，六朝、唐时的口语，“这个”的意思。这个东西，这个玩艺儿。钱的隐语。

【出处】

南朝宋·刘义庆《世说新语·规箴》：“夷甫晨起，见钱阂（阻隔）行，呼婢曰：‘举却阿堵物。’”

【故事】

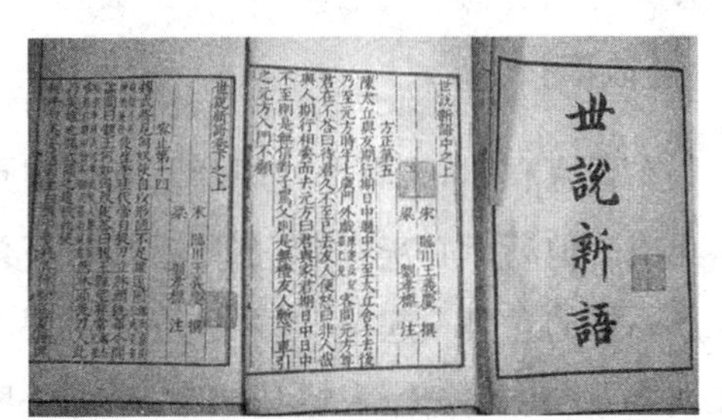

《世说新语》书影

晋代的王衍，字夷甫，喜清谈。他曾担任元城（今河北大名东）令，在职期间，不理事务，专门谈论《老子》《庄子》。有时候觉得自己刚才说的不妥，便马上更改，偶尔一次倒也罢了，他却经常如此，因此世人称他为“口中雌黄”。

这个“口中雌黄”虽然说话没个准数，人品倒还不错，后来做上了宰辅，口碑也还可以。他最大的优点，就是不仗势敛财。

王衍的妻子郭氏，跟皇后贾南风沾亲，凭借皇后的权势，搜刮财物无数。王衍对郭氏的所作所为很不满，可是拿她没有一点儿办法。为了保持自己的清誉，王衍口中从来不提“钱”字。郭氏心里很不是滋味，心想：我挣钱给你用，你倒假装清高！她想尽一切办法，硬要王衍把这个“钱”字说出来，试了好多次，都没有达到目的。

有一天，郭氏又想出个主意。她趁王衍晚上熟睡以后，令婢女绕床摆了一圈钱，让王衍第二天醒来以后无法从钱堆里走出来。王衍早晨起来，看到围在床四周的钱,便把婢女唤来,指着床前的钱恼怒地说:“把这些东西都拿走!”王衍就是不肯说“钱”字,这一次郭氏又输了。

这事很快就传了出去。从此以后,“阿堵物”便成了“钱”的隐语,并且带有轻蔑的意味。

阿香车

【释义】

阿香推的雷车。比喻雷声。

【出处】

《搜神后记》:“向一更中,闻外有小儿唤‘阿香’声,女应诺,寻云:‘官唤汝推雷车。’”

【故事】

东晋永和年间,有个姓周的富豪想在京城谋个一官半职,没料想在京多年,一事无成。他渐渐心灰意懒,打算返回老家义兴(今江苏宜兴),就此度过余生。

思乡的念头一起,京城再也待不下去。说走就走,周姓男子骑着马,带着两个仆人登上归途。一行人快马加鞭,来到一座高山面前,周姓男子思家心切,想多赶点路途,打算翻过这座山再寻找住处。太阳渐渐下山,主仆三人迷了路,在山里转来转去,就是找不到出山的路。这地方前不着村后不着店,周姓男子不免有些心慌。

转过一处山角,他们看到一处院落,院子里是新建的茅屋,主仆三人悬着的心总算落了下来——今晚不会露宿荒野了!

这时候,一位面目清秀、衣裳整洁、大约十六七岁的姑娘走了出来。那姑娘看到他们三人有些惊讶,说:“天快黑了,前面的村子还很远,临贺(今广西贺州)怎么能够赶到呢?”

临贺?周姓男子听了有点儿摸不着头脑,暗暗想道:我是回义兴呀,到临贺去干吗!他也不便多说,向那姑娘行了个礼说:“小姐,我们几个迷了路,想在你这里借宿一晚。”那姑娘倒也爽快,立即答应下来。

姑娘给三人做饭,做好以后,三个饥肠辘辘的人将饭菜一扫而光。吃完以后,姑娘又忙着给他们收拾房间,安排他们住下。

夜半时分,半睡半醒的周姓男子忽然听到门外有人轻声喊道:“阿香!阿香!”随后听到那姑娘应了一声。门外的人又说:“阿香,我奉命前来喊你去推雷车。”姑娘又应了一声,跟着来人走了。那天夜里,雷声阵阵,大雨倾盆,直到黎明时分天才放晴。周姓男子暗暗吃惊,寻思道:这个名叫“阿香”的姑娘莫非是下凡的天神?

天亮时分,姑娘回来了。周姓男子不敢说破,向姑娘告辞。走出不远回头一看,哎呀,这里哪有什么院落,分明是一座新坟!

煞是奇怪,谋官多年未成,周姓男子到家不久从京城便传来消息,他已经被朝廷任命为临贺太守。他猛然想起,那天姑娘说过:“天快黑了,前面的村子还很远,临贺怎么能够赶到呢?”那姑娘究竟是鬼还是神,他实在无从得知。

安乐窝

【释义】

宋代的邵雍称其所居为安乐窝。后泛指舒服、快乐、清闲的地方。

【出处】

宋·邵雍《无名公传》:“所寝之室谓之安乐窝,不求过美,惟求冬暖夏凉。”

【故事】

邵雍,字尧夫,是宋代的哲学家、文学家。他祖籍范阳(今河北范阳),后来跟着父亲迁往共城(今河南辉县)。

邵雍为人和蔼,整天面带笑容;总是说别人的长处,不说别人的短处;别人问什么就答什么,从来不说别人不要听的话。这样的大儒当然受到大家的欢迎,邵雍一时成为楷模,受到大家的尊重。

宋仁宗嘉祐年间,朝廷诏求天下遗逸名士,当地官员两度把邵雍推荐给朝廷,邵雍以种种理由推辞,始终没有赴任。读书人追求的是“书中自有黄金屋,书中自有颜如玉”,朝廷给他官做,他却不去做,邵雍的名声就更大了。

邵雍一生不求功名,过着隐居生活。后来他定居洛阳,以教授门徒为生。西京留守王拱辰造了三十间房屋，给邵雍作为新居。邵雍住进去以后，将这里称为“安乐窝”，自称“安乐先生”。富弼、司马光、吕公著、程颐、程颢、张载等在洛阳时，都跟邵雍交游。达官贵人对他十分敬仰，常常和他一起饮酒赋诗。

邵雍勤于著述，有《皇极经世》《观物内外篇》《渔樵问对》《伊川击壤集》等流传后世。

后世的读书人假如时运不济，往往想做邵雍式的人物，营造自己的“安乐窝”。

安步当车

【释义】

不乘车而从容不迫地步行。

【出处】

西汉·刘向《战国策·齐策四》：“晚食以当肉，安步以当车，无罪以当贵，清静贞正以自虞。”

【故事】

战国时期，齐国有位高士名叫颜斶。齐宣王慕名召其进宫。颜斶却行至殿前止步不走，齐宣王很奇怪，就叫道：“颜斶，走过来！”没想到颜斶也出口叫道：“大王，走过来！”左右大臣一时纷纷责难于他。颜斶说：“我走到大王面前去说明我羡慕他的权势，大王走过来说明他礼贤下士。与其让我羡慕大王的权势，还不如让大王礼贤下士的好。”

齐宣王有些恼火，质问他是君王尊贵还是士人尊贵，颜斶不假思索地回答说当然是士人尊贵，并同时举例道：“秦王曾经下过一道命令：有谁敢在高士柳下季坟墓五十步以内的地方砍柴，格杀勿论！他还下有一道命令：有谁能砍下齐王的脑袋，就封他为万户侯，赏金千镒。由此看来，一个活着的君主的头，竟然连一个死了的士人坟墓都不如啊！”

齐宣王听了这番话无言以对，却又极为欣赏颜斶的辩才，便道：“听了您的高论，我希望您能接受我为学生，今后您就住在我这里，保您食有肉吃，出有车乘，夫人子女个个衣食无忧。”他以为对方会欣然笑纳，不料颜斶却道：“玉石经过雕刻，本来面貌就要失掉;有学问的人做了官,原来本色就要失掉。我情愿回乡,粗茶淡饭权当是吃肉,安闲散步权当是乘车,清静无为、坦坦荡荡地生活,自会乐在其中。”

安居乐业

【释义】

形容安于居住的环境,乐于从事的职业。

【出处】

汉·班固《汉书·货殖传》:“各安其居而乐其业。”

【故事】

老子姓李名耳,字伯阳,又称老聃,是中国古代伟大的哲学家和思想家,道家学派的创始人。传说这是位奇人,母亲在一棵李树旁生下他,出生时便须发皆白,耳朵奇大,所以给他取姓为李、取名为耳。

老子曾在周朝做管理藏书的小官,对现实抱有不满的态度,他的思想比较保守,非常怀念原始社会的自然状态,认为是物质文明的进步毁坏了人民的淳朴之风。他渴望出现“小国寡民”的理想社会,在其设想中:国家被分割为一个个小国,人口稀少,即使有很多的器具,也不去使用而让它们闲置着。人民不向远处迁移,即使有车辆和船只也不去乘坐。因为没有战争,武器装备都没有用。人民重新使用古代结绳记事的方法,吃得香甜,穿得舒服,住得安逸,沿袭原有的风俗习惯,邻近各国居民互相都能望见,虽然能听到各家各户的鸡鸣狗叫之声,可是人们直到老死,也不相往来。

安贫乐道

【释义】

安贫:安于贫困。道:原指儒家所信奉的道德,后引申为人生的理想、信念、准则。处境虽很贫困,仍乐于坚守信仰。形容人为了自己信仰或理想的实现,宁愿处于贫困恶劣的环境中。

【出处】

南朝·宋·范晔《后汉书·杨彪传》:“安贫乐道,恬于进趣,三辅诸儒莫不慕仰之。”

【故事】

据说,孔子有弟子三千,最优秀的有七十二人,颜回是孔子最为得意的门生。在孔子看来,这位弟子的一举一动都那么合乎心意,所以孔子常常以颜回为榜样来教育其他弟子。颜回家境十分贫困,他住在荒僻的巷道里,生活用品非常简陋,盛饭用的器皿是竹子做的箪,舀水用的器具是木头做的瓢。生活困苦到这种地步,要是换作别人早就不堪忍受了,可是颜回却处之泰然,觉得生活很有乐趣,生活得满足而快乐。孔子非常赞赏他这种高贵的品德,夸奖颜回是一位贤德之士。后来孔安国也评价颜回说:“安于贫而乐于道。”意思就是说,即使生活在贫困之中,他仍能以一种乐观的态度孜孜不倦地去追求真理。

安然无恙

【释义】

安然:平安。恙:疾病、伤害之类的忧伤之事。原指人平安没有疾病,后泛指平平安安没有受到任何伤害。

【出处】

西汉·刘向《战国策·齐策四》:“齐王使者问赵威后,书未发,威后问使者曰:‘岁亦无恙耶?民亦无恙耶?王亦无恙耶?’使者不悦,曰:‘臣奉使使威后,今不问王而先问岁与民,岂先贱而后尊贵者乎?’威后曰:‘不然。苟无岁,何以有民?苟无民,何以有君?故有舍本而问末者耶?’”

【故事】

战国末期,赵国国君赵惠文王去世,太子丹即位尊为赵孝成王。由于赵孝成王年纪幼小,无法亲理政事,所以国家大事均由他的母亲赵威后代为处理。赵威后刚刚临政之时，秦国认为有机可乘，开始攻打赵国，赵威后在大臣触龙的建议下，将自己的小儿子长安君送到齐国做人质，借助齐国之力击败了秦军。

某次，齐王派使者带着信件到赵国问候赵威后。赵威后还没有拆信就问使者："齐国的收成不坏吧？老百姓平安吗？齐王身体健康吗？"齐国使者听了很不高兴地说："我受齐王派遣来问候您，现在您不先问齐王，却先问收成和百姓，难道可以把低贱的放在前面，把尊贵的放在后面吗？"赵威后笑着说："不是，如果没有收成，怎么会有百姓？如果没有百姓，怎么会有君主？难道问候时可以舍弃根本而只问枝节吗？"齐国使者被赵威后如此一问，说不出一句话来。

哀鸿遍野

【释义】

比喻到处都是流离失所、呻吟呼号的灾民。哀鸿：悲哀鸣叫的大雁。

【出处】

《诗经·小雅·鸿雁》："鸿雁于飞，哀鸣嗷嗷。"

【故事】

西周时期，周厉王任荣夷公为卿士，实行专利政策，霸占一切湖泊河流，残酷剥削，疯狂敛财，搞得民不聊生，民怨四起。同时他还从卫国找来一个巫师，令其专门监督百姓的言行，禁止国人批评朝政，弄得人们遇见朋友都不敢说话，只能侧目以视。如此过了三年，忍无可忍的百姓举行大规模暴动，围攻王宫赶走了周厉王。周厉王死后，人们拥立太子姬静即位，这就是历史上的周宣王。周宣王在带领卿士视察城郊时，看见到处都是一片"鸿雁于飞，哀鸣嗷嗷"的惨状。

按图索骥

【释义】

按照图像寻找良马。喻指按线索寻找，也指做事照章办事，死守教条，不懂得变通。

【出处】

汉·班固《汉书·梅福传》:“今不循伯者之道,乃欲以三代选举之法取当时之士,犹察伯乐之图求骐骥于市,而不可得,亦已明矣。”

【故事】

伯乐是负责管马的星宿名称。据说,春秋时期的秦国人孙阳是一位相马专家,一眼即能看出马的优劣,所以人们称他为“伯乐”。孙阳一生相马无数,晚年时将自己的相马经验编撰成一本《相马经》。孙阳的儿子非常羡慕父亲的本领,可他才质平庸、头脑愚钝,虽将《相马经》背得滚瓜烂熟却不知如何运用。某日,孙阳的儿子在路边发现一只癞蛤蟆,他想起父亲在《相马经》中写明千里马的外部特征之一是“额头高起,光彩照日,四蹄圆实粗壮”,眼前的癞蛤蟆不正与此相符吗?看来它就是父亲提到的千里马!儿子一把抓起癞蛤蟆,兴冲冲跑回了家,大声对父亲说:“我找到了一匹好马,只是蹄子稍差些。”孙阳低头看去,哭笑不得,只好幽默地应道:“可惜这马太爱跳了,不好驾驭。”接着又感慨道,“你这可真叫是按图索骥呀。”

按兵不动

【释义】

按:止住。使军队暂不行动。现也比喻暂不开展工作。

【出处】

《吕氏春秋·恃君览》:“赵简子按兵而不动。”

【故事】

卫国是春秋末年晋国东部的一个小国,名义上跟晋国是联盟关系,实际上是晋国的附庸,经常受晋国欺侮。卫国国君卫灵公对晋国很不满,就与强大的齐国结盟,并且和晋国断交。

晋国执政的赵简子知道卫国背叛了晋国,非常气愤。他立即在都城调集军队,打算袭击卫国的都城帝丘,迫使卫灵公听命。在大军进发前,他先派大夫史默到卫国去暗中了解卫国的动向，并要求史默速去速回，一个月完成任务。

谁知，一个月过去了，史默并没有按时回国。赵简子不知道史默出了什么事，整天焦急地等待他的消息。手下人都在猜测，说史默可能被卫国人抓住杀掉了。又有人说，卫国国小，没有多少军队，不如我们直接杀过去就行。等晋国大军一到，卫国的国君就会不战自降的，请赵简子下令出兵。

赵简子不同意这个建议。他说："卫灵公既然敢跟我们作对，一定会做好准备的。目前不能仓促出兵，否则可能会失败。"因此，他坚持等史默回来再考虑出兵。过了半年，史默终于回来了。赵简子问他为什么在卫国待了这么长时间，史默回答说："要想得到利益，却很可能得到害处，恐怕您还不知道吧！现在，卫国已经上下一心，难以攻占了。"

接着，史默又讲述了卫灵公的做法：为了激励国人反抗晋国的情绪，卫灵公派大夫王孙贾向国人宣告说，晋国已命令卫国凡是有姐妹、女儿的人家，都要抽出一个人送到晋国去当下人。消息传开后，卫国人都不愿骨肉分离，从而都诅咒晋国。

为了使国人更加相信，卫灵公又让王孙贾抽选出一批贵族的女儿，准备送往晋国。结果，出发那天，成千上万的百姓不让她们去晋国当人质，纷纷要求要和来犯的晋军血战到底。

最后史默说："卫国现在士气旺盛，想用武力征服卫国，恐怕要付出巨大的代价。可能不是一个好的打算。"赵简子听了后，认为现在不合适进攻卫国，于是下令军队暂不行动，按兵不动，等待更好的时机。

按部就班

【释义】

原指写文章时结构安排得当，选词造句合乎规范，按文章分段布局的需要而选择、使用词句。按照一定的条理，遵循一定好程序。

【出处】

西晋·陆机《文赋》："然后选义按部，考辞就班。"

【故事】

陆机出身名门，是三国时期吴国丞相陆逊的孙子。他擅长写作，是西晋的著名作家,他深知创作的甘苦,为此创作了《文赋》,目的就在于"论作文之利害所由"。陆机根据自己的创作实践,并总结前人的经验,在中国文学批评史上第一次较系统地论述了文学作品的创作过程。对于文学创作构思过程中的想象问题和感性问题的论述尤为精辟。

他认为构思的阶段便要考虑结构、布局、剪裁、修辞等表现手段。这是一个复杂的过程。

第一,"选义按部,考辞就班"。一方面要注意权衡去留,做到辞意双美;另一方面要"立片言而居要,乃一篇之警策"。同时还要防止意兴偏枯,唱而靡应;妍蚩相匹,应而不和;情寡词浮,和而不悲;绝曲高声,悲而不雅;古调质词,雅而不艳等毛病。

第二,正确处理内容与形式的关系。作者虽强调辞藻,仍认为内容是主要的。他说:"理扶质以立干,文垂条而结繁",他认为轻视内容而仅追求形式,则成了"徒寻虚而逐微",结果必然是"言寡情而鲜爱,辞浮漂而不归"。

第三,要在众多的形象中去进行选择和概括;有时要先树要领,有时要后点主题;有时从晦到明,逐步阐述,有时又求易得难,须要层层深入;有时文章枝节虽具而根本未安,有时文章的根本已立而枝节未妥;有时感到招来即得,有时又感到煞费经营。总之,必须"罄澄心以凝思,眇众虑而为言",以期达到"笼天地於形内,挫万物于笔端"。

暗度陈仓

【释义】

正面迷惑敌人,当敌人被牵制而集结固守时,偷偷地从侧面迂回袭击,从而取得胜利。常引申为秘密行动,以谋成事。比喻用一种假象迷惑对方,实际上却另有打算。

【出处】

汉·司马迁《史记·高祖本纪》:"项王使卒三万人从,楚与诸侯之慕从者数万人,从杜南入蚀中。去辄烧绝栈道,以备诸侯盗兵袭之,亦示项羽无东意。八月,汉王用韩信之计,从故道还,袭雍王章邯。邯迎击汉陈仓,雍兵败。"

【故事】

秦朝末年，继陈胜、吴广起义之后，群雄迭起，其中最强的当属刘邦与项羽两支军队。刘邦部队率先进军关中入主咸阳，势力较强的项羽部队逼迫刘邦退出关中。为了麻痹项羽，刘邦退兵时将汉中通往关中的栈道全部烧毁，意在表示自己不再返回。待势力强至足以与项羽抗衡时，刘邦派出大将军韩信率军东征。

出征前，韩信派士兵修复被烧毁的栈道，驻守此地的秦军将领章邯得知后哈哈大笑："韩信这小子竟然派人重修五百里栈道，看他何年何月才能修通？"他一边命人密切注视修复栈道的进展情况，一边派主力部队在这条路线的各个关口要塞加紧防范。殊不知，韩信此举只不过是为掩人耳目，他的真实意图不在这五百里栈道，而在另一处战略要地——陈仓！就在章邯嘲讽之时，韩信已派出精锐部队神不知鬼不觉地到达陈仓发起突然袭击！章邯这才明白中了韩信的声东击西之计，仓促间无法调集主力，只得慌忙应战。结果可想而知，秦军被打得大败而逃。韩信借此"明修栈道，暗度陈仓"之计，平定三秦，为刘邦统一中原奠定了基础。

暗无天日

【释义】

一片黑暗，看不见天和太阳。形容社会极端黑暗。

【出处】

清·蒲松龄《聊斋志异·老龙舡户》："异史氏曰：'剖腹沉石，惨冤已甚，而木雕之有司，绝不少关痛痒，岂特粤东之暗无天日哉！'"

【故事】

朱徽荫巡抚粤东的时候，有许多往来的商客来告多年的无头冤案。许多远来的客商，在这里失去了踪迹，死不见尸，或者几个人结伴同游，也都失去了音信，积案累累，不知道是什么原因。开始他们上告时，官府还四处发送文书追讨线索，等到上告的多了，慢慢地，到最后也不管了。

朱徽荫到任后，翻看旧案，状子中有名姓的失踪人就不下百人，那远来的没有苦主的客人，还不知道有多少呢。朱徽荫惊讶得茶饭不思、难以入眠。遍访粤东各地，也没有什么头绪。于是朱徽荫虔诚地熏沐，向城隍致意。过了斋戒，朱徽荫昏昏睡去，恍惚见一官员持笏而入。朱徽荫问："您是哪位？"那人说："城隍刘某。""您能对我说些什么呢？"那人说："鬓边垂雪，天际生云，水中漂木，壁上安门。"说完就走了。朱徽荫醒来后，不知道什么意思，辗转通宵，忽然醒悟过来："垂雪就是老啊；生云是龙啊；水上木是船；壁上门是户：这不是说'老龙船户'吗！"

原来粤省东北叫小岭，源于老龙津，一直通到南海，岭外的商人都是从这里入粤的。于是朱徽荫派人暗中去老龙津捉拿驾舟者，先后捉到五十多个，没有用刑就招认了。原来这伙贼人以舟渡为名，骗客人上船，或者投蒙汗药，或者烧闷香，使得客人沉迷不醒，然后剖腹纳石后沉到水底。案子大白天下后，远近欢腾。

异史氏说："剖腹沉石，惨冤已甚，而木雕之有司，绝不少关痛痒，岂特粤东之暗无天日哉"。意思是说，剖腹沉石，真是太惨烈了，可是官员们像泥塑木雕一样，好像不关自己的痛痒，难道只是粤东这里暗无天日吗？然而，朱公来了后，鬼神效力，覆盆俱照，为什么就不一样呢？并不是朱公有三头六臂，只不过疾首之念，在胸中积压不住迸发出来而已。

暗中摸索

【释义】

在暗地里寻找、识别。后比喻没有师传，没有现在的门径，独自对某种事物进行探索。

【出处】

唐·刘悚《隋唐嘉话》："许敬宗性轻傲，见人多忘之。或谓其不聪。曰：'卿自难记，若遇何、刘、沈、谢，暗中摸索着，亦可识之。'"

【故事】

许敬宗（唐朝人）为人傲慢，新交的朋友，经人介绍后往往立刻忘记，有人说他记性太坏。他说："像你这种人，我当然记不得，倘遇何、刘、沈、谢等人物，即使是暗中摸索，也不难辨认！"

所谓"何、刘、沈、谢"，都是南朝的著名学者。"何"，即何逊，文章和诗都很杰出，是南朝齐梁之间的佼佼者；“刘”，即刘孝绰，南朝梁代人，好读书，他听得谁有好书，一定设法借来阅读；“沈”，即沈约，南朝梁代人，著述很多，《宋书》就是他编写的，平上去入四声，据说也是他创定的；“谢”，即谢朓，南朝齐代人，文章清丽，长于写五言诗，又善写草书。

暗箭伤人

【释义】

比喻用阴险的手段，乘人不备，加害于人。

【出处】

宋·刘炎《迩言》：“暗箭伤人，其深刺骨，人之怨之，亦必刺骨，以其掩人所不备也。”

【故事】

春秋时期，郑庄公谋伐许国。战前，郑庄公检阅部队时在前面立了一辆大兵车，宣布说，先得到兵车者将被立为全军统帅。老将军颍考叔一听此言，“刷”的一下越众而出，疾步如飞地冲上前去，拉起兵车就跑，将年轻将军公孙阏抛到了后面。公孙阏由此对老将军怀恨在心，总想伺机报复。很快，攻城大战开始了。老将军颍考叔白须飘飘，身披战甲，手执大旗，奋勇当先，威风凛凛地攻上城头。眼看颍考叔大功将立，公孙阏站在一旁充满嫉恨，抽出箭来，偷偷对准颍考叔的后心，猛地射出一箭，“啊！”颍考叔大叫一声，摔下城来，鲜血顿时染红了老将军的战甲，英勇的老将军就这样被公孙阏杀害了。

爱屋及乌

【释义】

由于爱某个人而连带地爱护停留在他屋上的乌鸦。比喻非常喜爱某人，从而连带喜爱与之有关的人或物。

【出处】

《尚书大传·大战》:“爱人者,兼其屋上之乌。”

【故事】

商朝末年,纣王荒淫无道,残暴不仁,老百姓困苦不堪,怨声载道。西边诸侯国周的首领姬昌眼见朝政荒废,民不聊生,决心推翻商朝统治。于是,他积极练兵备战,准备东进。可惜,他的东进计划还没有实现,他就去世了。

姬昌死后,他儿子姬发继位称王,世称周武王。周武王在军师姜子牙及弟弟姬旦(周公)、姬奭(召公)的辅佐下,联合各诸侯出兵讨伐纣王,双方在牧野交兵。这时,纣王已经失尽人心,没有人再愿意为他出力,军队纷纷倒戈,纣王最终惨败于牧野。商朝都城朝歌很快被周军攻克,纣王自焚,商朝灭亡。

纣王死后,武王对如何处置商朝旧有的士众没有计划,怕他们会造反。于是,他召见姜太公,问道:“进了殷都,对旧王朝的士众应该怎么处置呢?”

“我听说过这样的话:如果喜爱那个人,就连同他屋上的乌鸦也喜爱;如果不喜欢那个人,就连带厌恶他家的墙壁篱笆。这意思很明白:对待旧王朝要杀尽全部敌对分子,一个也不留下。大王你看怎么样?”太公说。

武王认为不能这样。这时召公上前说:“我听说过:有罪的,要杀;无罪的,要让他们活。应当把有罪的人都杀死,不让他们留下残余力量。大王你看怎么样?”

武王认为也不行。这时周公上前说道:“我看应当让各人回到自己的家里,耕种自己的田地。君王不应偏爱自己人,应用仁政来感化普天下的人。”

武王认为周公的话有道理,就把纣王旧有的士众放回家,使得天下人心安定,西周也逐渐强大起来了。

爱才若渴

【释义】

才:贤才,人才。爱慕贤才,急欲求得,就像口渴急于喝水一样。

【出处】

《原诗·外篇上》:“嫉恶甚严,爱才若渴,此韩愈之面目也。”

【故事】

明末有位大学士叫王锡爵，江苏太仓人，喜爱收藏书画、典籍、古玩等。他有个孙子叫王时敏，从小酷爱绘画。王锡爵特地为他建造别墅一处，重金购买了历代名画家的真迹，供孙子欣赏学习。

王锡爵跟当时的礼部尚书董其昌关系甚好。董其昌有"江南第一才子"的美称，书画都很有成就。当时为了躲避阉党之乱，他辞官家居在乡野。王锡爵就让孙子拜董其昌为师，王时敏在董其昌的指导下，走上了画作摹古的道路。并且在日后的不断积累研习中，渐渐形成了自己的风格。他力追古法，刻意师古，作画无一不得古人精髓，但意境不同，自成一派。

王时敏在万历年间考取进士，明亡后，时敏退隐于太仓，以读书作画自娱。王时敏作画，不仅深具董其昌画作的神韵风致，而且画面的构图布局和运笔勾勒均达到出神入化的境界。

王时敏师古人笔法时，更严谨、更认真、更规矩。相对来说，他作的画也就刻板了一些，但是也有他的匠心之所在。王时敏将清初山水画的临古之风发挥到了极致。他的《山水》扇面虽是临古之作，但又能集众家所长，浑然一体，画得很有味道。

王时敏不仅画艺精湛，而且很注重提携后进。《清史稿》中曾将他评价为"爱才若渴"，意思是爱慕贤才，急欲求得，就像口渴急于喝水一样。这个评价还是非常得当的。

他曾经将家中收藏的名画装成巨册，放在圆室书房里，供四方画家前来观赏。只要对方有绘画上面的要求，王时敏必定亲自指点，不遗余力。得到他指点的画家，都能取得很大进步。同时，他的艺术观念和手法也影响了清初一代画家。

B

八叉手

【释义】

叉八次手就能写成一首律诗。形容才思敏捷。

【出处】

宋·孙光宪《北梦琐言》:“才思艳丽,工于小赋,每入试,押官韵作赋,凡八叉手而八韵成。”

【故事】

唐代的温庭筠,别号“温八叉”,假如不了解这个典故,人们就会产生疑惑:莫非温庭筠长相凶悍,抑或他的手段毒辣?若要知其究竟,必须知道“温八叉”这一别号得来的缘由。

温庭筠极有才华,却恃才傲物,因讥讽权贵,屡试不第;他放浪形骸,混迹于歌伎舞女间,被人视为品行不端,故而一生潦倒。但是,他在古代文学史上的地位却不容抹煞。温庭筠是晚唐的重要诗人,与李商隐齐名,后世将他们并称“温李”。

温庭筠的诗歌多借古讽今,其中有不少佳作,如《经五丈原》《苏武庙》等,他的五律《商山早行》更是脍炙人口,其中“鸡声茅店月,人迹板桥霜”一联,千百年来被人传诵。这一联的两句诗为全名词句,没有一个动词,人们可以根据自己的理解添出不同的动词,作不同的诠释。“鸡声”“月”说明是黎明时分,“茅店”是地点;这么早就起身赶路,可是到了郊外的“板桥”一看,“人迹”已经印在桥面木板的霜上。这可真是“莫道君行早,更有早来人”。

温庭筠是我国文学史上第一位著名词家,词作主要以妇女为题材。他的词构图华美,刻画精细,善于假借景物表达情思。晚唐五代的花间派将温庭筠视为祖师爷，称其为“花间鼻祖”。

温庭筠才思敏捷，写作速度极快。有人对他仔细观察，发现他叉一下手就写下一句诗，再叉一次手，又写下一句诗，前后共叉八次手，一首律诗也就写成了。这事很快就传扬开了，有人开玩笑说，前人有“七步成诗”的典故，温庭筠用手“八叉成诗”，就称他为“温八叉”吧。虽然是在说笑话，但大家认为这个称呼不错，于是“温八叉”这个别称很快就传扬开了；更令人想不到的是，“温八叉”这个名号竟然传于后世，成为温庭筠的美称。

八斗才

【释义】

假如天下文才共有一石，他一个人就占有八斗。比喻文才极高。

【出处】

南朝宋·无名氏《释常谈·八斗之才》：“文章多谓之八斗之才。”

【故事】

“天下的文才如果有一石，曹子建（曹植）一个人便独占八斗，我占有一斗，自古至今的学子一共才占有一斗。”好家伙，谁有这么大的口气，能说这样的话！说这话的人便是谢灵运。

南朝的谢灵运，是东晋名将谢玄的孙子。谢家是晋朝有名的大户，算算他们家的先辈，谢衡、谢褒、谢尚、谢弈、谢安、谢玄、谢石等，哪一个不是响当当的人物。借着祖上余荫，他袭封康乐公的爵位。东晋末年，也曾担任过一些不大的官职。

刘裕夺取了政权后，他的爵位被降了一级，变成康乐侯，后来被派去做永嘉（今浙江永嘉）太守。他常常扔下公务不管，带着人游山玩水。在游览中写下不少山水诗，被后人称为山水诗“开山之祖”。

刘裕去世以后，刘义隆即位，他就是宋文帝。刘义隆对这位酗酒闹事、恣意作乐的望族后代非常头疼，但对他的诗歌和书法却赞赏有加，称这两样是“二宝”。有了皇上这样的褒奖，谢灵运更加狂妄，说出了“天下才一石”那样自我吹嘘的话。

谢灵运在文学上的贡献是巨大的，他的山水诗创作极大地丰富和开拓了诗的境界，使山水描写从玄言诗中摆脱出来，扭转了东晋以来的玄言诗风。从此，山水诗成为我国诗歌发展史中的一个流派。

八仙过海，各显神通

【释义】

八仙：传说中的八位神仙；神通：本指神仙的神奇本领，今指非同一般的手段、本领。

【出处】

明·吴承恩《西游记》："正是八仙同过海，独自显神通。"

【故事】

八仙，传说中的八位神仙，有男有女，有老有少，有富有贫，有贵有贱。

铁拐李，原名李凝阳，因为遇上太上老君点化而得道。铁拐李的神器是葫芦，能够普济众生。

汉钟离，原名钟离权，受铁拐李点化上山学道，后来跟他哥哥同日升天，点化了吕洞宾。汉钟离的神器是扇子，能够起死回生。

蓝采和本是唐代隐士，得到汉钟离的度化飞升成仙，他的神器为花篮，能够广通神明。

张果老本为道士，常常倒骑白驴日行千里。唐代武则天时他已经几百岁，召他出山他装死不去。他的神器为渔鼓，能够占卜人生。

吕洞宾名叫吕岩，参加科举考试落第，在旅店里遇到汉钟离。汉钟离用法术让他做了一场黄粱梦，他便拜汉钟离为师，入终南山修道，终得成仙。他的神器是宝剑，能够镇邪驱魔。

韩湘子原名韩湘，是韩愈的侄孙。他自幼学道，追随吕洞宾。他的神器是笛子，能够滋生万物。

曹国舅名叫曹景休，是宋仁宗曹皇后的弟弟，经汉钟离、吕洞宾点化成仙。他的神器是玉板，能够净化环境。

何仙姑本名何琼，十三岁上山采茶时遇到吕洞宾，后来又梦见神仙教她吃云母粉，后来尸解成仙。她的神器是荷花，能够修身养性。

八仙给西王母拜寿，辞行时东海狂风突起，白浪滔天。吕洞宾提议乘兴东游，畅观美景，大家表示同意。铁拐李第一个渡海，他将拐杖抛入海中，拐杖像一叶扁舟，在海面上漂荡，铁拐李站在上面渡过东海。随后，每个人都大显神通，用自己的神器渡过东海。

杯水车薪

【释义】

用一杯水救不了一车着了火的柴草。比喻力量太小，解决不了大问题。

【出处】

《孟子·告子上》："犹以一杯水救一车薪之火也。"

【故事】

仁之胜不仁也，犹水胜火。今之为仁者，犹以一杯水救一车薪之火也，不熄，则谓之水不胜火。此又与于不仁者之甚者也，亦终必亡已矣！

这段话的大意是说：仁一定能胜不仁，好比水一定能胜火。但是现在有些讲"仁"的人，仅仅用一小杯水，想去扑灭一大车柴所燃烧起的大火，那当然不行。如果由此下结论，认为水不能胜火，这样实际上反而助长了不仁者，使他们更加不仁了。而这些自己原有的一小杯水（仁），也终于就此完了。

杯弓蛇影

【释义】

原指将映在酒杯中的弓影误认为蛇，比喻因疑神疑鬼而引起恐惧。

【出处】

唐·房玄龄等《晋书·乐广传》："尝有亲客，久阔不复来，广问其故，答曰：'前在坐，蒙赐酒，方欲饮，见杯中有蛇，意甚恶之，既饮而疾。'于时河南听事壁上有角，漆画作蛇。广意杯中蛇即角影也，复置酒于前处，谓客曰：'酒中复有所见不？'答曰：'所见如初。'广乃告其所以，客豁然意释，沉疴顿愈。"

杯弓蛇影

【故事】

晋人乐广在担任河南府尹时，好友杜宣经常到家里来喝酒。有一段时间，杜宣很久没有登门，乐广十分惦记，就去看望他。原来，杜宣上次去乐广家喝酒，发现酒杯里有条小蛇，当时虽然十分厌恶，但碍于情面，还是勉强喝下了那杯酒，结果回来就生病了。乐广回到家，不停地想酒杯里的蛇会是从哪里来的。乐广抬头时，看到厅堂的墙壁上挂着一张角弓，想起那天喝酒的地方正是在厅堂，突然就明白过来了。于是，他把杜宣请到家里，在上次喝酒的地方放上一杯酒，问杜宣能否看到杯中的小蛇。杜宣答道："跟上次看到的一样。"乐广哈哈大笑起来，指着墙壁上的角弓，原来杯中所谓的"小蛇"不过是角弓的影子罢了。杜宣恍然大悟，病很快就好了。

班姬扇

【释义】

班姬：指汉成帝的妃子班婕妤（古代帝王嫔妃的称号），后失宠。班姬吟咏秋扇。比喻失宠之人或废弃之物。

【出处】

汉乐府《怨歌行》："昔汉成帝班捷妤失宠，供养于长信宫，乃作赋自伤，并为怨诗一首：'新裂齐纨素，鲜洁如霜雪。裁为合欢扇，团团似明月。出入君怀袖，动摇微风发。常恐秋节至，凉飙夺炎热。弃捐箧笥中，恩情中道绝。'"

【故事】

班婕妤，西汉女辞赋家，汉成帝的妃子，她不仅长得美貌，并且有文才，有美德。能有这样贤惠美丽的妃子侍奉，真是汉成帝的福气。

可惜啊，好景不长！有一天，汉成帝经过阳阿公主家，公主摆出盛宴款待，并且唤出几名美女歌舞助兴。有位舞女面目姣好，体态轻盈，她就是绝代美女赵飞燕。汉成帝看得心旌摇荡，请求公主将赵飞燕送给自己带回宫去。

赵飞燕入宫以后，深得成帝宠爱。她的野心渐渐大了起来，竟然觊觎皇后宝座。为了增强自己的实力，她又将自己的妹妹赵合德弄进宫。好色的汉成帝见到美如天仙的赵合德，一下子又掉进了赵合德的温柔乡。经过一番明争暗斗，许皇后居然被赵氏姐妹彻底打败，被逼自杀，赵飞燕如愿以偿做了皇后。

赵氏姐妹入宫后，班婕妤备受冷落，为了躲避灾祸，她自己提出请求，前往长信宫侍奉王太后，成帝答应了她的请求。从此以后，身处深宫的班婕妤暗暗自伤，写了一首《怨歌行》来抒发自己的悲情。

汉成帝去世后，班婕妤守护皇家陵园，冷冷清清度过了她孤寂的晚年。

班门弄斧

【释义】

班：鲁班，我国古代的巧匠。在鲁班门前舞弄斧头，比喻在行家面前卖弄本领。

【出处】

《王氏伯仲唱和诗序》："操斧于班、郢之门，斯强颜耳。"《与梅圣俞书》："昨在真定，有诗七八首，今录去，班门弄斧，可笑可笑。"

【故事】

有一次，明代诗人梅之涣来采石矶凭吊李白。采石矶是民间传说中著名唐代诗人李白晚年坠江而殁的地方。由于李白在此留下过足迹，因此传说纷起，并留下了如李白墓、谪仙楼、捉月亭等不少名胜，采石矶也因此成了旅游胜地。

一天，梅之涣来到采石矶附近的李白墓边，发现墓的周围题满了诗，而有的根本就不像诗，不对称，不押韵，拙劣无比。梅之涣气愤之余，挥笔题了一首诗：

"采石江边一堆土,李白之名高千古。来来往往一首诗,鲁班门前弄大斧。"

这首诗很直白,但当中运用鲁班的典故是有出处的。鲁班,又名鲁般、公输般,春秋时代鲁国人。鲁班的发明创造很多。不少古籍记载,木工使用很多的木工器械都是他发明的。像木工使用的曲尺,叫鲁班尺。又如墨斗、锯子、刨子、钻子等,传说均是鲁班发明的。

鲁班还是一个很高明的机械发明家。他制造的锁,机关设在里面,外面不露痕迹,必须借助配合好的钥匙才能打开。《墨子》一书中记载鲁班制作的木鸟,能乘风力飞上高空,三天不降落。鲁班还改进过车辆的构造,制成了机动的木车马。这种木车马由木人驾驭,装有机关,能够自动行走。在兵器制造方面,鲁班曾为楚国制造攻城用的器械,在战争中发挥过巨大作用。后来在墨子的影响下,他不再制作这类战争工具,专门从事生产和生活上的创造发明,以造福于劳动人民。后来,他被尊称为木匠行业的祖师爷。

梅之涣讽刺那些自以为会作诗的游人是"鲁班门前弄大斧",这句话被后人缩成"班门弄斧"。这样,"班门弄斧"的成语就流传下来了。

班荆道故

【释义】

班:铺开。荆:一种灌木,枝条柔韧。道:说。故:过去的事情。坐在铺开的荆条上,讲述往事。形容朋友重逢,共话旧情。

【出处】

《左传·襄公二十六年》:"伍举奔郑,将遂奔晋。声子将如晋,遇之于郑郊,班荆相与食,而言复故。"

【故事】

春秋时,楚国的伍参和蔡国的子朝是好朋友,由于他们经常往来,关系密切,所以他们的儿子伍举和声子也成了好朋友。

有一年,伍举的岳父犯了法,逃亡到国外去。伍举受到牵连,只身逃出楚国,打算经过郑国,转道到晋国去。这一天凌晨,伍举走到郑国都城附近时,忽然听到背后有人叫他，回头一看，原来是好朋友声子。两人在异国的土地上突然相逢，都十分高兴。于是，他们就折下路边的荆条铺在地上，然后坐上去拿出干粮来边吃边聊。声子听了伍举逃亡的遭遇，非常同情他，劝慰他说："你暂时先住在晋国，我一定帮你想办法，让你重新回到楚国。"

声子来到楚国后，寻找机会拜见了子木，准备见机为伍举说情。正好子木询问他晋国大夫的情况，声子就故意说："晋国的人才很多，楚国根本无法与晋国相比。"

子木听了，惊讶地问："他们怎么能物色到这么多人才？"

声子回答道："这些人都是从楚国跑过去的。"

子木更加奇怪："楚国人怎么肯为晋国出力呢？"

"楚国用刑太滥，有才能的贤人经常无辜判罪，他们实在无法忍受，所以都逃到晋国去了。"声子接着说，"现在楚国的贤大夫伍举又被逼走了。他的岳父犯了法，实际上与他没有什么关系。可是有人却硬要陷害他，伍举无法申辩，只有逃往晋国了。如果他借晋国的力量来报私仇，恐怕楚国的日子就不好过了。"

子木听了，十分恐慌，急忙去请求楚康王赦免伍举，派人去接他回国。

逼上梁山

【释义】

比喻被迫起来反抗，或指被迫不得不办某种事。

【出处】

《水浒全传》第十一回："林冲雪夜上梁山。"

【故事】

北宋年间，东京八十万禁军教头林冲，武艺高强，为人正直，处事谨慎。一天，林冲带着美丽的妻子去岳庙进香。中途遇见花和尚鲁智深在耍一把六十多斤重的浑铁禅杖，众人齐声叫好，林冲也被吸引过去观看。两个好汉一见如故，结义为兄弟。

正在这时，侍女慌忙跑来报信说，林娘子在路上被歹徒拦截了。林冲急忙向鲁智深告辞，去岳庙追赶歹徒。当林冲抓住歹徒举拳要打时，发现原来是他的顶头上司——太尉高俅的义子高衙内。高俅原来是一个市井无赖，但因为踢得一手好蹴鞠，得到了皇帝的赏识。他擅长溜须拍马，整天陪皇帝吃喝玩乐，深得皇帝的喜欢，官也越做越大，成为权重一时的太尉。

林冲看是高衙内，怕得罪高俅，便强忍下这口恶气，不敢惹是生非了。可是高衙内为了夺取林娘子，设计将林冲骗进太尉府，诬陷林冲持刀闯进白虎节堂是想谋刺太尉，将他投入大狱严刑拷打。高俅一伙不便在京公开杀害林冲，于是，他们将林冲发配沧州充军，然后买通差人董超、薛霸，想在路经野猪林时将他杀害。鲁智深暗中保护林冲，大闹野猪林，救下了林冲，高俅的阴谋未能得逞。

到沧州后，由于小旋风柴进暗中疏通，林冲被分配看管大军草料场。高俅父子贼心不死，又派心腹之人陆谦前往沧州，放火烧毁草料场。这样，即使林冲不被烧死，也会因草料场失火而被处死。当草料场起火燃烧时，林冲在山神庙里听到了陆谦等人得意地谈论暗害他的计谋。这时，他再也按捺不住心头的怒火，冲上去将仇人一个个杀掉。就这样，林冲被逼上了梁山，毅然走上了造反的道路。

捕风捉影

【释义】

风和影都是捉摸不定的。比喻去寻觅虚无缥缈的事物，或可解释为无事生非。

【出处】

《汉书·郊祀志》：“听其言，洋洋满耳，若将可遇；求之，荡荡如系风捕，终不可得。”

【故事】

汉成帝刘骜，西汉第九位皇帝，死后谥号“孝成皇帝”。他最大的特点是迷恋酒色，常年不理朝政，在中国古代昏君的排行榜上也是赫赫有名的。

大司农谷永是一个忠君爱国的臣子，他对汉成帝荒唐的做法很不满意，于是上书规劝成帝。奏折中是这样说的：“我听说对于明了天地本性的人，不可能用神怪去迷惑他；懂得世上万物之理的人，不可能受行为不正的人的蒙蔽。现在有些人大谈神仙鬼怪，宣扬祭祀的方法，还说什么世上有仙人，服不死的药，寿高得像南山一样。听他们的话，都是美好的景象，好像马上就能遇见神仙一样；可是，你要寻找它，却又虚无缥缈，好像要捕风捉影一样不可能得到。所以古代贤明的君王不听这些话，圣人也绝对不做这种事。”

谷永又举例说：“周代史官苌弘想要用祭祀鬼神的办法帮助周灵王，可是诸侯反叛的更多。楚怀王隆重祭祀鬼神，求神灵保佑打退秦国军队，结果打了败仗，自己做了俘虏。秦始皇统一天下后，派徐福率童男童女下海求仙采药，结果也一去不回。”

最后，他又说道：“从古到今，帝王们凭着尊贵的地位、众多的财物，寻遍天下神灵仙人，经过了多少岁月，却没有丝毫应验。希望您不要再让那些行为不正的人干预朝廷的事。”

可是汉成帝并没有听从他的意见，最后荒淫无度，死在了温柔乡中了。

冰山难靠

【释义】

冰山要被阳光消融，难以依靠。比喻依靠权势，难以长久。

【出处】

《资治通鉴·唐纪玄宗天宝十一年》：“或劝陕郡进士张彖谒国忠，曰：‘见之，富贵立可图。’彖曰：‘君辈倚杨右相如泰山，吾以为冰山耳！若皎日既出，君辈得无失所恃乎？’”

【故事】

杨玉环是唐朝有名的美女，美若天仙，唐玄宗李隆基非常喜欢她，封她为贵妃。这样一来杨家便鸡犬升天了。她的堂兄杨钊也官运亨通，身兼十五个官职，皇帝又赐给他一个名字，叫“国忠”。后来他做了宰相，大权在握，不可一世。不少人都去投靠他。

当时，陕西有一个进士，名叫张彖，没有机会做官。他的朋友们都劝他去拜见杨国忠，以便尽快求得一官半职，可是他始终不去，反倒对劝他的朋友说：

“你们都把杨国忠看得像泰山一样稳固，可是我以为他不过是一座冰山罢了。

将来天下一旦有变,他就会垮掉,好比冰山遇到太阳化掉一样,到那时候你们就失掉靠山了。"

"安史之乱"爆发后,安禄山领兵迅速攻下京城长安。杨国忠随唐玄宗逃亡,途中在四川马嵬驿被士兵杀死,杨贵妃也被缢死,杨家果然靠不住了。

拔苗助长

【释义】

将苗拔起,帮助它生长。比喻不顾事物发展的规律,强求速成,结果反而把事情弄糟。

【出处】

《孟子·公孙丑上》:"宋人有闵其苗之不长而揠之者,芒芒然归,谓其人曰:'今日病矣,予助苗长矣!'其子趋而往视之,苗则槁矣。"

【故事】

孟子,战国时期鲁国人,鲁国庆父后裔。中国古代著名思想家、教育家,战国时期儒家代表人物。著有《孟子》一书。孟子继承并发扬了孔子的思想,成为仅次于孔子的一代儒家宗师,有"亚圣"之称,与孔子合称为"孔孟"。

孟子曾仿效孔子,带领门徒周游各国。但不被当时各国所接受,于是他退隐起来与弟子一起著书。《孟子》一书是孟子的言论汇编,是儒家经典著作。其中包含他跟弟子对话的记录,由孟子及其再传弟子共同编写而成。其中,有一个故事很发人深省。故事是这样的:

春秋时期,宋国有一个农夫在自己家田里种了禾苗。种下后,他老是担心自己田里的禾苗长不高,就天天到田边去看。

可是,一天、两天、三天,禾苗好像一点儿也没有往上长。他在田边焦急地转来转去,自言自语地说:"我得想办法帮助它们生长。"

一天,他终于想出了办法,急忙奔到田里,把禾苗一棵棵地拔起,从早上一直忙到太阳落山,忙得精疲力尽。

回到家中,他还自鸣得意地把今天拔苗的事情讲给他儿子听,觉得功劳没有白费，一天之内，他就帮助禾苗长了一大截，可他儿子去田边一看，禾苗都枯死了。

孟子讲完这个故事后，接着跟他的学生们说：做事要按照事情的规律来办，如果硬来，不尊重规律，强求速成，就会把事情弄糟。

拔帜易帜

【释义】

易：改换。拔掉赵军的旗帜，换上汉军的红旗。比喻占领敌人的阵地，取而代之。

【出处】

《史记·淮阴侯列传》：“赵见我走，必空壁逐我，若疾入赵壁，拔赵帜，立汉赤帜。”

【故事】

公元前 204 年，韩信接受汉王刘邦的命令，率领一万多人马攻打赵国。赵王亲自率领二十万人马守在险要之处，阻击韩信率领的汉军。

赵军不仅人马众多，在数量上占有压倒优势，而且抢先占据了有利地形，坐等韩信领兵到来。汉军处处被动，处于非常不利的地位。

韩信清楚地知道，硬打硬拼是赢不了的，只有出奇兵，才能取得这场战斗的胜利。

决战的前一夜，韩信挑选了两千名骑兵，让他们每人带上一面红旗，从小路悄悄爬上敌人大营后面的小山埋伏下来，命令他们：“等到敌人全体出动冲向我们的时候，你们迅速攻进敌人的大营，拔掉赵军的旗帜，换上我们的红旗。”韩信自己率领一万人马，背靠着滚滚大河，摆开了阵势。

天亮决战时，赵王看到韩信摆开的阵势，忍不住哈哈大笑起来：这是布的什么阵，简直是找死！

赵军蜂拥冲杀过来，汉军官兵只得拼命抵御。前面是强敌，后面是大河，不拼命杀敌，只有死路一条。赵军人马虽多，也久久不能取胜。赵王命令大营里的赵军全体出动，准备一举歼灭汉军。

大营里的赵军立即出动,奔向河边的战场。埋伏在山上的两千名汉军骑兵飞一般冲下山,攻进赵军的大营。他们迅速把赵军的旗帜拔掉,大营里到处都飘起汉军的红旗。

河边的赵军见大营里都是汉军的旗帜,以为汉军的援军到了,一个个惊恐万分,一下子就乱了阵脚。韩信指挥军队趁机猛攻,两千骑兵又从大营里冲出来,汉军前后夹击,把赵军彻底击败。

把臂相托

【释义】

把臂:挽着手臂,指好友、知心。好友、知心之间将要事托付给对方。

【出处】

《后汉书·朱晖传》:"堪至把晖臂曰:'欲以妻子托朱生。'"

【故事】

朱晖,字文季,汉代南阳(今河南安阳)人。他的父亲很早就死了,他便跟着母亲在外婆家生活。十三岁那年,王莽新朝灭亡,天下大乱,朱晖跟外婆家人打算从田野进入宛城。

走到半路,遇上一群强盗,强盗们手持利刃抢劫妇女,掠夺财物。外婆家的兄弟、宾客都给吓坏了,趴在地上不敢动。小小朱晖胆气顿生,拔出利剑大步走上前,高声说道:"财物你们都可以拿走,姨妈们的衣物不许动。要是你们乱动,今天我就跟你们拼了,就让我死在你们手里吧!"领头的强盗看到一个小毛孩手持利剑吼叫,不禁笑了起来,说:"小孩子,把剑收起来吧,饶了你们便是。"领头的一声呐喊,领着强盗掉头往别处去了。

朱晖成年以后曾经在太学就读,同乡张堪也在那里读书,两人经常见面,成了好朋友。有一次,张堪挽着他的手说:"要是我驾鹤而去,妻子儿女就拜托给你了。"年纪轻轻的就说这样的话,实在不吉利,朱晖不敢答应。

以后张堪任渔阳太守,朱晖任临淮太守,相隔路途遥远,两个人便断了消息往来。张堪不幸死在任上,恰恰那一年南阳发生饥荒,张堪的妻子儿女陷入困境。

朱晖得到消息，连忙赶往南阳，探望张堪的妻子儿女。朱晖见他们一家生活艰难，就把带去的财物全都给了他们。以后，朱晖每年给他们送去粮食五十斛(量器，本为十斗，后改为五斗)，帛五匹，使他们衣食无忧。

白龙鱼服

【释义】

白龙变成鱼在水里游。比喻身份极高的人穿着便服出行。

【出处】

汉·刘向《说苑·正谏》:“吴王欲从民饮酒，伍子胥谏曰:‘不可。昔白龙下清泠之渊，化为鱼，渔者豫且射中其目。’白龙上诉天帝，天帝曰:“当是之时，若安置而形?”白龙对曰:“我下清泠之渊化为鱼。”天帝曰:“鱼固人之所射也，若是，豫且何罪!”

【故事】

吴王夫差在皇宫里待腻了，很想到外面去走走解闷。有一天，他对伍子胥说，打算到农村去转一转，跟农夫一起喝喝酒、聊聊天。

伍子胥忙说:“大王，这样不行。微服出行，事前要做安排，随随便便就这样出去了，安全没有保障。”吴王夫差坚持要外出，伍子胥便给吴王讲了一个故事。

从前，一条白龙在龙宫里待腻了，变成一条鱼，到深渊里自由地游来游去。正好有位渔夫在那里打鱼，看见这么大一条鱼，一箭射去，正中鱼的眼睛。那条大鱼负痛赶快逃开，到天帝那里状告渔夫。天帝问白龙:“你被射中的时候，是什么样的身形?”白龙说:“我下深渊时变成了一条鱼。”天帝说:“既然是鱼，那就理当被人捕食，如此说来，渔夫没有罪。”

说完这个故事，伍子胥说:“白龙，是天帝的宠物，渔夫，是人间的凡人。白龙不去变成鱼，渔夫就不可能射到它。现在大王去和农夫一起饮酒，我怕大王遇上白龙那样的危险。”

吴王夫差终于听从了伍子胥的劝告，没有去和农夫喝酒聊天。

别无长物

【释义】

长物：多余的东西。除一身之外再没有多余的东西。原指生活俭朴，现形容贫穷。

【出处】

《世说新语·德行》："丈人不悉恭，恭作人无长物。"

【故事】

王恭，字孝伯，是东晋时期的一个读书人。他生活得很清苦，但是他非常乐于帮助别人。

有一次，他跟随父亲从会稽（今浙江绍兴）来到建康（今江苏南京），建康有一个他的本族亲戚，叫王忱。王忱听说王恭来了，非常高兴，就到王恭住的地方去看望他。王恭一见王忱，心里很开心，连忙拉着他在竹席上聊了起来。

两人相谈甚欢，王忱坐在竹席上，觉得席子非常好，摸着很光滑，感觉很舒服，而且席子编织的也很漂亮，他很喜欢。他心想，会稽是盛产竹子的地方，王恭从会稽来，一定带了不少这样的好席子，不如就跟王恭说一下，希望他能送自己一个。于是，他把竹席赞扬了一番，把自己的想法表达了出来。

王恭听后，二话没说，就把那张席子送给了王忱，王忱非常高兴，再三表示感谢后，拿着席子回家了。

哪里知道，王恭就只有这么一张席子，他把它送给王忱后，就只能用草席了，王忱知道后，心里非常过意不去。他去给王恭道歉，说自己确实不知道王恭就只有这么一张席子，他还以为他有很多这样的竹席。王恭笑着说："您不知道我的为人，我就是这样一个生平别无长物的人。"

伯乐一顾

【释义】

比喻受到重要人物或专家的赏识与肯定。

【出处】

《战国策·燕策》:“战国时,苏代说淳于髡,谓人有告伯乐曰,臣有骏马欲卖,连三旦立于市,人莫与言;愿子一顾之,请献一朝之费。伯乐乃环而视之,去而顾之,一旦而马价十倍。”

【故事】

春秋时期,有一个非常擅长相马的人,他的名字叫伯乐。一天,有一个人拉着一匹骏马到集市上去卖,但是一天都没有人来。卖马人心里很纳闷,心想可能今天没什么人,说不定明天就有人了。可是接连几天,他站在集市上等待别人来买马,但是经过的人总是视而不见,甚至不相信他卖的是骏马,连看都不看。

卖马人万般无奈之下去找伯乐帮忙,伯乐问:“我能帮你什么忙吗?”卖马的人说:“我并不需要您出什么大的力气,只要你明天早上到集市上去看看我的马,等您走的时候,再回头看一眼,就行了。”伯乐听他这么一说,也想去看看那到底是一匹什么样的马,就答应了。卖马的人一听伯乐肯帮他这个忙,便兴高采烈地走了。

第二天一早,伯乐就按照卖马人说的来到了集市上。大家都知道伯乐以擅长相马闻听天下,于是想要买马的人都把注意力集中在伯乐的身上。因为他们知道,只要伯乐的眼睛发亮,多看这匹马一眼,那么这匹马就一定是匹好马。于是,他们都紧紧盯着伯乐的眼神,看伯乐到底对哪匹马感兴趣。

伯乐在市场上转了一圈,对其他的马都是不屑一顾。他走到卖马人的前面,围着那匹马前后左右看了一圈,还不时地点点头。看完之后,伯乐就离开了。没走几步,伯乐又回过头来看了那匹马一眼,那匹马确实是一匹好马啊。

大家看到伯乐这么注意这匹马,都认定这匹马一定是一匹难得的骏马,于是全部都围到了卖马人的身边,争着要买这匹马。卖马人很高兴,大声喊道:“我就只有这一匹马,你们谁给的价钱高,我就把这匹马卖给谁!”

就这样，因为伯乐的回头一顾，这匹马的价钱就升了上去，卖马人最终以不菲的价钱卖掉了这匹马。

百折不挠

【释义】

折：挫折。挠：弯曲。比喻意志坚强，无论受到多少次挫折，毫不动摇退缩。

【出处】

《太尉乔玄碑》："其性庄，疾华尚朴，有百折不挠、临大节而不可夺之风。"

【故事】

乔玄，字公祖，东汉睢阳人。他性格刚直，嫉恶如仇，为官时敢于同坏人坏事做斗争。他坚毅果断、勇往直前的精神，受到人们的一致称赞。

乔玄年轻时，在睢阳县里当功曹。有一次，豫州刺史周景来到睢阳县。乔玄向周景揭发了豫州"陈国相"羊昌的许多罪行，请求周景派自己去查办此人。得到周景同意后，乔玄首先把羊昌的宾客全部抓了起来，详细调查羊昌所犯罪行。羊昌的靠山、当朝大将军梁冀得知消息后，派人飞马传来檄文搭救羊昌。同时，周景也接到了圣旨，要他召回乔玄，停止调查。乔玄压住檄文不发，并且加快了审讯速度，终于使羊昌受到了应有的惩罚。

汉灵帝时，乔玄当上了尚书令。有一次，乔玄掌握了太中大夫盖升倚仗灵帝的宠信，大肆收受贿赂的证据，于是向灵帝上奏，要求罢免盖升。但是灵帝不但没有处置他，反而升了他的官。乔玄看不惯盖升的所作所为，于是称病辞官。

回到家乡后，有一天，乔玄十岁的小儿子独自在门口玩耍，被三个盗贼所擒，并迫令乔玄拿钱来赎人，乔玄不肯答应。过了一会儿，得到消息的司隶校尉阳球，带领河南尹、洛阳令和士兵赶到乔玄家中。他们因恐怕那些盗贼会杀害乔玄的儿子，所以不敢贸然冲上去，双方僵持不下。乔玄大声喝道："贼人无法无天，我乔玄难道能够因为爱惜儿子的生命就放纵这些危害国家的强盗吗？"他催促阳球下令进攻。士兵攻上去后，把盗贼杀死了，但乔玄的儿子也被盗贼杀害了。

之后，乔玄进宫，请求皇帝下令："凡是劫持绑架的案子，一定要把贼人全杀掉，不准拿财宝去赎，以杜绝贼人犯罪的门路。”皇帝批准了乔玄的建议，并颁发了诏书。从那以后，恶贼劫人的事件几乎绝迹了。

乔玄去世时，家里十分清贫，所以殡葬仪式非常简单。东汉著名文学家蔡邕在《太尉乔公碑》中说：“乔公性情严肃，嫉恨奢华，崇尚俭朴，百折不挠，在原则问题上绝不改变自己的意志。”

百无聊赖

【释义】

聊赖：指凭借、依托。形容生活或感情无所依托，孤寂无聊，感觉什么都没有意思。

【出处】

《悲愤》诗：“为复强视息，虽生何聊赖。”

【故事】

东汉末年，军阀割据，公孙瓒盘踞在蓟州。蓟州北方的鲜卑、乌丸，南方的袁术、袁绍，不断侵扰蓟州，公孙瓒甚为烦恼。当时蓟州流传一首童谣：燕南陲，赵北际，有此中可避世。公孙瓒特地为此找来术士，询问童谣的含义。术士说：“古燕国的南疆，赵国的北边，有时归入燕国版图，有时归入赵国版图，那块土地就是易州，该州城建在山坡上，后枕大山，发生战事，来者只能仰攻，是固守的好去处。”

公孙瓒一听有利于固守，当下就决定把都城从蓟州迁到此处。公孙瓒在易州城外挖了十道壕堑，每道壕堑后都筑一道城墙，中建一座十余丈高的城堡，藏有米粮 300 万斛，称为易京，自己就驻守其间。他踌躇满志地说：“兵书上说的，攻打拥有百座谍楼的城池是自讨苦吃，现在易京有谍楼千座，哪个能奈何我？”

公孙瓒哪里知道这一切都是中了袁绍的计谋，他就是为了把公孙瓒引进孤城困守，才散布童谣引公孙瓒上钩。后来，袁绍大军围困易京，公孙瓒据险而守，虽然一时不怕敌兵攻城，但是老待在城里，士兵无斗志，米粮日渐减少，日子也不好过。另外，袁绍的军队日日夜夜在城外挖掘地道，通向城内，准备上下夹攻。

公孙瓒憋不住了，先派遣儿子突围外出讨救兵，然后率领士卒，打算出城跟袁绍决战。可是援兵总是不来。公孙瓒写信让人快速送到儿子手里，信上说："袁绍的军队，像神又像鬼，鼓声角声在地道下响起，云梯擂石在我军头上飞舞，困守孤城，无所聊赖。你急率轻骑前来救援，来时在北方山头燃起烽火，为父得讯后，开门击贼，出其不备，打垮袁军。"

不幸的是，这封信落到了袁绍手里。袁绍将计就计，按照信中所说的那样点起了烽火，公孙瓒果然上当，中了埋伏。败兵回城时，却又发现城已被袁军从地道攻入而占领，公孙瓒走投无路，只得悲愤地自杀了。

"百无聊赖"又作"无所聊赖"。

百发百中

【释义】

形容射箭或打枪准确，每次都命中目标。也比喻做事有充分把握。

【出处】

《战国策·西周策》："楚有养由基者，善射，去柳叶百步而射之，百发百中。"

【故事】

战国末年，七雄相争，不但互相攻伐，而且也有众多纵横之士往来于各国间游说。当时有一个很有名的谋士苏厉，他听说秦国大将白起将要带兵攻打魏国都城大梁，而大梁一旦被秦占领，附近的西周王室就危在旦夕。于是，苏厉对周王说：

"白起这几年打败过韩、赵等国，夺取了许多土地。现在他将要带兵攻打大梁，大梁一旦被白起攻下，周王室那可就非常危险了。您应当想办法阻止白起出兵。"

于是周王派苏厉前往秦国。苏厉对白起说：

"以前，楚国有一个名叫养由基的人，是一个射箭能手，他距离柳树一百步放箭射击，每箭都射中柳叶的中心，百发百中。左右看的人都说射得很好，可是一个过路的人却说：'这个人，可以教他该怎样射了。'

"养由基听了这话，心里很不舒服，就说：'大家都说我射得好，你竟说可以教我射了，你为什么不来替我射那柳叶呢！'

"那个人说：'我不能教你怎样伸左臂屈右臂的射箭本领，但是你有没有想过，你射柳叶百发百中，但是却不善于休息，等一会儿疲倦了，一箭射不中，你的名声将大打折扣。’”

接着苏厉又对白起说：“你已经打败了韩、赵等国，取得了许多土地，功劳很大。现在，又要派你带兵出关，经过西周王室所在地去进攻大梁，如果这一仗不能取胜，就会前功尽弃。你不如说自己生病，不要出兵为好。”

白起听了，哈哈大笑说：“我所向披靡，百战百胜，怎么会不能取胜呢？”白起没有听从苏厉的游说，继续领兵出征，不久大败魏军，不但没有前功尽弃，功劳反而更大了。

百川归海

【释义】

川，江河。条条江河最后都流入大海。比喻人心所向，大势所趋或众望所归。也比喻许多分散的事物汇集到一个地方。

【出处】

西汉·刘安等《淮南子·氾论训》：“百川异源，而皆归于海。”

【故事】

我们的祖先早先住在山洞里和水旁边，衣着非常简陋，生活十分艰苦。后来出了圣人，他们带领人们建造宫室，这样人们才从山洞里走出来，住进了可以躲避风雨、寒暑的房子。圣人又教人们制造农具和武器，用来耕作和捕杀猛兽，使人们的生活有了进一步的保障。后来，圣人又制礼作乐，订出各种各样的规矩，使人们有了礼节和约束。由此可见，社会是不断发展的，人们不是老用一种方式生活。所以古时候的制度，如果不再适用了，就应该废除；而对于现在出现的，如果适用，就应该发扬。这一切说明，就像百川归海一样，人们做的事虽不同，但都是为了使社会更加进步，使生活更加美好。

百步穿杨

【释义】

原意是指在百步远以外，能射中细细的杨柳叶子。现引申为本领高强，技艺高超。常用来比喻射箭技术非常高明。

【出处】

西汉·刘向《战国策·西周策》："楚有养由基者，善射，去柳叶者百步而射之，百发百中。"

【故事】

战国时期，秦国名将白起在连续率兵打败韩、魏两国后，又率兵去攻打梁国。谋士苏厉得知消息后马上去见周王朝的国君，并提醒他如果秦军占领梁国后，周王朝的处境就会变得非常危险。周朝国君听取了苏厉的意见，派他去劝说白起停止进攻梁国。

苏厉见到白起后，给他讲了一个故事：楚国有一位叫养由基的著名射手，力大无穷，箭法超群。当时魏国也有一位擅长射箭的勇士，名叫潘虎。有一天，两人比试射箭，许多人都围在场地周围观看。靶子设在五十步以外，潘虎拉开弓，连射三箭，箭箭都正中红心，博得观众一片喝彩。潘虎十分得意，请养由基射箭。养由基认为射五十步以外的红心，目标太近，自己要射就射百步以外的杨柳叶。只见他拉开弓，"嗖"的一声射去，一片柳叶随声落下。他连发十箭，箭箭都射下了杨柳叶，观众都惊呆了，潘虎也输得心服口服。

这时，养由基身旁的一位老人冷冷地说道："现在可以让我教你射箭了！"养由基听到此话非常不悦，问老人道："你准备怎样教我射箭？"老人说："我并不是教你怎样拉弓射箭，而是教你如何保持自己的射箭名声。你如今能在百步之外射中杨柳叶，但是如果你的身体已经疲倦，气息已经虚弱，胳膊已经没有力气，那么你只要一箭不中，百步穿杨的名声就会受到影响。一个真正善于射箭的人要注意保持自己的名声啊！"养由基听到这番话，马上明白了老人爱护自己的好意，再三向老人道谢。

白起听完“百步穿杨”的故事后，明白了要保持自己百战百胜的名气，不能在连胜两国、精神疲累时轻易出战，便借口生病，停止向梁国进攻。

百尺竿头

【释义】

桅杆或杂技长竿的顶端。比喻极高的官位和功名，或学问、事业有很高的成就。

【出处】

《五灯会元·长沙景岑禅师》卷十：“师示一偈曰：‘百丈竿头不动人，虽然得入未为真，百尺竿头须进步，十方世界是全身。’”

【故事】

宋朝时期，在湖南长沙有位叫景岑的高僧，法号为招贤大师，因其对佛教有很深的研究，所以经常出门去讲经传教。有一天，他应邀到寺庙的法堂上讲解佛经，与僧人们共同探讨十方世界的含义。为了贴切地说明十方世界的含义，招贤大师出示了一份佛教中记载唱词的偈帖，偈帖上写道：“百尺竿头不动人，虽然得入未为真。百尺竿头须进步，十方世界是全身。”意思是即使道行修养已经达到很高的境界，仍需继续努力，只有这样才可以达到佛教的最高境界。

百废俱兴

【释义】

指许多已经荒废了的事情一下子都兴办起来。

【出处】

宋·范仲淹《岳阳楼记》：“庆历四年春，滕子京谪守巴陵郡，越明年，政通人和，百废俱兴，乃重修岳阳楼。”

【故事】

范仲淹是北宋时著名的政治家和文学家。他在担任参知政事时,提出了许多革新的有利意见,却因受到官僚地主的反对而始终不能施行。宋仁宗庆历四年,范仲淹得罪了权臣,被贬到地方任职。当时,他的好友滕子京也被贬为巴陵郡太守。一年后,滕子京因治理巴陵卓有业绩,便重修岳阳楼以显其功。

滕子京不仅扩大了岳阳楼以前的规模,还把许多历代名人的诗赋题刻在上面。竣工后,他请范仲淹写文记叙此事,于是范仲淹应邀而作《岳阳楼记》。范仲淹不仅颂扬了滕子京的政绩,同时也在文中表达了自己的“先天下之忧而忧,后天下之乐而乐”的思想。

百闻不如一见

【释义】

听到一百次也不如见到一次,表示亲眼见到的远比听人家说的更为确切可靠。

【出处】

汉·班固《汉书·赵充国传》:“百闻不如一见,兵难遥度,臣愿驰至金城,图上方略。”

【故事】

西汉时期,羌人经常侵入边境地区掠夺牲畜和财物,甚至还与官兵冲突。守边的将士向朝廷发来告急文书,宣帝立即召集群臣商议对策,并询问哪位朝臣愿意领兵镇守边关。

七十六岁的老将赵充国曾在边境与羌人交战几十年,非常熟悉羌人的活动习性。他见朝廷无将可派,便自告奋勇,要求带兵前去征讨。宣帝问他需要多少人马,赵充国回答说:“百闻不如一见,何况大兵远征是件极其疲累的事,所以我想先实地考察一下,制定好攻守方略,再回奏陛下。”宣帝欣然同意。于是,赵充国带领小队人马渡过黄河。刚渡河不久,他们便遇上了羌人的小股队伍。赵充国指挥大家出击,抓获了许多俘虏。

赵充国亲自审问俘虏,很快就摸清了羌人的详细情况,并据此制定出按兵屯守，对羌人采取分化瓦解、各个击破的策略，并派人禀告宣帝。不久以后，朝廷配合赵充国的策略，狠狠打击了羌人，使西北边境终于安定下来。

半途而废

【释义】

路走到一半停了下来，比喻事情没做完就停止，不能善始善终。

【出处】

汉·戴圣《礼记·中庸》："君子遵道而行，半途而废，吾弗能已矣。"

【故事】

战国时期，河南有位名叫乐羊子的人，妻子非常贤惠。有一次，乐羊子外出求师，还没学成就因思念妻子返回家中。当时妻子正在织布，见丈夫回来非常高兴，询问他学业的进展。乐羊子说："我在外求学已满一年，因为想念你而回来，我打算再也不离开家了。"妻子听到他的话非常生气，拿起剪刀剪断织机上的丝线，说道："丝线出自蚕茧，再由织机一丝一线地积累，才能织成寸，再由寸织到丈，由丈织到匹。现在我剪断了它，就等于前功尽弃，我以前所花费的时间都毫无意义了。你在外求学也是这样，知识需要日积月累，如果半途而废，同织机上剪断的丝线有什么分别呢？"乐羊子听了妻子的话，感到非常惭愧，便再次外出学习，这次一去就是七年，直到完成学业才回家。

抱薪救火

【释义】

薪：柴草。抱着柴草去救火。比喻用错误的方法去消除灾祸，结果使灾祸反而扩大。

【出处】

汉·司马迁《史记·魏世家》："且夫以地事秦，譬犹抱薪救火，薪不尽，火不止。”

【故事】

战国末期，秦国向魏国连续几次发动大规模侵略，魏军屡战屡败，大片土地都被秦军占领。第二年，魏王接受群臣的意见，打算用黄河以北和太行山以南的大片土地为代价，向秦王求和。谋士苏代坚决反对说：“大王，他们是因为自己胆小怕死，才让您去卖国求和，根本不为国家着想。您想，把大片土地割让给秦国，虽然暂时满足了秦王的野心，但秦国的欲望是无止境的。用土地去讨好秦国，不就等于抱着柴草去救火吗？柴草烧不完，火就永远不会熄灭！”尽管苏代讲得头头是道，可胆小的魏王只顾眼前的太平，还是依大臣们的意见，把魏国的大片土地割让给了秦国。

必恭必敬

【释义】

必，一定；恭、敬，端庄而有礼貌。形容态度十分恭敬。

【出处】

《诗经·小雅·小弁》：“维桑与梓，必恭敬止。”

【故事】

周幽王姬宫涅是西周的亡国之君，他昏庸暴虐，政治腐败。

公元前779年，褒国给周幽王进献了一个姓姒的美女，叫褒姒。周幽王十分宠爱她。褒姒不爱笑，偶尔一笑，更显艳丽，周幽王于是悬赏千金以求博爱妃一笑。虢国石父献出“烽火戏诸侯”的奇计，周幽王马上同意了。于是，他带褒姒到行宫游玩，到了晚上就传令点燃烽烟。各地诸侯见到烽烟，以为有盗寇侵扰京城，纷纷率领兵马赶来相救。到了一看，发现周幽王在喝酒取乐。周幽王简单地派人对他们说：“没有什么盗寇，让你们辛苦了！”诸侯受骗，匆匆地来，匆匆地去。褒姒看见那一队队兵马走马灯似地来来往往，不由启齿而笑，周幽王大喜。

后来，褒姒生了个儿子叫伯服，周幽王就废掉申后，立褒姒为王后，又废掉申后生的太子宜臼，立伯服为太子。

宜臼被废黜后，住在外祖父申侯的家里。他对自己的命运和国家的前途，满怀忧愁，心中十分痛苦，就写了一首名为《小弁》的诗。诗的第三节说："看见屋边的桑树和梓树，一定要必恭敬止。我尊敬的是自己的父亲，我依恋的是自己的母亲。谁人不是父母的骨肉，谁人不是父母所生？上天生了我，可我的好日子到哪里找寻？"

由于周幽王不懂得管理国家，诸侯纷纷叛离。公元前771年，宜臼的外祖父申侯联合犬戎的军队进攻镐京。周幽王下令点燃烽烟，但是诸侯受过骗，都不派救兵。犬戎的军队攻下镐京，杀了周幽王，掳走了褒姒。

"必恭敬止"后演化为"必恭必敬"，也作"毕恭毕敬"的。

病入膏肓

【释义】

形容病势严重，无法医治。也比喻事态严重，无法挽救。

【出处】

《左传·成公十年》："疾不可为也，在肓之上，膏之下。"

【故事】

传说，春秋时晋景公卧病在床，久治不愈。秦桓公得到这个消息后，就向晋国推荐了一位名叫缓的医生，让他去给晋景公治病。

缓立即从秦国出发。当他还在途中赶路时，晋景公做了一个十分奇怪的梦。他梦见两个小人对话。一个小人忧心忡忡地说："缓是医术高超的良医，咱们要赶快找个地方躲避一下才好呢！"另一个小人却若无其事地说："不要紧，我们只要躲进膏和肓的中间，他就一点办法也没有了！"

缓赶到晋国后，马上去见晋景公，他观察了晋景公的脸色，看了他的舌苔，又仔细地切了脉，最后摇摇头说："这个病没法医了。病在肓的上面，膏的下面，膏肓之间是药力无法达到的(病入膏肓)，因此，这个病没法医治！"

晋景公听了缓的话，想起梦中的情景，叹了一口气说："你的诊断很对，你真是个了不起的良医啊！"说完，赠给缓一份贵重的礼物，派人送他回秦国去了。

不久,晋景公就病死了。

卜昼卜夜

【释义】

卜:占卜。形容夜以继日地宴乐无度。

【出处】

《左传·庄公二十二年》:"臣卜其昼,未卜其夜,不敢。"

【故事】

公元前672年,陈国的国君宣公为了改立宠姬所生的儿子款为太子,便狠心地在这年春天杀死了现任太子御寇。陈国的公子完,字敬仲,与太子御寇关系很好,害怕陈宣公立储之事祸及自己,于是就逃到齐国。当时齐国国君是齐桓公,他是春秋五霸之一,齐国国势强盛。陈宣公得知敬仲已逃到齐国,因惧怕齐桓公,不敢追究。

敬仲逃到齐国,受到齐桓公的优待。齐桓公想封敬仲为齐国的卿,敬仲委婉地辞谢说:"我是个客居异国的臣子,有幸得到您的宽恕,在您宽厚的政治庇护下,能够被赦免罪过,卸下心理负担,承蒙国君您的恩惠,我已经心满意足了。怎么敢接受卿这样的高位?以招致官员们说我不称职的指责呢?所以请您免了吧!况且《诗》中说:'车子远道驰来,带着聘我的良弓(古制聘贤用弓)。'我难道不想应聘?我怕的是朋友的讥讽。'"齐桓公觉得敬仲的一番话很有道理,就任命他担任掌管百工的工正。

齐桓公和敬仲私交不错,经常一起喝酒闲谈。有一天,敬仲设宴招待齐桓公,二人边喝就边聊天,兴致很高,不觉天黑了。齐桓公未尽兴,就吩咐仆人:"把灯点上,继续喝。"

敬仲婉言劝谏说:"请国君喝酒之前,我只占卜了白天喝酒会万事顺利,至于晚上喝酒会如何,我尚未占卜,不敢奉命陪饮。"

齐桓公点点头表示理解,就告辞离去了。

后人知道这件事后便说:"酒是用来完成礼仪的,所以饮酒不能没有限度,这是义。接待国君饮酒完成礼仪，不让国君饮酒无度，这是仁。”大家都纷纷赞扬敬仲仁义知礼。

背水一战

【释义】

背水：背向水，表示没有退路。比喻与敌人决一死战。

【出处】

《史记·淮阴侯列传》：“信乃使万人先行，出，背水阵。赵军望见而大笑。”

背水一战

【故事】

汉高祖刘邦手下的大将韩信，为刘邦打败项羽、夺取天下立下了汗马功劳。他为刘邦定下计策，先攻取关中，然后东渡黄河，打败并俘虏了背叛刘邦、听命于项羽的魏王豹，接着往东攻打赵王歇。

韩信的部队要通过一道极狭的山口，叫井陉口。赵王手下的谋士李左车主张一面堵住井陉口，一面派兵抄小路切断汉军的辎重粮草，韩信的远征部队没有后援，就一定会败走；但大将陈余不听，仗着兵力优势，坚持要与汉军正面作战。

韩信知道真实情况后，非常高兴。他命令部队在离井陉三十里的地方安营，到了半夜，让将士们吃些点心，告诉他们打了胜仗后再吃饱饭。随后，他派出两千轻骑从小路隐蔽前进，要他们在赵军离开营地后迅速冲入赵军营地，换上汉军旗号；又派一万军队故意背靠河水排列阵势来引诱赵军。

天快亮时，韩信突然率军猛攻对方，双方展开激战。不一会，汉军假意败回水边阵地，赵军全部离开营地，前来追击。这时，韩信命令主力部队出击，背水结阵的士兵因为没有退路，也回身猛扑敌军。赵军无法取胜，正要回营，忽见营中已插遍了汉军旗帜，于是四散奔逃。汉军乘胜追击，打了一个大胜仗。

在庆祝战斗胜利的时候，将领们不解地问韩信：“兵法上说，列阵可以背靠山，前面可以临水泽，现在您让我们背靠水排阵，还说打败赵军再饱饱地吃一顿。我们当时不相信，然而竟然取胜了。这是一种什么策略呢？”

韩信笑着说：“这也是兵法上有的，只是你们没有注意到罢了。兵法上不是说‘陷之死地而后生，置之亡地而后存’吗？如果是有退路的地方，士兵都逃散了，怎么能让他们拼命呢！”

暴虎冯河

【释义】

暴虎：徒手与虎搏斗。冯河：徒步过河。比喻有勇无谋。

【出处】

《诗经·小雅·小旻》：“不敢暴虎，不敢冯河；人知其一，莫知其他。”《论语·述而》：“暴虎冯河，死而无悔者，吾不与也。”

【故事】

孔子是我国古代伟大的思想家，教育家。子路是孔子的大弟子，他性格粗鲁，有勇无谋。在他拜孔子为师前，听说孔子正在讲学授徒，就拿了宝剑并在帽子上插了几根鸡毛，来到孔子讲学之地找碴滋事。

见到孔子后，子路拔出宝剑舞了一阵，剑锋好几次逼近孔子。孔子面不改色地看完了他舞剑后，称赞他剑舞得好，接着劝他认真读点书。不料子路板起脸说：“我像一根笔直的竹竿，天生是做一支好箭的材料，还读书做什么？”

孔子开导他说：“读了书就有了学问，好比在竹箭尾部装上了羽毛，前面又安上了锋利的金属头。这样，箭就更有用了。”

子路觉得孔子说得很有道理，便拜孔子为师，但是，他粗鲁简单、有勇无谋的习性一直改不掉。

有一次，孔子当着子路的面，对最得意的弟子颜渊说：“用我呢，我就去干；不用我呢，我就藏起来。只有我和你才能做到这一点吧！”

子路好胜心强，见孔子这样赞扬颜渊，心中有些不服气，就问孔子：“老师，如果让您统率三军，那您找谁共事？”

子路本以为自己在军事方面很在行，老师一定会找他共事，不料孔子回答说："对空手去和老虎搏斗以及徒步过河这种自以为勇、不怕死的人，我是不和他共事的。我要的是遇事谨慎、善于谋划而能完成任务的人。"

听到后，子路很是惭愧，于是就开始注重提高文化修养了。

宾至如归

【释义】

意思是客人到这里就像回到了自己的家里一样。多用于形容主人待客热情、周到。

【出处】

《左传·襄公三十一年》："宾至如归，无宁灾患，不畏盗寇，而亦不患燥湿。"

【故事】

子产是春秋时期郑国著名的政治家，在他执政期间，对外广结邻邦，周旋于各诸侯国之间。

公元前542年，子产奉郑简公之命出使晋国，可是晋平公迟迟不肯接见他。子产多次领教过大国的傲慢无礼，每次子产都用机智的方法既保全了郑国的利益和尊严，又不与大国发生正面的冲突。这次也不例外，气愤之余，子产平静下来，想出了一个对策。他命手下人把挡在他们面前的晋国的驿馆围墙拆掉，让郑国拉着贡品的马车安然入内，把车上的贡品摆放好，等着晋国的官员到来。

果然，晋平公得知这一消息，勃然大怒，立即派大夫士文伯到驿馆去见子产。士文伯怒气冲冲地来到子产面前，责问道："我们为了保护各诸侯国的官吏和宾客的安全，才特意修建了驿馆的围墙。现在你把厚厚的围墙拆了，你的安全可以由你的手下保护，可其他国家宾客的安全由谁来保护呢？我国的国君特意派我来询问，你拆墙的意图是什么？"

面对士文伯咄咄逼人的问题，子产镇定地回答说："我们郑国是一个小国，需要向大国进献贡品，大国向我们索要贡物又没有固定的时间。所以我们不敢安居，赶紧从郑国各个地方搜罗财物，偏偏又遇上贵国国君没空，又不知何时才能接见我们。如果让这些财物受暴晒、受潮、发霉、被虫蛀蚀,那就太对不起郑国的子民,也对不起晋国的国君。同时,也加重了我们的罪过。这些物品如果不如数交上,我的心里会不安宁的。

“我听说过去晋文公做盟主的时候,自己住在低矮的小房子里,而接待宾客的房子却造得又高大又气派。诸侯宾客到达时,热情接待,从不怠慢。晋文公还常常帮助宾客解决困难,与宾客同喜同忧,宾客们每次来到这里,就像回到了自己家,从来不担心有盗贼。现在则正相反。

“如果能让我们奉上贡品,不让它们有一点儿损坏,我们愿意把围墙重新修好,我们不怕辛苦。”

士文伯听了子产一席话,气也消了,还不停地点头称是。士文伯把这件事如实向晋平公做了汇报,晋平公也感到理亏。忙又派士文伯去向子产道歉,并立即安排接见。礼仪也非常周到,并给了郑国使者丰富的赠品,然后送他们一行回国。

子产用他的机智和果敢,又一次维护了郑国的尊严。

兵不血刃

【释义】

字面意思是兵器上没有沾血,即未经激烈的战斗就取得了胜利。多指善于用兵者能以德服人。

【出处】

《荀子·议兵》:“故近者亲其善,远方慕其德,兵不血刃,远迩来服。”

【故事】

陶侃是东晋的一位著名将领,他通晓兵法,治军有道,体恤下属,深受官兵和百姓的爱戴。

一日,陶侃了解到这样一件事,令他非常愤慨。屯骑校尉郭默是一位勇将,曾大败后赵的建立者石勒。至今,石勒提起他来还胆战心惊的。因此,郭默自恃有功,飞扬跋扈,不把任何人放在眼里。他因一点私事,与平南将军刘胤发生了口角。事后,郭默记恨在心,念念不忘报仇之事。后来他找机会就将平南将军刘胤杀了。

事情发生以后，他怕东窗事发，竟伪造诏书，诬陷刘胤要谋反，称自己杀刘胤是为国除奸。郭默颠倒黑白，将自己粉饰一番，并向各州通报了这一消息。纸是包不住火的，宰相王导知道了这件事的真相，非常愤慨，但他怕朝廷无力惩处郭默，反而得罪了郭默而对自己不利，所以，他非但没向郭默问罪，反而给郭默加官晋爵。

陶侃越想越不平静，他提笔给朝廷写了奏章，请求派人去讨伐郭默。如果朝廷找不到更好的人选，他愿意亲自披挂上阵，去讨伐郭默。

他又写了封信给宰相王导，讲明利害，请求宰相立即采取果断的措施。信中有两句话写得非常有力："郭默杀害了州官，朝廷就任命他当州官，难道他杀害了宰相，也要让他当宰相不成！此奸不除，将贻害无穷。"

王导看到这封信，马上任命陶侃作为主将，率兵去江州讨伐郭默。不等郭默南逃，陶侃的大军已将郭默在江州的部队团团包围。郭默也深知陶侃的厉害，便如一只丧家之犬，上天无路，入地无门。他的属下一看大势已去，立刻把郭默捆绑起来，押着他打开城门，宣布投降。

陶侃不战而胜，平定了这次叛乱。

兵不厌诈

【释义】

指用兵打仗要尽量用计谋迷惑敌人，克敌制胜。

【出处】

《韩非子·难一》："战阵之间，不厌诈伪。"

【故事】

东汉安帝时，由于官吏腐败，残酷剥削压迫少数民族，引起羌人起义，对中原地区构成严重威胁。

有一年，羌军大举围攻武都郡。在这危急时刻，安帝任命虞诩为武都太守，让他率兵驰援武都。虞诩的部队到达陈仓、崤谷一带时，遭到羌军的阻击。虞诩审时度势，考虑到羌军强大，不能硬拼，便命令部队停止前进，并派人四处扬言说已经奏请朝廷增调人马，等援兵到后再继续前进。羌人不知是计，便放松了警惕，放纵军队四处抢掠。这时，虞诩率军突然发起进攻，冲破了羌军的防线，每天行军一百多里，赶往武都。起先，羌军紧追不舍，虞诩就让士兵逐日增灶，羌兵见了，以为汉军每天都在增加兵力，因此不敢再追。汉军安全到达目的地后，将士们都不明白虞诩的战略，向他请教说："从前孙膑行军作战，每天减灶，而您却要增灶，兵书上说，每天行军三十里，前后照应，就可以保证安全，而我们却要行百里，这是什么缘故呢？"虞诩答道："羌兵人多，我军人少，难以与他们正面对抗，因此就应该以计克敌。我军迅速行动，目的是为了摆脱跟踪之敌；孙膑佯装弱小而减灶，我军佯装强大而增灶，这是在不同情况下采取的不同策略。这叫'兵不厌诈'呀！"

当时，武都守军不足三千人，而羌兵却有上万人马。两军对阵时，虞诩下令士兵先用弱弓射击，羌兵见汉军弓箭无力，就放心大胆地往前冲。等到羌兵逼近时，虞诩下令改用强弓硬弩集中射击，顿时箭如飞蝗，羌兵伤亡惨重。汉军乘胜追击，羌兵大败而逃。

虞诩不但善于用兵，而且很会治理地方。他在边境一带修建了许多营垒，把避乱逃亡的百姓招集回来，妥善安排他们的生活。这样，武都郡很快就恢复了安定的局面。

背井离乡

【释义】

背井离乡又称"离乡背井"，意思是离开家乡到外地。

【出处】

《汉宫秋》："背井离乡，卧雪眠霜。"

【故事】

元朝著名剧作家马致远，在他的杂剧《汉宫秋》中讲述了一个凄婉的故事。

汉元帝下诏书，要各州郡选美女入宫，充当妃嫔。大批美女入宫，元帝又无暇一一挑选，便让画师毛延寿画美女图以供挑选。毛延寿是一个见利忘义、善于玩弄权术的卑鄙小人。他来到成都，成都郡便把秭归县香溪村的一位农家姑娘王昭君（名嫱）推荐给他。他一见王昭君，便知她是汉元帝所喜欢的那种类型的美人。于是他为王昭君画了一张美艳绝伦的画像,并向王昭君的家人索要一百两黄金,保证让王昭君排在百名美女的首位,使她很快就能得到皇帝的恩宠,给家人带来荣华富贵。王昭君一家人义正词严地拒绝了他的无理要求。因此,毛延寿在王昭君的画像上做了手脚。这样,汉元帝在观看美女的画像后,把王昭君打入了冷宫。

王昭君每日靠弹琵琶打发无聊的日子。一天傍晚,散步的元帝循着琵琶声发现了幽居冷宫的王昭君。

汉元帝将王昭君带出冷宫,宠爱有加,封王昭君为明妃。经过一番调查,元帝终于弄清了事实真相,龙颜大怒,下令追捕毛延寿。

毛延寿闻讯后如丧家之犬逃离了长安,投奔北番国。临走之前,还不忘带上王昭君的第一张画像。他将此画献给北番王,夸说王昭君是光彩照人、不可多得的绝世美人,唆使北番王向汉元帝索要王昭君为妻,不惜动用武力。

北番王听信了毛延寿的谗言,果然如此行事。汉元帝迫于北番国的压力,答应了北番王的要求。王昭君听说此事后,十分体谅皇上的苦处,表示愿意前往北番国,她不愿意因为自己而使生灵涂炭,愿以此来报答元帝的厚爱。

数日之后,元帝在霸陵桥头设宴送别王昭君。大臣们一点也不理解皇帝的心情,频频催促王昭君同北番使者尽快起程。元帝本来就有一腔怒火无处发泄,此刻终于忍不住斥责地位尊贵的尚书:"你是总揽朝政的大臣,理应能够安邦治国,保卫边疆。可是面对北番国的武力威胁,你却只能让一个弱女子前去和亲。假如我是汉高祖那样坚强的皇帝,我就派你去给昭君娘娘当侍从,让你也一起去尝一尝背井离乡,卧雪眠霜的滋味。要是你不留恋京城的生活而愿意去北番国住一辈子,我愿封你为王。"

在汉番国界的界河边上,王昭君向故乡、向元帝敬酒诀别后,突然纵身跃入波涛汹涌的江里,不见了。

北番王因为王昭君的壮烈自尽而清醒,意识到使用武力并不能得到美满的婚姻。他怀着崇敬之情为王昭君修建了坟墓,并将毛延寿逮捕送归汉朝处置,汉、番两国又恢复了和平友好的关系。

后人从汉元帝送别昭君时斥责大臣的话中,引出了"背井离乡"这个成语。

闭门思过

【释义】

关起门来反省自己的过失。

【出处】

《汉书·韩延寿传》:“是日移病不听事,因入卧传舍,闭门思过。”

【故事】

西汉宣帝时,韩延寿被任命为京郊左冯翊(相当于郡太守),到任后的一年多时间内,他没有打扰过地方官员和百姓。一年春天,韩延寿到下属齐县鼓励春耕,来到高陵县时恰好遇到了两个兄弟因争夺田产,吵得不可开交,族人也无法解决兄弟两人之间的纠纷,他们把官司打到了高陵县县衙。

韩延寿听说了这件事,非常伤心,他神色黯然地说:“我身为太守,没有尽到宣传和教育百姓的责任,以致发生了亲兄弟之间为争夺田产打官司的事情,这不仅有伤风化,而且使各级官员蒙受了耻辱。我作为左冯翊,没有尽到责任,我应该停职反省。”

说罢,韩延寿立即停止了工作,独自走进了他临时居住的客房,不让任何随从入内,紧闭房门,开始反思。

一看左冯翊韩延寿都能严格要求自己,不推卸责任,真心思过。各级官员们也羞愧难当,也把自己绑缚起来,表示自己有罪等待惩罚,开始反思自己工作中的不足和失误。

看到这种情形,百姓非常感动。人们纷纷谴责打官司的两兄弟。这两兄弟也非常后悔,表示愿意互让田产,发誓不再有此类事情发生。

百感交集

【释义】

感,感想;交,同时发生。集,聚拢。形容各种感想交织在一起,感慨万分。

【出处】

南朝宋·刘义庆《世说新语·言语》:“卫洗马初欲渡江,形神惨悴,语左右云:‘见此茫茫,不觉百感交集。’”

【故事】

卫玠,字叔宝,晋怀帝时官至太子洗马,是魏晋时期著名的清谈名士和玄理学家。他不仅言辞清丽,而且相貌非凡。当时人们用“卫君谈道,平人绝倒”来评价卫玠善言名理;用“明珠”“玉润”等形容他的外貌,并称之为“璧人”。晋怀帝永嘉三年(公元309年),匈奴军队两次长驱直入,一直打到西晋都城洛阳,但都被西晋军队击退。面对动荡不安的时局,卫玠告别同在朝廷为官的哥哥,离开洛阳,带着母亲和妻子举家南迁。

卫玠一向体弱多病,一路上长途跋涉,餐风饮露,经受了千辛万苦。在将要渡长江的时候,他的神情容貌都显得憔悴不堪。他对左右的人说:“见到这白茫茫的江水,心里不由得百感交集。只要是一个有感情的人,又有谁能排遣这万千的愁绪和感慨呢?”

卫玠把家迁到南方后,也没有避过战乱。两年后,他不幸因病死去,死时才二十七岁。

傍人门户

【释义】

比喻依赖别人,不能自立自主。

【出处】

宋·苏东坡《东坡志林》:“吾辈不肖,方傍人门户,何暇争闲气耶!”

【故事】

在古时候,春节时人们在桃木板上写了神名,挂在门边上以驱邪,叫桃符,后来演化成春联;在门上贴门神以镇邪。端午节时,人们用艾草扎成人形,悬挂在大门上以消毒气。

有一次,桃符仰面看着艾人,说:“你是什么呀,怎么敢住在我头上?”艾人屈身向下,回答道:“你已经半截子入土了(从元旦到端午,约半年),还有脸同我争上下吗?”桃符很生气,和艾人吵了起来。门神劝解道:“不要吵了,我们这等人,都依附着人家的门户过日子,哪里还有工夫争闲气呢?”

补天浴日

【释义】

比喻贡献极大。

【出处】

西汉·刘安等《淮南子·览冥训》:“於是女娲炼五色石以补苍天。”

【故事】

上古的时候,水神共工和火神祝融大战。共工大败,气得向西方的不周山一头撞去,把不周山撞坏了。不周山是撑天的大柱,大柱一断,天就坍塌了一大块,地也裂陷了很多。同时,山林起火,洪水横流,世界发生了可怕的灾难。于是,创造世界万物的女神女娲在大江大河中挑选了许多五彩的石子,架起火来,把石子烧成熔液,然后用这种熔液去修补破坏了的天。她又杀了一只大得无法形容的乌龟,斩下它的四脚,作为四根天柱,竖立在四方,把天撑住。她还利用大火后遗留的芦草灰,堵住了洪水。一场巨大的灾难始告平息。

《山海经》记载,太阳女神羲和,生有十个儿子,也就是十个太阳。他们住在东方海外的汤谷(或作旸谷)。那里有一株大树名叫“扶桑”,所以,那地名也叫扶桑。

这大树有几千丈高，十个太阳就住在这株大树上。他们每天轮流在天空值班。早上，不论哪一个太阳值班，妈妈羲和都要驾车伴送。车子是由六条龙拉着的。早上值班的太阳在离开扶桑登上龙车之前，一定要在咸池里洗个澡。羲和还常常带着儿子们在东南海外的甘渊一块儿洗澡；甘渊的水，十分甘美，羲和把儿子们一个个都洗得干干净净、明明亮亮。

百战百胜

【释义】

形容战斗力很强，每战必胜。

【出处】

《孙子兵法·谋攻》："百战百胜，非善之善者也；不战而屈人之兵，善之善者也。"

【故事】

春秋末期，齐国著名的军事家孙武曾从齐国出奔至南方的吴国，经吴王的重臣伍子胥推荐，他被吴王阖闾起用为将，同伍子胥一起辅佐吴王治国强军，打败了西面强大的楚国，攻入楚国都城郢，直接威胁着北面的齐、晋两国，名震各诸侯国。

孙武著有《孙子兵法》一书。他在书的"谋攻篇"中，讨论了指挥战争的法则。

他写道："使敌人举国屈服是上策，出兵攻破那个国家就略逊一筹；使敌人全军降服是上策，击破敌人一个军就略逊一筹；使敌军全旅降服是上策，击破敌人一个旅就略逊一筹；使敌人全卒官兵降服是上策，击破敌人一卒兵众就略逊一筹；使敌人全伍士卒降服是上策，击破敌人一伍士卒就略逊一筹。因此，百战百胜还不是最高明的；只有不通过战斗而使敌人屈服，才是最高明的。"其原文是："凡用兵之法，全国为上，破国次之；全军为上，破军次之；全旅为上，破旅次之；全卒为上，破卒次之；全伍为上，破伍次之。是故百战百胜，非善之善者也；不战而屈人之兵。善之善者也。"

比肩继踵

【释义】

比,相连;踵,脚后跟。肩膀连着肩膀,脚跟挨着脚跟。形容人多拥挤。也作“比肩接踵”。

【出处】

春秋齐·晏婴《晏子春秋·杂下》:“临淄三百闾,张袂成阴,挥汗成雨,比肩继踵而在,何为无人?”

【故事】

春秋的时候,齐国的国相晏子,名婴,字平仲,身材矮小,但是极有口才。

有一次,晏子出访楚国。楚王仗着楚国国势强大,对齐国的使臣很不礼貌,一见晏子,竟然傲慢地问道:“你们齐国难道没有人了,怎么派你这个矮子来呢?”晏子答道:“我们齐国的人民比肩继踵而在,张袂成荫,挥汗如雨,怎说没人!不过我们齐国的规矩是,体面能干的使臣,出访上国,去拜见才高德重的君王,而像我这样的人,就只好派到这里来见你了!”

楚王本想讽刺嘲笑他,想不到反而被讥讽,自讨没趣。

比屋而封

【释义】

在唐、虞时代,聪明能干的人很多,每家每户都有被封官加爵的实力。比喻社会安定,人民淳朴,生活安居乐业。也形容教育感化的成就。

【出处】

西汉·陆贾《新语·无为》:“尧舜之民,可比屋而封;桀纣之民,可比屋而诛者,教化使然也。”

【故事】

韩非子曾经说：看门小吏的生活也比尧过得要好，尧很关心老百姓的生活。当有人受到饥饿时，他说，“是我使他饥饿的”；有人受到寒冷时，他又说：“是我使他受寒的”；有人犯罪受罚时，他说，“是我教育得不好。”尧知道自己的儿子丹朱没有贤德，不足以管理天下，于是把天下传给了舜，尧说：“我不能因为一己之利而害天下。”

舜在历山耕地时，历山的人都把自己的田界向后撤；在雷泽打鱼时，雷泽的人都把鱼多的地方让给别人；在河畔制陶时，河畔制陶的人都自觉地制作好的陶器。一年后舜住的地方成了村落，两年成了集市，三年后成了都市。尧死后，舜将帝位让给丹朱，自己到南河南面去躲避，可是诸侯们来朝见他而不朝见丹朱，官吏有事老找他商量而不找丹朱，唱歌的人都歌颂他而不歌颂丹朱。过了一年多，仍然是这样，舜说：“这是天命啊。”于是回来当了天子。

开明圣贤的时代，讲道德的人很多，所以尧舜的时代，差不多每家都有可以封受爵位的德行。

本来面目

【释义】

原为佛家用语，指人原有的心地本性。后多比喻人或事物原来的模样。

【出处】

唐·惠能《六祖宝坛经·行由品》：“不思善，不思恶，正与么时，那个是明上座本来面目。”

【故事】

行者是唐宋时代佛家对在家修行人的称呼，如行者孙悟空、行者武松等。禅宗五祖弘忍和尚把衣钵传给惠能后，让他渡江南去。

几天后，众和尚才知道祖师的衣钵已经让惠能得到了。于是，几百人都不甘心地去追赶惠能，企图抢夺衣钵。有一个叫惠明的和尚，出家前是个四品将军，两个月后，他抢在众人之前追上了惠能。

惠能把衣钵扔在石头上，说："这衣物只是一种信物而已，难道可以力争吗？"自己则躲了起来。

惠明赶到后，想拿那衣钵却拿不动，这才有所悔悟，于是，连声呼喊道："行者！行者！我是为法而来，不是为衣钵而来！

惠能于是走了出来，坐在石头上。

惠明行礼说："希望行者为我说法。"

惠能说："你既然是为法而来，可以先放弃所有的私心杂念，我再说给你听。"过了一会儿，惠能说："不想好事，也不想坏事，真能这样的话，剩下的那不就是真正的你自己了吗？"

伯仁由我而死

【释义】

虽然没有直接杀人，但对于被杀的人应负一定的责任，因而心中不安。

【出处】

《晋书·周顗传》："吾虽不杀伯仁，伯仁由我而死。"

【故事】

晋元帝司马睿即位后，丞相王导的堂兄王敦任"镇东大将军"，掌握征讨之权，他劳苦功高，权倾朝野。后来，晋元帝有些猜忌他，想加以制约，他就从荆州起兵，以讨伐刘隗为名，进攻都城建康（今天的南京）。

王敦的军队一直打到了石头城。元帝十分害怕，只得要求和解。于是，王敦杀了一批和他作对的宦臣，仍回湖北。当时的尚书左仆射名叫周顗，字伯仁，王敦不了解他的为人，曾问王导："周顗是咱们的敌人还是朋友？"王导一言不发，没有肯定答复，王敦就把周顗也杀了。

事后，王导才知道，周顗曾经救过他的命。因为王敦起兵进攻都城，在晋元帝看来当然是叛变的行为，身为丞相的王导既是王敦的堂弟，怎能不被怀疑，幸亏周顗上书晋元帝，竭力替王导说话，才得以保全性命。

这件事情，王导当初并不知道，当他知道的时候，周顗已经被杀。他不禁痛哭流涕，悔恨地说道：“我虽不杀伯仁，伯仁由我而死！”

博士买驴

【释义】

博士：古时学官名。博士买了一头驴子，写了三纸契约，没有一个“驴”字。讥讽写文章长篇累牍而说不到点子上。

【出处】

《颜氏家训·勉学》：“邺下谚曰：‘博士买驴，书券三纸，未有驴字。’”

【故事】

古时候，有个非常自负的读书人，认为自己熟读四书五经，学识渊博，平时与人说话就之乎者也的。所以，人们都喜欢跟他开玩笑，称他为博士，他还很高兴，认为是别人对他的肯定。

有一天，博士到集市上去买驴。他在集市上走了一圈又一圈，左看看，右看看，终于选中了一头驴。付钱以后，他叫卖驴的人写个凭据给他，可卖驴的人不识字，就让他代写。

博士于是就借来纸笔，磨好墨，构思了一阵，就提笔写了起来。写呀写呀，写了好长时间，写了密密麻麻三大张纸，博士还没有写完。卖驴的等得不耐烦了，就问博士：“你怎么还没写好啊？”博士说：“快了，快了。”又过了一会儿，博士终于写完了。

卖驴的请博士把写好的凭据念一遍，博士清了清嗓子，抑扬顿挫地念了起来。卖驴的站在旁边，瞪起眼睛听着，可是听了半天也不知道什么意思。原来，他都听博士念了三张纸了，还没有听到一个“驴”字，就忍不住问博士：“你都念了三张纸了，怎么连个‘驴’字都没有啊？”

有趣的是，博士洋洋洒洒地写了三张纸，满篇都是写了些之乎者也之类的空话，一点儿都没有扯到实质上去。这件事被传开后，有人编了个顺口溜，说：“博士买驴，书券三纸，未有驴字。”讥讽博士写文章长篇累牍，却说不到点子上。

鞭长莫及

【释义】

及:到。马鞭子虽然长,但是不能打马肚子。即使有力量,也不能用在不应该用的地方。后来比喻虽然愿意去做,但是力量达不到。

【出处】

《左传·宣公十五年》:"虽鞭之长,不及马腹。"

【故事】

春秋时期,楚庄王派申舟出使齐国。出使路上要经过宋国,楚庄王仗着国力强盛,要申舟不向宋国借路。申舟说:"如果不借路,宋国人会杀我。"

"宋国要是杀了你,我就派兵攻打他们。"楚庄王傲慢地说。

于是申舟就没有向宋国借路。宋国国君知道了后,十分气愤,将申舟扣留下来。大臣华元对国君说:"楚国事先未有通知,便是把我国当作已亡,领土已归属于他。我们必须维护独立主权的尊严,不能受这种侮辱! 就算楚国要发兵进攻,大不了就亡国。但我们宁可战败,也不服屈辱!"

宋国国君听了后,就处死了申舟,并随时迎接楚国的进攻。

楚庄王听到这个消息,气得暴跳如雷,立即发兵攻打宋国,一下子就把宋国的都城团团围住。但是,宋国上下一心顽强抵抗,所以双方僵持了很久,还是迟迟不见胜负。

时间一长,宋国终于坚持不住了,便派大夫乐婴齐到晋国去请求晋国派兵救援。晋景公想要发兵去救宋国,大夫伯宗说:"大王,我们不能出兵。古人有话说:'鞭子虽然长,不能打到马肚子上。'现在楚国强盛,正受到上天保佑,我们不能和楚相争。晋国虽然强大,可是能违反天意吗?俗话说:'高高低低,都在心里。'江河湖泊中容纳有污泥浊水,山林草丛中暗藏有毒虫猛兽,洁白的美玉中隐藏有斑痕。晋国忍受一点耻辱,这也是很正常的事。您还是忍一忍吧。"

景公听了伯宗的话,停止发兵,改派大夫解扬去宋国,叫宋国不要投降,就说援兵已经出发,很快就要到了。宋国人在城中极其艰苦地坚守了几个月,楚军攻打不下，最后同意宋国求和，并带走宋国大夫华元作为人质，双方才停战。

半面妆

【释义】

化妆只化半边脸。比喻事物零落，很不完整。

【出处】

《南史·后妃传》："妃以帝眇（眼瞎）一目，每知帝将至，必为半面妆以俟（等待），帝见则大怒而出。"

【故事】

公元517年，徐昭佩应召入宫，被立为湘东王萧绎的王妃。徐昭佩是梁朝侍中信武将军徐琨的女儿，可谓名门之后；所嫁萧绎是梁武帝的儿子，是皇家龙种。在别人看来，这对新人一定是凤凰于飞，琴瑟和谐。可是事实并非如此，这对冤家铸成许多大错。

由于琴瑟失调，徐妃经常以酒浇愁，常常喝得酩酊大醉。每当萧绎前来，徐妃都要吐在萧绎的衣服上。萧绎对此非常厌恶，很少到徐妃的住处。

萧绎因与妻子一向不和，称帝后不愿立徐氏为皇后，后位一直空缺，徐氏只得从王妃晋升为皇妃。对此，徐妃一直耿耿于怀，更加加深了两人之间的矛盾。

梁元帝萧绎患有眼疾，瞎了一只眼，徐妃为了报复萧绎，得知萧绎要来，故意化"半面妆"（只有半边脸化妆）。萧绎看到徐妃的半面妆，知道她在嘲笑自己是独眼龙，不禁勃然大怒，立即拂袖而去。从此以后，两人基本上不见面。

徐妃还有一个著名的典故，那就是"徐娘半老"。徐妃空房寂寞，竟然勾搭上了萧绎的年轻侍从季江。有一次，季江轻轻叹息道："徐娘虽老，犹尚多情。"后来就用"徐娘半老"形容尚存风韵的中年妇女。

徐妃的结局很惨。梁元帝萧绎逼迫她自尽，她只得投了井。萧绎余恨未消，把她的尸体打捞出来，送回她的娘家，声言这是"出妻（休妻，把妻子赶回娘家）"。

伴食宰相

【释义】

陪伴别人吃饭的宰相。讽刺碌碌无为，不称职的官员。

【出处】

《旧唐书·卢怀慎传》：“开元三年，迁黄门监。怀慎与紫微令姚崇对掌枢密，怀慎自以为吏道不及崇，每事皆推让之，时人谓之伴食宰相。”

【故事】

唐朝的卢怀慎，是位著名的廉吏，武则天时任监察御史，后历任侍御史、御史大夫。唐玄宗时，由于他深孚众望，被任命为宰相。卢怀慎颇有自知之明，自知才能不及另一位宰相姚崇，在担任宰相职务期间，从来不与姚崇争锋，事事都让姚崇处理。当时一些人对卢怀慎的所作所为很是不满，认为他光拿俸禄不做事，讥讽他为“伴食宰相”。

这位不称职的宰相，人品却不差。他在担任黄门监兼吏部尚书时，积劳成疾躺在家中。宋璟和卢从愿去探望他，看到他躺在一张破竹席上，门上连个门帘也没有，遇到刮风下雨，只好用席子遮风挡雨。

当了宰相以后，宋璟和卢从愿曾经到宰相府去拜访他。卢怀慎看到他俩来很高兴，叫家人准备饭菜，到了吃饭时，端上来的只有两瓦盆蒸豆和几根青菜。说来有人不会相信，身为宰相的卢怀慎，妻子儿女衣裳破旧，有时竟然吃不饱肚子。

卢怀慎去世后因为平时没有积蓄，家人只好叫一个老仆人做了一锅粥给帮助办理丧事的人吃。后来唐玄宗知道了这些事，为他写下了赞词：“专城之重，分陕之雄，亦既利物，内存匪躬，斯为国宝，不坠家风。”

抱佛脚

【释义】

本比喻祈求帮助、保佑。多说成“临时抱佛脚”，比喻事到临头才去想办法以求帮助、保佑。

【出处】

唐·孟郊《读经》诗：“垂老抱佛脚，教妻读黄经。”

【故事】

唐代诗人孟郊的《游子吟》传唱千古，无人不知：“慈母手中线，游子身上衣。临行密密缝，意恐迟迟归。谁言寸草心，报得三春晖。”他的《登科后》同样脍炙人口：“昔日龌龊不足夸，今朝放荡思无涯。春风得意马蹄疾，一日看尽长安花。”他的《读经》诗，知道的人就不多了，这首诗的开头两句是：“垂老抱佛脚，教妻读黄经。”意思是年老信佛，以求保佑，有临渴掘井之意，“抱佛脚”这一典故便源于此。

不过，宋代刘攽的《中山诗话》记载了另一则有趣的故事：

王安石是宋代著名的政治改革家，也是宋代著名的文学家，“唐宋八大家”之一。他平时跟朋友交谈，语言诙谐，妙语连珠。一天，他跟朋友们谈起了佛学，说着说着，发起感慨，道：“投老欲依僧。”意思是：将来我老了，就到庙里跟和尚一起过。一位朋友马上回答道：“急则抱佛脚。”意思是，事到临头才去抱佛脚。

王安石听了有些不高兴，说：“我说的‘投老欲依僧’是句古诗。”那位朋友答得妙：“我说的‘急则抱佛脚’是句俗谚。”朋友笑了笑接着说：“你的‘投老欲依僧’是一联中的上句，我的‘急则抱佛脚’是一联中的下句，上面去掉头（投），下面去掉脚，就成了‘老欲依僧，急则抱佛’，是绝妙的一联啊！”王安石听了，佩服朋友的机敏，忍不住哈哈大笑起来。

髀肉复生

【释义】

髀(音“必”):大腿。大腿上又长出了赘肉。比喻久处安逸,不能有所作为。

【出处】

《三国志·蜀书·先主传》裴松之注引《九州春秋》:“吾常身不离鞍,髀肉皆消。今不复骑,髀里肉生。”

【故事】

皇帝也有几门穷亲戚。刘备,相传是汉景帝之子中山靖王刘胜的后代,已经流落到民间。他十五岁时父亲就去世了,与母亲编织草鞋为生。

东汉末年,爆发了黄巾军起义,从此以后,群雄并起,天下大乱。刘备也拉起了一彪人马,趁乱而起,参加到镇压黄巾军的行列中。以后诸侯割据,像他这样白手起家之人,没有立足之地。他只好寄人篱下,先后投奔过公孙瓒、曹操、袁术等人。官渡大战以后,刘备实在无处安身,只好带着关羽、张飞,跑到了荆州,投奔到宗亲刘表那里。

他在刘表那里过了好几年无聊的日子,心里很不是滋味。有一天,刘表请他饮酒闲聊,酒至半酣,刘备起身上厕所。他无意中摸了摸自己的大腿,大吃一惊,近年饱食终日无所用心,大腿上竟然长出许多肉来,想想自己近年来的遭遇,再想想自己壮志难酬,不禁流下了伤心泪。

回到席上,刘备的脸上还有泪痕。刘表见了不禁问道:“你为何流泪,是不是有什么伤心事?”

刘备说:“前些年南征北战,成天骑在马背上,大腿上的肉异常结实;来到这里一晃几年,闲居安逸,用不着骑马,大腿上长出了许多赘肉。时光荏苒(渐渐过去),光复大业却一事无成,不禁暗自伤心落泪。”

卞和泣玉

【释义】

卞和为美玉不被人认知而哭泣。比喻因美好的事物或人物不被人们认可、认知而伤心。

【出处】

《韩非子·和氏》:"和曰:'吾非悲刖也,悲乎宝玉而题之以石,贞士而名之以诳,此吾之所以悲也'。"

【故事】

春秋时,楚国有一个名叫卞和的人,从楚山得到一块内含美玉的璞石。他认为这块璞石是无价之宝,就把它献给了楚厉王。楚厉王半信半疑,让玉匠来鉴别璞石的真伪,玉匠看了看说:"这只不过是一块普通的石头罢了。"厉王大怒,认为卞和是有意行骗,下令砍掉卞和的左脚。

等到厉王去世、武王登位后,卞和又把那块璞石献给武王。武王又让玉匠来鉴别这块璞石的真伪,玉匠略略看了看,说:"这只不过是一块普通的石头罢了。"武王也认为卞和有意欺骗他,下令砍去他的右脚。

武王驾崩,文王登位。卞和捧着那块璞石,在楚山脚下一连哭了三天三夜,眼泪流尽,血也哭了出来。

文王听说了这件事,派人前去查问他为什么哭得这么伤心。那人向卞和问道:"天下被砍去脚的人很多,为什么只有你哭得这样悲伤呢?"

卞和回答说:"我并非为失去双脚而感到悲伤,而是痛心世人真假不分,善恶不辨,将宝玉看成石头,把忠诚的人当成骗子,这才是我感到悲伤的原因啊!"

文王听到回报,便叫玉匠雕琢那块璞石,看看里面究竟是不是宝玉。璞石被雕琢开了,果然从中得到一块价值连城的美玉,于是将这块美玉命名为"和氏璧"。

不敢越雷池一步

【释义】

越:跨过;雷池:古雷水自今湖北黄梅县流至安徽望江县东南,积而为池,名为雷池。比喻做事不敢超过一定的界限、范围。

【出处】

晋·庾亮《报温峤书》:“吾忧西陲,过于历阳,足下无过雷池一步也。”

【故事】

东晋明帝在位,任用贤臣,行事果断,东晋王朝有了一段短暂的安宁。可惜好景不长,年方二十七岁的明帝突然得了重病,几天后他知道大限已到,召王导、庾亮、卞壶等进宫接受遗诏,要他们辅佐太子司马衍。

晋明帝在位三年便撒手西去,太子司马衍年方六岁,便被抱上龙椅继位为帝,他就是晋成帝。六岁的孩子当然不能亲理朝政,庾太后临朝称制,庾亮、王导辅政。庾亮是庾太后的哥哥,大权独揽,王导等人仅为摆设而已。

庾亮为了巩固自己的地位,将南顿王司马宗改任骠骑将军。司马宗失去了大权,对庾亮十分不满。历阳(今安徽和县)内史苏峻曾为东晋王朝立下赫赫战功,如今庾亮不把他看在眼里,苏峻暗暗生恨。两人一拍即合,决定待机而动,共同对付庾亮。

谁知消息走漏,庾亮来了个先下手为强,派兵捕捉司马宗。司马宗不肯坐以待毙,率部奋力抵抗,结果兵败被杀。

司马宗的亲信卞阐逃脱,慌不择路直奔历阳,向苏峻哭诉司马宗被杀的经过。苏峻听了叹息不已,对庾亮更有戒心。

庾亮得知此事,跟苏峻讨要卞阐,苏峻哪肯听从,就是不给人。庾亮知道他日后必反,打算改任苏峻为大司农,削去他的兵权,以除后患。王导认为这样做不妥,现在应当稳住苏峻,以后再设法处置。庾亮大权在握,别人的意见根本听不进,王导只好叹口气,任凭庾亮处置。

苏峻怎肯入京担任大司农?终于起兵向京城挺进。庾亮这才后悔没有听从王导的劝告，弄成了现在这个局面。

江州（今江西九江）刺史温峤听到苏峻起兵反叛的消息，要求回去保卫京城。庾亮回信说："你一定要全力固守江州，千万不要越过雷池一步。"

由于庾亮低估了苏峻叛军的力量，温峤又在江州按兵不动，苏峻攻打建康（今江苏南京）没有遇到多少抵抗，京城很快落入苏峻的手中。庾亮见大势已去，带着一些亲信逃往浔阳。

"无过雷池一步"后来演化为"不敢越雷池一步"，意义也有所变化，比喻做事不敢超过一定的界限、范围。

不龟药

【释义】

龟：龟裂。使手、脚的皮肤不冻裂的药物。比喻能发挥大作用的平凡事物。

【出处】

《庄子·逍遥游》："人有善为不龟手之药者，世世以洴澼絖（漂洗丝絮）为事。"

【故事】

寒冬腊月，朔风凛冽，有户人家的男女老少，仍然在河边漂洗丝絮。

有个远道的客人经过那里，看到这个情况，不禁停下脚步，好心地说："天这么冷，可不要冻坏了，你们还是等天暖和些再干吧。"那户人家的长者答道："唉，这是没法子的事，不干活就没有工钱，我们一家老小还等着吃饭呢！"

那人说："唉，这倒也是。不过，这么冷的天，你们干活的时间不要太长，冻坏了手脚就麻烦了。"那位长者笑了笑说："我们有祖传的不龟药，涂抹之后能使手脚不冻裂。"那人听了很惊讶，问道："是吗？"老者说："当然不骗你，不信你看我们的手。"那人看过那户人家所有人的手，果然都没有冻裂，想了想说："我用百金买你们的药方，你们看怎么样？"老者说："这个药方是祖传的，卖不卖要全家人商量了才能决定。今天晚上我们全家商量一下，明天给你个准信，你看怎么样？"那人随即答应下来。

那天晚上，长者对全家人说："我们世世代代漂洗丝絮，一年到头收入不过几金，现在那个过客要买我们的药方，我们一下子就可以得到百金，依我看，就把药方卖给他吧。”他的意见得到全家人的同意，第二天，长者就把不龟药的药方卖给了远方过客。

那人买了药方，用它去游说吴王。正巧越国的军队向吴国发起进攻，吴王便任命他为将领，率领军队抵御越军。正是北风呼啸、天寒地冻的时节，那人就让吴军官兵涂抹不龟药，跟越军展开水战。越军官兵个个手脚龟裂，提不起刀枪，脚步蹒跚；吴军官兵的手脚却没有丝毫损害，手脚跟过去一样灵便，结果越军被打得大败。吴王闻报大喜，割地封赏嘉奖他。

能使手不龟裂的药是一样的，在不同人的手上发挥的功效却完全不同，有的人只是靠它世世代代漂洗丝絮，有的人却靠它得到封赏。由此可见，同样一个事物，由于使用方法和对象不同，结果和收效也大不一样。

不名一钱

【释义】

名：占有。一个钱也没有。形容极度贫困。

【出处】

《史记·佞幸列传》：“长公主赐邓通，吏辄随没入之，一簪不得著身。于是长公主乃令假衣食，竟不得名一钱，寄死人家。”

【故事】

富可敌国的邓通，最后竟然不名一钱，在极度贫困中死去。他的故事，已在我国流传了两千多年。

《史记》书影

邓通，本是一名水手，后来因为未央宫需要船夫，他被召到宫中驾船。

传说汉文帝曾经做过一个梦，梦见自己想飞上天，却怎么也飞不上去，有个穿黄衣裳的人在后面推了他一把，他才得以借势飞升。他在空中回头一看，没看清楚，只看到那人的背后用衣带打了个结。汉文帝醒来之后，对梦中的情景记忆犹新，但那个穿黄衣裳的人是谁，他怎么也想不出。

第二天，他来到宫中花园，看到一名船夫身穿黄衣，衣带挽在背后。文帝不禁心动，仔细打量一下，他的身段和梦中的人差不多。文帝把他喊到面前询问，知道他叫邓通。邓通却也乖巧，应答之间深得汉文帝的欢心。从此以后，邓通得到汉文帝的宠爱，汉文帝经常赏赐钱财给他，几年下来，总数达上亿之多。

汉文帝最喜欢邓通的地方，就是他不和其他官员交往，从来不给别人说情。在汉文帝看来，邓通没有结党营私之嫌。邓通得以步步高升，官至上大夫之职。

有一天，文帝让相士给邓通相面，相完面，相士对文帝说："这个人最后的结局是在贫困中饿死。"文帝有些不解，说："能让邓通富起来的只有我，我又怎么会让他受穷以至饿死呢？"文帝下令将铜山赐给邓通，让他自己铸钱，看他还会不会受穷。邓通由此财运亨通，"邓氏钱"遍布天下。

文帝背后生了个毒疮，脓血淌个不止，疼痛难熬。邓通走上前来，在文帝的背上不停地吮吸，随着邓通将脓血一口口吸出来，文帝的疼痛也随之减轻了许多。文帝问邓通："天下人谁最爱我？"邓通不敢信口乱说，道："没有谁比太子更爱陛下。"

太子来探望文帝病情时，文帝要他给自己吮吸疮上的脓血。太子见疮口脓血模糊，又腥又臭，不禁皱起了眉头，只是圣命难违，只得上去吸吮。后来听说邓通常来给文帝吮脓，恨透了邓通。

文帝驾崩，太子刘启即位，他就是汉景帝。景帝岂肯饶了邓通？首先免了他的官职，让他回家闲居，不久，又将邓通的家产全部没收。邓通不仅一无所有，还欠下巨额债务。

景帝的姐姐长公主没忘文帝说过的话，为了不让邓通饿死，赠给邓通一些钱财，让他度日。没想到官吏立即把钱财拿去偿还债务，连一根簪子都不给邓通留下。长公主知道这是景帝的旨意，无计可施。最终邓通身上没有一文钱，寄食在别人家里，直到死去。

不为五斗米折腰

【释义】

五斗米：晋代县令的俸禄，后指微薄的俸禄；折腰：弯腰行礼，指屈身于人。比喻品格高洁,不为利禄所动。

【出处】

《晋书·陶潜传》:“潜叹曰:‘吾不能为五斗米折腰,拳拳事乡里小人邪!’”

【故事】

“昔在无酒饮,今但湛空觞。春醪生浮蚁,何时更能尝。肴案盈我前,亲旧哭我傍。欲语口无音,欲视眼无光。昔在高堂寝,今宿荒草乡。一朝出门去,归来夜未央。”彭泽(今江西湖口)令陶渊明一边在县衙后院踱着方步,一边微微地晃着脑袋吟咏新作。

一名衙役急急跑了进来,匆匆禀告:“大人,督邮前来巡视,即将来到县衙,请大人速速做好准备,前去相迎。”陶渊明的雅兴被破坏,皱了皱眉头说:“知道了,我马上就去。”一想到那个满脸横肉、动不动就训斥下属的家伙,他心里就不舒服。

督邮是郡守的属吏,掌管监督下属官员。各县的县令见了他,就像老鼠见了猫一般,拍马唯恐不及,哪敢得罪他。

陶渊明叹了口气,正了正衣冠,迈步向大堂走去。衙役连忙拉住他,悄声说:“大人,不能穿便服去见督邮,要穿官服,不然就失礼了。”陶渊明有些冒火:“哪来这么多麻烦事,谁规定的这些俗礼!”衙役低着头回道:“历来如此,请大人随俗。再有耽搁,督邮等急了,只怕要生气。”

一想到要向那狐假虎威、自以为是的家伙打躬作揖,陶渊明的心里很不是滋味。他昂起头,毅然决然地说:“我岂能为五斗米的俸禄,受这些俗礼约束,去向那仗势欺人的家伙讨好!”他转身回屋,捧出官服和印绶,走进大堂。他把这些放在案上,对随他进来的衙役说:“你去回禀督邮,说我陶渊明决不为五斗米折腰,已经弃官而去。”衙役想说什么,陶渊明摆摆手将他拦住:“我去意已决,不必再说。”

说起陶渊明的家世,也算得上是世家。他的曾祖陶侃,是东晋的开国元勋,官至大司马,被朝廷封为长沙郡公。他的祖父也是不小的官,曾经做过长沙太守。他的父亲也曾为官,做过一任安城太守。可是到了他这一代,家境已经衰落,无法与先祖相比。他二十七岁时,家中已是捉襟见肘,入不敷出,日渐贫困。祖父、父亲的老友看不过,推荐他做了江州祭酒(官名)。哪知陶渊明看不惯官场的腐败,又自在惯了,没过多久就辞官不干了,返回故里浔阳柴桑(今江西九江西南)。以后,他又做过几次官,由于他为人正直,与鱼肉百姓的官吏们格格不入,官都没当长,最终都是辞官而去。

公元405年秋,年过四十的陶渊明做了彭泽令。县令的官位虽然不高,但有公田奉养,可以免除衣食之忧,加以彭泽县尚属太平,公务不多,倒也过得清闲自在。谁知好景不长,十一月里督邮来巡视,他又弃官回到乡里。这是他最后一次担任官职,只当了八十多天的彭泽令。

打这以后,他就躬耕自食,走上了归隐的道路。他的"不为五斗米折腰"的名言,千百年来一直激励着品格高洁的有志之士。

不耻下问

【释义】

不以向地位比自己低、学问比自己差的人求教为耻辱。

【出处】

《论语·公冶长》:"子贡问曰:'孔文子何以谓之文也?'子曰:'敏而好学,不耻下问,是以谓之文也。'"

【故事】

卫国大夫孔圉聪明好学,而且是个非常谦虚的人。他死后,卫国国君为了让世人都能学习和发扬他好学的精神,特别赐给他"文公"的称号。孔子的学生子贡也是卫国人,他却认为孔圉配不上那样高的评价,便问孔子说:"孔圉的学问和才华虽然很高,但是比他杰出的人很多,凭什么赐给孔圉'文公'的称号呢?"孔子回答说:"孔圉非常勤奋好学,遇到不懂的事情,即使对方地位和学问都不如他,他也会虚心向对方求教,一点都不会因此而感到羞耻,因此赐给他'文公'的称号。"听了孔子的解释,子贡不禁对孔圉的学风肃然起敬。

不共戴天

【释义】

戴:用头顶着。不愿和仇敌在一个天底下并存。形容彼此仇恨极深。

【出处】

《礼记·曲礼上》:“父之仇,弗与共戴天。”

【故事】

公元1138年,金国派使者南下,要挟南宋皇帝赵构递降书顺表。以秦桧为首的投降派贪生怕死,准备投降。大臣胡铨坚决反对,上书给皇帝道:“我身为枢密院编修官,誓与秦桧等人不共戴天。我衷心希望能斩下秦桧、王伦、孙近三人的头,将它们高悬示众。然后扣押金国使者,责问他为何敢对大宋如此放肆无礼,再起兵伐金。只有这样,大宋将士才会齐心协力抗敌。”胡铨的上书一时间被传得沸沸扬扬,百姓们对其大加称赞。可惜,胡铨最后还是被小人秦桧算计,遭到贬官,直到宋孝宗即位后,才被重新起用。

不入虎穴,焉得虎子

【释义】

原意为不进老虎的洞穴,怎么能捉到小老虎。后来常用来比喻不亲临险境,就不可能取得成功。

【出处】

南朝·宋·范晔《后汉书·班超传》:“超曰:‘不入虎穴,不得虎子。’”

【故事】

公元73年,汉明帝命班超出使西域,联络西域各国共同抵御匈奴的侵扰。刚到鄯善国时,鄯善国王非常热情地款待他们,后来却忽然转变了态度,对他们很冷淡。班超觉察到鄯善国王的变化,猜想一定是北匈奴派来的使臣从中作梗。于是唤来鄯善国的侍臣,诈他道:“我听说北匈奴的使臣已经来好几天了,他们住在哪里?”侍臣一听,十分惶恐,马上交代了一切。

班超把随从的官兵召到一起喝酒,趁大家酒劲正浓时说道:“现在我们同在异国,本想立大功求发达,可匈奴使臣来了没几天,鄯善王就不把我们放在眼里了,没准哪天他会把我们送给匈奴,身体骨肉就要被豺狼吞吃掉,大家说该怎么办?”随从们都回答:"在这危亡之地,我们都听从您的调遣!"

于是,班超提议道:"不入虎穴,焉得虎子。我们只能趁着夜深,火攻匈奴使臣的大营,然后趁乱消灭他们。这样鄯善王才会害怕,我们的事才能成功。"就这样,班超独自率领随从三十六人,一举拿下匈奴军营,使鄯善国举国震惊,而后与鄯善王结盟而归,圆满完成了这次出使任务。

不知所措

【释义】

措:安置,处理。不知道怎么办才好,形容受窘或发急。

【出处】

《论语·子路》:"则民无所措手足。"晋·陈寿《三国志·吴书·诸葛恪传》:"哀喜交并,不知所措。"

【故事】

三国时期,诸葛亮哥哥诸葛瑾的儿子诸葛恪自幼聪明过人,成年后即被孙权封为太子太傅。孙权如此信任并重用诸葛恪,早已招致其他人的不满,只是忌惮孙权,一时不敢妄为。孙权病逝后,以孙弘为首的皇族认为诸葛恪靠山已失,想趁机加害于他,却不料这一计划被泄露出去。

诸葛恪得知此事后,立即抢先下手,设计杀死孙弘,而后再为孙权发丧,并立孙权当时年仅十岁的小儿子孙亮为吴王,自己则全权掌政。诸葛恪也没能想到自己出手如此利落漂亮,竟能总揽大权,他在随后写给弟弟诸葛融的信中写道:"哀喜交并,不知所措。"

不拘小节

【释义】

不拘:不拘泥,不限制。小节:琐碎的生活小事。不拘泥于生活琐事。指人在生活小事上不大在乎。

【出处】

《后汉书·虞延传》:"性敦朴,不拘小节。"

【故事】

虞延是东汉时陈留(今河南开封)人。他出生的时候,头顶上方有个像白练的东西,渐渐升上天空。占卜者认为是吉祥的征兆。等他长大,身高八尺多,勇猛过人,能肩扛千金鼎疾步如飞。他年轻的时候担任户亭长的职务。

王莽在位时宠幸魏贵人。魏贵人的门客放纵,虞延率领手下冲进他的家中逮捕了他。因此,虞延被魏贵人怨恨,官位不能升迁。虞延性格敦厚朴实,得到乡里人的赞誉。

王莽末年,天下大乱。虞延披铠甲戴头盔,维护乡里的治安,抵御掠夺的强盗,很多人依赖他保全生命财产。虞延收养的妹妹在婴儿的时候,她的母亲不能养活她,就把她丢弃在沟里。虞延听到她的哭声,心生怜意就把她收养了,直到抚养成人。

东汉建武初年,虞延担任细阳县县令。每年的伏天和腊月这两个节令,破例允许囚犯回家与家人团聚。犯人们感激他的恩德,都能如期返回。有个囚犯回家生了病,特地雇辆车赶回监狱,刚回到监狱就死了。虞延认为他很守信用,亲自将他埋葬在城外,百姓十分感动。

有一次,汉光武帝刘秀的车驾进封丘门的时候,因为封丘城门狭窄,仪仗队不能顺利通过,造成道路堵塞。汉光武帝大怒,命人痛打负责这次行动的侍御史一百鞭。虞延立即跪倒向他请罪说:"城门狭窄是地方官的责任,侍御史没有过错,受到惩罚的应该是我。"汉光武帝听了他的话觉得有道理,就赦免了侍御史。虞延深明大义,敢于承担责任,在朝中传为美谈,从此声名远播。

不寒而栗

【释义】

寒:寒冷。栗:发抖。不是因为寒冷而发抖。形容恐惧到了极点。

【出处】

《史记·酷吏列传》:“是日皆报杀四百余人;其后郡中不寒而栗。”

【故事】

汉武帝时期,有个名叫义纵的盗匪。他的姐姐是个医生,且医术高明,治好了皇太后的病,因此皇太后很宠爱她,义纵也凭借他姐姐的关系得到汉武帝的任用。义纵被任命为上党郡某县县令。他上任之后,不惧强豪,敢作敢为,执法严明,使得管辖的范围之内没有盗贼容身之所,民风大为好转。在政绩考核的时候,因为秉公执法,管理出色,他的政绩名列前茅。随后,义纵被升迁为长安令、河内郡都尉和南阳郡太守。

义纵管辖的南阳郡里有个关都尉名叫宁城,当时他是很有名气的酷吏,平素飞扬跋扈,家里非常富有,有良田千顷。当宁城得知义纵要来南阳郡担任太守时,心里很害怕,于是他摆出一副谦逊的姿态。义纵出关上任的时候,宁城带领全家人在路边恭迎。义纵察觉到他的用意,决定要打击他的嚣张气焰。义纵一上任便立即调查宁城的家族,凡是有罪的都处以死刑,最终将宁城也判了重罪。南阳郡孔氏、暴氏等土豪劣绅,见义纵手法狠毒,吓得赶紧举家逃到其他郡县。南阳的官吏、百姓都惧怕他。

此后,武帝调任义纵为定襄郡(今内蒙古和林格尔县东南)太守。定襄郡是汉朝远征匈奴的出发地,当地官吏目无法度,治安混乱,影响到汉朝对匈奴的军事进攻。义纵上任后,立即展示了酷吏风范。他先把监狱中两百多名重罪轻罚的犯人处以极刑,又将私自探监的两百余名罪犯家属处死。一天之中,义纵杀死了四百多人。尽管这时的天气并不寒冷,但听到这个消息的人都不寒而栗。

不学无术

【释义】

学:学问。术:技能。原指没有学问因而没有办法。现指没有学问,没有本领。

【出处】

《汉书·霍光传赞》:“然光不学亡术,暗于大理。”

【故事】

西汉时期，名将霍去病有个同父异母的弟弟叫霍光。霍去病征讨匈奴胜利后回到家，将霍光带到京都，将他安置在军营中。两年后，霍去病去世，霍光被任命为奉车都尉，负责保护汉武帝的安全。霍光为人小心谨慎，遵守礼法。他跟随汉武帝身边，从没出过差错，深受汉武帝的赏识。汉武帝去世前，将汉昭帝刘弗陵托付给霍光等人，让他们共同辅佐朝政。汉昭帝死后，他又先后迎立刘贺、刘询做皇帝。霍光手中握有朝政大权，为汉朝的安定和发展立下了不可磨灭的功劳。

汉宣帝即位后，霍光的妻子霍显想把小女儿立为皇后，进一步巩固霍光在朝廷的势力。宣帝执意要立许氏为皇后，霍显买通女医官毒死了许皇后。许皇后死后，霍光的小女儿霍成君如愿以偿当上了皇后。霍光死后，汉宣帝为他举行了声势浩大的葬礼。汉宣帝立许皇后在民间生的儿子刘奭为太子，霍显派人下毒手未能成功。于是，霍家准备发动政变。没想到走漏了风声，遭到灭门之灾。

东汉史学家班固在其著作《汉书》中评论霍光，说他："光不学无术，暗于大理"，意思是：霍光没有经学根底，因而不明白大道理。

不堪回首

【释义】

不堪：不忍。回首：回头，引申为回顾、回忆。不能忍受回顾的痛苦。多指因回忆过去不好或不愉快的事而痛苦，因而不忍心回顾。

【出处】

《虞美人》词："春花秋月何时了，往事知多少！小楼昨夜又东风，故国不堪回首月明中。"

【故事】

李煜，字重光，史称李后主。他生性骄傲奢侈，喜欢玩乐美色；他信奉佛教，喜欢建高塔；他不理朝政，不体恤百姓。李煜在政治上虽昏庸无能，但他的艺术才华却卓绝非凡。他精通书法，善于绘画，通晓音律，工于诗文，尤其以词的成就最高。

李煜即位的时候，南唐已经使用宋朝的年号，并曾多次进贡宋朝，苟且偷生地安身于江南一隅。公元974年，宋太宗赵匡胤多次派遣使者诏令李煜北上，他托病不去。这年的十月，宋太祖赵匡胤派曹彬领兵南下进攻金陵。第二年的十一月，宋军攻破金陵，李煜出城投降，被押解到汴京(今河南开封)。宋太祖赵匡胤召见了他，封他为违命侯。从此，李煜过上了屈辱的生活。

宋太祖去世，他的弟弟宋太宗赵匡义即位。公元978年，宋太宗命徐铉去探视李煜。李煜对徐铉说："当初我错杀了潘佑、李平，如今悔恨不已啊！"徐铉回去复命，宋太宗听到这些话非常生气。

不久，李煜作了首《虞美人》词，词中写道："春花秋月何时了，往事知多少！小楼昨夜又东风，故国不堪回首月明中。"这几句词的意思是：这样的时光什么时候才能了结，往事知道有多少！昨夜小楼上又吹来了春风，在这皓月当空的夜晚，怎承受得了回忆故国的伤痛。李煜让歌妓在庭院里演唱新作《虞美人》，歌声传到院子外面。宋太宗知道这件事之后，就命人赏赐药酒，将他毒死了。

不遗余力

【释义】

遗：留。余力：没有使完的力量。指把所有的力量全部使出来，没有一丝一毫的保留。

【出处】

《战国策·赵策》："秦之攻我也，不遗余力矣。"

【故事】

战国时期，秦国攻打赵国，在长平交战。赵军抵挡不住秦军的进攻，初战失利。

赵王召来大臣楼昌和上卿虞卿说："长平之战，我军吃了败战，折损一名都尉。我将要领兵与秦军决战，你们看怎样？"

楼昌说："这样做没有用，不如派遣使者去求和。"

虞卿不以为然，说："楼昌说要去求和，是认为不求和我们赵军必败。可是求和谈判的主动权在秦国手里，大王您认为秦军是不是一定要消灭我们赵军呢？"赵王说："秦国不遗余力地攻打我国，一定是想要打败我们赵军的。"

虞卿接着说："大王请听我说，我们应该派遣使者带着珍宝去联合楚国、魏国，楚王、魏王想得到大王的珍宝，一定会接纳我们的使者。赵国使者出使楚国、魏国，秦国一定怀疑天下诸侯联合起来抵抗秦国，秦国就会恐慌。这样，去秦国求和一定能成功。"

赵王没有采纳虞卿的建议，与平阳君商议妥当求和的事项后，就派遣郑朱去秦国求和。秦王接纳了郑朱。赵王又召见虞卿，对他说："我派遣平阳君去秦国求和，秦王已经接纳了郑朱，你认为怎样呢？"

虞卿回答说："大王的求和不会成功，我们赵军必定失败。各诸侯国派遣的祝贺秦国战胜的使者都在秦国。郑朱是显贵的人，进入了秦国，秦王和应侯一定会把郑朱去秦国求和这件事宣扬给诸侯们看的。楚国、魏国认为赵国派人去秦国求和，肯定不派兵援救赵国。秦国知道各诸侯不派兵救赵国，所以求和不能成功。"

果然，应侯把郑朱去赵国求和这件事，宣扬给祝贺秦国打胜仗的诸侯国的使者们看，最终不同意求和。长平之战，赵军大败，秦军围困赵国都城邯郸，被天下人耻笑。

不求甚解

【释义】

只求知道个大概，不求彻底了解。常指学习或研究不认真、不深入。

【出处】

《五柳先生传》："不慕利，好读书，不求甚解；每有会意，欣然忘食。"

【故事】

陶渊明，字元亮，号五柳先生，又名陶潜，我国著名的田园诗人。他出身于衰败的官宦家庭，九岁时父亲就去世了，与母亲、妹妹三人在外祖父家里生活。外祖父家藏书很多，陶渊明阅读了大量的书籍，接触到儒家和道家两种不同的思想。他曾担任江州祭酒、建威参军、彭泽县令等职务。当时官场腐败，陶渊明不愿同流合污，后来辞官回家，结束了十三年的为官生活，过着农耕隐居的生活。

陶渊明和妻子志同道合，一起劳作。遇到丰收的年份，生活可以维持；遇到灾荒的年份，生活更加贫困。到了晚年，他的生活难以维持，他有原则地接受朋友的接济。陶渊明辞官回乡二十多年一直过着贫困的田园生活，坚守自己的气节。

陶渊明居住的屋子前栽种着五棵柳树，所以被人称作五柳先生。陶渊明曾写了一篇名为《五柳先生传》的文章。文章说是给五柳先生作的传记，实际上五柳先生就是陶渊明本人。文章开头有这几句："先生不知何许人也，亦不详其姓字，宅边有五柳树，因以为号焉。娴静少言，不慕荣利。好读书，不求甚解；每有会意，便欣然忘食。"意思是：先生不知道是什么样的人，也弄不清他的姓名和表字。住宅旁边有五棵柳树，因此就用"五柳"作为他的号。五柳先生安闲沉静，很少说话，不羡慕荣华利禄。他喜爱读书，不执着于对书中字句的解释。每当对书中意义有所领悟的时候，就高兴得连饭都忘了吃。

不翼而飞

【释义】

翼：翅膀。没有翅膀却飞走了。比喻物品忽然丢失，也比喻事情传播得很迅速。

【出处】

《战国策·秦策三》："众口所移，毋翼而飞。"

【故事】

战国时期，秦昭王派大将王稽率军围攻赵国都城邯郸，一连攻了十七个月都没有攻下。

秦将王稽非常苦恼。这时，有个名叫庄的人来献计。他对王稽说："你为什么不犒劳部下呢？这样可以激励士气，攻破邯郸指日可待。"

王稽傲慢地说："我和大王之间互相信任，其他人说话不起作用。"

庄反驳说："不是这样的，就是父亲对儿子的要求，还有能做到的和不能做到的分别。如果说'父亲让儿子休了娇妻，卖了爱妾'，这就是能做到的；如果说'父亲要求儿子不要想念自己的妻妾'，这就是不能做到的。"

王稽瞪着庄，庄接着说："现在您虽然很得大王的宠信，但是你们之间的君臣关系，不会超过父子之间的亲情关系；士兵虽然身份卑微，但也是有感情的。而且您平时就仰仗着大王的宠信，一直不把士兵放在眼里。俗语说：‘三个人接二连三地说有老虎，大家就会相信真的有老虎；十个人都说大力士力大无比，能折弯铁锥，大家也会相信这是真的。众人都这样说，就可以使得事物迁移变化。’众多兵士齐心协力，力量会很大。所以，您不如犒劳士兵啊！”可是，王稽最终没有采纳庄的建议。

过了没多久，秦军被围困了，果然有人返回秦国，指控王稽谋反。结果秦昭王大怒，处死了王稽。

不打不相识

【释义】

不经过交手，就不能认识对方，互相了解。

【出处】

《水浒传》第37回：“戴宗道：‘你两个今番却做个至交的弟兄。常言道：不打不成相识。’”

【故事】

宋江因为犯案被发配到江州，遇到早就想结识他的戴宗。于是两人一起进城，在一家酒店喝酒。才喝两三杯酒，又遇到了李逵。后来，三人又到江边的琵琶亭去喝酒。酒保斟酒，连着筛了好几遍。宋江见了戴宗、李逵两人很开心，喝了几杯酒，叫酒保做几碗辣鱼汤醒酒。鱼汤送来，宋江尝过后，觉得酒馆送来的渔网汤不好喝，想喝鲜鱼汤。酒保说酒馆没有新鲜鱼，活鱼还在船上。于是，李逵跳起来说：“我去讨两尾活鱼与哥哥吃。”

戴宗怕他惹事，想叫酒保去，还没来得及拦住李逵，李逵就径直走了。李逵来到江边，对渔人喊道：“你们船上有活鱼，拿两尾给我。”渔人回答：“我们等不到渔牙主人（鱼市的中介人）来，不敢开舱。”李逵见渔人不答应，就跳上一只船，把拦鱼的竹笼一拔，伸手去船板底下摸鱼。拔开了竹篾，放跑了船舱的鱼。李逵兴致来了，一连放跑好几条船上的鱼。十几个渔人见状，跑来用竹篙打李逵。李逵大怒，一下抢了五六条竹篙扭断了。渔人非常吃惊，赶紧把船撑开了。绰号“浪里白条”

的张顺来了,他就是渔人口中的渔牙主人。他见李逵无理取闹,两人就打了起来,从岸上打到水中。在清波碧浪中间,一个显浑身黑肉,一个露遍体霜肤,两人打成一团,众人在岸边喝彩。张顺水性极好,李逵被他按在水里来回呛了好几次。宋江和戴宗怕李逵吃亏,赶忙过去。戴宗问旁人:“这个白皮肤的大汉是谁?”有人说:“他是这个地方的卖鱼主人,叫张顺。”宋江对戴宗说:“我有他哥哥张横的家书。”戴宗喊着:“张顺,我这里有你哥哥张横的家书,你放了我的兄弟,上岸来说话。”

原来张顺认得戴宗,就托着李逵上岸了。四个人来到琵琶亭坐下说话。戴宗指着李逵问张顺:“你认识他吗?他今天冲撞你了。”张顺说:“我当然认得李大哥,只是不曾交手。”李逵说:“你呛得我好苦啊!”张顺回答:“你也打得很好啊!”戴宗说:“你们俩今天可以做个至交的兄弟。俗话说:‘不打不成相识’。”

不可同日而语

【释义】

不能放在同一时间里来谈论,表示两者差异太大不能相提并论,互相比较。

【出处】

《战国策·赵策》:“夫破人之与破于人也,岂可同日而言之哉?”

【故事】

战国后期,诸侯国之间连年征战。秦国经过商鞅变法之后,经济和军事力量都有所增强,实力胜过其他六个诸侯国,因此想吞并六国,统一天下。当时有个纵横家,名叫苏秦,他是洛阳人,曾跟随著名思想家、谋略家鬼谷子学习。他最先到秦国游说秦惠王,没有得到任用。后来去了东边的赵国,当时赵肃侯的弟弟奉阳君任丞相,他不喜欢苏秦,苏秦没游说成功。苏秦离开赵国,去游说燕国。燕文侯接见了他,苏秦游说成功,燕文侯资助苏秦车马、黄金和绸缎,送他去赵国。

苏秦抵达赵国的时候,奉阳君已经去世,赵肃侯接待了他。苏秦阐述六国联合起来抵抗秦国的主张。他向赵肃侯详细分析了赵国和其他诸侯国的关系:“赵国方圆千里,秦国早就有吞并赵国的想法了,只是因为西南边有韩国和魏国做屏障,不能派兵来侵犯赵国。如果韩国和魏国向秦国投降,赵国可就保不住了。”

赵肃侯一听心里很害怕，不觉靠近苏秦，问道："请问先生，我该怎么办呢？"苏秦回答："依我之见，不如韩、魏、齐、楚、燕、赵六国联合起来，共同对抗秦国。六国的土地面积加起来是秦国的五倍，六国的兵力合起来是秦国的十倍，只要六国齐心合力，一定能打败秦国。如今各国反而向秦国割地求和，低头称臣。打败别人和被别人打败，让别人向自己称臣和自己向别人称臣，这两种境遇不可同日而语啊！"

赵肃侯听完苏秦的合纵主张，表示认同，就给了苏秦很多赏赐，用来让他游说各诸侯国加入合纵联盟。

不平则鸣

【释义】

平，公平；鸣，发出声音，或有所表示。指受到不公平的待遇就要发出不满的呼声，也指对不公平的事情表示不满。

【出处】

唐·韩愈《送孟东野（即孟郊）序》："大凡物不得其平则鸣。"

【故事】

"大凡物'不得其平则鸣'：草木之无声，风挠之鸣；水之无声，风荡之鸣。其跃也，或激之；其趋也，或梗之；其沸也，或炙（烤）之。金、石之无声，或击之鸣。人之于言也，亦然。有不得已者而后言，其歌也有思，其哭也有怀。凡出乎口而为声者，其皆有弗平者乎？"

以上引文大概意思是说：不论什么物体，一旦得不到它原有的平静，就会发出声音：草和树木本来没有声音，风吹动它，就响；水本来没有声音，风吹荡它，就响。那水所以腾跃，是因为被激起了波涛；水所以流得很急，是因为受到阻碍；水所以沸腾，是因为被火所煮。跃水、急水、沸水，都要发出声音。金属和石头本来没有声音，是因为受到敲打才响。人们在言谈上，也是同样的道理：往往是不满足现有状况，然后就发表看法。他歌唱，是因为有所思考；他哭泣，是因为有所怀念。凡是从嘴里出来的声音，该是都有所不平吧。

不自量力

【释义】

自己不能正确估量自己的能力。多指做力不能及的事情。也作“自不量力”。

【出处】

西汉·刘向《战国策·齐策三》:“荆甚固,而薛亦不量其力。”

【故事】

春秋的时候,在今天河南省境内有两个诸侯国,一个是郑国,一个是息国。公元前712年,息国向郑国发动了战争。

这两个诸侯国虽然都很小,但息国的人力与物力比郑国要少得多,军力也要弱得多。最后息国打了败仗。事后,一些有见识的人分析出,息国快要灭亡了。他们分析的根据是,息国首先不考虑自己的德行如何,其次不估量自己的力量是否能取胜,又不同亲近的国家笼络好关系,还不把自己向郑国进攻的道理讲清楚,也不弄清楚失败的罪过和责任是谁。犯了这些错误,还要出师征伐别国,结果遭到失败,这不是非常自然的事吗?

果然,不久息国被楚国攻灭。

不言而喻

【释义】

言,解释、说明;喻,明白、知道。不用说就可以明白。

【出处】

《孟子·尽心上》:“施于四体,四体不言而喻。”

【故事】

孟子曰:“君子所性,仁义礼智根于心,其声色也睟然,见于面,盎于背,施于四体，四体不言而喻。”睟然，润泽的样子。盎，洋溢。不言而喻，赵岐注：“虽口不言，自晓喻而知也。”

孟子的意思是：君子的本性在于仁、义、礼、智，这些都是根植在人们心中的，以至于显现的神色都是纯和温润的。这种德行不仅表现于颜貌、洋溢于肩背，甚至体现于他的手足四肢、他的一举一动。不必用言语表述，任何人都可以一目了然地看到君子风范。

后来人们就用“不言而喻”形容事理极其浅显。

不远千里

【释义】

不以千里为远，即不顾千里路途的遥远。也作“不远万里”。

【出处】

《孟子·梁惠王上》：“王曰：‘叟，不远千里而来，亦将有以利吾国乎？’”

【故事】

孟子拜见梁惠王。梁惠王说：“老人家‘不远千里’而来，会对我的国家有很大好处吧？”

孟子回答说：“大王啊，您为什么一张口就一定说好处呢？只要您讲仁义就好了。如果国君说：‘怎样才对我的国家有好处呢？’大夫也说：‘怎样才对我的封地有好处呢？’一般士子以至老百姓也说：‘怎样才对我本人有好处呢？’这样，一国之内的上上下下，互相追逐为自己找好处，那么，这个国家就要危险了。在拥有一万辆兵车的国家里，杀掉国君的，一定是拥有一千辆兵车的大夫。在兵车万辆的国家中，大夫拥有兵车千辆；在兵车千辆的国家中，大夫拥有兵车百辆。大夫的如此产业，不能说是不多吧。但是，这样的大夫，如果轻视公义而迷恋自家好处的话，他要是不夺取国君的产业，是永远不会满足的。但是，从来没有一个讲‘仁’的人会遗弃他的父母；也没有一个讲‘义’的人会轻慢他的国君的。大王只要讲仁义就够了，何必动不动就说找好处呢？”

不违农时

【释义】

违，不遵守。不耽误农作物的耕种时节。

【出处】

《孟子·梁惠王上》："不违农时，谷不可胜食也。"

【故事】

孟子，即孟轲，战国时期儒家学派的大思想家，他主张推行"仁义"，建立"王道"。梁惠王曾经向他请教："怎样发展生产，达到国富民强的目的。"孟子回答："不违农时，谷可胜食也；数罟不入洿池，鱼鳖不可胜食也；斧斤以时入山林，材不可胜用也。谷与鱼鳖不可胜食，材木不可胜用，是使民养生丧死无憾也。养生丧死无憾，王道之始也……"

农时，适宜农活的季节；数罟，细密的鱼网；洿，即池，或水塘湖沼；斧，斤，都是砍伐的工具。原文大意是说：不耽误农活的季节，粮食就吃不完了；细网不下池塘（留下小鱼种），鱼类也就吃不完了；斧斤进山也要遵守时令（不要滥加砍伐），木材也就用不完了。粮食、鱼鳖吃不完，木材用不完，就使老百姓生养死葬都没有什么担忧了。老百姓对生养死葬都没有什么担忧，这就是"王道"的开端。

孟子这段话中，"不违农时"一句，流传为成语，现在我们还常用。就是说，要按照最适宜的时间（不早也不晚）进行农业生产，不要用其他的事情去干扰、影响农业生产的正常进行。

不屈不挠

【释义】

屈，屈服；挠，弯曲。比喻在困难和恶势力面前不屈服，表现十分顽强。

【出处】

东汉·班固《汉书·叙传下》:“乐昌笃实,不挠不诎(屈)。”

【故事】

汉成帝三年的秋天,京城中忽然传言说要发大水,长安城就要被洪水吞没了。一时间,整个长安城的老百姓都惊慌失措,争相逃命。

消息传到宫中,汉成帝立即召集文武百官,商议对策。汉成帝的舅父、大将军王凤也很害怕,劝汉成帝和太后赶快躲到船上去准备撤离。大臣们也纷纷附和王凤的意见。只有丞相王商坚决反对,他认为大水不可能突然而来,一定是谣传。在这个关键时刻撤离,会使人心更加慌乱。汉成帝采纳了王商的意见。事后经调查,此事确实是传言失实。汉成帝对王商能力排众议很赞赏。王凤却认为是王商让他下不了台,因此心怀不满。

王凤有个亲戚叫杨彤,是琅邪太守,因为管理不善,王商要治他的罪,王凤为此亲自跑到王商面前,替杨彤说情。王商却坚持原则,免去了杨彤的官职。于是,王凤更加怀恨在心,千方百计想要打击报复,他勾结同伙,诬陷王商,终于导致汉成帝听信谗言,罢免了王商的丞相职务。

但是,是非自有公论。《汉书》的作者班固在撰写王商的传记时,对王商的评价是:为人诚实公正,不屈不挠。

不拘一格

【释义】

格,格局,规格。不局限于一种规格或方式。

【出处】

清·龚自珍《已亥杂诗》:“我劝天公重抖擞,不拘一格降人材。”

【故事】

龚自珍是我国清代的思想家和文学家。1792 年,他出生于浙江仁和(在今杭州)一个封建官僚家庭。他从小就喜爱读书,特别爱学写诗。十四岁时,他就能写诗，十八岁时会填词，二十岁就成了当时著名的诗人。他写的诗，想象力很丰富，语言也瑰丽多姿，具有浪漫主义风格。他在诗中揭露了清王朝的黑暗和腐败，主张改革，支持禁烟派，反对侵略，反对妥协，充满着爱国热情，是个爱国主义者。

龚自珍二十七岁中举人，三十八岁中进士，在清朝政府里做了二十年左右的官。由于他不满官场中的腐败和黑暗，一直受到排挤和打压。1839 年，在他四十八岁时，就毅然辞官回老家。在回乡的旅途中，他看着祖国的大好河山，目睹生活在苦难中的人民，不禁触景生情，思绪万千，即兴写下了一首又一首的诗歌。

一天，龚自珍路过镇江，只见街上人山人海，热闹非凡，一打听，原来当地在赛神。人们抬着玉皇、风神、雷神等天神在虔诚地祭拜。这时，有人认出了龚自珍。一听当代文豪也在这里，一位道士马上挤上前来恳请龚自珍为天神写篇祭文。龚自珍一挥而就写下了《九州生气恃风雷》这首诗，全诗共四句：

九州生气恃风雷，
万马齐喑究可哀；
我劝天公重抖擞，
不拘一格降人才。

诗中“九州”是整个中国的代称。诗的大意说，中国要有生气，要凭借疾风迅雷般的社会变革，现在人们都不敢说话，沉闷得令人可悲。我奉劝天公重新振作起来，不拘泥于常规地把有用的人才降到人间来吧。

后来，人们把“不拘一格降人才”精简成“不拘一格”。

诗中“万马齐喑”也是典故，比喻空气沉闷的局面。

不知深浅

【释义】

深浅，指事物的本质。形容不懂得事情的利害。

【出处】

明·吴承恩《西游记》：“那老者笑道：‘这和尚不知深浅，那三个魔头，神通广大得紧哩！’”

【故事】

唐僧一行在西天取经的路上，遇见一座高山，峰插碧空，非常陡峻。唐僧让猪八戒前去问路。

八戒遇见一位老者，老者说："这座山叫作八百里狮驼岭，中间有座狮驼洞，洞里有三个魔头，吃尽这世上的人。"老者劝说他们不要向西去。

八戒说："只有三个妖魔，不用这么费心！我师兄一棍就打死一个，我一钯就筑死一个，我师弟一降妖杖又打死一个。三个都打死了，我师父就过去了，有什么困难呢！"

老者笑道："这和尚不知深浅！那三个魔头，神通广大得很！他手下小妖很多的，南岭上有五千，北岭上有五千，东路口有一万，西路口有一万，巡哨的就有四五千，把门的有一万，烧火打柴的无数，共计有四万七八千。"八戒听了这话，十分害怕担心。

不觉技痒

【释义】

自己擅长某种技艺，极想表演一下，好比发痒一样，简直忍不住。也作"技痒难忍"。

【出处】

汉应劭《风俗通声音筑》："渐离变名易姓，为人庸保，匿作于宋子，久之，作苦，闻其家堂上客击筑，伎痒，不能毋出言，曰：'彼有不善。'"

【故事】

高渐离是战国时的燕国人，擅长击筑（一种乐器）。他与荆轲是好朋友，他们都很穷，经常在一起喝酒，击筑唱歌。后来，荆轲应太子丹的请求，到秦国去行刺秦王。刺杀没有成功，荆轲却因此丧命。秦国也因此追捕太子丹和荆轲的同党。于是高渐离就改名换姓，逃到一个叫宋子的偏僻小地方躲藏起来，给人家当佣工。工作很劳累，日子久了，就更加觉得苦恼。

有一次，主人家里来了一位客人，席间表演击筑。高渐离听了，不觉手痒痒，并且忍不住评论起来,说哪些地方演奏得好,哪些地方却还不够。同伴告诉主人,主人便叫他当众表演,果然,他的高超的技艺,受到在座的一致赞赏,同时也暴露了自己的身份。于是高渐离拿出他久藏在箱子里的心爱的乐器,换上了他旧时穿的服装。大家又惊又喜,主人也不再把他当作佣工,而把他作为贵客来招待了。

不欺暗室

【释义】

欺,欺骗自己;暗室,人家看不见的地方。形容在没有人看见的地方,也不做见不得人的事。

【出处】

唐·骆宾王《萤火赋》:“类君子之有道,入暗室而不欺。”

【故事】

卫灵公和夫人晚上闲坐,听见外面有辚辚的车马声,可是到了大门口声音却停了,过了一会车马声又响了起来。卫灵公问夫人:“你知道是谁吗?”夫人说:“这是蘧伯玉。”灵公问:“你怎么知道?”夫人说:“我听说,过大门要下车,以表示尊敬。忠臣和孝子不会在大庭广众之下信誓旦旦,更不会在黑暗中改变自己的操守。蘧伯玉是卫国品行端正的大夫,有仁德,而且很有智慧,对国家尽忠职守。他不会因为没人看见就忘记礼节的,应该是他了。”

灵公派人去看,果然是蘧伯玉。灵公回来,与夫人开玩笑说:“不是蘧伯玉。”夫人给灵公上酒道贺。灵公说:“你为什么要向我道贺呢?”夫人说:“开始我以为卫国只有蘧伯玉,现在知道还有一个和他一样的人,那么我们国家就有两个贤臣了。国家多贤臣,国家就多福分,为什么不道贺呢?”灵公说:“说得好!”就把真相告诉了夫人。正如诗经上所说:“我闻其声,不见其人。”

不义之财

【释义】

不义,不正当,不合理。指不应该得到的或来路不正的财物。

【出处】

西汉·刘向《列女传·齐田稷母传》:"不义之财,非吾有也,不孝之子,非吾子也。"

【故事】

战国时候,齐国有位宰相名叫田稷,因为他位高权重,所以总有趋炎附势的人想尽办法巴结他,送他很多礼物。一天,有位属下送给田稷黄金两千两,田稷就拿回家去孝敬母亲。然而,田母不但不欣喜,反而担忧地对田稷说:"儿啊,你做宰相三年的俸禄加在一起也没有这么多,这笔财富到底怎么来的呢?"田稷担心母亲着急,便讲出了实情。田母听后,严肃地对田稷说:"我曾经听说过,有志向的人都会洁身自好,对不好的事情根本不会动心思去做;对不合法的利益,也绝对不会去贪求。如今,齐宣王已经封你为宰相,给了你丰厚的俸禄,你的一言一行都应该效忠君主。君和臣的关系就应该像父子关系一样,作为臣子不忠心就等于不孝敬。今天,你收了贿赂就是不忠不孝,这份'不义之财'不是我的,你这样不孝的儿子也不是我的,我不要了。"

田稷听了母亲的教诲,深感惭愧,立即将礼物返还给属下,并请求齐宣王惩罚。齐宣王知道了,反而赐予了田稷的母亲更多的黄金。

不合时宜

【释义】

不合时宜这则成语的意思是不符合时势的需要,与世情不相投合。

【出处】

《汉书·哀帝纪》:"皆违经背古,不合时宜。"

【故事】

苏东坡中了进士做了官之后,不为名誉所累,一心一意为国家效力。无论是朝廷在治理国家时存在的弊端,还是皇帝本人的错误,苏东坡都直言不讳地指出来,时常惹得皇帝和官员们十分不高兴。

苏东坡

有一年的正月十五,京城中的百姓家家都买灯,挂在门口,为节日增添了不少气氛。许多卖灯的生意人一看买卖这么红火,也趁机多做些花灯出售。谁曾想,宋仁宗颁下一道圣旨,压低花灯的价格,宫中收购所有的花灯,这下可苦了这些小本经营的生意人,不但亏了血本,而且生了一肚子的气,没有地儿去诉说。

苏东坡了解到这一情况,连夜写奏章给皇帝,反映百姓的心声,批评皇帝的错误。

在此之前,王安石提出变法革新的主张时,苏东坡积极响应,陈述自己的主张。几件事凑到一起,可捅了马蜂窝了。皇帝开始找他的麻烦,一些大臣也趁机排挤他,使他在京城的日子更加难过了。为此,他整日闷闷不乐。

这天早晨,苏东坡吃完饭后,一边拍着自己的肚子,一边缓步走出了房门。走到门口,他随口问自己的侍童:

"你们猜猜,我这肚子里边都是什么东西?"

侍童蛮有情趣地回答说:"大人的文章名扬天下,当然是满肚子文章了。"

苏东坡听罢,摇了摇头。

另一个侍童接过话头说:"既然不是满腹文章,那就一定是满腹见识了。"

苏东坡听了,只是苦笑地摇摇头。这时,恰巧苏东坡的侍女走了过来。她悟性极高,跟随在东坡左右,也学到了不少的知识。她非常了解苏东坡这时的心情,于是风趣地回答道："依我看，学士整天上书、进策，一心为朝廷，可人家连理睬也不理睬，四处碰壁，回家就发牢骚……所以我看哪，学士是一肚子不合时宜！"

苏东坡听后，拍着肚皮爽朗地笑了："真让你说中了，我真是不合时宜啊！"

不亢不卑

【释义】

不亢不卑这则成语用来形容态度得体：既不高傲，又不自卑。

【出处】

《红楼梦》第五十六回："他这远愁近虑，不亢不卑，他们奶奶就不是和咱们好，听他这一番话，也必要自愧的变好了，不和也变和了。"

【故事】

贾府建成大观园后的第二年，王熙凤因身体不适不能料理家政，王夫人便让李纨与探春二人临时掌管家政，并请宝钗协助她们二位。于是姐妹三人每天吃过早饭后，便聚集在大观园门内的小花厅里，认真地处理大观园中的大小事务。

一天中午，平儿按照凤姐的吩咐，来小花厅听候探春等人差遣。她刚一进屋，探春便让她坐在小凳上，和她谈利用大观园的条件进行生产的事。然后，她问平儿："你们奶奶怎么没想到这一层呢？"

宝钗和李纨都夸探春想得周道而且可行。只有平儿说："这件事须得姑娘说出来。我们奶奶虽有力，也未必好出口。此刻姑娘们在园里住着，不能多弄些玩意去陪衬，或叫人去监管修理，图省钱，这话断不好出口。"

宝钗听了平儿的话忙走过来，摸着她的脸笑道："你张开嘴，让我瞧瞧你这副灵牙巧舌是怎么长的。""你们听听她这一番话说得多周到，既顺着三姑娘的意思，又不贬低她们；而且还要透出她们奶奶关心园子里姑娘们的心意。她这远愁近虑，不亢不卑，各方面都照顾到。她奶奶便不是和我们好，听了她这一番话，也一定自愧的变好了，不和也变和了。"

就这样，三人边议论，边做决定，边去做，三人还真管理起大观园的家政了。

不可救药

【释义】

意思是表示病重到不能用药救活的地步。用来比喻人或事物坏到无法挽救的地步。

【出处】

《诗经·大雅·板》:"多将熇熇,不可救药。"

【故事】

周厉王姬胡在位时,统治十分残暴。不仅百姓怨声载道,就连大臣们也是满腔怨愤。

有强烈责任感的大臣,向周厉王进谏,告诫皇上要以国事和百姓为重。周厉王根本听不进去,反而派出密探偷听人们的议论,他根本不听人们谈论的是什么内容,对江山社稷是否有益,有哪些好的建议,有哪些需要改正的错误,只要拿到参与议论的人的名单,就把他们统统杀掉。

周厉王的高压政策,使得举国上下没有人再敢议论朝政。更有甚者,连朋友或熟人相见,都不敢打声招呼,只能互相间用眼神表示问候。周厉王看到这种情形,非常得意,私下沾沾自喜地想,这种政策可真有效。

耿直、忠诚的大臣仍然冒着生命危险劝谏周厉王:"防民之口,甚于防川。"

周厉王依然胡作非为,甚至变本加厉地残害百姓。老臣凡伯看到朝政紊乱,百姓的怨气蓄势待发,痛心疾首地再次向周厉王提出忠告:百姓是国之根本,也是为君的根本,做事不能不想到他们。

周厉王顾及凡伯是老臣,没有治他的罪,但把他说的话依然当成耳旁风。

第二天早朝时,周厉王的亲信们看到周厉王对凡伯的态度,更加嚣张地嘲笑和讥讽凡伯。凡伯忍无可忍,写下一首诗,严厉地谴责周厉王和他的亲信们。诗的大意是说:"我虽然年纪大了,但绝没有老到说昏话的程度,你们不该嘲笑我,要知道,你们的坏事做得太多了,已经无法挽救了。"

C

仓中鼠

【释义】

粮仓中的老鼠。比喻处境优越的人物(含贬义)。

【出处】

《史记·李斯列传》:"年少时,为郡小吏,见吏舍厕中鼠食不絜(通"洁"),近人犬,数惊恐之。斯入仓,观仓中鼠,食积粟,居大庑之下,不见人犬之忧。于是李斯乃叹曰:'人之贤不肖譬如鼠矣,在所自处耳!'"

【故事】

李斯,战国时楚国人。他出生于平民百姓人家,年轻时曾在郡里当小吏,过着清贫的日子。

有一天,他去上厕所,看到一只老鼠。那老鼠又瘦又小,看到人,"哧溜"一下就逃走了。又一天,李斯因公务到粮仓里去,在那里见到的老鼠可不一样了,那老鼠又肥又大,看到人也不怎么害怕。

李斯由鼠及人,发出感慨:厕所里的老鼠吃的是臭烘烘的脏东西,常常受到人和狗的惊吓,长得又瘦又小;粮仓里的老鼠住在大屋子里,吃的是屯粮,不担心人和狗的惊扰,长得又肥又大。他由此发出联想:人何尝不是如此?一个人有出息还是没出息,是由所处的环境决定的。要想做人上人,必须改变自己的地位。因此,李斯毅然决定要做"仓中鼠"。

李斯先跟荀卿学帝王之术,学成后又到了秦国,辅佐秦始皇成就统一全国霸业。秦始皇任命他为丞相,他终于如愿以偿,成为"仓中硕鼠"。

秦始皇去世以后,李斯失去了靠山。为了保住自己的官位,李斯向赵高屈服,成为赵高的帮凶。赵高为彻底排除异己,诬陷李斯和他儿子李由谋反。李斯受到严刑逼供,被迫承认罪行。最后他被腰斩于咸阳,夷灭三族,"仓中鼠"最后的结局非常悲惨。

豺狼咬鱼

【释义】

鱼是被豺狼咬死的。多比喻上下融洽相处。

【出处】

唐·刘悚《朝野佥载》:"疱人曰:'豺咬杀鱼。'"

【故事】

娄师德,唐代武则天时的一位重臣,他才思敏捷,宽怀大度,为官清廉,为抵御外敌入侵做出过不懈的努力。他最大的特点就是善于忍让,与人和睦相处。

有一次,娄师德跟宰相李昭德一同上朝。娄师德身体肥胖,行动迟缓,李昭德等他等得心急火燎,看见娄师德来到,忍不住怒骂他几句:"你这个臭小子,只配去种地!"娄师德笑着说:"我不去种地,谁去种地?"一句话就把李昭德的怒气化解了。

娄师德最有名的典故是"师德量"或"唾面自干":他的弟弟被任命为代州(治所位于今山西代县)刺史,娄师德问他:"现在我做宰相,你做刺史,兄弟俩受到的恩宠太多,就会被别人嫉恨。你说说看,现在你该怎么办?"

他弟弟说:"别人朝我脸上吐唾沫,我把它擦干净就算了。"

娄师德说:"错了!人家朝你脸上吐唾沫,是对你发怒,你把它擦干净了,他的怒气会更盛。他朝你吐唾沫,你就笑着接受,让唾沫自己干了。"

只要下级不犯大错,娄师德总是不予苛求。他在担任监察御史时,有一年遭遇特大旱灾,各地因为求雨,按照成例禁止屠宰。娄师德来到陕县(今河南陕县)视察,当地的官吏还是做了羊肉招待他。娄师德严厉责问道:"你们为什么要破例杀羊?"

厨子抢着回答道:"这羊不是杀死的,是豺狼咬死的。"事已至此,多说无益,娄师德朝当地官员笑了笑，说："这豺狼倒也懂得礼节。"

过了一会儿，厨子又端上了红烧鱼，说道："这鱼也是被豺狼咬死的。"

娄师德听了"哈哈"大笑，说："混球，为什么不说是被水獭咬死的？"

苌弘化碧

【释义】

苌弘：周敬王的大夫。苌弘死后三年，他的血化为碧玉。比喻蒙冤抱恨而死。

【出处】

《庄子·外物》："人主莫不欲其臣之忠，而忠未必信，故伍员流于江，苌弘死于蜀，藏其血三年而化为碧。"

【故事】

周景王时，贤臣苌弘任上大夫，国家比较稳定。景王去世以后。王室为争夺权力发生争斗，国家陷于一片混乱。苌弘和刘文公借助晋国的力量平息内乱，辅佐王子即位，这就是周敬王。

不久，晋国的"六卿"发生内讧，智氏、赵氏、魏氏、韩氏与范氏、中行氏斗得你死我活。当时范氏为执政的正卿，并和刘文公是姻亲，周王室便站在范氏和中行氏一边。后来范氏和中行氏被其他四家消灭，智氏、赵氏、魏氏、韩氏便要追究周王室支持范氏的人。刘文公树大根深，晋国的"四卿"不敢招惹他，便要求周敬王惩治苌弘，周敬王没有答应。

晋国"四卿"于心不甘，使出了"离间计"陷害苌弘。周敬王果然中计，把苌弘放逐到千里之外的蛮荒蜀地。苌弘仍然没能逃脱杀身之祸，在蜀地被人杀死。

苌弘的冤死，引起当地人的同情，人们将他的血用玉匣子盛起来。三年以后，他的血化为晶莹的碧玉。

唱筹量沙

【释义】

唱:大声呼喊;筹:筹码,计数的用具。高呼所量的数量,将沙当成米计量。指制造假象,迷惑敌人。

【出处】

《南史·檀道济传》:“道济夜唱筹量沙,以所余少米散其上。”

【故事】

公元420年,刘裕废去晋恭帝司马德文自立为帝。改国号为宋,史称“刘宋”。公元439年,北魏太武帝拓跋焘消灭了北凉,统一了北方。从此以后的一百七十多年里,南北政权更迭频仍,互相对峙,史称“南北朝”。

南朝第一名将檀道济,跟随宋武帝刘裕南征北战,战功显赫;宋武帝即位后,他征战沙场,开拓疆土,镇守江南。宋武帝病故后,国家经过一番动乱,最后由武帝的儿子刘义隆即位,他就是宋文帝。北魏趁南方政局不稳,大举渡过黄河,攻占了大片土地。警报传来,宋文帝派檀道济率领大军抵御。

这一次,北魏军又来进犯济南,檀道济率领大军应战。这一仗打得异常激烈,在短短的二十多天里,双方交锋三十余次,每次交锋都是宋军获胜。北魏军节节败退,一直退到山东历城。

宋军连战连胜,有些轻敌,防备也有点松懈。北魏军征战多年,也不是吃素的,深知粮草的重要。他们趁宋军不备,派精锐骑兵突袭宋军的辎重粮草,放火把宋军的粮草烧了。檀道济的将士虽然英勇善战,但是断了军粮就没法坚持下去。檀道济懊丧之极,于百般无奈中准备从历城退兵。

历数前代战事,大军后撤,最忌敌军在后面追击。撤退的士兵希望早些脱离战场,已丧失斗志,再有敌人追击,往往被打得大败。檀道济暗暗想道:眼下没有粮草,军心动摇,要是敌军追上来,那就太危险了。

北魏军得知宋军缺粮撤退,急忙派出大军追赶,想把宋军围困起来。魏将暗暗想道:宋军没有粮食,不要多少天一定不战自乱,届时便可将宋军一举歼灭。宋军将士看到大批魏军围上来，都有点害怕，檀道济却不慌不忙的命令将士就地扎营休息。

当天晚上，宋军军营里灯火通明，檀道济亲自带领一批管粮的兵士在一个营寨里查点粮食。一些兵士手里拿着竹筹唱着计数，另一些兵士用斗量米。北魏军的探子偷偷地向营里探望，只见一只只米袋里都装着雪白的大米。

魏兵的探子赶快去告诉魏将，说檀道济营里军粮还绰绰有余，要想跟檀道济决战，准又打败仗。魏将得到情报，以为宋军虽然被烧了些粮食，并没有断粮，现在佯作撤退，是想引诱自己上当。他越想越玄：好一个檀道济老狐狸，差一点儿上了他的当！

其实，魏将中了檀道济的计。檀道济在营房里量的并不是白米，而是一斗斗的沙土，只是在沙土上覆盖着少量白米罢了。

天色发白时分，檀道济命令将士戴盔披甲，做好战斗准备，自己穿着便服，乘着一辆马车，大模大样地沿着大路向南转移。

魏将被檀道济打败过多次，本来就对宋军有点害怕，再看到宋军从容不迫地撤退，吃不准他们在哪儿埋伏了人马，不敢追赶。檀道济靠他的镇静和智谋，保全了宋军，使宋军安全回师。

掣肘

【释义】

掣：拉，拽。别人写字时拉他的胳膊肘。比喻在一旁干扰、阻挠。

【出处】

《吕氏春秋·具备》："吏方将书，宓子贱从旁时掣摇其肘。"

【故事】

鲁国有个人叫宓子贱，要到亶父那里去当地方官。他有些担心，要是国君听信了别人的谗言，自己的政治主张难以推行。赴任前，他请求国君派两个亲信跟他一起前往，国君答应了他的请求。

到达亶父以后，城里的官员都来参拜，宓子贱让两个随行官员做记录。官员刚开始记录，宓子贱就在一旁拉他们的胳膊肘，官员把字写歪了；官员再动手写，宓子贱又在一旁拉他们的胳膊肘，官员又没把字写好。过了一会儿，宓子贱把记录拿过去看，怒道："你们写的什么字，歪歪扭扭像是蚯蚓！"

两位官员忐忑不安，以后怎么跟这位上司共事？两人商量了一番，请求辞职回去。宓子贱说："你们俩记录都写不好，待在这里也没用，想走就走吧。"

两位官员回到京城，对鲁国国君说："宓子贱要我们做记录，却时时摇我们的胳膊肘，字写得不好，宓子贱就对我们发火。大王啊，我们怎么能在他手下做事啊！"

鲁国国君长长叹了口气，说："这是宓子贱对我进行规劝啊！我常常干扰他的工作，使他的政治主张不能推行。如果不是你们两个人，我几乎又要犯错了。"

陈蕃榻

【释义】

陈蕃接待徐稺的卧榻。比喻礼待贤士。

【出处】

《后汉书·徐稺传》："蕃（陈蕃）在郡不接宾客，唯稺来特设一榻，去则县（通"悬"）之。"

【故事】

东汉的陈蕃，自幼胸怀大志。十五岁时，曾独处一个院落读书。有一天，父亲的一个朋友薛勤到他家做客，听说陈蕃正在读书，就去看看这孩子。走进小院，只见里面杂草丛生，秽物遍地，薛勤皱了皱眉头，说："你这个小孩子，为什么不打扫庭院接待宾客？"陈蕃随即回答道："大丈夫处世，当扫除天下，怎么会只扫一屋呢？"薛勤听了暗暗吃惊：这孩子志向不小！薛勤为了激励他从身边小事做起，说："一屋不扫，何以扫天下？"

陈蕃曾任豫章太守，在任期间，准备了一张卧榻，只有徐稺来了才让他睡在卧榻上，徐稺离开以后就把这张卧榻吊起来，不再让别人使用。

徐稺是个怎样的人，让陈蕃如此敬重呢？徐稺，字孺子，人们尊称他为"南州高士"。有一件事，可以看出徐稺的人品。他曾经拜江夏（今湖北云梦）的著名学者黄琼为师，后来黄琼做了高官，徐稺就不再与他来往，黄琼请他去做官，他也不肯赴任；黄琼去世的消息传到豫章（今江西南昌），徐稺背着干粮，前往千里之外的江夏，去哭祭自己的老师。人们对他十分敬佩，说："邀官不肯出门，奔丧不远千里。"

陈蕃礼遇徐稺的事成为后世佳话，唐代王勃在《滕王阁序》中写下了"人杰地灵，徐孺下陈蕃之榻"这样的名句。

成也萧何，败也萧何

【释义】

韩信成就功业，是因为萧何慧眼识人；韩信最后被杀，也是因为萧何出谋划策。比喻成败都是由同一人或同一原因造成。

【出处】

宋·洪迈《容斋续笔·萧何绐（欺骗）韩信》："韩信为人告反，吕后欲召，恐其不就，乃与萧相国谋，诈令人称陈豨已破，绐信曰：'虽病强入贺。'信入，即被诛。信之为大将军，实萧何所荐，今其死也，又出其谋，故俚语有'成也萧何，败也萧何'之语。"

【故事】

西汉名将韩信，出身于平民家庭。秦朝末年，陈胜、吴广揭竿而起，天下群雄起兵响应。韩信顺时而动，投身于项梁的西楚军。没过多久，项梁战死，他便跟随项羽的军队。项羽没有重用他，只是让他做了一名小小的卫士。他曾多次向项羽献策，都没被采用，因此愤然离开楚营，投奔刘邦军。

到了汉营，依然不如意，刘邦只让他做了个治粟都尉，只能在战场上冲锋陷阵。韩信郁郁不得志，再也不愿待下去了，找了个机会逃出了汉军大营。萧何知道韩信是不可多得的奇才，听说韩信跑了，来不及向刘邦禀报，就急急忙忙出去追赶，整整赶了两天两夜，才把韩信追回。这段"萧何月下追韩信"的故事，被传为千古美谈。

刘邦不见萧何的踪影，就像失去了左膀右臂，看到萧何回来了，责问他道："怎么连你也跑掉了？"萧何将原委向刘邦说了一遍，力劝刘邦拜韩信为大将军。刘邦最终同意了萧何的建议，举行了隆重的拜将仪式，拜韩信为大将军。从此以后，韩信指挥汉军与项羽的楚军作殊死搏斗，为刘邦夺取天下立下了赫赫战功。

“兔死狗烹，鸟尽弓藏”，在项羽败亡不久，刘邦就夺去了韩信的兵权，封他为楚王；不久又贬韩信为淮阴侯，将他软禁。

陈豨造反后，刘邦亲自领兵攻打，诸将跟随前往，韩信假称有病没有前去。有人向吕后诬告韩信，说韩信是陈豨的同谋。吕后得到密报，立即派人把萧何找来商量，萧何出谋划策，跟吕后商定了杀死韩信的计谋。

第二天，萧何派亲信到韩信那里，诈称刘邦已经平定叛军，陈豨已经被斩首，群臣都已前往宫中向刘邦祝贺，并且对韩信说：“您虽然有病，也应当抱病前往。”韩信不知是计，再说也碍着萧何的情面，只得答应下来。韩信一到宫中，就被武士拿下，吕后不等刘邦返回，立即将韩信斩了。

杵臼交

【释义】

杵：舂米使用的木棒；臼：舂米的石臼。在杵臼间结下的交情。比喻不计较身份、贫贱结成的交情。

【出处】

《后汉书·吴佑传》：“公沙穆来游太学，无资粮，乃变服客佣，为佑赁舂。佑与语大惊，遂共定交于杵臼之间。”

【故事】

东汉时，有个穷苦书生，名叫公沙穆，学习非常刻苦。经过一段时间的刻苦攻读，公沙穆总觉得一个人读书所获有限，需要有老师指点才行。他想到京城的太学继续深造，可是，他这么个穷小子，哪来那么多钱做入学的费用？

再难也难不倒公沙穆，公沙穆经过长途跋涉来到了京城。他四处为人帮工，省吃俭用积攒学习费用。有一天，吴佑家要找人舂米，公沙穆就到他家去干活。

吴佑闲来无事，在院子里散步，看到舂米的人文质彬彬的样子，不像是干粗活的人，就来到他的身边，跟他攀谈起来。一经交谈，吴佑发现公沙穆不仅学识渊博，而且对一些问题很有见地。两人越谈越亲热，便在杵臼间结为好友。

后来,吴佑和公沙穆都身居高官,颇有建树,他们之间的这一段交往,便也成为美谈流传后世。

楚材晋用

【释义】

楚国的人才被晋国使用。比喻自己的人才被别人使用。

【出处】

《左传·襄公二十六年》:"虽楚有材,晋实用之。"

【故事】

春秋时,楚国的伍举和蔡国的声子是世交好友。伍举的妻子,是楚国王子牟的女儿,王子牟获罪逃亡,伍举受到牵连,只得取道郑国逃往晋国。

说来也巧,声子奉命出使晋国,路过郑国,正好与伍举不期而遇。两人好不高兴,就在路边铺着黄荆坐下,一边吃东西,一边叙说旧情。声子知道伍举蒙冤出逃后,安慰他道:"你放心,我一定设法给你辨明冤情,让你返回自己的故乡。"

时隔不久,声子出使晋国、楚国。到了楚国之后,楚国令尹子木接待他。子木问声子:"晋国的大夫与楚国的大夫相比,哪一国的更贤明?"声子回答道:"说起上卿,晋国的不如楚国;至于大夫,却是晋国的贤明。"

子木听了有点儿不高兴,说:"愿闻其详。"

声子说:"就拿杞木、梓木和皮革来说,这些东西虽然出自楚国,但是大多被晋国人收购,留在楚国的自然也就不多了。"

声子话锋一转,接着说:"楚国人才很多,却被晋国所用。过去,楚国的臣子析公、雍子、子灵、贲皇等人逃往晋国,都帮助晋国把楚国打得大败。想想看,楚国的人才逃到别国,给楚国造成了多大的危害!"

子木明白过来了,说:"你说得对。"

声子继续说下去:"现在伍举蒙冤逃到晋国,晋国正打算重用他,如果他要进行报复,危害可就大了!"

听了声子的话,子木感到害怕。他一刻也不敢耽误,立即向楚王报告。楚王赶紧派人前往晋国，把伍举接回来。

楚宫腰

【释义】

楚王宫中人们的细腰。指细腰。后多指美女的细腰。

【出处】

《战国策·楚策》："昔者楚灵王好士细腰，故灵王之臣皆以一饭为节，胁息然后带，扶墙然后起，比期年，朝有黧黑之色。"

【故事】

有一天，楚威王问大臣莫敖子华，说："从先君文王到我这一辈为止，有不追求爵位俸禄，只忧虑国家安危的大臣吗？"

莫敖子华说："从前的令尹子文，奉公守法，安于贫困。只忧虑国家安危而不计较个人得失的，令尹子文就是其中一位。从前的叶公子高，使楚国的威名在诸侯中传扬，四境诸侯都不敢来犯，要说能够忧虑国家安危的，叶公子高也是其中一位。从前的莫敖大心，在战场上出生入死，视死如归，要说不顾个人利益而忧虑国家安危的，莫敖大心是其中一位。从前的棼冒勃苏，为了拯救国家，在秦王宫门外哭泣了七天七夜，感动了秦王，使其派出了救兵。要说劳其筋骨，苦其心志，心里只想着国家安危的，棼冒勃苏是其中一位。从前的大臣蒙谷，为国家立下了大功，后来隐居山中，至今没有爵禄。只考虑国家安危，不追求个人名利的大臣，蒙谷是其中一位！"

楚威王听了莫敖子华对过去五位贤臣的介绍，感叹道："唉，时代不同了，现在到哪里去找这样的贤才呢！"

莫敖子华看了看楚威王，又给他讲了一个故事。

过去，楚灵王喜欢臣子有纤细的腰身，细腰大臣往往得宠。楚国的臣子为了能有苗条细腰，每天只吃一顿饭，这一顿还不能吃饱，吃完饭吸口气，把腰收起来，然后再系上衣带。

没过多久，臣子们一个个饿得四肢无力、头昏眼花。坐着的人想站起来，非得扶着墙壁不可;坐在车上的人想站起来,非得扶着车上的横木才行。为了讨得楚王的欢心,臣子们一个个强忍着食欲,即使饿死了也心甘情愿。

说到这里,莫敖子华话锋一转,说:“臣子们总是希望得到国君的青睐,大王真的希望得到贤臣的话,就该引导大家怎样去做。如果这样做了,跟以前一样的五位贤臣一定会有。”

“楚王好细腰”本比喻居上位者引导时尚,后来人们使用这个典故意义发生了变化,“细腰”变成指美女的细腰,“楚宫腰”也就多指美女的细腰了。

穿井得一人

【释义】

打井挖出一个活人。比喻轻信流言,以讹传讹。

【出处】

《吕氏春秋·察传》:“得一人之使,非得一人于井中也。”

【故事】

春秋时代,宋国有户姓丁的人家,家里没有水井,经常为用水的事烦心。打水的地方离家很远,往返一趟要走七八里地。为了解决用水的问题,丁家经常派一个人在外面,专管打水这件事。

丁家觉得这样下去不行,决定自家打一口井,彻底解决用水问题。有人不同意:世世代代都这样,干吗要出新花样,花大力气打井?这儿的地下会有水吗?打不出水来岂不是白白浪费人力财力?再说了,要是这里的地下有水,先人早就在这里打井了!

虽然有人反对,当家的丁爷还是坚决要打。反对的人没敢多说什么——当家的已经做出了决定,再说也没有用!

花费了不少时间,这口井终于打成了。看着清澈的井水,丁爷非常高兴,常常对人说:“我家打出了一口井,不要再派人到老远的地方打水了,等于多出了一个人的劳力。”

丁爷的话很快就传了出去,时隔不久竟然变了样,说什么:“丁家打了一口井,从井里挖出一个大活人!”

这话越传越神,越传越远,连宋国国君都知道了这个传闻。宋国国君感到很奇怪,派人到丁家去问个究竟。

丁爷告诉来人:“我是说家里挖了一口井,等于多出了一个人的劳力,不是说家里挖了一口井,从井里挖出一个大活人。”

吹皱一池春水

【释义】

风把一池子春水吹皱了。原来暗喻关你什么事,跟你有什么相干。现也用以形容掀起一些波澜。

【出处】

南唐·冯延巳《谒金门》:“风乍起,吹皱一池春水。”

【故事】

公元937年,李昪灭吴,建立了南唐小朝廷。李昪传位李璟,李璟传位李煜,共三世。公元975年,南唐被宋灭,前后共三十八年。李璟、李煜被后世称为“南唐二主”,父子俩治国本领没有多少,写词却是个中高手。尤其是李煜,写下的名句不少,尤其是“问君能有几多愁,恰似一江春水向东流”,千百年来吟唱不衰。

李璟跟南唐著名词人冯延巳的关系非同一般。李璟为太子时,便和冯延巳交游;李璟继位以后,冯延巳做了宰相;后来李璟铲除党争,和冯延巳同党的宋齐丘饿死在家中,陈觉、李征古被逼自杀,唯独冯延巳安然无恙。由此可见冯延巳独得李璟青睐,才得以在家安度晚年。

冯延巳写过一首《谒金门》词:“风乍起,吹皱一池春水。闲引鸳鸯香径里,手挼红杏蕊。斗鸭阑干独倚,碧玉搔头斜坠。终日望君君不至,举头闻鹊喜。”李璟读过以后非常欣赏,跟冯延巳开玩笑说:“‘吹皱一池春水’,干卿何事(关你什么事)!”

冯延巳十分机敏,立即笑着回答道:“比不上陛下的‘小楼吹彻玉笙寒’。”这句话说得李璟心里十分舒坦。李璟写过一首《浣溪沙》:“菡萏香销翠叶残,西风愁起碧波间。还与韶光共憔悴，不堪看。细雨梦回鸡塞远，小楼吹彻玉笙寒。多少泪珠无限恨，倚栏杆。”

这件事被后世文坛传为佳话，“吹皱一池春水”也就隐指“干卿何事（关你什么事）”。

初出茅庐

【释义】

茅庐：草房。原指新露头角，后多比喻初次历事，缺乏经验。

【出处】

《三国演义》第三九回：“直须惊破曹公胆，初出茅庐第一功。”

【故事】

东汉末年，群雄争霸，天下三分。刘备三顾茅庐请出诸葛亮并拜为军师，然而关羽、张飞等人对此却不以为然。公元207年，曹操派大将夏侯惇领十万大军攻打新野，而刘备却仅有数千人马，形势十分危急。

刘备急忙找诸葛亮商议，诸葛亮说：“怕众将不听我令，愿借主公印剑一用。”刘备忙将印剑交给诸葛亮。诸葛亮便开始集众点将。他命令关羽带一千人马埋伏在豫山，放过敌人先头部队，看到起火，迅速出击。命令张飞带一千人马埋伏在山谷里，待起火后，杀向博望城。关平、刘封带五百人，准备好放火的器具，在博望坡后面分两路等候，敌军一到，立即放火。他又把赵云从樊城调来当先锋，只许败不许胜。刘备带一千人马作援。关羽忍不住问：“我们都去打仗，先生干什么？”诸葛亮说：“我在城中坐等。”张飞大笑说：“我们都去拼命，先生你好逍遥啊！”诸葛亮说：“印剑在此，违令者斩！”关羽、张飞无话可说，冷笑着走了。

夏侯惇带领着十万大军直奔博望，正好碰到赵云带兵前来应战，夏侯惇亲自出阵，赵云假装败走，夏侯惇领兵追击，追到博望坡前，突然一声炮响，刘备领兵杀来。夏侯惇与刘备交战，刚一交手，刘备便领军与赵云一起退去，夏侯惇继续领兵追赶。

夜半时分，夏侯惇领军追到了一条狭窄的小路上，只见路边树林茂密，芦苇丛生，一片漆黑。曹将于禁提醒夏侯惇小心刘军采用火攻，夏侯惇恍然大悟，下令赶紧撤退。话音刚落，背后就传来了震天的喊声以及漫天的大火。半夜刮起了大风，风助火威，火越烧越大，直烧得曹军焦头烂额，哭爹喊娘。曹军抱头鼠窜，自相践踏，死伤不计其数。赵云乘机领兵追杀，夏侯惇冒着烟火狼狈逃窜。关羽、张飞率领伏兵拦住他的去路，两面夹击，直杀得曹军尸横遍野，血流成河。

诸葛亮初次用兵，神机妙算，大获全胜。关羽、张飞等佩服得五体投地。罗贯中写的这个故事，赞扬了诸葛亮初出茅庐就立下第一功的惊世之才。

初生之犊不畏虎

【释义】

犊：小牛。刚生下的小牛不害怕老虎。现比喻青年大胆勇敢，敢于创新。

【出处】

明·罗贯中《三国演义》第七四回："俗云：'初生之犊不惧虎。'"

【故事】

东汉末年，刘备从曹操手中夺去了汉中，并在此称王，从此天下三分。刘备利用曹操与孙权的矛盾，命令镇守荆州的关羽率军北上，进攻襄阳和樊城。关羽部将廖化、关平率军攻打襄阳，曹操派部将曹仁领兵抵抗，结果大败，退守樊城。曹操接到战报，立即派大将于禁为征南将军，以勇将庞德为先锋，领兵前往樊城救援。

庞德率领先锋部队来到樊城，让兵士们抬着一口棺材，走在队伍的前面，表示誓与关羽决一死战。两军对阵，庞德耀武扬威，指名要关羽与他决战。关羽出战，两人大战百余回合，不分胜负，两军各自鸣金收兵。

关羽回到营寨，对关平说："庞德的刀法非常娴熟，不愧为曹营勇将啊。"关平说："俗话说，初生之犊不畏虎，对他不能轻视啊！"关羽觉得靠武力一时难以战胜庞德，于是想出了一条计谋。

这时正是秋雨连绵的时候，樊城连日阴雨，汉水猛涨，曹军营寨却扎在汉水的低洼之处。于是，关羽命人堵住水口，等到江水暴涨时掘开汉水大堤，洪水漫天遍地，汹涌而下，淹没了于禁率领的七支人马。关羽命令将士登上预先造好的船筏，向敌军发起猛攻，俘虏了于禁。于禁投降，但是庞德却立而不跪，始终不肯投降，关羽劝他投降,还被他大骂了一顿。于是,关羽最终下令杀了庞德。

出人头地

【释义】

形容高人一等,在别人之上。也形容德才超众或成就突出。

【出处】

《与梅圣俞》:“老夫当避路,放他出一头地也。”

【故事】

苏轼是北宋时期的文学家,他诗词歌赋无一不精,又是著名的书法家,是我国历史上的全才人物。

他从小就聪慧绝伦,文章写得极好,二十岁时便进京赶考。当时,主考官是翰林院大学士、文坛盟主欧阳修。他对当时文坛崇尚的诡谲生涩的文风大为反感,认为这样的文章只是寻章摘句,于事无补,于是看到这样的文章一律不加录取。在阅卷时,他被其中一篇名为《刑赏忠厚论》的文章的文采深深吸引。这篇文章不但文采飞扬,更重要的是观点新颖,有理有据。他认为应列为第一名,于是便把文章传给同僚观看,大家都赞赏不已。不过,由于考卷上考生的名字是封住的,欧阳修觉得这份考卷很像是他的学生曾巩写的,为了避嫌,就把它定为第二名。

放榜后,按礼节考中的学生要去拜谢主考官,不想以第二名身份来的不是曾巩,而是年青的学子苏轼,欧阳修才知道闹误会了。苏轼对主考官欧阳修也非常佩服,之后又送了几篇自己的文章请欧阳修指点。

欧阳修本来心里就内疚得很,觉得委屈了苏轼,再看到苏轼所做的其他篇章,篇篇才华横溢,更是赞叹不已。于是写信给当时德高望重的梅尧臣说:“读了苏轼写的文章,不知不觉汗都出来了,真是痛快呀!他的文学才华犹甚于我,我应当给他让路,使他高出一头。”当时听说此事的人都不以为然,以为欧阳修太谦虚了,后来他们看了苏轼的文章后才觉得欧阳修此话不假。

苏轼后来所作的文章果然超过了欧阳修等人,一时名声大振,成为我国著名的“唐宋八大家”之一。

出尔反尔

【释义】

尔:你。反:通“返”,回。原意是你怎样做,就会得到怎样的后果。现指人的言行反复无常,前后自相矛盾。

【出处】

《孟子·梁惠王下》:“出乎尔者,反乎尔者也。”

【故事】

战国时期,有一年邹国和鲁国发生了战争。由于邹国的人民对统治者不满,当邹国的官吏遭到鲁国军队的攻击时,邹国百姓并不相救。结果,邹国被打败,还被鲁国杀死了三十多名官吏。

邹穆公知道了这件事,非常不高兴。这时正好孟子来到邹国,邹穆公就问孟子:“在这次战争中,邹国的老百姓眼看着邹国的官吏们被杀,却袖手旁观,真是可恨!要是把他们杀了吧,他们人又太多,杀不完;要是不杀吧,以后再有这种事情,更没有人去营救了。这种风气实在要不得。您说我该怎么办呢?”

孟子问道:“您知道为什么会这样吗?”邹穆公说:“不知道。”孟子一针见血地指出:人民之所以见死不救,完全是这些官吏的责任。他说:“在闹灾荒的时候,邹国的百姓们没法生活,年轻力壮的外出逃荒;年老体弱的就死在路上,尸体丢在山沟荒野之中。而您的粮仓里储满了粮食,衣食不缺。可您的属下对于百姓的生死,根本就漠不关心,并不把灾情告诉您,他们不但不赈济灾民,反而还加紧搜刮、残害百姓。百姓怎么能不恨这些官吏呢?他们遇到危险的时候,老百姓自然不会去救。曾子曾经说过:‘要注意呀!你怎样对待别人,别人也会怎样对待你。’你的百姓一直无法报仇,这次刚好有了机会。所以说,您也不要怨恨那些百姓。如果您实行仁政,爱护百姓,那么百姓也会爱护您和您的官吏,并且在危险的时候肯牺牲自己的生命。”

邹穆公听了,恍然大悟,于是开始实行仁政,邹国也逐渐强大起来。

“出尔反尔”又可说成“出乎反乎”。

沧海桑田

【释义】

桑田:农田。大海变成桑田,桑田变成大海。比喻世事变化很大。

【出处】

《神仙传·麻姑》:“麻姑自说云,接待以来,已见东海三为桑田。”

【故事】

从前有两个仙人,一个叫王远,一个叫麻姑。一次,他们相约到蔡经家去饮酒。

到了约定的那天,王远在一批乘坐麒麟的吹鼓手和侍从的簇拥下,坐在五条龙拉的车上,前往蔡经家。只见他戴着远游的帽子,挂着彩色的绶带,佩戴着虎头形的箭袋,显得威风凛凛。

王远一行降落在蔡经家的庭院里后,簇拥他的那些人一下子全部消失了。接着,王远和蔡家的人互相寒暄了一番。然后,王远就独自坐在那里等候麻姑的到来。

王远等了很长时间,麻姑还没有来,他就向空中招了招手,派使者前去请麻姑。蔡经家的人谁也不知道麻姑是天上的哪位仙女,于是大家都坐在院子里等着麻姑的到来,好看看她长得什么样子。

过了一会儿,使者回来了,向王远禀报说:“麻姑命我前来向先生您致意,她说已经有五百多年没有见到先生您了。现在,她正奉命在蓬莱仙岛巡视,稍等片刻,麻姑就会前来和先生见面。”

王远点点头,便在蔡经的庭院里耐心地等着。果然,没过多久,麻姑就从空中飞了下来。她的随从只有王远的一半多。蔡经家的人这才看到,麻姑仙人看着就好像是人家十八九岁的漂亮姑娘,她乌黑的长发及腰,穿着不知道是什么材质的衣服,衣服上面还绣着美丽的花纹,看着雍容华贵,煞是好看。

麻姑与王远互相寒暄之后,王远就吩咐开席。席上的用具很是珍贵,全部都是用金和玉制成的,上面刻着精致的花纹,很是精巧;里面盛放的菜肴,大多都是奇花异果,一打开盖子,香气扑鼻而来。看到这些,蔡家人觉得大开眼界。

席间，麻姑对王远说道："自从得道升仙接受天命以来，我已经亲眼见到东海三次变成桑田。刚才在蓬莱巡视的时候，我又看到海水比前一段时间浅了一半，难道它又要变成陆地了吗？"

王元叹息道："唉，是啊，圣人们不是都说吗？大海的水都在下沉，看来在不久的将来，那里又要变成尘土飞扬的陆地了。"

宴席完毕后，王远与麻姑各自招来自己的车驾坐骑，相互道别后，飞天而去。

沧海一粟

【释义】

沧海：大海。粟：谷子。大海里的一粒谷子。比喻非常渺小，微不足道。

【出处】

宋·苏轼《前赤壁赋》："寄蜉蝣于天地，渺沧海之一粟。"

【故事】

北宋时期著名的文学家苏东坡因反对王安石变法，被贬至黄州，在黄州他先后写下两篇《赤壁赋》。《前赤壁赋》中，苏东坡由眼前景物感叹起世事的变化，他说："我们今天畅游赤壁，想那当年曹操也是一代枭雄，可如今枭雄又在哪里呢？我们在这江渚之上，以鱼虾为伴，与麋鹿为友，就像蜉蝣一般寄身于天地间，自己不过渺小如大海中的一粒米。江水苍茫没有尽头，我们的一生是多么短暂啊。想到这里，又怎能不使人悲伤？"

草木皆兵

【释义】

把山上的草木都当作敌兵，形容人在惊慌时疑神疑鬼。

【出处】

唐·房玄龄等《晋书·苻坚载记》："坚与苻融登城而望王师，见部阵齐整，将士精锐;又北望八公山上草木皆类人形,顾谓融曰:'此亦敌也,何谓少乎?'怃然有惧色。"

草木皆兵

【故事】

东晋时期,前秦皇帝苻坚亲率大军八十万进攻东晋,东晋任命谢安之弟谢石为征讨大都督、谢安之侄谢玄为先锋统率八万兵马迎战。苻坚听说对方只有八万兵力,态度十分傲慢,根本没把小小晋军放在眼里,他想以多胜少,抓住机会,速战速决。

谁料,双方刚一交锋,苻坚便领教了对方的厉害:二十五万先锋部队在寿春一带被晋军打得大败而逃。前秦锐气被挫,人心惶惶,军心动摇。他慌了手脚,再不敢掉以轻心,赶紧与弟弟苻融趁着夜色登上寿阳城头,亲自察看敌情。当晚阴雾蒙蒙,双方军队相隔淝水,苻坚远远望去,只见对岸晋军队伍严整,士气高昂。再向北望至八公山,那里驻扎着晋军的大本营,阵阵夜风呼啸而过,山上随风而舞的一草一木,俱像是漫山遍野的晋军。苻坚转回头,面有惧色地对弟弟苻融说道:"这是多么强大的敌人呀,怎么能说晋军兵力不足呢?"

出师不利给苻坚心头造成了巨大压力,他令部队靠淝水北岸布阵,企图凭借地理优势扭转战局。这时晋军将领谢玄要求秦军稍往后退让出一点地方,以便渡河作战,苻坚想趁对方渡河之时发起进攻,遂答应了这一要求。然而,事实并非如他所想,后退军令一下,秦军便如潮水般后退,难以迅速整顿,晋军则趁势渡过淝水,将秦军杀得丢盔弃甲,尸横遍野。许多士兵惊慌无措,四散奔逃时听到风声与鹤鸣也误以为是追兵又到,互相踩踏又死伤无数。主将苻融在战斗中阵亡,连苻坚也受伤败逃,这就是历史上著名的"淝水之战"。后人根据这段史实概括出"风声鹤唳""草木皆兵"两则成语。

车水马龙

【释义】

也作“马龙车水”。指车像流水,马像游龙。形容来往车马很多,连续不断的热闹情景。

【出处】

南朝·宋·范晔《后汉书·明德马皇后纪》:“前过濯龙门上,见外家问起居者,车如流水,马如游龙。仓头衣绿,领袖正白,顾视御者,不及远矣。”

【故事】

东汉时期,汉明帝死后,汉章帝继位,马皇后被尊为皇太后,很多人都想巴结她。汉章帝采纳部分大臣的建议,欲对马皇后的家人封爵。马皇后当时以光武帝有关后妃家族不得封侯的规定,明确表示了拒绝。

第二年夏天,突现旱灾,那些大臣赶紧借口说是未给马皇后家人封爵所致,借机再次提出分封之事。马皇后知道后,大为光火,专门为此下发诏书,其中说道:“那些提出要封外戚为爵的人,都是想谄媚于我,都是要从中获取好处。天遭大旱与封爵有什么关系?要记住前朝的教训,宠贵外戚会招来倾覆的大祸……马家的舅父都很富贵,我虽然贵为太后,还是饮食不求甘美,穿着也尽量朴素,之所以这样做,就是希望外戚可以好好反省自己。可是我前几天路过娘家住的濯龙园门前,见去我娘家拜候、请安的人所乘车辆像流水那样不停往来,马匹络绎不绝,好似一条游龙,招摇过市。就连他们的佣人也衣饰鲜艳,领袖雪白。再看看我们,比他们差远了。我当时竭力控制自己,没有出语责备,这些人只知道自己享乐,根本不为国家分担忧愁,我又怎么能同意给他们加官晋爵呢?”此诏一出,从此再无人敢提“封外戚为爵”一事。

沉鱼落雁

【释义】

鱼儿见了都会沉入水底，大雁见了都会降落在沙洲之上，多用来形容女子容貌美丽。

【出处】

《庄子·齐物论》："毛嫱、丽姬，人之所美也；鱼见之深入，鸟见之高飞，麋鹿见之决骤，四者孰知天下之正色哉？"

【故事】

"沉鱼落雁"是指古代四大美女中的西施和王昭君。春秋战国时期，越国有位女子施夷光，即西施，据传她在溪边浣纱时，秀丽容颜与俊俏身姿映入水中，看得鱼儿都忘了游动，竟渐渐沉入了水底，后来人们就以"沉鱼"为其代称。"落雁"王昭君本是汉元帝时期默默无闻的一名宫女，在被选配给匈奴单于时，汉元帝偶然得见，当即惊为天人，可因有言在先，他不得不忍痛割爱，将这位绝世美女嫁与匈奴。离汉西去的途中，王昭君抬头望见南飞的大雁，遂弹起身边的琵琶抒发心中无尽的乡思。那大雁听其音见其人后，竟然忘记了飞翔，临空跌落在地，"落雁"之名由此传开。

城门失火，殃及池鱼

【释义】

原意是指城门失火，大家都到护城河取水，结果导致水尽鱼死。形容因受连累而遭到损失或祸害。

【出处】

宋·李昉等《太平广记》卷四六六引汉·应劭《风俗通义》："宋城门失火，人汲取池中水以沃灌之，池中空竭，鱼悉露死。”

【故事】

古时人们为了城池安全，常会在城门四周挖成一条护城河，注水其中，这条河环城绕行一圈，平时可以起到较好的保护与防御作用。春秋时期，宋国就有这样一座小城，因平日里少有战火波及，所以百姓们都能在此平静安然地生活，鱼儿也在护城河水中快乐地游着。某日，城门突然失火，一条鱼儿见后大叫：“不好了，城门失火了，快跑吧！”其他鱼儿却不以为然，认为城门失火，与自己相距很远，用不着大惊小怪。不一会儿，城内居民们就纷纷拿着装水的盆桶器具跑来河边取水，待到大火扑灭，护城河中的水也被汲取干净，满河的鱼儿无处可逃，全都干渴而死。

程门立雪

【释义】

也作“立雪程门”。旧指学生恭敬受教，现喻指尊师重道的行为。

【出处】

元·脱脱等《宋史·杨时传》：“见程颐于洛，时盖年四十矣。一日见颐，颐偶瞑坐，时与游酢侍立不去。颐既觉，则门外雪深一尺矣。”

【故事】

程颢、程颐是北宋时期著名的理学家，很多人都希望能拜“二程”为师研习理学。当时福建将乐县有位进士名叫杨时，特别爱好钻研，曾拜程颢为师，程颢去世前，将他推荐给正在伊川书院任教的弟弟程颐，于是杨时就得以来到洛阳伊川。

杨时当时已四十多岁，可他谦虚、求知的态度极受众人称道。某日，杨时与同学游酢一起去向老师请教学问，不巧正赶上程颐在屋中小睡。杨时便劝告游酢不要惊醒老师，于是两人静静候立门前。这时天上下起了大雪，雪越下越紧，寒气袭人，程颐一觉醒来，推门而出时，赫然发现守候在门口的两位弟子身上已落满雪花，地上的积雪更是深达一尺多。程颐知其原委后，深受感动，遂尽心尽力教授杨时，直至他学成而归。后人即以“程门立雪”作为尊师重道的典范。

出口成章

【释义】

说出话来就成文章。形容文思敏捷,口才好。

【出处】

《诗经·小雅·都人士》:“彼都人士,狐裘黄黄,其容不改,出言成章。”

【故事】

清朝著名的文学家、书画家,“扬州八怪”之一金农名气很大,当地盐商仰慕其名,竞相宴请。某日,一位盐商在平山堂设宴,金农居于首座,席间众人以古人的“飞红”为题,行令赋诗。轮到这位盐商时,他言辞笨拙无以为对,其他人都建议要对其处罚,情急之下,盐商便信口诌了句:“有了!柳絮飞来片片红。”宾客们哈哈大笑,都说他是杜撰而来。金农为其解围道:“这是元人咏平山堂的佳作,他引用得很恰当。”宾客们当然不信,当场请求补全为证,金农遂咏道:“廿四桥边廿四风,凭栏犹记旧江东。夕阳返照桃花渡,柳絮飞来片片红。”此句一出,众人皆佩服诗作极佳,只有金农自己知道这确为杜撰。得以解围的盐商非常高兴,第二天便登门以重金相谢。

出类拔萃

【释义】

出:超出。类:同类。拔:高出。萃:指聚在一起的人或物。多用于形容人的品德、才能超出同类之上。

【出处】

《孟子·公孙丑上》:“圣人之于民,亦类也;出于其类,拔乎其萃。自生民以来,未有盛于孔子也。”

【故事】

战国时期的思想家、教育家孟子是孔子的孙子子思的学生，他虽然也是儒家一代宗师，但在心里始终认为孔子才是无法逾越的先哲圣人。某日，孟子的学生公孙丑问他："老师，古代的伯夷、伊尹都被称作圣人，他们同孔子差不多吧？"孟子回答说："孔子的学生有若曾这样说过：'凡是同类的都可以相比较，如麒麟同其他走兽比，凤凰同其他飞鸟比，泰山同其他丘陵比，河海同水洼细流比，前者都远远超过了后者。'圣人和其他人也是同类，但圣人已远远超出其他人了。自有人类以来，没有人再比孔子更伟大。"

出奇制胜

【释义】

用奇兵或奇计战胜敌人。比喻用对方意料不到的方法取得胜利。

【出处】

《孙子·势篇》："凡战者，以正合，以奇胜。故善出奇者，无穷如天地，不竭如江河。"

【故事】

战国时期，齐湣王骄奢淫逸，贪图享乐，不理朝政，导致国力下降，民怨四起。邻国燕国趁机联合其他各国进军攻齐，齐国百姓无心抗敌，逃往莒城和即墨誓死抵抗。燕军攻打几年，一直未能攻下莒城，便掉头转攻即墨，即墨守将田单智勇双全，早已布下军阵静待来敌。待燕军兵临城下，田单先叫城内商人偷偷拿着金银珠宝献给城外的燕军将领，假意投降，并说："即墨城的守军兵力不够，快要投降了，这些珠宝献给你们，请求大人入城之后千万别杀我们！"燕军将领一听，以为即墨城兵力松懈，遂放松警戒，并不急于攻城。

没想到转变随即发生：田单命部下将搜集来的一千多头牛，全部披上五彩龙纹衣，牛角绑上尖刃双刀，牛尾扎上枯草。待准备停当后，他一声令下，城门大开，将士们遂用火把点着牛尾上的枯草，那一千多头牛被烫得拼命奔逃，直直冲入燕军阵营！睡梦中的燕军骤然惊醒，看到眼前奔来一大群五彩怪兽，吓得惊慌失措，四处乱窜。一时之间,被牛撞死的、踩死的,加上被齐兵砍死的不计其数。田单率军又乘胜追击,直将燕军打得大败而逃。司马迁在评价田单的“火牛计”时说:“军队打仗,正面交锋,以奇特的战术取胜。”

垂头丧气

【释义】

垂头:耷拉着脑袋。丧气:神情沮丧。低着头精神不振,形容失望懊丧的样子。

【出处】

唐·韩愈《送穷文》:“主人于是垂头丧气,上手称谢。”

【故事】

据说,古代国君高辛氏有个儿子,不穿好衣服,不吃好食物,人们都暗地里叫他穷子。穷子虽然对自己的生活很不讲究,对别人却很大方,经常拿着些衣物与食物周济穷人。他去世后,人们为了纪念这位仁德的君子,便在每年忌日拿出些剩饭或旧衣来祭奠他。久而久之,这一风俗沿袭下来就被称作“送穷”。

唐代大诗人韩愈任河南令时,曾借“送穷”之祭日写了篇《送穷文》。文章虽然名为“送穷”,实则在“颂穷”,借以发泄作者对社会的不平之愤。韩愈在文中说:“穷鬼,我要送走你,怎么样?”穷鬼回答:“我和你是相处四十多年的老朋友了,为什么要送我走呢?”“因为智穷、学穷、文穷、命穷、交穷这五穷害苦我了。”穷鬼又答:“我不是害你,倒是帮了你。不信你看看《诗》《书》吧。”这家伙居然能提到圣人之言,韩愈无话可说,只好垂头丧气地将用来送穷鬼的车、船统统烧掉,再将穷鬼请到了上宾之席。

寸草春晖

【释义】

寸草:指小草,比喻儿女的心力像小草那样微弱。春晖:指春天的阳光,象征母亲的慈爱。比喻父母的恩情深重，难以报答。

【出处】

唐·孟郊《游子吟》诗："谁言寸草心，报得三春晖。"

【故事】

唐代诗人孟郊，写过一首《游子吟》："慈母手中线，游子身上衣。临行密密缝，意恐迟迟归。谁言寸草心，报得三春晖？"全诗大意为：即将漂泊异乡的儿子，你身上衣裳由母亲手中的线缝制。母亲把衣服缝补得这样结实，是怕儿子迟迟归来衣服会破损啊。儿子那稚弱如小草的心，怎能报答母亲如春日阳光一般的慈爱深情呢？

唇亡齿寒

【释义】

嘴唇没了，牙齿就会感到寒冷。比喻关系密切，利害相同，一方受到打击，另一方必然不得安宁。

【出处】

《左传·哀公八年》："夫鲁，齐晋之唇，唇亡齿寒，君所知也。"

【故事】

《左传》原名为《左氏春秋》，汉代改称《春秋左氏传》，简称《左传》。旧时相传是春秋末年左丘明为解释孔子的《春秋》而作。

《左传》是研究先秦历史和春秋时期历史的重要文献，它代表了先秦史学的最高成就，对后世的史学产生了很大影响。此书丰富了《春秋》的内容，不但记述鲁国一国的史实，而且还兼记各国历史；不但记政治大事，还广泛涉及社会各个领域的"小事"。

左丘明在《左传·哀公八年》记载着这样一个故事：

虢、虞是春秋时晋国周围的两个小国。有一次，晋国准备攻打虢国，但必须路过虞国才行。

晋献公就用美玉和名马作为礼物送给虞国国君虞公，请求借道，让晋军攻打虢国。虞国大夫宫之奇劝谏虞公不要答应，但虞公贪图美玉和名马，还是答应让晋献公借道。

宫之奇劝谏虞公说：

"虢国是虞国的依靠呀！虢国和虞国两国就好像嘴唇和牙齿一样，嘴唇没有了，牙齿岂能自保？一旦晋国灭掉虢国，虞国一定会跟着被灭亡。这'唇亡齿寒'的道理，您怎么就不明白？请您千万不要借道让晋军征伐虢国。"

虞公不听劝谏。

宫之奇见无法说服虞公，只得带着全家老小，逃到了晋国。这样，晋献公在虞公的帮助下，轻而易举地灭掉了虢国。晋军得胜归来，借口整顿兵马，驻扎在虞国，然后突然发动袭击，一下子又灭掉了虞国。

目光短浅的虞公只看见眼前的利益，看不出虢国的存亡与虞国有密切的联系，最后成了晋国的俘虏，而晋国则是一举两得。

草菅人命

【释义】

菅：野草。把人的生命看得和野草一般轻贱，任意杀害。

【出处】

《汉书·贾谊传》："其视杀人，若艾草菅然。"

【故事】

贾谊从小就刻苦学习，博览群书，先秦诸子百家的书籍无所不读。少年时，他就跟着荀况的弟子、秦朝的博士张苍学习。他又酷爱文学，尤其喜爱战国末期的伟大诗人屈原的著作。汉高后五年（公元前 183 年），贾谊才 18 岁，就因为能诵《诗经》《尚书》和撰著文章而闻名于河南郡。

当时的河南郡守吴公，是原来秦朝名相李斯的同乡，又是李斯的学生。吴公了解到贾谊是一个学问渊博的优秀人才，对他非常器重，把他召到自己的门下，后来又向汉文帝推荐贾谊。汉文帝就把贾谊召到中央政府，任命为博士。从此，贾谊步入了政治活动的舞台。当时贾谊才二十一岁,在当时所有的博士中,他是最年轻的。

博士是一种备皇帝咨询的官员。每当汉文帝提出问题让博士们讨论时,许多老先生一时讲不出什么来。但是贾谊与众不同,因为他学识渊博,又敢想敢说,因此对文帝咨询的问题对答如流,滔滔不绝。其他的博士们都非常佩服他的才能。这使汉文帝非常高兴,在一年之中就把他破格提拔为太中大夫。贾谊在很短的时间里就施展了自己的才能,真可谓是一帆风顺,少年得志,这就难免得罪了一些功臣元老。其结果是贾谊被贬出京师,到长沙国去当长沙王的太傅。他有满肚子的学问,心中有远大的抱负,本想辅佐文帝干一番大事业。如今受谗被贬,受到这样的挫折,使他深感孤独和失望。于是他就写了一首《吊屈原赋》,以表达对屈原的崇敬之心,并抒发自己的怨愤之情。

汉文帝七年,文帝想念贾谊,又把他从长沙召回长安,要他担任梁王刘揖的太傅。梁王是汉文帝最宠爱的儿子,文帝指望他将来能继承皇位,所以要他多读些书,希望贾谊好好教导他。贾谊就此发了一通议论,他说:"辅导皇子,教他读书固然重要,但更重要的,是教他怎样做一个正直的人。假使像秦朝末年赵高教导秦二世胡亥那样,传授给胡亥的是严刑峻法,所学的不是杀头割鼻子,就是满门抄斩。所以,胡亥一当上皇帝,就把杀人当儿戏,就好像看待割茅草一样,不当一回事。这难道只是胡亥的本性坏吗?他所以这样,是教导他的人没有引导他走上正道,这才是根本原因所在。"

贾谊到梁国任太傅后,竭尽全力辅导梁王,使梁王在学识和做人方面都大有长进。可是梁王不慎骑马摔死,贾谊自以为没有尽到太傅的责任,因此终日郁郁不乐,常常哭泣,一年多后,贾谊就去世了,死时才三十三岁。

草长莺飞

【释义】

绿草茂密,黄莺飞舞。形容江南春天的景色。

【出处】

南朝梁·丘迟《与陈伯之书》:"暮春三月,江南草长,杂花生树,群莺乱飞。"

【故事】

陈伯之于南朝齐末曾为江州刺史，梁武帝萧衍起兵攻齐，招降了他，任命其为镇南将军、江州刺史，并封为丰城县公。梁武市天监元年（公元502年），陈伯之听信部下邓缮等人的挑唆，起兵反梁，战败后投奔北魏，为平南将军。天监四年（公元505年）冬天，梁武帝命其弟临川王萧宏统率大军伐魏，陈伯之前来抵抗。当时文学家丘迟在萧宏军中为记室，萧宏让他以私人名义写信给陈伯之，劝其归降。丘迟在信中首先义正词严地谴责了陈伯之叛国投敌的卑劣行径，然后申明了梁朝不咎既往、宽大为怀的政策，向对方晓以大义，陈述利害，并动之以故国之恩、乡关之情，最后奉劝他只有归梁才是最好的出路。文中理智的分析与深情的感召相互交错，层层递进，写得情理兼备，委婉曲折，酣畅淋漓，娓娓动听，具有摇曳心灵的感染力和说服力。因此，"伯之得书，乃于寿阳拥兵八千归降"。

信中写道故国乡关之情，十分感人：

暮春三月，江南草长，杂花生树，群莺乱飞。见故国之旗鼓，感乎生于畴日，抚弦登陴，岂不怆恨。所以廉公之思赵将，吴子之泣西河，人之情也；将军独无情哉！想早励良规，自求多福。

意思是：暮春三月，在江南草木已生长起来，各种各样的花朵竞相开放，一群一群的黄莺振翅翻飞。您如今与梁军对垒，每当登上城墙，手抚弓弦，远望故国军队的军旗、战鼓，回忆往日在梁的生活，岂不伤怀！当年出亡到魏国的廉颇仍想作赵国的将帅；战国时魏将吴起知自己离去，西河将被秦占领而痛哭流涕。这都是因为人都有对故国相关的眷恋之情啊！难道唯独您没有这种感情吗？切望您能早定良策，弃暗投明。

从善如登，从恶如崩

【释义】

如登，好比登山，形容艰难；如崩：好比山崩，形容一下子就垮了。学好、坚持向上，比较费劲；学坏、堕落，是很容易的。

【出处】

春秋鲁·左丘明《国语·周语下》："颜曰：'从善如登，从恶如崩。'"

【故事】

春秋末期，周敬王的王子朝兴兵作乱，占领了首都洛邑。周敬王逃亡到刘，又到滑，后来得晋军援救，才到成周。

于是，周王的卿士刘文公和大夫苌弘准备在成周筑城建都。为了取得诸侯的支持，苌弘派人先到晋国去征求意见。晋国的执政者魏舒同意苌弘的主张，并且愿意联合诸侯共同支持建都。卫国大夫彪傒听说此事，表示反对，并去见周王的另一卿士单穆公。彪傒对单穆公说："苌弘和刘文公这是白费苦心啊！自从幽王以来，周朝就一代一代地衰弱下来。俗语说'从善如登，从恶如崩'。夏朝从孔甲开始堕落，只四代就灭亡了。而商朝的兴起，却从玄王开始，经过十四代，直到商汤王才正式建立；商朝传到帝甲，开始走下坡，也只七代就垮台了。至于周朝，从后稷开始积德，到周文王取得天下却经过了十五代。可见，向上发展是多么不易，而向下败亡却总是快得多。现在，周朝自从幽王走入邪路以来，已经十四代了，难道还有可能挽救吗？"

吹毛求疵

【释义】

疵，指皮肤上的小病。吹开皮上的毛，寻找皮上的毛病。比喻故意挑剔毛病，寻找差错。

【出处】

《韩非子·大体》："古之全大体者……不吹毛而求小疵，不洗垢而察难知。"

【故事】

"古之全大体者……不吹毛而求小疵，不洗垢而察难知。"

以上引文的大意是，古时保全大局的人，不"吹毛求疵"，不洗去污垢去细看难以了解的情况。

韩非子曾代表韩国去秦国游说，开始时得到秦始皇的重视，说："我有了这个人可以一起交游，死了也没有什么遗憾了"李斯、姚贾向秦始皇诋毁韩非，说："韩非是韩国人，秦国要吞并诸侯，韩非终究不会忠于秦国，这是人之常情。"秦始皇听后感到有理，就把韩非抓起来押进狱中。李斯趁机叫人毒死了韩非。后来秦始皇感到后悔，忙叫人释放韩非，可是已经晚了，韩非已被毒死。

司马迁说他对韩非之死感到很痛心，因为韩非子自己专门论述过游说之术，才能得以兴福免祸，可是这次他自己却没能幸免。

绰绰有裕

【释义】

绰绰，宽裕的样子。形容很宽裕，用不完。也作"绰绰有余"。

【出处】

《诗·小雅·角弓》："此令兄弟，绰绰有裕。"

【故事】

《诗·小雅·角弓》："此令兄弟，绰绰有裕。"

《孟子·公孙丑下》也有一个关于这个成语的故事。

战国时，有位齐国的大夫担任谏官。一天，孟子去见这位大夫，并对他说："你做了好几个月的谏官，却始终没有提过建议，看来你不适合做这样的官。"

这时大夫知道齐王的脾气很不好，怕说了也不起作用，就很少劝谏。现在经孟子这么一说，才知道自己的确没有尽到责任。于是，他向齐王辞去了谏官的职务。

这件事让齐国人知道了，纷纷议论说："孟子替那位大夫考虑得不错，但是他为什么不好好为自己考虑考虑呢？他屡次向齐王进言，齐王不用，他却厚着脸皮不走，这难道不是嫉妒吗？"

有人把这些议论告诉孟子，孟子满不在乎地说："我听说，一个有官职的人，如果没尽到职责，就应该辞官，有进言责任的人，如果进言未被采纳，也应该离去。而我呢，既无官职，又无进言的责任，我的进退岂不是绰绰有余吗？"

巢毁卵破

【释义】

鸟巢毁了,卵也一定会打碎。比喻大人遭难而牵连到子女。

【出处】

南朝宋·范晔《后汉书·孔融传》:“安有巢而卵不破乎?”

【故事】

孔融,字文举,东汉末年山东人,是孔子的后裔。据说,他小时候很聪敏,至今还流传着“孔融让梨”的故事。汉献帝时,孔融曾为北海相,所以,也有人称他为孔北海。

当曹操发动五十万大军南征刘备和孙权的时候,孔融并不同意,劝曹操停止出兵。曹操不听,孔融曾在背后发过几句牢骚。御史大夫郗虑平时和孔融不和,知道了这件事,当即向曹操报告,并且添油加醋,恶意挑拨,说:“孔融一向瞧不起您,祢衡对您无理谩骂,完全是受了他的指使。”曹操一听大怒,当即下令把孔融全家大小一并逮捕,全部处死。

当孔融被捕的时候,全家惊恐失措。孔融的两个儿子,小的才七八岁,大的也只有九岁,他们正对坐下棋。眼见家里发生了这么大的事,他们竟然无动于衷。家人以为小孩子不懂事,大祸临头还不知不觉,便叫他们赶快逃走。孔融也恳求前来逮捕他的廷尉:可否只杀本人,而保全孩子的生命。不料,两个孩子竟不慌不忙地说:“覆巢之下,安有完卵(鸟窝翻了,哪有不摔破的蛋)?”他俩毫无畏惧,也不哀求,从容地跟着父亲一同被抓走了。

操刀伤锦

【释义】

比喻才能太低,不能胜任责任重大的事情而偏让他去干,结果坏了大事。

【出处】

春秋鲁·左丘明《左传·襄公三十一年》:“今吾子爱人则以政,犹未能操办而使割也,其伤实多……”

【故事】

春秋的时候,郑国的大夫子皮打算让尹何担任自己封地上的主管,尹何是子皮家的小臣,没有管理这么大地域的经验和能力,许多人觉得这个人承担不了这样的重任。

为此,子皮征求辅助自己执政的子产的意见。子产说:“尹何年纪轻,恐怕不行吧。”子皮觉得不是这样,说:“尹何谨慎、敦厚,我很喜欢他,他也不会背叛我。他虽然缺乏经验,但可以让他学呀。学的时间久了,他也就懂得治理的道理了。”子产反对说:“那不行,大凡一个人爱护另一个人,总希望对被爱护的人有利。现在你爱护一个人,却把这么重要的事交给他。这好比你让一个不会拿刀的人去割东西,那是会给割东西的人带来很大损害的。这样,今后又有谁敢再来求你庇护呢?”接着,子产诚恳地说道:“您是郑国的栋梁,要是屋栋断裂了,我们这些住在屋子里的人不是也要遭殃吗?再举一个例子说吧,如果您有一匹精致美丽的锦缎,您决不会把它交给一个不会裁衣的人去学着裁制衣服,因为您怕把锦缎给糟蹋了。”

说到这里,子产把话引到正题上来:“大官大邑是用来维护百姓利益的,这比那匹精致美丽的锦缎重要得多了。您连锦缎都舍不得给不会裁衣的人去裁制衣服,却为什么把大官大邑交给毫无经验的人去担任和管理呢?您这样的做法,岂不是把锦缎看得比大官大邑还要重了吗?我也从来没有听说过借做官的机会来学做官的。”子产见子皮听了在点头,又进一层说:“再拿打猎来做例子吧,有个人连马车也不会驾、弓箭都不会射,他怎么能打到野兽呢?恐怕野兽没有打着,自己却要翻车呢。管理国家大事也是如此,总要先学会再去当政,而不能先当起政来再去学。硬要这样子,必定会造成重大损失。”

子皮听了子产这席话,连连点头说:“您说得对极了,我太不聪明了。衣服是穿在我自己身上的,所以我知道要慎重地选择人来裁制。大官大邑关系到百姓的利益,我却非常轻视,真是太鼠目寸光了!”说到这里,子皮向子产拜了一拜,接着又说:“如果不是先生用这番话来提醒我,我还不知自己干了蠢事呢。记得从前我曾经说过,你治理郑国,我只治理我的家产,使我的身体有所寄托也就足够了。我向您请求从今以后,连我的家事也听从你的意见去做!”

古人比喻把官职交给才能不足的人,因此就叫“美锦学制”。凡不能胜任重要的职务而偏让他去干,结果坏了大事,就叫“操刀伤锦”。

此一时,彼一时

【释义】

此,这;彼,那。现在是一种情况,那时又是一种情况。指情况已与过去不相同。

【出处】

《孟子·公孙丑下》:“彼一时,此一时也。五百年必有王者兴……”

【故事】

孟子离开齐国,充虞在路上问道:“老师似乎有些不愉快。以前我听您说过‘君子不怨天,不尤人。’”

孟子说:“那是那时候,现在是现在。每五百年必定会有圣王出现,这期间也必定会有闻名于世的贤才。从周以来,已经七百多年了。按年数说,已经超过了;按时势来考察,该出现圣君贤臣了。大概是上天还不想让天下太平吧,如果想让天下太平,在当今这个时代,除了我,还有谁能担当这个重任呢?我为什么不愉快呢?”

从善如流

【释义】

形容能很快地接受别人的好意见,像水从高处流到低处一样自然。

【出处】

春秋鲁·左丘明《左传·成公八年》:“君子曰:‘从善如流,宜哉!’”

【故事】

春秋时期,楚国要攻伐郑国。晋国便以栾书为元帅,率领大军前去援助郑国。

在绕角两军相遇，楚军不敢同晋军对敌，便撤退回去。晋军却想趁机侵入楚国的蔡地。

好大喜功的晋将赵同、赵括都催请栾书赶快下令开战。但知庄子、范文子和韩献子三位将佐却一致反对。他们认为："我们是援救郑国、反对侵略而来的，我们是正义的军队。现在侵略者撤退了，我们却借机攻蔡，这样引起的战争，我们就要担当不义的罪名，仗也就一定不能打胜。而且，以我们的大军去打楚国的一个小地方，即使打胜了，又有什么光荣的呢？如果失败了，那就更加不光彩了。"栾书觉得他们很有道理，便决定停止攻蔡，撤军回晋。

当时主张南侵攻蔡的将士占多数，于是有人问栾书："圣人都从善如流，所以能成大事。现在，我们六军将佐十二人，除您以外的十一人中，只有三人不主张攻蔡，您为什么不听从多数而听从少数人的意见呢？"

栾书说："他们三人的意见都很正确。正确的意见，就是真正代表多数人的意见。我听从他们的正确意见，难道不对吗？"

齿亡舌存

【释义】

牙齿都掉了，舌头还存在。比喻刚硬的容易折断，柔软的常能保全。

【出处】

西汉·刘向《说苑·敬慎》："夫舌之存也，岂非以其柔耶？齿之亡也，岂非以其刚耶？"

【故事】

春秋的时候，著名思想家老子的老师常枞病重了。老子前去看望他，问道："先生病得如此重，有什么遗教可以告诉弟子的吗？"常枞说："就是你不问，我也要说了。"

他对老子说："经过故乡要下车，你记住了吗？"老子回答："经过故乡下车，就是要我们不忘旧。"常枞说："对呀。"接着又说："看到乔木就迎上前去，你懂吗？"老子说："看到乔木迎上去，就是让我们要敬老。"常枞说："是这样的。"

然后，他又张开嘴给老子看了看，问道："我的舌头还在吗？"老子说："当然还在。"常枞又问："我的牙齿还在吗？"老子说："早就没有了。"常枞又问老子："你知道原因是什么吗？"老子回答说："那舌头之所以存在，是因为它的柔软吧？牙齿之所以不存在，是因为它的刚硬吧？"

常枞说："好啊！是这样的。世界上的道理都已包含在内了，我还能有什么可以再告诉你的呢？"

此地无银三百两

【释义】

比喻打出的幌子正好暴露了要掩饰的内容。

【出处】

古代民间故事："有人把银子埋藏地下，上面留字写道：'此地无银三百两。'"

【故事】

此地无银三百两

古时候，有个叫张三的人，他费了好大的劲儿，才积攒三百两银子，心里很高兴。但他总是怕被别人偷去，就找了一只箱子，把三百两银子钉在箱中，然后埋在屋后地下。可是他还是不放心，怕别人到这儿来挖，于是就想了一个"巧妙"的办法，他写了一张"此地无银三百两"的纸条，贴在埋银子的墙角边，这才放心地走了。

谁知道他的举动，都被隔壁的李四看到了。半夜，李四把三百两银子全偷走了。为了不让张三知道，他也写了一张"隔壁李四不曾偷"的纸条，贴在那墙上。

第二天早上，张三起来，到屋后去看银子，银子不见了，一见纸条，才明白了怎么回事。

尺短寸长

【释义】

短，不足；长，有余。比喻人或物各有长处，也各有短处。也作“尺有所短，寸有所长。”

【出处】

西汉·刘向《楚辞·卜居》：“尺有所短，寸有所长。”

【故事】

爱国诗人屈原曾经多次向楚王提出忠告，但昏庸的楚王不仅不接受，反而听信谗言，把他流放到外地。

屈原心烦意乱，请人卜卦。他对占卜人说：“对君王应该是真诚直言呢，还是虚假应酬？应为真理正义牺牲一切呢，还是奴颜婢膝、苟且偷生呢？应当与天鹅比翼高飞呢，还是和鸡鸭去争食吃呢？……”

占卜人被屈原的问题难住了，拱拱手说：“对不起，‘尺有所短，寸有所长’（尺会有短的时候，寸会有长的时候），神也有不灵的时候。你的问题我没法卜。”

草船借箭

【释义】

意思是运用智谋，凭借他人的人力或财力达到自己的目的。

【出处】

《三国演义》第四十六回：“用奇谋孔明借箭，献密计黄盖受刑。”

【故事】

三国时期，实力最强的曹操率大军攻打东吴，江东之主孙权被迫与刘备联合起来,共同抗曹。刘备的军师诸葛亮被派往东吴,共商大计。周瑜十分嫉妒诸葛亮的才华和名声,想借这次机会置他于死地。周瑜借口水上交战需要用箭,命令诸葛亮在十天之内造出十万支箭,否则按军法处置。不料诸葛亮却说他只需要三天即可,并当场立下军令状,如完不成任务甘愿受罚。周瑜暗自高兴,庆幸诸葛亮自投罗网,同时又不免感到疑惑,不知道诸葛亮葫芦里卖的是什么药。他一面吩咐工匠们不要准备造箭的材料,一面派鲁肃前去探听诸葛亮的消息。

鲁肃与诸葛亮颇有交情,他看出了周瑜的险恶用心,不禁暗暗为诸葛亮捏了一把汗。鲁肃怪诸葛亮不该上了周瑜的当,把自己推上了绝路。不料,诸葛亮却胸有成竹地说:"没事。"他请鲁肃借给他二十只船和一千多个草人,每只船上三十个士兵,船要用青色的布幔遮盖住,草人平均排在每只船的两边。最后,诸葛亮一再叮嘱鲁肃,借船的事千万不能让周瑜知道。

鲁肃非常疑惑,但仍按诸葛亮的吩咐把东西都准备好了。两天过去了,不见什么动静。第三天的四更时分,诸葛亮派人把鲁肃请到船上,说要去取箭。

江上大雾弥漫,面对面都看不见人。诸葛亮命人用绳索把船连起来,朝对岸的曹军水寨开去。船在靠近曹军水寨的地方一字排开,诸葛亮又令士兵们擂鼓呐喊。鲁肃十分惊慌,诸葛亮却毫不在意,只劝他放心饮酒。

曹操以为是东吴的军队来进攻,因为雾大怕中埋伏,于是他命令六千名弓箭手朝江中放箭。箭如雨点般射到船上的草人上。一会儿工夫,船一边的草人上插满了箭,诸葛亮又下令把船掉过头来,让另一边受箭。

船两边的草人上密密麻麻地插满了箭,每只船上至少有五六千支,总数超过了十万支。这时,太阳出来了,雾也要散了,诸葛亮下令赶快往回开船。

诸葛亮按时完成了任务,周瑜又惊又气。鲁肃向周瑜讲述了借箭的经过,周瑜不由得感叹道:"诸葛亮神机妙算,我不如他。"

乘虚而入

【释义】

趁着敌方空虚不备之时而进入。

【出处】

《云笈七签》:"将至所居,自后垣乘虚而入,径及庭中。"

【故事】

自安史之乱后，唐朝国力衰弱，政局动荡，经常有藩镇造反作乱，割据一方。814年，淮西节度使吴少阳死了，他的儿子吴元济拥兵自立，与中央政权分庭抗礼。唐宪宗几次发兵征讨，都没有成功。

817年，唐宪宗任命智勇双全的大将李愬为唐河等三州节度使，统领大军进攻吴元济盘踞的老巢蔡州城。

李愬到任后，有一次，唐兵在巡逻时与淮西兵遭遇，经过激烈战斗，唐军活捉了淮西军将领丁士良。丁士良是吴元济手下的猛将，曾经杀死过不少唐军将士。大家请求李愬杀了丁士良，为阵亡将士报仇。李愬却吩咐士兵给丁士良松绑，并好言劝降。丁士良见李愬如此宽待自己，就心甘情愿地投降了。

后来，李愬在丁士良的帮助下，利用敌兵骄傲轻敌的弱点，攻下了文城栅和兴桥栅，收服了李祐、李忠义两员将领。李愬对李祐、李忠义非常信任，让他们担任军职，可以带着武器出入大营，还与他们秘密讨论进攻蔡州的计划，李祐很感动，于是向李愬献计说："吴元济的精兵驻扎在洄曲和边境上，守蔡州的不过是些老弱残兵，我们可以乘虚而入，直取蔡州。这样，等到守卫外围的兵马赶来救援时，吴元济早已被我们活捉了。"

李愬采纳了李祐的建议。这一年冬天，在一个大雪纷飞的夜里，李愬率领九千精兵，分三路向蔡州出发，长途行军一百多里，出其不意地一举攻破了蔡州，活捉了吴元济，平定了叛乱。

踌躇满志

【释义】

形容心满意足，十分得意的样子。

【出处】

《庄子·养生主》："提刀而立，为之四顾，为之踌躇满志。"

【故事】

战国时期，有个有名的厨师庖丁善于宰牛。

有一次，这个厨师给梁惠王宰牛，不一会儿就把牛宰好了。梁惠王见了，感到十分惊奇，他问厨师说："你怎么练就了这么高超的本领呢？"

厨师回答说："我刚开始学宰牛的时候，只看到一整头牛在那里，不知道该从哪里下手才好。后来经过一段时间的训练和摸索，我逐渐了解了牛的身体结构，知道了哪里有筋脉，哪里有肌肉，哪里有骨头，哪里有骨头接缝……这样，当我再宰牛的时候，我看到的就不再是一整头牛，而是连接在一起的许多骨头。我能准确地找到骨节间的缝隙，然后把刀顺着骨缝插进去，慢慢地旋转刀刃，使骨头的连接断开。因为骨节之间的连接比较好断，所以我宰牛的时候并不太费力气，刀子的磨损也就小多了。当然，在筋脉和骨头交错的地方就没那么简单了，我必须集中精力，加倍小心。宰牛是有些辛苦，不过当我宰完一头牛时，我就会感到十分轻松愉快。我提着刀子，四下里看看，那种感觉真是痛快，心满意足啊！"

梁惠王听了，连连称赞说："你的话非常有道理，我听了很受启发。"

惩前毖后

【释义】

惩：警戒。毖：谨慎。要从以前的错误中吸取教训，谨慎从事，不致再犯类似错误。

【出处】

《诗经·周颂·小毖》："予其惩而毖后患。"

【故事】

周武王登基时间不长就去世了。他的儿子周成王继位。由于成王年纪太小，由武王的弟弟周公姬旦协助处理国家大事。对此，武王的另外两个弟弟管叔鲜、蔡叔度很为不满。他们到处造谣，诬蔑周公助理成王是想伺机废除成王，夺取王位。

周公是个待人忠心诚实、豁达大度的人，听了这些谣言后，为了不招惹是非，他便离开京都，住到外地去避嫌。成王年小不懂事，还真的以为周公要抢权，便也不加挽留，让他去了外地。

管叔鲜和蔡叔度见周公离开了成王，便暗中勾结殷纣王的儿子武庚，一起发动叛乱，企图篡夺王位。周成王得到密告，急忙召集大臣商议，可谁也拿不出办法来。成王急得在宫中团团转，不知如何才好。

一个大臣见了，说："这事只有周公才有办法处理！"成王听了，眼前一亮："是啊！应该快去把周公请回来。"

周公回来后，成王马上命令周公带兵东征，讨伐叛贼。经过三年的艰苦征战，叛乱终于被周公平息了。

接着，周公又忠心耿耿地替成王料理了几年国家大事，到成王长大成人后，便把政权交还给他，让他自理朝政。

正式接管朝政这一天，成王前往宗庙典祭祀先。在祭祀仪式上，成王回顾了以往的历史教训，并说："我一定要从以前所受的惩戒中吸取教训，小心谨慎的办事，以免再遭祸害。"

乘人之危

【释义】

在别人困难之时给予打击，以谋私利。

【出处】

《后汉书·盖勋传》："谋事杀良，非忠也；乘人之危，非仁也。"

【故事】

盖勋是东汉时汉阳郡的长史，他不仅才智不凡，而且为人刚正不阿。当时，汉阳属凉州管辖，凉州刺史梁鹄是盖勋的好朋友，梁鹄在政务上有什么疑难，常向盖勋请教。

凉州管辖下的其他几个郡的官吏贪赃枉法，十分腐败。其中武威太守仗着朝廷中有后台，横行不法，鱼肉百姓，弄得当地老百姓怨声载道。梁鹄手下有个从事叫苏正和，是个不畏强权的正直官吏。他依法查办，不徇私情，狠挫了那些贪官污吏的气焰。

梁鹄得知这一情况后，害怕苏正和这样做会得罪武威太守在朝中的后台，连累自己，便想除掉苏正和，以保住自己的位置。于是，他想找盖勋商量一下究竟应该怎样办。

盖勋和苏正和也有私怨,有人向他建议乘机将苏正和除掉,盖勋断然拒绝,义正词严地说:"为了个人的嫌怨杀害贤良的人,这是不忠;乘别人危难的时候去谋害人家,这是不仁!苏正和虽然和我有仇,但我绝不会乘人之危,落井下石的!"

过了几天,梁鹄果然来到汉阳,向盖勋征询如何除掉苏正和。盖勋说:"喂养鹰鸢,让它们变得凶猛,目的是让它们去捕捉猎物;如果你训练好了,却又杀掉它们,那你还喂养它们干什么呢?"

梁鹄听盖勋这么一说,便又改变了主意,没有杀苏正和。后来,苏正和知道了这件事,十分感激,多次登门道谢,但盖勋却避而不见。他对别人说:"我劝梁鹄别杀苏正和,这纯粹是公事,跟我与他的恩怨无关!"

乘龙佳婿

【释义】

乘龙:女子乘坐于龙上得道成仙。佳婿:称意的女婿。旧时指才貌双全的女婿。也用作誉称别人的女婿。

【出处】

《初学记·鳞介部》:"黄尚为司徒,与李元礼俱娶太尉桓温女,时人谓桓叔元两女俱乘龙,言得婿如龙也。"

【故事】

春秋时,秦穆公有个女儿叫弄玉,长得亭亭玉立,楚楚动人。她还擅长吹笙,深得穆公的喜爱,他一心想为她找一个如意郎君。

有一天夜里,弄玉梦见一位英俊的男子骑着彩凤,吹着玉箫,来到她绣楼前的阳台上。那男子对弄玉说:"我住在太华山上,玉帝叫我在八月十五中秋节那一天与你成婚。"说罢,又拿出玉箫吹起来,曲调美妙极了。

第二天一起身,弄玉就把自己做的梦告诉了秦穆公,秦穆公立刻派人到太华山去,果然找到了那个骑彩凤吹玉箫的男子,他名叫萧史。萧史被带到秦宫,穆公见了十分满意,就叫他吹箫,那乐曲如仙乐一般。这天正好是中秋节,弄玉和萧史就成了婚。婚后,他们生活得非常和美幸福。

夫妻俩恩恩爱爱,形影不离,不知不觉半年过去了。一天晚上,萧史和弄玉正在阳台上奏乐。忽然,一条赤龙从天而降,落到萧史身边;一只彩凤则栖在弄玉身边。萧史见状,便对弄玉说:“我本是天上神仙,因为与你有姻缘,才来同你婚配。但我不能长留人间,必须回天上去了。”

弄玉不忍心与丈夫分手,夫妻就一起去向秦穆公告别。秦穆公不敢违背天意,只好忍痛放女儿走。于是,萧史乘着赤龙,弄玉乘着彩凤,双双腾空而去。

后来,人们就用乘龙佳婿来形容才貌双全的女婿。也用作称赞别人的女婿。

重蹈覆辙

【释义】

“蹈”,踏上。“覆”,翻车。“辙”,车轮压过的痕迹。比喻不吸取以前失败的教训,犯同样的错误。

【出处】

《后汉书·窦武传》:“今不想前事之失,复循覆车之轨。”

【故事】

东汉初,外戚专权,皇帝常常被胁迫,手中基本上没有权力。所以,皇帝为了打击外戚的势力,只能依靠身边的宦官来合谋共同对付外戚。公元159年,汉桓帝与宦官单超等人合谋,将长期专揽朝政的外戚大将军梁冀一伙诛灭。

但是,这些宦官和外戚一样,很快也发展成自己的政治集团,权力越来越大。他们勾结党羽,把持朝政,残酷地搜刮人民。这样,东汉便由外戚专权变为宦官专权,从而激起了人民的强烈反抗,也引起世家豪族以及一些文人的不满。

在此种情况下,有人出来打抱不平,当时司隶校尉李膺等与太学生首领郭泰等结交,联合起来反对宦官专权。公元166年,宦官诬告李膺等结党诽谤朝廷,称他们为“党人”,将他们逮捕下狱,受到株连的有数百人。

桓帝皇后的父亲窦武对宦官专权也非常不满。他就给桓帝上了一道奏章,痛斥宦官祸国殃民,为李膺等申冤。窦武在奏章中写道:“今天再不吸取过去宦官专权祸国的教训，再走以前翻车的老路，恐怕秦二世覆灭的灾难会重新出现。皇上应该知道秦朝赵高的故事，如果再不限制宦官的权力，像那种事不是早上就是晚上会出现。”

桓帝看了奏章后，为了平衡各派的利益、权力，就答应释放李膺等人，但为了惩罚他们，还是将他们终身禁锢，并且一生不许做官。

才高八斗

【释义】

形容极有才华。

【出处】

《南史·谢灵运传》：“天下才共一石，曹子建独得八斗，我得一斗，自古及今共用一斗。”

【故事】

谢灵运是东晋时期著名的山水诗人。他从小好学，博览群书，文采出众，擅长书法。他是东晋名将谢玄的孙子，出身于东晋大士族。南北朝刘宋政权建立后，他被降为康乐侯，世人称他“谢康乐”。谢灵运身为公侯，才能出众，但没有机会参与时政机要。谢灵运被派往永嘉任太守，自叹怀才不遇，常去游山玩水。后来，他辞官归隐于会稽，寄情于山水，写出了不少声色兼美的山水诗，深受人们的喜爱。他每写出一首新诗，立刻就被当时的人争相抄录，很快流传开去。

宋文帝很赏识谢灵运的文学才能，将他的诗歌和书法称为“二宝”。有一次，谢灵运边喝酒边说：“魏晋以来，天下的文学之才共有一石（一石等于十斗），曹子建（曹植）独占八斗，我得一斗，天下其他人共用一斗。”从他的话中可知，他对曹植非常推崇，自我评价也很高。

长驱直入

【释义】

驱:快跑。长驱:策马向很远的目的地前进。直入:不停顿地一直向前。军队以不可阻挡的威势快速地进军。形容进军迅速而顺利。

【出处】

《战国策·燕策二》:“轻卒锐兵,长驱至国。”《劳徐晃令》:“吾用兵三十余年,及所闻古之善用兵者,未有长驱直入敌围者也。”

【故事】

公元219年,曹操意图攻占战略要地荆州。关羽率领蜀军重重包围了襄阳,曹军大将曹仁守住襄阳毗邻的樊城,两军对峙。

七月,曹操派于禁去增援曹仁。八月,连日暴雨,汉水泛滥,关羽趁机引水淹曹军,曹军全军覆没,于禁被俘。

洪水冲进樊城,曹仁部下惊慌起来。有的劝曹仁放弃樊城,乘船撤退,有的极力反对。曹仁最后决定和将士一起坚守樊城。

不久,曹操派遣大将徐晃率领部队去援救。徐晃考虑到自己的部队兵力不足,又多是没有战斗经验的新兵,所以暂时避开关羽的锋芒,到离樊城稍远的地方驻扎下来,见机行事。

徐晃派人用暗箭把信射入樊城,与曹仁取得联系。曹操这时也在组织援军,得知徐晃还没采取行动,要他等各路人马到齐了,再一起开向樊城。

这时,一部分蜀军屯兵在离樊城不远的郾城。徐晃带兵到郾城附近,故意挖掘陷坑,假装要截断郾城退路。蜀军中计,烧掉了营寨,匆匆撤出了郾城。

徐晃轻易取得郾城,就两面联营,将部队稍稍推进,紧逼关羽的外围。曹操派殷署、朱盖率领十二路兵马和徐晃汇合。徐晃立即进行部署,决定和曹仁内外夹击关羽。

关羽在围头和四冢两处都有驻军。徐晃假装进攻围头,实际亲自率领曹军进攻四冢。关羽发觉四冢将被攻破,赶紧亲自率领五千多士兵出战。徐晃率领曹军,对蜀军迎头痛击，关羽败退。徐晃率领曹军紧追不合，一直冲进蜀军对曹仁的包围圈中。这个包围圈布满了陷坑和鹿角，但也阻挡不了徐晃一路冲杀，蜀军大败，襄阳、樊城解围。

徐晃大败蜀军的捷报传来，曹操很高兴，立即写了《劳徐晃令》，派人给徐晃。令中写道："我用兵三十多年，没有一个能像你这样，长驱直入敌人的重重包围之中，连斩敌将，大获全胜的。"

长袖善舞

【释义】

袖子长，有利于起舞。原指有所依靠，事情就容易成功。后形容有财势会要手腕的人，善于钻营，会走门路。

【出处】

《韩非子·五蠹》："鄙谚曰：'长袖善舞，多钱善贾。'此言多资之易为工也。"

【故事】

范雎是战国时期著名的政治家、谋略家。他是魏国人，早年家境贫寒，从小胸怀大志。他最初想为魏国建功立业，后出使齐国被魏国大夫须贾诬陷，历经磨难后辗转入秦国。

公元226年，范雎出任秦相，辅佐秦昭王。范雎在秦国任丞相十多年，使秦国增强了中央的权力，巩固了政权，蚕食诸侯国，成就了秦国的称帝大业。

后来，范雎举荐的将领郑安平，在攻打赵国时失败，率领两万士兵投降赵国。之后，他的亲信河东太守王稽与诸侯私通，事情败露后被处以重刑。范雎接连涉嫌，秦昭王虽然没有追究，但是他小心翼翼，害怕生出事端。一天，范雎听了秦昭王一番陈词，知道自己地位岌岌可危，既惭愧又害怕，赶紧想退身之计。于是，他借病避嫌，赋闲在家。

范雎正无计可施之时，有位燕国人蔡泽求见。他口出狂言："燕国来客蔡泽，是天下雄辩之士。如果能见秦王一面，必定能夺取范雎的相位。"

范雎听到这番言论，就召见了蔡泽。范雎傲慢地问："你有什么谋术能夺取我的相位?”蔡泽不慌不忙地回答:“您的见识不高。众所周知,君主英明、臣子正直是整个国家的福气;父亲慈爱、儿子孝顺,丈夫诚信、妻子忠贞是一个家庭的幸福。然而,正直的比干却不能让殷商长存,富有谋略的伍子胥却不能让吴国保全,孝敬的申生却不能制止晋国的混乱。原因在哪里?性命和名声都有的人,最上等;有名声却因触犯法律而死的人,居中等;有性命而没名声的人,最下等。秦国大臣商鞅、楚国名将吴起、越国大夫文种等人,竭尽全力为国效忠,功劳极大,没人能比得上,然而却惨遭杀戮,不能身名都保全,非常可悲。现在以您来说,盛名、功绩不如上面说的三人,然而俸禄、地位、家产却有过之而无不及。再看秦王信任您,又不如秦孝公信任商鞅、楚悼王信任吴起、越王信任文种。这个时候,尚且不知进退的方法,我害怕您将来的祸患比商鞅等人都要深。您为什么不归还丞相的官印,选择更贤能的人并交给他呢?”

蔡泽谈论人事、安危,深入人心。范雎一点就通。于是,他上书请奏秦昭王,盛赞蔡泽的贤能,推荐他取代自己出任丞相。范雎将蔡泽引荐给秦昭王。蔡泽长袖善舞,发了一通议论,上至天文地理,下至安抚民众,秦昭王听后很满意,称赞蔡泽的才能,便拜他为客卿。范雎自称有病,辞去相位。

D

东山再起

【释义】

指再度出任要职。也比喻失势之后又重新得势。

【出处】

《晋书·谢安传》:“隐居会稽东山,年逾四十复出为桓温司马,累迁中书、司徒等要职,晋室赖以转危为安。”

【故事】

谢安,字安石,东晋名士,浙江绍兴人,少以清谈知名。初次做官仅月余便辞职,之后便隐居在会稽郡山阴县东山的别墅里,常与王羲之、孙绰等游山玩水,吟诗作画,并且承担着教育谢家子弟的重任。朝廷几次召他做官,都被他拒绝了。有人感叹说:“谢安不出山,让天下人怎么办啊!”

谢安四十多岁时,谢氏家族的朝中人物尽数逝去,他这才从隐居的东山出来做官。他气度宽宏,性格冷静,即使在危及性命的紧要关头,仍然能与平时一样,泰然处之。有两件事最好地表现了他的这一性格。

有一天,他与隐士孙绰结伴到海上游玩,忽然风起浪涌,小船随着大浪上下沉浮颠簸。船上的人唯恐船翻人亡,一个个吓得面如土色,只有谢安稳如泰山,依然饮酒赋诗。船夫以为他喜欢风浪,便继续向深海划去。这时谢安不紧不慢地说:“还往前行,我们能安然返回吗?”

船夫听了,立即掉头,同船的人非常佩服谢安的沉着镇静。

晋文帝病故,权臣桓温企图篡夺帝位自立。他在新亭的军帐设酒宴款待王坦之和谢安,其实这是个“鸿门宴”,桓温在帐外埋伏下刀斧手,准备在席间杀死王坦之和谢安。

王坦之见手执利刃的刀斧手就要杀出，不禁惊慌失措。谢安则处变不惊，他对王坦之说："晋室江山的存亡，就在我们这次会见啊！"

王坦之吓得冷汗湿衣。谢安却谈笑风生，饮酒依然，并有意用话开导桓温，最后竟劝止了桓温的叛乱。

谢安最后官至宰相，成功挫败了桓温的篡位。后来前秦侵略东晋，谢安作为东晋一方的总指挥，在淝水之战中以八万兵力打败了号称百万的前秦军队，致使前秦一蹶不振，为东晋赢得几十年的安静与和平。谢安的声名也越来越响，被推崇为江左"风流第一"。

东窗事发

【释义】

比喻阴谋败露，将受到惩治。

【出处】

《西湖游览志余·卷四·佞幸盘荒》："桧之欲杀岳飞也，于东窗下与妻王氏谋之……桧曰：'可烦传语夫人，东窗事发矣。'"

【故事】

岳飞是我国南宋时期著名的英雄，他作战有勇有谋，数败金兵，声威大振，为南宋收复了大量的国土。秦桧是当时的宰相，他反对抗金，害怕岳飞功劳太大会影响到他的权位，所以竭力主张议和。他认为岳飞是实现对金议和的最大障碍，就指使别人诬告岳飞谋反，把他逮捕入狱。但是，岳飞宁死不屈，不肯招认，秦桧无法将他定罪。

一天，秦桧坐在卧室的东窗之下，为加害岳飞的事情，踌躇不定，委决不下。他的妻子王氏问："夫君为何事愁眉苦脸，犹豫不决？"于是秦桧将这件事告诉王氏，并和她商议。王氏从袖中取出一块柑橘，用手掰开，将一半递与秦桧，说："此柑橘一掰即分，有什么难的？你没有听说过古话'纵虎容易擒虎难'吗？"秦桧觉得王氏的话很对，便下定决心一定要把岳飞治死。他授意谏议大夫万俟卨等人伪造证据，将岳飞和他的儿子岳云以及部将张宪诬陷成罪，并以“莫须有”的罪名，把岳飞父子等人杀死在狱中。

后来秦桧在西湖游玩，在船中突然得了病，病中看见一个披着长发的人大声地说：“你害国害民，我已经告诉上天，上天要派人来捉拿你了。”秦桧回家后不久就死了，秦桧刚死没几天，他的儿子秦熹也死了。他的妻子王氏心神不宁，便设起神案，请一个道士来驱鬼。据说那道士在阴间见到了秦熹，看见他头颈上套着沉重的铁枷，便问道：“你父亲在什么地方？”秦熹说：“在酆都地狱。”道士赶到酆都，果然看到秦桧和万俟卨都戴着铁枷，受了各种各样的酷刑。道士临走时，问秦桧要带什么话给王氏。秦桧哭丧着脸说：“烦请带话给我夫人王氏，就说东窗密谋杀害岳飞的事暴露了。”道士回到阳间后，把秦桧的话告诉了王氏，王氏吓呆了，不久她也死去了。

后来岳飞被平反，追封为鄂王，成为我国历史上千古流芳的伟大人物，而秦桧却成了遗臭万年的罪人。

东家之丘

【释义】

比喻不认识身边著名的人物。

【出处】

《孔子家语》曰：“孔子西家有愚夫，不能识孔子是圣人，乃曰：‘彼东家丘，吾知之矣。’”

【故事】

根据《孔子家语》记载：住在孔子家西边的一个邻居，不知道孔子当时的成就和影响，他每次见到孔子的时候，总是毫不客气地直呼孔子的小名，对别人说起孔子时也总是说“俺东家之丘”如何如何。

到了后汉的时候，又发生过类似的事情。根据西晋·陈寿《三国志·邴原传》记载：邴原年轻的时候，曾经打算出远门找一位极有学问的老师。有人对他说：“离你家不远的康成先生，不就是很有学问的好老师吗？何必舍近求远呢！”原来，这位康成先生，姓郑名玄，是当时的儒学家，以精通很多儒家经典闻名，从远地前往求学的弟子有几千人。他原籍山东高密。邴原家在山东临朐，和高密当时同属青州。后来邴原就拜郑玄为师，而且也成了有名的儒学家，两人曾被并称为"青州邴郑"。但是，邴原当初却并不知道家乡有这么一位名儒。所以当时有人说，邴原把郑玄当作"东家之丘"了。

打草惊蛇

【释义】

打草惊了草丛里的蛇。原比喻惩罚了别人而使自己也有所警觉。后多比喻做事不谨慎，反使对方有所戒备。

【出处】

宋·郑文宝《南唐近事》："王鲁为当涂宰，颇以资产为务，会部民连状诉主簿贪贿于县尹，鲁乃判曰：'汝虽打草，吾已惊蛇。'"

【故事】

南唐时期，当涂县有个贪得无厌的县令叫王鲁。只要有利可图，他就可以不顾是非曲直，颠倒黑白，做了许多贪赃枉法的坏事。他的属下见上司如此，也都学着到处敲诈勒索、搜刮民财。老百姓恨透了这批狗官，总盼着有机会好好惩治他们，出出心中的怨气。

有一次，朝廷派官员下来巡察。当涂县的老百姓联名写了状子，控告县衙里的主簿等人营私舞弊、贪污受贿。状子首先递到王鲁手上，他从头到尾略看一遍，不由吓得心惊肉跳，直冒冷汗。原来，老百姓所列举的种种犯罪事实，都和王鲁曾干过的坏事类似，甚至有许多坏事跟他有牵连。他越想越害怕，这样下去，老百姓很快就会控告自己，万一被朝廷知道了，调查自己在当涂县的胡作非为，岂不是要大祸临头啊！王鲁心惊胆战，不由得拿笔在案卷上写道："汝虽打草，吾已惊蛇。"写完便瘫坐在椅子上。

大材小用

【释义】

原指把大材料用在小地方。比喻使用人才不当或浪费人才。

【出处】

南朝·宋·范晔《后汉书·边让传》:"此言大器之于小用,固有所不宜也。"

【故事】

东汉末年,陈留有个颇有才华的人叫边让。当时的大将军何进听说边让很有才华,就以朝廷征兵的名义将其招来做了令史。议郎蔡邕非常钦佩边让的才学,认为何进太屈才了,应该重用边让。于是他对何进说道:"用煮牛的大鼎来煮鸡,汁水多了就会淡而无味,汁水少了就容易将鼎煮干,鸡还不一定能熟。这说明大器不能小用啊!现在,本来应该煮牛的大鼎却没用来煮牛,希望将军认真考虑一下。"

没过多久,何进便把边让推荐给朝廷,任职九江太守。

大腹便便

【释义】

腹:肚子。便便:肥胖的样子。本意是形容人的肚子大。现有时用来比喻人的某种丑态,含有贬义。

【出处】

南朝·宋·范晔《后汉书·边韶传》:"韶口辩,曾昼日假卧,弟子私嘲之曰:'边孝先,腹便便,懒读书,但欲眠。'"

【故事】

东汉时期,陈留郡有个读书人叫边韶,字孝先,没出仕前一直开馆授学,教授了数百名学生。边韶的口才很好，说起话、讲起课来头头是道，几乎没有回答不出的问题。不过他有个毛病，就是爱打瞌睡，平时要求学生勤学苦读，自己却常常在一旁闭目养神。因为他人胖肚子大，瞌睡时的模样很好笑，学生就私下编了句顺口溜嘲笑他："边孝先，腹便便，懒读书，但欲眠。"边韶醒来后，听到这个顺口溜，就编了几句顺口溜作答："边为姓，孝为字。腹便便，五经笥。但欲眠，思经事。寐与周公通梦，静与孔子同意，师而可嘲，出何典记？"大意说自己肚子大是因为装满了五经，爱瞌睡是利用这段时间思考经书上的知识。学生可以嘲笑老师，这规矩出自哪家经典？学生们听了边韶的歌谣后，不禁更加钦佩他的才华，也为自己不尊敬师长而感到羞愧。

大名鼎鼎

【释义】

鼎鼎：盛大的样子。形容名气很大，泛指名声显赫、人尽皆知的人物。

【出处】

清·李宝嘉《官场现形记》："你一到京打听人家，像他这样大名鼎鼎，还怕有不晓得的。"

【故事】

清朝河南按察使贾筱芝的儿子贾润孙想混个一官半职，便私造了一封周中堂的信，骗过河台，当上了河工下游的总办。这个官职虽然不大，却是个肥差，让贾润孙赚足了钱。可他并不满足，想弄个更大的官当当，就进京找到父亲的挚友、外号叫黄胖姑的钱庄掌柜，据说此人交往十分广泛，京城上下几等人都认识，那些外省官场上的人都来求他办理升官之事。贾润孙问黄胖姑，听说在什么庵有个尼姑，是个大名鼎鼎的人，连皇上也要赏她的脸，如果我能走她的门路，肯定能近便些。黄胖姑想多赚些贾润孙的钱，故意装作不知道，吞吞吐吐不愿告诉他尼姑的住处。直到贾润孙给了他很多银子，方才如愿。

当局者迷

【释义】

当局者:当事人。迷:糊涂,迷惑。比喻处在事务内部的人,看问题反而糊涂。

【出处】

五代·后晋·刘昫《旧唐书·元行冲传》:“当局称迷,旁观见审。”

【故事】

唐朝玄宗时期,有位大臣建议把魏征修订过的《礼记》列为儒学的经典之作。玄宗当即表示同意,命令元行冲仔细校阅,并加上注解。不料此事却遭到右丞相张说的强烈反对。他认为由西汉戴圣所编的版本已经沿用了近千年,而且东汉的儒学名家郑玄也为此加了注解,早已和经书并列,怎么可以再妄加注解,用其他版本的呢?玄宗认为张说的话很有道理,就改变了想法,收回成命。为此,元行冲特意写了一篇《释疑》来阐述自己的看法,指出戴圣修订的《礼记》中,有许多冗长繁杂且自相矛盾的地方,魏征也正是因此才进行去粗存精,重新整理。这就如下棋一样,下棋的人看不出问题,而旁观的人却能看得清清楚楚。

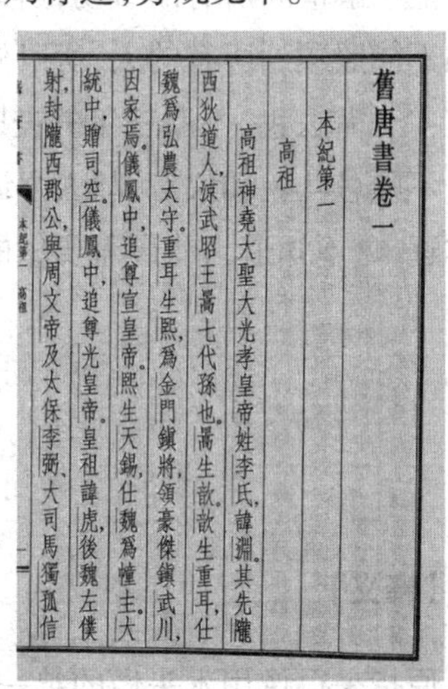
舊唐書卷一
本紀第一
高祖
高祖神堯大聖大光孝皇帝姓李氏,諱淵。其先隴
西狄道人,涼武昭王暠七代孫也。暠生歆,歆生重耳,仕
魏爲弘農太守。重耳生熙,爲金門鎮將,領豪傑鎮武川,
因家焉。儀鳳中,追尊宣皇帝。熙生天錫,仕魏爲幢主。大
統中,贈司空。儀鳳中,追尊光皇帝。皇祖諱虎,後魏左僕
射,封隴西郡公,與周文帝及太保李弼,大司馬獨孤信

《旧唐书》书影

当务之急

【释义】

当务:指应当办理的事。当前所有任务中最急切要办的事。

【出处】

《孟子·尽心上》:“知者无不知也,当务之为急;仁者无不爱也,急亲贤之为务。”

【故事】

有一次,孟子的弟子问道:“现在要知道和要去干的事情很多,究竟应该先做什么呢?”孟子答道:“聪明智慧的人无所不知,他们会先做当前最需要做的工作。比如仁德的人大家都会喜欢,但他们会先去亲近贤能的人。即使古代的圣主尧和舜,也不能了解世间所有的事物,所以他们必须选择去做当前最重要、最紧急的事情;他们不能照顾到所有的人,所以先去照顾亲人和贤人。”接着,孟子又从反面告诫弟子道:“长辈去世,不服三年的丧期,却对服三个月、五个月丧期的礼节很讲究;用餐时毫不顾忌礼貌和仪态,却去强调不能用牙齿咬断干肉等这样的小礼节,这些都是舍本逐末,不知道当前最需要做的是什么。”

呆若木鸡

【释义】

原指呆得像用木头做的鸡一样。形容因恐惧或惊异而发愣的样子。

【出处】

《庄子·达生》:“鸡虽有鸣者,已无变矣,望之似木鸡矣,其德全矣,异鸡无敢应者,反走矣。”

【故事】

古时候,有个国家的人很喜欢斗鸡的游戏。国王听说有个叫纪子的人很会训练斗鸡,就请他来训练斗鸡。

十天过去了,别的训练师已经训练好一只斗鸡了,纪子那边却什么消息都没有。国王派人问他:“鸡训练好了吗?”纪子答:“还没有,这只鸡虽然看起来气势汹汹,其实没什么底气。”又过了十天,国王再次派人询问,纪子答:“还不行,它看到鸡的影子,就会紧张起来,说明它还有好斗的心理。”国王有些心急,但为了得到完美的斗鸡，不得不耐心等待。就这样，又过了十天，国王又派人去问，纪子依然拒绝道："还是不行。它还有些目光炯炯，说明气势未消。"国王怒气冲天，派人传达命令说，如果下次还没训练好，就砍了纪子的头。终于，又过了十天，纪子说可以了，鸡已经进入完美的精神境界。国王非常兴奋，兴致勃勃地来看纪子训练的斗鸡。可是，这只斗鸡虽然偶尔叫几声，看起来却呆头呆脑的，像只木头鸡。国王半信半疑地将它放进斗鸡场。没想到别的鸡一见到这只"呆若木鸡"的斗鸡，还没开始就吓得掉头逃跑了。

得陇望蜀

【释义】

指已经取得陇右，还想攻取西蜀。比喻贪得无厌。

【出处】

南朝·宋·范晔《后汉书·岑彭传》："人若不知足，既平陇，复望蜀，每一发兵，头鬓为白。"

【故事】

东汉初年，公孙述和隗嚣分别以巴蜀和陇地为据点，抵制光武帝刘秀的统治。因为两方势力严重影响了统一大业，光武帝便于公元 32 年率军亲征陇西，用计将隗嚣围困在西域，同时把公孙述的援兵也包围了起来。但隗嚣和公孙述互为屏障，坚决抵抗，使光武帝短期内根本无法攻破。光武帝政事繁忙，只好留了一封诏书给大将军岑彭，自己先回到京都。岑彭接到诏书一看，上面写着：如果攻占了陇地两城，便可率军攻打蜀地的公孙述。后来人们就用这个成语比喻得寸进尺，贪得无厌。

东床袒腹

【释义】

代指女婿。

【出处】

南朝·宋·刘义庆《世说新语·雅量》:“闻来觅婿,咸自矜持;唯有一郎在东床上坦腹卧,如不闻。”

【故事】

王羲之是东晋时期著名的书法家,出身于贵族家庭,祖父与父亲、叔伯都曾任高官,因此王家与很多当朝重臣都有来往。王羲之二十岁时,太尉郗鉴希望与王家结为亲家,派门生到王家选女婿。当时的联姻非常讲究门第等级,王家子弟听说太尉要来选亲,都打扮整齐,聚集在东厢房中,希望能被选中。只有王羲之丝毫不以为意,随意袒露着肚皮躺在东边的竹榻上,一手拿着烧饼吃,一手在竹席上比画着。

门生回报太尉时,把在王家看到的情况一一说给郗太尉。当郗太尉听到有个王家子弟丝毫不顾形象,一边吃一边比画着练字时,立即知道他便是书法传神的王羲之,不禁拍手赞叹道:“这正是我所要的女婿啊!”就把女儿嫁给了王羲之。

东施效颦

【释义】

东施:越国的丑女。效:效仿。颦:皱眉头。比喻盲目模仿,效果很坏,有时也作自谦之词。

【出处】

《庄子·天运》:“故西施病心而矉其里,其里之丑人见之而美之,归亦捧心而矉其里。其里之富人见之,坚闭门而不出;贫人见之,挈妻子而去走。彼知矉美而不知矉之所以美。”

【故事】

春秋时期，越国有位美丽女子名叫施夷光，也叫西子、西施。她在一举手一投足间，总能流露出千种风情，一颦一笑亦总能让人心旷神怡。西施患有心口疼的毛病，某天因病复发，她手捂胸口，双眉皱起，流露出一种娇媚柔弱的女性美，乡人见了都瞪大眼睛，惊叹其美貌与娇弱。本乡里还有位丑姑娘东施，相貌一般，举止粗俗，每天都梦想着能变成美女。当她看到西施生病时的模样如此惹人怜爱，便也依样而学，手捂胸口，皱起眉头，在乡人面前走来走去。哪知，这副矫揉造作的样子令她变得更丑，富人见了急忙关门，穷人见了远远躲开，人们避她就像避瘟神一般。东施只知道西施皱眉的样子极美丽，却不知她因何而美，自己盲目模仿，结果反落得被人讥笑。

妒贤嫉能

【释义】

妒：嫉妒。嫉：怨恨。妒忌品德和才能比自己强的人。

【出处】

汉·司马迁《史记·高祖本纪》：“项羽妒贤嫉能，有功者害之，贤者疑之。”

【故事】

高祖刘邦建立政权后，有一次在都城洛阳设宴，邀请诸将领前来赴宴。酒过三巡后，刘邦问众人：“依大家看，我为什么能得到天下，项羽为什么会失掉天下？各位爱卿无须隐瞒，要说出心里话。”高起和王陵抢先答道：“陛下派人攻城略地后，能把这些地方封赏给其人，这是陛下与天下人共享其利的美德。而项羽刚愎自用，妒贤嫉能，迫害有功之人，怀疑有谋之士，打了胜仗不论功行赏，取得土地也不与人分享，像这样，谁心甘情愿为他夺取天下啊！”

刘邦听后笑了笑说：“其实二位只知其一，不知其二。要讲运筹帷幄，我不如张良；讲后方供应，我不如萧何；讲用兵之术，我不如韩信。我任用了这三位人中之杰，而项羽只有范增一个人才，后来还没被任用，这才是项羽被我擒杀的根本原因啊!”众人听了刘邦的话,不禁十分佩服他的用人之道。

对牛弹琴

【释义】

原作“对牛鼓簧”,原意为对着牛弹奏乐曲。后用来比喻对外行人说内行话,对不懂道理的人讲道理。

【出处】

汉·牟融《理惑论》:“公明仪为牛弹清角之操,伏食如故,非牛不闻,不合其耳矣。”

【故事】

战国时期,有位非常著名的音乐家叫公明仪,他既能作曲又能演奏,七弦琴也弹得非常好,遇到好天气时,还喜欢带琴到郊外弹奏。有一天,他到郊外散步,看到草地上有头黄牛正在低头吃草,两只耳朵不时动一下,好像在聆听什么。公明仪顿时来了兴致,摆上琴,拨动琴弦,为它弹奏了一支极为高雅的乐曲。可是曲终之后,那头黄牛却无动于衷,仍然在低头吃草。公明仪认为是曲子太高深,牛无法听懂,就又弹了首通俗的曲子,可那头黄牛依然对他不理不睬,悠闲地吃着草。过了一会儿,牛竟然慢悠悠地换个地方吃草去了。公明仪非常失落,周围的人对他说:“你不要沮丧,并不是你弹的曲子不好听,而是你不该对牛弹琴,白费力气啊!”公明仪也只好叹口气,抱着琴回去了。

多多益善

【释义】

形容一样东西或人等越多越好。

【出处】

汉·司马迁《史记·淮阴侯列传》:“上问曰:‘如我将几何?’信曰:‘陛下不过能将十万。’上曰:‘于君何如?’曰:‘臣多多而益善耳。’”

【故事】

刘邦建立汉朝时,韩信因立下卓越战功被封为楚王。天下安定后,刘邦想削去韩信的兵权,却苦于没有理由。不久,刘邦接到密告,说韩信收留了项羽的旧将钟离昧,有谋反的嫌疑。于是,刘邦假称自己到云梦泽巡游,派使臣通知各诸侯前往陈地相会。韩信知道了刘邦的用心,为表明心迹,杀了钟离昧来见刘邦。谁知刘邦不由分说把他抓起来,押着他回到了洛阳。后来,这件事虽然被澄清,韩信仍被贬为淮阴侯。他心中不服,便谎称有病不来上朝。

刘邦知道韩信的心病,就召他进宫谈谈。当谈到带兵的问题时,刘邦问道:“依你看,像我这样的人能带多少人马?”韩信当时并未多考虑,脱口就答道:“陛下能带十万。”刘邦又问道:“那你能带多少人马呢?”韩信毫不客气地说:“对我来说,当然越多越好!”刘邦听后笑着说:“你带兵多多益善,怎么会反倒被我擒住了呢?”韩信这时才知道自己说错了话,忙掩饰说:“陛下虽然带兵不多,但有驾驭将领的能力啊!”刘邦见韩信被降为淮阴侯后仍这么狂妄,心中非常不悦。后来,终于放任吕后与萧何用计除去了韩信。

咄咄逼人

【释义】

咄咄:叹词,表示惊惧或赞叹的声音。原指出语伤人,令人不自在。现引申为气势汹汹、盛气凌人的神态,或指形势发展迅速,给人很大的压力。

【出处】

南朝·宋·刘义庆《世说新语·排调》:“桓南郡与殷荆州语次……殷有一参军在座,云:‘盲人骑瞎马,夜半临深池。’殷云:‘咄咄逼人。’仲堪眇目故也。”

【故事】

晋代著名画家顾恺之与名将桓玄(桓南郡),殷仲堪(殷荆州)是莫逆之交。有一天,三人一起喝酒。桓玄提议每人说件最危险的事,以助酒兴。谁说的事最危险,谁就可以免喝一杯酒。桓玄起头说:“矛头淅米剑头饮。”意思是用矛上部的尖刺当米,做成“饭”吃。殷仲堪接着说:“百岁老翁攀枯枝。”顾恺之最后说:“井上辘轳卧婴儿。”大家都以为自己说的是最危险的事,没想到殷仲堪的参军在旁边插嘴说:“盲人骑瞎马,夜半临深池。”这句话说得确实很精彩,但因为他是下属官员,三人顿觉有些尴尬,尤其殷仲堪本来就瞎了只眼睛。为了打破僵局,殷仲堪便说了句语意双关的话:“真是咄咄逼人啊!”既夸赞了参军的话确实精彩,又批评了他不懂礼貌、擅自插嘴。顾恺之和桓玄听后都哈哈大笑起来。

雕虫小技

【释义】

雕:雕刻。虫:指鸟虫书,古代汉字的一种字体。比喻微不足道的技能,多指刻意雕琢辞章的技能。

【出处】

《北史·李浑传》:“雕虫小技,我不如卿;国典朝章,卿不如我。”

【故事】

西汉时期,小孩子到了该上学的年龄,就要学习“雕虫篆刻”,许多人未必知道那是怎么回事;“虫”是虫书,“刻”是刻符,是秦书“八体”中的两种字体,纤细精巧难描;孩子们学会雕琢虫书和篆写刻符,对今后的学业大有好处。

但因为属于“小儿科”,所以常常被用来比喻小技和小道,“雕虫小技”的成语就是这样来的。

那时候有个名家,叫扬雄,他曾在仿《论语》写成的《法官》上,说过这样的话:雕虫小技,壮夫不为。他认为创作辞赋时绘景状物的“词章之学”,好像“雕虫篆刻”那样的“小儿科”,所以很轻视的,认为“壮夫”要做的是“国典朝章”一类大学问。

与“雕虫小技”同义的词有很多,如“雕虫微技”“雕虫薄技”“雕虫末技”“雕虫小巧”等等。

在李白《与韩荆州书》中也说:“至于制作,积成卷轴,则欲尘秽视听,恐雕虫小技,不合大人。”

韩朝宗是唐玄宗时候的人,曾经做过荆州的刺史,人称韩荆州。他非常爱护年轻的文士,乐于提拔后继人才。有不少人经他推荐,获得了理想的职位。所以,当时社会上的人们都非常仰慕他。当时,诗人李白流落楚汉的时候,曾经给韩朝宗写了一封信,希望得到他的赏识,推荐信的最后写道:“恐雕虫小技,不合大人。”意思是说,恐怕我写的文章,只是一些微不足道的小伎俩,不够让大人欣赏。

多行不义必自毙

【释义】

坏事干尽,必将自取灭亡。

【出处】

《左传·隐公元年》:“多行不义,必自毙,子姑待之。”

【故事】

春秋初,郑武公的夫人姜氏生了两个儿子,大的叫寤生,小的叫共叔段。但姜氏只宠爱小儿子共叔段,她总在郑武公面前夸赞共叔段,想让武公以后把君位传给共叔段,武公一直都不答应。

郑武公死后,寤生继承君位,就是郑庄公。他母亲怕他的弟弟吃亏,就要求庄公把制邑(在今河南汜水县)封给共叔段,郑庄公没有答应。姜氏又要求把京城(今河南荥阳)封给共叔段。因为这一要求也超出了当时的礼制规定,郑庄公还是不愿意。姜氏见庄公一再拒绝自己的要求,就非常生气。郑庄公没有办法,只好答应了。

共叔段到了京城后,倚仗着母亲的支持,就私自招兵买马,暗中训练军队,囤积粮草,想等待机会下手,夺取哥哥的皇位。

消息传到了国都,大臣祭仲等人很替郑庄公担忧,劝郑庄公趁早作打算,教训一下共叔段。郑庄公说："坏事干得多了，必定会自取灭亡，你们就等着瞧吧！"

后来，共叔段果然趁郑庄公要去洛阳朝见周天子的机会，由母亲作为内应，发动叛乱。但郑庄公早有准备，朝见周天子也只是个幌子，他很快就带领人马杀回来，击败了共叔段，共叔段只好自杀了。

冬日可爱

【释义】

如同冬天里的太阳那样使人感到温暖、亲切。比喻人态度温和慈爱，使人愿意接近。

【出处】

《左传·文公七年》："赵衰，冬日之日也；赵盾，夏日之日也。"杜预注："冬日可爱，夏日可畏。"

【故事】

赵盾是赵衰的儿子，春秋时期杰出的政治家、战略指挥家，曾任晋国卿大夫。当时他是一位权臣，集军政大权于一身，执掌朝政，号称正卿。他在晋国执政期间，权倾朝野，使晋国君权受到冲击与削弱。

国君襄公死后，嫡子夷皋还很幼小，为了维系晋国政局稳定，大臣们都倾向于选一个年长的接班人，于是赵盾推举晋襄公弟弟公子雍。

赵盾认为公子雍具有四大优势："第一，德才兼备，心地善良；第二，年纪比较大，可以胜任管理国家的重任；第三，深受晋文公的喜爱，这有利于得到老臣们的支持；第四，跟秦国的关系比较好，有利于发展与秦国的友好关系，稳住秦国。"

太子夷皋的母亲听说要立公子雍为国君，又气愤又焦急，她抱着夷皋在朝廷上连哭带嚎，又跑到赵盾家里，向他叩头，哀求说："先君将这个孩子嘱托给你了，如果他成材，我不忘你的恩情。如果他不成材，我怨恨你一辈子！"

赵盾害怕夷皋母亲闹出事端，又担心其他几个公子出来反对，只得改变主意，决定立夷皋为晋国国君。但是这时，秦国已经派兵护送公子雍回晋国来当国君了。为了平息这场争端，赵盾毫不犹豫，非常果断地派军队迎战秦国的军队，两国军队在令狐这个地方交战，秦军遭到失败，仓皇退回国去。公子雍没当成国君，而太子夷皋在赵盾的支持下顺利地当上了晋国国君。赵盾的这一行为使晋国大夫贾季非常不满。有一次，他为救援鲁国而出使狄国，狄国相国鄂舒问他："赵盾与赵衰相比，哪一个更好一些？"他说赵衰是冬日太阳，赵盾是夏日太阳。意思是说赵衰好像冬天的太阳，使人感到温暖、亲切，人们愿意接近。而赵盾却是杀伐决断，手段狠辣，令人感到恐怖。

大手笔

【释义】

本指有关朝廷重大事件的文字，后也指名家或名家的作品。引申为出手不凡。

【出处】

《晋书·王珣传》："珣梦人以大笔如椽与之，既觉，语人云：'此当有大手笔事。'俄而帝崩，哀册谥议，皆珣所草。"

【故事】

晋朝的王珣，出身名门，是晋初名相王导的孙子，著名书法家王羲之的侄子。他自幼聪慧，博闻强识，长大以后，不仅写得一手好字，而且写得一手好文章，深得大家的赞誉。

他可不是浪得虚名，就拿书法来说，他的《伯远帖》，是问候亲友的一通信札，行笔自然流畅，俊丽秀雅，为早期行书典范之作，与王羲之《快雪时晴帖》、王献之《中秋帖》同列为三希堂法帖之一，是我国书法艺术的瑰宝。

王珣二十岁时，就做了大司马桓温的主簿。桓温整天忙于军务，大司马府的文牍全都交给王珣处理。大司马府要管理全国的军务，文牍繁杂，王珣年纪虽轻，却把各项文案管理得井井有条。

王珣的记忆力惊人，当时来往于大司马府的文武官员多达数万，王珣都能记住他们的名字和相貌。有了什么事，他都能和别人像熟人一样交谈，气氛十分融洽，正因为如此，他的办事效率非常高。

一天夜里，王珣做了一个梦，梦见有人给了他一支粗如屋椽的大笔。醒来以后细细思索，认为将有大事发生，许多重要的文章将要出于自己之手。

天亮以后，消息传来，孝武帝突然去世。朝廷把他召进宫，负责丧事的全部文案。朝廷的哀册、讣告，孝武帝的谥议，都由他一个人起草。这些文字写得华丽得体，充分体现了皇家风范，深得大家好评。有人说，他的文章之所以写得这么好，就是因为得到了上天赐予的如椽大笔。

貂裘换酒

【释义】

用貂皮大衣换酒喝。形容狂放不羁。

【出处】

《晋书·阮孚传》："迁黄门侍郎、散骑常侍，尝以金貂换酒，复为所司弹劾，帝宥（饶恕）之。"

【故事】

晋代的阮孚是阮咸的儿子，他们父子的典故很多，如"未能免俗"晒裤头的典故，"阮囊羞涩"口袋里放一个钱的典故，等等。"貂裘换酒"又是儿子阮孚的典故。

阮孚是他的爸爸和姑母家鲜卑婢女生的孩子。当年，阮咸和鲜卑婢女私通，使婢女有了身孕，当时阮咸的母亲去世，阮咸在家守孝。他的姑妈回去时，将这个婢女也带走了。阮咸知道以后大呼一声"人种不可失"，穿着孝服骑着毛驴去追赶，把她追了回来。后来生下个男孩，就是阮孚。

有其父必有其子，阮孚跟他父亲阮咸一样，狂放不羁，整天泡在酒中。然而他为人机敏，说话诙谐，深得皇上欢心。阮孚身材矮小，又是秃顶，皇上经常拿他开玩笑。有一天，皇上将十几个酒瓶都扣上帽子，模样倒有些像阮孚，阮孚进屋看到了，装作诧异的样子说："弟兄们好自在，在这里相对闲坐，时候不早了，快跟我回家吧。"说完便把那些酒瓶抱走了。

琅邪王司马裒为车骑将军，镇守江陵，阮孚跟随前往。临行前，皇上再三关照他："这次前往军府，要认认真真办事，饮酒要有节制，不可滥饮。"他口头上不敢违拗，可是到了那里，饮酒依然如故，根本不把公务放在心上。

后来回到朝廷，任黄门侍郎。这样的官职，在朝廷算是显要。可是他一点儿也不收敛，依然故我。有一天出门在外，正好手头不便，酒瘾却上来了，他不管三七二十一，取下官帽上的金貂换酒喝。主管官员知道了这件事，弹劾他“大不敬”。要是其他官员这么做，脑袋早就被砍掉了，皇上只是训斥他一顿，将他赦免了。

这条典故本作“金貂换酒”，后来因为高官的帽子上不用金貂做饰品，便改作“貂裘换酒”，比喻的意思和“金貂换酒”相同。

掉书袋

【释义】

掉：摆弄、晃动，晃动放书的口袋，比喻引经据典、卖弄学问。

【出处】

宋·马令《南唐书·彭利用传》：“对家人稚子，下逮奴隶，言必据书史，断章破句，以代常谈，俗谓之掉书袋。”

【故事】

南唐时有位读书人，名叫彭利用。他有一个改不掉的毛病，就是说话文绉绉的，喜欢引经据典（掉书袋），就是对家里的小孩子、仆人说话也是如此。说来好笑，他说的话别人听不懂，等于没说，他还自以为得意。

有一天，仆人犯了错，彭利用说道：“始予以为纪纲之仆，人百其身，赖尔同心同德，左之右之，今乃中道而废，侮慢自贤，若而今而后，过而弗改，当挞之市朝，任汝自西自东，以遨游而已。”大意是说：起初我以为你是个守规矩的仆人，能为主人献身，希望你跟我同心同德，跟随在我的左右。没料想没过多少日子你就犯了错，自以为了不起。从今以后，犯了错不知悔改，我就在人多的街市鞭打你，任凭你到别的地方去，让你四处游荡。

有一次，邻居家失火，救火要紧！他却慢吞吞地说：“惶惶然，赫赫然，不可向迩。自钻燧以降，未有若斯之盛，岂可扑灭乎？”大意是：火苗红通通，火势这么大，人们都难以靠近。自从上古燧人氏钻木取火以来，还从来没有过这么大的火啊，这火难道还能扑灭吗？

明末清初的张岱写的另一则掉书袋故事也很有名。有一天，他到一家人家去做客。天已经黑了，他要告辞回家。主人再三挽留他说："再坐一会儿，等看到了'少焉'再回。"

张岱实在弄不明白，"少焉"是什么东西，就向主人请教。主人的回答让他听了啼笑皆非："我们这儿有位乡绅喜欢掉书袋，因为苏轼的《赤壁赋》里有'少焉月出于东山之上'的句子，于是就把月亮称为'少焉'。我讲的'少焉'，就是指月亮。"

东床客

【释义】

露着肚子躺在东床上吃东西的年轻人。女婿的美称。

【出处】

南朝·宋·刘义庆《世说新语·雅量》："门生归白郗曰：'王家诸郎，亦皆可嘉，闻来觅婿，咸自矜持，唯有一郎在床上坦腹卧，如不闻。'"

【故事】

太尉郗鉴的女儿郗浚年已及笄（女子满十五岁为及笄），出落得如同下凡仙女。郗鉴对她极为疼爱，可是越是疼爱，越是犯愁：总不能将女儿一直养在家里，误了她的终身大事，但要找个好女婿，倒也确实不易。

有人知道他的心事，好心对他说："王家佳子弟甚多，为何不到他家觅一佳婿？"

郗鉴久闻王家子弟名声，只是未见其人，不好乱点。他让一位得意门生到王家去看看，若有中意的年轻人，就把女儿嫁给他。

王导把家里的子侄都叫到东厢，将事情向他们说明，并要他们做好准备。年轻人一听是郗鉴派人前来相亲，哪一个都想做郗家女婿，一个个换上簇新的衣服，端端正正地坐着，等待来人相亲，都巴不得能够交上好运。

唯有王导的侄子王羲之，对这件事毫不在意。他衣服也没换，扣子也不扣，袒胸露腹地躺在东厢的床上睡觉。

郗鉴的门生将王导的子侄一个个看过，回去向郗鉴详细报告。郗鉴听了忙说："那个躺在床上睡觉的就是我家女婿。"后世美称女婿为"东床佳婿"或"东床客"，出处就在这里。

东道主

【释义】

原指东边路上的主人。后泛指接待宾客的主人。

【出处】

《左传·僖公三十年》:“若舍郑以为东道主,行李之往来,共(通‘供’)其乏困,君亦无所害。”

【故事】

公元前630年,晋文公和秦穆公率领大军包围了郑国国都,晋军驻扎函陵,秦军驻扎汜水之南。晋国、秦国都是大国,两个大国一起来打小小的郑国,郑国危在旦夕。郑文公被逼上绝路,只得赔着小心向老臣烛之武请教。烛之武为了国家的存亡,抛弃了个人恩怨,答应设法解围。

当天夜里,烛之武乘着夜色掩护,叫人用粗绳子把他从城头上吊下去,私下里去会见秦穆公。烛之武对秦穆公说:“秦、晋两国大军围攻郑国国都,郑国知道灭亡在即。如果郑国灭亡对您有好处,那您动用军队完全值得。可是您想一下,即使把郑国消灭了,您要在这里设立边邑,中间还隔开其他国家,实在是太困难了。再说,郑国灭亡了,晋国岂不是更加强大了?晋国的实力雄厚了,就等于您的力量削弱了。”

听到这里,秦穆公似有所悟。烛之武略略一顿,说:“如果不消灭郑国,让它成为您东方道路上的主人,贵国使臣来往经过,供应他们的食宿给养,这对您也没有坏处。”

秦穆公不觉微微点了点头,烛之武趁热打铁:“您也曾经施恩于晋文公,他答应给您土地予以报答,可是早晨刚刚渡河回国,晚上就在那里筑城防御,他哪里会有满足的时候?晋国既以郑国作为东边的疆界,必然还要扩张西边的疆界,如果不损害秦国,它到哪里去夺取土地呢?大王,希望您多多考虑这件事。”

秦穆公听了烛之武的分析,觉得很有道理,于是跟郑国签订了盟约,率领大军返回。晋文公得到消息，一下子蒙了。他权衡利弊思量了一番，也率军从郑国撤离。

斗酒双柑

【释义】

一斗酒两只柑橘。本指春游时携带的食品，后多指春游。

【出处】

唐·冯贽《云仙杂记·俗耳针砭诗肠鼓吹》引《高隐外书》："戴颙春携双柑斗酒，人问何之，曰：'往听黄鹂声。'"

【故事】

南朝宋时的戴颙，是东晋名士戴安道的小儿子。戴安道博学多才，品性高洁，深通音律，善于操琴。官府屡屡征召戴安道，戴安道便携家逃到吴地隐居。

戴安道去世后，戴颙和哥哥戴勃继承父志，双双隐居到富春江畔的桐庐（今浙江桐庐）山中。他俩在父亲琴曲的基础上推陈出新，创作出许多新声，其中的《三调游弦》《广陵止息》等在琴家中享有极高的声誉。

中书令王绥久闻他们的大名，曾经带着宾客拜访戴勃、戴颙两兄弟，王绥对他们说："久闻二位善操琴，今天特地前来聆听二位的琴音。"兄弟二人正在喝粥，对他不加理睬，弄得王绥很无趣，最终恨恨地离开那里。

戴颙对黄鹂情有独钟，他把自己弹奏用的桐木琴取名为"鸧鹒（黄鹂的别称）"，奏出的乐声婉转如黄鹂啼鸣。某个春日，戴颙怀里揣着两只柑子，提上一壶好酒，兴致勃勃走出了家门。人们问他要到哪里去，他高高兴兴地回答道："趁着这大好春色，到山林中去走走，倾听黄鹂唱歌似的鸣叫声。"后来，人们便用"斗酒双柑"比喻在美好的春天郊游。

后来戴勃病重，无钱医治，戴颙为了给哥哥治病，出山当了一任县令。戴勃因病去世，戴颙也就辞去官职归隐，从此以后再也没有做过官。

夺锦袍

【释义】

把赏出去的锦袍夺回赏给其他人。比喻文才超群。

【出处】

《新唐书·宋之问传》:"武后游洛南龙门,诏从臣赋诗,左史东方虬诗先成,后赐锦袍,之问俄顷献,后览之嗟赏,更夺袍以赐。"

【故事】

武则天是中国历史上唯一一位女皇帝,她本是唐太宗李世民的才人(小妾),后来做了唐高宗李治的皇后。

高宗李治去世以后,儿子中宗李显继位,武后就以皇太后名义临朝称制。两个月后武则天废掉中宗,立四子李旦为帝,这就是睿宗。做皇太后哪有做皇帝过瘾?公元960年,武则天将他的小儿子李旦拉下皇帝的宝座,自己做了皇帝,改国号为'周',实现了自己的夙愿。这时候,她已经是六十七岁的老太婆,是中国历史上登基时年纪最大的一位皇帝。

凭着她的机智和非凡的才能,武则天倒也把国家治理得井然有序。她为帝十多年,边防得以巩固,生产得到发展,人口有所增加。从这方面来说,武则天确实是个了不起的女人。不过,她重用酷吏,滥杀无辜,不少大臣蒙受不白之冤;她好大喜功,生活奢靡,浪费了大量的人力和物力。武则天在位期间,功过参半。

为了凸现自己的"文治",武则天曾在春游香山寺时主持了一次"龙门诗会"。别以为武则天附庸风雅,实际上武则天的诗写得很好,比如人们熟知的《如意娘》:"看朱成碧思纷纷,憔悴支离为忆君。不信比来常下泪,开箱验取石榴裙。"

诗会开始前,武则天告谕参加诗会的大臣,写得又快又好的赐予锦袍一件。能在诗会上得到锦袍,这是莫大的荣幸。群臣倾尽才华,各不相让。左史东方虬首先将诗写成,呈给武则天御览。武则天看过以后觉得他文思敏捷,当场把锦袍赐给了他。

其他大臣相继成诗,一个个当众诵读,大家一致认为,宋之问的诗更在东方虬之上，这可难为了武则天。如果换成别的皇帝，大概也就再赏宋之问一件锦袍便是，可是这位武则天皇帝认为第一不可有两个，便让侍从把锦袍从东方虬手中夺回，赏给了宋之问。

党同伐异

【释义】

伐：讨伐，攻击。指结帮分派，偏向同伙，打击不同意见的人。

【出处】

《后汉书·党锢传序》："自武帝以后，崇尚儒学，怀经协术，所在雾会，至有石渠分争之论，党同伐异之说，守文之徒，盛于时矣。"

【故事】

汉武帝刘彻即位后立志要有所作为，于是，当政的第二年他就下了一道诏书，命朝廷大臣和各地诸侯王、郡守推举品行贤良之士。诏书下达后不久，各地共推举了一百多个有才学的读书人。武帝命他们每人写一篇怎样治理国家的文章，其中有个叫董仲舒的文章写得不错，武帝亲自召见他两次，问了他不少话。董仲舒回话后，又呈上三篇文章，武帝看了都非常满意。

董仲舒的三篇文章，都是论述天和人的关系的，所以合称为《天人三策》，又称《举贤良对策》。其中宣扬的理论，叫作"天人感应"。这种理论把封建统治尤其是皇帝的权力神化：谁反对皇帝，谁就是反对天，就是大逆不道。

为了贯彻这种理论，董仲舒在《天人三策》中提出了三项建议：一是将诸子百家的学说当作邪说，一律禁止，独尊孔子及儒家经典，以通过文化上的统一达到政治上的统一。这就是历史上所谓的"罢黜百家，独尊儒术"。二是设立传授儒家经典的最高学府。三是网罗天下人才，使他们忠心耿耿地为朝廷效力。

董仲舒"罢黜百家，独尊儒术"的主张非常契合武帝一统天下的心思。他亲政后，就设置了专门传授儒家学说的五经博士，博士们向五十名弟子讲述《诗》《书》《礼》《易》《春秋》五部儒家经典，合称五经。这些弟子每年考试一次，学通一经的就可以做官，成绩好的可以当大官。后来，博士弟子人数不断增加，最多时达三千人。

到汉宣帝刘询当政的时候，儒家思想已经成为维护封建统治的正统思想，儒家学说更是盛行，刘询还让五经名儒萧望之来教授太子。但由于当时的儒生对五经有不同的见解，所以宣帝决定进行一次大讨论。

公元前51年，在皇家藏书楼讲经处的石渠阁，由萧望之主持了这次针对儒学的大规模的讨论。在讨论过程中，儒生们把和自己观点一样的人作为同党，互相纠合起来；而对观点不一样的人，则进行攻击。这场讨论进行得非常激烈，讨论既全面又透彻，影响深远。为此，《后汉书》的作者范晔在评述这一现象时，把它称为"党同伐异"，也就是纠合同党攻击异己。

得过且过

【释义】

且：暂且。只要能够过得去，就这样过下去。形容胸无大志。

【出处】

《小孙屠》第四出："孩儿，我听得道你要出外打旋，怕家中得过且过，出去做甚的？"

【故事】

在明代医药学家李时珍所著的《本草纲目》中，记载着一种名叫五灵脂的中药。它的形状像凝结的脂肪，颜色黑得像铁，气味甘温而无毒，据说服用后能行血止血，能治疗多种妇女病和小儿惊风、癫痫等疾病。人被蛇、蝎、蜈蚣咬伤后，也可用它来解毒。这种药既不是生长在地上的植物，也不是蕴藏在地下的矿物，而是北方一种稀有鸟类的粪。

这种中药的来历是很有传奇色彩的。相传在山西五台山上，有一种形状像鸡的小鸟，名叫寒号虫。它生着四只脚，两只肉翅，不能飞得很远。抖下来的粪像豆子一样大，潮湿时气味臊恶，干结以后变得黑而光润，就是医家所说的五灵脂。

寒号虫的外貌随一年季节的变化而发生明显的变化。在烈日当空、绿树成荫的盛夏，它的周身长满了五彩的羽毛，显得丰润华丽，绚烂夺目。这时，寒号虫就会从林子里飞出来，在阳光下扑打着翅膀，得意地鸣叫：

“凤凰不如我！凤凰不如我！”

可是，到了朔风凛冽、雪花飘飞的寒冬，它落尽了所有的毛羽，变得像只刚出壳的雏鸡，显出一副狼狈寒酸的丑相。这时，它再也不敢飞出林子，只能躲在树丛深处，有气无力地哀鸣：“得过且过，得过且过。”

李时珍

元末明初的陶宗仪在《南村辍耕录》中记载下这则传说后说：当今世上有些人见识非常浅薄，有了一点成绩便沾沾自喜。可是只要稍微有点挫折时，便就垂头丧气，只能做缩头乌龟。这种人和寒号虫没有多大区别。

大放厥词

【释义】

厥，其，他的；词，也作“辞”，文辞，言辞。原指极力铺张辞藻或畅所欲言。现多指夸夸其谈，大发议论(含贬义)。

【出处】

唐·韩愈《祭柳子厚文》：“子之中弃，天脱蜀羁，玉佩琼琚，大放厥词。”

【故事】

柳宗元，字子厚，是唐朝著名的文学家。柳宗元自幼刻苦勤学，十岁时，他的诗文就受到人们的称赞。二十一岁时，柳宗元考取进士，二十六岁时担任集贤殿书院正字，替唐王朝编辑、整理图书，他也因此有机会阅读更多书籍。他主张改革朝政，曾积极参加王叔文革新集团的活动。革新失败后，他被贬为永州司马，过了十年再被贬为柳州刺史。公元819年，柳宗元病死在柳州，享年四十七岁。

柳宗元的散文丰富而多彩。他的短篇寓言简练犀利，意味含蓄；他的山水游记形象生动，色彩鲜明；他的论说文缜密谨严，条理井然；他的诗风清朗疏淡，用功精细。他死后的第二年，唐朝著名文学家韩愈为他写了一篇祭文，即《祭柳子厚文》，其中用了这样两句来赞扬柳宗元的文采才华："玉佩琼琚，大放厥词。"意思是说文笔秀美，尽力铺陈辞藻，美如晶莹净洁的玉石。

大笔如椽

【释义】

用来赞誉写作才能极高，并用来称颂著名的作家和作品。

【出处】

唐·房玄龄等《晋书·王珣传》："珣梦人以大笔如椽与之，既觉，语人曰：'此当有大手笔事。'"

【故事】

东晋的文士王珣从小才思敏捷、胆识过人，他的散文和诗赋都写得很好，二十岁时便被大司马桓温聘为主簿。

有一次，桓温为了试王殉的胆量，在大司马府聚会议事的时候，故意骑一匹马，从后堂直冲大厅。幕僚们都吓得惊慌失措，四处躲避，唯有王珣镇定自若，端坐不动。桓温感叹地说："面对奔腾的马而能稳坐的人，将来一定是个黑头公！"

桓温为了试王珣的才学，趁幕僚们在议事的时候，派人偷偷取走了王珣准备发言的文稿。然而，王珣发言时，照样口若悬河，滔滔不绝。桓温拿出他的文稿对照，发现他说的内容与文稿上的相同，但文字没有一句相同，不由对他十分钦佩。

一天晚上，王珣做了一个梦，梦中有人将一支像椽子那样的大笔送给他。醒来后，他对家里人说："我梦见有人送我如同椽子那样的大笔，看来有大手笔的事情要我做了。"

果然，就在这天上午，晋孝武帝突然死去。由于王珣文笔出众，朝廷要发出的哀策、讣告等，全交给他起草。这种殊荣是历史上少见的。

对症下药

【释义】

比喻针对具体情况、问题，制定具体的解决办法。

【出处】

西晋·陈寿《三国志·魏书·华佗传》："府吏寻、李延共止，俱头痛身热，所苦正同。佗曰：'寻当下之，延当发汗。'或难其异，佗曰：'寻外实，延内实，故治之宜殊。'即各与药，明旦并起。"

【故事】

华佗是东汉末年著名的医学家，他精通医术，诊断准确，在我国医学史上享有很高的地位。

华佗给病人诊疗时，能够根据不同的情况，开出不同的处方。

有一次，州官倪寻和李延一同到华佗那儿看病，两人诉说的病症相同：头痛发热。华佗分别给两人诊了脉后，给倪寻开了泻药，给李延开了发汗的药。

两人看了药方，感到非常奇怪，问："我们两人的症状相同，病情一样，为什么吃的药却不一样呢？"

华佗解释说："你俩相同的，只是病症的表象。倪寻的病因是由内部伤食引起的；而李延的病却是由于外感风寒引起的。两人的病因不同，我当然得对症下药，给你们用不同的药治疗了。"

倪寻和李延服药后，没过多久，病就全好了。

当仁不让

【释义】

当仁，面临仁义之事。原指以仁为任，无所谦让，即对于应做之事应勇于承担而不推让。后指遇到应该做的事就积极主动去做，不退让。

【出处】

《论语·卫灵公》:“子曰:‘当仁不让于师。’”

【故事】

子曰:“当仁,不让于师。”

孔子的教学思想就是让学生要以“仁”为己任,只要是正义的事,就应该勇于承担,哪怕是在老师面前也要坚持以仁德为重,不能同他谦让。孔子的这一思想,一直延续下来。后来,人们把这句话简化成“当仁不让”,鼓励人们勇敢地追求真理和正义。

意思相近的成语还有“义不容辞”“理所当然”。

当头棒喝

【释义】

当头,迎头;喝,训斥。佛教用语,佛教禅宗和尚接待初学的人用棒迎头一击或大喝一声,促其顿悟。比喻促人醒悟的警告。

【出处】

南宋·普济《五灯会元》:“师问洛浦:‘从上来,一人引棒,一人行喝,阿那个亲?’曰:‘总不亲。’师曰:‘亲处作么生?’浦便喝,师乃打。”

【故事】

禅宗认为佛法不可思议,开口即错,用心即乖。所以,不少禅师在接待初学者,常一言不发地当头一棒,或大喝一声,或“棒喝交驰”提出问题让其回答,借以考验其悟性。一说此法用于打破初学者的凡想迷情。“棒法”使于宣鉴,“喝法”始于道一。

一个初入佛门的和尚,问义玄禅师:“什么是佛法大意?”义玄禅师便竖起拂尘,这和尚因为害怕挨打便叫喊起来,禅师便打了这个和尚。又一个初入佛门的和尚,也问:“什么是佛法大意?”禅师也竖起拂尘,这和尚就叫喊,禅师就喝止他。这和尚还要辩解,禅师便打了这和尚。——这大约就是“当头棒喝”了。

独当一面

【释义】

单独负责一个方面的工作。

【出处】

东汉·班固《汉书·张良传》:"汉王之将,独韩信可属大事,当一面。"

【故事】

公元前206年,汉王刘邦采用"明修栈道,暗度陈仓"之计,占领关中。这时,原是项羽部下的陈平向刘邦建议,进军彭城,直捣项羽老窝。刘邦同意,并亲自率领各路兵马五十万,一举攻克彭城。刘邦住进项羽的宫中,将所有的美女和珠宝收归已有,每天大摆宴席,欢庆胜利。

项羽得到彭城失守的消息,暴跳如雷,自己率领三万精兵回救彭城。项羽的兵马半夜悄悄到了城下,突然发动袭击,汉兵大败,慌忙向南撤退。汉兵夺路逃走,抢在前面的自相践踏,落在后面的均遭屠戮,死伤二十多万人,在睢水淹死者也达十几万。

刘邦率几十名成员逃到下邑(今安徽砀山西),他对大家说:"彭城一败,损失惨重,士气低落。现在我想把函谷关以东的土地全部拿出来,封赏那些能与我一起抵抗项羽的人,但不知何人愿意效力,破楚立功?"张良起身说:"大王手下的将领,只有韩信能担此重任,独当一面。您如果将关东土地赏给他们,使他们愿出死力,就可以打败项羽。"刘邦点头称许,于是派韩信到黄河以北开辟战场,最后终于取得楚汉战争的胜利。

得其所哉

【释义】

指得到适宜的处所。也用来指安排得当,称心满意。

【出处】

《孟子·万章上》:“子产曰:‘得其所哉！得其所哉!’”

【故事】

孟子曾经讲过一则故事:

从前有人送条活鱼给郑国大夫子产,子产就叫管池塘的人养在池里,但是那人却把鱼煮了吃掉了,然后回报说:

“刚把鱼放下水池时,只见它懒洋洋地。过了一会儿,就摇着尾巴,突然间游得不知去向!”

子产说:

“这尾鱼真是得其所哉！得其所哉!”

管理池塘的人出来,得意扬扬地说道:

“谁说子产聪明？我都把鱼煮了吃掉,他还说:‘得其所哉！得其所哉!’”

孟子就这则故事,下一个结论:

“对于君子,可以拿合乎情理的事去欺骗他,却不可以拿不合情理的事去欺骗他。”

得鱼忘筌

【释义】

筌,捕鱼用的竹器。捕到了鱼就忘记了筌。比喻成功以后就忘了赖以成功的事物、条件。也比喻达到目的后忘恩负义、背弃根本。

【出处】

《庄子·外物》:“筌者所以在鱼,得鱼而忘筌。”

【故事】

庄子在谈“义”的时候,列举了一些古代圣贤的故事,他说:尧要把帝位让给圣贤许由,许由不接受,逃跑了;商汤准备把君位让给务光,务光不接受,而且非常生气。纪他听说了这件事,害怕商汤找到自己头上,于是率领弟子们躲避到窾水河边。诸侯们担心他投水而死,纷纷到窾水河边吊慰。三年以后,申徒狄听说这些贤士的事迹,非常敬佩崇拜,竟投河而死。

庄子列举这些故事以后,说道:"鱼笼是用来捉鱼的工具,我们不应该得到鱼之后就忘掉了鱼笼;挂网是用来捉兔子用的,我们不应该得到兔子之后把挂网忘记;语言是为了表达思想的,我们不应当因为已经了解到这种思想,就把语言忘记。对那些'忘言之人',我是决不和他们谈论的。"

断章取义

【释义】

章,本指《诗经》中诗篇的某一章。指引证文章或谈话,只取合乎己意的一句两句,不问原意,不顾全文。

【出处】

春秋鲁·左丘明《左传·襄公二十八年》:"赋诗断章,余取所求焉。"

【故事】

春秋时代,卿大夫在外交场合,有时为了言志寄意,暗示自己的态度,往往念上几句《诗经》中的诗。他们念的,都不是完整的一首诗,而只挑选某一首诗的某一个章节,因此叫作"断章"。"断章"的目的在于借用其字义来表达自己的观点或情感,这就叫作"断章取义"。

晋、鲁等十几个国家联合攻打秦国,联军到达泾水的时候,曾经考虑要不要渡河的问题。晋大夫叔向为此去征求鲁卿叔孙豹的意见。当时,叔孙豹就吟了《匏有苦叶》这首诗,叔向知道他主张坚决渡河,于是回去准备船只。原来,《匏有苦叶》是《诗经·邶风》中的一首情歌,它是描写一个女子在渡口等待她的爱侣,共四章,每章四句,第一章的四句是:"匏有苦叶,济有深厉;深则沥,浅则揭"。意思是说,不管水深水浅,一定要渡河去(水深则甘愿湿一身衣服,水浅则撩起衣服走过去)。叔孙豹就是断了这一章,取了"深则厉,浅则揭"这两句的义,来表示自己坚决主张渡河的态度,至于这首诗的全篇原意,他可以根本不管。

德行为先

【释义】

道德修养是人品的先导。

【出处】

南朝宋·刘义庆《世说新语·贤媛》："许允妇是阮卫尉女，德如妹，奇丑……"

【故事】

魏国许允的妻子，是卫尉卿阮共的女儿、阮德如的妹妹，长得容貌奇丑。婚礼那天，举行完交拜礼后，许允就不想走进洞房了。全家人为此忧心如焚。这时，正好有位客人要见许允，于是新娘就叫使女去看看客人是谁。

使女回来报告说："是桓家的公子桓范来了。"新娘于是说："那不用发愁了，桓范公子肯定能说动许郎，劝他回到洞房来的。"果然，桓范对许允说："阮家把这么丑的女儿嫁给你，一定有所用心，你应该深入了解才是，不进洞房怎么能行呢？"

许允终于鼓起了勇气，走进了洞房。当他颤颤抖抖地掀开新娘的盖头时，当即被新娘的丑陋吓得几乎背过气去，回身就要跑，但却被新娘拽住了衣襟，只好留下来。于是许允对新娘子说："女子必须具备德、言、容、功四种品德，你有几种呢？"新娘说："我只欠容貌罢了。你是个读书人，读书人应该具备的品行，你又具备了几种呢？"许允理直气壮地说："我都具备。"新娘接着说："'百行以德居第一'，你好色不好德，怎么能说都具备了呢？"新娘子的这番话，说得许允十分惭愧。于是，夫妻重归于好，相敬如宾。

得意洋洋

【释义】

形容十分得意的样子。也作"得意扬扬"。

【出处】

西汉·司马迁《史记·管晏列传》:“意气扬扬,甚自得也。”

【故事】

晏子是齐国的宰相,他对人很谦恭,可是他手下的一个马车夫,却很骄傲。

有一天,晏子乘车外出,当马车经过车夫家门前的时候,车夫的妻子从门缝里看见自己的丈夫,高高地坐在驷马大车上,神气十足地挥着马鞭子,“意气扬扬,甚自得也”。

等车夫回到家来,妻子便提出要跟他离婚。车夫问他是什么原因。妻子回答说:“晏子身高不到六尺,却身为齐国的宰相,名声显赫。今天我看见他外出坐在车子上,态度是那么谦逊。你身高八尺,毕竟只是他的一个马车夫,然而你赶车时却趾高气扬,神气活现,自以为了不起!所以我请求离开你。”

车夫听了很惭愧,以后每次赶车,都十分注意检点自己的行为。晏子看到车夫的变化很奇怪,问他是什么缘故。车夫就如实地告诉他。晏子认为他的这种精神很难得,便推荐他做了大夫。

短兵相接

【释义】

交战双方以短小兵器面对面拼杀。或比喻直接的针锋相对的斗争。

【出处】

战国楚·屈原《九歌·国殇》:“车错毂兮短兵接。”

【故事】

《楚辞·九歌》中的《国殇》,据说是流行于楚国民间,而由诗人屈原加工过的一首祭歌,是祭祀为国牺牲的战士的。它的开头四句是:操吴戈兮披犀甲,车错毂兮短兵接,旌蔽日兮敌若云,矢交坠兮士争先。第二句的“短兵接”,就是成语“短兵相接”的出处。

《史记·季布传》也有“短兵接”这样的话:季布和丁公都是楚霸王项羽的将

军，楚汉相争初期，汉高祖刘邦攻占了彭城，项羽从山东回军包围彭城，大破汉军，刘邦向西败走，丁公领兵紧紧追去，刘邦窘困万状，双方短兵相接。当时，刘邦非常着急，一边逃，一边回头对丁公说："你我都是英雄，何必苦苦相逼呢！"丁公听了，便卖个情面，让刘邦逃脱了。后来，项羽却被刘邦打败，终于自杀。刘邦得了天下，建立了汉朝，做起皇帝来。丁公便去谒见刘邦，自以为对刘邦曾有救命之恩，封个官爵理应没有问题。不料刘邦说："丁公是楚国的将军，而不忠于楚，项羽的失败，主要是败在丁公这般人的手里！"随即下令将丁公处死。

大器晚成

【释义】

原意为大才之人需经过长期磨炼方能有所成就。现指成名较晚的人。

【出处】

《老子》第四一章："大方无隅，大器晚成，大音希声，大象无形。"

【故事】

东汉末年，有个名叫崔琰的人，自幼练得好剑法。他性格豪爽，特别喜欢交朋友。可是，一些很有才华的人却不愿与他交往，认为他不学无术，除了舞刀弄棒，学问上一窍不通。一次，他去拜访一个很有学问的人，主人却不肯让他进门，让管家出来告诉他说："主人正在潜心读书，无暇闲谈，壮士请改日再来。"崔琰知道人家是嫌他没知识，不愿见他，感到很羞愧，暗自下了决心，一定要好好读书。成为一个能文能武的人。

从此，崔琰虚心拜师求学，闭门一心读书。当时独霸北方的袁绍听说了他的事情，就把他招到自己身边，为自己出谋划策。

袁绍手下的士兵非常残暴，常成群结伙地到老百姓家中抢夺钱财，甚至掘开坟墓搜寻陪葬的珠宝，把尸骨到处乱抛。崔琰知道后，对袁绍说："得民心者得天下。我听说主公的士兵到处抢人钱财，掘人坟墓，弄得怨声载道。如此下去，百姓都要起来反对主公了。"袁绍认为他说得对，立即下令，严禁抢劫，并封崔琰为骑都尉。

后来，曹操在官渡之战中，以少胜多，大败袁绍。从此袁绍一蹶不振，最终被曹操消灭。曹操久闻崔琰有才干,多次劝崔琰归顺自己。崔琰见曹操真诚待己,就同意了。

在曹营中,崔琰为曹操出了不少计策,很受曹操器重。有一次,曹操和他商量,想立小儿子曹植为世子。崔琰说:"自古以来,都是立长子为世子。您立曹植,曹丕心里不服,大臣们也不服,这就种下了祸根。纵观古今,因为废长立幼引起的骨肉相残的事还少吗?请主公三思而行!"其实曹植还是崔琰的侄女婿,但崔琰毫无偏袒之心。曹操因此十分佩服崔琰的公正。

崔琰有个堂弟叫崔林,年轻时一事无成,亲友们都看不起他,可是崔琰却很器重他,常对人说:"才能大的人需要长时间的磨炼才能成器(大器晚成),崔林将来一定会成器的。"后来,崔林果然当上了大官。

大义灭亲

【释义】

指为了维护正义,对犯罪的亲人不徇私情,使其受到应得的惩罚。

【出处】

《左传·隐公四年》:"石碏,纯臣也,恶州吁而厚与焉,大义灭亲,其是之谓乎?"

【故事】

春秋时期,卫桓公被其弟州吁所杀,州吁自立为国君。他不仅大兴土木,为自己修建宫殿,而且四处征兵,使本来就已不堪重负的卫国百姓,更是雪上加霜。卫国朝野怨声载道,政局不稳。

有几位正直的大臣暗中商议,准备到周天子那里去揭露州吁杀君篡位的罪行。州吁很快得知了这个消息,他十分恐慌,担心周天子会出面干预。

于是,州吁马上找来石厚商讨对策。石厚对州吁说:"我父亲石碏很有谋略,在国内也有极高的威望,如果我们能得到他的帮助,那么事情就会好办多了。"

州吁说:"你立刻回家,请你父亲帮忙。如果他能帮我们渡过难关,日后我一定报答他。"

石厚的父亲石碏是个非常正直的人。他对州吁的行径早已十分痛恨,但自己又无法加以制止，一气之下只好辞官回家，但他每天都在考虑对付州吁的办法，伺机行动。

这一天，石厚奉州吁命回到家中，转告了州吁的想法。石碏头脑一转，马上想出了惩处州吁的办法。他对石厚说："现在国人对州吁都非常不满，那是因为他没有得到周天子的承认和支持。如果得到周天子的承认和支持，事情就好办了。现在我们可以这样办，陈桓公很得周天子的信任，他的意见能对周天子产生极大的影响。你不妨与州吁一道去请陈桓公帮忙，只要他肯出面，问题就可以解决了。"

石厚听了父亲的话，认为这是个非常稳妥的办法，赶紧回宫把这一情况告诉州吁。州吁听后十分高兴，立刻备下厚礼，准备前往陈国。

再说石碏，他等石厚走后，立即给陈桓公写了一封信，派人连夜送去。他在信中揭露了州吁和石厚狼狈为奸，杀君作乱的滔天罪行，并列举州吁当权后的种种不义行径。最后建议陈桓公，在州吁和石厚去陈国时，将他们逮捕，并处以极刑，为卫国除害。

州吁和石厚带着丰厚的礼品来到陈国，刚一入境便被陈桓公捉了起来，陈桓公派人通知卫国。

卫国派大夫宰丑赶到陈国，把州吁处死。宰丑考虑到石厚是石碏的儿子，准备从宽处理。可石碏却坚决不同意，他说："州吁做的许多事情，都是石厚主谋，像石厚这样大逆不道的人，留在世上永远是个祸患。"

于是，石碏便命令家臣去陈国，把石厚杀死。

因此，有人称赞石碏这种大公无私的精神为"大义灭亲"。

倒屣相迎

【释义】

意思是倒穿着鞋子去迎接客人。形容迎客的急迫心情，表示对来客热情欢迎。

【出处】

《三国志·魏书·王粲传》："蔡邕闻粲在门，倒屣迎之。"

【故事】

东汉末年的著名诗人王粲，在少年时就已显露出极高的文学天赋。当时的大臣蔡邕很赏识他。蔡邕也是个大学问家,很得皇帝器重。蔡邕喜欢结交朋友,家里常常是高朋满座,来往的车辆把门前的那条巷子都挤满了。

一天,蔡邕正和来访者高谈阔论,家人来报告说,门外来了一位名叫王粲的客人,问蔡邕要不要让他进来。蔡邕一听王粲来了,急忙起身,匆匆对客人们说了声:"老夫失陪了",反穿着鞋子就跑出去迎接(倒屣相迎)他。客人们面面相觑,不知道这王粲是什么人,竟得到蔡大人如此尊重。

一会儿,蔡邕领着客人进来了,大家一看,这王粲竟是个又矮又瘦的少年,不禁惊呆了。大家感到疑惑:蔡邕这么大的官,对一个小孩子为什么如此敬重,还要亲自去迎接他呢?

蔡邕看到大家惊愕的神色,连忙介绍说:"这位是王粲,他才华横溢,智力超群,我不如他呀。我家里的全部书籍和文章,都应该赠送给他。"

王粲不仅智力超群,而且过目不忘。一次,他与朋友外出游玩,见到路旁有一块石碑。两人看了一遍碑文,朋友忽然问他:"你能将这碑文背下来吗?"王粲说:"这有何难。"于是便从头到尾背了一遍,竟然一字不差。

还有一次,王粲看人下棋。忽然棋盘被人碰了一下,棋子乱了,无法再下了。王粲说:"我来为你们按原样摆好。"说着,就动手把乱了的棋子按原样摆好。一个棋手不相信他的记忆力会那么好,有心试他一下,就用手帕将棋盘盖了起来,要他另外摆一局,结果两盘棋的布局完全相同。众人这才信服。

道不拾遗

【释义】

意思是道路上有被人遗落的东西,无人拾捡将它据为己有。常用它来形容人民生活富裕,社会风气良好。

【出处】

《韩非子·内储说下》:"仲尼为政于鲁,道不拾遗,齐景公患之。"

【故事】

商鞅,原名公孙鞅,他是战国时期的政治家。商鞅原来是卫国人,当时公叔痤是魏国的宰相，曾不避亲疏，力荐他接替自己的宰相之位，认为他会使魏国更加强盛。但魏惠王不喜欢以法治国的人，公叔痤出于对魏惠王的忠心，便说："既然大王不用他，就把他杀了吧。千万别让他跑到别国去，让别国重用他。否则，魏国就要遭殃了。"商鞅听到这个消息后，立即化名逃离了魏国，来到了秦国。

商鞅来到秦国以后，很快就得到了秦孝公的赏识。商鞅对秦孝公说出了自己的想法："国家要富强，必须要重视农业生产，奖励将士；治国必须有赏有罚，奖惩分明。只有这样，才能使朝廷有威信，才能使改革容易进行。"秦孝公听后，高兴地对商鞅说："从今天起，改革制度的事就由你全权负责吧！"

商鞅不负秦孝公的厚望，夜以继日地伏案奋笔疾书，一部革新法令产生了。

商鞅设法取得秦国百姓的信任后，非常自信地在南门贴出了他的新法令，废除了维护贵族特权的旧法令。新法令主张法律面前人人平等，奖惩分明；鼓励耕织，减免徭役；废除了贵族世袭的特权等。

商鞅变法，使秦国的老百姓的生产积极性大大提高了，农业生产有了很大的发展。百姓安居乐业，民风也变得淳朴了。社会安定，人们不担心强盗、盗贼的侵扰，所以夜不闭户，道不拾遗。

得心应手

【释义】

原意是心里想的与手中做的能保持一致。现指技艺纯熟，心里怎么想，手里就能怎么做出来。也形容使用器具非常顺手。

【出处】

《庄子·天道》："不徐不疾，得之于手而应于心。"

【故事】

一次，齐桓公问管仲："你办事从容不迫，并且很有见地，是如何学到的？"管仲回答说："大王，其实我任何窍门都没有，只有一样，那就是读书。"齐桓公听后，从此也抓紧一切时间读书。

一天，齐桓公正在津津有味地读书，琅琅的读书声传到堂下。这读书声扰得在堂下制造车轮的老工匠轮扁心烦意乱。于是,他放下手中的工作,走到堂上来,问齐桓公:“请问大王,什么书使你读得如此入神?”

齐桓公见状,有些生气,但还是回答说:“我读的都是圣人的书。”轮扁问:“圣人还活在世上吗?”齐桓公说:“他们有的早就死了。”轮扁说:“人已经死了,那书上说的不全是废话吗?”

齐桓公听后勃然大怒,说道:“本大王在读书,你这个工匠胆子也太大了,竟敢说我读的书都是废话,今天你给我讲出道理,否则我就取下你的人头!”

轮扁见齐桓公发怒,不慌不忙地说:“大王息怒。我轮扁是制作车轮的,就拿加工车轮的事来说说吧。车轮的轴孔做大了,容易松动,如果做小了就会发涩,难以装配。只有宽紧合适,恰到好处,这才行。我做活时,得心应手,这里有技术的奥妙,但却说不清其中的道理,所以也无法把它传授给我的儿子,儿子也无法继承我的手艺。大王你看我现在已七十多岁了,我还得亲自动手做车轮。否则,我不做了,别人也就无法制作车轮了。古代圣人的那些精妙的东西是无法用语言传给后世的,所以那些东西随着他们的死亡而失传,因而留下的都是废话。”

齐桓公被这番话弄得哭笑不得,但他认为轮扁受环境及知识的限制,说出这话也不足为奇,便原谅了他。

滴水穿石

【释义】

意思是水滴不停地滴,滴久了就能把石头磨穿。现在用它来比喻只要坚持不懈,用细微的力量也能成就大事业。

【出处】

宋·罗大经《鹤林玉露》:“绳锯木断,水滴石穿。”

【故事】

张乖崖被任命为大宋朝崇阳县县令,走马上任已经有一段时间了。可是最近他总是闷闷不乐的,因为崇阳县的盗窃之风盛行,这使他坐卧不安。

有一天,张乖崖亲自带领下属,在衙门周围巡逻。走到县衙的钱库附近,忽然看见一个管理县衙钱库的小官吏，从钱库里慌慌张张地走出来，迎面碰到了张乖崖一行，掉头就往另外一条路上走去。这引起了张乖崖的怀疑，他赶紧把库吏叫住，严厉地问道："喂，你这么慌慌张张干什么？"那库吏结结巴巴地说："没……没什么。"

张乖崖见此情景，联想到县衙钱库经常被盗，每次的数目都不大。他恍然大悟，会不会是库吏监守自盗呢？想到这，他命令手下随从对库吏进行了彻底的搜查。最后在库吏的头巾里搜出了一枚铜钱。

张乖崖希望以此为线索查出钱库被盗的真相，下令将库吏带回大堂认真审问。张乖崖坐在大堂之上，厉声问道："你一共从钱库里偷了多少钱，如实招来。"

库吏已从刚才的惊慌中回过神来了，并明白了此问题的严重性。他直视着张乖崖，回答道："我以前从来没有偷过钱，这是第一次。"

县令看他嘴硬，下令"打他二十大板"。库吏哪里受过这种苦，他被打得皮开肉绽、怨气冲天，高声叫道："偷了一枚铜钱有什么了不起，你竟然敢严刑逼供。钱库失盗，大人无能，查不出真凶，您也只能打打我，出出气而已。难道大人还能杀了我不成？"

张乖崖看到库吏偷了钱，不仅不认错，反而理直气壮地顶撞自己，不配合自己查案，便气不打一处来，毫不犹豫地拿起笔，写下了判决书：

"一日一钱，千日千钱，绳锯木断，水滴石穿。"

库吏一听判决书，顿时瘫在了地上，再也没有刚才的神气劲儿了。

张乖崖吩咐衙役把库吏押上刑场，立即斩首示众。崇阳县所有的人都由此看出了新县令惩治窃贼的决心，不正之风从此得到了有效遏制。

东床快婿

【释义】

也写成："乘龙快婿""东床袒腹"。意思是称心如意的女婿。

【出处】

《世说新语·雅量》："遣门生与王丞相书，求女婿……门生归白郗曰：'王家诸郎，亦皆可嘉，闻来觅婿，咸自矜持，惟有一郎在床上坦腹卧，如不闻。'"

【故事】

晋朝的郗鉴是太子的老师。他非常钟爱自己的女儿。很想为自己的女儿找一位称心如意的女婿。因王导家是世家大族且书香门第，郗鉴欲与其结秦晋之好，就写了封信让门客送给王导。

王导也很欣赏郗鉴的才学，就吩咐家里人把子侄都召集到东厢房里，让郗鉴家来的人自己挑选。

听说太傅家来挑女婿，王导的子侄们都整理好衣服、冠带，端端正正地坐在屋里。只有一个人没有把这件事放在心上。当时是大夏天，屋子里人多，他就敞着衣襟，袒胸露腹地躺在床上休息。挑女婿的人来了，他也没有醒。

郗鉴派来的人回去对郗鉴说："王家的公子们都很懂礼貌，天气很热也都冠带整齐地坐在那里。只有一个年轻人袒胸露腹地躺在东面的床上，很不雅观。"没想到郗鉴却说："这个青年正是我想找的人。"

于是他就亲自到王家去，要求见一见那个在床上睡觉的青年。

原来那个青年叫王羲之，他每天起得很早练字，那天就趁练不了字的机会睡了一觉。郗鉴了解到这些情况后，更加高兴，马上就定下了这门亲事。

郗鉴确实眼力不凡，王羲之后来成为著名的书法家，获得了"书圣"的雅称。

大公无私

【释义】

指办事公正，没有私心。现多指从集体利益出发，毫无个人打算。

【出处】

《新唐书》："……外举不避仇，内举不避子，祁黄羊可谓公矣。"

【故事】

祁奚，字黄羊，春秋时期晋国大夫。他公正无私，誉满朝野，深受人们的爱戴。

一次，晋平公问祁黄羊说："南阳缺个县令，你看派谁去比较合适？"祁黄羊回答说："解狐可以胜任。"晋平公觉得很奇怪："解狐不是你的仇人吗？你为什么要推荐他？"祁黄羊回答说："您只问我什么人最合适这个职位，并没有问我解狐是不是我的仇人呀!”晋平公点头,称赞道:“好!”晋平公采纳了祁黄羊的建议,派解狐到南阳任县令。果然,解狐到南阳后很有作为,为当地百姓办了不少好事,受到人们的赞颂。

又过了些天,晋平公又问祁黄羊:“朝廷里缺个法官,你看谁适合这个职位?”祁黄羊回答说:“祁午可以。”晋平公说:“祁午是你的儿子,你推荐自己的儿子,不怕别人说闲话吗?”祁黄羊答道:“您只问我谁可以胜任法官的职位,您并没有问我祁午是不是我的儿子啊!”晋平公又称赞说:“好!”于是,晋平公就任用了祁午。祁午当上法官后恪尽职守,严明执法,人们都称赞祁午好。

孔子听说了这件事,说:“祁黄羊的话,真好啊!他推荐人才,对外不排除自己的仇人,对内不避开自己的儿子,祁黄羊称得上是大公无私啊!”

道听途说

【释义】

道、途:路。路上听来的、路上传播的话。泛指没有根据的传闻。

【出处】

《论语·阳货》:“道听而途说,德之弃也。”

道听途说

【故事】

明代屠本畯编著的笑话集《艾子外语》中有这样一则故事:

春秋时代,齐国有个人叫毛空,他爱听那些没有根据的传说,然后再把自己听到的故事津津有味地讲给别人。有一天,艾子带着学生从楚国回到齐国。刚进都城,便遇到了毛空。毛空极其神秘地告诉艾子,说有家人家的一只鸭子一次生了一百个蛋。

艾子不信,说:“不会有这样的事吧!”

毛空说:“那可能是两只鸭子。”

艾子摇摇头,说:“这也不可能。”

毛空连忙改口说:“那么大概是三只鸭子生的吧。”艾子还是不信。

“那就是十只鸭子生的!”毛空最后斩钉截铁地说。毛空就是不愿意减少已说出的鸭蛋的数目,艾子当然无法相信。

看到艾子不相信,毛空想了一会儿,又对艾子说:“上个月,天上掉下一块肉来,有三十丈长,十丈宽。”

艾子不信,毛空急忙改口说:“那么是二十丈长。”艾子还是不信。

毛空无可奈何地说:“那就算十丈长吧!”

艾子实在忍不住了,再也不愿意听毛空瞎吹了,便生气地反问道:“世界上哪有十丈长,十丈宽的肉?还会从天上掉下来?掉在了什么地方?是你亲眼所见吗?刚才你说的鸭子是哪一家的?你去他家看了吗?”

毛空被问得答不出话来,只好支支吾吾地说:“那都是我在路上听人家说的。”

艾子听了,大笑。然后他转身对站在身后的学生们说:“你们可不要像他那样‘道听途说’啊!”

孔子曾经说过:“路途中听到传言就四处传播,这种不负责任的态度是对道德的背弃。”这则笑话故事正好是对孔子这句话的注释。

道合志同

【释义】

彼此志趣相投,理想一致。

【出处】

《陈审举表》:“昔伊尹之为媵臣,至贱也;吕尚之处屠,至陋也。及其见举于汤武、周文,诚道合志同,玄谟神通。”

【故事】

魏文帝曹丕的弟弟曹植天赋异禀,十多岁就能吟诗作赋,长大后更是才华横溢,文韬武略无不具备。心胸狭窄的曹丕很是妒忌曹植,等做了皇帝以后,又怕曹植与他争夺皇位,因此常常借故对曹植暗中打击。

曹丕先是暗使监国使者诬告曹植酗酒怠慢皇使，企图罗织他亵渎朝廷尊严的罪名。好在曹植得到了母亲卞太后的庇护，才仅以降爵为安乡侯了事，没有下狱。按着曹丕不断变换曹植的封地，叫他不得安宁，就在封他安乡侯那年，改封他为鄄城侯，太和元年(227 年)又将他改封在浚义，后又改封到雍丘，最后改封到东阿。再者是限制曹植的行动，就连他的母亲卞太后他也很难见到。

受到这一系列的打击，曹植常常抱怨空有满腹学问却无用武之地。他曾经多次上书给魏文帝曹丕，畅谈自己的想法，希望能够得到曹丕的重用。有一次，他上书说："过去伊尹作为陪嫁的小臣，是低贱到了极点；姜尚在当屠夫钓叟的时候，也是敝陋到极点。等到他们被推举到商汤和周文王那里的时候，实在因为'道合志同'的缘故，绝不是靠了左右近臣的引荐。"曹植希望借这两个典故来表达自己愿意与哥哥曹丕"道合志同"，为国家效力，成就一番大业。但这岂不是与虎谋皮，妒贤嫉能的曹丕怎么会答应呢？怀才不遇的曹植最终抑郁而终。

"道合志同"通常也称作"志同道合"。

道旁苦李

【释义】

比喻被人抛弃的东西或者表示因被弃置反而能够保存下来。

【出处】

《晋书·王戎传》："树在道边而多子，必苦李也。"

【故事】

西晋时的一天，一群孩子在大路边上玩耍，玩着玩着都觉得渴得难受。

可路边哪有水喝呢？有个孩子东张西望，发现路边有些李树，树上还挂着不少果子。他马上叫嚷着招呼小伙伴们："快看哪，那边李树上有好多李子，大家快去摘呀！"

孩子们全都爬起来，喊着叫着："摘李子喽！快摘李子去哟！"说完一哄而上。

可是，有一个七八岁的孩子却站在原地不动，冲着小伙伴们喊："别去，别去！那李子肯定是苦的！"

可孩子们谁听他的呢！

不一会儿，小伙伴们都采了李子回来了，可是当他们张嘴咬了一口的时候，全部龇牙咧嘴，连忙把李子吐了出来："哇！又苦又涩，一点不好吃！"

这时，那个没去摘李子的孩子说话了："你们也不想想，李树长在大路旁，这大路上人来车往的，要是李子好吃，早就被人摘光了，还轮得到你们吗？"

这个孩子叫王戎，出生魏晋高门琅琊王氏，是晋凉州刺史王浑之子，自幼聪慧，身材短小而风姿秀彻。这个故事说明他幼年就善于观察、推理，见微知著，通过表面现象，看到事物的内在联系。他长大后官至司徒，以功进安丰县侯。他是"竹林七贤"中年龄最小的一位。他善于人才品评和识鉴，曾为国家选拔了大量的优秀人才。这与他从小就善于观察、推理是分不开的。

戴盆望天

【释义】

头上戴着盆子仰望天空。比喻负担太重，无法达到目的。也比喻方法错误，无法达到目的。

【出处】

《报任少卿书》："仆以为戴盆何以望天，故绝宾客之知，亡家室之业，日夜思竭其不肖之才力，务一心营职，以求亲媚于主上。"

【故事】

司马迁，字子长，西汉夏阳人。中国古代伟大的史学家、思想家、文学家，被后人尊称为"史圣"。他最大的贡献是创作了中国第一部纪传体通史《史记》。《史记》记载了从上古传说中的黄帝时期，到汉武帝元狩元年（公元前122年）长达三千多年的历史。司马迁以其"究天人之际，通古今之变，成一家之言"的史实完成的《史记》，成为中国历史上第一部纪传体通史，被鲁迅誉为"史家之绝唱，无韵之离骚"，对后世影响巨大。

汉武帝时，名将"飞将军"李广的孙子李陵主动请缨出击匈奴，结果兵败被俘，汉武帝震怒。满朝文武都认为李陵叛降，全家当诛。而在这时，身为太史令的司马迁却为李陵辩护。他认为李陵兵败投降是因为矢尽道穷，救兵不至。李陵虽然兵败，但是他以少胜多，以弱胜强，司马迁这番表述却没有得到汉武帝的理解。汉武帝因而大怒，将司马迁投入牢狱，处以腐刑。

后来，司马迁的友人任安因罪下狱，求司马迁能代他申冤，司马迁就写了《报任安书》这封回信。信中说："仆少负不羁之才，长无乡曲之誉。主上幸以先人之故，得使奉薄技，出入周室之中。仆以为戴盆何以望天，故绝宾客之知，忘家室之业，日夜思竭其不肖之才力，务一心营职，以求亲媚于主上。而事有大谬不然者！"

引文大意是，我年轻时抱有像骏马一样不受约束的才能，而长大成人以后，却得不到乡里的称许。幸亏皇帝因为家父司马谈曾任太史令的缘故，让我继续担任太史令，使我得到奉献薄弱技能的机会，出入在戒备森严的皇宫之中。我认为，"戴盆何以望天"，于是便断绝了与朋友的交往，抛弃了家务劳作，日日夜夜考虑如何竭尽我微薄的才能和力量，务求一心一意做好本职工作，来向皇帝求得宠爱。但是，事情竟有"大谬不然"者！

E

二卵弃干城

【释义】

卵:鸡蛋;干城:攻城略地的大将。因为吃过老百姓的两个鸡蛋就舍弃了能够攻城略地的大将。比喻因小错而舍弃了很有才能的人。

【出处】

《孔丛子·居卫》:“今君处战国之世,选爪牙之士,而以二卵焉弃干城之将,此不可使闻于邻国也。”

【故事】

孔子的孙子孔伋,字子思,曾经在卫国做事。一天他跟卫慎公谈论任用官员之事,提起了苟变这个人,说:“他是一个能征惯战的人,具有将帅的才能,指挥五百辆战车的兵力不在话下,不知大王是否了解他?”

卫慎公说:“这个人我知道,他的确是个将帅之才,可惜的是,他的品行不大好。”

子思忙问:“敢问大王,这是怎么回事?”

卫慎公说:“他曾经做过地方官,做事很干练,不过,这个人有缺点。有一次,他到乡里征收赋税,老百姓见他来了,给他两个鸡蛋,他居然把这两个鸡蛋给吃了,真是太贪图小利了!对于这样的人,我可不想用。”

子思说道:“圣人任用官员,好比木匠使用木料,取其所长,弃其所短。一根合抱粗的好木材,只有几尺腐朽了,高明的木匠不会把它扔了。现在是战争频仍之世,正需要勇猛的将才,大王却因为两个鸡蛋而舍弃一员大将,这件事可不能让邻国知道啊!”

卫慎公听了连忙向子思作揖,说:“听了你的这番话,使我受益匪浅,我一定重新考虑如何任用苟变。”

二竖为虐

【释义】

竖:骂人的话,坏小子。两个坏小子在身体里干坏事。指人生病。

【出处】

《左传·成公十年》:“公疾病,求医于秦,秦伯使医缓为之。未至,公梦疾为二竖子,曰:‘彼,良医也。惧伤我,焉逃之。’其一曰:‘居肓(指心下膈上的部位)之上,膏(心尖脂肪)之下,若我何?’”

【故事】

晋景公做了一个噩梦,梦见一个恶鬼,头发一直披到地,一边捶胸一边跳着说:“你杀了我的孙子,这是不义的,我已得到天帝的批准,来给我的孙子报仇。”

恶鬼击毁了宫门、卧室门,走了进来。景公害怕极了,躲进了内室。恶鬼不肯放过他,击毁了内室的门,来到景公面前。景公大叫一声,从梦中惊醒。

晋景公找来巫师占卜,占卜的结果和景公做的梦相同。巫师对晋景公说:“大王不久于人世,吃不到今年的新麦子了。”

晋景公派人到秦国求医,秦桓公派来一个名叫缓的医生来给晋景公治病。

医生还没到,晋景公又做了一个梦,梦中看到两个小孩子。一个小孩说:“来的那个缓医生是个名医,只怕他会伤害我们,我们逃到哪里去,才能躲过这场灾祸?”另一个小孩说:“我们躲到肓之上,膏之下,那里是药力没法到达的地方,他又能拿我们怎么样?”

医生缓来到以后,给晋景公检查了一番,说:“大王已经病入膏肓,我没有办法医治了。”齐景公一点儿也没生气,对他说:“你的确是个好医生,能够如实说出我的病情。”晋景公赏给医生许多财宝,让他回国。

六月初六那天,晋景公想尝尝新麦,便让人做了麦饭。晋景公招来巫师,把做好的新麦饭拿给他看,说:“你不是说我吃不到新麦了吗,我今天就吃给你看。”巫师连声求饶,晋景公还是把他杀了。

晋景公正想吃新麦饭,忽然间肚子疼起来,急急忙忙跑进茅房,不料脚下一滑,掉到茅坑里淹死了。这可真是怪了,晋景公到底还是没吃上到了嘴边的新麦饭。

二桃杀三士

【释义】

拿两个桃子赏赐给三个壮士,三壮士因争夺桃子而死。本比喻借刀杀人,现多比喻用不够分配的奖励使人争斗。

【出处】

诸葛亮《梁甫吟》:"一朝被谗言,二桃杀三士。"

【故事】

春秋时,齐景公有三个勇士,一个叫田开疆,一个叫公孙接,一个叫古冶子。提起这三个人,没有哪一个不佩服。这三个人有万夫不当之勇,搏猛虎杀巨鼋,屡次救得齐景公的性命,齐景公对他们宠爱有加。但他们三人恃功自傲,除了齐景公外,不把任何人放在眼里。

有一天,晏子从三个人身旁经过,小步快走以示敬意。这三个人却只当没看见,不肯站起来答礼。晏子对此很不高兴,暗暗想道:这三个家伙算是什么东西,居功自傲到如此地步!治国须以礼为先,这三个不知礼的浑小子如此狂妄,不把齐国弄乱了才怪呢。

晏子步入内殿对景公说:"我听说贤能的君王蓄养的勇士,对内可以禁止暴乱,对外可以威慑敌人,居上位的人赞扬他们的功劳,居下位的人佩服他们的勇气,所以君王让他们有尊贵的地位,优厚的俸禄。现在君王所蓄养的勇士,对上缺失君臣之礼,对下不讲究长幼之伦,对内不能禁止暴乱,对外不能威慑敌人。这些所谓的勇士都是些祸国殃民之辈,必须赶快除掉他们。"

景公想了想叹了口气说:"这三个人一身蛮力,谁能打得过他们?若想暗中刺杀他们,只怕刺杀不成更添灾患。"

晏子说:"这些人虽然力大无穷,逞勇好斗,但是他们不讲究礼节,有勇无谋。"

他给齐景公想出条计谋，请景公派人赏赐他们两个桃子，对他们说道：“你们三个人各自摆摆自己的功劳，按照功劳的大小分这两个桃子吃吧！”

公孙接并非有勇无谋之辈，一眼就看穿了晏子此举的用意，仰天长叹道：“晏子果真是个聪明人，让景公叫我们按功劳大小分配桃子。我们要是不接受桃子，就是胆小鼠辈；可是接受桃子，却又人多桃少，得按功劳大小来分吃桃子。唉，也罢，我先说说自己的功劳——为了保护国君，我曾一举击毙野猪，随后又打死了母老虎。像我这样的功劳，当然可以独自吃一个桃子，而不用和别人分享。”说完，便拿起了一个桃子。

田开疆连忙接着说：“为了给君王开拓疆土，我手持兵器立于阵前，接连两次击退潮水般涌来的敌军。像我这样的功劳，当然可以吃一个桃子而不用跟别人分享。”说完，他也拿起一个桃子。

古冶子按捺不住了，说：“想当年，我跟随国君横渡黄河，大鼋咬住车子左边的马，拖到了河中间。那时候，我没法在水面游，只能潜入水底，顶住逆流，潜行百步；又顺着水流，潜行了九里，这才抓住那大鼋，将它杀死了。我左手握着马的尾巴，右手提着大鼋的头，像仙鹤一样从水中一跃而出。渡口上的人看到我都极为惊讶，纷纷嚷道：‘快看，河神出来了。’大家仔细一看。原来我提着的是鼋头。像我这样的功劳，理应吃一个桃子而不必与别人共享！你们两个人听着，赶紧把桃子拿出来！”说罢，便抽出宝剑，站了起来。

公孙接、田开疆面面相觑，叹了口气说：“我们确实没有你勇猛，功劳也没有你的大。我们拿桃子一点也不谦让，这就是贪婪啊！我们要是还有脸活在世上，还有什么勇敢可言！”他们二人交出了桃子，随后就刎颈自杀了。

古冶子看到这种情形，大声叹息道：“他们两个都死了，唯独我还活着，这是不仁；用话语羞辱别人，吹捧自己，这是不义；悔恨自己的言行，却又不敢去死，这是无勇。他们二人要是分享一个桃子，那是恰当的；而我独自吃另一个桃子，也是应该的。”古冶子感到很羞惭，放下桃子，也刎颈自杀了。

景公的使者回复道：“他们三个人都死了。”景公派人给他们入殓，按照勇士的葬礼埋葬了他们。

恶贯满盈

【释义】

贯:穿钱的绳子。盈:满。罪恶之多,犹如穿钱一般已穿满一根绳子。形容罪恶极多,已到末日。

【出处】

《尚书·泰誓上》:"商罪贯盈,天命诛之。"

【故事】

商朝末年,商纣王荒淫残暴,不仅激起百姓的愤慨,而且朝中大臣也三番五次劝他修仁政。为了堵塞言路,商纣王制定了酷刑。只要发现百姓和大臣们对他稍有不满,不是割其鼻子、斩断四肢,就是将其"炮烙",使大家怨恨冲天。当时,西部的周已经很强大,周武王姬发联合各诸侯共同讨伐纣王。姬发对全军发表誓言,列举纣王的种种罪行,言其已经恶贯满盈,连老天都授意要消灭他。他率领大军渡过黄河,向商都朝歌进发,这队仁义之师获得百姓的大力支持,最后打败了纣王,灭了商朝。

恩威并行

【释义】

安抚和强制同时施行。比喻以恩德笼络人心,以刑罚使人慑服,两者同时并行。

【出处】

晋·陈寿《三国志·吴书·周鲂传》:"鲂在郡十三年卒,赏善罚恶,恩威并行。"

【故事】

三国时期，东吴有位名士叫周鲂，因为非常有管理才能，被任命为鄱阳太守。当时，鄱阳地区的局势非常混乱，境内有彭绮作乱，境外有魏国大将曹休随时准备进犯，局面十分严峻。周鲂上任后，立即采取了相应措施。他一边积极备战，一边派人给曹休送信，诱骗他说自己要投降魏国。曹休信以为真，率领人马刚进入吴境，就中了吴军的埋伏，最后大败而逃。接下来，周鲂又联合胡综的力量擒获了彭绮，使鄱阳的形势大为好转。周鲂在任期内，坚持做到恩惠与威严同时施行，用恩德稳定民心和军心，使鄱阳很快就变得富足而安定。

尔虞我诈

【释义】

尔：你。虞、诈：欺骗。你骗我，我骗你。表示双方互不信任，彼此欺骗。

【出处】

春秋·左丘明《左传·宣公十五年》："我无尔诈，尔无我虞。"

【故事】

春秋时期，强大的楚国攻打弱小的宋国，包围了宋国的都城。宋国大将华元率领众将士坚守城池，发誓决不投降。过了几个月，宋国的粮食越来越少，又没有外援相助，形势非常不利。城外的楚军也因为长期围城，兵将十分疲劳，粮食也很紧张。楚庄王准备退兵时，车夫申叔向他献计道："大王可以叫士兵们盖房子、种地，装作要长期住下的样子。宋国人一害怕就投降了。"果然，宋国军民见到楚军做出要长期围困的架势，都很惊慌。华元却鼓舞大家，就算是被饿死、被打死，也绝不向楚军投降。某天夜里，华元独自偷偷出城，潜入楚军统帅子反的营帐，叫醒子反说道："我受我们国君的派遣来对你说，我们城内的粮食都已经吃光了，现在老百姓交换着把孩子杀死充饥，把他们的尸骨劈开当柴烧。尽管如此，我们宁可让国家灭亡，也不会向你们投降。为了双方都好，你赶快下令退兵三十里，同我们订立和约！"

子反在华元的威逼下，只好和他先盟誓，说道："我不欺骗你，希望你也不要欺骗我。”然后才报告给楚庄王，并退兵三十里，两国订立了和约。

阿谀奉承

【释义】

用好听的恭维话向人讨好。

【出处】

明·东鲁古狂生《醉醒石》第八回：“他却小器易盈，况且是个小人，在人前不过一味阿谀奉承。”

【故事】

东汉初年，有一位隐士名叫严光，他为人正直、仁慈。

严光是大司徒侯霸的老朋友。有一次，侯霸派人带着他的亲笔书信去请严光到家里做客。不料，严光不但不去，而且也不写回信，只是口头告诉来人说：“请转告君房先生（侯霸字君房），他的官位已经够高了，这很好。他侍奉皇上，如果以仁义为本，那是天下人所高兴看到的事；如果他对皇上一味阿谀奉承，将来必定会有杀身之祸。”

送信人回去将严光的话转告给大司徒侯霸。侯霸听了，感叹不已。

F

分崩离析

【释义】

崩,倒塌;析,分开。形容国家或集团四分五裂,支离破碎,不堪收拾。

【出处】

《论语·季氏》:“邦分崩离析而不能守也。”

【故事】

春秋时,鲁国的大夫季康子想吞并附近的小国颛臾。孔子的学生冉有和子路当时都是季康子的谋臣,他俩觉得很难劝阻季康子,于是向孔子求教。孔子却怀疑这是冉有的主意。冉有说:“这是季康的主意,我和子路都想制止他。”

孔子说:“你俩既然辅佐季康,就应该尽力劝阻他。”

冉有又说:“不过,如今颛臾的国力越来越强大。现在不攻取,以后可能会成为祸患。”

孔子说:“这话不对!治理一个国家,不必去担忧土地、人口的多少,而应该多去想想怎样使百姓安居乐业。百姓一安定,国家就会富强。这时再施行仁义礼乐的政教,去广泛招徕远方的百姓,让他们都能安居乐业。而你们俩辅佐季康,却使得远方的百姓不来归附,人民有异心而不和,国家分裂而不能集中。在自己的国家处于分崩离析的情况下,还想去用武力攻伐颛臾,我恐怕季康的麻烦不在颛臾,而在自己国家的内部。”

典故“祸起萧墙”也出自此,“萧墙”是国君宫门前的照壁。形容内部发生祸乱。

发愤忘食

【释义】

为了努力学习和工作,忘了吃饭。形容毫不懈怠,非常勤奋。“发愤”一词有两种意思:一种是抒发忧愤的心情;另一种是自知不足,而决心努力的意思。这里的“发愤”,是后一种意思。

【出处】

出自《论语·述而》。

【故事】

叶公,即沈诸梁是出生于楚国王室的大夫,在叶地为官。孔子周游列国,来到楚国的时候,叶公接待了他。叶公了解到孔子游说到处碰壁,就向孔子的学生子路打听孔子的为人。

子路一时不知怎么回答,没有作声。后来,孔子知道了这件事,就对子路说:“你怎么不说‘我的老师的为人啊,他学习圣道从不厌烦,教诲弟子不知疲倦。在没有达到目的以前,他勤奋学习以致忘记吃饭;在达到目的之后,他高兴得忘记了忧愁,以致不知不觉中老年便到了。——我的老师不过如此罢了。’”

孔子这段话表现了他对自己所追求的事业的坚强信念以及他为此付出的刻苦与勤奋。

典故“诲人不倦”也出自于此,意思是教育人极有耐心,不知疲倦。

风吹草动

【释义】

风一吹,草就摆动。比喻轻微的动荡或变故。

【出处】

《敦煌变文集·伍子胥变文》:“偷踪窃道,饮气吞声,风吹草动,即便藏形。”

【故事】

春秋时期,楚平王昏庸无道,不明是非。他听信奸臣费无极的谗言,霸占了太子迎娶的秦国女子孟嬴。太子师傅伍奢坚决反对。费无极害怕太子登上王位给他治罪,就上书楚平王,诬陷太子和伍奢谋反。楚平王大怒,下令斩杀太子和伍奢及他的两个儿子。

太子逃去齐国,伍奢和长子遇害,次子伍员(即伍子胥)听到风声,偷偷从小道逃走,一路上有风吹草动,他就赶紧躲藏起来。伍员逃到郑国,出了韶关,就是直通吴国的水路了。可是,韶关守卫森严,难以过关。

伍员的朋友东皋公很同情他的冤屈与遭遇,决定帮助他,就把他带到自己的住所,住了七天。伍员报仇心切,内心焦急,一夜愁白了头。东皋公心生一计,让他的朋友皇甫讷假扮伍员,与伍员一同出韶关。后来,官兵抓住皇甫讷,而伍员顺利通过韶关。

伍员匆忙赶路,来到河边,看见没有船,内心非常焦急。突然从芦苇丛中划出一条渔船,渔翁帮伍员渡过了河。伍员下船以后心里害怕,就解下自己的佩剑送给渔翁,请求渔翁不要说出他的行踪。渔翁很生气,当即表示楚王高价悬赏捉拿伍员,他都不贪图,怎么会接受宝剑呢?于是掉头划船走了。

伍员顺利达到吴国,帮助阖闾刺杀了吴王僚,使阖闾取得了王位。之后,他辅佐吴王阖闾治理国家,使吴国日益强盛起来。后来伍员辅助阖闾领兵攻打楚国,撬开楚平王的坟墓,用铜鞭鞭尸三百下,终于报了父兄之仇。

风烛残年

【释义】

风烛:风中飘摇的灯烛。残年:衰老残余的晚年。比喻人到晚年就像风中灯烛一样很容易熄灭,或指人已衰老,不久于世的样子。

【出处】

《题卫夫人笔陈图后》:“时年五十有三,或恐风烛奄及,聊遗教于子孙耳。”

【故事】

刘因是元代著名诗人、理学家。他能诗善文,才华出众,曾任承德郎、右赞善大夫。他幼年丧父,母亲一人含辛茹苦把他抚养长大,教授他读书,教育他做人的道理。因此,刘因一直对母亲非常敬重。

刘因幼时,体弱多病,但母亲良好的教育,使得他从小就懂得母亲抚养他的艰辛。刘因经常帮助母亲干活,在家教授学生,减轻母亲的生活负担。长大后,刘因也没有辜负母亲的期望。他在朝中做官,清正廉洁。尽管他已是朝廷官员,但对母亲的孝敬并没有因此改变,经常利用空闲时间回到家中照顾已经年迈的母亲。

母亲生病期间,身边无人照料。看见母亲躺在床上那副满脸皱纹、容颜枯槁的样子,刘因心酸得潸然泪下,对自己没有守候在年老生病的母亲床前而愧疚。他握着母亲苍老枯瘦的手,决心辞官在家,终日尽心侍奉老母。他上书当朝皇帝,说母亲生病需要人照顾,然后就辞官回家。邻居们对他辞官的行为很不理解,问他:“朝廷如此器重你,让你去享受荣华富贵,你为何不去呢?”刘因说:“我母亲已有九十高龄,她如今就像是‘风中残烛’,朝不保夕。我怎么能够远行,丢下她一个人在家,去贪图那些荣华富贵呢?”

飞蛾扑火

【释义】

飞蛾飞向火焰,指自取灭亡。

【出处】

《梁书·到溉传》:“如飞蛾之赴火,岂焚身之可吝。”

【故事】

到荩是南北朝梁朝文学家、金紫光禄大夫到溉的孙子,曾任太子舍人、宣城王主簿、太子洗马、尚书殿中郎等职务。到荩自幼聪慧,尤其擅长诗文,深受梁武帝萧衍的赞赏，两人经常一起饮酒赋诗。

有一次，到荩跟随梁武帝游览京口（今江苏镇江），登上北固楼观景、作诗，到荩受到梁武帝的诏令很快就写成诗作。梁武帝将到荩的诗作拿给他的祖父到溉看，并对他说："到荩一定是才子，恐怕您以前的文章都是到荩代写的。"于是，梁武帝写了一首《连珠》赏赐给到溉，诗作共六句："研磨墨以腾文，笔飞毫以书信。如飞蛾之赴火，岂焚身之可吝。必耄年其已及，可假之于少荩。"前四句的意思是：砚台磨出墨汁来行文，毛笔飞动毫锋来写信，如同飞蛾扑火一般，自己粉身碎骨也不吝惜。

房谋杜断

【释义】

原意指房玄龄的策略，杜如晦的决断。现比喻互相配合，取长补短。

【出处】

晋·刘昫等《旧唐书·房玄龄杜如晦传论》："世传太宗尝与文昭图事，则曰：'非如晦莫能筹之。'及如晦至焉，竟从玄龄之策也。盖房知杜之能断大事，杜知房之善建嘉谋也。"

【故事】

房玄龄才学满腹，工书善文，隋末大乱时，他投靠了李世民，为其出谋划策，典管书记，是李世民最得力的谋士之一。后来李世民发动玄武门之变，他也参与其中策划，李世民登基后非常信任他，先后封其为尚书左仆射、梁国公。杜如晦出身官宦之家，后来成为李世民的属官，为文学馆十八学士之首。在玄武门之变中，杜如晦也起到了极为重要的作用，李世民亦封其为尚书右仆射、晋封蔡国公。

房、杜二人初为相时，唐朝开国未久，但凡典章制度等皆由他们制定，同时亦齐心辅政。唐太宗善于任用能人，经常听从大臣的意见。每逢研究国事时，房玄龄总能提出正确的意见和具体的办法，却往往不能做出决定，此时唐太宗就会请来杜如晦，杜如晦将问题略加分析，立即能肯定房玄龄的意见和办法。因这两人一个长于计谋，一个擅做决断，合作得十分融洽，所以人称"房谋杜断"。

反其道而行之

【释义】

采取同对方相反的办法行事。

【出处】

汉·司马迁《史记·淮阴侯列传》:“名虽为霸,实失天下心。故曰其强易弱。今大王诚能反其道,任天下武勇,何所不诛!”

【故事】

楚汉相争时,起初刘邦军力远不如项羽,但他知人善任,起用韩信、张良等将才谋士后,实力大大增强;而项羽刚愎自用,身边只有一个范增,还常常不纳忠言。所以韩信在官拜大将军时,对刘邦说道:“项羽虽然被称作一霸,但实际上已经失去了天下百姓的心。所以我说他的强大很快就会变弱。今天大王能够用相反的方法行事,聚集天下的勇武之士,还有什么不能被消灭的?”

韩信这番话不仅让刘邦,亦让汉军将士意识到己方的战略强势。此后,楚汉之间强弱易势,胜负之数昭然若揭,直至刘邦取得最终胜利。

防微杜渐

【释义】

防:防止。微:微小,指事物的苗头。杜:杜绝、堵塞。渐:事物的开端。原为“杜渐防萌”,意指在坏思想、坏事或错误刚冒头时,就加以防止、杜绝,不让其发展下去。

【出处】

南朝·宋·范晔《后汉书·丁鸿传》:“若敕政责躬,杜渐防萌,则凶妖销灭,害除福凑矣。”

【故事】

东汉时期，年仅十四岁的和帝继位，由于和帝年幼，暂由窦太后掌权。窦太后借机专政，先是她哥哥窦宪官居大将军，接着窦家兄弟又各居要职，后窦氏家族一心想将国家军政大权掌握于手中。朝中许多大臣都为汉室江山担忧不已，尤其是大臣丁鸿，他才学兼备，通晓天文地理，便决定找机会剔除国患。几年后，天上出现极不寻常的日食现象，丁鸿趁此良机向业已长大的和帝进言道："上天已经震怒，这是不祥之兆，看来国家将有祸乱要发生啊。"同时他又进一步指出，这祸乱的根子就在于窦氏家族，建议和帝趁对方权势还未造成足够威胁时，亲手整顿政治，在祸乱萌芽之时就加以遏止，这样才可以消除隐患，使国家长治久安。

此话正合和帝心意，丁鸿上疏后，他见火候已到，便立即着手罢去窦宪的官职，窦太后一干人等自知重罪难逃，没过多久即与家族兄弟们相继自杀了。

飞扬跋扈

【释义】

飞扬：放纵。跋扈：蛮横，霸道。原指意态狂豪，不受约束。现多形容骄横放肆，目中无人。

【出处】

唐·李延寿《北史·齐本纪上·高祖神武帝》："景专制河南十四年矣，常有飞扬跋扈志。"

【故事】

南北朝时期，侯景原是北魏的定州刺史，高欢篡夺北魏政权后，他依附高欢，任大丞相府长史，同时兼定州刺史。侯景依仗手下有十万精兵，统治河南十三州约有十四年，其人平时飞扬跋扈不可一世，他曾公然蔑视高欢的儿子高澄道："高欢在，我不敢怎么样。高欢要是死了，我绝不能与鲜卑小儿（高澄）共事。"

高欢死后，高澄执政，他早就想剥夺侯景的兵权，侯景察觉到境遇不妙，率队归降了南朝梁武帝萧衍，摇身一变成为豫州刺史。这个野心勃勃的家伙很快又扯起反旗，发动叛乱，一举攻陷了梁都建康，改国号为汉。侯景每次作战得胜后均要屠城,他想出种种残酷的杀人办法,将建康百姓折磨致死,甚至还下令不准两人以上者交谈。后来,湘东王萧铎出兵击败侯景,才算除去了这个罪大恶极之人。

分道扬镳

【释义】

道:道路。镳:马嚼子,意指提起马嚼驱马前进,分路而行。形容志趣不同各行其道。

【出处】

唐·李延寿《北史·魏书·河间公齐传》:"高祖曰:'洛阳我之丰沛,自应分路扬镳;自今以后,可分路而行。'"

【故事】

南北朝时期,北魏的河间公元齐有个儿子叫元志,饱读诗书极富才华,孝文帝非常赏识他,任其为洛阳令。后来,孝文帝迁都洛阳,洛阳令元志遂升格成为"京兆尹"。恃才傲众的元志一向看不起腹中空空的达官显贵们,某次他外出游玩,正碰着御史中尉李彪的车驾飞驰而来。按说,官职较小的元志应该给李彪让路,但他一向蔑视此人,所以偏不相让。李彪心中气恼,当即责问:"我是御史中尉,官职居上,你为什么不给我让路?"元志昂然作答:"我是洛阳父母官,你在我眼中不过是一个洛阳住户,哪有父母官给住户让路之理?"

于是两人争吵起来,一时僵持不下,便来到孝文帝处评理。孝文帝弄清原委后,笑着说:"洛阳是我的地方。两位说得都有道理,我认为你们可以分开走,各走各的,不就行了吗?"二人折返后,果真取来尺具将经常通行的道路进行丈量,分作两等分,此后两人各取一半,各走各路。

奋不顾身

【释义】

奋勇向前,不考虑个人安危。

【出处】

汉·司马迁《报任少卿书》:“常思奋不顾身,以殉国家之急。”

【故事】

名将李广的孙子李陵字少卿,任骑都尉,是汉武帝时的著名武将,此人精于骑射,又懂兵法,深得朝廷信任。他在与匈奴的最后一次作战中,率领五千步兵对敌匈奴三万骑兵。李陵骁勇善战,指挥有方,属下的五千步兵一举射杀了六千多名匈奴骑兵!匈奴单于见没有胜算正打算带领残部退兵时,一名汉军士兵临阵叛逃,向单于透露了汉军详情。卷土重来的匈奴骑兵于是前后包抄,截断汉军退路,凭兵力优势将李陵等将士团团包围。一场血战之后,汉军兵败,李陵当场被擒,无奈投降匈奴。

汉武帝非常生气,认为李陵有辱汉朝威仪,诸多大臣也纷纷指责他没有骨气。太史令司马迁这时说出了自己的想法:“我和李陵一向没什么交情,但见他为人很讲义气,孝顺父母,爱护兵士,常常奋不顾身地解救国家危难,所以,我认为李陵这次在领兵不到五千的情况下与数万名敌兵对阵,最后由于弹尽粮绝,归路被截,才无奈投降,这是情有可原的。而且我还认为,他这次投降并非贪生,也许是想等待以后时机有利时再报答国家。”汉武帝听后勃然大怒,认为司马迁是非不分,将其下入大狱施行“宫刑”,而后又杀了李陵全家。远在异乡的李陵得此噩耗痛不欲生,心灰意冷再不回故土,并开始效力匈奴,走上了与汉对抗之路。

风马牛不相及

【释义】

风：畜类牝牡互相引诱。风马牛：马与牛互相吸引。原指齐、楚两国相距甚远，就像即使发情的畜类互相吸引，马和牛也不会走到一起，比喻事物之间毫无关系。

【出处】

春秋·左丘明《左传·僖公四年》："君处北海，寡人处南海，唯是风马牛不相及也。"

【故事】

春秋初期，齐国成为春秋五霸之一，国势日渐强盛，齐桓公遂联合齐、鲁、宋、陈等八国军队进攻蔡国。蔡侯连夜逃往楚国，请求楚国出兵援助，齐桓公以此为借口又进攻楚国。楚成王一边调兵遣将准备作战，一边派大臣屈完前去谈判。

能言善辩的屈完见到齐国丞相管仲后，厉声质问："你们齐国在北方，我们楚国在南方，齐、楚两国相隔遥远，即使发情的马牛走失，也不会跑到对方的国境内。齐国的兵马为何要践踏我们楚国的国土？"管仲回答说："楚国已连续好多年都没有进献贡品，我们奉周天子的命令讨伐楚国。"屈完听后说："这是我们的不对，以后一定进贡。"第一次谈判未见效果，齐桓公将大军开进了楚国境内，楚成王又派屈完进行第二次谈判。齐桓公为了显示军威，邀请屈完一起阅军，当他们站在高高的检阅台上，望见下面阵列威仪、军容整齐，屈完不由得心中暗暗惊叹。这时齐桓公骄傲地说："齐国兵马强壮，谁能抵挡？"屈完从容对答："我们楚国有楚长城作城墙，有汉水作壕沟，即使你们军队再强大，恐怕也不能轻易得胜。"这番话令齐桓公若有所思，后来，他果然放弃攻楚计划，与楚国订立"召陵之盟"后便归国了。

凤毛麟角

【释义】

凤凰身上的羽毛，麒麟头上的犄角。比喻珍贵、稀少的宝物或才华出众的罕见奇人。

【出处】

唐·李延寿《南史·谢超宗传》："王母殷淑仪卒，超宗作诔奏之，帝大嗟赏，谓谢庄曰：'超宗殊有凤毛。'"

【故事】

谢超宗的父亲名叫谢凤，祖父是南朝时期著名诗人谢灵运。他在担任新安王刘子鸾常侍时，常为新安王起草文告函件。谢超宗才学满腹，文风清新秀丽，颇具祖父风范，新安王的母亲殷淑仪去世时，还特意命他写了一篇悼词。不久，宋孝武帝看到了这篇悼词，深为其中的文采折服，遂对文武百官说："超宗殊有凤毛，可称得上又一个谢灵运了。"

当时，右卫将军刘道隆也在场，刘道隆是一介武夫，没明白皇上话里的意思，只听有"凤毛"一词，还以为谢家有稀罕的宝物。某日，他遇到谢超宗，便问："听说您家有宝物，可以让我看看吗？"谢超宗很疑惑："我家很穷，哪有什么宝物？"刘道隆不信，又说："那次皇上不是说您家里有根凤毛吗？"因为谢超宗父亲名凤，一句"凤毛"触犯了家讳，谢超宗吓得心里慌张，赶紧躲进室内。刘道隆还不知错在哪里，以为他进屋去找凤毛了，一直等到天黑也不见主人出来，这才悻悻离去。

负荆请罪

【释义】

本意是指光着上身、背着荆条向对方赔礼道歉。后来比喻主动向人认错、道歉，诚心诚意地求得对方的谅解。

【出处】

汉·司马迁《史记·廉颇蔺相如列传》:“廉颇闻之,肉袒负荆,因宾客至蔺相如门谢罪。”

负荆请罪

【故事】

战国时期,赵国因国力较弱而经常受到秦国的欺侮。某次赵国国君派文臣蔺相如出使秦国,意欲用国宝和氏璧交换秦国的几座城池,可秦王出尔反尔,既不想换去城池又想吞下宝物,蔺相如凭着机智和勇敢,当众责备秦国不讲信义,并暗中安全送回了和氏璧,恰到好处地维护了赵国的利益与尊严。赵国国君将其封为上卿,位居群臣之首。

另一位老将廉颇为赵国南征北战,立下汗马功劳,他自恃战功赫赫,对仅凭一张嘴便成为群臣之首的蔺相如很是不满,四处扬言道:“如果我在路上遇到蔺相如,一定要当面羞辱他一番,看他能把我怎样!”蔺相如听说后,尽量避免和廉颇直面相对,行路时若看到他的车驾,也会避让一旁,等廉颇过去了再走。手下人愤愤不平,问蔺相如为何如此惧怕廉颇。蔺相如反问道:“廉将军与秦王相比,哪个更厉害?”手下人说:“当然是秦王厉害。”蔺相如说:“我见了秦王都不怕,难道还会怕廉将军吗?其实,我不是怕他,只是不想和他发生正面冲突,进而造成国家内部分裂而已。秦国现在不敢来打赵国,就是因为国内将相一心,秦国没有可乘之机啊。”蔺相如的这番话后来传到了廉颇的耳朵里,廉颇惭愧地赤裸上身,背负荆条,来到蔺相如家中请罪道歉,将相二人从此齐心协力效忠赵国。

覆水难收

【释义】

覆:倒。本意是指泼到地上的水难再收回。比喻事情已成定局无法挽回或夫妻离异后难再复合。

【出处】

宋·王楙《野客丛书·二八·心坚石穿覆水难收》:“太公取一壶水倾于地,令妻收入。乃语之曰:‘若言离更合,覆水定难收。’”

【故事】

商朝末年,姜子牙足智多谋,精于治国之道,但其前半生却无人能识,大都陷于困窘之境。他曾做过商朝小官,因不满纣王的残暴统治,后来弃官隐居,也曾种过庄稼、卖过饭、杀过牛,都因不善打理与经营而无法赚取到银两养家糊口。妻子马氏见姜太公渐渐老去依然没什么出息,不愿再与他艰苦度日,遂离家而去。姜太公天天用直钩垂钓于河上,终于在周文王外出打猎时遇上了这位贤明君主,他这才得以发挥所长,扶周灭商,为西周王朝立下赫赫战功,后来被周武王分封为齐国诸侯。一时之间,姜太公官运亨通富贵加身,妻子马氏后悔莫及,在半道上拦住他恳求恢复夫妻关系。姜太公也不多言,命人取来一盆水泼到地上,说:“如果你能把水收入盆中,我就答应你的请求。”马氏跪地而捧,结果只摸起几把泥浆。姜太公冷冷放言:“你已离我而去,就不能再合在一块儿,这好比倒在地上的水,难以再收回。”

釜底抽薪

【释义】

釜:古代的一种锅。薪:柴。把锅底下的柴火抽掉,使之无法加热。比喻从根本上来解决问题。

【出处】

《上何进书》:“臣闻扬汤止沸,莫若去薪。”

【故事】

公元 534 年,北魏分裂成东魏和西魏两个部分,东魏的大权掌握在丞相高欢手中,他手下有个得力的助手名叫侯景。有一次,侯景向高欢吹牛说:“只要给我 3 万兵马,我就可以打过长江去,把梁武帝萧衍活捉过来。”高欢听了,非常高兴,便交给他 10 万军队,安排他镇守河南。

侯景是个小心谨慎的人，他在去之前，私下与高欢这样约定，“我带兵在外的时候，如果你有急事需给我书信，请在上面加上小点来让我识别真假，以防奸人诈骗。”

那时候，尽管侯景受到高欢的重用，但他非常瞧不起高欢的儿子——高澄。公元 546 年，高欢患了重病，高澄知道侯景看不起自己，就打算赶在父亲去世之前夺回侯景的兵权，让他今后不敢对自己不利。于是高澄想了这样一个计谋，他用父亲的名义写信召他回朝，可是，他万万没有想到侯景与高欢私下已有密约，所以他的信上并没有加上小点。

侯景接到信后，急匆匆地打开一看，见上面没有加小点，心里不禁疑惑起来，便随便找了个借口拒绝回朝。又过了一年，高欢得病死了，侯景很是害怕，茶饭不思，日夜担心高澄会找机会杀了他，便下决心反叛东魏。于是，他将河南 13 个州的土地献给了西魏。

这件事被高澄发现后，他立即下令，命人率军攻打侯景，又命文笔很好的中书侍郎魏收写了一篇文告，张贴在城墙上。于是天下百姓全都知道了侯景的反叛罪状。

这个时候，侯景走投无路，无奈之下只得向梁武帝投降了，同时请求梁武帝派兵支援自己。高澄见梁武帝准备出兵援助侯景，内心十分焦急，但表面上仍是不露声色，他暗中想了个办法，让魏收写了一篇《为侯景叛移梁朝文》，命人快马加鞭，日夜兼程，赶着交给梁武帝，希望他能在看到信后改变出兵的主意。这篇文章中有一段话这样写道：梁朝如果不援助侯景并且愿意把他交出来，就像烧水时抽掉下面的木材，就不会再沸腾；清除杂草时，把根拔掉就不会再生长一样，是从根本上解决了问题。可惜梁武帝看了文章之后并不接受他的建议，照样是按原先的计划出兵援助侯景。

高澄无计可施，只能命令军队继续南下，打败了支援侯景的梁军。接着，他的军队又击溃了侯景自己率领的军队。侯景领着残兵败将无处可去，只能投奔梁武帝统治的梁朝去了。

可惜好景不长，侯景又不愿意过寄人篱下的日子了，他忘记了梁武帝对他的恩德，又率军反叛，攻破梁朝京都建康。梁武帝后悔不已，不久就气的一命呜呼了。侯景毫不谦虚，称自己为新的皇帝，坐享了梁朝的江山，之后他被自己的部下杀害了。

那篇《为侯景叛移梁朝文》中的“抽薪止沸”，就慢慢演化为今天的“釜底抽薪”。

反裘负薪

【释义】

反裘:古人穿皮衣毛朝外为正,毛朝里为“反裘”;负薪:背柴禾。反穿皮衣背柴禾。比喻舍本逐末。

【出处】

汉·桓宽《盐铁论·非鞅》:“无异于愚人,反裘而负薪,爱其毛。不知其皮尽也。”

【故事】

有一次,魏文侯外出巡游,在路上看到一个人反穿着皮裘背柴禾。魏文侯不禁有些奇怪,问那人道:“你为什么要反穿着皮裘背柴呢?”

那人道:“唉,你看我这件皮衣,还是新的呢,毛这么好!要是我正着穿,背柴禾时岂不是把毛磨掉了。”

魏文侯听了微微一笑,对他说:“你就不想一想,像你这样背柴禾,很容易把皮衣的里子磨破,要是里子给磨破了,正面的毛附着在哪里呢?毛都没了,这皮衣还有什么用呢?”

第二年,东阳地区向朝廷交纳赋税,仔细一清点,交上来的钱粮竟然比往年多出了十倍。大臣们一个个兴高采烈,纷纷向魏文侯表示祝贺。

魏文侯却忧心忡忡,说:“钱粮多出了十倍,这可不是一件好事啊!你们想想看,东阳地区的耕地还是那么多,老百姓的人口也没有听说增加,交给朝廷的赋税却增加了这么多,这些钱粮是从哪里来的?不是官吏们从老百姓那里盘剥来的吗?”

魏文侯略略一顿,接着说:“这让我想起了去年看到的那个反穿皮衣背柴禾的人,他因为爱皮衣上的毛,忘记了皮衣的里子更加重要。我正在担心,要是只顾眼前的利益,而不顾老百姓的死活,国家就不会安定。你们说说,赋税增加了这么多,老百姓的日子怎么会好过?这有什么可以值得祝贺的呢!”

范叔袍

【释义】

范叔在困窘时接受别人的绨（一种粗厚光滑的丝织品）袍。比喻困窘时接受别人的资助。

【出处】

《史记·范雎蔡泽列传》："须贾意哀之，留与坐饮食，曰：'范叔一寒如此哉！'乃取其一绨袍以赐之。"

【故事】

战国时，魏国的范雎很有才华，但是他出身低微，家中贫困，只好在魏国大夫须贾门下当差。

有一次，须贾出使齐国，带着范雎一同前往。一连几个月过去了，须贾都没见到齐王。齐王却仰慕范雎的才能，给他送去不少礼物，范雎不敢接受齐王的礼物，坚决推辞。须贾知道了这件事，怀疑范雎跟齐王有私下交易。他越想越恼火，认定范雎暗中捣了鬼。

回国以后，须贾把这件事报告给国相魏齐。魏齐听了火冒三丈，不问青红皂白，让手下狠狠拷打范雎。手下打断了范雎的肋骨，敲掉他的牙齿，还是不肯住手。范雎忍受不住，只得装死。魏齐让人用草席把他裹起来，扔到厕所里。当时，魏齐家里有很多宾客，宾客喝醉了都往他身上小便，说是惩罚奸细，警诫其他人。

好心的看守知道他还没有死，向魏齐提出请求："让我把草席里的死尸抬出去扔了吧。"魏齐答应了他的请求，范雎才保得性命。后来，他在好友郑安平的帮助下，改名张禄，逃到了秦国。

改了名的范雎给秦昭王写了一封信，请求秦王接见他。在秦王的宫殿里，范雎针对秦国当时的实际情况，说了自己的意见。他的话深深打动了秦王，秦王让他当相国。

过了几年，魏国听说秦国即将攻打韩国、魏国，连忙派须贾出使秦国。范雎听说了这件事，故意穿着破破烂烂的衣裳去见须贾。须贾看到范雎，说："没有想到你贫寒到如此地步。”于是招待范雎吃喝，并且送给他一件绨袍御寒。范雎说自己的主人跟张禄很熟，自己能带须贾去见秦相张禄。

范雎出去赶来一辆驷（同驾一辆车的四匹马）马大车，让须贾上车入座，自己给须贾驾车。到了相府门口，范雎说进去通报，径直走了进去。须贾等了许久，不见范雎出来，问看门人：“范雎进去了许久，怎么还不出来？”看门人说：“这里没有范雎。”须贾忙问：“刚才进去的是谁？”看门人说：“是相国张君。”

须贾大惊，脱光了衣裳跪着前行，让看门人带着他去谢罪。见到了范雎，范雎问道：“你到底有多少罪？”须贾连忙说道：“拔光我的头发来数我的罪，都还不够用。”

还好，他招待范雎吃喝，还因为怜悯范雎，送给他一件绨袍，范雎认为须贾天良未泯，也就饶恕了他。

防民之口，甚于防川

【释义】

川：河流。阻止人民批评的危害，比堵塞河流引起的水灾还要厉害。

【出处】

《国语·周语上》：“防民之口，甚于防川。川壅（堵塞）而溃，伤人必多，民亦如之。”

【故事】

周厉王非常残暴，国都里的人都公开指责他的暴行。召公听到民众的指责，对厉王说：“人民已经忍受不了你的暴政了。”

周厉王听了非常生气，找来一个卫国的神巫，让他去监督国都里的老百姓。有谁胆敢批评厉王，就向厉王报告，厉王马上把他处死。这么一来，国都里的人都不敢公开批评厉王了，人们在路上相遇，只是用眼睛来互相示意。

周厉王非常高兴，得意扬扬地对召公说：“我能够杜绝人们对我的批评了。”

召公严肃地对他说：“阻止人民批评造成的危害，比堵塞河川引起的水灾还要厉害。河流堵塞不通而决堤，伤害的人一定很多。百姓也像河流一样，堵住他们的嘴就会造成巨大危害！所以治理河流的人，疏浚河流使它流通；治理百姓的人，让他们畅所欲言。老百姓心里想什么，嘴上就会说什么。堵住老百姓嘴的做法，那是维持不了多久的。”

周厉王没有听从召公的劝告，依旧施行他的暴政。三年以后，人民发生暴动，把周厉王流放到边远的彘地。

非驴非马

【释义】

既不像驴，也不像马。比喻不伦不类的东西。

【出处】

《汉书·西域传下》：“驴非驴，马非马，若龟兹王，所谓骡也。”

【故事】

东汉时，西域的龟兹国（在今新疆库车、沙雅一带）跟汉朝很友好。汉宣帝时，龟兹国王绛宾屡次到中原来访问，受到汉王朝的热情款待，绛宾回国时，汉宣帝总要赠送给他一些珍贵的礼物。

在长安居住时，他觉得汉朝的宫殿比他的大帐篷雄伟得多，大臣的丝织品官服，比他臣子的羊皮服装华美得多，宫廷的仪仗，比扛着的刀枪气派得多，宫女的气度，比龟兹美女优雅得多。这些都让他大开眼界，他打心底喜欢上了长安。

回到西域以后，他仿照汉朝宫殿的样式建造了一座宫殿，把汉宣帝送给他的物品摆在宫中，让官员们穿上汉朝官员的官服，要宫中美女穿戴汉朝宫女的服饰。这么彻底更换一番，龟兹王怎么看怎么惬意，而那些官员、美女，你看看我，我看看你，怎么看怎么别扭。

附近国家的人听说了这件事，很多人赶来看新鲜，尤其是见到官员、美女的打扮，一个个忍不住掩口而笑。

由于西域和中原的风俗习惯大相径庭，当地人对此大加嘲笑，说：“驴子不像驴子，马不像马，倒像驴子和马杂交的骡子。”

分我一杯羹

【释义】

分给我一杯肉汁喝。比喻分享利益。

【出处】

《史记·项羽本纪》:“吾翁即若翁,必欲烹而翁,则幸分我一杯羹。”

【故事】

公元前205年,刘邦趁田荣起兵反楚、项羽出兵齐地(今山东大部)之机,袭击占领了关中地区。同年四月,齐、楚两军在城阳(今山东菏泽东北)打得难解难分,楚都彭城空虚。刘邦在洛阳聚集各路诸侯联军五十六万,乘机进攻彭城。

好一个项羽,闻讯后留下部将继续攻齐,亲自率精兵三万迅速南下,杀了一个回马枪。那时刘邦纵情享乐,疏于防范,楚军凌晨发起进攻,中午时分便大破联军,将刘邦的部队挤压在谷水、泗水(今江苏徐州西)一带。楚军斩杀十余万人,汉军余部向西南山地溃退。楚军追至灵璧(今安徽濉溪西南)睢水,再歼敌军十余万,并且将刘邦团团包围。

煞是奇怪,突然间刮起了一阵大风,霎时飞沙走石,刘邦率领数十骑乘机逃走。经此一战,刘邦遭到严重挫折,不仅损兵折将,连父亲、妻子都被楚军活捉。虽然没有抓住刘邦,但逮到了刘邦的父亲、妻子也不错,项羽认为奇货可居,把他们关押在军中。

战事在不断发展,战局不断发生变化。到了相持成皋(今河南荥阳西)时,彭越起兵反楚,断绝楚军粮食。为了迅速解决问题,项羽让人制作了一个高俎(砧板),把刘邦的父亲放在上面,对刘邦说:“如果你不快快投降,我就烹杀你父亲!”

不料刘邦一点儿也不着急,说:“我曾和你结为兄弟,我父亲就是你父亲,要是你真的烹杀你父亲,请分一杯肉汁给我喝。”

项羽没料想刘邦会说出这等无赖话,气得真要烹杀刘邦的父亲。项伯连忙阻拦道:“天下事未可知,再说刘邦为了争夺天下,不会顾及家人。杀了他父亲也没用,只不过增加祸患罢了。”项羽想想也对,总算饶过了刘邦的父亲。

楚汉相争，取得最后胜利的是刘邦，项羽兵败垓下（今安徽灵璧东南），最终自刎。

风声鹤唳

【释义】

唳：鸟叫。把风声、鹤鸣声都误以为是敌人的追击声。比喻疑神疑鬼，极度惊恐。

【出处】

《晋书·谢玄传》："闻风声鹤唳，皆以为王师已至。"

【故事】

东晋时，北方的前秦苻坚，先后灭掉北方各国，攻取了东晋的梁州、益州，统一了北方。他野心勃勃，企图乘胜南下，一举消灭东晋，统一全国。

公元383年，他不顾臣子们的反对，亲自率领八十万人马，浩浩荡荡南下。东晋派大将谢玄、刘牢之领兵八万应战。前锋刘牢之率领五千精兵渡过洛水，趁着夜色袭击敌人，歼灭了敌人的前锋部队一万五千多人。狂妄的苻坚哪里肯服输，将部队沿着淝水摆开阵势，准备跟晋军进行决战。

要以八万人马战胜前秦的八十万大军，非得用计谋才行。谢玄绞尽了脑汁，终于想出了一条妙计。

谢玄派人送信给苻坚，请他把部队略略撤退一些，让晋军渡过淝水进行决战。骄傲轻敌的苻坚根本不把东晋的八万人马放在眼里，不听各位将领的劝告、阻拦，答应后撤，并且想在东晋军队渡河时进行突袭，一举歼灭晋国军队。

决战的那一天，就在前秦军后撤的时候，晋军迅速渡过淝水，向敌人冲杀过去。后撤的士兵不明就里，听到前面传来喊杀声，误以为晋军打了胜仗，自己的部队在后退，一个个拼命向后逃窜。前秦军一下子乱了阵脚，溃逃的士兵像决了堤的洪水直往后涌，怎么也阻拦不住。苻坚的弟弟苻融一看情况不妙，飞马赶到阵后，企图稳住阵脚，但怎么也阻止不住向后狂奔的士兵。他连命都没能保住，在混战中被晋军杀死。

前秦各位将领看到这种情况，连忙跑到苻坚周围保护着他，急急忙忙向后逃去。前秦军失去指挥，更是乱成一团，人多拥挤，自相践踏，伤亡惨重。

仓皇逃命、溃不成军的前秦官兵个个胆战心惊，晚上听到风吹声、鹤鸣声都以为是晋军的追杀声。他们只敢走小路，累了就在田野里躺下休息，冻死、饿死了许多人。

这一仗，晋军终于打了一个漂亮的胜仗，战胜了十倍于自己的敌人，使东晋王朝转危为安。

封狼居胥

【释义】

封：筑坛祭天；狼居胥：山名，在今蒙古人民共和国境内。本指汉代名将霍去病打败匈奴后登上狼居胥山筑坛祭天以告成功。后比喻建立显赫功勋。

【出处】

《史记·卫将军骠骑列传》："骠骑将军去病……封狼居胥山，禅于姑衍，登临翰海。"

【故事】

从奴隶到将军，是多么不易，这需要在沙场上浴血奋战，为国立下赫赫功勋。汉代的霍去病就是这样的人，由于他一往无前，勇冠三军，汉武帝封他为"冠军侯"。

霍去病的父亲是官府里的差役，母亲是供人使唤的婢女，他从小生活在奴婢群里，处处受人欺凌。有一年，汉武帝要选一位年纪轻、武艺高的人做侍从，霍去病被选中，从此进入朝廷。

他十八岁那年，随同舅父卫青出征。汉军刚刚越过长城，就与一大队匈奴骑兵相遇。两军相遇勇者胜，汉军勇猛向前厮杀，消灭了几千敌人。霍去病第一次接受战斗的洗礼，逐渐攀登上为国立奇功的高峰。

公元前 121 年，霍去病独当一面，率领精兵一万，三出河西。

第一次出征，他在六天时间里，扫荡了五队匈奴骑兵。然后飞速骑驰一千多里，像一把尖刀插入匈奴左贤王的腹地。

战斗开始后，汉军由于经过长途跋涉，体衰力弱，战势危急。霍去病大喝一声，猛地向敌人冲去。他大发神威，连挑匈奴十二员猛将下马。汉军官兵见了勇气倍增，一个个奋勇当先，杀得匈奴尸横遍野。匈奴浑邪王的王子、国相来不及逃跑，被汉军生擒。

当年夏天，霍去病与其他三位将领同时领兵出征。他采取了迂回包抄战术，先向北行军二百余里，然后突然折向东面，一举歼灭了浑邪王和屠休王的主力，俘虏匈奴单于的王子、相国和将领多人。霍去病凯旋向朝廷请功，其他三路失利而归。从此以后，霍去病的威名更著。

匈奴单于既失爱子，又遭惨败，恼怒万分，要将浑邪王、屠休王治罪。他俩惊慌失措，连忙带领五万部属准备向汉朝投降，以求保得一命。

消息传来，汉武帝半信半疑。几经考虑，汉武帝决定让霍去病领兵一万，再去河西受降。要是匈奴人假降，“冠军侯”足以抵御。

霍去病领兵渡过黄河，与匈奴军相遇。这时候，匈奴军的首领各怀异志，矛盾重重。前不久，屠休王听说单于只要杀浑邪王，有些后悔，想再返回，浑邪王见势不妙，立即杀死屠休王，收编了他的部队。霍去病闻讯后当机立断，领兵向匈奴军驰去。浑邪王听说霍去病来了，连忙伏地行礼。霍去病下马将他扶起，对他进行安慰。少数匈奴贵族企图纵马逃跑，霍去病一声令下，把他们全部抓回来斩首示众。为防止发生变故，霍去病连忙派人将浑邪王先护送到长安，使匈奴军群龙无首，然后带领匈奴军缓缓而行，顺利回到朝廷。

霍去病三出河西，使匈奴人无法在河西立足，只得退至沙漠以北。

公元前 119 年，为消除后患，霍去病领兵越过沙漠，与匈奴军展开大战。这一仗汉军又是大获全胜，斩杀、俘虏敌人七万多，生擒匈奴王爷、相国、将领近百人。回师前，霍去病在狼居胥山的主峰筑坛祭祀天地，祭奠阵亡将士，这便是历史上有名的“封狼居胥”。

两年后，年仅二十四岁的霍去病英年早逝。汉武帝于悲痛之余亲自下诏，将他埋葬在自己选定的墓地。

烽火戏诸侯

【释义】

点燃烽火戏弄诸侯。比喻因戏弄别人失去诚信。

【出处】

司马迁《史记》卷四《周本纪》:“褒姒不好笑,幽王为烽燧大鼓,有寇至则举烽火。诸侯悉至,至而无寇,褒姒乃大笑。……”

【故事】

烽火戏诸侯

周幽王,西周末代君主。周幽王在位时,变本加厉地加重剥削,任用贪财好利、善于逢迎的虢石父主持朝政,引起国人怨愤。

周幽王昏庸无道,沉湎于酒色之中,他派人到处寻找美女,弄得全国不得安宁。大臣褒响来劝周幽王,被周幽王一怒之下关进监狱。褒响被关了三年,他的儿子千方百计进行营救。为了投周幽王所好,褒响的儿子到处寻觅绝色女子,好不容易找到了美如天仙的褒姒,把褒姒献给周幽王,周幽王这才将褒响释放。

周幽王一见褒姒,喜欢得不得了。褒姒却老皱着眉头,连笑都没有笑过一回。周幽王想尽法子要引她发笑,却怎么也没能让她笑出来。虢石父向周幽王献上了“烽火戏诸侯”的主意,周幽王连连拍手称好。

一天夜里,周幽王下令点燃烽火。烽火一经点起,满天全是火光。邻近的诸侯看见了烽火,赶紧带着兵马跑来援救京城。听说大王在细山,又领兵急忙赶到细山,诸侯们一个敌人也没看见,只听见奏乐和唱歌的声音。大家我看看你,你看看我,都不知道是怎么回事。这时候,周幽王派人对他们说:“各位辛苦了,今夜没有敌人,你们回去吧!”

诸侯们这才知道上了大王的当,十分恼怒,各自带兵返回。褒姒瞧见这么多兵马忙来忙去,实在可笑,于是笑了起来。美人这么一笑,可真是百媚皆生,周幽王非常高兴,厚赏了虢石父。

过了没多久,西戎兵真的打到京城来了,周幽王赶紧派人把烽火点燃。这些诸侯看到烽火,以为又是幽王在开玩笑,全都没有理会,没有一个派兵前来。

京城里的军队本来就不多,又没有救兵前来,周幽王不免惊慌起来。大臣郑伯友领兵抵挡了一阵,可是他的人马太少,最后被敌人围住,自己也被乱箭射死。周幽王和虢石父没能逃脱,都被西戎兵掳走,不知所终。

冯唐易老，李广难封

【释义】

冯唐：汉代大臣，汉武帝时举为贤良，但已九十多岁，不能为官。李广：汉代名将，屡屡立功，却未能封侯。比喻生不逢时，难以施展才能。

【出处】

唐·王勃《滕王阁序》："嗟乎！时运不齐，命运多舛，冯唐易老，李广难封。"

【故事】

冯唐是历经文帝、景帝、武帝的三朝臣子，一生多不得志。文帝时，冯唐为郎官，由于他性情耿直，敢于直谏，直到头发花白，仍然没有得到升迁。后来匈奴入侵，他向汉文帝诉说云中太守魏尚的冤案，并推荐魏尚领兵攻打匈奴。魏尚把匈奴打得大败，冯唐也终于得到升迁，被任命为车都尉。

汉景帝即位以后，任命冯唐为楚相，因为他正直不阿，最终被免职。

汉武帝即位，匈奴又来侵犯边境。汉武帝广征贤良，冯唐也在举荐之列。可是他已经九十多岁了，不能出来任职。

唐代诗人王昌龄著名的《出塞》写道："但使龙城飞将在，不教胡马度阴山。"这里的"龙城飞将"就是指汉代的飞将军李广。

李广自幼习得世传弓法，射得一手好箭，从军后依靠军功升为中郎。他曾多次跟随汉文帝射猎，凭勇力格杀猛兽，文帝慨叹道："可惜啊，你没有遇上好机会！如果让你生在高帝时，博取一个万户侯哪值得一提呢！"李广前后担任过上谷、陇西、北地、雁门、代郡、云中等地太守，跟匈奴人打过许多硬仗。

武帝即位，召李广为中央宫卫尉。公元前 129 年，担任骁骑将军，率领万余骑兵出雁门（今山西右玉南）攻打匈奴，因众寡悬殊负伤被俘。李广佯死，匈奴兵将他置于两马之间，在途中李广伺机一跃而起，夺得马匹逃回。

公元前 119 年，李广被任命为前将军，跟随主帅卫青出征。出塞之后，卫青探知单于的驻扎地，决定自己率部队正面袭击单于，而命前将军李广从东路夹击。东面道路迂而远，水草很少，不利于行军，部队因为缺乏向导迷失了方向，耽误了约定的军期。到达漠南之后,卫青与李广等会合。李广不愿牵连部下,更不愿面对刀笔吏的审讯,愤而自杀。

李广一生与匈奴作战四十余年,大大小小的战斗打了七十余场,连他的许多部下都被封侯,李广却始终没能封侯。

负隅顽抗

【释义】

负,依靠;隅,山势弯曲的险要地方。凭借险阻,顽固抵抗。指依仗某种条件,顽固进行抵抗。

【出处】

《孟子·尽心下》:“有众逐虎,虎负隅,莫之敢撄。”

【故事】

战国时,有一年齐国发生饥荒,许多人饿死。孟子的弟子陈臻听到这个消息,急忙来找老师,他心情沉重地说:“老师,您听说齐国闹饥荒了吗?人都快饿死了。人们都以为老师您会再次劝说齐王,请他打开棠地的谷仓救济百姓。我看不能再这样做了吧。”孟子回答说:“再这样做,我就成为冯妇了。”

于是孟子向陈臻讲述了有关冯妇的故事。冯妇是晋国的猎手,善于和老虎搏斗。后来他成为善人,不再打虎了,他的名字也几乎被人们忘掉。有一年,某座山里出现了一只猛虎,常常伤害行人。几个年轻猎人联合起来去打虎,他们把老虎赶到了山的深处。那老虎背靠着一个山势弯曲险要的地方,面向众人,瞪眼怒吼,显出一副负隅顽抗的样子。于是,再也没有人敢上前去捕捉了。就在这时,冯妇坐车路过这儿。猎手们见了他,都快步上前迎接,请他帮助打虎。冯妇下了车,挽起袖子与老虎搏斗起来。经过一场拼搏,终于打死了猛虎,为民除了害。年轻的猎手们高兴地谢他。可是一些读书人却讥笑他,说他重操旧业,又干起打虎的勾当,而把自己做善士的追求放弃了。

分庭抗礼

【释义】

抗礼,平等行礼。指以平等的礼节相见。古代宾客和主人相见时,分别站在庭的两边,相对行礼。现多指彼此势力相当或地位等同,可以抗衡。

【出处】

《庄子·渔父》:"万乘之王,千乘之君,见夫子未尝不分庭抗礼。"

【故事】

孔子与众弟子游至杏坛(今山东省曲阜市孔庙大成殿前),遇到一位须发皆白的渔夫。起初,渔夫并不知道孔子是谁,他询问子路孔子是何许人,姓甚名谁,子路一一作答详释。渔夫又问他孔子以何"道"修心养德,子路还没有回答,子贡便接过问话说:"我家先生生性忠信,身行仁义,精通修饰礼乐之术,深谙鉴选人才之道;对上忠于君王,对下教化百姓,他的一言一行对天下都是有利的。"

渔夫听了子贡的话无动于衷,他接着询问孔子的爵号,是否辅佐王侯施政,子贡回答说,孔子既无封爵,也没有参政。渔夫笑道:"这样说的话,孔子仁则仁矣,但恐怕是劳累身心、损伤天性、偏行仁爱。他与我追求的'道'相差太远。"说完便转身离去。子贡觉得这渔夫不是常人,立即把他的话转告给孔子。孔子听后惊叹道:"这是圣人啊!"说完孔子快步追上渔夫,一拜再拜,虚心请教世间的真理。

渔夫见孔子真心求知,便将自己的"道"学悉数讲给他,并为他解析了疑惑,使孔子深受启发。孔子出于尊敬,对渔夫长拜不起,渔夫说:"以后多努力吧,我走了。"不等孔子回应,径自离去。

渔夫走后,孔子惆怅良久才上车离去。子路在车旁说道:"我跟了您这么久,从没见过像渔夫这样傲慢的。平日里,无论天子诸侯,或是达官显贵,一律要与您'分庭抗礼',平起平坐,而您非但不弯腰,反而面带尊色,可今天您面对一个无名渔夫却卑躬屈膝,这真让人费解。"孔子说:"子路啊!你真是难改俗陋之心。遇长者而不敬是无礼,遇贤者而不尊是不仁。今天这位渔夫是位长而贤的圣人,我怎能不恭敬呢?"

返老还童

【释义】

由衰老恢复青春。现形容老年人恢复了青春与活力,精力异常旺盛。

【出处】

东晋·葛洪《抱朴子·内篇》:"老者反成童子。"

【故事】

相传,刘安自青年时代起,就喜好求仙之道。被封淮南王以后,他更是潜心钻研,并派人四处打听却老之术,访寻长生不老之药。有一天,忽然有八位白发银须的老翁求见,说是他们有却老之法术,并愿把长生不老之药献给淮南王。刘安听说有仙人求见,真是大喜过望,急忙开门迎见,但一见那八个老翁,却不禁哑然失笑。原来这八个老翁一个个白发银须,虽然精神矍铄,但毕竟是老了呀!哪会有什么防老之术呢?"你们自己都那样老了,我又怎么可以相信,你们有防老之法术呢?这分明是骗人!"说完,就叫守门人把他们撵走。

这八个老翁互相望了一眼,哈哈笑道:"淮南王嫌我们年老吗?好吧!那么,再让他仔细地看看我们吧!"说着,八个老翁一眨眼工夫,忽然全变成儿童了。

佛头着粪

【释义】

着,放置。这是禅林用语,原指佛性慈善,在他头上放粪也不计较。也表示被轻慢、亵渎。后多比喻不好的东西放在好东西上面,玷污了好的东西。

【出处】

出自北宋·释道原《景德传灯录》。

【故事】

有一天，崔相国到湖南东寺去，看见鸟儿在佛像的头顶上拉屎，便问如会禅师说："鸟儿有没有佛性？"如会回答说："有。"崔相国又问："鸟儿既然有佛性，那么为什么在佛像的头上放粪？"如会说："那你为什么不向鹞子（鹞，音要，雀鹰）头上放粪？"意思是说，生态的自然平衡是大自然真如佛性表现的一种情况。

焚书坑儒

【释义】

焚：烧。坑：把人活埋。儒：指书生。焚毁典籍，坑杀书生。

【出处】

《<尚书>序》："及秦始皇灭先代典籍，焚书坑儒，天下学士逃难解散。"

【故事】

秦始皇统一天下称帝后，又打败了强大的匈奴，非常高兴。他吩咐犒赏三军，大宴群臣。席间，有个博士说道："殷周两朝的王位传了一千多年，是因为分封子弟功臣到各地当诸侯的缘故。如今陛下有了天下，皇室子弟却没有分封。一旦出了事，靠谁来援救呢？凡事都效法古代才能长久。"

丞相李斯马上接着说："如今陛下开创了大业，建立了万世功业，怎么能再去效法三代的做法？现在天下太平，法令统一，百姓理应好好经商、种田，儒生也要好好学习和遵守法令制度。但是，就是有一些儒生不学今而专学古，他们纠集起来，向百姓造谣，制造混乱。如果不禁止这种风气，皇帝的权威就会降低。为此，我请陛下下达一个法令：凡不是秦国记载的历史，都把它焚烧掉；凡不是博士所掌管的典籍，由官府人员全部集中起来，堆在一起烧掉；医药、算卦、种植等方面的书，可以不焚烧。"秦始皇同意李斯的建议，命他起草法令。不久，就公布了焚书的法令。

当时，秦始皇正在寻找所谓的长生不老之药，结果花了许多钱财，最后还是没能弄到。后来，他又听信了专搞迷信的侯生与卢生两人的谎言，让他们再去寻找长生不老的仙药。两人没有找到，他两人合计了好久，最后决定逃走。秦始皇知道后大怒道："我很信任卢生等人，还赐给他们许多东西，如今却说逃跑了。咸阳的儒生还有人敢说我的坏话,惑乱百姓,真是可恶!”

于是,秦始皇让御史对所有的儒生都进行考察审问,又让儒生们互相检举揭发。他亲自圈定把违犯禁条的460多人全部活埋在咸阳。

后来,人们把这两件事联系起来,就形成了“焚书坑儒”这条成语。

反客为主

【释义】

原意是客人反过来成为主人,常比喻因形势或身份地位的变化,变被动为主动。

【出处】

明·罗贯中《三国演义》第七十一回:“渊为人轻躁,恃勇少谋。可激劝士卒,拔寨前进,步步为营,诱渊来战而擒之,此乃反客为主之法。”

【故事】

三国时,为了收复汉中失地,刘备、诸葛亮派老将黄忠带三千人马去攻打定军山,由于定军山地势险要,易守难攻,诸葛亮又让谋士法正随同出谋划策,并让赵云随时准备增援。

魏国守将夏侯渊最初采取的是坚守不战的方法,使蜀军没有作战机会。后来,夏侯渊听说曹操率四十万大军前来增援,马上改变了策略,命夏侯尚领一小部分兵力去挑战,自己领大队人马埋伏在山路两侧。

由于布置严密,这一次夏侯渊大获全胜,消灭了一千蜀兵,而且生擒了蜀将陈式。

面对这种局面,谋士法正说:“夏侯渊为人比较轻率并且脾气暴躁,勇猛而缺少智谋。我们要鼓舞士气逐渐缩小包围圈,稳扎稳打,步步为营,只有这样才能迫使夏侯渊出战,然后再找机会擒住他,这才是变被动为主动的做法。”

黄忠按照法正的策略,先是犒赏三军,然后步步为营,逐渐接近魏军地盘,并夜袭定军山对面的一座高山,以便观察定军山的军情,激怒夏侯渊。

夏侯渊闻讯果然大怒,不顾谋士的劝告,贸然出击,结果被老将黄忠砍为两段,主将一死,魏军失去了抵御能力,黄忠乘胜追击,拿下了定军山。

反客为主是一种变被动为主动的战术,用作成语,意思略有变化。

放虎归山

【释义】

放走敌人,后患无穷,就像把老虎放归山林一样危险。

【出处】

晋·陈寿《三国志·蜀书·刘备传》:“若使备打张鲁,是放虎于山林也。”

【故事】

三国时期,群雄逐鹿,经过赤壁大战,曹操大败而回,刘备的实力得到空前增强,但还不够雄厚。刘备和孙权都把眼睛盯住四川,因为那里地理位置优越,资源丰富,足可以成就一番大业。但是,曹操早就想统一中原,便牵制住了孙权的力量。刘备、孙权一时都无法对四川下手。211年,曹操进攻汉中,张鲁降曹,益州刘璋形势危急。这时,刘璋集团内部争权夺利,分崩离析。刘璋生怕曹操进攻四川,心想,不如请刘备来帮助自己,共同抵御曹操,于是就派法正去迎接刘备。但他手下的谋士刘巴规劝他:“刘备是个英雄,如果让他入蜀必然会危害到您的利益。因此,您不能让他入蜀。”刘璋不听他的劝告,仍派法正前往。刘备得讯,喜不自胜,正中下怀,这不正是他进军四川的大好时机吗?他派关羽留守荆州,亲自率步卒万人进入益州。这时,刘巴又劝刘璋说:“如果您让刘备去讨伐张鲁,那无异于放虎归山。”但刘璋仍然没有听从他的规劝,推举刘备为大司马,领司隶校尉,刘备也推举刘璋为镇西大将军,领益州牧,刘璋自以为与刘备相安无事,可以高枕无忧了。

一日,刘备接到荆州来信,说曹操兴兵攻打孙权。刘备请刘璋派一万精兵及军粮前去助战。刘璋怕削弱了自己的力量,只同意派四千老兵出川。刘备正想找个出兵的接口,就乘机大骂刘璋:“我为你抵御曹操,你却吝惜钱财,我怎能和你这种人成就大业。”于是向刘璋宣战,乘胜直取成都,完成了占领四川的计划。至此,刘备扩充了实力,占据了四川,为蜀国的基业打下了基础。

废寝忘食

【释义】

原意指不去睡觉，忘记了吃饭。后世多用来比喻对某一件事情专心致志，以致连睡觉、吃饭都顾不上了。形容工作和学习专心、努力。

【出处】

南朝齐·王融《曲水诗序》："犹且具明废寝，昃晷忘餐。"

【故事】

孔子为了宣传他的儒家学说和治国方略，在年老时开始周游列国，四处游说。有一年，孔子来到了楚国的叶县。

叶邑大夫沈诸梁热情地接待了孔子。在此之前，沈诸梁只是仰慕孔子的大名，并不了解孔子的为人。于是他便向孔子的学生子路打听孔子的情况。

子路跟随孔子学习多年，是孔子的学生中比较有名的一个。但是当沈诸梁向他问及孔子时，他竟不知从何说起，便沉默不语。

后来，孔子知道了这件事，就对子路说："你应该这样告诉他：'孔老夫子嘛，努力学习，专心读书而不厌倦，甚至连吃饭睡觉都忘了；他传道授业津津乐道，从不为受贫受苦而担忧；他自强不息，甚至忘记了自己的年纪。'"

孔子的这番话，不仅概括了他自己的学习情况和生活面貌，还让我们深刻地体会了他孜孜不倦的学习态度和自强不息的人生态度，令后人景仰。

奉公守法

【释义】

原意指奉行公章，遵照政规法令行事。后来用以形容官吏办事公正无私。

【出处】

《史记·廉颇蔺相如列传》:“以君之贵,奉公守法,则上下平。”

【故事】

赵奢是春秋战国时期赵国著名的军事家。他英勇善战,屡建奇功。赵惠文王对他十分敬重,封他为马服君,官拜上卿。

赵奢出身卑微,原本只是个普通的收取田税的官吏。他收税时不畏强权,一视同仁,敢于同有权有势的闹事者做斗争。

有一回,赵奢来到惠文王之弟平原君赵胜的家中收取田税。赵胜的管家仗势欺人,愚弄赵奢,拒绝按章缴税。赵奢并未因此退缩,他毫不客气地依照赵国法令杀了那些无事生非的闹事者。赵胜听说后,十分恼怒,认为这是赵奢对他权威的触犯,扬言要赵奢偿命。

赵奢并未因此而躲藏,而是主动去找赵胜,诚恳地对他说:“您是赵国的栋梁,是朝廷重臣。照理说,您更应该遵守国家法令法规,给天下百姓做好榜样。您的管家依仗您的权势,公然违反国家法令,这是对您声望的破坏。如果天下的百姓都拒不付税,那么天下还会安定,国家还会富足吗?如果您能够以公事为重,严格遵守法律,那么百姓就会向您学习,主动交税,国家也可长治久安了。”

赵胜听了这番入情入理的话,自感惭愧。他抛弃前嫌,将赵奢举荐给赵惠文王。赵王封赵奢做了掌管整个赵国税收的官。赵奢上任后,一如既往,秉公办事,深得百姓信赖。后来,赵奢又被任命为大将,建立了显赫战功。

赴汤蹈火

【释义】

赴:走往。汤:热水。蹈:踩。沸水敢走,烈火敢踏。比喻不避艰险,奋勇向前。

【出处】

《荀子·议兵》:“以桀诈尧,譬之若以卵投石,以指挠沸,若赴永火,入焉焦没耳。”《与山巨源绝交书》:“长而见羁,则狂顾顿缨,赴汤蹈火。”

【故事】

东汉末年，汉室衰微，各派军阀为扩大势力范围，互相混战不休。担任荆州刺史的皇族刘表，对当时的军阀混战采取观望的态度。

公元199年，袁绍与曹操在官渡两军对垒，史称“官渡之战”。这时候，双方都要争取刘表的支持。袁绍派人要刘表支援，刘表口头答应，实际上按兵不动。对曹操的请求，刘表也是敷衍。

刘表的谋士韩嵩认为刘表采取这种态度不妥，对他说：“曹、袁两公相持不下，将军的行动举足轻重，应慎重选择一方。若是继续犹豫暧昧，后果必然得罪两方。”

韩嵩向刘表分析了天下的形势，认为胜利必在曹操一方，建议刘表归附曹操才是万全之策，其他将领也赞同韩嵩的建议。

刘表还是犹豫不决，他考虑再三对韩嵩说：“目前，曹公已经迎天子到了许都，请先生到那里为我去观察一下实情，如何？”

韩嵩严肃地说：“我是您的部属，自然应该听从将军的命令。就是要我走进滚开的水或者熊熊燃烧的大火，我也会奋不顾身，毫不推辞的。不过要请将军郑重考虑，如果此番能做出上顺天子、下归曹公的决策，那么我去京都是正确的；如果将军主意还未定下来就派我进京，若天子封了我的官，我就成了天子之臣，不能再为将军效力了。望将军到时不要使我为难。”

刘表对此没有明确表态，就让韩嵩去京都了。果然不出韩嵩所料，他到京都见到受曹操控制的汉献帝后，马上被任命为零陵太守。韩嵩赴任前，去向刘表辞别。

刘表知道韩嵩已接受汉献帝的任命一事后，勃然大怒，认为他是对自己的背叛，当场要将韩嵩处死。文武官员都非常震惊，纷纷为韩嵩求情。但是，韩嵩却神色自若地对刘表说，他进许都前有言在先，因此刘表现在这样处置他，是负了他，而不是他负了刘表。接着，他当众把先前对刘表说的话重说了一遍。刘表只好不杀韩嵩，而将他囚禁起来。

G

光彩夺目

【释义】

夺目:耀眼。形容鲜艳耀眼。也用来形容某些艺术作品和艺术形象的极高成就。

【出处】

《初刻拍案惊奇》第一卷:"解开来,只见一团锦裹着寸许大一颗夜明珠,光彩夺目。"《云笈七签》:"乃令左右引于宫内游观,玉台翠树,光彩夺目。"

【故事】

石崇,字季伦,是西晋时有名的大富豪,曾任荆州刺史。为了敛取财富,他甚至让士兵抢劫路经的客商,这样终于取得了大量财富,富可敌国。

石崇的生活非常奢华,他的厕所修建得华美绝伦,准备了各种的香水、香膏给客人洗手、抹脸,经常得有十多个女仆恭立侍候。她们一律穿着锦绣,打扮得艳丽夺目,列队侍候客人上厕所。客人上过了厕所,这些婢女要客人把身上原来穿的衣服脱下,侍候他们换上了新衣才让他们出去。凡上过厕所,衣服就不能再穿了,以致客人大多不好意思如厕。

当时的后军将军王恺,是晋武帝司马炎的舅舅,他也是个大富豪。石崇和王恺都要争做第一富豪。于是,两人都竭力用最华丽贵重的东西来装饰自己的车辆和衣冠。王恺饭后用糖水洗锅,石崇便用蜡烛当柴烧;王恺做了四十里的紫丝布步障,石崇便做五十里的锦步障;王恺用赤石脂涂墙壁,石崇便用花椒。

晋武帝知道王恺和石崇争豪斗富,就经常资助王恺,赏赐给他一些珍奇宝物。

有一次,晋武帝把一株2尺多高的珊瑚树赐给了王恺。这株珊瑚树枝条繁茂,十分罕见。王恺得意非凡,以为靠它可以比赢石崇了。

一天,王恺故意把这株珊瑚树拿给石崇看,并不断地夸耀。石崇看了,冷冷一笑,拿起一柄铁如意,猛地一击,把那珊瑚树打得粉碎。

王恺既惋惜,又认为这是石崇妒忌自己有这稀世之宝才故意毁掉珊瑚的。于是,他声色俱厉地嚷道:“你这是干什么?这宝物是皇上所赐,看你如何赔偿?”

石崇不以为然地说:“这样的珊瑚,有什么稀罕!我马上赔你一株更好的就是。”

说完,他命家人取出所藏的珊瑚树,让王恺开开眼界。

家人一下子搬出几十株珊瑚树,有高三尺的,有高四尺的,枝条和树干无与伦比、光彩夺目的就有六七棵,而跟敲碎的差不多的,那就更多了。

王恺看后,知道自己彻底失败了,不禁惘然若失。

功亏一篑

【释义】

亏:欠缺。篑:盛土的筐子。堆九仞高的山,只缺一筐土而不能完成。比喻做事情只差最后一点没能完成。

【出处】

《书·旅獒》:“为山九仞,功亏一篑。”

【故事】

商朝末年,纣王荒淫残暴,周武王带兵讨伐,很快推翻商朝,建立了周朝。周武王知人善任,治国有方,周朝迅速强大起来。各诸侯国从四面八方携带着贵重礼品及土特产品赶来朝贺,就连远离镐京的西戎人,也特地派来专使,并带来一条身长四尺、大尾长毛的名犬作为贺礼。周武王觉得这条狗十分稀奇,便高兴地收下了。

在朝中担任太保的召公,一直随周武王东征西讨,艰苦创业,所以他非常清楚江山得来不易,也更加知道守业的艰难。他认为江山初定,百业待兴,有必要时刻提醒周武王,不要骄傲自满。于是,召公对周武王说:“现在天下初定,四海臣服,远近、大小的国家或者送来奇珍异宝,或者带来土特名产,这当然是天子您的圣德。

但以臣之愚见，玩赏之物是不能用贵贱来区分的，重要的是人的品德。德高，物才显得珍贵；无德，物也变得低贱。一个开明的君主，无论何时都不应该沉湎于声色享乐之中。”

周武王知道召公指的是什么。于是，他对召公说：“我不过收下西戎的一条狗，你觉得事情真的那么严重吗？”

召公马上说：“天子，我只是有些担心。俗话说‘玩人丧德，玩物丧志’，把人当作玩物加以戏弄，有损于德行；将罕见的物品视为珍宝赏玩不休，会消磨志气。不是本地出产的犬马畜生，不必饲养；对人们衣食住行毫无补益的奇禽异兽，不该收留。”

周武王认为召公说的话有道理，便问召公：“那些鸟兽之类的东西可以不要，而那些各国不远万里送来的贡品，难道也要退回去吗？”

召公见周武王已听进了自己的话，便说：“贡品自然可以收下，但那也为数太多，臣以为不如这样办，天子将一部分贡品分赠给同姓的诸侯，以表示您作为君主的诚信。”

说到这里，召公以目光征询周武王的意见，接下去又说：“对国君来说，最重要的是手下要有一批得力助手，国家如果没有贤人治理，迟早都会垮掉。有作为的君主应该是群臣的表率，每时每刻都要注意自己的一言一行，看它是否合乎情理，尤其不可忽视细小的行为。我们都知道，大德是小德积蓄而成，这如同筑起百尺高的土山，土要一筐一筐地推上去，哪怕仅仅差一筐土，也还是没有达到百尺的高度，岂不是太可惜了吗？天子，您是周朝的开国圣明君主，不能犯功亏一篑的错误，否则可是追悔不及呀！”

周武王听了召公的这番话，从心中感激召公对他的一片赤诚。他接受了召公的意见，将各国送来的珍禽异兽都放归大自然，将那众多的珠宝特产分赠给诸侯们。

诸侯们深感天子的厚恩，都竭尽全力地辅佐他治理天下。周朝日益强盛，人心思归，百姓安居乐业，成为我国古代著名的盛世之一。

干将莫邪

【释义】

干将、莫邪：古代宝剑名。锋利的宝剑的代称，也比喻贤才美器。

【出处】

《战国策·齐策五》:"(苏秦说齐闵王曰)今虽干将莫邪,非得人力,则不能割刿矣。"

【故事】

干将是春秋时期吴国人,他是著名的冶匠,善于铸造兵器,曾为吴王阖闾造剑。后来,干将和莫邪结为夫妇,他们为楚王铸造利剑,三年才铸成。楚王大怒,想要杀死他们。干将和莫邪铸成的利剑有雌雄两把,当时莫邪正怀有身孕,不久将生产。干将对莫邪说:"我为楚王铸剑,三年才铸好,楚王很生气,一定会杀了我。你要是生的是儿子,等他长大了告诉他:'出门往南边的山,有颗松树长在石头上,剑就埋在松树的背面。'"干将带着雌剑去见楚王。楚王大怒,派人仔细察看,发现剑有两把,只有雌剑,不见雄剑。楚王发怒,当即杀死了干将。

莫邪生的儿子名叫赤,等他长大后,就问母亲:"我的父亲在哪里?"母亲说:"你的父亲为楚王铸剑,三年才铸成。楚王大怒,杀了他。他走时嘱咐我:'出门往南边的山,有颗松树长在石头上,剑就埋在松树的后面。'"儿子出门往南看,没有看到山,只见庭院前有一根松木竖立在石头上,就用斧头劈开松木的背面,得到了雄剑。赤整天都想着报仇。

楚王梦见一个男子,双眉之间宽阔,约有一尺,说要找他报仇。楚王立即下令悬赏千金捉拿赤。赤听到这个消息,逃到深山中悲歌。一个陌生人对他说:"你年纪轻轻,怎么哭得这样悲伤啊?"赤回答道:"我是干将和莫邪的儿子,楚王杀死了我父亲,我要替他报仇。"陌生人说:"听说楚王悬赏千金买你的人头,把你的人头和宝剑拿来给我,我替你报仇。"赤说:"太好了。"他立即自刎,两手捧着自己的人头和宝剑交给了陌生人。赤死后尸体直立不动。陌生人说:"我绝对不会辜负你。"说完,尸体才倒下。

这个陌生人带着赤的人头去见楚王,楚王非常高兴。陌生人说:"这是勇士人头,应该放到汤锅里煮。"楚王照办了。赤的头三天三夜也煮不烂,人头跳出汤锅,瞪着眼睛,看起来十分生气的样子。陌生人说:"这个人的头煮不烂,大王您亲自到汤锅前看看,头就会煮烂了。"楚王跑去汤锅前看,陌生人拿起雄剑一划,楚王的人头掉进汤锅。陌生人也砍下自己的人头,人头也掉进汤锅。三个人头都煮烂了,不能分辨。于是,楚王的部下把肉汤分成三份埋葬了,笼统称为"三王墓"。

高阳酒徒

【释义】

高阳：古代地名，在今河南杞县西南。高阳那里爱喝酒的人。指喜欢喝酒、狂放不羁的人。

【出处】

《史记·郦生陆贾列传》："使者出谢曰：'沛公敬谢先生，方以天下为事，未暇见儒人也。'郦生瞋（瞪大眼睛）目按剑叱（大声呵斥）使者曰：'走！复入言沛公，吾高阳酒徒也，非儒人也。'"

【故事】

刘邦本是泼皮无赖出身，刚刚拉起队伍反秦时，仍然恶习不改。他最看不起读书人，有儒生前去见他，他就把人家的儒冠抢过来往里面小便，丝毫不顾及自己的体面。

郦食其，是高阳老儒生，已经六十多岁了，还在衙门里当小吏以维持生计。他虽然贫穷，但有志气，有钱有势的人也没法差使他，被人称为"狂生"。

郦食其听说刘邦是个豪杰，想去投奔他。有人劝他不要以儒生的身份去见刘邦，否则会自取其辱。

有一天，郦食其去见刘邦，果然吃了闭门羹。通报的人出来对他说道："沛公向先生致歉，现在他正在忙于天下的大事，没有时间会见儒生。"

郦食其顿时发起牛脾气，高声说道："快点儿进去！告诉你们主子，要见他的不是儒生，是高阳那里爱喝酒的人。"刘邦听手下这么一说，让郦食其进去相见。

郦食其进去一看，咳，刘邦倒也真会享福，两个美女正在给他洗脚。郦食其不愿下跪，只是对刘邦作了一揖，说："您是想帮助秦国攻打诸侯呢，还是想率领诸侯灭掉秦国？"

哪个读书人敢对刘邦这样说话？刘邦不禁勃然大怒："你这个混账书生，你难道不知道天下人都在受秦的苦么，怎么能说我帮助秦国攻打诸侯！"

郦食其不紧不慢地说："要是你下定决心推翻暴秦的统治，就应当聚集民心，现在你如此对待老年人，那可不行。”刘邦听了郦食其的这番话，马上叫给他洗脚的女子走开，把衣裳穿整齐，请郦食其入座，并且向他道歉。

时隔不久，刘邦采用了郦食其的计谋，攻下了陈留，夺取了大量的粮食和武器，壮大了自己的队伍。

顾曲周郎

【释义】

顾：看；曲：乐曲；周郎：周瑜。原指周瑜精通音乐，演奏的人稍稍有错，他就要向演奏者望一眼。后泛指精通音律的人。

【出处】

《三国志·吴书·周瑜传》：“瑜少精意于音乐，虽三爵之后，其有阙误，瑜必知之，知之必顾，故时有人谣曰：‘曲有误，周郎顾。’”

【故事】

苏轼《念奴娇·赤壁怀古》：“遥想公瑾当年，小乔初嫁了，雄姿英发。羽扇纶巾，谈笑间，樯橹灰飞烟灭。”苏轼这首千古传颂的豪放词，咏赤壁，怀周瑜，气势磅礴，确为铜琶铁板力作。

这位“羽扇纶巾”的年轻儒将，东汉末年出身于士族世家，自小便与孙策结为挚友。成年后，大军阀袁术对周瑜十分赏识，想把他招入自己的麾下。周瑜看出袁术最终不会有所成就，归附了好友孙策。孙策喜出望外，亲自出城相迎，随后，任周瑜为建威中郎将。

不久，孙策、周瑜攻破皖城，孙策、周瑜分别娶了天姿国色的大乔、小乔，留下一段千古佳话。苏轼词中云“遥想公瑾当年，小乔初嫁了，雄姿英发”，以美人烘托英雄，写出了风流倜傥、潇洒英俊的青年将领的形象。

公元200年，年仅二十六岁的孙策遇刺身亡，临终把军国大事交给了弟弟孙权。在这关键时刻，周瑜从外地带兵前来奔丧，留在吴君孙权身边任中护军。握有重兵的周瑜以君臣之礼对待孙权，其他人谁敢乱动？局势一下子稳定下来，君臣齐心治理好东吴。

曹操基本统一北方后，进而想统一全国，公元208年九月，曹操挥师南下，胸无大志的刘琮将荆州拱手相让，刘备势单力孤，无法与曹操抗衡，率众南逃。曹操打算乘胜顺流而下，席卷江东。

在这严峻的局势面前，东吴的谋臣将士十分惊恐，大部分人认为应该"迎曹"，只有鲁肃等少数人力主抵抗曹军。领兵在外的周瑜回到朝廷，力挽狂澜，坚定了孙权抵抗曹操的信心。周瑜成竹在胸，指挥若定，采用火攻的方法，"谈笑间，樯橹灰飞烟灭"，将曹操的军队彻底击溃。不然的话，真的要像杜牧《赤壁》诗假设的那样，曹操早就攻破了东吴，大乔、小乔也要被他抢走，"铜雀春深锁二乔"了。

周瑜不仅精通军事，还精于音律，江东向来有"曲有误，周郎顾"之语。据《三国志》记载，即使周瑜多喝了几杯酒，演奏曲子的人假若演奏有失，周瑜必定要向演奏者望一眼，意思是说："喂，你错了。"

公元210年，文武双全的周瑜因病去世，年仅三十六岁。

观止

【释义】

看到这里就够了，下面的不用再看了。赞美看到的事物尽善尽美，无以复加。

【出处】

《左传·襄公二十九年》："虽甚盛德，其蔑以加于此矣，观止矣。若有他乐，吾不敢请已。"

【故事】

春秋时，吴国的季札是个大贤人。现在，常州淹城博物馆暨(和)武进名人馆，将他排名第一。那么，季札是个怎样的人呢？

季札，是吴王寿梦的四个儿子中最小的，封地在延陵(今江苏常州)一带，又称"延陵季子"。寿梦的四个儿子中季札的德行最好，寿梦打算把王位传给他，兄长们也都认为他最适合继承王位，季札无论如何不答应，最后王位由哥哥继承。

哥哥诸樊觉得自己的德能远在季札之下，一心想把国家的重任交给他；吴国的百姓仰慕他的德行，一心想要拥戴季札为王。季札只得退隐于山水之间，成天躬耕劳作，以表明他坚定的志节，这才打消了吴人拥立他为国君的念头。

有一次，吴王以季札为使者出使鲁国。在鲁国访问期间，鲁襄公让人为他表演周乐和舞蹈。季札一面欣赏各种音乐和歌舞，一面指出优缺点。当看完表演虞舜的歌舞《韶箾》舞后，他便知是最后一个节目了，大声称赞道："虞舜的功德最高啊！就像无垠的春天，没有什么不被它覆盖；就像广阔的大地，没有什么不被它运载，再也没有什么能超过这部歌舞所表现出来的虞舜的功德了！观止矣（欣赏就到此为止吧），不用再看其他的了！"

鲁国人想不到季札竟能一一说出舞乐的名字，并且恰如其分地做出评论，对他非常敬佩。

广陵散绝

【释义】

广陵散：古乐曲名。《广陵散》失传。比喻优良传统断绝，也比喻某一事业后继无人。

【出处】

南朝宋·刘义庆《世说新语·雅量》："嵇中散临刑东市，神气不变，索琴弹之，奏《广陵散》，曲终曰：'袁孝尼尝请学此散，吾靳固不与，《广陵散》于今绝矣。'"

【故事】

魏晋时期，有个著名的文学小集团，叫"竹林七贤"。他们是嵇康、阮籍、山涛、向秀、刘伶、王戎及阮咸。这些人都是当时的风流名士，因为不满当时的暴政，逍遥山野，经常在竹林里饮酒作乐，因此被世人称为"竹林七贤"。

嵇康为曹魏宗室的姻亲，妻子是长乐亭主，但他与统治者格格不入，于是放纵于山林。那时候，他的生活很艰难，常常以打铁来补贴家用。有一天，他在树荫下打铁，正好老朋友向秀来了，就帮着他拉风箱。

事也凑巧，那天钟会也带着随从来访。钟会是司马氏的心腹，想与嵇康结交来提高自己的身价。他知道嵇康看不起自己，迟迟没有上前。

嵇康看见钟会来了，故意不理睬他。过了一会儿，钟会转身打算离开，嵇康突然说:“你何所闻而来,何所见而去?”钟会扭头回答:“我闻所闻而来,见所见而去。”说完便离开了。后来,嵇康又当面羞辱过钟会,钟会对他恨之入骨。

竹林七贤

时隔不久,嵇康收到好友吕安的来信,请他当个证人。原来,吕安的妻子容貌艳丽,是个水性杨花的妇人,吕安的哥哥吕巽趁吕安不在家,与吕安的妻子勾搭成奸。吕安要到官府状告哥哥,哥哥吕巽却先下手为强,状告吕安诽谤朝廷。这个罪名不轻,吕安被收监,坐了牢。吕安托人捎信给嵇康,让嵇康证明自己的清白。

嵇康痛恨吕巽的禽兽之行,便到官府为吕安申冤,没料想这个案子落到钟会手中,钟会便以“负才惑群乱众”的罪名,判处嵇康死刑。

临刑那一天,刑场周围人山人海,人群中有与嵇康诀别的亲朋好友,更有为他申冤请命的几千名太学生。嵇康神色自若,让人把琴拿来,弹了一首《广陵散》,说:“袁孝尼曾经要跟我学习弹奏这首乐曲,当时我没有教他,从今以后,《广陵散》就要失传了。”

过五关斩六将

【释义】

本指关羽护送嫂嫂寻找刘备,连闯五处关隘,斩杀六位将领。比喻克服重重困难,扫除种种障碍。

【出处】

出自明·罗贯中《三国演义》的杜撰情节。

【故事】

东汉末年，刘备军被曹操击败，刘备独自投奔了袁绍，张飞逃到芒砀山暂住，关羽保护着刘备妻子家小，被曹操军马包围在一座山头上。

曹操爱惜关羽的英武才华，派张辽前去招降。张辽游说关羽，关羽为了保护刘备的家小，同意暂时归降曹操，但他提出了几点要求：第一，降汉不降曹；第二，要确保嫂嫂安全；第三，如有刘备消息就立即离去，曹操不能阻拦。曹操出于爱才，最终答应下来。

关羽保护着刘备的两位夫人，跟随曹操前往许都。途中，曹操故意让关羽与二位嫂子同住一室。他暗暗想道：哪个血性汉子不爱美色？只要关羽把持不住，就能抓住他的把柄，过去的三个条件便可一笔勾销。曹操万万没有想到，关羽一手拿着烛火，一手拿刀，通宵站在门外保护嫂嫂。从此以后，曹操对关羽更加敬佩。

曹操三日一小宴、五日一大宴招待关羽，又赠送美女和金银财宝。关羽让美女服侍嫂嫂，财物则交嫂嫂保管。曹操又将吕布的赤兔马送给关羽，关羽再三拜谢。

后来关羽得知刘备在河北袁绍处，便向曹操告辞。曹操避而不见，关羽便将曹操过去送给他的财物、美女全部留下，留给曹操一封书信，护着二位嫂嫂前往河北。

关羽凭借自己的勇猛善战，连续过东岭、洛阳、沂水、荥阳和黄河五关，斩杀孔秀、孟坦、韩福、卞喜、王植和秦琪六将，终于到达河北，与刘备相聚。

甘拜下风

【释义】

自认不如他人，并真心佩服他人。

【出处】

《庄子·在宥》："广成子南首而卧，黄帝顺下风膝行而进，再拜稽首而问。"

【故事】

西晋时期，富可敌国的大富豪石崇与晋武帝的舅舅王恺时常在一起比谁更富。因此，二人经常到处搜罗奇珍异宝。有一次，晋武帝赐给王恺一棵高两尺的珊瑚树，此树瑰丽无比，非常罕见。王恺很得意，认为这次石崇输定了，便得意扬扬地带着它来到石府。石崇见到王恺带来的珊瑚树，趁他不注意，拿着铁如意不动声色地砸碎了它。王恺认为他嫉妒自己拥有如此宝贝，怒气冲冲地责问石崇怎么办。石崇却悠然地说："别着急，现在我就赔你。"说完命令仆人去搬家里的珊瑚树。待仆人把珊瑚树搬出后，王恺顿时惊得目瞪口呆。原来，石崇的珊瑚树都是他从未见过的，有三尺高的、四尺高的，美轮美奂，令人看得眼花缭乱，而他拿来的那种根本就算不上什么。王恺不由得茫然若失，只得甘拜下风。

刚愎自用

【释义】

刚愎：倔强，固执。自用：自以为是。非常固执自信，不听取别人的意见。

【出处】

春秋·左丘明《左传·宣公十二年》："其佐先縠，刚愎不仁，未肯用命。"

【故事】

春秋战国时期，楚军与郑国作战完毕，正在撤退途中。晋军统帅荀林父和其他将领在分析敌我形势后，都认为此时不宜进兵攻击楚军。而中军副将先縠却主张开战，并悄悄带自己的部队去追击楚军。荀林父接到报告，为了保存先縠的那队晋军，只得下令所有军队跟随前进。楚军听说晋军正在追击他们，大夫伍参主张应战，令尹孙叔敖则极力反对。伍参对楚庄王说道："晋国中军主将新上任不久，还没建立起发号施令的威信，而且他的助手先縠是个刚愎自用的人，绝不会听从主将的指挥，因此这种情形对我们非常有利，楚军一定会大胜晋军。"楚庄王觉得他的分析很有道理，便下令全军回师北进，最后果然打败晋军，大获全胜。

苟延残喘

【释义】

苟：苟且，勉强。延：延续。残喘：临死前的喘息。勉强拖延最后一口气，比喻勉强维持生存。

【出处】

宋·俞琰《席上腐谈》:“愚少也多病,羸不胜衣,所以苟延残喘而至今不死,亦《参同契》之力也。”

【故事】

春秋末期,晋国的大夫赵简子率领手下在中山进行大规模的狩猎活动。动物们听到喧嚣声,都吓得四处逃窜。一只恶狼正巧从赵简子的车前跑过,他立即朝它射了一箭,却被狼躲了过去,于是赵简子驱车紧追不舍。

有位叫东郭先生的人正骑驴在路上行走,忽然看到前方尘土飞扬,人马嘈杂。还没等他弄清楚发生了什么事,一只狼跑到他面前,气喘吁吁地哀求说:“先生,看您是位读书人,心地一定非常善良,后面有人追杀我,请您救救我这苟延残喘的性命吧!我一定不会忘记您的大恩大德!”

东郭先生顿生怜悯之心,赶紧把书从口袋里倒出来,让狼钻进去。赵简子赶过来,问他是否见到一只狼,他撒谎说没看见。等狩猎的人马走远后,狼从口袋里爬出来说:“既然先生已经做了桩好事,索性就把好事做到底。现在我饿极了,让我吃掉你吧!”说完张开血盆大口向他扑来。就在这危急时刻,大路上来了位老农,他用计将狼骗进口袋,然后系紧袋口将狼打死,救了东郭先生的命。

固若金汤

【释义】

金:指金城。汤:指汤池。金属造的城,护城河像汤一样滚烫。形容防守非常坚固,牢不可破。

【出处】

汉·班固《汉书·蒯通传》:“边城之地,必将婴城固守,皆为金城汤池,不可攻也。”

【故事】

秦朝末年,起义军统帅武臣攻下原赵国的大部分地区后,紧接着逼近了范阳。范阳的谋士蒯通前来拜见县令徐公说道:"我是这里的老百姓,名叫蒯通。听说您快要死了,所以今天一是来吊丧,二是来祝贺,因为我可以帮你免掉一死。"

徐公不悦地说:"我现在活得好好的,不明白你是什么意思。"蒯通说道:"你已经当了十多年的县令,受过你刑罚的人不计其数,他们之所以不敢找你报仇,是因为害怕秦朝的法令。现在起义军即将攻打过来,想找你报仇的人一定不会放过你,所以说你的死期不远了!"

徐公听后非常恐慌,连忙请蒯通指教。蒯通说道:"武臣正派人了解你的情况,如果我去见他,对他说范阳的城池本来很牢固,但是县令很怕死,准备向他投降。如果他杀了县令,其他县城的官吏就会相互转告,说投降的结果是被杀,还不如坚守城池,他们就会加强防御,每座县城都会变得固若金汤,很难攻下。所以他不如给县令特别好的待遇,并让其带着文告到各县城走一趟,他们一定会纷纷投降,根本不用费什么力气。我想武臣会同意这些话,那么不就等于我救了你一命吗?"

听了蒯通的话,徐公大喜过望,立即派车让他去见武臣。武臣果然接受了蒯通的建议,使燕赵地区三十多个县很快就成了起义军的地盘。

刮目相待

【释义】

也作"刮目相看",指另眼看待,用新眼光看人。比喻去掉旧日的看法,用新的眼光看待人或事物。

【出处】

晋·陈寿《三国志·吴书·吕蒙传》注引《江表传》:"士别三日,即更刮目相待。"

【故事】

三国时期,东吴著名将领吕蒙因勇猛善战,得到孙权的提拔,做了浔阳县令。吕蒙身为武将,并不习文。孙权便开导他说:"你现在身处要职,应该多学习!"吕蒙说："军营事务繁忙，实在没有时间。"孙权说："我是让你钻研经史和典籍，成为学问渊博的学者吗？我只是让你多了解以往的事情罢了。如果说事务多，谁能比得上我的多呢？即使这样，我还是坚持常常读书，并从中获得了很大的收益。"吕蒙听了孙权的劝导，开始勤奋读书。后来，大将鲁肃在上任途中路过吕蒙的驻地，吕蒙设宴款待他。席间二人畅谈天下大事，鲁肃非常惊奇于吕蒙的见解，说道："人人都说你只有武略，原来你的学识也很出众。你已经不再是当年吴地粗陋的吕蒙了！"吕蒙笑道："士别三日，更应刮目相待。"

过犹不及

【释义】

过：过分，过头。犹：像。不及：达不到。比喻事情做过了头，就跟做得不够一样，都是不合适的。

【出处】

《论语·先进》："子贡问：'师与商也孰贤？'子曰：'师也过，商也不及。'曰：'然则师愈与？'子曰：'过犹不及。'"

【故事】

孔子的学生子贡问他说："子张和子夏两个人比较，哪个好些呢？"孔子微笑着回答说："子张做事经常过头，而子夏做事则总有些欠缺。"子贡又问："那您的看法是子张好些，对吗？"孔子循循善诱地回答："过与不及都不好，最好的应该是恰到好处。"接着，学生们又请孔子评论一下正在做季氏家臣的冉有。孔子非常生气，大声说："季氏比周朝王公还富有，而冉有还在帮他四处搜刮财富！他早已不是我的学生了！"

管鲍之交

【释义】

春秋时，齐人管仲和鲍叔牙相知最深。后常比喻交情深厚的朋友。

【出处】

《列子·力命》:“生我者父母,知我者鲍叔也。”

【故事】

春秋时期的政治家管仲和鲍叔牙是好朋友。早年时,管仲比较穷,鲍叔牙比较富有,但是他们之间彼此了解、相互信任。

管仲和鲍叔牙早年合伙做生意,管仲出很少的本钱,分红的时候却拿很多钱。鲍叔牙毫不计较,他知道管仲的家庭负担大,还问管仲:“这些钱够不够?”有好几次,管仲帮鲍叔牙出主意办事,反而把事情办砸了,鲍叔牙也不生气,还安慰管仲,说:“事情办不成,不是因为你的主意不好,而是因为时机不好,你别介意。”

管仲曾经做了三次官,但是每次都被罢免。鲍叔牙认为不是管仲没有才能,而是因为管仲没有碰到赏识他的人。管仲参军作战,临阵却逃跑了,鲍叔牙也没有嘲笑管仲怕死,他知道管仲是因为牵挂家里年老的母亲。

后来,管仲和鲍叔牙都从政了。当时齐国朝政很乱,公子们为了避祸,纷纷逃到别的国家等待机会。管仲辅佐在鲁国居住的公子纠,而鲍叔牙则在莒国侍奉另一个齐国公子小白。不久,齐国发生暴乱,国君被杀死,国家没有了君主。公子纠和公子小白听到消息,急忙动身往齐国赶,想抢夺君位。两支队伍正好在路上相遇,管仲为了让纠当上国君,就向小白射了一箭,谁知正好射到小白腰带上的挂钩,没有伤到小白。后来,小白当上了齐侯,历史上称为“齐桓公”。

齐桓公一当上国君,就让鲁国把公子纠杀死,把管仲囚禁起来。齐桓公想让鲍叔牙当上卿,帮助他治理国家。鲍叔牙却认为自己没有当上卿的能力。他大力举荐被囚禁在鲁国的管仲。鲍叔牙说:“治理国家,我不如管仲。管仲宽厚仁慈,忠实诚信,能制定规范的国家制度,还善于指挥军队。这都是我不具备的,所以,陛下要想治理好国家,就只能请管仲当上卿。”

齐桓公不同意,他说:“管仲当初射我一箭,差点把我害死,我不杀他就算好了,怎么还能让他当上卿?”鲍叔牙马上说:“我听说贤明的君主是不记仇的,更何况当时管仲是为公子纠效命。一个人能忠心为主人办事,也一定能忠心地为君王效力。陛下如果想称霸天下,没有管仲就不能成功。您一定要任用他。”齐桓公终于被鲍叔牙说服了,把管仲接回齐国。

管仲回到齐国,当了上卿,而鲍叔牙却甘心做管仲的助手。在管仲和鲍叔牙的合力治理下,齐国成为诸侯国中最强大的国家,齐桓公成为诸侯王中的霸主。

鲍叔牙死后，管仲在他的墓前大哭不止，想起鲍叔牙对他的理解和支持，他感叹说："当初，我辅佐的王子纠失败了，别的大臣都以死誓忠，我却甘愿被囚困。鲍叔牙没有耻笑我没有气节，他知道我是为了图谋大业而不在乎一时之间的名声。生养我的是父母，但是真正了解我的是鲍叔牙啊！"

管宁割席

【释义】

管宁：人名。席：坐卧用的编织物。比喻朋友绝交，一刀两断。

【出处】

《世说新语·德行》："管宁、华歆尝同席读书，有乘轩冕过门者，宁读如故，歆废书出看。宁割席分座，曰：'子非吾友也。'"

【故事】

管宁、华歆和邴原都是东汉时灵帝人，三人年轻时曾经一起读书，一处吃住，情同手足。华歆与管宁在学堂还是同桌，更是不分彼此，感情犹笃。

有一天，老师要他们两人开辟校园中的荒地。两人各执一把锄头，用力挖地松土，汗流满面。忽然管宁的锄底下好像碰到了一块硬硬的东西，但他毫无所觉，仍然用力向前挖去。华歆发现了刚才的情况，便问："管宁，你锄到了一块什么？"

管宁回答："管它哩，这是挖土，又不是掘财宝。"

华歆突然兴奋起来说："财宝，说不定……"华歆伏在地上拨土，忽然高声大叫："哦！金子。看！好大一块黄金。"

"那是你的财气。"管宁仍然毫不在意地说。

从此以后，华歆有了黄金，再也不好好读书了。管宁经常警告华歆，他也不听。

过了一段时间，一个官员坐着轿子从学堂门前经过，华歆又忍不住拉管宁一块去看。管宁说："要去你去，我不去。"仍然专心读书，不去理会。于是华歆一个人跑去看，当他看到官员高大的车马、豪华的仪仗、如云的随从时，充满了羡慕之情。回来以后，华歆向管宁描述了当官的威风气势，语气中对官员的羡慕溢于言表。

通过这两次事，管宁觉得华歆贪慕钱财和富贵，心想不能再与这样的人做朋友了。于是，他果断地割断了两个人同坐的席子，对华歆说："你不是我的朋友！"

管中窥豹

【释义】

窥：从小孔、缝隙或隐蔽处偷看。从管中看豹，比喻看到的只是局部而不是全部。有时与"可见一斑"连用，比喻从看到的一部分中可以推测全部。

【出处】

《世说新语·方正》："此郎亦管中窥豹，时见一斑。"

【故事】

王献之是东晋大书法家王羲之的第七个儿子，长大后他也成了一位著名的书法家，与父亲并称"二王"。

王献之年幼时就胸有大志，聪明伶俐。有一次，他和两个哥哥徽之、操之一起去见宰相谢安。当时，徽之、操之都说了不少家常琐碎的事，而献之只问候一下就不作声了。他们走了以后，有人问谢安三个孩子中哪个较好。谢安说："最小的一个较好。"

有人问谢安为什么，谢安说："献之说话不多，但并不腼腆，不像他的那两个哥哥一样夸夸其谈，说的却是家庭琐事。他肯定是一个很有志气的孩子，所以我说他好。"

又有一次，献之和徽之在房中谈话，突然发生了火灾，徽之吓得连鞋也没穿就急忙踉踉跄跄地往外跑。献之却一点也不惊慌，从容地穿上鞋子后，很镇静地慢慢地走了出去。

另有一天晚上，一个小偷潜入他的卧室，把所有能偷的东西都偷了。小偷正要走，献之低沉地喝道："小偷，青毯是我家前人留下的东西，留下吧！"小偷吓了一跳，把所有的东西都放下，迅速地逃走了。

在王献之年仅几岁的时候，有一天，他父亲的几个学生在一起玩一种赌博游戏，献之在一旁瞧着，忽然对其中一方说："你这方赢不了啦！"那些学生们见他年纪这么小，竟也看出了胜负的结果，便取笑他说："这小孩也看到了豹子身上一点斑纹哩!”意思是虽不全懂,也知道一点。

后来,就有了“管中窥豹”这一成语。

管窥蠡测

【释义】

从竹管里看天,用瓢来量海水,比喻眼光狭窄,见识短浅。

【出处】

西汉·东方朔《答客难》:“以管窥天,以蠡测海。”

【故事】

东方朔,字曼倩,西汉文学家,善辞赋,性情诙谐滑稽,汉武帝时曾官至太中大夫。

《答客难》是东方朔假借宾客之口来发出设问,自己却以贤主的态度来释疑的一篇文赋。此成语出自“以管窥天,以蠡测海,以筳撞钟,岂能通其条贯,考其文理,发其声音哉”句。大体的意思是:用竹管看天,用贝壳或瓢测海,用竹枝或竹条撞钟,怎么能看出天的整个系统,测出大海的文理变化,撞出钟的鸣响呢?

鬼斧神工

【释义】

像是鬼神制作出来的。形容极其精巧、极其高超的技艺。

【出处】

《庄子·达生》:“梓庆削木为鐻,鐻成,见者惊犹鬼神。”

【故事】

鲁国有位木匠庆师傅,他奉鲁侯之命制作一件用来悬挂钟磬的木架。木架的两根立柱上雕刻着龙和虎的花纹。木架完成了,两根立柱雕刻精致、美轮美奂,见到的人都惊叹道:“这好像是鬼神的手艺啊”。鲁侯也惊喜地问庆师傅:“您用什么道术完成了这么精彩的作品啊?”

庆师傅回答说:“我只是个工匠,哪有什么道术?虽然如此,我有自我训练专心一意的经验向国君禀报。开始时,我接受了制作立柱的差事,便养精蓄锐,不曾敢无故耗费精神。修养到第三天,我没有想到完成立柱以后您会给我什么赏赐;修养到第五天,我不敢考虑事成以后人们对立柱的批评和表扬;修养到第七天,我平静得忘记了我的四肢和身体:到了这种境界,心中没有了朝廷,专心致志地考虑我的艺术。然后,我进入大山,到大森林去考察树质,要求形状和材质都是最好的。动手之前,我心中出现理想的立柱的模样,这时才动手制作。没有这番准备我是不动工的,如果一旦动手,就要让我的主观愿望与自然规律完全融合。所以,眼前的立柱被怀疑是鬼神的作品,大概就是这个原因吧?”

过庭之训

【释义】

用以指父亲的训导和教诲。

【出处】

《论语·季氏》:“尝独立,鲤趋而过庭。”

【故事】

孔子弟子陈亢问孔子的儿子伯鱼说:“您从您父亲那里得到过特别的教导吗?”

伯鱼回答说:“没有。家父曾经独自一人站着,我(按礼节)小步快走而经过庭院,家父说,‘你学过《诗》吗?’我回答说,‘没有。’家父说,‘不学《诗》就不善于言谈。’我回去以后就去学《诗》了。另一天,家父还是独自一个人站着,我小步快走而经过庭院,家父说,‘你学《礼》了吗?’我说,‘没有。’家父说:‘不学《礼》就不知道如何立身。’我回去以后就学《礼》了。我所听到的特别教导只有这两次。”

陈亢离开以后非常高兴地说:“我问了一个问题却得到了三方面的收获,听到了学《诗》的道理,听到了学《礼》的道理,又听到了君子不偏爱自己的子女。”

典故“问一得三”也出自此，表示问的少，而得到的回答多。比喻求少获多。

过眼烟云

【释义】

烟云从眼前飘过，以后就不再想念。原比喻身外之物，不加重视。也比喻很快就消失的事物。也作“过眼云烟”。

【出处】

宋·苏轼《宝绘堂记》：“譬之烟云之过眼。”

【故事】

三国时太傅钟繇看见韦诞有一篇蔡邕的书法，苦求不得，以至于捶胸吐血。晋朝的大将军桓玄在率领大军出征前，先造了几艘快船，用来装载古玩书画，他说：“战争是危险的事情，如果发生意外，可以便于运输，免得被敌人夺去了。”为了书法、字画，而危害自身或拿国家大事当儿戏，这都是因为太在意的缘故。

我年轻时，也很喜欢这两样东西，自家有的，总是担心有朝一日会失去；别人有的，总是担心不肯给我。后来自己也觉得好笑：我轻视生死富贵，却看重书法字画，岂不是主次颠倒、违背本心了吗？从此，我不再喜好书法字画了。看见好的书画，虽然也会收藏，但是被别人拿去时，也不觉得可惜了。就像眼前飘过的烟云、耳边掠过的飞鸟，总是高高兴兴地看着它们来，离去了也想不起来。于是这两样东西常常只是使我快乐却不再使我伤心。

纲举目张

【释义】

纲，网上的总绳。提起总绳，一个个网眼就都张开。比喻抓住事物的关键环节，带动次要环节。也比喻文章条理分明。

【出处】

战国·吕不韦等《吕氏春秋·用民》:“用民有纪有纲,一张起纪,万目皆起,一引其纲,万目皆张。”

【故事】

秦朝的相国吕不韦,很注意研究治理国家的理论。他在“用民”一文中说道:“大凡使用人民,其上策是以义服人,其次是以赏罚治人。”他接着写道:“如果‘义’不足以让人民为国家效力而死,‘赏罚’不足以让人民弃恶从善,那就不能真正使用自己的人民。”吕不韦说:“在禹的时代,天下有成千上万的诸侯国,到商汤时至少也有三千,这些诸侯国之所以没有存在下去,就是因为他们不懂得处理人民的关系。”

吕不韦又说:“人民不听君主的话,不受国家的使用,是因为赏罚不严。如果说商汤和周武王能够有效地治理国家,那是因为他们掌握了使用人民的方法。”他总结说,人民之所以听凭国家的使用,是有原因的,这就是:“用民有纪有纲,壹引起纪,万民皆起;壹引起纲,万目皆张。”

这里说的纪和纲,也就是调动人民积极性,治理国家的大政方针。“纲举目张”这个成语,便由吕不韦的这一论点演化而来。

姑妄言之

【释义】

姑且随便说说。后来用以表白自己的话没有确凿的根据,或要人家说话不要考虑得太周到,试着说说自己的看法。

【出处】

《庄子·齐物论》:“予尝为女妄言之,女亦以妄听之奚?”

【故事】

苏东坡早年当过杭州等处的地方官,因作诗得罪朝廷,被捕入狱,贬职为黄州(今湖北黄冈县)团练副使。后来,虽然当过翰林学士、礼部尚书等较高的官职,但是晚年又被贬谪到惠州、儋州（今天的海南儋县）等边远地区。最后遇赦北归，死在常州。

苏东坡有多方面的才能，诗词、散文、书画，都有卓越的成就。他为人乐观豪放，在政治生活不得意的情况下，仍然心情开朗，谈笑风生。

苏东坡被贬儋州的时候，因为那地方偏僻荒凉，没有什么公事可干，空闲时间很多，除了读书写作之外，他常常逼着同伴讲故事，说笑取乐。到后来，跟他一起的那些人，肚子里所有的故事都讲完了，他还再三央求："姑妄言之！姑妄言之！"

"姑妄言之"的意思是：不妨胡乱说说吧。明知是未必正确的言论，说的人不妨随便说一说，听的人也不必认真，这就叫作"姑妄言之，姑妄听之"，也叫作"妄言妄听"。

高枕无忧

【释义】

垫高枕头睡觉，无忧无虑。比喻平安无事，不用担忧。

【出处】

西汉·刘向《战国策·魏策一》："为大王计莫如事秦。事秦，则楚韩必不敢动，无楚，韩之患，则大王高枕而卧，国必无忧矣。"

【故事】

战国时齐国人冯谖以《弹铗铗歌》作敲门砖，在孟尝君门下过上了食有鱼、出有车、老母无忧的生活。

一天，孟尝君取出一摞账本，问门客说："谁能计算银钱收支？能替我到薛邑去收债？"冯谖说："我能去。"并立即签了字。孟尝君很奇怪，便问："这位先生是谁啊？"手下人说："就是唱那'长铗归来'的门客。"孟尝君笑了，说："先生果然有本事，可惜我未曾见过。"于是便道歉说："我忙于公务，忙得头昏脑涨，得罪了先生，先生毫不计较，还愿意替我去薛邑收债，真令人感动。"

孟尝君为冯谖备好车，装好账本和债券。冯谖告别孟尝君，问："收了债，买些什么回来？"孟尝君说："先生看我家缺什么就买点什么吧。"……冯谖驱车很快到了薛邑，派差役把欠钱的民众请来，验证凭据，然后把债券和借据堆聚在一起，假传孟尝君的命令，免除了所有的债务，烧毁了所有的债券和借据。百姓一片欢呼。

冯谖马不停蹄、日夜兼程地返回了齐国，黎明时分求见孟尝君。孟尝君很奇怪：这冯谖回来得也太快了。于是便穿戴整齐接见冯谖，问："欠债收齐了吗？为什么这么快就回来了呢？"冯谖说："收完了。""买些什么回来了？"冯谖说："您说'看我家缺什么就买点什么'。我估计，您家里珍宝堆积如山，猛犬骏马排满畜棚，妙龄美女站满廊下，您家缺少的，只是'义'，所以我为您'市义'而归。"孟尝君问："您是怎样'市义'呢？"冯谖说："如今您拥有小小的薛邑，却不关爱那里的民众，反而像商人一样赚他们的钱。我假传您的命令，把欠债赏给了薛民，烧光了所有的债券和借据，百姓一片欢呼。这就是我为您'市义'的经过。"

孟尝君很不高兴地说："您算了吧！"

过了一年，孟尝君被解除了相位，回到了自己的领地薛邑。离薛邑还有百里，薛民便"扶老携幼"，从早晨到晚上在道路两侧欢迎孟尝君。孟尝君对冯谖说："先生为我'市义'，我今天算是见到了。"冯谖说："聪明的兔子有三个藏身的洞，仅仅能够保全性命。如今您只有一个洞，还不能'高枕而眠'，我将为您再凿两个洞。"孟尝君给了冯谖五十辆车，五百斤黄金。

冯谖往西到了梁国，对梁惠王说："齐国解除了孟尝君的相位。哪位诸侯先把他迎来，肯定会国富兵强。"于是，梁惠王把梁国丞相改任为上将军，空出了相位以待孟尝君，并立即派使臣带上一百辆车、一千斤黄金，去齐国聘请孟尝君。

冯谖抢先返回了齐国，劝诫孟尝君说："千金是厚重的礼，百辆车是显赫的势，齐国上下大概都听说了吧？您可别答应。"——梁国的使臣往返三请孟尝君，孟尝君坚决不接受聘请。这一来震动了齐国朝廷，齐王派太傅带上千斤黄金、两辆彩绘轿车、一柄佩剑和齐王的亲笔信，去薛邑向孟尝君道歉。信中说："寡人不走运，被鬼神蛊惑，被小人包围，以致得罪了爱卿。爱卿可以不念寡人，但希望顾及先王的宗庙，先回国都统领全国的军民吧。"冯谖劝诫孟尝君说："您应该趁此机会请齐王在薛邑建立齐国的宗庙……"

薛邑的齐国宗庙建成了，冯谖对孟尝君说："三个洞已经凿好，您可以'高枕而乐'了。"——此后，孟尝君担任齐国丞相几十年，没有一星半点的灾难，这是冯谖高明的计策啊。

文中"狡兔三窟"也是典故，指聪明的兔子有三个藏身的洞。形容藏身的地方多。也比喻避祸藏身须作周密的准备。

文中"市义"也是典故，指邀买人心，博取正义的名声。

“扶老携幼”也是典故，是说搀扶着老人，带领着小孩，即不分老少全体出动。形容人群聚集的场面。

冠冕堂皇

【释义】

冠冕，古代帝王或官员戴的礼帽。堂皇，很有气派的样子。形容表面上庄严或正大的样子。

【出处】

清·文康《儿女英雄传》第二八回：“公子这几句开门炮儿自觉来得冠冕堂皇……”

【故事】

在中国古代，男孩长到二十岁的时候，就要把头发往当中盘梳起来，戴上一个帽子，再插上一根簪子，这个礼仪就叫作“冠礼”。这个时候，表示男孩已经成人，可以进行社交活动了。

但是在周代、秦代、汉代，只有贵族的男孩才能够在行冠礼时戴帽子，平民只能戴头巾。

那么，冕是什么呢？冕是皇帝上朝的时候戴的礼帽。冕的上部有一块板，叫延。延的前后垂着的一串串珍珠，叫旒；延的左右垂在两耳侧的玉，叫作充耳。旒的喻义是视而不见。充耳的喻义是正确的话你就听，不正确的话你就不要听，什么谗言、恶语、污秽之言，就都不要听。所以冕的象征意义是不该看的你不要去看，不该听的你不要听。

顾名思义

【释义】

顾，看；义，意义，含义。看到名称，就联想到它的意义。

【出处】

西晋·陈寿《三国志·魏书·王昶传》:“……欲使汝曹顾名思义,不敢违越也。”

【故事】

王昶,字文舒,三国时做过魏文帝曹丕的太子老师,魏明帝时封为杨烈将军。王昶为人注重名节,他为侄子和儿子起名和字,都遵照谦虚朴实的圣训来体现老人对孩子的期望。所以给大侄子起名为默,字处静;二侄子名沉,字处道。给大儿子起名为浑,字玄冲;二儿子名深,字道冲。并写下文章告诫他们,说:“我给你们起的名和字,是想让你们懂得,为人处世要遵循孔子和孟子的教诲,实现老子和庄子的主张。所以就以玄默冲虚这圣贤的基本理念做你们的名字。想让你们‘顾名思义’,不敢违背。古时人们盛东西的器物和几案手杖上都有铭文或诫言,随时可以看到,用来规范自己的行为,不犯或少犯错误。铭文和诫言尚且如此,更何况自己的名字。能不顾名思义引为诫鉴吗?”

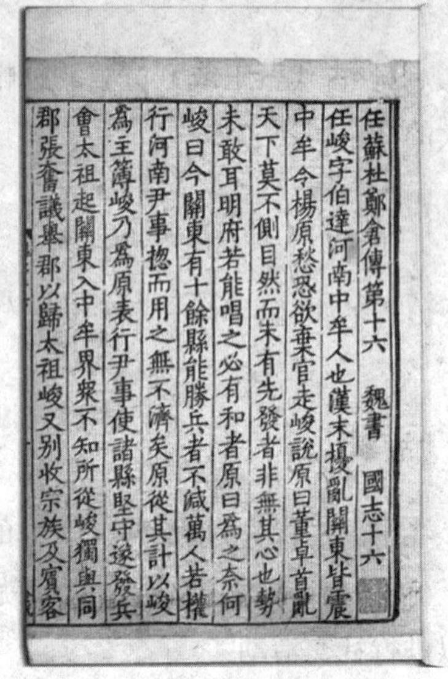
任蘇杜鄭倉傳第十六　魏書　國志十六
任峻字伯達河南中牟人也漢末擾亂關東皆震
中牟令楊原愁恐欲棄官走峻說原曰董卓首亂
天下莫不側目然而未有先發者非無其心也勢
未敢耳明府若能唱之必有和者原曰爲之柰何
峻曰今關東有十餘縣能勝兵者不减萬人若權
行河南尹事揔而用之無不濟矣原從其計以峻
爲主簿峻乃爲原表行尹事使諸縣堅守遂發兵
會太祖起關東入中牟界衆不知所從峻獨與同
郡張奮議舉郡以歸太祖峻又別收宗族及賓客

《三国志》书影

贾人渡河

【释义】

在古时候,“商”为“行商”,“贾”为“坐商”。比喻说话不讲信用,言而无信。

【出处】

出自民间传说故事。

【故事】

从前有个贾人，坐船时，由于遇到暴风雨，掉进了河里，贾人在水中挣扎着呼喊：“救命呀！”

一个渔夫听到喊声，急急忙忙把船摇过来救人。贾人看到渔夫，大声喊道：“快来救我，我给你一百两白银。”渔夫把贾人救起来后，贾人拿出十两银子给渔夫，说：“拿去吧，这十两银子够你辛苦半年的了。”渔夫不接银子，看着贾人说：“刚才你在水中许诺说给一百两银子，而不是十两。”

贾人满脸不高兴地说：“你这人也太不知足了，你一天打鱼能挣几文钱？现在一下子捞了十两银子，不少了。”渔夫说：“你刚才不许诺给一百两银子，我也会救你一命，但你既然说给一百两，我希望你不要失信。”最后，两人不欢而散。

一年后，贾人又去做买卖，碰巧在河中与渔夫相遇。两个人都想起了去年那次不愉快的分手。贾人说：“我给了你十两银子，你为什么不用来当本钱，做点小生意？”

没等渔夫答话，贾人的船触上礁石，船舱进水，船渐渐下沉。贾人急得团团转，大声对渔夫说：“快来救我，这次我给你三百两银子，保证不失信。”

渔夫摇橹从贾人旁边划过去，回头不紧不慢地说：“喊信得过你的人来救命吧，我不要你的银子，可也不救你这种无信无义人的命。”很快，贾人随着沉船在河水中消失了。

这个成语故事告诉我们做人应该讲信用，要遵守诺言。

甘棠遗爱

【释义】

甘棠，木名，即棠梨；遗，留；爱，恩惠、恩泽。表示对离去后的清廉贤明的长官的深切怀念。

【出处】

《诗经·召南·甘棠》：“甘棠，美召伯也。召伯之教，明于南国……”

【故事】

周朝的开创者是周武王姬发。周武王死后，他的儿子周成王姬诵继位。那时，周成王年纪还小,先由周公姬旦辅助朝政,后由周公、召公两人分别掌管国家大事。周公是周文王的小儿子,周武王的弟弟;召公是周文王的侄子、周武王的堂兄弟,他们俩都是周成王的叔父。

有一次,召公巡行南方,大约在汉水上游的一个乡村里,他访问了百姓的生活,还为他们解决了一些问题,老百姓非常感动,对召公十分怀念。召公当年南巡时,曾在一株甘棠树下休息过,这株甘棠树便被当地人们恭敬地保护着,还流传着这样一首民歌,歌的大意是说:可爱的甘棠树,不要砍伐它,召公在这里露宿过;可爱的甘棠树,不要伤害它,召公在这里休息过;可爱的甘棠树,不要攀折它,召公在这里暂住过。

表示对于离去后的清廉贤明的长官的深切怀念。

鼓盆之戚

【释义】

表达对死去的亲人的哀悼,把生死视为一种自然的现象。

【出处】

《庄子·至乐》:“庄子妻死,惠子吊之,庄子则方箕踞鼓盆而……”

【故事】

庄子的妻子死了,惠子去吊丧,见庄子正坐在席上,“鼓盆而歌”。

惠子说:“你跟嫂夫人相住一起这么久了,她为你生儿育女,现在老而身死,你不哭也罢了,还要敲着瓦盆唱歌。这不是太过分了吗?”

庄子说:“不是你说的那样的。我妻子刚死的时候,我怎能没有感慨、叹息呢!可是我想了一想:人本来是没有生命的;不仅没有生命,而且还没有形体;不仅没有形体,连气都没有。在若有若无之间的自然变化中,忽然有了气,气变化而成形体,形体变化而成生命,现在我的妻子变化而死亡,这就好像春夏秋冬四季的运行一样自然啊!她静静地安息于大自然的卧室里,如果我还大哭大闹,那我就不通达大自然的命理了,所以我不哭。”

高山流水

【释义】

比喻遇到知音或知己。也比喻乐曲高雅精妙。

【出处】

《列子·汤问》:"……伯牙鼓琴,志在高山,子期曰:'善哉,峨峨兮若泰山!'志在流水……"

【故事】

古时候,有一对好朋友,一个叫伯牙,一个叫钟子期。伯牙弹得一手好琴,他能把心里所想的用琴声完美地表达出来。钟子期是个樵夫,但却是个懂音乐的行家,无论伯牙用琴声表达什么内容,他都能听出来。

有一次,伯牙和钟子期在一起弹琴娱乐。伯牙手抚琴弦,轻轻拨动,先弹了一首抒情的曲子,接着又弹了一首欢快的曲子。弹着弹着,伯牙一抬头,看见了南窗外远处的一座高山,不禁想起了曾经和钟子期登山的情景,心里一走神,指尖弹出的乐曲突然变得雄壮高峻。钟子期微闭着双眼,正沉浸在欢快的音乐声中,忽然听得琴声变得高昂激越,不由得睁开双眼,高声喝彩道:"好啊,高峻得像泰山一样!"

伯牙见钟子期立刻听出了自己琴声表达的意思,会心一笑,故意又变了个调子,转眼间琴声变得宏大壮阔,好像江水一泻千里。钟子期又喝彩道:"好啊,浩荡得像江河奔流一样!"

伯牙又接连变了几个曲调,钟子期都能准确地判断出来。

后来,两人又携琴同游泰山,他们走到泰山的北面时,突然遇到了暴雨。两人赶紧躲到岩石下面避雨。狂风裹挟着雨点儿抽打着山石、劲松,泰山的一切都隐没在雨幕中,耳边只听见暴雨的喧嚣声。伯牙被这大自然的伟力所震撼,情不自禁地拿出琴,弹了起来。他先弹了一首反映大雨倾盆的曲子,接着,又演奏了山崩的音乐。他刚弹完,钟子期就开玩笑说:"我们的处境很危险啊!不仅面对狂风暴雨,还有山崩地裂呢!"

伯牙放下琴,赞叹道:"好啊,好啊!您听音的功夫实在太高明了,您听出的正是我心里所想的、琴上所表达的意思,我的琴声怎能逃过您的耳朵,您真是我的知音啊!”

成语“高山流水”就是从伯牙和钟子期的故事而来的。

改过自新

【释义】

改正错误,重新做人。

【出处】

《史记·吴王濞列传》:“诈称病不朝,于古法当诛,文帝弗忍,因赐几杖。德至厚,当改过自新。”

【故事】

汉朝初年,临淄有个名叫淳于意的人,他从小就喜欢钻研医术,曾向名医公乘阳庆学习。公乘阳庆那时已七十多岁,他没有儿子,就把自己珍藏多年的秘方和黄帝、扁鹊的脉书都传给了淳于意。淳于意经过名师指点,医术越来越高明。三年后,他为人治病,几乎每次都药到病除,许多人都慕名前来求医。但淳于意却不尽心尽力地为穷人治病,他喜欢在达官贵人中间周旋,常常不在家,病人很难找到他,有时找到他,他也不愿为穷人治病,所以许多病人都对他有意见。

后来,淳于意被人告了。他被官府抓了起来,押解到长安。他的五个女儿见父亲被抓,就跟在后面号啕大哭。淳于意又急又恼,骂道:“我只有女儿,没有儿子,现在遇到急事,也没有人能救我。”

淳于意的小女儿缇萦听到父亲的话非常伤心,决心去救父亲。她一直跟着父亲来到长安,写了封奏书让人转交给汉文帝,书中说:“我的父亲做官的时候,当地人都称赞他为人正直、公正廉洁。现在他犯了法要受刑,我痛苦地想到,一个人死了再也不能复活,因受刑而伤残的身体也再不可能复原,即使想要改过自新,也无济于事了。为了使父亲有改过自新的机会,我宁愿进官府当奴婢,替父亲赎罪。”

汉文帝看了缇萦的上书,被她的一片孝心所感动,就下令赦免了淳于意。

肝脑涂地

【释义】

原意指肝胆脑浆涂抹在地上，形容死得很惨。后来用以表示竭尽忠诚、甘愿牺牲。

【出处】

《史记·刘敬叔孙通列传》:“与项羽战荥阳……使天下之民肝脑涂地。”

【故事】

刘邦建立汉朝后，欲定都于洛阳。

高祖刘邦正在紧锣密鼓地筹划建都洛阳之时，一位叫娄敬的人求见刘邦。

一见面，娄敬就开门见山，直截了当地问刘邦:“陛下，您想在洛阳建立国都，是不是想和周王朝一比高下呢?”

刘邦点了点头，说:“我正有此想法。怎么，我不能和周王朝相比吗?”

“我不是这个意思，”娄敬恭敬地答道，“但是，汉朝与周朝可是两朝。周朝以德行治理天下，而您是从马上得天下。您自从起兵以来，经历大小战斗百余场。如此长期而又频繁的战争，使得大批百姓死于战事而肝脑涂地，他们的尸骨暴露在荒山野外，国内哭声未断，受伤的人也没有复原，您要在洛阳建都，恐怕百姓不堪重负。”

“我认为，还是应当把国都建立在秦地长安为好。那里依山傍水，地势险要，易守难攻，可是一块战略宝地呀！将都城建在长安，都城可真是固若金汤啊！陛下您也可以高枕无忧了。”刘邦听了这番话，觉得很有道理，脸上也露出了喜色。于是他便采纳了娄敬的建议，把国都建在了长安。

功败垂成

【释义】

指事情在将要成功的时候失败了，多含惋惜的意思。

【出处】

《晋书·谢玄传论》:“庙算有遗,良图不果,降龄何促,功败垂成。”

【故事】

谢玄是大诗人谢安的侄子。由于东晋受到日益强大的前秦的进攻,国家需要文武双全的将士,谢安就把谢玄推荐给孝武帝,孝武帝封谢玄为将军,镇守广陵,掌管江北各路人马,人称谢玄的军队为“北府兵”。

383年,前秦皇帝苻坚率九十万大军南下,企图一举消灭东晋。前秦的军队一直打到淝水。谢玄等将领只率领八万军队迎战,他们致信苻坚,要求前秦略向后移,空出一片场地,以便晋军渡河、摆开阵势。虽然有些犹豫,苻坚还是同意后撤。没想到后退行动非常混乱,许多士兵不肯为苻坚卖命,竟然把后退当作了逃跑。晋军趁势大喊“秦军败了”,前秦士兵们跑得更快了,结果谢玄率军乘胜追击,大获全胜。

不久,谢玄收复了北方大片领土,就在这时,孝武帝的同母弟弟司马道子命令他撤回军队,坐镇淮阴。谢玄痛惜已取得的成果都将付诸东流,在南下途中忧愤交加,不幸病倒。孝武帝在京城请了名医为他治病。可是心病无法用药治,两年后,年仅四十六岁的谢玄不幸病逝。

孤注一掷

【释义】

赌徒输急了,把全部赌本都押上去,以定最后输赢。比喻在危急时用尽所有力量作最后一次冒险。

【出处】

宋·辛弃疾《九议》:“于是乎‘为国生事’之说起焉,‘孤注一掷’之谕出焉……”

【故事】

宋元之际,元军中有一员大将名叫伯颜。他善于用兵,率领元军攻克了宋朝许多城邑,一直打到汉口附近。

当时,宋将夏贵率领万余艘战舰据守在长江南岸的各个要害处,他们拥有长江天堑之利,元军无法渡江。伯颜接受了部将的建议,打算避开汉口,经沙芜入江。他先派部队围住驻守在汉阳的宋军,声称要攻下汉阳,由汉口渡江。夏贵果然中计,派兵增援汉阳。见宋军上当,伯颜立刻派兵占领沙芜口,同时派人挖开汉口大坝,元军的船队浩浩荡荡经沙芜口进入长江,直逼军事要塞阳逻堡。伯颜派人到阳逻堡去招降宋军,阳逻堡的宋军将士们对元军使者说:“我们受大宋厚恩,应当拼死保卫大宋江山,怎么能当叛徒投降呢?我们已经准备好了,要和你们决一死战。大宋的天下,究竟归谁,就看今日了。就像赌徒把全部赌注都押上,输赢就看这最后一次了(孤注一掷)。”

伯颜见宋军守将坚决不肯投降,就下令向阳逻堡进攻,可是连攻三日,一点儿进展也没有。伯颜就与部下密谋说:“宋人以为我们一定要攻克阳逻堡才能渡江,可是此堡很坚固,强攻是徒劳的,你带三千铁骑乘船往上游渡江,从南岸抄宋军的后路。”

第二天,伯颜领兵继续进攻阳逻堡,而他的部将阿术趁机率军逆流而上四十里,趁着夜色登上了南岸。宋军没料到元军会突然从背后攻击,虽然宋军顽强抵抗,但最终没有抵挡住元军的猛烈进攻,被打得大败,宋军死伤无数,守将夏贵乘乱逃走。元军终于越过了长江天堑,为吞并江南扫清了道路。

瓜田李下

【释义】

意思是指容易引起别人怀疑的场合。

【出处】

南宋·郭茂倩《君子行》:“君子防未然,不处嫌疑间,瓜田不纳履,李下不整冠。”

【故事】

南北朝时期,北齐的尚书郎袁聿修是一位受人爱戴的清官,百姓曾为他立碑,赞扬他品德高尚,称他为"清郎"。

有一次,袁聿修到外地考察地方官吏,当他经过兖州时,他与在那里做刺史的朋友邢邵相聚,两人畅叙友情。分别后,邢邵送给袁聿修一匹白绸子做纪念。袁聿修没有收,并写了一封信解释原因:"这次我到你这儿是办公事,瓜田李下,容易让人起疑心,越是这时候,越应遵从古训,小心为妙。防止别人说闲话,这就像防止河流决口一样不能马虎。愿你能理解我,你的心意我领了,东西退回,以免为别人留下话柄。"

其中,"瓜田李下"出自曹植的《君子行》:"君子防未然,不处嫌疑间。瓜田不纳履,李下不正冠。"

诗的大意是说:品德高尚的君子,也要远离容易产生是非的地方。走在瓜田里即使鞋带开了也不要弯腰去系;在李子树下,即使帽子被碰歪了也不要举手扶正。以免别人怀疑你偷瓜或摘李子。

袁聿修用"瓜田李下"表明自己小心谨慎以保持自己清名的良苦用心。

过河拆桥

【释义】

自己渡过了河,就把桥拆掉。比喻达到目的以后,就抛弃了帮助过自己的人。

【出处】

明·宋濂《元史·彻里帖木儿传》:"治书御史普化诮有壬曰:'参政可谓过河拆桥者矣。'"

【故事】

元代有个人叫彻里帖木儿,他为人刚毅,处事果断,很得元文宗赏识,被封为中书平章政事。

彻里帖木儿被封为中书平章政事之前,曾在江、浙一带当过官。他发现每次科举考试之时,有钱的考生总要宴请考官,其场面之奢侈,令他大为震惊。彻里帖木儿认为这全是科举制度带来的弊病,所以,他当上中书平章政事以后,就上书建议取消科举制度。监察御史吕思诚不赞成废除科举考试,就联合一些人向元文宗弹劾彻里帖木儿。元文宗赞成废除科举,就驳回了吕思诚等人的诉状,批准了彻里帖木儿的建议。参政许有壬听说皇帝要下诏宣布废除科举考试,急忙到中书省争辩。太师伯颜生气地对他说:"你也不赞成废科举,大概就是你指使吕思诚他们告彻里帖木儿的状的吧?"

许有壬道:"太师您因彻里帖木儿的举荐而在中书省任职,难道那些御史不怕你们,反倒能听我的?"伯颜被驳得哑口无言。

许有壬又说:"如果废除科举,天下学子都要失望了。"

伯颜说:"通过科举考试当官的人,很多人都因贪污受贿而被罢官,所以不能以科举来取士。"

许有壬针锋相对地说:"科举没实行之前,官场中行贿受贿的事层出不穷,难道只有举人(即科考中榜者)才行贿吗?举人中有不良之人,但比起那些行贿的官僚则少多了。"

彻里帖木儿在一旁见两人你一言我一语地争得不可开交,就对许有壬说:"参政,别再争了,皇上已经批准废除科举的奏折了。"

第二天,大臣们齐集崇天门,听太监宣读废除科举的诏书,彻里帖木儿有意让许有壬排在第一个,许有壬知道这是他在羞辱自己,但又不敢不听从,只好硬着头皮站到前边。有个大臣见坚决反对废除科举的许有壬在听宣读废除科举的诏书时,表现出很热心的样子,就讽刺他说:"参政真可算是过河拆桥的人啊!"许有壬十分惭愧,从此托病不上朝了。

感恩图报

【释义】

图:设法。感激别人的恩情而想办法回报。

【出处】

《寄欧阳舍人书》:"其感与报,宜若何而图之。"

【故事】

伍子胥是春秋吴国的大将,他文武双全,有勇有谋,常令敌人闻风丧胆。有一次他率大军去攻打郑国，郑国大乱，郑国国君定公想用丰厚的奖赏来招募勇士抗击。但三天过后，竟无人来应征。

到了第四天的早上，有个打鱼的小伙子来见郑定公，说他有方法使伍子胥退兵。郑定公问他要多少兵车。他说："不用兵车，也不用粮草，光凭我这支划船的桨，就能够把好几万的吴国兵马打退。"

郑定公也只得"死马当活马医"，让他去试试。那个打鱼的人胳肢窝里夹着一根桨，到吴国兵营里去见伍子胥。他一边唱着，一边敲着那根桨打着拍子。他唱着：

"芦中人，芦中人；
渡过江，谁的恩？
宝剑上，七星文；
还给你，带在身。
你今天，得意了；
可记得，渔丈人。"

伍子胥吓了一跳问他："你是谁呀？"

打鱼的人说："你没瞧见我手里拿着的玩意儿吗？我父亲全靠这根桨过日子，他当初也是靠这根桨救了你的命。"

伍子胥这时才想起当年自己芦花渡口逃难的情形。原来伍子胥在逃往吴国的途中，遇到一条大河，河面宽广，河上又没有一条船，后面追兵又快赶来。伍子胥一筹莫展，心急如焚，正在这时，从芦花荡里钻出了一条小船。原来是一位打鱼的老人。这位老人把伍子胥渡过了河。下船后，伍子胥怕他说出去，就对老人说不要把事情说出去。老人对伍子胥早有耳闻，非常敬重他。老人心想他诚心帮伍子胥过河，但伍子胥还怀疑他。他非常伤心，但他没有抱怨伍子胥。为了杜绝伍子胥的疑心，老人就把船划到江中心自沉了。伍子胥看到后大哭，心想是他害了老人。但是追兵在即，他不得不连忙逃走了。

伍子胥想到此，又不由得掉下眼泪来。打鱼的人又说："我们国君下了命令说：'谁能够请将军退兵，就有重赏。'不知将军肯不肯看在我死去父亲的情面上，饶了郑国，也让我能得些奖赏。"

伍子胥说："我非常感谢你父亲的大恩，一直想找机会报答你们家。我有今天全是你父亲的恩德，我怎不感恩图报呢？"说完以后就下令退兵了。

过门不入

【释义】

过:路过。人:进入。路过家门却不进去。形容热心公务而不顾及个人利益的无私奉献精神。

【出处】

《孟子·离娄下》:“禹稷当平世,三过其门而不入。”

过门不入

【故事】

尧在位的时候,黄河流域发生了很大的水灾,庄稼被淹了,房子被毁了,老百姓流离失所,无家可归。不少地方还有毒蛇猛兽,伤害人和牲口,叫人们过不了日子。尧召开部落联盟会议,商量治水的问题。他征求四方部落首领的意见,首领们都推荐鲧。

鲧花了近十年时间治水,却没有把洪水制服,原因是他只懂得水来土掩,只知道造堤筑坝,结果洪水冲塌了堤坝,水灾反而闹得更凶了。

舜接替尧当部落联盟首领以后,亲自到治水的地方去考察。他发现鲧办事不力,就罢了鲧的职务。后来有人推荐说:“鲧的儿子禹聪明过人,机智多谋,又有忧国忧民之心。他跟鲧多年,常提出一些新的治水建议,还是让禹来治水合适。”于是,舜又让鲧的儿子禹去治水。

禹改变了他父亲鲧的做法,用开渠排水、疏通河道的办法,把洪水引到大海里去。禹在治水的时候身先士卒,带头挖土、挑土,手掌和脚底都长满了老茧。他为了治水,终年走南闯北,私事几乎无法顾及。他到了三十岁才结婚,新婚才四天,他就又带着老百姓治水去了。他的孩子长到十多岁了,还没有见过父亲的面。他曾经好几次从自己家门口经过,孩子的哭声都听得见,但他每次都没有进门,带着同伴匆匆走过,治水去了。

经过十三年的努力，禹终于把大水制伏了。从此，江河畅通，田地里又长满了庄稼，老百姓们又可以安居乐业了。大禹三过家门而不入的故事，后来一直被人们所传颂。

“过门不入”又可说“三过其门而不入”。

贵人多忘

【释义】

贵人：地位显贵的人。指地位显赫的人往往不念旧交或讥笑人健忘。

【出处】

《唐摭言·恚恨》：“倘也贵人多忘，国士难期，使仆一朝出其不意，与君并肩台阁，侧眼相视，公始悔而谢仆，仆安能有色于君乎？”

【故事】

王泠然是唐朝时的一名进士，由于家境贫寒，无钱疏通关系，所以一直闲置在家，没能当上一官半职。一次，王泠然想起与御史大夫高昌宇曾经有过交往，于是给他写了一封信，希望他给自己谋个官职。

但是，王泠然没有将信写成恳求的语气，而是更多地展现了他耿直的一面。这封信的开头写道：“还记得你当年在宋城当县尉时的情景吗？那时我的文章已经写得不错，你时常夸奖我，也时常指点我。对此，我一直铭记在心。后来你高升了，到朝廷去做官。我本以为你会时常记起我这个老朋友的，不料你出使江南路过宋城时，问候了许多人，却没有一句话提到我。你升了官眼珠向上翻，可能不愿再问候我这样低贱的人。”

接着，王泠然又写到高昌宇与自己有关的一件事：“有一年你担任主考，我是考生，我以为这下该取了，不料你让我落选。尽管你当年没取我，可我今年还是中了进士。”信快结束了，王泠然表露了他的要求：“你给予的好处我牢记，你给予的耻辱我也没有忘记。我希望你给我一点恩惠，用来清洗你让我蒙受过的耻辱。望你高抬贵手，今年帮助我娶个媳妇，明年为我谋个官职。对你来说，这些都是区区小事，完全可办得到。你的恩情我会牢记在心的。”

“贵人多忘”这个成语,就来源于王泠然这封信。最后,王泠然用不冷不热的话写道:“倘若你因为做了高官成了贵人而把老朋友都给忘了,那么你应该知道,文人的前途是无法预料的。不知哪一天我也当了高官,与你平起平坐,我也傲气十足,对你也侧眼相视。那时你即使懊悔地向我道歉,你想我还会有好的脸色对你吗?”

H

挥汗成雨

【释义】

挥:洒,泼。挥一把汗,汗水洒下来就像下雨一样,形容人极多,也形容出汗很多。

【出处】

《战国策·齐策》:“连衽成帷,举袂成幕,挥汗成雨。”

【故事】

晏子是春秋时齐国人,曾担任齐国的相国。他身材矮小,但能言善辩,是春秋时有名的贤相,也是有名的辩士。

有一次,齐王派晏子出使楚国。当时,楚国非常强大,楚王根本瞧不起齐国,又听说晏子长得矮,就想要借机羞辱晏子。

晏子到了楚国都城门外,却见楚国国都的大门紧紧地关闭着。原来楚王故意让守城门的人把大门关上了,只开着城门旁边的狗洞,还让守城的人喊:“你长得那么矮,从狗洞里进来就行了!”

晏子很庄重地回答说:“我访问人国时走城门,访问狗国时爬狗洞。如果你们认为自己是狗国,那我就从狗洞进去吧。”

守城人无计可施,就去报告了楚王。楚王听了,也哭笑不得,总不能自己承认是狗国吧!他只好下令打开城门,请晏子进来。

楚王接见晏子的时候,坐在高台上一边和身边的美女调笑,一边蔑视地问晏子:“齐国难道没有别的人了吗?”

晏子回答说:“我们齐国人多得很!在我们的都城临淄,到处都挤满了人,人们扬起袖子可以遮挡住太阳,挥一把汗就像下雨。路上的行人太多,肩挨着肩,脚贴着脚,后面的人稍不注意就会踩到前面人的脚跟。大王你怎么说我们齐国没有人呢?”

楚王说:“既然你们齐国有人,为什么要派你当使者呢?”口气中充满了侮辱。晏子不卑不亢地回答说:“我们齐国派使者出访,是有规矩的。出访君主贤明的国家,就派贤明的人当使者;出访君主不贤明的国家,就派不贤明的人当使者。因为我是齐国最不贤明而且是最没有出息的人,所以我们齐王就让我出使你们楚国。”

楚王听了,感到非常难堪,他没想到晏子这么机智,自己本来是想羞辱他一番,却反而被他羞辱了,真是自讨没趣。

何足挂齿

【释义】

足:值得。挂齿:提及,谈及。哪里值得挂在嘴上。不值一提的意思。

【出处】

《史记·刘敬叔孙通列传》:“此特群盗鼠窃狗盗耳,何足置之齿牙间。”

【故事】

秦朝末年,赵高把持朝政,而秦二世每天只知道荒淫享乐,完全不理朝政。秦朝的统治极端残暴,老百姓的生活困苦,哀声遍野。终于,陈胜、吴广揭竿起义,四方百姓全部响应,很快就形成了一只声势浩大的起义军队伍。

起义军声势凶猛,所到之处,官兵们被打得狼狈不堪,四处逃窜,起义军因此占领了很多的地方。消息很快传到了宫里,秦二世很是慌张,连忙召集博士与儒生商议该怎么办才好。儒生们都认为应该发兵讨伐起义军,有个叫叔孙通的人看出了秦二世很害怕起义军,对于讨伐起义军这件事更是感到恐惧。他知道秦二世只喜欢听信谗言,说真话是要吃亏的。他上前说道:“陛下,臣认为他们说的不对。今天下一家,先帝已经下令销毁了所有的兵器,并下令不准再用。况且,有圣明的皇上统治,又制定了完备的法令,人人遵法守则,天下四面八方也都早已归顺我朝,那里还有人敢造反?所谓的造反的人,只不过是一些偷鸡摸狗的小蟊贼而已。区区小事,又何必把他们放在嘴上呢?”

秦二世听到他这么说,心里非常高兴,连连说好,还厚赏了叔孙通。从那以后,秦二世放宽了心,更加大肆享乐,不理朝政,更不会派兵镇压那些“偷鸡摸狗”的小蟊贼。结果,没过多长时间,秦朝就灭亡了。

黄粱一梦

【释义】

黄粱:小米。比喻虚幻不能实现的梦想。

【出处】

《枕中记》:“怪曰:‘岂其梦寐耶?’翁笑曰:‘人世之事亦犹是矣。’”

【故事】

从前,有位姓卢的穷书生,年年参加科举考试,可是考了很多次都没有考中。这一年,他又一次进京赶考。在路途中的旅馆里遇到了一位道士吕翁,双方聊天聊得非常投机,卢生就把自己的遭遇告诉了吕翁。吕翁便从袖子里取出一个枕头,对他说:“你把它枕在头下,便可以一切如意了。”

吕翁说话的时候,旅店主人正在煮黄粱饭。而卢生因为旅途辛苦,确实很累,便糊里糊涂地枕着吕翁给他的枕头睡着了。

不久,他便进入了梦乡。他梦见自己来到一个不知名的地方,娶了当地一位年轻美貌、善良温顺的崔姓女子为妻。那个女子不但家境富有,贤淑能干,而且婚后帮助他做了大官,还替他生了几个子女。

后来,他的儿女都长大了,娶亲的娶亲,嫁人的嫁人,每个人都生活得非常舒适。而卢生也一帆风顺,一直做到宰相的高位。

又过了若干年,儿女们给他添了孙子外孙,他便闲居在家里享福,做起老太爷来。由于他终年嘻嘻哈哈笑颜常开,加上家里的生活条件非常好,住得好,吃得好,所以他一直活到80多岁才安然死去。

当他从梦中醒来的时候,嘴角边还挂着满足的微笑。可等他睁开眼睛一看,原来自己仍住在旅店的小房间中,刚刚那些荣华富贵只是短暂的一场梦罢了。甚至连店主人煮的黄粱饭,也还没有煮熟呢。

卢生梦中的喜悦一下子消失殆尽,他失望极了。吕翁这时才对他说:“别太在意虚无的东西,人生的荣华富贵就如同这场梦一样。你要看开些!”

濠上之乐

【释义】

在壕水桥上的乐趣。是说庄子和惠子在壕水桥上辩论“鱼之乐”的故事。比喻别有会心的闲适之情。

【出处】

《庄子·秋水》:“庄子与惠子游于濠梁之上。庄子曰:‘倏鱼出游从容,是鱼之乐也。’”

【故事】

《庄子》中有许多脍炙人口的故事,其中《秋水》篇中有这样一则故事:“庄子与惠子游于壕梁之上。

庄子曰:‘倏鱼出游从容,是鱼之乐也。’

惠子曰:‘子非鱼,安知鱼之乐?’

庄子曰:‘子非我,安知我不知鱼之乐?’

惠子曰:‘我非子,固不知子矣;子固非鱼也,子之不知鱼之乐——全矣。’

庄子曰:‘请循其本。子曰汝安知鱼乐云者,既已知吾知之而问我,我知之濠梁上也。’”

原文大意是:庄子与惠子在壕水的桥上游玩。

庄子对惠子说:“这快鱼在水中自由自在地游来游去,这是鱼的快活呀。”

惠子说:“你又不是鱼,怎么知道鱼的快活?”

庄子反驳说:“你也不是我,怎么知道我不知道鱼的快活?”

惠子说:“我不是你,本来不知道你;你本来就不是鱼,你不可能知道鱼的快活——我这番论述是很完善的。”

庄子笑道:“请回想一下我们争论的来源。你开始问‘你怎么知道鱼的快活’

那句话，就已经知道我知道鱼快活却还来问我，好无道理！我是从壕水桥上知道鱼的快活的。”

“濠上之乐”也作“壕梁之乐”。

鸿门宴

【释义】

鸿门：地名，今陕西临潼东北。比喻危机四伏，有杀身之祸的宴会。

【出处】

《史记·项羽本纪》：“沛公旦日从百余骑来见项王。至鸿门，谢曰：……”

【故事】

鸿门宴

项羽在巨鹿之战中大获全胜，随后指挥部队西进，直抵秦都咸阳。可是这时候的刘邦已经进入了关中，抢先占领了咸阳，并驻扎军队在函谷关，不让项羽的军队前进。项羽大怒，奋力攻关，刘邦守关将士抵挡不住，弃关而逃。项羽指挥大军，一路追到新丰，在鸿门设下大营。

项羽的谋士范增建议，乘刘邦立足未稳，一鼓作气将他消灭。项羽接受了这个计划，准备以奇兵袭击刘邦，这个计划被项羽叔父项伯知道了。项伯与刘邦的谋士张良私交甚厚，他知道项羽要消灭刘邦，张良一定会被连累。因此，他一人一骑飞奔刘邦驻地霸上，给张良报信，让他迅速离开。

张良得到了这个消息，并没有离开，而是告诉了刘邦，刘邦吓得目瞪口呆。

张良说：“你现有的军队能战胜项羽吗？”

刘邦说：“不能！但事已至此，又怎么办呢！”

“那么现在只有请项伯帮忙了。请他向项羽解释，就说你不敢背叛他，请他不要轻信外面的谣言。”

沛公刘邦依言办理，设盛宴，把项伯请入席中，恭敬地说："刘邦进关以来，连一根草也没敢动。秦国的府库，我封存起来，秦国的官吏，我登记起来，一切等候上将军进关处理。至于在函谷关驻守了军队，那是怕其他游杂部队骚扰关中，这是一种非常处置，绝非阻止上将军进关。我在霸上，日夜盼望上将军来，好有个交代。我怎敢谋反称王，拒抗大军呢？请你代我转言，我生生世世也忘不了你的大恩大德。"

项伯是个老实人，以为刘邦说的是真话，就答应转告项羽，并教刘邦亲自到鸿门向项羽谢罪，刘邦自然遵命办理。

项羽听了项伯的转告后，就取消了攻击刘邦的计划，改在鸿门设宴，等候刘邦前来谢罪。沛公刘邦怀着一种忐忑不安的心情，让谋士张良、勇士樊哙陪伴左右，提心吊胆地赴这鸿门之宴。项羽在酒宴上原谅了刘邦，可是范增却不想放过刘邦，他派项庄刺杀刘邦。刘邦非常幸运，因为有张良和樊哙的帮助，最后得以脱险归去。

刘邦脱逃后，项羽也没有再攻打他了，项羽将刘邦封为汉王，让他去四川驻军了。

海市蜃楼

【释义】

蜃：大蛤。原指海边或沙漠中，由于光线的反射和折射，空中或地面出现虚幻的楼台城郭。现多比喻虚无缥缈的事物。

【出处】

《史记·天官书》："海旁蜃气象楼台，广野气成宫阙然。"

【故事】

《梦溪笔谈》以大量篇幅记述了当时的政治、军事、法律、人事以及一些传闻轶事、艺文掌故等，该书对于研究北宋社会、政治、科技、经济诸方面有重要参考价值。据考证，《梦溪笔谈》问世后，受到学界重视，不久即被刊刻印行。《梦溪笔谈》最初刻的三十卷本，内容比今本要多，但早已散佚，仅二十六卷本经宋元明清刊刻，流传下来。

在《梦溪笔谈》中曾记述了关于海市蜃楼的故事：

在登州的海上，有时候会出现云雾空气，像宫殿居室、台阁景观、城墙垣堞、人物、车马、楼屋顶盖，都清晰可见，人们把这种景象叫作"海市"。有人说："这是蛟龙吐气而形成的。"我怀疑不是这样的。欧阳文忠曾经河朔去出使，路过高唐县，在驿馆的房屋中夜间听到有鬼神从天空而经过，车马人畜的声，都一一可分辨出。他说得非常详细，这里不详细摘录了。询问本地的老人，他们说："二十年前曾在白天路过这个县，也清楚可以看见人与物。"当地人也称这种景象为"海市"。同登州所看见的大致上相同。

沈括也没有解释清楚海市蜃楼形成的原因，但他指出海市蜃楼不是海边独有的现象。实际上，在海边或沙漠中，由于光线的反射和折射，空中或地面出现虚幻的楼台城郭。在成语中，它也比喻虚无缥缈的事物。

骇人听闻

【释义】

骇：害怕，惊惧。指使人听了非常惊讶害怕。

【出处】

唐·魏征等《隋书·王劭传》："劭以此求媚帝。在'著作'将二十年，采迂怪不经之语及委巷之言……或文词鄙野，或不轨不物，骇人视听，大为有识者所嗤鄙。"

【故事】

隋朝有个名叫王劭的人，自幼专心读书，以聪明强记被人称赞。每当有人忘记古书内容，向其求教时，他都能一字不差地背出来。隋文帝听闻王劭的才气，将他召入宫中，任命为"著作郎"。王劭虽有满腹才学，却并不专心从事"著作"，而把主要精力都用在溜须拍马、阿谀奉承方面。

有一次，隋文帝梦见自己想爬上一座高山，但费尽力气怎么也爬不上去，后来在侍从崔彭的帮助下才爬了上去。王劭听说后，对皇帝歪解说："这个梦非常吉利。高山象征您的位置安稳牢固，崔彭代表长寿的彭祖，这表明您将万年长寿啊！"隋文帝听了非常高兴，重重嘉奖了他。除了溜须拍马，王劭还常常讲些荒诞怪异、令人难以置信的东西来哄骗皇帝，借此预言国家将如何兴旺、皇帝将永远稳坐江山等等。他的这些奇谈怪论虽然遭到有识之士的鄙弃,却深得皇帝欢心,使他的官运一帆风顺。

邯郸学步

【释义】

也作"学步邯郸"。原指到邯郸学习他人走路的样子,现比喻模仿不成,反而失去了自己原有的长处。

【出处】

《庄子·秋水》:"且子独不闻夫寿陵余子之学行于邯郸与欤?未得国能,又失其故行矣,直匍匐而归耳。"

【故事】

战国时期,赵国的都城是邯郸。邯郸人走路姿势优美,手脚摆动很有风度。燕国寿陵有位面相清秀的少年,虽然衣食无忧,但是缺乏自信,总认为自己事事不如人:别人穿的衣服比自己好,别人家的饭菜比自己家的香,别人的一举一动也比自己高雅。他听说邯郸人走路姿势优美,便不顾路程遥远,前去学习。寿陵少年每天站在路旁,仔细观察邯郸人的走路方式,并不断揣摩他们的姿势,甚至跟在路人后面一步一步地学习。他跟小孩学习活泼轻松的走路姿势,跟老人学习稳重的走路姿势,还跟妇女学习摇摆多姿。寿陵少年觉得自己的走路姿势越来越别扭,以为是在燕国走了十几年的路,旧习太深,于是彻底摒弃原有的走路习惯,完全按照邯郸人的样子从头学起。然而,过了段时间之后,他不仅没学会邯郸人走路的样子,连原来走路的样子也不会了,只好爬着回到了家乡。

含沙射影

【释义】

比喻暗中攻击或陷害人。

【出处】

晋·干宝《搜神记》:“其名曰蜮,一曰短狐,能含沙射人。所中者,则身体筋急,头痛发热,剧者至死。”

【故事】

相传古时候有种害人的虫子叫蜮。它的外表很像鳖,只有三只脚,一般生活在江河湖泽之中。蜮的嘴中有一条弓弩般的横肉,只要听到有人从岸上或水上经过,就会张牙舞爪,死死地盯着目标。因为它的行踪很隐蔽,不仔细看,很难发现,所以常常有人被它嘴里含的沙粒射中,开始生疮溃烂。即使人的影子被沙射中,也会疾病缠身,非常痛苦。

涸辙之鲋

【释义】

涸:水干。辙:车轮压出的沟痕。鲋:鲫鱼。原指水干后车辙中的鲫鱼,比喻处在困境中亟待救助的人。

【出处】

《庄子·外物》:“庄周忿然作色曰:‘周昨来,有中道而呼者,周顾视车辙中,有鲋鱼焉。’”

【故事】

庄子是战国时期伟大的思想家、哲学家和文学家。他虽然生活贫穷困顿,经常为没米下锅发愁,却能坚持鄙弃权势名利,追求高尚逍遥的精神自由。有一次,庄子家中又断了粮米,就到监河侯家去借米。监河侯不想借,对庄子说:“等我收足了封地的赋税,就借你三百金买粮。”庄子听了这话,感到非常气愤,但他没有发作,只淡淡地说道:“昨天我过来时,在路上听到有呼救的声音。我四面张望,看到干涸的车辙中有条鲫鱼张嘴鼓鳃,快要干死了。我问怎样才能救它,它回答说自己是东海的波臣,只需一升半斗的水就能得救。我说要去南方水资源丰富的吴,越两国,劝国王引来西江的水来救助它。鲫鱼气愤地斥责我不懂道理,斗升之水就可救得一命,却让其苦等西江的水,那还不如早点到卖鱼的鱼肆去找它呢!"

后起之秀

【释义】

秀:指优秀人物。表示后辈中的优秀者。现指新出现的或新成长起来的优秀人物。

【出处】

南朝·宋·刘义庆《世说新语·赏誉》:"范豫章谓王荆州:'卿风流俊望,真后来之秀。'"

【故事】

王忱是东晋时有名的才子,少年时期就显露出不凡的学识。舅父范宁是当时著名的经学家,对他很器重,每当有著名文士拜访,总让王忱到场接待。有一次,王忱去看望舅舅,恰巧学者张玄在范宁家做客。张玄早就听闻王忱是个有才气的青年,很想与他谈谈。因为张玄比王忱年长几岁,所以就摆出一副长者的姿态,等王忱前来主动打招呼。王忱见这人如此傲慢,就故意默默坐着不去搭理,气氛顿时变得十分尴尬。

张玄走后,范宁责备王忱说:"那张玄可是吴中的优秀人才,你为什么不好好与他谈呢?"王忱回答说:"您瞧他那副高高在上的样子,我还怎么同他交谈呢?"范宁觉得外甥说得很对,便称赞他说:"你这样俊逸、有智慧,真是晚辈中的优秀人才啊!"王忱风趣地回答说:"如果没有您这样的舅舅,又哪来我这样的外甥呢?"说罢,舅甥二人大笑起来。

狐假虎威

【释义】

原意指狐狸凭借老虎的威风,后来比喻倚仗他人的威势欺压、吓唬人。

【出处】

西汉·刘向《战国策·楚策一》:“虎求百兽而食之,得狐。狐曰:‘子无敢食我也!天帝使我长百兽,今子食我,是逆天帝命也。子以我为不信,吾为子先行,子随我后,观百兽之见我而敢不走乎?’”

【故事】

战国时期,楚国是个比较强盛的国家。楚宣王对北方各国都惧怕楚国大将昭奚恤而十分不解,询问朝中大臣原因何在,大臣江乙给楚宣王讲了个故事。从前,有只老虎抓住了一只狐狸,正准备吃掉它时,狡猾的狐狸装作镇定的样子说:“尽管你是百兽之王,但却不敢吃我,因为天帝已经让我做王中之王,你吃了我,会遭到天帝的惩罚。”老虎半信半疑,迟疑着不敢下口。狐狸心中暗喜,更加神气十足地挺起胸膛说:“如果你不相信,就跟我到外面走一圈,看是不是所有的野兽见了我都吓得魂不附体,抱头鼠窜。”老虎认为这是个好方法,决定跟着狐狸走一圈。于是,狐狸趾高气扬地前面开路,老虎跟在它的后面。果然,树林里的动物们见到狐狸都大惊失色,四处狂奔乱逃。老虎惊得直流汗,暗自庆幸没有吃掉这个王中之王。事实上,动物们怕的并不是狐狸,而是跟在狐狸后边的老虎。愚蠢的老虎并不知道其中缘故,还以为它们怕的是狐狸呢。

江乙讲完故事后,跟楚宣王指出,北方各国之所以畏惧昭奚恤,是因为楚国的兵权掌握在他的手中,他们惧怕的其实是楚宣王的权势。

囫囵吞枣

【释义】

囫囵:整个儿。把枣整个咽下去,不加咀嚼,不辨滋味。比喻对事物不加分析、不求理解,笼统地接受。

【出处】

宋·白王廷《碧岩录》:“若是知有底人,细嚼来咽;若是不知有底人,一似浑仑吞个枣。”

【故事】

有个自作聪明的书生,看书时总是高声朗读,从不动脑筋想书中的内容,还自以为看了很多书,懂得许多道理。有一天,他参加朋友的聚会,大家边吃边聊。一位客人感慨地说:“这世上很少有两全其美的事。就像吃水果,梨虽然对牙齿好,吃了却伤胃;大枣健胃,吃多了却会伤牙齿。”大家纷纷表示赞同。这个书生为了表现自己的聪明,赶紧说道:“这个问题很好解决嘛!吃梨时不要咽下果肉就不会伤胃,吃大枣时一口吞下就不会伤牙齿了!”桌上正好有盘大枣,他拿起一个就打算直接吞下去。大家怕他噎到,连忙劝阻才算作罢。

讳疾忌医

【释义】

原指隐瞒疾病不愿就医,现比喻掩饰自己的缺点、错误,不愿改正。

【出处】

《韩非子·喻老》:名医扁鹊三次见蔡桓公,都看出他有病,而且一次比一次严重,但是蔡桓公不肯医治,后来扁鹊见到蔡桓公就转身逃走,因为这时蔡桓公已经病入膏肓,无法医治了。汉·司马迁《史记·扁鹊仓公列传》也记载了此事。

【故事】

扁鹊是春秋战国时的名医,医术非常精湛,据说他只要看一眼病人,就知道病到什么程度。

这一天,扁鹊遇见了蔡桓公,在仔细观察了他的气色后,说道:“大王,您得病了。不过病只在皮肤表层,如果尽快医治很容易就能治好。”蔡桓公说自己没有丝毫不舒服的感觉,扁鹊只好无可奈何地走了。

十天后,扁鹊去探望蔡桓公,告诉他道:“您的病现在已经到了肌肉,应该抓紧治疗,否则将会越来越重!”蔡桓公依然认为自己没有病,而且很不高兴。又过了十天,扁鹊再去看望蔡桓公,说道:“大王,您的病已到了肠胃,不能再耽误了!”蔡桓公索性对他不理不睬。

转眼再过十天,蔡桓公外出时遇到扁鹊,扁鹊看了他一眼转身就走。蔡桓公很纳闷,派人去询问原因。扁鹊告诉来人道:“得病不可怕,只要及时治疗,普通的病都会慢慢好转,就怕病人以为自己没有病,不肯积极进行治疗。病在皮肤时可以热敷,病在肌肉时可以针灸,病到肠胃时可用汤药,然而现在大王的病已经深入骨髓,无法医治了!”

几天后,蔡桓公突然发病,急忙派人去请扁鹊,可扁鹊已经去了秦国。没多久,蔡桓公就病死了。

海阔天空

【释义】

阔,广阔。像大海一样辽阔,像天空一样无边无际。形容空间广阔或活动范围无比宽广。比喻胸襟开阔、毫无拘束。也比喻想象、说话、议论或写文章毫无拘束和限制。

【出处】

唐·王玄览《佚题》:“大海从鱼跃,长空任鸟飞。”

【故事】

王玄览是唐初广汉绵竹(今四川绵竹)人。年轻时王玄览喜欢给人算命看相,很灵验,当时人们称他为“洞见”。三十岁后,他喜欢读《道德经》,常常云游天下,回来后常感叹可共修长生之道的人太少了。五十岁时,他在至真观出家,当时来找他询问经义的人络绎不绝。六十岁后,他常常恒坐忘心,人们已经很难见到他了。

王玄览在陟屺寺时,张璪为他画了古松,符载撰写了赞文,卫象题了诗。这三样在当时算是三绝。玄览却统统都抹掉了,说:“他们弄脏了我的墙壁。”有个叫僧那的弟子,常常上房掏家雀,刨墙熏老鼠,王玄览也不责备他。有个叫义诠的弟子,四季只有一件布衫,一天只吃一顿饭,刻苦修行,玄览也不称赞他。有人不理解,王玄览在竹子上题诗道:“欲知吾道廓,不与物情违。大海从鱼跃,长空任鸟飞。”

厚德载物

【释义】

指道德高尚的人能承担重大的任务,也指以深厚的德泽育人利物。

【出处】

《周易·坤》:"君子以厚德载物。"

【故事】

《周易》说:"天行健,君子以自强不息;地势坤,君子以厚德载物"。意思是说,天(即自然)的运行刚强劲健,相应的,君子也应刚毅坚卓,奋发图强;大地的气势厚实和顺,那么,君子也应增厚美德,容载万物。

古代中国人认为天地最大,它包容万物。对天地的理解是:天在上,地在下;天为阳,地为阴;天为金,地为土;天性刚,地性柔。认为天地合,于是万物生长,四时运行。没有天地便没有一切。

通过对天和地的解释,从天地的属性中引申出人生哲理,即人生要像天那样高大刚毅而自强不息,要像地那样厚重广阔而厚德载物。

因此,人有聪明和愚笨,就如同地形有高低不平,土壤也有肥沃贫瘠之分。农夫不会为了土壤贫瘠而不耕作,君子也不能因为一个人愚笨、不肖而放弃对他的教育。天地间有形的东西,没有比大地更厚道的了,没有大地所不承载的。所以君子处世要效法大地,以宽厚的德行对待他人,无论是聪明的、愚笨的,还是卑劣不肖的都要给予一定的包容和容忍。

画地为牢

【释义】

在地上画一个圈当作监狱。比喻只许在指定的范围内活动。

【出处】

西汉·司马迁《报任少卿书》:“故士有画地为牢,势不可入削木为吏,议不可对。”

【故事】

《封神演义》中有这样一个故事:打柴的武吉是一个孝子,一天他到西岐城来卖柴,在南门,正赶上周文王车驾路过。由于市井道窄,武吉将柴担换肩时,柴担突然塌了一头,翻转的扁担打在了守门的军士王相的耳门上,当即就把王相打死了。于是,武吉被拿住来见周文王。周文王说:“武吉既打死王相,理当抵命。”并命人在南门地上画个圈做牢房,竖了根木头做狱吏,将武吉关了起来。三天后,大夫散宜生路过南门,见武吉悲声痛哭,问他:“杀人偿命,理所当然。你为什么要哭呢?”武吉说:“小人母亲七十岁了,她只有我一个孩子,小人也没有妻子,母老孤身,怕要被饿死了!”散宜生入城进殿来见周文王,说:“不如先放武吉回家,等他办完赡养母亲的后事,再来抵偿王相之命。不知如何?”周文王准了,就让武吉回家去了。

汗流浃背

【释义】

浃,湿透。汗水湿透了背上的衣服。形容汗出得很多。后来也形容非常恐惧、紧张、惭愧、惶恐不安。

【出处】

南朝宋·范晔《后汉书·伏皇后纪》:“……操出,顾左右,汗流浃背,自后不敢复朝请。”

【故事】

西汉大将军霍光,是汉武帝的托孤重臣,他身边有个叫杨敞的人,行事谨小慎微,受到霍光的赏识,升至丞相职位,封为安平侯。但杨敞懦弱无能,胆小怕事,根本不是当丞相的材料。

公元前74年,年仅廿一岁的汉昭帝去世了,霍光与众臣商议,选了汉武帝的孙子昌邑王刘贺作继承人。谁知刘贺继位后,经常宴饮歌舞,寻欢作乐。霍光十分担心,他与车骑将军张安世、大司马田延年秘密商议,打算废掉刘贺,另立贤明的君王。计议商定后,霍光派田延年告诉丞相杨敞,以便共同行事。杨敞一听,顿时吓得汗流浃背,惊恐万分。

杨敞的妻子,是太史公司马迁的女儿,十分有胆识。她见丈夫犹豫不决的样子,暗暗着急,趁田延年更衣走开时,上前劝丈夫说:"国家大事,不能犹豫不决。大将军已有了好的提议,你也应当速战速决,否则必然大难临头。"田延年回来时,司马夫人回避不及,索性大大方方地与田延年相见,告知田延年,她丈夫愿意听从大将军的吩咐。田延年听后,高兴而去,回报霍光,霍光也十分满意,立即让杨敞领众臣上表,奏请皇太后。皇太后果然下诏废了刘贺,另立汉武帝的曾孙刘询为帝,史称汉宣帝。

汗马功劳

【释义】

初作"汗马之劳"。汗马,指因奔走而出汗的战马,比喻劳苦征战。初指战功。后指卓越、出众的功绩。

【出处】

西汉·司马迁《史记·萧相国世家》:"今萧何未尝有汗马之劳,待持文墨议论,不战,顾反居臣等上,何也?"

【故事】

萧相国,即萧何。辅佐刘邦称帝的首要功臣。刘邦平定天下后,按功劳大小封赏群臣。他认为萧何的功劳最大,便封为酂侯,赐予丰厚的俸禄。而其他功臣却认为萧何的功绩不足以封侯赐地,他们向刘邦抗议说:"我们跟随您征战天下,出生入死。有的人参战多达百余次,少的也有几十阵。我们攻城掠地,杀敌无数,可以说功高劳苦。可是萧何呢?他只手持笔墨空发议论,从未亲身参战,哪有'汗马之劳'可言。但他得到的封赏却在我们之上,这是什么道理?"

刘邦解释道:"各位都知道狩猎吧?"将军们说:"知道。"刘邦又说:"都知道猎狗吧?”将军们说:“知道。”刘邦接着说:“狩猎时,猎狗负责追杀猎物,它们的行动完全按照猎人的指示。你们呢,攻城掠地确实有功,但你们只是功狗而已。萧何,他是给猎狗发出指示的猎人,他是功人。所以我给他的封赏要比给你们的厚重。”

“功狗”们听了刘邦的解释,只好屈居于“功人”萧何之下,不再争闹。

化干戈为玉帛

【释义】

干,盾牌;戈,一种横刃长柄的兵器;干戈,都是古代的兵器,多用来比喻战争;玉帛,古代祭祀、会盟、朝聘等场合用的礼器。比喻使战争转变为和平。

【出处】

西汉·刘安等《淮南子·原道训》:“昔者夏鲧作三仞之城,诸侯背之,海外有狡心。禹知天下之叛也,乃坏城乎池,散财务,焚甲兵,施之以德,海外宾服,四夷纳职,合诸侯于涂山,执玉帛者万国。”

【故事】

从前,夏部落的首领鲧建了一个三仞(八尺为一仞)高的城池来保卫自己,因为花费了很多钱,引起了诸侯的背叛,大家都想离开他,而别的部落也一直想占领夏王朝。

后来,禹当了首领后,发现了这一情况,于是就拆毁了城墙,填平了护城河,把财产分给大家,毁掉了兵器,用道德来教导人民。于是大家都做自己应该做的事情,别的部落也愿意来归附。禹在涂山开首领大会的时候,来进献玉帛珍宝的首领有上千万。

后来居上

【释义】

居,处在。原指资格浅的新进的人反居资格老的旧臣之上。后指后来的胜过原来的，后辈胜过前辈。

【出处】

西汉·司马迁《史记·汲郑列传》："……前言曰：'陛下用群臣如积薪耳，后来者居上。'上默然。"

【故事】

汲黯是西汉武帝时期的朝廷重臣，以刚直正义、敢讲真话而受人尊重。他为人和做官都不拘小节，讲求实效。他虽然表面上不那么轰轰烈烈，却能把一个郡治理得井井有条。因此，朝廷把他从东海太守调到朝廷当主爵都尉——一种主管地方官吏任免的官职。

有一次，汉武帝说要实行儒家的仁义之政，为老百姓办好事。没等皇帝把话说完，汲黯就说："陛下内心那么贪婪多欲，表面上却要装作实行仁政，这是何苦呢？"一句话把皇帝给挡了回去。汉武帝顿时脸色大变，宣布罢朝，满朝文武都为汲黯捏了一把汗，担心他会因此招来大祸。汉武帝回到宫里以后，对身边的人说，汲黯这个人也未免太粗太直了。从此以后，汲黯的官职再也没有被提升。他当主爵都尉的时候，公孙弘、张汤都还是不起眼的小官，后来，他们都一个劲儿地往上升，公孙弘当上了丞相，张汤做上了御史大夫，可他汲黯还蹲在原地没动窝。

有一天，汲黯对汉武帝说："陛下使用群臣，跟劈柴一样，是'后来者居上'啊！"汉武帝当然听得出这是发牢骚，也没吭声。

怙恶不悛

【释义】

怙，依靠，依仗；悛，改过，悔改。坚持作恶，不肯悔改。

【出处】

春秋鲁·左丘明《左传·隐公六年》："长恶不悛，从自及也。"

【故事】

春秋的时候，郑国是一个新兴国家，公元前722年，郑庄公平定了由兄弟共叔段引起的内乱，巩固了郑国的政权，使国家逐步强盛起来。

郑庄公是一个雄心勃勃、才华横溢的国君，他认为要想称霸天下，必须和邻国搞好关系。于是，派使者到陈国去，提出与他结盟。但陈国的国君陈桓公拒绝了郑国的要求。陈桓公对大臣们说："宋国和卫国才是我们真正的祸患，郑国又能把我们怎么样！"大臣们劝道："亲近仁爱，和邻邦搞好关系，这是国家最平安的政策啊！您还是答应郑国的要求吧！"但陈桓公根本听不进去。

公元前717年，庄公出兵攻打陈国。陈桓公只得慌忙整军迎战，经过一场激战，陈军大败。可是人们一点也不同情陈桓公，说他这是自讨苦吃。史家对这件事评价说：好的事情机会不可失掉，出现坏事的苗子不可让它滋长。

侯门似海

【释义】

王公贵族的门庭像大海那样深邃。比喻权贵人家很难接近。

【出处】

唐·崔郊《赠去婢》："侯门一入深如海，从此萧郎是路人。"

【故事】

崔郊住在汉上（今湖北省武汉市汉阳区一带），崔母有个使女，名字叫作端丽，擅长音乐，唱得好曲，弹得好琴。后来因为崔家一时生活困难，不得已，把使女卖给了连帅。

端丽进了连帅府，连帅对她十分宠爱，含着怕化了，捧着怕摔着。但端丽却一直想着崔郊。

有一天，连帅打发端丽去州府佐史家。端丽乘着小轿，不紧不慢地走在柳荫铺路的大道上。这时，一位书生骑着白马迎面而来，马上的书生正是崔郊。

小轿和白马越来越近。端丽和崔郊终于见面了。两个人说不完的话，诉不完的情，都激动得满脸热泪，立下山河之誓，永不变心。分手时，崔郊送给端丽一首诗。诗云：

公子王孙逐后尘，绿珠垂泪滴罗巾。

侯门一入深如海，从此萧郎是路人。

崔郊把端丽比作晋代石崇的爱妾绿珠，把自己比作萧郎。

后来，连帅发现了这首诗，便派人去叫崔郊前来连府相见。连帅身边的人都不清楚连帅究竟作何打算。崔郊来到连府，拜见了连帅，连帅握着他的手问："'侯门一入深如海，从此萧郎是路人'，就是你写的吧？"崔郊坦然承认。

连帅大为感动，便让崔郊带端丽回家，还赠送了奁匣和帐幔。

崔郊这首诗被题为"赠去婢"，被收进《全唐诗》中。

好逸恶劳

【释义】

逸，安逸；恶，讨厌、憎恨。指贪图安逸，厌恶劳动。

【出处】

南朝宋·范晔《后汉书·郭玉传》："其为疗也，有四难焉，……好逸恶劳，四难也。"

【故事】

郭玉，东汉时期四川广汉人，汉和帝时任太医丞。郭玉医术精深，常有妙手回春之举，汉和帝也常常赞叹他的医术高明。

郭玉不但医术高明，而且宅心仁厚。他为穷人看病时尽心竭力，手到病除。然而，郭玉医术虽然很好，但为富人看病的效果却不明显。为此，汉和帝问他原因是什么。郭玉解释说："为人医病最重要的是意会。人的肌肤、经络细嫩繁密，治疗之时一定要聚精会神，稍有异心就会铸成大错。我为富人看病的时候，他们地位尊贵，自以为是，我因而很害怕，难以集中精力诊断病情。总之，为他们治病有四点困难的地方：他们居高临下，不听我指挥；态度高傲，不与我交流；身体柔弱，经不住强药；'好逸恶劳'，不重视运动。单凭我个人是没有办法解决这些困难的，所以我为富人看病的成效也就不大了。

怀璧其罪

【释义】

把璧玉藏在身上因而招惹罪祸。原指有财足以致祸。现比喻因才遇祸。

【出处】

春秋鲁·左丘明《左传·桓公十年》:“……周谚有之:‘匹夫无罪,怀璧其罪。’”

【故事】

在秦汉的时候,玉器是地位品级的象征,只有贵族和宦官才有佩用的资格,一般百姓,无论贫富,都不得佩用。

虞公是春秋时代姬姓的公爵诸侯,是周皇室的后裔。当时虞公的弟弟虞叔,有一块珍贵的宝玉,虞公要虞叔将这块宝玉送给他,虞叔当时没有答应。过后,虞叔后悔地说:“周人曾有两句俗语‘匹夫无罪,怀璧其罪’(普通人原本无罪,但因为他带有宝物而有罪),我又何必贪恋这块宝玉,而招来祸害呢?”于是将这宝玉慷慨地献给了虞公,虞公得到了宝玉以后,知道虞叔还有一口锋利无比的宝剑,虞公又要虞叔献出,虞叔私下说:“虞公贪得无厌,他这样不知足地索求,必将杀我。”于是乘虞公不备,起兵攻伐虞公,结果,虞公失国,出奔到共池(地名)避难。

怀橘孝亲

【释义】

怀里偷揣上橘子,回家去孝敬娘亲。

【出处】

西晋·陈寿《三国志·吴书·陆绩传》:“陆绩自幼聪明过人,知礼节,懂孝悌,尊重长辈,孝敬父母。”

【故事】

三国的时候,吴国吴郡人陆绩,曾经担任郁林太守。陆绩平生重视写作,著有《浑元图》,并对《易》进行了注释。

传说,陆绩六岁的时候,跟随父亲在九江会见了袁术。袁术用橘子招待客人。陆绩偷偷地把三个橘子藏在了怀里。陆绩父子告别离去的时候,一个橘子从陆绩的怀里掉落在地上。袁术看到了,便笑着说:“陆郎来寒舍做客,怎么往怀里揣橘子呢?”陆绩连忙跪下来,对袁术说:“我的母亲爱吃橘子,我想拿回去给母亲尝尝。”陆绩小小年纪便有如此孝心,袁术认为这样的孩子十分少见。

害群之马

【释义】

比喻危害社会或集体的人。

【出处】

《庄子·徐无鬼》:“夫为天下者,亦奚以异乎牧马者哉?亦去其害马者而已矣。”

【故事】

有一次,黄帝要到具茨山去拜见贤人大隗。黄帝一行人来到襄城原野时,迷失了方向。

这时,黄帝一行人遇到一个放马的孩子,他们就问他:“你知道具茨山在哪儿吗?”孩子说:“当然知道了。”

害群之马

“那么你知道大隗住在哪里

吗?”孩子说:“知道。”

黄帝说:“你这孩子真让人吃惊,你不但知道具茨山的位置,还知道大隗住在哪里。那么我问你,你是否知道如何治理天下呢?”

孩子说:“治理天下,就像你们在野外游走一样,只管前行,不要把政事搞得太复杂。我前几年在尘世间游历,常患头昏眼花的毛病。有一位长者教导我说:你要乘着阳光之车,在襄城的原野上遨游,忘掉尘世上的一切。现在我的毛病已经好了,我又要开始在茫茫尘世之外畅游。治理天下也应当像这样,我想用不着我来说什么。”

黄帝说:“治理天下,确实不是你的事情,可是尽管如此,我还是要向你请教,究竟怎样能治理好天下?”牧童不肯回答,黄帝又问,牧童只好说:“治理天下,就像我放马一样,只要能祛除妨害马儿自然成长、繁衍的东西就足够了。”

黄帝大受启发,称牧童为天师,再三拜谢牧童,方才离开。

汗牛充栋

【释义】

现在形容书籍极多,作品极多。

【出处】

唐·柳宗元《陆文通墓表》:“其为书,处则充栋宇,出则汗牛马。”

【故事】

唐朝的学者陆质耗费大半生的精力研究孔子的《春秋》,他编著了《春秋集注》等多种书,研究成果十分丰富。

唐宋八大家之一的柳宗元曾师从陆质,学习《春秋》,对老师非常敬仰。陆质去世以后,柳宗元写了《文通先生给事墓表》,他在表里介绍了先生毕生的研究状况。在悼文的开始部分,柳宗元概述了学界研究《春秋》的情况,柳宗元写道:“孔子一千五百年前编写了《春秋》,以自己的姓氏为《春秋》作解说的有五家,其中三家最为流行,即《左传》《公羊传》和《穀梁传》,古往今来,有多少人捧着这些书,精心为它们作注释、写评论。由于大家各持己见,对同一事件有不同解释,研究者们就互相攻击、讽刺,并因此又写了很多书。如果把这些书堆放在屋子里,可以从地面一直堆到房顶,如果用车来搬运,就会使牛马累得出汗。由此可见,圣人的书是多么深奥,让人难以理解。”成语“汗牛充栋”就是由此而来的。

好大喜功

【释义】

喜爱干大事,建大功业。现多指不管条件是否许可,办事铺张浮夸。

【出处】

《新唐书·太宗纪赞》:“至其牵于多爱,复立浮图,好大喜功,勤兵于远;此中……”

【故事】

唐太宗李世民是唐代的第二代君王,当年他跟随父亲李渊趁隋末之乱起兵,南征北战,打了无数胜仗,为平定中原,建立李唐王朝,立下了汗马功劳。

李渊起兵反隋后,即挥师从太原向都城咸阳进发,经过霍邑时,遇到了隋朝大将宋老生的顽强抵抗。而且老天也不帮忙,连日阴雨,大军的粮食也快吃完了。李渊就打算退回太原。李世民说:“我们已经昭告天下,起义反抗暴隋,就应该一直打到咸阳,夺取天下。如果退回去,据守太原,那就是反贼了。”李渊不听,仍传令撤军。

李世民见部队开始后撤,忍不住号啕大哭,李渊很吃惊,就问他为什么。李世民说:“撤兵,士气自然会低落,敌人则会从背后趁机追杀,不要多久我们就会被杀死了,所以我伤心啊!”

李渊一听,顿时醒悟,立即派李世民去追回了大部队。不久,雨停了,李世民一马当先,领着将士们英勇奋战,终于攻下了霍邑,扫清了西进咸阳的障碍。

李渊建立唐王朝后,就立大儿子李建成为太子。但是李建成的才干和功劳远远比不上李世民,他担心终有一天李渊会让李世民来取代他,就密谋除掉李世民。李世民知道后,先下手为强,杀了李建成。李渊见木已成舟,只好让位于李世民。

李世民当了皇帝后,采取了一系列的措施,发展生产,还不拘一格选拔人才,国家很快兴旺发达起来。

李世民对历代帝王功成业就后诛杀功臣的做法感触很深,为了提醒自己别忘了功臣们的业绩,他让人画了二十四个功臣的画像,挂在凌烟阁上。

在李世民统治下,国家兴旺,政治清明,形成了历史上有名的“贞观之治”。《新唐书》的作者把李世民比做古代周武王那样的圣明君王。但也指出他晚年好大喜功,为了扩大唐朝势力,领兵亲征辽东,为后人留下了话柄。

鸿鹄之志

【释义】

原来指天鹅有飞越千里的志向和能力,现在比喻人有远大的理想和抱负。

【出处】

《史记·陈涉世家》:“陈涉太息曰:‘嗟乎,燕雀安知鸿鹄之志哉!’”

【故事】

公元前209年,两个军官押送九百多民夫到渔阳去驻守。这些人中陈胜、吴广是屯长,他们是被军官挑选出来协助管理民夫的。

陈胜一行人走到大泽乡时,由于连绵大雨,道路完全被淹没了,他们无法前进。按照秦朝的刑罚规定,被征用的民夫如果误了期限,要处以死刑。陈胜就跟吴广商量说:“我们已经误了期,到了渔阳是要被砍头的,如果开小差,被抓住也免不了一死。我们不如造反,说不定还有一条活路。”

陈胜和吴广商量好了,他们杀死了两个军官,领导了中国历史上第一次大规模的农民起义。

陈胜虽然只是农民,但他在家乡种地时就胸怀大志,常常在心里想:我为什么总要给别人出苦力,什么时候能做大事。有一次他对同伴说:“如果将来我们有人富贵,请不要忘记彼此。”

同伴笑着说:“你是给别人种地的,怎么能富贵呢?”

陈胜说:“燕雀怎么能知道鸿鹄的志向呢!”

“鸿鹄之志”这一成语就是从陈胜的这句话演变过来的。

后生可畏

【释义】

意思是青少年令人敬畏。指青少年是新生力量，朝气蓬勃，有可能超过前辈。常用来赞扬青少年聪明努力，有光明的前途。

【出处】

《论语・子罕》："后生可畏，焉知来者之不如今也。"

【故事】

孔子乘车周游列国的时候，有一次在路上碰到三个孩子，其中两个孩子又追又跑，玩儿得很开心，另一个却站在旁边观看。孔子下车，走到孩子身边问他："你为什么不跟他们一起玩儿呢？"

那个孩子说："打打闹闹太激烈了，就会伤害人的生命；拉拉扯扯不小心，也会损坏人的身体。就是再斯文一些，也有可能撕破衣服，所以我不想和他们一起玩儿。你觉得奇怪吗？"

孔子觉得这个孩子很有意思，就站在那里看了一会儿。这个孩子自己动手用泥土修了一个城堡，修好以后就坐在里面不出来了。孔子准备坐车走了，那个孩子也不让路。孔子又问他："我的车要过去，你为什么坐在里面不让路呢？"那孩子答道："我只听说过车要绕着城走，没听说过城堡要给车子让路的。"

孔子认为这个孩子应变能力很强，很喜欢他，夸奖说："你这孩子，年纪这么小，懂得这么多道理，真不简单啊。"

那孩子却说："人们说鱼生下来三天就会游泳，兔子生下来三天就可以到处跑了，而马生下来三天就跟着母马行走，这都是顺其自然的，和年纪大小有什么关系呢？"孔子由衷地感叹道："一个少年能够明白这么多道理，让人敬畏。由此可见，他的未来是大有希望的，一定会比现在更强。"

河东狮吼

【释义】

比喻嫉妒、厉害的妇人,或用以嘲笑怕妻子的男子。

【出处】

《容斋三笔·卷三·陈季常》:“……故东坡有诗云:‘龙丘居士亦可怜,谈空说有夜不眠,忽闻河东狮子吼,拄杖落手心茫然’。”

【故事】

陈慥是宋代文学家苏轼的朋友。他年轻时喜爱击剑,常与侠客们来往,自称是当世豪杰龙邱先生。陈慥年轻时刻苦学习,希望有机会报效国家,成就一番事业。可惜,一直没能实现自己的理想。到了晚年,他常常吃素念佛,戴一顶高高的方形帽子,所以有人叫他方山子。

陈慥喜欢在家中宴请客人,可是每当大家高谈阔论,正在兴头上的时候,陈慥的妻子柳氏总是粗暴地用棍子敲打墙壁,吵吵闹闹,直到客人都被她赶跑为止。

苏轼听说这件事以后,就写了一首诗来开陈慥的玩笑。

龙邱居士亦可怜,谈空说有夜不眠,

忽闻河东狮子吼,拄杖落手心茫然。

这首诗生动地刻画了陈慥的豪爽及受到妻子惊吓的窘态。“谈空说有夜不眠”,说明陈慥常常与朋友争议佛理通宵达旦。“河东”是地名,柳家是河东的名门望族。杜甫有诗“河东女儿身姓柳”。苏轼用“河东”指代柳氏,狮子吼是双关语,在佛家用语中指佛说法时声音威严,犹如狮吼。而另一层含义则显示出柳氏的粗暴、凶狠。从那以后,人们就用河东狮吼来形容粗暴、厉害的妇女,或嘲笑怕妻子的男人。

鹤立鸡群

【释义】

原意是像野鹤在鸡群中一样高大、突出。比喻仪表出众，品质、才能非常突出，明显高于一般人。

【出处】

晋·戴逵《竹林七贤论》："嵇绍入洛，或谓王戎曰：'昨于稠人中始见嵇绍，昂昂然若野鹤之在鸡群。'"

【故事】

嵇康是魏晋时"竹林七贤"之一。魏国著名的文学家、思想家和音乐家。他不但才学、品貌出众，而且性情耿直，因对掌握政权的司马集团不满而被司马昭杀害。

司马炎称帝以后，召嵇康的儿子嵇绍到京城洛阳做官。嵇绍也像父亲一样身材伟岸，仪表不凡，学问和品格也像父亲一样出众。他走到哪里都很受人瞩目。

有人对嵇康的好朋友王戎说："我见到嵇绍了，他长得那么高大，站在人群中，就好像一只仙鹤站在鸡群里一样高大、不凡。"

王戎不无感慨地说："可惜你没见过他父亲，比他还要高大突出呢。"

晋惠帝时，嵇绍担任侍中，也就是皇帝的警卫。为了平定"八王之乱"，嵇绍随晋惠帝一起出征讨伐叛军。为了掩护晋惠帝而中箭身亡。他的鲜血溅到了晋惠帝的身上，晋惠帝感念嵇绍的忠诚，不让内侍清洗沾了血迹的战袍，以纪念嵇绍的救命之恩。

画虎类犬

【释义】

画虎类犬原指因画技不高，把虎画得像条狗。比喻模仿的效果很坏，弄得不伦不类，从事非力所能及的事而一无所成。也比喻不切实际地追求过高目标反而弄巧成拙，留下笑柄。

【出处】

东汉·班固《后汉书·马援传》："效杜季良而不成，陷为天下轻薄子，所谓画虎不成反类狗也。"

【故事】

画虎类犬

马援是东汉初年的名将。他不但严于律己，对子侄辈的教育也格外严谨。即使在战场上，他也常常修书，给孩子们讲做人的道理。

他听说他的两个侄子马严、马敦染上了喜欢讥讽、议论别人的毛病，并且常和一些轻浮的侠客来往。马援写了一封信，对他们进行教育、指导。

马援在信中说：

"你们知道我讨厌议论别人的长短，今天重提是希望你们时刻牢记。龙伯高为人忠厚、谨慎，不随便说别人的是非，他谦虚、节俭、廉洁、公正，很有威望，我敬重他，希望你们学习他。杜季良为人豪爽、侠义，能够为别人的忧愁而忧，为别人的快乐而乐。好人坏人他都不得罪，他父亲死时，几个郡的人都来吊唁。我也敬重他，但不愿你们向他学习。学不到龙伯高的为人，还可以成为一个谨慎、勤勉的人，就像刻天鹅不像，还像一只鸭子，但是学杜季良如果学不好，就会变成一个轻浮、浪荡的人，就像画虎没画好，就像一条狗一样。"

马援以龙伯高和杜季良为榜样，说出了自己的喜好，也指出了侄子们应该学习什么，不该学习什么。由此可见马援是一个对孩子严管束又讲究方式方法的好长辈。

回光返照

【释义】

回光:指日落时由于阳光的反射作用,而使天空出现短时的明亮。比喻人临死前突然精神振奋。也比喻人自我反省。

【出处】

《五灯会元·黄龙南禅师法嗣》:"诸禅德若能一念回光返照,到自己脚跟下,褫剥究竟,将来可谓洞门豁开,楼阁重重,十分普视,海会齐彰。"

【故事】

贾宝玉把"通灵宝玉"弄丢后,一直魂不守舍。贾母和王夫人为了不让贾宝玉伤心,决定把薛宝钗迎娶过门,嫁给贾宝玉。

其实,宝玉爱的是黛玉而不是宝钗。为了蒙蔽他,凤姐出了个主意,对宝玉说娶的是林妹妹,并严令全府上下不准走漏风声。

不料,黛玉从一个名叫傻大姐的丫头那里得知宝玉将娶宝姑娘。她难过得很,从此一病不起,郁郁寡欢。就在这天夜里,离黛玉居住的潇湘馆很远的一处院落中,宝玉在那里同宝钗拜堂成亲。进入洞房后,宝玉按捺不住兴奋的心情,上前揭了宝钗的盖头,一看是宝钗,以为自己在做梦。第二天,他旧病复发,连饮食也不能进了。

宝玉成亲那天,黛玉已经昏厥过去,只是口中一丝微气不断。到了晚间,她又缓了过来,微微睁开眼,似乎是要喝汤水。这时,贾府大奶奶李纨见她略微缓了过来,心里明白是已到了回光返照的时候,料她还能活半天,便先去料理一些事情。

一会儿,黛玉抓住丫头紫鹃的手,使着劲说:"我是不中用的人了!你服侍我几年,我原指望咱们两个总在一处,不想我……"她说着,又喘了一会儿,闭了眼歇着。半天又说:"妹妹,我这里并没有亲人,我的身子是干净的,你好歹叫他们送我回去!"

说到这里,又闭上眼不言语了。那手却渐渐紧了,气息异常了起来,只是出气大,入气小了。大家赶紧端水来给她擦洗。刚擦着,猛听黛玉直声叫道:"宝玉!宝玉！你好……”

她“好”字还没有说完，便断气死了。

华而不实

【释义】

华：开花。花开得好看，但不结果实。比喻外表好看，内容空虚。

【出处】

《左传·文公五年》：“且华而不实，怨之所聚也。”

【故事】

春秋时，晋国大夫阳处父出使卫国，回来路过宁邑，住在一家客店里。店主姓嬴，看见阳处父相貌堂堂，举止不凡，十分钦佩，他悄悄对妻子说：

“我早想投奔一位品德高尚的人，可是多少年来，一直都没有找到。今天我看阳处父这个人不错，我决心跟随他。”

店主得到阳处父的同意后便离别妻子，跟着他走了。一路上，阳处父同店主东拉西扯，口若悬河，无话不谈。店主一边走，一边听。刚刚走出宁邑县境，店主改变了主意，就和阳处父分手了。

店主的妻子见丈夫突然折回，很是纳闷，问道：

“你好不容易遇到这么个人，怎么不跟他去呢？你不是决心很大吗？家里的事你尽管放心好了。”

“我看到他长得一表人才，以为他可以信赖，谁知听了他的言论却觉得他非常讨厌。我怕跟随他以后没有好日子过，所以就回来了。”店主说。

在店主的眼里，阳处父是一个“华而不实”的人。

后顾之忧

【释义】

顾:回头看。来自后方的忧患。指在前进过程中,担心后方发生问题。

【出处】

《魏书·李冲传》:"朕以仁明忠雅,委以台司之寄,使我出境无后顾之忧。"

【故事】

李冲是南北朝时期北魏人,因学识渊博,熟悉治国安邦的道理而受到皇帝的信任。献文帝在位期间,无论大事小事,一律和他商量。

后来,献文帝病重,临终前,他拉着李冲的手说:"贤卿,寡人死不足惜,只是太子年幼,万望卿等着力扶持。"

不久,献文帝病逝。孝文帝元宏即位,这时他才五岁,十足一个孩子,太后临朝执政,而李冲就任尚书仆射(官名)辅政,许多事务都落在他身上。

针对当时的社会状况,李冲制定并颁布了一系列新措施,一时间国家政治大为改观,国库收入也有所增长。以后孝文帝领兵出征时,就把国中事务交给李冲处理,无论大事小事,李冲都能处理得非常好。

李冲病死后,孝文帝十分悲伤,感叹道:"李冲在世时,我外出十分放心,从无后顾之忧,而今还有谁能做到这点呢?"

沆瀣一气

【释义】

沆瀣:指崔沆、崔瀣。崔沆、崔瀣通同一气。原是对他们两个进行调侃的话。后比喻气味相投的人联合在一起。

【出处】

宋·王谠《唐语林·补遗》:"座主门生,沆瀣一气。"

【故事】

科举考试自隋朝开始,一直进行到清朝末年。读书人要想做官,必须通过科举考试。人们将主考官称为"座主",将被录取的学子称为"门生"。

公元875年,唐僖宗下令举行科举考试。按规定,科举考试由礼部掌管,皇上便让礼部侍郎崔沆担任主考官。

发榜的那一天,榜前人头攒动,都想看一看自己是否考中,能不能雁塔题名。有人一个个地念着名字,念到一个人的名字叫崔瀣,当时念过去也就算了,谁也没有在意这个名字。天黑以后,看榜的人也渐渐散去。

第二天,不知谁编出个笑话,说什么"座主门生,沆瀣一气"。听到这个笑话的人没有一个不笑弯了腰:主考官是崔沆,被录取的人叫崔瀣,他们的关系自然是"座主门生"了;最好笑的是"沆瀣一气","沆瀣",本来指夜间的水汽,文人说话文雅,用以隐指"放屁",把两个人的名字连在一起,倒成了"座主门生,一起放屁"了,哪一个听了会不觉得好笑呢?

后来这个笑话变成一条成语,意思也有变化,指气味相投的人联合在一起。仔细想想这也没什么奇怪,它的引申义和"一起放屁"多少有些联系。

好好先生

【释义】

什么都说"好"的先生。指一团和气,不去得罪任何人的人。

【出处】

南朝宋·刘义庆《世说新语·言语》:刘孝标注引《司马徽别传》:"时人有以人物问徽者,初不辨其高下,每辄言'佳'。其妇谏曰:'人质所疑,君宜辩论,而一皆言"佳",此人所以咨君之意乎?'徽曰:'如君所言,亦复"佳"。'"

【故事】

东汉末年，一些文人学士为求自保，往往三缄其口。当年的司马徽，便是这样的人物。

司马徽客居荆州时，荆州刺史是刘表，他知道刘表不是善辈，为人奸诈阴毒，为了避祸，司马徽从不轻易发表自己的看法，不管别人问什么，他都是一个“好”字应付。

他的妻子对他说：“人家有所疑惑，才来向你请教，你应当详细给人家分析，什么是对的、什么是错的。现在你什么都说‘好’，还要来问你干什么？”

司马徽说：“哎呀，你说得简直是太好了！”

别以为司马徽真的事事如此，他是看人说话，对于所器重的人，也会以实相告。刘备前来拜访他，他便诚心向刘备推荐了诸葛亮，这才有了“三顾茅庐”的佳话，才有了“鼎足三分”的天下。

东汉名士庞德公称诸葛亮为“卧龙”，司马徽为“水镜”，庞统为“凤雏”，说明司马徽颇有知人之明，并非无能之辈。

华封三祝

【释义】

华：古地名；封：封人，守卫疆界的人。守卫华州疆界的人对上古贤者唐尧的三个美好祝愿。多作祝颂之辞。

【出处】

《庄子·天地》：“尧观乎华，华封人曰：‘嘻，圣人。请祝圣人，使圣人寿。’尧曰：‘辞。’‘使圣人富。’尧曰：‘辞。’‘使圣人多男子。’尧曰：‘辞。’”

【故事】

尧，姓伊祁，名放勋，史称唐尧，是我国传说中的上古贤明帝王，人们称他为圣人。

有一年，尧到华州巡游，守卫华州封疆的人看到尧非常高兴，说：“这不是圣人尧吗，让我们给你祝福。”尧说：“多谢了，不必如此。”

守卫边疆的人大声说：“上苍啊，请让这位圣人长寿。”尧听了以后连忙说：“我请求你不要这样说。”

那人继续说道：“上苍啊，请让这位圣人富有。"尧忙说：“请你千万不要这样说。”

那人接着说：“上苍啊，请让这位圣人多子多孙。”尧说：“请你不要这样说了。”

守卫边疆的人感到奇怪，问道：“难道我说错了什么吗？长寿、富有、多子多孙，这些是人们希望得到的，您偏偏不要这些，这是为什么呢？”

尧回答道：“多子多孙使人增加畏惧，富有使人招来许多祸事，长寿会使人蒙受更多的屈辱。这三件事都不能用来增长德行，因此我拒绝了你们的祝福。”

华亭鹤唳

【释义】

华亭，地名，位于今上海松江西；唳：鹤、鸿雁等的鸣叫。在华亭听取鹤的鸣叫声。比喻怀念家乡，悔入仕途。

【出处】

南朝·宋·刘义庆《世说新语·尤悔》：“陆平原河桥败，为卢志所谗，被诛，临刑叹曰：‘欲闻华亭鹤唳，可复得乎？’”

【故事】

西晋有位大文豪，名叫陆机。古人形容别人才华横溢，常常说“潘江陆海”，这“潘”，指的是晋代诗人潘岳；“陆”指的是晋代文豪陆机。

陆机出身名门，祖父陆逊为三国名将，曾任东吴丞相；他是一代名士，是著名的文学家，跟他的弟弟陆云合称“二陆”，受到大家的尊敬。“八王之乱”时，成都王司马颖卷进了争权夺利的漩涡，他爱惜陆机的才华，任命陆机为都督。

公元303年，成都王司马颖、河间王司马颙以长沙王司马乂论功不平为借口，联兵进攻洛阳。司马颖派都督陆机领兵二十万，向洛阳攻去；司马颙派都督张方领兵七万，向洛阳推进。长沙王在洛阳集结了几万军队，严阵以待。

陆机赋诗作文是拿手好戏,让他领兵打仗却是外行。部将牵秀、王粹见主帅书生气十足,不肯听从他的指挥,因而兵力虽多,却是一盘散沙。

敌将王瑚首先发起进攻,牵秀、王粹猝不及防,率领部下一阵风逃走,陆机制约不住,被大军裹挟着退去。一仗打下来,陆机损兵折将,大败而归。

宦官孟玖等人妒忌陆机受到重用,乘机诬陷陆机与长沙王司马乂有私,成都王司马颍听信了谗言,把陆机抓了起来。陆机在临刑前悔恨万分,叹息道:"我还想再去听听家乡华亭的鹤鸣声,可惜再也听不到了!"

黄公垆

【释义】

垆:放置酒坛的土台子,借指酒店。黄公开的那个酒店。指酒店,也比喻触景生情,哀伤旧友。

【出处】

南朝宋·刘义庆《世说新语·伤逝》:"王浚冲为尚书令,著公服,乘轺车,经黄公酒垆下过。"

【故事】

魏晋时期,有个著名文学小集团,叫"竹林七贤"。他们是嵇康、阮籍、山涛、向秀、刘伶、王戎及阮咸。这些人都是当时的风流名士,因为不满当时的暴政,逍遥山野,经常在竹林里饮酒作乐,因此被世人称为"竹林七贤"。"竹林七贤"的不合作态度为朝廷所不容,最后分崩离析,各散西东。

"竹林七贤"中成就最高的是嵇康,他是曹魏宗室的姻亲,因为得罪了高官钟会,最终被杀。阮籍,曾任步兵校尉,世称阮步兵。他崇奉老庄之学,政治上则采取谨慎避祸的态度。司马昭当初想给儿子司马炎娶阮籍的女儿为妻,哪知阮籍整整沉醉六十天不醒,没法跟他提亲。

"竹林七贤"里年纪最小的是王戎,他比阮籍小二十四岁。当初,阮籍与王戎的父亲王浑同为尚书郎,两人经常互相造访。有一次,阮籍到王浑家闲谈,对王浑说:"跟你交谈,还不如跟阿戎说说话。"王浑去世以后,他过去的属下赠钱百万,王戎推辞不肯接受,更加闻名于世。

当年,王戎常常和嵇康、阮籍在著名的酒店“黄公垆”喝酒。后来王戎归顺了司马氏,做了高官。有一次,王戎穿着官服,坐着轻车,从黄公酒垆旁经过。他触景生情,感叹万分,回头对后车的客人说:“从前,我和嵇康、阮籍在这个酒店畅饮过。当年竹林交游,我也跟在后面。自从嵇康早逝、阮籍亡故以后,我就被时势纠缠住了。今天这酒店虽然离我很近,追怀往事却像隔着山河一样遥远。”

黄金台

【释义】

为招募贤才而建造的高台。比喻迫切招募贤才。

【出处】

《战国策·燕策》:“于是昭王为隗筑宫而师之,乐毅自魏往,邹衍自齐往,剧辛自赵往,士争凑燕。”

【故事】

战国时,燕国发生内乱,齐国乘机发动进攻,把燕国军队打得大败,夺取了燕国的大片土地。

燕昭王继承王位以后,决心招纳贤才,振兴国家。他为了宴请天下贤士,筑起了一座高台。很长时间过去了,竟然没有人前来,燕昭王为此闷闷不乐。有一天,他亲自登门拜访郭隗,向他请教招纳人才的办法。郭隗没有直接向燕昭王说出自己的意见,先给燕昭王讲了个故事。

从前有个国王,想用千金买一匹千里马,过了好几年,始终没有买到。国王因为这件事,常常闷闷不乐。他的一个臣子为了完成国王的心愿,自告奋勇要求担当这一任务,国王让他带上千金,去寻找、购买千里马。

那个臣子到处打听,费了三个月的工夫,终于听说某地有一匹千里马。等他兴冲冲地赶到时,可巧那匹千里马已经死去。他花重金买下那匹马的骨头,赶回京城向国王报告。国王一听大发雷霆,说:“我要买的是活马,不是死马。你说说,死马买回来有什么用?何况还白白地浪费了那么多钱。”

那位臣子不慌不忙向国王解释道:“买这匹死马都花了五百金,不要说活马了。这个消息很快就会传出去,天下人都知道大王愿意出大价钱购买千里马,真有千里马的人听到这个消息,一定会自动把千里马送上门来。”国王听了他的话,觉得有些道理,气也慢慢地消了。果然,不到一年的工夫,国王就得到三匹千里马。

讲完故事,郭隗接着说:“要是大王真想招纳贤才,就从任用我开始。像我这样的人都被重用,比我有才能的人一定会自己跑到大王这里来。”

燕昭王果真重用了郭隗,给他造宫府,并且拜他做老师。各国的有才之士听说了这件事,纷纷跑到燕国来做官。燕昭王依靠这些贤才,发奋图强,励精图治,终于实现了自己的愿望:打败了齐国,收复了失地,振兴了国家。

原先,燕昭王建造的高台没有“黄金”二字,后世为了彰显燕昭王招贤迫切之意,演变成“黄金台”。

黄袍加身

【释义】

黄袍:帝王穿的袍服。把黄色的龙袍穿在身上。指做了皇帝。

【出处】

《续资治通鉴长编》卷一:“诸将已擐甲执兵,直扣寝门曰:‘诸将无主,愿策太尉为天子。’太尉惊起披衣,未及酬应,则相与扶出厅事,或以黄袍加太祖身,且罗拜庭下称万岁。”

【故事】

公元959年,后周世宗柴荣突然去世,他七岁的儿子柴宗训继位。

当时,赵匡胤为殿前都点检(全国最高军事长官),兼任宋州节度使,防守都城汴京(今河南开封)。赵匡胤和弟弟赵匡义等见幼主无力治国,便秘密策划篡夺帝位。

公元960年正月初一,全国上下正在欢度新年,镇州和定州来人谎报军情,说北汉和辽国的军队已经出动,正在向南挺进。宰相范质、王溥等惊慌失措,立即派赵匡胤率领大军前去抵抗。

赵匡胤率领部队匆匆出城，到了开封东北的陈桥驿驻扎下来。这天晚上，一些将领纷纷议论道："现在幼主无知，不能主持朝政，如今天下大乱，狼烟四起，我们在前线奋勇杀敌，又有谁能知晓！"

有人说道："不如先立都点检为天子，我们再去前线杀敌。这样既能统一全军号令，我们也能博得个前程。"众人纷纷称是。群龙无首办不成大事，大家悄悄议论了一番，决定去找赵普商议这件惊天动地的大事。

赵匡义和赵普等人正在商量篡位之事，看到众将都有此意，大喜过望。赵普说："大家一致推举都点检为天子，这是人心所向，人心不可违，我们就这么决定！不过，国家发生如此重大变故，上上下下会发生混乱，希望大家约束部下，严禁他们趁机为非作歹，只要四方稳定，大家便可共图富贵。"

第二天黎明，将领们都做好了准备。他们走到赵匡胤的卧室前，将房门敲得山响，高声呼喊道："现在诸将无主，愿立都点检为天子！"赵匡胤披着衣裳打开房门，便被众将拥到厅堂。只见众将个个全副武装，齐刷刷地站在厅前，有人将事前准备好的黄袍披到他身上，众将立即跪倒在地，齐声高呼"万岁"。

后周这个短命王朝，前后仅有十年，就此灭亡。从此以后，大宋王朝建立，天下变成了赵氏的天下。

黄庭换白鹅

【释义】

用书写的一卷《黄庭经》换回一群白鹅。比喻交换的双方各自得到自己喜欢的东西。

【出处】

《晋书·王羲之传》："又山阴有一道士，好养鹅，羲之往观焉，意甚悦，固求市之。道士云：'为写《道德经》，当举群相赠耳。'羲之欣然写毕，笼鹅而归。"

【故事】

晋朝时，有个老道士，很想请著名书法家王羲之抄写一本道教上清派的重要经典《黄庭经》，只因地位悬殊，平时没有来往，无法相求。

他知道王羲之爱鹅成癖,就精心饲养了一群善于鸣叫的鹅,经常让它们在溪流中追逐,以保持健壮的体形。

有一天,王羲之乘船到郊外游玩,见到这群精心饲养的好鹅,赞不绝口,要随从乘船去找鹅的主人,买几只带回去。

不一会儿,随从带着一位老道来了。王羲之要买他的鹅,老道直摇头。王羲之百般央求,老道总算松了口:"我养的鹅从来都没有卖过,今天也不能破这个例。既然大人要,不给也不好,贫道也跟大人商量一下,用大人的字来换鹅行不行?"

王羲之忙问:"怎么个换法?"

老道说:"只要大人赐我一本手书的《黄庭经》,我养的这群鹅就全部送给大人。"

王羲之高高兴兴地答应下来,随着老道来到道观。老道准备好笔墨素绢,王羲之便一丝不苟地在素绢上写了一本《黄庭经》。老道达到了目的,喜不自胜,连忙找人用笼子把鹅全部装上,派小道士将这群鹅送到王羲之府中。

王羲之手书的《黄庭经》,因为有了这个典故,所以世人又称它为《换鹅帖》,是著名的书法精品。原本已经失传,现在留传的只是后世的摹刻本。

好整以暇

【释义】

整:有秩序。暇:空闲,从容。形容办事严整而从容不迫。也指事情虽多,仍旧从容不迫。

【出处】

《左传·成公十六年》:"日臣之使于楚也,子重问晋国之勇,臣对曰:'好以众整。'曰:'又何如?'臣对曰:'好以暇。'"

【故事】

春秋时期,晋国由于郑国背叛盟约,晋王非常生气,决定讨伐郑国,派栾书、郤锜、韩厥率兵攻打郑国。楚共王由于郑国是自己的属国,便代为迎战。楚兵作战勇猛,在作战中,楚共王眼部受箭伤,而楚国养由基又代主射死晋将。

晋军中军帅栾书的儿子栾针，看到楚军左军子重的旗帜，便同子重搭话："我过去曾去过贵国，那时你问过我晋军的勇武表现在哪里？我当时回答你说'好整以暇'（喜好整齐，按部就班，并且从容不迫）。可是现在你我之间作战，不交流使者，搞得很紧张，这是不符合先前咱们所讲的规矩。我现在就请求我的君王派人去给你进酒。"

晋军的使者走到子重面前，恭敬有礼地向他报告："寡君派我来向将军献酒。"

子重喝了栾针的敬酒很受感动，允许使者回去，并赞栾针记性好，然后继续与晋作战，以决雌雄。

楚军和晋军交战，打了一天一夜胜负未见分晓，双方都在暗中谋划。楚共王担心楚军的命运，忙找中军帅子反商量，可是子反却在军营中喝醉了酒，无法拜见楚共王。楚共王见到这情景，悲叹地说："这是上天叫我们楚国失败呀！作为统帅怎么能醉在军营？"说完，他便连夜逃回楚国了。后来，子反因感到羞愧而自杀了。

祸起萧墙

【释义】

萧墙：宫室内当门的小墙。比喻由内部不和而引起的争端和灾祸。

【出处】

《论语·季氏》："吾恐季孙之忧，不在颛臾，而在萧墙之内也。"

【故事】

冉有和子路是孔子的两位得意门生，同在季氏三兄弟府中做家臣。当时的季氏兄弟在鲁国说一不二，完全掌握了全国的政治、经济和军事大权，鲁国国君有名无实。季氏三兄弟打算侵吞弱小邻邦颛臾，让冉有和子路一同去试探孔子的想法。

冉有、子路拜见孔子说："季孙氏准备对颛臾采取军事行动。"孔子说："求！恐怕该责备你了。那颛臾，从前先王让它做东蒙山的主祭，而且它地处鲁国境内。这是鲁国的臣属，为什么要讨伐它呢？"

冉有说："季孙要这么干，我们两个做臣下的都不愿意。"孔子说："周任有句话说：'能施展才能就担任那职位，不能这样做则不担任那职务。'盲人走路不稳，辅助者不去护持,跌倒了,不去搀扶,那何必要用那个辅助者呢?而且你的话错了,老虎和犀牛从笼子里跑出,龟甲和玉器在匣子里被毁坏,这是谁的过错呢?”

冉有说:“如今颛臾城墙坚固而且靠近费城,现在不夺取,后世一定会成为子孙们的忧虑。”孔子说:“君子厌恶那种不说出自己真实意图却经常给自己的行动编造托词的人。我听说这样的道理:不怕东西少而怕分配不均匀,不怕贫困而怕不安定。财物分配公平合理,就没有贫穷;上下和睦,就不必担心人少;社会安定,国家就没有倾覆的危险。依照这个道理,远方之人不降服,就施行文教和德政来招徕他们;来了之后,就使他们生活安定。如今你们两人辅佐季孙,远方的人不归顺,却不能招徕他们;国家四分五裂而不能保持它的稳定统一,反而策动在境内动用武力。我担心季孙氏的忧患不在颛臾,而在鲁国宫廷内部。”

时隔不久,孔子的预言得到了证实,季氏兄弟之间为了争夺各自的利益而发生了内乱。

画饼充饥

【释义】

画个饼来解除饥饿。比喻用空想来安慰自己。

【出处】

《三国志·魏书·卢毓传》:“选举莫取有名,名如画地作饼,不可啖也。”

【故事】

卢毓是三国时魏国很有名气的一位大臣,在魏文帝一朝很受文帝的赏识和重用。他小时候家庭贫苦,很小的时候父母就去世了。然后他就跟着自己的兄长一起生活,可是兄长不久也过世了。但他从小非常聪颖,学习也很刻苦,终于成为很有才学的人,并入京做了官。

卢毓为人非常正直,为政廉洁自律,得到了很多人的称赞。所以很快就升为了侍中,侍奉在皇帝左右。很快,他的才能就表现出来了。他后来当上了吏部尚书,成为掌管官员人事变动的大官。然而,他耿直尚言的个性仍没有改变,有一件事就可以说明这一点。

卢毓升任吏部尚书之前,他担任中书郎的职位。等他调动后,这个职位就空缺出来了,需要选人来填补这个空缺。这时候,魏文帝要卢毓推荐合适的人员,并且说出自己的选拔意见。他说:“这次选拔中书郎是你上任后第一件任务。怎样选拔合适的人,你心里应该已经有数了吧!我想挑选人才最重要的素质是能做实事,现在很多人名气很大,做事却不行,这是一个很大的问题。你担任吏部尚书,不要选只有虚名而不能做实事的人。很多时候,人的名气就像是在地上画的饼,可以看,却不能填饱肚子。你要注意呀!”

卢毓对皇帝的意见是保留的,并提出了自己的看法。他回答道:“陛下您说的问题是实际上存在的。我们选拔优秀的人才,确实不能只看名气,更要看能不能做实事。但是我认为,名气很多时候说明了社会对这个人的整体评价,我们也要关注。特别是有很多人是因为品德修养好而受到大家共同认可的,我们更要关注。很多时候,一个人的品德修养可能比一个人身上其他素质更为重要。所以,品德修养好的人,我们就要作为我们的后备干部,如果他们的能力也合格,就能担任重要的职位。所以,我建议要加强考核,品德修养和真才实学兼备的人就是我们需要的人才。”

魏文帝觉得卢毓的话说得很对,就让他去制定选拔官员的办法。卢毓最终为文帝一朝选拔了很多优秀的官员。

画蛇添足

【释义】

画蛇时给蛇添上脚。比喻做了多余的事,非但无益,反而不合适。也比喻虚构事实,无中生有。

【出处】

《战国策·齐策》:“蛇固无足,子安能为之足。”

【故事】

战国时代是群雄逐鹿的时代,当时的楚国很强大,经常去攻打其他国家。在楚怀王时期,就曾派名将昭阳去率领十万大军攻打魏国。昭阳用兵神速,很快就攻占了魏国的八座城池。这时候,昭阳义气满满,就想乘势再攻打齐国。这样,不仅完成怀王让他攻占魏国城池的任务，还达到了对付齐国的目的。

齐王听到这个消息很着急，召集大臣商量如何应对。这时，他身边的谋臣陈轸站出来，愿意接受这个任务，去游说昭阳放弃攻打齐国的计划。

陈轸知道昭阳是一个喜欢被夸奖的人，于是他首先赞扬了昭阳攻打魏国的功绩，并对他夺取城池表示祝贺。昭阳非常高兴，对陈轸也非常客气。这时，陈轸问昭阳道："将军，像将军您这次立下如此大的功劳，很快就会得到提升和赏赐吧！"昭阳回答："官位不会变的，可能会有一些赏赐吧！"陈轸又问："那像您这样，到老能做到什么职位呢？"昭阳感叹说："也就是做到令尹吧。"陈轸看到昭阳有点泄气的样子，知道可以劝说了，于是就对昭阳讲了一个故事。

故事是这样的：楚国有个人将祭祀用过的食物分给手下人食用。人好几个，可酒只有一壶，不好分配。如果每个人喝一点，大家都感觉不过瘾。可如果只给一个人倒够，但让谁喝呢？这时，有个人提了个建议说："现在我们每个人都画一条蛇，看谁最先画好，这壶酒就让谁喝。"大家都同意这个提议，于是比赛开始了。

有一人画得最快，一会儿就画好了。这时，他得意地一手拿着酒壶，一手看着自己画的蛇。他见其他人还没有画完，就一口一口地喝着美酒，一边自作聪明地给蛇补画起脚来。等他给蛇画了四只脚后，另外一个人也把蛇画好了。那人一把把酒壶抢过去，对他说："蛇是没有脚的，你画蛇有脚，就不是蛇了。这酒该我喝了！"于是，他咕咚咕咚一口把剩下的酒喝掉了。

讲完了故事，陈轸语重心长地对昭阳说："将军领兵打败魏国，攻占了魏国八座城池，却只是得到一点赏赐，连官职都没有大的提升。这是将军的悲哀呀！而现在将军又要攻打齐国，这实在是不明智的。打胜了，将军也不可能得到提拔；可万一打败了，也许连攻打魏国取胜的功劳都会被抹杀掉。您想一下，您这样，是不是和故事中给蛇添脚的人的举动一样？"

昭阳听了陈轸一席话，恍然大悟，赶紧向陈轸致谢，于是放弃了攻打齐国的计划。

画龙点睛

【释义】

原形容梁代画家张僧繇作画的神妙。后多比喻写文章或讲话时，在关键处用几句话点明实质，使内容生动有力。

【出处】

《历代名画记·张僧繇》："金陵安乐寺四白龙不点眼睛，每云：'点睛即飞去。'人以为荒诞，固请点之。须臾雷电破壁，两龙乘之腾去上天，二龙未点眼者见在。"

【故事】

张僧繇是南北朝时著名的画家，他特别善于画龙。张僧繇经常到各地去游玩，也就在各处都留下他的画作。由于他画的龙活灵活现，像马上就要活过来的一样，所以很多人都请他画龙。

画龙点睛

有一次，他跟朋友一起到一个寺庙里去游玩。正在四处游览的时候，住持听说他来了，赶忙将他请到贵宾房里，并说出了请他画龙的请求。张僧繇一口就答应了，于是他开始在寺院的墙上画龙。当画到一半的时候，天空中忽然响起了一阵闷闷的雷声，很快要有暴风雨了。刚一画完，那龙就昂起了头，似乎要从墙壁脱离，准备飞到天上去。周围人看到了，都被惊呆了。张僧繇看见龙要飞走，赶紧在龙的身上画了一条铁链把它锁住，这样，这条龙才安静下来。

又有一次，张僧繇被邀请到金陵的安乐寺画龙。之前，张僧繇画的龙能飞的故事对当地人很有吸引力，所以，张僧繇作画的时候很多人都过来围观。只见他飞快地在墙上走笔，笔速越来越快，很快就画好了四条龙。大家看时，果然是画得非常逼真，只见这些龙或张牙舞爪，或腾飞翻滚，非常逼真。可是遗憾的是，这四条龙都没有给画上眼珠。

人群中有人高声喊道："你的龙怎么没有画上眼珠？"张僧繇说："如果我把眼珠画上去，这些龙马上就会飞走的，所以不能随便给它画上眼珠。"大家听了，都哈哈大笑起来，觉得张僧繇太爱吹牛了。也有人在后面起哄，要张僧繇点上龙眼珠试试。

张僧繇拗不过大家的意见,只好答应了。于是他拿起笔,给其中的两条龙点上了眼珠。这时候,奇迹发生了。晴朗的白天突然电闪雷鸣,一阵狂风从地上刮起来了,吹得人睁不开眼睛。等风停下时,大家都被惊呆了,那两条点了眼珠的龙已经不在墙上了,墙面上只剩下两条没有画眼珠的龙。人们这时才相信张僧繇画的不是假龙,而是真龙。

鹤归华表

【释义】

"化鹤",谓成仙,后多代指死亡。"华表",指久别之人。后来用"鹤归华表"比喻人世的变迁。

【出处】

《搜神后记》卷一:"丁令威,本辽东人,学道于灵虚山。后化鹤归辽,集城门华表柱。时有少年,举弓欲射之。鹤乃飞,徘徊空中而言曰:'有鸟有鸟丁令威,去家千年今始归。城郭如故人民非,何不学仙冢垒垒。'遂高上冲天。"

【故事】

相传,丁令威是辽阳鹤野人,原是一位州官。他为政廉洁,爱民如子,一怀明月,两袖清风。为官之余,他的最大乐趣就是养鹤。丁令威任职时期,适逢大旱,人民四处逃荒,十室九空。地里野菜挖尽,树皮扒光,地旱三尺,河水断流,百姓弃子于街巷、野路之间。真是民不聊生,怨声载道啊!丁令威目睹此悲惨情景,怜悯之情使他彻夜不眠。他曾多次呈书京都,待御旨下来好开仓济民。等呀等,到头来仍是音讯杳无,希望像泡影一样破灭了。丁令威不忍见百姓处于水火之中,只好私自下令,打开官仓赈济灾民。老百姓分到粮食,大街小巷笑语盈门,一片欢腾景象。

然而,丁令威的大祸来临了。开仓放粮一事像生了双翅,传入京城,激怒了皇上,当即派钦差大臣到辽阳视察。在封建社会里,那时节,私开官仓的属于不赦之例,当然,丁令威也就难免杀头之祸了。

当把丁令威绑赴法场时,监斩官问丁令威还有什么要求。丁令威仰天长叹一声,说:"我生平最喜欢鹤,亲自养了两只,三年前飞走一只,现在家里还有一只,在我临死之前，我要再亲手喂它一口食。”监斩官说：“好，答应你这个要求！”便差人从他家里把那只白鹤牵到法场。丁令威亲自垛肉喂这只鹤。往常这只鹤见着主人，总是展开翅膀翩翩起舞。可是，此时此刻，白鹤见了主人却两眼垂泪，不住地对空长鸣。就在这当儿，只听半空中也传来一声鹤鸣，接着又有一只白鹤凌空而下。丁令威一看，正是三年前飞走的那只。两只鹤像久别的好友重逢，互相叙述着什么。丁令威看到此番情景，加上自己的不幸遭遇，思绪万千。这时监斩官不耐烦了，大发雷霆，便喊道：“丁令威，不要不知好歹，不要拖延时间，黄泉路你是走定了！”随即命令刀斧手开斩。说时迟，那时快，只见两只鹤展开了双翅交叉在一起形成一朵平云，丁令威不知不觉地稳坐在了上面。霎时，法场上狂风四起，飞沙走石，天昏地暗。还没等刽子手刀落，丁令威已乘着两只鹤腾空而去。

黎民百姓为了纪念这位开仓济民的清官，给丁令威的家立了一个两丈有余的华表，以表对丁令威的千古追思。

好多年以后，有一只雪白的仙鹤从凌虚飞到辽阳，落在鼓楼东边的华表柱上，久久凝望着这座饱经沧桑的古城。有一位少年看见了，觉得蹊跷，拿起弓，搭上箭，就要射那鹤。这时，白鹤飞起，一边低空盘旋，一边做人语吟诵道：“有鸟有鸟丁令威，去家千年今始归，城郭如故人民非，何不学仙冢垒垒。”然后，冲天而去。

J

鞠躬尽瘁，死而后已

【释义】

鞠躬：弯着身子，表示恭敬、谨慎。尽瘁：竭尽劳苦。已：停止。指勤勤恳恳，竭尽心力，到死为止。

【出处】

《后出师表》："臣鞠躬尽力，死而后已。"

【故事】

三国时，诸葛亮受刘备的三顾之恩，便竭尽全力帮助刘备打天下。但是，刘备在当时的群雄中是比较弱小的。因此，诸葛亮一生谨谨慎慎地立功创业，一步也不敢走错。然而，他辛辛苦苦制订的联孙抗曹政策，被刘备亲手发动的讨吴战争所破坏，结果是全军覆没，连刘备也在白帝城忧愤而亡。

刘备死后，他的儿子刘禅继位。刘禅小名"阿斗"，昏庸无能，贪图享乐。诸葛亮仍任丞相，并受封为"武乡侯"，掌握了蜀汉的一切军政大权。诸葛亮是一贯主张联吴抗魏的。他一面和东吴结好，一面南征孟获，平定南中诸郡，以消除后顾之忧。然后又操练兵马，积极准备北伐魏国。

出征前，他曾上表后主，力劝刘禅听信忠言，任用贤臣，疏远小人，这就是流传千古的《前出师表》。北伐开始后颇有战果，但最终失利。诸葛亮回师汉中，日夜操练部队，筹集军械粮草，准备再战。公元228年，北魏进攻东吴兵败，实力大损，诸葛亮决定趁此良机再度北伐。蜀中群臣不然者甚从，多有非议。于是，诸葛亮又上一表给后主。在奏章中，诸葛亮分析局势，认定蜀汉与曹魏不可长期共存，必须利用多年积聚的力量，及时发动攻势。北伐或许可以建立王业，消极防守只会坐待败亡。但事情的发展变化难以测度，自己唯有鞠躬尽瘁，死而后已。至于以后的成败得失，就不是自己的才智所能事先料定的。这一表是为《后出师表》，这篇文章的字里行间，无不体现出一位忠臣贤相的高风亮节。

为了完成统一大业，诸葛亮六出祁山，竭尽全力指挥作战，终因积劳成疾，卒于五丈原军中，实践了他“鞠躬尽瘁，死而后已”的诺言。

嗟来之食

【释义】

比喻带有侮辱性的施舍。

【出处】

《礼记·檀弓下》：“予唯不食嗟来之食，以至于斯也！”

【故事】

春秋时期，有一年齐国发生了严重的饥荒，庄稼颗粒无收。老百姓们都吃不上饭，有许多人饿死了，没死的也是饿得皮包骨头，到外面去逃荒要饭。

有个叫黔敖的财主，家里囤积了许多粮食。看到今年的灾情这么严重，他手下有个人就向他提议说：“外面的饥民都是好多天没有饭吃的，您要是熬点稀粥给他们喝，他们就会对您感恩戴德，您一定能得到一个好名声。”

黔敖听了，觉得很有道理，就真的在路旁架了口大锅，熬了稀粥，施舍给那些路过的饥民。那些饥民们一个个都饿得受不了了，见黔敖施舍稀粥，对他都是千恩万谢的。黔敖心中非常得意，觉得自己简直就是这些人的救命恩人，忍不住就趾高气扬起来。

这时，又有一饿汉走了过来，只见他用破烂的衣袖掩着脸，脚上拖着一双破鞋，走起路来东倒西歪的，浑身没有一点力气。一看就知道，他肯定也是好几天没有吃过东西了。

黔敖见了，就用勺子敲着锅沿，对那个人叫道：“喂！过来吃吧！”语气中充满了居高临下的得意。

奇怪的是，饿汉对锅里的稀粥看都不看一眼，只是扬起脸，注视着黔敖，说：“轻蔑地呼唤别人来吃,是对人的侮辱。我就是因为不吃这种东西,才饿成这个样子的。我宁可饿死,也不会吃的。"

饿汉说完,蹒跚地向前走了。最后,这个人真的饿死了。不过,一直到死,他也没有吃那些轻蔑地让他去吃的施舍之食。

金石为开

【释义】

金石:金属和石头。为:被。最坚硬的东西都被打开了,形容真诚足以打动人心。也比喻意志坚定,能克服一切困难。

【出处】

《新序·杂事四》:"熊渠子见其诚心,而金石为之开,况人心乎?"

【故事】

周朝时,有个名叫熊渠子的人。熊渠子小时候个头不高,瘦瘦的。可他总喜欢拿着大人的弓箭比画着玩。小小的他有个宏伟的志向:长大以后,一定要成为一名"神射手"。

渐渐地,熊渠子长大了。他开始学着大人的样子练习射箭。有一次,熊渠子拿来一张弓,铆足了劲想把弓拉开,可脸都涨得发紫了也没能将弓拉满。他又换了稍微硬一点的弓,一拉,就更拉不动了。一位亲戚看到他吃力的样子就笑着说:"就你还想学射箭,还是歇会儿吧,别累坏了!"有人甚至断言:"任你怎么练,将来也成不了好射手。"性格倔强的熊渠子听了后心里很不服气,他坚信只要努力,就没有做不成的事。

后来,熊渠子坚持每天练习臂力,渐渐地练出了力气,再拉弓射箭时就轻松多了,而且箭飞出去也不再轻飘飘的。

可是,熊渠子射出的箭常常不能准确地射中目标,这令他十分苦恼。但是他毫不泄气,又坚持不懈地练眼力。经过长时间刻苦地训练,他的箭法已经十分高超了,每射十箭总有七八箭能够准确命中目标,人们都夸奖他是个射箭能手。可是熊渠子总觉得不满意。一天,一位智者对他说:"你现在射得很一般,因为你是靠技巧射箭，这不算高明。靠心去射每一枝箭，那才是真功夫呢！”熊渠子听了并不生气，他点点头，沉思起来。尽管还不能完全理解这句话的意思，但熊渠子仍然继续刻苦地练习，争取做到用心射箭。

一天夜里，熊渠子独自一人在山路上行走，猛然看见前面不远处伏着一只老虎，眼看那猛虎就要扑上来。熊渠子大吃一惊，马上镇静下来，心想这正是试试箭法的好机会。他毫不畏惧，迅速取弓搭箭，对准老虎，拉满弓一箭射去。“嗖”的一声之后，全无一点声息。熊渠子暗暗吃惊，心想，这一箭射去，一定能射死老虎，可是那草丛中的老虎一动也不动，怎么回事？熊渠子定了定神，放大胆子，迈步走过去一看，不禁笑出了声——那“老虎”竟是一块“卧”在路边的大石头。再仔细看去，那支箭竟然射进坚硬的石头里去了，连箭翎都深深插在了石头里。

这件事很快传扬开去，人人都夸他剑术高超。之前的那位让熊渠子用心射箭的智者微笑着点点头说：“这不仅因为熊渠子力气大，箭法好，更因为他集中精力，以必胜的信心去迎战对方，所以，金石也被他打开了。”

机不可失

【释义】

机：机会，时机。失：错过。好的时机不可放过，失掉了不会再来。

【出处】

《旧唐书·李靖传》：“兵贵神速，机不可失。”

【故事】

李靖，字药师，唐朝著名军事将领。他出生于官宦之家，从小就有文才武略，又颇有进取之心。后被李世民召入幕府，从此走上了为大唐建功立业的道路。

李渊当皇帝后不久，李靖上书平定长江中游地区称帝的萧铣。李渊采纳了他的计策，任命他为领军总管，并作为李渊的堂侄李孝慕的副手，率军前去讨伐萧铣。

萧铣的探子得到李孝慕大举进攻的情报，急急忙忙赶回江陵向萧铣报告。萧铣先是大吃一惊，继而哈哈大笑，向部将说道：“我有三峡天险，现在又江水上涨，李孝慕纵是神通广大，也难免葬身鱼腹。我想李孝慕不过是虚张声势罢了，不必多虑。”因此不做任何防备。

李孝慕率领三军将领经过长途行军，来到长江边。只见江水横溢，白浪滔天，令人心惊胆寒。许多将领认为，在水涨时渡江太危险，希望等水位下降后再进兵。

但李靖语气坚定地说：“现在一定要渡过江去。要知道，兵贵神速，机不可失。萧铣以为我们被江水阻隔，不会马上进攻。我们必须在他还没有调集兵马之前，趁着这江水猛涨的大好时机，以迅雷不及掩耳之势，一下子攻到城下。这才是用兵的上策。”

李孝慕采纳了他的意见，很快地渡了江。萧铣得知后，赶紧派部将文士弘抵御唐军。李孝慕打算出击，但李靖考虑到文士弘是萧铣的一员猛将，一时很难打垮他，建议等敌军士气衰落时再出击。李孝慕不听，亲自率军出战，结果大败而归。

李靖冷静地观察敌军的追击，见敌人边追边掠夺大量物资，很不方便，他想如果此时反击的话一定会反败为胜。果不其然，李靖大胜。接着，他们乘胜前进，占领江陵，消灭了萧铣政权，统一了江南。

鸡鸣狗盗

【释义】

也作“狗盗鸡鸣”，原意指学鸡鸣叫以骗人，装成狗的样子盗窃。后来比喻低贱卑下的技能或行为，亦指具有这种技能或行为的人。

【出处】

汉·司马迁《史记·孟尝君列传》：“最下坐有能为狗盗者，曰：‘臣能得狐白裘。’乃夜为狗，以入秦宫臧中……孟尝君至关，关法鸡鸣而出客，孟尝君恐追至，客之居下坐者有能为鸡鸣，而鸡齐鸣，遂发传出。”

【故事】

春秋战国时期，孟尝君礼贤下士门客众多，秦昭王想拜他为相，可这时有人进言道：“孟尝君虽很贤能，但他是齐国人，如果拜他为相，他一定会为齐国利益着想，那样的话，秦国就危险了。”这番话说得秦昭王临时改变了主意，立即将孟尝君关押起来，准备找个借口杀掉他。

孟尝君四处托人求情,找到了秦昭王的宠姬。宠姬答应替他说情,但提了个要求:“我听说孟尝君有一件狐白裘,天下无双,如果你能把这件狐白裘送给我,我就帮你。”消息传到狱中,孟尝君更感为难,因为这件狐白裘他早已送给秦昭王,现在叫他如何再有一件?他把难处告诉了门客,就在众人面面相觑之时,坐在门边的一位善于偷盗的门客自告奋勇道:“我能拿到那件狐白裘。”当天夜里,他就趁黑摸入秦宫,偷出了狐白裘。宠姬得到狐白裘后,确未食言,孟尝君很快即被释放并强令回国。因怕秦昭王反悔,孟尝君不敢再耽搁,率领手下人连夜奔逃。一行人逃至函谷关时又遇了难题:按照秦国法规,函谷关每天鸡叫时才开关放人,而现在夜黑如墨,哪敢等到鸡鸣呢?正当众人犯愁之时,又一位门客站了出来,只见他“喔,喔,喔”撮嘴连叫几声,引得城关外的雄鸡全都叫了起来。守关士兵听见鸡鸣,以为天色将明,遂开门放人,孟尝君一行人就这样逃出了秦国。众人很佩服这两位擅偷盗、会鸡鸣的门客,“鸡鸣狗盗”一词亦随之流传下来。

既来之,则安之

【释义】

原意是已经把他们招抚来,就要把他们安顿下来。现指既然来了,就要在这里安下心来。

【出处】

《论语·季氏》:“夫如是,故远人不服,则修文德以来之。既来之,则安之。”

【故事】

春秋时期,鲁国掌握重权的季康子打算吞并附属国颛臾。季康子的家臣冉有和子路是孔子的学生,他们劝阻无效后请教孔子,孔子认为二人未尽到辅佐之责,说道:“治理一个国家,不必去担忧土地、人口的多少,而应该多去想想怎样使百姓安居乐业。只要百姓安定,国家就会富强,这时再施行仁义礼乐的政教来广泛招揽远方臣民,让他们既然来到这里就能安居乐业。你们俩辅佐季康,却不能吸引远方臣民前来归附,使得人民有异心而不和,国家分裂而不能集中。就在自己国家处于分崩离析的情形下,还想动用武力攻伐颛臾,我担心季康的麻烦不在颛臾,而在萧墙之内啊。”文中的“既来之,则安之”意指既然招抚而来,就要安顿下来。

价值连城

【释义】

连城:连在一起的许多城池。形容物品十分贵重。

【出处】

汉·司马迁《史记·廉颇蔺相如列传》:“赵惠文王时,得楚和氏璧。秦昭王闻之,使人遗赵王书,原以十五城请易璧。”

【故事】

战国时期,楚国一位樵夫名叫卞和,他上山打柴时拾得一块璞玉,便进献给楚厉王。谁知楚厉王有眼无珠,非但不奖赏卞和,还说他以石充玉欺骗君王,砍下了卞和的一只脚。楚厉王死后,楚武王继位,卞和再次进殿献宝,这次又由于鉴玉官从中作梗,他又被砍掉了另一只脚。虽然失去了双脚,但卞和献宝之心仍未泯灭,当楚武王暴死,楚文王继位后,他第三次来到郢都求献宝物。楚文王慧眼识珠,一眼就认定此为稀世之宝,赶紧令人小心剖开,只见石中璞玉霎时光华四射,熠熠生辉。因卞和献宝有功,楚文王遂将其命名为和氏璧。

和氏璧几经流传后,落到赵惠文王手里。当时强大的秦国根本不把弱小的赵国放在眼里,秦昭襄王听说后想夺人之美,便差人下书,假意允诺愿以境内十五座城池来换取宝物。这才引出了后来的蔺相如送璧、摔璧、护璧之事。

见异思迁

【释义】

异:不同的,新奇的。迁:变动。看见另一个事物就想改变原来的主意,指意志不坚定,喜爱不专一。

【出处】

先秦·管子《管子·小匡》:“少而习焉,其心安焉,不见异物而迁焉。”

【故事】

春秋时期,齐国相国管仲为国家的强盛做出了重要的贡献。早先,管仲还未效力齐国时,他在好友鲍叔牙的举荐下,面见齐桓公,齐桓公向他请教如何能让民众安居乐业。管仲说道:“士农工商四民,是国家的柱石之民,不可使他们杂居,杂居则说的话、做的事都不一样。因此,圣王总是安排士住于娴静之地,安排农民靠近田野,安置工匠靠近官府,安置商人靠近市场。这样才可以安居乐业。”“那依您的见解,对士该怎么办?”齐桓公又问。管仲回答:“就让士群集在一起讲学传艺,他们父与父在一起就讲义,子与子在一起就讲孝,事君的讲敬,年轻的讲尊。等养成习惯后,他们的思想就安定了,不会见异思迁。”齐桓公很高兴,立即委以重任。齐国遂在君臣二人的共同治理下,逐渐变得强大起来。

江郎才尽

【释义】

原意是指南朝梁时文学家江淹年轻时很有才气,到了晚年文思渐渐枯竭。现用此比喻才思衰退。

【出处】

南朝·梁·钟嵘《诗品·齐光禄江淹》:“初,淹罢宣城郡,遂宿冶亭,梦一美丈夫,自称郭璞,谓淹曰:‘我有笔在卿处多年矣,可以见还。’淹探怀中,得五色笔以授之。尔后为诗,不复成语,故世传江郎才尽。”

江郎才尽

【故事】

传说南朝时期，有位少年名叫江淹，家境贫困读书刻苦，自小写得一手好文章，人称江郎。江郎吟诗写文时文思泉涌，常有奇言佳句出现，渐渐成为名噪一时的文学家。他被罢黜宣城太守乘船归乡时，吩咐将船停在禅灵寺前水港，自己找了家客店留宿，梦见一位自称是西晋文学家郭璞的人对他说："我有支五色笔搁在你那里很多年了，现在还我吧。"江郎探手入怀，果真摸出了支五色玉笔，就还给了那人。江郎梦醒归乡后，再提笔作文，即有无处下笔、文思枯竭之感，偶有成文也是语句平庸，内容平淡，再没见好文章问世。人们便说他是江郎才尽。

焦头烂额

【释义】

烧焦了头，灼伤了额。比喻非常狼狈窘迫，有时也形容忙得不知如何是好，带有夸张的意思。

【出处】

汉·班固《汉书·霍光传》："今论功而请宾，曲突徙薪亡恩泽，焦头烂额为上客耶？"

【故事】

西汉时期，三朝元老霍光死后，其后代仰仗他的名望开始胡作非为，图谋造反。后来霍氏家族被诛，汉宣帝封赏了多位有功之臣，却唯独没给功劳最大的茂陵徐生任何奖赏。于是有人上书讲述了一则故事：从前有个叫淳于髡的人，经过邻居家时看见他家的灶是直烟囱，旁边还堆有一堆柴火，就对邻居说，你家的烟囱要改成弯曲的，柴火要搬到离烟囱远一些的地方，不然会有失火的隐患。邻居不以为然。不久他家果然失火，幸好乡亲们共同来救，损失不算很大。于是邻居赶紧杀牛置酒款待众乡亲，把那些救火时被灼烧得焦头烂额之人安排在上座，其余人等则按功劳排定座次。正吃酒间，猛然有人想到了淳于髡，便问邻居道："你把帮助救火的人都请来了，为什么不请那位建议你改砌烟囱，搬走柴火的客人呢？如果你当初能听他劝告，就不会发生这场火灾了。现在论功请客，怎么能不请对您提出忠告的人坐上座呢?”邻居幡然醒悟,急忙请来了淳于髡位于上座。宣帝看完大臣的上书后,立刻明白了其中深意,立即封赏徐生绸帛十匹,而后又封为郎中。

狡兔三窟

【释义】

指狡猾的兔子一般都有好多个窝以藏身,比喻预先做好藏身的地方或避祸准备。

【出处】

西汉·刘向《战国策·齐策四》:“狡兔有三窟,仅得免其死耳。”

【故事】

春秋战国时期,齐国相国孟尝君门下有门客三千。某次,孟尝君想派人去封地薛地收债,其他人推荐了没有名气的冯谖。冯谖临行前问他需要买什么回来,孟尝君随口说缺什么就买什么吧。冯谖到薛地后,假借孟尝君之命,将欠债百姓的债契都烧了,薛地老百姓对孟尝君感激涕零。冯谖回来后复命道:“我看相国家资丰厚,什么都不缺,只缺‘义’,就为相国买了‘义’。”

没过多久,孟尝君相国一职被免,他回到了自己的封地薛地。当地老百姓扫尘洒水,隆重迎接,孟尝君这才明白了冯谖的深意。冯谖又对他说道:“为了活命,狡猾的兔子会准备三个藏身的‘洞穴’。如今您只有一个洞穴,还不能安枕无忧。我要为您再打造两个‘洞穴’。”

冯谖要来大批的黄金珠宝来到魏国,说服魏王邀请孟尝君做相国,待魏王的使臣真去聘请时,冯谖却又先回到了薛地,告诫孟尝君暂不要接受。如此往返了三次,孟尝君始终未动心思,齐王却坐不住了,害怕贤才出外效力,便又恢复了孟尝君的相国之职,冯谖就这样为孟尝君打造好了第二个窟。接着,冯谖又建议孟尝君向齐王请求先王祭器,并让齐王在薛地建造宗庙供奉先祖。如此一来,薛地就纳入齐王的保护之下,而且免去每年的税,再也没有其他国家敢来侵犯。冯谖精心建造的第三窟也随之完工,孟尝君从此高枕无忧。

借箸代筹

【释义】

箸:筷子。原意是借你前面的筷子来筹划当前的形势。后比喻从旁为人出谋划策。

【出处】

汉·司马迁《史记·留侯世家》:"秦末楚汉相争,郦食其劝刘邦立六国之后,共同攻楚。邦方食,张良入见,邦以前计告之,良认为不可,曰:'臣请借前箸为大王筹之。'"

【故事】

楚汉争霸时期,项羽将刘邦围困在荥阳,汉军粮草匮乏,刘邦忧心忡忡,问计于群臣,谋士郦食其献计道:"以前商汤伐夏桀,把杞地封赏给夏的后代,武王伐纣,把宋地封赏给殷的后代。现在秦国丧失德政、抛弃道义,使得六国的后代没有立足之地。如果陛下能够重新分封六国的后代,六国的君臣百姓肯定会感激陛下的恩德仁义,那么陛下攻打楚国就容易多了。"

刘邦采纳了他的计策,马上命人刻制印玺,准备依计而行。就在一切就绪时,张良外出归来,听说此事后赶紧去拜见了刘邦。刘邦正在用餐,一见张良就高兴地将计划和盘托出。张良说:"我正是为此事而来。请允许我借用您面前的筷子为大王筹划一下形势吧。"于是,张良伸手拿起刘邦食案上的筷子分析起来,力驳这种主张的危害,他每提出一个理由,都摆出一根筷子,一连摆出了八根筷子,均在说明当前形势与商汤伐桀、武王伐纣的不同。

最后,张良总结说:"现在我们的实力并不能确定彻底打败项羽,如果听取郦食其的计策,将土地分给六国后代,那么汉王的将士谋臣将各归其主,就无人跟随您打天下了。"

刘邦恍然大悟,不等吃完饭就立刻下令销毁已刻制完成的六国印玺,避免了一次重大的战略错误。

金蝉脱壳

【释义】

原是一种生物现象，指蝉类昆虫在其生命进程中发生的一种蜕变，也就是人们在树林中能经常见到的——秋蝉从本体脱壳而去，将蝉衣留在枝头。此计运用到军事上，是指丢弃伪装来摆脱敌人，撤退或转移到安全、预定地区，也常用来形容脱身的方法极为巧妙，对方不能立即发觉。

【出处】

元·关汉卿《谢天香》："便使尽此伎俩，千愁断我肚肠，觅下的个脱壳金蝉这一个谎。"

【故事】

三国时期，诸葛亮在第六次北伐途中患病身亡。为使蜀军能安全退回汉中，诸葛亮临终前向姜维密授了退兵之计。姜维依令而行，对外秘不发丧，令工匠模仿诸葛亮的模样雕刻了一个木人，手执羽扇稳坐军中，同时派出杨仪率领部分人马大张旗鼓地向魏军作势欲攻，暗地里则带着灵柩率领大部队随时做好撤退的准备。魏将司马懿远望蜀军阵容齐整，金鼓齐鸣，又见诸葛亮稳坐车中，弄不清对方到底要什么花招，不敢轻举妄动。同时他又怀疑蜀军是诱敌之计，于是命令部队后撤，密切观察动向。姜维见大队魏军后撤，赶紧趁此良机，指挥主力部队迅速而安全地转移，撤回汉中。这便是古代兵法中面临大敌亦能巧妙退军的"金蝉脱壳"之计。

惊弓之鸟

【释义】

指被弓箭吓怕了的鸟儿，比喻受过惊吓的人碰到一点动静就非常害怕。

【出处】

西汉·刘向《战国策·楚策四》:"更羸与魏王处京台之下,仰见飞鸟。更羸谓魏王曰:'臣为王引弓虚发而下鸟。'……有间,雁从东方来,更羸以虚发而下之。魏王曰:'然则射可至此乎!'更羸曰:'此孽也。'王曰:'先生何以知之?'对曰:'其飞徐而悲鸣。飞徐者,故疮痛也;悲鸣者,久失群也。故疮未息,而惊心未去也,闻弦音引而高飞,故疮陨也。'"

【故事】

魏国有个神箭手更羸,箭无虚发,从不失手。某日,他与魏王走在京台之下,抬头看见一群鸟正从头顶上飞过,更羸便对魏王说:"大王,我只用弓不用箭,就可以把鸟射下来。"魏王一听,惊奇地问道:"神箭手本领再高强,又怎能不用箭就射下鸟呢?"更羸笑笑,摆好姿势,拉满弓弦,待那群大雁飞过后,对准掉队的一只大雁虚射而去,那只孤雁竟真的摔落下来!魏王大吃一惊,赞道:"想不到你的箭术竟如此高明!"更羸解释道:"这是一只有隐伤的鸟,它听见弦声因为惊骇而掉落,并非我的箭术高明。"魏王还是有些不解:"大雁飞在空中,你怎么知道它有隐伤?"更羸道:"它飞得慢是因为旧伤疼痛,鸣声凄厉是因为长久失群。原来的伤口没有愈合,惊恐的心理还没有消除,所以一听到弦声,大雁就猛地扇动翅膀往高处飞,瞬间牵扯起旧伤,这疼痛便使它跌落下来。"

精卫填海

【释义】

本意是指传说中一种叫精卫的鸟儿努力填平大海。现常以此比喻意志坚决,不畏艰难。

【出处】

《山海经·北山经》:"炎帝之少女名曰女娃。女娃游于东海,溺而不返,故为精卫,常衔西山之木石,以堙于东海。"

【故事】

相传，炎帝有个乖巧的女儿叫女娃。女娃聪明伶俐，非常渴望父亲能带她到太阳升起的地方看一看。那时炎帝非常忙碌，每天太阳升起时就到东海，直到太阳落下，他都没能抽出时间来满足女娃的心愿。某日，女娃趁父亲外出，一人驾着小船来到东海，并向着太阳升起的地方划去。一阵狂风吹过，大浪迭起，小船被卷入大海，女娃不幸被大海吞没葬身其中。

炎帝知道这个消息后，日日流泪，日日在东海边想念自己的小女儿。女娃的魂魄后来化作一只小鸟，形似乌鸦，花脑袋，白嘴壳，红脚爪，口中发出"精卫、精卫"的悲鸣，人们称它为"精卫鸟"。精卫鸟每天都从居住的发鸠山飞往东海，不停地衔来石子、树枝，发誓要把无情吞噬自己生命的东海填平。人们根据这个传说，概括出"精卫填海"一词，常用来比喻坚持不懈的人。

举案齐眉

【释义】

案：古时有脚的托盘。原指妻子送饭时把托盘举得跟眉毛一样高，现形容夫妻相互尊敬。

【出处】

南朝·宋·范晔《后汉书·梁鸿传》："（梁鸿）为人赁舂，每归，妻为具食，不敢于鸿前仰视，举案齐眉。"

【故事】

东汉时期，有个叫梁鸿的读书人，他虽满腹才学却无意功名，只在乡里隐居。许多人仰慕梁鸿的为人，想把自己的女儿嫁给他，却不想均被梁鸿一一拒绝。同县孟财主有个皮肤黝黑、体态粗壮、勤劳朴素的女子叫孟光，没有一点女儿习气，直到三十岁也没有出嫁，问及何故，她提出要嫁就嫁像梁鸿那样的男子。孟财主无奈，只得托人去梁鸿家说亲，梁鸿听说过孟光其人，当下便同意了。结婚当天，孟光穿起丝绸衣服，头戴美丽饰物，没想到梁鸿居然一连七天没理睬新娘。直到第八天，新婚妻子挽起发髻，摘去首饰，换上布衣布裙，开始勤奋劳作，梁鸿才大喜赞道："好啊,这才是我梁鸿的妻子呢!"

夫妻二人婚后舍弃孟财主家的富裕生活,隐居到霸陵山区皋伯通宅中的廊下小屋打起短工,过起了互助互爱、相敬如宾的俭朴日子。皋伯通起先不了解这对小夫妻,后来看到孟光每次来给梁鸿送饭时都低下头把托盘举得跟眉毛一样高,梁鸿则总是彬彬有礼地用双手接过盘子,他心中大为惊奇。得知原委后,皋伯通大受感动,立即将梁鸿全家请入宅中居住,无偿供给他们衣食,梁鸿从此有了机会著书立说,"举案齐眉"也成为一个美丽的故事流传下来。

噤若寒蝉

【释义】

噤:闭口不说话。寒蝉:冷天的蝉,不再鸣叫。比喻不敢作声或说话。

【出处】

《后汉书·杜密传》:"刘胜位为大夫,见礼上宾,而知善不荐,闻恶无言,隐情惜己,自同寒蝉,此罪人也。"

【故事】

东汉时,有一个叫杜密的人,字周甫。他为人稳重质朴,少年时就显示出了特有的才华。后来,杜密被司徒胡广所赏识,任为代郡太守。杜密为官清正,执法严明,不徇私情。即使再有地位的高官及其子弟,只要犯法,一律查办,从不手软。但他同时又非常爱惜人才,遇到有才学的人,必定向上举荐,使他们得到重用或升迁。

有一年,他到高密县巡视,发现有个名叫郑玄的乡官才学过人,便提拔他到郡里任职,不久,又把他送到太学去深造。后来,郑玄终于成为东汉极负盛名的经学家。

杜密后来辞官回到了家乡,但仍然非常关心政事,时常和当地的郡守、县令谈论天下大事,推举贤士,揭发坏人坏事。当时,有一个叫刘胜的官吏是杜密的老乡,也由蜀郡告老还乡。他的处世哲学就与杜密不同,只是明哲保身。他闭门谢客,不问政事,对好人坏人一概不闻不问。有些人还以为,他这样做人是清高的表现。

有一次,太守王昱和杜密谈起刘胜,夸他是清高之士,还说公卿们都称赞他的为人。杜密知道王昱醉翁之意不在酒，名为称赞刘胜，实则批评自己好管闲事，便对王昱说："刘胜地位很高，受到上宾的礼遇。但他知道有贤士不推荐，听到有人做坏事不吭声，如同冷天的蝉不再鸣叫，这实际上是罪人。"接着，杜密又说："我发现贤人就向你推荐，对违法的坏人敢向你揭发，使你能赏罚分明，不也是为国家尽了一点力吗！"王昱听了这番话，很是敬佩，便愈加厚待杜密了。

锦囊妙计

【释义】

旧小说里描写足智多谋的人把对付敌方的计策写在纸条上，放在锦囊里，以便当事人在紧急时拆阅。比喻有准备的巧妙办法。

【出处】

《三国演义》第五十四回："汝保主公入吴，当领此三个锦囊。囊中有三条妙计，依次而行。"

【故事】

三国时的赤壁大战，孙权、刘备联盟，大败曹操，曹操八十万大军被烧得所剩无几，只好回到许昌去了，刘备趁机占领了荆州。孙权觉得东吴出了很大的力量，荆州却被刘备唾手而得，因此耿耿于怀。正在这时，忽闻刘备的夫人甘夫人病逝。于是周瑜便向孙权献计，打算用孙权之妹孙尚香为饵，诱刘备前来招亲，然后扣下刘备，向诸葛亮讨还荆州。

诸葛亮识破了周瑜之计，作了周密妥善的安排，要让刘备既娶到亲，又能保住荆州。

刘备临行前，诸葛亮给随行的大将赵云三个锦囊，说："锦囊中有三条妙计，你按我的吩咐，依计行事，必可保主公无虞。"赵云领受任务后，带了500名兵士随同刘备来到东吴。

到达东吴后，赵云拆开第一个锦囊，按计让500士兵上街采办喜庆礼物，使满城皆知刘备前来招亲之事；同时，他又陪同刘备带厚礼去见孙权的舅父乔国老，说明招亲之事。乔国老高兴地进宫向他的姐姐吴国太贺喜，结果由吴国太做主，弄假成真，刘备和郡主结了亲。

孙权见一计不成，又采用周瑜的另一个计谋，让刘备沉湎于优裕的生活中，乐而忘返，与诸葛亮等疏远，届时再取荆州。这时刘备新婚宴尔，卿卿我我，果然不想回归。于是，赵云打开第二个锦囊，依计向刘备谎报曹操领兵讨伐荆州。刘备一听大急，赶紧和孙夫人商量，最后决定夫妻一起私下返回荆州。

但他们的行动被周瑜发现，周瑜派将领阻拦。赵云拆开第三个锦囊，依计要刘备请孙夫人出面斥退阻拦的将领。等将领报告孙权，孙权派人持尚方宝剑来阻止时，刘备已和孙夫人登上了诸葛亮前来接应的小船，直驶荆州而去。

由于诸葛亮的三个锦囊妙计，致使孙权和周瑜的诡计没有得逞，周瑜也被人嘲笑“周郎妙计安天下，赔了夫人又折兵”。

拒人千里

【释义】

形容态度傲慢，拒绝他人接近，或自行其是，对别人意见毫无商量的余地。

【出处】

《孟子·告子下》：“距人于千里之外，士止于千里之外，则谗谄面谀之人至矣。”

【故事】

鲁国打算让乐正子治理国政。

孟子说：“听到这一消息，我高兴得睡不着觉。”

孟子的学生公孙丑问：“乐正子很有能力吗？”孟子说：“不是。”

公孙丑又问：“有智慧有远见吗？”孟子说：“不是。”

公孙丑问：“是因为见闻广博吗？”孟子说：“不是。”

公孙丑问：“那您为什么高兴得睡不着呢？”孟子回答说：“因为他能听取别人的意见。”

公孙丑问：“就是因为能听取别人的意见吗？”

孟子说：“对，能听取别人的意见就足以治理天下，更何况是鲁国呢？能听取别人的意见，四面八方的人会不远千里赶来提意见；听不进去别人的意见，那人就会说，'喔喔，你说的这些我早就知道了！'那'喔喔'的声音和脸色就会把别人拒绝在千里之外。这样，有志之士会在千里之外停滞不前，而那些阿谀奉承的人就会到来。和那些阿谀奉承的人在一起，想治理好国家，能办得到吗？"

结草衔环

【释义】

比喻感恩报德，至死不忘。

【出处】

春秋鲁·左丘明《左传·宣公十五年》："及辅氏之役，颗见老人结草以亢杜回，杜回踬而颠，故获之。"

【故事】

公元前594年的秋七月，秦桓公出兵伐晋，晋军和秦兵在晋地辅氏（今陕西大荔县）交战，晋将魏颗与秦将杜回相遇，二人厮杀在一起，正在难分难解之际，魏颗突然见一老人用草编的绳子套住杜回，使这位堂堂的秦国大力士站立不稳，摔倒在地，当场被魏颗所俘，使得魏颗在这次战役中大败秦师。

晋军获胜收兵后，当天夜里，魏颗在梦中见到那位白天为他结绳绊倒杜回的老人，老人说，我就是你把她嫁走而没有让她为你父亲陪葬的那女子的父亲。我今天这样做是为了报答你的大恩大德！

原来，晋国大夫魏武子有位无儿子的爱妾。魏武子刚生病的时候嘱咐儿子魏颗说："我死之后，你一定要把她嫁出去。"不久魏武子病重，又对魏颗说："我死之后，一定要让她为我殉葬。"等到魏武子死后，魏颗没有把那爱妾杀死陪葬，而是把她嫁给了别人。魏颗说："人在病重的时候，神智是昏乱不清的，我嫁此女，是依据父亲神志清醒时的吩咐。"

"衔环"典故出自南朝宋·范晔《后汉书·杨震传》。

杨震父亲杨宝九岁时，在华阴山北，见一黄雀被老鹰所伤，坠落在树下，为蝼蚁所困。杨宝怜之，就将它带回家，放在巾箱中，只给它喂饲黄花，百日之后的一天，黄雀羽毛丰满，就飞走了。当夜，有一黄衣童子向杨宝拜谢说：“我是西王母的使者，君仁爱救拯，实感成济。”并以白环四枚赠予杨宝，说：“它可保佑君的子孙位列三公，为政清廉，处世行事像这玉环一样洁白无瑕。”

果如黄衣童子所言，杨宝的儿子杨震、孙子杨秉、曾孙杨赐、玄孙杨彪四代官职都官至太尉，而且都刚正不阿，为政清廉，他们的美德为后人所传诵。

后世将“结草”“衔环”合在一起，流传至今，比喻感恩报德，至死不忘。

捷足先得

【释义】

疾，迅速。比喻行动敏捷的人，先达到目的或抢先得到益处。也作“捷足先登”。

【出处】

西汉·司马迁《史记·淮阴侯列传》：“秦失其鹿，天下共逐之，于是高材疾足者先得焉。”

【故事】

韩信平定齐地，要求刘邦封他为齐王。刘邦当时处境不太好，又怕韩信叛变，就封韩信为齐王。这时，韩信声势浩大，蒯通就劝韩信趁机独立，和楚、汉三分天下。韩信念及刘邦对他的好处，没有接受蒯通的建议。

后来，刘邦统一天下，建立了汉朝。刘邦开始不信任韩信了，先解除了他的兵权，又将他拘押过一段时间。韩信心里十分不舒服，最后被吕后和萧何设计处死。韩信临死时叹息，后悔当初没有听蒯通的活，刘邦将蒯通抓来审问他，要他承认煽动韩信造反的罪名，蒯通承认他鼓励过韩信造反，并说：“秦朝失去了统治权，好比失去了一只鹿，但是只有身材高大、腿跑得快的人才能首先得到它。当时形势混乱，谁都想取得像你今天的地位，如果说过那样的话的人都是造反，恐怕你不可能一一把他们都处死吧？”

刘邦听了，无话可说，只得将蒯通释放了。

竭泽而渔

【释义】

竭,弄尽;泽,池、湖或水积聚的地方;渔,捕鱼。排尽湖中或池中的水来捉鱼。比喻残酷榨取,不留余地。也比喻只顾眼前利益,不做长远打算。也作"涸泽而渔"。

【出处】

战国·吕不韦等《吕氏春秋·义赏》:"竭泽而渔,岂不获得,而明年无鱼。"

竭泽而渔

【故事】

春秋时,鲁僖公二十八年(公元前632年),晋文公和楚成王在城濮(今山东鄄城县北)交战。晋文公请来了他的舅舅咎犯为自己出谋划策。他问舅舅道:"楚国的兵很多,我国的兵很少,这该怎么办呢?"咎犯回答说:"过分讲究礼节的国君,不在乎那些繁琐的文饰;同样,一向好战的国君,也从来不厌恶欺诈。您可以欺诈楚国呀,如此而已嘛。"

晋文公把咎犯的话说给了大夫雍季听。雍季听了以后说:"'竭泽而渔',这样能捕到很多鱼。因为水没了,捕鱼就跟捡鱼一样,但是明年也就没有鱼了。'焚林而田'(把草和树都烧光了再打猎),这样能捉到很多野兽,但是明年也就没有野兽了。玩弄欺诈的诡计,虽然一时会有所收获,但以后不能重复使用,不能作为保证取胜的长久办法。"

晋文公比较了咎犯和雍季两者的意见,决定以"诈"为战,并在城濮大败了楚国。得胜回朝之后,晋文公论功行赏,雍季受到了上赏。大臣们对晋文公进言说:"城濮之战,大王采用的是咎犯的计谋,得胜是咎犯的功劳。行赏时,却把咎犯排在雍季之后,这怕是不合适吧?"晋文公说:"雍季的话,能保证'百世之利';咎犯的话，只能解决一时之需。怎么能把一时的急需放在‘百世之利’的前面呢？”

文中“焚林而猎”也是典故，或写作“焚林而田”，表达同样的意思。

“百世之利”也是典故，表示长远的利益的意思。

借花献佛

【释义】

借别人的花献给佛祖。比喻拿别人的东西做人情。

【出处】

佛教经典《过去现在因果经》：“今我女弱不能得前，请借二花以献佛。”

【故事】

从前，有一个小镇，那里闹蝗虫闹得特别厉害，所以，不管种什么植物都长得不好，加上常常有猛兽下山吃鸡鸭，让镇民感到很不安，因此释迦牟尼佛特地从天上降临人间，施展佛法收拾了蝗虫，也驯服了猛兽。

镇上的人十分感谢佛祖，其中有一位穷人特地为佛祖献上一束鲜花。当释迦牟尼看到送花的人穿着破烂的衣服，浑身脏兮兮的，却捧着一束美丽的鲜花，忍不住就说：“你家需要我帮忙吗？”献花人说：“佛啊，我不敢欺骗您，我家里是很穷没错，就连这束花都是我去借来的，可是，这是我一片诚心，所以，请您一定要收下。”释迦牟尼十分感动，便让镇上所有的穷人都摆脱了贫穷，从此大家过着幸福的日子。

见利忘义

【释义】

指看到有利可图就忘掉了道义。

【出处】

东汉·班固《汉书·樊郦滕灌靳周传》：“当孝文时，天下以郦寄为卖友。夫卖友者，谓见利而忘义者。”

【故事】

汉高祖死后，吕后专权，她封赏后戚，排斥异己，诛杀功臣。吕后死后，她在遗书中指定内侄吕产为相国，指定吕禄统领京都禁卫军。

吕氏家族掌权，引起了一批功臣的不满，太尉周勃与丞相陈平密议对策，想要诛杀吕氏家族。他们巧使妙计，把吕党要人郦寄争取了过来，并让他去说服吕禄，把兵权还给周勃。

郦寄与吕禄本是很好的朋友，吕禄听了郦寄的话，把北军的军权归还给了周勃。前相国曹参的儿子曹诛又配合朱虚侯刘章控制了南军，并在未央宫杀死了吕产。其余吕氏的大官，也都被周勃派人抓获，一一斩首。吕氏势力全被消灭后，周勃、陈平等大臣迎立代王刘恒为帝，就是汉文帝。

在杀掉吕氏家族这场斗争中，郦寄凭借同吕禄的友情，为刘汉王朝的巩固立下了第一功，却也因此落了个“卖友求荣”的千古骂名。但是《汉书》的作者班固却认为郦寄不属于“见利忘义”的人。

见怪不怪

【释义】

遇到怪异的现象而不惊怪，习以为常。比喻熟视无睹或沉得住气。

【出处】

宋·洪迈《夷坚三志·己·姜七家猪》：“见怪不怪，其怪自败。”

【故事】

有个叫姜七的人开了一家客店。这年春天，姜七曾隐约听到后院有人的哭声，开门去看，却又没有声音。

有一天，五个住店的客人在半夜里也听到了悲悲切切的哭声。他们循着哭声来到了猪圈旁边，原来是一头老母猪在哭。有个客人喝道：“畜生，为什么在此作怪？”母猪说人话：“我本是姜七的亲母……”客人们大为惊奇，那母猪继续说：“我生前以养猪、卖猪为业，靠此发家……”母猪突然翻了个身坐起来：“我死之后，受罚投生为猪,如今十分后悔啊……"

第二天早晨,客人们把昨夜见到的事告诉姜七,劝他奉养那头老母猪。哪知姜七恼怒地说:"畜生的话是不可以相信的！见怪不怪,其怪自败!"

两天后姜七突然发病,他怀疑母猪作怪,叫人把它杀了。没过几天,他自己也死了。

见义勇为

【释义】

义,正义的事;为,做、作。见到能伸张正义的事情便勇敢地去做。

【出处】

《论语·为政》:"非其鬼而祭之,谄也。见义不为,无勇也。"

【故事】

孔子的这两句话是说,明知不是自己的祖先还要祭祀,那是献媚求福。见到可以伸张正义的事情而不做,那是没有勇气。

引文中"鬼",郑玄注为"人神曰鬼",即祖先。

"见义不为,无勇也"后演化为"见义勇为"。

井底之蛙

【释义】

井底的青蛙只能看到井口那么大的一块天。比喻那些见识浅陋、阅历狭窄、目光短浅又妄自尊大的人。

【出处】

《荀子·正论》:"坎井之蛙不可语东海之乐。"

【故事】

生活在浅井里的青蛙对东海的鳖说:“我好快活呀!我可以在井栏上跳来跳去,在井壁的坑里睡觉。踩一脚,井泥不过只没了我的足背。看看我周围的小虫子、小螃蟹、小蝌蚪,没有一个像我这么快乐的。更何况我独占这一洼水!享受在浅井里安居的快乐,这就是人们所说的最大的快乐吧?那么大人先生为什么不来我这浅井游览参观呢?”

东海的鳖听了浅井蛙的宣扬,便试着往浅井爬。没想到,左脚还没迈上井台,右膝就不知被什么绊住了。它犹豫了一下便退了下来,把大海的状况告诉了浅井蛙:

“那个东海呀,一千里的长度不能表明它的大,一千仞的高度也没有它那么深。大禹的时候,十年有九年大涝,但海水看不出升高。商汤的时候,八年有七年干旱,但海岸看不出降低。那大海从来不因为时间的长短而变化,不因为水量的多少而增减。这就是我生活在东海最大的快乐吧。”

浅井蛙听了鳖对东海的描绘后,露出吃惊而又怅然若失的神情。

击楫中流

【释义】

原意是乘船到了江的中央,举起木桨,叩击船舷以表明自己收复失地,报效国家的雄心壮志。现在只取报效国家的雄心壮志之意。

【出处】

《晋书·祖逖传》:“中流击楫而誓曰:‘祖逖不能清中原而复济者,有如大江。’”

【故事】

祖逖是我国历史上有名的爱国将领。祖逖生活的年代正是晋朝的战乱时代,当时,匈奴的贵族刘曜率军攻陷了晋朝的都城洛阳,晋怀帝也在仓皇出逃的半路上被人抓住。

这件事情传到南方后,许多爱国志士都义愤填膺,纷纷表示要出兵北伐,收复中原。祖逖便是这其中最为迫切并且意志最为坚定的一个。祖逖原来住在黄河以北,后来迁到淮河流域,住在京口。颠沛流离的生活使祖逖光复中原的心愿一天比一天强烈。为了收复西晋在黄河以北的失地,他投奔到当时有一定兵力的琅邪王司马睿手下,做司马睿的军事顾问。然而,当时司马睿根本不想北伐,收回失地,对祖逖更是置之不理,祖逖非常苦恼。这次怀帝被俘的事情让祖逖再也忍不住了,他特意跑到建业,当面要求司马睿出兵北伐,打退匈奴的入侵,解救百姓于水火之中。司马睿一心想保全自己,无意出兵北伐,但又不好反对,便沉默不语。为了能够解救当时在黄河以北的大部分百姓,祖逖再一次向司马睿请命。司马睿再也没有理由拒绝他了,于是,他就封祖逖为“奋威将军”,让他去北伐。可是,毫无诚心的司马睿却只给了祖逖一些粮饷和布匹,没给他军队。虽然祖逖看出了司马睿并不是真的支持他北伐,只是表面上敷衍他,但是他并没有气馁,而是立即返回京口,带领自己的族人一百多户渡过长江,踏上了北伐的征程。祖逖和自己的同乡驾船行至江心,他望着滔滔的江水,想起江北的父老乡亲,心中热血沸腾,抑制不住自己激昂的情绪。这时,他忍不住举起船桨叩击船舷,庄严地发誓道:“我祖逖如不能收复中原,就像这江水,有去无回。”当时在场的人都为他这种精神所感动,纷纷表示要追随祖逖,以收复故土为己任。

祖逖乘船过江后,励精图治,不断地壮大自己的队伍,改良自己的装备。后来,他又挥师北上,收复了黄河以北的大部分地区。

鸡犬不宁

【释义】

原意是鸡和狗都不得安宁,后来形容被骚扰得很厉害,连鸡和狗都不得安宁。

【出处】

唐·柳宗元《捕蛇者说》:“悍吏之来吾乡,叫嚣乎东西,隳突乎南北,哗然而骇者,虽鸡犬不得宁焉。”

【故事】

唐朝中期,政治极为混乱,宦官专权再加上藩镇割据,统治者拼命地搜刮民脂民膏，挥霍享乐，穷兵黩武。公元 805 年，柳宗元被贬到永州担任司马。在做司马的过程中，柳宗元更加深入地接触到了唐朝社会，目睹了民间哀鸿遍野的悲惨景象。

永州产一种毒蛇，这种蛇的毒性非常大，凡是它爬过的地方，草木都会枯死；人如果被它咬了一口，就没有任何办法可以医治了。可是，这个地方却偏有不怕死的人，他们不但不怕这种剧毒的蛇，而且专以捕这种蛇为生。有一次，柳宗元就遇到了这样一位捕蛇者，他祖孙几代人都以捕蛇为生。他的父亲和祖父都是被毒蛇咬死的，而他却还死不悔改，继续以捕蛇为业。柳宗元感到很奇怪，便问他："这个行当多危险啊。不但如此，又让你劳累不堪。你为什么还要从事它呢？"

捕蛇者叹了一口气，说："您说得对，这个行当确实很不好，但比起种田的人却不知要好出多少倍。您刚来这里，有些事您还不知道。那些以种田为业的邻居的困苦就别提了。他们要拿出自己土地上所有产出的东西交纳租税，自己只能忍饥挨饿，顶风冒雨，甚至惨死路边。那些与我祖父同时居住在这里的人当中，十家中现在只剩下一家了；与我父亲一起居住在这里的人当中，十人也只剩下两三人了；和我在一起居住了十二年的，十家中也剩下不到四五家了。他们大多数都逃亡了，有的为生活所迫，只得搬家了。我现在留在这里，还算是很幸运的呢！"

柳宗元很纳闷，问他："这是为什么呢？"捕蛇的人愤愤地说："这是那些凶狠的官吏逼的。他们经常来到乡里，气势汹汹地催交各种赋税，担惊受怕的不仅仅是人，就是村子里的鸡和狗这些动物也不得安宁。而我呢，跟他们比起来真是幸运多了，每年只要交几条蛇就行了。就是因为这样的原因，我宁可冒着生命的危险去捕蛇，也不愿意去种田。"

柳宗元听完之后，深感震惊，写下了一篇著名散文《捕蛇者说》，对当时的社会进行了无情的揭露。

疾恶如仇

【释义】

痛恨坏人如同痛恨仇敌一样。

【出处】

汉·孔融《荐祢衡表》："忠果正直，志怀霜月，见善若惊，疾恶如仇。"

【故事】

西晋时,统治阶级内部腐败现象严重,各级官吏奢侈无度,互相攀比。单是晋武帝司马炎就有宫女近万人,供他日夜寻欢作乐。有些大官僚,一天的饭费竟数以万计,他们挥霍无度,用白蜡当柴烧,在厕所里放上高级香料。

这种现象引起了一些清廉之士的不满和忧虑。当时,有一个叫傅咸的人,武帝、惠帝执政时,他都在朝中做官。他为人正派,敢于直言,不畏权势,敢于揭露恶事。傅咸多次上书给武帝和惠帝,主张裁并官府。他尖锐地指出:“奢侈之费,甚于天灾。”由于他的劝谏和批评,朝廷罢免了一些官吏,因此京城的官吏们有所收敛。傅咸大胆地揭露官僚权贵们的弊端,并与之坚决地斗争,不少人深为敬佩。人们称赞傅咸疾恶如仇。

寄人篱下

【释义】

原意指文章著述因袭他人。后指依附于他人生活。形容那些依附别人,不能独立生活的人的处境。

【出处】

《南齐书·张融传》:“丈夫当删《诗》《书》,制礼乐,何至因循寄人篱下?”

【故事】

南齐时,有个叫张融的读书人,他博学多才,但是自命清高,生性怪僻,举止奇特,总是与众不同。

萧道成在没当皇帝的时候,就特别欣赏张融的品格和才学,千方百计和他交上了朋友,并且经常对别人说,像张融这样的人才,是必不可少的,但也不可多得。后来,萧道成建立了南齐政权,他常与张融探讨有关文学艺术方面的问题。

有一天,二人讨论起书法问题,萧道成对张融说:

“你的书法颇有骨力,但还缺少晋代书法家王羲之和王献之父子二人的法度。”

张融对萧道成的评价甚是不服气,说:“您只知怨我缺少二王的法度,却为什么不怨二王缺乏我的法度。”

张融不但主张书法要有自己的独特风格，同时也主张写文章要有独创性。他在一篇文章的序文中写道：作为男子汉大丈夫，做文章理当如孔子删《诗》《书》，制《礼》《乐》那样，充分发挥自己的创造性，何必因袭他人，像鸟雀那样寄居于人家的篱笆下面呢？

成语“寄人篱下”由此而来。

既往不咎

【释义】

对以往的过错不再责备。

【出处】

《论语·八佾》：“成事不说，遂事不谏，既往不咎。”

【故事】

孔子是春秋时期的思想家、教育家，他对学生的要求很严格。他有一个学生名叫宰予，宰予对祭祀礼仪很有研究。有一天，鲁国的君主鲁哀公要给土地神立一个牌位，不知道这个牌位应该用什么木头制作，便叫来宰予询问这件事。宰予想了想，老老实实地回答他：“夏代人用松木，商代人用柏木，周代人用栗木。用栗木的意思是让人民战战栗栗。”

后来，孔子听到了宰予回答鲁哀公的话，很生气，责备宰予说：“已经做了的事情就不必再多解释了，已经完成的事情就不用再规劝挽救了，已经过去了的错事也不该再责备追究了(既往不咎)”。以后这段话就成了一句成语。

与这则成语有关的还有一个故事。唐朝时，大将李靖奉唐高祖李渊的命令，率领部队去进攻蜀郡梁国的后裔萧铣。萧铣占据江陵，听说李靖要对自己发动进攻，便派出部队在硖州阻击李靖的部队。两军相遇，交战激烈，双方相持不下。李靖无法率领军队继续前进，只得驻守在硖州。消息传到长安，唐高祖李渊以为李靖留恋硖州，不愿继续向前进攻，非常生气，下令把李靖问罪斩首。幸亏一位将军知道实情，苦苦为李靖求情，李渊才饶恕了李靖。

事隔不久，另一支敌兵突袭唐军，形势十分危急，李靖奋勇向前，带领八百名壮士杀入敌军营地，杀死敌军首领，俘虏了五千人，以少胜多，消灭了这股敌兵。唐高祖李渊听到李靖打胜仗的消息后，高兴地嘉奖了李靖，对他说："既往不咎，那些旧事我早就忘掉了。"李渊不但没有追究李靖以往的过失，而且对他更加信任，让他担任行军总管的职务。李靖放下了思想包袱，率领大军浩浩荡荡顺流直下，包围了江陵。在李靖强大的攻势面前，梁国的萧铣只得献城投降。

家徒四壁

【释义】

形容家中贫穷，一无所有。

【出处】

《汉书·司马相如传》："文君夜亡奔相如，相如与驰归成都，家徒四壁立。"

【故事】

西汉时期著名的文学家司马相如博学多才，以文才闻名天下，善于击剑抚琴，为人风流潇洒，许多人都愿意同他交往。汉景帝和梁孝王在世时，司马相如曾做过小官，后来他回到家乡成都，过起清闲的生活。

家乡的朋友们见司马相如回来了，都前来拜访，司马相如有时也外出访友。他有位朋友叫王吉，是临邛县令。有一次他去拜访王吉，住在临邛县的一个小客店里。王吉听说司马相如来了，亲自到小客店去看望他。两位好友高谈阔论，他们的交往被城里的一些大财主得知了。有一位大财主名叫卓王孙，见王吉如此敬重司马相如，也想结识他，就备下宴席，请王吉和司马相如来做客。可是司马相如不愿意见他，推托有病不肯前来。这可把卓王孙急坏了。卓王孙有个女儿名叫卓文君，丈夫去世后她回到娘家居住，卓文君自幼喜爱诗赋音乐，早已听说过司马相如的大名。卓王孙请了几百名客人，央求王吉亲自去请司马相如，这才把他请来。酒宴热闹非凡，司马相如演奏了几支乐曲，博得满座宾客赞赏。卓文君在窗外听到司马相如悦耳动听的琴声。又见他一表人才、举止大方，爱慕之情油然而生。

司马相如得知此事以后，非常高兴。两人私下来往，暗定终身。卓王孙发觉后，嫌弃司马相如贫穷，不同意他俩的婚事。卓文君毅然投入司马相如的怀抱。两人趁着黑夜偷偷离开临邛，回到成都。来到司马相如家中，卓文君一看，司马相如家徒四壁、一贫如洗，可她仍然爱着司马相如。

卓王孙得知此事后十分气愤，不肯接济他们一文钱。卓文君对此毫无怨言，愿意同司马相如过艰苦的生活。他们返回临邛，开了一家小酒店，卓文君亲自当垆卖酒，司马相如穿着短裤当伙计，一点儿也不以为苦。卓王孙怕丢面子，给了卓文君一些钱，他们才又回到成都。后来汉武帝读了司马相如的文章，大为赞赏，把司马相如召进京城，封他为郎。

嫁祸于人

【释义】

将祸害转移到别人身上。

【出处】

《史记·赵世家》："韩氏所以不入于秦者，欲嫁其祸于赵也。"

【故事】

战国时期，各诸侯国之间为了争夺土地和百姓常常发生战争。

有一天，韩国上党的守将冯亭派使者来到赵国。那使者非常恳切地对赵国的国君孝成王说："贤明的赵王，我们韩国就快要守不住上党了。可恶的秦国想把它吞并，可是那里的百姓却非常想让大王您去统治那里。"

孝成王听后非常高兴，得意地召见平阳君赵豹，想听听他对此事的意见。

赵豹上来就给孝成王泼了一盆冷水，他说："无缘无故地得到好处，圣人常将这看作是大祸害。"

孝成王有点儿不高兴，他反问了一句："上党的人民感激我的恩德，你怎么说是无缘无故呢？"

赵豹解释说："上党是一块好地方，秦国蓄谋已久，并且费了好大的劲儿去攻打它，到现在还没有得到。韩国始终没想放弃上党，现在守不住了，想到要将上党转给赵国，这实际上是想把同秦国进行战争的祸害转嫁给赵国。现在赵国白白地得到秦国费尽周折都没有得到的上党，怎么能说是无缘无故地得利呢？大王一定不要接受，这实际上是祸患呀！”

孝成王不听赵豹的话，接受了上党的土地。后来，秦国和赵国之间因此而爆发了一场战争。

坚壁清野

【释义】

原意指加强防守，加固壁垒，现指作战时暂时转移人口和物资，使敌人既攻不下据点，又抢不到物资。

【出处】

《三国志·魏志·荀彧传》：“今东方皆以收麦，必坚壁清野以待将军。将军攻之不拔，略之无获，不出十日，则十万之众未战而自困耳。”

【故事】

东汉末年，曹操雄心勃勃，想要消灭各地的割据势力。

曹操占领兖州地区后又准备进兵徐州。此时，兖州部分地区被吕布夺去，徐州又落到刘备手中。是先消灭吕布还是先攻打徐州，曹操拿不定主意。于是他便召集大臣们来商议该怎么办。

曹操有一个谋士叫荀彧，荀彧非常有谋略。他对曹操说：“我看了我们的一些情报，眼下徐州正是秋收的时节，刘备组织了很多人抢割麦子，运到城里储备起来；而另一方面，刘备也加强了防御工事，加固城墙。这表明，刘备有所防备。他们加固城墙，把野外的粮食和居民都运到城里，是要用‘坚壁清野’的办法来对付我们。如果我们贸然进攻，不但没有给养供应，还会遭到顽强的抵抗，不出十天，我们就会有全军溃退的危险啊！”

曹操听后，十分佩服荀彧，于是采纳了他的意见，集中兵力攻打吕布，终于平定了兖州。

骄兵必败

【释义】

骄横的军队必定要失败。

【出处】

《汉书·魏相传》:“恃国家之大,矜民人之众,欲见威于敌者,谓之骄兵,兵骄者灭。”

【故事】

西汉时,汉军经常在周边地区和匈奴的军队进行战争。在公元前68年汉军攻下了车师,匈奴认为车师土地肥美,不可不夺,于是派骑兵袭击车师。

听到这个消息,汉宣帝赶忙召集群臣商议对策。丞相魏丞对汉宣帝说:

“近年来,匈奴并没有侵犯我们的边境。但我们边境上的老百姓却生活困难,怎么能为了一个小小的车师去攻打匈奴呢?况且,我们国内还有好多的事情要做,不但有天灾,还有人祸。官吏需要治理,违法犯罪的事情也在增多,现在摆在我们眼前的事情不是去攻打匈奴,而是整顿朝政,治理官吏,这才是大事。”

接着,魏丞又指出了攻打匈奴的弊端:

“如果我们出兵,即使打了胜仗,也会后患无穷。仗着国大人多而出兵攻打别人,炫耀武力,这样的军队就是骄横的军队。而骄横的军队一定会灭亡。”

汉宣帝采纳了他的意见。

揭竿而起

【释义】

指高举义旗,起来斗争。后泛指人民起义。

【出处】

《过秦论》:“斩木为兵,揭竿为旗。”

【故事】

秦朝末年,朝廷不顾人民死活,强征暴敛,不断增加徭役赋税,大肆向各地农民征兵,防守边境。阳城人陈胜和吴广等一批贫苦农民也被征召入伍,集中向渔阳开进。陈胜虽然是雇农,但胸怀大志,相信自己有朝一日定能出人头地。两个看押他们的军官见陈胜和吴广身体强壮,就让他俩做领队的小头目,按规定期限带领九百人到达指定地点。

这支队伍到了大泽乡,恰好遇上一连几天的倾盆大雨,道路被洪水淹没,无法前进。按照秦朝法令,不能按期到达的,一律处斩。壮丁们个个唉声叹气,愁眉不展。陈胜同吴广暗中商量:“此处离渔阳还有几千里路,无论如何都难以如期到达。误期是死,起义造反也是死,不如造反吧。”两人计划已定,为了制造舆论,就定下两条计策,按计行事。吴广预先在一块白布上写上“陈胜王”三字,塞进买来的鱼腹中。第二天厨师剖鱼时发现了白布,把这件事传扬出去,壮丁们议论纷纷,都对陈胜另眼相看。然后,吴广趁着黑夜,在远处丛林中点起篝火,学着狐狸的声音叫:“大楚兴,陈胜王!”壮丁们在半夜里听到叫声,都说是天意指示陈胜将来做皇帝,都拥护他,决心跟着他闯天下。

陈胜、吴广见时机成熟,故意激怒两个看押的军官,趁机杀了他们。随后,陈胜、吴广召集九百名壮丁,宣布起义。壮丁们早有准备,齐声欢呼,一致赞同起义,推举陈胜、吴广为首领。于是陈胜自封为将军,吴广为都尉,打着秦朝太子扶苏和原楚国将军项梁的旗号,定国号为张楚,正式起义。起义军首先占领了大泽乡,乡亲们纷纷送饭送水慰劳他们,年轻人争先恐后报名投军。起义军队伍一下子增加了很多人,武器和旗帜都没有,他们就拿起木棒做刀枪,砍下竹子当旗杆。陈胜、吴广揭竿而起,带领起义军浩浩荡荡上了战场。

金屋藏娇

【释义】

娇,原指汉武帝的皇后阿娇,后泛指美貌女子。比喻男子秘密纳妾。

【出处】

《汉武故事》:“……问曰:‘阿娇好不?’于是乃笑对曰:‘好!若得阿娇作妇,当作金屋贮之也。'"

【故事】

长公主刘嫖是汉武帝刘彻的姑母,嫁给陈婴之孙后,生了一个女儿小名叫阿娇。阿娇长得活泼可爱,亲友们都非常喜欢她。

那时,刘彻也才只有几岁,有一天刘彻到姑母——长公主家玩儿,长公主很喜欢这个聪明的侄子,便把他抱到自己的膝盖上,逗他说:"儿呀,你要不要媳妇?"说着,指着身边侍立的一个女子:"要她做你的妻子吗?"刘彻说:"不要。"

长公主身边侍奉的人有一大堆,长公主一个个指过去问刘彻,刘彻把头摇得跟拨浪鼓似的,都说不要。最后,长公主指着阿娇问他要不要,刘彻立刻笑着说:"如果能娶到阿娇做媳妇,我就造金子做的房子给她住(金屋藏娇)。"

近水楼台

【释义】

原意是靠近水边的楼台先得到月光。后来人们用它来比喻因位置优越而优先获得好处。

【出处】

《清夜录》:"……乃献诗曰:'近水楼台先得月,向阳花木易为春。'"

【故事】

范仲淹做官时,知人善任,人品又正直,待人和蔼可亲,所以深得大家敬重。

他在杭州做知府的时候,提拔了很多有才干的人,使他们能够发挥自己的才能。然而,有一个叫苏麟的人,虽然有些才华,但却一直没有受到重视。当时,苏麟是个巡检官,很少接近范仲淹。

有一次,苏麟因公去见范仲淹。他想,这可是个好机会,不能错过。于是他就写了一首诗献给范仲淹。范仲淹看到诗后,觉得苏麟的诗很有文采。尤其是诗中有两句"近水楼台先得月,向阳花木易为春"写得很有意境。范仲淹也看出了这两句诗是在抱怨自己离范仲淹较远,没有受到重用,而那些离范仲淹近的人得到了好处。

范仲淹心领神会,后来,范仲淹根据苏麟的智慧和才干,给了他合适的职位。

九牛一毛

【释义】

九:表示多数。九头牛身上的一根毛。比喻极大数量中极微小的数量,微不足道。

【出处】

《报任少卿书》:“假令仆伏法受诛,若九牛亡一毛,与蝼蚁何以异?”

【故事】

李陵是西汉名将李广的孙子。李陵少年时被选拔为建章宫羽林军的长官。他擅长射箭,爱护手下的士兵,谦让他人,名誉很好。汉武帝因李家世代为将,李陵英勇过人,便让他带领八百骑兵,深入匈奴腹地两千余里,侦察地形,但他没有发现敌人。不久,李陵被任命为骑都尉,率领五千名勇士,在酒泉、张掖一带教授骑马、射箭的本领,用来抵御匈奴偷袭。

天汉二年,汉武帝派遣将军李广利带领三万骑兵出师匈奴。李广利是个嫉贤妒能且心胸狭窄之人。他不重用熟读兵法、英勇过人的李陵,反而打算让李陵专管后勤武器。李陵不愿意,他向汉武帝主动请战,愿意率领部下五千士兵独立成军,牵制匈奴军队,来辅助李广利的正面作战。汉武帝答应了李陵的请求。于是,李陵率军到达浚稽山,与匈奴单于率领的三万骑兵相遇。匈奴兵看见汉军少,蜂拥围攻。李陵即刻布阵,射杀数千匈奴兵。匈奴单于大惊,赶紧召集附近八万左右骑兵围攻李陵军队。经过十多天的战斗,李陵率领的汉军斩杀一万多匈奴兵,但李广利的援军迟迟不来,最后李陵军队兵困马乏,弹尽粮绝,李陵不幸被俘虏。

李陵兵败被俘的消息传到长安,汉武帝十分愤怒。朝中大臣察言观色,也纷纷指责说李陵有罪。汉武帝问太史令司马迁对李陵兵败被俘这件事的看法。司马迁说:“李陵平时孝顺母亲,对朋友、手下很讲信用,常常奋不顾身地急国家之所急。如今,他只率领五千步兵,深入匈奴腹地作战,斩杀一万多匈奴兵,立下显赫战功。在救兵不来、弹尽粮绝的情况下,身先士卒,奋勇杀敌,就是古代的名将也不过如此。李陵虽然战败,但他的功绩也能显赫于天下。他之所以没死,是想找机会报答汉朝。”

司马迁的直言触怒了汉武帝。汉武帝认为他是在为李陵辩护,讽刺劳师远征、战败而归的李广利,顿时火冒三丈。于是下令将司马迁打入大牢,并判以当时最残酷、最耻辱的宫刑。

司马迁遭受到如此大的打击,受到这种侮辱,他本想一死了之,可是又想到自己在这种情形下即使死了,在别人眼中也不过像“九牛亡一毛”,不但得不到一丝同情,还会受到别人的嘲笑,况且自己还有未完成的事业。他想到自己多年来辛勤搜集资料,为的就是要写一部史书,只好忍辱负重。司马迁将他思想的转变写在《报任少卿书》中,希望好友任安能够理解他为实现可贵的理想而甘受凌辱的决心。

公元前96年,汉武帝大赦天下,司马迁出狱。当上中书令后,他还是专心致志写作。直到公元前91年,终于完成了这部流传千古的史学巨著《史记》。

九死一生

【释义】

九:表示次数或多数。形容多次经历生死危险而幸存。比喻情况极其危险。

【出处】

《离骚》:“亦余心之所善兮;虽九死其犹未悔。”

【故事】

屈原,名平,字原,战国末期楚国丹阳(今湖北秭归)人。屈原是中国文学史上第一位伟大的爱国诗人、最伟大的浪漫主义诗人,也是战国时期杰出的政治家和爱国志士。

屈原出生于楚国的贵族家庭,自幼勤奋好学,志向远大。屈原早年受到楚怀王重视,曾任左徒、三闾大夫的职务。屈原为实现振兴楚国的大业,对内积极辅佐楚怀王变法图强,对外坚决主张联合齐国抵抗秦国,使楚国国力一度增强。由于楚怀王的令尹子兰、上官大夫靳尚等人的嫉妒,屈原遭到同朝小人的诬陷,楚怀王便疏远了屈原。公元前304年,屈原因竭力反对楚怀王背弃齐国联合秦国,遭到第一次流放,被流放到汉北地区。楚怀王六年,屈原写诗表达爱国忠心,指出了楚怀王客死他乡的真正原因。令尹子兰指使上官大夫靳尚在顷襄王面前说屈原的坏话，使屈原第二次被流放到南方的荒僻地区。

屈原在流放期间创作了中国最早的长篇抒情诗《离骚》，诗中曲折地抒写了诗人的身世、政治理想以及自己不平的遭遇。

蕴涵"九死一生"的是《离骚》第四章中："亦余心之所善兮，虽九死其犹未悔"（这是我心中追求的东西，即使多次死亡也不后悔）。诗人一再遭遇挫折，陷入孤独绝望的境地。但他为了坚持自己纯洁的理想和高尚的操守，矢志不渝，连死亡也不能让他退却。

公元前278年，秦国大将白起带兵攻破了楚国国都。屈原满怀对国家和人民的无限深情，在绝望和悲愤之中，于同年五月投汨罗江而死。

尽忠报国

【释义】

竭尽忠诚，报效国家。

【出处】

《北史·颜之仪列传》："公等备受朝恩，当尽忠报国。"

【故事】

颜之仪是南北朝时期北周一位刚正不阿的大臣。当时的北周，依仗国强势大，经常挑起事端，多次进攻南方城池，掠夺大批财物。周宣帝不按国家法令办事，随意发布命令，行政混乱。颜之仪见此情形，直言劝谏，一点情面也不留。周宣帝对他非常反感，一次曾经想杀他。朝中大臣们一直为颜之仪求情，周宣帝才饶恕了他。

周宣帝当皇帝不到一年就死了，年幼的周静帝继位。这时朝廷大臣刘昉、郑泽想让战功卓著、大权在握的外戚将军杨坚做丞相，辅佐周静帝，却又担心大臣们不服，就伪造了周宣帝遗诏，请颜之仪签署发放。颜之仪知道周宣帝生前没有留下这样的旨意，坚决不肯签署伪造的遗诏。杨坚听说后，既气又急，便叫刘昉把起草好的诏书给颜之仪送去。颜之仪义愤填膺，指着刘昉骂道："如今皇上驾崩，新主年幼。你们备受朝恩,当尽忠报国,为什么偏偏要把皇室大权送给别人!我颜之仪唯有一死而已,不能欺骗、背叛先帝!”

刘昉见颜之仪不愿屈服,就代替他签署了遗诏。杨坚掌权后,就把颜之仪贬到西疆当郡守去了。

渐入佳境

【释义】

佳:好。境:境地。原指甘蔗下端比上端甜,从上到下,越吃越甜。后比喻境况逐渐好转或兴趣逐渐浓厚。

【出处】

《晋书·顾恺之传》:“恺之每食甘蔗,恒自尾至本。人或怪之。云:‘渐入佳境。’”

【故事】

顾恺之是东晋时著名的画家,今江苏无锡人,他多才多艺,字、诗、画都很好,被当时人们称为字诗画“三绝”。

他年轻的时候,曾经做过大司马桓温的参军。那时,东晋地方割据十分严重,很多地方势力拥兵自重,不听从中央的指令。桓温主张国家统一,常常率领部队去讨伐那些割据势力,顾恺之也随桓温南征北战了许多年,很受桓温的器重,两人结下了深厚的友谊。

有一次,顾恺之随桓温乘船到江陵去视察部队。到了江陵的第二天,江陵的官员前来拜见,并送来很多捆当地的特产甘蔗。桓温见了十分高兴,吩咐大家一起尝尝。于是大家都拿着吃了起来,纷纷称赞甘蔗味道很甜。

这时,顾恺之正独自欣赏着江景出神,没有来得及去拿甘蔗。桓温看见了,就想和顾恺之开个玩笑。他故意挑了一根长长的甘蔗,走到顾恺之跟前,把甘蔗末梢的一段塞到他手里。顾恺之看也不看,竟自啃了起来。

桓温又故意问顾恺之甘蔗甜不甜,旁边的人也一起嬉笑着问他。顾恺之回过神来,才看到自己正啃着甘蔗的末梢,便知道大家为什么嬉笑。他为了缓解尴尬的局面,灵机一动,接着话头就说起来:“你们笑什么?吃甘蔗,就应该从末梢吃起。这样,越吃越甜,叫作‘渐入佳境’!”

大家听了,都赞叹顾恺之思维的灵敏。最后大家一起哈哈大笑起来。

据史书记载,后来,顾恺之每次吃甘蔗时都从末梢吃起,竟然成了名士的风范。后来,还有不少人仿效他的吃法。

击碎唾壶

【释义】

唾壶:古代的痰盂。用如意在唾壶上击打出许多缺口。比喻对诗文的击赏。

【出处】

南朝宋·刘义庆《世说新语·豪爽》:“以如意打唾壶,壶口尽缺。”

【故事】

东晋初年,王敦地位尊显,权倾中外,是个叱咤风云的重要人物。早在西晋时,他娶晋武帝的女儿襄城公主为妻,官拜驸马都尉、太子舍人。

司马睿初镇江东时,身任扬州刺史的王敦和堂弟王导竭力辅佐他,深得司马睿的器重。晋元帝司马睿建立东晋政权,离不开王氏家族的支持。当时人们说:“王与马,共天下。”

当年,华州刺史华轶、豫州刺史裴宪不服从司马睿号令,王敦领兵前去征讨,斩了华轶,赶跑裴宪,声名大振。时隔不久,杜弢、王如率领流民起义,荆州刺史望风而逃。王敦领兵前往,一举将起义军镇压下去。从此以后,司马睿对他更加倚重,任他为镇东大将军,都督六州军事,领江州刺史,以后又将他晋升为大将军,领江州牧。

王敦权势越来越大,野心也越来越大。晋元帝司马睿渐渐察觉了他的野心,想削弱他的兵权,但王敦过去对朝廷有过大功,现在又拥有重兵,大权在握,奈何他不得。

有一天,王敦在花园里设下酒宴,请来许多宾客,开怀畅饮。酒至半酣,只见王敦手持如意,一边使劲敲打唾壶(一种痰盂)打拍子,一边高声吟咏道:“老骥伏枥

(马槽),志在千里,烈士暮年,壮心不已。”吟罢,他扔下如意,“哈哈”大笑,众人看那唾壶,上面被击打出许多缺口。

这几句诗是东汉曹操《短歌行》中的句子,当年曹操身为丞相,心怀异志,挟天子以令诸侯;如今王敦高声吟咏它,含义不言而喻。

王敦最终反叛,在叛乱的途中因病去世。这次叛乱被朝廷镇压下去,王敦的尸体被朝廷军挖了出来,先把他的官服剥下来烧掉,再将他摆成跪着的姿势斩首。

鸡肋

【释义】

鸡的肋骨,肉少骨多,吃它麻烦,扔掉可惜。比喻用途不大却又不忍舍弃的事物。

【出处】

《三国志·魏志·武帝纪》:“夫鸡肋,弃之如可惜,食之无所得,以比汉中,知王欲还也。”

【故事】

汉代的杨修,聪明过人,可就是因为喜欢卖弄小聪明,结果枉送了性命。

曹操是个奸雄,他的心思不愿意被人看透,谁要是看透了他的心思,谁就一定要遭殃。

曹操曾经修建一座花园,将要完工时,他来看了看,看完之后没说什么,只是在门上写了一个“活”字。建造花园的人不明白这是什么意思,便向杨修请教。杨修说:“丞相嫌门造得太大,所以在门上写了个‘活’字。”建园人低头一想,马上想通了,“门”加“活”不正是“阔”字吗!他马上命人把门改小,改建后曹操很满意,但是听说这是杨修的主意,脸色马上沉了下来。

有一次,北方送来一盒酥饼,曹操随手在上面写了“一合酥”三个字,等他回来一看,酥饼被杨修等人吃掉了。问杨修这是怎么一回事,杨修说:“丞相不是在盒子上写了‘一人一口酥’吗(从前是竖着书写,所以能这样念)?我们把它分着吃了。”

杨修做了很多这样耍小聪明的事,曹操对他十分忌恨,只因他是军中主簿,不少地方还用得着他,所以没有追究。

公元219年,曹操领兵攻打汉中。不料屡战屡败,曹操心里十分窝火。想打,不能取胜;想退兵,于心不甘,真是左右为难。这时候,大将夏侯惇进入大帐,问今夜的口令是什么,曹操正在吃鸡,随口说道:“鸡肋。”

口令是作战时识别敌我的口头暗号,用什么都行,所以官属们也没有深思。杨修一听口令便马上收拾好行装,别人见了非常奇怪,问杨修到底是怎么回事。杨修说:“鸡肋这个东西,扔掉了可惜,吃它又没什么肉,丞相用它来比喻汉中,由此可知丞相打算撤兵返回了。”大家听了杨修的这番话,觉得很有道理,也都纷纷收拾行装打算返回。

曹操见状大惊,连忙问这是怎么回事,知道了原委怒火中烧。他确实有回军之意,可是从来没有对任何人说过,这个杨修,实在可恶,把自己的心思全都猜透了!曹操以“扰乱军心”的罪名,立即把杨修斩了。

疾风知劲草

【释义】

疾风:猛烈的狂风;劲草:坚韧不会倒伏的草。只有在猛烈的大风中才会知道哪些草是坚韧的草。比喻只有经过严峻的考验才知道谁真正坚强。

【出处】

《东观汉记·王霸传》:“颍川从我者皆逝,而子独留,始验疾风知劲草。”

【故事】

公元8年,王莽篡夺了政权,建立了新朝。新王朝政治腐败,各级官员贪贿无厌,老百姓生活在水深火热中,各地纷纷爆发农民起义。义军将领刘秀路过颍川颍阳(今河南许昌西)时,王霸闻讯前来与刘秀相见。两人开怀交谈,惺惺相惜,王霸对刘秀十分敬佩,参加了刘秀的部队。

公元23年夏,新朝的四十三万大军南下,直向昆阳扑去。昆阳周围的绿林军见敌人来势凶猛,难以抵御,纷纷退入昆阳城。敌军有几十万,驻守昆阳的守军只有八九千,力量对比过于悬殊。就在这危急时刻,王霸率领十三名骁勇横闯敌营,突出重围搬来救兵,为昆阳大战的胜利立下了大功。

战场上打了胜仗,义军内部却发生激烈的斗争,刘秀、王霸等一批有功的将领被解除兵权,王霸返回故里。

后来刘秀又被重用,担任了司隶校尉。当他再度路过颍阳时,诚恳地邀请王霸参加自己的军队,王霸被刘秀的真诚打动,率领几十名同乡从军。

时隔不久,刘秀被任命为大司马,率领军队前往河北地区征战。此番前去道路艰难,危险重重,和王霸一起从军的同乡纷纷离去,唯有王霸矢志不移,始终跟随刘秀浴血奋战。刘秀感慨万分,对王霸说:"颍川从军的人都离开了我,只有你留在我身边,这可真是疾风知劲草啊。"

骥服盐车

【释义】

骥:骏马;服:驾驭。用骏马去拉盐车。比喻大材小用。

【出处】

《战国策·楚策》:"夫骥之齿至矣,服盐车而上大行,蹄申膝折,尾湛胕(皮肤)溃,漉汁洒地,白汗交流,中阪迁延,负辕不能上。"

【故事】

伯乐,是天上的一颗星星的名字,据说,伯乐负责掌管天上的神马。

春秋时,有个名叫孙阳的人,他能根据马的长相,判断出马的好坏。大家非常佩服孙阳的本领,称他为"伯乐"。

有一次,伯乐路过虞坂这个地方,看到一匹千里马,拖着笨重的盐车在爬坡。那马弯着膝盖,费力地伸着蹄子向前走。它尾巴下垂,脚掌也磨烂了,累得口吐白沫,不停地喘着粗气。拉到半山坡,那马实在走不动了,不能继续爬山。

见到这种情形,伯乐连忙下车,抚着这匹马心疼地哭起来,并脱下自己的衣服盖在它身上。那马摇摇尾巴,一声长鸣,为遇上知音而高兴。伯乐暗暗叹息:马主人不知道这是匹千里马,让它干这样的粗重活,真是太可惜了!

很多年过去了,伯乐对这件事不能忘怀。为了让这样的事少发生,他年老的时候，根据自己多年积累的经验，写了一本《相马经》。这本书仔细说明了马的体貌特征，供后人学习。

见猎心喜

【释义】

看到别人在打猎，心里不禁高兴起来，也想跟着一起去。比喻旧习难改，一遇到自己喜欢的事便跃跃欲试。

【出处】

《二程全书·遗书》："明道年十六七时，好田猎。十二年，暮归，在田野间见田猎者，不觉有喜心。"

【故事】

宋代的程颢，和他的弟弟程颐，都是宋代理学的代表人物，备受人们尊敬，被世人称为"二程"。程颢去世后，被尊为"明道先生"。

少年时，他与胞弟程颐一起从师于名儒周敦颐。他在仁宗嘉祐年间考取进士，先做了一阵地方官，后来在朝廷任太子中允、监察御史等职，辞官回乡以后，潜心治学。他的理学理论，被朱熹继承发展，对后世的儒家理论产生了重大影响。

程颢十六七岁时，非常喜欢打猎。成年后专注于研究学问，打猎便搁置一边。有时偶尔想起，依然流露出对打猎的兴趣。有一次对友人说："我年轻的时候非常喜欢打猎，以后不会再去做打猎这类玩物丧志的事了。"

有个朋友叫周茂叔，说道："那可不一定，千万不要说得那么容易。你不是不喜爱打猎，只是把这个心思隐藏起来罢了，假如遇上适当的时候，说不定还会像年轻的时候一样，又拿起弓箭，高高兴兴地打上一阵子。"

在外十二年，程颢回到故乡。一天傍晚外出归来，看到田野里有人打猎，只觉得心里痒痒的，也想跟着一起打猎。忽然，他想起了周茂叔对他说过的话，终于抑制了打猎的念头，径直回家。

江淹笔

【释义】

南朝江淹使用的五彩笔。比喻才思敏捷,诗文写得极佳。

【出处】

南朝梁·钟嵘《诗品·齐光禄江淹》:“初,淹罢宣城郡,遂宿冶亭,梦一美丈夫,自称郭璞,谓淹曰:‘我有笔在卿处多年矣,可以见还。’淹探怀中,得五色笔以授之。尔后之诗,不复成语,故世传江郎才尽。”

【故事】

江淹,南朝时著名的文学家。他家境贫困,早年仕途很不得意。年轻时,他曾经依附建平王刘景泰。

刘景泰官儿不大,身价可不低。当时,宋文帝的儿子死了,刘景泰身为宋文帝的长孙,心腹们劝他发动兵变夺取帝位。江淹持有不同意见,力劝刘景泰不要这样做,这么一来,刘景泰对他大为不满。后来,他因别人牵连被捕入狱,出狱后贬为建安吴兴(今浙江湖州)令。江淹一生中绝大部分脍炙人口的诗文,都出于这个仕途坎坷的时期。

后来江淹先后依附了齐国皇帝萧道成、梁国皇帝萧衍,官儿越做越大,诗文写得越来越少。由于生活优裕、无所用心,再也没有写出什么好作品。

传说江淹从宣城郡返回都城,途中在冶亭夜宿,梦见一个美男子,自称是晋代的郭璞。郭璞对江淹说:“我的一支笔放在你这里多年,现在应该还给我了。”江淹把手探入怀中,掏出一支五彩笔还给郭璞。从此以后为诗作文,再也写不出好句子了。

典故“江淹笔”源于此,比喻才思敏捷,诗文写得极佳;成语“江郎才尽”也源于此,比喻才思衰退,写不出佳作。

解铃还须系铃人

【释义】

要解下系在老虎颈项下的金铃，仍然要系上去的人做这件事。比喻由谁引起的麻烦，仍由谁去解决。

【出处】

宋·惠洪《林间集》："一日法眼问大众曰：'虎项下金铃，何人解得？'众无以对。泰钦适至，法眼举前语问之，泰钦曰：'大众何不道：系者解得。'由是人人刮目相看。"

【故事】

南唐时，金陵清凉寺（即现在的南京清凉寺）香火鼎盛，善男信女终日络绎不绝。这座寺院的主持法眼和尚是个了不得的高僧，开创了佛教五宗中著名的法眼宗。

清凉寺僧人众多，戒律森严。寺中有个泰钦法灯禅师，既不违反戒律，也不认真研修，虽然无功可言，可也没有什么错处。这样的和尚，寺内一般僧人当然都不会看重他。说来也怪，偏偏寺内住持法眼禅师对他青睐有加，对他十分器重。

有一次，法眼禅师在大殿讲经说法。正当讲到精妙之处，法眼突然问寺内僧众："你们说说，谁能够把系在老虎脖子上的金铃解下来？"此言一出，大殿里一片寂静，僧众思索再三，仍然没有谁能够回答上来。

忽然间，传来一阵脚步声，不大遵守寺规的泰钦和尚"踢踏踢踏"走了过来。法眼把他叫住，僧众以为住持要训斥他。没料想法眼禅师和颜悦色地问道："泰钦，你说说看，谁能够把系在老虎脖子上的金铃解下来？"

泰钦想也没想随口答道："那个把金铃系到老虎脖子上面去的人，能够把金铃解下来。"

法眼听后微微一笑，认为泰钦能领悟佛家机锋。僧众全都惊呆了：这么绕弯子的深奥问题，泰钦怎么一下子就回答出来了呢？难怪师父这么器重他！

从此以后，寺内僧人谁也不敢小觑他。泰钦深得法眼禅师的赏识，在法眼禅师座下做维那(寺庙中统摄僧众、统管禅堂的僧人),协助法眼开创了佛教五宗中著名的法眼宗。法眼禅师去世后,法灯泰钦禅师理所当然地成为法眼宗的传人。

解语花

【释义】

能够听懂话中风情的花朵。比喻美女聪慧可人。

【出处】

五代后周·王仁裕《开元天宝遗事》:"帝(唐玄宗)与妃子(杨贵妃)共赏太液池千叶莲,指妃子与左右曰:'何如此解语花也。'"

【故事】

杨贵妃,小字玉环,唐蒲州永济(今山西永济)人。她本为唐玄宗的第十八子寿王的王妃,唐玄宗看见杨玉环倾国倾城的姿色,不禁心旌摇曳,便也顾不得什么伦理,一心只想将她据为自己的后妃。

唐玄宗给儿子李瑁重新娶妻,让杨玉环出家做道士。玄宗幸临骊山温泉,便与她暗度陈仓,从此以后,"后宫佳丽三千人,三千宠爱在一身"。公元745年,杨玉环被封为贵妃,那时唐玄宗已经五十有六,杨贵妃芳龄二十七。

有一天,唐玄宗和杨贵妃在太液池共赏千叶莲。看看水中的花朵,再看看身边的美人,唐玄宗十分快意,忍不住对身边的人说:"这千叶莲虽美,哪里比得上我这朵能够懂得风情的花儿。"杨贵妃听了娇羞一笑,更增添了几分妩媚。

公元755年,安禄山发动叛乱,沉迷于酒色歌舞之中的唐玄宗仓皇失措,带着杨贵妃逃离长安。途经马嵬坡时,扈从部队的将士认为杨家祸国殃民,不肯前行,自行处死杨贵妃的堂兄奸相杨国忠,并要求玄宗处死杨贵妃。

唐玄宗为了保住自己的性命,于百般无奈中只得让杨贵妃命赴黄泉。杨贵妃死时,年仅三十八岁。

借东风

【释义】

本指诸葛亮作法跟天借来东风，用火攻的办法打败曹军。后多比喻巧用天时或假借有利的条件。

【出处】

明·罗贯中《三国演义》四九回："诸葛亮于仲冬时节作法借三月三日夜东南风，助周瑜火攻破曹操大军。"

借东风

【故事】

据史书记载，指挥大军在赤壁打败曹军的是周瑜，诸葛亮并没有参与。罗贯中的《三国演义》编撰了诸葛亮借东风的情节，塑造出神机妙算的诸葛亮的形象。

曹操攻下荆州以后，指挥八十万大军顺流而下，打算一举消灭东吴。已经被曹操击败的刘备派诸葛亮前往东吴，跟孙权结成了抗曹联盟。孙权的大将周瑜发现诸葛亮很有才能，便让诸葛亮立下军令状，于十天内造出十万支箭，否则就要军法从事。

到了交箭的前一天夜间，诸葛亮利用江面大雾作掩护，用几十艘绑满了稻草人的大船行驶到曹营附近击鼓呐喊。曹操生怕中了埋伏，不敢迎战，下令放箭阻挡。箭全部射到稻草人的身上，诸葛亮从曹操那里获取了十多万支箭。诸葛亮交上十万支箭，周瑜更觉得诸葛亮不可留。

在与曹军作战前，周瑜和诸葛亮制定出火攻的作战计划，可是冬日刮的是西北风，火攻计划无法实施。周瑜为此焦急，不禁病倒在床。诸葛亮知道以后给周瑜开出了药方，上面写道："欲破曹兵，宜用火攻。万事俱备，只欠东风。"诸葛亮还主动请命，表示能跟老天借来东风。

诸葛亮到周瑜为他搭起的七星坛作法，到了十一月二十日，果然刮起了东南风。周瑜大惊,派人赶往七星坛去杀诸葛亮。然而诸葛亮已经返回夏口,周瑜要把诸葛亮杀掉的打算又落了空。

那时候,最重要的敌人还是曹操,周瑜不失时机地发起火攻,终于一举击溃曹操的大军。

金迷纸醉

【释义】

被屋子里的金箔光芒所陶醉。比喻使人沉迷的豪华奢侈生活。

【出处】

宋·陶谷《清异录·金迷纸醉》:"此室暂憩,令人金迷纸醉。"

【故事】

唐朝末年,有个医生名叫孟斧。他的医术很高明,名气也很大,富贵人家有人病了,都请他去看病。后来连宫中的人都知道了他的大名,皇上、妃子有什么不舒服,常常请他去诊治。

有一次,有个妃子生了毒疮,御医们想尽了办法也没能治好,妃子已经奄奄一息,皇上便将孟斧召入宫内。孟斧不是浪得虚名,经过几次诊治便将妃子的毒疮治愈。这么一来孟斧的名声更大,身价也就更高了。

黄巢起义爆发以后,孟斧逃到了四川。入川以后,他念念不忘以前的荣华富贵,尤其对宫中的景象记忆犹新。

他模仿宫中的室内摆设,装饰自己的居室。其中有一间屋子,室内光线很好,他在所有的家具上,全都贴上了金箔,阳光照射进来,光彩四溢,坐在那间屋子里,仿佛坐在金子造就的屋子里一般。

这个小小的房间让当地人大开眼界,进过这间屋子的人对它大加赞叹,对别人说:"在那间屋子里休息一会儿,就会被屋子里的金箔光芒所陶醉。"

金玉其外,败絮其中

【释义】

败絮:破棉絮。外表像黄金美玉那样华丽,内里却像破棉絮一样丑陋。比喻外表很好,本质很坏。

【出处】

明·刘基《卖柑者言》:“观其坐高堂,骑大马,醉醇醴(味厚的美酒)而饫(饱食)肥鲜者,孰不巍巍乎可畏,赫赫乎可象也,又何往而不金玉其外,败絮其中也哉?”

【故事】

杭州有个卖柑子的人,很会贮藏柑子,存放了近一年的柑子,拿出来还是金光灿灿,就跟新鲜的一样。但一剖开来就露了馅,里面的果肉干枯得像破棉絮一般。

有人问那个卖柑子的人:“你的这种柑子,是卖给人家做祭祀的贡品呢,还是卖给人家招待宾客呢?或者只不过靠它好看的外表,让不识货的人上当呢?你这么样骗人,也太过分了吧!”

卖柑子的人笑了起来,说:“我靠这个营生过活,已经有好多年了。我卖柑子,别人买柑子,从来没人说什么,为什么就是你这么顶真呢?世界上骗人的多得很,我又算得了什么!”

他顿了顿接着说:“现在那些威风凛凛的武将,他们真的像孙武、吴起那样有韬略吗?现在那些峨冠博带的文臣,真的能像伊尹、皋陶那样建功立业吗?看看他们,哪一个不是威风八面令人生畏,哪一位不是不可一世气势煊赫?可是又有谁一心为公、关心国计民生?他们何尝不是外表如金似玉,内里像团破棉絮!如今你对这些视而不见,却来说我这个卖柑子的。”

听了卖柑子人的一席话,那人顿时哑口无言。

金针度人

【释义】

金针:比喻秘法,诀窍;度:传授。采娘七夕祭织女得到金针,刺绣技艺越发高明。比喻把高明的方法传授给别人。

【出处】

唐·冯翊子《桂苑丛谈》:“驻车命采娘曰:‘吾织女,祈何福?’曰:‘愿丐巧耳。’乃遗一金针,长寸余,缀于纸上,置裙带中,令:‘三日勿语。汝当奇巧。不尔,化成男子。’”

【故事】

唐代的郑侃,膝下无儿,只有一个乖巧的女儿采娘。闲来无事,郑侃便教采娘读书识字。这采娘十分聪明,无论什么一教就会,因为她是女儿家,郑夫人还经常教她些针黹。

虽说采娘心灵手巧,可这针线细活儿却不是那么好弄,要想绣个花儿鸟儿,就得耐下性子慢慢地绣,要是贪图快捷,绣出来的花不成花、鸟不成鸟,别说多难看了。

到了“乞巧节”那一天,采娘在绣房里摆上香炉,闭上眼睛焚香祈祷。到了夜半时分,似乎听到门外有车声。片刻之后,听到有人在她耳边轻轻地说:“我就是织女,你要祈什么福?”

采娘不敢睁开眼睛,轻轻地说:“我想让自己更加心灵手巧,绣起花儿、鸟儿来能飞针走线。”

织女说:“行,我能让你更灵巧。”织女拿出一根针,扎在纸上,放在采娘的衣裙里,说:“你必须三天不讲话,默默背诵我教给你的口诀,三天以后,你就变得特别灵巧。不过,你要是不这么做,三天以后就会变成一个丑男人!”

采娘按照织女的话做,三天以后,果然变成了一个巧巧女,不管多难的针线活儿,到了她的手里,只见针在飞、线在跑,很快就能做成。

紧箍咒

【释义】

本指唐僧用来制服孙悟空的咒语。后比喻用来约束、制服人的方法。

【出处】

明·吴承恩《西游记》:"我那里还有一篇咒儿,唤作'定心真言',又名做'紧箍儿咒',你可暗暗地念熟,牢记心头,再莫泄漏一人知道。"

【故事】

孙悟空,是《西游记》中的主要人物,是家喻户晓的人们心目中的英雄。

这个神话人物是补天奇石孕育而生,出生不久便带领猴群进入水帘洞,成为美猴王。

后来美猴王拜菩提祖师为师学艺,法号悟空,学会七十二变、腾云驾雾;以后又到龙宫抢得定海神针,成为他随心变化大小武器的金箍棒;到地府涂改生死簿,把凡是属猴名字都从生死簿上勾销;后来他又大闹天宫,把天宫搅得天翻地覆;他又不自量力跟如来佛斗法,结果被如来佛压在五行山下。

五百年后,经观音菩萨点化,孙悟空拜唐僧为师,保护唐僧前往西天取经,踏上西天取经的道路。

刚刚跟随唐僧时,孙悟空野性未脱,老虎挡路就杀死老虎,强盗剪径便打死强盗。唐僧埋怨他不该杀人,即使是强盗也要送到官府处置。孙悟空一听来了气,纵身一跃离开了唐僧。

观音菩萨扮作年高的老母等候在路旁,等唐僧走到面前,把一件衣裳、一顶帽子送给唐僧,并且把紧箍咒传授给唐僧。观音菩萨找到孙悟空,要他回到唐僧身边。

唐僧骗孙悟空穿上衣裳,戴上帽子,随后就念起了紧箍咒。孙悟空连声叫道:"头痛!头痛!"唐僧却不住地又念了几遍,把孙悟空痛得直打滚,伸手要把那帽子抓下来。唐僧生怕他扯断金箍,住口不念,孙悟空的头也顿时不痛了。孙悟空从耳朵里取出金箍棒,插入箍里,想把箍弄断,唐僧立即又念起紧箍咒,孙悟空痛得翻筋斗，竖蜻蜓，耳红面赤，眼胀身麻。

唐僧停下来不念，孙悟空头就不痛；只要一念起来，孙悟空就疼痛难当。那金箍已经在肉中生根，再也取不下来。从此以后，孙悟空服服帖帖听从唐僧的吩咐，保护唐僧前往西天。

锦囊诗草

【释义】

锦囊里装着诗的草稿。比喻写作辛苦。

【出处】

唐·李商隐《李长吉小传》："恒从小奚奴，骑巨驴，背一古破锦囊，遇有所得，即书投囊中。"

【故事】

唐代诗人李贺，是唐宗室的没落后裔。虽说是皇上的远房亲戚，却没有沾上皇家的光，反倒因为父亲的名字，惹出意想不到的麻烦。他的父亲叫李晋肃，偏偏"晋肃"与"进士"谐音（古音谐音），就是这个原因，李贺不能参加科举考试。试想，他要是考中了进士，岂不是犯了父亲的名讳？

李贺自幼便能吟诗作文，十几岁的小小年纪，便已名扬文坛。李贺写诗与别人不同，不是先拟题，然后写诗，而是先挖掘素材，然后作诗。

他每次外出，总是骑着一匹瘦马，带着一名小童，背着一个古旧锦囊，一边行走，一边思索，吟得佳句，立即用纸记下，投入锦囊中。

每天傍晚回家后，母亲将锦囊里的纸卷倒出来察看，如果见他写得多，就心疼地说："你这个孩子，难道要把心血都吐出来才肯罢休啊。"说完便点亮灯，把饭菜端到几案上。李贺匆匆吃完饭，便把一天写下的诗句整理成草稿，投入另外一个锦囊之中。

李贺所写的诗歌的内容，大多慨叹生不逢时的内心苦闷，抒发对理想、抱负的追求；他的诗歌最大的特色，就是想象丰富奇特、语言瑰丽奇峭。他喜欢在神话故事、鬼魅世界里驰骋，构造出波谲云诡、迷离惝恍的艺术境界。正因为如此，他被后人称为“诗鬼”。

可能是他写诗过于费心，二十七岁便离开了人世。他是中唐时期的浪漫主义诗人，他的诗具有独特艺术魅力，在百花齐放的唐代诗坛，李贺的诗歌绽放出异彩。

居大不易

【释义】

本为唐代名士顾况拿年轻的白居易的名字开玩笑。后指生活在大城市（多指首都），生活不易维持。

【出处】

唐·张固《幽闲鼓吹》：“白尚书应举，初至京，以诗谒著作顾况，顾睹姓名，熟视白公曰：‘米价方贵，居亦弗易。’”

【故事】

白居易是唐代著名诗人，他的诗句“野火烧不尽，春风吹又生”何人不知？就是这两句诗，还曾引发出一段历史佳话。

白居易自幼聪颖，读书十分刻苦。读书读得口舌生疮，写字写得手都磨出了茧子。那一年为参加科举考试，白居易来到了京城。那时候，他还是个毛头小伙子，没有什么名气。当时有这样的习俗：后生小子须拿着自己的诗作去拜见前辈，以求得到提携。白居易也不例外，带着诗卷去谒见前辈顾况。

顾况看了诗卷上的名字，觉得有些意思，朝着白居易看了一会儿，说：“长安米贵，居大不易。”意思是，你的名字不是白居易吗，我可告诉你，长安的物价很贵，居住在这里很不容易。顾况说这句话多有调侃之意。

说完这句话，顾况便读起白居易写的诗，当他读到“野火烧不尽，春风吹又生”时，顾况感叹道：“能够写出这样的好诗句，居住在何处都不难。刚才我是说着玩的，你可千万别当真。”

顾况没有说错，白居易果然是诗坛奇才。他的诗作题材广泛，形式多样，语言平易通俗。白居易积极倡导新乐府运动，提出“文章合为时而著，诗歌合为事而作”的文学主张，对后世影响很大，是我国文学史上相当重要的诗人。

君子之交淡如水

【释义】

君子情操高尚，他们的交情纯得像水一样。

【出处】

《庄子·山木》："且君子之交淡若水，小人之交甘若醴(甜酒)；君子淡以亲，小人甘以绝。"

【故事】

有一天，孔子问桑雽："我两次在鲁国被驱逐，在宋国受到伐树的惊辱，在卫国被人铲除足迹，在商、周之地穷愁潦倒，在陈国和蔡国间受到围困。为什么我会遇上这么多的灾祸？现在，亲戚越发跟我疏远了，弟子朋友也跟我离散了，这到底是什么原因呢？"

桑雽回答说："你没有听说过假国人逃亡的事吗？大难当头，林回舍弃了价值千金的璧玉，背着婴儿就跑。有人议论道：'他是为了钱财吗？初生婴儿的价值太少太少了；他是为了怕拖累吗？初生婴儿的拖累太多太多了。舍弃价值千金的璧玉，却背着婴儿跑，这是为了什么呢？'林回说：'价值千金的璧玉跟我是以利益相合，这个孩子跟我是天性相连。'由此看来，以利益相合的，遇上困厄、灾祸就会相互抛弃；以天性相连的，遇上困厄、灾祸就会相互爱护。相互爱护和相互抛弃，差别也就太远太远了。君子的交谊淡得像清水一样，小人的交情甜得像甜酒一样；君子淡泊却心地亲近，小人甘甜却利断义绝。大凡无缘无故而接近相合的，那么也会无缘无故地离散。"

孔子听了深受启发，说："我会由衷地听取你的指教！"

典故"投璧负婴儿"也源自这个故事，比喻重视亲情，看轻身外之物。

K

开天辟地

【释义】

辟:开辟。古代神话传说盘古氏开天辟地,才开始了人类历史。用来指开创人类的历史或有史以来前所未有的。

【出处】

《补张灵·崔莹合传》:“乞君为我多方访之,冀得当以报我。此开天辟地第一吃紧事也。”

【故事】

相传在天地还没有诞生以前,宇宙是漆黑一片、混沌一团的,好像是个大鸡蛋。盘古在这个大鸡蛋里孕育成人以后,睡了一万八千年。

有一天,他突然醒来了。睁眼一看,发现周围一团黑暗,什么也看不见。盘古急得心里发慌,于是拔下自己一颗牙齿,把它变成威力巨大的神斧,他抡起神斧朝着周围猛劈过去。

这一劈可不得了,刹那间,只听得山崩地裂。一阵巨响过后,这个大鸡蛋一下子裂开了。其中一些轻而清的东西,慢慢上升变成了天空;另一些重而浊的东西,则缓缓下沉变成了大地。从此,混沌不分的宇宙变成了天和地。

天地刚分开时,盘古怕它们再合拢上,于是就站在天与地之间,头顶着天,脚踩着地。天每天升高一丈,地也每日加厚一丈。盘古的身体,也随着天的升高而每日长高一丈。就这样,盘古顶天立地站着。不知过了多久,终于使天和地都变得非常牢固。

这时,他已经耗尽全身所有力气。他慢慢地睁开眼睛,看着自己亲手开辟的天地。盘古终于支持不住，倒下了。

盘古在临死前，全身忽然发生了变化：他嘴里呼出的气，变成了风和云；他的呼吸声，变成了雷霆；他的左眼变成了太阳；右眼变成了月亮；头发和胡须变成了星星；手足和身躯，变成了大地和高山；血液变成了江河；筋脉变成了道路；皮肤和汗毛，变成了草地林木；肌肉变成了土地；牙齿和骨骼，变成了闪光的金属、石头和珍宝；身上的汗水，也变成了雨露和甘霖。

开诚布公

【释义】

开诚：敞开胸怀，显示诚意。指以诚心待人，坦白无私。

【出处】

《三国志·蜀书·诸葛亮传》："诸葛亮之为相国也，抚百姓，示仪轨，约官职，从权制，开诚心，布公道。"

【故事】

诸葛亮，字孔明，号卧龙，三国时期杰出的政治家、军事家。诸葛亮担任蜀汉相国时，安抚百姓，遵守礼制，制定官职，遵守权力制度，诚信待人、胸怀坦诚，广开言路、吸纳众议。

诸葛亮为了匡扶蜀汉政权，忠心耿耿、鞠躬尽瘁，深得蜀汉皇帝刘备的信任。刘备临终前，曾将自己的儿子刘禅托付给他，并说："你的才能胜过曹丕十倍，必定能够安邦定国，最终能成就大业。我的儿子刘禅可以辅佐他，就辅佐他；如果他没有才能，你可以取代他。"

诸葛亮边流泪边说："我一定会全心全意、竭尽所能辅佐刘禅，绝对没有一点儿自己当皇帝的念头。一定会做到鞠躬尽瘁、死而后已。"

诸葛亮坦诚无私，践行自己的诺言，事无巨细，竭力辅佐后主刘禅。他派人与东吴修好，调整巴蜀内政，稳定蜀汉政权；率领军队南征，深入不毛之地，平定南蛮乱事；上书《出师表》，规劝后主刘禅；在汉中屯兵，指挥军队北伐；北伐时，因作战失误而失守街亭，挥泪斩马谡，自贬为右将军；再次领兵北伐，夺取武都、阴平等地，攻克祁山，大败魏军；后因积劳成疾，病死在五丈原。

开门见山

【释义】

比喻说话写文章一开头就直入主题，不拐弯抹角。

【出处】

宋代严羽《沧浪诗话·诗评》："观太白诗者，要识真太白处。太白天才豪逸，语多卒然而成者。学者于每篇中，要识其安身立命处可也。太白发句，谓之'开门见山'。"

【故事】

引文大意是，阅读李白的诗歌，要认识到真正的李白精神体现在什么地方。李白是天才的诗人，为人豪爽、放逸，无拘无束。李白的诗句，很多是突然迸发而出的。学习李白诗歌的人，要认识到李白的哪些诗句寄托着李白的精神。李白诗歌开头的句子，往往直切主题，这叫作"开门见山"。

开门见山被历代文人认作是行文简明的不二法门。不仅写诗写文章如是，写剧本也须如是。清代戏剧家李渔认为，词曲中开场的一折，就等于古文的冒头，时文的破题，一定要做到开门见山，不应该借来个帽子，扣在头顶上。

开源节流

【释义】

源，水源。增加收入，节省开支。

【出处】

《荀子·富国》："故明主必谨养其和，节其流，开其源，而时斟酌焉……"

【故事】

百姓时和,事业得叙者,货之源也。等赋府库者,货之流也。故明主必谨养其和,节其流,开其源,而时斟酌焉,潢然使天下必有余,而上不忧不足。如是则上下俱富,交无所藏之,是知国计之极也。

以上引文大意是说:天时平和,百姓按照节气从事农作,这是财货的来源。分等级交纳租税存入府库,这是财货的流通。所有英明的国君一定会谨慎地养护这天时的平和,节制税收,增加农户的收入,而且会经常思考这些问题。积累的财货越来越多,就会使国家有一定剩余,于是国君便不担忧财货不够用。执行这种政策,就可以做到国家和百姓共同富裕,互相没有隐藏,这便是明晓了顶级的治国大计了。

文中"节其流,开其源",后被炼为典故"开源节流"。

开卷有益

【释义】

开卷:打开书本,指读书。益:好处。意指读书总有好处。

【出处】

南朝·梁·沈约《宋书·陶潜传》:"开卷有得,便欣然忘食。"

【故事】

宋朝初年,宋太宗赵光义命文臣李昉等十四人编写了一部规模宏大的《太平总类》百科全书。这部书收集摘录了一千六百多种古籍的重要内容,分成五十五门,共计一千卷,宋太宗非常喜欢这部巨著,每天至少都要看上两三卷。

有些大臣觉得皇帝日理万机还要抽空去翻阅这本皇皇巨著,实在太辛苦了,就劝他少看些以免劳心费神,可宋太宗却说:"我很喜欢读书,从书中常常能得到乐趣,多看些书总会有益处,况且我并不觉得劳神。"此后他仍然每天坚持阅读,若是因国事耽搁了,改天也会补上,宋太宗还常对别人说:"只要打开书本,总会有好处的。"在他的影响下,朝廷大臣纷纷效仿,国内当时的读书风气也极为盛行。

开门揖盗

【释义】

揖:拱手作礼。开门请强盗进来。比喻引进坏人,招来祸患。

【出处】

晋·陈寿《三国志·吴书·孙权传》:"况今奸宄竞逐,豺狼满道,乃欲哀亲戚,顾礼制,是犹开门而揖盗,未可以为仁也。"

【故事】

东汉末年,孙坚起兵江东,战死在襄阳。他的儿子孙策继承父业,势力日益强大,颇有自立为王的趋势。

吴郡太守许贡写信给汉献帝,请求降旨将孙策调往别处。不料信落到孙策手中,为许贡招来杀身之祸。许贡的三个门客决心为主人报仇,在孙策打猎时,将其刺成重伤,医治无效身亡。弟弟孙权见哥哥死得这么悲惨,整日痛哭不止,长史张昭劝道:"现在奸臣当道,他们野心勃勃,蠢蠢欲动。如果你只顾悲哀,而不考虑国家大事,无异于开门揖盗,会给自己招来祸患啊!"

孙权听后认为言之有理,马上振作起精神,当了东吴的新主人。

刻舟求剑

【释义】

比喻死守教条,拘泥成法,固执而不知变通。

【出处】

秦·吕不韦《吕氏春秋·察今》:"楚人有涉江者,其剑自舟中坠于水,遽契其舟,曰:'是吾剑之所从坠。'舟止,从其所契者入水求之。舟已行矣,而剑不行,求剑若此,不亦惑乎!"

【故事】

刻舟求剑

春秋时期，楚国有个人要出门远行，在乘船过江的时候，不小心将随身携带的剑掉入湍急的江水中。

船上的人大喊着告诉他："你的剑掉到江里了！"

他却不慌不忙地拿出把匕首，在船舷上刻了个记号，然后对大家说："这就是剑掉下去的地方。"

众人不解，都催促他说："快下去把剑找回来吧！否则船越走越远，就找不回来了。"这人不以为然地说："不用着急，我已经做好记号了。"

船到了岸边后，他顺着刻有记号的地方下去找剑，结果不但一无所获，还遭到众人的讥笑。

苛政猛于虎

【释义】

指残酷压迫剥削人民的政策，比老虎还要凶恶暴虐。

【出处】

《礼记·檀弓下》："夫子曰：'何为不去也？'曰：'无苛政。'夫子曰：'小子识之，苛政猛于虎也。'"

【故事】

春秋战国时期，苛捐杂税名目繁多，百姓生活在水深火热之中。有些人为了活命，只好举家逃往深山荒野等人迹罕至的地方。

孔子带着弟子游学时，经过泰山脚下，看见有位年老的妇人正在一座新坟前痛哭，就派子路去询问缘由。

老妇人边哭边说："我家是从村镇搬到这里的，刚搬来时公公上山打柴遇到了老虎，就再也没回来。过了一年，我的丈夫上山采药，又一次命丧虎口，只剩下我与儿子相依为命。我们想换个地方住，可思来想去，其他偏僻的地方难免也有野兽，这里虽有老虎，但只要小心，还能侥幸活下来，所以依旧在此艰难度日。”

“可是，前天我的儿子进山打猎一直没回来，昨天有人看见他被老虎吃掉了，所以我在这里哭泣。”

孔子听后非常感慨，问老妇人：“为什么不离开这里呢？”老妇人无奈地回答：“因为这里没有苛刻的暴政啊！”

孔子不禁感慨地对弟子说：“你们可要记住：残暴的政令比吃人的老虎还要凶猛啊！”

口若悬河

【释义】

悬河：瀑布。讲话像瀑布倾泻，滔滔不绝。形容能说会辩，口才很好，口齿伶俐。

【出处】

南朝·宋·刘义庆《世说新语·赏誉》：“郭子玄语议如悬河泻水，注而不竭。”

【故事】

晋朝时期，有位叫郭象的大哲学家，他从小就勤学好问，喜欢刨根问底，并且能用心去观察接触到的各种现象，因此长大后知识非常渊博，看问题也有自己独到的见解。郭象十分推崇老子和庄子的道家学说，对他们的论点颇有体会，对出仕做官也看得很淡然。后来，朝廷一再派人来请他做官，郭象实在推辞不掉，就到朝中做了黄门侍郎。由于他知识丰富，对什么事情都能说得头头是道，再加上口才好，又喜欢发表自己的见解，所以人们听他谈论时，都觉得津津有味。太尉王衍十分佩服他的口才，常常在别人面前赞扬郭象说：“听郭象说话，就好比悬在山上的河流一泻千里，永远没有枯竭的时候。”

胯下之辱

【释义】

胯下:两条腿之间。原指韩信从少年胯下爬过的耻辱。后形容有才干的人在未得志时,受到的鄙视、嘲笑和侮辱。

【出处】

汉·司马迁《史记·淮阴侯列传》:"淮阴屠中有侮信者,曰:'若虽长大,好带刀剑,中情怯耳。'众辱之曰:'信能死,刺我,不能死,出我胯下。'于是信孰视之,俛出胯下,蒲伏。一市人皆笑信,以为怯。"

【故事】

秦朝末期,淮阴人韩信在尚未成就事业前,因为家贫不能被推荐为小吏,又不会经商,因此生活过得十分艰难,被很多人瞧不起。一天,他正在街上走,有个少年拦住他挑衅道:"看你长得这么高大,平时还舞枪弄棒的,有人说你是个有本领的人,我却认为你是个胆小鬼。如果你真的有胆量就一剑杀了我,如果你是个胆小鬼就从我的裤裆底下爬过去。"

韩信按捺着心中的怒气,觉得为这件小事杀死他实在不值得,弄不好自己还得偿命,就忍了忍,伏下身子从少年的胯下爬了过去。周围看热闹的人,见韩信如此软弱,都嘲笑他是个没出息的人。

空谷足音

【释义】

在寂静的山谷里听到人的脚步声。比喻难得的音信、言论或人物。

【出处】

《庄子·徐无鬼》:"夫逃虚空者……闻人足音跫然而喜矣。"

【故事】

徐无鬼因女商的介绍,去见魏武侯。

武侯慰问徐无鬼说:“先生气色不太好啊!大概是住在山林太吃苦了,所以才下山找寡人聊天吧!”

徐无鬼说:“我是来慰问你的啊,你怎么反来慰问我呢?”

武侯听了,知道徐无鬼的话并没有错,自己实在十分劳累。因此,他便惆怅着不说话了。

过了一会儿,徐无鬼又说道:“大王,我会相狗,也会相马哩,你想听听吗?”

武侯说:“啊,那好极了,你说给寡人听听吧!”

徐无鬼说:“我相狗,分为三种。下等的狗,吃饱就算了,这种狗和猫一样。中等的狗,眼神明亮,矫矫不凡的样子。上等的狗,自由自在,无拘无束,根本不知道自己是狗哩!”

武侯听了,鼓掌大笑。

徐无鬼又说:“我相马的本领又比相狗还要精。马有两种,一种叫作国马,一种叫天下之马。”

武侯说:“请先说什么叫作国马?”

徐无鬼说:“如果一匹马,无论马齿、马背、马头、马眼,都合乎绳墨规矩,他的进退周旋,也完全中规中矩,那就叫国马。”

武侯说:“那什么是天下之马?”

徐无鬼说:“如果一匹马,他的动作似动似静,他的精神若有若无,他好像是忘掉自己的样子。这匹马跑起来必然绝尘而去,这就叫作天下之马。”

武侯听了,瞪了一下像病夫似的徐无鬼,然后便站了起来,大笑不已。

徐无鬼见了魏武侯,告辞出来。

女商问道:“先生刚才谈些什么话呢?大王怎么会那样高兴?”

徐无鬼说:“我只是随便谈了些相狗相马的道理。”

女商吃惊道:“是吗?那真奇怪了。从前我和大王谈诗书礼乐,必然就谈六韬兵法,大王却从来没有这么高兴过哩!”

徐无鬼说:“哦?你没有听过越国被放逐的人讲的话吗?刚离国的几天,只要看见老朋友便很高兴。离国个把月以后,只要看见越国的熟人便很高兴,一年之后,只要看见像越国人的就很高兴了。人离家乡越久,就会越想念家乡,不是这样吗?如果有人被放逐到山林里,整天和野草野兽做朋友,有一天在山谷中忽然听到有人的脚步声,那他就会欣喜若狂了。如果来的人,竟是他的兄弟亲戚,你说那人不是要高兴得昏倒吗?”

女商听了,屏息静静地注视着徐无鬼。过了一会儿,徐无鬼又说道:“大王太久没有听到亲切的话了。太久没有接近有道的真人了!”

旷日持久

【释义】

旷,荒废,耽误。多费时间,拖得很久。

【出处】

西汉·刘向《战国策·赵策三》:“……具数十万之兵,旷日持久,即君之齐已。”

【故事】

战国时期,有个名叫荣蚠的人,被燕国封为高阳君,并派他为统帅,带领军队攻打赵国。荣蚠很会打仗,赵王得到消息后,非常害怕,立即召集大臣商议对策。国相赵胜想出一个办法,说道:“齐国的名将田单,善勇多谋。我国割三座城池送给齐国,请田单来帮助我们带领赵军作战,一定可以取得胜利。”

但是大将赵奢不同意这么做,他说:“难道我们赵国就没有大将了吗?仗还没有打,就先要割三座城池给齐国,那怎么行啊!我对燕军的情况很熟悉,为什么不派我领兵抵抗呢?”

赵奢还进一步分析,即使田单肯来指挥赵军,赵国也不可能一定取胜,也可能敌不过荣蚠;如果田单确实有本领,他也未必肯为赵国出力。接着,赵奢又说,田单要是来了,他一定会把赵国的军队拖在战场上,“旷日持久”,荒废时间。这样长久地拖下去,几年之后,会把赵国的人力、财力、物力消耗掉,后果将不堪设想。

但是,赵王和国相赵胜还是没有听取赵奢的意见,仍然割让三城,聘请齐国的田单来当赵军的统帅。结果,不出所料,赵国投入了一场得不偿失的消耗战,付出了很大的代价,却只夺取了燕国一个小城,并没有获得期望的胜利。

绠短汲深

【释义】

吊桶的绳子很短，却要打很深的井里的水。比喻能力薄弱，任务重大(多用做谦辞)。

【出处】

《庄子·至乐篇》："昔者管子有言……褚小者不可以怀大，绠短者不可以汲深。"后多以"绠短汲深"为力小任重、不能胜任的谦辞。

【故事】

孔子的弟子颜回，从鲁国到齐国去，要同齐国的国君谈论治国的大道理。动身之后，孔子老是不放心。另一弟子子贡看出老师有心事，便恭敬地问道："颜回走后，我看您很忧虑，这是为什么啊？"

孔子说："是呀，你问得好！从前管子(即管仲)有一句话我很赞赏，他说'褚小者不可以怀大，绠短者不可以汲深。'我担心颜回给齐侯谈论太大太深的古圣先贤之道，对方根本接受不了，反而会把事情弄糟了。你听说过这么回事吗？鲁侯得了一只海鸟，把它养在庙堂上，演奏最美妙的音乐给它听，宰牛杀羊，办了丰盛的筵席给它吃。可是这只鸟昏头昏脑、心神不定，不敢吃一口肉，也不敢喝一口水，不出三天就死了。这样养鸟，是把鸟当作是同自己一样的人来招待，而没有把它作为鸟来饲养，即使是最美妙的音乐，最丰盛的筵席，它也不能领情。再举一个例子来说：鱼离开了水就活不了，但是人溺在水里就得死，这也是彼此习性、需要和爱好不同的缘故。所以，待人接物，区别对象是很重要的。颜回这次去访问齐侯，使我担心的，就为这个。使我想起了管子的那句话，也是为此。"

脍炙人口

【释义】

原意是指人人爱吃的细肉和烤肉。后人常用它来比喻人人赞美的事物和诗文。

【出处】

《孟子·尽心下》:“公孙丑问曰:‘脍炙与羊枣孰美?’孟子曰:‘脍炙哉!’”

【故事】

春秋时期,孔子门徒曾参因其父爱吃羊枣,父亲死后不忍再吃羊枣,被传为佳话。

到了战国时,孟子的弟子公孙丑对这件事大为不解,就向老师孟子请教。公孙丑问:

“老师,脍炙和羊枣,哪一个好吃?”

“当然是脍炙好吃,没有哪个人不爱吃脍炙。”

公孙丑又问:

“怪了,曾参为什么不把脍炙戒掉,而只戒吃羊枣呢?”

孟子笑着说:

“脍炙,是大家都爱吃的;而羊枣的滋味虽说和脍炙相比稍差一点儿,但却是他父亲特别爱吃的东西,所以曾参只戒吃羊枣。好比对长辈只忌讳叫名字,不忌讳称姓一样,姓有相同的,名字却是自己独有的。”

孟子一席话,使公孙丑明白了其中的道理。

后人从孟子所说的“脍炙所同也”引申出“脍炙人口”这则成语。

困兽犹斗

【释义】

原意是指被围困的野兽还要进行最后的挣扎。比喻在绝境中还要挣扎抵抗,多含贬义。

【出处】

《左传·宣公十二年》:“困兽犹斗,况国相乎!”

【故事】

春秋时期,一次晋军援郑伐楚,由于贻误战机,大败而归。

晋景公盛怒之下,拂袖示意卫兵把荀林父押下去杀掉。

“我主息怒,此人杀不得呀!”大夫士贞子急忙上前阻止说。

“为什么杀不得?”

士贞子不慌不忙地对晋景公说:

“三十多年前的城濮之战中,我晋军大获全胜,举国上下一片欢腾,士兵们大吃三天楚军的粮食,但先君文公面无喜色,忧心忡忡,左右的人甚为不解,就问晋文公为什么。晋文公说:‘这次战斗,因为我们用人得当,战略战术正确,加之士兵勇猛,首先击破了楚军的左、右翼,致使中军完全陷于被动之中,败局已定,无力挽回,只好收兵。楚军虽败,但主帅成得臣还在,我怎可就此放心呢?一头野兽被困住了尚要挣扎,更何况得臣是一国之相呢?有朝一日,他休整好了,势必要来报仇雪恨的,你说,我们有什么可庆祝的?’后来,气急败坏的楚王杀了战败的得臣,先君文公才露出笑脸,高兴地说:‘太好了,得臣死了,楚王帮我除了心头大患,从此我可以高枕无忧了,不必再担心得臣会来害我了。哈哈,我晋国算是又胜了一次。’自楚王杀了得臣以后,楚国两代都兴旺不起来。如今,荀林父虽然在此次战斗中失败了,但他是个难得的人才,算得上是国家的柱石,杀了他,岂不是正中了楚国的下怀,帮了他们的忙吗?您说,荀林父能杀吗?”

晋景公听了士贞子的话,方如梦初醒,立即下令赦免了荀林父等人的死罪,官复原职。

口蜜腹剑

【释义】

口蜜:说话甜蜜好听。腹剑:肚里藏着利剑。比喻口头上说话好听,像蜜一样甜,肚子里却怀着害人的阴谋。

【出处】

《资治通鉴》:“李林甫为相……尤忌文学之士;或阳与之善,啖以甘言而阴陷之。世谓李林甫口有蜜,腹有剑。”

【故事】

李林甫是唐玄宗时期有名的奸相。他出身于李唐宗室,曾祖父李叔良是唐朝开国皇帝李渊的从父弟。他懂得音律,善于钻营,为人狡诈。他无德无才,却惯于玩弄阴谋手段,排斥、打击不附和自己的人。他拉拢讨好宦官、妃嫔,非常清楚皇上的各种举动。因此,他每次都能顺着皇上的心思说话,获得唐玄宗的赏识。

等到李林甫手握大权时,变本加厉地打击异己,排斥贤才,以巩固自己在朝廷的地位。中书侍郎严挺之非常讨厌李林甫的为人,不愿意同他交往。李林甫就在唐玄宗面前进谗言,诽谤严挺之并把他贬为洛州刺史。

过了些日子,唐玄宗忽然想起严挺之,打算重新重用他,就问李林甫:“严挺之是个人才,如今他在哪里?”李林甫不动声色,退朝后急忙把严挺之的弟弟严损之找来。李林甫对严损之说:“皇上还惦记着你哥哥,今天还跟我提起他。你请他上封奏折,就说患了风湿病,要来京城治疗。”严损之回家把李林甫说的话对哥哥说了。

李林甫两面三刀,等严挺之上书唐玄宗后,他又对玄宗说:“严挺之年事已高,又患风湿病,怕难以担当重任。皇上给他安排个闲职更利于他养病。”唐玄宗无奈地打消了重用严挺之的想法。

李林甫和人交往,表面上甜言蜜语拉拢人,嘴上说的都是好听的、为对方着想的话。可是背地里,他经常要阴谋诡计陷害人。时间久了,朝廷大臣都知道了他表面一套背后一套的伎俩,都说:“李公虽面有笑容,而肚中铸剑也。”

宋朝司马光在他的著作《资治通鉴》中评价李林甫:“世谓李林甫口有蜜,腹有剑”,后来就演变成了“口蜜腹剑”这个成语。

看杀卫玠

【释义】

卫玠:晋代的美男子。卫玠被人看死。形容人风采极佳,被人仰慕。

【出处】

南朝宋·刘义庆《世说新语·容止》:“玠从豫章至下都,人闻其名,观者如堵。

玠先有羸(瘦弱)疾,体不堪劳,遂成病而死。时人谓'看杀卫玠'。"

【故事】

多数人是生病死的,死于非命的不多。被众人活活看死的,自古至今大概只有卫玠一个。

人会被看死?原来是这么回事:卫玠来到首都建业(今江苏南京),京城里的人为了一睹美男子卫玠的风采,纷纷来到卫玠的途经之处,把马路堵得水泄不通,卫玠花了很长时间才得以通过。他身体羸弱,经不起操劳,经过这番折腾,卫玠一病不起,不久就离开了人世。当时人们纷纷说:"看杀卫玠。"

卫玠自幼长得秀气,祖父卫瓘认为他跟一般的小孩不同。少年时,卫玠喜欢乘着羊车到街市上去,引得许多人驻足观看。雪白的羊儿映衬着俊秀的孩子,着实讨人喜欢,人们称他为"玉人"。这个典故叫"谁家玉人"。

卫玠的舅舅是骠骑将军王济,是位相貌堂堂的美男子,一见到卫玠,他就发出感叹:"有珠玉在我身边,使我自惭形秽。"这是典故"自惭形秽"的出处。他曾对别人说:"跟外甥卫玠一同出游,就像是明珠在我身边,朗然照人。"这是典故"珠玉在侧"的出处。

卫玠长大以后能言善辩,喜欢谈玄理。琅玡王澄有高名,听了卫玠的谈论往往叹息绝倒。这个典故叫"卫玠谈道,平子(王澄字平子)绝倒。"王澄及王玄、王济三兄弟的名声都很大,当时人们却说:"王家三子,不如卫家一儿。"这个典故比喻某家的孩子很有出息,一个顶几个。

卫玠的岳父是乐广,海内有重名,当时人们说:"妇公冰清,女婿玉润。"后来人们用"冰清玉润"比喻人的品行高洁。

一个人能有这么多的典故,很不容易,怪不得有那么多年轻女子为他倾倒。

狂奴故态

【释义】

狂奴:对狂士的昵称;故态:老样子,老脾气。狂士的老脾气。

【出处】

《后汉书·严光传》:"霸得书,封奏之。帝笑曰:'狂奴故态也。'车驾即日幸其馆。”

【故事】

严光，字子陵，东汉时会稽余姚（今浙江余姚）人，年轻的时候博览群书，才华出众。他和刘秀是好朋友，曾经一起到外面游学。

后来刘秀经过多年征战，建立了东汉王朝，严子陵得知刘秀做了皇帝，立即消失得无影无踪。

刘秀想起同窗好友严子陵，希望他能够出山帮助自己治理国家，于是下了一道命令，要各地官府派人寻访严子陵。经过多方寻访，终于找到了他。

光武帝刘秀派使者带着厚重的礼物，请严光到京城。使者往返多次，严光才来到京城。司徒侯霸和严子陵也是老朋友，听说严子陵到了京都，非常想见见这位多年不见的老友，可是白天公务太忙，便写了一封信让属下送去，请严子陵晚上到他家里叙旧。

严子陵见了来人，丢过一片竹简，让来人记下他要说的话，拿这片竹简回去复命。侯霸看了竹简，气坏了，只见上面冷冰冰地写道：你要心怀仁爱，辅佐正义，如果阿谀奉承，难免身首异处。侯霸把竹简封好，转交给光武帝刘秀，刘秀看了哈哈大笑：说：“这个狂奴，还是过去的老脾气！”

光武帝当天就来到严光住处，严光却躺在床上不肯起来。光武帝刘秀坐在床边，摸着他的肚子说：“严子陵啊，你就不能帮助我治理国家吗？”

过了好一会儿，严光才悠悠地说道：“从前唐尧以德治理天下，巢父还是不愿出山。人各有志，你就不要逼我了。"光武帝刘秀实在没有办法，只得叹息而归。

L

柳暗花明

【释义】

垂柳浓密，鲜花夺目。形容柳树成荫、繁花似锦的春天景象。也比喻在困难中遇到转机。

【出处】

《剑南诗稿·游山西村》："山重水复疑无路，柳暗花明又一村。"

【故事】

南宋大诗人陆游，字务观，号放翁，越州山阴人，有"小李白"之称。他一生始终坚持抗金，在仕途上不断受到当权派的排斥和打击。中年入蜀抗金，军事生活丰富了他的文学内容，著有《剑南诗稿》《渭南文集》等作品。

陆游自幼好学不倦，12 岁即能诗文。绍兴二十三年，他赴临安应试进士，取为第一，而秦桧的孙子秦埙排在了他的后面。秦桧大怒，将陆游除名。宋孝宗即位后，因陆游善于辞章，熟悉典故，赐其进士出身。

他一生壮志难酬，没有做过高官。在隆兴任通判时，由于受到当权的主和派诬陷而被免职，回到故乡山阴，在那里闲居。像陆游这样胸怀国家的人，闲居在家的滋味当然不好受。他想报效朝廷却不能施展，内心充满了痛苦，只得整天在家读书打发时间。差不多一年时间过去了，他才渐渐轻松起来，常到附近各处走走看看。他从小在农村长大，没有当官的架子，所以和农民们混得很熟。

第二年四月的一天，春光明媚，陆游独自一人到二十里外的西山去游览。登西山，要翻过好几个小山头。陆游拄着手杖，顺着沿河的山坡向上行走。山，过了一重又一重；水，绕过一道又一道。他走到一个去处，似乎到了尽头，再也没路走了。

但拐了一个弯,却发现前面不远的山谷里有一块空地,在那里,成荫的绿柳和明丽的红花之间,有一个小村庄。陆游兴致勃勃地走向前面的山谷,来到那个小村庄。村民对远道而来的陆游非常友好,热情地接待了他。

回到家后,陆游对这次西山之行印象特别深刻,便作了一首七言律诗《游山西村》。其中的两句是:山重水复疑无路,柳暗花明又一村。从此,"柳暗花明"这个成语便传开了。

劳苦功高

【释义】

表示出了大力,吃了大苦,立了大功。

【出处】

《史记·项羽本纪》:"劳苦而功高如此。"

【故事】

刘邦率军攻占秦朝都城咸阳后,派兵驻守函谷关。不久,项羽率大军到了函谷关。他听说刘邦已经攻下咸阳,非常生气。进关后,他把军队驻在鸿门,准备与刘邦一决雌雄。

当时,项羽的军队有四十万人,而刘邦的军队只有十万人,形势对刘邦非常不利。项羽的叔父项伯,是刘邦的重要谋士张良的朋友。他怕张良跟着刘邦送死,连夜赶去劝他逃走,张良就陪项伯去见刘邦。经过张良和刘邦的解释,项伯答应从中调停,并叫刘邦第二天亲自到鸿门去向项羽谢罪。

第二天,刘邦带了一百多名随从来拜会项羽,终于取得了项羽的谅解。当天,项羽留刘邦一起喝酒。席间,项羽的谋士范增让项羽的堂弟项庄以舞剑助酒的名义刺杀刘邦。项伯也拔剑起舞,以身体掩护刘邦。

张良见形势不妙,便到营门外面找到与刘邦同来的将领樊哙,并通报了席上的情景。樊哙立刻一手握剑,一手拿盾牌护身,冲进营门,拉开军帐的帷幕,睁大眼睛看着项羽。他恼怒得头发上竖,连眼眶也都要裂开了。

项羽见了樊哙,忙按着剑,挺直上身问道:"这个人是在做什么呀?"

张良回答说："这是沛公的参乘樊哙。"

项羽这才放下剑把，说："好一位壮士！赏他一杯酒喝！"

在旁侍候的人听了，马上给他一大杯酒。樊哙拜谢后，接过酒来一口喝干。项羽又说："赏他一只猪肘。"

在旁侍候的人立刻给樊哙一只生的猪肘。樊哙先把盾牌放在地上，再把猪肘放在盾牌上，拔出剑，一块一块地切下来吃。项羽看了赞道："真是壮士！还能喝酒吗？"

樊哙说："我连死也不怕，区区一杯酒算得了什么！我还有几句话奉劝大王：从前，秦王残暴得像虎狼一样，杀人唯恐不多，处罚人唯恐不重，因此天下的人都反对他。楚怀王跟起义的将领约定说：'谁先攻破秦军进入咸阳的，就当秦王。'现在沛公先攻破秦军，进入咸阳，城里的东西一丝一毫也不敢动，等待大王到来。他派遣将士守住函谷关，原来是防备其他的队伍进出，怕发生意外。沛公这样劳苦功高，不但没有封侯的赏赐，大王反而听信小人的话，要想杀有功的人，这是在继续走秦朝败亡的道路。我认为，大王不应该这样做啊！"

项羽听了樊哙这席话，无话可答，只说了声"坐吧"。于是，樊哙就在张良旁边坐下。

席间，刘邦趁上厕所之机和樊哙不辞而别返回汉营，避免了杀身之祸，他叫张良把白璧和玉斗分别交给项羽和范增，范增却把给他的玉斗摔得粉碎，因为他知道，放刘邦回去，无疑是放虎归山，可这一切都无法挽回了。

临危不顾

【释义】

临：遇到。危：危险。遇到危难的时候，一点也不怕。形容大义凛然的气概。

【出处】

《三国志·魏书·陈留王传》："和、琇、抚皆抗节不挠，拒会凶言，临危不顾，词指正烈。"

【故事】

三国末期，蜀国丞相诸葛亮病死后，大权由姜维执掌。魏帝派邓艾、诸葛恪和钟会三路大军讨伐蜀国。姜维在军事要地剑阁坚兵据守。钟会久攻不下，便准备撤军。

就在这时候，邓艾率军绕过剑阁，直取成都，懦弱无能的刘禅见无法抵抗，便向邓艾投降，并派人命令姜维也投降。姜维没有办法，只好到钟会阵前投降。钟会非常钦佩姜维的才能，和他出则同车，坐则同席。

邓艾灭蜀后，在成都骄傲专横，独断独行，引起晋公司马昭的疑忌。钟会乘机诬告邓艾谋反，司马昭便下令将他逮捕，钟会带着姜维赶到成都，派兵将邓艾押送到洛阳去。

邓艾被捕后，钟会大权独揽。他想利用手握的重兵夺取天下。姜维发现了他的意图，也打算利用他的叛乱来恢复蜀国的统治，因此竭力怂恿钟会叛乱。双方由于都想利用对方，所以关系更加密切。

邓艾

但是，钟会发现司马昭已有防备，带领了十万大军驻扎在长安，决定马上动手。姜维想借钟会的手消灭魏国来的文武官员，然后再杀死钟会。于是他对钟会说，现在在蜀国的这些官员不可靠，要赶紧将他们杀掉。钟会担心他们会反对自己叛乱，因此把他们召集起来，假传太后遗诏，说太后要他讨伐司马昭，希望大家遵遗诏办事，同时拔出剑威胁说，违反命令的人马上就斩首。

众官员慑于钟会的威胁，只好勉强依从，只有夏侯和、羊琇、朱抚三人毫不畏惧，拒不听从钟会的话。钟会一时之间也不敢奈何他们，便将他们关押起来。

魏国文武官员被关的消息很快传开，士兵们不愿叛乱，组织起来攻打钟会。被关押的官员乘机逃出去，和部下一起攻打钟会。

钟会见大批魏军来攻，慌了手脚，问姜维怎么办。姜维要他反击，并带领钟会的亲信迎击魏军。由于寡不敌众，钟会被乱箭射死，姜维也被杀死。

叛乱平定后，魏元帝下诏书表彰夏侯和、羊琇和朱抚，说："你们在遇到危难的时候，坚持了气节，拒绝了钟会的威胁，值得表彰。"

礼贤下士

【释义】

对有才有德的人以礼相待，对一般有才能的人不计自己的身份去结交。

【出处】

《旧唐书·李勉传》："其在大官，礼肾下士，终始尽心。"

【故事】

李勉，字玄卿，唐朝名相，其曾祖李元懿为唐高祖李渊第十三子。他生性耿直，为官做人清正廉洁，奉公守法，更以知人善任而闻名。

有一次，在外出巡察中，他发现一个叫王晬的县尉很有才干，正想提拔他，忽然接到皇帝拘捕王晬的命令。原来王晬为人耿直，秉公办事，得罪了朝中权贵，遭人诬告陷害。李勉不忍王晬无辜受害，赶回京城面见皇帝，力陈王晬的为人，夸奖他是个人才，请求加以重用。唐肃宗了解了全部情况后，对李勉坚持正义、保护贤才的做法予以肯定，授他为掌管宗庙礼仪的太常少卿之职，并任命王晬为县令。王晬到任后，为官清正，办事公道，很受百姓爱戴。朝中人也都称赞李勉能识别和爱惜人才。

后来，李勉担任节度使，听人说李巡、张参这两个人相当有才学，便请他俩来辅助自己办理公务。李勉并不因为这两位名士是自己的下属而摆官架子，而是始终以礼相待。凡有宴饮，总要请他们出席。不幸的是，李巡、张参两人不久先后去世。李勉非常怀念他们，每逢宴请宾客时，总要设两个空位，照常摆着酒菜，就像他俩还活着似的。

不仅是对李巡、张参那样的贤才，就是对普通士兵，李勉也是以礼相待，爱护备至，所以在他手下当差的人，都愿意为他尽力。

后来李勉做了丞相，更是为国家选拔了大量的人才。后世对李勉的品格和为人十分推崇，特别是他尊重有才德的人，有礼貌地对待地位低下的人的品德，更是长久地为人称道。李勉也成为我国历史上礼贤下士的典范。

立锥之地

【释义】

插锥尖的一点儿地方。形容极小的一块地方。也指极小的安身之处。

【出处】

《史记·留侯世家》:“今秦失德弃义,侵伐诸侯社稷,灭六国之后,使无立锥之地。”

【故事】

楚汉争霸时,刘邦手下有一个谋士叫郦食其,他自恃有才,择尽良枝不肯栖,一定要选真正有雄才大略的真主,最终选择了汉王刘邦,投其麾下效劳。他是一个儒生,并以此为自豪,虽然知道刘邦不喜欢儒生,却不肯隐瞒自己的身份,坚持以儒生的身份与刘邦相见。

后来刘邦在荥阳战败。郦食其劝告刘邦说:“六国的后人无立锥之地才反抗秦国的,你如给他们复国,他们就会倾全力帮助你。”他的意见很简单,就是让刘邦以汉王的名义把秦朝统一了的六国重新分封,这样,这些国家的人对刘邦就会感恩戴德,唯汉王之命而听,刘邦就不战而胜。到那时,楚王就完全被孤立起来,不得不臣服于汉王。

郦食其的意见立马得到刘邦的赞赏,刘邦立即下命令:“马上去刻印鉴,你带上印鉴去六国为我办理此事!”后来,张良来了,刘邦非常兴奋地把这些事告诉了张良。张良听了大吃一惊,叫喊道:“陛下,是谁替你出的这个坏主意?如果这样做下去,您的一切希望就全完了!”

刘邦惊讶地问:“有这么严重吗?”

张良冷静地给他分析其中利害得失的关系:“现在天下的游士离开自己的故乡,远离家人、亲戚,遗弃祖先的坟地,跟随你东征西战,日夜都想回到故乡去,盼望重立旧国。你若是果真复立了韩、魏、赵、齐、楚、燕,那时六国鼎立,天下的游士就各为其主,不会再有人帮助您打天下了。楚国势大,又会出现六国臣服的局面,您就什么都别指望了!”

当时刘邦正在吃饭，听了张良的话，惊得连饭都喷了出来。他大骂郦食其道："竖儒！差点坏了我的大事！"于是下令赶陕把刚刚刻制的印鉴全部销毁。

滥竽充数

【释义】

比喻没有本领的人，混迹在行家队伍里充数，也比喻以次货冒充好货。

【出处】

《韩非子·内储说上》："齐宣王使人吹竽，必三百人。南郭处士请为王吹竽，宣王说之，廪食以数百人。宣王死，湣王立，好一一听之，处士逃。"

【故事】

战国时期，齐宣王喜欢听竽，习惯由众位乐师一起演奏。他以优厚的赏赐开始着手组建一支三百人的吹竽乐队，有位南郭先生正为生计发愁，一听此事大喜过望，赶紧求见宣王，当面吹嘘自己的吹竽技艺非凡。齐宣王听到南郭先生的介绍，非常高兴，就把他编入了吹竽的乐队。每当宣王听竽时，南郭先生便混在队伍里，学着其他乐师的样子，摇头晃脑，装模作样地在那儿"吹奏"。由于队伍庞大乐师太多，齐宣王一直没有发现他的破绽。

几年以后，齐宣王逝世，儿子齐湣王继位。齐湣王也喜欢听竽，但他习惯由乐师单独演奏。这下南郭先生再也不能蒙混过关了，每次齐湣王宣召乐师时，他都吓得不轻，生怕点到自己。过了数日，南郭先生再也受不了这种提心吊胆的日子，赶紧偷偷溜走了。

老骥伏枥

【释义】

本指老了的千里马趴在马槽，却仍想着奔驰千里。喻指有志向的人虽然年老，却仍怀有雄心壮志。

【出处】

三国·魏·曹操《步出夏门行》:“老骥伏枥,志在千里。烈士暮年,壮心不已。”

【故事】

官渡之战,曹操大败袁绍。袁绍之子袁尚、袁熙逃至公孙康处,本以为公孙康能救他们一命,却不料反被此人割下头颅,献给了曹操。这样,曹操不费一兵一卒就彻底消灭了袁氏家族,统一了北方。曹军班师回朝,途经河北昌黎时,曹操登高临海,眺望着滚滚东去的大海,只见碧海金光,波涛滚滚。回营后,他仍然心潮起伏,久久不能平静,想起东吴孙权、西南刘备还雄踞一方,自己虽已到知天命的年纪,但对统一大业的期望却丝毫不减,于是大踏步跨至案前,挥笔写下了“老骥伏枥,志在千里。烈士暮年,壮心不已……”之句,抒发自己老当益壮、志在千里的豪情壮志。

乐不思蜀

【释义】

原指后主刘禅安于享乐不思复国,现比喻乐而忘返或乐而忘本。

【出处】

晋·陈寿《三国志·蜀书·后主传》南朝·宋裴松之注引《汉晋春秋》:“王问禅曰:‘颇思蜀否?’禅曰:‘此间乐,不思蜀。’”

【故事】

刘备死后,诸葛亮一路扶助懦弱无能的后主刘禅,待他死后,西蜀陷入一片混乱,不久便被日渐强大起来的魏国围攻。刘禅步步退让,最后投降了魏国,被封了个有名无实的“安乐公”。魏王见刘禅软弱无能,故意想让他出丑。

某日,魏王举行宴会,在刘禅及投降的蜀臣面前故意安排了一场蜀地歌舞。蜀臣们看到自己熟悉的舞蹈,想起被灭亡的蜀国,心中非常难过。魏王仔细地观察刘禅的表情,以为他也会悲伤,结果却见刘禅不仅不悲伤,而且还很乐于享受眼前的歌舞。魏王忍不住问刘禅："想念蜀国吗？"刘禅说："不想，这里多么安逸快乐啊。"众蜀臣听了当场泪落，彻底断绝了复国的念头。后来，人们根据这个故事，引申出"乐不思蜀"一词。

利令智昏

【释义】

令：使。智：理智。昏：昏乱，神志不清。因贪图私利而失去理智，不辨是非，把什么都忘了。

【出处】

汉·司马迁《史记·平原君虞卿列传》："鄙语曰：'利令智昏。'平原君贪冯亭邪说，使赵陷长平四十余万众，邯郸几亡。"

【故事】

战国时期，各诸侯国之间为了争夺土地，经常发动战争。秦国派大将白起攻打韩国，占领了野王，野王附近有处上党，上党太守冯亭担心秦军来攻就写信给赵国，表示愿意归顺，希望能得到赵国的庇护。

赵国君臣为此展开激烈的争论。平原君赵胜说："我们不费一兵一卒，就能得到上党十七座城池，这是多么丰厚的财富啊，可不能失去良机。"平阳君赵豹反对说："上党是想嫁祸给我们赵国。强大的秦国天天打上党的主意却得不到，弱小的赵国反能坐收其利，这是无故之利，有害无益。就连圣人都把无功受利视为灾祸，我看我们不能要。"

赵王不想失去这块到嘴的肥肉，便支持平原君的主张，派他去接收上党，将其划入赵国领地。秦国知道后，认为赵国存心和自己作对，就命令白起率大军去攻打赵国。起初赵国委派老将廉颇进驻上党长平，坚守不出，白起一时无可奈何，但后来赵括取代了廉颇，贸然出战，最后竟导致四十万赵军被白起全部坑杀，赵国都城邯郸也一度被困。

赵王和平原君因为贪图眼前一个小小上党之利，差点导致赵国灭亡。后人形容他们此举是"利令智昏"。

两袖清风

【释义】

衣袖中除清风外，别无所有。比喻做官廉洁。也比喻穷得一无所有。

【出处】

元·陈基《次韵吴江道中》："两袖清风身欲飘，杖藜随月步长桥。"元·魏初《送杨季海》："父亲零落鬓如丝，两袖清风一束诗。"

【故事】

于谦是明朝著名的民族英雄和诗人，先后担任过监察御史、巡抚、兵部尚书等职，其人作风廉洁，为人耿直。当时朝政腐败，贪污成风，贿赂公行，宦官王振权势极大，经常以权谋私，各地官僚为了讨好他，总在进京时献上珠宝白银与当地土特产等。

巡抚于谦却与别人不同，每次进京奏事都不带任何礼品。有位同僚劝他："你虽然不献金宝、攀求权贵，也应该带一些著名的土特产如线香、蘑菇、手帕等物，送点人情呀！"于谦当下笑着作了首诗，诗中写有"清风两袖朝天去，免得闾阎话短长"一句，借此来表示对那些阿谀奉承之贪官的嘲弄。"两袖清风"一词随之流传下来。

料事如神

【释义】

预料事情像神仙一样准确。形容预料事情非常准确。

【出处】

宋·杨万里《提刑徽猷检正王公墓志铭》："公器识宏深，襟度宽博，议论设施加人数等，料事如神，物无遁情。"

【故事】

春秋时期，郑庄公的弟弟共叔段经母亲武姜说情得到了京城之地，但他贪心不足，在母亲的唆使下，又想与哥哥争夺王位，取代郑庄公。为了达到这一目的，他先是将西部与北部边城纳入自己的地盘，又以狩猎的名义每天出城训练士兵，并袭取了另外两地。上卿大夫公子吕看出共叔段的野心，劝郑庄公诛杀他，郑庄公却笑了笑没言语。公子吕后来与正卿祭仲谈起这事，不无忧虑道："我真担心郑庄公会失去国家呀。"祭仲回复说："也许庄公在大庭广众之下不方便说，如果你私下里与他面谈，定会探出真实态度。"公子吕于是找了个机会在后宫与郑庄公又谈及此事，郑庄公这回果然对他说了如何除掉共叔段的计划。公子吕终于放下心来，走出宫外忍不住赞叹道："祭仲真是料事如神呀。"

龙盘虎踞

【释义】

盘：曲折环绕。踞：蹲、坐。好像盘绕的龙，蹲伏的虎。古时特指南京地势险峻，现形容地势雄伟险要。

【出处】

宋·李昉等《太平御览》卷一五六引晋·张勃《吴录》："刘备曾使诸葛亮至京，因睹秣陵山阜，叹曰：'钟山龙盘，石头虎踞，此帝王之宅。'"

【故事】

三国时期，西蜀欲与东吴联合对付曹操。这日，刘备与诸葛亮商议道："你常说曹操势力磅礴，我们独自无力反抗，要联合东吴，如今派谁去出使东吴好呢？"诸葛亮笑答："这件事恐怕只有我亲自跑一趟了。"刘备想想，也认为诸葛亮的确是最佳人选，遂下令让他即刻起程。诸葛亮带着几位随从向东吴进发，在途经秣陵（今南京）时，看见此处地形非常特别，钟山挺拔险峻，石头山巍然而立，便指着前方说："钟山就像一条龙一样，蜿蜒曲折地围绕着秣陵，而石头山就像蹲着的老虎一样，威武肃正，这真是建都的好地方啊！"事后果如诸葛亮所言，南京先后成为东吴、东晋、南朝的宋、齐、梁、陈等六代古都。诸葛亮用以形容山势的"龙盘"与"虎踞"亦流传下来。

洛阳纸贵

【释义】

比喻文章风行一时,广为流传。

【出处】

唐·房玄龄等《晋书·左思传》:"自是之后,盛重于时,文多不载。司空张华见而叹曰:'班张之流也。使读之者尽而有余,久而更新。'于是豪贵之家竞相传写,洛阳为之纸贵。"

【故事】

西晋著名文学家左思年幼时说话结巴,总是一副傻呆呆的样子,加上他相貌丑陋,很不讨人喜欢,父亲左雍也经常批评他。

某日,朋友来到家中,与左雍又谈起左思,左雍说道:"左思虽然长大了,但他掌握的知识和道理,还不如我小时候呢。"这话正巧让刚进门的左思听见,生性倔强的他转而发愤学习,刻苦攻读,日后终于赢得了才名。

左思后来根据班固的《西京赋》和张衡的《两都赋》体例,花了近十年的时间构思、酝酿,作了一篇《三都赋》。

在《三都赋》中,他根据三国时魏都邺城、蜀都成都、吴都南京的历史、地理、物产、风俗人情等,运用大量历史资料,以华丽辞藻叙述了以上三都的各类风情。

《三都赋》一出,整个洛阳城里的所有文人学士俱受震惊。据说,当时的司空张华对其大加赞赏,说道:"这个人的文采可与班固、张衡相比。读此篇赋之后,能让人回味无穷。"

此句评价传出后,当地富贵人家、秀才文士们争相传写,一时之间竟使洛阳城的纸价上涨了许多。这就是"洛阳纸贵"的由来。

落井下石

【释义】

看见人要掉进陷阱里，不伸手救他，反而推他下去，又扔下石头。比喻乘人有危难时加以陷害。

【出处】

唐·韩愈《柳子厚墓志铭》："落陷阱，不一引手救，反挤之，又下石焉者，皆是也。"

落井下石

【故事】

唐宋八大家中的韩愈与柳宗元是同时代的好友，两人志趣相投，文采极高，友情非常深厚。

柳宗元后来因提倡政治革新而受牵连，官职一再遭贬，韩愈因反对唐宪宗迎佛骨一事，也被贬官，相似的遭遇令两位好友更加惺惺相惜。

柳宗元英年早逝，死时才四十七岁，韩愈非常痛惜老友的离去，为他写下一篇墓志铭，并在其中抒发了自己的不平情绪，对当时的社会人情进行了无情的揭露。

韩愈说："人们平时表现得一团和气，见面时握手言欢，好像不掏出心肝、不指天盟誓就难以表达真诚一样，可一旦发生丁点的利害或冲突、变故，立刻就会翻脸不认人。别人落下陷阱时，这些曾指天发誓的人不但不伸出援救之手，反而还会挤压他，再向井里丢石头。"原文中的"落陷阱，又下石"后来演变为成语"落井下石"。

狼子野心

【释义】

野心，野兽凶残的本性，比喻狂妄的欲望。狼崽子虽然幼小，却有凶恶的本性，不好驯服。比喻凶暴的人很难改变习性。现多用以指反动派、野心家的狠毒用心和罪恶阴谋。

【出处】

春秋鲁·左丘明《左传·宣公四年》:“谚曰:‘狼子野心。’是乃狼也,其可畜乎!”

【故事】

春秋的时候,楚国有一个司马名叫子良,他有一个儿子叫越椒。这个孩子面貌长得像只老虎,哭起来的声音像是狼叫。子良的哥哥认为这是个不吉祥的征兆,就主张要把这个孩子杀死,要不然全家人都会因为这个孩子而遭殃。子良没有听从他哥哥的话,没有杀死孩子,还是把他养大了。可是后来,越椒长大成人以后,果然发动了叛乱,结果全家人因为他的叛乱都被杀了。

临时抱佛脚

【释义】

指平时不做善行,有急难时才向佛求救。形容平时没有准备,事急才仓促应付。

【出处】

唐·孟郊《读经》诗:“垂老抱佛脚,教妻读黄经。”

【故事】

很久以前,云南的人都信奉佛教。有一次,一个死囚趁月黑风高的时候,翻墙越狱逃跑了。第二天,官府发现犯人跑了,派出兵丁四处搜捕。那个罪犯跑了一天一夜,又饥又渴,精疲力尽。他看着追捕他的人越近,知道自己难以逃脱,便一头扎进一座古寺,寺里供奉着释迦牟尼像,佛像高大庄严,罪犯的肩头正与佛像的脚齐,他一见佛像,心里就悔恨不已,痛恨自己没有听佛祖的教诲,以致犯下了死罪,于是,便抱着佛像的脚大哭起来。他边哭边磕头,边磕头边哭,把头都磕破了。追捕的差役被他真诚的忏悔感动了。于是转告官府,请求宽恕他的罪过,官府便赦免了他的死罪。

劳而无功

【释义】

功，功效。指费力气而无成效。

【出处】

《管子·形势篇》："与不可，强不可，告不知，谓之劳而无功。"

【故事】

孔子作为有名的教育家、社会活动家，极力主张以仁义道德来治理国家，恢复过去周朝的礼制。但他的那些政治主张并不像他的教学见解那样受人敬佩和欢迎，到处碰壁。

孔子的学生颜回便去问鲁国一个叫太师金的官吏："我的老师孔子到处游说，劝人家接受他的主张，可是到处碰壁。这次去卫国，你看情况会怎样？"

太师金摇摇头说："我看还是不行。现在战乱四起，各国国君为争地盘都在忙于打仗，对你老师的'仁义道德'那一套非常反感，谁会去听那些不适合现在情况的说教呢？如蔡、陈两国就是这样。如果到卫国去游说，肯定不会有什么好结果。"

太师金又举例做进一步解释："船在水里是最好的运输工具；车是陆上最好的运输工具。如果硬要把船弄到陆上来运货，那是白费力气。你的老师要去卫国游说，好比是把船弄到陆上去运货一样，肯定不会有好的结果，可能还会招灾惹祸。你们不要忘了去陈国的教训，那时你们到陈国不是没人理睬，而且七天弄不到饭吃吗？"

乐不可支

【释义】

支，支持，撑持。形容快乐到了极点。

【出处】

东汉·班固《东观汉记·张堪传》:“童谣歌曰:‘桑老附枝,麦穗两歧;张君为政,乐不可支。’”

【故事】

东汉初,有个名叫张堪的官员,能文善武,很受汉光武帝刘秀的器重。在刘秀当皇帝前他们就相识,刘秀登基后,多次提拔张堪。

张堪曾担任过蜀郡太守。当时,原先的蜀郡太守公孙述在蜀地称帝,刘秀就派了大司马吴汉前去讨伐,张堪也随军前去。吴汉攻下成都以后,滥杀无辜,还纵容士兵杀烧抢掠,把公孙述的宫室也烧了。

刘秀得知以后,十分生气,把吴汉骂了一通。为了收拾残局,安抚民心,刘秀让张堪当蜀郡太守。张堪到任以后,检查府库,清点财物,安抚百姓,他赏罚分明,颁布的命令公正合理,因此,他也深受属下和百姓们的爱戴。两年期间,他把蜀郡治理得秩序井然。

后来,他调任渔阳太守。他又亲自率军击退了来犯的匈奴,使边境太平无事。他还鼓励当地老百姓开荒种地,发展生产,经过几年的治理,渔阳的老百姓都过上了富裕的日子。百姓们非常拥戴他,还编了一首歌来颂扬张堪的政绩:“桑树没有多余的树枝,麦子一枝结了两穗,张君在这里当政,老百姓都乐不可支。”

论功行赏

【释义】

论,评定,按照。按功劳的大小给予奖赏。

【出处】

《韩非子·八说》:“论功而行赏,程能而授事”。

【故事】

《史记·萧相国世家》记载了一段有关“论功行赏”的故事。

刘邦消灭项羽后,平定天下,当上了皇帝,史称汉高祖,他决定按功臣们功绩的大小给予封赏。刘邦认为，萧何的功劳最大，要封他为赞侯，给予的封户也最多。群臣们对此不满，都说："平阳侯曹参身受七十处创伤，攻城夺地，功劳最多，应该排在第一位。"

这时，关内侯鄂千秋把刘邦要讲而未讲的话说了出来："众位大臣的主张是不对的。曹参虽然有转战沙场、攻城掠地的功劳，但这只是一时之功。大王与楚军相持五年，常常失掉军队，只身逃亡也有好几次。然而，萧何却能常派军队补充前线，而且这些都不是大王下令让他做的。汉军与楚军在荥阳时对垒数年，军中没有粮食，萧何又用车船运来粮食。如今即使没有上百个曹参，对汉室也不会有损失，又怎能让一时的功劳凌驾于万世的功勋之上呢？应该是萧何排在第一位，曹参居第二位。"

刘邦肯定了鄂千秋的话，于是确定萧何为第一功臣，特许他带剑穿鞋上殿，上朝时可以不按礼仪小步快走。

黎丘老丈

【释义】

比喻不辨真伪，善良反被邪恶利用。

【出处】

战国·吕不韦《吕氏春秋》："梁北有黎丘部，有奇鬼焉，喜效人之子侄昆弟之状……"

【故事】

魏国都城大梁以北的黎丘乡，经常有爱装扮成乡人子侄兄弟的鬼怪出没。有一天，家住黎丘农村的一位老人在集市上喝了酒，醉醺醺地往家走，在半路上碰到了装作自己儿子模样的黎丘鬼怪。那鬼怪一边假惺惺地搀扶老人，一边左推右晃，让老人一路上受够了罪。老人回到家里以后，不脱鞋、合着衣，倒在床上就睡着了。

第二天，老人酒醒之后，想起自己醉酒回家时在路上吃的苦头，把儿子狠狠训斥了一顿。他气愤地对儿子说："我是你的父亲，你有孝敬我的义务。可是昨天你在路上让我吃尽了苦头。我问你，这究竟是因为我平日对你不够慈爱，还是因为你生了别的什么坏心?"

老人的儿子一听这话,像是在晴天里听见一声霹雳。这到底是哪来的事呢?老人的儿子感到十分委屈。他伤心地落着泪、磕着头,对父亲叹息地说:"这真是作孽啊!我哪能对您做这种不仁不义的事呢?昨天您出门不久,我就到东乡找人收债去了。您从集市走回家的那一阵子,我还在东乡办事。您如果不相信,可以到东乡去问一问。"

老人知道自己的儿子素来诚实、孝顺,因此相信了他的话。可是那个长得很像自己儿子的人到底是谁呢?老人想着想着,一转念记起了黎丘鬼怪。他恍然大悟地说:"对了,一定是人们常说的那个鬼怪作的孽!"说到这里,老人忽然心生一计。他打算次日先到集市上喝个烂醉,然后趁着酒兴在回家的路上刺杀那个黎丘鬼怪。

第二天早上,老人在集市上又喝醉了酒。他一个人跌跌撞撞地往回走。他的儿子因为担心父亲在外醉酒回不了家,正好在这个时候从家里出来,沿着通往集市的那条路去接父亲。老人远远望见儿子向自己走来,以为又是上次碰到的那个鬼怪。等他的儿子走近的时候,老人拔剑刺了过去。这位老人由于被貌似自己儿子的鬼怪所迷惑,最终竟误杀了自己的亲生儿子。

看来,当人们不辨真伪时,欺诈的鬼蜮伎俩容易得逞,而善良诚实反遭戕害,真是可悲。

两败俱伤

【释义】

争斗双方都受到损伤。

【出处】

《战国策·齐策三》:"齐欲伐魏……犬兔俱罢,各死其处。"

【故事】

战国的时候,有一个很聪明、讲话幽默的人,名叫淳于髡,他知道齐宣王正准备要去攻打魏国,便去晋见齐宣王,说:"大王,您听过韩子卢和东郭逡的故事吗?韩子卢是天底下最棒的猎犬,东郭逡是世界上最有名的狡兔。有一天,韩子卢在追赶东郭逡，一只在前面拼命逃，一只在后面拼命追，结果它们两个都跑得精疲力竭，动弹不得，全倒在山脚下死了。这个时候，正好有个农夫经过，便毫不费力地把它们两个一起带回家煮了吃掉。”齐宣王一听，说：“这跟我要去攻打魏国有什么关系呀？”淳于说：“大王，现在齐国发兵去攻打魏国，一定不是能在短期内就可以打赢的。到头来双方都弄成民穷财尽、两败俱伤，不但老百姓吃苦，国家的兵力也会大受损伤，万一秦国和楚国趁机来攻打我们，那不是平白送给他们机会一并吞掉齐国和魏国吗？”齐宣王听了淳于的话，觉得很有道理，就停止了攻打魏国的计划。

令行禁止

【释义】

有令即行，有禁即止。形容严格执行法令。

【出处】

先秦史书《荀子·王制》：“令行禁止，王者之事毕矣。”

【故事】

周文王为推翻商纣的统治，在周地（诸侯封地）拜贤求才，团结各方诸侯，积蓄起义力量。九年之后，周地经过周文王呕心沥血的治理，实力倍增，与周文王结盟的诸侯越来越多。但天有不测风云，周文王因劳累过度，身患重疾，卧床不起。周文王病倒后，自知命不久矣，便召见儿子姬发（周武王），给他传授为君治国之道。周文王说：“人君之行，不为骄侈，不为泰靡，不淫于美，括柱茅茨，为民爱费……令行禁止，王之始也。”

文王的意思是说，作为一个国家的君主，不可以自大骄狂，不可以奢侈靡腐，不可以沉迷女色。生活要尽量节俭，最好将豪华的宫殿改为简易的茅屋，尽量为百姓削减负担……颁布的任何政律都要做到‘令行禁止’、以身作则。这是管理国家的起码要求。”

老当益壮

【释义】

形容年纪虽老，志气反而更加豪壮。

【出处】

《后汉书·马援传》："丈夫为志，穷当益坚，老当益壮。"

【故事】

东汉的名将马援，从小就胸怀大志，立志高远，不甘落后。年轻时，他曾做过扶风郡的督邮。有一次，郡守派他把犯人押送到长安，可他觉得这个犯人怪可怜的，不忍把他送去受死，于是半路上他就偷偷地把犯人给放了。由于他没有完成任务，只好弃官而逃，跑到北方躲了起来。过了不长时间，碰巧赶上皇帝大赦天下，以前的一切罪过都不再追究。于是他安心地在那里经营畜牧业和农业生产。由于他做事情有恒心和毅力，他的事业很快就发展起来了。

不到几年的工夫，马援就有了大批的牲畜和大量的土地，成了一个大畜牧主和大地主。但是，他并没有满足于生活上的富裕，而是把自己的财产都分给了他的兄弟和朋友们。他说："一个人要有远大志向，一辈子做个守财奴，太没意思了！"

他经常对朋友说："做个大丈夫，就一定要'穷当益坚，老当益壮'。"也就是说，人越穷困，志向就要越坚定；越年老，志气越要壮盛，总是停滞不前肯定是不行的！后来，马援成了东汉有名的将领，为光武帝立下了很多战功。

老生常谈

【释义】

老书生常常讲的话，比喻听厌了的没有新意的话。

【出处】

《三国志·魏书·管辂传》："此老生之常谭。"

【故事】

三国时期，有个人叫管辂，他知识渊博，通晓占卜之术。

有一天，吏部尚书何晏、侍中邓飏两个人一起喝酒，酒足饭饱之后，他们觉得无聊，想找一些事情消遣一下，于是就派人把管辂叫来替他们占卜。

何晏、邓飏两人是曹操的侄孙曹爽的心腹，平日里他们依仗权势经常胡作非为，老百姓对他们都恨之入骨。管辂对他们二人的恶名也早有耳闻，想趁这个机会好好教训他们一顿，让他们不要再做伤天害理的事情。

管辂刚一进门，何晏就大声叫道："快替我算一卦！听说你算卦很灵，你算算看我还有没有机会升官发财。昨晚我做了一个梦，梦见苍蝇总是叮在我的鼻子上，你算算这是什么预兆？"管辂为了灭一灭他的威风，就说道："按照你的梦来推测，这恐怕不是个好兆头啊！以你现在的地位，应该有许多人尊敬你才是。可是现在感激你的人很少，惧怕你的人倒很多，这不是升官发财的预兆。"他顿了一下，又接着说："遇到这种情况，如果想逢凶化吉，消灾避难，你就只有仿效以前的圣贤们，多行善事，广结善缘。"邓飏在一旁听了，连连摇头说："这些都是些老生常谈，没什么意思。"管辂哈哈一笑说："虽说是老生常谈，却不能不加以重视啊！"

不久，消息传来，何晏、邓飏因与曹爽一起谋反而被株连九族，管辂知道后说："老生常谈的话，他们却置之不理，有这样的下场也就不足为奇了！"

乐极生悲

【释义】

形容高兴过度而引来悲伤的事情。

【出处】

《淮南子·道应训》："夫物盛而衰，乐极生悲。"

【故事】

春秋时候，有一次，孔子去观看鲁桓公的庙，见到一种东西与酒壶非常相似，就对一起来的弟子说："我很早就听说有这样一种容器，空着的时候，它是倾斜的，当你往里灌进适当的酒或水后，它就竖起来了，保持端正。但是如果把它灌满了水，它就会翻倒。”弟子们就取来水去试,他们往容器里灌,灌到一半时,倾斜的容器果然端正了,可是当水灌满了以后,容器马上翻了。弟子们兴奋地叫喊起来,孔子却严肃地说:“这件事告诉我们,快乐到极点后,就会忧虑、悲伤,就好像太阳过了中午,就要逐渐落下,月亮过了十五,就要逐渐缺损。所以,我们要保持节制,任何事情都不能做得太过分。”

力不从心

【释义】

心里很想做某件事,但力量不够,不能达到目的。

【出处】

《后汉书·西域传》:“今使者大兵未能得出。如诸国力不从心,东西南北自在也。”

【故事】

东汉名将班超从小胸怀大志,不拘小节。他博览群书,能言善辩,有勇有谋,能够权衡轻重,明察秋毫。

班超受皇帝派遣,率人出使西域。班超在西域长驻了二十多年,他不仅用武力镇抚各国,更善于用外交手段去联络较远的国家,促进了民族融合。然而,班超在西域度过了二十多年,年事已高,身体衰弱,思家心切。汉永和十二年(公元100年),他上书给汉和帝要求恩准自己返回故土。他在奏折中写道:“臣不敢希望回到酒泉郡,只要能活着进入玉门关就已满足了。臣现在年老体弱,且疾病在身,冒死提这种违反事理的要求,望陛下原谅。现在我让儿子带着进贡之物回到洛阳,趁我还活着,让儿子替我亲眼看一看故乡的土地。”可惜汉和帝刘肇看到这封信时,没有回应。

班超的妹妹班昭是当时著名的史学家,她理解哥哥的心情,也很想念他。自从班超上书皇帝后,很久不见皇帝的回音,他的妹妹班昭又上书皇帝,替哥哥求情。信中有这样的几句话:“班超在和他同去西域的人中,年龄最大,现在已过花甲之年,体弱多病,头发已白,两手不遂,耳朵不灵,眼睛不亮,扶着手杖才能走路……如果有猝不及防的暴乱事件发生，班超的气力不能从心。如此，对上会损害国家的长治之功，对下会使臣子前功尽弃，实在令人痛心呀！”。

汉和帝刘肇读了班昭的奏折，被深深地感动了。于是传旨调班超回汉。班超回到洛阳不到一个月就病逝了，终年七十岁。

了如指掌

【释义】

了：清楚、明白。指掌：指着手掌。形容对事物的情况了解得非常清楚。

【出处】

《论语·八佾》：“或问谛之说。子曰：‘不知也。知其说者之于天下也，其如示诸斯乎？’指其掌。”

【故事】

谛是古代帝王或诸侯在始祖庙里祭奠祖先的一种盛大祭祀活动。周朝的祭祖大典分为三类：第一，天子继位，在太庙举行的大祭，上自始祖下及历代祖先合祭；第二，天子、诸侯五年一次的大祭，高祖及高祖以上的神主祭于太庙（高祖以下分祭于本庙）；第三，宗庙四时祭，每年夏季举行。

有人向孔子请教关于谛礼的内涵及规定。孔子说：“我不知道。懂得谛礼的人治理天下，像把天下放在这里一样可以掌握吧！”孔子一边说一边指着自己的手掌。

孔子知道谛礼，他回答“不知也”，是不想说的推辞。他为什么不想说呢？孔子生于春秋末期，周王室已经衰微，礼崩乐坏，旧的等级制度被破坏，宗法秩序被弄乱。孔子认为周礼是最完美的，他本人也以恢复周礼为己任。孔子不愿回答的原因可能在于不屑于回答那人的提问；或者鲁国的季氏祭祀违背了周礼；又或者是他认为鲁国的谛礼不符合他所知的标准。

梁上君子

【释义】

梁：房梁。躲在梁上的君子。窃贼的代称。现在有时也指脱离实际、脱离群众的人。

【出处】

《后汉书·陈寔传》:"时岁荒民俭,有盗夜入其室,止于梁上。寔阴见,乃起自整拂,呼命子孙,正色训之曰:'夫人不可以不自勉。不善之人未必本恶,习以性成,遂至于此。梁上君子者是矣!"

【故事】

陈寔是东汉时太丘县长,为官清廉,品行端正,他不但对自己的要求很严格,而且对子孙的管教也很严。

有一年,天下大旱,许多地方的庄稼都干死了,老百姓都缺吃少穿,生活十分困难,社会治安也比较混乱,尤其是小偷明显多了起来。

有一天晚上,陈寔已经睡下了。突然,他发现房梁上伏着一个人。陈寔心里很清楚,这个人肯定是个小偷,趁人不注意的时候混了进来,想等到陈家的人都睡了之后再出来行窃。

陈寔没有声张,他想了想,就又爬起身来,把儿孙们都叫到自己跟前,用严肃的口气教导他们说:"人应该时刻勉励自己上进,不能够放任自流。那些做坏事的人,也不见得生下来就是坏人,只是因为他们平时不知道克制自己,做坏事成了习惯,才变成了真正的坏人。像那位藏伏在屋梁上的人就是这样的人!"

躲在屋梁上的小偷听了陈寔的话,大吃一惊,赶紧从屋梁上跳了下来,到陈寔面前跪下请罪。陈寔看看小偷,觉得他不像是一个惯偷,就对他说:"我看你的模样也不像是个坏人,可能是因为生活太困难了,没有办法才到这一步的。但是,人再穷也要有志气,不能做这种伤天害理的事。你要从此学好,重新做人,不要再当小偷了。"

陈寔说完,吩咐家人取来两匹绢,送给那个小偷,放他走了。那小偷非常感动,千恩万谢地离开了陈家。他把陈寔的话告诉了其他小偷,一传十,十传百,那些小偷都知道了这件事。从此,县里就再也没有发现过小偷。原来小偷们听了这事后,都感到非常惭愧,纷纷都改过自新了。

蓝田生玉

【释义】

蓝田:地名,在陕西省,古时蓝田出产美玉。旧时比喻贤父生贤子,名门出贤子。

【出处】

《三国志·吴书·诸葛恪传》裴松之注引《江表传》:"蓝田生玉,真不虚也。"

【故事】

诸葛亮是我国家喻户晓的历史人物。其实,诸葛亮的兄长诸葛瑾、族弟诸葛诞也是三国时期著名的人物。他们兄弟三人各事其主:诸葛瑾在吴国,诸葛亮在蜀国,诸葛诞在魏国。当时人们都说:"蜀得龙,吴得凤,魏得狗。"

诸葛瑾的儿子诸葛恪,字元逊,后为吴主孙亮的大将军。他从小就很聪明,很受孙权喜爱。诸葛恪六岁那年,有一次孙权在宫中设宴,诸葛瑾自然要参加,孙权让他把诸葛恪也带上。诸葛瑾的脸比较长,孙权乘着酒兴想开他一个玩笑,就叫人牵来一头驴,在驴脸上写了"诸葛子瑜"四个字。"子瑜"是诸葛谨的字,大家见了,都捧腹大笑起来。

诸葛瑾觉得很难堪,但孙权是国君,他也不敢说什么。这时,诸葛恪走到孙权面前,要求让他在驴脸上再加上两个字。孙权就让人拿来笔墨,诸葛恪在"诸葛子瑜"后面加上"之驴"两个字,这样,驴脸上的字就成了"诸葛子瑜之驴"。

当时参加宴会的有满朝的文武大臣,大家见诸葛恪才六岁,就有这样的才能,都十分惊叹,孙权也非常高兴,就把毛驴赏给了诸葛恪。

后来又有一次,诸葛恪到孙权那儿去玩耍,孙权问他:"你说说看,你的父亲和你的叔叔谁更高明一些?"诸葛恪回答说:"当然是我的父亲更高明。"孙权就让他说出道理来,他说:"我的父亲更懂得去侍奉贤明的国君。"

诸葛恪的话表面上是夸父亲,实际上是在夸孙权贤明。所以,孙权听了以后十分高兴,对他更加疼爱。孙权曾经对诸葛瑾说:"人们都说蓝田盛产美玉,名门多出贤良,真是一点都不虚呀!"

蓝田在古代以出产美玉而闻名,“蓝田生玉”比喻贤父生贤子。也作“蓝田出玉”。

连篇累牍

【释义】

累:重叠。牍:古代写字的木片。形容篇幅过多,文辞冗长。

【出处】

《隋书·李谔传》:“连篇累牍,不出月露之形。”

【故事】

南北朝的时候,有很多文人的文章浮华空洞,没有深度,这种风气一直延续到隋朝。李谔,字士恢,隋文帝时任治书侍御史,很有辩才,文章写得也很好。他看到六朝的文章常常华而不实,决定上书给隋文帝,请求通过发布政令来改变当时的文风。主意打定之后,他就着手去写。

李谔的《请正文体书》终于写好了,他在上奏之前又看了一遍:书中从魏武帝、文帝、明帝说起,一直谈到了他们崇尚华丽的文辞,不重视为君之道,下面的人跟从他们,在文辞华丽上大做文章,渐渐形成风格,给后世带来了恶劣的影响及危害,时至今日,人们仍注重辞藻华丽,而非言实,他希望当今皇上能出政令改变文风。他觉得自己把要说的话都说清楚了,就把奏章递了上去。

那时文帝杨坚统一了中国之后,在处理国家大事时就看到大臣们在书写奏章时,往往都只追求华丽的辞藻,不注重解决问题,就曾暗暗思忖:南朝的腐败跟这华丽的文风有一定的关系,这是导致国家灭亡的源头之一啊!一天,他看奏章的时候,看到泗州刺史司马幼之写来的文章辞藻华艳堆砌,内容空洞无物,不禁勃然大怒,马上对手下人说:“把泗州刺史司马幼之交给有关部门治罪。”

于是,杨坚看到了李谔的奏章之后,认可地点了点头,当看到“连篇累牍,不出月露之形;积案盈箱,唯是风云之状”时,心里不禁暗自感叹:李谔说得对啊,现在的文章、案卷,说来说去,都只是些吟风弄月、感叹花影之作,真是又长又累赘。这样下去,世俗无论贵贱贤愚,都去吟咏风花雪月,崇尚绮丽文风,追逐功名利禄,不解决实际问题,这可怎么得了哇！于是他下令说:“把李谔的奏章颁示天下。如以后写来的奏章再有华丽之文风,定严加追究。”

李谔的奏章一发布,官员上的奏章文风立即得到了改变,从此不再连篇累牍,而是就事论事,言之有据。李谔上奏的目的也达到了。

狼狈为奸

【释义】

狼和狈一同出外伤害牲畜,狼用前腿,狈用后腿,既跑得快,又能爬高。比喻互相勾结干坏事。

【出处】

《酉阳杂俎》十六:“故世言事乖者称狼狈。”

【故事】

段成式是唐代小说家、骈文家。临淄人。父段文昌,官至宰相。段成式以荫入官,为秘书省校书郎,累迁至吉州刺史,终太常少卿。所著以笔记小说集《酉阳杂俎》最著名。

《酉阳杂俎》的得名也是有典故的。酉阳,即小酉山,在今天湖南沅陵。相传山下有石穴,中有藏书千卷。段成式因以家藏秘籍与酉阳逸典相比,说明采用古书非常之多,但其书内容又广泛驳杂,故以《酉阳杂俎》为名。

《酉阳杂俎》中记载的故事有很多很有趣味性,不仅得到了广泛的传播,其中也有发人深省的哲理。如其中记载的狼狈为奸的故事:

狼和狈是两种不同的野兽,但它们外形十分相似,性情也十分相近。它们之间所不同的是,狼的两条前脚长,两条后脚短;而狈是两条后脚长。这两种野兽常常一起出去偷吃农户畜养的家畜,对农户造成很大的危害。有一次,狼和狈一起来到一家农民的羊圈外面,它们知道里面有好多的羊,便打算偷一只羊来吃。可是,羊圈筑得很高,又很坚固,既跳不过去,也撞不开门,它们一时不知道如何是好。

它们商量了一会,终于有了一个办法,那就是让狼骑在狈的脖颈子上面,狈再用两条长腿站立起来,把狼扛得高高的。然后,狼再用它的两条长长的前脚,攀住羊圈,把羊叼走。

于是,那狈便蹲下身来,让狼爬到身上,然后用前脚抓住羊圈的竹篱,慢慢地把身子站直。等狈站直后,狼再将两只后脚站在狈的脖颈上,后脚抓住竹篱,慢慢站直,把两只长长的前脚伸进竹篱,猛地抓住了一只在竹篱旁的羊。

在这次偷食中,如果单单只有狼或只有狈,都一定没办法爬上羊圈,把羊偷走;可是,它们却会利用彼此的长处,互相合作,从而把羊偷走。

后来,人们就把这则故事引申成"狼狈为奸"这一成语。

励精图治

【释义】

励:奋勉。图:设法。治:治理好国家。振奋精神,想办法治理好国家。

【出处】

《汉书·魏相传》:"宣帝始亲万机,励精为治。"

【故事】

公元前74年,汉昭帝刘弗陵去世后,因为没有子嗣,于是手握大权的大司马、大将军便立汉武帝的曾孙刘询为帝,这就是后来的汉宣帝。

因为霍家手握大权,在朝中权倾一时,公元前68年,大司马霍光病死。御史大夫魏相总结了历史教训和霍氏家族在朝中的胡作非为,建议汉宣帝削弱霍氏的权力。霍氏家族得知这件事之后,感到很害怕,对魏相心生怨恨,便想假借太后之名,杀掉魏相,然后再废掉汉宣帝,另立新帝。整个计划被汉宣帝知道了,于是汉宣帝先发制人,采取了行动,将霍氏满门抄斩。

从那之后,汉宣帝开始亲自处理朝政,他振奋精神,努力学习,力图把国家治理得繁荣富强。他能够认真听取大臣的意见,严格考察各级官员,降低盐价,提倡节约,鼓励发展农业生产。魏相则率领百官尽职尽责,干好自己分内的工作,很符合宣帝的心意。

宣帝在魏相的协助下,采取了很多有利于农业生产和发展的措施,减轻农民的农业负担,积极发展水利。他大展宏图,励精图治,知人善用。百官各司其职,百废待兴。很快,国家就快速地发展起来,呈现出一派繁荣祥和的景象。

厉兵秣马

【释义】

厉:同“砺”,磨。兵:兵器。秣:喂牲口。磨好兵器,喂好马。形容准备战斗。

【出处】

《左传·僖公三十三年》:“郑穆公使视客馆,则束载厉兵秣马矣。”

【故事】

秦穆公是春秋五霸之一,当时他为了当上霸主,不择手段。他想攻打郑国,为了摸清郑国的虚实,就派将军杞子到郑国去帮助郑国设防。

不久,杞子派人回来报告秦穆公,说他掌握了郑国都城北门的钥匙,如果穆公暗中发兵来偷袭郑国,他可以打开北门作为内应。秦穆公听了,非常高兴,立即派孟明视等三位将军率领五万大军前去偷袭郑国。秦国老臣蹇叔极力劝阻,认为秦郑两国相距太远,中间还隔着晋国,如果走漏了风声或者遇到晋军的袭击,就非常危险。秦穆公没有听取蹇叔的劝告,坚持发兵。

秦军经过长途跋涉,在离郑国不远的地方碰到了一个贩牛的商人。这个商人名叫弦高,是郑国人。他估计秦军是去袭击郑国的,非常着急。他灵机一动,一面派人赶回郑国去报告,一面挑了四张牛皮和十二头肥牛,送给秦军作犒劳品。

弦高见到孟明视,对孟明视说:“我们国君听说你们带兵到我们郑国去,特意派我送来这些东西慰劳你们,表示一点心意。”孟明视见弦高送来慰劳品,又说了那样的话,就以为郑国真的已经知道秦军来偷袭的事,肯定做好了准备,就取消了攻打郑国的念头,改为攻打滑国去了。

郑国这边接到弦高派人送来的情报,马上派人去察看秦国将领杞子的动静,发现他们果然已经收拾好了行装,磨好了兵器,喂饱了马,做好了战斗的准备。郑穆公于是就派人去暗示杞子,说郑国已经知道秦国要进攻郑国。杞子见机密已经泄露,赶紧带着他的人马逃走了。

后来,秦军在灭掉滑国回秦国的途中,果然遭到了晋国军队的袭击,全军覆没,孟明视等三位将领也被俘获。秦穆公攻打郑国的阴谋诡计没有得逞,反倒全军覆没,为人耻笑。

“厉兵秣马”也作“秣马厉兵”。

乐此不疲

【释义】

此:这。因酷爱干某事而不感觉疲倦。形容对某事特别爱好而沉浸其中。

【出处】

《后汉书·光武帝下》:“我自乐此,不为疲也。”

【故事】

汉光武帝刘秀,字文叔,南阳蔡阳人。西汉末年,爆发了农民起义,原属西汉皇族的刘秀乘机起兵,加入绿林军并逐步掌握领导权。公元 25 年,建立东汉政权,统一了全国。刘秀南征北战大半生,考虑到百姓连年征战,苦不堪言,所以不轻易兴兵动众。刘秀本人也非常厌倦战争。

有一次,太子刘庄向他请教怎样才能打胜仗,他沉思了一会儿说:“春秋时期,灵公曾向孔子请教过征战的学问。孔子说:‘关于祭礼、礼仪方面的事情,我多少明白一点,至于如何克敌制胜的学问,我不知道,无法回答你。现在天下已经太平了,你将来要当皇帝,应留心怎样治理天下,让百姓安居乐业,军事问题你就不要多研究了,那是将军们的事情。’”

刘秀称帝之后,百废待兴,朝政繁杂,每天都有急需处理的政务。为了及时批阅奏章,并当面指示重大政务的决策,刘秀每天很早就接见文武百官,与他们讨论治理天下的方法,一直到深夜才回寝宫休息,有时甚至彻夜不眠。

皇太子见刘秀年近六旬,两鬓斑白,还如此不辞劳苦,勤于政务,心中非常担忧,便劝谏道:“父王有大禹和商汤王的英明,不过却忽视了像黄帝、老子那种讲究修身养性的长寿之道。您要注意身体才是啊!父王身体健康,也是天下百姓之福。”刘秀看着太子关切的目光,笑笑说:“我喜欢从事这些活动,并不觉劳累,你们不必担心。”

刘秀在位三十二年，六十二岁时病逝，临终前留下遗言说："我对百姓没有什么大恩德，死后丧事要从简，要像文帝那样，不许用金银器皿陪葬，用陶瓦器皿就可以了。各州的地方官吏也不必离职来京城吊唁，更不许派官吏或以奏书的形式祭奠，要各司其职，这一点千万要记住！"

太子以及文武百官都深为感动，刘秀病逝后，他们就遵照刘秀所嘱咐的去做。刘秀也成为我国的一代明君，在历史上留下了千古美名，他统治的时期也被史学家称为"光武中兴"。

老马识途

【释义】

老马认识路。比喻有经验的人熟悉情况，能在某个方面起指引作用。

【出处】

《韩非子·说林上》："管仲、隰朋从于桓公伐孤竹，春往冬反，迷惑失道。管仲曰：'老马之智可用也。'乃放老马而随之。遂得道。"

老马识途

【故事】

春秋时期，北方的山戎国侵略燕国。燕国的国君向齐国求救，齐国的国君齐桓公亲自率领大军去救助，随他出征的有相国管仲和大夫隰朋。齐桓公的军队赶到燕国时，山戎国的军队已带着掠夺的财物，逃到东部的孤竹国去了。齐桓公命令军队继续追击敌人。山戎国和孤竹国的军队听说齐国的军队打来了，就吓得躲进了深山荒林中。齐桓公顺着敌人的踪迹攻进深山。最后，把敌人的军队打得四散奔逃。齐桓公取得了胜利，并把敌人掠夺的财物也夺了回来。

当他们要返回齐国时，却迷了路。因为齐军来的时候是春天，山青水绿，道路容易辨认。而返回去时已是冬天，山野白雪皑皑，山路弯曲多变。大军在崇山峻岭的一个山谷里转来转去,最后迷了路,再也找不到归路。虽然派出多批探子去探路,但仍然弄不清楚该从哪里走出山谷。时间一长,军队的给养发生了困难。情况非常危急,再不找到出路,大军就会困死在这里。

管仲思索了好久,有了一个设想:既然狗离家很远也能寻回家去,那么军中的马尤其是老马,也会有认识路途的本领。于是他对齐桓公说:"大王,我认为老马有认路的本领,可以利用它在前面领路,领引大军走出山谷。"

齐桓公立刻让人挑选了几匹老马,放开缰绳,让它们在前随意地走,军队跟在马的后边。没有多久,在马的带领下,齐国的军队果然走出了山谷,找到了回齐国的路。

鹿死谁手

【释义】

鹿:这里指猎取对象。原比喻不知政权会落在谁的手里。现在也泛指在竞赛中不知谁会取得最后的胜利。

【出处】

《晋书·石勒载记》:"朕若逢高皇,当北面而事之,与韩彭鞭而争先耳。脱遇光武,当并驱于中原,未知鹿死谁手。"

【故事】

东晋时,中国的北方有匈奴、鲜卑、氐、羌、羯等五个少数民族,他们曾先后起兵对抗汉族政权,这便是历史上所称的"五胡乱华"。

这其中,羯族的石勒是一个传奇人物。他小时候家里非常贫寒,于是很小就跟随大人一起去洛阳贩卖货物,也曾经给别人做过长工、搬运工。晋惠帝末年,因为并州闹饥荒,二十多岁的石勒被并州刺史司马腾卖到山东一个名叫师欢的人家里做奴隶。师欢在众多的奴隶中一眼就看中了石勒。因为他相貌堂堂,为人也非常能干,所以师欢十分喜欢他,不久便免去他的奴籍,让他当了佃客。

后来,石勒聚集王阳、郭敖等十八人为骨干,与汲桑一起聚众起义。起义失败后,他便投奔匈奴族的酋长刘渊,成为刘渊部下的一员大将。

后来,刘渊称帝,建立汉国政权。过了几年,刘渊去世了,他的儿子刘聪、侄儿刘曜相继登位,刘曜并改国号为赵,历史上称为前赵。这时,石勒也不断地扩展自己的势力,他重用汉族人张宾为谋士,联合汉族中的地方豪强,发展成为割据一方的势力。

公元318年,石勒消灭了西晋在北方的残余势力,控制了很大的一片地区。第二年,他断绝和前赵的君臣关系,开始自称为皇帝,但仍然沿用赵国的名号,历史上称为后赵。按照历史记载,在五胡十六国中,后赵的国势是最强盛的。

有一次,石勒在宴请自己臣僚的酒会上,曾经夸耀自己的功绩说:“假如我和汉高祖生在同一个时代,我自认为不如他,一定和韩信、彭越一样做他的部下,为他在战场上奋战。但如果我和东汉光武帝刘秀生在同一个时代,我一定要和他在中原一带一比高下,就像在打猎时抢夺猎物一样,不知到底谁会赢谁会输呢!”

落花流水

【释义】

本指残春时的景象,后多用来比喻衰败零落的情形或哀愁无奈的情绪,打败仗后的狼狈状态。

【出处】

《奉和张舍人送秦炼师归岑公山》:“兰浦苍苍春欲暮,落花流水怨离襟。”《浪淘沙》:“流水落花春去也,天上人间。”

【故事】

李煜,五代十国时南唐国君,南唐元宗李璟第六子,史称李后主。

李后主精书法,善绘画,诗和文均有一定造诣,尤以词的成就最高。内容主要可分作两类:第一类为降宋之前所写,主要反映宫廷生活和男女情爱;第二类为降宋后,李煜以亡国的悲痛,富以自身感情而作,此时期的作品成就远远超过前期,可谓“神品”。李煜在中国词史上占有重要的地位,被称为“千古词帝”,对后世影响甚大。他继承了晚唐以来花间派词人的传统,将词的创作向前推进了一大步,扩大了词的表现领域。故有人说:李煜不是个好皇帝,但是个好的词人。

李后主被俘后，在开封被封为违命侯，拜左千牛卫将军。史书上说赵光义多次强留李煜夫人小周后在宫中休息。而每次小周后回去后都是又哭又骂，李煜非常痛苦郁闷。他后来就借写作词曲表达自己苦闷的心情，写下《望江南》《虞美人》等名曲。其中一首《浪淘沙》是这样写道：

"帘外雨潺潺，春意阑珊。罗衾不耐五更寒。梦里不知身是客，一晌贪欢。独自莫凭栏，无限江山。别时容易见时难。流水落花春去也，天上人间。"后人根据此名引申出"落花流水"的成语。多用来比喻衰败零落的情形或哀愁无奈的情绪，以及打败仗后的狼狈状态。

有时，人们把"落花"和"流水"分别比作一个有意，一个无情的双方，说是"落花有意，流水无情"，这就成了另一个意思，另一句成语了。这句成语，最早见于文字的，大概要算是宋代词人贺铸的《南柯子》中的两句："有恨花空萎，无情水自流。"在旧小说和戏曲中，引用这句成语的很多，一般都用它来比喻单相思。也用它来表示对不义之人的不可信赖。

量才录用

【释义】

根据才学能力的大小来分配合适的工作。

【出处】

《礼记·王制》："凡官民材，必先论之，论辨然后使之……"

【故事】

汉武帝即位之初，为了治理好国家，发扬"文景之治"的好传统，便下了一道诏书，让各诸侯王、各州郡官员向他推举贤良之才。

当时，各地推荐来的人才不少。董仲舒就是其中著名的一个。对各地推荐来的人才，汉武帝亲自考查他们的学问，让他们每人写一篇如何治理天下的文章，再亲自查看他们的文章，认为董仲舒那篇最符合他的心意。于是，汉武帝召见了董仲舒。

董仲舒见了汉武帝，侃侃而谈："贤明的国君治理天下靠的不是刑罚，而是靠仁义礼乐去教化百姓,使正气上升,把邪气压下去,老百姓就不会犯法作乱。朝廷要选拔各种有才能的人才,对各种人才要量才录用,而各式各样的人才需要培养,要培养人才就得兴办学校,要有一套统一的理论去教化人民,这一理论就是孔子的儒学,而对其他学说应该一律加以禁止。"

董仲舒回话后,又呈上三篇文章,武帝看了都非常满意。这三篇文章都是论述天和人的关系的,所以合称为《天人三策》,又称《举贤良对策》。其中宣扬的理论,叫作"天人感应"。这种理论把封建统治尤其是皇帝的权力神化:谁反对皇帝,谁就是反对天,就是大逆不道。

为了贯彻这种理论,董仲舒在《天人三策》中提出了三项建议:一是将诸子百家的学说当作邪说,一律禁止,独尊孔子及儒家经典,以通过文化上的统一达到政治上的统一。这就是历史上所谓的"罢黜百家,独尊儒术"。二是设立传授儒家经典的最高学府。三是网罗天下人才,让他们忠心耿耿地为朝廷效力。

董仲舒"罢黜百家,独尊儒术"的主张非常契合武帝一统天下的心思。他亲政后,就设置了专门传授儒家学说的五经博士,博士们向五十名弟子讲述《诗》《书》《礼》《易》《春秋》五部儒家经典,合称五经。这些弟子每年考试一次,学通一经的就可以做官,成绩好的可以当大官。后来,博士弟子人数不断增加,最多时达三千人。

从此开创了封建社会以儒家学说为正统的局面。

烂斧柯

【释义】

柯:柄。斧子柄全烂了。比喻世事变迁。

【出处】

南朝梁·任昉《述异记》卷上:"质起,视斧柯尽烂。既归,无复时人。"

【故事】

"烂斧柯"的故事,见于多种史籍,南朝梁任昉的《述异记》上有,晋虞喜的《志林》上有,北朝魏郦道元的《水经注》上有,内容大同小异。

晋朝有个人叫王质，以打柴为生。他喜欢跟人下棋，棋艺很不错，方圆百里无敌手。

有一天，他到山中打柴，走着走着迷了路。他暗暗感到奇怪，打柴打了几十年，附近的哪座山、哪条路不认得？今天是怎么了，怎么转来转去就是走不出去？看看天色将晚，他越发着急，在这深山野林里，走不出去在哪里过夜？

忽然间，他看见一个山洞，不禁心头一喜：说不定这里可以将就过一夜，进去看看再说！

煞是奇怪，越往里面走越是明亮，到了山洞深处，有两位老人在石桌上下棋。这真是投其所好，王质就站在那里看老人对弈。老人的棋艺太高超了，有的招数王质看了啧啧称奇。一个老人看了看他，随手给他一枚枣子吃。他将这枚枣子含在嘴里，一点儿也不觉得肚子饿。一局棋快要下完了，老人说："你在这里看了这么久，还不赶快回去！"王质弯腰去拿放在地上的斧头，一看大吃一惊，斧头上的木头柄已经全烂了。

王质急急忙忙跑出山洞，一下子就找到了回去的路。他气喘吁吁跑回家，家乡已经全变了，找人打听一下，王质一下子惊呆了，时间已经过去了几十年，原来孙子辈的孩子，现在已经成了白发苍苍的老爷爷了。

国学经典文库

中华成语典故

品鉴语言精髓　赏阅轶事掌故

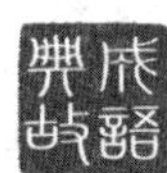

图文珍藏版

王书利◎主编

线装书局

正:以偏概全
误:以偏盖全

【错例】

将此想法诉诸友人,却得了一番“教训”:其一,此系个别,不可以偏盖全;其二,商家谁为无利之举?(叶铭《也说“义卖”》,《科技日报》1995年10月8日第1版)

【辨析】

作以某一方面来概括全部内容解释时,称为“以偏概全”。概:概括。盖:盖住,蒙上。“以偏盖全”,字面之义为以某一方面盖住全部内容,歪曲了成语原意。

正:以一当十
误:以一挡十

【错例】

穷凶极恶的歹徒们叫嚣着,“打的就是警察”,一齐向李雷扑来。李雷以一挡十,与歹徒们展开英勇搏斗。(李志刚、王琦《他扎根社区,为老百姓挡风遮雨》,《江南时报》2007年8月25日第19版)

【辨析】

以一当十:一个人抵挡十个人。形容军队英勇善战。当:相当。不能写成“挡”。

正:以逸待劳
误:以逸代劳

【错例】

例如沿袭日久的文人画,养成了以简驭繁,以逸代劳,以不画为画,以留白为含蓄,以文人名士遗世忘俗自高,甚至沦绘画为文学雅趣之附庸。(余光中《涩极而润　苦尽甘来——我读<怀硕

以逸待劳

三论>》,《中华读书报》2005 年 2 月 16 日)

【辨析】

以逸待劳:指在战争中做好充分准备,养精蓄锐,等疲乏的敌人来犯时给以迎头痛击。逸:安闲;劳:疲劳。待:等待。不能写成代替的"代"。

正:倚老卖老
误:以老卖老

【错例】

①眼看着一个个年轻的"驴友"成功跨越并返回,同时也看到个别"驴友"知难而退败下阵来,观望中的我准备"以老卖老装马虎",甘当一名观察员。(杨军《难忘的"心灵大拓展"》,《现代健康报》2008 年 1 月 23 日第 13 版)

②并且如果说布朗所谓的"新生",是建立在"二巴"以老卖老之上,那么红牛孕育着的才是真正 F1 的未来巨星……(《维泰尔　车王最佳接班人》,《东方体育日报》2009 年 10 月 28 日)

【辨析】

倚:仗恃。倚老:倚仗年纪大。倚老卖老:凭借年纪大,摆老资格,看不起人。不能写成"以老卖老"。

正:义薄云天
误:义簿云天

【错例】

黄花岗 72 烈士义簿云天、慷慨赴死……(《浩然正气,古已有之》,《杂文报》2009 年 12 月 1 日第 7 版)

【辨析】

义薄云天,义为正义之气直上高空,形容为正义而斗争的精神极其崇高。薄,此处读为 bó,动词,通"迫",指迫近、接近,和"日薄西山"中"薄"的意思相同。

簿读 bù,是"簿册"的"簿"。"薄"与"簿",一从草字头,一从竹字头,两者还是有明显差别的。

正:义愤填膺
误:义奋填膺

【错例】

①畲族人为了纪念这位英雄,在其葬礼上,族人义奋填膺,将粑糟反扑在地,用木棍冲击粑糟,喻义要将朝廷颠覆并进行冲击(因"糟"与"朝"同音)。(文家彪《独步群芳的畲族粑槽舞》,《黔东南日报》2008 年 5 月 1 日第 7 版)

②一个高校毕业的高才生,刚刚工作不久就被车撞死,驾车者不但没有同情心,反而更是驾车逃逸,专案组民警无不义奋填膺,他们几天几夜顾不上吃饭、睡觉,夜以继日地侦查。(郭文君、吴际顺《送水工撞死大学生 老板怕担责帮其毁灭证据》,南方报业网 2009 年 11 月 13 日)

【辨析】

义愤填膺:发于正义的愤懑充满胸中。义愤:对违反正义的事情所产生的愤怒。膺:胸。不能写成"义奋填膺"。

正:义无反顾
误:义无返顾

【错例】

在坚持道德绝对主义的儒家士大夫看来,张居正应该义无返顾地回籍守制。因为即使没有了张居正,还有其他人同样为朝廷出力。(于树贵《张居正和明代的偏执》,《大地》2009 年第 16 期)

【辨析】

义无反顾:从道义上只有勇往直前,不能犹豫回顾。义:道义;反顾:向后看。不能写成"返顾"。

正:异国他乡
误:异国它乡

【错例】

①野石先生是佛门居士,法名净宇,曾以达摩面壁之精神,在异国它乡,靠夫人

打工挣钱吃饭……(纪宇《野石的世界》,《青岛晚报》2006 年 12 月 24 日第 13 版)

②异国它乡建功业 (刘长勇、韩晓涛、陈杰《保定晚报》2009 年 5 月 6 日第 3 版标题)

【辨析】

异国:其他的国家,不是自己的祖国的国家;他乡:其他的地方,不是故乡的地方。不能写成“它乡”。

正:异曲同工
误:异曲同功

【错例】

橘皮不拘老人小儿均可于食后嚼服。常服有安神调气,消食解酒益脾之功,橘皮保健枕治失眠与之有异曲同功之妙。(达美君《“橘皮枕”助我好睡眠》,《大众医学》2010 年第 2 期)

【辨析】

异曲同工:不同的曲调演得同样好。比喻话的说法不一而用意相同,或一件事情的做法不同而都巧妙地达到目的。工:细致,巧妙,不能写成“成功”的“功”;异:不同的。

正:抑扬顿挫
误:抑扬顿错

【错例】

①从抑扬顿错的语调、有些忘我的手势,看得出他时刻保有的激情和冲力,无论对生活还是工作。(《三道梁架构从容事业》,《新商报》2009 年 7 月 12 日第 8 版)

②当宝宝的哭声抑扬顿错,响亮且有节奏感时,你更是不必担忧。(《解读宝宝“晴雨表”》,《江西商报》2010 年 2 月 3 日第 C11 版)

【辨析】

抑扬顿挫:指声音的高低起伏和停顿转折。抑:降低;扬:升高;顿:停顿;挫:转折。不能写成“错误”的“错”。

正:意犹未尽
误:意尤未尽

【错例】

一场球30分钟,但打下来总感觉意尤未尽。(陈志《走,打门球去!》,《健康时报》2006年4月20日第9版)

【辨析】

意犹未尽:意思还没有全表达出来。犹:还。不能写成“尤其”的“尤”。

正:意欲何为
误:意预何为

【错例】

迎合共和党意预何为 (黎藜《美将扩大近海采油》,《北京晚报》2010年4月1日第26版小标题)

【辨析】

“意预何为”不好理解,一般都说“意欲何为”,意思是想要干什么。

正:因地制宜
误:因地治宜

【错例】

①他认为,共青团组织专家志愿者针对灾区群众开展心理救助工作没有现成的经验,志愿者服务队就要像这样在工作中实事求是、因地治宜。(郭艾霞《河北青年心理志愿者灾区受称赞》,《河北青年报》2008年5月23日)

②2010年公司发展重点方向仍是商业房产项目和深化酒店经营管理工作。切实推行绿色酒店概念,因地治宜节能减耗,向管理要效益,切实从企业文化建设、品牌建设、团队建设和软硬件建设四个方面加强企业核心竞争力的建设工作。(《万好万家:通过资产重组 提升公司价值》,《宿迁晚报》2010年4月17日第A8

版）

【辨析】

因地制宜：根据各地的具体情况，制定适宜的办法。因：依据；制：制定；宜：适当的措施。不能写成“因地治宜”。

正：因人而异
误：因人而易|因人而宜

【错例】

①股票的高风险并不会因人而易，即使是明星、文化名人也都要慎对股市风险。（张竞怡《谁隐藏了资本市场里的星光》，《国际金融报》2009年11月4日第8版）

②饮茶不是对所有的人都有好处，能不能饮茶，饮茶的多少，要因人而宜。（张旭《江苏质监教你如何选新茶》，《江南时报》2010年3月29日第24版）

③进补要因人而宜　医生建议：冬季别忘适当进行体育锻炼　（徐睿、复德、天一，《今晨6点》2009年1月18日第12版标题）

【辨析】

因人而异：因人的不同而有所差异。不是“因人而宜”，也不是“因人而易”。

正：因人制宜
误：因人治宜

【错例】

在治疗中，一般以“调理情志”为主，以躯体治疗为辅，有时则以躯体治疗为主，心理治疗为辅，遵照辩（应改为“辨”）证施治、因人治宜的原则进行综合治疗。（罗辉《心身疾病中医治》，《健康时报》2003年9月25日第20版）

【辨析】

因人制宜：根据人们的不同情况，采取适当的方法解决问题。因：依据；制：制定；宜：合适。不能写成“因人治宜”。

正:因势利导
误:因势力导

【错例】

①面向基层培育群众文化团体是威海市因势力导的一项举措,仅中心城区——环翠区的群众文化团体就已发展到200多个。(赵秋丽、胡禄太、王警卫《威海:把文明城市建在人文本位上》,《光明日报》2008年7月15日)

②今年,该市财政计划拨出专项资金120万元,全面启动了畜禽养殖"退村进小区"和畜禽标准化整治工程,因势力导发展新的畜牧养殖小区和规模养殖场。(刘升波、李正先、展福生《山东即墨科技振兴奶牛生产》,《光明日报》2009年12月30日)

③三名男生哭着恳求再给一次机会,保证不再上网,好好复习。郝翠娟又因势力导,解开了学生的心结。今年,三名男生均考上了重点大学。(得玲、李真《学生们的"郝妈妈"》,《烟台晚报》2007年9月1日第7版)

【辨析】

因势利导:顺着事情发展的趋势,加以引导。因:顺着;势:趋势;利导:引导。不能写成"力导"。

正:阴谋诡计
误:阴谋鬼计

【错例】

记者在采访时,吴和满便对记者说,做人要做到:两个相信,三个不要。即要相信党,相信政府;要团结,不要分裂,要光明正大,不要阴谋鬼计,要搞马列主义,不要个人主义。(葛先虎、李涛渊、赵荣《吴和满:长征精神伴他71年》,九龙网2006年10月18日)

【辨析】

"诡"指欺诈、狡猾,故由"诡"构成的词大多意在强调狡猾、奸诈,如"诡诈""诡计""诡辩"等。而"鬼"有表示不可告人的打算或勾当的意思,故由"鬼"构成之词大多意在强调暗地里使坏,如"捣鬼""鬼把戏""心里有鬼""心怀鬼胎""鬼鬼祟祟"等。将"阴谋诡计"写成"阴谋鬼计"实乃不明音虽同而意却别所致。除此之外,“诡计多端”“耍诡计”“诡辩”也常被误写作“鬼计多端”“耍鬼计”“鬼辩”。

正:引吭高歌
误:引亢高歌

【错例】

①引亢高歌,共同歌唱美好未来……(王丹容、陈里雅,《温州日报》2008 年 6 月 6 日第 8 版照片说明)

②老爸答谢大家,情不自禁地引亢高歌:“革命人永远是年轻,他好比大松树冬夏常青……”歌声嘹亮,激情满怀。(任葆勤《老爸是我一首歌》,《天津老年时报》2008 年 9 月 17 日第 10 版)

③回想武陵山脉桃花源飘忽不定的小雾团,不就像桃花源里引亢高歌的土家族老人那颗欢快跳动的心。(戴翠然《山城雾障》,《番禺日报》2010 年 1 月 15 日第 A8 版)

【辨析】

引吭高歌:放开嗓子大声歌唱。引:拉长;吭:嗓子,喉咙。不能写成“引亢高歌”。

正:引颈受戮
误:引颈受戳

【错例】

从仓颉造字到人类基因图谱绘制,从孟子“善养浩然之气”到谭嗣同谈笑间引颈受戳,从屈原“天问”到闻一多“最后一次演讲”……(董强《做一个有良知的知识分子》,《解放军报》2001 年 4 月 11 日第 3 版)

【辨析】

引颈受戮:伸长脖子等待被杀。指不做抵抗而等死。戮:杀。不能写成“戳”。

“戮”和“戳”字形相近,容易混淆。戮,《说文》的解释是“杀也”,故从戈;戳,本义为以枪刺物,故亦从戈。两字的形符相同。“戮”多用于上杀下。从其声符可看出一种不可阻挡的气势;“戳”的声符为“翟”,其义为雄雉,以尾部长而挺为特征,正和以枪刺物、枪杆大部留在体外的特点相合。“杀戮”为同义语素联合成词,没有“杀戳”这种说法。

正:引咎自责
误:引疚自责

【错例】

武植的盟兄弟与西门庆狼狈为奸一丘之貉,恶毒毁谤武植与潘金莲,而施耐庵的后代则深明大义,引疚自责,竭力为武潘平反昭雪。(张奎文《历史上的武大郎与潘金莲》,《天津日报》2006 年 2 月 25 日第 5 版)

【辨析】

引咎自责:主动承担错误的责任并作自我批评。咎:罪责。不能写成内疚的“疚”。

正:引决自裁
误:引决自裁

【错例】

公元前 99 年,因李陵战败投降匈奴,司马迁为他辩冤而下狱,判处宫刑(割生殖器),因无钱赎罪而遭受奇耻大辱,本欲“引决自裁”,为了完成不朽著作,才“隐忍苟活”。(《血泪写成的<史记>》,《杂文报》2010 年 5 月 28 日第 4 版)

【辨析】

引决:自杀;自裁:自己裁决,即自杀。引决自裁,义为以自杀的方式自己裁决。语出司马迁《报任少卿书》:“此人皆身至王侯将相,声闻邻国,及罪至罔加,不能引决自裁。”

“引决自裁”是说不通的。

正:饮鸩止渴
误:饮鸠止渴

【错例】

达喀尔已经成了死亡的另一个代名词,但它越是这样就越像罂粟花一样吸引

着车手们饮鸩止渴。(《南非摩托车手西蒙坠车身亡》,《萧山日报》2007 年 1 月 11 日第 9 版)

【辨析】

鸩,传说中的一种鸟,用它的羽毛泡酒,可以致人死命。饮鸩止渴:喝毒酒解渴。比喻只图解决眼前困难而不顾后患。不能写成"斑鸠"的"鸠"。鸠,与"鸩"形、音、义均不同。

正:应有尽有
误:应有仅有

【错例】

2F 职业女装、3F 少淑女装、羊绒和内衣、4 楼男装男鞋、男士用品,则应有仅有,不管是谁,在这里总能找到适合自己的一片风景。(严轩《盐城金鹰购物中心带来消费新体验》,《盐城晚报》2008 年 12 月 2 日第 C37 版)

【辨析】

应有尽有:该有的全都有。形容很齐全。不能写成"应有仅有"。"绝无仅有"中才用到"仅有"。

正:英雄辈出
误:英雄倍出

【错例】

①英雄倍出激励未来——马赛印象(《华东旅游报》2010 年 1 月 21 日第 8 版标题)

②今天是一个多元化的社会,当今的英雄,和过去文学作品所表现的英雄,已经发生了翻天覆地的变化,这是一个广泛的英雄倍出的年代。(《英雄·时尚·创新——"金利来·英雄男人"汇聚名流论英雄》,《扬子晚报》2007 年 10 月 29 日第 A10 版)

【辨析】

"辈"的本义是一百辆车,也指分行列的车,《说文解字》:"若军发车百辆为辈”。由此引申出同一类，同一批。如杜甫《岁晏行》：“高马达官厌酒肉，此辈杼轴茅茨空。”成语“英雄辈出”就是指一批一批的优秀人物出现，而不是指英雄人物成倍成倍地出现。有人不了解它的本义，误认为是“英雄成倍出现”，所以将“辈”写成了“倍”。

正：蝇营狗苟
误：蝇营苟苟

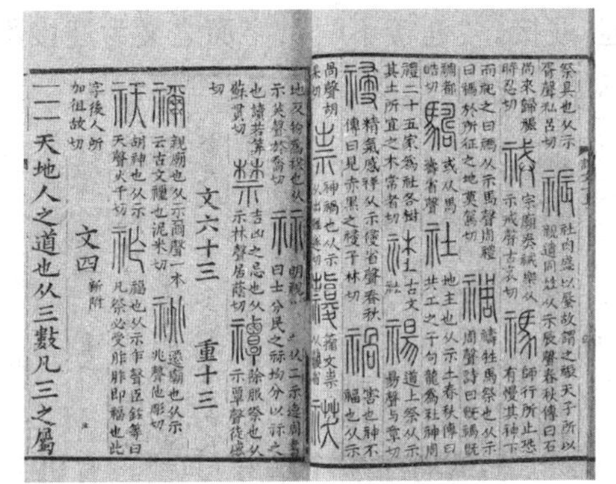

《说文解字》书影

【错例】

当前社会矛盾呈多发态势，并不是因为广大普通劳动群众忍受不了贫穷，而是社会精英们把精力放在蝇营苟苟的个人私利上……（《富裕起来后的财富分配问题研究》，《人民论坛》2009 年 9 月 11 日）

【辨析】

蝇营狗苟：比喻为了追逐名利，不择手段，像苍蝇一样飞来飞去，像狗一样不识羞耻。不能写成“蝇营苟苟”。

正：应接不暇
误：迎接不暇|应接不遐

【错例】

①姑娘们看售货员穿着那种服装，婀娜多姿，既漂亮又舒服，连往自己身上比试比试也顾不上，便掏钱要买……售货员们手忙脚乱，迎接不暇。（宋聚丰《田家兄妹》，《长城》1989 年第 2 期第 141 页）

②笔法舒畅刻人，雄寄角出，迎接不暇，实为唐宋之所无有，五也。（张文阁《康有为的<广艺舟双楫>》，《烟台晚报》2007 年 3 月 11 日第 18 版）

③时下，各种节日令人眼花缭乱、应接不遐。（晓懂《记者：社会良知的守护者》，《时代潮》2003 年第 21 期）

④在世博广场二楼的各个会议室里，不同议题的会议和论坛接踵举行，有点让人应接不遐。（丁雷《小论坛里有大课题》，《大连日报》2009 年 6 月 19 日第 A4

版）

【辨析】

美景、来人或事情太多，观赏、接待、应付不过来，称为“应接不暇”。应：应付。迎：迎接。“迎接不暇”，字面之义为迎接不过来，这不符合这个成语的本义。“暇”不能写成“遐”。

正：庸人自扰
误：庸人自忧

【错例】

于是，我有了一个嗜好：只要一有机会，总爱蹬上自行车到郊外去，然后踽踽独行于乡间小路上。这，绝不是庸人自忧，亦非故作多情，实在是这朴实纯真、温情脉脉的乡间小路太撩人心弦、太催人神往了。（张桂生《走在乡间小路上》，《经济日报》1992 年 3 月 12 日第 4 版）

【辨析】

本来没有问题而自找麻烦或自己扰乱自己，称为“庸人自扰”。“扰”是扰乱、搅扰；“忧”是忧愁、忧虑，二者意思很不相同。将“自扰”写成“自忧”歪曲了成语的本义。

正：庸中佼佼
误：庸中姣姣

【错例】

……他的演出使人顿感异军突起、别开生面、姿态纵横、气度超凡、大有“铁中铮铮、庸中姣姣”之感。（《舞台生涯五十秋》，天天天水网 2010 年 5 月 23 日）

【辨析】

“佼”，从人，狡声，本义：美好。“佼佼者”，美好、突出的人物。成语“庸中佼佼”出自《后汉书·刘盆子传》，指平常人中特别出众的。“姣”读 jiao，从女，交声，本义：修长美丽。《西京杂记》卷二：“文君姣好，眉色如望远山，脸际常若芙蓉，肌肤柔滑如脂。”说的就是卓文君的美貌。弄懂了这两个词的意义和来历，就不会用错了。

正:雍容华贵
误:雍荣华贵

【错例】

皮影戏中的杨贵妃造型依旧雍荣华贵,但若要表演出那样的风姿绰约却是每一招每一式都不一样了……(张永恒《李玉刚:世博园里的“值日生”》,《人民日报海外版》2010年5月14日第10版)

【辨析】

雍容华贵:形容态度文雅从容,庄重大方。雍容:温和大方的样子。没有“雍荣”的说法,因此不能写成“雍荣华贵”。

正:优柔寡断
误:忧柔寡断|犹柔寡断

【错例】

①每个人都注意听着刘强的发言,乔伟从他们的表情上可以看出,刘强吸引了他们。乔伟深感懊丧。他知道这不仅仅是一个算计过多和忧柔寡断的问题。(王刚《冰凉的阳光》,《当代》1987年第5期第98页)

②反之,班组长处理问题忧柔寡断、拖泥带水,说话办事拿不定主意,别人怎么说就怎么整,其结果不言而谕(应改为“喻”)。(罗静《班组长要有主见》,《四川工人日报》2009年6月1日第3版)

③没有“主意”的领导干部,干事犹柔寡断,缩手缩脚,什么事情也做不成。(李树杰《说领导干部的“主意”》,光明网2005年6月1日光明网评)

【辨析】

成语“优柔寡断”的意思是办事迟疑,没有决断。优柔:犹豫不决。优,由“悠闲”引申为“犹豫”。写成“忧愁”的“忧”是误用了形近的同音字。也不能写成“犹”。

正:优哉游哉

误:悠哉悠哉|悠哉游哉

【错例】

①"悠哉悠哉"练了会儿字(平平,《萧山日报》2006 年 7 月 28 日第 2 版标题)

②你可以悠哉悠哉做一回神仙……天与地,人与水,月与星,水中的人,水中的乐……一切是那样的水乳交融,难分难舍。(柴向阳《西塘生活着的千年古镇》,《烟台日报》2009 年 4 月 16 日第 9 版)

③夜深人静的晚上,在柔和的灯光下,躺在舒适的大床上,捧着心爱的书本悠哉悠哉细细品味,那是人生一大乐事。(罗哲月《话说读书》,《韶关日报》2010 年 1 月 15 日)

④"费天王"悠哉游哉 迎接"小蚊子"挑战 (孙嘉晖,《广州日报》2007 年 7 月 5 日标题)

【辨析】

"优哉游哉"指悠闲自得的样子,如:"出了这样的问题,他好像没事人一样,整天还优哉游哉的。""终于把这件工作做完了,到附近的风景区休假,大家都显得优哉游哉的样子,非常快乐。"这一成语出自《诗经·小雅·采菽》:"优哉游哉,亦是戾矣。"

《史记·孔子世家》:"彼妇之口,可以出走;彼妇之谒,可以死败。盖优哉游哉,维以卒岁!"

优:本义为"吃饱了",引申为"有余、悠闲"。"优哉游哉"不能写成"悠哉游哉"。

正:忧心如焚

误:忧思如焚

【错例】

①这些日子,邓拓一直在沉默中度过。他几乎从早到晚都坐在书房里,忧思如焚,悲愤交加。(叶介甫《邓拓在主持<前线>的日子里》,《北京党史》2007 年第 6 期)

②我爱您,中国!因为您是我唯一的母亲,一百年的耻辱,让母亲心灵的创伤难愈,更让儿女忧思如焚。(心岸之舟《中国·我依然深爱着你》,中国文学网 2010

年 10 月 19 日）

【辨析】

忧心如焚：心里愁得像火烧一样。形容非常忧虑焦急。如焚：像火烧一样。不能写成“忧思如焚”。

正：油然而生
误：由然而生

【错例】

在颐和园，观四周景色，望昆明湖水，心旷神怡之感由然而生。（国昌《城之韵》，《人民日报海外版》2006 年 8 月 25 日第 11 版）

【辨析】

油然而生：自然而然地产生（某种思想感情）。不能写成“由然而生”。

正：有板有眼
误：有扳有眼

【错例】

……昨日下午，沙市实验小学阶梯教室一片沸腾，荆州市群艺馆京剧演员雷洪亮台上有扳有眼的讲解，台下 110 多名小学生听得聚精会神，还不时比划着跟雷老师学习。（杨昌洪、冯晓寒《京剧唱腔亮嗓小学课堂》，《江汉商报》2008 年 3 月 28 日第 19 版）

【辨析】

有板有眼：比喻言语行动有条理、有步调。板眼：比喻条理和层次。不能写成“有扳有眼”。

正：有的放矢
误：有的放失

【错例】

①这样才能做到目标明确、有的放失，行动才能有条不紊、产生实效。（李润民、李劲、王初阳《大统筹·大均衡·大提升》，《成都日报》2008 年 12 月 18 日第 12 版）

②二是精心组织，有的放失。（汪恒《以纳税人需求为导向启动税收宣传活动》，《四川经济日报》2010 年 4 月 19 日第 3 版）

【辨析】

有的放矢：放箭要对准靶子。比喻说话做事有针对性。的：箭靶子；矢：箭。写成“失败”的“失”是误用了音近形近字。

正：有张有弛
误：有张有驰

【错例】

老婆安慰他说，没关系，你运动运动就好了，运动运动，有张有驰，对你的身体有好处。（牛伯成《谁之罪》，《延河》1998 年第 12 期第 38 页）

【辨析】

有紧张也有放松叫做“有张有弛”。弛：本义是放松弓弦，弓字旁是义符。写成驰骋的“驰”（马字旁做义符），是误用了形近的同音字。

正：有志者事竟成
误：有志者事竟成

【错例】

①真功夫打天下，有志者事竟成。（《羊城地铁报》2007 年 1 月 15 日第 A9 版广告词）

②有志者事竟成！第三次申请，没有再让长寿沙田柚人失望……（岳良波《执着换来的名份——长寿沙田柚商标注册背后的故事》，《长寿报》2009 年 7 月 6 日第 A6 版）

③有志者事竟成，陈斯过关了，且考了个民声专业第一，加上考上海音乐学院

附中时的第一,成了全校闻名的双第一。(金花女《永康籍歌手陈斯央视唱响红歌》,《永康日报》2009 年 8 月 7 日第 5 版)

【辨析】

有志者事竟成:只要有决心,有毅力,事情终究会成功。竟:终于。不能写成“竞争”的“竞”。

正:余音绕梁
误:余音绕梁

【错例】

想去找寻那感动的瞬间时,却会找不到,只有模糊的旋律在心头音乐萦回。这大概也是古人所说的“余音绕梁”吧。(《音乐心情》,《迪庆日报》2009 年 7 月 24 日“香格里拉”副刊)

【辨析】

余音绕梁:歌唱停止后,余音好像还在绕着屋梁回旋,形容歌声或音乐优美,给人留下难忘的印象。梁:房梁。不能写成“高梁米”的“梁”。

正:鱼米之乡
误:渔米之乡

【错例】

我生在南海,长在南海,一个渔米之乡怎么会到了有人缺衣少食的地步?(钱昊平《“梁大胆”起用“牛鬼蛇神”走上先富之路》,《新京报》2008 年 4 月 26 日日志中国版)

【辨析】

鱼米之乡:指盛产鱼和稻米的富饶地方。不能写成“渔米之乡”。

正:鱼雁传书
误:鱼燕传书

【错例】

《聆听西藏》文学集在提供了可读作品的同时，也提供了所有作者的详细个人资料，使我得以鱼燕传书，更为今后有志于研究西藏文学的国内外人士备好了一个相对完善的文本。（根珠《聆听如爱》，《中华读书报》1998 年 12 月 16 日第 8 版）

【辨析】

作比喻书信解释时，写作“鱼雁”。为何写作“雁”，不写作“燕”？其典源为，《汉书》卷五十四《苏建传》附苏武记载，汉武帝时，苏武出使匈奴被扣十九年，在北海放牧。后来，匈奴与汉和亲，西汉要求归还苏武。匈奴说苏武已死。苏武下官常惠夜见汉使，教他说我们皇上在宫中园林打猎时，得北来雁，雁足上系着帛书，写着苏武在北海某地放牧。第二天，汉使者照着常惠的话责备匈奴单于。结果，单于向汉使道歉，并让苏武返回汉朝。这就是雁足传信的来历。鱼能传信的说法，来源于古诗《饮马长城窟行》：“客从远方来，遗（赠）我双鲤鱼。呼儿烹鲤鱼，中有尺素书。”了解了上述两个典故，就可知应写作“鱼雁传书”了。

正：愚昧无知
误：愚味无知

【错例】

农民，在相当一部分人心目中，仍然是贫穷落后、愚味无知、短视自私、土气低贱、没有风度的形象，众所周知，“乡巴佬”“农民”等在一些场合都成了典型的贬称。（王涛《凭什么歧视农民》，光明网 2006 年 12 月 30 日光明评论）

【辨析】

愚昧无知：形容又愚笨又没有知识。昧：昏暗不明。形声字，从日未声。从日表示字义与光线有关。写作口字旁口味的“味”，是误用了形近字。

正：语无伦次
误：语无轮次

【错例】

他说酗酒寻衅的人都有一些共同点：“脸通红，讲话时嗓门很粗，且语无轮

次。”（冯潇颖、郑斌、余勤、柏建斌《醉后惹事不会了事》，《钱江晚报》2005 年 6 月 20 日）

【辨析】

语无伦次：话讲得乱七八糟，毫无次序。伦次：条理。不能写成“轮次”。“轮次”是另外一个词，作副词用时，其词义是“按次序轮流”，如：轮次入内、轮次上场；作名词用时，其词义是“轮流的次数”，轮换一遍叫一个轮次。

正：欲盖弥彰
误：欲盖弥张|欲盖弥章

【错例】

①如果取消得有理，就只能说明温某的成绩或报名程序确实有“猫腻”，而温局长的掩盖只是欲盖弥张，这其中必然隐藏着更大的问题。（张楠之《局长家出个“天才女”?》，大河网 2010 年 5 月 14 日）

②一座桥梁的建造，应该是极其严肃、经过专家反复论证的事情。每一座桥梁的垮塌，都是专家的耻辱。这时候，专家应该以严肃的态度，查找事故原因，避免类似事故再次发生。那些欲盖弥章的可笑原因分析，只会让公众更加对所谓的专家鄙视。（蒋友胜《我们的专家　我们的桥》，《京九晚报》2010 年 1 月 6 日第 13 版）

【辨析】

欲盖弥彰：想掩盖坏事的真相，结果反而更明显地暴露出来。盖：遮掩；弥：更加；彰：明显。不能写成“张”或“章”。

正：原物璧还
误：原物壁还

【错例】

“大丈夫虽渴，也不屑饮盗泉之水，原物壁还！”［诸葛青云《一剑光寒十四州》（四十四），梦远书城网站］

【辨析】

“原物壁还”，这里的“壁”是“土”字旁，跟“土、墙”有关联。而“璧”跟“玉”有关，代表珍贵的东西。“原物璧还”的“壁”是名词做状语，义为“像壁一样”，义指东西随意、不值钱。而正确的“璧还”是敬辞，用于归还原物或辞谢赠品。两相比较，当然选“原物璧还”。

正：原形毕露
误：原形必露

【错例】

抢劫犯由于做贼心虚看到急驶而来的警车，以为是来抓自己的，狂奔逃逸之举却使自己原形必露。（于俭倚《男子“做贼心虚”看见警车扭头便跑》，天天天水网2010年7月6日）

【辨析】

原形毕露：本来面目完全暴露。指伪装被彻底揭开。原形：原来的形状；毕：完全。把成语错误地理解为本来面目必定暴露，就会写作“原形必露”。

正：源远流长
误：渊远流长|渊源流长

【错例】

①日本的徒步旅行史渊远流长，这在日本的文学作品中经常提到。（容易《走出好心情》，《北京日报》1997年10月24日第8版）

②这是20世纪末年最后的深夜。我在怀念过去，也在怀念未来。夜结结实实地覆盖，像睡眠的棉被。睡眠是水，渊远流长。（刘燕燕《不过如此》，《大家》1999年第5期第37页）

③江南地区渊远流长的名士传统江南名士风度滥觞于魏晋风度的余韵。（欧德良《晚清口岸知识分子与江南名士传统》，《人民论坛》2009年第24期）

④中国酒文化可谓渊源流长，以至成为炎黄子孙的骄傲，谁人都能吟诵几句品醇赏酿细酌惬饮的诗词，坦胸抒情润性畅意……（石飞《酒文化之殇及酒驾、醉驾》，《江南时报》2009年7月15日第4版）

⑤原来，图中热闹街道上有一间卖香店铺，陈文忠以此展示香在中国的渊源流长。（《新港香艺　闻香识“达人”》，《人民日报》2009年11月13日）

【辨析】

源头很远，流程很长，称为“源远流长”。渊：深水。深水不能说远。源：水流起头的地方。源头可以说远。这样一比较，可知写成“渊远流长”是错误的。写成“渊源流长”也不对。

正：远见卓识
误：远见灼识

【错例】

在丹棱县，和万忠文一样，具有远见灼识，大胆创业的人随处可见。（王忠良《工业项目建设没有冬天》，《眉山日报》2008 年 12 月 15 日第 3 版）

【辨析】

远见卓识：有远大的眼光和高明的见解。卓：高超，卓越。不能写成“灼”。

正：怨天尤人
误：怨天忧人 | 怨天犹人

【错例】

①他不能忍受我比他挣得多，更不能接受“女主外男主内”的家庭状况，整日怨天忧人，说世事颠倒了，于是，离婚就成了必然的结果。（罗霄曼《妻子比丈夫挣钱多》，《家庭之友》1996 年第 3 期第 41 页）

②道光年间为禁烟震撼中外官场的名臣林则徐，受保守派迫害被贬时，布衣老马，油伞草履，告别膏腴丰实的两广商埠，登程前往风沙万里的新疆伊犁，没有怨天忧人，没有颓废气馁。（胡登科《迁客风骨》，《海燕》1999 年第 12 期第 57 页）

③我们要走出去，就要经风雨见世面，怨天忧人不能成长壮大！（金沙铁青《网议能源》，《中国能源报》2009 年 11 月 2 日第 7 版）

④还有将“情况相像”写成“情况想象”，“反映意见”误作“反应意见”，“怨天尤人”误作“怨天犹人”，“源远流长”误作“渊远流长”等，都反映出考生对词义理解上的不足。（王想龙《提出高考作文中的错别字》，《文汇报》2009 年 6 月 27 日第 5 版）

【辨析】

抱怨天、怨恨人，称为“怨天尤人”。尤：怨恨，归咎。忧：忧愁。不能把这个成语理解为抱怨天、忧虑人而写作“怨天忧人”。也不能写成“怨天犹人”。

正：月白风清
误：月白风轻

【错例】

月亮街——最是月白风轻处 （又凡，《大理日报》2009年10月30日洱海副刊标题）

【辨析】

月白风清：形容幽静美好的夜晚。不能写成“月白风轻”。

宋·苏轼《后赤壁赋》：“有客无酒，有酒无肴，月白风清，如此良夜何？”

正：月朗风清
误：月朗风轻

【错例】

每当月朗风轻的夜晚，新平彝族傣族自治县城乡的40多个文化广场总会呈现激情燃烧的场面……（李海求《广场文化营造精神乐园》，《云南日报》2005年7月15日）

【辨析】

月朗风清：月明亮，风凉爽。不能写成“月朗风轻”。

正：岳峙渊渟
误：岳峙渊停

【错例】

两人文中意境的对比总让我想到一句：岳峙渊停。（冯进《鲁迅兄弟：兄弟阋墙留下迷案》，中国新闻网2009年10月29日）

【辨析】

岳峙渊渟：如山岳屹立，如渊水停滞。本用以形容军队稳定，不可动摇。后多用以形容人坚定沉着。不能写成“岳峙渊停”。

越俎代庖

正：越俎代庖
误：越俎代疱

【错例】

①万松书院“鹊桥会”上千父母“越俎代疱”来相亲 （钟慧丽《新民生报》2005年6月29日标题）

②于是，事无巨细都“亲自动手”，不分权责；什么都不放心，习惯于越俎代疱，把该基层抓的事自己抓了，把该部下做的事自己做了。（李建涛《“丙吉察牛”的启示》，《人民论坛》2008年第14期）

【辨析】

越：超过。俎：古代祭祀时盛牛羊祭品的器具。庖：厨师。《庄子·逍遥游》：“庖人虽不治庖，尸祝不越樽俎而代之矣。”意思是厨师虽不在厨房做饭，司祭也不能放下祭品去替他下厨房。所以“越俎代庖”比喻超越自己职权范围去处理别人所管的事。但我们经常看到把“庖”写成了“疱”。“疱”，是皮肤上起的水泡状的小疙瘩。“庖”“疱”二字形、音、义均不同，因此，“越俎代庖”不能写成“越俎代疱”。

正：云淡风轻
误：云淡风清

【错例】

云淡风清 （刘世斌，《保定日报》2010年4月18日第2版标题）

【辨析】

云淡风轻：微风轻拂，浮云淡薄。形容天气晴好。亦作“风轻云淡”。不能写成“云淡风清”。

正:芸芸众生
误:云云众生

【错例】

事实上,学习、从事书画创作的人众多,如何在云云众生中脱颖而出的确是一件非常非常艰难的事,为此,有些人为了生计走上知假作假的路。(廖卓斌、徐毅儿《养虫鼠咬字画造旧牟巨利》,《信息时报》2006 年 5 月 29 日第 A6 版)

【辨析】

芸芸众生:原指世间的一切生灵。后多指大群无知无识的人。芸芸:形容众多;众生:原指一切生物,后指许多人。芸芸,不能写成“云云”。

正:运筹帷幄
误:运筹帷握|运筹维幄

【错例】

①宽城经验告诉我们:成就一番宏伟事业,惠及一方百姓,必须有一名运筹帷握、勇挑重担的好领导,必须有一支拼搏进取、永争一流的干部队伍,必须有一套奖勤治庸、优胜劣汰的激励约束机制。(张枢成、李哲、邬洪亮《宽城展翅无日暮》,《江城日报》2008 年 8 月 6 日第 1 版)

②上述种种现象说明中国共产党于 1949 年执掌政权,并非偶然。国民党既无战意,又无政绩;而共产党却全面部署,推行刚柔兼备的政策,到了 4 月 24 日实已运筹维幄。(何佩然《雄师百万渡江,南京和平易手》,《南方都市报》2009 年 4 月 23 日第 SA39 版)

【辨析】

运筹帷幄:指拟定作战策略。引申为筹划、指挥。筹:计谋、谋划;帷幄:古代军中帐幕。不能写成“帷握”,也不能写成“维幄”。

Z

正:杂乱无章
误:杂乱无张

【错例】

喝咖啡的意境与饮酒是完全不同的,它需要一个可能随意却不能大意,可能简单却不能简陋,可能杂乱却不能无张的氛围。(《十种可使你的心情发生改变的食物》,杭州网 2006 年 1 月 3 日)

【辨析】

杂乱无章:乱七八糟,没有条理。章:条理。不能写成张望的"张"。

正:再接再厉
误:再接再励

【错例】

①梁有志勉励年轻人再接再励,继续努力,创造出新的成绩。"虎年到了,你们这些小老虎应该大显威风啊!"梁有志笑呵呵地说。(王蒙《名医梁有志传奇》,《小说选刊》1986 年第 4 期第 23 页)

②谁知第二天,竟也是同样下场。那打火机好像不乐意为我们服务,阴沉着个脸,除了被迫发出沉闷的声响,仍旧纹丝不动。我们怕小伙灰心,希望他再接再励。(毕淑敏《雪山的少女们》,《当代》1997 年第 6 期第 132 页)

③他们一鼓作气,再接再励,在后来的三年中又把这座新生的工厂的产值和利润连续翻了三番,一跃而成为全市乡镇企业中的状元。(华夫《华塔启示录》,《北

京文学》1994 年第 1 期第 58 页)

④对儿子今天的表现,李妈妈表示非常满意。"我希望他能再接再励,因为后面还有单项比赛。"她说。(孙冰《李小鹏母亲:"儿子,我感谢你!"》,《中国经济周刊》2008 年第 32 期)

【辨析】

做一次又一次地继续努力解释时,用"再接再厉",不用"再接再励"。"再接再厉",最早出自韩愈《斗鸡联句》引孟郊诗:"一喷一醒然,再接再砺乃。""砺",同"厉",后来人们就用笔画少的"厉"了。"砺"的原意为磨刀石,后来引申为磨砺。也就有了继续努力之义。知道了此词的出处,就不会将"厉"写成"励"了。"励",劝勉。

正:在所不辞
误:再所不辞

【错例】

"那时候哪想那么多啊,党要我做什么我就做什么,哪怕牺牲生命也再所不辞。"(刘健《女扮男装　金坪剿匪》,《宜宾晚报》2009 年 8 月 17 日第 5 版)

【辨析】

在所不辞:决不推辞(多用于冒险犯难)。不能写成"再所不辞"。

正:在所不惜
误:再所不惜

【错例】

《三生爱》讲述了三个女性的悲情故事,祖母婼婼的爱在很大程度上受制于封建礼俗的禁锢,为了爱,她从海边小镇奔走异国他乡,只要能与心爱的人朝夕相处,受苦受难也再所不惜。(刘忠《诗化的三生之爱》,《中华读书报》2007 年 3 月 21 日

第11版）

【辨析】

在所不惜：表示处于某种情况，决不吝惜（多用于付出大的代价时）。在：处于。不能写成“再”。

正：责无旁贷
误：责无旁代|责无旁待

【错例】

①平禹煤电白庙矿“纪委”抓安全责无旁代 （王社伟，中国煤炭新闻网2007年3月20日标题）

②因此，笔者认为转变“学困生”于公于私我们都责无旁待。（李玉群《转变数学“学困生”之初探》，《清远日报》2009年8月4日第C4版）

【辨析】

贷：借贷，要求贷方守信，不可推卸还贷的责任。旁贷：推卸给别人。不能写成“旁代”，也不能写成“旁待”。

正：崭露头角
误：展露头角|崭露头脚

【错例】

我的父亲，也是一个年轻时就展露头角的人，大学时代，他常将写诗得来的稿费拿去给短炊的同学换鸡蛋。（鲁燕《想对父亲说》，《光明日报》1996年4月12日第6版）

【辨析】

比喻突出地显现出才干和本事（多指青少年），称“崭露头角”。崭：山高峻，山字头是义符。此处引申为突出。展:施展、展示,无高峻、突出之义,所以不能将“崭”错写成“展”。写作“崭露头脚”也是不对的。

正:辗转反侧
误:辗转翻侧

【错例】

①这样的日子就难免有人在辗转翻侧中感叹夜的漫长。(《蛙鸣声声》,《鄞州日报》2009年6月19日第A7版)

②夜似乎格外漫长。高兴亮躺在床上难以入眠。同房间选手睡觉发出很大的呼噜声,更使得他辗转翻侧,直到凌晨4点钟才朦胧入睡。(吴玉华《我的战场在井下》,《经理日报》2009年10月22日第10版)

【辨析】

辗转反侧:翻来覆去,睡不着觉。形容心里有所思念或心事重重。辗转:翻来覆去;反侧:反复。不能写成“翻侧”。

正:战战兢兢
误:颤颤兢兢|战战惊惊|颤颤惊惊

【错例】

①佐藤大笑着羞辱山田君:“……婊子!你真是个婊子!枪都不要了?”山田君只好蹲下来,颤颤兢兢地从婴儿的尸体上抽出自己的枪刺,婴儿脸上的肌肉还在颤动。(白桦《血路》,《小说选刊》1995年第3期第14页)

②李天儿战战惊惊(《澳门日报》2009年11月9日第B4版标题)

③颤颤惊惊,我捂着红肿、疼痛的脸庞在心底央求:“别吵了,别吵了……母亲要是听见了,还得背顿打。”(陈勇《儿时茶记忆》,光明网2009年12月3日文化频道)

【辨析】

“战战兢兢”出自《诗·小雅·小旻》:“战战兢兢,如临深渊,如履薄冰。”战战:恐惧的样子。构词用字的稳定性不允许用音同义近的“颤”代替“战”,也不能用“惊”代替“兢”。

正:张灯结彩
误:张灯结采

【错例】

传说织女心灵手巧,妇女们每逢七夕习惯邀约聚会,在庭院摆设香花果品,张灯结采,举行“乞巧”“拜双星”活动。(林长华《读七夕情诗》,《湄洲日报》2009年8月26日第C4版)

【辨析】

张灯结彩:挂上灯笼,系上彩绸。形容节日或有喜庆事情的景象。彩绸当然要用“彩”了。

正:张皇失措
误:张慌失措

【错例】

他告诉我在CNN上看到的,我分明感受到张慌失措。(谢涓编译《浴火新生》,《国际金融报》2002年9月6日第12版)

【辨析】

张皇失措:惊慌得不知怎么办才好。张皇:慌张;失措:举止失去常态。“张皇”不能写成“张慌”。

正:张口结舌
误:张口哑舌

【错例】

去年,我们国家的足球界经历了艰苦决绝的打假扫黑行动,力度之大让我们这些球迷张口哑舌,后背冰凉。(王昀《这是哪些人的阴谋?》,《保定晚报》2010 年 7 月 7 日第 9 版)

【辨析】

张口结舌:张着嘴说不出话来。形容理屈词穷,或因紧张害怕而发愣。结舌:舌头不能转动。无"张口哑舌"这一成语。

正:仗义疏财
误:仗义输财

【错例】

杨志雄提出抗议,他提高声音说道:"莫说你杜先生一生一世仗义输财,功在国家……"(王俊《床头金尽:民国最后一个大佬杜月笙的最后时刻》,中国文化传媒网 2010 年 4 月 21 日)

【辨析】

仗义疏财:旧指讲义气,拿出自己的钱财来帮助别人。仗义:讲义气;疏财:分散家财。不能写成"输财"。

正:仗义执言
误:仗义直言

【错例】

①那位女士像是在仗义直言,不住地对我的著作上比划什么,虽然我听不懂,

却分明可感觉到。(谭元亨《无效护照》,《十月》1993年第2期第62页)

②他以社会担当为己任,关注民生,反对战争,仗义直言,体现了中国古代读书人的优秀品质。(孙立群《古代士人的精神传统》,《人民论坛》2008年3月1日第5期)

【辨析】

“直言”与“执言”虽然只有一字之差,意思却大有区别:“直言”是说话爽直,而“执言”则为说公道话,与前面“仗义”的意思搭配起来,“执言”应该更为合适一些。另外,从词性上分析,“执”和“仗”都是动词词性,而“直”为形容词词性,“仗义”“执言”分别是两个动宾结构的词语,组合在一起,构成了一个并列结构的词语,而“直言”可以看作偏正结构的词语,显然与“仗义”的结构类型不相搭配。

无论从意义上还是从词性的搭配上,成语“仗义执言”都不可以改写为“仗义直言”。成语是一种固定短语,运用成语时,不可随意变换和增减其中的成分。

正:招是惹非
误:招事惹非

【错例】

其实母亲之讨厌黄大妈,并不在那点“小节”问题,她讨厌她那根东家长西家短、招事惹非的舌头,讨厌她那点说风就是雨的嗜好!(李龙云《古老的“南城帽”》,《钟山》1984年第4期第212页)

【辨析】

作招惹是非解释时,用“招是惹非”,不用“招事惹非”。为避免将“是”错写成同音字“事”,可联想“是”与“非”是对应的,可搭配着用;而“事”与“非”不成对应关系,不能搭配着用。

正:招摇撞骗
误:招谣撞骗

【错例】

①经查,这两名歹徒确实是作为治安联防员被该所聘用过,但因其品性不端,被解聘后在社会上招谣撞骗。(李军华《英雄背后写满仗义》,《荆门日报》2007年12月18日)

②经审查,该名假和尚章某某,男,41岁,庙前镇人,……意欲骗取外地旅客到沿途香烛商店购物,不料刚"伸手"即被抓获。违法嫌疑人章某某因涉嫌招谣撞骗被治安拘留十日,于当日送往池州市拘留所执行。(李俊《假和尚"伸手"即被捉》,《池州日报》2010年3月3日10版)

【辨析】

招摇撞骗:假借名义,进行蒙骗欺诈。招摇:故意炫耀自己,引起别人注意。撞骗:寻机骗人。汉语中无"招谣"一词。

正:昭然若揭
误:幡然若揭

【错例】

为了考虑自身的利益,美国人目前还未明确给中国插上以上标签;但随着近年来这些"负责任、成熟"的美国政治家在涉及中国时频频"讲话不得体"或"讲错话",至少其潜意识里的心理状态已幡然若揭。(东西《中国还须申请加入"文明世界"?》,《中华读书报》2005年3月9日第19版)

【辨析】

昭然若揭:形容真相全部暴露,一切都明明白白。昭然:明显、显著的样子;揭:原意为高举,现也指揭开。没有"幡然若揭"这一成语。

正:遮天蔽日
误:遮天避日

【错例】

①特别是后山上那棵大枣树，粗得三个人伸开双臂，拉起手，抱不住它的腰。树冠遮天避日，人们猜不出它的年龄。（安春英《童梦幽幽》，《辽宁日报》1990 年 1 月 9 日第 3 版）

②栖乐山景区与开汉楼景区既相望又相连，树木遮天避日，是果城南充的天然氧吧，以生态和传统文化为主。（《南充美景笑迎四海游客》，《南充日报》2008 年 8 月 7 日第 A8 版）

【辨析】

避：躲避；回避。蔽：遮盖；挡住。遮住天空挡住太阳就是“遮天蔽日”。“蔽”写成“避”，成了遮住天避开日，意思就不对了。

正：折戟沉沙
误：拆戟沉沙

【错例】

拆戟沉沙，皆因出山之时名不正而言不顺，终致授人以柄，埋下今日之祸，疏漏之处愿赌服输。（《“张本本”致“孙西西”的拜师信》，《杂文报》2010 年 6 月 22 日第 2 版）

【辨析】

折戟沉沙：戟：古代的一种兵器。整个成语的意思是：折断了的戟沉没在泥沙里。用以形容失败十分惨重。

“折戟沉沙”语出唐·杜牧《赤壁》诗：“折戟沉沙铁未销，自将磨洗认前朝。东风不与周郎便，铜雀春深锁二乔。”清·黄宗羲《朱人远墓志铭》：“其所历之江山，必低徊于折戟沉沙之处。”清·查慎行《公安道中》诗：“折戟沉沙极望中，勿论猿鹤与沙虫。”

“折”与“拆”，一点之差，意义不一样。“折戟沉沙”是不能误为“拆戟沉沙”的。

正:针砭时弊
误:针贬时弊

【错例】

①其中黄宏与侯耀文合演的《打"扑克"》,以名片当扑克牌,其构思相当巧妙,整个作品以针贬时弊为主调,对党内的腐败现象和社会上的各种不正之风,时而旁敲侧击,时而冷嘲热讽,时而大胆揭露,引起了人们的强烈共鸣。(直言《小品应提高艺术品位》,《光明日报》2007年11月16日第11版)

②同时,行文中时时观照现实,针贬时弊,但是作者并不作空泛的议论,而是据实分析,顺手一击,颇具鲁迅投枪、匕首之风,读来令人解颐。(张中山《书香墨韵亦醉人——读高信先生的<书房写意>》,《光明日报》2009年8月1日第5版)

③活动策划针贬时弊,组织有序敢于担当 (《上虞日报》2010年7月6日第5版小标题)

【辨析】

砭,古代治病的石针,"针砭"在这个成语里做动词,当"指出"讲。

"贬"是"褒贬"的"贬",是贬低,给予不好的评价。针砭现多用于比喻发现或指出错误,规戒过失。根据"针砭"的这一用法,似乎有"给予不好的评价"的意思,但是用"针"进行"贬低"就讲不通了。"砭"即"砭石",一种古代医疗工具,是经磨制而成的尖石或石片,古代以砭石为针的治病方法称为"针砭",后世泛称金针治疗与砭石出血为针砭。由此引申为规戒过失。还应注意,"砭"读一声,"贬"读三声,两字读音不同,在写错字的同时,往往也读错了字。

正:真相大白
误:真像大白

【错例】

又如,中原某地一青年以盗枪罪被捕,一关几年,后真凶抓获,被盗枪支收缴,

真像大白。(《别让"四救四不救"成为潜规则》,荆楚网 2010 年 5 月 1 日)

【辨析】

真相大白:真实情况完全弄明白了。大白:彻底弄清楚。"真相"不能写成"真像"。

正:真知灼见
误:真知卓见

【错例】

①因此,我们也不应囿于中国古典名著的范围,笔者认为,……凡是有思想深度、真知卓见、读后能使人得到精神升华或思想启迪的都应采取"拿来主义",纳入我们的吸收之列,而不应将经典过于神秘化和束之高阁。(《崇尚经典》,《大地》2002 年第 3 期)

②另一方面,由于身为作家,韩小蕙有灵敏的悟性和想象力,有审美的趣味和优雅的文字,这也是为什么在韩小蕙的散文评论和研究文字里,往往充满真知卓见、灵性、自由、生命的飞扬以及感觉的花开,总之,是一种贴近文本和作家心灵的自由与浪漫书写。(王兆胜《新时期的中国散文地图》,《中华读书报》2009 年 7 月 29 日第 19 版)

【辨析】

灼,本义为"火烧",引申为"明白、透彻"。"真知灼见",建立在真知基础上的正确而深刻的见解,并非"卓越的见解"。

正:振聋发聩
误:震聋发聩 | 振聋发馈

【错例】

①北宋初年的宰相赵普是一位杰出的政治家,但绝不是一个学问家。正是由

于这个原因,他才会有“半部《论语》治天下”这样震聋发聩的名言传世。(栾贵川《“半部<论语>治天下”》,《光明日报》2007 年 1 月 18 日)

②《决定》用 5 个“一些”和 1 个“有些”(即从 6 个方面)来说明党自身存在的问题,并且振聋发馈地指出:……(严书翰《究竟该如何认识“新形势”》,《人民论坛》2009 年第 26 期)

赵普

【辨析】

“振”和“发”同义,都是“唤起”的意思;“聋”和“聩”也同义,都是“听不见声音”。“聩”和声音有关,所以从“耳”。“馈”本义是以食物送人,所以从“饣”。

振聋发聩:声音很大,使耳聋的人也听得见。比喻用语言文字唤醒糊涂麻木的人,使他们清醒过来。聩:天生耳聋,引申为不明事理。不能写成“震聋发聩”和“振聋发馈”。

正:振奋人心
误:震奋人心

【错例】

北京 2008 年奥运会已近尾声,此次奥运会盛况空前,为全世界观众送上了一份视觉大宴。青岛早报、青岛晚报联手为您全程记录下每一个震奋人心的新闻及消息……(丁雅妮《号外传喜报　报花庆奥运》,《青岛晚报》2008 年 8 月 23 日)

【辨析】

“振”的本义是举起,引申为手臂挥动、摇动,例如振臂高呼、振笔疾书。又当奋起、振作讲,例如:精神为之一振。由奋起又引申为开启,例如:振聋发聩,这是一个联合词语,“振”“发”都是“开启”的意思。

“震”的本义是雷动,因疾雷使人、物惊动,故引申为迅速而剧烈的颤动,例如:地震、震耳欲聋。又当过分激动讲,例如:震怒、震惊。

这样,就不会将“震撼”写作“振撼”,不会将“振奋”写作“震奋”,不会将“振聋发聩”写作“震聋发聩”,也不会将物理上的“振动”与心理上的“震动”相混了。

正:震古烁今
误:震古铄金

【错例】

更值得人们敬佩的是他们的勇气和坚韧,这绝非一般人可以做到的。因此,“懒人”不懒,他们是震古铄金的英才,是值得学习的榜样。(田琳《走走弯路又何妨》,《每日新报》2009 年 9 月 17 日第 50 版)

【辨析】

震古即震动古代。铄,熔化,铄金即熔化金属。“众口铄金”意思是众口一词足能熔化金属,比喻谣言纷起,可以混淆是非。“震古”和“铄金”显然风马牛不相及。

“烁”有“照耀”的意思,“烁今”即照耀当今。“烁今”与“震古”对举,组成“震古烁今”一词,意思是:震动古人,显耀当代,形容事业或功绩伟大。

正:震撼人心
误:震憾人心

【错例】

凌晨两点,来到三江源纪念碑耸立处的通天河畔,涛声在夜山谷里格外震憾人心。(顾炳枢《魅力玉树——康巴藏区腹地纪行》,《大地》2004 年第 3 期)

【辨析】

“震撼”指震动摇撼,如“震撼人心”。将表示“摇撼”的“撼”字,误用做表示

“失望”的“憾”字，大概是认为“震撼”与心情有关，应该是竖心旁，其实不然。

正：正襟危坐
误：正禁危坐|正经危坐

【错例】

①30多个平方米的小图书室里，聚集着天文、地理、人文、科学等各类儿童书籍，来这里的小朋友们捧起一本书或者席地而坐，或者正禁危坐，一个个都专注地享受着知识带来的乐趣。（周晓丽《学校图书馆搬进社区》，深圳政府在线网站2007年6月13日）

②夜读是一种不拘小节的读书方式。不必正禁危坐，不必当心他人品头论足，卧也好，站也罢，关上窗，打开书，一杯茶，一支烟，想读则读，想止便止。（庄文勤《至乐莫过读书》，《台州晚报》2009年7月25日第7版）

③不必正禁危坐，不必当心他人品头论足……（《至乐莫过读书》，《牛城晚报》2009年12月3日第B6版）

④第一，在总统办公厅的桌子旁，谁将是那个舒坦地靠在椅背上的人，谁会脊椎僵硬正经危坐。（《解密普京的“王储”：梅德韦杰夫》，《右江日报》2008年3月11日第5版）

【辨析】

正襟危坐：形容严肃庄重的样子。出自《史记·日者列传》：“宋忠、贾谊瞿然而悟，猎缨正襟危坐。”襟：衣襟；危坐：端正地坐着。“正襟危坐”不能写成“正禁危坐”和“正经危坐”。

正：支支吾吾
误：支支唔唔

【错例】

“……”村田支支唔唔地不说话。（《基础与技巧》，《鞋里的沙——小毛病中的

大问题》当代世界出版社 2000 年 12 月第 1 版第 187 页)

【辨析】

支支吾吾:指说话吞吞吐吐,含混躲闪。不能因为此成语跟说话有关,就想当然地写成口字旁的“唔”字。

正:只言片语
误:支言片语

【错例】

①针对此情况,民警递上茶水进行安抚,待其情绪稍微平稳后通过沟通,从其偶尔间吐露的支言片语中获悉:……(张旭、交治宣《一外地女来宁跳大桥被救》,《江南时报》2005 年 6 月 11 日第 12 版)

②梁左在世时对相声的思考,我们仅能从他朋友的支言片语中,窥知一二:……(彭苏、任明远《笑声的窒息》,《南方人物周刊》2009 年第 30 期)

【辨析】

只言片语:个别词句或片段的话。只:单独的,不能写成“支”。

正:知己知彼
误:知已知彼

【错例】

要想拍出一部上乘的婚礼录像片,摄像师必须具备以下几点:一、要有扎实的基本功;二、要进行前期准备,做到知已知彼;三、拍摄中要主题明确,思路清晰……(张学军《婚礼摄像漫谈》,《摄影与摄像》1998 年第 11 期第 34 页)

【辨析】

对自己和对方的情况都有透彻的了解,称为“知己知彼”。“己”,自己。“已”

字不封口,不能写成半封口的“已经”的“已”。

正:知人论世
误:知人论事

【错例】

他说此法一半来自中国的“知人论事”说,一半借鉴西洋的“语境支配文本”法则。(陶家俊《对症下药的解惑之书》,《中华读书报》2007年10月17日第15版)

【辨析】

知人论世:原指了解一个人并研究他所处的时代背景。现也指鉴别人物的好坏,议论世事的得失。《孟子·万章下》:“颂其诗,读其书,不知其人可乎?是以论其世也。”既然“世”指时代背景,就不能写成“事”了。

正:知遇之恩
误:知遇知恩

【错例】

这些先生除了季羡林提到的在他一生中对他有教导之恩和知遇知恩的六位恩师——陈寅恪、瓦尔德施米特、西克、胡适、傅斯年、汤用彤外,还有一连串响亮的名字:……(王杰《良师益友铸就人生辉煌》,《光明日报》2006年5月8日第11版)

【辨析】

知遇之恩:给予赏识和重用的恩情。把“之”写成“知”,是误用了同音字。

正:知足常乐
误:知足长乐

【错例】

①三、“知足长乐”。危机意识太弱。(李建钢《对历史上中日两国闭关锁国政

策的思考》,《人民论坛》2009 年第 27 期)

②杨忠明的抽屉里,有一沓“优秀教师”证书,一面墙上是他用树叶贴成的一幅画,几条小鱼在水里游戏,画幅的右上角写着:“知足长乐”。(张严平、明星、余晓洁《最后的钟声——记乡村代课老师杨忠明》,《光明日报》2010 年 2 月 8 日第 2 版)

【辨析】

知足常乐:知道满足,就总是快乐。形容安于已经得到的利益、地位。“常”是“常常”的意思,不能写成长久的“长”。

正:直截了当
误:直接了当

【错例】

①他后悔自己不该将这事告诉胡主任,其实当时完全不必用这事来掩饰,可以直接了当地说,金库出事是假,怕他家里出事是真。(刘醒龙《去年》,《人民文学》1994 年第 10 期第 46 页)

②妈妈是个粗人,现在我想起这事还脸红。她见到叶姨,三两句话一说就直接了当提我和伟伟的事。(袁敏《天上飘来一朵云》,《收获》1981 年第 4 期第 87 页)

③马丁找到了俄国使馆文化参赞伊格烈,他直接了当说出目的:“把谢·高达的黑盒子还给我。”(方位津《电脑侠盗》,《大众电影》1995 年第 10 期第 20 页)

【辨析】

在作言语、行动简单爽快解释时,应写作“直截了当”,不应写作“直接了当”。此成语中是“截然”的“截”,不是“连接”的“接”。

“直截”,本义为“简单明白”。《朱子语类》卷四:“恐孟子见得人性同处,自是分晓直截,却于这些子未甚察。”引申为“径直、爽快”。“直捷”,径直快捷。《初刻拍案惊奇》卷三十:“天理自然果报,人多猜不出来,报的更为直捷。”“直接”,本义为径直继承。明代胡应麟《少室山房笔丛·三坟补逸上》:“《竹书》所谓二十年,直接惠王之后，当为襄王。襄王止十六年，安得二十邪?”现在的词义是“不经过中间环节的，与‘间接’相对”。“直截”“直捷”“直接”均可与“了当”配合。根据词频，《第一批异形词整理表》以“直截了当”为规范形式。

正：直抒胸臆
误：直抒胸意

【错例】

这是老将军60年峥嵘岁月之后，第一次返回故里，对自己小时候亲自种下的大榕树久恋不去时，直抒胸意的诗篇。（邓德江《张爱萍：顶天立地傲苍穹》，《大地》2009年第24期）

【辨析】

直抒胸臆：直率地抒发自己的思想感情。胸臆：胸腔，内心，引申为心意。不能写成“直抒胸意”。

正：直言不讳
误：直言不诲

【错例】

“我只为富人盖房子”“应该把穷人用围墙圈起来”等等这些刺耳的话，真的很“直言不诲”！（果汁《网友酷评》，《信息时报》2006年12月14日第A18版）

【辨析】

“讳”“诲”二字虽同音，但意思却差之千里。“诲”的意思是教导、诱导，如“诲人不倦”。而“讳”本义为因有所顾忌而不敢说或不愿说。没有“直言不诲”这一成语。

正：趾高气扬
误：趾高气昂|扯高气扬

【错例】

①那些通过劫掠获得大笔财富的海盗在这里过着趾高气昂的生活，他们开着豪华汽车，举办奢华的宴会，并在这里置办产业，经营着城中的许多生意，例如饭店等。（马晶《索马里海盗的亡命之路》，《新京报》2008年11月23日）

②小时候乡下穷，逢年过节我才能奢侈着吃回肉，乃至阿亮隔三差五、扯高气扬地端着盛了三五块肥肉的缺口瓷碗在我面前晃荡的身影成了我儿时记忆里不可磨灭的一个片段。（尹金良《屠夫、大学生及丁磊》，《温州日报》2009年3月20日瓯越副刊）

【辨析】

趾高气扬：走路时脚抬得很高，神气十足。形容骄傲自大得意忘形的样子。趾：脚。没有成语“趾高气昂”。

把“趾”写成与之字形相近的“扯”，实属校对不严所致。

正：至高无上
误：至高无尚

【错例】

所谓“左祖右社”“面朝后市”，这种规划最基本的理念就是均衡对称，城市中必有一条中轴线，这条轴是整个城市的中枢脊梁，所有的建筑都在其两侧展开，而能够建在轴线上的，只有至高无尚的皇宫。（李韵《北京中轴线：历史与现代的交融碰撞》，《光明日报》2008年8月9日第7版）

【辨析】

“无上”和“无尚”是一对异形词。意思是“最高、没有超出他（它）的”。《现代汉语词典》等工具书推荐“无上”为规范词形。所以，应该采用“无上”这一词形，写成“至高无上”。另外，成语的固定性也不允许随便将“无上”改成“无尚”。

正:至理名言
误:至理明言|致理名言

【错例】

①如果一个姑娘对戏剧文学之类的东西懂得一些的话,那么你就得花上多一些的时间判断出她到底是不是真的很愚蠢。这句话真是至理明言。(赵爽《作家论》,《散文选刊》1999年第6期第5页)

②而有恒则成是致理名言,即使我怀疑过我所付出的努力是否会有成果,但选择了复读,就要坚强勇敢地走下去,朝着自己的目标走下去。(于嘉露《圆大学梦的学习体会》,上海市民进自强进修学院网站2006年10月1日)

【辨析】

至理名言:最正确、最有价值的话。名言:著名的话。而"明言"的意思则是明白说出。"至理"与"明言"不能搭配。至:最;名:有名声的。"致"不能表达"最"的意思。

正:志大才疏
误:志大材疏

【错例】

想比别人活得快乐很简单:不要在乎他人(世俗)的眼光,做自己喜欢做的事情。比如我:身为下贱,心比天高,材疏志大,狂放桀骜。(老牛歌《致我的爱人》,柳州新闻网2008年11月26日)

【辨析】

志大才疏:志向大而才具不够。疏:粗疏,薄弱。才:才具、能力。不能写成"材"。

正:志士仁人
误:志仕仁人

【错例】

改革开放后，不少志仕仁人投身商海，自主创业，艰苦奋斗，诚信经营，勤劳致富，乐善好施，无私奉献，回报社会，谱写了巴中经济社会协调发展的一曲曲动人的赞歌。（严欣《干光彩事　做光彩人》，《市场与消费报》2006 年 11 月 30 日第 2 版）

【辨析】

志士仁人：原指仁爱而有节操，能为正义牺牲生命的人。现在泛指爱国而为革命事业出力的人。不能写成“志仕仁人”。

正：炙手可热
误：灸手可热

【错例】

①面对权势灸手可热的陈伯达，王唯真理直气壮地反驳道：“这种事情，过去有，现在有，将来还会有，不能因一时的疏忽就将人家打成反革命！”《金燕侠《王唯真再忆“巴西事件”》，《大地》2000 年第 5 期）

②基辛格无论在朝在野，都是灸手可热的人物，同时也没少挨骂。（资中筠《什么人“经骂”，什么人“不经骂”》，《书摘》2006 年 3 月 1 日）

③春节过后的流行乐坛，最灸手可热的人物非天后王菲莫属。（琳距离《王菲传奇复出慎之又慎》，《京华时报》2010 年 2 月 28 日第 17 版）

【辨析】

炙：烤肉。“灸”，本义：用艾火烧灼，是中医的一种疗法。

炙手可热：接近之便烫手，比喻气焰权势之盛，使人不敢接近。含贬义。语出杜甫《丽人行》：“炙手可热势绝伦，慎莫近前丞相嗔。”错例③的用法显然不妥。

现今媒体盲目扩大“炙手可热”的使用范围，以之形容一切“吃香”的事物，完全背离其本义。但这是语言发展的趋势，须客观评判，静观其变。

正:置若罔闻
误:置若惘闻|置若网闻

【错例】

①因为在保监会的积极推动下,在保险市场日趋激烈的竞争压力下,在以市场为导向以客户为中心的经营理念日益为保险公司所接受的背景下,绝对不会有哪家保险公司会对监管机构的严格要求置若惘闻……(曹顺明、胡滨《实现保单通俗化须多管齐下》,《国际金融报》2004 年 7 月 21 日第 12 版)

②夏普暂"置若惘闻"到底?(《信息时报》2006 年 11 月 17 日第 C16 版标题)

③一直以"成也萧何,败也萧何"与各家装同仁共勉,只是有人悟出了门道,有人置若惘闻。(《超人气的背后故事》,《彭城晚报》2010 年 4 月 23 日第 C12 版)

④如今我们有些地方,为了给"招商引资"提供"优惠政策",默许甚至纵容企业推卸社会责任,譬如对企业员工恶劣的工作环境置若网闻,致使大量员工患有职业病……(金海燕《外企"执法",谁的尴尬?》,光明网 2006 年 6 月 13 日光明评论)

【辨析】

置若罔闻:放在一边不管,满不在乎,好像没听见一样。形容不予理会。罔:无,没有。闻:听,听见。惘:不得意。从忄,表心理活动,不表示"没有"的意思。写成"网"就更不对了。

正:中流砥柱
误:中流抵柱|中流抵柱

【错例】

①在深入革命根据地延安、井冈山后,创作了《育新人》《雨露滋润禾苗壮》《中流抵柱》《晚归》《长征组画》《洁谊》等作品。(《丹青抒襟怀　笔墨写春秋——马泉的绘画艺术》,《市场报》2009 年 3 月 23 日第 12 版)

②政府主导的投资增长,原本是支持中国今年经济增长的中流抵柱……(《基金首季"抢钱"投资主题热点纷呈》,《都市快报》2009 年 12 月 19 日第 17 版)

【辨析】

中流砥柱:就像屹立在黄河急流中的砥柱山一样。比喻坚强独立的人能在动荡艰难的环境中起支柱作用。砥柱山的“砥”,一定要有石字旁,不从扌。抵,常见词有“抵掌”。

正:中西合璧
误:中西合壁

【错例】

①在香港城市大学,许先生做了题为《禅宗——中外文化相融的范例》的演讲:“……道家的‘无’与佛家的‘空’,有其共通之处;佛教要进入以儒家文化为主的中国社会,必然要吸收儒家伦理文化,与中华文化相结合……”在香港这块中西合壁的特别土地上,为学子们演绎着异质文化交融碰撞的历史。(梁捷《许嘉璐——日读一卷书》,《光明日报》2006 年 1 月 20 日)

②中西合壁“沃德”抢占沈城理财“高地” (朱程亮、王慧,《沈阳日报》2007 年 5 月 15 日第 A8 版标题)

③私伙局的团长霍少兰淡定地说:“用了很多年啦,用萨克斯是为了补充低音,有时甚至用小提琴做主乐。香港早就流行这种中西合壁的做法,我们也是从香港学过来的。”(黎诚《当萨克斯遇上粤剧》,《南方都市报》2009 年 3 月 25 日第 FA11 版)

【辨析】

璧:平圆形中间有孔的玉,古代在典礼时用作礼器,亦可做饰物。把两个“半璧”合成一个圆形,称为合璧。南朝·梁·江淹《丽色赋》:“赏以双珠,赐以合璧。”古时称日月同升为日月合璧,是祥瑞的征兆。后世又以“合璧”称汇集两者之精华,两相对比参照。“中西合璧”即是汇集中西之精华。

“合壁”或可理解为“把墙壁合在一起”,却是个不折不扣的生造的词语。

正:忠贞不渝
误:忠贞不喻|忠贞不逾

【错例】

①我不到25岁,虽然爹妈没把我生得闭月羞花、沉鱼落雁,但也不至于离了余重就嫁不出去。但换一个人又怎么样呢?指望和他忠贞不喻还是心心相印?(姜丰《爱情错觉》,《上海文学》1994年第11期第17页)

②电视上有表现微软雄起的四十集连续剧《乘风破浪披荆斩棘粗中带硬的微软人》,等不及盖茨西去,就会有表现他在组织的关怀下白手起家的创业历程和忠贞不逾缠绵悱恻的爱情故事的20集连续剧《盖茨的青年时代》。(《假如微软在中国》,《讽刺与幽默》2001年1月20日第15版)

③老夫少妻要顶住世俗的偏见和家人的压力,需要坚强的意志和忠贞不逾的爱情。(徐立忠《话说"老夫少妻"》,《上饶日报》2009年8月14日第B8版)

【辨析】

作忠诚坚贞不改变解释时,用"忠贞不渝"。

忠:忠诚;贞:有操守;渝:改变。将"渝"写成比喻的"喻",是误用了形近音近的字。逾:越过,超过。"忠贞不逾"也是不对的。

正:众目睽睽
误:众目暌暌|众目睽瞪

【错例】

①旁边的保安、保洁员们看得目瞪口呆,他们忙冲过去踢掉老鼠。而小老鼠竟在众目暌暌下全身而退。(徐一龙《老鼠遇见猫　竟然咬三口》,《京华时报》2002年12月12日第A07版)

②凶手在众目睽瞪之下作案后,又扬长而逃。性质之恶劣,影响之大,引起了社会各界及扬城市民的强烈关注。(赵琴《一路逃窜,一路换车,一路换衣》,《扬州晚报》2010年1月10日第A4版)

【辨析】

睽睽:睁大眼睛看。此成语的意思是众人都把目光聚集在一个人身上,或被许多人注视着干某事。

暌,从日,癸声。本义:日落。

二者一从目,一从日,还是很好区分的。

正:众矢之的
误:众矢之地

【错例】

现在你觉得“我凭什么为了别人改变自己?”可能到那时你就会想“我干嘛吃力不讨好一定非要把自己放在众矢之地?”(孙雅君《我是一个“坏孩子”吗?》,《中国青年》1997年第10期第51页)

【辨析】

在这个成语中,“矢”与“的”是有联系的。“矢”,即箭;“的”,箭靶的中心。成语中的“的”不指地方,因此不能将“的”写成地方的“地”。

正:众说纷纭
误:众说纷云

【错例】

①尽管众说纷云,也有人不屑一顾,但谦逊、稳健的赵先生仍然语重心长地表示:“……这次去国外是为了孩子的学业,不能不离开大家了。我不愿意带很多的遗憾,借这个宝贵时机请大家谈谈我过去的缺点,这样我心里会踏实些。”(栗彦《今日离别何日相逢》,《北京纪事》1995年第12期第51页)

②当然还有一种说法和版本与此不同——你想俺的老胖娘舅都已经上吊三十年了,一切还能不众说纷云吗?(刘震云《故乡面和花朵·娘舅》,《作家》1998年

第 2 期第 36 页)

③众说纷云新年旅游之五大悬念 (韩琦,《常州日报》2008 年 1 月 28 日第 C1 版标题)

【辨析】

表示(言论、事情等)多而杂乱时用"纷纭"。古汉语中也可写成"纷云",但在现代汉语中规范为"纷纭",两个字的偏旁都有乱绞丝。"云"表示云彩,或表示说话(如人云亦云)。

正:珠联璧合
误:珠联壁合|珠联璧和

【错例】

①"你的太太很漂亮,沈先生。你们结婚很久了吗?"他放下他手中的欧罗巴牌大雪茄。"五年,罗先生。"张梅非常得体地微笑着对罗朗说。"你们真是珠联壁合。"(邱华栋《别墅推销员》,《北京文学》1995 年第 7 期第 53 页)

②珠联壁合 (杨可偏《陶醉于人间仙界》,《番禺日报》2010 年 7 月 17 日第 A4 版照片标题)

③……使石河子大学铺就永不消失的精神绿荫,铸就壮柔相济、珠联璧和的精神绿洲。(卿涛《戈壁中的精神绿洲》,《光明日报》2009 年 7 月 16 日第 10 版)

【辨析】

珍珠串在一起,美玉合在一块儿,这称为"珠联璧合"。比喻美好的事物聚在一起。璧:美玉,玉字底是义符。壁:墙壁,土字底是义符。应该说,美玉和墙壁没有什么联系,这两种意思不能合成一个词。

正:蛛丝马迹
误:蛛丝蚂迹|珠丝马迹

【错例】

①我是不是需要仔细研究一下那篇文章和那些横杠呢？这和苏燕的死有什么关系吗？福尔摩斯说一个好的侦探从不放过任何的蛛丝蚂迹，但幸好我不是一个侦探，所以我放弃了对那本书的研究。（丁天《死因不明》，《北京文学》1995年第7期第23页）

②在“洞房”一场戏里，她表现出很好的悟性，她先摸摸额头牵牵官服，拉拉蟒带，怕露出女扮男装的蛛丝蚂迹，紧接着捧起一本线装书佯装攻读，但神不守舍，东瞟西瞅。（朱康宁《平平淡淡才是真》，《人物》1996年第2期第96页）

③以下随手波折，随步换形，苍苍莽莽中自有灰线蛇踪，蛛丝蚂迹。（张力夫《清代三家诗说简析》，《光明日报》2007年4月27日第11版）

④目前，菲尔普斯已经能够控制自己的病情。他在比赛中甚至会体现出超乎常人的专注力。但是时不时，戴比还是能看出珠丝马迹。（王芫《戴比创造的菲尔普斯》，《京华时报》2008年8月16日第53版）

【辨析】

按常例，在一个成语中，前面有“虫”字偏旁的“蛛”，后面有“虫”字偏旁的“蚂”，一定不会错。但一般中总有个别。在这个成语中，用“蚂”字就是错误的，这是因不明“蛛丝马迹”之义而用错了字。该词含义为好像蛛之引丝、马之留迹，比喻隐约可寻的线索、依稀可辨的迹象。

农村土厨房里有一种小虫子叫“灶马”，灶马爬过的地方会留下不明显的痕迹，这就是“马迹”。蜘蛛网和“马迹”经常一起出现，两者又都是不很明显的，形成了“蛛丝马迹”并存的现象。唐代段成式《酉阳杂俎》虫篇：“灶马，状如促织，稍大，脚长，好穴于灶侧。俗言，灶有马，足食之兆。”所以，灶马又可简称为“马”。

既然是厨房里的虫子，为什么不清除掉呢？原来人们相信灶台上有灶马，是丰衣足食的吉兆，甚至把它叫成“灶爷马”，把它当作农历腊月二十三祭灶时，“上天言好事，下界保平安”的灶王爷的坐骑了。这样一来，“马迹”就长存于世了。

正：专心致志
误：专心致致

【错例】

成都人喝茶不像北方人,喝的是大碗茶,咕咕下肚,以解渴为目的;也不像福建人,喝的是功夫茶,一口一口地品,品得陶醉,品得专心致致;……(麦家《随笔两题》,《中华读书报》2010年4月23日第3版)

【辨析】

专心致志:把心思全放在上面。形容一心一意,聚精会神。致:尽,极;志:意志。写成"专心致致"是不对的。

正:装潢门面
误:装璜门面

【错例】

①所以笑骂任你笑骂,劣作他自印之,印了之后,既可装璜门面,又可财利滚滚,一举两得,岂不美哉!(杨乾坤《别拿毛泽东开玩笑》,《西安晚报》2004年1月12日第14版)

②平日读书,对那些装帧精美的豪华本,有一种天生的排斥感,总觉得这种书不是给人读的,而是用来装璜门面的。(海星星《粗糙也是美》,《健康时报》2005年6月16日第7版)

③为严格控制外国记者的活动,同时指定由其官方人员带队,官方报纸记者参加(仅为装璜民主的门面,也让个别民间报纸记者随行),组成这个包括外国记者6人,中国记者9人,官方领队和随员6人,共计21人的中外记者西北参观团。(《接待中外记者参观团　周恩来点将"王胡子""震"谣言》,天山网2008年4月16日)

【辨析】

走在大街上,或者是浏览一下报纸,几乎每天都可以看到将"装潢"写成"装璜"的现象。"潢"是动词,染纸的意思。《齐民要术·杂说》说得很明白:"凡黄纸灭白便是,不宜太深。"后来引申为装饰门面。"璜"是名词,是半圆形的玉。古代玉石虽然也是一种装饰品,但"璜"没有装饰的意思。再从语法上看,"装潢门面"

是一个动宾词组,将动词“潢”写成名词“璜”,在语法上就说不通了。

正:装模作样
误:装模做样

【错例】

由于银行刚好在女店主店铺对面,想走的方莹又不好意思开溜,一番装模做样后只好又折回店里,对女店主说:“卡坏了,取不出来。”(《买不起衣服竟将店主捅成重伤》,《江南时报》2010年6月17日第9版)

【辨析】

“装模作样”是成语,不宜随便改成“装模做样”。

正:装傻充愣
误:装傻充楞

【错例】

据说你坐的尼桑轿车是假借华侨捐赠的名义走私进口的,事后上级查下来你还装傻充楞遮遮掩掩的,有这事没有?(奚青《人约离婚时》,《长城》1989年第2期第45页)

【辨析】

愣:呆愣。与心理因素有关,所以用竖心旁做义符。装傻充愣:意为故意装做不懂事理。也可写作装傻充呆、装傻充怔。写作木刻楞的“楞”(木字旁做义符),是误用了形近音近字。

正:追根溯源
误:追本朔源

【错例】

尽管“金融海啸”来势凶猛，扑朔迷离，但是追本朔源是一个再简单不过的造富神话。(一夫《华尔街造富神话的破灭》,《市场报》2008 年 9 月 24 日第 4 版)

【辨析】

成语“追根溯源”指追溯事物发生的根源。同“追本溯源”。“溯”探求。“朔”,常见义有:农历每月初一、北方等。无“朔源”的说法。

正:惴惴不安
误:揣揣不安

【错例】

①看看儿子甩在一旁冷落了好几天的书包,我的心里揣揣不安。(乔迁《谁敢误人子弟》,《讽刺与幽默》2007 年 11 月 30 日第 7 版)

②今天,古元先生冒雨亲临这样一个简单的展览,让我惊喜不已。面对一位在毛泽东《(此处应增加一个“在”字)延安文艺座谈会上的讲话》精神指引下成长的艺术前辈,我有点诚惶诚恐和揣揣不安。(应天齐《向古元先生致敬》,《珠海特区报》2008 年 1 月 14 日第 A10 版)

【辨析】

惴惴不安:形容又发愁又害怕的样子。惴惴:又忧愁,又恐惧。惴,形旁为忄,表心理活动。揣,常读音为 chuāi,形旁为扌,意思是藏在衣服里。

正:卓尔不群
误:卓而不群

【错例】

汉光瓷的现代科技高效除铁法,使汉光瓷料中三氧化二铁含量降至 0.1%以下，刷新历史纪录，卓而不群的汉光瓷“白如玉、明如镜、薄如纸、声如磬、透如灯”。（章琦、刘志《一个陶瓷大师的梦想与追求》，《人民日报海外版》2009 年 8 月 21 日第 11 版）

【辨析】

卓尔不群：指才德超出寻常，与众不同。卓尔：特出的样子；不群：与众不同。“卓尔”不能写成“卓而”。

正：龇牙咧嘴
误：龇呀裂嘴 | 龇牙裂嘴 | 呲牙裂嘴 | 呲牙裂齿

【错例】

①那条山峪很长，曲里拐弯，一眼望不到底，两边全是黑黑压压的马尾松，山顶上的巨石一个个黑黝黝的仿佛在龇呀裂嘴，你寻思什么就像什么。（刘玉堂《自家人》，《上海文学》1995 年第 2 期第 14 页）

②工厂四周围了一道砖墙，也没有刷石灰。现着支支棱棱龇牙裂嘴的墙缝。常常有人傍着围墙边撒尿。（肖建国《轻轻一擦》，《小说月报》2010 年第 3 期第 7 页）

③这时从灶洞里掉出来一撮燃烧着的柴火，灼了汤三的脚，汤三疼得呲牙裂嘴，骂道：“操哇，你这妖精！”（曾明了《秀女》，《海峡》1993 年第 4 期第 137 页）

④大妞爬在树上的时候，不但需要呲牙裂齿地使劲，特别重要的是她的褂子就会一反常态翻卷起来，卷到肚皮以上，而且她那条看不清是印花还是脏迹的短裤也必定一点一点地往下褪，褪到相当的程度。（宋元《一个最好的办法》，《收获》1997 年第 6 期第 32 页）

【辨析】

形容凶狠的样子或疼痛难忍的样子时，用“龇牙咧嘴”。龇牙：露着牙齿。写成语气词“呀”是错误的。咧嘴：嘴角向两边伸展。写成破裂的“裂”也是错误的。用“裂齿”替代“咧嘴”则更说不过去。

《现代汉语词典》在“龇”字词条中把“呲”列为“龇”的异体字。规范的写法还是“龇牙咧嘴”。

正:锱铢必较
误:锱珠必究

【错例】

我有些怅然,向来锱珠必究的毛蓝怎么大方起来了?竟然能置十多万元钱于脑后?(詹政伟《在无人的地方》,《雨花》1999年第11期第33页)

【辨析】

“锱”和“铢”,都是古代重量单位,锱是一两的四分之一,铢是一两的二十四分之一。两个字都以金字旁做义符。“锱铢”连用组成一个名词,表示很少的钱或很小的事。写作珠宝的“珠”(斜玉旁做义符),是误用了形近的同音字。较:计较。不要写作“究”。“究”的字义是仔细推求。

正:子虚乌有
误:子虚无有

【错例】

①今年年初,我就经历了本年度最子虚无有、最冤的一件娱乐新闻——“杨恭如酒店洗澡被偷拍”。(杨恭如《我被冤死了!》,《扬州晚报》2006年9月5日第C4版)

②ATM假币换真钞?专家详解“子虚无有”(凤飞伟,《南方日报》2008年3月28日第SC8版标题)

【辨析】

子虚乌有:假设的、不存在的、不真实的事情。子虚:并非真实;乌有:哪有。乌有先生是汉·司马相如所作《子虚赋》中的人物,不能写成“无有”。

正:恣情纵性
误:姿情纵性

【错例】

老六又说:“当今世界,讲究男女平权,他们可以金屋藏娇,秘密幽会,姿情纵性,寻欢作乐,而我们却在此困守空房,形影相吊,长期难得见他一面,真似辕下之驹,笼中之鸟……”(郭宏峻《姨太太揭秘》,《书摘》1993年第6期第61页)

【辨析】

姿:容貌姿态。恣:放纵;没有拘束。“姿”不可与“情”组词。“恣”与“情”组成“恣情”,义为纵情。

正:恣意妄为
误:姿意妄为

【错例】

①梁冀(?—159),东汉安定乌氏(今甘肃平凉西北)人。他其貌不扬,山字肩,鹰鼻深目,说话结巴,要文化没文化,少年时候便游逸成性,姿意妄为。(李杰《跋扈将军梁冀》,《清远日报》2008年9月8日第B2版)

梁冀

②有网友说的一句话特别认同:红楼梦当是国画,而不是油画,艺术可以大胆创新可以独辟蹊径可以不拘一格,但要在合情合理的基础上,改编更要小心翼翼而不是姿意妄为,叶锦添的《大明宫词》的成功也是由于它尊重了那个时代,在此基础上的创新才真正为人所接受。(龚笔鸡书《也就抓住昆曲一点皮毛》,《梧州日报》2008年6月19日第8版)

【辨析】

恣意妄为:随心所欲,胡作非为。恣意:任意,随意;妄为:胡作非为。“姿”,在古代确实通“恣”,但在现代汉语中还当以“恣意”为标准词形。

正:自暴自弃
误:自报自弃|自抱自弃|自曝自弃

【错例】

①如此,悦己悦人,怨妇弃妇的产生率会大大降低,就算男人还不知足,还要在外拈花惹草,女人自己也不会乱了阵脚,自报自弃,破罐破摔。(半夏《女人一定要德色兼备》,《昆明日报》2009 年 3 月 10 日第 A6 版)

②10 月 19 日,记者接到市博宇机械设备制造有限公司总经理刘云鹏打来的电话,刘云鹏总经理表示欢迎纪巍到他们公司工作。刘云鹏说,纪巍不因身残而自抱自弃,凭着坚强的毅力考上大学,这样有知识有志气的年轻人,社会应该给予他更多发挥才能的机会。(陈嘉《纪巍走上了工作岗位》,《张家口晚报》2009 年 10 月 22 日第 A3 版)

③安贫乐道,其实是一种有志者的选择,是一种心无旁骛,积极进取的姿态,而不是消极处世、自抱自弃的代词。(梅桑榆《“安贫”与“乐道”》,《宿迁日报》2009 年 8 月 23 日第 A3 版)

④2005 年 5 月 20 日,经过长达三年、1800 例临床实验终于完成了最后的统计审核:1800 例研究对象中,肝轻度纤维化、轻度腹水、早期肝肿瘤、中重度肝腹水、中晚期肝肿瘤、医院无法医治者各 300 例,服用此偏方 3 月至 1 年,显示肝轻度纤维化、轻度腹水者除 3 人自曝自弃外,基本治愈……(《肝硬化、肝肿瘤、肝腹水有救了》,《东南快报》2009 年 11 月 28 日)

【辨析】

“自暴自弃”指自甘堕落,不求进取。“自暴”即自我糟蹋,“自弃”即自我抛弃。这里的“暴”是“损害”“糟蹋”的意思,与“暴殄天物”的“暴”同义。“抱”是一个以手相围的动作,既"自抱"又"自弃"不就矛盾了吗?

"暴"不能写成"报",也不能写成"曝"。

成语出自《孟子·离娄上》:"自暴者,不可与有言也;自弃者,不可与有为也。"

正:自出机杼
误:自出机抒

【错例】

①内容与本专刊"国际文化"(广义之文化,非专指文学艺术历史等领域)之主题相关,或新闻时事,或古史钩沉;或逸闻轶事,或美文共赏;或开卷偶得,或旅次观感;或他山之石,或自出机抒,皆无不可。(《<国际文化>征稿启事》,《中华读书报》2006 年 2 月 22 日第 17 版)

②北宋文学家苏轼曾写过一篇著名的史论——《范增论》,臧否人物,自出机抒。(徐风《驳<范增论>》,《吉林日报》2008 年 3 月 15 日第 8 版)

【辨析】

自出机杼:比喻诗文的构思和布局别出心裁,富有新意。机杼:织布机,又用来比喻诗文的构思和布局。杼:织布机上的筘,古代亦指梭。跟"抒情"的"抒"字形相似、字义迥异。

正:自吹自擂
误:自吹自雷

【错例】

怎么样? 服了吧。中文系的人才就是多,不服不行——怎么有些自吹自雷的嫌疑?(严英才《寝室写真》,《渤海大学报》2005 年 7 月 2 日第 259 期)

【辨析】

自吹自擂:自己吹喇叭,自己打鼓。比喻自我吹嘘。擂:打鼓。打鼓就要用手,所以要使用从手的“擂”，不能写成“雷雨”的“雷”。

正：自顾不暇
误：自顾不遐

【错例】

然而，他们的身旁并没有任何父母的踪影，其他经过这条“疏散大道”的逃难灾民自顾不遐，也根本没有人搭理这个特殊的群体。（《6 岁“大哥大”带着 6 弟妹逃生》，《天府早报》2005 年 9 月 6 日第 A16 版）

【辨析】

自顾不暇：光顾自己还来不及。指没有力量再照顾别人。暇：空闲。遐：远。不能说“自顾不遐”。

正：自力更生
误：自立更生

【错例】

①“今后抗日，也要独立自主，自立更生。”刘伯承说：“要指望国民党是不可能的。我们就凭着这样的装备，打一仗给蒋介石阎锡山看看！”（王熙兰《刘伯承出师抗日前线》，《名人传记》1995 年第 8 期第 14 页）

②其实从骨子里讲她是很想像个小妹妹那样得到男生的关怀的，就像苑小苏那样，无论做什么都有人帮她，而耶利亚因为长得高，就活该自立更生无依无靠，样样事情都得冲锋在前。（赵凝《生命交叉点》，《收获》1997 年第 6 期第 50 页）

③自立更生　丰衣足食　（六麦神键，《春城晚报》2009 年 1 月 3 日第 B3 版标题）

【辨析】

“自力更生”是一个经常用的成语，义为不依赖外援，靠自己的力量把事情做好。自力:依靠自身的力量。错例写作站立的“立”是误用了同音字。

正:自命不凡
误:自鸣不凡

【错例】

①苏的脸红光焕发,苏这样备受女生青睐的男孩,在任何时候都会自鸣不凡且咄咄逼人的。(王彪《残红》,《上海文学》1995 年第 6 期第 20 页)

②雷云同志始终把握得住自己,虽洁身自好,却不愤世嫉俗;既不同流合污,又不自鸣不凡。(陈厥祥《自强不息　恒志笃行》,《宁波日报》2009 年 4 月 13 日第 A11 版)

【辨析】

自命不凡:自以为不平凡。自命:自许,自己认为。“鸣”是表达,表示。误写成“自鸣不凡”,成了自己表示不平凡,这和自己认为不平凡意思就不同了。写“自鸣得意”时才用“鸣”。

正:自始至终
误:至始至终

【错例】

①亲爱的校园,分别了那么久,你的容颜却没有改变,依旧那样熟稔与亲切,仿佛至始至终都不曾离开过我。(李长征《情浓校园》,《中国人事报》1998 年 11 月 27 日第 4 版)

②宋坤山对于自己所做的一切,至始至终无怨无悔,他说:“虽然我欠下了债务……但我就是砸锅卖铁也要想办法还清……”(张玉、杨琳《冷漠的亲情面前义举何去何从?》,《幸福》1998 年第 6 期第 26 页)

【辨析】

从开始到结束,称为“自始至终”。自:从,由。至:到。实际上,这两个字的含义是相反的。表达开始之义时，要用“自始”，不能说“至始”。“到开始”是讲不通的。

正：自作主张
误：自做主张

【错例】

估计是这个原因，才使编辑认为我写到的“法兰西学院”是“法兰西学士院”之误，才自做主张地改了一回。（余中先《从“学院”到“学士院”，从“虚恭”到“虚荣”》，《中华读书报》2009 年 4 月 29 日第 18 版）

【辨析】

自作主张：没有经过上级或有关方面同意，就擅自处置。

从语体色彩来看，区分“作”和“做”用法的基本标准是“文”与“白”。“作”多用于具有书面语色彩的词语，特别是文言词语均用“作”，成语几乎全用“作”。“做”则多用于具有口语色彩的词语。这种情况与“作”出于文言、起源很早，而“做”出于北方白话、起源很晚有关。

正：纵横捭阖
误：纵横俾阖

【错例】

随着温州从滨江走向滨海的城市战略转移，整个温州逐步向东拓展，如今的城东版块上，温州大道、机场大道、瓯海大道、汤加桥路等纵横俾阖，大交通大格局展示着城东的活力……（《中和家园坐落城市东进桥头堡》，《温州商报》2008 年 7 月 3 日第 17 版）

【辨析】

纵横捭阖：以辞令打动别人，在政治和外交上运用分化和争取的手段达到自己的目的。捭阖:开合。捭:分开。不能写成“俾”。

正:走投无路
误:走头无路

【错例】

眼见被民警团团包围,走头无路的嫌疑人竟钻入炕洞躲藏。16 日,围捕民警“炕洞捉凶”,将涉嫌伤害他人的王某擒获。(光发、宁宁、诗星《民警上门“炕洞捉凶”》,《烟台晚报》2008 年 12 月 19 日第 13 版)

【辨析】

走投无路:比喻陷入绝境。走投:投奔。

“走投无路”是说无处可投,无路可走,不知投奔何处。“投”是走向、进入的意思,如“弃暗投明”“投入战斗”。“头”是指事物的起点和终点。有人常常将“走投无路”写成“走头无路”,似乎也能勉强说通,因为走到尽头,当然也就无路可走了。可是,对成语而言,其中文字是不能随意更改的。

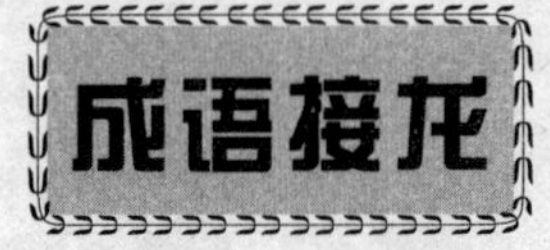

胸字头龙

第一步

成语接龙

胸有成竹　竹报平安　安富尊荣　荣华富贵　贵耳贱目　目中无人
人中骐骥　骥子龙文　文质彬彬　彬彬有礼　礼贤下士　士饱马腾
腾云驾雾　雾里看花　花言巧语　语重心长　长此以往　往返徒劳
劳而无功　功成不居

成语解释

胸有成竹:原指画竹子要在心里有一幅竹子的形象。后比喻在做事之前已经拿定主意。

竹报平安:指平安家信。

安富尊荣:安定富足,尊贵荣华。也指安于富裕安乐的生活。

荣华富贵:荣华,草木开花,比喻兴盛或显达。形容有钱有势。

贵耳贱目:贵,重视;贱,轻视。重视传来的话,轻视亲眼看到的现实。比喻相信传说,不重视事实。

目中无人:眼里没有别人。形容骄傲自大,看不起人。

人中骐骥:骐骥,良马。比喻才能出众的人。

骥子龙文:骥子,千里马;龙文,骏马名,旧时多指神童。原为佳子弟的代称。后多比喻英才。

文质彬彬:文,文采;质,实质;彬彬,形容配合适当。泛指文采和实质兼备,也形容人文雅朴实。

彬彬有礼:彬彬,文雅的样子。形容文雅有礼貌。

礼贤下士:对有才有德的人以礼相待,降低自己的身份去结交有识之士。

士饱马腾:军粮充足,士气旺盛。

腾云驾雾:乘着云,驾着雾。原指传说中会法术的人乘云雾飞行,后形容奔驰迅速或头脑发昏。

雾里看花:原形容年老视力差,看东西模糊,后比喻看事情不真切。

花言巧语:原指铺张修饰、内容空泛的言语或文辞。后多指用来骗人的虚伪动听的话。

语重心长:话深刻有力,情意深长。

长此以往:长期这样下去。

往返徒劳:徒劳,白花力气。来回白跑。

劳而无功:花费了力气,却没有收到成效。

功成不居:居,承当,占有。原意是任其自然存在,不去占为己有。后形容立了功而不把功劳归于自己。

第二步

成语接龙

居官守法　法外施仁　仁浆义粟　粟红贯朽　朽木死灰　灰飞烟灭
灭绝人性　性命交关　关门大吉　吉祥止止　止于至善　善贾而沽
沽名钓誉　誉不绝口　口蜜腹剑　剑戟森森　森罗万象　象箸玉杯
杯弓蛇影　影影绰绰

成语解释

居官守法:旧指做官要遵守法律法规。

法外施仁:旧时指宽大处理罪犯。

仁浆义粟:指施舍给人的钱米。

粟红贯朽:粟,小米;红,指腐烂变质;贯,穿线的绳子;朽,腐烂。谷子变色了,钱串子损坏了。形容太平时期富饶的情况。

朽木死灰:枯干的树木和火灭后的冷灰。比喻心情极端消沉,对任何事情无动于衷。

灰飞烟灭:比喻事物消失净尽。

灭绝人性:完全丧失人所具有的理性。形容极端残忍,像野兽一样。

性命交关:交关,相关。形容关系重大,非常紧要。

关门大吉:指商店倒闭或企业破产停业。

吉祥止止:第一个止字是留止的意思,第二个止字是助词。指喜庆。

止于至善:止,达到;至,最,极。达到极完美的境界。

善贾而沽:贾,通"价"。善贾,好价钱;沽,出卖。等好价钱卖出。比喻怀才不遇,等有了赏识的人再出来做事。也比喻有了肥缺,才肯任职。

沽名钓誉:沽,买;钓,用饵引鱼上钩,比喻骗取。用某种不正当的手段捞取名誉。

誉不绝口:不住地称赞。

口蜜腹剑:嘴上说得很甜美,心里却怀着害人的主意。形容两面派的狡猾阴险。

剑戟森森:比喻人心机多,很厉害。

森罗万象:森,众多;罗,罗列;万象,宇宙间各种事物和现象。指天地间纷纷罗列的各种各样的景象。形容包含的内容极为丰富。

象箸玉杯:象箸,象牙筷子;玉杯,犀玉杯子。形容生活奢侈。

杯弓蛇影:将映在酒杯里的弓影误认为蛇。比喻因疑神疑鬼而引起恐惧。

杯弓蛇影

影影绰绰:模模糊糊,不真切。

第三步

成语接龙

绰约多姿　姿意妄为　为所欲为　为人作嫁　嫁祸于人　人情冷暖

暖衣饱食　食不果腹　腹背之毛　毛手毛脚　脚踏实地　地老天荒
荒诞不经　经纬万端　端倪可察　察言观色　色若死灰　灰头土面
面有菜色　色授魂与

成语解释

绰约多姿:绰约,姿态优美的样子。形容女子体态优美。

姿意妄为:任意胡作非为,常指极端地固执己见和偏爱自己的习惯,常含有一种几乎难以抑制的反复无常的意味。

为所欲为:为,做;欲,想。做想要做的事。指想干什么就干什么。

为人作嫁:原意是说穷苦人家的女儿没有钱置备嫁衣,却每年辛辛苦苦地用金线刺绣,给别人作嫁衣。比喻空为别人辛苦。

嫁祸于人:嫁,转移。把自己的祸事推给别人。

人情冷暖:人情,指社会上的人情世故;冷,冷淡;暖,亲热。泛指人情的变化。指在别人得势时就奉承巴结,失势时就不理不睬。

暖衣饱食:形容生活宽裕,衣食丰足。

食不果腹:果,充实,饱。指吃不饱肚子。形容生活贫困。

腹背之毛:比喻无足轻重的事物。

毛手毛脚:毛,举动轻率。形容做事粗心,不细致。

脚踏实地:脚踏在坚实的土地上。比喻做事踏实,认真。

地老天荒:指经历的时间极久。

荒诞不经:荒诞,荒唐离奇;不经,不合常理。形容言论荒谬,不合情理。

经纬万端:比喻头绪极多。

端倪可察:端倪,线索。事情已经可以看出眉目来了。

察言观色:观察别人的脸色,以揣摩其心意。

色若死灰:比喻脸色惨白难看。

灰头土面:满头满脸沾满尘土的样子。也形容懊丧或消沉的神态。

面有菜色:形容因饥饿而显得营养不良的样子。

色授魂与:色,神色;授、与,给予。形容彼此用眉目传情,心意投合。

第四步

成语接龙

与民更始　始乱终弃　弃瑕录用　用兵如神　神会心融　融会贯通
通宵达旦　旦种暮成　成人之美　美人迟暮　暮云春树　树大招风
风中之烛　烛照数计　计日程功　功德无量　量才录用　用行舍藏
藏头露尾　尾大不掉

成语解释

与民更始:更始,重新开始。原指封建帝王即位改元或采取某些重大措施。后比喻改革旧状。

始乱终弃:乱,淫乱,玩弄。先乱搞,后遗弃。指玩弄女性的恶劣行径。

弃瑕录用:原谅过去的过失,重新录用。

用兵如神:调兵遣将如同神人。形容善于指挥作战。

神会心融:犹言融会贯通。

融会贯通:融会,融合领会;贯通,贯穿前后。把各方面的知识和道理融化汇合,得到全面透彻的理解。

通宵达旦:通宵,通夜,整夜;达,到;旦,天亮。整整一夜,从天黑到天亮。

旦种暮成:比喻收效极快。

成人之美:成,成全;美,指好的事。成全别人的好事。

美人迟暮:原意是有作为的人也将逐渐衰老。比喻因日趋衰落而感到悲伤怨恨。

暮云春树:表示对远方友人的思念。

树大招风:比喻人出了名或有了钱财就容易惹人注意,引起麻烦。

风中之烛:在风里晃动的烛光。比喻随时可能死亡的老年人。也比喻随时可能消灭的事物。

烛照数计:用烛照着,按数计算。比喻料事准确。

计日程功:计,计算;程,估量,考核;功,成效。工作进度或成效可以按日计算。

形容进展快,有把握按时完成。

功德无量:功德,功业和德行;无量,无法计算。旧时指功劳恩德非常大。现多用来称赞做了好事。

量才录用:根据才能,录取任用。

用行舍藏:用,任用;舍,不被任用。任用就出来做事,不得任用就退隐。这是早时世大夫的处世态度。

藏头露尾:藏起了头,露出了尾。形容说话躲躲闪闪,不把真实情况全部讲出来。

尾大不掉:掉,摇动。尾巴太大,掉转不灵。旧时比喻部下的势力很大,无法指挥调度。现比喻机构庞大,指挥不灵。

第五步

成语接龙

掉以轻心　心急如焚　焚琴煮鹤　鹤发童颜　颜面扫地　地上天官
官逼民反　反裘负刍　刍荛之见　见微知著　著作等身　身强力壮
壮志凌云　云消雨散　散兵游勇　勇猛精进　进退失据　据理力争
争长论短　短小精悍

成语解释

掉以轻心:掉,抛落,指放过;轻,轻率。对事情采取轻率的漫不经心的态度,不重视。

心急如焚:心里急得像着了火一样。形容非常着急。

焚琴煮鹤:把琴当柴烧,把鹤煮了吃。比喻糟蹋美好的事物。

鹤发童颜:仙鹤羽毛般雪白的头发,儿童般红润的面色。形容老年人气色好。

颜面扫地:比喻面子丧失干净。

地上天官:比喻社会生活繁华安乐。

官逼民反:在反动统治者的残酷剥削和压迫下,人民无法生活,被迫奋起反抗。

反裘负刍:反裘,反穿皮衣;负,背;刍,柴草。反穿皮袄背柴。比喻为人愚昧,不知本末。

刍荛之见：刍荛，割草打柴的人。认为自己的意见很浅陋的谦虚说法。

见微知著：微，隐约；著，明显。见到事情的苗头，就能知道它的实质和发展趋势。

著作等身：形容著述极多，叠起来能跟作者的身高相等。

身强力壮：形容身体强壮有力。

壮志凌云：壮志，宏大的志愿；凌云，直上云霄。形容理想宏伟远大。

云消雨散：比喻一切都成了过去。

散兵游勇：勇，清代指战争期间临时招募的士兵。原指没有统帅的逃散士兵。现指没有组织的集体队伍里独自行动的人。

勇猛精进：原意是勤奋修行。现指勇敢有力地向前进。

进退失据：前进和后退都失去了依据。形容无处容身。也指进退两难。

据理力争：依据道理，竭力维护自己方面的权益、观点等。

争长论短：长、短，指是与非。争论谁是谁非。多指在不是很重要的事情上过于计较。

短小精悍：形容人身躯短小，精明强悍。也形容文章或发言简短而有力。

第六步

成语接龙

悍然不顾　顾影自怜　怜香惜玉　玉液琼浆　浆酒霍肉　肉薄骨并

并行不悖　悖入悖出　出奇制胜　胜任愉快　快马加鞭　鞭辟入里

里出外进　进寸退尺　尺寸可取　取巧图便　便宜行事　事与愿违

违心之论　论功行赏

成语解释

悍然不顾：悍然，凶残蛮横的样子。凶暴蛮横，不顾一切。

顾影自怜：顾，回来看；怜，怜惜。回头看看自己的影子，怜惜起自己来。形容孤独失意的样子，也指自我欣赏。

怜香惜玉:惜、怜,爱怜;玉、香,比喻女子。比喻男子对所爱女子的照顾很体贴。

玉液琼浆:琼,美玉。用美玉制成的浆液,古代传说饮了它可以成仙。比喻美酒或甘美的浆汁。

浆酒霍肉:把酒肉当作水浆、豆叶一样。形容饮食的奢侈。

肉薄骨并:肉和肉相迫,骨和骨相并。形容战斗的激烈。

并行不悖:悖,违背,冲突。同时进行而不相冲突。

悖入悖出:悖,不正当。用不正当的手段得来的财物,也会被别人用不正当的手段拿去。也指以悖乱的方式对人,必然会遭到悖乱的报应。

出奇制胜:出奇兵战胜敌人。比喻用对方意料不到的方法取得胜利。

胜任愉快:胜任,能力足以担任。指有能力担当某项任务或工作,而且能很好地完成。

快马加鞭:跑得很快的马再加上一鞭子,使马跑得更快。比喻快上加快,加速前进。

鞭辟入里:鞭辟,鞭策,激励。形容做学问切实。也形容分析透彻,切中要害。

里出外进:形容不平整、不整齐。

进寸退尺:进一寸,退一尺。比喻得到的少,失掉的多。

尺寸可取:比喻有些许长处。这是认为自己有才能的谦虚说法。

取巧图便:使用手段谋取好处,图得便宜。

便宜行事:便宜,方便,适宜。指可以根据实际情况斟酌处理,不必请示。

事与愿违:事实与愿望相反。指原来打算做的事没能做到。

违心之论:与内心相违背的话。

论功行赏:论,按照。按功劳的大小给予奖赏。

第七步

成语接龙

赏心悦目　目光如豆　豆蔻年华　华而不实　实事求是　是古非今

今愁古恨　恨之入骨　骨腾肉飞　飞檐走壁　壁垒森严　严阵以待

待理不理　理屈词穷　穷源竟委　委曲求全　全力以赴　赴汤蹈火　火烧火燎　燎原烈火

成语解释

赏心悦目:赏心,指心情舒畅;悦目,看了舒服。指看到美好的景色而心情愉快。

目光如豆:眼光像豆子那样小。形容目光短浅,缺乏远见。

豆蔻年华:豆蔻,多年生草本植物,开淡黄色的花,常比喻处女。指女子十三四岁时的青春年华。

华而不实:华,开花。花开得好看,但不结果实。比喻外表好看,内容空虚。

实事求是:指从实际对象出发,探求事物的内部联系及其发展的规律性,认识事物的本质。通常指按照事物的实际情况,客观地对待和处理问题。

是古非今:是,认为对;非,认为不对,不以为然。指不加分析地肯定古代的,否认现代的。

今愁古恨:愁,忧愁;恨,怨恨。古今的恨事。形容感慨极多。

恨之入骨:恨到骨头里去。形容痛恨到极点。

骨腾肉飞:腾,跳跃。形容奔驰迅速。也形容神魂飘荡。

飞檐走壁:旧小说中形容有武艺的人身体轻捷,能够跳上房檐,越过墙壁。

壁垒森严:壁垒,古代军营四周的围墙;森严,整齐,严肃。原指军事戒备严密。现也用来比喻彼此界限划得很分明。

严阵以待:指做好充分战斗准备,等待着敌人。

待理不理:要理不理。形容对人态度冷淡。

理屈词穷:屈,短,亏;穷,尽。由于理亏而无话可说。

穷源竟委:穷,彻底追寻;源,源头;竟,穷究,追究;委,末尾。比喻深入探求事物的始末。

委曲求全:委曲,曲意迁就。勉强迁就,以求保全。也指为了顾全大局而让步。

全力以赴:赴,前往。把全部力量都投入进去。

赴汤蹈火:赴,奔向;汤,开水;蹈,踩。沸水敢蹚,烈火敢踏。比喻不避艰险,奋勇向前。

火烧火燎：燎，烧。被火烧烤。比喻心里非常着急或身上热得难受。

燎原烈火：好像大火在原野上燃烧，使人无法接近。比喻不断壮大，不可抗拒的革命力量。

第八步

成语接龙

火烧眉毛　毛羽零落　落井下石　石破天惊　惊惶失措　措置裕如
如运诸掌　掌上明珠　珠沉玉碎　碎琼乱玉　玉碎珠沉　沉渣泛起
起早贪黑　黑更半夜　夜雨对床　床头金尽　尽态极妍　妍姿艳质
质疑问难　难乎其难

成语解释

火烧眉毛：火烧到眉毛。比喻事到眼前，非常急迫。

毛羽零落：比喻失去了帮手或亲近的人。

落井下石：看见人要掉进陷阱里，不伸手救他，反而推他下去，又扔下石头。比喻乘人有危难时加以陷害。

石破天惊：原形容箜篌的声音，忽而高亢，忽而低沉，出人意料，有难以形容的奇境。后多比喻文章议论新奇惊人、事态发展出人意料。

惊惶失措：失措，失去常态，不知所措。由于惊慌，一下子不知怎么办才好。

措置裕如：措置，处理，安排；裕如，从容不迫，很有办法的样子。形容处理事情从容不迫。常用来称赞人有办事的才能和经验。

如运诸掌：像放在手心里摆弄一样。形容事情办起来非常容易。

掌上明珠：比喻十分钟爱的人。多比喻受父母疼爱的儿女，特指女儿。

珠沉玉碎：比喻美女的死亡。

碎琼乱玉：指雪花。

玉碎珠沉：美玉破碎，珠宝沉没。比喻美女的死亡。

沉渣泛起：已经沉底的渣滓重新浮上水面。比喻已经绝迹了的腐朽、陈旧事物又重新出现。

起早贪黑:起得早,睡得晚。形容辛勤劳动。

黑更半夜:指深夜。

夜雨对床:在风雨或风雪之夜,两人当床相对谈心。指亲友或兄弟久别重逢,在一起亲切交谈。多用于久别重逢或临别之前。

床头金尽:床头钱财耗尽。比喻钱财用完了,生活受困。

尽态极妍:尽,极好;态,仪态;妍,美丽。容貌姿态美丽娇艳到极点。

妍姿艳质:形容女子的体态容貌很美。

质疑问难:心存疑问向人提出以求得解答。

难乎其难:非常困难。

第九步

成语接龙

难以为继　继往开来　来龙去脉　脉脉相通　通才硕学　学究天人

人之常情　情见势屈　屈打成招　招摇过市　市井之徒　徒劳往返

返老还童　童牛角马　马首是瞻　瞻前顾后　后顾之忧　忧国奉公

公子王孙　孙康映雪

成语解释

难以为继:难于继续下去。

继往开来:继,继承;开,辟。继承前人的事业,开辟未来的道路。

来龙去脉:本指山脉的走势和去向。现比喻一件事的前因后果。

脉脉相通:血管彼此相通。比喻关系密切。

通才硕学:学识通达渊博的人。

学究天人:有关天道人事方面的知识都通晓。形容学问渊博。

人之常情:一般人通常有的感情。

情见势屈:情,真情;见,通“现”,暴露;势,形势;屈,屈曲。指军情已被敌方了解,又处在劣势的地位。

屈打成招:屈,冤枉;招,招供。指无罪的人冤枉受刑,被迫招认有罪。

招摇过市：招摇，张扬炫耀；市，闹市，指人多的地方。指在公开场合大摇大摆显示声势，引人注意。

市井之徒：市井，街市；徒，人，含贬义。旧指做买卖的人或街道上没有受过教育的人。

徒劳往返：徒劳，白花力气。来回白跑。

返老还童：由衰老恢复青春。形容老年人充满了活力。

童牛角马：童牛，没有角的牛；角马，长角的马。比喻不伦不类的东西。也比喻违反常理，不可能存在的事物。

马首是瞻：瞻，往前或向上看。看着我马头的方向，决定进退。比喻追随某人行动。

瞻前顾后：看看前面，又看看后面。形容做事之前考虑周密慎重。也形容顾虑太多，犹豫不决。

后顾之忧：来自后方的忧患。指在前进过程中，担心后方发生问题。

忧国奉公：心怀国家，努力做好工作。

公子王孙：旧时贵族、官僚的子弟。

孙康映雪：比喻读书非常刻苦。

第十步

成语接龙

雪上加霜　霜露之病　病病歪歪　歪打正着　着手成春　春蚓秋蛇
蛇口蜂针　针锋相对　对薄公堂　堂堂正正　正中下怀　怀璧其罪
罪大恶极　极天际地　地丑德齐　齐心协力　力不胜任　任重道远
远见卓识　识文断字

成语解释

雪上加霜：比喻接连遭受灾难使受害程度加深。

霜露之病：因感受风寒而引起的病。

病病歪歪：形容病体衰弱无力的样子。

歪打正着:比喻方法本来不恰当,却侥幸得到满意的结果。也比喻原意本不在此,却凑巧和别人的想法符合。

着手成春:着手,动手。一着手就转成春天。原指诗歌要自然清新。后比喻医术高明,刚一动手病情就好转了。

春蚓秋蛇:比喻字写得不好,弯弯曲曲,像蚯蚓和蛇爬行的痕迹。也形容草书书法神奇多变。

蛇口蜂针:比喻恶毒的言词和手段。

针锋相对:针锋,针尖。针尖对针尖。比喻双方在策略、论点及行动方式等方面尖锐对立。

对薄公堂:在法庭上受审问。

堂堂正正:堂堂,盛大的样子;正正,整齐的样子。原形容强大整齐的样子,现也形容光明正大。也形容身材威武,仪表出众。

正中下怀:正合自己的心意。

怀璧其罪:怀,怀藏。身藏璧玉,因此获罪。原指财能致祸。后也比喻有才能而遭受忌妒和迫害。

罪大恶极:罪恶大到了极点。

极天际地:形容十分高大。

地丑德齐:齐,同类。地相等,德相同。比喻彼此条件一样。

齐心协力:形容认识一致,共同努力。

力不胜任:胜任,能担当得起。能力担当不了。

任重道远:任,负担;道,路途。担子很重,路很远。比喻责任重大,要经历长期的奋斗。

远见卓识:有远大的眼光和高明的见解。

识文断字:断字,能判断出是什么字。能认得的字,指有一点文化知识。

第十一步

成语接龙

字斟句酌　酌盈剂虚　虚舟飘瓦　瓦釜雷鸣　鸣锣开道　道不拾遗

遗大投艰　艰苦朴素　素丝羔羊　羊肠小道　道听途说　说长道短
短兵相接　接踵而至　至死不变　变本加厉　厉行节约　约定俗成
成仁取义　义形于色　色色俱全　全军覆灭　灭此朝食　食日万钱
钱可通神

成语解释

字斟句酌:斟、酌,反复考虑。指写文章或说话时慎重细致,一字一句地推敲琢磨。

酌盈剂虚:拿多余的弥补不足的或亏损的。

虚舟飘瓦:比喻没有实用价值的东西。

瓦釜雷鸣:瓦釜,陶帛炊具,比喻庸才。声音低沉的瓦釜发出雷鸣般的响声。比喻无德无才的人占据高位,威风一时。

鸣锣开道:封建时代官吏出门时,前面开路的人敲锣喝令行人让路。比喻为某种事物的出现,制造声势,开辟道路。

道不拾遗:遗,失物。路上没有人把别人丢失的东西拾走。形容社会风气好。

遗大投艰:遗、投,交给。指交给重大艰难的任务。

艰苦朴素:指吃苦耐劳、勤俭节约的作风。

素丝羔羊:指正直廉洁的官吏。

羊肠小道:曲折而极窄的路。多指山路。

道听途说:道、途,路。路上听来的、路上传播的话。泛指没有根据的传闻。

说长道短:议论别人的好坏是非。

短兵相接:短兵,刀剑等短兵器;接,交战。指近距离搏斗。比喻面对面地进行激烈的斗争。

接踵而至:指人们前脚跟着后脚,接连不断地来。形容来者很多,络绎不绝。

至死不变:到死不改变。现常用在坏的方面。

变本加厉:本,本来的;厉,猛烈。指比原来更加发展。现指情况变得比本来更加严重。

厉行节约:厉,严格。严格地实行节约。

约定俗成:指事物的名称或社会习惯往往是由人民群众经过长期社会实践而

确定或形成的。

成仁取义：成仁，杀身以成仁德；取义，舍弃生命以取得正义。为正义而牺牲生命。

义形于色：形，表现；色，面容。仗义不平之气在脸上流露出来。

色色俱全：各种各样的东西都很齐全。

全军覆灭：整个军队全部被消灭。比喻事情彻底失败。

灭此朝食：朝食，吃早饭。先把敌人消灭掉再吃早饭。形容急于消灭敌人的心情和必胜的信心。

食日万钱：每天饮食要花费上万的钱。形容饮食极奢侈。

钱可通神：有了钱连鬼神也可以买通。比喻金钱的魔力极大。

第十二步

成语接龙

神施鬼设　设身处地　地平天成　成年累月　月白风清　清净无为
为期不远　远交近攻　攻其不备　备多力分　分寸之末　末学肤受
受宠若惊　惊涛骇浪　浪子回头　头疼脑热　热火朝天　天高地厚
厚貌深情　情同骨肉　肉眼惠眉　眉来眼去　去伪存真　真赃实犯
犯上作乱

成语解释

神施鬼设：形容诗文十分精妙。

设身处地：设，设想。设想自己处在别人的那种境地。指替别人的处境着想。

地平天成：平，治平；成，成功。原指大禹治水成功而使天之生物得以有成。后常比喻一切安排妥帖。

成年累月：成，整；累，积聚。一年又一年，一月又一月。形容时间长久。

月白风清：形容幽静美好的夜晚。

清净无为：道家语。春秋时期道家的一种哲学思想和治术。指一切听其自然，人力不必强为。

为期不远:期,日期,期限。指快到规定或算定的日子。

远交近攻:联络距离远的国家,进攻邻近的国家。这是战国时秦国采取的一种对外策略。后也指待人处世的一种手段。

攻其不备:其,代词,指敌人。趁敌人还没有防备时进攻。

备多力分:防备的地方多了,力量就会分散。

分寸之末:比喻微少、细小。

末学肤受:指学问没有从根本上下功夫,只学到一点皮毛。

受宠若惊:宠,宠爱,赏识。因为得到宠爱或赏识而又高兴,又不安。

惊涛骇浪:涛,大波浪;骇,使惊怕。汹涌吓人的浪涛。比喻险恶的环境或尖锐激烈的斗争。

浪子回头:浪子,不务正业的游荡子弟。不务正业的人改邪归正,悔过自新。

头疼脑热:泛指一般的小病。

热火朝天:形容群众性的活动情绪热烈,气氛高涨,就像炽热的火焰朝天燃烧一样。

天高地厚:原形容天地的广大,后形容恩德极深厚。也比喻事情的艰巨、严重,关系的重大。

厚貌深情:外貌厚道而深藏其思想感情,不流露于外表或言辞。

情同骨肉:形容关系密切如一家人。

肉眼惠眉:比喻见识浅陋。

眉来眼去:形容用眉眼传情。

去伪存真:除掉虚假的,留下真实的。

真赃实犯:赃物是真的,罪犯是确实的。泛指犯罪的证据确凿。

犯上作乱:犯,冒犯尊长。指冒犯尊长或地位高的人,搞叛逆活动。

第十三步

成语接龙

乱头粗服　服低做小　小试锋芒　芒刺在背　背井离乡　乡壁虚造

造化小儿　儿女情长　长歌当哭　哭天抹泪　泪干肠断　断鹤续凫

凫趋雀跃　跃然纸上　上树拔梯　梯山航海　海枯石烂　烂若披锦

锦绣前程　程门立雪　雪虐风饕　饕餮之徒　徒劳无功　功败垂成

成千上万

成语解释

乱头粗服:头发蓬乱,衣着随便。形容不爱修饰。

服低做小:形容低声下气,巴结奉承。

小试锋芒:锋芒,刀剑的尖端,比喻人的才干、技能。比喻稍微显示一下本领。

芒刺在背:芒刺,细刺。像有芒和刺扎在背上一样。形容内心惶恐,坐立不安。

背井离乡:背,离开;井,古制八家为井,引申为乡里,家宅。离开家乡到外地。

乡壁虚造:即对着墙壁,凭空造出来的。比喻无事实根据,凭空捏造。

造化小儿:造化,指命运;小儿,小子,轻蔑的称呼。这是对于命运的一种风趣说法。

儿女情长:指过分看重爱情。

长歌当哭:长歌,长声歌咏,也指写诗;当,当作。用长声歌咏或写诗文来代替痛哭,借以抒发心中的悲愤。

哭天抹泪:形容哭哭啼啼。

泪干肠断:形容伤心到极点。

断鹤续凫:断,截断;续,接;凫,野鸭。截断鹤的长腿去接续野鸭的短腿。比喻行事违反自然规律。

凫趋雀跃:像野鸭那样快跑,像鸟雀那样跳跃。形容十分欢欣的样子。

跃然纸上:活跃地呈现在纸上。形容文学作品叙述描写真实生动。

上树拔梯:拔,抽掉。诱人上树,抽掉梯子。比喻引诱人上前而断绝他的退路。

梯山航海:登山航海。比喻长途跋涉,经历险远的旅程。

海枯石烂:海水干涸、石头腐烂。形容历时久远。多用做誓词,表示坚定的意志永远不变。

烂若披锦:形容文辞华丽。

锦绣前程:像锦绣那样的前程。形容前途十分美好。

程门立雪:程,程颐,宋代理学家;立,侍立。旧指学生恭敬受教。比喻尊师。

雪虐风饕:虐,暴虐;饕,贪残。又是刮风,又是下雪。形容天气非常寒冷。

饕餮之徒:比喻贪吃的人。

徒劳无功:白付出劳动而没有成效。

功败垂成:垂,接近,快要。事情在将要成功的时候遭到了失败。

成千上万:形容数量很多。

第十四步

成语接龙

万象森罗　罗雀掘鼠　鼠窃狗盗　盗憎主人　人莫予毒　毒手尊前

前因后果　果于自信　信赏必罚　罚不当罪　罪恶昭彰　彰善瘅恶

恶贯满盈　盈科后进　进退两难　难分难解　解甲归田　田月桑时

时和年丰　丰取刻与　与世偃仰　仰人鼻息　息息相通　通权达变

变化无穷

成语解释

万象森罗:指天地间纷纷罗列的各种各样的景象。

罗雀掘鼠:原指张网捉麻雀、挖洞捉老鼠来充饥的窘困情况,后比喻想尽办法筹措财物。

鼠窃狗盗:像老鼠少量窃取,像狗钻油偷盗。指小偷小摸。

盗憎主人:主人,物主。盗贼憎恨被他所盗窃的物主。比喻邪恶的人憎恨正直的人。

人莫予毒:莫,没有;予,我;毒,分割,危害。再也没有人怨恨我、伤害我了。形容劲敌被消灭后高兴的心情。

毒手尊前:泛指无情的打击。

前因后果:起因和结果。泛指事情的整个过程。

果于自信:果,果敢。形容过分自信。

信赏必罚:信,确定;必,一定。有功劳的一定奖赏,有罪过的一定惩罚。形容赏罚严明。

罚不当罪：当，相当，抵挡。处罚和罪行不相当。指惩罚过轻。

罪恶昭彰：昭彰，明显。罪恶非常明显，人所共见。

彰善瘅恶：彰，表明，显扬；瘅，憎恨。表扬好的，憎恶坏的。

恶贯满盈：贯，穿钱的绳子；盈，满。罪恶之多，犹如穿线一般已穿满一根绳子。形容罪大恶极，到受惩罚的时候了。

盈科后进：泉水遇到坑洼，要充满之后才继续向前流。比喻学习应步步落实，不能只图虚名。

进退两难：前进和后退都难。比喻事情无法决定，因而难以行动。

难分难解：指双方争吵、斗争、比赛等相持不下，难以分开。有时也形容双方关系十分亲密，分不开。

解甲归田：解，脱下；甲，古代将士打仗时穿的战服。脱下军装，回家种地。指战士退伍还乡。

田月桑时：泛指农忙季节。

时和年丰：和，和平；年，年成；丰，盛，多。风调雨顺，五谷丰登。

丰取刻与：刻，刻薄；与，给予。取之于民的多，用之于民的少。多形容残酷地剥削。

与世偃仰：偃仰，俯仰。指没有一定的主张，随大流。

仰人鼻息：仰，依赖；息，呼吸时进出的气。依赖别人的呼吸来生活。比喻依赖别人，不能自主。

古代甲胄

息息相通：呼吸也相互关联。形容彼此的关系非常密切。

通权达变：通、达，通晓，懂得；权、变，权宜，变通。做理能适应客观情况的变化，懂得变通，不死守常规。

变化无穷：穷，尽，终结。形容不断变化，没有止境。

第十五步

成语接龙

穷途末路　路不拾遗　遗臭万年　年深日久　久悬不决　决一死战
战天斗地　地利人和　和而不唱　唱筹量沙　沙里淘金　金屋藏娇
娇生惯养　养精蓄锐　锐不可当　当头棒喝　喝西北风　风雨同舟
舟中敌国　国色天香　香火因缘　缘木求鱼　鱼龙混杂　杂七杂八
八拜之交

成语解释

穷途末路:穷途,处境困窘。形容到了无路可走的地步。

路不拾遗:遗,失物。路上没有人把别人丢失的东西捡走。形容社会风气好。

遗臭万年:遗臭,留下的不好的名声。恶名一直流传,永远被人唾骂。

年深日久:形容时间久远。

久悬不决:拖了很久,没有决定。

决一死战:决,决定;死,拼死。对敌人拼死决战。

战天斗地:战、斗,泛指斗争。形容征服和改造大自然的英雄气概。

地利人和:地利,地理的优势;人和,得人心。表示优越的地理条件和群众基础。

和而不唱:赞同别人的意见,不坚持自己的说法。

唱筹量沙:把沙当作米,量时高呼数字。比喻安定军心,制造假象来迷惑敌人。

沙里淘金:淘,用水冲洗,滤除杂质。从沙里淘出黄金。比喻好东西不易得。也比喻做事费力大而收效少。也比喻从大量的材料里选择精华。

金屋藏娇:娇,汉武帝刘彻的表姐陈阿娇。汉武帝幼小时喜爱阿娇,并说要让她住在金屋里。指以华丽的房屋让所爱的妻妾居住,泛指对娇妻美妾特别宠爱。也指娶妾。

娇生惯养:娇,爱怜过甚;惯,纵容,放任。从小就被溺爱、娇养惯了。形容受到父母过分的爱护。

养精蓄锐:养,保养;精,精神;蓄,积蓄;锐,锐气。保养精神,蓄积力量。

锐不可当:锐,锐气;当,抵挡。形容勇往直前的气势,不可抵挡。

当头棒喝:佛教禅宗祖师接待初学的人常常用棒一击或大喝一声,促他醒悟。比喻严厉警告,促使人猛醒过来。

喝西北风:指没有东西吃。

风雨同舟:比喻共同经历患难。

舟中敌国:同船的人都成为敌人。比喻大家反对,十分孤立。

国色天香:原形容颜色和香气不同于一般花卉的牡丹花。后也形容女子的美丽。

香火因缘:香和灯火都用于供佛,因此佛教用来比喻彼此意志相投。

缘木求鱼:缘木,爬树。爬到树上去找鱼。比喻方向或办法不对,不可能达到目的。

鱼龙混杂:比喻坏人和好人混在一起。

杂七杂八:形容东西非常混杂,或事情非常杂乱。

八拜之交:八拜,原指古代世交子弟谒见长辈的礼节。旧时朋友结为兄弟的关系。

第十六步

成语接龙

交头接耳　耳鬓厮磨　磨砖成镜　镜花水月　月旦春秋　秋高气爽
爽然若失　失惊打怪　怪诞不经　经久不息　息事宁人　人言啧啧
啧有烦言　言必有中　中庸之道　道路以目　目瞪口呆　呆头呆脑
脑满肠肥　肥马轻裘　裘弊金尽　尽力而为　为富不仁　仁至义尽
尽心竭力

成语解释

交头接耳:交头,头靠着头;接耳,嘴凑近耳朵。形容两个人凑近低声交谈。

耳鬓厮磨:鬓,鬓发;厮,互相;磨,擦。耳与鬓发互相摩擦。形容相处亲密。

磨砖成镜:把砖石磨成镜子。比喻事情不能成功。

镜花水月:镜里的花,水里的月。原指诗中灵活而不可捉摸的意境,后比喻虚幻的景象。

月旦春秋:比喻评论人物的好坏。

秋高气爽:形容秋季晴空万里,天气清爽。

爽然若失:爽然,茫然;若失,像失去依靠。形容心中无主、空虚怅惘的神态。

失惊打怪:形容大惊小怪。也形容神色慌张或动作忙乱。

怪诞不经:怪诞,离奇古怪;不经,不合常理。指言语奇怪荒唐,不合常理。

经久不息:经过长时间停不下来。

息事宁人:息,平息;宁,使安定。原指不生事,不骚扰百姓,后指调解纠纷,使事情平息下来,使人们平安相处。

人言啧啧:人们不满地议论纷纷。

啧有烦言:啧,争辩;烦言,气愤不满的话。形容议论纷纷,报怨责备。

言必有中:中,正对上。指一说话就能说到点子上。

中庸之道:指不偏不倚,折中调和的处世态度。

道路以目:在路上遇到不敢交谈,只是以目示意。形容人民对残暴统治的憎恨和恐惧。

目瞪口呆:形容因吃惊或害怕而发愣的样子。

呆头呆脑:呆,呆板,不灵活。形容思想、行动迟钝笨拙。

脑满肠肥:脑满,指肥头大耳;肠肥,指身体胖,肚子大。形容饱食终日的剥削者大腹便便,肥胖丑陋的形象。

肥马轻裘:裘,皮衣。骑肥壮的马,穿轻暖的皮衣。形容阔绰。

裘弊金尽:皮袍破了,钱用完了。比喻境况困难。

尽力而为:尽,全部用出。用全部的力量去做。

为富不仁:为,做,引申为谋求。意为致富与行仁义难以并存,后指富人唯利是图,不讲仁义。

仁至义尽:至,极,最。竭尽仁义之道。指人的善意和帮助已经做到了最大限度。

尽心竭力:竭,用尽。用尽心思,使出全力。形容做事十分努力。

第十七步

成语解释

力透纸背　背道而驰　驰名中外　外合里差　差强人意　意在言外
外圆内方　方底圆盖　盖世无双　双管齐下　下车伊始　始终如一
一蹶不振　振臂一呼　呼风唤雨　雨沐风餐　餐风露宿　宿弊一清
清心寡欲　欲取姑予　予取予求　求神问卜　卜昼卜夜　夜不闭户
户枢不蠹

成语解释

力透纸背:透,穿过。形容书法刚劲有力,笔锋简直要透到纸张背面。也形容诗文立意深刻,词语精练。

背道而驰:背,背向;道,道路;驰,奔跑。朝相反的方向跑去。比喻彼此的方向和目的完全相反。

驰名中外:驰,传播。形容名声传播得极远。

外合里差:比喻口是心非。

差强人意:差,尚,略;强,振奋。勉强使人满意。

意在言外:语言的真正用意没有明白说出来,细细体会就知道。

外圆内方:圆,圆通;方,方正。比喻人表面随和,内心严正。

方底圆盖:方底器皿,圆形盖子。比喻事物不相合。

盖世无双:盖,压倒.超过。才能或武艺当代第一,没有人能比得上。

双管齐下:管,指笔。原指手握双笔同时作画。后比喻做一件事两个方面同时进行或两种方法同时使用。

下车伊始:下车,指新官到任;伊,文言助词;始,开始。旧指新官刚到任。现比喻带着工作任务刚到一个地方。

始终如一:自始至终一个样子。指能坚持,不间断。

一蹶不振:蹶,栽跟头;振,振作。一跌倒就再也爬不起来。比喻遭受一次挫折以后就再也振作不起来。

振臂一呼:振,挥动。挥动手臂呼喊。多用在号召。

呼风唤雨:旧指神仙道士的法力。现比喻人具有支配自然的伟大力量。也可形容反动势力猖獗。

雨沐风餐:形容在外奔走劳苦,生活不得安定。

风餐露宿:风里吃饭,露天睡觉。形容旅途或野外工作的辛苦。

宿弊一清:多年的弊病一下就肃清了。

清心寡欲:清,清净;寡,少;欲,欲望,需求。保持心地清净,减少欲念。

欲取姑予:姑,暂且;予,给予。要想夺取他些什么,得暂且先给他些什么。指先付出代价以诱使对方放松警惕,然后找机会夺取。

予取予求:予,我。原指从我这里取,从我这里求(财物)。后指任意索取。

求神问卜:迷信的人遇有疑难,求神鬼帮助,或靠卜卦解决。

卜昼卜夜:卜,占卜。形容夜以继日地宴乐无度。

夜不闭户:户,门。夜里睡觉不用闩上门。形容社会治安情况良好。

户枢不蠹:流动的水不会发臭,经常转动的门轴不会被虫蛀。比喻经常运动的东西不容易受侵蚀。也比喻人经常运动可以强身。

第十八步

成语接龙

蠹众木折　折槁振落　落落大方　方寸已乱　乱琼碎玉　玉洁冰清
清风明月　月盈则食　食言而肥　肥遁鸣高　高朋满座　座无虚席
席卷天下　下不为例　例直禁简　简明扼要　要价还价　价值连城
城狐社鼠　鼠腹鸡肠　肠肥脑满　满腹狐疑　疑神疑鬼　鬼哭神号
号咷大哭

成语解释

蠹众木折:蛀虫多了,木头就要折断。比喻不利的因素多了,就能造成灾祸。

折槁振落:把枯树枝折断,把枯树叶摇下来。比喻轻易不费力。

落落大方:落落,坦率、开朗的样子。形容言谈举止自然大方。

方寸已乱:心已经乱了。

乱琼碎玉:指雪花。

玉洁冰清:像玉那样洁白,像冰那样清净。形容人心地纯洁,品行端正。

清风明月:只与清风、明月为伴。比喻不随便结交朋友。也比喻清闲无事。

月盈则食:盈,满;食,通"蚀"。月亮圆的时候就容易发生月食。比喻事物盛到极点就会衰落。

食言而肥:食言,失信。指不守信用,只图自己占便宜。

肥遁鸣高:退隐不做官,自以为清高。

高朋满座:高,高贵。高贵的朋友坐满了席位。形容宾客很多。

座无虚席:虚,空。座位没有空着的。形容出席的人很多。

席卷天下:形容力量强大,控制了全国。

下不为例:下次不可以再这样做。表示只通融这一次。

例直禁简:法律或禁令简单明了,人民就容易理解和遵守。

简明扼要:指说话、写文章简单明了,能抓住要点。

要价还价:买卖东西,卖主要价高,买主给价低,双方要反复争议。也比喻在进行谈判时反复争议,或接受任务时讲条件。

价值连城:连城,连在一起的许多城池。形容物品十分贵重。

城狐社鼠:社,土地庙。城墙上的狐狸,社庙里的老鼠。比喻依仗权势作恶,一时难以驱除的小人。

鼠腹鸡肠:喻气量狭小,只考虑小事,不顾大体。

肠肥脑满:肠肥,指身体胖,肚子大;脑满,指肥头大耳。形容不劳而食的人吃得饱饱的,养得胖胖的。

满腹狐疑:一肚子怀疑。形容疑虑很多,极不相信。

疑神疑鬼:形容人多疑。

鬼哭神号:形容哭喊声非常凄惨尖厉或声音巨大,使人心惊。

号咷大哭:放声大哭。

第十九步

成语接龙

哭笑不得　得心应手　手忙脚乱　乱箭攒心　心如止水　水磨工夫
夫唱妇随　随才器使　使贪使愚　愚昧无知　知书达礼　礼尚往来
来者不拒　拒谏饰非　非异人任　任人唯亲　亲密无间　间不容发
发指眦裂　裂土分茅　茅塞顿开　开路先锋　锋芒所向　向隅而泣
泣下如雨

成语解释

哭笑不得:哭也不是,笑也不是。形容处境尴尬。

得心应手:得之于手而应之于心。称心手相应,运用自如。形容技艺纯熟或做事顺手如意。

手忙脚乱:形容遇事慌张,不知如何是好。

乱箭攒心:攒,积聚。乱箭一齐射在心上,比喻内心非常痛苦。

心如止水:心像静止不动的水一样平静。多形容坚持信念,不为外界所动。

水磨工夫:掺水细磨。形容工作深入细致,费时很多。

夫唱妇随:随,附和。原指封建社会认为妻子必须服从丈夫,后比喻夫妻和好相处。

随才器使:根据长处,安排适当的工作。

使贪使愚:使,用;贪,不知足;愚,笨。用人所短,为己服务。也形容利用人的不同特点,以发挥他的长处。

愚昧无知:形容又愚笨又没有知识。

知书达礼:知、达,懂得。有文化,懂礼貌。形容有教养。

礼尚往来:尚,注重。指礼节上应该有来有往。现也指以同样的态度或做法回答对方。

来者不拒:拒,拒绝。对于有所求而来的人或送上门来的东西概不拒绝。

拒谏饰非:谏,直言规劝;饰,掩饰;非,错误。拒绝劝告,掩饰错误。

非异人任：异人，别人；任，承担。不是别人的责任。表示某事应由自己负责。

任人唯亲：任，任用；唯，只；亲，关系密切。指用人不问人的德才，只选跟自己关系亲密的人。

亲密无间：间，缝隙。关系亲密，没有隔阂。形容十分亲密，没有任何隔阂。

间不容发：空隙中容不下一根头发。比喻与灾祸相距极近或情势危急到极点。

发指眦裂：发指，头发直竖；眦裂，眼眶裂开。头发向上竖，眼睑全张开。形容非常愤怒。

裂土分茅：古代分封诸侯时，用白茅裹着的泥土授予被封的人，象征授予土地和权力。

茅塞顿开：茅塞，比喻人思路闭塞或不懂事；顿，立刻。原来心里好像有茅草堵塞着，现在忽然被打开了。形容思想忽然开窍，立刻明白了某个道理。

开路先锋：原指古代军队中先行开路和打头阵的将领。现比喻进行某项工作的先遣人员。

锋芒所向：向，指向。指斗争中矛头所指的地方。

向隅而泣：向，对着；隅，墙角；泣，小声地哭。一个人面对墙脚哭泣。形容没有人理睬，非常孤立，只能绝望地哭泣。

泣下如雨：眼泪像雨一样流了下来。形容伤心到极点。

第二十步

成语接龙

雨丝风片　片言折狱　狱货非宝　宝山空回　回光返照　照本宣科

科班出身　身价百倍　倍日并行　行动坐卧　卧薪尝胆　胆破心寒

寒木春华　华不再扬　扬长而去　去粗取精　精诚团结　结党营私

私心杂念　念兹在兹　兹事体大　大势所趋　趋炎附势　势不两立

立此存照

成语解释

雨丝风片：形容春天的微风细雨。

片言折狱:片言,极少的几句话;折狱,判决诉讼案件。原意是能用简单的几句话判决讼事。后指能用几句话就断定双方争论的是非。

狱货非宝:指法官断狱受贿赂,也难逃法网。

宝山空回:走进到处是宝物的山里,却空手出来。比喻根据条件,本来应该有丰富的收获,却一无所得。多指求知。

回光返照:指太阳刚落山时,由于光线反射而发生的天空中短时发亮的现象。比喻人死前精神突然兴奋。也比喻事物灭亡前夕的表面兴旺。

照本宣科:照,按照;本,书本;宣,宣读;科,科条,条文。照着本子念条文。形容讲课、发言等死板,没有发挥,不生动。

科班出身:比喻具有受过正规教育或训练的资格。

身价百倍:身价,指社会地位。指名誉地位一下子大提高。

倍日并行:倍、并,加倍。一天走两天的路程。形容日夜赶路。

行动坐卧:泛指人的举止和风度。

卧薪尝胆:薪,柴草。睡觉睡在柴草上,吃饭睡觉都尝一尝苦胆。形容人刻苦自励,发奋图强。

胆破心寒:形容由于恐惧而服帖的样子。

寒木春华:寒木不凋,春华吐艳。比喻各具特色。

华不再扬:已开过的花,在一年里不会再开。比喻时间过去了不再回来。

扬长而去:大模大样地径自走了。

去粗取精:除去杂质,留取精华。

精诚团结:精诚,真诚。一心一意,团结一致。

结党营私:党,集团;营,谋求。坏人集结在一起,谋求私利,专干坏事。

私心杂念:为个人利益打算的种种想法。

念兹在兹:兹,此,这个。泛指念念不忘某一件事情。

兹事体大:这件事性质重要,关系重大。

大势所趋:大势,指整个局势。整个局势发展的趋向。

趋炎附势:趋,奔走;炎,热,比喻权势。奉承和依附有权有势的人。

势不两立:两立,双方并立。指敌对的双方不能同时存在。比喻矛盾不可调和。

立此存照:照,查考,察看。写下字据保存起来,以作凭证。

第二十一步

成语接龙

照猫画虎　虎背熊腰　腰缠万贯　贯朽粟陈　陈词滥调　调嘴学舌

舌剑唇枪　枪林弹雨　雨过天青　青出于蓝　蓝田生玉　玉卮无当

当场出彩　彩凤随鸦　鸦雀无闻　闻风而起　起死回生　生拉硬扯

扯篷拉纤　纤芥之疾　疾风迅雷　雷打不动　动辄得咎　咎由自取

取辖投井　井井有条　条三窝四　四衢八街　街头巷尾　尾生之信

成语解释

照猫画虎:比喻照着样子模仿。

虎背熊腰:背宽厚如虎,腰粗壮如熊。形容人身体魁梧健壮。

腰缠万贯:腰缠,指随身携带的财物;贯,旧时用绳索穿钱,每一千文为一贯。比喻钱财极多。

贯朽粟陈:钱串子断了,谷子烂了。比喻非常富有。

陈词滥调:陈,陈旧,陈腐;滥,浮夸不合实际。指陈腐、空泛的论调。

调嘴学舌:调嘴,耍嘴皮。指背地里说人闲话,搬弄是非。

舌剑唇枪:舌如剑,唇像枪。形容争辩激烈,言词锋利,针锋相对,各不相让。

枪林弹雨:枪杆像树林,子弹像下雨。形容战斗激烈。

雨过天青:雨后转晴。也比喻政治上由黑暗到光明。

青出于蓝:青,靛青;蓝,蓼蓝之类可以提取蓝色染料的草。青是从蓝草里提炼出来的,但颜色比蓝更深。比喻学生超过老师或后人胜过前人。

蓝田生玉:蓝田,地名,在陕西省,古时蓝田出产美玉。旧时比喻贤父生贤子或名门出贤弟子。

玉卮无当:玉杯没有底。比喻事物华丽而不实用。

当场出彩:旧戏表演杀伤时,用红色水涂抹,装作流血的样子,叫做出彩。比喻当着众人的面败露秘密或显出丑态。

彩凤随鸦:凤,凤凰;鸦,乌鸦。美丽的凤鸟跟了丑陋的乌鸦。比喻女子嫁给才貌配不上自己的人。

鸦雀无闻:连乌鸦麻雀的声音都没有。形容非常静。

闻风而起:闻,听到;风,风声,消息。一听到风声,就立刻起来响应。

起死回生:把快死的人救活。形容医术高明。也比喻把已经没有希望的事物挽救过来。

生拉硬扯:比喻牵强附会,生拖死拽。

扯篷拉纤:指用不正当的手段为人撮合或说情而从中取利的行为。

纤芥之疾:比喻不必在意的小毛病。

疾风迅雷:形容事情的发生和发展,像暴风急雷那样猛烈而迅速。

雷打不动:形容态度坚定,不可动摇。也形容严格遵守规定,决不变更。

动辄得咎:辄,即;咎,过失,罪责。动不动就受到指摘或责难。

咎由自取:咎,灾祸。灾祸或罪过是自己招来的。指自作自受。

取辖投井:比喻挽留客人极坚决。

井井有条:井井,形容有条理。形容说话办事有条有理。

条三窝四:搬弄是非,挑拨离间。

四衢八街:指大城市街道非常多。

街头巷尾:指大街小巷。

尾生之信:尾生,古代传说中坚守信约的人,他为守约而甘心淹死。比喻只知道守约,而不懂得权衡利害关系。

第二十二步

成语接龙

信口开河　河山带砺　砺山带河　河清难俟　俟河之清　清汤寡水

水滴石穿　穿云裂石　石沉大海　海立云垂　垂涎欲滴　滴水成冰

冰清玉洁　洁身自好　好肉剜疮　疮痍满目　目不识丁　丁公凿井

井中视星　星旗电戟　戟指怒目　目指气使　使羊将狼　狼心狗肺

肺石风清　清夜扪心　心织笔耕　耕当问奴　奴颜婢膝　膝痒搔背

成语解释

信口开河：比喻随口乱说一气。

河山带砺：砺，磨刀石；山，泰山；带，衣带；河，黄河。黄河细得像条衣带，泰山小得像块磨刀石。比喻时间久远，任何动荡也决不变心。多用为誓词。

砺山带河：义同“河山带砺”。

河清难俟：俟，等待。很难等到黄河水清。比喻时间太长，难以等待。

俟河之清：等待黄河变清。比喻期望的事情不能实现。

清汤寡水：形容菜肴水太多，粗糙没有味道。

水滴石穿：水不停地滴，石头也能被滴穿。比喻只要有恒心，不断努力，事情就一定能成功。

穿云裂石：穿破云天，震裂石头。形容声音高亢嘹亮。

石沉大海：石头沉到海底。比喻从此没有消息。

海立云垂：形容文辞气魄极大。

垂涎欲滴：涎，口水。馋得连口水都要滴下来了。形容十分贪婪的样子。

滴水成冰：水滴下去就结成冰。形容天气十分寒冷。

冰清玉洁：像冰那样清澈透明，像玉那样洁白无瑕。比喻人的操行清白。多用于女子。

洁身自好：保持自己纯洁，不同流合污。也指怕招惹是非，只顾自己好，不关心公众事情。

好肉剜疮：比喻无事生非，自寻烦恼。

疮痍满目：疮痍，创伤。满眼创伤。比喻眼前看到的都是遭受破坏的景象。

目不识丁：连最普通的“丁”字也不认识。形容一个字也不认得。

丁公凿井：比喻传来传去而失真。

井中视星：从井里看天上的星星。比喻眼光短浅，见识狭隘。

星旗电戟：军旗像繁星，剑戟如闪电。比喻军容之盛。

戟指怒目：指着人，瞪着眼。形容大怒时斥责人的神态。

目指气使：目指，动一下眼睛来指物；气使，用嘘气声指使人。用眼神和气色指使人。形容骄横傲慢的样子。

使羊将狼:将,统率,指挥。派羊去指挥狼。比喻不足以统率指挥。也比喻使仁厚的人去驾驭强横而有野心的人,这要坏事。

狼心狗肺:形容心肠像狼和狗一样凶恶狠毒。

肺石风清:百姓可以站在上面控诉地方官。比喻法庭裁判公正。

清夜扪心:清,清静;扪,按,摸。指深夜不眠,进行反省。

心织笔耕:比喻靠卖文生活。

耕当问奴:比喻办事应该向内行请教。

奴颜婢膝:奴颜,奴才的脸,满面谄媚相;婢膝,侍女的膝,常常下跪。指表情和动作奴才相十足。形容对人拍马讨好卑鄙无耻的样子。

膝痒搔背:膝部发痒,却去搔背。比喻力量没有使在点子上。

第二十三步

成语接龙

背信弃义　义无反顾　顾全大局　局促不安　安步当车　车载斗量

量力而为　为渊驱鱼　鱼游釜中　中馈犹虚　虚有其表　表里如一

一呼百诺　诺诺连声　声罪致讨　讨价还价　价增一顾　顾盼自雄

雄心壮志　志美行厉　厉兵秣马　马工枚速　速战速决　决一雌雄

雄才大略　略见一斑　斑驳陆离　离弦走板　板上钉钉　钉嘴铁舌

成语解释

背信弃义:背,违背;信,信用;弃,扔掉;义,道义。违背诺言,不讲道义。

义无反顾:为了正义而勇往直前,丝毫没有犹豫回顾。

顾全大局:指从整体的利益着想,使不遭受损害。

局促不安:局促,拘束。形容举止拘束,心中不安。

安步当车:安步,缓缓步行。以从容的步行代替乘车。

车载斗量:载,装载。用车载,用斗量。形容数量很多,不足为奇。

量力而为:按照自己力量的大小去做,不要勉强。

为渊驱鱼:原比喻残暴的统治迫使自己一方的百姓投向敌方。现多比喻不会团结人,把一些本来可以团结过来的人赶到敌对方面去。

鱼游釜中:釜,锅。鱼在锅里游。比喻处境危险,快要灭亡。

中馈犹虚:指没有妻子,家务无人操持。

虚有其表:虚,空;表,表面,外貌。空有好看的外表,实际上不行。指有名无实。

表里如一:表,外表;里,内心。外表和内心像一个东西。形容言行和思想完全一致。

一呼百诺:一人呼唤,百人应答。形容有钱有势,仆从或响应者很多。

诺诺连声:一声接一声地答应。形容十分恭顺的样子。

声罪致讨:宣布罪状,并加讨伐。

讨价还价:讨,索取。买卖东西,卖主要价高,买主给价低,双方要反复争议。也比喻在进行谈判时反复争议,或接受任务时讲条件。

价增一顾:原意是卖不出去的好马,被伯乐看中了,就增加了十倍的价钱。比喻本来默默无闻,遇到赏识的人而抬高了身价。

顾盼自雄:左看右看,自以为了不起。形容得意忘形的样子。

雄心壮志:伟大的理想,宏伟的志愿。

志美行厉:志向高远,又能砥砺操行。

厉兵秣马:厉,同“砺”,磨;兵,兵器;秣,喂牲口。磨好兵器,喂好马。形容准备战斗。

马工枚速:工,工巧;速,速度快。原指枚皋文章写得多,司马相如文章写得好。后用于称赞各有长处。

速战速决:用快速的战术结束战局。也比喻用迅速地办法完成任务。

决一雌雄:雌雄,比喻高低、胜负。指较量一下胜败高低。

雄才大略:非常杰出的才智和谋略。

略见一斑:略,大致;斑,斑点或斑纹。比喻大致看到一些情况,但不够全面。

斑驳陆离:斑驳,色彩杂乱;陆离,参差不一。形容色彩纷杂。

离弦走板:比喻言行偏离公认的准则。

板上钉钉:在石板上钉上铁钉。比喻事情已经决定,不能改变。

钉嘴铁舌:形容嘴硬,不认错,不服输。

第二十四步

成语接龙

舌挢不下　下马看花　花样翻新　新陈代谢　谢天谢地　地久天长

长枕大被　被宠若惊　惊天动地　地大物博　博采众长　长才广度

度日如年　年登花甲　甲冠天下　下落不明　明刑不戮　戮力同心

心心相印　印累绶若　若有所失　失张失智　智圆行方　方枘圆凿

凿凿有据　据为己有　有眼无珠　珠光宝气　气味相投　投鼠忌器

成语解释

舌挢不下:挢,翘起。翘起舌头,久久不能放下。形容惊讶或害怕时的神态。

下马看花:比喻停下来,深入实际,认真调查研究。

花样翻新:指独出心裁,创造新花样。

新陈代谢:陈,陈旧的;代,替换;谢,凋谢,衰亡。指生物体不断用新物质代替旧物质的过程。也指新事物不断产生发展,代替旧的事物。

谢天谢地:表示目的达到或困难解除后满意轻松的心情。

地久天长:时间长,日子久。

长枕大被:比喻兄弟友爱。

被宠若惊:指受到意外的恩遇而顿觉吃惊不安。

惊天动地:惊,惊动;动,震撼。使天地惊动。形容某个事件的声势或意义极大。

地大物博:博,丰富。指国家疆土辽阔,资源丰富。

博采众长:博采,广泛搜集采纳。从多方面吸取各家的长处。

长才广度:指才能出众器量宏大的人。

度日如年:过一天像过一年那样长。形容日子很不好过。

年登花甲:花甲,指六十岁。古代用干支纪年,六十年为一个甲子,又因干支名号错综参互,故称花甲。年纪已到六十岁。

甲冠天下:甲冠,第一。称雄天下。形容人或事物十分突出,无与伦比。

下落不明：下落，着落，去处。指不知道要寻找的人或物在什么地方。

明刑不戮：指刑罚严明，人民就很少犯法而被杀。

戮力同心：戮力，并力；同心，齐心。齐心合力。

心心相印：心，心意，思想感情；印，符合。彼此的心意不用说出，就可以互相了解。形容彼此思想感情完全一致。

印累绶若：形容官吏身兼数职，声势显赫。

若有所失：好像丢了什么似的。形容心神不定的样子。也形容心里感到空虚。

失张失智：举止失措、失神落魄的样子。

智圆行方：圆，圆满，周全；方，端正，不苟且。知识要广博周备，行事要方正不苟。

方枘圆凿：枘，榫头；凿，榫眼。方枘装不进圆凿。比喻格格不入，不能相合。

凿凿有据：凿凿，确实。有确实的证据。

据为己有：将别人的东西拿来作为自己的。

有眼无珠：珠，眼珠。没长眼珠子。用来责骂人瞎了眼，看不见某人或某事物的伟大或重要。

珠光宝气：珠、宝，指首饰；光、气，形容闪耀着光彩。旧时形容妇女服饰华贵富丽，闪耀着珍宝的光色。

气味相投：气味，比喻性格和志趣；投，投合。指人思想作风相同，彼此很合得来。

投鼠忌器：投，用东西去掷；忌，怕，有所顾虑。想用东西打老鼠，又怕打坏了近旁的器物。比喻做事有顾忌，不敢放手干。

第二十五步

成语接龙

器宇轩昂　昂首阔步　步履维艰　艰苦卓绝　绝少分甘　甘雨随车
车水马龙　龙马精神　神不守舍　舍己救人　人才辈出　出丑扬疾
疾风劲草　草草收兵　兵不血刃　刃迎缕解　解甲休士　士饱马腾
腾空而起　起承转合　合而为一　一抔黄土　土阶茅屋　屋乌之爱

爱莫能助　助我张目　目挑心招　招风惹草　草长莺飞　飞阁流丹

成语解释

器宇轩昂:形容人精力充沛,风度不凡。

昂首阔步:昂,仰,高抬。抬起头迈开大步向前。形容精神抖擞,意气风发。

步履维艰:指行走困难行动不方便。

艰苦卓绝:卓绝,极不平凡。坚忍刻苦的精神超过寻常。

绝少分甘:好吃的东西让给人家,不多的东西与人共享。形容自己刻苦,待人优厚。

甘雨随车:车行到哪里,及时雨就下到哪里。旧时称讼地方官的政治措施的话。

车水马龙:车像流水,马像游龙。形容来往车马很多,连续不断的热闹情景。

龙马精神:龙马,古代传说中形状像龙的骏马。比喻人精神旺盛。

神不守舍:神魂离开了身体,比喻丧魂失魄,心神不安定。

舍己救人:舍己,牺牲自己。不惜牺牲自己去救别人。

人才辈出:辈出,一批一批地出现。形容有才能的人不断涌现。

出丑扬疾:暴露丑恶。

疾风劲草:在猛烈的大风中,只有坚韧的草才不会被吹倒。比喻只有经过严峻的考验,才知道谁真正坚强。

草草收兵:马马虎虎地就收了兵。比喻工作不负责任,不细致,不慎重。

兵不血刃:兵,武器;刃,刀剑等的锋利部分。兵器上没有沾上血。形容未经战斗就轻易取得了胜利。

刃迎缕解:比喻顺利解决。

解甲休士:卸下盔甲让士兵休息。指不再战斗。

士饱马腾:军粮充足,士气旺盛。

腾空而起:腾空,向天空飞升。向高空升起。

起承转合:起,开头;承,承接上文加以申述;转,转折;合,结束。泛指文章的做法。也比喻固定呆板的形式。

合而为一:把散乱的事物合在一起。

一抔黄土：一抔，一捧。一捧黄土。借指坟墓。现多比喻不多的土地或没落、渺小的反动势力。

土阶茅屋：泥土的台阶，茅草的房屋。比喻住房简陋。

屋乌之爱：因为爱一个人而连带喜爱他屋上的乌鸦。比喻爱一个人而连带关心与他有关系的人或物。

爱莫能助：爱，爱惜；莫，不。虽然心中关切同情，却没有力量帮助。

助我张目：张目，睁大眼睛，比喻张扬气势。比喻得到别人的赞助，声势更加壮大。

目挑心招：挑，挑逗；招，指勾引。眉目传情，心神招引。

招风惹草：比喻招惹是非。

草长莺飞：莺，黄鹂。形容江南暮春的景色。

飞阁流丹：飞阁，架空建造的阁道；流丹，彩饰的漆鲜艳欲流。凌空建造的阁道涂有鲜艳欲流的丹漆。形容建筑物的精巧美丽。

第二十六步

成语接龙

丹凤朝阳　阳春白雪　雪操冰心　心急如火　火尽薪传　传经送宝

宝山空回　回肠荡气　气冲牛斗　斗怪争奇　奇光异彩　彩衣娱亲

亲如骨肉　肉跳心惊　惊弓之鸟　鸟枪换炮　炮凤烹龙　龙蛇飞动

动人心弦　弦外之音　音容笑貌　貌合心离　离心离德　德高望重

重财轻义　义不容辞　辞微旨远　远年近日　日不我与　与人为善

成语解释

丹凤朝阳：比喻贤才逢明时。

阳春白雪：原指战国时代楚国的一种较高级的歌曲。比喻高深的不通俗的文学艺术。

雪操冰心：志行品德高尚纯洁。

心急如火：心里急得像着了火一样。形容非常着急。

火尽薪传:火虽烧完,柴却留传下来。比喻思想、学术、技艺等世代相传。

传经送宝:经,经典,经验。把成功的经验和办法传送给别人。

宝山空回:走进到处是宝物的山里,却空手出来。比喻根据条件,本来应该有丰富的收获,却一无所得。多指求知。

回肠荡气:回,回转;荡,动摇。使肝肠回旋,使心气激荡。形容文章、乐曲十分婉转动人。

气冲牛斗:气,气势;牛、斗,即牵牛星和北斗星,指天空。形容怒气冲天或气势很盛。

斗怪争奇:指以奇怪取胜。

奇光异彩:奇妙的光亮和色彩。

彩衣娱亲:传说春秋时有个叫老莱子的隐士,很孝顺,七十岁了有时还穿着彩色衣服,扮成幼儿,引父母发笑。后作为孝顺父母的典故。

亲如骨肉:形容关系密切如一家人。

肉跳心惊:身上肉跳,心里吃惊。形容担心祸事临头或遇到非常可怕的事,十分害怕不安。

惊弓之鸟:被弓箭吓怕了的鸟不容易安定。比喻经过惊吓的人碰到一点动静就非常害怕。

鸟枪换炮:形容情况或条件有很大的好转。

炮凤烹龙:烹,煮;炮,烧。形容菜肴极为丰盛、珍奇。

龙蛇飞动:仿佛龙飞腾,蛇游动。形容书法气势奔放,笔力劲健。

动人心弦:把心比作琴,拨动了心中的琴弦。形容事物激动人心。

弦外之音:原指音乐的余音。比喻言外之意,即在话里间接透露,而不是明说出来的意思。

音容笑貌:谈笑时的容貌和神态。用以怀念故人的声音容貌和神情。

貌合心离:表面上关系很密切,实际上是两条心。

离心离德:心、德,心意。思想不统一,信念也不一致。指不一条心。

德高望重:德,品德;望,声望。道德高尚,名望很大。

重财轻义:指看重财利而轻视道义。

义不容辞:容,允许;辞,推托。道义上不允许推辞。

辞微旨远：辞，文词，言词；微，隐蔽，精深；旨，意思，目的。言词隐微而表达的意思很深远。

远年近日：过去至现在；长期以来。

日不我与：时日不等待我。极言应抓紧时间。

与人为善：与，偕同；为，做；善，好事。跟别人一同做好事。现指善意帮助人。

第二十七步

成语接龙

善罢甘休　休休有容　容头过身　身非木石　石赤不夺　夺眶而出

出谷迁乔　乔龙画虎　虎踞龙盘　盘马弯弓　弓折刀尽　尽善尽美

美意延年　年高望重　重气徇名　名垂后世　世济其美　美女簪花

花好月圆　圆首方足　足不履影　影形不离　离经叛道　道殣相望

望眼欲穿　穿房入户　户告人晓　晓以利害　害群之马　马尘不及

成语解释

善罢甘休：轻易地了结纠纷，心甘情愿地停止再闹。

休休有容：形容君子宽容而有气量。

容头过身：只要头容得下，身子就过得去。比喻得过且过。

身非木石：指自身并不是毫无感情的人。

石赤不夺：石质坚硬，丹砂色鲜红，均不可改变。比喻意志坚定不移。

夺眶而出：眶，眼眶。眼泪一下子从眼眶中涌出。形容人因极度悲伤或极度欢喜而落泪。

出谷迁乔：从幽深的溪谷出来，迁上了高大的乔木。比喻地位上升。

乔龙画虎：形容假心假意地献殷勤。

虎踞龙盘：形容地势雄伟险要。

盘马弯弓：驰马盘旋，张弓要射。形容摆开架势，准备作战。后比喻故作惊人的姿态，实际上并不立即行动。

弓折刀尽：比喻战斗力没有了，无法可想。

尽善尽美:极其完善,极其美好。指完美到没有一点儿缺点。

美意延年:美意,美好的心情;延年,处长寿命。心情美好乐观而无忧患的人,能够健康长寿。

年高望重:年纪大,声望高。

重气徇名:重视义气,慕求声名。

名垂后世:好名声流传后代。

世济其美:指后代继承前代的美德。

美女簪花:簪,插戴。形容书法娟秀。也比喻诗文清新秀丽。

花好月圆:花儿正盛开,月亮正圆满。比喻美好圆满。多用于祝贺人新婚。

圆首方足:代指人类。

足不履影:比喻循规蹈矩。

影形不离:形影不离,比喻关系密切。

离经叛道:指思想、言行背离儒家经典和规范。也指背离占统治地位的思想和行为规范。

道殣相望:殣,饿死。道路上饿死的人到处都是。

望眼欲穿:眼睛都要望穿了。形容盼望殷切。

穿房入户:在人家内室里出出进进。形容和主人的关系极为密切。

户告人晓:让每家每人都知道。

晓以利害:把事情的利害关系给人讲清楚。

害群之马:危害马群的劣马。比喻危害社会或集体的人。

马尘不及:比喻赶不上,跟不上。

第二十八步

成语接龙

及宾有鱼　鱼传尺素　素未谋面　面红耳热　热火朝天　天人之际

际会风云　云悲海思　思潮起伏　伏低做小　小恩小惠　惠而不费

费尽心机　机关算尽　尽忠报国　国士无双　双宿双飞　飞灾横祸

祸从天降　降格以求　求同存异　异名同实　实至名归　归真返璞

璞玉浑金　金玉锦绣　绣花枕头　头没杯案　案牍劳形　形单影只

成语解释

及宾有鱼:用别人的鱼请客。比喻借机培植私人势力。

鱼传尺素:尺素,古代用绢帛书写,通常长一尺,因此称书信。指传递书信。

素未谋面:谋面,见面。指平素没有见过面。

面红耳热:形容因紧张、急躁、害羞等而脸上发红的样子。

热火朝天:形容群众性的活动情绪热烈,气氛高涨,就像炽热的火焰照天燃烧一样。

天人之际:天,自然规律;人,人事;际,际遇。自然和人事之间的相互关系。

际会风云:遭逢到好的际遇。

云悲海思:如云似海的愁思。

思潮起伏:思想活动极频繁。

伏低做小:形容低声下气,巴结奉承。

小恩小惠:为了笼络人而给人的一点好处。

惠而不费:惠,给人好处;费,耗费。给人好处,自己却无所损失。

费尽心机:心机,计谋。挖空心思,想尽办法。

机关算尽:机关,周密、巧妙的计谋。比喻用尽心思。

尽忠报国:为国家竭尽忠诚,牺牲一切。

国士无双:国士,国中杰出的人物。指一国独一无二的人才。

双宿双飞:宿在一起,飞在一起。比喻相爱的男女形影不离。

飞灾横祸:意外的灾祸。

祸从天降:降,落下。比喻突然遭到了意外的灾祸。

降格以求:格,规格,标准。降低标准去寻求。

求同存异:求,寻求;存,保留;异,不同的。找出共同点,保留不同意见。

异名同实:名称不同,实质一样。

实至名归:实,实际的成就;至,达到;名,名誉;归,到来。做出了实际的成就,自然就有声誉。

归真返璞:去除外饰,回复淳朴的本质。

璞玉浑金:比喻天然美质,未加修饰。多用来形容人的品质淳朴善良。

金玉锦绣:指精美珍贵的东西。也比喻巧妙的计策。

绣花枕头:比喻徒有外表而无学识才能的人。

头没杯案:头伏在酒杯和桌子间。比喻尽情欢乐,不拘形迹。

案牍劳形:案牍,公文。文书劳累身体。形容公事繁忙。

形单影只:形,身体;只,单独。只有自己的身体和自己的影子。形容孤独,没有同伴。

第二十九步

成语接龙

只字不提	提心吊胆	胆大心细	细枝末节	节用裕民	民脂民膏
膏唇试舌	舌锋如火	火伞高张	张冠李戴	戴月披星	星移斗转
转祸为福	福至心灵	灵丹圣药	药笼中物	物以类聚	聚蚊成雷
雷厉风行	行将就木	木本水源	源源不断	断烂朝报	报冰公事
事预则立	立身处世	世外桃源	源源不绝	绝甘分少	少不更事

成语解释

只字不提:只,一个。一个字也不谈起。比喻有意不说。

提心吊胆:形容十分担心或害怕。

胆大心细:形容办事果断,考虑周密。

细枝末节:末节,小事情,小节。比喻事情或问题的细小而无关紧要的部分。

节用裕民:裕,富足。节约用度,使人民过富裕的生活。

民脂民膏:脂,油脂;膏,脂肪。比喻人民用血汗换来的财富。

膏唇试舌:用膏涂嘴唇,用巾揩舌头。比喻非常想把心里的话说出来。

舌锋如火:比喻话说得十分尖锐。

火伞高张:火伞,比喻夏天太阳酷烈;张,展开。形容夏天烈日当空,十分炎热。

张冠李戴:把姓张的帽子戴到姓李的头上。比喻认错了对象,弄错了事实。

戴月披星:身披星星,头顶月亮。形容早出晚归,辛勤劳动,或日夜赶路,旅途辛苦。

星移斗转:斗,北斗星。星斗变动位置。指季节或时间的变化。

转祸为福:把祸患变为幸福。指把坏事变成好事。

福至心灵:福,幸运。意思是人运气来了,心也变得灵巧了。

灵丹圣药:灵,灵验。非常灵验、能起死回生的奇药。比喻幻想中的某种能解决一切问题的有效方法。

药笼中物:药笼中备用的药材。比喻备用的人才。

物以类聚:同类的东西聚在一起。指坏人彼此臭味相投,勾结在一起。

聚蚊成雷:许多蚊子聚到一起,声音会像雷声那样大。比喻说坏话的人多了,会使人受到很大的损害。

雷厉风行:厉,猛烈。像雷那样猛烈,像风那样快。比喻执行政策法令严厉迅速。也形容办事声势猛烈,行动迅速。

行将就木:行将,将要;就,到……去;木,指棺材。指人寿命已经不长,快要进棺材了。

木本水源:树的根本,水的源头。比喻事物的根本或事情的原因。

源源不断:形容接连不断。

断烂朝报:断烂,形容陈腐杂乱;朝报,古代传抄皇帝诏令和官员奏章之类的文件。指陈旧、残缺,没有参考价值的历史记载。

报冰公事:旧时官场指清苦的差使。

事预则立:指无论做什么事,事前有准备就会成功,没有准备就要失败。

世外桃源

立身处世:立身,做人;处世,在社会上活动,与人交往。指人在社会上待人接物的种种活动。

世外桃源:原指与现实社会隔绝、生活安乐的理想境界。后也指环境幽静生活安逸的地方。借指一种空想的脱离现实斗争的美好世界。

源源不绝:源源,水流不断的样子。形容接连不断。

绝甘分少:绝,拒绝,引申为不享受;甘,好吃的;分少,把少量好吃的东西让给人家。形容自己生活刻苦,待人优厚。

少不更事:少,年轻;更,经历。年纪轻,没有经历过什么事情。指经验不多。

第三十步

成语接龙

事不师古	古今中外	外强中干	干城之将	将机就机	机杼一家
家常便饭	饭糗茹草	草木皆兵	兵连祸结	结结巴巴	巴三览四
四面楚歌	歌功颂德	德厚流光	光阴似箭	箭在弦上	上好下甚
甚嚣尘上	上下交困	困知勉行	行若无事	事倍功半	半夜三更
更仆难数	数典忘祖	祖宗成法	法不徇情	情有可原	原始要终

成语解释

事不师古:形容做事不吸取前人经验。

古今中外:指从古代到现代,从国内到国外。泛指时间久远,空间广阔。

外强中干:干,枯竭。形容外表强壮,内里空虚。

干城之将:干城,盾牌和城墙,比喻捍卫者。指保卫国家的大将。

将机就机:利用顺便的机会。

机杼一家:指文章能独立经营,自成一家。

家常便饭:指家中日常的饭食。也比喻常见的事情。

饭糗茹草:饭、茹,吃;糗,干粮;草,指野菜。吃的是干粮、野菜。形容生活清苦。

草木皆兵:把山上的草木都当作敌兵。形容人在惊慌时疑神疑鬼。

兵连祸结:兵,战争;连,接连;结,相连。战争接连不断,带来了无穷的灾祸。

结结巴巴:形容说话不流利。也比喻凑合、勉强。

巴三览四:比喻说话拉扯,没有中心。

四面楚歌:比喻陷入四面受敌、孤立无援的境地。

歌功颂德:歌、颂,颂扬。颂扬功绩和德行。

德厚流光:德,道德,德行;厚,重;流,影响;光,通"广"。指道德高,影响便深远。

光阴似箭:光阴,时间。时间如箭,迅速流逝。形容时间过得极快。

箭在弦上:箭已搭在弦上。比喻为形势所迫,不得不采取某种行动。

上好下甚:上面的喜爱什么,下面的人就会对此爱好的更加厉害。

甚嚣尘上:甚,很;嚣,喧嚷。人声喧嚷,尘土飞扬。原形容军中正忙于准备的状态。后形容对某事议论纷纷。多含贬义。

上下交困:指国家和百姓都处于困难的境地。

困知勉行:困知,遇困而求知;勉行,尽力实行。在不断克服困难中求得知识,有了知识就勉力实行。

行若无事:行,行动,办事;若,好像。指人在紧急关头,态度镇定,毫不慌乱。有时也指对坏人坏事听之任之,满不在乎。

事倍功半:指工作费力大,收效小。

半夜三更:古时将一夜分为五更,三更约现在深夜十一时至次日一时。泛指深夜。

更仆难数:更,换;仆,原指替主人接待宾客的人,即傧相,后指仆人;数,说。意为换了几班侍者,有关问题仍回答不完。形容人或事物很多,数也数不过来。

数典忘祖:数,数着说;典,指历来的制度、事迹。谈论历来的制度、事迹时,把自己祖先的职守都忘了。比喻忘本。也比喻对于本国历史的无知。

祖宗成法:指先代帝王所制定而为后世沿袭应用的法则。

法不徇情:法,法律;徇,偏私;情,人情,私情。法律不徇私情。指执法公正,不讲私人感情。

情有可原:按情理,有可原谅的地方。

原始要终:原,探究,追究;要,求。探求事物发展的始末。

第三十一步

成语接龙

终焉之志　志洁行芳　芳年华月　月晕而风　风卷残云　云布雨润

润屋润身　身单力薄　薄暮冥冥　冥顽不灵　灵蛇之珠　珠沉沧海

海底捞月　月下花前　前尘影事　事败垂成　成风之斫　斫轮老手

手不应心　心知肚明　明知故问　问道于盲　盲人摸象　象齿焚身

身不由主　主客颠倒　倒凤颠鸾　鸾翔凤集　集苑集枯　枯木逢春

成语解释

终焉之志:在此安身终老的想法。

志洁行芳:志向高洁,品行端正。

芳年华月:芳年,妙龄。指美好的年华。

月晕而风:月晕,月亮周围出现的光环。月亮出现光环,就是要刮风的征候。比喻见到一点迹象就能知道它的发展趋向。

风卷残云:大风把残云卷走。比喻一下子把残存的东西一扫而光。

云布雨润:比喻教化远播。

润屋润身:用为恭贺新屋落成的题词。

身单力薄:人少力量不大。

薄暮冥冥:傍晚时天气昏暗。

冥顽不灵:冥顽,愚钝无知;不灵,不聪明。形容愚昧无知。

灵蛇之珠:即隋珠。原比喻无价之宝。后也比喻非凡的才能。

珠沉沧海:珍珠沉在大海里。比喻人才被埋没。

海底捞月:到水中去捞月亮。比喻去做根本做不到的事,只能白费力气。

月下花前:本指游乐休息的环境。后多指谈情说爱的处所。

前尘影事:指往事。

事败垂成:事情在快要成功的时候失败了。

成风之斫:形容技艺高超。

斫轮老手:斫轮,斫木制造车轮。指对某种事情经验丰富的人。

手不应心:犹言力不从心。心里想做,可是力量够不上。

心知肚明:心里明白但不说破,形容心中有数。

明知故问:明明知道,还故意问人。

问道于盲:向瞎子问路。比喻向什么也不懂的人请教,不解决问题。

盲人摸象:比喻对事物只凭片面的了解或局部的经验,就乱加猜测,想做出全面的判断。

象齿焚身:焚身,丧生。象因为有珍贵的牙齿而遭到捕杀。比喻人因为有钱财而招祸。

身不由主:身体不由自己做主。

主客颠倒:比喻事物轻重大小颠倒了位置。

倒凤颠鸾:比喻顺序失常。旧小说用来形容男女交欢。

鸾翔凤集:集,群鸟停歇在树上。鸾鸟、凤鸟都飞过来了。比喻优秀的人才汇聚到一起。

集苑集枯:集,栖息;苑,茂盛的树木;枯,枯树。有些鸟栖于茂盛的树木,有些鸟栖于枯树。比喻人的志趣不同,趋向各异。

枯木逢春:逢,遇到。枯干的树遇到了春天,又恢复了活力。比喻垂危的病人或事物重新获得生机。

第三十二步

成语接龙

春山如笑　笑里藏刀　刀山火海　海外奇谈　谈笑封侯　侯门如海
海阔天空　空室清野　野草闲花　花容月貌　貌合神离　离乡背井
井蛙之见　见仁见智　智勇双全　全受全归　归马放牛　牛骥同皂
皂白不分　分香卖履　履舄交错　错彩镂金　金城汤池　池鱼之殃
殃及池鱼　鱼烂而亡　亡羊补牢　牢不可破　破颜微笑　笑逐颜开

成语解释

春山如笑:形容春天的山色明媚。

笑里藏刀:形容对人外表和气,内心却阴险毒辣。

刀山火海:比喻极其危险和困难的地方。

海外奇谈:海外,中国以外;奇谈,奇怪的说法。比喻没有根据的、荒唐的言论或传闻。

谈笑封侯:说笑之间就封了侯爵。旧时形容获得功名十分容易。

侯门如海:侯门,旧指显贵人家;海,形容深。侯门像大海那样深邃。比喻旧时相识的人,后因地位悬殊而疏远隔绝。

海阔天空:像大海一样辽阔,像天空一样无边无际。形容大自然的广阔。比喻言谈议论等漫无边际,没有中心。

空室清野:在对敌斗争时,把家里的东西和田里的农产品藏起来,使敌人到来后什么也得不到,什么也利用不上。

野草闲花:野生的花草。比喻男子在妻子以外所玩弄的女子。

花容月貌:如花似月的容貌。形容女子美貌。

貌合神离:貌,外表;神,内心。表面上关系很密切,实际上是两条心。

离乡背井:背,离开;井,古制八家为井,引申为乡里,家宅。离开家乡到外地。

井蛙之见:见,见解。井底之蛙那样狭隘的见解。比喻狭隘短浅的见解。

见仁见智:对同一个问题,不同的人从不同的立场或角度有不同的看法。

智勇双全:又有智谋,又很勇敢。

全受全归:封建礼教认为人的身体来自父母,应当终身洁身自爱,以没有受过污辱损害的身体回到父母生我时那样。

归马放牛:把作战用的牛马牧放。比喻战争结束,不再用兵。

牛骥同皂:皂,牲口槽。牛跟马同槽。比喻不好的人与贤人同处。

皂白不分:不分黑白,不分是非。

分香卖履:旧时比喻人临死念念不忘所爱的妻妾。

履舄交错:形容男女杂坐不拘礼节之态。

错彩镂金:错,涂饰;镂,雕刻。形容诗文的辞藻十分华丽。

金城汤池:城、池,城墙和护城河;汤,热水。金属的城墙.滚水的护城河。比喻坚固无比、防守严密的城市或工事。

池鱼之殃:比喻受牵连而遭到的祸害。

殃及池鱼:比喻无缘无故地遭受祸害。

鱼烂而亡:鱼腐烂从内脏起。比喻国家因内部祸乱而灭亡。

亡羊补牢:亡,逃亡,丢失;牢,关牲口的圈。羊逃跑了再去修补羊圈,还不算晚。比喻出了问题以后想办法补救,可以防止继续受损失。

牢不可破:牢,牢固。异常坚固,不可摧毁。也用在指人固执己见或保守旧习。

破颜微笑:形容心领神会。

笑逐颜开:逐,追随;颜,脸面,面容;开,舒展开来。笑得使面容舒展开来。形容满脸笑容,十分高兴的样子。

第三十三步

成语接龙

开宗明义　义薄云天　天南地北　北辕适楚　楚囚对泣　泣不成声

声嘶力竭　竭泽而渔　渔人之利　利令智昏　昏天黑地　地丑力敌

敌力角气　气贯长虹　虹销雨霁　霁风朗月　月露风云　云开见天

天末凉风　风车雨马　马到成功　功德圆满　满城风雨　雨旸时若

若合符节　节衣缩食　食古不化　化整为零　零打碎敲　敲冰求火

成语解释

开宗明义:开宗,阐发宗旨;明义,说明意思。指说话、写文章一开始就讲明主要意思。

义薄云天:正义之气直上高空。形容为正义而斗争的精神极其崇高。

天南地北:一在天之南,一在地之北。形容地区各不相同。也形容距离极远。

北辕适楚:北辕,车子向北行驶;适,到。楚在南方,赶着车往北走。比喻行动与目的相反。

楚囚对泣:楚囚,原指被俘到晋国的楚国人,后泛指处于困境、无计可施的人。比喻在情况困难、无法可想时相对发愁。

泣不成声:哭得噎住了,出不来声音。形容非常伤心。

声嘶力竭:嘶,哑;竭,尽。嗓子喊哑,气力用尽。形容竭力呼喊。

竭泽而渔:泽,池、湖。掏干了水塘捉鱼。比喻取之不留余地,只图眼前利益,不做长远打算。也形容暴君对人民的残酷剥削。

渔人之利:渔人,比喻第三者。比喻双方争执不下,两败俱伤,让第三者占了便宜。

利令智昏:令,使;智,理智;昏,昏乱,神志不清。因贪图私利而失去理智,把什么都忘了。

昏天黑地:形容天色昏暗。也比喻社会黑暗混乱。

地丑力敌:指土地相似,力量相当。

敌力角气:指以力气相斗。

气贯长虹:贯,贯穿。正义的精神直上高空,穿过彩虹。形容精神极其崇高,气概极其豪壮。

虹销雨霁:虹,彩虹;销,同“消”,消失;霁,本指雨止,也引申为天气放晴。彩虹消失,雨后天晴。

霁风朗月:和风明月。比喻宽厚祥和的气氛。

月露风云:比喻无用的文字。

云开见天:乌云消散,重见天日。比喻社会由乱转治,由黑暗转向光明。

天末凉风:天末,天的尽头;凉风,特指初秋的西南风。原指杜甫因秋风起而想到流放在天末的挚友李白。后常比喻触景生情,思念故人。

风车雨马:指神灵的车马。亦用以比喻迅疾、快速。

马到成功:形容工作刚开始就取得成功。

功德圆满:功德,佛教用语,指诵经、布施等。多指诵经等佛事结束。比喻举办事情圆满结束。

满城风雨:城里到处刮风下雨。原形容重阳节前的雨景。后比喻某一事件传播很广,到处议论纷纷。

雨旸时若:指晴雨适时,气候调和。

若合符节:比喻两者完全吻合。

节衣缩食:节、缩,节省。省吃省穿。形容节约。

食古不化:指对所学的古代知识理解得不深不透,不善于按现在的情况来运用,跟吃东西不消化一样。

化整为零:把一个整体分成许多零散部分。

零打碎敲:形容以零零碎碎、断断续续的办法做事。

敲冰求火:敲开冰找火。比喻不可能实现的事。

第三十四步

成语接龙

火树银花　花晨月夕　夕阳西下　下笔有神　神采飞扬　扬汤止沸
沸沸扬扬　扬幡招魂　魂不附体　体无完肤　肤皮潦草　草庐三顾
顾盼神飞　飞鹰走狗　狗吠非主　主情造意　意马心猿　猿猴取月
月黑风高　高耸入云　云蒸霞蔚　蔚为大观　观眉说眼　眼馋肚饱
饱食暖衣　衣架饭囊　囊空如洗　洗耳恭听　听而不闻　闻鸡起舞

成语解释

火树银花:火树,火红的树,指树上挂满灯彩;银花,银白色的花,指灯光雪亮。形容张灯结彩或大放焰火的灿烂夜景。

花晨月夕:有鲜花的早晨,有明月的夜晚。指美好的时光和景物。

夕阳西下:指傍晚日落时的景象。也比喻迟暮之年或事物走向衰落。

下笔有神:指写起文章来,文思奔涌,如有神力。形容文思敏捷,善于写文章或文章写得很好。

神采飞扬:形容兴奋得意,精神焕发的样子。

扬汤止沸:把锅里开着的水舀起来再倒回去,使它凉下来不沸腾。比喻办法不彻底,不能从根本上解决问题。

沸沸扬扬:沸沸,水翻滚的样子;扬扬,喧闹、翻动的样子。像沸腾的水一样喧闹。形容人声喧闹。

扬幡招魂:迷信做法,挂幡招回死者的灵魂。比喻宣扬或企图恢复已经死亡的旧事物。

魂不附体:附,依附。灵魂离开了身体。形容极端惊恐或在某种事物诱惑下失去常态。

体无完肤:全身的皮肤没有一块好的。形容遍体都是伤。也比喻理由全部被驳倒,或被批评、责骂得很厉害。

肤皮潦草:形容不扎实,不仔细。

草庐三顾:顾,拜访。刘备为请诸葛亮,三次到草庐中去拜访他。后用此典故表示帝王对臣下的知遇之恩。也比喻诚心诚意地邀请或过访。

顾盼神飞:左右顾视,目光炯炯,神采飞扬。

飞鹰走狗:放出鹰狗去追捕野兽。指打猎游荡的生活。

狗吠非主:比喻臣子各忠于自己的君主。

主情造意:指为首的、主谋的人。

意马心猿:形容心思不定,好像猴子跳、马奔跑一样控制不住。

猿猴取月:比喻愚昧无知。也比喻白费力气。

月黑风高:比喻没有月光风也很大的夜晚。也比喻险恶的环境。

高耸入云:耸,直立,高起。高高地直立,直入云端。形容建筑物、山峰等高峻挺拔。

云蒸霞蔚:蒸,上升;蔚,弥漫。像云霞升腾弥漫。形容景物灿烂绚丽。

蔚为大观:蔚,茂盛;大观,盛大的景象。形容事物丰富多彩,形成盛大壮观的景象。形容事物美好繁多,给人一种盛大的印象。

观眉说眼:比喻挑眼,说闲话。

眼馋肚饱:形容人贪得无厌。

饱食暖衣:饱食,吃得饱;暖衣,穿得暖。形容生活宽裕,衣食丰足。

衣架饭囊:装饭的口袋,挂衣的架子。比喻没有能力,干不了什么事的人。

囊空如洗:口袋里空得像洗过一样。形容口袋里一个钱也没有。

洗耳恭听:洗干净耳朵恭恭敬敬听别人讲话。请人讲话时的客气话。指专心地听。

听而不闻:听了跟没听到一样。形容不关心,不在意。

闻鸡起舞:听到鸡叫就起来舞剑。后比喻有志报国的人及时奋起。

第三十五步

成语接龙

舞文弄墨　墨子泣丝　丝恩发怨　怨气冲天　天罗地网　网开一面

面目全非　非同小可　可心如意　意气扬扬　扬眉吐气　气涌如山

山南海北　北叟失马　马仰人翻　翻江倒海　海底捞针　针芥之合

合二为一　一心一路　路柳墙花　花前月下　下车泣罪　罪孽深重

重于泰山　山盟海誓　誓死不二　二心两意　意气相投　投机取巧

成语解释

舞文弄墨:舞、弄,故意玩弄;文、墨,文笔。故意玩弄文笔。原指曲引法律条文作弊。后常指玩弄文字技巧。

墨子泣丝:比喻人变好变坏,环境的影响关系很大。

丝恩发怨:丝、发,形容细小。形容极细小的恩怨。

怨气冲天:怨愤之气冲到天空。形容怨恨情绪极大。

天罗地网:天罗,张在空中捕鸟的网。天空地面,遍张罗网。指上下四方设置的包围圈。比喻对敌人、逃犯等的严密包围。

网开一面:把捕禽的网撤去三面,只留一面。比喻采取宽大态度,给人一条出路。

面目全非:非,不相似。样子完全不同了。形容改变得不成样子。

非同小可:小可,寻常的。指情况严重或事情重要,不能轻视。

可心如意:符合心意。

意气扬扬:扬扬,得意的样子。形容很得意的样子。

扬眉吐气:扬起眉头,吐出怨气。形容摆脱了长期受压状态后高兴痛快的样子。

气涌如山:形容恼怒到极点。

山南海北:指遥远的地方。

北叟失马:比喻祸福没有一定。

马仰人翻:形容极忙乱或混乱的样子。

翻江倒海:原形容雨势大,后形容力量或声势非常壮大。

海底捞针:在大海里捞一根针。形容很难找到。

针芥之合:磁石引针,琥珀拾芥。指相互投契。

合二为一:指将两者合为一个整体。

一心一路:只有一个心眼儿,没有别的考虑。

路柳墙花:路边的柳,墙旁的花。比喻不被尊重的女子,指妓女。

花前月下:本指游乐休息的环境。后多指谈情说爱的场所。

下车泣罪:旧时称君主对人民表示关切。

罪孽深重:孽,罪恶。指做了很大的坏事,犯了很大的罪。

重于泰山:比泰山还要重。形容意义重大。

山盟海誓:盟,盟约;誓,誓言。指男女相爱时立下的誓言,表示爱情要像山和海一样永恒不变。

誓死不二:誓死,立下志愿,至死不变。至死也不变心。形容意志坚定专一。

二心两意:形容意志不专一、不坚定。

意气相投:意气,志趣性格;投,合得来。指志趣和性格相同的人,彼此投合。

投机取巧:指用不正当的手段谋取私利。也指靠小聪明占便宜。

第三十六步

成语接龙

巧取豪夺　夺其谈经　经邦纬国　国泰民安　安常守故　故剑情深

深中笃行　行思坐想　想入非非　非亲非故　故弄玄虚　虚位以待

待人接物　物尽其用　用兵如神　神差鬼使　使臂使指　指不胜屈

屈指可数　数一数二　二姓之好　好高骛远　远走高飞　飞蛾投火

火上弄冰　冰天雪地　地狱变相　相机而动　动如脱兔　兔丝燕麦

成语解释

巧取豪夺:巧取,欺骗;豪夺,强抢。旧时形容达官富豪谋取他人财物的手段。现指用各种方法谋取财物。

夺其谈经:比喻在辩论中压倒众人。

经邦纬国:经、纬,本指丝织物的横线和纵线,引申为治理、规划;邦,国家。指治理国家。

国泰民安:泰,平安,安定。国家太平,人民安乐。

安常守故:习惯于日常的平稳生活,保守旧的一套。指守旧不知变革。

故剑情深：故剑，比喻结发之妻。结发夫妻情意浓厚。指不喜新厌旧。

深中笃行：指内心廉正，行为淳厚。

行思坐想：走着坐着都在想。形容时刻在思考着或怀念着。

想入非非：非非，原为佛家语，表示虚幻的境界。想到非常玄妙虚幻的地方去了。形容完全脱离现实地胡思乱想。

非亲非故：故，老友。不是亲属，也不是熟人。表示彼此没有什么关系。

故弄玄虚：故，故意；弄，玩弄；玄虚，用来掩盖真相，使人迷惑的欺骗手段。故意玩弄花招，迷惑人，欺骗人。

虚位以待：留着位置等待。

待人接物：物，人物，人们。指跟别人往来接触。

物尽其用：各种东西凡有可用之处，都要尽量利用。指充分利用资源，一点不浪费。

用兵如神：调兵遣将如同神人。形容善于指挥作战。

神差鬼使：好像有鬼神在支使着一样，不自觉地做了原先没想到要做的事。

使臂使指：像使用自己的手臂和手指一样。比喻指挥自如。

指不胜屈：指，手指；屈，弯曲。扳着指头数也数不过来。形容为数很多。

屈指可数：形容数目很少，扳着手指头就能数过来。

数一数二：不算第一也算第二。形容突出。

二姓之好：指两家因婚姻关系而成为亲戚。

好高骛远：好，喜欢；骛，追求。比喻不切实际地追求过高过远的目标。

远走高飞：指像野兽远远跑掉，像鸟儿远远飞走。比喻人跑到很远的地方去。多指摆脱困境去寻找出路。

飞蛾投火：飞蛾扑到火上，比喻自取灭亡。

火上弄冰：比喻非常容易成功或丧失。

冰天雪地：形容冰雪漫天盖地。

地狱变相：旧时比喻社会的黑暗残酷。

相机而动：观察时机，看到适当机会立即行动。

动如脱兔：比喻行动敏捷。

兔丝燕麦：兔丝，菟丝子。菟丝不是丝，燕麦不是麦。比喻有名无实。

第三十七步

成语接龙

麦穗两歧　歧路亡羊　羊质虎皮　皮里阳秋　秋荼密网　网开一面
面红耳赤　赤子之心　心高气傲　傲然屹立　立功赎罪　罪魁祸首
首善之区　区闻陬见　见兔顾犬　犬马之劳　劳燕分飞　飞蛾赴火
火海刀山　山高水低　低声下气　气象万千　千疮百孔　孔席墨突
突然袭击　击节叹赏　赏一劝百　百年不遇　遇事生风　风雨交加

成语解释

麦穗两歧:一根麦长两个穗。比喻年成好,粮食丰收。

歧路亡羊:歧路,岔路;亡,丢失。因岔路太多无法追寻而丢失了羊。比喻事物复杂多变,没有正确的方向就会误入歧途。

羊质虎皮:质,本性。羊虽然披上虎皮,还是见到草就喜欢,碰到豺狼就怕得发抖,它的本性没有变。比喻外表装作强大而实际上很胆小。

皮里阳秋:指藏在心里不说出来的言论。

秋荼密网:荼,茅草上的白花。秋天繁茂的茅草白花,网眼细密的渔网。比喻刑罚繁多苛刻。

网开一面:比喻对敌人、罪犯等宽大处理,给以出路。

面红耳赤:脸、鼻、耳朵都红了。形容因激动或羞惭而脸色发红。

赤子之心:赤子,初生的婴儿。比喻人心地纯洁善良。

心高气傲:心比天高,气性骄傲。形容态度傲慢,自以为高人一等。

傲然屹立:形容坚定,不可动摇地站立着。

立功赎罪:赎罪,抵消所犯的罪过。以立功来抵偿罪过。

罪魁祸首:魁,为首的。作恶犯罪的头子。

首善之区:最好的地方。指首都。

区闻陬见:见闻不广,学识浅陋。

见兔顾犬:看到了兔子,再回头叫唤猎狗去追捕。比喻动作虽稍迟,但赶紧想办法,还来得及。

犬马之劳:愿像犬马那样为君主奔走效力。表示心甘情愿受人驱使,为人效劳。

劳燕分飞:劳,伯劳。伯劳、燕子各飞东西。比喻夫妻、情侣别离。

飞蛾赴火:像蛾子扑火一样。比喻自找死路、自取灭亡。

火海刀山:比喻极其危险和困难的地方。

山高水低:比喻不幸的事情。多指人的死亡。

低声下气:形容说话和态度卑下恭顺的样子。

气象万千:气象,情景。形容景象或事物壮丽而多变化。

千疮百孔:形容漏洞、弊病很多,或破坏的程度严重。

孔席墨突:原意是孔子、墨子四处周游,每到一处,座席没有坐暖,灶突没有熏黑,又匆匆地到别处去了。形容忙于世事,各处奔走。

突然袭击:指军事上出其不意地攻击。

击节叹赏:节,节拍;赏,赞赏。形容对诗文、音乐等的赞赏。

赏一劝百:奖励一个人的先进事迹而鼓励好多人。

百年不遇:一百年也碰不到一次。形容很少见到过或少有的机会。

遇事生风:原形容处事果断而迅速。后指一有机会就挑拨是非,引起事端。

风雨交加:交加。同时出现。又是刮风,又是下雨。形容天气恶劣。

第三十八步

成语接龙

加人一等　等因奉此　此起彼伏　伏地圣人　人欢马叫　叫苦连天
天高听卑　卑礼厚币　币重言甘　甘棠遗爱　爱屋及乌　乌焉成马
马鹿异形　形影相吊　吊死问疾　疾足先得　得陇望蜀　蜀犬吠日
日升月恒　恒河沙数　数黑论黄　黄雀伺蝉　蝉不知雪　雪窖冰天
天真烂漫　漫不经心　心心念念　念念不忘　忘乎所以　以指挠沸

成语解释

加人一等:加,超过。超过别人一等。比喻学问才能超过一般人。也指争强好胜。

等因奉此:等因,旧公文用以结束表示理由说明原因的上文;奉此,用以引起重心所在的下文。比喻例行公事,官样文章。

此起彼伏:这里起来,那里下去。形容接连不断。

伏地圣人:指在某一方面略有知识就逞能的人。

人欢马叫:人在呼喊,马在嘶鸣。形容一片喧闹声。

叫苦连天:形容十分烦恼,不住地叫苦。

天高听卑:卑,低下。原指上天神明可以洞察人间最卑微的地方。旧时称好的帝王了解民情。

卑礼厚币:卑礼,谦恭的礼节;厚币,厚重的币帛。比喻聘请人员的郑重殷切。

币重言甘:币,指礼物;厚,重。礼物丰厚,言辞好听。指为了能达到某种目的而用财物诱惑。

甘棠遗爱:甘棠,木名,即棠梨;遗,留;爱,恩惠恩泽。旧时颂扬离去的地方官。

爱屋及乌:因为爱一个人而连带爱他屋上的乌鸦。比喻爱一个人而连带地关心到与他有关的人或物。

乌焉成马:乌、焉、马三字字形相近,几经传抄而写错。指文字因形体相似而传写错误。

马鹿异形:出自赵高指鹿为马的故事,比喻颠倒是非、混淆黑白。

形影相吊:吊,慰问。孤身一人,只有和自己的身影相互慰问。形容无依无靠,非常孤单。

吊死问疾:吊祭死者,慰问病人。形容关心人民群众的疾苦。

疾足先得:比喻行动迅速的人首先达到目的。

得陇望蜀:陇,指甘肃一带;蜀,指四川一带。已经取得陇右,还想攻取西蜀。比喻贪得无厌。

蜀犬吠日:原意是四川多雨,那里的狗不常见太阳,出太阳就要叫。比喻少见多怪。

日升月恒:恒,音"更",月上弦。如同太阳刚刚升起,月亮初上弦一般。比喻事物正当兴旺的时候。旧时常用作祝颂语。

恒河沙数:恒河,南亚的大河。像恒河里的沙粒一样,无法计算。形容数量很多。

数黑论黄:数,数落,批评。背后乱加评论,肆意诽谤别人。

黄雀伺蝉:螳螂正要捉蝉,不知黄雀在它后面正要吃它。比喻祸事临头还不知道。

蝉不知雪:知了夏天生,秋天死,看不到雪。比喻人见闻不广。

雪窖冰天:窖,收藏东西的地洞。到处是冰和雪。形容天气寒冷,也指严寒地区。

天真烂漫:天真,指心地单纯,没有做作和虚伪;烂漫,坦率自然的样子。形容儿童思想单纯、活泼可爱,没有做作和虚伪。

漫不经心:漫,随便。随随便便,不放在心上。

心心念念:心心,指所有的心思;念念,指所有的念头。心里老是想着。指想做某件事或得到某种东西。

念念不忘:念念,时刻思念着。形容牢记于心,时刻不忘。

忘乎所以:所以,所应有的言行举止。指因过分兴奋或得意而忘了一切。

以指挠沸:挠,搅。用手指搅开水。比喻不自量力,一定失败。

第三十九步

成语接龙

沸反盈天　天上石麟　麟趾呈祥　祥麟威凤　凤凰来仪　仪静体闲

闲云野鹤　鹤发鸡皮　皮里春秋　秋风过耳　耳食之谈　谈笑自若

若明若暗　暗气暗恼　恼羞成怒　怒目而视　视民如伤　伤弓之鸟

鸟语花香　香花供养　养痈成患　患难与共　共枝别干　干卿何事

事出有因　因敌取资　资深望重　重望高名　名山胜水　水米无交

成语解释

沸反盈天:沸,滚翻;盈,充满。声音像水开锅一样沸腾翻滚,充满了空间。形容人声喧闹,乱成一片。

天上石麟:旧时称人有文采的儿子。

麟趾呈祥:旧时用于贺人生子。

祥麟威凤:麒麟和凤凰,古代传说是吉祥的禽兽,只有在太平盛世才能见到。后比喻非常难得的人才。

凤凰来仪:仪,容仪。凤凰来舞,仪表非凡。古代指吉祥的征兆。

仪静体闲:形容女子态度文静,体貌素雅。

闲云野鹤:闲,无拘束。飘浮的云,野生的鹤。旧指生活闲散、脱离世事的人。

鹤发鸡皮:鹤发,白发;鸡皮,形容皮肤有皱纹。皮肤发皱,头发苍白。形容老人年迈的相貌。

皮里春秋:指藏在心里不说出来的言论。

秋风过耳:像秋风从耳边吹过一样。比喻与已无关,毫不在意。

耳食之谈:耳食,以耳吃食,指不加审察,轻信传闻。指听来的没有根据的话。

谈笑自若:自若,跟平常一样。指能平静地对待所发生的情况,说说笑笑,不改常态。

若明若暗:好像明亮,又好像昏暗。比喻对情况的了解或对问题的认识不清楚。

暗气暗恼:受了气闷在心里。

恼羞成怒:由于羞愧到了极点,下不了台而发怒。

怒目而视:睁圆了眼睛瞪视着。形容正要大发脾气的神情。

视民如伤:把百姓当作有伤病的人一样照顾。旧时形容在位者关怀人民。

伤弓之鸟:被弓箭吓怕了的鸟。比喻受过惊吓,遇到一点动静就怕的人。

鸟语花香:鸟叫得好听,花开得喷香。形容春天的美好景象。

香花供养:供养,奉养。原为佛家语。指用香和花供养,是佛教的一种礼敬仪式。后比喻虔诚的敬礼。

养痈成患:留着毒疮不去医治,就会成为后患。比喻纵容包庇坏人坏事,结果会遭受祸害。

患难与共:共同承担危险和困难。指彼此关系密切,利害一致。

共枝别干:比喻一个教师传授下来的但又各人自成一派。

干卿何事:干,关涉。关你什么事?常用于讥笑人爱管闲事。

事出有因:事情的发生是有原因的。

因敌取资：因，依，靠；资，财物，资用。从敌人方面取得资用、给养。

资深望重：资格老，声望高。

重望高名：拥有崇高的名望。

名山胜水：风景优美的著名河山。

水米无交：一杯水、一顿饭的交往都没有。比喻为官清廉，不妄取民物。也比喻双方毫无往来。

第四十步

成语接龙

交浅言深　深更半夜　夜长梦多　多才多艺　艺不压身　身心交病

病从口入　入门问讳　讳莫如深　深恶痛绝　绝处逢生　生关死劫

劫富济贫　贫贱骄人　人生如寄　寄人篱下　下气怡声　声振林木

木人石心　心旷神怡　怡然自得　得寸进尺　尺短寸长　长目飞耳

耳聪目明　明辨是非　非驴非马　马瘦毛长　长驱直入　入木三分

成语解释

交浅言深：交，交情，友谊。跟交情浅的人谈心里话。

深更半夜：指深夜。

夜长梦多：比喻时间一拖长，情况可能发生不利的变化。

多才多艺：具有多方面的才能和技艺。

艺不压身：艺，技艺。技艺不会压垮身体。比喻人学会的技艺越多越好。

身心交病：交，一齐，同时；病，困乏。身体和精神都很困乏。

病从口入：疾病多是由食物传染。比喻应该注意饮食卫生。

入门问讳：古代去拜访人，先问清楚他父祖的名，以便谈话时避讳。也泛指问清楚有什么忌讳。

讳莫如深：讳，隐讳；深，事件重大。原意为事件重大，讳而不言。后指把事情隐瞒得很紧。

深恶痛绝：恶，厌恶；痛，痛恨；绝，极。指对某人或某事物极端厌恶痛恨。

绝处逢生:绝处,死路。形容在最危险的时候得到生路。

生关死劫:生的关头,死的劫数。泛指生死命运。

劫富济贫:劫,强取;济,救济。夺取富人的财产,救济穷人。

贫贱骄人:身处贫贱,但很自豪。指贫贱的人蔑视权贵。

人生如寄:寄,寓居,暂住。指人的生命短促,就像暂时寄居在人世间一样。

寄人篱下:寄,依附。依附于他人篱笆下。比喻依附别人生活。

下气怡声:下气,态度恭顺;怡声,声音和悦。形容声音柔和,态度恭顺。

声振林木:形容歌声或乐器声高亢洪亮。

木人石心:形容意志坚定,任何诱惑都不动心。

心旷神怡:旷,开阔;怡,愉快。心境开阔,精神愉快。

怡然自得:怡然,安适愉快的样子。形容高兴而满足的样子。

得寸进尺:得了一寸,还想再进一尺。比喻贪心不足,有了小的,又要大的。

尺短寸长:尺有所短,寸有所长。比喻人或物各有长处,也各有短处。

长目飞耳:看得远,听得远。比喻消息灵通,知道的事情多。

耳聪目明:聪,听觉灵敏;明,眼力敏锐。听得清楚,看得明白。形容头脑清楚,眼光敏锐。

明辨是非:分清楚是和非、正确和错误。

非驴非马:不是驴也不是马。比喻不伦不类,什么也不像。

马瘦毛长:比喻人穷志短。

长驱直入:长驱,不停顿地策马快跑;直入,一直往前。指长距离不停顿地快速行进。形容进军迅猛,不可阻挡。

入木三分:相传王羲之在木板上写字,木工刻时,发现字迹透入木板三分深。形容书法极有笔力。现多比喻分析问题很深刻。

第四十一步

成语接龙

分文不取　取信于民　民怨沸腾　腾蛟起凤　凤毛济美　美女破舌

舌灿莲花　花说柳说　说黄道黑　黑灯瞎火　火光烛天　天壤悬隔

隔年皇历　历历可数　数白论黄　黄袍加身　身外之物　物换星移
移樽就教　教学相长　长傲饰非　非池中物　物极必反　反经行权
权宜之计　计出万全　全无心肝　肝肠寸断　断梗飘蓬　蓬户瓮牖

成语解释

分文不取:一个钱也不要。比喻不计报酬。

取信于民:取得人民的信任。

民怨沸腾:人民的怨声就像开水在翻滚一样。形容人民对腐败黑暗的反动统治怨恨到了极点。

腾蛟起凤:蛟,蛟龙;凤,凤凰。宛如蛟龙腾跃、凤凰起舞。形容人很有文采。

凤毛济美:旧时比喻父亲做官,儿子能继承父业。

美女破舌:舌,指谏臣。谓用美女迷惑君王,扰乱国政,使谏臣的进谏不为君王所听信。

舌灿莲花:形容人口才好,能言善道,如莲花般地美妙。

花说柳说:形容说虚假而动听的话哄人。

说黄道黑:比喻对人对事任意评论。

黑灯瞎火:形容黑暗没有灯光。

火光烛天:火光把天都照亮了。形容火势极大。多指火灾。

天壤悬隔:比喻相差极远或相差极大。

隔年皇历:皇历,原指清朝廷颁发的历书,后泛指历本。隔了一年的皇历。比喻过时的事物或陈旧的经验,在新的情况下已经用不上。

历历可数:历历,清楚、分明的样子。可以清楚地一个个或一件件数出来。

数白论黄:比喻计较金钱。

黄袍加身:五代后周时,赵匡胤在陈桥兵变,部下诸将给他披上黄袍,拥立为天子。后比喻发动政变获得成功。

身外之物:指财物等身体以外的东西,表示无足轻重的意思。

物换星移:物换,景物变幻;星移,星辰移位。景物改变了,星辰的位置也移动了。比喻时间的变化。

移樽就教:樽,古代盛酒器;就,凑近。端着酒杯离座到对方面前共饮,以便请教。比喻主动去向人请教。

教学相长:教和学两方面互相影响和促进,都得到提高。

长傲饰非:滋长骄傲、掩饰过错。

非池中物:不是长期蛰居池塘中的小动物。比喻有远大抱负的人终究要做大事。

物极必反:极,顶点;反,向反面转化。事物发展到极点,会向相反方向转化。

赵匡胤

反经行权:经,常道;权,权宜的办法。指违反常规,采取权宜之计。

权宜之计:权宜,暂时适宜,变通;计,计划,办法。指为了应付某种情况而暂时采取的办法。

计出万全:万全:非常安全周到。形容计划非常稳当周密,绝不会发生意外。

全无心肝:比喻不知羞耻。

肝肠寸断:肝肠一寸寸断开。比喻伤心到极点。

断梗飘蓬:梗,植物的枝茎;蓬,蓬蒿,遇风常吹折离根,飞转不已。如同折断的枝茎,飘飞的蓬蒿一般。形容人东奔西走,生活不固定。

蓬户瓮牖:用蓬草编门,用破瓮做窗。指贫苦的人家。

第四十二步

成语接龙

牖中窥日　日积月累　累瓦结绳　绳锯木断　断发文身　身体力行

行不胜衣　衣不完采　采兰赠药　药石之言　言传身教　教一识百

百花齐放　放任自流　流星赶月　月下老人　人杰地灵　灵机一动

动魄惊心　心慈面软　软红香土　土龙刍狗　狗彘不若　若即若离

离群索居　居安思危　危如累卵　卵与石斗　斗转星移　移山倒海

成语解释

牖中窥日:牖,窗户。从窗内看太阳,较为显著。比喻学识浅的人成见少,易于接受新的知识。

目积月累:一天一天地、一月一月地不断积累。指长时间不断地积累。

累瓦结绳:比喻没有用的言辞。

绳锯木断:用绳当锯子,也能把木头锯断。比喻力量虽小,只要坚持下去,事情就能成功。

断发文身:剪短头发,身上刺着花纹。是古代某些民族的风俗。

身体力行:身,亲身;体,体验。亲身体验,努力实行。

行不胜衣:衣服都禁受不起,比喻体力衰弱。

衣不完采:衣服不全是彩色的。比喻衣着朴素。

采兰赠药:兰,兰花,花味清香;药,芍药。比喻男女互赠礼物,表示相爱。

药石之言:药石,治病的药物和砭石,泛指药物。比喻劝人改过的话。

言传身教:言传,用言语讲解、传授;身教,以行动示范。既用言语来教导,又用行动来示范。指行动起模范作用。

教一识百:形容具有特殊的才能、智慧。

百花齐放:形容百花盛开,丰富多彩。比喻各种不同形式和风格的艺术自由发展。也形容艺术界的繁荣景象。

放任自流:自流,无人引导地自由发展。听凭自然的发展而不管不问。

流星赶月:像流星追赶月亮一样。形容行动迅速。

月下老人:原指主管婚姻的神仙。后泛指媒人。简称"月老"。

人杰地灵:杰,杰出;灵,好。指杰出的人降生或到过,其地也就成了名胜之区。

灵机一动:灵机,灵活的心思。急忙中转了一下念头。多指临时想出了一个办法。

动魄惊心:使人神魂震惊。原指文辞优美,意境深远,使人感受极深,震动极大。后常形容使人十分惊骇紧张到极点。

心慈面软:形容为人和善。

软红香土:形容都市的繁华。

土龙刍狗:泥土捏的龙,稻草扎的狗。比喻名不副实。

狗彘不若:彘,猪。连猪狗都不如。形容品行卑劣到连猪狗都不如的程度。

若即若离:若,好像;即,接近。好像接近,又好像不接近。形容对人保持一定距离。形容事物含混不清。

离群索居:索,孤单。离开集体或群众,过孤独的生活。

居安思危:居,处于;思,想。虽然处在平安的环境里,也想到有出现危险的可能。指随时有应付意外事件的思想准备。

危如累卵:比喻形势非常危险,如同堆起来的蛋,随时都有塌下打碎的可能。

卵与石斗:鸡蛋碰石头。比喻自不量力,一定失败。

斗转星移:星斗变动位置。指季节或时间的变化。

移山倒海:搬动大山,翻倒大海。比喻人类改造自然的巨大力量和雄伟气概。

第四十三步

成语接龙

海水群飞　飞短流长　长治久安　安之若素　素昧平生　生栋覆屋

屋如七星　星罗棋布　布鼓雷门　门到户说　说三道四　四平八稳

稳扎稳打　打牙犯嘴　嘴直心快　快步流星　星火燎原　原原本本

本末倒置　置若罔闻　闻风丧胆　胆小如鼠　鼠窜狼奔　奔走相告

告朔饩羊　羊狠狼贪　贪污腐化　化为乌有　有备无患　患难之交

成语解释

海水群飞:比喻国家不安宁。

飞短流长:飞、流,散布;短、长,指是非、善恶。指散播谣言,中伤他人。

长治久安:治,太平;安,安定。形容国家长期安定、巩固。

安之若素:安,安然,坦然;之,代词,指人或物;素,平常。安然相处,和往常一样,不觉得有什么不合适。

素昧平生:昧,不了解;平生,平素、往常。彼此一向不了解。指与某人从来不认识。

生栋覆屋:造房子用新伐的木头做屋梁,木头容易变形,房屋容易倒塌。比喻祸由自取。

屋如七星:形容住房破漏。

星罗棋布:罗,罗列;布,分布。像天空的星星和棋盘上的棋子那样分布着。形容数量很多,分布很广。

布鼓雷门:布鼓,布蒙的鼓;雷门,古代浙江会稽的城门名。在雷门前击布鼓。比喻在能手面前卖弄本领。

门到户说:到各家各户宣传解说。

说三道四:形容不负责任地胡乱议论。

四平八稳:原形容身体各部位匀称、结实。后常形容说话做事稳当。也形容做事只求不出差错,缺乏积极创新精神。

稳扎稳打:扎,安营。稳当而有把握地打击敌人。比喻有把握、有步骤地工作。

打牙犯嘴:比喻乱开玩笑。

嘴直心快:性情直爽,有话就说。

快步流星:形容步子跨得大,走得快。

星火燎原:一点儿小火星可以把整个原野烧起来。常比喻新生事物开始时力量虽然很小,但有旺盛的生命力,前途无限。

原原本本:从头到尾按原来的样子。指详细叙述事情的全部起因和整个过程,一点不漏。

本末倒置:本,树根;末,树梢;置,放。比喻把主次、轻重的位置弄颠倒了。

置若罔闻:放在一边,好像没有听见似的。指不予理睬。

闻风丧胆:丧胆,吓破了胆。听到风声,就吓得丧失了勇气。形容对某种力量非常恐惧。

胆小如鼠:胆子小得像老鼠。形容非常胆小。

鼠窜狼奔:形容狼狈逃跑的情景。

奔走相告:指有重大的消息时,人们奔跑着相互转告。

告朔饩羊:原指鲁国自文公起不亲自到祖庙告祭,只杀一只羊应付一下。后比喻照例应付,敷衍了事。

羊狠狼贪:狠,凶狠。原指为人凶狠,争夺权势。后比喻贪官污吏的残酷剥削。

贪污腐化:利用职权,非法取得财物,过着奢侈糜烂的生活。

化为乌有:乌有.哪有,何有。变得什么都没有。指全部消失或完全落空。

有备无患:患,祸患,灾难。事先有准备,就可以避免祸患。

患难之交:交,交情,朋友。在一起经历过艰难困苦的朋友。

第四十四步

成语接龙

交淡若水　水过鸭背　背城借一　一塌糊涂　涂脂抹粉　粉白黛黑

黑白分明　明目张胆　胆战心惊　惊心吊胆　胆大心小　小廉曲谨

谨毛失貌　貌似强大　大璞不完　完事大吉　吉光片羽　羽毛未丰

丰衣足食　食肉寝皮　皮相之见　见笑大方　方便之门　门当户对

对酒当歌　歌舞升平　平白无故　故入人罪　罪该万死　死灰复燃

成语解释

交淡若水:指道义上的往来。

水过鸭背:比喻事过之后没有留下一点痕迹。

背城借一:背,背向;借,凭借;一,一战。在自己城下和敌人决一死战。多指决定存亡的最后一战。

一塌糊涂:形容混乱或败坏到了不可收拾的程度。

涂脂抹粉:脂,胭脂。搽胭脂抹粉。指妇女打扮。也比喻为遮掩丑恶的本质而粉饰打扮。

粉白黛黑:粉白,在脸上搽粉,使脸更白;黛黑,画眉毛,使眉毛更黑。泛指女子的妆饰。

黑白分明:黑色与白色对比鲜明。比喻是非界限很清楚。也形容字迹、画面清楚。

明目张胆:明目,睁亮眼睛;张胆,放开胆量。原指有胆识,敢作敢为。后形容公开放肆地干坏事。

胆战心惊:战,发抖。形容非常害怕。

惊心吊胆:形容十分害怕或担心。

胆大心小:形容办事果断,考虑周密。

小廉曲谨:细微的廉洁谨慎。指注意小节而不识大体。

谨毛失貌:原指绘画时小心地画出了细微而无关紧要之处,却忽略了整体面貌。后用以比喻注意了小处而忽略了大处。

貌似强大:表面好像强大,实际却很虚弱。

大璞不完:指玉既经雕琢,就失去了天然的形态。旧时比喻读书人做了官,丧失了原来的志向。

完事大吉:指事情结束了。

吉光片羽:吉光,古代神话中的神兽名;片羽,一片毛。比喻残存的珍贵文物。

羽毛未丰:丰,丰满。指小鸟没长成,身上的毛还很稀疏。比喻年纪轻,经历少,不成熟或力量还不够强大。

丰衣足食:足,够。穿的吃的都很丰富充足。形容生活富裕。

食肉寝皮:割他的肉吃,剥他的皮睡。形容对敌人的深仇大恨。

皮相之见:肤浅的看法。

见笑大方:指让内行人笑话。

方便之门:方便,本佛家语,指灵活对待。原是佛教指引人入教的门径,后指给人方便的门路。

门当户对:旧时指男女双方的社会地位和经济情况相当,结亲很适合。

对酒当歌:对着酒应该放声高唱。原意是人生时间有限,应该有所作为。后也用来指及时行乐。

歌舞升平:升平,太平。边歌边舞,庆祝太平。有粉饰太平的意思。

平白无故:平白,凭空;故,缘故。指无缘无故。

故入人罪:故意把罪名加于人。

罪该万死:万死,处一万次死刑。形容罪恶极大。

死灰复燃:冷灰重新烧了起来。原比喻失势的人重新得势。现常比喻已经消失了的恶势力又重新活动起来。

第四十五步

成语接龙

燃眉之急　急不暇择　择善而从　从心所欲　欲擒故纵　纵虎归山

山栖谷隐　隐忍不言　言之凿凿　凿壁偷光　光复旧物　物腐虫生

生不逢时　时不再来　来者可追　追本穷源　源源而来　来者不善

善善恶恶　恶语中伤　伤心惨目　目不暇接　接踵而来　来日大难

难以置信　信口雌黄　黄道吉日　日下无双　双瞳剪水　水火无情

成语解释

燃眉之急:燃,烧。火烧眉毛那样紧急。形容事情非常急迫。

急不暇择:在紧急的情况下来不及选择。

择善而从:从,追随,引申为学习。指选择好的学,按照好的做。

从心所欲:按照自己的意思,想怎样便怎样。

欲擒故纵:擒,捉;纵,放。故意先放开他,使他放松戒备,充分暴露,然后再把他捉住。

纵虎归山:把老虎放回山去。比喻把坏人放回老巢,留下祸根。

山栖谷隐:栖息于山中,汲取山谷的泉水来喝。形容隐居生活。

隐忍不言:隐忍,勉强忍耐,把事情藏在心里。把事情藏在心里不说。

言之凿凿:凿凿,确实。形容说得非常确实。

凿壁偷光:原指西汉匡衡凿穿墙壁引邻舍之烛光读书。后用来形容家贫而读书刻苦。

光复旧物:光复,恢复;旧物,旧有的东西。指收复曾被敌人侵占的祖国山河。

物腐虫生:东西腐烂了才会生虫。比喻祸患的发生,总有内部的原因。也比喻本身有了弱点,别人才能乘机打击。

生不逢时:生下来没有遇到好时候。旧时指命运不好。

时不再来:时,时机。时机错过就不会再来了。指行事不要放过时机。

来者可追:可追,可以补救。过去的事已无法挽回,但是未来的事还来得及赶上。

追本穷源:穷,寻求到尽头。追究事情发生的根源。

源源而来:原指诸侯相继朝觐一辈子。后形容接连不断地到来。

来者不善:善,亲善,友好。强调来人不怀好意,要警惕防范。

善善恶恶:称赞善事,憎恶坏事。形容人区别善恶,爱憎分明。

恶语中伤:中伤,攻击和陷害别人。用恶毒的话污蔑、陷害人。

伤心惨目:伤心,使人心痛;惨目,惨不忍睹。形容非常悲惨,使人不忍心看。

目不暇接:指东西多,眼睛都看不过来。

接踵而来:指人们前脚跟着后脚,接连不断地来。形容来者很多,络绎不绝。

来日大难:表示前途困难重重。

难以置信:不容易相信。

信口雌黄:信,任凭.听任;雌黄,即鸡冠石,黄色矿物,用作颜料。古人用黄纸写字,写错了,用雌黄涂抹后改写。比喻不顾事实,随口乱说。

黄道吉日:迷信的人认为可以办事的吉利日子。

日下无双:京城无人可比。比喻才能出众。

双瞳剪水:瞳,瞳孔,指眼睛。形容眼睛清澈明亮。

水火无情:指水和火是不讲情面的,如疏忽大意,容易造成灾祸。

第四十六步

成语接龙

情至意尽　尽如人意　意气风发　发号施令　令人作呕　呕心沥血

血气方刚　刚直不阿　阿谀逢迎　迎头赶上　上下其手　手不释卷

卷土重来　来情去意　意在笔先　先意承志　志士仁人　人寿年丰

丰亨豫大　大言不惭　惭凫企鹤　鹤立鸡群　群鸿戏海　海晏河清

清浊同流　流年似水　水月镜花　花朝月夜　夜长梦多　多藏厚亡

成语解释

情至意尽:指对人的情谊已经到极点。

尽如人意：尽，全；如，依照，符合。事情完全符合人的心意。

意气风发：意气，意志和气概；风发，像风吹一样迅猛。形容精神振奋，气概豪迈。

发号施令：号，号令；施，发布。发布命令。现在也用来形容指挥别人。

令人作呕：呕，恶心，想吐。比喻使人极端厌恶。

呕心沥血：沥，一滴一滴。比喻用尽心思。多形容为事业、工作、文艺创作等用心的艰苦。

血气方刚：血气，精力；方，正；刚，强劲。形容年轻人精力正旺盛。

刚直不阿：阿，迎合，偏袒。刚强正直，不逢迎，无偏私。

阿谀逢迎：阿谀，用言语恭维别人；逢迎，迎合别人的心意。奉承，拍马，讨好别人。

迎头赶上：迎，向着；头，走在前面的。加紧追上最前面的。

上下其手：比喻玩弄手法，串通作弊，颠倒是非。

手不释卷：释，放下；卷，指书籍。书本不离手。形容勤奋好学。

卷土重来：卷土，人马奔跑时尘土飞卷。比喻失败之后，重新恢复势力。

来情去意：事情的内容和原因。

意在笔先：指写字画画，先构思成熟，然后下笔。

先意承志：指孝子不等父母开口就能顺父母的心意去做。后指揣摸人意，谄媚逢迎。

志士仁人：原指仁爱而有节操，能为正义牺牲生命的人。现在泛指爱国而为革命事业出力的人。

人寿年丰：人长寿，年成也好。形容太平兴旺的景象。

丰亨豫大：形容富足兴盛的太平安乐景象。

大言不惭：说大话，不感到难为情。

惭凫企鹤：比喻惭愧自己的短处，羡慕别人的长处。

鹤立鸡群：像鹤站在鸡群中一样。比喻一个人的仪表或才能在周围一群人里显得很突出。

群鸿戏海：鸿，鸿雁；海，指大湖。像许多飞鸿在大湖里游戏一样。形容书法遒劲灵活。

海晏河清:晏,平静。黄河水清了,大海没有浪了。比喻天下太平。

清浊同流:清水和浊水一渠同流。形容美丑、善恶混杂,好坏不分。

流年似水:流年,光阴。形容时间一去不复返。

水月镜花:水中月,镜中花。比喻虚幻景象。

花朝月夜:有鲜花的早晨,有明月的夜晚。指美好的时光和景物。旧时也特指农历二月十五和八月十五。

夜长梦多:比喻时间一拖长,情况可能发生不利的变化。

多藏厚亡:厚,大;亡,损失。指积聚很多财物而不能周济别人,引起众人的怨恨,最后会损失更大。

第四十七步

成语接龙

亡命之徒　徒托空言　言重九鼎　鼎新革故　故作高深　深藏若虚

虚张声势　势倾天下　下里巴人　人才济济　济困扶危　危言危行

行云流水　水泄不通　通力合作　作威作福　福无双至　至高无上

上雨旁风　风情月债　债多不愁　愁眉锁眼　眼高手低　低三下四

四大皆空　空前绝后　后生可畏　畏葸不前　前车之鉴　鉴往知来

成语解释

亡命之徒:指逃亡的人。也指冒险犯法,不顾性命的人。

徒托空言:把希望寄托于空话。指只讲空话,而不实行。

言重九鼎:形容说话有分量。

鼎新革故:旧指朝政变革或改朝换代。现泛指除掉旧的,建立新的。

故作高深:本来并不高深,故意装出高深的样子。多指文章故意用些艰深词语,掩饰内容的浅薄。

深藏若虚:虚,无。把宝贵的东西藏起来,好像没有这东西一样。比喻人有真才实学,但不爱在人前卖弄。

虚张声势:张,铺张,夸大。假装出强大的气势。指假造声势,借以吓人。

势倾天下:形容权势极大,压倒一切人。

下里巴人:原指战国时代楚国民间流行的一种歌曲。比喻通俗的文学艺术。

人才济济:济济,众多的样子。形容有才能的人很多。

济困扶危:济、扶,帮助。救济贫困的人,扶助有危难的人。

危言危行:危,正直。说正直的话,做正直的事。

行云流水:形容文章自然不受约束,就像漂浮着的云和流动着的水一样。

水泄不通:泄,排泄。像是连水也流不出去。形容拥挤或包围得非常严密。

通力合作:通力,一起出力。不分彼此,一齐出力。

作威作福:原意是只有君王才能独揽权威,行赏行罚。后泛指凭借职位,滥用权力。

福无双至:指幸运的事不会接连到来。

至高无上:至,最。高到顶点,再也没有更高的了。

上雨旁风:形容家里贫穷,房屋破旧。

风情月债:比喻有关男女恋爱的事情。

债多不愁:债欠多了反而不忧愁。比喻困难成堆,认为反正一时解除不了,也就不去愁它了。

愁眉锁眼:锁,紧皱。愁得紧皱眉头,眯起双眼。形容非常苦恼的样子。

眼高手低:眼力过高,手法过低。指要求的标准很高(甚至不切实际),但实际上自己也做不到。

低三下四:形容态度卑贱低下也指工作性质卑贱低下。

四大皆空:四大,古印度称地、水、火、风为“四大”。佛教用语。指世界上一切都是空虚的。是一种消极思想。

空前绝后:从前没有过,今后也不会再有。夸张性地形容独一无二。

后生可畏:后生,年轻人,后辈;畏,敬畏。年轻人是可敬畏的。形容青年人能超过前辈。

畏葸不前:畏惧退缩,不敢前进。

前车之鉴:鉴,镜子,引申为可作为警戒的事。前面车子翻倒的教训。比喻先前的失败,可以作为以后的教训。

鉴往知来:往,过去;来,未来。根据以往的情形便知道以后怎样发生变化。

第四十八步

成语接龙

来去分明　明白了当　当门抵户　户限为穿　穿壁引光　光前裕后
后起之秀　秀而不实　实与有力　力争上游　游刃有余　余波未平
平淡无奇　奇珍异宝　宝刀不老　老态龙钟　钟灵毓秀　秀才人情
情窦初开　开山祖师　师老兵破　破瓜之年　年富力强　强人所难
难解难分　分秒必争　争猫丢牛　牛鼎烹鸡　鸡犬不宁　宁缺毋滥

成语解释

来去分明:形容手续清楚或为人在财物方面不含糊。

明白了当:形容说话或做事干净利落。

当门抵户:指撑持门户。

户限为穿:户限,门槛;为,被。门槛都踩破了。形容进出的人很多。

穿壁引光:穿,凿通;引,引进。凿通墙壁,引进烛光。形容家贫读书刻苦。

光前裕后:光前,光大前业;裕后,遗惠后代。为祖先增光,为后代造福。形容人功业伟大。

后起之秀:后来出现的或新成长起来的优秀人物。

秀而不实:秀,庄稼吐穗开花;实,结果实。开花不结果。比喻只学到一点皮毛,实际并无成就。

实与有力:与,参与,在里面。确实在里边出了力。

力争上游:上游,河的上流,比喻先进的地位。努力奋斗,争取先进再先进。

游刃有余:刀刃运转于骨节空隙中,有回旋的余地。比喻工作熟练,有实际经验,解决问题毫不费事。

余波未平:指某一事件虽然结束了,可是留下的影响还在起作用。

平淡无奇:奇,特殊的。指事物或诗文平平常常,没有吸引人的地方。

奇珍异宝:珍异难得的宝物。

宝刀不老:比喻虽然年龄已大或脱离本行已久,但功夫技术并没减退。

老态龙钟:龙钟,行动不灵便的样子。形容年老体衰,行动不灵便。

钟灵毓秀:钟,凝聚,集中;毓,养育。凝聚了天地间的灵气,孕育着优秀的人物。指山川秀美,人才辈出。

秀才人情:秀才多数贫穷,遇有人情往来,无力购买礼物,只得裁纸写诗文。俗话说,秀才人情纸半张。表示馈赠的礼物过于微薄。

情窦初开:窦,孔穴;情窦,情意的发生或男女爱情萌动。指刚刚懂得爱情。多指少女。

开山祖师:开山,指在名山创立寺院;祖师,第一代创业和尚。原指开创寺院的和尚。后借指某一事业的创始人。

师老兵破:指用兵的时间太长,兵士劳累,士气低落。

破瓜之年:瓜字可以分割成两个八字,所以旧诗文称女子十六岁时为"破瓜之年"。

年富力强:年富,未来的年岁多。形容年纪轻,精力旺盛。

强人所难:勉强人家去做他不能做或不愿做的事情。

难解难分:指双方争吵、斗争、比赛等相持不下,难以分开。有时也形容双方关系十分亲密,分不开。

分秒必争:一分一秒也一定要争取。形容抓紧时间。

争猫丢牛:为了争夺猫而丢了牛。比喻贪小失大。

牛鼎烹鸡:用煮一头牛的大锅煮一只鸡。比喻大材小用。

鸡犬不宁:宁,安宁。形容骚扰得厉害,连鸡狗都不得安宁。

宁缺毋滥:宁,宁愿;毋,不;滥,过度。选拔人才或挑选事物,宁可少一些,也不要不顾质量贪多凑数。

第四十九步

成语接龙

滥竽充数　数黑论白　白璧无瑕　瑕不掩瑜　瑜百瑕一　一呼百应

应天顺民　民不聊生　生死相依　依然故我　我心如秤　秤平斗满

满面春风　风刀霜剑　剑拔弩张　张三李四　四不拗六　六马仰秣

秣马厉兵　兵不由将　将计就计　计无所出　出生入死　死气沉沉
沉鱼落雁　雁杳鱼沉　沉李浮瓜　瓜剖豆分　分甘共苦　苦中作乐

成语解释

滥竽充数:滥,失实的,假的。不会吹竽的人混在吹竽的队伍里充数。比喻无本领的冒充有本领,次货冒充好货。

数黑论白:背后乱加评论,肆意诽谤别人。

白璧无瑕:洁白的美玉上面没有一点小斑。比喻人或事物完美无缺。

瑕不掩瑜:瑕,玉上面的斑点,比喻缺点;掩,遮盖;瑜,美玉的光泽,比喻优点。比喻缺点掩盖不了优点,缺点是次要的,优点是主要的。

瑜百瑕一:比喻优点多而缺点少。

一呼百应:一个人呼喊,马上有很多人响应。

应天顺民:应,适应,适合。顺应天命,合乎民心。

民不聊生:聊,依赖,凭借。指老百姓无以为生,活不下去。

生死相依:生死问题上互相依靠。形容同命运,共存亡。

依然故我:形容自己一切跟从前一样,没有变得更好。

我心如秤:表示自己处理事情极端公平。

秤平斗满:指做买卖规矩,不短斤少两。

满面春风:春风,指笑容。比喻人喜悦舒畅的表情。形容和蔼愉快的面容。

风刀霜剑:寒风像刀,严霜像剑。形容气候寒冷,刺人的肌肤。也比喻恶劣的环境。

剑拔弩张:张,弓上弦。剑拔出来了,弓张开了。原形容书法笔力遒劲。后多形容气势逼人,或形势紧张,一触即发。

张三李四:假设的名字,泛指某人或某些人。

四不拗六:指少数人拗不过多数人的意见。

六马仰秣:六马.古代天子驾车用六匹马;仰秣,马被琴声吸引,仰头欣赏。形容乐声美妙,连马都抬起头倾听,不吃饲料。

秣马厉兵:磨好兵器,喂好马。形容准备战斗。

兵不由将:比喻下级不服从上级的指挥。

将计就计:利用对方所用的计策,反过来对付对方。

计无所出:计,计策,办法。想不出什么办法。

出生入死:原意是从出生到死去。后形容冒着生命危险,不顾个人安危。

死气沉沉:形容气氛不活泼。也形容人精神消沉,不振作。

沉鱼落雁:鱼见之沉入水底,雁见之降落沙洲。形容女子容貌美丽。

雁杳鱼沉:比喻音信断绝。

沉李浮瓜:吃在冷水里浸过的瓜果。形容暑天消夏的生活。

瓜剖豆分:像瓜被剖开,豆从荚里裂出一样。比喻国土被人分割。

分甘共苦:同享幸福,分担艰苦。

苦中作乐:在困苦中勉强自寻欢乐。

第五十步

成语接龙

乐极生悲　悲天悯人　人言可畏　畏缩不前　前俯后仰　仰首伸眉
眉高眼低　低首下心　心乱如麻　麻木不仁　仁言利博　博士买驴
驴鸣犬吠　吠影吠声　声威大震　震古烁今　今非昔比　比肩继踵
踵决肘见　见钱眼开　开诚布公　公诸同好　好逸恶劳　劳师动众
众多非一　一室生春　春雨如油　油腔滑调　调虎离山　山崩钟应

成语解释

乐极生悲:高兴到极点时,发生使人悲伤的事。

悲天悯人:悲天,哀叹时世;悯人,怜惜众人。指哀叹时世的艰难,怜惜人们的痛苦。

人言可畏:人言,别人的评论,指流言蜚语;畏,怕。指在背后的议论或诬蔑的话很可怕。

畏缩不前:畏惧退缩,不敢前进。

前俯后仰:身体前后晃动。形容大笑或困倦得直不起腰的样子。

仰首伸眉:仰首,仰起头来;伸眉,舒展眉头。形容意气昂扬的样子。

眉高眼低:脸上的表情。泛指为人处世的道理或辨貌观色的本领。

低首下心:首,头;下心,屈服于人。形容屈服顺从。

心乱如麻:心里乱得像一团乱麻。形容心里非常烦乱。

麻木不仁:不仁,没有感觉。肢体麻痹,失去知觉。比喻对外界事物反应迟钝或漠不关心。

仁言利博:博,多,广。指有仁德的人说一句话,别人就能得到很大的好处。

博士买驴:博士,古时官名。博士买了一头驴子,写了三纸契约,没有一个“驴”字。讥讽写文章长篇累牍而说不到点子上。

驴鸣犬吠:如同驴叫狗咬一般。形容文字言语拙劣。

吠影吠声:比喻跟在别人后面盲目附和。

声威大震:声势和威望急速增长,使人非常震动。

震古烁今:烁,光亮的样子。震动古代,显耀当世。形容事业或功绩非常伟大。

今非昔比:昔,过去。现在不是过去能比得上的。多指形势、自然面貌等发生了巨大的变化。

比肩继踵:比,挨着;踵,脚跟。肩挨着肩,脚跟着脚。形容人很多,很拥挤。

踵决肘见:决,裂开。整一整衣襟,胳臂肘露了出来,拔一拔鞋,脚后跟露了出来。形容非常贫穷。

见钱眼开:看到钱财,眼睛就睁大了。形容人贪财。

开诚布公:开诚,敞开胸怀,显示诚意。指以诚心待人,坦白无私。

公诸同好:公,公开;诸,之于;同好,爱好相同的人。指把自己所收藏的珍爱的东西拿出来,使有相同爱好的人都能欣赏。

好逸恶劳:逸,安逸;恶,讨厌、憎恨。贪图安逸,厌恶劳动。

劳师动众:劳,疲劳,辛苦;师、众,军队;动,出动,动员。原指出动大批军队。现指动用很多人力。

众多非一:指类别甚多,不止一种。

一室生春:整个房间里充满了愉快欢乐的气氛。

春雨如油:春雨贵如油。形容春雨可贵。

油腔滑调:形容说话轻浮油滑,不诚恳,不严肃。

调虎离山:设法使老虎离开原来的山冈。比喻用计使对方离开原来的地方,以便乘机行事。

山崩钟应：比喻同类事物相感应。

第五十一步

成语接龙

应运而生　生龙活虎　虎狼之势　势成骑虎　虎口余生　生老病死

死不悔改　改邪归正　正理平治　治国安民　民保于信　信及豚鱼

鱼贯而入　入不敷出　出入人罪　罪有应得　得过且过　过目不忘

忘其所以　以莛叩钟　钟鸣漏尽　尽人皆知　知难而退　退如山移

移天易日　日就月将　将信将疑　疑信参半　半吞半吐　吐哺握发

发愤图强　强聒不舍

成语解释

应运而生：应，顺应；运，原指天命，泛指时机。旧指应天命而产生。现指适应时机而产生。

生龙活虎：形容活泼矫健，富有生气。

虎狼之势：形容极凶猛的声势。

势成骑虎：骑在老虎背上，要下来不能下来。比喻事情中途遇到困难，但迫于形势，想停止也停止不了。

虎口余生：老虎嘴里幸存下来的生命。比喻逃脱极危险的境地侥幸活下来。

生老病死：佛教指人的四苦，即出生、衰老、生病、死亡。今泛指生活中生育、养老、医疗、殡葬。

死不悔改：到死也不追悔、改正。形容非常顽固。

改邪归正：邪，不正当、不正派；归，回到。从邪路上回到正路上来，不再做坏事。

正理平治：指合乎正道的礼法规范，使社会安定有秩序。

治国安民：治，治理；安，安定。治理国家，安定人民。

民保于信：指执政的人有信还要有义，才能受到人民拥护。

信及豚鱼:及,达到;豚,小猪。信用及于小猪和鱼那样微贱的东西。比喻信用非常好。

鱼贯而入:像游鱼一样一个跟着一个地接连着走。形容一个接一个地依次序进入。

入不敷出:敷,够,足。收入不够支出。

出入人罪:指法庭裁判错误,把有罪的人认为无罪,把无罪的人认为有罪。

罪有应得:应,应该。按罪恶或错误的性质,理应得到这样的惩罚。

得过且过:且,暂且。只要能够过得去,就这样过下去。形容胸无大志。

过目不忘:看过就不忘记。形容记忆力非常强。

忘其所以:指因过分兴奋或得意而忘了应有的举止。

以莛叩钟:莛,草茎。原意是钟的音量大,用草茎去敲,就不能使它发出应有的响声。后比喻学识浅薄的人向知识渊博的人请教。

钟鸣漏尽:漏,滴漏,古代计时器。晨钟已经敲响,漏壶的水也将滴完。比喻年老力衰,已到晚年。也指深夜。

尽人皆知:尽,全部,所有。人人都知道。

知难而退:原指作战要见机而行,不要做实际上无法办到的事。后泛指知道事情困难就后退。

退如山移:退却时像一座山在移动。比喻遇到变故,沉着镇静。

移天易日:易,更换。比喻野心家篡夺政权。

日就月将:就,成就;将,进步。每天有成就,每月有进步。形容精进不止。

将信将疑:将,且,又。有点相信,又有点怀疑。

疑信参半:指半信半疑。

半吞半吐:形容说话含糊不清,不直截了当。

吐哺握发:哺,口中咀嚼着的食物。吃饭时多次吐出口中的食物,洗头时多次把头发握在手中。比喻为了招揽人才而操心忙碌。

发愤图强:发愤:决心努力;图,谋求。决心奋斗,努力谋求强盛。

强聒不舍:聒,声音吵闹;舍,舍弃。形容别人不愿意听,还絮絮叨叨说个不停。

第五十二步

成语接龙

舍生忘死　死不瞑目　目送手挥　挥戈反日　日暮途穷　穷奢极欲
欲罢不能　能工巧匠　匠心独运　运用自如　如应斯响　响彻云霄
霄壤之别　别具一格　格格不入　入井望天　天翻地覆　覆车之鉴
鉴影度形　形枉影曲　曲高和寡　寡见少闻　闻过则喜　喜从天降
降心相从　从井救人　人心所向　向天而唾　唾手可得　得意忘形
形影相随　随俗浮沉

成语解释

舍生忘死:不把个人的生死放在心上。

死不瞑目:瞑目,闭眼。死了也不闭眼。原指人死的时候心里还有放不下的事。现常用来形容极不甘心。

目送手挥:手眼并用,怎么想就怎么用。也比喻语言文字的意义双关,意在言外。

挥戈反日:戈,古代兵器;反,返回。比喻排除困难,扭转危局。

日暮途穷:暮,傍晚;途,路。天已晚了,路已走到了尽头。比喻处境十分困难,到了末日。也形容穷困到极点。

穷奢极欲:穷,极;奢,奢侈;欲,享乐的观念。奢侈和贪欲到了极点。

欲罢不能:欲,想;罢,停,歇。要停止也不能停止。

能工巧匠:指工艺技术高明的人。

匠心独运:匠心,工巧的心思。独创性地运用精巧的心思。

运用自如:运用得非常熟练自然。

如应斯响:形容反响极快。

响彻云霄:彻,贯通;云霄,高空。形容声音响亮,好像可以穿过云层,直达高空。

霄壤之别:天和地,一极在上,一极在下,比喻差别极大。

别具一格:别,另外。另有一种独特的风格。

格格不入:格格,阻碍,隔阂。形容彼此不协调,不相容。

入井望天:比喻眼光狭小,看到的有限。

天翻地覆:覆,翻过来。形容变化巨大。也形容闹得很凶。

覆车之鉴:覆,倾覆;鉴,镜子。把翻车作为镜子。比喻先前的失败,可以作为以后的教训。

鉴影度形:观察揣度人的形迹。

形枉影曲:东西的形状歪斜了,它的影子也就弯曲了。比喻有什么原因就会有什么结果。

曲高和寡:曲调高深,能跟着唱的人就少。旧指知音难得。现比喻言论或作品不通俗,能了解的人很少。

寡见少闻:听的少,见的少。形容学识浅薄,见闻不广。

闻过则喜:过,过失;则,就。听到别人批评自己的缺点或错误,表示欢迎和高兴。指虚心接受意见。

喜从天降:喜事从天上掉下来。比喻突然遇到意想不到的喜事。

降心相从:降心,屈己;从,顺从。降低自己去遵从别人。

从井救人:从,跟从。跳到井里去救人。原比喻徒然危害自己而对别人没有好处的行为。现多比喻冒险救人。

人心所向:向,归向,向往。指人民群众所拥护的,向往的。

向天而唾:仰头向着天吐唾沫,唾沫还是落在自己的脸上。比喻本来想损害别人,结果受害的还是自己。

唾手可得:唾手,往手上吐唾沫。动手就可以取得。比喻极容易得到。

得意忘形:形,形态。形容高兴得失去了常态。

形影相随:像形体和它的影子那样分不开。形容彼此关系亲密,经常在一起。

随俗浮沉:自己没有一定的想法,随着潮流走。

第五十三步

成语接龙

沉冤莫白　白云苍狗　狗头军师　师出无名　名正言顺　顺水人情
情急智生　生离死别　别有用心　心如死灰　灰心丧气　气焰熏天
天长日久　久安长治　治病救人　人心归向　向壁虚造　造谣惑众
众擎易举　举案齐眉　眉目如画　画中有诗　诗中有画　画虎类狗
狗仗人势　势焰熏天　天悬地隔　隔世之感　感激涕零　零敲碎打
打成一片　片甲不回

成语解释

沉冤莫白:沉冤,长期得不到申雪的冤案;莫白,无法辩白,不能弄清。长期得不到申雪的冤屈。

白云苍狗:苍,灰白色。浮云像白衣裳,顷刻又变得像苍狗。比喻事物变化不定。

狗头军师:比喻爱给人出主意而主意又不高明的人。也比喻专门出坏主意的人。

师出无名:师,军队;名,名义,引申为理由。出兵没有正当的理由。后比喻做事没有正当的理由。

名正言顺:名,名分,名义;顺,合理、顺当。原指名分正当,说话合理。后多指做某事名义正当,道理也说得通。

顺水人情:利用机会顺便给人的好处。也指不费力的人情。

情急智生:情况紧急时,突然想出应变的好办法。

生离死别:分离好像和死者永别一样。指很难再见的离别或永久的离别。

别有用心:用心,居心,打算。心中另有算计。指言论或行动另有不可告人的企图。

心如死灰:死灰,已冷却的灰烬。原指心境淡漠,毫无情感。现也形容意志消沉,态度冷漠到极点。

灰心丧气:灰心,心如熄灭了的死灰;丧,失去。形容因失败或不顺利而失去信心,意志消沉。

气焰熏天:气焰,气势。形容盛气凌人,十分傲慢。

天长日久:时间长,日子久。

久安长治:形容国家长期安定、巩固。

治病救人:治好病把人挽救过来。比喻帮助犯错误的人改正错误。

人心归向:向,归向,向往。指人民群众所拥护的,向往的。

向壁虚造:向壁,对着墙壁;虚造,虚构。即对着墙壁,凭空造出来的。比喻无事实根据,凭空捏造。

造谣惑众:制造谣言,迷惑群众。

众擎易举:擎,往上托。许多人一齐用力,容易把东西举起来。比喻大家同心协力就容易把事情办成。

举案齐眉:案,古时有脚的托盘。送饭时把托盘举得跟眉毛一样高。后形容夫妻互相尊敬。

眉目如画:形容容貌端正秀丽。

画中有诗:指画里富有诗意。

诗中有画:形容长于描写景物的诗,使读者如置身图画当中。也形容诗的意境非常优美。

画虎类狗:类,像。画老虎不成,却像狗。比喻模仿不到家,反而不伦不类。

狗仗人势:仗,倚仗,仗势。比喻坏人依靠某种势力欺侮人。

势焰熏天:形容势力大,气焰高,很可怕。

天悬地隔:悬、隔,距离远。比喻相差极大。

隔世之感:世,古代以三十年为一世。指因人事或景物变化大而引起的、像隔了一个时代似的感觉。

感激涕零:涕,眼泪;零,落。因感激而流泪。形容极度感激。

零敲碎打:形容以零零碎碎、断断续续的方式进行或处理。

打成一片:原指形成一个整体。现多形容感情融洽,成为一体。

片甲不回:一个士兵也没回来。形容全军覆没。

第五十四步

成语接龙

回天之力　力不从心　心坚石穿　穿井得人　人亡物在　在所不惜
惜墨如金　金枝玉叶　叶落知秋　秋色平分　分斤掰两　两瞽相扶
扶危济困　困兽犹斗　斗鸡走狗　狗血喷头　头童齿豁　豁然贯通
通今博古　古调单弹　弹丝品竹　竹柏异心　心口相应　应有尽有
有枝添叶　叶公好龙　龙鬼蛇神　神魂颠倒　倒持泰阿　阿其所好
好为人师　师出无名

成语解释

回天之力:原比喻言论正确,极有力量,影响深远。现多比喻能挽回严重局势的力量。

力不从心:心里想做,可是力量够不上。

心坚石穿:意志坚决,能将石头穿透。比喻只要意志坚定,事情就能成功。

穿井得人:穿井,打井。指家中打井后省得一个劳力,却传说成打井时挖得一个人。比喻话传来传去而失真。

人亡物在:人死了,东西还在。指因看见遗物而引起对死者的怀念,或因此而引起的感慨。

在所不惜:决不吝惜。多用在付出大的代价。

惜墨如金:惜,爱惜。爱惜墨就像金子一样。指不轻易动笔。

金枝玉叶:原形容花木枝叶美好。后多指皇族子孙。现也比喻出身高贵或娇嫩柔弱的人。

叶落知秋:看到树叶落,便知秋天到来。比喻从细微的变化可以推测事物的发展趋向。

秋色平分:比喻双方各得一半,不分上下。

分斤掰两:比喻过分计较。

两瞽相扶:瞽,盲人。两个瞎子互相搀扶。比喻彼此都得不到帮助。

扶危济困:扶,帮助;济,搭救,拯救。扶助有危难的人,救济困苦的人。

困兽犹斗:被围困的野兽还要做最后挣扎。比喻在绝境中还要挣扎抵抗。

斗鸡走狗:使公鸡相斗,使狗赛跑。指旧时剥削阶级子弟游手好闲的无聊游戏。

狗血喷头:把狗血喷在头上。形容言辞刻毒,大肆辱骂。也形容骂得痛快淋漓。

头童齿豁:童,原指山无草木,比喻人秃顶;豁,缺口。头顶秃了,牙齿稀了。形容人衰老的状态。

豁然贯通:豁然,通达的样子;贯通,前后贯穿通晓。指一下了弄通了某个道理。

通今博古:通,通晓;博,广博,知道得多。现代和古代的事情知道得很多。形容知识渊博。

古调单弹:比喻言行不合时宜。

弹丝品竹:吹弹乐器,谙熟音乐。

竹柏异心:比喻志向不合或表象不同。

心口相应:想的与说的相一致。

应有尽有:该有的全都有。形容很齐全。

有枝添叶:比喻叙述事情或转述别人的话,为了夸大,添上原来没有的内容。

叶公好龙:叶公,春秋时楚国贵族,字子高,封于叶(古邑名,今河南叶县)。比喻口头上说爱好某事物,实际上并不真爱好。

龙鬼蛇神:比喻奇诡怪僻。

神魂颠倒:神魂,精神,神志。精神恍惚,颠三倒四,失去常态。

倒持泰阿:泰阿,宝剑名。倒拿着剑,把剑柄给别人。比喻把大权交给别人,自己反受其害。

阿其所好:阿,曲从;其,他的;好,爱好。指为取得某人的好感而迎合他的爱好。

好为人师:喜欢当别人的教师。形容不谦虚,自以为是,爱摆老资格。

师出无名:师,军队;名,名义,引申为理由。出兵没有正当理由。也引申为做某事没有正当理由。

第五十五步

成语接龙

名存实亡　亡魂丧胆　胆大包天　天怒人怨　怨天尤人　人己一视
视同路人　人尽其才　才疏意广　广土众民　民胞物与　与世无争
争权夺利　利欲熏心　心灵手巧　巧不可接　接三连四　四亭八当
当务之急　急流勇退　退避三舍　舍己救人　人心不古　古貌古心
心手相应　应付裕如　如释重负　负荆请罪　罪恶滔天　天昏地暗
暗箭伤人　人存政举

成语解释

名存实亡:名义上还存在,实际上已消亡。

亡魂丧胆:形容惊慌恐惧到极点。

胆大包天:包,包容。形容胆子极大。

天怒人怨:天公震怒,人民怨恨。形容为害作恶非常严重,引起普遍的愤怒。

怨天尤人:天,天命,命运;尤,怨恨,归咎。指遇到挫折或出了问题,一味报怨天,责怪别人。

人己一视:待别人像待自己一样。比喻待人没有私心。

视同路人:路人,过路人,指素不相识的人。看作路上遇到的陌生人。指与亲人或熟人非常疏远。

人尽其才:每个人都能充分发挥自己的才能。

才疏意广:疏,粗疏;广,广大。才干有限而抱负很大。

广土众民:土地广阔,人民众多。

民胞物与:民为同胞,物为同类。泛指爱人和一切物类。

与世无争:不跟社会上的人发生争执。形容超然达观的处世态度。

争权夺利:争夺权力和利益。

利欲熏心:贪财图利的欲望迷住了心窍。

心灵手巧:心思灵敏,手艺巧妙。多用于女子。

巧不可接:指巧妙得别人无法赶上。

接三连四：接连不断。

四亭八当：亭、当，即停当，妥帖。形容一切事情都安排得十分妥帖。

当务之急：当务，指应当办理的事。当前任务中最急切要办的事。

急流勇退：在急流中勇敢地立即退却。比喻做官的人在得意时为了避祸而及时引退。

退避三舍：舍，古时行军计程以三十里为一舍。主动退让九十里。比喻退让和回避，避免冲突。

舍己救人：牺牲自己利益，成全别人。

人心不古：古，指古代的社会风尚。旧时指人心奸诈、刻薄，没有古人淳厚。

古貌古心：形容外表和内心具有古人的风度。

心手相应：形容手法熟练，心里怎么想，手就怎么做。

应付裕如：应付，对付，处置；裕如，按自己的心愿做事。从容对付，毫不费劲。

如释重负：释，放下；重负，重担子。像放下重担那样轻松。形容紧张心情过去以后的轻松愉快。

负荆请罪：负，背着；荆，荆条。背着荆条向对方请罪。表示向人认错赔罪。

负荆请罪

罪恶滔天：滔天，漫天，弥天。形容罪恶极大。

天昏地暗：昏，天黑。天地昏黑无光。形容刮大风时漫天沙土的景象。也比喻政治腐败，社会黑暗。

暗箭伤人：放冷箭伤害人。比喻暗地里用某种手段伤害人。

人存政举：旧指一个掌握政权的人活着的时候，他的政治主张便能贯彻。

第五十六步

成语接龙

举世瞩目　目无全牛　牛刀割鸡　鸡鸣狗吠　吠形吠声　声应气求
求田问舍　舍己从人　人微权轻　轻重倒置　置之脑后　后来居上
上下一心　心灰意冷　冷暖自知　知人之明　明争暗斗　斗转参横
横七竖八　八方呼应　应付自如　如花似锦　锦心绣口　口沸目赤
赤胆忠心　心平气和　和盘托出　出将入相　相惊伯有　有求必应
应时对景　景星麟凤

成语解释

举世瞩目:全世界的人都注视着。

目无全牛:全牛,整个一头牛。眼中没有完整的牛,只有牛的筋骨结构。比喻技术熟练到了得心应手的境地。

牛刀割鸡:杀只鸡用宰牛的刀。比喻大材小用。

鸡鸣狗吠:鸡啼狗叫彼此都听得到。比喻聚居在一处的人口稠密。

吠形吠声:比喻跟在别人后面盲目附和。

声应气求:应,应和,共鸣;求,寻找。同类的事物相互感应。比喻志趣相投的人自然地结合在一起。

求田问舍:舍,房子。多方购买田地,到处问询屋价。指只知道置产业,谋求个人私利。比喻没有远大的志向。

舍己从人:舍,弃;从,顺。放弃自己的意见,服从众人的主张。

人微权轻:微,低下。指人的资历浅,威望低,权力不能使大家信服。

轻重倒置:把重要的和不重要的两者的地位摆颠倒了。

置之脑后:放在一边不再想起。

后来居上:后来的超过先前的。用以称赞后起之秀超过前辈。

上下一心:上上下下一条心。

心灰意冷:灰心失望,意志消沉。

冷暖自知:水的冷暖,只有饮者自己知道。佛教禅宗用以比喻自己证悟的境界。也比喻学习心得深浅，只有自己知道。

知人之明：能看出人的品行才能的眼力。

明争暗斗：明里暗里都在进行争斗。形容各用心思，互相排挤。

斗转参横：北斗转向，参星打横。指天快亮的时候。

横七竖八：有的横，有的竖，杂乱无章。形容纵横杂乱。

八方呼应：呼应，彼此声气相通。泛指周围、各地。形容各方面互通声气，互相配合。

应付自如：应付，对付：处置。自如，按自己的心愿做事。处理事情从容不迫，很有办法。

如花似锦：锦，有彩色花纹的丝织品。如同花朵、锦缎一般。形容风景绚丽或前程美好。

锦心绣口：形容文思优美，辞藻华丽。

口沸目赤：形容人情绪激动，声音脸色都很严厉的样子。

赤胆忠心：赤，比喻真纯。形容十分忠诚。

心平气和：心情平静，态度温和。指不急躁，不生气。

和盘托出：和，连同。连盘子也端出来了。比喻全都讲出来，毫不保留。

出将入相：出征可为将帅，入朝可为丞相。指兼有文武才能的人，也指文武职位都很高。

相惊伯有：伯有，春秋时郑国大夫良宵的字，相传他死后鬼魂作祟。形容无缘无故自相惊扰。

有求必应：只要有人请求帮助，就一定答应。

应时对景：应，适合；对，相合。适合当时的情景。

景星麟凤：犹言景星凤凰。比喻杰出的人才。

第五十七步

成语接龙

凤协鸾和　和风丽日　日丽风清　清辞丽曲　曲尽其妙　妙手空空

空谷传声　声势浩大　大度包容　容光焕发　发扬光大　大有人在

在家出家　家贫亲老　老羞成怒　怒发冲冠　冠盖相望　望子成龙

龙争虎斗　斗酒只鸡　鸡口牛后　后手接上　上方宝剑　剑态箫心

心术不正　正襟危坐　坐观成败　败军之将　将伯之呼　呼幺喝六

六尺之孤　孤独矜寡

成语解释

凤协鸾和:形容夫妻和睦,感情融洽。

和风丽日:指天气温暖而晴朗。

日丽风清:阳光明丽,清风送爽。形容天气晴和。

清辞丽曲:指清新美丽的词曲。同“清词丽句”。

曲尽其妙:曲,委婉,细致;尽,全部表达。把其中微妙之处委婉细致地充分表达出来。形容表达能力很强。

妙手空空:指小偷,也形容手中一无所有。

空谷传声:在山谷里叫喊一声,立刻听到回声。比喻反应极快。

声势浩大:声势,声威和气势;浩,广大。声威和气势非常壮大。

大度包容:度,度量;包,容纳。形容气量大,能宽容人。

容光焕发:容光,脸上的光彩;焕发,光彩四射的样子。形容身体好,精神饱满。

发扬光大:发扬,发展,提倡;光大,辉煌而盛大。使好的作风、传统等得到发展和提高。

大有人在:形容某一种人为数不少。

在家出家:指不出家当和尚,清心寡欲,在家修行。

家贫亲老:家里贫穷,父母年老。旧时指家境困难,又不能离开年老父母出外谋生。

老羞成怒:由于羞愧到了极点,下不了台而发怒。常作“恼羞成怒”。

怒发冲冠:指愤怒得头发直竖,顶着帽子。形容极端愤怒。

冠盖相望:冠盖,指古代官员的冠服和车盖,用作官员代称;相望,互相看得见。形容政府的使节或官员往来不绝。

望子成龙:希望自己的子女能在学业和事业上有成就。

龙争虎斗:形容斗争或竞赛很激烈。

斗酒只鸡:斗,酒器。古人祭亡友,携鸡酒到墓前行礼。后作为追悼亡友的话。

鸡口牛后:宁愿做小而洁的鸡嘴,而不愿做大而臭的牛肛门。比喻宁在局面小的地方自主，不愿在局面大的地方听人支配。

后手接上：指平时不注意留有余地，日后则接应不上，无法继续维持。

上方宝剑：上方，也作“尚方”，掌管制造供应御用器物的官署。尚方署特制的皇帝御用的宝剑。古代天子派大臣处理重大案件时，常赐以上方宝剑，表示授予全权，可以先斩后奏。现用以比喻来自上级的口头指示或书面文件。

剑态箫心：比喻既有情致，又有胆识。旧小说多用来形容能文能武的才子。

心术不正：指人用心不忠厚，不正派。

正襟危坐：襟，衣襟；危坐，端正地坐着。整一整衣服，端正地坐着。形容严肃或拘谨的样子。

坐观成败：冷眼旁观人家的成功或失败。

败军之将：打了败仗的将领。现多用于讽刺失败的人。

将伯之呼：指求人帮助。

呼幺喝六：幺、六，骰子的点数。掷骰子时的喊声。泛指赌博。也形容吆喝。

六尺之孤：六尺，古代尺短，“六尺”形容个子未长高；孤，死去父亲的小孩。指没有成年的孤儿。

孤独矜寡：泛指无依无靠的人。

第五十八步

成语接龙

寡不敌众　众所周知　知无不言　言过其实　实获我心　心到神知

知小谋大　大名鼎鼎　鼎鼎大名　名目繁多　多愁善感　感慨万千

千载难逢　逢人说项　项背相望　望穿秋水　水尽鹅飞　飞蓬随风

风行草偃　偃武修文　文不加点　点石成金　金舌蔽口　口讲指画

画脂镂冰　冰雪聪明　明镜高悬　悬鹑百结　结驷连骑　骑驴觅驴

驴前马后　后继无人

成语解释

寡不敌众：寡，少；敌，抵挡；众，多。人少的抵挡不住人多的。

众所周知：大家普遍知道的。

知无不言:凡是知道的没有不说的。

言过其实:实,实际。原指言语浮夸,超过实际才能。后也指话说得过分,超过了实际情况。

实获我心:表示别人说得跟自己的想法一样。

心到神知:旧时指只要诚心敬神,就用不到烦琐的礼仪。比喻对人表示钦佩,不必有什么虚文浮礼。

知小谋大:指能力太差,不能胜任重大的任务。

大名鼎鼎:鼎鼎,盛大的样子。形容名气很大。

鼎鼎大名:形容名气很大。

名目繁多:指事物的花样或名称非常多。

多愁善感:善,容易。形容人敏感脆弱,经常发愁和伤感。

感慨万千:因外界事物变化很大而引起许多感想、感触。

千载难逢:一千年里也难碰到一次。形容机会极其难得。

逢人说项:项,指唐朝诗人项斯。遇人便赞扬项斯。比喻到处为某人某事吹嘘,说好话。

项背相望:项,颈项。原指前后相顾。后多形容行人拥挤,接连不断。

望穿秋水:秋水,比喻人的眼睛。眼睛都望穿了。形容对远地亲友的殷切盼望。

水尽鹅飞:水干涸,鹅飞走。比喻恩情断绝,各走各的路。也比喻精光,一点儿也不剩。

飞蓬随风:枯蓬随风飞。比喻人没有主见,态度随着情势而转变。

风行草偃:风一吹草就倒下。比喻有德者的感化力量能使百姓顺从。

偃武修文:偃,停止;修,昌明,修明。停止武事,振兴文教。

文不加点:点,古人写文章时在字的右上角涂上一点,表示删去。文章一气呵成,无须修改。形容文思敏捷,写作技巧纯熟。

点石成金:比喻修改文章时稍稍改动原来的文字,就使它变得很出色。

金舌蔽口:金舌,用金子做舌头;弊,破。用金做的舌头,说破了嘴。比喻说话很多,枉费口舌。

口讲指画:一面讲一面用手势帮助表达意思。

画脂镂冰:镂,雕刻。在油脂上绘画,在冰上雕刻。比喻劳而无功。

冰雪聪明:比喻人聪明非凡。

明镜高悬:传说秦始皇有一面镜子,能照人心胆。比喻官员判案公正廉明。

悬鹑百结:鹌鹑的羽毛又短又花,因以悬鹑比喻破烂的衣服。形容破烂,补丁很多。

结驷连骑:驷,古时一乘车所套的四匹马;骑,骑马的人。随从、车马众多。形容排场阔绰。

骑驴觅驴:骑着驴去找别的驴。原比喻一面占着一个位置,一面去另找更称心的工作。现多比喻东西就在自己这里,还到处去找。

驴前马后:比喻一切受人支配。

后继无人:继,继承。没有后人来继承前人的事业。

第五十九步

成语接龙

人微言轻　轻而易举　举一反三　三生有幸　幸灾乐祸　祸国殃民
民富国强　强作解人　人多势众　众口铄金　金刚怒目　目光如鼠
鼠窃狗偷　偷工减料　料事如神　神通广大　大敌当前　前所未闻
闻一知十　十围五攻　攻苦食淡　淡妆浓抹　抹月批风　风花雪夜
夜郎自大　大打出手　手到病除　除暴安良　良工心苦　苦大仇深
深入人心　心安理得

成语解释

人微言轻:地位低,说话不受人重视。

轻而易举:形容事情容易做,不费力气。

举一反三:反,类推。比喻从一件事情类推而知道其他许多事情。

三生有幸:三生,佛家指前生、今生、来生;幸,幸运。三世都很幸运。比喻非常幸运。

幸灾乐祸:幸,高兴。指人缺乏善意,在别人遇到灾祸时感到高兴。

祸国殃民:祸、殃,损害。使国家受害,百姓遭殃。

民富国强:人民富裕,国家强盛。

强作解人:指不明真意而乱发议论的人。

人多势众:声势力量大。

众口铄金:铄,熔化。形容舆论力量大,连金属都能熔化。比喻众口一词可以混淆是非。

金刚怒目:怒目,睁大眼睛,眼珠突出。形容面目威猛可畏。

目光如鼠:鼠目寸光,形容目光短浅或行为不正。

鼠窃狗偷:像老鼠少量窃取,像狗钻油偷盗。指小偷小摸。

偷工减料:原指商人为了牟取暴利而暗中降低产品质量,削减工料。现也指做事图省事,马虎敷衍。

料事如神:料,预料。预料事情像神仙一样准确。形容预料事情非常准确。

神通广大:神通,原是佛家语,指神奇的法术。法术广大无边。形容本领高超,无所不能。

大敌当前:当,面对。面对着强敌。形容形势严峻。

前所未闻:前,先前。从来没有听说过。

闻一知十:听到一点就能理解很多。形容善于类推。

十围五攻:兵力超过敌人十倍就可以包围它,超过五倍就可以攻击它。

攻苦食淡:攻,做;苦.艰苦;淡:清淡。做艰苦的工作,吃清淡的食物。形容刻苦自励。

淡妆浓抹:妆,装饰;抹,涂抹。形容素雅和艳丽两种不同的装饰。

抹月批风:意思是用风月当菜肴。这是文人表示家贫没有东西待客的风趣说法。

风花雪夜:原指旧时诗文里经常描写的自然景物。后比喻堆砌辞藻、内容贫乏空洞的诗文。

夜郎自大:夜郎,汉代西南地区的一个小国。比喻人无知而又狂妄自大。

大打出手:打出手,戏曲中的一种武打技术,一出剧中的主要人物与多个对手相打,形成种种武打场面。比喻逞凶打人或殴斗。

手到病除:刚动手治疗,病就除去了。形容医术高明。也比喻工作做得很好,解决问题迅速。

除暴安良:暴,暴徒;良,善良的人。铲除强暴,安抚善良的人民。

良工心苦:良工,手艺高明的工匠。形容优秀艺术家的作品,在创作过程中都费尽心思。

苦大仇深：形容受尽剥削压迫的苦，有很大的仇恨。

深入人心：指理论、学说、政策等为人们深切了解和信服。

心安理得：得，适合。自以为做的事情合乎道理，心里很坦然。

第六十步

成语接龙

得意忘言　言行抱一　一夕一朝　朝梁暮陈　陈陈相因　因循守旧
旧地重游　游山玩水　水涨船高　高义薄云　云兴霞蔚　蔚然成风
风流罪过　过街老鼠　鼠目寸光　光前绝后　后发制人　人云亦云
云泥之别　别具匠心　心口如一　一丝不挂　挂一漏万　万古长青
青黄不接　接二连三　三牲五鼎　鼎足而三　三命而俯　俯仰由人
人一己百　百折不回

成语解释

得意忘言：原意是言词是表达意思的，既然已经知道了意思，就不再需要言词。后比喻彼此心里知道，不用明说。

言行抱一：言行一致，说的和做的完全一个样。

一夕一朝：一个晚上或一个早晨。形容很短的时间。

朝梁暮陈：比喻人反复无常，没有节操。

陈陈相因：陈，旧；因，沿袭。原指皇仓之粮逐年增加，陈粮上压陈粮。后多比喻沿袭老一套，无创造革新。

因循守旧：因循，沿袭；守旧，死守老的一套。死守老一套，缺乏创新的精神。

旧地重游：重新来到曾经居住过或游览过的地方。

游山玩水：游览、玩赏山水景物。

水涨船高：水位升高，船身也随之浮起。比喻事物随着它所凭借的基础的提高而增长提高。

高义薄云：薄，迫近。原指文章表达的内容很有意义。后形容人很讲义气。

云兴霞蔚：像云霞升腾聚集起来。形容景物灿烂绚丽。

蔚然成风:蔚然,草木茂盛的样子。指一件事情逐渐发展盛行,形成一种良好风气。

风流罪过:风流,原为封建士大夫的所谓风雅。原指因为风雅而致的过错。后也指因搞男女关系而犯下的罪。

过街老鼠:比喻人人痛恨的坏人。

鼠目寸光:形容目光短浅,没有远见。

光前绝后:光,光大,扩充;绝,断绝。扩充了前人所不及的事,做出了后人难以做到的事。形容功业伟大或成就卓著。

后发制人:发,发动;制,制服。等对方先动手,再抓住有利时机反击,制服对方。

人云亦云:云,说;亦,也。人家怎么说,自己也跟着怎么说。指没有主见,只会随声附和。

云泥之别:像天上的云和地上的泥那样高下不同。比喻地位的高下相差极大。

别具匠心:匠心,巧妙的心思。指在技巧和艺术方面具有与众不同的巧妙构思。

心口如一:心里想的和嘴里说的一样。形容诚实直爽。

一丝不挂:原是佛教用来比喻人没有一丝牵挂。后指人裸体。

挂一漏万:挂,钩取,这里指说到,提到;漏,遗漏。形容说得不全,遗漏很多。

万古长青:万古,千秋万代。千秋万代都像松柏一样永远苍翠。比喻崇高的精神或深厚的友谊永远不会消失。

青黄不接:青,刚长出来的青苗;黄,成熟的谷物。旧粮已经吃完,新粮尚未接上。也比喻人才或物力前后接不上。

接二连三:一个接着一个,接连不断。

三牲五鼎:原形容祭品丰盛。现形容食物丰富美好。

鼎足而三:比喻三方面对立的局势。也泛指三个方面。

三命而俯:旧时指官职步步上升,态度也愈加谦虚。

俯仰由人:俯仰,低头和抬头,泛指一举一动。比喻一切受人支配。

人一己百:别人一次就做好或学会的,自己做一百次,学一百次。比喻以百倍的努力赶上别人。

百折不回:折,挫折。比喻意志坚强,无论受到多少次挫折,毫不动摇退缩。

第六十一步

成语接龙

回味无穷　穷极无聊　聊以自慰　慰情胜无　无拳无勇　勇往直前
前挽后推　推己及人　人众胜天　天灾人祸　祸福相依　依依不舍
舍己为人　人命关天　天下太平　平起平坐　坐不重席　席地而坐
坐井观天　天渊之别　别有洞天　天荒地老　老气横秋　秋水伊人
人定胜天　天保九如　如左右手　手不停挥　挥洒自如　如日中天
天下第一　一星半点

成语解释

回味无穷:回味,指吃过东西以后的余味。比喻回想某一事物,越想越觉得有意思。

穷极无聊:穷极,极端;无聊,无所依托。原指光景穷困,精神无所寄托。现也形容无事可做,非常无聊。

聊以自慰:聊,姑且。姑且用来安慰自己。

慰情胜无:作为自我宽慰的话。

无拳无勇:拳,力气,力量。没有武力,也没有勇气。

勇往直前:勇敢地一直向前进。

前挽后推:形容前后都有人帮助。

推己及人:用自己的心意去推想别人的心意。指设身处地替别人着想。

人众胜天:聚集众人的力量,可以战胜大自然。

天灾人祸:天,自然。自然的灾害和人为的祸患。

祸福相依:比喻坏事可以引出好的结果,好事也可以引出坏的结果。

依依不舍:依依,依恋的样子;舍,放弃。形容舍不得离开。

舍己为人:舍弃自己的利益去帮助别人。

人命关天:关天,比喻关系重大。指有关人命的事情关系极其重大。

天下太平:处处平安无事。指大治之世。

平起平坐:比喻彼此地位或权力平等。

坐不重席:坐不用双层席子。比喻生活节俭。

席地而坐:古人在地上铺席子作为座位。后泛指坐在地上。

坐井观天:坐在井底看天。比喻眼界小,见识少。

天渊之别:天和地,一极在上,一极在下。比喻差别极大。

别有洞天:洞中另有一个天地。形容风景奇特,引人入胜。

天荒地老:指经历的时间极久。

老气横秋:老气,老年人的气派;横,充满。形容老练而自负的神态。现形容自高自大,摆老资格。也形容缺乏朝气。

秋水伊人:指思念中的那个人。

人定胜天:人定,指人谋。指人力能够战胜自然。

天保九如:天保,《诗经·小雅》中的篇名;九如,该诗中连用了九个"如"字,有祝贺福寿延绵不绝之意。旧时祝寿的话,祝贺福寿绵长。

如左右手:像自己的左右手一样。比喻极得力的助手。也比喻两者关系极为密切或配合得很好。

手不停挥:手不停顿地挥写。形容不停地写作。

挥洒自如:挥,挥笔;洒,洒墨。形容画画、写字、作文,运笔能随心所欲。

如日中天:好像太阳正在天顶。比喻事物正发展到十分兴盛的阶段。

天下第一:形容没有人能比得上。

一星半点:形容极少。

第六十二步

成语接龙

点铁成金　金玉良言　言行不一　一笔抹杀　杀一儆百　百不失一

一举两得　得未曾有　有一得一　一五一十　十之八九　九九归一

一往无前　前所未有　有何面目　目空一切　切肤之痛　痛心疾首

首屈一指　指鸡骂狗　狗眼看人　人面兽心　心回意转　转嗔为喜

喜怒哀乐　乐不可支　支吾其词　词钝意虚　虚情假意　意气用事

事以密成　成竹在胸

成语解释

点铁成金:原指用手指一点使铁变成金的法术。比喻修改文章时稍稍改动原来的文字,就使它变得很出色。

金玉良言:金玉,黄金和美玉。比喻可贵而有价值的劝告。

言行不一:说的是一套,做的又是另外一套。

一笔抹杀:比喻轻率地把成绩、优点全部否定。

杀一儆百:儆,警告。处死一个人,借以警诫许多人。

百不失一:一百次中无一次失误。表示射箭或打枪命中率高,或做事有充分把握。

一举两得:做一件事得到两方面的好处。

得未曾有:指前所未有,今始得之。

有一得一:不加也不减,有多少是多少。

一五一十:五、十,计数单位。五个十个地将数目点清。比喻叙述从头到尾,原原本本,没有遗漏。也形容查点数目。

十之八九:比喻有极大的可能性。

九九归一:归根到底。

一往无前:一直往前,无所阻挡。形容勇猛无畏地前进。

前所未有:从来没有过的。

有何面目:指没有脸见人。

目空一切:什么都不放在眼里。形容极端骄傲自大。

切肤之痛:切肤,切身,亲身。亲身经受的痛苦。比喻感受深切。

痛心疾首:疾首,头痛。形容痛恨到了极点。也比喻悲痛、伤心到了极点。

首屈一指:首,首先。扳指头计算,首先弯下大拇指,表示第一。指居第一位。引申为最好的。

指鸡骂狗:指着鸡骂狗。比喻表面上骂这个人,实际上是骂那个人。

狗眼看人:比喻眼光势力。

人面兽心:面貌虽然是人,但心肠像野兽一样凶狠。形容为人凶残卑鄙。

心回意转:心、意,心思;回、转,掉转。改变想法,不再坚持过去的意见。

转嗔为喜:由生气转为喜欢。

喜怒哀乐:喜欢、恼怒、悲哀、快乐。泛指人的各种不同的感情。

乐不可支:支,撑住。快乐到不能撑持的地步。形容欣喜到极点。

支吾其词:支吾,说话含混躲闪。指用含混的话搪塞应付,以掩盖真实情况。

词钝意虚:形容由于心虚而说话吞吞吐吐。

虚情假意:虚,假。装着对人热情,不是真心实意。

意气用事:意气,主观偏激的情绪;用事,行事。缺乏理智,只凭一时的想法和情绪办事。

事以密成:事情因为严密谨慎而成功。

成竹在胸:成竹,现成完整的竹子。画竹前竹的全貌已在胸中。比喻在做事之前心里早已有对这件事的通盘考虑。

一字头龙

第一步

成语接龙

一帆风顺　顺水推舟　舟水之喻　喻之以理　理不胜辞　辞严义正

正大光明　明察秋毫　毫不介意　意味深长　长治久安　安土重旧

旧地重游　游手好闲　闲见层出　出乎意外　外宽内深　深居简出

出口伤人　人各有志　志同道合　合而为一　一了百当　当机立断

断雁孤鸿

成语解释

一帆风顺:船挂着满帆顺风行驶。比喻非常顺利,没有任何阻碍。

顺水推舟:顺着水流的方向推船。比喻顺着某个趋势或某种方便说话办事。

舟水之喻:舟,船。对船和水的比喻,即水可以载舟,也可覆舟。老百姓可以帮助君王建立朝廷,也可以起来反抗推翻朝廷。

喻之以理:喻,劝导,开导。用道理来开导说服人。

理不胜辞:道理不能胜过文辞。指由于不善于推理立论,尽管文辞丰富多彩,道理并不充分。

辞严义正:辞,措词;严,严谨;义,正当的理由;正,纯正。指措词严正有力,理由正当。

正大光明:心怀坦白,言行正派。

明察秋毫:明察,看清;秋毫,秋天鸟兽身上新长的细毛。原形容人目光敏锐,任何细小的事物都能看得很清楚。后多形容人能洞察事理。

毫不介意:丝毫不往心里去。

意味深长:意味,情调,趣味。意思含蓄深远,耐人寻味。

长治久安:治,太平;安,安定。形容国家长期安定、巩固。

安土重旧:指留恋故土,不随便改变旧俗。

旧地重游:重新来到曾经居住过或游览过的地方。

游手好闲:指人游荡懒散,不愿参加劳动。

闲见层出:先后一再出现。

出乎意外:出乎意料之外。

外宽内深:指外貌宽厚而实则城府很深。

深居简出:简,简省。原指野兽藏在神秘的地方,很少出现。后指常待在家里,很少出门。

出口伤人:说出话来污辱人;说出的话有损人的尊严。

人各有志:指每个人各自有不同的志向愿望,不能勉为其难。

志同道合:道,途径。志趣相同,意见一致。

合而为一:合并为一体。

一了百当:指办事妥当、彻底。

当机立断:当机,抓住时机。在紧要时刻立即做出决断。

断雁孤鸿:鸿,鸿雁。离了群的孤独大雁。比喻孤身独处,多指未成婚的男子。

第二步

成语接龙

鸿断鱼沉　沉李浮瓜　瓜田李下　下里巴人　人穷志短　短兵相接
接二连三　三十而立　立竿见影　影只形单　单见浅闻　闻过则喜
喜气洋洋　洋为中用　用非其人　人人皆知　知人善任　任重道远
远涉重洋　洋洋得意　意在言外　外圆内方　方寸万重　重整旗鼓
鼓乐齐鸣

成语解释

鸿断鱼沉:书信断绝,音讯全无。

沉李浮瓜:吃在冷水里浸过的瓜果。形容暑天消夏的生活。

瓜田李下:比喻容易引起嫌疑的场合。

下里巴人:下里,乡下,乡里;巴,古国名,在今重庆一带。下里巴人原指战国时代楚国民间流行的一种歌曲,后比喻通俗的文学艺术。

人穷志短:穷,困厄;短,短小。人的处境困厄,志向也就小了。

短兵相接:短兵,刀剑等短兵器;接,交战。指近距离搏斗。比喻面对面地进行激烈的斗争。

接二连三:一个接着一个,接连不断。

三十而立:指人在三十岁前后有所成就。

立竿见影:在阳光下把竿子竖起来,立刻就看到影子。比喻立刻见到功效。

影只形单:只有自己的身体和自己的影子。形容孤独,没有同伴。

单见浅闻:指见识短浅。

闻过则喜:过,过失;则,就。听到别人批评自己的缺点或错误,表示欢迎和高兴。指虚心接受意见。

喜气洋洋:洋洋,得意的样子。充满了欢喜的神色或气氛。

洋为中用:批判地吸收外国文化中一切有益的东西,为我所用。

用非其人:任用了不适当的人才。指用人不当。

人人皆知:皆,都。所有的人都知道。

知人善任:知,了解,知道;任,任用,使用。善于认识人的品德和才能,最合理地使用。

任重道远:任,负担;道,路途。担子很重,路很远。比喻责任重大,要经历长期的奋斗。

远涉重洋:重洋,辽阔无边的海洋。远远地渡过海洋。

洋洋得意:形容得意时神气十足的姿态。

意在言外:语言的真正用意没有明白说出来,需要细细体会。

外圆内方:圆,圆通;方,方正。比喻人表面随和,内心严正。

方寸万重:方寸,指心;万重,多话。心里头有千言万语。

重整旗鼓:整,整顿,收拾。比喻失败之后,整顿力量,准备再干。

鼓乐齐鸣:击鼓和奏乐声一齐响。形容热闹景象。

第三步

成语接龙

鸣金收兵　兵不厌诈　诈痴佯呆　呆若木鸡　鸡犬相闻　闻鸡起舞

舞弄文墨　墨子泣丝　丝丝入扣　扣盘扪烛　烛照数计　计日程功

功盖天下　下马冯妇　妇人孺子　子虚乌有　有己无人　人百其身

身价百倍　倍道兼行　行云流水　水到渠成　成人之美　美女簪花

花信年华

成语解释

鸣金收兵:用敲锣等发出信号撤兵回营。比喻战斗暂时结束。

兵不厌诈:厌,嫌恶;诈,欺骗。作战时尽可能地用假象迷惑敌人以取得胜利。

诈痴佯呆:指假装痴呆。

呆若木鸡:呆,傻,发愣的样子。呆得像木头鸡一样。形容因恐惧或惊异而发愣的样子。

鸡犬相闻:指人烟稠密。

闻鸡起舞:闻鸡,听见鸡叫。祖逖与刘琨互相勉励,立志为国效力,半夜听到鸡叫就起床舞剑,刻苦练功。后用来形容有志之士及时奋发,刻苦自励。

舞弄文墨:玩弄法律条文,曲解其意。也指玩弄文辞,耍笔杆子。

墨子泣丝:比喻人变好变坏,环境的影响关系很大。

丝丝入扣:丝丝,每一根丝;扣,织机上的主要机件之一。织布时每条丝线都要从筘齿间穿过。比喻做得十分细致,有条不紊,一一合拍。

扣盘扪烛:扣,敲;扪,摸。比喻不经实践,认识片面,难以得到真知。

烛照数计:用烛照着,按数计算。比喻料事准确。

计日程功:计,计算;程,估量,考核;功,成效。工作进度或成效可以按日计算。形容进展快,有把握按时完成。

功盖天下:功劳天下第一。

下马冯妇:以之比喻重操旧业的人。

妇人孺子:妇女孩子。

子虚乌有：子虚，并非真实；乌有，哪有。指假设的、不存在的、不真实的事情。

有己无人：自私自利，只顾自己，不顾别人。

人百其身：百其身，自身死一百次。别人愿意死一百次来换取死者的复生。表示对死者极沉痛的悼念。

身价百倍：身价，指社会地位。指名誉地位一下子大提高。

倍道兼行：倍、兼，加倍；道，指行程。每天加倍行进，一天走两天的路程。形容加速急行。

行云流水：形容文章自然不受约束，就像漂浮着的云和流动着的水一样。

水到渠成：渠，水道。水流到的地方自然形成一条水道。比喻条件成熟，事情自然会成功。

成人之美：成.成全。成全别人的好事。

美女簪花：簪，插戴。形容书法娟秀。也比喻诗文清新秀丽。

花信年华：花信，开花时期，花期。指女子的年龄到了二十四岁。也泛指女子正处年轻貌美之时。

第四步

成语接龙

华不再扬　扬眉吐气　气贯长虹　虹销雨霁　霁风朗月　月朗星稀

稀奇古怪　怪雨盲风　风流韵事　事倍功半　半半拉拉　拉家带口

口蜜腹剑　剑气箫心　心平气和　和颜悦色　色胆包天　天下为公

公才公望　望眼欲穿　穿壁引光　光明正大　大智若愚　愚夫愚妇

妇人之仁

成语解释

华不再扬：已开过的花，在一年里不会再开。比喻时间过去了不再回来。

扬眉吐气：扬起眉头，吐出怨气。形容摆脱了长期受压状态后高兴痛快的样子。

气贯长虹：贯，贯穿。正义的精神直上高空，穿过彩虹。形容精神极其崇高，气概极其豪壮。

虹销雨霁:虹,彩虹;销,同“消”,消失;霁,本指雨止,也引申为天气放晴。彩虹消失,雨后天晴。

霁风朗月:和风明月。比喻宽厚祥和的气氛。

月朗星稀:皓月当空,星星稀少。

稀奇古怪:指很少见,很奇异,不同一般。

怪雨盲风:形容风雨来势猛。比喻迅猛激烈的斗争。

风流韵事:风雅而有情趣的事。旧指文人诗歌吟咏及琴棋书画等活动。也指男女私情。

事倍功半:指工作费力大,收效小。

半半拉拉:不完整或未全部完成的。

拉家带口:带着一家大小。

口蜜腹剑:嘴上说得很甜美,心里却怀着害人的主意。形容两面派的狡猾阴险。

剑气箫心:比喻既有情致,又有胆识(旧小说多用来形容能文能武的才子)。

心平气和:心情平静,态度温和。指不急躁,不生气。

和颜悦色:颜,面容;悦,愉快;色,脸色。脸色和蔼喜悦。形容和善可亲。

色胆包天:形容贪恋淫欲胆量很大。

天下为公:原意是天下是公众的,天子之位,传贤而不传子,后成为一种美好社会的政治理想。

公才公望:才,才识;望,名望。才识名望可称公辅的地位。

望眼欲穿:眼睛都要望穿了。形容盼望殷切。

穿壁引光:穿,凿通;引,引进。凿通墙壁,引进烛光。形容家贫读书刻苦。

光明正大:原指明白不偏邪。现多指心怀坦白,言行正派。

大智若愚:某些才智出众的人不露锋芒,看来好像愚笨。

愚夫愚妇:蒙昧无知之人。旧指小民百姓。

妇人之仁:仁,仁慈。妇女的软心肠。旧指处事姑息优柔,不识大体。

第五步

成语接龙

仁浆义粟　粟红贯朽　朽木生花　花好月圆　圆颅方趾　趾踵相错
错彩镂金　金谷酒数　数典忘祖　祖功宗德　德隆望重　重财轻义
义薄云天　天下第一　一路福星　星月交辉　辉光日新　新婚燕尔
尔汝之交　交浅言深　深恶痛疾　疾如雷电　电闪雷鸣　鸣鼓而攻
攻无不克

成语解释

仁浆义粟:指施舍给人的钱米。

粟红贯朽:粟,小米;红,腐烂变质;朽,腐烂。谷子变色,钱串损坏,形容太平时期的情况。

朽木生花:指由枯转荣,比喻事物得以新生。

花好月圆

花好月圆:花儿正盛开,月亮正圆满。比喻美好圆满。多用于祝贺人新婚。

圆颅方趾:颅,头颅;趾,脚。方脚圆头。指人类。

趾踵相错:形容人数之多。

错彩镂金:错,涂饰;镂,雕刻。形容诗文的辞藻十分华丽。

金谷酒数:金谷,园名,晋代石崇建,在今河南省洛阳市西北。罚酒三斗的隐语。旧时泛指宴饮时罚酒的斗数。

数典忘祖:比喻忘本或对祖国历史的无知。

祖功宗德:指祖有功而宗有德。古代王朝尊始祖或开国之君为祖。有开创之功,其后有德之君则尊为宗。

德隆望重:犹言德高望重。

重财轻义：指看重财利而轻视道义。

义薄云天：正义之气直上高空。形容为正义而斗争的精神极其崇高。

天下第一：形容没有人能比得上。

一路福星：路，本为宋代的行政区域名，后指道路；福星，岁星。原指一个行政区域为民谋福的好长官。后用作祝人旅途平安的客套话。

星月交辉：星星和月亮交相照耀。

辉光日新：常指一个人在道德、文学、艺术等方面日有长进。

新婚燕尔：原为弃妇诉说原夫再娶与新欢作乐，后反其意，用作庆贺新婚之辞。形容新婚时的欢乐。

尔汝之交：尔汝，古人彼此以尔汝相称，表示亲昵。指不拘形迹，十分亲昵的交情。亦作“尔汝交”。

交浅言深：交，交情。指对没有深交的人进行深谈。

深恶痛疾：恶，厌恶；痛，痛恨。指对某人或某事物极端厌恶痛恨。

疾如雷电：快得就像雷鸣闪电。形容形势发展很迅速。

电闪雷鸣：闪电飞光，雷声轰鸣。比喻快速有力。也比喻轰轰烈烈。

鸣鼓而攻：比喻宣布罪状，加以谴责或讨伐。

攻无不克：克，攻下。没有攻占不下来的。形容力量无比强大。

第六步

成语接龙

克己奉公　公忠体国　国士无双　双柑斗酒　酒龙诗虎　虎变龙蒸
蒸沙成饭　饭蔬饮水　水火不避　避强打弱　弱本强末　末大必折
折胶堕指　指天誓日　日薄西山　山摇地动　动如脱兔　兔死狗烹
烹狗藏弓　弓影浮杯　杯盘狼藉　籍籍声名　名满天下　下笔成章
章台杨柳

成语解释

克己奉公：克己，约束自己；奉公，以公事为重。克制自己的私心，一心为公。

公忠体国：指尽忠为国。

国士无双:国士,国中杰出的人物。指一国独一无二的人才。

双柑斗酒:比喻春天游玩胜景。

酒龙诗虎:比喻嗜酒善饮、才高能诗的人。

虎变龙蒸:指乘时变化而飞黄腾达。

蒸沙成饭:要把沙子蒸成饭。比喻事情不可能成功。

饭蔬饮水:形容清心寡欲、安贫乐道的生活。

水火不避:指不避艰险。

避强打弱:军事用语。在运动战中避开敌人的精锐部队而专拣疲弱的打。

弱本强末:指中央权力削弱而地方势力强大。

末大必折:末,树梢,末梢。树木枝端粗大,必折其干。比喻下属权重,危及上级。

折胶堕指:极言天气寒冷。

指天誓日:誓,发誓。指着天对着太阳发誓。表示意志坚决或对人表示忠诚。

日薄西山:薄,迫近。太阳快落山了。比喻人已经衰老或事物衰败腐朽,临近死亡。

山摇地动:山和地都在摇动。形容声势或力量的强大。

动如脱兔:比喻行动敏捷。

兔死狗烹:烹,烧煮。兔子死了,猎狗就被人烹食。比喻为统治者效劳的人在事成后被抛弃或杀掉。

烹狗藏弓:比喻事成之后把效劳出力的人抛弃以致杀害。

弓影浮杯:形容疑神疑鬼,自相惊扰。

杯盘狼藉:杯盘等放得乱七八糟。形容宴饮已毕或将毕时的情景。

籍籍声名:形容名声盛大。

名满天下:天下闻名。形容名声极大。

下笔成章:一挥动笔就写成文章。形容文思敏捷,很有才华。

章台杨柳:比喻窈窕美丽的女子。

第七步

成语接龙

柳绿桃红　红紫乱朱　朱唇粉面　面如冠玉　玉汝于成　成千上万
万水千山　山南海北　北辕适楚　楚才晋用　用心良苦　苦口婆心
心花怒放　放辟邪侈　侈衣美食　食玉炊桂　桂馥兰香　香象渡河
河清三日　日落西山　山清水秀　秀色可餐　餐云卧石　石城汤池
池鱼幕燕

成语解释

柳绿桃红：桃花嫣红，柳枝碧绿。形容花木繁盛、色彩鲜艳的春景。

红紫乱朱：古以朱为正色，紫为杂色。红紫乱朱指杂色混乱正色。比喻邪道取代正道。

朱唇粉面：形容女子貌美。亦指美女。

面如冠玉：比喻男子徒有其表。也用来形容男子的美貌。

玉汝于成：汝，你。玉汝，像爱惜玉一样爱护、帮助你。爱你如玉，帮助你，使你成功。多用于艰难困苦条件下。

成千上万：形容数量很多。

万水千山：万道河，千重山。形容路途艰难遥远。

山南海北：指遥远的地方。

北辕适楚：北辕，车子向北行驶；适，到。楚在南方，赶着车往南走。比喻行动与目的相反。

楚才晋用：比喻用才不当。

用心良苦：用心，认真思考；良，很。很费心思地反复思考。

苦口婆心：苦口，反复规劝；婆心，仁慈的心肠。比喻善意而又耐心地劝导。

心花怒放：怒放，盛开。心里高兴得像花儿盛开一样。形容极其高兴。

放辟邪侈：放、侈，放纵；辟、邪，不正派，不正当。指肆意作恶。

侈衣美食：侈衣，华美的衣服；美食，鲜美的食物。言衣食俱精。

食玉炊桂：食品贵如玉，燃料贵如桂。比喻物价昂贵。

桂馥兰香:桂、兰,两种散发芳香的花;馥,香。形容气味芳香。

香象渡河:佛教用语。比喻悟道精深。也形容评论文字精辟透彻。

河清三日:为升平祥瑞的预兆。

日落西山:太阳快要落山。比喻人到老年将死或事物接近衰亡。

山清水秀:形容风景优美。

秀色可餐:秀色,美女姿容或自然美景;餐,吃。原形容妇女美貌。后也形容景物秀丽。

餐云卧石:指超脱尘世的隐逸生活。

石城汤池:比喻防守坚固不易攻破的城池。

池鱼幕燕:比喻处境危险极易遭殃的人。

第八步

成语接龙

燕安鸩毒　毒赋剩敛　敛锷韬光　光前裕后　后来居上　上慢下暴

暴虎冯河　河清人寿　寿陵失步　步罡踏斗　斗而铸锥　锥处囊中

中风狂走　走斝飞觞　觞酒豆肉　肉山脯林　林栖谷隐　隐居求志

志大才疏　疏而不漏　漏尽更阑　阑风伏雨　雨打风吹　吹气如兰

兰桂齐芳

成语解释

燕安鸩毒:指沉溺于安逸享乐,犹如饮毒酒自杀。

毒赋剩敛:指横征暴敛。

敛锷韬光:比喻隐匿锋芒,才气不外露。

光前裕后:光前,光大前业;裕后,遗惠后代。为祖先增光,为后代造福。形容人功业伟大。

后来居上:后来的超过先前的。用以称赞后起之秀超过前辈。

上慢下暴:指君上骄慢,下民强暴。

暴虎冯河:暴虎,空手搏虎;冯河,涉水过河。比喻有勇无谋,鲁莽冒险。

河清人寿:古时传说黄河水千年一清,因以之形容人之长寿。

寿陵失步:比喻仿效不成,反而丧失了固有技能。

步罡踏斗:道士礼拜星宿、召遣神灵的一种动作。其步行转折,宛如踏在罡星斗宿之上,故称。罡,北斗七星之柄。斗,北斗星。

斗而铸锥:临到打仗才去铸造兵器。比喻行动不及时。

锥处囊中:囊,口袋。锥子放在口袋里,锥尖就会露出来。比喻有才能的人不会长久被埋没,终能显露头角。

中风狂走:举止放纵,如患疯癫。

走斝飞觞:斝、觞,酒器。指欢宴畅饮。

觞酒豆肉:觞,古代盛酒器;豆,古代盛食器。泛指饮食。

肉山脯林:积肉如山,列脯如林。形容穷奢极侈。

林栖谷隐:指在山林隐居。亦指隐居的人。

隐居求志:隐居不仕,以实现自己的志愿。

志大才疏:疏,粗疏,薄弱。指人志向大而才具不够。

疏而不漏:意思是天道公平,作恶就要受惩罚,它看起来似乎很不周密,但最终不会放过一个坏人。比喻作恶的人逃脱不了国法的惩处。

漏尽更阑:漏,古代滴水计时的仪器;更,夜间计时单位。喻指夜深之时。

阑风伏雨:指夏秋之际的风雨。后亦泛指风雨不已。

雨打风吹:原指花木遭受风雨摧残。比喻恶势力对弱小者的迫害。也比喻严峻的考验。

吹气如兰:气息像兰花那样香。形容美女的呼吸。也用于形容文辞华美。

兰桂齐芳:兰桂,对他人儿孙的美称;芳,比喻美德、美声。旧指儿孙同时显贵发达。

第九步

成语接龙

芳兰竟体　体贴入微　微为繁富　富堪敌国　国仇家恨　恨之入骨
骨鲠在喉　喉长气短　短绠汲深　深山老林　林下风度　度日如年
年富力强　强弩之末　末大不掉　掉臂不顾　顾此失彼　彼竭我盈
盈千累万　万壑千岩　岩穴之士　士饱马腾　腾声飞实　实逼处此

此问彼难

成语解释

芳兰竟体:芳兰,兰草的香气;竟体,满身。香气满身。比喻举止娴雅,风采极佳。

体贴入微:体贴,细心体谅别人的心情和处境,给予关心和照顾;入微,达到细微的程度。形容对人照顾或关怀非常细心、周到。

微为繁富:稍微有些辞藻繁多。

富堪敌国:私人拥有的财富可与国家的资财相匹敌。形容极为富有。

国仇家恨:国家被侵略之仇,家园被破坏之恨。

恨之入骨:恨到骨头里去。形容痛恨到极点。

骨鲠在喉:鲠,鱼刺。鱼骨头卡在喉咙里。比喻心里有话没有说出来,非常难受。

喉长气短:比喻事情麻烦、费劲。

短绠汲深:绠,汲水用的绳子;汲,从井里打水。吊桶的绳子短,打不了深井里的水。比喻能力薄弱,难以担任艰巨的任务。

深山老林:与山外、林外距离远的、人迹罕至的山岭、森林。

林下风度:称颂妇女娴雅飘逸的风采。

度日如年:过一天像过一年那样长。形容日子很不好过。

年富力强:年富,未来的年岁还有很多。形容年纪轻,精力旺盛。

强弩之末:强弩所发的矢,飞行已达末程。比喻强大的力量已经衰弱,起不了什么作用。

末大不掉:比喻部属势力强大,难以驾驭。

掉臂不顾:掉,摆动。摆动着手臂,头也不回。形容毫无眷顾。

顾此失彼:顾了这个,丢了那个。形容忙乱或慌张的情景。

彼竭我盈:彼,他,对方;竭,尽;盈,充满。他们的勇气已丧失,我们的士气正旺盛。

盈千累万:盈,满;累,积。成千上万。形容数量非常多。

万壑千岩:形容峰峦、山谷极多。

岩穴之士:指隐士。古时隐士多山居,故称。

士饱马腾:军粮充足,士气旺盛。

腾声飞实:传扬名声与功业。使名实俱得传扬。

实逼处此:指为情势所迫,不得不这样。

此问彼难:这个诘问,那个责难。

第十步

成语接龙

难分难舍 舍道用权 权移马鹿 鹿皮苍璧 璧坐玑驰 驰魂宕魄

魄散魂消 消息盈冲 冲冠眦裂 裂裳裹膝 膝行匍伏 伏而咶天

天壤王郎 郎才女貌 貌是情非 非驴非马 马工枚速 速战速决

决一雌雄 雄深雅健 健步如飞 飞沙走石 石沉大海 海底捞月

月白风清

成语解释

难分难舍:分,分离;舍,放下。形容感情很好,不愿分开。

舍道用权:变通常道以适应现实的需要。

权移马鹿:指恃权专横跋扈,任意颠倒是非。

鹿皮苍璧:形容本末不相称。

璧坐玑驰:形容文章的语言精彩美妙。

驰魂宕魄:形容震撼心灵。

魄散魂消:形容惊恐万分,极端害怕。

消息盈冲:指事物的盛衰变化或行为的出处进退。

冲冠眦裂:眦裂,睁裂眼眶。形容愤怒到极点。

裂裳裹膝:裂,破裂;裹,包裹。指奔走急切。

膝行匍伏:伏地爬行。

伏而咶天:咶,以舌舔物。伏地以舌舔天。比喻所行与所求不一致,无法达到目的。

天壤王郎:天壤,指天地之间,即人世间;王郎,指晋朝人王凝之。天地间竟有这种人。原是谢道蕴轻视其丈夫王凝之的话。后比喻对丈夫不满意。

郎才女貌:郎,旧指女子对丈夫或情人的称呼。男的有才气,女的有美貌。形容男女双方很相配。

貌是情非:表面做的与心里想的完全两样。比喻表里不一。

非驴非马:不是驴也不是马。比喻不伦不类,什么也不像。

马工枚速:原指枚皋文章写得多,司马相如文章写得工。后用于称赞各有长处。

速战速决:用快速的战术结束战局。也比喻用迅速的办法完成任务。

决一雌雄:雌雄,比喻高低、胜负。指较量一下胜败高低。

雄深雅健:指文章雄浑而深沉,典雅而有力。

健步如飞:健步,脚步快而有力。步伐矫健,跑得飞快。

飞沙走石:沙土飞扬,石块滚动。形容风势狂暴。

石沉大海:石头沉到海底。比喻从此没有消息。

海底捞月:到水中去捞月亮。比喻去做根本做不到的事,只能白费力气。

月白风清:形容幽静美好的夜晚。

第十一步

成语接龙

清辞丽曲　曲不离口　口不应心　心不应口　口耳相传　传为美谈
谈笑风生　生生不息　息事宁人　人心不古　古色古香　香消玉殒
殒身不恤　恤孤念寡　寡言少语　语重心长　长驱直入　入土为安
安魂定魄　魄散魂飞　飞苍走黄　黄粱美梦　梦笔生花　花天酒地
地北天南

成语解释

清辞丽曲:指清新美丽的词曲。

曲不离口:意指曲子要天天唱,才会熟练精妙。比喻熟能生巧。

口不应心:嘴里说的和心里想的不一样。

心不应口:心里想的和嘴上说的不一样。形容为人虚伪。

口耳相传:口说耳听地往下传授。

传为美谈:美谈,人们津津乐道的好事。指传扬开去,成为人们赞美、称颂的事情。

谈笑风生:有说有笑,兴致高。形容谈话谈得高兴而有风趣。

生生不息:生生,中国哲学术语,指变化和新生事物的发生;不息,没有终止。不断地生长、繁殖。

息事宁人:息,平息;宁,使安定。原指不生事,不骚扰百姓,后指调解纠纷,使事情平息下来,使人们平安相处。

人心不古:古,指古代的社会风尚。旧时指人心奸诈、刻薄,没有古人淳厚。

古色古香:形容器物字画等富有古雅的色彩和情调。

香消玉殒:比喻年轻美丽的女子死亡。

殒身不恤:殒,死亡;恤,顾惜。牺牲生命也不顾惜。

恤孤念寡:恤,体恤,怜悯。关心,照顾孤儿寡妇。

寡言少语:形容说话很少。

语重心长:话语深刻有力,情意深长。

长驱直入:长距离不停地快速行进。形容进军迅猛,不可阻挡。

入土为安:旧时土葬,人死后埋入土中,死者方得其所,家属方觉心安。

安魂定魄:魂、魄,人的灵气、精神。指使人心安定。

魄散魂飞:形容非常恐惧害怕。

飞苍走黄:苍,苍鹰;黄,黄狗。指打猎。

黄粱美梦:黄粱,小米。比喻虚幻不能实现的梦想。

梦笔生花:比喻写作能力大有进步。也形容文章写得很出色。

花天酒地:形容吃喝嫖赌、荒淫糜烂的生活。

地北天南:指四处,到处。

第十二步

成语接龙

南柯一梦　梦撒寮丁　丁公凿井　井井有方　方骖并路　路人皆知

知命乐天　天与人归　归心似箭　箭在弦上　上树拔梯　梯山航海

海内无双　双宿双飞　飞鸾翔凤　凤舞龙飞　飞龙在天　天外飞来

来日方长　长此以往　往返徒劳　劳逸结合　合浦珠还　还淳返朴
朴斫之材

成语解释

南柯一梦：形容一场大梦，或比喻一场空欢喜。

梦撒寮丁：梦撒，丧失；寮丁，指钱。比喻没钱应酬。

丁公凿井：比喻传来传去而失真。

井井有方：形容有条理有办法。

方骖并路：犹并驾齐驱。

路人皆知：比喻人所共知的野心。

知命乐天：命，命运；天，天意。安于自己的处境，由命运安排。这是相信宿命论的人生观。

天与人归：旧指帝王受命于天，并得到人民拥护。

归心似箭：想回家的心情像射出的箭一样快。形容回家心切。

箭在弦上：箭已搭在弦上。比喻为形势所迫，不得不采取某种行动。

上树拔梯：拔，抽掉。诱人上树，抽掉梯子。比喻引诱人上前而断绝他的退路。

梯山航海：登山航海。比喻长途跋涉，经历险远的旅程。

海内无双：海内，四海之内，旧指中国，现亦指世界各地。四海之内独一无二。

双宿双飞：宿在一起，飞在一起。比喻相爱的男女形影不离。

飞鸾翔凤：指英俊才识之士。

凤舞龙飞：形容书法笔势有力，灵活舒展。

飞龙在天：比喻帝王在位。

天外飞来：天外，意料不到的地方。后指事情出乎意料地发生，凭空而来。

来日方长：来日，未来的日子；方，正。将来的日子还长着呢。表示事有可为或将来还有机会。

长此以往：长期这样下去。

往返徒劳：徒劳，白花力气。来回白跑。

劳逸结合：逸，安乐、休息。工作与休息相结合。

合浦珠还：合浦，汉代郡名，在今广西合浦县东北。比喻东西失而复得或人去而复回。

还淳返朴:回复到人本来的淳厚、朴实的状态或本性。

朴斫之材:加工治理而尚未成器之材。

第十三步

成语接龙

材高知深　深山穷林　林寒洞肃　肃然起敬　敬若神明　明哲保身

身体力行　行之有效　效犬马力　力挽狂澜　澜倒波随　随高就低

低眉顺眼　眼疾手快　快犊破车　车载斗量　量体裁衣　衣锦还乡

乡利倍义　义愤填膺　膺箓受图　图谋不轨　轨物范世　世道人心

心荡神怡

成语解释

材高知深:材,通“才”;知,通“智”。才能出众,智慧高超。

深山穷林:与山外、林外距离远的、人迹罕至的山岭、森林。

林寒洞肃:寒,寒冷;肃,肃杀。形容秋冬时林木萧疏,溪涧浅落的景象。

肃然起敬:肃然,恭敬的样子;起敬,产生敬佩的心情。形容产生严肃敬仰的感情。

敬若神明:神明,泛指神,像敬重神一样敬重对方。形容对某人或某物崇拜到了极点。多用作贬义。

明哲保身:明智的人善于保全自己。现指因怕连累自己而回避原则斗争的处世态度。

身体力行:身,亲身;体,体验。亲身体验,努力实行。

行之有效:之,代词,它,指办法、措施等;效,成效,效果。实行起来有成效。指某种方法或措施已经实行过,证明很有效用。

效犬马力:效劳的谦辞。意思是效犬马之劳。

力挽狂澜:挽,挽回;狂澜,猛烈的大波浪。比喻尽力挽回危险的局势。

澜倒波随:随波逐流,比喻言行无标准。

随高就低:犹言可高可低,随便怎样。

低眉顺眼:低着眉头,两眼流露出顺从的神情。形容驯良、顺从。

眼疾手快:形容做事机警敏捷。

快犊破车:跑得快的牛犊会把车拉翻。比喻年轻气盛的人应当懂得克制。

车载斗量:载,装载。用车载,用斗量。形容数量很多,不足为奇。

量体裁衣:按照身材裁剪衣服。比喻按照实际情况办事。

衣锦还乡:旧指富贵以后回到故乡。含有向乡里夸耀的意思。

乡利倍义:乡,通“向”;倍,通“背”。趋向私利,违背正义。

义愤填膺:义愤,对违反正义的事情所产生的愤怒;膺,胸。发于正义的愤懑充满胸中。

膺箓受图:图,河图;箓,符命。道教指经过修炼,受天地道箓而名列仙籍。

图谋不轨:不轨,越出常轨,不守法度。谋划越出常规、法度之事。

轨物范世:谓作事物的规范、世人的榜样。

世道人心:社会的风气,人们的思想。

心荡神怡:指神魂颠倒,不能自持。亦指情思被外物吸引而飘飘然。

第十四步

成语接龙

怡情养性　性急口快　快马加鞭　鞭长莫及　及瓜而代　代越庖俎
俎樽折冲　冲风冒雨　雨散云飞　飞龙乘云　云兴霞蔚　蔚为大观
观者如织　织当访婢　婢作夫人　人心大快　快心遂意　意气风发
发号施令　令人作呕　呕心滴血　血泪盈襟　襟江带湖　湖光山色
色授魂与

成语解释

怡情养性:指怡养性情。

性急口快:性子急,有话就说。

快马加鞭:跑得很快的马再加上一鞭子,使马跑得更快。比喻快上加快,加速前进。

鞭长莫及:及,到。原意是鞭子虽长,也不能打马肚子。比喻相隔太远,力量达不到。

及瓜而代：到明年瓜熟时派人接替。指任职期满由他人继任。

代越庖俎：比喻越出本分，代行其事。

俎樽折冲：指在会盟的席上或外交谈判中制胜对方。

冲风冒雨：指不避风雨之苦。

雨散云飞：比喻离散。

飞龙乘云：龙乘云而上天，比喻英雄豪杰乘时而得势。

云兴霞蔚：像云霞升腾聚集起来。形容景物灿烂绚丽。

蔚为大观：蔚，茂盛；大观，盛大的景象。发展成为盛大壮观的景象。形容事物美好繁多，给人一种盛大的印象。

观者如织：织，编织的衣物。观众像编织起来的衣物一样密。形容观看的人非常多。

织当访婢：比喻办事应该向内行请教。

婢作夫人：婢，侍女；夫人，主妇。旧时指在文艺方面虽刻意模仿别人，但才力和作品的规模总赶不上。

人心大快：快，痛快。指坏人坏事受到惩罚或打击，使大家非常痛快。

快心遂意：犹言称心如意。形容心满意足，事情的发展完全符合心意。

意气风发：意气，意志和气概；风发，像风吹一样迅猛。形容精神振奋，气概豪迈。

发号施令：号，号令；施，发布。发布命令。现在也用来形容指挥别人。

令人作呕：呕，恶心，想吐。比喻使人极端厌恶。

呕心滴血：比喻用尽心思。多形容为事业、工作、文艺创作等用心的艰苦。同“呕心沥血”。

血泪盈襟：血泪，悲痛的眼泪；盈，满。眼泪流湿了衣襟。形容非常悲痛。

襟江带湖：襟，衣襟；带，衣带。形容江河湖泊之间相互萦绕交错，如同衣襟和衣带一样。

湖光山色：湖的风光，山的景色。指有水有山，风景秀丽。

色授魂与：色，神色；授、与，给予。形容彼此用眉目传情，心意投合。

第十五步

成语接龙

与虎添翼　翼翼飞鸾　鸾凤和鸣　鸣凤朝阳　阳春白雪　雪操冰心
心口如一　一日三月　月明千里　里出外进　进身之阶　阶前万里
里丑捧心　心急如火　火热水深　深文周内　内峻外和　和盘托出
出乖露丑　丑类恶物　物极必反　反璞归真　真知灼见　见异思迁
迁客骚人

成语解释

与虎添翼:翼,翅膀。替老虎加上翅膀。比喻帮助坏人,增加恶人的势力。

翼翼飞鸾:指飞翔的样子。

鸾凤和鸣:和,应和。比喻夫妻相亲相爱。旧时常用于祝人新婚。

鸣凤朝阳:正直敢言的贤士。比喻贤臣遇明君。

阳春白雪:原指战国时代楚国的一种较高级的歌曲。比喻高深的不通俗的文学艺术。

雪操冰心:志行品德高尚纯洁。

心口如一:心里想的和嘴里说的一样。形容诚实直爽。

一日三月:形容对人思念殷切。

月明千里:月光普照大地。后多用作友人或恋人相隔遥远,月夜倍增思念的典故。

里出外进:形容不平整、不整齐。

进身之阶:进身,上升;阶,台阶。使身体能够上升的阶梯。旧指借以提拔升迁的门路。

阶前万里:远在万里之外,犹如近在眼前。比喻相隔虽远,却像在眼前一样。

里丑捧心:指妄学别人而愈见其丑。

心急如火:心里急得像着了火一样。形容非常着急。

火热水深:犹水深火热。比喻十分困苦的处境。

深文周内:歪曲或苛刻地援引法律条文,陷人以罪。

内峻外和：内心严厉而外貌和蔼。

和盘托出：和，连同。连盘子也端出来了。比喻全都讲出来，毫不保留。

出乖露丑：乖，荒谬的；丑，可耻的。指在人前出丑。

丑类恶物：指坏人。

物极必反：极，顶点；反，向反面转化。事物发展到极点，会向相反方向转化。

返璞归真：璞，蕴藏有玉的石头，也指未雕琢的玉；归，返回；真，天然，自然。去掉外饰，还其本质。比喻回复原来的自然状态。

真知灼见：指正确而深刻的认识和高明的见解。

见异思迁：迁，变动。看见另一个事物就想改变原来的主意。指意志不坚定，喜爱不专一。

迁客骚人：迁客，被贬谪到外地的官吏；骚人，诗人。贬黜流放的官吏，多愁善感的诗人。泛指忧愁失意的文人。

第十六步

成语接龙

人才辈出　出陈易新　新仇旧恨　恨相知晚　晚节不终　终身大事
事出有因　因事制宜　宜嗔宜喜　喜出望外　外方内圆　圆首方足
足不出户　户曹参军　军令如山　山光水色　色厉胆薄　薄技在身
身外之物　物华天宝　宝马香车　车马如龙　龙凤呈祥　祥风时雨
雨凑云集

成语解释

人才辈出：辈出，一批一批地出现。形容有才能的人不断涌现。

出陈易新：吐故纳新。去掉旧的换成新的。

新仇旧恨：新仇加旧恨。形容仇恨深。

恨相知晚：恨，懊悔；相知，互相了解，感情很深。后悔彼此建立友谊太迟了。形容新结交而感情深厚。

晚节不终：晚节，指晚年的节操。指到了晚年却不能保持节操。

终身大事：终身，一生。关系一辈子的大事情，多指婚姻。

事出有因：事情的发生是有原因的。

因事制宜：根据不同的事情，制定适宜的措施。

宜嗔宜喜：指生气时高兴时都很美丽。

喜出望外：望，希望，意料。由于没有想到的好事而非常高兴。

外方内圆：外方，外表有棱角，刚直；内圆，内心无棱角，圆滑。指人的外表正直，而内心圆滑。

圆首方足：代指人类。

足不出户：脚不跨出家门。

户曹参军：专管户籍的州县属官。

军令如山：军事命令像山一样不可动摇。旧时形容军队中上级发布的命令，下级必须执行，不得违抗。

山光水色：水波泛出秀色，山上景物明净。形容山水景色秀丽。

色厉胆薄：色，神色；厉，严厉，凶猛；薄，脆弱。外表强硬而内心怯懦。

薄技在身：薄，微小。指自己掌握了微小的技能。

身外之物：指财物等身体以外的东西，表示无足轻重的意思。

物华天宝：物华，万物的精华；天宝，天然的宝物。指各种珍美的宝物。

宝马香车：珍贵的宝马，华丽的车子。指考究的车骑。

车马如龙：谓车马众多，繁华热闹。

龙凤呈祥：指吉庆之事。

祥风时雨：形容风调雨顺。多比喻恩德。

雨凑云集：比喻众多的人或事物聚集一处。

第十七步

成语接龙

集思广议　议论纷纷　纷至沓来　来鸿去燕　燕歌赵舞　舞笔弄文

文过其实　实心实意　意气相投　投笔从戎　戎马仓皇　皇天后土

土崩瓦解　解甲归田　田夫野老　老当益壮　壮志凌云　云合响应

应有尽有　有本有源　源远流长　长风破浪　浪蝶狂蜂　蜂合豕突

突如其来

成语解释

集思广议:指集中众人智能,广泛进行议论。

议论纷纷:形容意见不一,议论很多。

纷至沓来:纷,众多,杂乱;沓,多,重复。形容接连不断地到来。

来鸿去燕:比喻行踪漂泊不定的人。

燕歌赵舞:古燕赵人善歌舞,泛指美妙的歌舞。也用以形容文辞美妙。

舞笔弄文:指舞文弄墨。

文过其实:文辞浮夸,不切实际。

实心实意:指真诚实在的心意。

意气相投:意气,志趣性格;投,合得来。指志趣和性格相同的人,彼此投合。

投笔从戎:从戎,从军,参军。扔掉笔去参军。指文人从军。

戎马仓皇:指战事紧急而忙于应付。

皇天后土:皇天,古代称天;后土,古代称地。指天地。旧时迷信天地能主持公道,主宰万物。

土崩瓦解:瓦解,制瓦时先把陶土制成圆筒形,分解为四,即成瓦,比喻事物的分裂。像土崩塌、瓦破碎一样,不可收拾。比喻彻底垮台。

解甲归田:解,脱下;甲,古代将士打仗时穿的战服。脱下军装,回家种地。指战士退伍还乡。

田夫野老:乡间农夫,山野父老。泛指民间百姓。

老当益壮:当,应该;益,更加;壮,雄壮。年纪虽老而志气更旺盛,干劲更足。

壮志凌云:壮志,宏大的志愿;凌云,直上云霄。形容理想宏伟远大。

云合响应:犹言云集响应。

应有尽有:该有的全都有。形容很齐全。

有本有源:指有根源,原原本本。

源远流长:源头很远,水流很长。比喻历史悠久。

长风破浪:比喻志向远大,不怕困难,奋勇前进。

浪蝶狂蜂:轻狂的蜂蝶。比喻轻狂的男子。

蜂合豕突:如群蜂聚集,似野猪奔突。比喻众人杂沓会合,横冲直撞。

突如其来:突如,突然。出乎意料地突然发生。

第十八步

成语接龙

来者居上　上下同心　心腹之交　交淡若水　水菜不交　交口同声
声势浩大　大功告成　成仁取义　义结金兰　兰因絮果　果刑信赏
赏贤使能　能伸能屈　屈蠖求伸　伸冤理枉　枉墨矫绳　绳厥祖武
武偃文修　修心养性　性烈如火　火树银花　花前月下　下笔有神
神采飞扬

成语解释

来者居上:后来居上。原指资格浅的新人反居资格老的旧臣之上。后亦用以称赞后起之秀超过前辈。

上下同心:上下一心。

心腹之交:指知己可靠的朋友。

交淡若水:指道义上的往来。

水菜不交:比喻彼此经济上没有往来。旧时指官吏清廉。

交口同声:犹言众口一词。所有的人都说同样的话。

声势浩大:声势,声威和气势;浩,广大。声威和气势非常壮大。

大功告成:功,事业;告,宣告。指巨大工程或重要任务宣告完成。

成仁取义:成仁,杀身以成仁德;取义,舍弃生命以取得正义。为正义而牺牲生命。

义结金兰:结交很投合的朋友。

兰因絮果:兰因,比喻美好的结合;絮果,比喻离散的结局。比喻男女婚事初时美满,最终离异。

果刑信赏:指赏罚严明。

赏贤使能:赏,通“尚”。尊崇并重用贤能之士。

能伸能屈:能弯曲也能伸直。指人在失意时能忍耐,在得志时能大干一番。比喻好坏环境都能适应。

屈蠖求伸:蠖,尺蠖,虫名,体长约二三寸,屈伸而行。尺蠖用弯曲来求得伸展。

比喻以退为进的策略。

伸冤理枉：指洗雪冤枉。

枉墨矫绳：比喻违背准绳、准则。

绳厥祖武：绳，继续；武，足迹。踏着祖先的足迹继续前进。比喻继承祖业。

武偃文修：文治已实行，武备已停止。形容天下太平。

修心养性：修心，使心灵纯洁；养性：使本性不受损害。通过自我反省体察，使身心达到完美的境界。

性烈如火：性，性情，脾气。形容性情暴躁。

火树银花：火树，火红的树，指树上挂满灯彩；银花，银白色的花，指灯光雪亮。形容张灯结彩或大放焰火的灿烂夜景。

花前月下：本指游乐休息的环境。后多指谈情说爱的处所。

下笔有神：指写起文章来，文思奔涌，如有神力。形容文思敏捷，善于写文章或文章写得很好。

神采飞扬：形容兴奋得意，精神焕发的样子。

第十九步

成语接龙

扬名四海　海内鼎沸　沸沸汤汤　汤池铁城　城北徐公　公平交易
易于反掌　掌上观文　文人相轻　轻于鸿毛　毛羽未丰　丰富多彩
彩凤随鸦　鸦巢生凤　凤舞鸾歌　歌声绕梁　梁孟相敬　敬授人时
时乖运舛　舛讹百出　出尘不染　染蓝涅皂　皂白不分　分居异爨
爨桂炊玉

成语解释

扬名四海：扬名，传播名声；四海，古人认为中国四境有海环绕，故以“四海”代指全国各处，也指世界各地。指名声传遍各地。

海内鼎沸：鼎沸，比喻局势不安定，如同鼎水沸腾。形容天下大乱。

沸沸汤汤：水奔腾汹涌的样子。

汤池铁城：形容城池牢不可破。亦比喻言谈无懈可击。

城北徐公:原指战国时期齐国姓徐的美男子。后作美男子的代称。

公平交易:公平合理的买卖。

易于反掌:比喻事情非常容易做。

掌上观文:比喻极其容易,毫不费力。

文人相轻:指文人之间互相看不起。

轻于鸿毛:鸿毛,大雁的毛。比大雁的毛还轻。比喻毫无价值。

毛羽未丰:比喻力量不足,条件还不成熟。

丰富多彩:内容丰富,花色繁多。

彩凤随鸦:凤,凤凰;鸦,乌鸦。美丽的凤鸟跟了丑陋的乌鸦。比喻女子嫁给才貌配不上的人。

鸦巢生凤:乌鸦的窝里生出了凤凰。比喻贫苦人家培养出了有文化的人物。

凤舞鸾歌:形容美妙的歌舞。

歌声绕梁:绕,回旋;梁,房屋的大梁。歌声回旋于房梁之间。形容歌声优美动听。

梁孟相敬:原指东汉时期梁鸿与妻子孟光相互敬爱。后泛指夫妇相敬。

敬授人时:指将历法赋予百姓,使知时令变化,不误农时。后以之指颁布历书。

时乖运舛:舛,违背,不相合。时运不顺,命运不佳。指处境不顺利。

舛讹百出:舛,错乱;讹,错误。错乱的地方很多。一般指书籍的写作或印制不精。

出尘不染:比喻身处污浊的环境而能保持纯洁的节操。

染蓝涅皂:涅,染;皂,黑色。指胡乱涂抹。

皂白不分:不分黑白,不分是非。

分居异爨:爨,炊。指兄弟分家过日子。

爨桂炊玉:柴火难得如桂木,米价贵得如珠玉。形容物价昂贵,生活艰难。

第二十步

成语接龙

玉砌雕阑　阑风长雨　雨零星散　散阵投巢　巢焚原燎　燎发摧枯

枯木朽株　株连蔓引　引绳切墨　墨突不黔　黔突暖席　席门穷巷

巷议街谈　谈笑封侯　侯服玉食　食荼卧棘　棘地荆天　天造草昧

昧旦晨兴　兴妖作孽　孽子孤臣　臣门如市　市井之臣　臣心如水　水中著盐

成语解释

玉砌雕阑:形容富丽的建筑物。

阑风长雨:阑珊的风,冗多的雨。指夏秋之际的风雨。后亦泛指风雨不已。亦作“阑风伏雨”。

雨零星散:残败零落貌。常用以比喻溃败。

散阵投巢:指群鸟分散,各投窠巢。

巢焚原燎:极言战祸惨烈。

燎发摧枯:燎发,火烧毛发;摧枯,折断枯木。比喻消灭敌人极容易。

枯木朽株:朽,腐烂;株,露出地面的树桩。枯木头,烂树根。比喻衰朽的力量或衰老无用的人。

株连蔓引:指广泛株连。

引绳切墨:木工拉墨线裁直。用以比喻刚直不阿。

墨突不黔:原指墨翟东奔西走,每至一地,烟囱尚未熏黑,又到别处去了。后用其事为典。形容事情繁忙,犹言席不暇暖。

黔突暖席:原意是孔子、墨子四处周游,每到一处,座席没有坐暖,灶突没有熏黑,又匆匆地到别处去了。形容忙于世事,各处奔走。

席门穷巷:形容所居之处穷僻简陋。亦作“席门蓬巷”。

巷议街谈:大街小巷间人们的议论。

谈笑封侯:说笑之间就封了侯爵。旧时形容获得功名十分容易。

侯服玉食:侯服,王侯之服;玉食,珍美食品。穿王侯的衣服,吃珍贵的食物。形容豪华奢侈的生活。

食荼卧棘:吃苦菜,睡粗草。形容初民的生活艰苦。

棘地荆天:到处都是荆棘。形容变乱后的残破景象或困难重重的处境。

天造草昧:指天地之始,万物草创于混沌蒙昧之中。也指草创之时。

昧旦晨兴:昧旦,天将明未明,指天不亮就起来。多形容勤劳或忧心忡忡难以入睡。

兴妖作孽:妖魔鬼怪到处闹事作乱。比喻小人兴风作浪,为非作歹。

孽子孤臣：被疏远、孤立的臣子与失宠的庶子。

兴妖作孽

臣门如市：旧时形容居高位、掌大权的人宾客极多。

市井之臣：市井，古时称做买卖的地方。旧指城市里的老百姓。

臣心如水：心地洁净如水。比喻为官清廉。

水中著盐：比喻不着痕迹。

第二十一步

成语接龙

盐梅之寄	寄颜无所	所向克捷	捷足先登	登台拜将	将胸比肚
肚里蛔虫	虫沙猿鹤	鹤发童颜	颜丹鬓绿	绿惨红愁	愁云惨淡
淡扫蛾眉	眉清目秀	秀而不实	实至名归	归正邱首	首尾相援
援笔成章	章决句断	断雨残云	云淡风轻	轻世傲物	物力维艰
艰苦卓绝	绝世无双	双喜临门	门单户薄	薄唇轻言	言重九鼎

成语解释

盐梅之寄：比喻可托付重任。

寄颜无所：脸面没有地方放。犹言无地自容。

所向克捷：军队所去之处，都能取得胜利。

捷足先登：比喻行动快的人先达到目的或先得到所求的东西。

登台拜将：指任命将帅或委以重任。

将胸比肚：犹将心比心。设身处地地为别人着想。

肚里蛔虫：蛔虫因寄生在人的肠胃中，故用以比喻对别人的心理活动知道得十分清楚。

虫沙猿鹤：旧时比喻战死的将士。也指死于战乱的人。

鹤发童颜：仙鹤羽毛般雪白的头发，儿童般红润的面色。形容老年人气色好。

颜丹鬓绿:面红,头发黑。形容年少之貌。

绿惨红愁:绿、红,指黑鬓红颜。指妇女的种种愁恨。

愁云惨淡:惨淡,暗淡。原指阴沉沉的云层遮得天色暗淡无光。也用以形容使人感到忧愁、压抑的景象或气氛。

淡扫蛾眉:轻淡地画眉。指妇女淡雅的妆容。

眉清目秀:眉、目,眉毛和眼睛,泛指容貌。形容人容貌清秀不俗气。

秀而不实:秀,庄稼吐穗开花;实,结果实。开花不结果。比喻只学到一点皮毛,实际并无成就。

实至名归:实,实际的成就;至,达到;名,名誉;归,到来。有了真正的学识、本领或功业,自然就有声誉。

归正邱首:指死后归葬于故乡。

首尾相援:指前后互相照应。

援笔成章:援笔,拿起笔来。拿起笔来就写文章。形容文思敏捷。

章决句断:文章正确句子明了,不含糊其辞。

断雨残云:比喻男女恩爱中绝,欢情未能持续。

云淡风轻:微风轻拂,浮云淡薄。形容天气晴好。

轻世傲物:藐视世俗,为人傲慢。

物力维艰:物,物资;力,财力;维,是;艰,困难。指财物来之不易。

艰苦卓绝:卓绝,极不平凡。坚忍刻苦的精神超过寻常。

绝世无双:绝世,冠绝当代;无双,独一无二。姿才超众,天下无与伦比。

双喜临门:指两件喜事一齐到来。

门单户薄:指家道衰微,人口不昌盛。

薄唇轻言:形容多嘴,说话随便。

言重九鼎:形容说话有分量,比较起来九鼎也不算重。

第二十二步

成语接龙

鼎足而立　立身扬名　名德重望　望洋兴叹　叹为观止　止戈兴仁

仁义道德　德才兼备　备而不用　用非所学　学疏才浅　浅见寡闻

闻名丧胆　胆大妄为　为期不远　远走高飞　飞鹰走马　马到成功
功成名就　就事论事　事齐事楚　楚腰卫鬓　鬓乱钗横　横拖倒拽
拽象拖犀　犀燃烛照　照本宣科　科头箕踞　踞虎盘龙　龙翔凤翥

成语解释

鼎足而立:像鼎的三只脚一样,三者各立一方。比喻三方面分立相持的局面。

立身扬名:立身,使自己在社会上有相当地位。使自己立足于社会,名声远扬。

名德重望:犹德高望重。道德高尚,名望很大。

望洋兴叹:望洋,仰视的样子。仰望海神而兴叹。原指在伟大事物面前感叹自己的渺小。现多比喻做事时因力不胜任或没有条件而感到无可奈何。

叹为观止:叹,赞赏;观止,看到这里就够了。指赞美所见到的事物好到了极点。

止戈兴仁:止,停止;仁,仁政。停止战争,施行仁政。

仁义道德:泛指旧时鼓吹的道德规范。

德才兼备:德,品德;才,才能;备,具备。既有好的思想品质,又有工作的才干和能力。

备而不用:准备好了,以备急用,眼下暂存不用。

用非所学:所用的不是所学的。指学用不一致。

学疏才浅:才能不高,学识不深。多用作自谦的话。

浅见寡闻:浅见,肤浅的见解;寡闻,听到的很少。形容见闻不广,所知不多。

闻名丧胆:听见名字就吓破了胆。形容威名很大,使人听到即甚为恐惧。

胆大妄为:妄为,胡搞,乱做。毫无顾忌地干坏事。

为期不远:形容时间很快就到了。

远走高飞:指像野兽远远跑掉,像鸟儿远远飞走。比喻人跑到很远的地方去。多指摆脱困境去寻找出路。

飞鹰走马:放鹰追捕和骑马追逐鸟兽。指打猎。

马到成功:形容工作刚开始就取得成功。

功成名就:功,功业;就,达到。功绩取得了,名声也有了。

就事论事:按照事物本身的性质来评定是非得失。现常指仅从事物的表面现象孤立、静止、片面地议论。

事齐事楚:事,侍奉;齐、楚,春秋时两大强国。依附齐国呢?还是依附楚国?比喻处在两强之间,不能得罪任何一方。

楚腰卫鬓:指细腰秀发。借指美女。

鬓乱钗横:鬓,耳边的头发;钗,妇女的首饰,由两股合成。耳边的头发散乱,首饰横在一边。形容妇女睡眠初醒时未梳妆的样子。

横拖倒拽:拽,用力拉扯。指用暴力强拖硬拉。

拽象拖犀:能徒手拉住大象拖动犀牛。形容勇力过人。

犀燃烛照:犀,犀牛。传说燃犀牛角可以使水中通明,真相毕现。比喻洞察事理。

照本宣科:照,按照;本,书本;宣,宣读;科,科条,条文。照着本子念条文。形容讲课、发言等死板地按照课文、讲稿,没有发挥,不生动。

科头箕踞:科头,不戴帽子;箕踞,两腿分开而坐。不戴帽子,席地而坐。比喻舒适的隐居生活。

踞虎盘龙:形容地势雄伟壮丽。

龙翔凤翥:比喻瀑布飞泻奔腾。也比喻神采飞扬。

第二十三步

成语接龙

翥凤翔鸾	鸾舆凤驾	驾鹤西游	游山玩景	景入桑榆	榆次之辱
辱门败户	户枢不蝼	蝼蚁贪生	生张熟魏	魏鹊无枝	枝附叶着
着人先鞭	鞭驽策蹇	蹇之匪躬	躬行实践	践规踏矩	矩步方行
行若狗彘	彘肩斗酒	酒食地狱	狱货非宝	宝刀未老	老师宿儒
儒雅风流	流血漂卤	卤莽灭裂	裂裳衣疮	疮痍满目	目光炯炯

成语解释

翥凤翔鸾:盘旋飞举的凤凰。常比喻美妙的舞姿。

鸾舆凤驾:指华丽的宫廷车乘。

驾鹤西游:死的婉称。

游山玩景:游览、玩赏山水景物。

景入桑榆:比喻垂老之年。

榆次之辱:用以指无故受辱之典。

辱门败户:指败坏门风,使家族受到羞辱。

户枢不蝼:比喻经常运动的东西不容易受侵蚀。也比喻人经常运动可以强身。同“户枢不蠹”。

蝼蚁贪生:蝼蚁,蝼蛄和蚂蚁。蝼蛄和蚂蚁那样的小虫也贪恋生命。旧指乞求活命的话,有时也用以劝人不可轻生自杀。

生张熟魏:张、魏,都是姓,这里泛指人。泛指认识的或不认识的人。

魏鹊无枝:比喻贤才无所依存。

枝附叶着:比喻上下关系紧密。

着人先鞭:比喻做事情比别人抢先一步。

鞭驽策蹇:鞭打跑不快的马、驴。比喻自己能力低,但受到严格督促,勤奋不息。用作谦辞。

蹇之匪躬:指为君国而忠直谏诤。

躬行实践:亲身实行或体验。

践规踏矩:犹循规蹈矩。

矩步方行:行走时步伐端方合度。指行为举止合乎礼仪规范。

行若狗彘:指人无耻,行为像猪狗一样。

彘肩斗酒:形容英雄豪壮之气。

酒食地狱:陷入终日为酒食应酬而奔忙的痛苦境地。

狱货非宝:指法官断狱受贿赂,也难逃法网。

宝刀未老:形容人到老年还依然威猛,不减当年。

老师宿儒:宿儒,原指长期钻研儒家经典的人,泛指长期从事某种学问研究,并具有一定成就的人。指年辈最尊的老师和知识渊博的学者。亦作“老手宿儒”。

儒雅风流:文雅而飘逸。

流血漂卤:卤,通“橹”,大盾牌。血流得能将橹浮起来。形容死伤极多。

卤莽灭裂:形容做事草率粗疏。

裂裳衣疮:撕下自己的衣服,裹扎农民的创伤。

疮痍满目:能看到的全是创伤。比喻到处都是遭受破坏的景象。

目光炯炯:炯炯,明亮的样子。形容两眼明亮有神。

第二十四步

成语接龙

炯炯有神　神差鬼遣　遣兵调将　将伯之呼　呼朋引类　类聚群分
分香卖履　履丝曳缟　缟纻之交　交詈聚唾　唾壶击碎　碎心裂胆
胆寒发竖　竖起脊梁　梁上君子　子夏悬鹑　鹑居鷇饮　饮水食菽
菽水承欢　欢呼雀跃　跃马弯弓　弓影杯蛇　蛇食鲸吞　吞舟是漏
漏尽钟鸣　鸣玉曳履　履险若夷　夷然自若　若明若昧　昧死以闻

成语接龙

炯炯有神:形容人的眼睛发亮,很有精神。

神差鬼遣:好像有鬼神在支使着一样,不自觉地做了原先没想到要做的事。同"神差鬼使"。

遣兵调将:犹调兵遣将。

将伯之呼:指求人帮助。

呼朋引类:呼,叫;引,招来;类,同类。指招引志趣相同的人。

类聚群分:各种方术因种类相同而聚合,各种事物因类别不同而区分。

分香卖履:旧时比喻人临死念念不忘妻儿。

履丝曳缟:穿丝履,着缟衣。形容奢侈。

缟纻之交:缟芝,缟带和纻衣。缟带指用白色绢制成的大带。纻衣指用苎麻纤维织成的衣服。指交情笃深。

交詈聚唾:指一齐唾骂。

唾壶击碎:唾壶,古代的痰盂。形容对文学作品的高度赞赏。

碎心裂胆:形容异常恐惧。

胆寒发竖:形容恐怖至极。

竖起脊梁:比喻振作精神。

梁上君子:梁,房梁。躲在梁上的君子。窃贼的代称。现在有时也指脱离实际、脱离群众的人。

子夏悬鹑:鹑,鹑鸟尾秃有如补绽百结。指子夏生活寒苦却不愿做官,衣服破烂打结,披在身上像挂着的鹑鸟尾一样。形容人衣衫褴褛,生活困顿却清高自持,安贫乐道。

鹑居鷇饮:比喻生活俭朴,不求享受。同"鹑居鷇食"。

饮水食菽:形容生活清苦。同"饮水啜菽"。

菽水承欢:菽水,豆和水,指普通饮食;承欢,侍奉父母使其欢喜。指奉养父母,使父母欢乐。

欢呼雀跃:高兴得像麻雀一样跳跃。形容非常欢乐。

跃马弯弓:驰马盘旋,张弓要射。形容摆开架势,准备作战。后比喻故作惊人的姿态,实际上并不立即行动。

弓影杯蛇:犹言杯弓蛇影。形容疑神疑鬼,自相惊扰。

蛇食鲸吞:蛇食,像蛇一样吞食;鲸吞,像鲸一样吞咽。比喻强者逐步并吞弱者。

吞舟是漏:本指大鱼漏网,后常以喻罪大者逍遥法外。

漏尽钟鸣:比喻人的生命已到尽头。

鸣玉曳履:佩玉饰曳丝履。指获高官厚禄。

履险若夷:走险路如行平地。比喻不畏困难或本领高强。

夷然自若:指神态镇定,与平常一样。

若明若昧:比喻对情况的了解或对问题的认识不清楚。同"若明若暗"。

昧死以闻:昧,冒;闻,使听到。冒着死罪来禀告您。表示谨慎惶恐。

第二十五步

成语接龙

闻雷失箸　箸长碗短　短叹长吁　吁天呼地　地棘天荆　荆钗布裙

裙带关系　系风捕景　景星麟凤　凤引九雏　雏凤清声　声情并茂

茂林修竹　竹篱茅舍　舍策追羊　羊狠狼贪　贪功起衅　衅稔恶盈

盈满之咎　咎有应得　得兔忘蹄　蹄闲三寻　寻壑经丘　丘山之功

功成名遂　遂非文过　过屠大嚼　嚼墨喷纸　纸落云烟　烟聚波属

成语解释

闻雷失箸:比喻借别的事情掩饰自己的真实情况。

箸长碗短:形容家用器物凌乱不全。

短叹长吁:吁,叹息。短一声、长一声不停地叹气。

吁天呼地:呼天唤地。形容极度悲切。

地棘天荆:指到处布满荆棘。比喻环境恶劣。

荆钗布裙:荆枝作钗,粗布为裙。形容妇女装束朴素。

裙带关系:裙带,比喻妻女、姊妹的亲属。指相互勾结攀援的妇女姻亲关系。

系风捕景:比喻不可能做到的事。也比喻不露形迹。亦作"系风捕影"。

景星麟凤:犹言景星凤凰。比喻杰出的人才。

凤引九雏:为天下太平、社会繁荣的吉兆。

雏凤清声:雏凤,比喻优秀子弟;清声,清越的鸣声。比喻后代子孙更有才华。

声情并茂:并,都;茂,草木丰盛的样子,引申为美好。指演唱的音色、唱腔和表达的感情都很动人。

茂林修竹:修,长。茂密高大的树林竹林。

竹篱茅舍:常指乡村中因陋就简的屋舍。

舍策追羊:放下手中书本去寻找丢失的羊。比喻发生错误以后,设法补救。

羊狠狼贪:用于比喻贪官污吏的残酷剥削。

贪功起衅:贪求事功而挑起争端。

衅稔恶盈:犹言罪大恶极。罪恶大到了极点。

盈满之咎:财富过于充足会招致祸患。

咎有应得:罪过和灾祸完全是应得的。

得兔忘蹄:蹄,兔罝,捕捉兔子的网。比喻事情成功以后就忘了本来依靠的东西。

蹄闲三寻:指马奔走时,前后蹄间一跃而过三寻。形容马奔跑得快。同"蹄间三寻"。

寻壑经丘:寻幽探胜,游山玩水。

丘山之功:比喻功绩伟大。

功成名遂:遂,成就。功绩建立了,名声也有了。

遂非文过:饰非文过。掩饰错误和过错。

过屠大嚼:比喻心里想而得不到,只好用不切实际的办法来安慰自己。

嚼墨喷纸:后形容人能写文章。

纸落云烟:形容落笔轻捷,挥洒自如。

烟聚波属:如烟之相聚,波之相接。比喻接连而来,聚集甚多。

第二十六步

成语接龙

属辞比事　事败垂成　成败兴废　废寝忘餐　餐风露宿　宿弊一清

清洌可鉴　鉴机识变　变醨养瘠　瘠牛羸豚　豚蹄穰田　田父献曝

曝骨履肠　肠肥脑满　满腹牢骚　骚翁墨客　客死他乡　乡壁虚造

造端讬始　始终如一　一曲阳关　关情脉脉　脉脉相通　通情达理

理屈词穷　穷山恶水　水碧山青　青黄沟木　木落归本　本性难移

成语解释

属辞比事:原指连缀文辞,排比事实,记载历史。后泛称作文纪事。

事败垂成:事情在快要成功的时候失败了。

成败兴废:成功或失败,兴起或衰退。

废寝忘餐:忘记了睡觉,顾不得吃饭。形容对某事专心致志或忘我地工作、学习。

餐风露宿:风里吃饭,露天睡觉。形容旅途或野外工作的辛苦。

宿弊一清:多年的弊病一下就肃清了。

清洌可鉴:洌,水清;鉴,照。清澈得可以照见人影。

鉴机识变:察看时机,了解动向。

变醨养瘠:使薄酒变醇,瘠土变得肥沃。比喻改变贫穷落后面貌。

瘠牛羸豚:瘠,瘠瘦;羸,病弱的。瘦弱的牛和猪。比喻弱小的民族或国家。

豚蹄穰田:比喻所花费的极少而所希望的过多。

田父献曝:田父,老农;曝,晒。老农将晒太阳取暖的方法献给国君。常用作向人献物或献计的谦辞。

曝骨履肠:暴露尸骨,踩踏肠子。极言所酿战祸之惨烈。

肠肥脑满:肠肥,指身体胖,肚子大;脑满,指肥头大耳。形容不劳而食的人吃得饱饱的,养得胖胖的。

满腹牢骚:牢骚,抑郁不平之感。一肚子的不满情绪。形容心情极为抑郁,很不得意。

骚翁墨客:指诗人、作家等风雅的文人。同"骚人墨客"。

客死他乡:客死,死在异乡或国外。死在离家乡很遥远的地方。

乡壁虚造:即对着墙壁,凭空造出来的。比喻无事实根据,凭空捏造。

造端讬始:指首先倡导。同"造端倡始"。

始终如一:自始至终一个样子。指能坚持,不间断。

一曲阳关:阳关,古曲调名,古人在送别时唱。比喻别离。

关情脉脉:关情,关切的情怀。脉脉,情意深长。形容眼神中表露的意味深长的绵绵情怀。亦作"脉脉含情"。

脉脉相通:血管彼此相通。比喻关系密切。

通情达理:指说话、做事很讲道理。

理屈词穷:屈,短,亏;穷,尽。由于理亏而无话可说。

穷山恶水:穷山,荒山;恶水,经常引起灾害的河流湖泊等。形容自然条件非常差。

水碧山青:碧,青绿色。形容景色很美,艳丽如画。

青黄沟木:为无心仕进的典故。

木落归本:犹言叶落归根。比喻事物总有一定的归宿。多指作客他乡的人最终要回到本乡。

本性难移:移,改变。本质难于改变。

第二十七步

成语接龙

移星换斗　斗量车载　载舟覆舟　舟中敌国　国泰民安　安身乐业

业精于勤　勤学好问　问鼎中原　原形毕露　露尾藏头　头疼脑热

热肠古道　道山学海　海水桑田　田月桑时　时来运转　转危为安

安分知足　足足有余　余韵流风　风清月明　明目达聪　聪明才智
智昏菽麦　麦穗两岐　岐出岐入　入室升堂　堂而皇之　之死靡他

成语解释

移星换斗:形容法术神妙或手段高超。

斗量车载:载,装载。用车载,用斗量。形容数量很多,不足为奇。

载舟覆舟:民众犹如水,可以承载船,也可以倾覆船。比喻人民是决定国家兴亡的主要力量。

舟中敌国:同船的人都成了敌人。比喻大家反对,十分孤立。

国泰民安:泰,平安,安定。国家太平,人民安乐。

安身乐业:指安稳快乐地过日子。

业精于勤:业,学业;精,精通;于,在于;勤,勤奋。学业精深是由勤奋得来的。

勤学好问:勤奋学习,不懂的就问。比喻善于学习。

问鼎中原:问,询问;鼎,古代煮东西的器物,三足两耳;中原,黄河中下游一带,指疆域领土。比喻企图夺取天下。

原形毕露:原形,原来的形状;毕,完全。本来面目完全暴露。指伪装被彻底揭开。

露尾藏头:藏起了头,露出了尾。形容说话躲躲闪闪,不把真实情况全部讲出来。

头疼脑热:泛指一般的小病或小灾小难。

热肠古道:热肠,热心肠;古道,上古时代的风俗习惯,形容厚道。指待人真诚、热情。

道山学海:道、学.学问。学识比天高比海深。形容学识渊博。

海水桑田:犹沧海变桑田。比喻世事变迁很大。

田月桑时:泛指农忙季节。

时来运转:旧指时机来了,命运也有了转机。指境况好转。

转危为安:由危险转为平安,多指局势或病情。

安分知足:安于本分,对自己所得到的待遇知道满足。

足足有余:形容充足、宽裕,用不完。

余韵流风:传留后世的韵致风度。

风清月明:微风清凉,月光明朗。形容夜景美好。同“风清月朗”。

明目达聪:眼睛明亮,耳朵灵敏。形容力图透彻了解。

聪明才智:指有丰富敏捷的智力和显著的才能。

智昏菽麦:指智力不能辨认豆麦。形容无知。

麦穗两岐:一麦两穗。旧时以为祥瑞,以兆丰年。亦用以称颂吏治成绩卓著。也比喻相像的两样事物。

岐出岐入:指出入无固定的处所。

入室升堂:比喻入的学识技艺等方面有高深的造诣。

堂而皇之:堂、皇,官署的大堂,引申为气势盛大的样子。形容端正庄严或雄伟有气派。也指表面上庄严正大,堂堂正正,实际却不然。

之死靡他:至死不变。形容忠贞不贰。同“之死靡它”。

第二十八步

成语接龙

他乡故知　知荣守辱　辱国丧师　师心自是　是古非今　今生今世
世世代代　代马依风　风卷残云　云龙鱼水　水色山光　光怪陆离
离经叛道　道傍筑室　室迩人遐　遐迩一体　体恤入微　微不足道
道貌俨然　然荻读书　书不释手　手急眼快　快步流星　星罗云布
布鼓雷门　门生故旧　旧病复发　发家致富　富贵浮云　云天雾地

成语解释

他乡故知:故知,老朋友,熟人。在异地遇到老朋友或熟人。

知荣守辱:守,安于。虽然知道怎样可得到荣誉,却安于受屈辱的地位。

辱国丧师:指国家蒙受耻辱,军队遭到损失。

师心自是:师心,以心为师,这里指只相信自己;自是,按自己的主观意图行事。形容自以为是,不肯接受别人的正确意见。

是古非今:是,认为对;非,认为不对,不以为然。指不加分析地肯定古代的,否认现代的。

今生今世:此生此世。谓有生之年。

世世代代：指时间久远。形容很多年代，好几辈子。

代马依风：代，古国名，泛指北方。北方所产的马总是怀恋北边吹来的风。比喻人心眷恋故土，不愿老死他乡。

风卷残云：大风把残云卷走，比喻一下子把残存的东西一扫而光。

云龙鱼水：比喻君臣相得。

水色山光：水波泛出秀色，山上景物明净。形容山水景色秀丽。

光怪陆离：光怪，光彩奇异；陆离，开卷参差。形容奇形怪状，五颜六色。

离经叛道：离，背离，不遵守。原指违反封建统治阶级所尊奉的经典和教条。现泛指背离占主导地位的理论或学说。

道傍筑室：比喻杂采各家之说。亦比喻无法成功的事。

室迩人遐：房屋就在近处，可是房屋的主人却离得远了。多用于思念远别的人或悼念死者。同"室迩人远"。

遐迩一体：指远近犹如一个整体。形容协调统一。

体恤入微：形容对人照顾或关怀非常细心、周到。同"体贴入微"。

微不足道：微，细，小；足，值得；道，谈起。微小得很，不值得一提。指意义、价值等小得不值得一提。

道貌俨然：犹道貌岸然。指神态严肃，一本正经的样子。

然荻读书：然，"燃"的本字，燃烧；荻，芦苇一类的植物。燃荻为灯，发奋读书。形容勤学苦读。

书不释手：手里的书舍不得放下。形容勤学或看书入迷。

手急眼快：急，迅速。动作迅速，眼光敏捷。形容机灵敏捷。

快步流星：形容步子跨得大，走得快。

星罗棋布：形容数量很多，分布很广。

布鼓雷门：布鼓，布蒙的鼓；雷门，古代浙江会稽的城门名。在雷门前击布鼓。比喻在能手面前卖弄本领。

门生故旧：指学生和旧友。

旧病复发：原来的病又犯了。

发家致富：发展家业，使家庭变得富裕起来。

富贵浮云：意思是不义而富贵，对于我就像浮云那样轻飘。比喻把金钱、地位看得很轻。

云天雾地：比喻不明事理，糊里糊涂。

第二十九步

成语接龙

地利人和　和风细雨　雨歇云收　收之桑榆　榆枋之见　见贤思齐
齐心同力　力可拔山　山明水秀　秀外慧中　中原逐鹿　鹿走苏台
台阁生风　风雨如盘　盘石之安　安然无事　事过情迁　迁乔出谷
谷马砺兵　兵多将广　广种薄收　收因结果　果不其然　然糠自照
照萤映雪　雪月风花　花辰月夕　夕阳西下　下车泣罪　罪恶滔天

成语解释

地利人和：地利，地理的优势；人和，得人心。表示优越的地理条件和群众基础。

和风细雨：和风，指春天的风。温和的风，细小的雨。比喻方式和缓，不粗暴。

雨歇云收：比喻男女离散。

收之桑榆：指初虽有失，而终得补偿。后指事犹未晚，尚可补救。

榆枋之见：榆枋，榆树与枋树。比喻狭小的天地。后用以比喻浅薄的见解。

见贤思齐：贤，德才兼备的人；齐，相等。见到德才兼备的人就想赶上他。

齐心同力：形容认识一致，共同努力。同“齐心协力”。

力可拔山：力气大得可以拔起山来，形容勇力过人。

山明水秀：山光明媚，水色秀丽。形容风景优美。

秀外慧中：秀，秀丽；慧，聪慧。外表秀丽，内心聪明。

中原逐鹿：指群雄并起，争夺天下。

鹿走苏台：比喻国家败亡，宫殿荒废。

台阁生风：台阁，东汉尚书的办公室。泛指官府大臣在台阁中严肃的风气。比喻官风清廉。

风雨如盘：盘，大石头。形容风雨极大。

盘石之安：形容极其安定稳固。

安然无事：犹言平安无事。

事过情迁:随着事情过去,对该事的感情、态度也起了变化。

迁乔出谷:比喻人的地位上升。

谷马砺兵:犹言秣马厉兵。

兵多将广:兵将众多。形容军队人员多,兵力强大。

广种薄收:薄,少。种植的面积很大,但单位产量却很低。比喻实行的很广泛,但收效甚微。

收因结果:指了却前缘,得到结果。旧有因果报应之说,指前有因缘则必有相对的后果。

果不其然:果然如此。指事物的发展变化跟预料的一样。

然糠自照:然,同"燃",烧;糠,谷壳。烧糠照明。比喻勤奋好学。

照萤映雪:利用萤火虫的光和白雪的映照读书,形容刻苦的读书精神。

雪月风花:代指四时景色。也比喻男女情事。

花辰月夕:有鲜花的早晨,有明月的夜晚。指美好的时光和景物。同"花朝月夕"。

夕阳西下:指傍晚日落时的景象。也比喻迟暮之年或事物走向衰落。

下车泣罪:旧时称君主对人民表示关切。

罪恶滔天:滔天,漫天,弥天。形容罪恶极大。

第三十步

成语接龙

天各一方　方外之人　人存政举　举步生风　风吹雨打　打富济贫
贫病交加　加减乘除　除暴安良　良药苦口　口若悬河　河出伏流
流芳千古　古色古香　香象渡河　河东狮子　子孝父慈　慈眉善目
目无下尘　尘羹涂饭　饭来张口　口中蚤虱　虱胫虮肝　肝胆楚越
越鸟南栖　栖冲业简　简明扼要　要言不烦　烦言碎辞　辞巧理拙

成语解释

天各一方:指各在天底下的一个地方。形容相隔极远,见面困难。

方外之人:方外,世外。原指言行超脱于世俗礼教之外的人。后指僧道。

人存政举：旧指一个掌握政权的人活着的时候，他的政治主张便能贯彻。

举步生风：形容走路特别快或办事干净利索。

风吹雨打：原指花木遭受风雨摧残。比喻恶势力对弱小者的迫害。也比喻严峻的考验。

打富济贫：打击豪绅、地主、贪官污吏，夺取其财物救济穷人。

贫病交加：贫穷和疾病一起压在身上。

加减乘除：算术的四则运算，借指事物的消长变化。

除暴安良：暴，暴徒；良，善良的人。铲除强暴，安抚善良的人民。

良药苦口：好药往往味苦难吃。比喻衷心的劝告，尖锐的批评，听起来觉得不舒服，但对改正缺点错误很有好处。

口若悬河：若，好像；悬河，激流倾泻。讲起话来滔滔不绝，像瀑布不停地奔流倾泻。形容能说会辩，说起来没个完。

河出伏流：比喻潜在力量爆发，其势猛不可挡。

流芳千古：美名永传于后世。

古色古香：形容器物书画等富有古雅的色彩和情调。

香象渡河：佛教用语。比喻悟道精深。也形容评论文字精辟透彻。

河东狮子：旧指妒悍的妇女。

子孝父慈：儿女孝顺，父母慈爱。

慈眉善目：形容人的容貌一副善良的样子。

目无下尘：下尘，佛家语，凡尘，尘世，比喻地位低下者。眼睛不往下看。形容态度傲慢，看不起地位低的人。

尘羹涂饭：涂，泥。尘做的羹，泥做的饭。指儿童游戏。比喻没有用处的东西。

饭来张口：指吃现成饭。形容不劳而获，坐享其成。

口中蚤虱：比喻极易消灭的敌人，犹如口中之虱。

虱胫虮肝：虱子的小腿，虮子的肝脏。比喻非常微小的东西。

肝胆楚越：肝胆，比喻关系密切；楚越，春秋时两个诸侯国，虽土地相连，但关系不好。比喻有着密切关系的双方，变得互不关心或互相敌对。

越鸟南栖：从南方飞来的鸟，筑巢时一定在南边的树枝上。比喻难忘故乡情。

栖冲业简：指安于淡泊简朴的生活。

简明扼要：指说话、写文章简单明了，能抓住要点。

要言不烦:要,简要;烦,烦琐。指说话或写文章简单扼要,不烦琐。

烦言碎辞:形容文辞杂乱、琐碎。

辞巧理拙:文辞虽然浮华,但不能阐明道理。

第三十一步

成语接龙

拙嘴笨舌　舌敝唇焦　焦头烂额　额首称庆　庆吊不行　行同能偶
偶一为之　之死靡二　二缶钟惑　惑世盗名　名公巨卿　卿卿我我
我黼子佩　佩韦佩弦　弦外之响　响彻云霄　霄壤之别　别鹤离鸾
鸾音鹤信　信誓旦旦　旦旦而伐　伐功矜能　能工巧匠　匠心独具
具体而微　微过细故　故宫禾黍　黍油麦秀　秀色可餐　餐霞吸露

成语解释

拙嘴笨舌:拙,笨。嘴舌笨拙,形容不善于讲话。

舌敝唇焦:敝,破碎;焦.干枯。说话说得舌头都破了,嘴唇都干了。形容费尽了唇舌。

焦头烂额:烧焦了头,灼伤了额。比喻非常狼狈窘迫。有时也形容忙得不知如何是好,带有夸张的意思。

额首称庆:把手放在额上,表示庆幸。

庆吊不行:庆,贺喜;吊,吊唁。不予贺喜、吊唁。原指不与人来往。后形容关系疏远。

行同能偶:品行相同,才能相等。

偶一为之:偶,偶尔;为,做。指平常很少这样做,偶尔才做一次。

之死靡二:至死不变。形容忠贞不贰。同"之死靡它"。

二缶钟惑:二,疑,不明确;缶、钟,指古代量器。弄不清缶与钟的容量。比喻弄不清普通的是非道理。

惑世盗名:犹欺世盗名。欺骗世人,窃取名誉。

名公巨卿:指有名望的权贵。

卿卿我我:形容夫妻或相爱的男女十分亲昵。

我黼子佩:指夫妻共享荣华。

佩韦佩弦:韦,熟牛皮;弦,弓弦。原指西门豹性急,佩韦自戒;董安于性缓,佩弦自戒。原形容随时警诫自己。后常比喻有益的规劝。

弦外之响:比喻言外之意。

响彻云霄:彻,贯通;云霄,高空。形容声音响亮,好像可以穿过云层,直达高空。

霄壤之别:天和地,一极在上,一极在下,比喻差别极大。

别鹤孤鸾:别,离别;鸾,凤凰一类的鸟。离别的鹤,孤单的鸾。比喻远离的夫妻。

鸾音鹤信:比喻仙界的音信。

信誓旦旦:信誓,表示诚意的誓言;旦旦,诚恳的样子。誓言说得真实可信。

旦旦而伐:多比喻天天损害或斫丧。

伐功矜能:伐、矜,夸耀。指吹嘘自己的功劳和才能。形容居高自大,恃才傲物。

能工巧匠:指工艺技术高明的人。

匠心独具:工巧独特的艺术构思。

具体而微:具体,各部分已大体具备;微,微小。指事物的各个组成部分大体都有了,不过形状和规模比较小些。

微过细故:微小的过失和事故。

故宫禾黍:比喻怀念祖国的情思。

黍油麦秀:用于表示亡国之痛的感叹。

秀色可餐:秀色,美女姿容或自然美景;餐,吃。原形容妇女美貌。后也形容景物秀丽。

餐霞吸露:餐食日霞,吸饮沆瀣。指超尘脱俗的仙家生活。

第三十二步

成语接龙

露餐风宿　宿雨餐风　风度翩翩　翩若惊鸿　鸿鶱凤逝　逝者如斯

斯斯文文　文理俱惬　惬心贵当　当之有愧　愧悔无地　地动山摧

摧眉折腰　腰金拖紫　紫绶金章　章甫荐履　履霜之戒　戒骄戒躁
躁言丑句　句比字栉　栉霜沐露　露才扬己　己溺己饥　饥寒交至
至亲骨肉　肉食者鄙　鄙俚浅陋　陋巷箪瓢　瓢泼大雨　雨鬣霜蹄

成语解释

露餐风宿:在露天中吃饭,在风中住宿。形容旅途艰辛。

宿雨餐风:形容旅途辛劳。

风度翩翩:风度,风采气度,指美好的举止姿态;翩翩,文雅的样子。形容举止文雅优美。

翩若惊鸿:比喻美女的体态轻盈。

鸿骞凤逝:鸿鹄高飞,凤凰远逝。比喻毅然远行。

逝者如斯:用以形容光阴如流水一去不返。

斯斯文文:形容举止文雅。

文理俱惬:文、理,指文辞表达和思想内容;惬,满足、满意。文章的形式和内容都令人满意。

惬心贵当:合情合理。

当之有愧:当,承受;愧,惭愧。承受某种荣誉或称号与事实不相符,感到惭愧。常作自谦之词。

愧悔无地:羞愧懊悔得无地自容。

地动山摧:地震发生时大地颤动,山河摇摆。亦形容声势浩大或斗争激烈。同"地动山摇"。

摧眉折腰:低眉弯腰。形容没有骨气,巴结奉承。

腰金拖紫:金,金印;紫,紫绶。比喻身居高官。

紫绶金章:紫色印绶和金印,古丞相所用。借指高官显爵。

章甫荐履:冠被垫在鞋子下。比喻上下颠倒。

履霜之戒:走在霜上知道结冰的时候快要到来。比喻看到眼前的迹象而对未来提高警惕。

戒骄戒躁:戒,警惕,预防。警惕并防止产生骄傲和急躁情绪。

躁言丑句:躁,通"臊"。丑恶的言辞。

句比字栉:逐字逐句仔细推敲。同"句栉字比"。

栉霜沐露:迎着霜,顶着露。形容奔波劳苦。

露才扬己:露,显露;扬,表现。显露自己的才能。也比喻炫耀才能,表现自己。

己溺己饥:认为人民的疾苦是由自己所造成,因此解除他们的痛苦是自己不可推卸的责任。

饥寒交至:衣食无着,又饿又冷。形容生活极端贫困。同"饥寒交迫"。

至亲骨肉:关系最近的亲人。

肉食者鄙:肉食者,吃肉的人,引申为有权位的人;鄙,鄙陋。旧时指身居高位、俸禄丰厚的人眼光短浅。

鄙俚浅陋:鄙俚,粗俗;浅陋,见闻不多。多形容文章或言谈粗俗浅薄。

陋巷箪瓢:陋,简陋,窄小;箪,古代盛饭用的圆形竹器。住在陋巷里,用箪吃饭,用瓢喝水。形容生活极为穷苦。

瓢泼大雨:像用瓢泼水那样的大雨。形容雨下得非常大。

雨鬣霜蹄:形容骏马奔驰时马鬃耸起,状如飘雨,四蹄飞翻,色白如霜的样子。

第三十三步

成语接龙

蹄间三寻　寻瑕伺隙　隙穴之窥　窥见一斑　斑驳陆离　离经叛道

道听耳食　食不充口　口传心授　授人口实　实事求是　是非颠倒

倒海翻江　江山如画　画沙印泥　泥古不化　化日光天　天长地久

久别重逢　逢山开道　道存目击　击钟鼎食　食肉寝皮　皮里阳秋

秋风团扇　扇火止沸　沸反连天　天道宁论　论黄数白　白屋寒门

成语解释

蹄间三寻:指马奔走时,前后蹄间一跃而过三寻。形容马奔跑得快。

寻瑕伺隙:寻,找;瑕,玉上的斑点,比喻缺点;伺,观察;隙,空子,机会。找别人缺点,看是否有空子可钻。指待机寻衅。

隙穴之窥:比喻执着的努力,最后达到目的。

窥见一斑:指只了解一二。

斑驳陆离:斑驳,色彩杂乱;陆离,参差不一。形容色彩纷杂。

离经叛道：指思想、言行背离儒家经典和规范。后泛指背离占统治地位的思想和行为规范。

道听耳食：对传闻之辞不加去取，盲目轻信。

食不充口：不能吃饱肚子。形容生活艰难困苦。

口传心授：指师徒间口头传授，内心领会。

授人口实：留给别人以话柄。

实事求是：指从实际对象出发，探求事物的内部联系及其发展的规律性，认识事物的本质。通常指按照事物的实际情况办事。

是非颠倒：是，对；非，错。把错的说成对的，对的说成错的。把是非弄颠倒了。

倒海翻江：形容力量或声势非常浩大。

江山如画：山川、河流美如画卷。形容自然风光美丽如图画。

画沙印泥：书法家比喻用笔的方法。

泥古不化：泥，拘泥，固执。拘泥于古代的成规或古人的说法而不知变通。

化日光天：指太平盛世。也用来比喻众目昭彰、是非分明的场合。同“光天化日”。

天长地久：跟天和地存在的时间那样长。形容时间悠久。也形容永远不变。多指爱情。

久别重逢：指朋友或亲人在长久分别之后再次见面。

逢山开道：形容不畏艰险，在前开路。常与“遇水叠桥”连用。

道存目击：一个人具有深厚的道德修养，人们只需一接触便能感受得到。

击钟鼎食：打钟列鼎而食。形容贵族或富人生活奢华。

食肉寝皮：割他的肉吃，剥他的皮睡。形容对敌人的深仇大恨。

皮里阳秋：指藏在心里不说出来的言论。

秋风团扇：秋风起后，扇子就弃置不用。比喻女子色衰失宠。

扇火止沸：沸腾，指水滚开。用扇风助长火势的办法来停止水沸腾。比喻采取的办法与希望达到的目的正好相反。

沸反连天：形容人声喧闹，乱成一片。同“沸反盈天”。

天道宁论：指天道福善惩恶之说难以凭信。

论黄数白：点了黄金又数白银。极言财富之多。也指任意评论是非好坏。

白屋寒门：白屋，用白茅草盖的屋；寒门，清贫人家。泛指贫士的住屋。形容出身贫寒。

第三十四步

成语接龙

门禁森严　严阵以待　待贾而沽　沽名钓誉　誉满天下　下情上达
达官贵要　要死要活　活灵活现　现世现报　报李投桃　桃李春风
风木之思　思深忧远　远怀近集　集萤映雪　雪北香南　南去北来
来历不明　明公正道　道貌岸然　然糠照薪　薪尽火传　传爵袭紫
紫气东来　来者不善　善为说辞　辞严义正　正言不讳　讳疾忌医

成语解释

门禁森严:指门前警卫戒备很严密。

严阵以待:指做好充分战斗准备,等待着敌人。

待贾而沽:贾,同“价”。等待善价出售,也比喻怀才待用或待时而行。

沽名钓誉:沽,买;钓,用饵引鱼上钩,比喻骗取。用某种不正当的手段捞取名誉。

誉满天下:美好的名声天下皆知。

下情上达:下面的情况或意见能够通达于上。

达官贵要:犹言达官贵人。指地位高的大官和出身侯门身价显赫的人。

要死要活:形容闹得很凶。

活灵活现:形容神情逼真,使人感到好像亲眼看到一般。

现世现报:原为佛家语。后指人做了恶事,今生就会得到报应。意指报应很快。

报李投桃:意思是他送给我李子,我以桃子回赠他。比喻友好往来或互相赠送东西。

桃李春风:比喻学生受到良师的谆谆教诲。

风木之思:比喻父母亡故,不及孝养而生的思念之情。

思深忧远:思虑得很深,为久远的事操心。形容考虑周到。

远怀近集:指远近的人都来归附。

集萤映雪:形容读书刻苦。

雪北香南:多雪的北方和花木飘香的南方。

南去北来:指来来往往。

来历不明:来历,由来。人或事物的来历与经过不清楚。

明公正道:正式,公开,堂堂正正。同“明公正气”。

道貌岸然:道貌,正经严肃的容貌;岸然,高傲的样子。指神态严肃,一本正经的样子。

然糠照薪:烧糠照明。比喻勤奋学习。同“然糠自照”。

薪尽火传:薪,柴。柴虽烧尽,火种仍留传。比喻师父传业于弟子,一代代地传下去。

传爵袭紫:指继承高爵显位。汉代,公侯皆佩紫绶龟纽金印。

紫气东来:传说老子过函谷关之前,关尹喜见有紫气从东而来,知道将有圣人过关。果然老子骑着青牛而来。旧时比喻吉祥的征兆。

老子

来者不善:善,亲善,友好。强调来人不怀好意,要警惕防范。

善为说辞:说辞,讲话。形容很会讲话。后指替人说好话。

辞严义正:辞,言词,语言;义,道理。言辞严厉,义理正大。

正言不讳:说话爽直,毫无忌讳。

讳疾忌医:讳,避忌;忌,怕,畏惧。隐瞒疾病,不愿医治。比喻怕人批评而掩饰自己的缺点和错误。

第三十五步

成语接龙

医时救弊　弊绝风清　清天白日　日月如梭　梭天摸地　地老天荒

荒无人烟　烟波浩渺　渺无音信　信以为真　真凭实据　据为己有

有本有原　原封不动　动人心弦　弦外之音　音信杳无　无待蓍龟

龟年鹤算　算无遗策　策马飞舆　舆死扶伤　伤弓之鸟　鸟覆危巢

巢倾卵覆　覆舟之戒　戒奢宁俭　俭以养廉　廉顽立懦　懦词怪说

成语解释

医时救弊:匡正时政的弊病。

弊绝风清:弊,坏事;清,洁净。贪污、舞弊的事情没有了。形容坏事绝迹,社会风气良好。

清天白日:指大白天。

日月如梭:梭,织布时牵引纬线的工具。太阳和月亮像穿梭一样地来去。形容时间过得很快。

梭天摸地:指上蹿下跳。比喻到处逃窜。

地老天荒:指经历的时间极久。

荒无人烟:人烟,指住户、居民,因有炊烟的地方就有人居住。形容地方偏僻荒凉,见不到人家。

烟波浩渺:烟波,雾霭苍茫的水面;浩渺,水面辽阔。形容烟雾笼罩的江湖水面广阔无边。

渺无音信:指毫无消息。亦作"渺无音讯"。

信以为真:相信他是真的。指把假的当成真的。

真凭实据:确凿的凭据。

据为己有:将别人的东西拿来作为自己的。

有本有原:指有根源,原原本本。亦作"有本有源"。

原封不动:原来贴的封口没有动过。比喻完全按照原样,一点不加变动。

动人心弦:把心比作琴,拨动了心中的琴弦。形容事物激动人心。

弦外之音:原指音乐的余音。比喻言外之意,即在话里间接透露,而不是明说出来的意思。

音信杳无:没有一点消息。

无待蓍龟:待,等待;蓍龟,蓍草和龟甲,古人用以占卜。不等着用蓍草和龟甲占卜,而吉凶已经大白。表示事态发展显而易见。

龟年鹤算:比喻人之长寿。或用作祝寿之词。同"龟年鹤寿"。

算无遗策:算,计划;遗策,失算。形容策划精密准确,从来没有失算。

策马飞舆:指驾马车疾行。

舆死扶伤:指抬运死者,扶持伤者。形容死伤之众。

伤弓之鸟:受了惊吓的鸟。比喻受过惊吓,遇到一点动静就怕的人。

鸟覆危巢:鸟巢因建于弱枝而倾覆。比喻处境极端危险。

巢倾卵覆:比喻灭门之祸,无一得免。亦以喻整体被毁,其中的个别也不可能幸存。

覆舟之戒:推翻船的教训。比喻失败的教训。

戒奢宁俭:戒,戒除;奢,奢侈;宁,宁可,宁愿;俭,节俭。宁愿节俭,也要戒除奢侈。

俭以养廉:俭,节俭;廉,廉洁。节俭可以培养廉洁的作风。

廉顽立懦:指高尚的节操可以激励人振奋向上。

懦词怪说:指荒诞无稽之谈。

第三十六步

成语接龙

说白道绿　绿叶成荫　荫子封妻　妻梅子鹤　鹤膝蜂腰　腰缠万贯
贯盈恶稔　稔恶藏奸　奸淫掳掠　掠美市恩　恩荣并济　济窍飘风
风骨峭峻　峻宇雕墙　墙花路柳　柳眉倒竖　竖子成名　名闻遐迩
迩安远至　至当不易　易辙改弦　弦无虚发　发蒙解缚　缚鸡之力
力能扛鼎　鼎鱼幕燕　燕昭市骏　骏骨牵盐　盐梅相成　成风之斫

成语解释

说白道绿:比喻对人对事任意评论。

绿叶成荫:绿叶繁茂覆盖成荫。也指女子出嫁生了子女。同“绿叶成阴”。

荫子封妻:妻子得到封号,子孙获得世袭官爵。指建立功业,光耀门庭。

妻梅子鹤:以梅为妻,以鹤为子,表示清高或隐居。

鹤膝蜂腰:这是指诗歌声律八病的两种。泛指诗歌声律上所犯的毛病。也指书法中的两种病笔。

腰缠万贯:腰缠,指随身携带的财物;贯,旧时用绳索穿钱,每一千文为一贯。比喻钱财极多。

贯盈恶稔:犹言恶贯满盈。形容罪大恶极,到受惩罚的时候了。

稔恶藏奸:长期作恶,包藏祸心。

奸淫掳掠:奸淫妇女,掠夺财物。

掠美市恩:掠美,夺取别人的美名或功绩以为己有;市恩,买好,讨好。指用别人的东西来买好。

恩荣并济:恩荣,恩惠荣宠。济,调剂。恩惠与荣耀两种手段一起施行。

济窍飘风:指大风止则所有的窍孔都空寂无声。后比喻毫无影响与作用的事物。

风骨峭峻:峭峻,山又高又陡。形容人很有骨气,刚直不阿。也比喻诗文书画雄健有力的风格。

峻宇雕墙:高大的屋宇和彩绘的墙壁。形容居处豪华奢侈。

墙花路柳:墙边的花,路旁的柳。比喻不被人尊重的女子。旧时指妓女。

柳眉倒竖:形容女子发怒时耸眉之状。

竖子成名:指无能者侥幸得以成名。

名闻遐迩:名声传扬到各地,形容名声很大。

迩安远至:谓近居之民以政治清明而欢乐,远地之民则闻风而附。指政治清明。

至当不易:至,极;当,恰当;易,改变。形容极为恰当,不能改变。

易辙改弦:变更车道,改换琴弦。比喻改变方向、计划、做法或态度。

弦无虚发:指射箭百发百中。

发蒙解缚:发蒙,启发蒙昧;解缚,解除束缚。指启发蒙昧,解除束缚。

缚鸡之力:捆鸡的力量。比喻体弱无力。

力能扛鼎:扛,用双手举起沉重的东西;鼎,三足两耳的青铜器。形容气力特别大。亦比喻笔力雄健。

鼎鱼幕燕:宛如鼎中游动的鱼,帷幕上筑巢的燕子。比喻处于极危险境地的人或事物。

燕昭市骏:指战国时郭隗以古代君王悬赏千金买千里马为喻,劝说燕昭王真心求贤的事。

骏骨牵盐:指才华遭到抑制。

盐梅相成:盐味与酸味相调和。比喻济世的贤臣。

成风之斫:形容技艺高超。同“成风尽垩”。

第三十七步

成语接龙

斫雕为朴　朴讷诚笃　笃学不倦　倦鸟知还　还珠返璧　璧合珠连
连枝共冢　冢木已拱　拱挹指麾　麾之即去　去本就末　末如之何
何患无辞　辞穷理屈　屈尊就卑　卑辞重币　币重言甘　甘之如饴
饴含抱孙　孙康映雪　雪虐风饕　饕餮之徒　徒劳无益　益谦亏盈
盈则必亏　亏心短行　行将就木　木人石心　心口不一　一概而论

成语解释

斫雕为朴:指去掉雕饰,崇尚质朴。亦指斫理雕弊之俗,使返质朴。

朴讷诚笃:为人朴实敦厚,不善言词。

笃学不倦:笃学,专心好学;倦,疲倦。专心好学,不知疲倦。

倦鸟知还:疲倦的鸟知道飞回自己的巢。比喻辞官后归隐田园,也比喻从旅居之地返回故乡。

还珠返璧:宝物失而复得。

璧合珠连:指日月如合璧,五星如连珠。古人认为是一种显示祥瑞的天象。比喻众美毕集,相得益彰。

连枝共冢:比喻爱情坚贞不渝。

冢木已拱:坟墓上的树木已很高大。比喻老死多年。

拱挹指麾:指从容安舒,指挥若定。

麾之即去:接到离开的指令后马上离开。形容服从指挥,听候调遣。

去本就末:指弃农经商。

末如之何:无法对付,无可奈何。

何患无辞:何患,哪怕;辞,言辞。哪里用得着担心没有话说呢?常与“欲加之罪”连用,表示坏人诬陷好人时,无端捏造罪名,还说得振振有词。

辞穷理屈:理由站不住脚,被驳得无话可说。

屈尊就卑:原指降低尊贵的身份以就低下的礼仪。现用来形容委屈自己去屈就比自己低下的职位或人。

卑辞重币:卑,谦恭;重,厚;币,礼物。说谦虚的话,送厚重的礼。形容对人有所求。

币重言甘:礼物丰厚,言辞好听。指为了能达到某种目的而用财物诱惑。

甘之如饴:甘,甜;饴,麦芽糖浆。感到像糖那样甜。指为了从事某种工作,甘愿承受艰难、痛苦。

饴含抱孙:含着饴糖逗小孙子。形容老人自娱晚年,不问他事的乐趣。同"含饴弄孙"。

孙康映雪:比喻读书非常刻苦。

雪虐风饕:虐,暴虐;饕,贪残。又是下雪,又是刮风。形容天气非常寒冷。

饕餮之徒:比喻贪吃的人。

徒劳无益:白费劲,没有一点用处。

益谦亏盈:犹谦受益,满招损。

盈则必亏:盈,圆;亏,缺。月圆的时候就是月缺的时候。形容物极必反。

亏心短行:亏损天良,行为恶劣。

行将就木:行将,将要;木,棺材。指人的寿命已经不长,快要进棺材了。

木人石心:形容意志坚定,任何诱惑都不动心。

心口不一:心想的和嘴上说的不一样。

一概而论:指处理事情或问题不分性质,不加区别,用同一标准来对待或处理。

第三十八步

成语接龙

论功行封　封金挂印　印累绶若　若崩厥角　角巾东路　路无拾遗

遗簪弃舄　舄乌虎帝　帝王将相　相貌堂堂　堂皇富丽　丽句清词

词严义密　密锣紧鼓　鼓鼓囊囊　囊锥露颖　颖脱而出　出门应辙

辙乱旗靡　靡知所措　措手不及　及溺呼船　船坚炮利　利令智昏

昏昏噩噩　噩噩浑浑　浑浑沉沉　沉舟破釜　釜底游魂　魂飞魄越

成语解释

论功行封:评定功劳之大小给予封赏。

封金挂印:指不受赏赐,辞去官职。

印累绶若:形容官吏身兼数职,声势显赫。

若崩厥角:像野兽折了头角一样。比喻危惧不安的样子。也指叩头的声响像山崩一样。形容十分恭敬的样子。

角巾东路:意指辞官退隐,登东归之路。后用以为归隐的典故。

路不拾遗:指东西掉在路上,人们不会捡起据为己有。形容社会风尚好。

遗簪弃舄:指遗落在地的簪子鞋子。

舄乌虎帝:因"舄"与"乌""虎"和"帝"字形相近,同经传抄,容易写错。用于指文字抄传错误。

帝王将相:皇帝、王侯及文臣武将。指封建时代上层统治者。

相貌堂堂:形容人的仪表端正魁梧。

堂皇富丽:堂皇,盛大,雄伟;富丽,华丽。形容房屋宏伟豪华。也形容诗文辞藻华丽。

丽句清词:华丽清新的词句。

词严义密:措词严谨,道理周密。

密锣紧鼓:戏剧开台前的一阵节奏急促的锣鼓。比喻公开活动前的紧张准备。

鼓鼓囊囊:软外皮中塞得圆鼓鼓的;藏物凸起的样子。

囊锥露颖:比喻显露才华。

颖脱而出:颖,细长物体的尖端。言锥芒全部脱出。比喻有才能的人得到机会,即能全部显现出来。

出门应辙:犹出门合辙。比喻才学适合社会需要。

辙乱旗靡:辙,车辙;靡,倒下。车辙错乱,旗子倒下。形容军队溃败逃窜。

靡知所措:靡,无、不;措,处理。不知该如何办才好。

措手不及:措手,着手处理。来不及动手应付。指事出意外,一时无法对付。

及溺呼船:比喻祸到临头,求救无及。

船坚炮利:利,锋利。指战舰坚固,大炮猛烈。形容海军强盛。

利令智昏:令,使;智,理智;昏,昏乱,神志不清。因贪图私利而失去理智,把什么都忘了。

昏昏噩噩:形容糊涂、无知的样子。

噩噩浑浑:指质朴忠厚的样子。指上古之世。

浑浑沉沉:广大的样子。

沉舟破釜:釜,锅。沉掉渡船,打破饭锅。表示决一死战。

釜底游魂:比喻行将灭亡、苟延残喘的人。

魂飞魄越:形容惊恐万分,极端害怕。同"魂飞魄散"。

第三十九步

成语接龙

越俎代庖　庖丁解牛　牛羊勿践　践律蹈礼　礼先壹饭　饭坑酒囊

囊里盛锥　锥刀之利　利绾名牵　牵萝莫补　补偏救弊　弊衣蔬食

食藿悬鹑　鹑衣鷇食　食子徇君　君子之交　交头接耳　耳聪目明

明昭昏蒙　蒙混过关　关门落闩　闩门闭户　户枢不蠹　蠹众木折

折节下士　士农工商　商彝周鼎　鼎折餗覆　覆公折足　足尺加二

成语解释

越俎代庖:越,跨过;俎,古代祭祀时摆祭品的礼器;庖,厨师。主祭的人跨过礼器去代替厨师办席。比喻超出自己业务范围去处理别人所管的事。

庖丁解牛:解,肢解分割。比喻经过反复实践,掌握了事物的客观规律,做事得心应手,运用自如。

牛羊勿践:勿使牛羊践踏。比喻爱护。

践律蹈礼:指遵循礼法。

礼先壹饭:指在礼节上自己年岁稍长。壹饭,犹言一顿饭,喻指极短的时间。也指在礼节上先有恩惠于人。

饭坑酒囊:比喻只会吃喝不会做事的人。

囊里盛锥:指让有才能的人得到机会表现自己。

锥刀之利:比喻微小的利益。也比喻极小的事情。同"锥刀之末"。

利绾名牵:指为名利所诱惑羁绊。同"利惹名牵"。

牵萝莫补：萝，女萝，植物名。指无法弥补。

补偏救弊：偏，偏差；弊，害处，毛病。补救偏差漏洞，纠正缺点错误。

弊衣蔬食：破旧的衣服和粗粝的饭食。指生活俭朴。同"弊衣箪食"。

食藿悬鹑：食藿，以豆叶为食；悬鹑，衣衫褴褛，似鹑鸟悬垂的秃尾。指生活穷苦。

鹑衣𣪠食：指衣不蔽体，食不果腹。形容生活极端贫困。

食子徇君：吃自己儿子的肉以媚主邀功。

君子之交：贤者之间的交情，平淡如水，不尚虚华。

交头接耳：交头，头靠着头；接耳，嘴凑近耳朵。形容两个人凑近低声交谈。

耳聪目明：聪，听觉灵敏；明，眼力敏锐。听得清楚，看得明白。形容头脑清楚，眼光敏锐。

明昭昏蒙：昭，明白；蒙，愚昧无知。聪明而通晓事理，愚昧而不明事理。

蒙混过关：用欺骗的手段逃避询问或审查。

关门落闩：比喻没有回旋的余地。也形容到了极点。

闩门闭户：闩，门上横木。犹言关门闭户。

户枢不蠹：经常转动的门轴不会被虫蛀。比喻经常运动的东西不容易受侵蚀。也比喻人经常运动可以强身。

蠹众木折：蛀虫多了，木头就要折断。比喻不利的因素多了，就能造成灾祸。

折节下士：折节，屈己下人。指尊重有见识有能力的人。

士农工商：古代所谓四民，指读书的、种田的、做工的、经商的。

商彝周鼎：彝、鼎，古代祭祀用的鼎、尊等礼器。商周的青铜礼器。泛称极其珍贵的古董。

鼎折𫗧覆：比喻力薄任重，必致灾祸。

覆公折足：比喻不胜重任，败坏公事。

足尺加二：比喻过分、过头。

第四十步

成语接龙

二惠竞爽　爽心悦目　目空一世　世掌丝纶　纶巾羽扇　扇枕温衾

衾影无惭　惭凫企鹤　鹤骨龙筋　筋疲力倦　倦尾赤色　色衰爱弛
弛魂宕魄　魄荡魂摇　摇唇鼓喙　喙长三尺　尺树寸泓　泓峥萧瑟
瑟调琴弄　弄玉吹箫　箫韶九成　成家立业　业业矜矜　矜己自饰
饰非拒谏　谏尸谤屠　屠门大嚼　嚼腭搥床　床笫之私　私淑弟子

成语解释

二惠竞爽:比喻两兄弟都是好样的。

爽心悦目:指景色美丽,令人心情愉快。

目空一世:什么都不放在眼里。形容骄傲自大。

世掌丝纶:后中书省代皇帝草拟诏旨,称为掌丝纶。指父子或祖孙相继在中书省任职。

纶巾羽扇:拿着羽毛扇子,戴着青丝绶的头巾。形容态度从容。

扇枕温衾:衾,被子。形容对父母十分孝敬。同"扇枕温席"。

衾影无惭:指行为光明,问心无愧。

惭凫企鹤:比喻惭愧自己的短处,羡慕别人的长处。

鹤骨龙筋:指瘦挺虬曲的样子。

筋疲力倦:形容非常疲倦。

倦尾赤色:比喻困苦之极。

色衰爱弛:色,姿色、容颜;弛,松懈,衰退。指靠美貌得宠的人,一旦姿色衰老,就会遭到遗弃。指男子喜新厌旧。

弛魂宕魄:形容震撼心灵。亦作"驰魂夺魄"。

魄荡魂摇:形容受外界刺激、诱惑而精神不能集中。

摇唇鼓喙:犹言摇唇鼓舌。形容耍弄嘴皮进行挑拨煽动。

喙长三尺:喙,嘴。嘴长三尺。形容人善于辩说。

尺树寸泓:泓,水深。泛指地方虽小,却有花草树木、清泉流水的景区。

泓峥萧瑟:形容诗文意境深远。引申指幽雅恬静。

瑟调琴弄:比喻夫妇感情融洽。

弄玉吹箫:弄玉,秦穆公之女。比喻男欢女悦,结成爱侣,共享幸福。

箫韶九成:箫韶,虞舜时的乐章;九成,九章。指箫韶音乐奏了九章。

成家立业:指男的结了婚,有职业,能独立生活。

业业矜矜：小心谨慎的样子。

矜己自饰：矜，夸耀；自饰，自己颂扬。夸耀称赞自己。

饰非拒谏：饰，掩饰；非，错误；谏，直言规劝。拒绝劝告，掩饰错误。

谏尸谤屠：向尸体劝谏，向屠伯指责杀牲的过失。比喻劝谏无济于事。

屠门大嚼：屠门，肉店。比喻心里想而得不到手，只好用不切实际的办法来安慰自己。

嚼腭捶床：形容极其愤恨。

床笫之私：笫，竹编的床席；床笫，床铺。指闺房之内或夫妇间的私话、私事。

私淑弟子：私，私下；淑，善。对自己所敬仰而不能从学的前辈的自称。

第四十一步

成语接龙

子为父隐　隐恶扬善　善游者溺　溺心灭质　质伛影曲　曲里拐弯
弯弓饮羽　羽翼已成　成佛作祖　祖龙之虐　虐老兽心　心瞻魏阙
阙一不可　可乘之隙　隙大墙坏　坏法乱纪　纪群之交　交口赞誉
誉不绝口　口壅若川　川壅必溃　溃兵游勇　勇猛精进　进退维亟
亟疾苛察　察见渊鱼　鱼贯雁比　比手划脚　脚高步低　低唱浅酌
酌古斟今　今非昔比

成语解释

子为父隐：儿子为父亲隐瞒劣迹。

隐恶扬善：隐，隐匿；扬，宣扬。不谈人的坏处，光宣扬人的好处。

善游者溺：会游泳的人，往往淹死。比喻人自以为有某种本领，因此而惹祸。

溺心灭质：淹没天然的心性，掩盖纯朴的本质。

质伛影曲：身体佝偻影子也就弯曲。比喻有因必有果。

曲里拐弯：形容弯曲多。

弯弓饮羽：形容勇猛善射。

羽翼已成：鸟的羽毛和翅膀已长全。比喻力量已经巩固。

成佛作祖：佛教语。指修成佛道，成为祖师。比喻获得杰出成就。

祖龙之虐:祖龙,指秦始皇。指秦始皇焚书坑儒。

虐老兽心:虐老,虐待老人。喻残暴凶狠而无仁义,有如野兽。

心瞻魏阙:指臣民心在朝廷,关心国事。同“心在魏阙”。

阙一不可:两种以上因素中,缺少哪一种也不行。同“缺一不可”。

可乘之隙:隙,空子,机会。可以被对方利用的弱点、空隙。

隙大墙坏:墙缝大了就要倒。比喻错误不及时纠正,就会造成祸害。

坏法乱纪:破坏法制和纪律。

纪群之交:纪、群,人名,陈纪是陈群的父亲。比喻累世之交情。

交口赞誉:交,一齐,同时。异口同声地称赞。

誉不绝口:不住地称赞。

口壅若川:比喻禁舆论之害。

川壅必溃:壅,堵塞;溃,决口,堤岸崩坏。堵塞河流,会招致决口之害。比喻办事要因势利导,否则就会导致不良后果。

溃兵游勇:指逃散的士兵。

勇猛精进:原意是勤奋修行。现指勇敢有力地向前进。

进退维亟:进退都处于危急境地。

亟疾苛察:指急剧猛烈,以苛刻烦琐为明察。

察见渊鱼:渊,深潭。能看清深水中的鱼。比喻为人过于精明。

鱼贯雁比:比喻连续而进,犹如鱼群相接,雁阵行进。

比手划脚:形容说话时用手势示意或加强语气。

脚高步低:形容脚步不稳,歪歪倒倒。

低唱浅酌:低唱,轻柔地歌唱;酌,饮酒。听人轻柔地歌唱,并自在地慢慢饮酒。形容一种安乐自在的神态。

酌古斟今:指斟酌古今之事,互相参照。

今非昔比:昔,过去。现在不是过去能比得上的。多指形势、自然面貌等发生了巨大的变化。

第四十二步

成语接龙

比肩连袂　袂云汗雨　雨淋日炙　炙肤皲足　足茧手胝　胝肩茧足

足趼舌敝　敝盖不弃　弃甲负弩　弩张剑拔　拔犀擢象　象箸玉杯
杯觥交错　错认颜标　标枝野鹿　鹿驯豕暴　暴衣露盖　盖棺定论
论甘忌辛　辛壬癸甲　甲冠天下　下坂走丸　丸泥封关　关山迢递
递兴递废　废书而叹　叹老嗟卑　卑躬屈膝　膝行蒲伏　伏法受诛
诛心之论　论心定罪

成语解释

比肩连袂:肩膀相并,衣袖相连。形容连接不断。

袂云汗雨:形容行人之多。

雨淋日炙:炙,烤。雨里淋,太阳晒。形容旅途或野外工作的辛苦。

炙肤皲足:皮肤晒焦,足部冻裂。形容农民耕作的辛苦。

足茧手胝:指由于辛劳而使手和脚上生了老茧。

胝肩茧足:指艰辛劳作。

足趼舌敝:指费了许多力气和口舌。

敝盖不弃:指破旧之物也自有其用。

弃甲负弩:丢弃铠甲,背起弓弩。形容战败。

弩张剑拔:比喻雄健。亦作"剑拔弩张"。

拔犀擢象:擢,提升。比喻提拔才能出众的人。

象箸玉杯:象箸,象牙筷子;玉杯,犀玉杯子。形容生活奢侈。

杯觥交错:觥,酒器。比喻相聚饮酒时的欢乐。

错认颜标:形容懵懂浅陋。

标枝野鹿:标枝,树梢之枝,比喻上古之世在上之君恬淡无为;野鹿,比喻在下之民放而自得。后指太古时代。

鹿驯豕暴:意指一会儿像鹿一样柔驯,一会儿像猪一样凶暴。形容狡诈。

暴衣露盖:暴,晒。日晒衣裳,露湿车盖。形容奔波劳碌。

盖棺定论:指一个人的是非功过到死后才能做出结论。同"盖棺论定"。

论甘忌辛:说到甘甜的就忌讳辛辣的。比喻有所好而偏执。

辛壬癸甲:用以形容一心为公,置个人利益于不顾的精神。

甲冠天下:甲冠,第一。称雄天下。形容人或事物十分突出,无与伦比。

下坂走丸:从山坡上滚下弹丸。比喻顺势无阻,敏捷而无停滞。

丸泥封关:丸泥,一点泥,比喻少;封,封锁。形容地势险要,只要少量兵力就可以把守。

关山迢递:关,关隘;迢递,遥远的样子。指路途遥远。

递兴递废:指有兴有废。

废书而叹:因有所感而停止读书。

叹老嗟卑:感叹年纪大却仍未显达。

卑躬屈膝:卑躬,低头弯腰;屈膝,下跪。形容没有骨气,低声下气地讨好奉承。

膝行蒲伏:伏地爬行。

伏法受诛:伏法,由于违法而受处死刑;诛,杀死。犯法被杀。

诛心之论:诛:惩罚。指不问罪行,只根据其用心以认定罪状。也指揭穿动机的评论和指责。

论心定罪:根据犯罪人的动机和情节来判定其罪行。

第四十三步

成语接龙

罪恶昭著　著述等身　身无立锥　锥刀之末　末路穷途　途遥日暮
暮景残光　光彩溢目　目不斜视　视而不见　见善必迁　迁兰变鲍
鲍子知我　我醉欲眠　眠花醉柳　柳暗花遮　遮三瞒四　四荒八极
极口项斯　斯文扫地　地崩山摧　摧枯拉朽　朽木难雕　雕楹碧槛
槛花笼鹤　鹤发鸡皮　皮里抽肉　肉薄骨并　并威偶势　势若脱兔
兔葵燕麦　麦丘之祝

成语解释

罪恶昭著:罪恶明显。多指罪恶大。

著述等身:著述,编写的著作。写的书摞起来和自己的身高相等。形容著作极多。亦作"著作等身"。

身无立锥:没有寸土可以容身。比喻极小的地方。

锥刀之末:末,梢,尖端。比喻微小的利益。也比喻极小的事情。

末路穷途:穷途,处境困窘。无路可走。比喻处境极端困难。

途遥日暮：犹日暮途穷。比喻到了走投无路或衰亡的境地。

暮景残光：犹言夕阳残照。比喻年老体衰，临近死亡。

光彩溢目：犹光彩夺目。形容鲜艳耀眼。

目不斜视：眼睛不往别处看。形容精神集中，专心致志。亦作"目不旁视"。

视而不见：指不注意，不重视，睁着眼却没看见。也指不理睬，看见了当做没看见。

见善必迁：迁，去恶从善。遇到好事，一定去做。

迁兰变鲍：比喻潜移默化。

鲍子知我：指彼此相互了解而情谊深切。

我醉欲眠：我醉了，想睡觉。指为人真诚直率。

眠花醉柳：比喻狎妓。同"眠花宿柳"。

柳暗花遮：形容深夜花柳形影朦胧的景色。

遮三瞒四：说话、做事多方掩饰，不爽快。

四荒八极：四面八方极偏远之地。

极口项斯：指满口赞誉。项斯，唐代诗人，为杨敬之所器重，敬之赠诗有"平生不解藏人善，到处逢人说项斯"之句。

斯文扫地：斯文，指文化或文人；扫地，比喻名誉、信用、地位等完全丧失。指文化或文人不受尊重或文人自甘堕落。

地崩山摧：土地崩裂，山岭倒塌。多形容巨大变故。

摧枯拉朽：枯、朽，枯草朽木。摧折枯朽的草木。形容轻而易举。也比喻摧毁腐朽势力的强大气势。

朽木难雕：比喻人不可造就或事物和局势败坏而不可救药。同"朽木不可雕"。

雕楹碧槛：雕镂彩绘的柱子和碧色栏杆。

槛花笼鹤：栅栏中的花、笼中的鹤。比喻受到约束的人或物。

鹤发鸡皮：鹤发，白发；鸡皮，形容皮肤有皱纹。皮肤发皱，头发苍白。形容老人年迈的相貌。

皮里抽肉：形容身体变瘦。

肉薄骨并：肉和肉相迫，骨和骨相并。形容战斗的激烈。

并威偶势：指聚集声威势力。

势若脱兔：势，攻势；脱，脱逃。对敌人攻击的速度极快，就像脱逃的兔子奔跑那样。

兔葵燕麦:形容景象荒凉。

麦丘之祝:指直言之谏。

第四十四步

成语接龙

祝发文身　身怀六甲　甲第连云　云罗天网　网开三面　面谩腹诽
诽誉在俗　俗下文字　字字珠玉　玉清冰洁　洁己奉公　公正廉明
明察暗访　访亲问友　友风子雨　雨约云期　期颐之寿　寿山福海
海纳百川　川泽纳污　污手垢面　面红耳赤　赤贫如洗　洗垢匿瑕
瑕不掩瑜　瑜百瑕一　一脉相通　通元识微　微言大义　义胆忠肝
肝胆照人　人寿年丰

成语解释

祝发文身:削短头发,刻画其身。指中原以外地区民族的风俗服制。

身怀六甲:六甲,传说为天帝造物之日。后因以"身怀六甲"谓妇女怀孕。

甲第连云:甲第,原指封侯者的住宅,后泛指贵显的宅第。连云,形容高耸入云。形容宅第的高大或富豪显贵的住宅非常之多。

云罗天网:犹言天罗地网。

网开三面:把捕禽的网撤去三面。比喻采取宽大态度,给人一条出路。

面谩腹诽:指当面欺诳,心怀毁谤。

诽誉在俗:诽,指诽谤;誉,赞扬;俗,风气,习惯。诽谤或赞扬在于当时的风俗。后来引申指风气、习惯的作用非常大。

俗下文字:指为应付世事而写的平庸的应酬文章。

字字珠玉:每一个字都像珍珠、宝玉那样珍贵值钱。形容文章做得好,声价高。

玉清冰洁:犹玉洁冰清。形容没有受污染。

洁己奉公:保持自身廉洁,一心奉行公事。

公正廉明:公平正直,廉洁严明。

明察暗访:从明里细心察看,从暗里询问了解。指用各种方法进行调查研究。

访亲问友:访,拜访;问,问候。指拜访亲朋好友。

友风子雨:云以风为友,以雨为子。盖风与云并行,雨因云而生。因以指云。

雨约云期:指男女约会。

期颐之寿:期颐,百年。高寿的意思。

寿山福海:寿像山那样久,福像海那样大。旧时用于祝人长寿多福。

海纳百川:纳,容纳,包容。大海可以容得下成百上千条江河之水。比喻包容的东西非常广泛,而且数量很大。

川泽纳污:以湖泊江河能容纳各种水流的特性。比喻人有涵养,能包容所有的善恶、毁誉。

污手垢面:形容手脸都很肮脏。

面红耳赤:脸和耳朵都红了。形容因激动或羞惭而脸色发红。

赤贫如洗:赤贫,穷得一无所有。形容极其贫穷。

洗垢匿瑕:洗涤玉的污垢时,遮盖其斑点。比喻对人有所包涵。

瑕不掩瑜:瑕,玉上面的斑点,比喻缺点;掩,遮盖;瑜,美玉的光泽,比喻优点。比喻缺点掩盖不了优点,缺点是次要的,优点是主要的。

瑜百瑕一:瑜,玉的光彩;瑕,玉的毛病。比喻优点多而缺点少。

一脉相通:指事物之间相互关联,犹如一条脉络贯穿下来可以互通。

通元识微:通晓玄奥微妙的道理。

微言大义:微言,精当而含义深远的话;大义,本指经书的要义,后指大道理。包含在精微语言里的深刻的道理。

义胆忠肝:指为人正直忠贞。

肝胆照人:肝胆,比喻真心诚意。比喻以真心相见。

人寿年丰:人长寿,年成也好。形容太平兴旺的景象。

第四十五步

成语接龙

丰肌秀骨　骨肉团圆　圆孔方木　木干鸟栖　栖风宿雨　雨覆云翻

翻然改进　进退为难　难以置信　信口雌黄　黄袍加身　身名俱泰

泰来否极　极本穷源　源源不绝　绝伦逸群　群情鼎沸　沸反盈天

天理难容　容光焕发　发奋图强　强识博闻　闻风丧胆　胆战心寒

寒木春华　华封三祝　祝发空门　门阶户席　席不暇暖　暖衣饱食

食必方丈　丈二和尚

成语解释

丰肌秀骨：丰润的肌肤，柔嫩的骨骼。形容女子或花朵娇嫩艳丽而有风韵。同“丰肌弱骨”。

骨肉团圆：骨肉，比喻父母兄弟子女等亲人。指亲人离而复聚。

圆孔方木：把方木头放到圆孔里去。比喻二者不能投合。

木干鸟栖：指鸟栖树上，至树干枯也不离去。比喻行事坚定不移。

栖风宿雨：在风雨中止息。形容奔波辛劳。

雨覆云翻：比喻变化无常。

翻然改进：翻然，变动的样子。形容很快转变，有所进步。

进退为难：比喻事情无法决定，因而难以行动。同“进退两难”。

难以置信：不容易相信。

信口雌黄：信，任凭，听任；雌黄，即鸡冠石，黄色矿物，用作颜料。古人用黄纸写字，写错了，用雌黄涂抹后改写。比喻不顾事实，随口乱说。

黄袍加身：黄袍，也称龙袍，指古代皇帝的袍服。五代后周赵匡胤在陈桥兵变，诸将给他披上黄袍，拥立为帝。指登上帝位。

身名俱泰：名誉、地位都安稳。形容生活舒泰。

泰来否极：泰，周易卦名，是吉卦；否，周易卦名，是凶卦。事物发展到一定程度，就要转化到它的对立面，好事来到是由于坏事已至终极，坏事变为好事。

极本穷源：指彻底地推究本源。

源源不绝：源源，水流不断的样子。形容接连不断。

绝伦逸群：伦，类；逸，超过。超出众人，没有可以相比的。

群情鼎沸：形容群众的情绪异常激动，平静不下来。

沸反盈天：沸，滚翻；盈，充满。声音像水开锅一样沸腾翻滚，充满了空间。形容人声喧闹，乱成一片。

天理难容：旧指做事残忍，灭绝人性，为天理所不容。

容光焕发：容光，脸上的光彩；焕发，光彩四射的样子。形容身体好，精神饱满。

发奋图强：下定决心，努力追求进步。

强识博闻：指记忆力强，见闻广博。同“强记博闻”。

闻风丧胆：丧胆，吓破了胆。听到风声，就吓得丧失了勇气。形容对某种力量非常恐惧。

胆战心寒：战，发抖。形容害怕之极。

寒木春华：寒木不凋，春华吐艳。比喻各具特色。

华封三祝：封，疆界，范围。华封，华州这个地方。华州人对上古贤者唐尧的三个美好祝愿。即，祝寿、祝富、祝多男子，合称三祝。为祝颂多富多寿多子孙的祝辞。

祝发空门：指削发出家为僧尼。

门阶户席：门里门外的地方。形容到处，随处。

席不暇暖：席，坐席；暇，空闲。连席子还没有来得及坐热就起来了。原指东奔西走，不得安居。后形容很忙，多坐一会儿的时间都没有。

暖衣饱食：形容生活宽裕，衣食丰足。

食必方丈：形容吃的阔气。同“食前方丈”。

丈二和尚：摸不着头脑。指弄不清是怎么回事。

第四十六步

成语接龙

尚虚中馈　馈贫之粮　粮尽援绝　绝少分甘　甘旨肥浓　浓桃艳李

李代桃僵　僵李代桃　桃之夭夭　夭桃秾李　李广不侯　侯门似海

海不波溢　溢美溢恶　恶迹昭著　著作等身　身无长物　物是人非

非同小可　可有可无　无事生非　非驴非马　马腹逃鞭　鞭辟入里

里外夹攻　攻瑕索垢　垢面蓬头　头会箕敛　敛骨吹魂　魂不守宅

宅心忠厚　厚此薄彼

成语解释

尚虚中馈：中馈，古时指妇女在家中主持饮食等事，引申指妻室；虚，空。指没有妻子。

馈贫之粮：馈，赠送。广博的见闻是赠给知识贫乏者的宝贵的精神食粮。

粮尽援绝：粮食用尽，援兵断绝。比喻战斗处于十分艰难的境地。

绝少分甘：好吃的东西让给人家，不多的东西与人共享。形容自己刻苦，待人优厚。

甘旨肥浓：泛指佳肴美味。

浓桃艳李：桃花浓丽，李花鲜艳。比喻人容貌俊美，神采焕发。

李代桃僵：僵，枯死。李树代替桃树而死。原比喻兄弟互相爱护互相帮助。后转用来比喻互相顶替或代人受过。

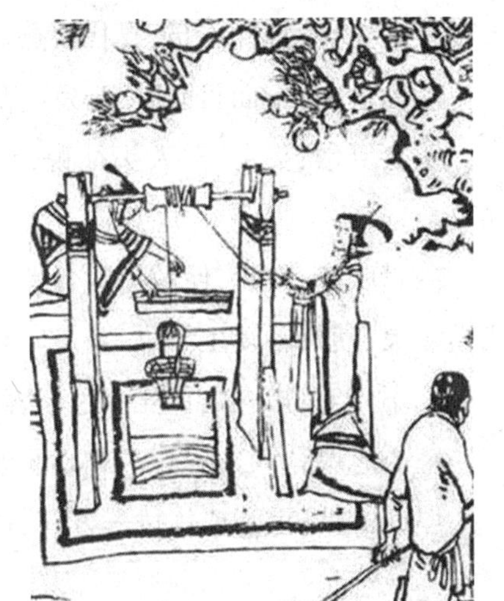

李代桃僵

僵李代桃：比喻代人受罪责或以此代彼。亦作"僵桃代李"。

桃之夭夭：喻事物的繁荣兴盛。亦形容逃跑。桃，谐音"逃"。有时含诙谐义。

夭桃穠李：比喻年少美貌。多用为对人婚娶的颂辞。同"夭桃秾李"。

李广不侯：以之慨叹功高不爵，命运乖舛。同"李广未封"。

侯门似海：王公贵族的门庭像大海那样深邃。旧时豪门贵族、官府的门禁森严，一般人不能轻易进入。也比喻旧时相识的人，后因地位悬殊而疏远。

海不波溢：海上风平浪静，没有波浪。比喻平安无事。

溢美溢恶：溢，水满外流，引申为过度。过分夸奖，过分指责。

恶迹昭著：昭著，显着，明显。恶劣的事迹十分明显，人所共见。形容罪行严重。

著作等身：等身，和身体一样高。形容著述很多。

身无长物：长物，多余的东西。原指生活俭朴，后指除自身外再没有多余的东西。形容贫穷。

物是人非：景物依旧，人已变更。

非同小可：小可，寻常的。指情况严重或事情重要，不能轻视。

可有可无：可以有，也可以没有。指有没有都无关紧要。

无事生非:指没有原因地制造麻烦。

非驴非马:形容事物不伦不类。

马腹逃鞭:比喻躲避惩罚。

鞭辟入里:意指深入剖析,使靠近最里层。形容探求透彻,深入精微。同“鞭辟近里”。

里外夹攻:从里、外两方面配合同时进攻。

攻瑕索垢:批评不足,寻找缺点。

垢面蓬头:指面目肮脏,头发凌乱。

头会箕敛:头会,按人头征税;箕敛,用畚箕装取所征的谷物。形容赋税繁重苛刻。

敛骨吹魂:敛骨,使散掉的骨骼集结起来。吹魂,把散走的魂魄吹送回体。指再造生灵,使死者复生。

魂不守宅:指人之将死。也形容精神恍惚。同“魂不守舍”。

宅心忠厚:宅心,居心。忠心而淳厚。亦作“宅心仁厚”。

厚此薄彼:重视或优待一方,轻视或怠慢另一方。比喻对两方面的待遇不同。

第四十七步

成语接龙

彼弃我取　取乱侮亡　亡不旋跬　跬步千里　里谈巷议　议论纷错
错落有致　致远任重　重于泰山　山高水长　长生不老　老蚕作茧
茧丝牛毛　毛发丝粟　粟陈贯朽　朽木不雕　雕文刻镂　镂骨铭肌
肌劈理解　解发佯狂　狂蜂浪蝶　蝶恋蜂狂　狂嫖滥赌　赌彩一掷
掷果潘郎　郎才女貌　貌合神离　离心离德　德厚流光　光彩夺目
目中无人　人迹罕至

成语解释

彼弃我取:别人摒弃的我拿来。指不与世人共逐名利而甘于淡泊。

取乱侮亡:古代国家的一种自视正义的对外策略。指夺取政治荒乱的国家,侵侮将亡的国家。

亡不旋跬：犹亡不旋踵。形容时间极短。

跬步千里：跬步，半步。走一千里路，是半步半步积累起来的。比喻学习应该持之以恒，不要半途而废。

里谈巷议：里，乡里邻居。邻里街巷间人们的议论谈说。指民间的议论。

议论纷错：形容意见不一，议论很多。

错落有致：错落，参差不齐；致，情趣。形容事物的布局虽然参差不齐，但却极有情趣，使人看了有好感。

致远任重：指担负重任而行于远方。常比喻人的才干卓越，可任大事。亦作“任重致远”。

重于泰山：比泰山还要重。形容意义重大。

山高水长：像山一样高耸，如水一般长流。原比喻人的风范或声誉像高山一样永远存在。后比喻恩德深厚。

长生不老：长生，永生。原为道教的话，后也用作对年长者的祝愿语。

老蚕作茧：老蚕吐丝作茧，把自己包在里面。比喻自己束缚自己。

茧丝牛毛：形容功夫细密。

毛发丝粟：比喻十分细小的事物。

粟陈贯朽：形容太平时期富饶的情况。同“粟红贯朽”。

朽木不雕：比喻人不可造就或事物和局势败坏而不可救药。同“朽木不可雕”。

雕文刻镂：指在器物上刻镂花纹图案，以为文饰。

镂骨铭肌：比喻牢记不忘。多用为感激之词。

肌劈理解：比喻立论精辟，析义翔实。

解发佯狂：解发，把头发散开；佯，假装。散开头发假装癫狂。

狂蜂浪蝶：比喻轻薄放荡的男子。

蝶恋蜂狂：指留恋繁花似锦的春光。

狂嫖滥赌：指沉溺于嫖妓赌博。

赌彩一掷：犹言孤注一掷。

掷果潘郎：比喻美男子。同“掷果潘安”。

郎才女貌：形容男女双方很相配。

貌合神离：貌，外表，表面；神，精神意识。表面上相互合拍、关系密切，实际上想法不一，各怀心计。

离心离德：心，思想；德，心意，心中的想法。指人心离散，行动不一。

德厚流光：德，道德；厚，重；流，影响；光，通“广”。指道德高，影响便深远。

光彩夺目：形容鲜艳耀眼。也用来形容某些艺术作品和艺术形象的极高成就。

目中无人：眼里没有别人。形容骄傲自大，看不起人。

人迹罕至：人的足迹很少到达。指荒凉偏僻的地方。

第四十八步

成语接龙

至诚高节　节外生枝　枝外生枝　枝别条异　异香扑鼻　鼻垩挥斤
斤斤计较　较瘦量肥　肥马轻裘　裘马清狂　狂涛巨浪　浪蝶游蜂
蜂腰猿背　背道而驰　驰志伊吾　吾膝如铁　铁网珊瑚　瑚琏之器
器小易盈　盈盈秋水　水宿风餐　餐松啖柏　柏舟之誓　誓以皦日
日转千街　街坊四邻　邻女窥墙　墙花路草　草创未就　就地取材
材朽行秽　秽德垢行

成语解释

至诚高节：至，最。最忠诚、最高尚的节操。形容人品高尚。

节外生枝：本不应该生枝的地方生枝。比喻在原有问题之外又岔出了新问题。多指故意设置障碍，使问题不能顺利解决。

枝外生枝：比喻派生、繁衍而出者。

枝别条异：比喻头绪纷乱。

异香扑鼻：不同寻常的香味扑鼻而来。

鼻垩挥斤：挥舞斧头削除鼻端之垩。比喻指正错误。

斤斤计较：斤斤，形容明察，引申为琐碎细小。只对无关紧要的事过分计较。

较瘦量肥：比较肥瘦。比喻评论姿容。

肥马轻裘：裘，皮衣。骑肥壮的马，穿轻暖的皮衣。形容阔绰。

裘马清狂：指生活富裕，放荡不羁。

狂涛巨浪：比喻剧烈的社会运动。

浪蝶游蜂：比喻态度轻佻好挑逗女子的男子。

蜂腰猿背:细腰窄背。形容轻盈俊俏。

背道而驰:背,背向;道,道路;驰,奔跑。朝相反的方向跑去。比喻彼此的方向和目的完全相反。

驰志伊吾:伊吾,今新疆哈密。以之表示向往在边塞建功立业。

吾膝如铁:比喻刚强不屈。

铁网珊瑚:比喻搜罗珍奇异宝。

瑚琏之器:瑚琏,古代祭祀时盛黍稷的尊贵器械皿,夏朝叫"瑚",殷朝叫"琏"。比喻人特别有才能,可以担当大任。

器小易盈:盈,满。器物小,容易满。原指酒量小。后比喻器量狭小,容易自满。

盈盈秋水:秋水,比喻美女的眼睛像秋天明净的水波一样。形容女子眼神饱含感情。

水宿风餐:水上住宿,临风野餐。形容旅途生活艰苦。

餐松啖柏:以松柏的叶实充饥。形容修仙学道者超尘脱俗的生活。

柏舟之誓:妇女丧夫后守节不嫁。亦作"柏舟之节"。

誓以皦日:指誓同生死,亲爱终生。

日转千街:指乞丐沿街行乞。

街坊四邻:街坊,邻居。指住处邻近的人。

邻女窥墙:战国时宋玉邻家有美女倾心于他,三年间常爬上墙头偷窥,但宋玉从未动心。后形容女子对男子的倾慕。

墙花路草:比喻不被人尊重的女子。旧时指妓女。

草创未就:草创,开始创办或创立;就,完成。刚开始做,尚未完成。

就地取材:就,随。在本地找需要的材料。比喻不依靠外力,充分发挥本单位的潜力。

材朽行秽:指无才无德。有时用为谦辞。

秽德垢行:指自污浊其德行以避祸患。

第四十九步

成语接龙

行不由径　径情直遂　遂心如意　意马心猿　猿啼鹤怨　怨气满腹

腹热心煎　煎胶续弦　弦外有音　音容宛在　在官言官　官法如炉
炉火纯青　青灯黄卷　卷甲衔枚　枚速马工　工力悉敌　敌众我寡
寡鹄孤鸾　鸾孤凤只　只争朝夕　夕寐宵兴　兴讹造讪　讪牙闲嗑
嗑牙料嘴　嘴清舌白　白鱼赤乌　乌焦巴弓　弓折刀尽　尽欢而散
散灰扃户　户告人晓

成语解释

行不由径：径，小路，引申为邪路。从来不走邪路。比喻行动正大光明。

径情直遂：径情，任意，随心；遂，成功。随着意愿，顺利地得到成功。

遂心如意：犹言称心如意。

意马心猿：形容心思不定，好像猴子跳、马奔跑一样控制不住。

猿啼鹤怨：猿和鹤凄厉地啼叫。

怨气满腹：胸中充满了怨恨的情绪。形容怨愤之气极大。

腹热心煎：形容心中焦急。

煎胶续弦：比喻交情密切或再续旧情。

弦外有音：比喻话语中另有间接透露、没有明说的意思。

音容宛在：音，声音；容，容颜；宛，仿佛。声音和容貌仿佛还在。形容对死者的想念。

在官言官：指处在什么样的地位就说什么样的话。

官法如炉：指国家如炉火无情。

炉火纯青：纯，纯粹。道士炼丹，认为炼到炉里发出纯青色的火焰就算成功了。后用来比喻功夫达到了纯熟完美的境界。

青灯黄卷：光线青荧的油灯和纸张泛黄的书卷。借指清苦的攻读生活。

卷甲衔枚：指行军时轻装疾进，保持肃静，以利奇袭。

枚速马工：工，工巧；速，速度快。原指枚皋文章写得快，司马相如文章写得工。后用于称赞各有长处。

工力悉敌：工力，功夫和力量；悉，完全；敌，相当。双方用的功夫和力量相当。常形容两个优秀的艺术作品不分上下。

敌众我寡：敌方人数多，我方人数少。形容双方对峙，众寡悬殊。

寡鹄孤鸾：孤鸾，无偶的友鸾，比喻死去了配偶的男子；寡鹄，比喻寡妇。指失偶的男女。

鸾孤凤只：比喻夫妻离散。也比喻人失偶孤居。

只争朝夕：朝，早晨；夕，晚上；朝夕，形容时间短暂。比喻抓紧时间，力争在最短的时间内达到目的。

夕寐宵兴：晚睡早起。形容勤奋不息。同“夙兴夜寐”。

兴讹造讪：指造谣毁谤。

讪牙闲嗑：指闲得无聊，磨牙斗嘴以为笑乐。

嗑牙料嘴：多嘴多舌。

嘴清舌白：指话说得明确清楚。

白鱼赤乌：为祥瑞之兆。

乌焦巴弓：乌，黑色；焦，火力过猛，使东西烧成炭样。原是《百家姓》中的四个姓氏。比喻烧得墨黑。

弓折刀尽：比喻战斗力没有了，无法可想。

尽欢而散：尽情欢乐之后，才分别离开。多指聚会、宴饮或游乐。

散灰扃户：在地上撒灰，将门户关锁。旧时因以“散灰扃户”讥讽防闲妻妾之病态心理与可笑行为。

户告人晓：让每家每人都知道。

第五十步

成语接龙

晓行夜宿　宿水餐风　风光月霁　霁月光风　风行草偃　偃旗卧鼓
鼓舌扬唇　唇竭齿寒　寒蝉凄切　切中要害　害人不浅　浅尝辄止
止暴禁非　非愚则诬　诬良为盗　盗名欺世　世代书香　香消玉殒
殒身不恤　恤老怜贫　贫不学俭　俭可养廉　廉而不刿　刿目怵心
心不由意　意惹情牵　牵强附会　会逢其适　适性任情　情投意合
合浦还珠　珠圆玉洁

成语解释

晓行夜宿：晓，天明。一早起来赶路，到夜里才住宿下来。形容旅途奔波劳苦。

宿水餐风:形容旅途或野外生活的艰苦。

风光月霁:指雨过天晴时明净清新的景象。亦比喻胸襟开阔、心地坦白。

霁月光风:指雨过天晴时的明净景象。用以比喻人的品格高尚,胸襟开阔。

风行草偃:偃,倒伏。风一吹草就倒下。比喻道德文教的感化人。

偃旗卧鼓:原指行军时隐蔽行踪,不让敌人觉察。现比喻事情终止或声势减弱。同"偃旗息鼓"。

鼓舌扬唇:转动舌头,张开嘴唇。形容开口说唱。

唇竭齿寒:嘴唇没有了,牙齿就会感到寒冷。比喻利害紧密相关。

寒蝉凄切:寒蝉,冷天里的知了。天冷时,知了发出凄惨而低沉的声音。文艺作品中多用以烘托悲凉的气氛和情调。

切中要害:指批评恰到事物的紧要处。

害人不浅:给别人的损害非常之大。

浅尝辄止:辄,就。略微尝试一下就停下来。指不深入钻研。

止暴禁非:止、禁,罅;暴、非,指种种坏事。制止种种坏事。

非愚则诬:诬,诬蔑。不是生性愚蠢的话,就是故意污蔑。

诬良为盗:诬,诬陷;良,好人。指捏造事实,陷害好人。

盗名欺世:盗,窃取;名,名誉;欺,欺骗。窃取名誉,欺骗世人。

世代书香:世世代代都是读书人家。

香消玉殒:比喻美丽的女子死亡。

殒身不恤:殒,牺牲;恤,顾惜。牺牲生命也不顾惜。

恤老怜贫:周济老人,怜惜穷人。

贫不学俭:指穷人不必学俭而不得不俭。

俭可养廉:俭,节俭;廉,廉洁。节俭可以养成廉洁的操守。

廉而不刿:廉,廉洁;刿,割伤,刺伤。有棱边而不至于割伤别人。比喻为人廉正宽厚。

刿目怵心:刿,刺伤;怵,惊动。指触目惊心。

心不由意:指不出于本意。

意惹情牵:惹,引起;牵,牵挂。引起情感上的缠绵牵挂。

牵强附会:把本来没有某种意义的事物硬说成有某种意义。也指把不相关联的事物牵拉在一起,混为一谈。

会逢其适:会,恰巧,适逢;适,往。原指恰巧走到那儿了。转指正巧碰上了那件事。

适性任情:指顺适性情。

情投意合:投,相合。形容双方思想感情融洽,合得来。

合浦还珠:比喻东西失而复得或人去而复回。同“合浦珠还”。

珠圆玉洁:比喻诗文圆熟明洁。

骇字头龙

第一步

成语接龙

骇龙走蛇　蛇欲吞象　象齿焚身　身操井臼　臼灶生蛙　蛙蟆胜负
负衡据鼎　鼎食鸣钟　钟鼎人家　家成业就　就地正法　法脉准绳
绳枢瓮牖　牖中窥日　日薄虞渊　渊谋远略　略无忌惮　惮赫千里
里通外国　国无二君　君子之交　交口称赞　赞口不绝　绝代佳人
人烟浩穰　穰穰满家　家喻户晓　晓风残月　月下老儿　儿童之见
见卵求鸡　鸡鸣犬吠

成语解释

骇龙走蛇:龙蛇被掠走。形容声势浩大。

蛇欲吞象:蛇想吞下大象。比喻贪欲极大。

象齿焚身:焚身,丧生。象因为有珍贵的牙齿而遭到捕杀。比喻人因为有钱财而招祸。

身操井臼:指亲自操持家务。

臼灶生蛙:灶没于水中,产生青蛙。形容水患之甚。

蛙蟆胜负:青蛙与蛤蟆斗争的胜负。比喻不足介意的荣辱得失。

负衡据鼎:指身居高位,肩负重任。

鼎食鸣钟:鼎,古代炊器;钟,古代乐器。击钟列鼎而食。形容贵族的豪华生活排场。

钟鼎人家:富贵宦达之家。同“钟鼎之家”。

家成业就:指有了家产。

就地正法:正法,执行死刑。在犯罪的当地执行死刑。

法脉准绳:犹言法则标准。

绳枢瓮牖:绳枢,用绳子系门,来代替转轴。形容住房条件十分简陋。多指贫穷人家。亦作“瓮牖绳枢”。

牖中窥日:牖,窗户。隔着窗子看太阳。比喻见识不广。

日薄虞渊:虞渊,神话传说中日入之处。比喻人已经衰老或事物衰败腐朽,临近死亡。犹日薄西山。

渊谋远略:深谋远略。

略无忌惮:毫无畏惧。形容非常放肆。

惮赫千里:惮赫,威震。威震千里。形容声威极盛。

里通外国:暗中勾结外国,阴谋叛国。

国无二君:一个国家不能有两个皇帝。

君子之交:贤者之间的交情,平淡如水,不尚虚华。

交口称赞:交口,众口同声。异口同声地称赞。

赞口不绝:不住口地称赞。

绝代佳人:绝代,当代独一无二;佳人,美人。当代最美的女人。

人烟浩穰:指某地方人口很多。

穰穰满家:穰穰,丰盛。形容获得丰收,粮食满仓。

家喻户晓:喻,明白;晓,知道。家家户户都知道。形容人所共知。

晓风残月:拂晓风起,残月将落。常形容冷落凄凉的意境。也指歌妓的清唱。

月下老儿:神话传说中掌管婚姻之神。借指媒人。

儿童之见:比喻幼稚无知的言论。

见卵求鸡:看到鸡蛋,就希求蛋化为鸡,而来司晨报晓。比喻言之过早。

鸡鸣犬吠:比喻聚居在一处的人口稠密。

第二步

成语接龙

吠非其主　主文谲谏　谏争如流　流离颠疐　疐后跋前　前车可鉴

鉴影度形　形容枯槁　槁苏暍醒　醒聩震聋　聋者之歌　歌莺舞燕

燕舞莺啼　啼啼哭哭　哭天抹泪　泪眼汪汪　汪洋大肆　肆言詈辱

辱国殄民　民和年稔　稔恶盈贯　贯颐奋戟　戟指嚼舌　舌敝唇枯

枯鱼涸辙　辙乱旗靡　靡有孑遗　遗簪弊履　履穿踵决　决胜庙堂
堂堂一表　表里不一

成语解释

吠非其主:吠,狗叫。狗朝着外人乱叫。旧比喻各为其主。

主文谲谏:主文,用譬喻来规劝;谲谏,委婉讽刺。用譬喻的手法进行讽谏。

谏争如流:谏争,争同"诤",直言相劝。劝谏的话如同流水一样,滔滔不绝。

流离颠疐:形容生活艰难,四处流浪。同"流离颠沛"。

疐后跋前:喻进退两难。

前车可鉴:鉴,引申为教训。指用前人的失败作为教训。

鉴影度形:观察揣度人的形迹。

形容枯槁:枯槁,枯萎,枯干。身体瘦弱,精神萎靡,面色枯黄。

槁苏暍醒:使枯槁者复苏,使中暑者苏醒。形容苦难者得救,重获生机。

醒聩震聋:犹言振聋发聩。使昏昧糊涂、不明事理的人为之震惊,受到启发。

聋者之歌:聋者学人唱歌,却听不到歌声,无以自乐。形容模仿别人的行为,实际上并不了解其中真义。

歌莺舞燕:歌声婉转如黄莺,舞姿轻盈如飞燕。亦形容景色宜人,形势大好。

燕舞莺啼:莺,黄鹂。燕子在飞舞,黄莺在鸣叫。形容春光明媚。

啼啼哭哭:哭泣不止。

哭天抹泪:形容哭哭啼啼。

泪眼汪汪:汪汪,满眼泪水的样子。两眼充满泪水。

汪洋大肆:形容文章、言论书法等气势豪放,潇洒自如。同"汪洋自肆"。

肆言詈辱:肆,任意妄为,放肆;詈,骂;辱,侮辱。毫无畏惧地侮辱谩骂。

辱国殄民:使国家受辱,人民遭殃。同"辱国殃民"。

民和年稔:犹言民乐年丰。

稔恶盈贯:指所积罪恶之多,达于极点。

贯颐奋戟:颐,下巴。两手捧颐而直入敌阵。形容英勇无畏。

戟指嚼舌:戟指,伸出食指、中指指人;嚼舌,咬破舌头。形容愤怒之极。

舌敝唇枯:敝,破碎;枯:干枯。说话说得舌头都破了,嘴唇都干了。形容费尽了唇舌。

枯鱼涸辙:枯鱼,干鱼;涸辙,干的车辙沟。比喻陷入困境。

辙乱旗靡:辙,车辙;靡,倒下。车辙错乱,旗子倒下。形容军队溃败逃窜。

靡有孑遗:靡,无,没有;孑遗,遗留,剩余。没有剩余。

遗簪弊履:比喻旧物或故情。

履穿踵决:鞋子破了,露出脚后跟。形容很贫苦。

决胜庙堂:庙堂,指古代帝王祭祀、议事的场所。指文官儒将在庙堂中制定出决定胜败的策略。

堂堂一表:形容身材魁伟,相貌出众。

表里不一:表面与内在不一样。

第三步

成语接龙

一字千钧　钧天广乐　乐嗟苦咄　咄咄逼人　人中骐骥　骥伏盐车
车笠之盟　盟山誓海　海立云垂　垂裕后昆　昆山片玉　玉减香销
销魂夺魄　魄散魂飘　飘萍断梗　梗泛萍漂　漂母进饭　饭囊衣架
架肩接踵　踵武前贤　贤良方正　正法眼藏　藏锋敛颖　颖悟绝人
人言啧啧　啧有烦言　言之凿凿　凿坯而遁　遁迹黄冠　冠袍带履
履舄交错　错落参差

成语解释

一字千钧:钧,古代重量单位,一钧等于三十斤。形容文字有分量。

钧天广乐:钧天,古代神话传说指天之中央;广乐,优美而雄壮的音乐。指天上的音乐,仙乐。后形容优美雄壮的乐曲。

乐嗟苦咄:高兴时召唤,不高兴时责骂。形容对人态度恶劣。

咄咄逼人:咄咄,使人惊奇的声音。形容气势汹汹,盛气凌人,使人难堪。也指形势发展迅速,给人压力。

人中骐骥:比喻才能出众的人。

骥伏盐车:骥,千里马。指才华遭到抑制,处境困厄。

车笠之盟:笠,斗笠。比喻不因为富贵而改变贫贱之交。

盟山誓海:犹海誓山盟。对着山海盟誓。极言男女相爱,坚贞不渝。

海立云垂:形容文辞气魄极大。

垂裕后昆:裕,富足;后昆,子孙,后代,后嗣。为后世子孙留下功业或财产。

昆山片玉:昆仑山上的一块玉。原是一种谦虚的说法,意思是只是许多美好者当中的一个,后比喻许多美好事物中突出的。

玉减香销:比喻美人的消瘦、萎靡。

销魂夺魄:神魂颠倒,失去常态。形容因羡慕或爱好某种事物而着迷。

魄散魂飘:形容人临死时神志昏迷、人事不省。

飘萍断梗:随波逐流的浮萍和植物的断茎。比喻漂泊无定的身世。

梗泛萍漂:断梗、浮萍在水中漂浮。比喻漂泊流离。

漂母进饭:漂母,在水边漂洗衣服的老妇。指施恩而不望报答。

饭囊衣架:囊,口袋。装饭的口袋,挂衣的架子。比喻无用之人。

架肩接踵:肩挨肩,脚碰脚。形容人拥挤。

踵武前贤:踵,脚跟;武,足迹。跟随着前人的脚步走。比喻效法前人。

贤良方正:贤良,才能,德行好;方正,正直。汉武帝时推选的一种举荐官吏后备人员的制度,唐宋沿用,设贤良方正科。指德才兼备的好人品。

正法眼藏:朗照宇宙谓眼,包含万有谓藏。借指事物的诀要或精义。

藏锋敛颖:比喻不露锋芒。同"藏锋敛锷"。

颖悟绝人:颖悟,聪颖;绝人,超过同辈。聪明过人。同"颖悟绝伦"。

人言啧啧:人们不满地议论纷纷。

啧有烦言:啧,争辩;烦言,气愤不满的话。形容议论纷纷,报怨责备。

言之凿凿:凿凿,确实。形容说得非常确实。

凿坯而遁:指隐居不仕。同"凿坏以遁"。

遁迹黄冠:指避开尘世而做道士。

冠袍带履:帽子、袍子、带子、鞋子。泛指随身的必须用品。

履舄交错:形容男女杂坐不拘礼节之态。

错落参差:错落,交错、交织的样子;参差,长短、高低、大小不一致。各种不同的事物,错综复杂地交织在一起。

第四步

成语接龙

差强人意　意广才疏　疏不间亲　亲操井臼　臼杵之交　交相辉映
映雪囊萤　萤窗雪案　案兵束甲　甲第连天　天上麒麟　麟角凤嘴
嘴直心快　快刀斩麻　麻痹不仁　仁者能仁　仁言利溥　溥天率土
土龙刍狗　狗尾续貂　貂狗相属　属词比事　事与愿违　违天悖理
理冤摘伏　伏虎降龙　龙驰虎骤　骤雨暴风　风激电骇　骇人视听
听微决疑　疑信参半

成语解释

差强人意:差,尚,略;强,振奋。勉强使人满意。

意广才疏:意,意愿,志向。志向远大,但才能浅薄。指志大才疏。

疏不间亲:间,离间。关系疏远者不参与关系亲近者的事。

亲操井臼:亲自操持家务。

臼杵之交:臼,石制的舂米器具;杵,舂米的木棒。臼与杵不相离。比喻非常要好的朋友。

交相辉映:各种光亮、色彩等互相映照。

映雪囊萤:形容夜以继日,苦学不倦。

萤窗雪案:形容勤学苦读。

案兵束甲:放下兵器,捆束铠甲。指停止作战。

甲第连天:甲第,富豪显贵的宅第。形容富豪显贵的住宅非常之多。

天上麒麟:称赞他人之子有文才。

麟角凤嘴:麒麟的角,凤凰的嘴。比喻稀罕名贵的东西。

嘴直心快:性情直爽,有话就说。

快刀斩麻:比喻做事果断,能采取坚决有效的措施,很快解决复杂的问题。同“快刀斩乱麻”。

麻痹不仁:指对外界事物反应迟钝或没有感觉。

仁者能仁:旧指有身份的人所做的事总是有理。

仁言利溥：指有德行的人说的话益处很大。

溥天率土：指整个天下、四海之内。

土龙刍狗：泥土捏的龙，稻草扎的狗。比喻名不副实。

狗尾续貂：续，连接，貂，晋代皇帝的侍从官员用做帽子的装饰。指封官太滥。亦比喻拿不好的东西补接在好的东西后面，前后两部分非常不相称。

貂狗相属：指真伪或优劣混杂在一起。

属词比事：连缀文辞，排比史事。后亦泛指撰文记事。

事与愿违：事实与愿望相反。指原来打算做的事没能做到。

违天悖理：做事残忍，违背天道伦理。同"违天逆理"。

理冤摘伏：申雪冤屈，揭发奸慝。

伏虎降龙：用威力使猛虎和恶龙屈服。形容力量强大，能战胜一切敌人和困难。

龙驰虎骤：指群雄逐鹿。

骤雨暴风：来势急遽而猛烈的风雨。

风激电骇：形容势猛。同"风激电飞"。

骇人视听：使人目见耳闻感到震惊。

听微决疑：注意细微的情节，解决疑难的问题。形容思想缜密，善于通过听察解决疑难。

疑信参半：指半信半疑。

第五步

成语接龙

半涂而罢　罢黜百家　家翻宅乱　乱七八遭（糟）　遭逢会遇　遇人不淑

淑人君子　子子孙孙　孙庞斗智　智尽能索　索隐行怪　怪事咄咄

咄嗟之间　间不容砺　砺山带河　河溓海晏　晏安酖毒　毒泷恶雾

雾释冰融　融会通浃　浃髓沦肤　肤如凝脂　脂膏不润　润屋润身

身败名隳　隳肝尝胆　胆小如鼷　鼷鼠饮河　河清难俟　俟河之清

清莹秀澈　澈底澄清

成语解释

半涂而罢:涂,通“途”。半路上终止。比喻做事情有始无终。同“半涂而废”。

罢黜百家:罢黜,废弃不用。原指排除诸子杂说,专门推行儒家学说。也比喻只要一种形式,不要其他形式。

家翻宅乱:家中上下不得安宁。形容在家里喧哗吵闹。

乱七八遭:形容无秩序,无条理,乱得不成样子。同“乱七八糟”。

遭逢会遇:犹言逢遇时机。

遇人不淑:淑,善,美。指女子嫁了一个品质不好的丈夫。

淑人君子:淑,温和善良;君子,古代指地位高,品格高尚的人。指贤惠善良,正直公正、品格高尚的人。

子子孙孙:子孙后裔,世世代代的意思。

孙庞斗智:孙,孙膑;庞,庞涓。孙膑、庞涓各以智谋争斗。比喻昔日友人今为仇敌,各逞计谋生死搏斗。也比喻双方用计较量高下。

智尽能索:索,竭尽。智慧和能力都已用尽。

索隐行怪:索,探索;隐,隐暗的事;行,从事;怪,怪事。求索隐暗的事情,而行怪迂之道。意指身居隐逸的地方,行为怪异,以求名声。

怪事咄咄:表示吃惊的声音。形容不合常理,难以理解的怪事。同“咄咄怪事”。

咄嗟之间:一呼一诺之间,表示时间极短。

间不容砺:指磨治的时间也没有。形容时间的短促。

砺山带河:砺,磨刀石;山,泰山;带,衣带;河,黄河。黄河细得像条衣带,泰山小得像块磨刀石。比喻时间久远,任何动荡也决不变心。

河溓海晏:犹言河清海晏。比喻天下太平。

晏安酖毒:指贪图安逸享乐等于饮毒酒自杀。同“宴安鸩毒”。

毒泷恶雾:恶劣的云雨雾气。比喻暴虐凶残的黑暗势力。

雾释冰融:雾气消散冰块融化。比喻疑难消除尽净。

融会通浃:把各方面的知识和道理融化汇合,得到全面透彻的理解。

浃髓沦肤:浃,通,透;沦,陷入。浸透肌肉,深入骨髓。比喻感受极深。

肤如凝脂:皮肤像凝固的油脂。形容皮肤洁白且细嫩。

脂膏不润:比喻为人廉洁,不贪财物。

润屋润身:后用为恭贺新屋落成的题词。

身败名隳:指做坏事而遭到彻底失败。同“身败名裂”。

隳肝尝胆:犹言隳肝沥胆。比喻待人忠心耿耿,赤诚无比。

胆小如鼷:胆子小得像老鼠。形容非常胆小。

鼷鼠饮河:比喻欲望有限。

河清难俟:俟,等待。很难等到黄河水清。比喻时间太长,难以等待。

俟河之清:等待黄河变清。比喻期望的事情不能实现。

清莹秀澈:清洁光亮、秀丽澄澈。

澈底澄清:指完全清楚,毫无遗漏。

第六步

成语接龙

清渭浊泾　泾浊渭清　清新俊逸　逸尘断鞅　鞅鞅不乐　乐善好施
施命发号　号寒啼饥　饥驱叩门　门不停宾　宾至如归　归十归一
一德一心　心口不一　一分为二　二龙戏珠　珠沉玉陨　陨身糜骨
骨瘦如柴　柴立不阿　阿谀取容　容头过身　身单力薄　薄暮冥冥
冥漠之都　都头异姓　姓甚名谁　谁是谁非　非同儿戏　戏蝶游蜂
蜂腰鹤膝　膝行肘步

成语解释

清渭浊泾:古以为渭水清,泾水浊。也比喻两者相比较,是非好坏分明。

泾浊渭清:泾水浊,渭水清。比喻人品的高下和事物的好坏,显而易见。

清新俊逸:清美新颖,不落俗套。

逸尘断鞅:指马奔跑时扬起尘土,挣断马鞅。形容马跑得很快。

鞅鞅不乐:鞅,通“怏”。因不满意而很不快乐。

乐善好施:乐,好,喜欢。喜欢做善事,乐于拿财物接济有困难的人。

施命发号:发布号令。

号寒啼饥:因为饥饿寒冷而哭叫。形容挨饿受冻的悲惨生活。

饥驱叩门：指为饥饿驱使，叩门求食。

门不停宾：宾，宾客。门外不停留客人。形容勤于待客。

宾至如归：宾，客人；至，到；归，回到家中。客人到这里就像回到自己家里一样。形容招待客人热情周到。

归十归一：指有条有理。

一德一心：德，心意。大家一条心，为一个共同目标而努力。

心口不一：心里想的和嘴上说的不一样。形容人的虚伪、诡诈。

一分为二：哲学用语，指事物作为矛盾的统一体，都包含着相互矛盾对立的两个方面。通常指全面看待人或事物，看到积极方面，也看到消极方面。

二龙戏珠：两条龙相对，戏玩着一颗宝珠。

珠沉玉陨：比喻女子丧亡。同“珠沉玉碎”。

陨身糜骨：犹言粉身碎骨。

骨瘦如柴：形容消瘦到极点。

柴立不阿：犹言刚直不阿。

阿谀取容：阿谀，曲意逢迎；取容，取悦于人。谄媚他人，以取得其喜悦。

容头过身：只要头容得下，身子就过得去。比喻得过且过。

身单力薄：人少力量不大。

薄暮冥冥：傍晚时天气昏暗。

冥漠之都：指天庭或地府。比喻最高境界。亦称“冥漠之乡”。

都头异姓：最高贵的称呼。

姓甚名谁：询问打听人的姓名。

谁是谁非：犹言谁对谁错。

非同儿戏：比喻事情很重要，不是闹着玩的。

戏蝶游蜂：飞舞游戏的蝴蝶和蜜蜂。后用以比喻浪荡子弟。

蜂腰鹤膝：指诗歌声律八病（平头、上尾、蜂腰、鹤膝、大韵、小韵、旁纽、正纽）中的两种。泛指诗歌声律上的毛病。

膝行肘步：用膝盖和肘部匍匐前进。形容地位低下，不足以与人平起平坐。

第七步

成语接龙

步雪履穿　穿杨贯虱　虱处裈中　中立不倚　倚门倚闾　闾阎扑地
地主之谊　谊切苔岑　岑楼齐末　末学肤受　受制于人　人迹罕至
至死不二　二八佳人　人财两失　失精落彩　彩衣娱亲　亲冒矢石
石沉大海　海阔天高　高翔远引　引人注目　目瞪口呆　呆如木鸡
鸡鸣犒耕　耕当问奴　奴颜婢膝　膝行而前　前呼后拥　拥兵自固
固若金汤　汤去三面

成语解释

步雪履穿:形容人穷困潦倒。

穿杨贯虱:形容技艺高超。

虱处裈中:裈,裤子。虱子躲在裤缝里。比喻世俗生活的拘窘局促。

中立不倚:倚,偏。保持中立,不偏不倚。

倚门倚闾:闾,古代里巷的门。形容父母盼望子女归来的迫切心情。

闾阎扑地:里巷遍地。形容房屋众多,市集繁华。

地主之谊:地主,当地的主人;谊,义务。住在本地的人对外地客人的招待义务。

谊切苔岑:切,亲近;苔岑,志同道合的朋友。形容志同道合,感情深厚。

岑楼齐末:只比较末端,方寸的木头也可高过高楼。比喻不从本着手,则无法认清事实。

末学肤受:指学问没有从根本上下功夫,只学到一点皮毛。

受制于人:制,控制。被别人控制。

人迹罕至:罕,少。人很少到的地方。指偏僻荒凉的地方很少有人来过。

至死不二:到死也不改变。

二八佳人:二八,指十六岁;佳人,美女。十五六岁的美女。

人财两失:人和钱财都无着落或都有损失。同"人财两空"。

失精落彩:指没精打采。

彩衣娱亲:传说春秋时有个老莱子,很孝顺,七十岁了有时还穿着彩色衣服,扮成幼儿,引父母发笑。后作为孝顺父母的典故。

亲冒矢石:指将帅亲临作战前线。

石沉大海:石头沉到海底。比喻从此没有消息。

海阔天高:比喻天地广阔,征程遥远。

高翔远引:形容避世隐居。

引人注目:注目,注视。吸引人们注意。

目瞪口呆:形容因吃惊或害怕而发愣的样子。

呆如木鸡:呆得像木头鸡一样。形容因恐惧或惊异而发愣的样子。

鸡鸣馌耕:比喻妇女勤俭治家。

耕当问奴:比喻办事应该向内行请教。

奴颜婢膝:奴颜,奴才的脸,满面谄媚相;婢膝,侍女的膝,常常下跪。指表情和动作奴才相十足。形容对人拍马讨好卑鄙无耻的样子。

膝行而前:跪着用膝盖向前移动。形容敬畏恭谨之极。

前呼后拥:前面有人吆喝开路,后面有人围着保护。旧时形容官员出行,随从的人很多。

拥兵自固:拥有掌握军队的权力,以巩固自己的地位。

固若金汤:金属造的城,滚水形成的护城河。形容工事无比坚固。

汤去三面:泛言普施仁德。

第八步

成语接龙

面红耳赤　赤壁鏖兵　兵强马壮　壮气凌云　云泥之别　别出心裁

裁云剪水　水深火热　热情洋溢　溢美之辞　辞不达义　义断恩绝

绝路逢生　生死与共　共商国是　是非分明　明来暗往　往古来今

今是昔非　非同小可　可想而知　知书达礼　礼义廉耻　耻居人下

下笔如神　神闲气定　定倾扶危　危机四伏　伏首贴耳　耳聪目明

明知故问　问心无愧

成语解释

面红耳赤:指双方因争执而变脸。

赤壁鏖兵:鏖,激战。汉献帝建安十三年(公元208年),曹操大军伐吴,孙权联合刘备军队联合抗曹,联军于赤壁用火攻大破曹兵的一次激战。泛指激烈的战斗。

兵强马壮:兵力强盛,战马健壮。形容军队实力强,富有战斗力。

赤壁鏖兵

壮气凌云:豪壮的气概高入云霄。

云泥之别:像天上的云和地上的泥那样高下不同。比喻地位的高下相差极大。

别出心裁:别,另外;心裁,心中的设计、筹划。另有一种构思或设计。指想出的办法与众不同。

裁云剪水:裁行云,剪流水。比喻诗文构思精妙新巧。

水深火热:老百姓所受的灾难,像水那样越来越深,像火那样越来越热。比喻人民生活极端痛苦。

热情洋溢:热烈的感情充分地流露出来。

溢美之辞:溢,水满外溢,引申为过分。过分吹嘘的话语。亦作"溢美之言"。

辞不达义:指说话写文章不能确切地表达意思。

义断恩绝:义,情义;恩,恩情。指情谊完全决裂。

绝路逢生:形容在最危险的时候得到生路。

生死与共:同生共死,相依为命。形容情谊极深重。

共商国是:国是,国事,国家的大政方针。共同商量国家的政策和方针。

是非分明:正确与错误非常分明。

明来暗往:公开或暗地里来往。形容关系密切,往来频繁。

往古来今:犹言古往今来。

今是昔非:现在是对的,过去是错的。指认识过去的错误。同"今是昨非"。

非同小可:小可,寻常的。指情况严重或事情重要,不能轻视。

可想而知:不用说明就能想象得到。

知书达礼：知、达，懂得。有文化，懂礼貌。形容有教养。

礼义廉耻：古人认为礼定贵贱尊卑，义为行动准绳，廉为廉洁方正，耻为有知耻之心。指封建社会的道德标准和行为规范。

耻居人下：以地位在人之下为耻。

下笔如神：指写起文章来，文思奔涌，如有神力。形容文思敏捷，善于写文章或文章写得很好。

神闲气定：指神气悠闲安静。

定倾扶危：倾，危。扶助危倾，使其安定。指挽救国家于危难之时。

危机四伏：到处隐藏着危险的祸根。

伏首贴耳：畏缩恐惧的样子。

耳聪目明：聪，听觉灵敏；明，眼力敏锐。听得清楚，看得明白。形容头脑清楚，眼光敏锐。

明知故问：明明知道，还故意问人。

问心无愧：问心，问问自己。扪心自问，毫无愧色。

第九步

成语接龙

愧不敢当　当仁不让　让再让三　三年五载　载歌载舞　舞榭歌楼
楼船箫鼓　鼓舞欢欣　欣然自得　得其三昧　昧地瞒天　天上人间
间不容缓　缓兵之计　计日可待　待价而沽　沽名卖直　直木必伐
伐性之斧　斧钺之诛　诛故贳误　误付洪乔　乔文假醋　醋海翻波
波光鳞鳞　鳞萃比栉　栉比鳞差　差三错四　四姻九戚　戚戚具尔
尔虞我诈　诈奸不及

成语解释

愧不敢当：感到惭愧，承当不起。

当仁不让：原指以仁为任，无所谦让。后指遇到应该做的事就积极主动去做，不推让。

让再让三：指几次三番地推让。

三年五载：三、五，表示大概数量；载，年。指多年。

载歌载舞：边唱歌，边跳舞。形容尽情欢乐。

舞榭歌楼：榭，建筑在高台上的房屋。为歌舞娱乐而设立的堂或楼台。泛指歌舞场所。同“舞榭歌台”。

楼船箫鼓：乘坐楼船，吹箫击鼓。楼船，有楼饰的游船。

鼓舞欢欣：形容高兴而振奋。同“欢欣鼓舞”。

欣然自得：心情舒适、自觉得意的样子。

得其三昧：三昧，梵语，意为正定。排除一切杂念，使心神平静，专心致志，达到悟境。引申为诀窍或精义。指在某方面造诣深湛，熟知精义。

昧地瞒天：欺骗天地。比喻昧着良心，隐瞒事实或以谎言骗人。

天上人间：一个在天上，一个在人间。多比喻境遇完全不同。

间不容缓：指刻不容缓。

缓兵之计：延缓对方进攻的计策。指拖延时间，然后再想办法。

计日可待：指为期不远。

待价而沽：沽，卖。等有好价钱才卖。比喻谁给好的待遇就替谁工作。

沽名卖直：故作正直以猎取名誉。

直木必伐：直木，笔直的树木；伐，砍。成材的树必被砍伐。比喻正直的人容易招怨。

伐性之斧：伐，砍伐；性，性命，生机。砍毁人性的斧头。比喻危害身心的事物。

斧钺之诛：钺，古代兵器，像大斧；诛，杀戮，杀死。用斧、钺杀人的刑罚。泛指死刑。

诛故贳误：指严惩故意犯罪的人，宽赦无意中犯错误的人。

误付洪乔：用来比喻把信件寄丢了或没有收到对方的信件。

乔文假醋：指假斯文，假道学。

醋海翻波：醋，比喻嫉妒。比喻男女间因爱情而引起的纠葛。

波光鳞鳞：形容波光像鱼鳞一样层层排列。

鳞萃比栉：犹言鳞次栉比。多用来形容房屋或船只等排列得很密很整齐。

栉比鳞差：像梳子的齿和鱼的鳞，密密地排列着。同“栉比鳞次”。

差三错四：颠倒错乱。形容差错很多或虚假不实。

四姻九戚：比喻亲戚极多。

戚戚具尔:戚戚,互相亲爱的样子;具,俱,都;尔,迩,靠近。指兄弟友爱。

尔虞我诈:尔,你;虞、诈,欺骗。表示彼此互相欺骗。

诈奸不及:犹言十分奸诈。

第十步

成语接龙

及宾有鱼　鱼帛狐篝　篝火狐鸣　鸣钟食鼎　鼎新革故　故甚其词
词穷理尽　尽态极妍　妍蚩好恶　恶紫夺朱　朱盘玉敦　敦诗说礼
礼奢宁俭　俭不中礼　礼为情貌　貌合情离　离鸾别鹄　鹄峙鸾翔
翔鸾翥凤　凤翥龙蟠　蟠青丛翠　翠围珠裹　裹血力战　战战惶惶
惶惶不安　安之若素　素餐尸位　位不期骄　骄奢淫逸　逸闻趣事
事在萧墙　墙风壁耳　耳提面训

成语解释

及宾有鱼:用别人的鱼请客。比喻借机培植私人势力。

鱼帛狐篝:指借助鬼神制造舆论.以便起事。

篝火狐鸣:夜里把火放在笼里,使隐隐约约像磷火,同时又学狐叫。这是陈涉、吴广假托狐鬼之事以发动群众起义的故事。后用来比喻策划起义。

鸣钟食鼎:钟,打击乐器,泛指一般乐器;鼎,盛物食器。谓用食时身边响着乐器,眼前列着鼎器。形容古代贵族高官生活的豪奢。

鼎新革故:旧指朝政变革或改朝换代。现泛指除掉旧的,建立新的。

故甚其词:指说话故意夸大,脱离事实。

词穷理尽:指再也找不到理由,无话可说。

尽态极妍:尽,极好;态,仪态;妍,美丽。容貌姿态美丽娇艳到极点。

妍蚩好恶:妍,美丽;蚩,通“媸”,丑陋,丑恶。美丽、丑陋、好与坏。原指写作的得失。

恶紫夺朱:紫,古人认为紫是杂色;夺,乱;朱,大红色,古人认为红是正色。原指厌恶以邪代正。后以喻以邪胜正,以异端充正理。

朱盘玉敦:朱盘,用珍珠装饰的盘子;玉敦:玉制的盛器。特指古代天子、诸侯歃血为盟时所用的礼器。

敦诗说礼：敦，敦厚；诗，《诗经》。诚恳地学《诗》，大力讲《礼》。旧时统治阶级表示要按照《诗经》温柔敦厚的精神和古礼的规定办事。

礼奢宁俭：礼义过多而繁杂，不如俭约些。

俭不中礼：指节省太过而不合于礼。

礼为情貌：情，情意；貌，容仪。貌和情互为表里。意谓一个人的礼仪容止为内心的显现。

貌合情离：指两个人表面合得来，实际上感情不和。

离鸾别鹄：比喻夫妻离散。同“离鸾别凤”。

鹄峙鸾翔：形容笔势挺拔而飘逸。

翔鸾翥凤：比喻丰赡富丽的文辞。

凤翥龙蟠：像凤凰飞舞，蛟龙盘曲。比喻体势的飞扬劲建，回旋多姿。

蟠青丛翠：形容树木茂盛青苍。

翠围珠裹：珠，珍珠；翠，翡翠。形容妇女妆饰华丽。也形容富贵人家随侍的女子众多。

裹血力战：犹言浴血奋战。形容顽强地拼死战斗。

战战惶惶：戒慎畏惧的样子。

惶惶不安：惶，恐惧。内心害怕，十分不安。

安之若素：安，安然，坦然；之，代词，指人或物；素，平常。安然相处，和往常一样，不觉得有什么不合适。

素餐尸位：素餐，白吃饭；尸位，空占职位，不尽职守。空占着职位而不做事，白吃饭。

位不期骄：指地位高了，就会骄傲。

骄奢淫逸：逸，放荡。原指骄横、奢侈、荒淫、放荡四种恶习。后形容生活放纵奢侈，荒淫无度。

逸闻趣事：指世人不知道而感兴趣的传闻和故事。

事在萧墙：事，变故；萧墙，宫室内当门的小墙。谓祸乱出自内部。

墙风壁耳：比喻秘密容易泄露，宜多防范。

耳提面训：不仅是当面告诉他，而且是提着他的耳朵向他讲。形容长辈教导热心恳切。

第十一步

成语接龙

训练有素　素丝羔羊　羊肠九曲　曲肱而枕　枕方寝绳　绳愆纠谬
谬妄无稽　稽古振今　今愁古恨　恨相见晚　晚食当肉　肉袒牵羊
羊入虎群　群雌粥粥　粥粥无能　能牙利齿　齿如含贝　贝阙珠宫
宫车晏驾　驾鹤成仙　仙液琼浆　浆酒霍肉　肉颤心惊　惊猿脱兔
兔缺乌沉　沉郁顿挫　挫骨扬灰　灰躯糜骨　骨瘦形销　销声避影
影影绰绰　绰绰有裕　裕后光前　前辙可鉴　鉴往知来

成语解释

训练有素:素,平素,向来。平时一直有严格的训练。

素丝羔羊:指正直廉洁的官吏。

羊肠九曲:羊肠,像羊肠一样崎岖曲折的小路。九曲,有许多曲折的地方,指河道曲折。形容崎岖曲折的小径和弯弯曲曲的河道。也指道路的艰难。

曲肱而枕:肱,胳膊由肘到肩的部分,泛指胳膊;枕,枕着。枕着弯曲的胳膊睡。形容人生活恬淡,无忧无虑。

枕方寝绳:枕方石,睡绳床。

绳愆纠谬:绳,纠正;愆,过失;谬,错误。指纠正过失。

谬妄无稽:指极端错误,毫无根据。

稽古振今:指考查古事作为借鉴,以振兴现代。

今愁古恨:愁,忧愁;恨,怨恨。古今的恨事。形容感慨极多。

恨相见晚:后悔彼此建立友谊太迟了。形容新结交而感情深厚。同"恨相知晚"。

晚食当肉:饿了再吃,味道就像吃肉一样。后泛指不热衷名利。

肉袒牵羊:牵羊,牵着羊,表示犒劳军队。古代战败投降的仪式。

羊入虎群:比喻好人落入坏人的手中,处境极端危险。

群雌粥粥:原形容鸟儿相和而鸣。后形容在场的妇女众多,声音嘈杂。

粥粥无能:粥粥,柔弱无能的样子。形容谦卑、柔弱而没有能力。

能牙利齿:指能说会道,善于辞令。

齿如含贝:贝,白色螺壳。形容牙齿整齐洁白。

贝阙珠宫:用珍珠宝贝做的宫殿。形容房屋华丽。

宫车晏驾:晏,迟。宫车迟出。旧为帝王死亡的讳辞。

驾鹤成仙:死的婉称。

仙液琼浆:指美酒。

浆酒霍肉:把酒肉当做水浆、豆叶一样。形容饮食的奢侈。

肉颤心惊:形容担心祸事临头或遇到非常可怕的事,十分害怕不安。同"肉跳心惊"。

惊猿脱兔:如受惊的猿猴、脱逃的兔子。形容迅速奔逃。

兔缺乌沉:犹兔走乌飞。形容光阴迅速流逝。

沉郁顿挫:郁,低沉郁积。指诗文的风格深沉蕴藉,语势有停顿转折。

挫骨扬灰:死后将骨头挫成灰撒掉。形容罪孽深重或恨之极深。

灰躯糜骨:犹言粉身碎骨。比喻为了某种目的或遭到什么危险而丧失生命。

骨瘦形销:形容瘦削到极点。

销声避影:犹言销声匿迹。指隐藏起来,不公开露面。

影影绰绰:模模糊糊,不真切。

绰绰有裕:绰绰,宽裕舒缓的样子;裕,宽绰,宽缓。形容态度从容,不慌不忙的样子。

裕后光前:为后人造福,给前辈增光。常用以歌颂人们的不世功勋。

前辙可鉴:比喻先前的失败,可以作为以后的教训。同"前车之鉴"。

鉴往知来:鉴,审察或引为教训;往,过去;来,未来。根据以往的情形便知道以后怎样发生变化。

第十二步

成语接龙

来因去果　果然如此　此中三昧　昧地谩天　天上石麟　麟趾呈祥

祥麟威凤　凤翥鹏翔　翔鸾舞凤　凤舞龙蟠　蟠根错节　节上生枝

枝附叶著　著书立说　说长道短　短吃少穿　穿红着绿　绿肥红瘦

瘦骨如柴　柴毁骨立　立时三刻　刻木为鹄　鹄峙鸾停　停留长智
智藏瘝在　在此一举　举一反三　三顾草庐　庐山面目　目语额瞬
瞬息千变　变本加厉　厉兵粟马　马不解鞍　鞍马劳顿

成语解释

来因去果:指事情的来龙去脉。

果然如此:果真是这样。指不出所料。

此中三昧:三昧,佛教用语,梵文音译词,意思是"正定",即摒除杂念,使心神平静,是佛门修养之法。比喻这里面的奥妙之处。

昧地谩天:比喻昧着良心隐瞒真实情况,用谎言欺骗他人。亦作"昧地瞒天"。

天上石麟:旧时称别人有文采的儿子。

麟趾呈祥:旧时用于贺人生子。

祥麟威凤:麒麟和凤凰,是古代传说中吉祥的禽兽,只有在太平盛世才能见到。后比喻非常难得的人才。

凤翥鹏翔:形容奋发有为。

翔鸾舞凤:比喻书画用笔生动矫健。

凤舞龙蟠:凤凰飞舞,蛟龙盘曲。形容相配得当。

蟠根错节:犹言盘根错节。树木根节盘绕交错。比喻事情繁难复杂。

节上生枝:本不应该生枝的地方生枝。比喻在原有问题之外又岔出了新问题。多指故意设置障碍,使问题不能顺利解决。同"节外生枝"。

枝附叶著:比喻上下关系紧密。亦作"枝附叶连"。

著书立说:立,创立,提出;说,主张,学说。从事写作,提出自己的主张和学说。

说长道短:议论别人的好坏是非。

短吃少穿:指衣食困乏。

穿红着绿:形容衣着鲜艳华丽。

绿肥红瘦:绿叶茂盛,花渐凋谢。指暮春时节。也形容春残的景象。

瘦骨如柴:十分瘦削的样子。

柴毁骨立:形容因居父母丧过度哀痛,身体受到摧残,消瘦憔悴的样子。

立时三刻:立刻、马上。

刻木为鹄:比喻仿效虽不逼真,但还相似。

鹄峙鸾停:形容人仪态端庄,姿容秀美。

停留长智:指事情耽搁久了,就会想出主意来。

智藏瘝在:指贤人隐遁,病民之臣在位。

在此一举:在,在于,决定于;举,举动,行动。指事情的成败就决定于这一次的行动。

举一反三:反,类推。比喻从一件事情类推而知道其他许多事情。

三顾草庐:刘备为请诸葛亮,三次到草庐中去拜访他。后用此典故表示帝王对臣下的知遇之恩。也比喻诚心诚意地邀请或过访。同"草庐三顾"。

庐山面目:庐山,山名,在江西省九江市南。比喻事物的真相或本来面目。

目语额瞬:眉毛眼睛能作态示意。形容处事精明狡猾。

瞬息万变:瞬,一眨眼;息,呼吸。在极短的时间内就有很多变化。形容变化很多很快。

变本加厉:厉,猛烈。指比原来更加发展。现指情况变得比本来更加严重。

厉兵粟马:磨快兵器喂饱马。指准备作战。

马不解鞍:比喻一刻也不停留,毫不间歇。

鞍马劳顿:顿,困顿。骑马赶路过久,劳累疲困。形容旅途劳累。

第十三步

成语解释

顿脚捶胸　胸中万卷　卷席而葬　葬身鱼腹　腹热肠荒　荒诞无稽

稽古揆今　今月古月　月缺花残　残篇断简　简丝数米　米珠薪桂

桂折兰摧　摧锋陷坚　坚不可摧　摧刚为柔　柔肠百转　转喉触讳

讳兵畏刑　刑期无刑　刑措不用　用之不竭　竭诚尽节　节变岁移

移樽就教　教一识百　百足不僵　僵桃代李　李广难封　封刀挂剑

剑及屦及　及第成名　名列前茅　茅茨不翦　翦发待宾

成语解释

顿脚捶胸:形容非常悲伤或悔恨的样子。同"顿足搥胸"。

胸中万卷:指读过大量的书。

卷席而葬:指用苇席裹尸而埋葬。极言葬礼之薄。

葬身鱼腹:尸体为鱼所食。指淹死于水中。

腹热肠荒:形容焦急、慌乱。

荒诞无稽:稽,考查。十分荒唐,不可凭信。

稽古揆今:指考古衡今。

今月古月:指月亮古今如一,而人事代谢无常。

月缺花残:形容衰败零落的景象。也比喻感情破裂,两相离异。

残篇断简:残缺不全的书籍。

简丝数米:简择丝缕,查点米粒。比喻工作琐细。

米珠薪桂:珠,珍珠。米贵得像珍珠,柴贵得像桂木。形容物价昂贵,人民生活极其困难。

桂折兰摧:比喻品德高尚的人亡故。

摧锋陷坚:摧,摧毁;锋,锋利;陷,攻陷;坚,坚锐。破敌深入。

坚不可摧:坚,坚固。非常坚固,摧毁不了。

摧刚为柔:摧,挫败。变刚强为柔顺。

柔肠百转:形容情思缠绵,翻腾不已。

转喉触讳:指一说话或一写文章就触犯忌讳。

讳兵畏刑:指慎于用兵和用刑。

刑期无刑:刑罚在于教育人恪守法律,从而达到不用刑的目的。

刑措不用:措,设置,设施。刑法放置起来而不用。形容政治清平。

用之不竭:竭,尽。无限取用而不会使用完。

竭诚尽节:诚,忠诚;节,节操。表现出最大限度的忠诚与节操。

节变岁移:谓节令变换,年岁转换。

移樽就教:樽,古代盛酒器;就,凑近。端着酒杯离座到对方面前共饮,以便请教。比喻主动去向人请教。

教一识百:形容具有特殊的才能、智慧。

百足不僵:比喻势力雄厚的集体或个人一时不易垮台。

僵桃代李:比喻代人受罪责或以此代彼。同“僵李代桃”。

李广难封:以之慨叹功高不爵,命运乖舛。同“李广未封”。

封刀挂剑:比喻运动员结束竞技生涯,不再参加正式比赛。

剑及屦及:屦,鞋。形容行动坚决迅速。

及第成名:及第,科举时代考试中选。通过考试并得到功名。

名列前茅:比喻名次列在前面。

茅茨不翦:崇尚俭朴,不主张修饰。

翦发待宾:比喻贤母。

第十四步

成语接龙

宾来如归　归马放牛　牛溲马渤　渤澥桑田　田连仟伯　伯仲叔季

季友伯兄　兄弟怡怡　怡堂燕雀　雀喧鸠聚　聚敛无厌　厌难折冲

冲昏头脑　脑满肠肥　肥冬瘦年　年衰岁暮　暮爨朝舂　舂容大雅

雅俗共赏　赏罚分审　审曲面势　势不可遏　遏密八音　音容如在

在谷满谷　谷父蚕母　母慈子孝　孝悌力田　田畯野老　老鹤乘轩

轩鹤冠猴　猴年马月　月值年灾　灾难深重　重纸累札

成语解释

宾来如归:宾客来此如归其家。形容招待客人热情周到。

归马放牛:把作战用的牛马牧放。比喻战争结束,不再用兵。

牛溲马渤:牛溲,即牛遗,车前草的别名;渤,通勃;马勃,一名马牲,一名屎菰,生于湿地及腐木的菌类。均可入药。比喻虽然微贱但是有用的东西。

渤澥桑田:渤澥,渤海的古称。大海变成桑田,桑田变成大海。犹沧海桑田。比喻世事变化巨大。

田连仟伯:仟伯,同"阡陌",田间小路。形容田地方袤,接连不断。

伯仲叔季:兄弟排行的次序,伯是老大,仲是第二,叔是第三,季是最小的。

季友伯兄:比喻交情深,义气重。

兄弟怡怡:兄弟和悦相亲的样子。

怡堂燕雀:怡,安适。小鸟住在安适的堂屋里。比喻身处险境也不自知的人。

雀喧鸠聚:形容纷乱吵闹。

聚敛无厌:聚敛,搜刮,盘剥;厌,饱,满足。尽力搜刮钱财,永远也不满足。形容非常贪婪。

厌难折冲:指能克服困难,抗敌取胜。

冲昏头脑:因胜利而头脑发热,不能总冷静思考和谨慎行事。

脑满肠肥:脑满,指肥头大耳;肠肥,指身体胖,肚子大。形容饱食终日的剥削者大腹便便,肥胖丑陋的形象。

肥冬瘦年:南宋吴地风俗多重冬至而略岁节,冬至时家家互送节物,有"肥冬瘦年"之谚。

年衰岁暮:指年纪衰老,寿命将尽。

暮爨朝舂:早晨舂米晚上烧火煮饭,形容生活清苦。

舂容大雅:指文章气度雍容,用辞典雅。

雅俗共赏:形容某些文艺作品既优美,又通俗,各种文化程度的人都能够欣赏。

赏罚分审:该赏的赏,该罚的罚。形容处理事情严格而公正。同"赏罚分明"。

审曲面势:原指工匠做器物时审度材料的曲直。后指区别情况,适当安排营造。同"审曲面埶"。

势不可遏:犹势不可当。形容来势十分迅猛,不能抵挡。

遏密八音:遏,阻止;密,寂静。各种乐器停止演奏,乐声寂静。旧指皇帝死后停乐举哀。后也用以形容国家元首之死。

音容如在:声音和容貌仿佛还在。形容对死者的想念。同"音容宛在"。

在谷满谷:此指奏乐时声音遍及各处,形容道的无所不在。后形容人物众多。

谷父蚕母:指传说中的农桑之神。

母慈子孝:母亲慈祥爱子,子女孝顺父母,是封建社会所提倡的道德风范。

孝悌力田:指孝顺父母,尊敬兄长,努力务农。

田畯野老:乡间农夫,山野父老。泛指民间百姓。

老鹤乘轩:轩,古代官员坐的车。老鹤也坐上了官车。比喻滥居官位。

轩鹤冠猴:乘轩之鹤,戴帽之猴。比喻滥厕禄位、虚有其表的人。

猴年马月:猴、马,十二生肖之一。泛指未来的岁月。

月值年灾:指时运不济而遭灾祸。

灾难深重:灾难很多,而且严重。

重纸累札:指很多的纸张。

第十五步

成语接龙

扎手舞脚　脚不点地　地上天宫　宫邻金虎　虎略龙韬　韬光隐晦
晦迹韬光　光阴似箭　箭穿雁嘴　嘴甜心苦　苦心积虑　虑周藻密
密密层层　层出迭见　见兔放鹰　鹰睃虎攫　攫戾执猛　猛志常在
在天之灵　灵机一动　动辄得咎　咎由自取　取精用弘　弘毅宽厚
厚味腊毒　毒魔狠怪　怪诞诡奇　奇装异服　服低做小　小题大做
做人做世　世外桃源　源源不断　断羽绝鳞　鳞次栉比

成语解释

扎手舞脚:犹言动手动脚。形容不规矩、不稳重。

脚不点地:点,脚尖着地。形容走得非常快,好像脚尖都未着地。

地上天宫:形容生活环境的美好,犹如在天宫一样。

宫邻金虎:指小人在位,接近帝王,贪婪如金之坚,凶恶如虎之猛。

虎略龙韬:略,指传说中黄石公所撰的《三略》;韬,指《六韬》。《三略》《六韬》是古代兵书。泛指兵书、兵法,也指兵家权谋。

韬光隐晦:指隐藏才能,不使外露。同"韬光养晦"。

晦迹韬光:晦、韬,隐藏;迹,踪迹;光,指才华。指将自己的才华隐藏起来,不使外露。

光阴似箭:光阴,时间。时间如箭,迅速流逝。形容时间过得极快。

箭穿雁嘴:比喻不开口说话。

嘴甜心苦:说话和善,居心不良。

苦心积虑:积虑,长期地或一再地思考。费尽心思长时间地思考问题。

虑周藻密:藻,辞藻,措辞;密,缜密。思路严谨,措词缜密。考虑周到,辞采细密。

密密层层:比喻满布得没有空隙。

层出迭见:指接连不断地多次出现。

见兔放鹰:看到野兔,立即放出猎鹰追捕。比喻行动及时,适合需要。

鹰瞵虎攫:形容心怀不善,伺机攫取。同“鹰瞵虎视”。

攫戾执猛:攫,捉取;戾,暴戾;执,抓住;猛,凶猛。能够捕获擒拿暴戾、凶猛的敌人。形容勇猛无敌。

猛志常在:比喻雄心壮志,至死不变。

在天之灵:尊称死者的精神。

灵机一动:灵机,灵活的心思。急忙中转了一下念头。多指临时想出了一个办法。

动辄得咎:辄,即;咎,过失,罪责。动不动就受到指摘或责难。

咎由自取:咎,灾祸。灾祸或罪过是自己招来的。指自作自受。

取精用弘:精,精华;用,享受,占有;弘,大。从丰富的材料里提取精华。

弘毅宽厚:弘毅,意志坚强,志向远大。志向远大而待人宽大厚道。

厚味腊毒:指味美者毒烈。

毒魔狠怪:凶恶残忍的妖魔鬼怪。

怪诞诡奇:怪诞,荒唐,离奇;诡奇,诡诈,奇异。形容荒唐离奇的事物。

奇装异服:式样特异、与众不同的服装。多含贬义。

服低做小:形容低声下气,巴结奉承。

小题大做:指拿小题目作大文章。比喻不恰当地把小事当做大事来处理,有故意夸张的意思。

做人做世:指在社会上立身行事。

世外桃源:原指与现实社会隔绝、生活安乐的理想境界。后也指环境幽静生活安逸的地方。借指一种空想的脱离现实斗争的美好世界。

源源不断:形容接连不断。

断羽绝鳞:羽鳞,犹鱼雁。断绝书信。

鳞次栉比:栉,梳篦的总称。像鱼鳞和梳子齿那样有次序地排列着。多用来形容房屋或船只等排列得很密很整齐。

第十六步

成语接龙

比肩叠踵　踵接肩摩　摩顶放踵　踵迹相接　接踵而至　至尊至贵

贵不召骄　骄奢放逸　逸群之才　才短思涩　涩于言论　论高寡合

合从连衡　衡阳雁断　断鹤续凫　凫胫鹤膝　膝痒搔背　背碑覆局
局骗拐带　带牛佩犊　犊牧采薪　薪桂米珠　珠盘玉敦　敦风厉俗
俗不可耐　耐人咀嚼　嚼穿龈血　血流漂杵　杵臼之交　交能易作
作作有芒　芒刺在躬　躬自菲薄　薄物细故　故步自封

成语解释

比肩叠踵:叠踵,脚尖踩脚跟。形容人多。

踵接肩摩:摩肩接踵。肩挨肩,脚碰脚。形容人多,拥挤不堪。

摩顶放踵:从头顶到脚跟都擦伤了。形容不辞劳苦,不顾身体。

踵迹相接:谓脚迹相连。形容人数众多,接连不断。同“踵趾相接”。

接踵而至:指人们前脚跟着后脚,接连不断地来。形容来者很多,络绎不绝。

至尊至贵:至,极。极其尊贵。

贵不召骄:指显贵的人尽管不希望自己染上骄恣专横的习气,但它仍然在不知不觉中滋长起来了。

骄奢放逸:形容生活放纵奢侈,荒淫无度。同“骄奢淫逸”。

逸群之才:拥有超过众人的才能。

才短思涩:才,才识;短,短浅;涩,迟钝。见识短浅,思路迟钝。指写作能力差。

涩于言论:形容说话迟钝。

论高寡合:言论高超,投合者少。

合从连衡:从,通“纵”;衡,通“横”。指联合抗敌。

衡阳雁断:衡山南峰有回雁峰,相传雁来去以此为界。比喻音信不通。

断鹤续凫:断,截断;续,接;凫,野鸭。截断鹤的长腿去接续野鸭的短腿。比喻行事违反自然规律。

凫胫鹤膝:指事物各有长短。

膝痒搔背:膝部发痒,却去搔背。比喻力量没有使在点子上。

背碑覆局:看过的碑文能背诵,棋局乱后能复旧。指记忆力强。

局骗拐带:诈骗财物,诱拐孩子。

带牛佩犊:原指汉宣帝时渤海太守龚遂诱使持刀剑起义的农民放弃武装斗争而从事耕种。后比喻改业归农。

犊牧采薪:喻指老而无妻的人。

薪桂米珠:形容物价昂贵。

珠盘玉敦:古代诸侯盟誓时用的器具。引申为订立盟约。同"珠槃玉敦"。

敦风厉俗:使民风纯朴敦厚。

俗不可耐:俗,庸俗;耐,忍受得住。庸俗得使人受不了。

耐人咀嚼:指耐人寻味。

嚼穿龈血:形容十分仇恨。

血流漂杵:杵,捣物的棒槌。血流成河,舂米的木槌都漂了起来。形容战死的人很多。也泛指流血很多。

杵臼之交:杵,舂米的木棒;臼,石臼。比喻交朋友不计较贫富和身份。

交能易作:指交换各自的劳动成果而互相获益。

作作有芒:作作,光芒四射的样子。形容光芒四射。也比喻声势显赫。

芒刺在躬:芒刺,细刺。像有芒和刺扎在背上一样。形容内心惶恐,坐立不安。同"芒刺在背"。

躬自菲薄:指亲身实行俭约。

薄物细故:薄,微小;物,事物;故,事故。指微小的事情。

故步自封:故,旧;故步,旧时行步之法,引申为旧法;封,限制在一定的范围内。比喻守着老一套,不求进步。

第十七步

成语接龙

封豕长蛇　蛇行鳞潜　潜濡默被　被甲据鞍　鞍马劳困　困而不学

学浅才疏　疏不闲亲　亲疏贵贱　贱敛贵出　出处语默　默化潜移

移的就箭　箭拔弩张　张袂成帷　帷灯箧剑　剑拔弩张　张敞画眉

眉尖眼尾　尾生抱柱　柱石之坚　坚韧不拔　拔毛连茹　茹柔吐刚

刚正不阿　阿弥陀佛　佛头著粪　粪土不如　如痴似醉　醉山颓倒

倒箧倾筐　筐箧中物　物美价廉　廉洁奉公　公门桃李

成语解释

封豕长蛇:封,大;封豕,大猪;长蛇,大蛇。贪婪如大猪,残暴如大蛇。比喻贪暴者、侵略者。

蛇行鳞潜:比喻行动极为谨慎隐蔽。

潜濡默被:犹潜移默化。指人的思想或性格不知不觉受到感染、影响而发生了变化。

被甲据鞍:形容武将年虽老而壮志不减。

鞍马劳困:指长途跋涉或战斗中备尝困乏。

困而不学:困,困惑,不明白。困惑不明白却不肯学习。

学浅才疏:才能不高,学识不深,多用作自谦的话。

疏不闲亲:关系疏远者不参与关系亲近者的事。同"疏不间亲"。

亲疏贵贱:指亲密、疏远、富贵、贫贱的种种关系。形容地位和关系不同的众人。

贱敛贵出:低价买进,高价卖出。

出处语默:出仕和隐退,发言和沉默。

默化潜移:指人的思想或性格不知不觉受到感染、影响而发生了变化。同"潜移默化"。

移的就箭:移动箭靶靠近箭。比喻曲意迁就。

箭拔弩张:比喻形势紧张,一触即发。

张袂成帷:张开袖子成为帷幕。形容人多。

帷灯箧剑:比喻真相难明,令人猜疑。同"帷灯匣剑"。

剑拔弩张:张,弓上弦。剑拔出来了,弓张开了。原形容书法笔力遒劲。后多形容气势逼人,或形势紧张,一触即发。

张敞画眉:张敞,汉时平阳人,宣帝时为京兆尹。张敞替妻子画眉毛。旧时比喻夫妻感情好。

眉尖眼尾:指眉眼间的神色。同"眉头眼尾"。

尾生抱柱:相传尾生与女子约定在桥梁相会,久候女子不到,水涨,乃抱桥柱而死。后用以比喻坚守信约。

柱石之坚:像柱石一样坚硬。比喻大臣坚强可靠,能担负国家重任。

坚韧不拔:坚,坚定;韧,柔韧。形容意志坚定,不可动摇。

拔毛连茹:比喻互相推荐,用一个人就连带引进许多人。

茹柔吐刚:柔,软;刚,硬。吃下软的,吐出硬的。比喻怕强欺软。

刚正不阿:阿,迎合,偏袒。刚强正直,不逢迎,无偏私。

阿弥陀佛:佛教语,信佛的人用作口头诵颂的佛号,表示祈祷祝福或感谢神灵的意思。

佛头著粪:往佛像的头上拉粪。比喻美好的事物被亵渎、玷污。

粪土不如:还比不上粪便和泥土。形容没有一点儿价值的东西。

如痴似醉:形容神态失常,失去自制。

醉山颓倒:形容醉态。

倒箧倾筐:形容倾其所有。

筐箧中物:比喻平常的事情。

物美价廉:廉,便宜。东西价钱便宜,质量又好。

廉洁奉公:廉洁,清白;奉公,奉行公事。廉洁不贪,忠诚履行公职,一心为公。

公门桃李:公,对人的尊称。尊称某人引进的后辈、栽培的学生。

第十八步

成语接龙

李白桃红　红叶题诗　诗书发冢　冢中枯骨　骨瘦如豺(柴)　豺狼虎豹
豹死留皮　皮破肉烂　烂如指掌　掌上观纹　纹风不动　动中窾要
要价还价　价等连城　城门鱼殃　殃及池鱼　鱼游燋釜　釜底抽薪
薪尽火灭　灭门绝户　户枢不朽　朽棘不雕　雕虫篆刻　刻不容缓
缓带轻裘　裘马轻肥　肥头胖耳　耳闻目睹　睹物兴情　情见乎言
言必有中　中饱私囊　囊匣如洗　洗颈就戮　戮力齐心

成语解释

李白桃红:李花白,桃花红。指春天美好宜人的景色。

红叶题诗:比喻姻缘的巧合。

诗书发冢:比喻口是心非、言行不一的伪君子作风。

冢中枯骨:冢,坟墓。坟墓里的枯骨。比喻没有力量的人。

骨瘦如豺:形容消瘦到极点。同"骨瘦如柴"。

豺狼虎豹:泛指危害人畜的各种猛兽。也比喻凶残的恶人。

豹死留皮:豹子死了,皮留在世间。比喻将好名声留传于后世。

皮破肉烂:形容伤势很重。

烂如指掌:犹言了如指掌。形容对情况了解得非常清楚。

掌上观纹:比喻极其容易,毫不费力。

纹风不动:形容一点儿也不动。

动中窾要:动,常常,动不动;中,切中,打中;窾,空处、中空;要,要害。常常切中要害或抓住问题的关键。

要价还价:买卖东西,卖主要价高,买主给价低,双方要反复争议。也比喻在进行谈判时反复争议,或接受任务时讲条件。

价等连城:指价值等于连成一片的许多城池。

殃及池鱼:比喻无缘无故地遭受祸害。

城门鱼殃:城门失火,大家都到护城河取水,水用完了,鱼也死了。比喻因受连累而遭到损失或祸害。

鱼游燋釜:比喻处境危险,快要灭亡。燋,同"灼",火烧。同"鱼游釜中"。

釜底抽薪:釜,古代的一种锅;薪,柴。把柴火从锅底抽掉。比喻从根本上解决问题。

薪尽火灭:比喻死亡。

灭门绝户:全家死尽,无一幸免。

户枢不朽:户枢,门的转轴;朽,腐烂,败坏。经常转动的门轴就不会朽坏。比喻经常运动的东西不易受侵蚀。

朽棘不雕:比喻人不可造就或事物和局势败坏而不可救药。同"朽木不可雕"。

雕虫篆刻:虫书、刻符分别为秦书八体之一,西汉时蒙童所习。以之喻辞章小技。

刻不容缓:刻,指短暂的时间;缓,延迟。指形势紧迫,一刻也不允许拖延。

缓带轻裘:宽松的衣带,轻暖的皮衣。形容从容儒雅的风度。

裘马轻肥:身上穿着软皮衣,骑着肥壮骏马。指生活富裕,放荡不羁。

肥头胖耳:形容体态肥胖,有时指小孩可爱。同"肥头大耳"。

耳闻目睹:闻,听见;睹,看见。亲耳听到,亲眼看见。

睹物兴情:见到眼前景物便激起某种感情。

情见乎言:情感表现在言辞当中。同"情见乎辞"。

言必有中:中,正对上。指一说话就能说到点子上。

中饱私囊:中饱,从中得利。指侵吞经手的钱财使自己得利。

囊匣如洗:形容异常贫困。

洗颈就戮:把脖子洗净,伸到刀下受斩。比喻等待灭亡。

戮力齐心:戮力,并力,合力。指齐心协力。同"戮力同心"。

第十九步

成语接龙

心如悬旌　旌旗卷舒　舒眉展眼　眼不着沙　沙里淘金　金浆玉醴

醴酒不设　设身处地　地塌天荒　荒唐无稽　稽疑送难　难得糊涂

涂歌里咏　咏桑寓柳　柳亸莺娇　娇鸾雏凤　凤附龙攀　攀藤揽葛

葛屦履霜　霜凋夏绿　绿鬓红颜　颜筋柳骨　骨肉相残　残杯冷炙

炙鸡渍酒　酒瓮饭囊　囊空如洗　洗雪逋负　负诟忍尤　尤红殢翠

翠袖红裙　裙布荆钗　钗荆裙布　布裙荆钗　钗横鬓乱

成语解释

心如悬旌:形容心神不定。

旌旗卷舒:舒,展开。战旗随风飘动,有时卷起,有时展开。比喻战事持续。

舒眉展眼:神态舒适,无忧无虑的样子。

眼不着沙:眼睛里不能容一点沙子。比喻容不得看不入眼的人和事。形容对坏人坏事深恶痛绝。

沙里淘金:从砂子里淘出黄金。比喻从大量材料中选取精华。

金浆玉醴:浆,酒;醴,甜酒。原指仙药,后指美酒佳酿。

醴酒不设:醴酒,甜酒。置酒宴请宾客时不再为不嗜酒者准备甜酒。比喻待人礼貌渐衰。

设身处地:设,设想。设想自己处在别人的那种境地。指替别人的处境着想。

地塌天荒:犹言天塌地陷。形容盛怒。

荒唐无稽:稽,考查。十分荒唐,不可凭信。

稽疑送难:指考察疑端,排除难点。

难得糊涂:指人在该装糊涂的时候难得糊涂。

涂歌里咏:形容国泰民安、百姓欢乐的景象。同“涂歌邑诵”。

咏桑寓柳:咏的是“桑”,而实际说的是“柳”。比喻借题传情。

柳亸莺娇:柳丝垂,莺声娇。形容春景之美。

娇鸾雏凤:幼小的鸾凤。比喻青春年少的情侣。

凤附龙攀:指依附帝王权贵建功立业。

攀藤揽葛:手拉葛藤向上。形容在险峻的山路上攀登。亦作“攀藤附葛”。

葛屦履霜:冬天穿着夏天的鞋子。比喻过分节俭吝啬。

霜凋夏绿:犹言冬去春来。指时光的流逝。

绿鬓红颜:指年轻女子。同“绿鬓朱颜”。

颜筋柳骨:颜,唐代书法家颜真卿;柳,唐代书法家柳公权。指颜柳两家书法挺劲有力,但风格有所不同。也泛称书法极佳。

骨肉相残:亲人间相互残杀。比喻自相残杀。

残杯冷炙:残,剩余;杯,指酒;炙,烤肉。指吃剩的饭菜。也比喻别人施舍的东西。

炙鸡渍酒:指以棉絮浸酒,晒干后裹烧鸡,携以吊丧。后遂用为不忘恩的典实。

酒瓮饭囊:犹言酒囊饭袋。

囊空如洗:口袋里空得像洗过一样。形容口袋里一个钱也没有。

洗雪逋负:洗雪,队掉;逋负,旧欠,引申为旧恨。报仇雪恨,以偿夙愿。

负诟忍尤:忍受指责和怨恨。

尤红殢翠:比喻男女间的缠绵亲昵。

翠袖红裙:泛指妇女的服装。亦用为妇女的代称。

裙布荆钗:以布作裙,以荆代钗。比喻贫困。同“钗荆裙布”。

钗荆裙布:荆枝作钗,粗布为裙。形容妇女装束朴素。

布裙荆钗:粗布做的裙,荆条做的钗。旧时形容贫家女子服饰俭朴。

钗横鬓乱:鬓,耳边的头发;钗,妇女的首饰,由两股合成。耳边的头发散乱,首饰横在一边。形容妇女睡眠初醒时未梳妆的样子。

第二十步

成语接龙

乱琼碎玉 玉漏犹滴 滴露研珠 珠投璧抵 抵足而眠 眠花藉柳
柳陌花丛 丛雀渊鱼 鱼沉雁渺 渺无人烟 烟波钓徒 徒拥虚名
名存实亡 亡命之徒 徒托空言 言行相悖 悖入悖出 出丑放乖
乖僻邪谬 谬采虚声 声势烜赫 赫赫巍巍 巍巍荡荡 荡然无存
存亡绝续 续凫断鹤 鹤骨鸡肤 肤见谫识 识微知着 着手生春
春蛙秋蝉 蝉緌蟹匡 匡鼎解颐 颐指风使 使料所及

成语解释

乱琼碎玉:指雪花。

玉漏犹滴:玉漏,计时的漏壶。指夜还未过去。

滴露研珠:指滴水磨墨。

珠投璧抵:谓以珠玉投掷鸟鹊。比喻人才不被重视。

抵足而眠:脚对着脚,同榻而睡。形容关系亲密,情意深厚。

眠花藉柳:比喻狎妓。同"眠花宿柳"。

柳陌花丛:旧指妓院或妓院聚集之处。

丛雀渊鱼:比喻不行善政,等于把老百姓赶到敌人方面去。

鱼沉雁渺:比喻书信不通,音信断绝。

渺无人烟:一片渺茫,没有人家。

烟波钓徒:烟波,水波渺茫,看远处有如烟雾笼罩;钓,钓鱼。旧指隐逸于渔的人。

徒拥虚名:空有名望。指有名无实。同"徒有虚名"。

名存实亡:名义上还存在,实际上已消亡。

亡命之徒:指逃亡的人。也指冒险犯法,不顾性命的人。

徒托空言:白把希望寄托于空话。指只讲空话,而不实行。

言行相悖:说话和行动不一致,互相矛盾。

悖入悖出:悖,违背,胡乱。用不正当的手段得来的财物,也会被别人用不正当的手段拿去。胡乱弄来的钱又胡乱花掉。

出丑放乖:犹言出乖露丑。

乖僻邪谬:乖,乖张,不顺;僻,孤僻。指性格古怪孤僻,不近人情。

谬采虚声:指错误地相信虚假的名声。

声势烜赫:声威气势盛大显赫。

赫赫巍巍:显赫高大的样子。

巍巍荡荡:形容道德崇高,恩泽博大。

荡然无存:荡然,完全空无。形容东西完全失去,一点没有留下。

存亡绝续:事物处在生存或灭亡、断绝或延续的关键时刻。形容局势万分危急。

续凫断鹤:比喻违失事物本性,欲益反损。

鹤骨鸡肤:伶仃瘦骨,多皱的皮肤。形容年老。

肤见谫识:浅陋的见识。

识微知着:谓看到事物的苗头而能察知它的发展趋向或问题的实质。

着手生春:本谓诗歌格调要自然清新,后常用以赞誉医家、艺术家技艺精湛。

春蛙秋蝉:春天蛙叫,秋天蝉鸣。比喻喧闹夸张、空洞无物的言谈。

蝉緌蟹匡:比喻事物间互相矛盾。

匡鼎解颐:指讲诗清楚明白,非常动听。

颐指风使:以下巴的动向和脸色来指挥人。常以形容指挥别人时的傲慢态度。

使料所及:料,料想,估计;及,到。当初已经料想到的。

第二十一步

成语接龙

及笄年华　华而不实　实逼处此　此动彼应　应弦而倒　倒执手版
版筑饭牛　牛骥同皂　皂白沟分　分宵达曙　曙后星孤　孤雌寡鹤
鹤子梅妻　妻离子散　散马休牛　牛衣病卧　卧榻鼾睡　睡长梦多
多歧亡羊　羊续悬鱼　鱼沉雁杳　杳如黄鹤　鹤长凫短　短刀直入
入门问讳　讳树数马　马尘不及　及时行乐　乐不思蜀　蜀犬吠日
日中将昃　昃食宵衣　衣宵食旰　旰食之劳　劳思逸淫

成语解释

及笄年华：笄，古代盘头发用的簪子。古代女子已订婚者十五而笄；未订婚者二十而笄。指少女到了可以出嫁的年龄。

华而不实：比喻外表好看内容空虚。

实逼处此：本意为迫于形势而占有此地。后用以表示为情势所迫，不得不如此。

此动彼应：这里发动，那里响应。

应弦而倒：随着弓弦的声音而倒下。形容射箭技艺高超。

倒执手版：古代官员持手版以朝。倒执手版，指惊惶失态。

版筑饭牛：版筑，造土墙；饭牛，喂牛。后以之为贤臣出身微贱之典。

牛骥同皂：皂，牲口槽。牛跟马同槽。比喻不好的人与贤人同处。

皂白沟分：比喻界限分明。

分宵达曙：犹通宵达旦。

曙后星孤：曙，破晓时光。旧称仅遗孤女。

孤雌寡鹤：丧失配偶的禽鸟。后亦用以比喻失偶之人。

鹤子梅妻：指宋隐士林逋以鹤为子、以梅为妻事。亦喻指妻子儿女。

妻离子散：一家子被迫分离四散。

散马休牛：指不兴战事。

牛衣病卧：形容贫病交迫。

卧榻鼾睡：别人在自己的床铺旁边呼呼大睡。比喻别人肆意侵占自己的利益。

睡长梦多：犹夜长梦多。比喻时间长，事情易生变化。

多歧亡羊：因岔路太多无法追寻而丢失了羊。比喻事物复杂多变，没有正确的方向就会误入歧途。也比喻学习的方面多了就不容易精深。

羊续悬鱼：羊续把别人送的生鱼悬挂在院子里。形容为官清廉，拒受贿赂。

鱼沉雁杳：比喻书信不通，音信断绝。

杳如黄鹤：杳，无影无声；黄鹤，传说中仙人所乘的鹤。原指传说中仙人骑着黄鹤飞去，从此不再回来。现比喻无影无踪或下落不明。

鹤长凫短：比喻事物各有特点。

短刀直入：比喻开门见山，直截爽快。

入门问讳：古代去拜访人，先问清楚他父祖的名，以便谈话时避讳。也泛指问清楚有什么忌讳。

黄鹤

讳树数马：表示居官为人忠诚谨慎。

马尘不及：比喻赶不上，跟不上。

及时行乐：不失时机，寻欢作乐。

乐不思蜀：很快乐，不思念蜀国。比喻在新环境中得到乐趣，不再想回到原来环境中去。

蜀犬吠日：蜀，四川省的简称；吠，狗叫。原意是四川多雨，那里的狗不常见太阳，出太阳就要叫。比喻少见多怪。

日中将昃：比喻事物盛极将衰。同"日中则昃"。

昃食宵衣：入夜才吃晚饭，天不亮就穿衣起床。指勤于政务。

衣宵食旰：指天未明就穿衣起身，天黑了才进食。常用以称谀帝王勤于政事。

旰食之劳：天色已晚才吃饭。形容勤于政事。

劳思逸淫：逸，安逸。指参加实际劳动，才能想到爱惜物力，知道节俭；贪图安逸就容易放荡堕落。

第二十二步

成语接龙

淫词艳曲　曲不离口　口不应心　心领神会　会者不忙　忙忙碌碌

碌碌无为　为所欲为　为渊驱鱼　鱼游沸鼎　鼎食钟鸣　鸣钟列鼎

鼎铛有耳　耳闻目览　览闻辩见　见羹见墙　墙上泥皮　皮肤之见

见微知著　著书立说　说来话长　长话短说　说梅止渴　渴而穿井

井臼亲操　操觚染翰　翰林子墨　墨迹未干　干巴利脆　脆而不坚

坚忍不拔　拔茅连茹　茹古涵今　今是昨非　非此即彼

成语解释

淫词艳曲:不健康的诗歌、词曲。

曲不离口:曲子要天天唱,才会熟练。比喻熟能生巧。

口不应心:嘴上说的和心里想的不一样。

心领神会:不用点明,就已领会到了。

会者不忙:行家对自己熟悉的事,应付自如,不会慌乱。

忙忙碌碌:形容事务繁杂、辛辛苦苦的样子。

碌碌无为:平平庸庸,无所作为。

为所欲为:想干什么就干什么。

为渊驱鱼:原比喻残暴的统治迫使自己一方的百姓投向敌方。现多比喻不会团结人,把一些本来可以团结过来的人赶到敌对方面去。

鱼游沸鼎:鱼在锅里游。比喻处境十分危险,有行将灭亡之虞。

鼎食钟鸣:钟,古代乐器;鼎,古代炊器。击钟列鼎而食。形容贵族的豪华排场。

鸣钟列鼎:钟,打击乐器,泛指一般乐器;鼎,盛物食器。谓用食时身边响着乐器,眼前列着鼎器。后形容古代贵族高官生活的豪奢。

鼎铛有耳:鼎、铛,均为两耳三足的金属炊具。电鼎和铛都有耳朵。指某人或某事影响大,凡是长耳朵的都应该听说、知道。

耳闻目览:亲自听见和亲眼看见的。

览闻辩见:指见识多,能说会道。

见羹见墙:用以指对圣贤的思慕。

墙上泥皮:谓微贱的附着物。多用于比喻妾室。

皮肤之见:肤浅的见解。

见微知著:意指看到微小的苗头,就知道可能会发生显著的变化。

著书立说:著,写作;立,成就;说,学说。写书或文章,创立自己的学说。

说来话长:三言两语无法说清楚。形容情况复杂。

长话短说:只说主要内容。

说梅止渴:比喻愿望无法实现,用空想安慰自己。同"望梅止渴"。

渴而穿井:比喻事先没准备,临时才想办法。

井臼亲操：井，汲水；臼，舂米。指亲自操作家务。

操觚染翰：觚，木简；翰，长而硬的鸟羽。指写作。

翰林子墨：泛指辞人墨客。

墨迹未干：比喻协定或盟约刚刚签订不久。多用于指责对方违背诺言。

干巴利脆：干脆，爽快。同"干巴利落"。

脆而不坚：脆弱而不坚实。形容虚有其表。

坚忍不拔：形容在艰苦困难的情况下意志坚定，毫不动摇。

拔茅连茹：茅，白茅，一种多年生的草；茹，植物根部互相牵连的样子。比喻互相推荐，用一个人就连带引进许多人。

茹古涵今：犹言博古通今。对古代的事知道得很多，并且通晓现代的事情。形容知识丰富。

今是昨非：现在是对的，过去是错的。指认识过去的错误。

非此即彼：非，不是；此，这个；即，便是；彼，那个。不是这一个，就是那一个。

第二十三步

成语接龙

彼此彼此	此伏彼起	起凤腾蛟	蛟龙擘水	水流花谢	谢家活计
计不旋踵	踵武相接	接踵比肩	肩摩毂接	接踵而来	来好息师
师心自用	用舍行藏	藏怒宿怨	怨女旷夫	夫负妻戴	戴玄履黄
黄钟长弃	弃恶从善	善骑者堕	堕甑不顾	顾而言他	他山攻错
错落不齐	齐大非耦	耦俱无猜	猜枚行令	令人喷饭	饭牛屠狗
狗续金貂	貂裘换酒	酒囊饭包	包罗万有	有耻且格	

成语解释

彼此彼此：常用做客套话，表示大家一样。亦指两者比较差不多。

此伏彼起：这里起来，那里下去。形容接连不断。

起凤腾蛟：宛如蛟龙腾跃、凤凰起舞。形容人很有文采。

蛟龙擘水：蛟龙破浪前进。比喻船驶得快。

水流花谢：谢，脱落。指河水流逝，花儿也凋谢了。形容景色凋零残败，用来比喻局面残破,好景已不存在,无法挽回。亦作“花谢水流”。

谢家活计:喻指赋诗。

计不旋踵:计,计议,打算;旋踵,旋转脚跟。脚跟还未转过来,计议就定了下来。形容在极短的时间内就拿定主意。也比喻行动迅速,毫不犹豫。

踵武相接:谓脚迹相连。形容人数众多,接连不断。同“踵趾相接”。

接踵比肩:踵,脚后跟。脚跟相接,肩膀相碰。形容人很多,相继不断。

肩摩毂接:肩相摩,毂相接。本形容行人车辆拥挤,后亦借指人才辈出,络绎不绝。

接踵而来:指人们前脚跟着后脚,接连不断地来。形容来者很多,络绎不绝。

来好息师:招致和好,停止战争。

师心自用:师心,以心为师,这里指只相信自己;自用,按自己的主观意图行事。形容自以为是,不肯接受别人的正确意见。

用舍行藏:任用就出来做事,不得任用就退隐。这是早时士大夫的处世态度。

藏怒宿怨:藏、宿,存留。把愤怒和怨恨藏留在心里。指心怀怨恨,久久难消。

怨女旷夫:指没有配偶的成年男女。

夫负妻戴:指夫妻远徙避世,不慕荣利。

戴玄履黄:犹戴天履地。玄指天,黄指地。形容人活在天地之间。

黄钟长弃:比喻贤才不用。同“黄锺毁弃”。

弃恶从善:丢弃邪恶行为去做好事。

善骑者堕:惯于骑马的人常常会从马上摔下来。比喻擅长某一技艺的人,往往因大意而招致失败。

堕甑不顾:甑,古代一种瓦制炊器;顾,回头看。甑落地已破,不再看它。比喻既成事实,不再追悔。

顾而言他:形容无话对答,有意避开本题,用别的话搪塞过去。同“顾左右而言他”。

他山攻错:比喻拿别人的长处,补救自己的短处。

错落不齐:形容极不整齐。

齐大非耦:旧时凡因不是门当户对而辞婚的,常用此话表示不敢高攀的意思。

耦俱无猜:谓双方都无猜疑。

猜枚行令:猜枚,一种酒令,原指手中握若干小物件供人猜测单双、数目等。现亦指划拳;行令,行酒令。喝酒时行酒令。

令人喷饭:形容事情或说话十分可笑。

饭牛屠狗:喻指从事低贱之事。也指从事贱业者。

狗续金貂:比喻滥封的官吏。

貂裘换酒:貂裘,貂皮做的大衣。用貂皮大衣换酒喝。形容富贵者放荡不羁的生活。

酒囊饭包:讥讽无能的人,只会吃喝,不会做事。

包罗万有:犹包罗万象。

有耻且格:指人有知耻之心,则能自我检点而归于正道。

第二十四步

成语接龙

格格不纳　纳履决踵　踵趾相接　接三连四　四海飘零　零打碎敲

敲髓洒膏　膏火之费　费尽心机　机不旋踵　踵决肘见　见性成佛

佛头加秽　秽言污语　语笑喧哗　哗世取宠　宠辱皆忘　忘餐废寝

寝不安席　席丰履厚　厚生利用　用一当十　十夫桡椎　椎锋陷陈

陈师鞠旅　旅进旅退　退避三舍　舍己成人　人一己百　百喙如一

一代文宗　宗师案临　临风对月　月中折桂　桂子飘香

成语解释

格格不纳:指难以接受。

纳履决踵:纳,穿;履,鞋;决,破裂;踵,脚后跟。穿鞋而后跟即破。比喻穷困、窘迫。

踵趾相接:谓脚迹相连。形容人数众多,接连不断。

接三连四:接连不断。

四海飘零:四海,代指全国各地;飘零,比喻遭到不幸,失去依靠,生活不安定。指到处漂泊,生活无着。

零打碎敲:形容以零零碎碎、断断续续的办法做事。

敲髓洒膏:比喻倾家荡产。

膏火之费:膏,点灯的油;膏火,灯火。借指求学的费用。

费尽心机:心机,计谋。挖空心思,想尽办法。

机不旋踵:旋踵,转过脚后跟。形容时机短暂。

踵决肘见:踵,脚后跟,借指鞋后跟;决,裂开。整一整衣襟,胳臂肘露了出来,拔一拔鞋,脚后跟露了出来。形容非常贫穷。

见性成佛:性,本性。佛教禅宗认为只要"识自本心,见自本性",就可以成佛。

佛头加秽:比喻不好的东西放在好东西上面,玷污了好的东西。

秽言污语:指粗俗下流、不堪入耳的话。

语笑喧哗:大声说笑。

哗世取宠:犹言哗众取宠。以浮夸的言论迎合群众,骗取群众的信赖和支持。

宠辱皆忘:受宠或受辱都毫不计较。常指一种通达的超绝尘世的态度。

忘餐废寝:忘记了睡觉,顾不得吃饭。形容对某事专心致志或忘我地工作、学习。

寝不安席:睡觉也不能安于枕席。形容心事重重,睡不着觉。

席丰履厚:席,席子,指坐具;丰,多;履,鞋子,指踩在脚下的东西;厚,丰厚。比喻祖上遗产丰富。也形容生活优裕。

厚生利用:指富裕民生物尽其用。

用一当十:比喻以寡敌众。

十夫桡椎:比喻人多力大,足以改变原状。同"十夫楺椎"。

椎锋陷陈:陈,通"阵"。犹冲锋陷阵。形容作战勇猛。

陈师鞠旅:陈,陈列;鞠,告;师、旅,军队。出征之前,集合军队发布动员令。

旅进旅退:旅,共,同。与众人一起进退。形容跟着大家走,自己没有什么主张。

退避三舍:舍,古时行军计程以三十里为一舍。主动退让九十里。比喻退让和回避,避免冲突。

舍己救人:牺牲自己去拯救别人。

人一己百:别人一次就做好或学会的,自己做一百次,学一百次。比喻以百倍的努力赶上别人。

百喙如一:犹言众口一词。许多人都说同样的话,看法或意见一致。

一代文宗:宗,宗师。一个时代为众人所宗仰的文学家。亦作"当世辞宗""一代宗匠”“一代辞宗”。

宗师案临：宗师，学政。学政到达他主管的地区主持考试。

临风对月：面对清风明月。形容所处的景色非常容易引发人的思绪。

月中折桂：在月亮中折桂树枝。比喻科举及第。

桂子飘香：指中秋前后桂花开放，散发馨香。

第二十五步

成语接龙

香消玉减　减师半德　德輶如羽　羽翼既成　成竹在胸　胸怀磊落

落落寡合　合情合理　理直气壮　壮气吞牛　牛头马面　面红耳热

热血沸腾　腾空而起　起死回生　生不逢时　时不我待　待人接物

物尽其用　用武之地　地久天长　长命百岁　岁不我与　与虎谋皮

皮里春秋　秋毫无犯　犯上作乱　乱世英雄　雄伟壮观　观形察色

色飞眉舞　舞弊营私　私心妄念　念念不忘　忘乎所以

成语解释

香消玉减：比喻美女日渐消瘦。

减师半德：谓只学到老师的一半。

德輶如羽：指施行仁德并不困难，而在于其志向有否。同“德輶如毛”。

羽翼既成：鸟的羽毛和翅膀已长全。比喻力量已经巩固。同“羽翼已成”。

成竹在胸：成竹，现成完整的竹子。画竹前竹的全貌已在胸中。比喻在做事之前已经拿定主义。

胸怀磊落：心地光明正大。

落落寡合：形容跟别人合不来。

合情合理：符合情理。

理直气壮：理直，理由正确、充分；气壮，气势旺盛。理由充分，说话气势就壮。

壮气吞牛：形容气势雄壮远大。

牛头马面：迷信传说中的两个鬼卒，一个头像牛，一个头像马。比喻各种丑恶的人。

面红耳热:形容因紧张、急躁、害羞等而脸上发红的样子。

热血沸腾:比喻激情高涨。

腾空而起:腾空,向天空飞升。向高空升起。

起死回生:把快要死的人救活。形容医术高明。也比喻把已经没有希望的事物挽救过来。

生不逢时:生下来没有遇到好时候。旧时指命运不好。

时不我待:我待,"待我"的倒装,等待我。时间不会等待我们。指要抓紧时间。

待人接物:物,人物,人们。指跟别人往来接触。

物尽其用:各种东西凡有可用之处,都要尽量利用。指充分利用资源,一点不浪费。

用武之地:形容地形险要,利于作战的地方。比喻可以施展自己才能的地方或机会。

地久天长:时间长,日子久。

长命百岁:寿命很长,能活到一百岁。常用作祝福长寿之词。

岁不我与:年岁是不等人的。表示应该及时奋起,有所作为。

与虎谋皮:跟老虎商量要它的皮。比喻跟恶人商量要他放弃自己的利益,绝对办不到。

皮里春秋:指藏在心里不说出来的言论。

秋毫无犯:秋毫,鸟兽秋天新换的绒毛,比喻极细微的东西;犯,侵犯。指军纪严明,丝毫不侵犯人民的利益。

犯上作乱:冒犯尊长和地位高的人,搞叛逆活动。

乱世英雄:乱世,动乱的不安定的时代;英雄,才能勇武超过常人的人。混乱动荡时代中的杰出人物。

雄伟壮观:气势伟大美丽。

观形察色:观察脸色以揣测对方的心意。同"观貌察色"。

色飞眉舞:同"眉飞色舞"。形容喜悦和得意的神态。

舞弊营私:舞,玩弄;弊,指坏事;营,谋求。因图谋私利而玩弄欺骗手段做犯法的事。

私心妄念:犹言私心杂念。

念念不忘:念念,时刻思念着。形容牢记于心,时刻不忘。

忘乎所以:指因过分兴奋或得意而忘了应有的举止。

第二十六步

成语接龙

以小见大　大发慈悲　悲观厌世　世俗之见　见雀张罗　罗织罪名
名利双收　收锣罢鼓　鼓舌摇唇　唇红齿白　白雪阳春　春风雨露
露宿风餐　餐风茹雪　雪上加霜　霜气横秋　秋水盈盈　盈盈一水
水落石出　出其不意　意得志满　满载而归　归根到底　底死谩生
生动活泼　泼水难收　收成弃败　败柳残花　花花太岁　岁月如流
流言飞文　文武双全　全力以赴　赴汤蹈火　火急火燎

成语解释

以小见大:从小的可以看出大的,指通过小事可以看出大节,或通过一小部分看出整体。

大发慈悲:比喻起善心,做好事。

悲观厌世:厌世,厌弃人世。对生活失去信心,精神颓丧,厌弃人世。

世俗之见:世人的庸俗见解。

见雀张罗:比喻设圈套诱骗。

罗织罪名:指捏造罪名,陷害无辜的人。

名利双收:既得名声,又获利益。

收锣罢鼓:停止敲击锣鼓。比喻结束,结尾。

鼓舌摇唇:鼓动嘴唇,摇动舌头。形容利用口才进行煽动或游说。亦泛指大发议论。多含贬义。

唇红齿白:嘴唇红,牙齿白。形容人容貌俊美。

白雪阳春:原指战国时代楚国的一种较高级的歌曲。比喻高深的不通俗的文学艺术。

春风雨露:像春天的和风和雨滴露水那样滋润着万物的生长。旧常用以比喻恩泽。

露宿风餐:在露天过夜,在风口吃饭。形容行旅生活的辛苦。

餐风茹雪:形容野外生活的艰苦。

雪上加霜:比喻接连遭受灾难,损害愈加严重。

霜气横秋:霜,秋霜;气,志气。比喻志气凛然,像秋霜一样严峻。

秋水盈盈:形容眼神饱含感情。同“秋波盈盈”。

盈盈一水:比喻相隔不远。

水落石出:水落下去,水底的石头就露出来。比喻事情的真相完全显露出来。

出其不意:其,代词,对方;不意,没有料到。趁对方没有意料到就采取行动。

意得志满:因愿望实现而心满意足。亦作“志得意满”。

满载而归:载,装载;归,回来。装得满满的回来。形容收获很大。

归根到底:归结到根本上。

底死谩生:底,通“抵”。竭尽全力,想尽办法。

生动活泼:内容和形式的丰富、活跃。

泼水难收:相传汉朱买臣因家贫,其妻离去,后买臣富贵,妻又求合。买臣取水泼洒于地,令妻收回,以示夫妻既已离异就不能再合。后用以比喻不可挽回的局面。

收成弃败:趋附得势的人,轻视遭贬黜的人。

败柳残花:败,衰败;残,凋残。凋残的柳树,残败了的花。旧时用以比喻生活放荡或被蹂躏遗弃的女子。

花花太岁:太岁,原指传说中的神名,借指作威作福的土豪和官宦。指穿着华丽,不务正业,只专心于吃喝玩乐的官宦和土豪。

岁月如流:形容时光消逝如流水之快。

流言飞文:犹言流言蜚语。毫无根据的话。指背后散布的诽谤性的坏话。

文武双全:文,文才;武,武艺。能文能武,文才和武艺都很出众。

全力以赴:赴,前往。把全部力量都投入进去。

赴汤蹈火:赴,走往;汤,热水;蹈,踩。沸水敢蹚,烈火敢踏。比喻不避艰险,奋勇向前。

火急火燎:犹火烧火燎。

第二十七步

成语接龙

燎原烈火　火耕水种　种玉蓝田　田翁野老　老成持重　重义轻财
财运亨通　通宵彻夜　夜不闭户　户限为穿　穿云裂石　石破天惊
惊心动魄　魄荡魂飞　飞黄腾达　达官贵人　人山人海　海不扬波
波澜壮阔　阔论高谈　谈古论今　今生今世　世道人情　情有可原
原来如此　此起彼伏　伏低做小　小国寡民　民殷国富　富国强兵
兵慌马乱　乱作一团　团花簇锦　锦心绣口　口是心非

成语解释

燎原烈火:好像大火在原野上燃烧,使人无法接近。比喻不断壮大,不可抗拒的革命力量。

火耕水种:古代一种原始耕种方式。

种玉蓝田:谓为缔结良缘创造条件。蓝田古以出产美玉出名。种玉于蓝田,比喻长得其所。

田翁野老:乡间农夫,山野父老。泛指民间百姓。同"田夫野老"。

老成持重:老成,阅历多而练达世事;持重,做事谨慎。办事老练稳重,不轻举妄动。

重义轻财:指看重仁义而轻视钱财。

财运亨通:亨,通达,顺利。发财的运道好,赚钱很顺利。

通宵彻夜:指整夜。

夜不闭户:户,门。夜里睡觉不用闩上门。形容社会治安情况良好。

户限为穿:户限,门槛;为,被。门槛都踩破了。形容进出的人很多。

穿云裂石:穿破云天,震裂石头。形容声音高亢嘹亮。

石破天惊:原形容箜篌的声音,忽而高亢,忽而低沉,出人意料,有难以形容的奇境。后多比喻文章议论新奇惊人。

惊心动魄:使人神魂震惊。原指文辞优美,意境深远,使人感受极深,震动极大。后常形容使人十分惊骇紧张到极点。

魄荡魂飞:形容惊恐万状。

飞黄腾达:飞黄,传说中神马名;腾达,上升,引申为发迹,宦途得意。形容骏马奔腾飞驰。比喻骤然得志,官职升得很快。

达官贵人:达官,大官。指地位高的大官和出身侯门身价显赫的人。

人山人海:人群如山似海。形容人聚集得非常多。

海不扬波:比喻太平无事。

波澜壮阔:原形容水面辽阔。现比喻声势雄壮或规模巨大。

阔论高谈:阔,广阔;高,高深。多指不着边际地大发议论。

谈古论今:从古到今无所不谈,无不评论。

今生今世:此生此世。指有生之年。

世道人情:泛指社会的道德风尚和人们的思想情感等。同"世道人心"。

情有可原:按情理,有可原谅的地方。

原来如此:原来,表示发现真实情况。原来是这样。

此起彼伏:这里起来,那里下去。形容接连不断。

伏低做小:形容低声下气,巴结奉承。

小国寡民:国家小,人民少。

民殷国富:殷,殷实,富足。国家人民殷实富裕。

富国强兵:使国家富裕,军力强盛。

兵慌马乱:形容战争期间社会混乱不安的景象。

乱作一团:混杂在一起,形容极为混乱。

团花簇锦:形容五彩缤纷,十分华丽。同"花团锦簇"。

锦心绣口:锦、绣,精美鲜艳的丝织品。形容文思优美,辞藻华丽。

口是心非:嘴里说得很好,心里想的却是另一套。指心口不一致。

第二十八步

成语接龙

非亲非故　故作高深　深知灼见　见景生情　情深义重　重义轻生

生财有道　道骨仙风　风雨同舟　舟车劳顿　顿开茅塞　塞翁得马

马首是瞻　瞻前顾后　后起之秀　秀外惠中　中流底柱　柱小倾大

大功告成　成双成对　对簿公堂　堂堂正正　正本清源　源头活水
水木清华　华星秋月　月下花前　前思后想　想方设法　法海无边
边尘不惊　惊肉生髀　髀里肉生　生拖死拽　拽耙扶犁

成语解释

非亲非故:故,老友。不是亲属,也不是熟人。表示彼此没有什么关系。

故作高深:本来并不高深,故意装出高深的样子。多指文章故意用些艰深词语,掩饰内容的浅薄。

深知灼见:灼,明亮。深邃的知识,透彻的见解。

见景生情:看到眼前的景物,唤起某种感慨。亦指看到眼前的景物,想起应对的办法,即随机应变。

情深义重:指情感深远、恩义厚重。

重义轻生:指看重义行而轻视生命。

生财有道:原指生财有个大原则,后指搞钱很有办法。

道骨仙风:指有得道者及仙人的气质神采。

风雨同舟:在狂风暴雨中同乘一条船,一起与风雨搏斗。比喻共同经历患难。

舟车劳顿:舟车,船与车,泛指一切水陆交通工具;劳顿,劳累疲倦。形容旅途疲劳困顿。

顿开茅塞:顿,立刻;茅塞,喻人思路闭塞或不懂事。比喻思想忽然开窍,立刻明白了某个道理。

塞翁得马:塞,边界险要之处;翁,老头。比喻一时虽然受到损失,也许反而因此能得到好处。也指坏事在一定条件下可变为好事。

马首是瞻:瞻,往前或向上看。看着我马头的方向,决定进退。比喻追随某人行动。

瞻前顾后:瞻,向前看;顾,回头看。看看前面,又看看后面。形容做事之前考虑周密慎重。也形容顾虑太多,犹豫不决。

后起之秀:后来出现的或新成长起来的优秀人物。

秀外惠中:秀,秀丽;惠,聪慧。外表秀丽,内心聪明。同"秀外慧中"。

中流底柱:比喻坚强而能起支柱作用的人或集体。同"中流砥柱"。

柱小倾大:喻指能力小者承担重任必出危险。

大功告成:功,事业;告,宣告。指巨大工程或重要任务宣告完成。

成双成对:配成一对,多指夫妻或情侣。

对簿公堂:簿,文状、起诉书之类;对簿,受审问;公堂,旧指官吏审理案件的地方。在法庭上受审问。

堂堂正正:堂堂,盛大的样子;正正,整齐的样子。原形容强大整齐的样子,现也形容光明正大。也形容身材威武,仪表出众。

正本清源:正本,从根本上整顿;清源,从源头上清理。从根本上整顿,从源头上清理。比喻从根本上加以整顿清理。

源头活水:原比喻读书越多,道理越明。现也指事物发展的动力和源泉。

水木清华:水,池水,溪水;木,花木;清,清幽;华,美丽有光彩。指园林景色清朗秀丽。

华星秋月:如秋月那样清澈明朗,像星星那样闪闪发光。形容文章写得非常出色。

月下花前:本指游乐休息的环境。后多指谈情说爱的处所。

前思后想:往前想想,再退后想想。形容一再考虑。

想方设法:想种种办法。

法海无边:佛教中比喻佛法广大如大海,无边无际。

边尘不惊:比喻边境安定无战事。

惊肉生髀:惊叹久处安逸,不能有所作为。

髀里肉生:髀,大腿。因为长久不骑马,大腿上的肉又长起来了。形容长久过着安逸舒适的生活,无所作为。

生拖死拽:形容强行拖扯。

拽耙扶犁:从事农业活动,以种田为业。

第二十九步

成语接龙

犁庭扫穴　穴居野处　处堂燕鹊　鹊垒巢鸠　鸠夺鹊巢　巢居穴处

处堂燕雀　雀屏中选　选色征歌　歌功颂德　德重恩弘　弘奖风流

流离播迁　迁延时日　日久见人心　心回意转　转辗反侧　侧目而视

视如敝屣　屣齿之折　折戟沉沙　沙鸥翔集　集腋成裘　裘马轻狂

狂涛骇浪　浪子宰相　相得益彰　彰善瘅恶　恶贯满盈　盈科后进
进退履绳　绳愆纠缪　缪力同心　心劳意攘　攘攘熙熙

成语解释

犁庭扫穴：庭，龙庭，古代匈奴祭祀天神的处所，也是匈奴统治者的军政中心。犁平敌人的大本营，扫荡他的巢穴。比喻彻底摧毁敌方。

穴居野处：穴，洞；处，居住。居住在洞里生活在荒野。形容原始人的生活状况。

处堂燕鹊：比喻居安忘危的人。

鹊垒巢鸠：本喻女子出嫁，住在夫家。后比喻强占别人的房屋、土地、妻室等。同"鹊巢鸠居"。

鸠夺鹊巢：斑鸠抢占喜鹊窝。比喻强占他人的居处或措置不当等。

巢居穴处：栖身于树上或岩洞里。指人类未有房屋前的生活状况。

处堂燕雀：比喻生活安定而失去警惕性。也比喻大祸临头而自己不知道。

雀屏中选：雀屏，画有孔雀的门屏。指被选为女婿。

选色征歌：挑选美女，征召歌伎。指放荡的生活方式。亦作"选歌试舞""选舞征歌"。

歌功颂德：歌、颂，颂扬。颂扬功绩和德行。

德重恩弘：重，崇高、深厚；弘，通"宏"，大。道德高尚，恩惠广大。形容普施恩德。

弘奖风流：风流，指才华出众之人。对才华出众之人大加奖赏，或大量任用人才，以鼓励其他人奋发上进。亦作"宏奖风流"。

流离播迁：指流转迁徙。同"流离播越"。

迁延时日：拖时间。同"迁延岁月"。

日久见人心：相处时间长了，才能看出人心的好坏。

心回意转：改变原来的想法和态度。

转辗反侧：形容心中有事，翻来覆去不能入睡。同"辗转反侧"。

侧目而视：侧，斜着。斜着眼睛看人。形容憎恨或又怕又愤恨。

视如敝屣：像破烂鞋子一样看待。比喻非常轻视。

屐齿之折：形容内心喜悦之甚。

折戟沉沙:戟,古代的一种兵器。折断了的戟沉没在泥沙里。形容失败惨重。

沙鸥翔集:水鸟时而飞翔,时而聚集。

集腋成裘:腋,腋下,指狐狸腋下的皮毛;裘,皮衣。狐狸腋下的皮虽很小,但聚集起来就能制一件皮袍。比喻积少成多。

裘马轻狂:指生活富裕,放荡不羁。

狂涛骇浪:比喻剧烈的社会运动。

浪子宰相:浪子,不务正业、专事游荡的人。指北宋徽宗时宰相李邦彦。

相得益彰:相得,互相配合、映衬;益,更加;彰,显著。指两个人或两件事物互相配合,双方的能力和作用更能显示出来。

彰善瘅恶:彰,表明,显扬;瘅,憎恨。表扬好的,斥责恶的。

恶贯满盈:贯,穿钱的绳子;盈,满。罪恶之多,犹如穿线一般已穿满一根绳子。形容罪大恶极,到受惩罚的时候了。

盈科后进:泉水遇到坑洼,要充满之后才继续向前流。比喻学习应步步落实,不能只图虚名。

进退履绳:前进后退均合规矩。同"进退中绳"。

绳愆纠缪:绳,纠正;愆,过失;缪,错误。改正过失,纠正错误。

缪力同心:指齐心合力。缪,通"勠"。

心劳意攘:犹心慌意乱。心里着慌,乱了主意。

攘攘熙熙:喧嚷纷杂的样子。

第三十步

成语接龙

熙熙攘攘　攘人之美　美人迟暮　暮云春树　树倒根摧　摧枯振朽

朽木不雕　雕虫刻篆　篆刻虫雕　雕栏玉砌　砌红堆绿　绿鬓朱颜

颜筋柳骨　骨肉未寒　寒心酸鼻　鼻塌嘴歪　歪不横楞　楞眉横眼

眼明手捷　捷足先得　得不偿丧　丧家之犬　犬吠之盗　盗食致饱

饱飨老拳　拳拳之枕　枕戈剸刃　刃树剑山　山复整妆　妆(装)聋作哑

哑然失笑　笑青吟翠　翠围珠绕　绕梁之音　音容笑貌

成语解释

熙熙攘攘:熙熙,和乐的样子;攘攘,纷乱的样子。形容人来人往,非常热闹拥挤。

攘人之美:攘,窃取、夺取。夺取别人的好处。形容窃取他人的利益和好处。

美人迟暮:迟暮,比喻人的晚年,暮年。原意是有作为的人也将逐渐衰老。比喻因日趋衰落而感到悲伤怨恨。

暮云春树:暮,傍晚。表示对远方友人的思念。

树倒根摧:树干倾倒,树根毁坏。比喻人年迈体衰。

摧枯振朽:犹摧枯拉朽。形容轻而易举。

朽木不雕:朽木,腐烂木头;雕,雕刻。比喻人不可造就或局势不可救药。

雕虫刻篆:比喻辞章小技。同“雕虫篆刻”。

篆刻虫雕:喻指小技。

雕栏玉砌:雕,雕绘;栏,栏杆;砌,石阶。形容富丽的建筑物。

砌红堆绿:形容春日花木繁荣的景象。

绿鬓朱颜:形容年轻美好的容颜,借指年轻女子。

颜筋柳骨:指颜柳两家书法挺劲有力,但风格有所不同。也泛称书法极佳。

骨肉未寒:骨肉尚未冷透。指人刚死不久。

寒心酸鼻:寒心,心中战栗;酸鼻,鼻子辛酸。形容心里害怕而又悲痛。

鼻塌嘴歪:形容脸部伤势严重。

歪不横楞:歪斜不正的样子。

楞眉横眼:形容蛮横凶恶的样子。

眼明手捷:看得准,动作敏捷。同“眼明手快”。

捷足先得:捷,快;足,脚步。比喻行动快的人先达到目的或先得到所求的东西。

得不偿丧:所得的利益抵偿不了所受的损失。同“得不偿失”。

丧家之犬:无家可归的狗。比喻无处投奔,到处乱窜的人。

犬吠之盗:指小偷。

盗食致饱:比喻以不正当手段获益。

饱飨老拳:指挨一顿痛打。同“饱以老拳”。

拳拳之枕:恳切的情意。

枕戈剸刃:剸刃,用刀剑插入物体。指准备杀敌复仇。

刃树剑山:刃,利刃,刀。原是指佛教中的地狱酷刑。后比喻极其艰难危险的地方。

山复整妆:明月高悬,青山辉映,更为秀丽,如同重整妆饰。

妆聋作哑:不闻不问,假装糊涂。同"装聋作哑"。

哑然失笑:失笑,忍不住地笑起来。禁不住笑出声来。

笑青吟翠:谓欣赏、吟咏山水。

翠围珠绕:翠,翡翠;珠,珍珠。形容富家女子的华丽装饰。亦比喻随从侍女众多。

绕梁之音:形容歌声美妙动听,长久留在人们耳中。

音容笑貌:谈笑时的容貌和神态。用以怀念故人的声音容貌和神情。

第三十一步

成语接龙

貌合神离	离鸾别鹤	鹤骨松筋	筋疲力敝	敝帷不弃	弃其馀鱼
鱼烂瓦解	解黏去缚	缚舌交唇	唇枪舌剑	剑胆琴心	心灵手巧
巧取豪夺	夺眶而出	出其不备	备尝辛苦	苦思冥想	想入非非
非同寻常	常年累月	月黑风高	高谈阔论	论功受赏	赏心悦目
目中无人	人多势众	众流归海	海阔天空	空前绝后	后发制人
人才济济	济世安民	民生国计	计上心来	来去分明	

成语解释

貌合神离:貌,外表;神,内心。表面上关系很密切,实际上是两条心。

离鸾别鹤:比喻夫妻离散。同"离鸾别凤"。

鹤骨松筋:指修道者的形貌气质。

筋疲力敝:筋,筋骨;敝,完。形容非常疲乏,一点力气也没有了。同"筋疲力尽"。

敝帷不弃:指破旧之物也自有用处。

弃其馀鱼:比喻节欲知足。

鱼烂瓦解:犹言鱼烂土崩。比喻国家内部发生动乱。

解黏去缚:解除粘着和束缚。

缚舌交唇:闭着嘴,不敢说话。表示恭顺。

唇枪舌剑:舌如剑,唇像枪。形容辩论激烈,言词锋利,像枪剑交锋一样。

剑胆琴心:比喻既有情致,又有胆识。旧小说多用来形容能文能武的才子。

心灵手巧:心思灵敏,手艺巧妙。多用于女子。

巧取豪夺:巧取,软骗;豪夺,强抢。旧时形容达官富豪谋取他人财物的手段。现指用各种方法谋取财物。

夺眶而出:眶,眼眶。眼泪一下子从眼眶中涌出。形容人因极度悲伤或极度欢喜而落泪。

出其不备:指行动出乎人的意料。

备尝辛苦:备,尽、全;尝,经历。受尽了艰难困苦。

苦思冥想:尽心地思索和想象。

想入非非:非非,原为佛家语,表示虚幻的境界。想到非常玄妙虚幻的地方去了。形容完全脱离现实地胡思乱想。

非同寻常:寻常,平常。形容人和事物很突出,不同于一般。

常年累月:长年累月。形容经过的时间很长。

月黑风高:没有月光风也很大的夜晚。比喻险恶的环境。

高谈阔论:高,高深;阔,广阔。多指不着边际地大发议论。

论功受赏:评定功劳,接受赏赐。

赏心悦目:悦目,看了舒服。指看到美好的景色而心情愉快。

目中无人:眼里没有别人。形容骄傲自大,看不起人。

人多势众:声势力量大。

众流归海:大小河流同归于海。比喻众多分散的事物汇集于一处。

海阔天空:像大海一样辽阔,像天空一样无边无际。形容大自然的广阔。比喻言谈议论等漫无边际,没有中心。

空前绝后:从前没有过,今后也不会再有。夸张性地形容独一无二。

后发制人:发,发动;制,控制,制服。等对方先动手,再抓住有利时机反击,制服对方。

人才济济:济济,众多的样子。形容有才能的人很多。

济世安民:使国家得到治理,百姓安居乐业。

民生国计:国家经济和人民生活。

计上心来:计,计策、计谋。心里突然有了计策。

来去分明:形容手续清楚或为人在财物方面不含糊。

第三十二步

成语接龙

明辨是非　非分之想　想望风采　采椽不斫　斫轮老手　手到擒来

来之不易　易如反掌　掌上明珠　珠联璧合　合(和)盘托出　出口成章

章句之徒　徒有其名　名山大川　川流不息　息交绝游　游山玩水

水火无情　情投意和　和如琴瑟　瑟弄琴调　调良稳泛　泛萍浮梗

梗泛萍飘　飘蓬断梗　梗迹蓬飘　飘飘欲仙　仙姿佚貌　貌离神合

合衷共济　济寒赈贫　贫困潦倒　倒持泰阿　阿狗阿猫

成语解释

明辨是非:分清楚是和非、正确和错误。

非分之想:非分,不属自己分内的。妄想得到本分以外的好处。

想望风采:想望,仰慕;风采,风度神采。非常仰慕其人,渴望一见。

采椽不斫:采,柞木。比喻生活简朴。

斫轮老手:斫轮,斫木制造车轮。指对某种事情经验丰富的人。

手到擒来:擒,捉。原指作战一下子就能把敌人捉拿过来,后比喻做事有把握,不费力就做好了。

来之不易:来之,使之来。得到它不容易。表示财物的取得或事物的成功是不容易的。

易如反掌:像翻一下手掌那样容易。比喻事情非常容易做。

掌上明珠:比喻接受父母疼爱的儿女,特指女儿。

珠联璧合:璧,平圆形中间有孔的玉。珍珠联串在一起,美玉结合在一块。比喻杰出的人才或美好的事物结合在一起。

合盘托出:指全部显露或说出。现写为“和盘托出”。

出口成章:说出话来就成文章。形容文思敏捷,口才好。

章句之徒:指不能通达大义而拘泥于辨析章句的儒生。

徒有其名:指有名无实。

名山大川:泛指有名的高山和源远流长的大河。

川流不息:川,河流。形容行人、车马等像水流一样连续不断。

息交绝游:屏绝交游活动。隐居。

游山玩水:游览、玩赏山水景物。

水火无情:指水和火是不讲情面的,如疏忽大意,容易造成灾祸。

情投意和:投,相合。形容双方思想感情融洽,合得来。

和如琴瑟:比喻夫妻相亲相爱。

瑟弄琴调:比喻夫妇感情融洽。

调良稳泛:马匹调良,行船稳泛。指路途平安。

泛萍浮梗:浮动在水面的萍草和树根。比喻踪迹漂泊不定。

梗迹蓬飘:梗,断梗;蓬,飞蓬。比喻漂泊流离。

飘飘欲仙:欲,将要。飘飞上升,像要超脱尘世而成仙。多指人的感受轻松爽快。亦形容诗文、书法等的情致轻快飘逸。

仙姿佚貌:佚,通“逸”。仙子的资质,秀逸的容貌。形容女子出色的姿容。

貌离神合:指表面上不同而实质上一致。

合衷共济:犹言同心协力。

济寒赈贫:济,救济;赈,赈济。救助寒苦,赈济贫穷。

贫困潦倒:生活贫困,精神失意颓丧。

倒持泰阿:泰阿,宝剑名。倒拿着剑,把剑柄给别人。比喻把大权交给别人,自己反受其害。

阿狗阿猫:旧时人们常用的小名。引申为任何轻贱的,不值得重视的人或著作。

第三十三步

成语接龙

猫鼠同乳　乳间股脚　脚踏实地　地上天官　官虎吏狼　狼狈不堪

堪以告慰　慰情胜无　无地自厝　厝火燎原　原原委委　委肉虎蹊
蹊田夺牛　牛衣对泣　泣下沾襟　襟怀磊落　落落穆穆　穆如清风
风驰电掣　掣襟露肘　肘胁之患　患难夫妻　妻儿老少　少年老诚(成)
诚惶诚恐　恐后无凭　凭几据杖　杖履相从　从风而靡　靡坚不摧
摧心剖肝　肝胆披沥　沥胆隳肝　肝胆胡越　越人肥瘠

成语解释

猫鼠同乳:比喻官吏失职,包庇下属干坏事。也比喻上下狼狈为奸。同"猫鼠同眠"。

乳间股脚:比喻自以为安全的处所。

脚踏实地:脚踏在坚实的土地上。比喻做事踏实,认真。

地上天官:比喻社会生活繁华安乐。

官虎吏狼:官如虎,吏如狼。形容官吏贪暴。

狼狈不堪:狼狈,窘迫的样子。困顿、窘迫得不能忍受。形容非常窘迫的样子。

堪以告慰:堪,能,可以。可以感到或给予一些安慰。

慰情胜无:作为自我宽慰的话。

无地自厝:犹无地自容。形容非常羞愧。

厝火燎原:放火燎原,比喻小乱子酿成大祸患。

原原委委:原原本本。

委肉虎蹊:委,抛弃;蹊,小路。把肉丢在饿虎经过的路上。比喻处境危险,灾祸即将到来。

蹊田夺牛:蹊,践踏;夺,强取。因牛践踏了田,抢走人家的牛。比喻罪轻罚重。

牛衣对泣:睡在牛衣里,相对哭泣。形容夫妻共同过着穷困的生活。

泣下沾襟:襟,衣服胸前的部分。泪水滚滚流下,沾湿衣服前襟。哭得非常悲伤。

襟怀磊落:襟怀,胸怀;磊落,光明正大。心怀坦荡,光明磊落。

落落穆穆:落落,冷落的样子;穆穆,淡薄的样子。形容待人冷淡。

穆如清风:指和美如清风化养万物。

风驰电掣:驰,奔跑;掣,闪过。形容非常迅速,像风吹电闪一样。

掣襟露肘:掣,牵接。接一下衣襟胳膊肘儿就露出来。形容衣服破烂,生活贫困。

肘胁之患:近在身边的祸患。同“肘腋之患”。

患难夫妻:患难,忧虑和灾难。指经受过困苦考验,能够同甘共苦的夫妻。

妻儿老少:指父、母、妻、子等全体家属。同“妻儿老小”。

少年老诚:原指人年纪虽轻,却很老练。现在也指年轻人缺乏朝气。同“少年老成”。

诚惶诚恐:诚,实在,的确;惶,害怕;恐,畏惧。非常小心谨慎以致达到害怕不安的程度。

恐后无凭:怕以后没有个凭证。旧时契约文书的套语,常与“立次存照”连用。

凭几据杖:形容傲慢不以礼待客。

杖履相从:指追随左右。

从风而靡:指如风之吹草,草随风倾倒。比喻强弱悬殊,弱者不堪一击,即告瓦解。比喻仿效、风行之迅速。

靡坚不摧:指能摧毁任何坚固的东西。形容力量强大。

摧心剖肝:摧,折;剖,划开。心肝断裂剖开。比喻极度悲伤和痛苦。

肝胆披沥:犹言披肝沥胆。比喻极尽忠诚。

沥胆隳肝:犹沥胆披肝。比喻开诚相见。也形容非常忠诚。

肝胆胡越:犹言肝胆楚越。胡地在北,越地在南,比喻远隔。肝胆,比喻近。

越人肥瘠:比喻痛痒与己无关。同“越瘦秦肥”。

第三十四步

成语接龙

瘠义肥辞　辞尊居卑　卑谄足恭　恭行天罚　罚不当罪　罪不胜诛

诛求无度　度己以绳　绳愆纠违　违心之论　论功封赏　赏同罚异

异军突起　起根发由　由博返约　约定俗成　成群集党　党同妒异

异军特起　起早摸黑　黑风孽海　海盟山咒　咒天骂地　地主之仪

仪静体闲　闲鸥野鹭　鹭序鸳行　行不从径　径行直遂　遂心快意

意气高昂　昂首伸眉　眉清目朗　朗目疏眉　眉下添眉

成语解释

瘠义肥辞:内容贫乏而词句堆砌冗长。

辞尊居卑:辞,推却。不受尊位,甘居卑下。

卑谄足恭:卑,低下;谄,巴结奉承;足,音"巨",过分;恭,恭顺。低声下气,阿谀逢迎,过分恭顺,取媚于人。

恭行天罚:奉天之命进行惩罚。古以称天子用兵。

罚不当罪:当,相当,抵挡。处罚和罪行不相当。

罪不胜诛:指罪大恶极,处死犹不足抵偿。

诛求无度:敛取、需索财贿没有限度。

度己以绳:绳,纠正,约束。指一定的道德标准要求自己,使自己的行为合乎法度。

绳愆纠违:绳,纠正;愆,过失。指纠正过失。同"绳愆纠谬"。

违心之论:与内心相违背的话。

论功封赏:论,按照。按功劳的大小给予奖赏。

赏同罚异:指奖赏和自己的意见相同的,惩罚和自己的意见不同的。

异军突起:异军,另外一支军队。比喻一支新生力量突然出现。

起根发由:比喻指出事物的根源。

由博返约:指做学问从广博出发,继而务精深,最终达到简约。

约定俗成:指事物的名称或社会习惯往往是由人民群众经过长期社会实践而确定或形成的。

成群集党:指一部分人结成小团体。

党同妒异:犹言党同伐异。指结帮分派,偏向同伙,打击不同意见的人。

异军特起:另组一支军队,自树一帜。比喻突然兴起的新生力量。亦作"异军突起"。

起早摸黑:起得早,睡得晚。形容辛勤劳动。同"起早贪黑"。

黑风孽海:比喻环境、遭遇的险恶。

海盟山咒:犹言海誓山盟。

咒天骂地:形容信口乱骂。

地主之仪:住在本地的人对外地客人的招待义务。同"地主之谊"。

仪静体闲：形容女子态度文静，体貌素雅。

闲鸥野鹭：比喻退隐闲散之人。比喻非正当男女关系中的女方。

鹭序鸳行：白鹭、鸳鸯群飞有序。比喻百官上朝时的行列。

行不从径：走路不遵循正道。比喻做事为学走捷径。

径行直遂：随心愿行事而顺利达到目的。

遂心快意：形容心满意足，事情的发展完全符合心意。同“遂心如意”。

意气高昂：意态和气概雄健的样子。

昂首伸眉：伸，扬。抬头扬眉。形容意气昂扬的样子。

眉清目朗：眉、目，眉毛和眼睛，泛指容貌。形容人容貌清秀不俗气。同“眉清目秀”。

朗目疏眉：朗，明亮；疏，疏朗。明亮的双目和疏朗的眉毛。形容眉目清秀。

眉下添眉：比喻重复、多余。

第三十五步

成语接龙

眉飞色悦　悦目赏心　心怡神旷　旷若发蒙　蒙混过关　关门大吉
吉光片裘　裘弊金尽　尽释前嫌　嫌长道短　短垣自逾　逾绳越契
契合金兰　兰艾同焚　焚舟破釜　釜底游鱼　鱼釜尘甑　甑尘釜鱼
鱼烂河决　决一胜负　负屈衔冤　冤家路狭　狭路相逢　逢人说项
项庄舞剑　剑态箫心　心织笔耕　耕耘树艺　艺不压身　身名两泰
泰山压卵　卵石不敌　敌不可纵　纵横捭阖　阖门百口

成语解释

眉飞色悦：色，脸色。形容人得意兴奋的样子。同“眉飞色舞”。

悦目赏心：看了美好景物而心情舒畅。

心怡神旷：心境开阔，精神愉快。同“心旷神怡”。

旷若发蒙：旷，空旷，开阔；蒙，眼睛失明。眼前突然开阔明朗，好像双目失明的人忽然看见了东西。亦比喻使人头脑忽然开窍，明达起来。

蒙混过关：用欺骗的手段逃避询问或审查。

关门大吉:指商店倒闭或企业破产停业。

吉光片裘:比喻残存的珍贵文物。同“吉光片羽”。

裘弊金尽:皮袍破了,钱用完了。比喻境况困难。

尽释前嫌:尽释,完全放下;嫌,仇怨,怨恨。把以前的怨恨完全丢开。

嫌长道短:犹苛求责备。

短垣自逾:垣,短墙;逾,越过。自己越过短墙。旧比喻亲身违背礼制法度。

逾绳越契:指在结绳、书契之前没有文字。绳、契指结绳、书契。后引申指不通文字。

契合金兰:契合,投合。金兰,指朋友间相处信诚。形容朋友间意气相投,感情深厚。亦作“契若金兰”。

兰艾同焚:兰,香草名;艾,臭草;焚,烧。兰花跟艾草一起烧掉。比喻不分好坏,一同消灭。

焚舟破釜:釜,古代用的锅。烧掉船只打破锅。比喻坚决不能动摇的决心。

釜底游鱼:在锅里游着的鱼。比喻处在绝境的人。也比喻即将灭亡的事物。

鱼釜尘甑:指穷得无粮可炊。

甑尘釜鱼:甑里积了灰尘,锅里生了蠹鱼。形容穷困断炊已久。也比喻官吏清廉自守。

鱼烂河决:鱼肉腐烂,黄河溃决。比喻因自身原因溃败灭亡而不可挽救。

决一胜负:决,决定;胜负,胜败。进行决战,判定胜败。

负屈衔冤:衔,用嘴含,这里指心里怀着。身上背着委屈,心里怀着冤枉。指蒙受冤屈,得不到昭雪。

冤家路狭:指仇人或不愿意相见的人,偏偏容易碰见,来不及回避。

狭路相逢:在很窄的路上相遇,没有地方可让。后多用来指仇人相见,彼此都不肯轻易放过。

逢人说项:比喻到处为人说好话。

项庄舞剑:比喻说话和行动的真实意图别有所指。同“项庄舞剑,意在沛公”。

剑态箫心:比喻既有情致,又有胆识。旧小说多用来形容能文能武的才子。同“剑气箫心”。

心织笔耕:比喻靠卖文生活。

耕耘树艺:耘,锄草;树,栽植;艺,播种。耕田、锄草、植树、播种。泛指各种农业生产劳动。

项庄舞剑

艺不压身:艺,技艺。技艺不会压垮身体。比喻人学会的技艺越多越好。

身名两泰:名誉、地位都安稳。形容生活舒泰。同“身名俱泰”。

泰山压卵:泰山压在蛋上。比喻力量相差极大,强大的一方必然压倒弱小的一方。

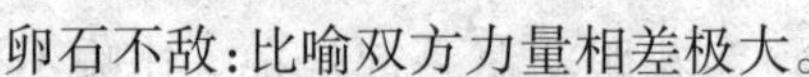

卵石不敌:比喻双方力量相差极大。

敌不可纵:对敌人不能放纵。

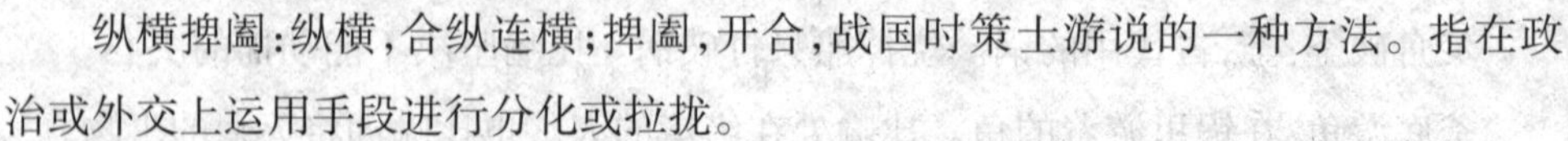

纵横捭阖:纵横,合纵连横;捭阖,开合,战国时策士游说的一种方法。指在政治或外交上运用手段进行分化或拉拢。

阖门百口:指全家所有人。

第三十六步

成语接龙

口齿伶俐　俐齿伶牙　牙牙学语　语焉不详　详星拜斗　斗水活鳞

鳞次相比　比翼连枝　枝叶扶疏　疏财重义　义愤填胸　胸无点墨

墨汁未干　干父之蛊　蛊惑人心　心旌摇曳　曳尾泥涂　涂炭生灵

灵丹圣药　药到病除　除奸革弊　弊车羸马　马翻人仰　仰观俯察

察察而明　明火执仗　仗马寒蝉　蝉衫麟带　带水拖泥　泥中隐刺

刺虎持鹬　鹬蚌相持　持筹握算　算尽锱铢　铢积寸累

成语解释

口齿伶俐:口齿,说话、言谈;伶俐,聪明,灵活。谈吐麻利,应付自如。形容口才好。

俐齿伶牙:指能说会道。

牙牙学语:形容婴儿咿咿呀呀地学大人说话的神情。

语焉不详:指虽然提到了,但说得不详细。

详星拜斗:祭拜星斗。道教仪式之一。以此驱妖疗疾。

斗水活鳞:比喻得到微薄的资助而解救眼前的危急。

鳞次相比:多用来形容房屋或船只等排列得很密很整齐。同"鳞次栉比"。

比翼连枝:比翼,鸟名。传说此鸟一目一翼,须两两齐飞。比喻夫妇亲密不离。

枝叶扶疏:形容枝叶繁茂四布,高下疏密有致。比喻分析事理详明缜密。也比喻兴旺发展。

疏财重义:轻视钱财,重视情义。多指出钱帮助遭难的人。

义愤填胸:指胸中充满义愤。

胸无点墨:肚子里没有一点儿墨水。指人没有文化。

墨汁未干:写字的墨汁还没有干。比喻协定或盟约刚签订不久。多用于指责对方违背诺言。

干父之蛊:干,承担,从事;蛊,事、事业。继承并能胜任父亲曾从事的事业。

蛊惑人心:蛊惑,迷惑。指用欺骗引诱等手段迷惑人,搞乱人的思想。

心旌摇曳:旌,旗.子.摇曳,摆动。指心神不安,就像旌旗随风飘荡不定。形容情思起伏,不能自持。

曳尾泥涂:比喻在污浊的环境里苟且偷生。同"曳尾涂中"。也比喻卑鄙龌龊的行为。

涂炭生灵:涂,泥沼;炭,炭火;生灵,百姓。人民陷在泥塘和火坑里。形容人民处于极端困苦的境地。

灵丹圣药:灵,灵验。非常灵验、能起死回生的奇药。比喻幻想中的某种能解决一切问题的有效方法。

药到病除:药一服下病就好了。形容用药效果非常好。

除奸革弊:除掉坏人,改革弊端。

弊车羸马:弊,破;羸,瘦弱。破车瘦马。比喻处境贫穷。

马翻人仰:人马被打得仰翻在地。形容被打得惨败。也比喻乱得一塌糊涂,不可收拾。

仰观俯察:仰,抬起头;俯,低下头,弯下腰。指多方面仔细观察。

察察而明:谓在细枝末节上用心,而自以为明察。

明火执仗:明,点明;执,拿着;仗,兵器。点着火把,拿着武器。形容公开抢劫或肆无忌惮地干坏事。

仗马寒蝉:仗马,皇宫仪仗中的立马。像皇宫门外的立仗马和寒天的知了一样。比喻一句话也不敢说。

蝉衫麟带:薄绢制的衣衫,有文采的衣带。指飘逸华美的服装。

带水拖泥:形容泥泞难行。比喻不顺利或不干脆。现多作"拖泥带水"。

泥中隐刺:比喻说话中带着讥讽。

刺虎持鹬:比喻待机行事,一举两得。

鹬蚌相持:比喻双方争执两败俱伤,便宜第三者。

持筹握算:原指筹划,后称管理财务。

算尽锱铢:铢,我国古代极小的重量单位,汉代以一百黍的重量为一铢。极微小的数量也要算。谓苛敛钱财。

铢积寸累:形容一点一滴地积累。也形容事物完成的不容易。

第三十七步

成语接龙

累及无辜　辜恩背义　义不取容　容膝之地　地丑德齐　齐驱并驾
驾轻就熟　熟视无睹　睹始知终　终南捷径　径一周三　三百瓮齑
齑身粉骨　骨化形销　销魂荡魄　魄消魂散　散兵游勇　勇猛果敢
敢为敢做　做小伏低　低三下四　四海鼎沸　沸沸扬扬　扬风扢雅
雅雀无声　声振屋瓦　瓦器蚌盘　盘石桑苞　苞(包)藏祸心　心焦火燎
燎如观火　火耕流种　种学织文　文经武纬　纬武经文

成语解释

累及无辜:累,带累,使受害;辜,罪。使受牵连,连累到没有罪过的人。

辜恩背义:辜,辜负;背,违反,违背。辜负别人的恩德,做出对不起别人的事情。

义不取容:取容,讨好。为追求正义而不取悦于人。指人刚直不阿。

容膝之地:形容居室的狭窄。

地丑德齐：丑，同类。地相等，德相同。比喻彼此条件一样。

并驾齐驱：比喻彼此的力量或才能不分高下。同“齐驱并驾”。

驾轻就熟：驾，赶马车。驾轻车，走熟路。比喻对某事有经验，很熟悉，做起来容易。

熟视无睹：经常看到却像不曾看见一样。形容对眼前的事物不关心或漫不经心。

睹始知终：谓看见事物的开始阶段就预见到它的最终结果。

终南捷径：指求名利的最近便门路。也比喻达到目的的便捷途径。

径一周三：径，圆的半径；周，圆的周长。即圆的半径与圆的周长比为1∶3，比喻两者相差很远。

三百瓮齑：齑，咸菜；三百瓮，极言其多，一时吃不完。指长期以咸菜度日，生活清贫。

齑身粉骨：犹言粉身碎骨。

骨化形销：指死亡。

销魂荡魄：形容因羡慕或爱好某种事物而着迷。同“销魂夺魄”。

魄消魂散：形容惊恐万分，极端害怕。同“魂飞魄散”。

散兵游勇：勇，清代指战争期间临时招募的士兵。原指没有统帅的逃散士兵。现在指没有组织的集体队伍里独自行动的人。

勇猛果敢：形容处事勇敢决断。

敢为敢做：做事勇敢，无所畏惧。同“敢作敢为”。

做小伏低：形容低声下气，巴结奉承。

低三下四：形容态度卑贱低下，也指工作性质卑贱低下。

四海鼎沸：四海，古人以为中国四境有海环绕，用以指全国各地；鼎沸，比喻局势不安定，如同鼎水沸腾。形容天下大乱。

沸沸扬扬：沸沸，水翻滚的样子；扬扬，喧闹、翻动的样子。像沸腾的水一样喧闹。形容人声喧闹。

扬风扢雅：品评诗文。

雅雀无声：形容静默之极。雅，“鸦”的古字。

声振屋瓦：声音把房子上的瓦都振动了。形容呼喊的声音很宏大猛烈。

瓦器蚌盘：泛指粗陋的食器。形容生活俭朴。

盘石桑苞:盘石,大石;桑苞,即苞桑,根深蒂固的桑树。比喻安稳牢固。

苞藏祸心:苞,通“包”。同“包藏祸心”。心里隐藏着坏主意。

心焦火燎:心里急得像火烧着一样。形容十分焦急。

燎如观火:指事理清楚明白,如看火一样。

火耕流种:古代一种原始的耕种方式。先用火烧去杂草,然后引水播种。犹言火耕水耨。

种学织文:培养学识,积累文才。同“种学绩文”。

文经武纬:经、纬,编织物的纵线与横线。指从文武两方面治理国家。

纬武经文:指有文有武.有治理国家的才能。

第三十八步

成语接龙

文觌武匿　匿迹潜形　形格势禁　禁中颇牧　牧猪奴戏　戏彩娱亲
亲痛仇快　快意当前　前倨后卑　卑以自牧　牧豕听经　经营渗淡
淡妆轻抹　抹月秕风　风流倜傥　傥来之物　物议沸腾　腾焰飞芒
芒(茫)然自失　失时落势　势穷力蹙　蹙蹙靡骋　骋耆奔欲　欲盖而彰
彰明较著　著作等身　身做身当　当断不断　断垣残壁　壁垒森严
严家饿隶　隶首之学　学富五车　车殆马烦　烦文缛礼

成语解释

文觌武匿:艺文兴而武道隐。指尚文之风大盛。

匿迹潜形:匿,隐藏起来,不让人知道;潜,隐藏。躲藏起来,不露形迹。

形格势禁:格,阻碍;禁,制止。指受形势的阻碍或限制,事情难于进行。

禁中颇牧:比喻宫廷侍从官中文才武略兼备者。

牧猪奴戏:对赌博的鄙称。

戏彩娱亲:比喻孝养父母。

亲痛仇快:做事不要使自己人痛心,使敌人高兴。指某种行为只利于敌人,不利于自己。

快意当前:快意,爽快舒适。指痛快一时。

前倨后卑:倨,傲慢;卑,谦卑,恭顺。先傲慢后恭顺。亦作“前倨后恭”“后恭前倨”。

卑以自牧:指以谦卑自守。

牧豕听经:一面放猪,一面听讲。比喻求学努力。

经营惨淡:苦心从事。亦指对艺术创作的苦心构思。

淡妆轻抹:略加妆饰打扮。

抹月秕风:意思是用风月当菜肴。这是文人表示家贫没有东西待客的风趣说法。

风流倜傥:风流,有才学而不拘礼法;倜傥,卓异,洒脱不拘。形容人有才华而言行不受世俗礼节的拘束。

傥来之物:傥来,偶然、意外得来的。无意中得到的或非本分应得的财物。

物议沸腾:议论纷纷,指舆论强烈。

腾焰飞芒:指光芒四射。

芒然自失:形容心中迷惘,自感若有所失。同“茫然自失”。

失时落势:指时运不济。

势穷力蹙:形势窘迫,力量衰竭。同“势穷力屈”。

蹙蹙靡骋:指局促,无法舒展。

骋耆奔欲:耆,同“嗜”。指随自己的嗜欲而奔走求取。

欲盖而彰:犹欲盖弥彰。

彰明较著:彰、明、较、著,都是明显的意思。指事情或道理极其明显,很容易看清。

著作等身:形容著述极多,迭起来能跟作者的身高相等。

身做身当:指自己做事自己承当。

当断不断:指应该决断的时候不能决断。

断垣残壁:形容房屋倒塌残破的景象。

壁垒森严:壁垒,古代军营四周的围墙;森严,整齐,严肃。原指军事戒备严密。现也用来比喻彼此界限划得很分明。

严家饿隶:形容拘谨的书法风格。

隶首之学:指算术,算学。

学富五车:五车,指五车书。形容读书多,学识丰富。

车殆马烦:殆,通"怠",疲乏;烦,烦躁。形容旅途劳顿。

烦文缛礼:繁琐而不必要的礼节。

第三十九步

成语接龙

礼崩乐坏　坏植散群　群起效尤　尤云殢雪　雪兆丰年　年复一年
年华垂暮　暮礼晨参　参前倚衡　衡石程书　书空咄咄　咄咄怪事
事缓则圆　圆顶方趾　趾高气扬　扬清激浊　浊泾清渭　渭浊泾清
清风两袖　袖中挥拳　拳拳在念　念兹在兹　兹事体大　大才榱椠
椠根错节　节中长节　节衣素食　食不暇饱　饱经沧桑　桑弧蓬矢
矢志不摇　摇头摆尾　尾大难掉　掉舌鼓唇　唇焦舌敝

成语解释

礼崩乐坏:指封建礼教的规章制度遭到极大的破坏。

坏植散群:解散朋党。也指离心离德。

群起效尤:大家一起向坏的学习。

尤云殢雪:同尤云殢雨。比喻缠绵于男女欢爱。

雪兆丰年:指冬天大雪是来年丰收的预兆。

年复一年:一年又一年。比喻日子久,时间长。也形容光阴白白地过去。

年华垂暮:垂,将,快要;暮,晚,老年。快要到老年。

暮礼晨参:指早晚礼佛参禅。

参前倚衡:意指言行要讲究忠信笃敬,站着就仿佛看见"忠信笃敬"四字展现于眼前,乘车就好像看见这几个字在车辕的横木上。泛指一举一动。

衡石程书:用以形容君主勤于国政。同"衡石量书"。

书空咄咄:用于形容叹息、愤慨、惊诧等。

咄咄怪事:表示吃惊的声音。形容不合常理,难以理解的怪事。

事缓则圆:碰到事情不要操之过急,而要慢慢地设法应付,可以得到圆满的解决。

圆顶方趾:指人类。同"圆首方足"。

趾高气扬：趾高，走路时脚抬得很高；气扬，意气扬扬。走路时脚抬得很高，神气十足。形容骄傲自满，得意忘形的样子。

扬清激浊：冲去污水，让清水上来。比喻抨击、清除坏人坏事，表彰、发扬好人好事。

浊泾清渭：渭水清，泾水浊。比喻界限分明。

渭浊泾清：泾水清，渭水浊。用以比喻事物和人品的差别。

清风两袖：衣袖中除清风外，别无所有。比喻做官廉洁。也比喻穷得一无所有。

袖中挥拳：形容迫不及待与人争斗。

拳拳在念：拳拳，恳切；在念，在思念之中。形容老是牵挂着。

念兹在兹：念，思念；兹，此.这个。泛指念念不忘某一件事情。

兹事体大：这件事性质重要，关系重大。

大才榱槃：指有大才干的人。同"大才槃槃"。

槃根错节：树根盘曲，枝节交错。比喻繁难复杂不易解决的事情。

节中长节：犹节外生枝。

节衣素食：犹言节衣缩食。

食不暇饱：暇，空闲。没有空好好吃饭。形容整日忙碌，连吃饭也没空。

饱经沧桑：饱，充分；沧桑，沧海变桑田的简缩。泛指世事的变化。经历过多次的世事变化，生活经历极为丰富。

桑弧蓬矢：古代男子出生，射人用桑木做的弓，蓬草做的箭，射天地四方，表示有远大志向的意思。

矢志不摇：表示永远不变心。同"矢志不渝"。

摇头摆尾：原形容鱼悠然自在的样子。现用来形容人摇头晃脑、轻浮得意的样子。

尾大难掉：犹言尾大不掉。旧时比喻部下的势力很大，无法指挥调度。现比喻机构庞大，指挥不灵。

掉舌鼓唇：炫耀口才，夸夸其谈。

唇焦舌敝：焦，干；敝，破。嘴唇干，舌头破。形容说话太多，费尽唇舌。

第四十步

成语接龙

敝帚自享　享帚自珍　珍禽异兽　兽穷则啮　啮雪餐毡　毡上拖毛
毛发不爽　爽心豁目　目注心凝　凝脂点漆　漆黑一团　团头聚面
面面相睹　睹着知微　微言大义　义不敢辞　辞富居贫　贫而无谄
谄笑胁肩　肩摩袂接　接连不断　断纸馀墨　墨守成法　法不阿贵
贵贱无常　常胜将军　军不血刃　刃迎缕解　解民倒悬　悬疣附赘
赘食太仓　仓皇无措　措置裕如　如蝇逐臭　臭名昭彰

成语解释

敝帚自享:犹言敝帚自珍。比喻东西虽不好,自己却很珍惜。

享帚自珍:比喻物虽微劣,而自视为宝。

珍禽异兽:珍,贵重的;异,特殊的。珍奇的飞禽,罕见的走兽。

兽穷则啮:指野兽陷于绝境必然进行搏噬反扑。也比喻人陷入困窘之境,便会竭力反击。

啮雪餐毡:比喻困境中的艰难生活。

毡上拖毛:毡为毛制,在毡上拖毛,则涩滞难行。用以形容脚步畏缩不前。

毛发不爽:毫发不爽。形容一点不差。

爽心豁目:心神爽朗,眼界开阔。

目注心凝:犹言全神贯注。形容注意力高度集中。

凝脂点漆:形容人皮肤白,眼睛明亮。

漆黑一团:形容一片黑暗,没有一点光明。也形容对事情一无所知。

团头聚面:形容非常亲密地相聚在一起。

面面相睹:睹,看。你看我,我看你,不知道如何是好。形容人们因惊惧或无可奈何而互相望着,都不说话。同"面面相觑"。

睹著知微:从明显的表象,推知到隐微的内情。

微言大义:包含在精微语言里的深刻的道理。

义不敢辞:犹言义不容辞。道义上不允许推辞。

辞富居贫:辞,推辞,推却。原指拒绝厚禄,只受薄俸。现形容抛弃优厚待遇,甘于清贫的生活。

贫而无谄:指虽然贫穷却不巴结奉承。

谄笑胁肩:讨好地强装笑脸,缩敛肩膀。形容阿谀逢迎的丑态。

肩摩袂接:人肩相摩,衣袖相接。形容人多拥挤。

接连不断:一个接着一个而不间断。

断纸馀墨:零星或残存的墨迹。

墨守成法:指思想保守,守着老规矩不肯改变。同"墨守成规"。

法不阿贵:法,法律;阿,偏袒。法律即使是对高贵的人,有权势的人也不徇情。形容执法公正,法律面前人人平等。

贵贱无常:人的身份地位并不是永恒不变的。

常胜将军:每战必胜的指挥官。

军不血刃:兵器上没有血。谓未交锋就取得胜利。

刃迎缕解:比喻顺利解决。

解民倒悬:解,解救;倒悬,人被倒挂,比喻处境困难、危急。比喻把受苦难的人民解救出来。

悬疣附赘:比喻累赘无用之物。

赘食太仓:指无功受禄。

仓皇无措:慌慌张张地外出逃跑。同"仓皇失措"。

措置裕如:措置,处理,安排;裕如,从容不迫,很有办法的样子。处理事情从容不迫。常用来称赞人有办事的才能和经验。

如蝇逐臭:像苍蝇跟着有臭味的东西飞。比喻人奉承依附有权势的人或一心追求钱财、女色等。

臭名昭彰:昭,显着。形容坏名声尽人皆知。亦作"臭名昭著"。

第四十一步

成语接龙

彰往考来　来者不拒　拒谏饰非　非异人任　任达不拘　拘奇抉异

异地相逢　逢机遘会　会家不忙　忙不择价　价增一顾　顾影自怜

伶牙俐齿 齿牙余慧 慧业才人 人神共嫉 嫉贤妒能 能言巧辩
辩才无碍 碍口识羞 羞以牛后 后继无人 人取我与 与物无竞
竞今疏古 古肥今瘠 瘠己肥人 人莫予毒 毒手尊拳 拳中掿沙
沙里淘金 金碧辉映 映雪读书 书声琅琅 琅琅上口

成语解释

彰往考来:指彰明往事,考察未来。

来者不拒:拒,拒绝。对于有所求而来的人或送上门来的东西概不拒绝。

拒谏饰非:谏,直言规劝;饰,掩饰;非,错误。拒绝劝告,掩饰错误。

非异人任:异人,别人;任,承担。不是别人的责任。表示某事应由自己负责。

任达不拘:任性放纵,不受礼法拘束。

拘奇抉异:指搜求奇异的文句。

异地相逢:异地,他乡。在他乡相遇。

逢机遘会:遭逢机会。

会家不忙:行家对自己熟悉的事,应付裕如,不会慌乱。同“会者不忙”。

忙不择价:匆忙中售货要不了好价钱。

价增一顾:原意是卖不出去的好马,被伯乐看中了,就增加了十倍的价钱。比喻本来默默无闻,遇到赏识的人而抬高了身价。

顾影自怜:顾,看;怜,怜惜。回头看看自己的影子,怜惜起自己来。形容孤独失意的样子,也指自我欣赏。

伶牙俐齿:伶、俐,同“伶、俐”。谓口齿伶俐,很会讲话。

齿牙余慧:谓帮人说好话。同“齿牙馀惠”。

慧业才人:指有文学天才并与文字结为业缘的人。同“慧业文人”。

人神共嫉:人与神都憎恨厌恶。极言民怨之甚。

嫉贤妒能:嫉、妒,因别人好而忌恨。对品德、才能比自己强的人心怀怨恨。

能言巧辩:形容能说会道,善于言辩。

辩才无碍:碍,滞碍。本是佛教用语,指菩萨为人说法,义理通达,言辞流利,后泛指口才好,能辩论。

碍口识羞:碍口,说不出口。指怕羞而不说话。

羞以牛后:牛后,牛的肛门,比喻从属的地位。指不愿处在从属地位,为人牵制。

后继无人：继，继承。没有后人来继承前人的事业。

人取我与：取，拿；与，给。指商人囤积物资，待时出售以获厚利。

与物无竞：指与世人无所争竞。

竞今疏古：指重视现代的，轻视古代的。犹厚今薄古。

古肥今瘠：比喻书法的不同风格。

瘠己肥人：瘠，瘦，引申为约束；肥，胖，引申为宽大。严以律己宽以待人。

人莫予毒：比喻目空一切，狂妄自大。

毒手尊拳：毒手，凶狠的殴打。泛指无情的打击。

拳中掿沙：沙握在手里也捏不到一起。比喻关系不融洽。

沙里淘金：淘，用水冲洗，滤除杂质。从沙里淘出黄金。比喻好东西不易得。也比喻做事费力大而收效少。也比喻从大量的材料里选择精华。

金碧辉映：形容建筑物装饰华丽，光彩夺目。同"金碧辉煌"。

映雪读书：利用雪的反光读书。形容读书刻苦。

书声琅琅：形容读书声音响亮。

琅琅上口：琅琅，玉石相击声，比喻响亮的读书声。指诵读熟练、顺口。也指文辞通俗，便于口诵。

第四十二步

成语接龙

口说无凭　凭空捏造　造化小儿　儿女成行　行号卧泣　泣麟悲凤
凤管鸾笙　笙歌鼎沸　沸天震地　地丑力敌　敌不可假　假戏真做
做张做势　势穷力竭　竭智尽忠　忠心耿耿　耿耿于怀　怀山襄陵
陵劲淬砺　砺岳盟河　河东三箧　箧书潜递　递胜递负　负老提幼
幼学壮行　行险徼幸　幸灾乐祸　祸福相倚　倚闾望切　切中时弊
弊衣箪食　食少事繁　繁丝急管　管中窥豹　豹头环眼

成语解释

口说无凭：单凭口说，不足为据。

凭空捏造：毫无根据地擅加伪做。

造化小儿：造化，指命运；小儿，小子，轻蔑的称呼。这是对于命运的一种风趣说法

儿女成行：可以把儿女排成一个行列。形容子女很多。

行号卧泣：行走或躺卧时都在号呼哭泣。形容悲痛之极。

泣麟悲凤：麟，麒麟；凤，凤凰。麒麟和凤凰是古代传说中吉祥的禽兽，只有在太平盛世才能见到。麒麟、凤凰悲泣，意思是哀伤国家衰败。

凤管鸾笙：笙箫之乐的美称。

笙歌鼎沸：形容乐声歌声热闹非常。

沸天震地：形容声音极其喧腾。

地丑力敌：指土地相似，力量相当。

敌不可假：指不可宽容敌人。

假戏真做：指戏演得逼真或把假的事情当做真的来做。

做张做势：装模作样，故意做出一种姿态。

势穷力竭：大势已去，力量用尽。指惨败后的困难处境。

竭智尽忠：竭，尽。用尽智力，竭尽忠诚。

忠心耿耿：耿耿，忠诚的样子。形容非常忠诚。

耿耿于怀：耿耿，有心事的样子。不能忘怀，牵萦于心。

怀山襄陵：指洪水汹涌奔腾溢上山陵。

陵劲淬砺：指强劲锋利。

砺岳盟河：比喻封爵与国共存，传之无穷。同“砺带河山”。

河东三箧：指亡失的书籍。

箧书潜递：谓秘密传递书信。

递胜递负：指胜负交替。

负老提幼：形容百姓全体出动，流离失所的悲惨情景。同“负老携幼”。

幼学壮行：幼时勤于学习，壮年施展抱负。

行险徼幸：指冒险行事以求利。

幸灾乐祸：幸，高兴。指人缺乏善意，在别人遇到灾祸时感到高兴。

祸福相倚：指祸与福相因而生。

倚闾望切：闾，古代里巷的门。靠在里巷的门口向远处殷切地望着。形容父母

盼望子女归来的心情十分殷切。

切中时弊:切,切合;中,恰好对上;弊,害处。指发表的言论正好击中当时社会的弊病。

弊衣箪食:破旧的衣服和粗粝的饭食。指生活清苦。

食少事繁:形容工作辛劳,身体不佳。同“食少事烦”。

繁丝急管:形容各种乐器同时演奏的热闹情景。同“繁弦急管”。

管中窥豹:从竹管的小孔里看豹,只看到豹身上的一块斑纹。比喻只看到事物的一部分,指所见不全面或略有所得。

豹头环眼:形容人的面目威严凶狠。

第四十三步

成语接龙

眼不识丁　丁一确二　二满三平　平步登天　天不绝人　人离乡贱
贱目贵耳　耳闻目染　染指垂涎　涎玉沫珠　珠椠玉敦　敦本务实
实蕃有徒　徒费唇舌　舌端月旦　旦种暮成　成人之善　善罢甘休
休戚与共　共贯同条　条解支劈　劈头盖脸　脸红耳赤　赤诚相待
待时而动　动如参商　商彝夏鼎　鼎足而三　三熏三沐　沐猴而冠
冠履倒施　施绯拖绿　绿惨红愁　愁红怨绿　绿林好汉

成语解释

眼不识丁:连最普通的“丁”字也不认识。形容一个字也不认得。同“目不识丁”。

丁一确二:明明白白,确确实实。

二满三平:比喻生活过得去,很满足。同“三平二满”。

平步登天:比喻一下子就达到很高的地位或境界。

天不绝人:天不使人处于绝境。常指绝处逢生或得救。

人离乡贱:指离开故乡,无亲无故,失去依靠,遭人轻视。

贱目贵耳:指轻视眼前所见,重视远道传闻。比喻舍近求远。

耳闻目染:耳朵经常听到,眼睛经常看到,不知不觉地受到影响。同“耳濡目染”。

染指垂涎：垂涎，流口水。形容急欲攫取，十分贪馋。

涎玉沫珠：流出美玉，吐出珍珠。比喻水花四溅的美丽景象。

珠槃玉敦：珠槃，用珍珠装饰的盘子；玉敦，玉制的盛器。特指古代天子、诸侯歃血为盟时所用的礼器。

敦本务实：崇尚根本，注重实际。

实蕃有徒：实，实在；徒，徒众，群众。实在有不少这样的人。

徒费唇舌：徒，白白地。指白讲了一大套话，结果仍然无济于事。

舌端月旦：指常在谈话中议论别人。

旦种暮成：比喻收效极快。

成人之善：成全别人做善事。

善罢甘休：轻易地了结。多用于否定。

休戚与共：忧喜、福祸彼此共同承担。形容关系密切，利害相同。

共贯同条：串在同一钱串上，长在同一枝条上。比喻脉络连贯，事理相通。

条解支劈：指细致剖析。

劈头盖脸：劈，正对着，冲着；盖，压。正对着头和脸盖下来。形容（打击、冲击、批评等）来势很猛。

脸红耳赤：形容感情激动或害羞的样子。亦作“脸红耳热”。

赤诚相待：赤诚，极真诚、忠诚。以至诚之心待人。

待时而动：时，时机。等待时机然后行动。

动如参商：参、商，星名。参星出西方，商星出东方，二星此出彼没，不同时在天空中出现。比喻长时间的分离难以会面，如参星出西方，商星出东方。

商彝夏鼎：夏商的青铜礼器。泛称极其珍贵的古董。

鼎足而三：比喻三方面对立的局势。也泛指三个方面。

三熏三沐：多次沐浴并用香料涂身。这是我国古代对人极为尊重的一种礼遇。同“三衅三浴”。表示虔敬。比喻栽培，提携。

沐猴而冠：沐猴，猕猴；冠，戴帽子。猴子穿衣戴帽，究竟不是真人。比喻虚有其表，形同傀儡。常用来讽刺投靠恶势力窃取权位的人。

冠履倒施：比喻上下位置颠倒，尊卑不分。同“冠履倒易”。

施绯拖绿：形容衣衫不整。

绿惨红愁:绿、红,指黑鬓红颜。指妇女的种种愁恨。

愁红怨绿:红、绿,指花、叶。指经过风雨摧残的残花败叶。多寄以对身世凄凉的感情。

绿林好汉:指聚集山林反抗封建统治阶级的人们。旧时也指聚众行劫的群盗股匪。

第四十四步

成语接龙

汉官威仪　仪态万方　方枘圜凿　凿坏以遁　遁逸无闷　闷闷不乐
乐昌分镜　镜分鸾凤　凤枭同巢　巢毁卵破　破璧毁珪　珪璋特达
达官显宦　宦海浮沉　沉湎淫逸　逸兴遄飞　飞粮挽秣　秣马厉兵
兵戈扰攘　攘外安内　内修外攘　攘臂一呼　呼来喝去　去天尺五
五鬼闹判　判若鸿沟　沟满壕平　平白无辜　辜恩负义　义无反顾
顾盼神飞　飞鸟依人　人心归向　向隅而泣　泣不成声

成语解释

汉官威仪:汉朝朝廷的礼仪、服饰制度。泛指正统的皇室礼仪,典章制度。

仪态万方:仪态,姿态,容貌;万方,多方面。形容容貌、姿态各方面都很美。

方枘圜凿:方枘装不进圆凿。比喻格格不入,不能相合。同"方枘圆凿"。

凿坏以遁:指隐居不仕。

遁逸无闷:指逃避世俗而心无烦忧。同"遁世无闷"。

闷闷不乐:闷闷,心情不舒畅,心烦。形容心事放不下,心里不快活。

乐昌分镜:比喻夫妻分离。

镜分鸾凤:比喻夫妻分离。

凤枭同巢:凤,凤凰,吉祥的象征;枭,恶鸟的象征。神鸟与恶鸟同在一个窝里。比喻好和坏混在一起不分。

巢毁卵破:鸟巢毁了,卵也一定会打碎。比喻大人遭难而牵连到子女。

破璧毁珪:璧、珪,均为玉。把玉破坏掉。比喻破坏美好的东西。

珪璋特达:比喻人资质优异,才德出众。

达官显宦:达,显贵;宦,官。旧指职位高而声势显赫的官员。

宦海浮沉:指官场生涯曲折复杂,变化不定。

沉湎淫逸:沉湎,沉迷。沉溺于酒和安逸中间。形容对于美酒和女色过于放纵,纵欲放荡。

逸兴遄飞:指超逸豪放的意兴勃发飞扬。

飞粮挽秣:指迅速运送粮草。同“飞刍挽粟”。

秣马厉兵:磨好兵器,喂好马。形容准备战斗。

兵戈扰攘:兵戈,武器,指战争;扰攘,纷乱。形容战争时期社会秩序的动荡混乱。

攘外安内:攘,排除。原就药的疗效而言。后多指安定内部,排除外患。

内修外攘:对内整治国政,对外抵御敌人。

攘臂一呼:攘,挥动。挥动手臂呼喊。多用在号召。

呼来喝去:呼、喝,大声喊叫。呼之即来,喝之即去。形容随意驱使。

去天尺五:指与宫廷相近。又形容地势很高。

五鬼闹判:许多小鬼戏弄判官。剧目名。旧时也比喻居上位者被对自己不满或轻蔑的人所戏弄。

判若鸿沟:判,区别;鸿沟,古代运河,在今河南省,秦末是楚汉分界的一条河,比喻事物的界线。形容界限很清楚,区别很明显。

沟满壕平:形容饱满。

平白无辜:指清白无罪。

辜恩负义:忘恩负义。

义无反顾:义,道义;反顾,向后看。从道义上只有勇往直前,不能犹豫回顾。

顾盼神飞:左右顾视,目光炯炯,神采飞扬。

飞鸟依人:依,依恋。飞来的小鸟依偎在人的身边。比喻依附权贵。亦比喻小孩、少女娇小柔顺,可亲可爱的情态。

人心归向:向,归向,向往。指人民群众所拥护的,向往的。

向隅而泣:向,对着;隅,墙角;泣,小声地哭。一个人面对墙角哭泣。形容没有人理睬,非常孤立,只能绝望地哭泣。

泣不成声:哭得噎住了,出不来声音。形容非常伤心。

第四十五步

成语接龙

声泪俱下	下笔千言	言为心声	声色犬马	马到功成	成年累月
月落乌啼	啼笑皆非	非常之谋	谋事在人	人财两空	空谷幽兰
兰质薰心	心旷神恬	恬淡寡欲	欲擒故纵	纵横天下	下马看花
花朝月夜	夜以继日	日新月盛	盛况空前	前所未有	有胆有识
识变从宜	宜室宜家	家喻户晓	晓以大义	义正辞严	严陈以待
待时守分	分秒必争	争奇斗艳	艳如桃李	李下瓜田	

成语解释

声泪俱下:一边说一边哭。形容极其悲恸。

下笔千言:千言,长篇大论。形容文思敏捷,写作迅速。

言为心声:言语是思想的反映,从一个人的话里可以知道他的思想感情。

声色犬马:声,歌舞;色,女色;犬,养狗;马,骑马。泛指旧时统治阶级的淫乐方式。亦作“声色狗马”。

马到功成:形容事情顺利,一开始就取得胜利。

成年累月:成,整;累,积聚。一年又一年,一月又一月。形容时间长久。

月落乌啼:形容天色将明未明时的景象。

啼笑皆非:啼,哭;皆非,都不是。哭也不是,笑也不是,不知如何才好。形容处境尴尬或既令人难受又令人发笑的行为。

非常之谋:非常,不平常。不是一般的阴谋。指阴谋篡夺帝位。

谋事在人:谋,谋划,安排。根据个人的能力策划事情。

人财两空:人和钱财都无着落或都有损失。

空谷幽兰:山谷中幽美的兰花。形容十分难得,常用来比喻人品高雅。

兰质薰心:比喻女子淑美善良的气质。

心旷神恬:心境开阔,精神愉快。同“心旷神怡”。

恬淡寡欲:恬淡,安静闲适,不求名利;寡,少;欲,欲望。心境清静淡泊,没有世俗的欲望。

欲擒故纵:擒,捉;纵,放。故意先放开他,使他放松戒备,充分暴露,然后再把他捉住。

纵横天下:在天下任意往来,没有阻挡。

下马看花:比喻停下来,深入实际,认真调查研究。

花朝月夜:有鲜花的早晨,有明月的夜晚。指美好的时光和景物。旧时也特指农历二月十五和八月十五。

夜以继日:晚上连着白天。形容加紧工作或学习。

日新月盛:每天每月都有变化、增加。形容不断发展。

盛况空前:形容热闹至极。

前所未有:从来没有过的。

有胆有识:既有胆量又有见识。

识变从宜:指认识事物的变化,灵活地处理问题。

宜室宜家:形容家庭和顺,夫妻和睦。

家喻户晓:喻,明白;晓,知道。家家户户都知道。形容人所共知。

晓以大义:晓,使人明白。把道理对人讲清楚。

义正辞严:义,道理;辞,言辞。理由正当充足,措词严正有力。

严陈以待:指做好充分战斗准备,等待着敌人。同“严阵以待”。

待时守分:待,等待;时,时机;分,本分。为了等待好的时机而暂时安分守己。

分秒必争:一分一秒也一定要争取。形容抓紧时间。

争奇斗艳:奇,奇异;艳,色彩鲜艳。形容百花竞放,十分艳丽。

艳如桃李:容颜像成熟的桃李那样娇艳。

李下瓜田:比喻容易引起嫌疑的场合。

第四十六步

成语接龙

田父之功　功德圆满　满面春风　风和日丽　丽句清辞　辞严气正

正身明法　法不徇情　情投义合　合胆同心　心旷神怡　怡然自乐

乐在其中　中庸之道　道高德重　重逆无道　道义之交　交颈并头

头面人物　物阜民康　康庄大道　道学先生　生花妙语　语重心长

长安少年　年事已高　高山流水　水秀山明　明公正气　气血方刚

刚柔相济　济世匡时　时和年丰　丰衣足食　食甘寝安

成语解释

田父之功:比喻两者相争,第三者得利。

功德圆满:功德,佛教用语,指诵经、布施等。多指诵经等佛事结束。比喻举办事情圆满结束。

满面春风:春风,指笑容。比喻人喜悦舒畅的表情。形容和蔼愉快的面容。

风和日丽:和风习习,阳光灿烂。形容晴朗暖和的天气。

丽句清辞:华丽清新的词句。同"丽句清词"。

辞严气正:言辞严厉,义理正大。同"辞严义正"。

正身明法:端正自身,严明法纪。

法不徇情:法,法律;徇,偏私;情,人情,私情。法律不徇私情。指执法公正,不讲私人感情。

情投义合:双方感情和心意都很投合。

合胆同心:犹言同心同德。

心旷神怡:旷,开阔;怡,愉快。心境开阔,精神愉快。

怡然自乐:怡然,喜悦的样子。形容高兴而满足。

乐在其中:喜欢做某事,并在其中获得乐趣。

中庸之道:指不偏不倚,折中调和的处世态度。

道高德重:道德高尚,很有威信。

重逆无道:大逆不道,行事不循理。

道义之交:交,交情,友谊。有道德有正义感的交往和友情。指互相帮助,互相支持的朋友。

交颈并头:形容许多人聚集在一起。

头面人物:指在社会上有较大名声或势力而又经常抛头露面的人。

物阜民康:物产丰富,人民安康。

康庄大道:康庄,平坦,通达。宽阔平坦,四通八达的大路。比喻美好的前途。

道学先生:指思想、作风特别迂腐的读书人。

生花妙语:指动听的言语文章。

语重心长:话深刻有力,情意深长。

长安少年:旧指都城里豪奢轻狂的贵家子弟。

年事已高:年事,年纪。指一个人的岁数已经很大了。

高山流水:比喻知己或知音。也比喻乐曲高妙。

水秀山明:山光明媚,水色秀丽。形容风景优美。

明公正气:犹言正式,公开,堂堂正正。

气血方刚:犹血气方刚。指精力正值旺盛。

刚柔相济:刚强的和柔和的互相调剂。

济世匡时:济,拯救;匡,匡正。拯救人世,匡正时政。

时和年丰:和,和平;年,年成;丰,盛,多。风调雨顺,五谷丰登。

丰衣足食:足,够。穿的吃的都很丰富充足。形容生活富裕。

食甘寝安:吃得香甜,睡得安稳。形容心绪宁静。同"食甘寝宁"。

第四十七步

成语接龙

安闲自得	得道多助	助画方略	略知一二	二话不说	说古道今
今来古往	往蹇来连	连中三元	元龙高卧	卧薪尝胆	胆大心细
细雨和风	风清月白	白日升天	天下归心	心悦神怡	怡然自得
得天独厚	厚积薄发	发扬光大	大张旗鼓	鼓舞人心	心比天高
高风亮节	节用爱民	民和年丰	丰功硕德	德厚流光	光彩夺目
目达耳通	通文达艺	艺高胆大	大智如愚	愚公移山	

成语解释

安闲自得:自得,自己感到舒适。安静清闲,感到非常舒适。

得道多助:指符合道义者则能得到多数人的帮助。

助画方略:协助规划作战的方针策略。

略知一二:一二,形容为数不多。略微知道一点儿。

二话不说:不说任何别的话。指立即行动。

说古道今:从今到古无所不谈,无不评论。形容话题广泛。同"说古谈今"。

今来古往:犹古往今来。从古到今。泛指很长一段时间。

往蹇来连:指往来皆难;进退皆难。

连中三元:三元,科举制度称乡试、会试、殿试的第一名为解元、会元、状元,合称“三元”。接连在乡试、会试、殿试中考中了第一名。

元龙高卧:元龙,三国时陈登,字元龙。原指陈登自卧大床,让客人睡下床。后比喻对客人怠慢无礼。

卧薪尝胆:薪,柴草。睡觉睡在柴草上,吃饭睡觉都尝一尝苦胆。形容人刻苦自励,发奋图强。

胆大心细:形容办事果断,考虑周密。

细雨和风:细润的雨,和煦的风。用以比喻和婉不粗暴的方式或态度。

风清月白:微风清凉,月色皎洁。形容夜景幽美宜人。同“风清月皎”。

白日升天:原是道教指白昼升天成为神仙。后比喻一下子富贵起来。

天下归心:形容天下老百姓心悦诚服。

心悦神怡:犹心旷神怡。心境开阔,精神愉快。

怡然自得:怡然,安适愉快的样子。形容高兴而满足的样子。

得天独厚:天,天然,自然;厚,优厚。具备的条件特别优越,所处环境特别好。

厚积薄发:厚积,指大量地、充分地积蓄;薄发,指少量地、慢慢地放出。多多积蓄,慢慢放出。形容只有准备充分才能办好事情。

发扬光大:发扬,发展;光大,辉煌而盛大。使好的作风、传统等得到发展和提高。

大张旗鼓:张,陈设,展示;旗鼓,旗帜和战鼓。形容进攻的声势和规模很大。也形容群众活动声势和规模很大。

鼓舞人心:鼓舞,振作,奋发。振奋人们的信心。增强人们的勇气。

心比天高:形容心地高傲或所想超过现实。

高风亮节:高风,高尚的品格;亮节,坚贞的节操。形容道德和行为都很高尚。

节用爱民:节省开支,爱护百姓。

民和年丰:百姓安居,年成很好。

丰功硕德:巨大的功勋,隆盛的德泽。同“丰功茂德”。

德厚流光:德,道德,德行;厚,重;流,影响;光,通“广”。指道德高,影响便深远。

光彩夺目:夺目,耀眼。形容鲜艳耀眼。也用来形容某些艺术作品和艺术形象的极高成就。

目达耳通:形容感觉灵敏,非常聪明。

通文达艺:多才多艺,知识渊博。

艺高胆大:形容大胆的手法来自高超的技艺。

大智如愚:指才智极高的人,不炫耀自己,表面上看来好像很愚笨。

愚公移山:比喻坚持不懈地改造自然和坚定不移地进行斗争。

第四十八步

成语接龙

山重水复　复旧如初　初露锋芒　芒寒色正　正直无私　私情密语
语妙天下　下车伊始　始终若一　一成不变　变幻无穷　穷思极想
想望丰采　采兰赠药　药店飞龙　龙德在田　田父之获　获兔烹狗
狗吠之惊　惊喜若狂　狂风暴雨　雨旸时若　若无其事　事过境迁
迁延岁月　月旦春秋　秋高气爽　爽心悦目　目空一世　世态人情
情深似海　海外奇谈　谈何容易　易如破竹　竹马之交

成语解释

山重水复:指山峦重叠,水流盘曲。

复旧如初:复,恢复;如,像,好像。恢复旧的,就像当初一样。

初露锋芒:比喻刚开始显示出力量或才能。

芒寒色正:指星光清冷色纯正。也借以称颂人的品行高洁正直。

正直无私:为人做事很正直,没有任何私心。

私情密语:秘密的情话。

语妙天下:形容言语精妙无比。

下车伊始:伊,文言助词;始,开始。旧指新官刚到任。现比喻带着工作任务刚到一个地方。

始终若一:自始至终一个样子。指能坚持,不间断。同“始终如一”。

一成不变:成,制定,形成。一经形成,不再改变。

变幻无穷:变化多种多样,没有穷尽。极言变化之多。

穷思极想:极言用尽心思。

想望丰采:非常仰慕其人,渴望一同。同“想望风采”。

采兰赠药:兰,兰花,花味清香;药,芍药。比喻男女互赠礼物,表示相爱。

药店飞龙:飞龙,指中药龙骨。药店里的龙骨。比喻人瘦骨嶙峋。

龙德在田:指恩德广被,无所不在。

田父之获:比喻两者相争,第三者得利。同“田父之功”。

获兔烹狗:比喻事成之后排斥以至杀害有功之臣。亦作“狡兔死,良狗烹”。

狗吠之惊:吠,狗叫;惊,惊吓。比喻小的惊吓。

惊喜若狂:形容又惊又喜,难以自持。

狂风暴雨:指大风大雨。亦比喻猛烈的声势或处境险恶。

雨旸时若:指晴雨适时,气候调和。

若无其事:像没有那回事一样。形容遇事沉着镇定或不把事情放在心上。

事过境迁:境,境况;迁,改变。事情已经过去,情况也变了。

迁延岁月:犹言拖延时间。

月旦春秋:比喻评论人物的好坏。

秋高气爽:形容秋季晴空万里,天气清爽。

爽心悦目:指景色美丽,令人心情愉快。

目空一世:什么都不放在眼里。形容骄傲自大。

世态人情:社会风尚和为人处世之道。亦作“世道人情”。

情深似海:形容情爱深厚,像大海一样不可量。

海外奇谈:海外,中国以外;奇谈,奇怪的说法。比喻没有根据的、荒唐的言论或传闻。

谈何容易:原指臣下向君主进言很不容易。后指事情做起来并不像说的那样简单。

易如破竹:像劈竹子那样容易。形容办事顺利,毫无阻碍。

竹马之交:竹马,小孩当马骑的竹竿。童年时代就要好的朋友。

第四十九步

成语接龙

交臂历指　指鹿为马　马耳东风　风华绝代　代人受过　过眼云烟
烟花风月　月落星沉　沉默寡言　言归于好　好心好意　意气洋洋
洋洋大观　观望不前　前无古人　人杰地灵　灵丹妙药　药石之言
言之有物　物竞天择　择邻而居　居安思危　危言正色　色色俱全
全功尽弃　弃暗投明　明月清风　风雨无阻　阻山带河　河汉无极
极重难返　返本还原　原封未动　动荡不安　安之若命

成语解释

交臂历指:交臂,两手反缚;历指。古代拶指的刑罚。像罪犯两手反缚、受拶指的刑罚一般。形容痛苦万状,毫无自由。

指鹿为马:指着鹿,说是马。比喻故意颠倒黑白,混淆是非。

马耳东风:比喻把别人的话当做耳边风。

风华绝代:风华,风采才华;绝代,冠绝当世。意思是风采才华为当世第一。

代人受过:受,承受,担待;过,过失,过错。替别人承担过错的责任。

过眼云烟:从眼前飘过的云烟。原比喻身外之物,不必重视。后比喻很快就消失的事物。

烟花风月:指男女情爱之事。

月落星沉:月亮落山,星光暗淡了。指天将亮时。

沉默寡言:沉默,不出声;寡,少。不声不响,很少说话。

言归于好:言,句首助词,无义。指彼此重新和好。

好心好意:指怀着善意。

意气洋洋:形容很得意的样子。同"意气扬扬"。

洋洋大观:洋洋,盛大、众多的样子;大观,丰富多彩的景象。形容美好的事物众多丰盛。

观望不前:不前,不敢上前。事情尚难确定时,怀着犹豫不定的心情,观察事物的发展,暂不前进。

前无古人：指以前的人从来没有做过的。也指空前的。

人杰地灵：杰，杰出；灵，好。指有杰出的人降生或到过，其地也就成了名胜之区。

灵丹妙药：灵，灵验。非常灵验、能起死回生的奇药。比喻幻想中的某种能解决一切问题的有效方法。

药石之言：药石，治病的药物和砭石，泛指药物。比喻劝人改过的话。

言之有物：物，内容。文章或讲话有具体内容。

物竞天择：物竞，生物的生存竞争；天择，自然选择。生物相互竞争，能适应者生存下来。原指生物进化的一般规律，后也用于人类社会的发展。

择邻而居：挑选邻居好的地方居住。

居安思危：居，处于；思，想。虽然处在平安的环境里，也想到有出现危险的可能。指随时有应付意外事件的思想准备。

危言正色：刚直的言论和严正的态度。

色色俱全：各种各样的东西都很齐全。

全功尽弃：功，功效，功绩；弃，丢掉。全部功效都丧失干净。

弃暗投明：离开黑暗，投向光明。比喻在政治上脱离反动阵营，投向进步方面。

明月清风：只与清风、明月为伴。比喻不随便结交朋友。也比喻清闲无事。

风雨无阻：不受刮风下雨的阻碍。指预先约好的事情，一定按期进行。

阻山带河：靠山环河。指形势险要。

河汉无极：河汉，银河；极，尽头，边际。银河广阔，无边无际。比喻言论荒诞不经，难以置信。亦比喻恩泽广大，使人难以报答。

极重难返：犹积重难返。指长期形成的风俗、习惯、弊端或某种局面难以改变。用于消极方面。

返本还原：本、原，根本，原貌。返回原来的地方。佛教说法，指忘了本原的人通过拜佛修行，回到本原状态；或指贬谪人世的仙人又回到仙界。

原封未动：保持原样，不加变动。

动荡不安：荡，摇动。动荡摇摆，不安定。形容局势不稳定，不平静。

安之若命：指人遭受的不幸看作命中注定，因而甘心承受。

第五十步

成语接龙

命世之才　才华盖世　世济其美　美不胜收　收回成命　命词遣意
意气飞扬　扬长避短　短小精悍　悍然不顾　顾盼生辉　辉煌金碧
碧血丹心　心闲手敏　敏而好学　学贯中西　西装革履　履霜知冰
冰清玉洁　洁身自守　守道安贫　贫而乐道　道不拾遗　遗风余泽
泽被后世　世道人心　心照不宣　宣化承流　流言飞语　语重情深
深情厚谊　谊(义)不容辞　辞多受少　少小无猜　猜拳行令

成语解释

命世之才:原指顺应天命而降世的人才。后多指名望才能为世人所重的杰出人才。亦作"命世之英""命世之雄"。

才华盖世:盖,覆盖,超过。才能很高,远远超过当代的人。

世济其美:指后代继承前代的美德。

美不胜收:胜,尽。美好的东西很多,一时看不过来。

收回成命:取消已公布的命令或决定。

命词遣意:运用文词表达思想。同"命辞遣意"。

意气飞扬:犹意气风发。形容精神振奋,气概豪迈。

扬长避短:发挥或发扬优点或有利条件,克服或回避缺点或不利条件。

短小精悍:形容人身躯短小,精明强悍。也形容文章或发言简短而有力。

悍然不顾:悍然,凶残蛮横的样子。凶暴蛮横,不顾一切。

顾盼生辉:形容眉目传神,姿态动人。同"顾盼生姿"。

辉煌金碧:形容建筑物等非常华丽灿烂。

碧血丹心:满腔正义的热血,一颗赤诚的红心。形容十分忠诚坚定。

心闲手敏:闲,熟悉;敏,灵敏。形容技艺熟练了,心里闲静,手法灵敏。

敏而好学:敏,聪明;好,喜好。天资聪明而又好学。

学贯中西:形容学问贯通了中国和西方的种种知识。

西装革履:身穿西装,脚穿皮鞋。形容衣着入时。

履霜知冰:比喻见事物的征兆可预知其严重后果。

冰清玉洁:清,干净,清澈;洁,洁白,纯洁;像冰一样清明,玉一样纯洁。比喻人品高尚、纯洁,做事光明磊落。

洁身自守:保持住个人自身的纯洁。

守道安贫:坚守正道,安于贫穷。旧时用来颂扬贫困而有节操的士大夫。

贫而乐道:家境贫穷,却以获得知识、懂得道理为乐事。

道不拾遗:遗,失物。路上没有人把别人丢失的东西拾走。形容社会风气好。

遗风余泽:前人遗留下来的风教和德泽。

泽被后世:泽,恩泽,恩惠;被,覆盖。恩惠遍及到后代的人民。

世道人心:社会的风气,人们的思想。

心照不宣:照,知道;宣,公开说出。彼此心里明白,而不公开说出来。

宣化承流:宣布恩德,承受风教。指官员奉君命教化百姓。

流言飞语:毫无根据的话。指背后散布的诽谤性的坏话。同"流言蜚语"。

语重情深:犹言语重心长。

深情厚谊:深厚的感情和友谊。

谊(义)不容辞:道义上不允许推辞。

辞多受少:辞,推辞掉;受,接受。推辞不受的多而接受的少。

少小无猜:猜,猜疑。指男女幼小时一起玩耍,天真无邪,不避嫌疑。

猜拳行令:划拳行酒令。形容宴饮欢畅。

第五十一步

成语接龙

令人注目　目不斜视　视而不见　见时知几　几次三番　番窠倒臼

臼头深目　目量意营　营营苟苟　苟延残喘　喘月吴牛　牛骥共牢

牢骚满腹　腹载五车　车量斗数　数米量柴　柴米夫妻　妻儿老小

小廉曲谨　谨本详始　始乱终弃　弃其余鱼　鱼水相欢　欢蹦乱跳

跳梁小丑　丑态毕露　露红烟绿　绿惨红销　销神流志　志满气骄

骄兵必败　败材伤锦　锦囊还矢　矢口否认　认鸡作凤

成语解释

令人注目:注目,视线集中在一点上。指引起别人的重视。

目不斜视:眼睛不偷看旁边。比喻为人行止端方。也形容只朝一个方向看。

视而不见:指不注意,不重视,睁着眼却没看见。也指不理睬,看见了当做没看见。

见时知几:指看到时运的推移而预知事情变化的先兆。

几次三番:番,次。一次又一次。形容次数之多。

番窠倒臼:形容打破现成的格式。

臼头深目:形容相貌丑陋。

目量意营:以目测量,用心经营。形容精心勘测设计。

营营苟苟:形容人不顾廉耻,到处钻营。

苟延残喘:苟,暂且,勉强;延,延续;残喘,临死前的喘息。勉强延续临死前的喘息。比喻暂时勉强维持生存。

喘月吴牛:比喻因受某事物之苦而畏惧其类似者。

牛骥共牢:骥,好马。牛跟马同槽。比喻不好的人与贤人共处。

牢骚满腹:指人的一肚子委屈、不满的情绪。

腹载五车:比喻读书甚多,知识渊博。

车量斗数:形容巨量。

数米量柴:比喻过分计较琐碎之事。也形容生活困窘。

柴米夫妻:为柴米的需要而结合的夫妻。指物质生活条件低微的贫贱夫妻。

妻儿老小:指父、母、妻、子等全家人。

小廉曲谨:细微的廉洁谨慎。指注意小节而不识大体。

谨本详始:指事情一开始就要谨慎严格。

始乱终弃:乱,淫乱,玩弄。先乱搞,后遗弃。指玩弄女性的恶劣行径。

弃其余鱼:比喻节欲知足。同"弃其馀鱼"。

鱼水相欢:形容夫妇关系和好谐调如鱼水。

欢蹦乱跳:形容活泼、欢乐之极。

跳梁小丑:跳梁,腾跃跳动;小丑,对人的卑称。比喻猖狂捣乱而成不了大气候的坏人。

丑态毕露:毕,完全。丑恶的形态彻底暴露。

露红烟绿:形容花木的色彩鲜艳。同“露红烟紫”。

绿惨红销:指妇女的种种愁恨。同“绿惨红愁”。

销神流志:消耗精神,丧失意志。

志满气骄:形容得意骄傲。同“志骄意满”。

骄兵必败:骄兵,恃强轻敌的军队。骄傲的军队必定打败仗。

败材伤锦:比喻用非其人,伤害国家。

锦囊还矢:指凯旋告捷。

矢口否认:一口咬定,死不承认。

认鸡作凤:佛教语。指认凡庸为珍贵。

第五十二步

成语接龙

风箫龙管　管窥蛙见　见素抱朴　朴斲之材　材薄质衰　衰当益壮

壮发冲冠　冠冕堂皇　皇天上帝　帝辇之下　下陵上替　替天行道

道殣相枕　枕石寝绳　绳一戒百　百纵千随　随事制宜　宜家宜室

室如悬罄　罄竹难书　书读五车　车驰马骤　骤不及防　防不及防

防不胜防　防微杜衅　衅发萧墙　墙面而立　立地成佛　佛眼相看

看朱成碧　碧鬟红袖　袖里玄机　机杼一家　家贫如洗

成语解释

风箫龙管:指笙箫一类管乐的吹奏声。

管窥蛙见:管窥,人从管中所见之天;蛙见,蛙从井中所见之天。比喻见识短浅,眼界狭窄。

见素抱朴:老子提出的治国的三项具体措施之一。是说要推举圣人,实行法治,即用“无为之治”取代“有为之治”。对应于“绝圣弃智”。

朴斲之材:加工治理而尚未成器之材。

材薄质衰:指才情资质薄弱。有时用为谦辞。

衰当益壮:犹老当益壮。

壮发冲冠:形容气概雄伟豪迈。

冠冕堂皇:冠冕,古代帝王、官吏的帽子;堂皇,很有气派的样子。形容外表庄严或正大。

皇天上帝:天帝,上帝。

帝辇之下:皇帝所在的地方。用指京都。

下陵上替:陵,通“凌”。在下者凌驾于上,在上者废弛无所作为。谓上下失序,纲纪废坠。

替天行道:代上天主持公道。封建社会里农民起义多以此作为动员、组织群众的口号。

道殣相枕:道路上饿死的人到处都是。同“道殣相望”。

枕石寝绳:枕方石,睡绳床。同“枕方寝绳”。

绳一戒百:谓惩罚一人以警戒众人。

百纵千随:什么都顺从。形容一切都顺从别人。

随事制宜:根据事实,采取适当措施。

宜家宜室:形容家庭和顺,夫妻和睦。

室如悬罄:指室中空无所有。比喻一贫如洗。亦作“室如悬磬”。

罄竹难书:罄,尽,完。形容罪行多得数不完。

书读五车:形容读书多、知识丰富。

车驰马骤:形容车马奔驰迅猛。

骤不及防:指事情来得突然,使人不及防备。

防不及防:防,防备。指想到防备却已来不及防备。

防不胜防:胜,尽。形容防备不过来。

防微杜衅:犹言防微杜渐。

衅发萧墙:衅,缝隙,引申为争端,事端。萧墙,古代宫室内当门的小墙,引申为内部。比喻事端或灾祸发生在内部。

墙面而立:指面对墙壁。目无所见。比喻不学无术。亦作“面墙而立”。

立地成佛:佛家语,禅宗认为人皆有佛性,弃恶从善,即可成佛。此为劝善之语。

佛眼相看:用佛的眼光去看。比喻好意对待,不加伤害。

看朱成碧:朱,大红色;碧,翠绿色。将红的看成绿的。形容眼睛发花,视觉模糊。

碧鬟红袖：指代年轻貌美的女子。

袖里玄机：暗中采取的玄妙决策。

机杼一家：指文章能独立经营，自成一家。

家贫如洗：家里穷得像水冲洗过一样。形容极度贫穷。

第五十三步

成语接龙

洗髓伐毛　毛手毛脚　脚忙手乱　乱作胡为　为人作嫁　嫁犬逐犬
犬马之恋　恋恋不舍　舍己为公　公正不阿　阿谀奉承　承前启后
后顾之忧　忧心如捣　捣虚撇抗　抗颜为师　师严道尊　尊俎折冲
冲云破雾　雾散云披　披发左衽　衽扱囊括　括目相待　待理不理
理屈词穷　穷鸟触笼　笼鸟槛猿　猿鹤沙虫　虫叶成字　字斟句酌
酌古沿今　今昔之感　感慨激昂　昂藏七尺　尺波电谢

成语解释

洗髓伐毛：清洗骨髓，削除毛发。比喻彻底涤除自身的污秽。有脱胎换骨的意思。

毛手毛脚：毛，举动轻率。做事粗心，不细致。

脚忙手乱：形容遇事慌张，不知如何是好。

乱作胡为：犹胡作非为。不顾法纪或舆论，毫无顾忌地做坏事。

为人作嫁：原意是说穷苦人家的女儿没有钱置备嫁衣，却每年辛辛苦苦地用金线刺乡，给别人做嫁衣。比喻空为别人辛苦。

嫁犬逐犬：指出嫁女子唯夫是从。

犬马之恋：比喻臣子眷恋君上。

恋恋不舍：恋恋，爱慕，留恋。原形容极其爱慕，不能丢开。现多形容非常留恋，舍不得离开。

舍己为公：为公共的利益而舍弃个人的利益。

公正不阿：公平正直而不曲意迎合。

阿谀奉承：阿谀，用言语恭维别人；奉承，恭维，讨好。曲从拍马，迎合别人，竭力向人讨好。

承前启后:承,承接;启,开创。承接前面的,开创后来的。指继承前人事业,为后人开辟道路。

后顾之忧:顾,回头看。来自后方的忧患。指在前进过程中,担心后方发生问题。

忧心如捣:忧愁得像有东西在捣心一样。形容十分焦急。

捣虚撇抗:指乘虚攻击。

抗颜为师:抗颜,不看别人脸色,态度严正不屈;为师,为人师表。不为他人所制约,不为潮流所左右,这种意志坚定的人可以作为学习的榜样。

师严道尊:本指老师受到尊敬,他所传授的道理、知识、技能才能得到尊重。后多指为师之道尊贵、庄严。

尊俎折冲:比喻在宴席谈判中制胜对方。

冲云破雾:冲破云层,突破迷雾。比喻突破重重障碍和困难。

雾散云披:比喻变化之快。

披发左衽:左衽,衣襟向左掩。披头散发,衣襟左开,借指不同民族入侵。

衽扱囊括:比喻全部擒获或肃清。

括目相待:用不同于以前的新的眼光来看待。

待理不理:要理不理。形容对人态度冷淡。

理屈词穷:屈,短,亏;穷,尽。由于理亏而无话可说。

穷鸟触笼:比喻处于困境而挣扎不脱。

笼鸟槛猿:笼中鸟槛中猿。比喻受拘禁没有自由的人。

猿鹤沙虫:指阵亡的将士或死于战乱的人民。

虫叶成字:指称谶纬。

字斟句酌:斟、酌,反复考虑。指写文章或说话时慎重细致,一字一句地推敲琢磨。

酌古沿今:指斟酌古今沿革,以明源流。

今昔之感:从今天的现实回忆过去的事。

感慨激昂:情绪激动,精神昂扬。

昂藏七尺:昂藏,雄伟、气度不凡的样子;七尺,七尺高的身躯。指轩昂伟岸的男子汉。

尺波电谢:波,水波。指人世短促,如波逝电闪。

第五十四步

成语接龙

谢兰燕桂　桂林一枝　枝附叶连　连鳌跨鲸　鲸波鳄浪　浪酒闲茶
茶余饭饱　饱以老拳　拳打脚踢　踢天弄井　井底鸣蛙　蛙鸣鸱叫
叫苦不迭　迭床架屋　屋下架屋　屋如七星　星旗电戟　戟指怒目
目酣神醉　醉酒饱德　德容兼备　备位充数　数不胜数　数见不鲜
鲜车健马　马马虎虎　虎据龙蟠　蟠龙卧虎　虎视眈眈　眈眈逐逐
逐臭之夫　夫荣妻显　显祖荣宗　宗庙社稷　稷蜂社鼠

成语解释

谢兰燕桂:比喻能光耀门庭的子侄辈。

桂林一枝:桂花林中的一枝花。原为晋时郤诜的自谦语。后称誉人才学出众。

枝附叶连:比喻上下关系紧密。同“枝附叶著”。

连鳌跨鲸:以之表示超凡成仙。

鲸波鳄浪:犹言惊涛骇浪。

浪酒闲茶:指风月场中的吃喝之事。

茶余饭饱:泛指闲暇之时。

饱以老拳:饱,充分;以,用。痛打,尽情地揍。

拳打脚踢:用拳打,用脚踢。形容痛打。

踢天弄井:能上天,能入地。比喻本领极大。也形容顽皮到极点。

井底鸣蛙:指井中之蛙。

蛙鸣鸱叫:青蛙鸣,鸱鸟叫。比喻浅陋拙劣的文词。

叫苦不迭:不迭,不停止。形容连声叫苦。

迭床架屋:床上搁床,屋上架屋。比喻重复、累赘。

屋下架屋:比喻机构或文章结构重叠。

屋如七星:形容住房破漏。

星旗电戟:军旗像繁星,剑戟如闪电。比喻军容之盛。

戟指怒目：指着人，瞪着眼。形容大怒时斥责人的神态。

目酣神醉：形容景色优美令人陶醉。

醉酒饱德：感谢主人宴请的客气话。

德容兼备：德容，指女子的品德和容貌；兼备，都具备。品德和容貌都非常好。

备位充数：备位，如同尸位，意即徒在其位，不能尽职；充数，用不够格的人来凑足数额。是自谦不能做事的话。

数不胜数：数，计算。数都数不过来。形容数量极多，很难计算。

数见不鲜：数，屡次；鲜，新杀的禽兽，引申为新鲜。本指对于常来之客，就不宰杀禽兽招待。后指常常见到，并不新奇。

虎视眈眈

鲜车健马：谓车辆鲜丽，辕马壮健。形容豪富。同“鲜车怒马”。

马马虎虎：指还过得去。亦形容做事不认真，不仔细。

虎据龙蟠：形容地势雄伟险要。同“虎踞龙盘”。

蟠龙卧虎：像盘绕着的蛟龙，像蹲卧着的猛虎。形容地势雄伟险要。同“蟠龙踞虎”。

虎视眈眈：眈眈，注视的样子。像老虎那样凶狠地盯着。形容心怀不善，伺机攫取。

眈眈逐逐：贪婪注视，急于攫取的样子。

逐臭之夫：追逐奇臭的人。比喻嗜好怪癖，与众不同的人。

夫荣妻显：荣，草木茂盛，比喻兴盛显达。指丈夫光荣，妻子也随之尊贵。

显祖荣宗：指使祖宗的名声显耀传扬。同“显祖扬宗”。

宗庙社稷：宗庙，祭祀祖先的场所；社稷，古代帝王诸侯所祭的土神和谷神。代表封建统治者掌握的最高权力。也借指国家。

稷蜂社鼠：稷，五谷之神；社，土地庙。谷神庙里的马蜂，土地庙里的老鼠。比喻倚势作恶的人。

第五十五步

成语接龙

鼠穴寻羊 羊头狗肉 肉眼惠眉 眉目如画 画龙刻鹄 鹄面鸠形
形孤影寡 寡凫单鹄 鹄形菜色 色如死灰 灰容土貌 貌合心离
离析涣奔 奔走钻营 营营逐逐 逐逐眈眈 眈眈虎视 视丹如绿
绿叶成荫 阴凝坚冰 冰解冻释 释回增美 美芹之献 献可替否
否终则泰 泰极而否 否极阳回 回筹转策 策无遗算 算沙抟空
空谷白驹 驹齿未落 落花时节 节用裕民 民胞物与

成语解释

鼠穴寻羊:比喻没有功效的做法。

羊头狗肉:比喻表里不一,明一套暗一套。

肉眼惠眉:比喻见识浅陋。

眉目如画:形容容貌端正秀丽。

画龙刻鹄:比喻好高骛远,终无成就。同“画虎刻鹄”。

鹄面鸠形:面容枯樵,形体瘦削。形容饥疲的样子。也用于指枯樵瘦削的人。

形孤影寡:形容孤独,没有同伴。同“形单影只”。

寡凫单鹄:原是古代的琴曲名。后比喻失去配偶的人。

鹄形菜色:形容面黄肌瘦的样子。

色如死灰:比喻脸色惨白难看。

灰容土貌:形容面容龌龊丑陋。

貌合心离:表面上关系很密切,实际上是两条心。

离析涣奔:形容国家、集团或组织分裂瓦解。同“离析分崩”。

奔走钻营:到处奔波,削尖脑袋谋求私利。

营营逐逐:忙忙碌碌的样子。也形容竞相追逐。

逐逐眈眈:觊觎的样子。

眈眈虎视:像老虎一般地威视着。

视丹如绿:丹,红。把红的看成绿的。形容因过分忧愁而目视昏花。

绿叶成荫：指女子出嫁并生了子女。

阴凝坚冰：阴气始凝结而为霜，渐积聚乃成坚冰。比喻小人渐渐得势，地位渐趋稳固。

冰解冻释：如同冰冻融化一般。比喻困难或障碍消除。

释回增美：回，指邪僻。指去除邪僻，增加美善。

美芹之献：用以自谦所献菲薄，不足当意。

献可替否：献，进；替，废。指劝善归过，提出兴革的建议。

否终则泰：指闭塞到极点，则转向通泰。

泰极而否：泰、否，《周易》卦名，泰吉否凶。指事物发展到极端，就会向其相反的方面转化，好事会变成坏事。

否极阳回：犹言否极泰来。《泰》卦内阳而外阴，故称阳。指坏运到了头好运就来了。

回筹转策：运筹决策。

策无遗算：所出的谋略周密准确，没有遗漏失算之处。

算沙抟空：驾驭繁难，能人之所不能。

空谷白驹：驹，小壮的马。很好的一匹折马，却放在山谷里不用。比喻不能任用贤能。

驹齿未落：小马的乳齿尚未更换。比喻人尚年幼。

落花时节：指暮春季节。

节用裕民：裕，富足。节约用度，使人民过富裕的生活。

民胞物与：民为同胞，物为同类。泛指爱人和一切物类。

第五十六步

成语接龙

与受同科　科头徒跣　跣足科头　头上安头　头昏脑眩　眩碧成朱

朱盘玉敦　敦默寡言　言笑不苟　苟且偷安　安贫乐贱　贱买贵卖

卖剑买琴　琴挑文君　君臣佐使　使愚使过　过桥抽板　板上钉钉

钉嘴铁舌　舌剑唇枪　枪林刀树　树德务滋　滋蔓难图　图财害命

命蹇时乖　乖唇蜜舌　舌挢不下　下车作威　威凤祥麟　麟凤龟龙

龙骧凤矫　矫揉造作　作法自弊　弊衣疏食　食不下咽

成语解释

与受同科:行贿和受贿的人受到同等的处罚。

科头徒跣:科头,不戴帽子;徒跣,光脚。光着头赤着脚。同"科头跣足"。

跣足科头:跣足,光脚。赤着脚光着头。

头昏脑眩:头部昏晕,脑子发胀。

眩碧成朱:比喻颠倒是非。

朱盘玉敦:朱盘,用珍珠装饰的盘子;玉敦,玉制的盛器。特指古代天子、诸侯歃血为盟时所用的礼器。

敦默寡言:稳重而少言语。

言笑不苟:不随便谈笑。形容态度严肃庄重。同"不苟言笑"。

苟且偷安:苟且,得过且过;偷安,只图眼前的安逸。只顾眼前的安逸,不顾将来。

安贫乐贱:安于贫贱,并以此为乐。

贱买贵卖:低价买进,高价售出。

卖剑买琴:指没有功名意识,志在归隐。

琴挑文君:挑,挑逗,挑引。比喻挑动对方的爱慕之情,并表达自己的爱意。亦作"琴心相挑"。

君臣佐使:原指君主、臣僚、僚佐、使者四种人分别起着不同的作用,后指中药处方中的各味药的不同作用。

使愚使过:使,用;愚,笨。用人所短,为己服务。也形容利用人的不同特点,以发挥他的长处。

过桥抽板:比喻目的达到后,就把帮助过自己的人一脚踢开。

板上钉钉:在石板上钉上铁钉。比喻事情已经决定,不能改变。

钉嘴铁舌:形容嘴硬,不认错,不服输。

舌剑唇枪:舌如剑,唇像枪。形容争辩激烈,言词锋利,针锋相对,各不相让。

枪林刀树:犹言刀枪林立。形容激烈战斗的场面。

树德务滋:树,立;德,德惠;务,必须;滋,增益,加多。向百姓施行德惠,务须力求普遍。

滋蔓难图:本指野草滋生,难以消除。后以之比喻势力扩大了再要消灭它就很困难。

图财害命:图,谋取。为了劫夺财物,害人性命。

命蹇时乖:蹇,一足偏废,引申为不顺利;乖,不顺利。指命运不济,遭遇坎坷。

乖唇蜜舌:形容口齿伶俐,惯于说讨人喜欢的甜言蜜语。

舌挢不下:挢,翘起。翘起舌头,久久不能放下。形容惊讶或害怕时的神态。

下车作威:原指封建时代官吏一到任,就显示威风,严办下属。后泛指一开头就向对方显示一点厉害。

威凤祥麟:麒麟和凤凰,古代传说是吉祥的象征,只有在太平盛世才能见到。后比喻非常难得的人才。

麟凤龟龙:此四种神灵动物,象征吉兆。比喻稀有珍贵的东西。也比喻品格高尚、受人敬仰的人。

龙骧凤矫:龙腾凤飞。喻指行动迅猛。

矫揉造作:矫,使弯的变成直的;揉,使直的变成弯的。比喻故意做作,不自然。

作法自弊:指自己立法反而使自己受害。

弊衣疏食:破旧的衣着,粗粝的饭食。谓生活清苦。

食不下咽:食物虽在口中但咽不下去。形容忧心忡忡,不思饮食。

第五十七步

成语接龙

咽苦吐甘　甘井先竭　竭尽全力　力殚财竭　竭智尽力　力不胜任

任人唯亲　亲当矢石　石赤不夺　夺其谈经　经明行修　修桥补路

路不拾遗　遗编坠简　简要清通　通衢广陌　陌路相逢　逢场作乐

乐昌之镜　镜破钗分　分星拨两　两脚野狐　狐媚猿攀　攀龙附骥

骥服盐车　车无退表　表里如一　一点灵犀　犀颅玉颊　颊上添毫

毫毛不犯　犯而不校　校短量长　长辔远驭　驭凤骖鹤

成语解释

咽苦吐甘:指母亲自己吃粗劣食物,而以甘美之物哺育婴儿。形容母爱之深。

甘井先竭:甜水井的水先枯竭。比喻有才能的人往往早衰。

竭尽全力:竭尽,用尽。用尽全部力量。

力殚财竭:殚,尽。力量和财物都已耗尽。

竭智尽力:用尽智慧和力量。

力不胜任:胜任,能担当得起。能力担当不了。

任人唯亲:任,任用;唯,只;亲,关系密切。指用人不问人的德才,只选跟自己关系亲密的人。

亲当矢石:指将帅亲临作战前线。

石赤不夺:石质坚硬,丹砂色鲜红,均不可改变。比喻意志坚定不移。

夺其谈经:比喻在辩论中压倒众人。

经明行修:旧指通晓经学,品行端正。

修桥补路:修建桥梁,补好道路。旧喻热心公益,解囊行善。

路不拾遗:遗,失物。路上没有人把别人丢失的东西捡走。形容社会风气好。

遗编坠简:指散佚而残缺不全的典籍。同"遗编断简"。

简要清通:指处事简练扼要,明白通达。

通衢广陌:四通八达的宽广大路。

陌路相逢:与陌生人相遇在一起。

逢场作乐:犹言逢场作戏。偶尔随俗应酬凑凑热闹。

乐昌之镜:比喻夫妻分离。同"乐昌分镜"。

镜破钗分:比喻夫妻失散、离异。

分星拨两:犹言斤斤计较。

两脚野狐:比喻奸诈的人。

狐媚猿攀:像狐狸那样善于迷惑人,像猿猴那样善于攀高。比喻不择手段地追求名利。

攀龙附骥:攀,攀附;骥,好马。比喻攀附圣贤,归附俊杰。

骥服盐车:骥,骏马;服,驾驭。让骏马驾盐车。比喻使用人才不当。

车无退表:兵车无后退的标志。引申为军队决不退却。

表里如一:表,外表;里,内心。表面和内心像一个东西。形容言行和思想完全一致。

一点灵犀:指犀角上有纹,两头感应通灵,故比喻心心相印。也用于指聪敏。

犀颅玉颊:额角骨突出如犀,脸颊洁白如玉。借指相貌不凡的年轻人。

颊上添毫:颊,面颊;毫,毫毛。给人画像时在脸上添上几根毫毛。比喻文章经润色后更加精彩。

毫毛不犯:指丝毫不侵占。

犯而不校:犯,触犯;校,计较。受到别人的触犯或无礼也不计较。

校短量长:指衡量人物的长处和短处。

长辔远驭:用长缰绳远远地驾驭拉车的马。比喻远距离操纵,控制另外的人或物。

驭凤骖鹤:驾凤骑鹤。传说中仙人多驾鹤升天,故用以比喻仙人或得道之士。今常作为哀挽妇女用语。

第五十八步

成语接龙

鹤短凫长　长枕大衾　衾影独对　对牛鼓簧　簧口利舌　舌尖口快
快人快语　语四言三　三复白圭　圭璋特达　达地知根　根连株拔
拔树寻根　根据盘互　互剥痛疮　疮好忘痛　痛定思痛　痛哭流涕
涕泗交颐　颐养天年　年谷不登　登山小鲁　鲁鱼亥豕　豕亥鱼鲁
鲁卫之政　政以贿成　成家立计　计出无聊　聊以自娱　娱心悦目
目断鳞鸿　鸿案鹿车　车载船装　装怯作勇　勇冠三军

成语解释

鹤短凫长:比喻颠倒是非,妄加评论。

长枕大衾:比喻兄弟友爱。

衾影独对:指独自一人。

对牛鼓簧:比喻对不懂事理的人讲理或言事。常含有徒劳无功或讽刺对方愚蠢之意。同"对牛弹琴"。

簧口利舌:形容善于言辞。多含贬义。

舌尖口快:尖,尖锐,锋利;快,锐利,爽快。形容口舌伶俐,说话爽快。也指说话尖刻,不肯让人。

快人快语:快,爽快,痛快。直爽的人说直爽的话。

语四言三:指信口乱说闲话。

三复白圭:指慎于言行。

圭璋特达:形容德才卓绝,与众不同。

达地知根:指根底清楚、明白。

根连株拔:指连根拔除。

拔树寻根:比喻追究到底。

根据盘互:指把持据守,互相勾结。同“根据槃互”。

互剥痛疮:比喻互揭隐私。

疮好忘痛:犹言好了伤疤忘了痛。

痛定思痛:指悲痛的心情平静以后,再追想当时所受的痛苦。常含有警惕未来之意。

痛哭流涕:涕,眼泪。形容伤心到极点。

涕泗交颐:眼泪鼻涕流满脸颊。形容哀恸哭泣。

颐养天年:指保养年寿。

年谷不登:年谷,一年收获的谷物;登,成熟,完成。指年成很差,荒年。

登山小鲁:比喻学问既高便能融会贯通,眼光远大。

鲁鱼亥豕:把“鲁”字错成“鱼”字,把“亥”字错成“豕”字。指书籍在传写或刻印过程中的文字错误。

豕亥鱼鲁:指书籍传写或刊印中的文字错误。

鲁卫之政:比喻情况相同或相似。

政以贿成:形容旧社会政治腐败,官场黑暗,不行贿就办不成事。

成家立计:犹言成家立业。

计出无聊:主意出于无可奈何。

聊以自娱:聊,姑且。姑且用以自我娱乐宽慰。

娱心悦目:娱、悦,使愉快。使心情愉快,耳目舒畅。

目断鳞鸿:鳞鸿,鱼和雁,比喻书信。形容望眼欲穿,盼望书信到来。

鸿案鹿车:比喻夫妻之间相互尊重,相互体贴,同甘共苦。

车载船装:形容数量很多。

装怯作勇:本来胆怯,却装出勇敢的样子。

勇冠三军:冠,位居第一;三军,军队的统称。指勇敢或勇猛是全军第一。

第五十九步

成语接龙

军临城下　下愚不移　移罇就教　教导有方　方正不阿　阿谀逢迎
迎刃而解　解甲休兵　兵销革偃　偃革为轩　轩然霞举　举例发凡
凡才浅识　识明智审　审几度势　势穷力屈　屈艳班香　香车宝马
马迟枚疾　疾首嚬蹙　蹙金结绣　绣虎雕龙　龙雏凤种　种学绩文
文恬武嬉　嬉笑怒骂　骂天扯地　地狱变相　相知恨晚　晚生后学
学以致用　用逸待劳　劳苦功高　高举远蹈　蹈机握杼

成语解释

军临城下:敌军已来到自己的城墙下面。比喻情势十分危急。

下愚不移:移,改变。下等的愚人,绝不可能有所改变。旧时儒家轻视劳动人民的观点。也指不求上进,不想学好。

移罇就教:罇,古代盛酒器;就,凑近。端着酒杯离座到对方面前共饮,以便请教。比喻主动去向人请教。

教导有方:教育引导很有办法。

方正不阿:方正,品行正直;阿,阿谀,谄媚。指为人品行正直,不逢迎谄媚。

阿谀逢迎:阿谀,用言语恭维别人;逢迎,迎合别人的心意。奉承,拍马,讨好别人。

迎刃而解:原意是说,劈竹子时,头上几节一破开,下面的顺着刀口自己就裂开了。比喻处理事情、解决问题很顺利。

解甲休兵:指不再战斗。同"解甲休士"。

兵销革偃:销毁兵器,放下甲盾。指太平无战事。

偃革为轩:指停息武备,修治文教。

轩然霞举:轩然,高高的样子。像云霞高高飘举。形容人俊美潇洒。

举例发凡:发凡,揭示全书的通例。指分类举例,说明全书的体例。

凡才浅识:才能平庸,识见肤浅。

识明智审:识见明敏,智虑周详。

审几度势:省察事机,揣度形势。

势穷力屈:形势窘迫,力量衰竭。

屈艳班香:屈,指屈原;班,指班固。像《楚辞》、汉赋那样辞藻艳丽,情味浓郁。称赞诗文优美。

香车宝马:华丽的车子,珍贵的宝马。指考究的车骑。

马迟枚疾:用于称赞各有长处。同“马工枚速”。

疾首嚬蹙:犹言疾首蹙额。

蹙金结绣:形容文章精美,结构严密。

绣虎雕龙:比喻文章的辞藻华丽。

龙雏凤种:指帝王后裔。

种学绩文:培养学识,积累文才。

文恬武嬉:恬,安闲;嬉,玩乐。文官安闲自得,武官游荡玩乐。指官吏只知贪图安逸享受,吃喝玩乐,不关心国事。

嬉笑怒骂:嬉,游戏。比喻不论什么题材和形式,都能任意发挥,写出好文章来。

骂天扯地:不指明对象地诅咒漫骂。同“骂天咒地”。

地狱变相:旧时比喻社会的黑暗残酷。

相知恨晚:相知,相互了解。认识太晚了。形容新交的朋友十分投合。

晚生后学:泛指学习同一技艺或同一学问的后生晚辈。

学以致用:为了实际应用而学习。

用逸待劳:以逸待劳。谓作战时采取守势,养精蓄锐,待敌军奔走疲惫之后,乘机出击以取胜。

劳苦功高:出了很多力,吃了很多苦,立下了很大的功劳。

高举远蹈:举,起飞;蹈,踩上。指远离官场,隐居起来。

蹈机握杼:脚踩布机,手握筘梭。比喻掌握着事物发展变化的枢键。

第六十步

成语接龙

杼柚其空　空腹便便　便还就孤　孤鸿寡鹄　鹄形鸟面　面面相窥

窥豹一斑　斑衣戏彩　彩云易散　散带衡门　门堪罗雀　雀马鱼龙
龙韬豹略　略窥一班　班班可考　考绩幽明　明明赫赫　赫赫魏魏
魏紫姚黄　黄雀伺蝉　蝉蜕蛇解　解人难得　得意扬扬　扬厉铺张
张脉偾兴　兴利除弊　弊帚千金　金戈铁骑　骑者善堕　堕云雾中
中流一壶　壶浆箪食　食毛践土　土鸡瓦狗　狗苟蝇营

成语解释

杼柚其空:形容生产废弛,贫无所有。

空腹便便:便便,肥胖的样子。比喻并无真才实学。

便还就孤:就撤回到我这里。

孤鸿寡鹄:孤,孤单;鸿,鸿雁;寡,失偶的妇人;鹄,天鹅。孤独失伴的天鹅。比喻失去配偶的男女。

鹄形鸟面:指饥疲瘦削的样子。

面面相窥:相视无言。形容因紧张或惊惧而束手无策之状。

窥豹一斑:从竹管的小孔里看豹,只看到豹身上的一块斑纹。比喻只看到事物的一部分,指所见不全面或略有所得。

斑衣戏彩:指身穿彩衣,作婴儿戏要以娱父母。后以之为老养父母的孝亲典故。

彩云易散:美丽的彩云容易消散。比喻美满的姻缘被轻易拆散。

散带衡门:指退官闲居或过隐居生活。

门堪罗雀:形容十分冷落,宾客稀少。同“门可罗雀”。

雀马鱼龙:泛指珍禽异兽。

龙韬豹略:指兵法。

略窥一班:比喻大致看到一些情况,但不够全面。同“略见一斑”。

班班可考:班班,明显的样子。指事情源流始末清清楚楚,可以考证。

考绩幽明:考绩,考核官吏政绩;幽,昏暗;明,清白。指考核官吏政绩得失。

明明赫赫:形容光亮夺目,声势显赫。

赫赫魏魏:显赫高大的样子。同“赫赫巍巍”。

魏紫姚黄:魏紫,千叶肉红牡丹,出于魏仁溥家;姚黄,千叶黄花牡丹,出于姚氏民家。原指宋代洛阳两种名贵的牡丹品种。后泛指名贵的花卉。

黄雀伺蝉：螳螂正要捉蝉，不知黄雀在它后面正要吃它。比喻祸事临头还不知道。

蝉蜕蛇解：如蝉脱壳，如龙蛇换皮。比喻解脱而进入更高境界。后世道教多以指羽化成仙。

解人难得：解人，原指通达言语或文辞意趣的人，借指知己；难得，不易得到。比喻知己难得。

得意扬扬：形容非常得意的样子。

扬厉铺张：夸大渲染。

张脉偾兴：张，通"胀"。血管膨胀，青脉突起。后以指因冲动而举措失宜。

兴利除弊：弊，害处，坏处。兴办对国家人民有益利的事业，除去各种弊端。

弊帚千金：对自家的破旧扫帚，也看成价值千金。比喻对己物的珍视。弊，也作"敝"。

金戈铁骑：比喻战争。也形容战士持枪驰马的雄姿。同"金戈铁马"。

骑者善堕：惯于骑马的人常常会从马上摔下来。比喻擅长某一技艺的人，往往因大意而招致失败。

堕云雾中：堕，落下。落入迷茫的云雾中间。比喻迷惑不解。

中流一壶：壶，指瓠类，系之可以不沉。比喻珍贵难得。

壶浆箪食：原谓竹篮中盛着饭食，壶中盛着酒浆茶水，以欢迎王者的军队。后多用指百姓欢迎、慰劳自己所拥护的军队。

食毛践土：毛，指地面所生之谷物；践，踩。原意是吃的食物和居住的土地都是国君所有。封建官吏用以表示感戴君主的恩德。

土鸡瓦狗：比喻徒有虚名而无实用的东西。同"土鸡瓦犬"。

狗苟蝇营：比喻为了名利不择手段，像苍蝇一样飞来飞去，像狗一样不知羞耻。

第六十一步

成语接龙

营私罔利　利市三倍　倍道而行　行动坐卧　卧不安枕　枕山臂江

江左夷吾　吾谁与归　归真反璞　璞玉浑金　金人之缄　缄口不言

言从计纳　纳谏如流　流离播越　越俎代谋　谋无遗策　策名委质

质非文是　是是非非　非池中物　物以类聚　聚少成多　多艺多才
才貌两全　全知全能　能者为师　师道尊严　严丝合缝　缝衣浅带
带砺河山　山栖谷隐　隐约其辞　辞不获命　命中注定

成语解释

营私罔利:指谋求私利。

利市三倍:利市,利润;三倍,几倍。形容买卖得到的利润极多。

倍道而行:加快速度,一天走两天的行程。

行动坐卧:泛指人的举止和风度。

卧不安枕:睡不安宁。形容心事、忧虑重重。同"卧不安席"。

枕山臂江:指依山傍水。

江左夷吾:管夷吾,春秋时期政治家管仲,相齐桓公成霸业。后来诗文中多以之称有辅国救民之才的人。

吾谁与归:我同谁一起相处。指对志同道合者的寻求。

归真反璞:归,返回;真,天然,自然;璞,蕴藏有玉的石头,也指未雕琢的玉。去掉外饰,还其本质。比喻回复原来的自然状态。

璞玉浑金:比喻天然美质,未加修饰。多用来形容人的品质淳朴善良。

金人之缄:比喻因有顾虑而闭口不说话。

缄口不言:缄,封闭。封住嘴巴,不开口说话。

言从计纳:讲的话、出的主意,都听从采纳。

纳谏如流:纳,采纳,接受;谏,旧指规劝君主或尊长,使改正错误;如流,迅速。接受劝谏就像流水那样自然。形容非常乐意听取别人意见。

流离播越:指流转迁徙。

越俎代谋:犹言越俎代庖。

谋无遗策:指谋划时没有遗漏的计策。形容谋划周密。

策名委质:用以指因仕宦而献身于朝廷之事。

质非文是:徒有华美的外表,而无相应的实质。

是是非非:把对的认为是对的,把错的认为是错的。比喻是非、好坏分得非常清楚。

非池中物:不是长期蛰居池塘中的小动物。比喻有远大抱负的人终究要做大事。

物以类聚：同类的东西聚在一起。指坏人彼此臭味相投，勾结在一起。

聚少成多：聚，集合，会合。一点一滴的积累，就会由少变多。

多艺多才：具有多方面的才能和技艺。同“多才多艺”。

才貌两全：才学相貌都好。同“才貌双全”。

全知全能：无所不知。无所不能。

能者为师：会的人就当老师。即谁会就向谁学习。

师道尊严：本指老师受到尊敬，他所传授的道理、知识、技能才能得到尊重。后多指为师之道尊贵、庄严。

严丝合缝：指缝隙严密闭合。

缝衣浅带：宽袖大带是古代儒者的服饰，借指儒者。

带砺河山：带，衣带；砺，磨刀石；山，泰山；河，黄河。黄河细得像条衣带，泰山小得像块磨刀石。比喻时间久远，任何动荡也决不变心。

山栖谷隐：在山中栖身，到谷中喝水。形容隐居生活。

隐约其辞：隐约，不明显，不清楚。形容说话躲躲闪闪，使人不易完全明白。

辞不获命：指辞谢而未获允许。

命中注定：迷信的人认为人的一切遭遇都是命运预先决定的，人力无法挽回。

第六十二步

成语接龙

定于一尊　尊主泽民　民淳俗厚　厚貌深辞　辞微旨远　远见卓识
识才尊贤　贤妻良母　母以子贵　贵不可言　言简义丰　丰功懿德
德容言功　功高震主　主敬存诚　诚心诚意　意气自若　若释重负
负重涉远　远虑深谋　谋臣猛将　将遇良才　才子佳人　人欢马叫
叫苦连天　天生丽质　质而不野　野鹤孤云　云程万里　里勾外连
连战皆捷　捷报频传　传为佳话　话不投机　机变如神

成语解释

定于一尊：尊，指具有最高权威的人。旧指思想、学术、道德等以一个最有权威的人做唯一的标准。

尊主泽民:尊崇君主,泽惠生民。

民淳俗厚:民风质朴敦厚。

厚貌深辞:外貌厚道,内心不可捉摸。同"厚貌深情"。

辞微旨远:辞,文词,言词;微,隐蔽,精深;旨,意思,目的。言词隐微而表达的意思很深远。

远见卓识:有远大的眼光和高明的见解。

识才尊贤:能识别并尊重有才能的人。

贤妻良母:丈夫的好妻子,孩子的好母亲。

母以子贵:母亲因儿子的显贵而显贵。

贵不可言:旧时多用以称人贵有帝王、王后之相。此话不能直言,故婉称之。

言简义丰:语言简练,含意丰富。

丰功懿德:巨大的功勋,隆盛的德泽。同"丰功茂德"。

德容言功:封建礼教要求妇女应具备的品德。

功高震主:功,功劳,功勋;震,震动、威震;主,君主。功劳太大,使君主受到震动而心有疑虑。

主敬存诚:指恪守诚敬。宋儒以此为律身之本。

诚心诚意:形容十分真挚诚恳。

意气自若:自若,不改常态,还像原来的样子。神情自然如常。比喻遇事神态自然,十分镇静。亦作"意气自如"。

若释重负:形容紧张心情过去以后的轻松愉快。同"如释重负"。

负重涉远:背着重东西走远路。比喻能够负担艰巨任务。同"负重致远"。

远虑深谋:指计划周密,考虑深远。

谋臣猛将:善于谋划的文臣和勇猛善战的将帅。

将遇良才:将,将领;良才,高才。多指双方本领相当,能人碰上能人。

才子佳人:泛指有才貌的男女。

人欢马叫:人在呼喊,马在嘶鸣。形容一片喧闹声。

叫苦连天:不住地叫苦。形容十分痛苦。

天生丽质:天生,天然生成;丽质,美丽的姿容。形容女子妩媚艳丽。

质而不野:质,朴素、单纯;野,粗俗。质朴而不粗俗。同"质而不俚"。

野鹤孤云:比喻无拘无束、来去自如的人。同“闲云孤鹤”。

云程万里:形容前程非常远大。

里勾外连:内外勾结,串通一气。

连战皆捷:打仗接连取得胜利。今多指体育比赛或考试等接连取得好成绩。

捷报频传:捷报,胜利的消息;频,屡次。胜利的消息不断地传来。

传为佳话:指传扬开去,成为人们赞美、称颂的事情。

话不投机:投机,意见相合。形容话说不到一起。

机变如神:机变,机智,权变。机智权变,神奇莫测。

第六十三步

成语接龙

神采焕发　发愤图强　强兵富国　国富民安　安如泰山　山盟海誓

誓天指日　日久天长　长命富贵　贵在知心　心安理得　得心应手

手足之情　情不自禁　禁止令行　行成于思　思贤如渴　渴者易饮

饮食起居　居仁由义　义正辞严　严霜烈日　日新月异　异草奇花

花街柳市　市道之交　交浅言深　深藏若虚　虚无恬淡　淡泊明志

志广才疏　疏财仗义　义形于色　色仁行违　违害就利

成语解释

神采焕发:神采,人的精神、神气和光彩;焕发,光彩四射。形容精神饱满,生气勃勃的风貌。

发愤图强:发愤,决心努力;图,谋求。决心奋斗,努力谋求强盛。

强兵富国:使兵力强大,国家富足。

国富民安:国家富强,人民安定。

安如泰山:形容像泰山一样稳固,不可动摇。

山盟海誓:盟,盟约;誓,誓言。指男女相爱时立下的誓言,表示爱情要像山和海一样永恒不变。

誓天指日:对着天、日发誓。

日久天长:时间长,日子久。

长命富贵：既长寿又富裕显贵。

贵在知心：以知心交心为贵，指朋友之间心心相印。

心安理得：得，适合。自以为做的事情合乎道理，心里很坦然。

得心应手：得，得到，想到；应，反应，配合。心里怎么想，手就能怎么做。比喻技艺纯熟或做事情非常顺利。

手足之情：手足，比喻兄弟。比喻兄弟的感情。

情不自禁：禁，抑制。感情激动得不能控制。强调完全被某种感情所支配。

禁止令行：指施禁则止，出令则行。同"令行禁止"。

行成于思：行，做事；思，思考。做事情成功是因为多思考，失败是由于不经心。指做事情要多思考，多分析。

思贤如渴：如渴，如口渴思饮那般，形容迫切。比喻迫切地想招纳有才德的人。

渴者易饮：口渴的人喝什么都觉得甘甜。旧时比喻久经苛政而最知对德政感恩。

饮食起居：指人的日常生活。

居仁由义：内心存仁，行事循义。

义正辞严：义，道理；辞，言辞。理由正当充足，措词严正有力。

严霜烈日：比喻艰苦环境下的严峻考验或经受此考验的刚毅节操。亦作"烈日秋霜""秋霜烈日"。

日新月异：新，更新；异，不同。每天都在更新，每月都有变化。指发展或进步迅速，不断出现新事物、新气象。

异草奇花：原意是指稀奇少见的花草。也比喻美妙的文章作品等。

花街柳市：指妓院聚集的街市。

市道之交：指买卖双方的关系。比喻人与人之间以利害关系为转移的交情。

交浅言深：交，交情，友谊。跟交情浅的人谈心里话。后用"交浅言深"指对没有深交的人进行深谈。

深藏若虚：虚，无。把宝贵的东西藏起来，好像没有这东西一样。比喻人有真才实学，但不爱在人前卖弄。

虚无恬淡：清虚淡泊，无所企求。亦作"虚无恬惔"。

淡泊明志：指不追求名利才能使志趣高洁。

志广才疏：犹志大才疏。

疏财仗义:疏财,以财物分人。讲义气,轻视钱财。多指出钱帮助遭难的人。

义形于色:形,表现;色,面容。仗义不平之气在脸上流露出来。

色仁行违:表面上主张仁德,实际行动却背道而驰。

违害就利:避开祸害,追求利益。

第六十四步

成语接龙

利时及物　物归原主　主圣臣良　良辰美景　景升豚犬　犬马之诚
诚至金开　开诚布公　公私兼顾　顾名思义　义气相投　投木报琼
琼枝玉叶　叶落归根　根深蒂固　固步自封　封己守残　残缺不全
全心全意　意满志得　得意门生　生花妙笔　笔饱墨酣　酣歌恒舞
舞刀跃马　马耳春风　风轻云淡　淡妆浓抹　抹月批风　风行一世
世异时移　移商换羽　羽毛未丰　丰标不凡　凡夫肉眼

成语解释

利时及物:指救世济物。

物归原主:归,还给。把物品还给原来的主人。

主圣臣良:君主圣明,臣下忠良。比喻上行下效。亦作"主明臣直""主圣臣直""主贤臣良"。

良辰美景:良,美好;辰,时辰。美好的时光和景物。

景升豚犬:景升,东汉末年荆州牧刘表字。刘表和他的儿子刘琦、刘琮皆碌碌无为。故世人用"景升豚犬"谦称自己的子女。

犬马之诚:比喻诚心实意。一般谦称自己的诚意。

诚至金开:精诚所至,金石为开。

开诚布公:开诚,敞开胸怀,显示诚意。指以诚心待人,坦白无私。

公私兼顾:公家和个人双方的利益都得到照顾。

顾名思义:顾,看;义,意义,含义。从名称想到所包含的意义。

义气相投:彼此志趣、性格相投合。

投木报琼:原指男女相爱互赠礼品。后用以指报答他人对待自己的深情厚谊。

琼枝玉叶:琼,美玉。封建时代称皇家后裔。

叶落归根:树叶从树根生发出来,凋落后最终还是回到树根。比喻事物总有一定的归宿。多指作客他乡的人最终要回到本乡。

根深蒂固:比喻基础深厚,不容易动摇。

固步自封:比喻守着老一套,不求进步。同"故步自封"。

封己守残:指故步自封,抱残守缺。

残缺不全:残,残破;缺,缺少;全,完整。残破、缺少,很不完全。

全心全意:投入全部精力,一点没有保留。

意满志得:因愿望实现而心满意足。亦作"志得意满"。

得意门生:得意,称心如意;门生,亲授业的弟子或科举中试者对座师的自称。后泛指学生。最满意的弟子或学生。

生花妙笔:比喻杰出的写作才能。

笔饱墨酣:笔力饱满,用墨充足。形容诗文酣畅浑厚。

酣歌恒舞:形容纵情歌舞,耽于声色。

舞刀跃马:挥舞刀枪,纵跃战马。比喻奋勇作战。

马耳春风:比喻把别人的话当做耳边风。同"马耳东风"。

风轻云淡:微风轻拂,浮云淡薄。形容天气晴好。同"风轻云净""云淡风轻"。

淡妆浓抹:妆,装饰;抹,涂抹。形容素雅和艳丽两种不同的装饰。

抹月批风:抹,细切;批,薄切。用风月当菜肴。指吟啸风月,清高自赏。

风行一世:指一个时期在社会上盛行。

世异时移:世、时,社会、时代;异、移,不同、变化。社会变化了,时代不同了。

移商换羽:"宫""商""羽"均为古代乐曲五音中之音调名。本指乐曲换调。比喻事情起了变化。也比喻随声附和。

羽毛未丰:丰,丰满。指小鸟没长成,身上的毛还很稀疏。比喻年纪轻,经历少,不成熟或力量还不够强大。

丰标不凡:风度仪表不同于一般。形容风度出众。

凡夫肉眼:比喻缺乏观察人的眼光。也比喻平凡的见识。

第六十五步

成语接龙

眼观六路　路柳墙花　花貌蓬心　心开目明　明月入怀　怀柔天下
下学上达　达权通变　变躬迁席　席卷八荒　荒诞不经　经天纬地
地大物博　博弈犹贤　贤身贵体　体大思精　精耕细作　作善降祥
祥云瑞气　气象万千　千载难逢　逢凶化吉　吉星高照　照章办事
事半功倍　倍道兼进　进退裕如　如鱼得水　水远山长　长虹贯日
日薄西山　山长水阔　阔步高谈　谈情说爱　爱憎分明

成语解释

眼观六路:眼睛看到四面八方。形容机智灵活,遇事能多方观察,全面了解。

路柳墙花:路边的柳,墙旁的花。比喻不被尊重的女子,指妓女。

花貌蓬心:谓虚有其表。

心开目明:犹心明眼亮。形容看问题敏锐,能辨别是非。

明月入怀:比喻人心胸开朗。

怀柔天下:怀柔:旧指统治者用政治手腕笼络人心,使之归服。使天下归服。

下学上达:指学习人情事理,进而认识自然的法则。

达权通变:通、达,通晓,懂得;权、变,权宜,变通。做理能适应客观情况的变化,懂得变通,不死守常规。

变躬迁席:移动身体,离开席位。表示谦恭。

席卷八荒:席卷,像卷席子一样把东西卷起;八荒,八方荒远的地方。形容力量强大,控制整个天下。

荒诞不经:荒诞,荒唐离奇;不经,不合常理。形容言论荒谬,不合情理。

经天纬地:经、纬,织物的竖线叫“经”,横线叫“纬”,比喻规划。规划天地。形容人的才能极大,能做非常伟大的事业。

地大物博:博,丰富。指国家疆土辽阔,资源丰富。

博弈犹贤:后指不要饱食终日无所事事。

贤身贵体:指身份高贵。

体大思精：体，体制，规模；思，思虑；精，精密。指著作规模宏大，思虑精密。

精耕细作：指农业上认真细致地耕作。

作善降祥：旧指平日行善，可获吉祥。

祥云瑞气：旧时认为天上彩色的云气为吉祥的征兆，故称祥云瑞气。亦作“祥云瑞彩”。

气象万千：气象，情景。形容景象或事物壮丽而多变化。

千载难逢：一千年里也难碰到一次。形容机会极其难得。

逢凶化吉：逢，遭遇；凶，不幸；吉，吉利、吉祥。遇到凶险转化为吉祥、顺利。这是带有迷信的说法。

吉星高照：吉星，指福、禄、寿三星。吉祥之星高高照临。也比喻交好运，吉事临门。

照章办事：按照规定办理事情。

事半功倍：指做事得法，因而费力小，收效大。

倍道兼进：倍，加倍；道，行程。形容加快速度行进。

进退裕如：指前进和后退均从容不费力。

如鱼得水：好像鱼得到水一样。比喻有所凭借。也比喻得到跟自己十分投合的人或对自己很合适的环境。

如鱼得水

水远山长：形容路途遥远。也形容山河辽阔。

长虹贯日：谓白色长虹穿日而过。旧时以为这是一种预示人间将遇灾祸的天象。

日薄西山：薄，逼近。太阳快要落山。比喻事物接近衰亡或人到老年，接近死亡。

山长水阔：比喻道路遥远艰险。

阔步高谈：阔步，迈大步。潇洒地迈着大步，随意地高声交谈。比喻言行不受束缚。

谈情说爱：指谈恋爱。

爱憎分明：憎，恨。爱和恨的立场与态度十分鲜明。

第六十六步

成语接龙

明公正义　义海恩山　山容海纳　纳士招贤　贤贤易色　色若死灰
灰烟瘴气　气宇轩昂　昂首阔步　步步登高　高山仰止　止戈为武
武艺超群　群雄逐鹿　鹿死谁手　手疾眼快　快人快事　事预则立
立身处世　世扰俗乱　乱坠天花　花颜月貌　貌似强大　大有裨益
益寿延年　年深岁久　久惯牢成　成双作对　对客挥毫　毫厘丝忽
忽忽不乐　乐行忧违　违强凌弱　弱管轻丝　丝纷栉比

成语解释

明公正义:犹言正式;公开;堂堂正正。同“明公正气”。

义海恩山:情深似海,恩重如山。比喻恩情道义深厚。

山容海纳:形容胸怀宽广,能像山谷和大海一样容物。

纳士招贤:招,招收;贤,有德有才的人;纳,接受;士,指读书人。招收贤士,接纳书生。指网罗人才。

贤贤易色:本指对妻子要重品德,不重容貌。后多指尊重贤德的人,不看重女色。

色若死灰:面目惨白。原比喻面部没有什么表情。现形容十分害怕的神情。

灰烟瘴气:比喻污浊。

气宇轩昂:形容人精力充沛。风度不凡。

昂首阔步:昂,仰,高抬。抬起头迈开大步向前。形容精神抖擞,意气风发。

步步登高:登,升。一步步地升高。多形容仕途顺利,职位不断高升。

高山仰止:高山,比喻高尚的品德。比喻对高尚的品德的仰慕。

止戈为武:意思是武字是止戈两字合成的,所以要能止战,才是真正的武功。后也指不用武力而使对方屈服,才是真正的武功。

武艺超群:武艺,武术上的本领。也指军事、战斗的本领。形容武艺高强,超出一般人。

群雄逐鹿:群雄,旧指许多有军事势力的人;逐鹿,比喻争夺帝王之位。形容各派势力争夺最高统治地位。

鹿死谁手：原比喻不知政权会落在谁的手里。现在也泛指在竞赛中不知谁会取得最后的胜利。

手疾眼快：疾，迅速。动作迅速，眼光敏捷。形容机灵敏捷。

快人快事：爽快人办爽快事。

事预则立：指无论做什么事，事前有准备就会成功，没有准备就要失败。

立身处世：立身，做人；处世，在社会上活动，与人交往。指人在社会上待人接物的种种活动。

世扰俗乱：社会骚乱，风气败坏。

乱坠天花：比喻说话动人或文字精彩。多指话说得夸大或不切实际。

花颜月貌：形容女子的美丽。

貌似强大：表面好像强大，实际却很虚弱。

大有裨益：裨益，益处、好处。形容益处很大。

益寿延年：指延长寿命，增加岁数。同"延年益寿"。

年深岁久：深，久。形容时间久远。

久惯牢成：比喻深于世故。

成双作对：配成一对。

对客挥毫：毫，毛笔。比喻文思敏捷。

毫厘丝忽：古代"分"以下四个微小长度单位的并称。喻指极微细的事物。

忽忽不乐：忽忽，心中空虚恍惚的情态。形容若有所失而不高兴的样子。

乐行忧违：指所乐的事就去做，所忧的事则避开。

违强凌弱：避开强暴的，欺凌弱小的。

弱管轻丝：形容乐声轻柔细弱。

丝纷栉比：像丝一样纷繁，像梳齿一样排列。形容纷繁罗列。

第六十七步

成语接龙

比屋可封　封官许原(愿)　原原本本　本同末异　异口同辞　辞金蹈海

海涵地负　负乘斯夺　夺人所好　好问则裕　裕国足民　民心不壹

壹(一)败涂地　地覆天翻　翻衾倒枕　枕稳衾温　温席扇枕　枕冷衾寒
寒往暑来　来龙去脉　脉脉相通　通宵彻旦　旦夕之危　危于累卵
卵与石斗　斗媚争妍　妍姿艳质　质疑问难　难能可贵　贵而贱目
目动言肆　肆虐横行　行思坐忆　忆苦思甜　甜言美语

成语解释

比屋可封:意思是在尧舜时代,贤人很多,差不多每家都有可以接受封爵的德行。后比喻社会安定,民风淳朴。也形容教育感化的成就。

封官许原:原,通“愿”。封赏官职和许诺报酬。现多指为了使他人为己所用而答应给以名利地位。

原原本本:原原,探究原始;本本,追究根本。从头到尾按原来的样子。

本同末异:本,本原;末,末流。比喻事物同一本原,而派生出来的末流则有所不同。

异口同辞:不同的嘴说出相同的话。指大家说得都一样。同“异口同声”。

辞金蹈海:比喻不慕富贵,慷慨有气节。

海涵地负:像大海一样能包容,像大地一样能负载。比喻才能特异。

负乘斯夺:指才德不称其职会招致祸患。

夺人所好:强夺别人所喜欢的人或物。

好问则裕:好,喜欢;裕,富裕。遇到疑难就向别人请教,学识就会渊博精深。

裕国足民:使人民富裕,国家丰足。同“裕民足国”。

民心不壹:人民的心意不一致。

壹败涂地:指彻底失败,不可收拾。同“一败涂地”。

地覆天翻:覆,翻过来。形容变化巨大。也形容闹得很凶。

翻衾倒枕:形容翻来覆去不能入睡。

枕稳衾温:形容生活舒适安逸。

温席扇枕:指侍奉父母无微不至。同“温枕扇席”。

枕冷衾寒:枕被俱冷。形容独眠的孤寂凄凉。

寒往暑来:盛夏已过,寒冬将至。泛指时光流逝。同“寒来暑往”。

来龙去脉:本指山脉的走势和去向。现比喻一件事的前因后果。

脉脉相通:血管彼此相通。比喻关系密切。

通宵彻旦:通宵,通夜,整夜;达,到;旦,天亮。整整一夜,从天黑到天亮。

旦夕之危:旦夕,比喻短时间内;危,危险。形容危险逼近。

危于累卵:比垒起的蛋还危险。比喻极其危险。

卵与石斗:鸡蛋碰石头。比喻自不量力,一定失败。

斗媚争妍:竞相比赛妩媚艳丽。

妍姿艳质:形容女子的体态容貌很美。

质疑问难:质疑,提出疑难问题来讨论,提出疑问以求解答;问难,对于疑问反复讨论、分析或辩论。提出疑难,请教别人或一起讨论。

难能可贵:难能,极难做到。指不容易做到的事居然能做到,非常可贵。

贵而贱目:比喻相信传说,不重视事实。

目动言肆:指神色不安,语调失常。

肆虐横行:肆虐,任意残杀或迫害;横行,仗势作恶,蛮横凶暴。随心所欲地为非作歹。

行思坐忆:走着坐着都在想。形容时刻在思考着或怀念着。

忆苦思甜:回忆过去的苦难,回想今天的幸福生活。

甜言美语:指说好听的话。也指好言好语。

第六十八步

成语接龙

语重心沉　沉潜刚克　克传弓冶　冶容诲淫　淫词亵语　语不投机
机关算尽　尽美尽善　善罢甘休　休戚相关　关门打狗　狗盗鸡啼
啼饥号寒　寒蝉僵鸟　鸟惊鱼骇　骇人听闻　闻融敦厚　厚德载福
福不盈眦　眦裂发指　指桑骂槐　槐南一梦　梦中说梦　梦见周公
公私交困　困兽犹斗　斗挹箕扬　扬铃打鼓　鼓馁旗靡　靡靡之乐
乐不极盘　盘游无度　度日如岁　岁稔年丰　丰(风)度翩翩

成语解释

语重心沉:言辞恳切,心情沉重。

沉潜刚克:沉潜,深沉不露;刚克,以刚强见胜。形容深沉不露,内蕴刚强。

克传弓冶:犹克绍箕裘。比喻能继承父祖的事业。

冶容诲淫:冶容,打扮得容貌妖艳;诲,诱导,招致;淫,淫邪。指女子装饰妖艳,容易招致奸淫的事。

淫词亵语:淫荡猥亵的言词。亦作"淫词秽语"。

语不投机:佛教禅宗谓说法不契合时机或对方的根机。

机关算尽:机关,周密、巧妙的计谋。比喻用尽心思。

尽美尽善:尽,极。极其完善,极其美好。形容事物完美无缺。同"尽善尽美"。

善罢甘休:善,好好地;甘休,情愿罢休。好好地解决纠纷,不再闹下去,多用于否定。

休戚相关:休,欢乐,吉庆;戚,悲哀,忧愁。忧喜、福祸彼此相关联。形容关系密切,利害相关。

关门打狗:比喻将对方控制在自己势力范围内,然后进行有效打击。

狗盗鸡啼:比喻具有微末技能。同"狗盗鸡鸣"。

啼饥号寒:啼,哭;号,叫。因为饥饿寒冷而哭叫。形容挨饿受冻的悲惨生活。

寒蝉僵鸟:寒天的蝉和冻僵的鸟。比喻默不作声的人。

鸟惊鱼骇:像鸟、鱼那种受惊的样子。

骇人听闻:骇,震惊。使人听了非常吃惊、害怕。

闻融敦厚:待人温和宽厚。

厚德载福:后指有德者能多受福。

福不盈眦:指福禄富贵渺小而短暂。

眦裂发指:眼角裂开,头发上竖。形容愤怒到极点。

指桑骂槐:指着桑树骂槐树。比喻表面上骂这个人,实际上是骂那个人。

槐南一梦:比喻人生如梦,富贵得失无常。

梦中说梦:原为佛家语,比喻虚幻无凭。后也比喻胡言乱语。

梦见周公:周公,西周初著名政治家,孔子心目中的理想人物。原为孔子哀叹自己体衰年老的词句。后多做为瞌睡的代称。

公私交困:公家私人均陷困境。

困兽犹斗:被围困的野兽还要做最后挣扎。比喻在绝境中还要挣扎抵抗。

斗挹箕扬:比喻无实用。斗、箕皆星宿名,一像斗,一像箕,故以为名。

扬铃打鼓:比喻大声张扬。

鼓馁旗靡:鼓点无力,旗帜歪倒。形容军队士气不振。

靡靡之乐:指柔弱、颓靡的音乐。

乐不极盘:盘,乐。指享乐不能过分。

盘游无度:盘游,游乐;度,限度。耽于游乐,没有限度。

度日如岁:过一天像过一年那样长。形容日子很不好过。同"度日如年"。

岁稔年丰:稔,庄稼成熟。指农业丰收。同"岁丰年稔"。

丰度翩翩:丰度,风采气度;翩翩,洒脱的样子。形容神态举止文雅优美,超逸洒脱。同"风度翩翩"。

第六十九步

成语接龙

翩翩年少　少条失教　教猱升木　木梗之患　患得患失　失道寡助
助边输财　财不露白　白叟黄童　童山濯濯　濯污扬清　清闲自在
在所难免　免怀之岁　岁在龙蛇　蛇蟠蚓结　结驷连骑　骑扬州鹤
鹤唳华亭　亭亭玉立　立此存照　照猫画虎　虎踞鲸吞　吞纸抱犬
犬马之报　报本反始　始终不易　易地而处　处安思危　危言耸听
听而不闻　闻风而动　动之以情　情真意切　切切私语

成语解释

翩翩年少:比喻男子年少俊秀,文采风流。

少条失教:指没规矩,无教养。

教猱升木:猱,猴子的一种。教猴子爬树。比喻指使坏人干坏事。

木梗之患:比喻客死他乡,不得复归故里。

患得患失:患,忧患,担心。担心得不到,得到了又担心失掉。形容对个人得失看得很重。

失道寡助:道,道义;寡,少。做事违反正义的人,一定得不到别人的支持和帮助。

助边输财:边,边防;输,捐献。捐献财物作巩固边防的费用。

财不露白:露,显露;白,银子的代称。旧指有钱财不能泄露给别人看。现指随身携带的钱财不在人前显露。

白叟黄童:白头发的老人和黄头发的孩子。泛指老老少少。

童山濯濯:没有树木,光秃秃的山。

濯污扬清:濯,洗。洗去污垢,激扬清澈。比喻扬善除恶。

清闲自在:清静空闲,无拘无束。形容生活安闲舒适。

在所难免:免,避免。指由于某种限制而难于避免。

免怀之岁:指三岁。

岁在龙蛇:岁,岁星;龙,指辰;蛇,指巳。后指命数当终。

蛇蟠蚓结:比喻互相勾结。

结驷连骑:驷,古时一乘车所套的四匹马;骑,骑马的人。随从、车马众多。形容排场阔绰。

骑扬州鹤:比喻欲集做官、发财、成仙于一身,或形容贪婪、妄想。同"骑鹤上扬州"。

鹤唳华亭:表现思念、怀旧之意。亦为慨叹仕途险恶、人生无常之词。

亭亭玉立:亭亭,高耸直立的样子。形容女子身材细长。也形容花木等形体挺拔。

立此存照:照,查考,察看。写下字据保存进来,以作凭证。

照猫画虎:比喻照着样子模仿。

虎踞鲸吞:比喻豪强割据和相互兼并。

吞纸抱犬:吞纸充饥,抱犬御寒。形容家贫好学。

犬马之报:愿像犬马那样供人驱使,以报恩情。

报本反始:报,报答;本,根源;反,回到;始,开始。指受恩思报,不忘所自。

始终不易:易,改变,违背。自始至终一直不变。指守信用。

易地而处:换一换所处的地位。比喻为对方想一想。

处安思危:犹言居安思危。处在安乐的环境中,要想到可能会出现困难及危险。

危言耸听:危言,使人吃惊的话;耸,惊动;耸听,使听话的人吃惊。指故意说些夸大的吓人的话,使人惊疑震动。

听而不闻:闻,听。听了跟没听到一样。形容不关心,不在意。

闻风而动:风,风声,消息。一听到风声,就立刻起来响应。

动之以情:用感情来打动他的心。

情真意切:指情意十分真切。

切切私语:指私下小声说话。

第七十步

成语接龙

语短情长　长夜难明　明镜高悬　悬而未决　决不待时　时运亨通

通真达灵　灵牙利齿　齿剑如归　归奇顾怪　怪诞不经　经邦纬国

国计民生　生花之笔　笔底春风　风和日美　美中不足　足智多谋

谋臣如雨　雨卧风餐　餐风宿露　露往霜来　来者可追　追根求源

源源本本　本乡本土　土崩鱼烂　烂若披锦　锦衣行昼　昼伏夜游

游戏三昧　昧己瞒心　心乔意怯　怯防勇战　战无不克

成语解释

语短情长:语言简短,情意深长。

长夜难明:漫长的黑夜难以见到光明。比喻漫长的黑暗统治。

明镜高悬:比喻目光敏锐,识见高明,能洞察一切。

悬而未决:一直拖在那里,没有得到解决。

决不待时:指对已判死刑的重犯不待秋后而立即执行。封建时代处决死囚多在秋后,但案情重大者可立即处决。

时运亨通:指时运好,诸事顺利。

通真达灵:与神仙交往。

灵牙利齿:比喻善于说话的人。

齿剑如归:犹言视死如归。

归奇顾怪:归,清代归庄;顾,清代顾炎武。归庄奇特,顾炎武怪异。

怪诞不经:怪诞,离奇古怪;不经,不合常理。指言语奇怪荒唐,不合常理。

经邦纬国:经、纬,本指丝织物的纵线和横线,引申为治理、规划;邦,国家。指治理国家。

国计民生:国家经济和人民生活。

生花之笔:比喻杰出的写作才能。

笔底春风:形容绘画、诗文生动,如春风来到笔下。

风和日美:微风和畅,阳光明丽。同“风和日丽”。

美中不足:大体很好,但还有不足。

足智多谋:足,充实,足够;智,聪明、智慧;谋,计谋。富有智慧,善于谋划。形容人善于料事和用计。

谋臣如雨:形容智谋之士极多。

雨卧风餐:风口处吃饭,雨地里住宿。形容生活漂泊不定。

餐风宿露:形容旅途或野外生活的艰苦。

露往霜来:比喻岁月迁移,时光流逝。

来者可追:可追,可以补救。过去的事已无法挽回,但是未来的事还来得及赶上。

追根求源:指追溯事物发生的根源。同“追本溯源”。

源源本本:从头到尾按原来的样子。

本乡本土:指本地,家乡。

土崩鱼烂:鱼烂,鱼腐烂从内脏起。比喻国家内部发生动乱。

烂若披锦:形容文辞华丽。

锦衣行昼:富贵了须回归故里。

昼伏夜游:犹昼伏夜动。

游戏三昧:原为佛家语,意思是排除杂念,使心神平静。也比喻事物的精义、诀窍。后指用游戏的态度对待一切。

昧己瞒心:指违背自己的良心干坏事。

心乔意怯:指心神不定,感到害怕。

怯防勇战:小心设防,勇敢出战。

战无不克:攻战没有不取胜的。形容强大无比,可以战胜一切。

第七十一步

成语接龙

克嗣良裘　裘弊金尽　尽忠竭力　力排众议　议论风发　发蒙振槁

槁木死灰　灰头土脸　脸红耳热　热可炙手　手不释卷　卷帙浩繁

繁弦急管　管秃唇焦　焦唇干肺　肺石风清　清微淡远　远求骐骥

骥子龙文　文房四侯　侯门如海　海北天南　南冠楚囚　囚首垢面

面授机宜　宜喜宜嗔　嗔目切齿　齿牙余惠　惠风和畅　畅所欲言

言之有理　理正词直　直上青云　云雨巫山　山长水远

成语解释

克嗣良裘:比喻能继承父祖的事业。同“克绍箕裘”。

裘弊金尽:皮袍破了,钱用完了。比喻境况困难。

尽忠竭力:竭,尽。用尽气力,竭尽忠诚。

力排众议:力,竭力;排,排队;议,议论、意见。竭力排除各种议论,使自己的意见占上风。

议论风发:形容谈论广泛、生动而又风趣。

发蒙振槁:蒙,遮盖,指物品上的罩物;振,摇动。把蒙在物体上的东西揭掉,把将要落的树叶摘下来。比喻事情很容易做到。同“发蒙振落”。

槁木死灰:枯干的树木和火灭后的冷灰。比喻心情极端消沉,对一切事情无动于衷。

灰头土脸:指面容污秽。

脸红耳热:形容感情激动或害羞的样子。同“面红耳赤”。

热可炙手:火热可以灼手。比喻权势显赫。同“炙手可热”。

手不释卷:释,放下;卷,指书籍。书本不离手。形容勤奋好学。

卷帙浩繁:卷帙,书籍或书籍的篇章。形容书籍很多或一部书的部头很大。

繁弦急管:形容各种乐器同时演奏的热闹情景。

管秃唇焦:笔写秃了,嘴唇说干了。比喻交涉过程中费了很大的气力。

焦唇干肺:指忧心如焚,肺为之枯干。

肺石风清:百姓可以站在上面控诉地方官。比喻法庭裁判公正。

清微淡远:清雅微妙,淡泊深远。

远求骐骥:骐骥,良马。到远方去寻求良马。比喻各处访求人才。

骥子龙文:骥子,千里马;龙文,骏马名,旧时多指神童。原为佳子弟的代称。后多比喻英才。

文房四侯：指笔、砚、纸、墨。古人戏称笔为管城侯毛元锐，砚为即墨侯石虚中，纸为好畤侯楮知白，墨为松滋侯易玄光，故称四侯。

侯门如海：侯门，旧指显贵人家；海，形容深。侯门像大海那样深邃。比喻旧时相识的人，后因地位悬殊而疏远隔绝。

海北天南：形容万里之遥，相距极远。亦形容地区各异。

南冠楚囚：南冠，楚国在南方，因此称楚冠为南冠。本指被俘的楚国囚犯。后泛称囚犯或战俘。

囚首垢面：像监狱里的犯人，好久没有理发和洗脸。形容不注意清洁、修饰。

面授机宜：授，给予，附于；机宜，机密之事。当面指示处理事务的方针、办法等。

宜喜宜嗔：指生气时高兴时都很美丽。同"宜嗔宜喜"。

嗔目切齿：嗔目，发怒时睁大眼睛。瞪大眼睛，咬紧牙齿。形容极端愤怒的样子。

齿牙余惠：指帮人说好话。

惠风和畅：惠，柔和；和，温和；畅，舒畅。柔和的风，使人感到温暖、舒适。

畅所欲言：畅，尽情，痛快。畅快地把要说的话都说出来。

言之有理：说的话有道理。

理正词直：道理正当，言词朴直。

直上青云：直上，直线上升。比喻官运亨通，直登高位。

云雨巫山：原指古代神话传说巫山神女兴云降雨的事。后称男女欢合。

山长水远：比喻道路遥远艰险。

第七十二步

成语接龙

远交近攻　攻心为上　上情下达　达官要人　人心不古　古往今来

来者勿拒　拒之门外　外柔内刚　刚愎自用　用其所长　长久之计

计功补过　过目不忘　忘年之交　交臂相失　失惊倒怪　怪力乱神

神奸巨蠹　蠹国病民　民脂民膏　膏火自煎　煎豆摘瓜　瓜瓞绵绵

绵里薄材　材茂行洁　洁身自好　好吃懒做　做刚做柔　柔肠百结

结不解缘　缘悭命蹇　蹇谔匪躬　躬行节俭　俭故能广

成语解释

远交近攻:联络距离远的国家,进攻邻近的国家。这是战国时秦国采取的一种外交策略。后也指待人处世的一种手段。

攻心为上:从思想上瓦解敌人的斗志为上策。

上情下达:下面的情况或意见能够通达于上。

达官要人:犹言达官贵人。指地位高的大官和出身侯门身价显赫的人。

人心不古:古,指古代的社会风尚。旧时指人心奸诈、刻薄,没有古人淳厚。

古往今来:从古到今。泛指很长一段时间。

来者勿拒:对于有所求而来的人或送上门来的东西概不拒绝。同"来者不拒"。

拒之门外:拒,拒绝。把人挡在门外,不让其进入,形容拒绝协商或共事。

外柔内刚:柔,柔弱;内,内心。外表柔和而内心刚正。

刚愎自用:愎,任性;刚愎,强硬回执;自用,自以为是。十分固执自信,不考虑别人的意见。

用其所长:使用人的专长。

长久之计:计,计划,策略。长远的打算。

计功补过:计,考定;失,过失。考定一个人的功绩以弥补其过失。

过目不忘:看过就不忘记。形容记忆力非常强。

忘年之交:年辈不相当而结交为友。

交臂相失:犹言交臂失之。比喻遇到了机会而又当面错过。

失惊倒怪:犹失惊打怪。惊恐;慌张。

怪力乱神:指关于怪异、勇力、叛乱、鬼神之事。

神奸巨蠹:指有势力的奸狡恶人。

蠹国病民:危害国家和人民。同"蠹国害民"。

民脂民膏:比喻人民用血汗换来的财富。多用于指反动统治阶级压榨人民来养肥自己的场合。

膏火自煎:比喻有才学的人因才得祸。

煎豆摘瓜:比喻亲属相残。

瓜瓞绵绵:瓞,小瓜;绵绵,延续不断的样子。如同一根连绵不断的藤上结了许多大大小小的瓜一样。引用为祝颂子孙昌盛。

绵里薄材：力量小，没有什么才能。

材茂行洁：才智丰茂，行为廉洁。

洁身自好：保持自己纯洁，不同流合污。也指怕招惹是非，只顾自己好，不关心公众事情。

好吃懒做：好，喜欢、贪于。贪于吃喝，懒于做事。

做刚做柔：指用各种方法进行劝说。

柔肠百结：柔和的心肠打了无数的结；形容心中郁结着许多愁苦。

结不解缘：缘，缘分。形容男女热恋，不能分开。也指两者有不可分开的缘分。

缘悭命蹇：缘，缘分；悭，吝俭，欠缺；蹇，不顺利。缘分浅薄，命运不好。

蹇谔匪躬：指为国君而忠直谏诤。同“蹇蹇匪躬”。

躬行节俭：躬行，亲自践行。亲自做到节约勤俭。

俭故能广：平素俭省，所以能够富裕。

第七十三步

成语接龙

广结良缘　缘鹄饰玉　玉石俱焚　焚香膜拜　拜赐之师　师出无名

名标青史　史无前例　例行差事　事危累卵　卵覆鸟飞　飞米转刍

刍荛之见　见义必为　为丛驱雀　雀小脏全　全军覆没　没(莫)衷一是

是非口舌　舌锋如火　火烧火燎　燎若观火　火上加油　油光可鉴

鉴空衡平　平步青霄　霄壤之殊　殊路同归　归全反真　真才实学

学而不厌　厌故喜新　新陈代谢　谢庭兰玉　玉洁松贞

成语解释

广结良缘：多做善事，以得到众人的赞赏。

缘鹄饰玉：以因缘时会而攀登高位。

玉石俱焚：俱，全，都；焚，烧。美玉和石头一样烧坏。比喻好坏不分，同归于尽。

焚香膜拜：烧香跪拜，以表尊敬服从之意。同“焚香礼拜”。

拜赐之师:用以讽刺为复仇而又失败的出兵。

师出无名:出兵没有正当理由。也引申为做某事没有正当理由。

名标青史:标,写明;青史,古代在竹简上记事,因称史书。把姓名事迹记载在历史书籍上。形容功业巨大,永垂不朽。

史无前例:历史上从来没有过的事。指前所未有。

例行差事:指按照规定或惯例处理的公事。

事危累卵:事情危险得像堆起来的蛋一样。形容形势极端危险。

卵覆鸟飞:鸟飞走了,卵也打破了。比喻两头空,一无所得。

飞米转刍:指迅速运送粮草。同"飞刍挽粟"。

刍荛之见:刍荛,割草打柴的人。认为自己的意见很浅陋的谦虚说法。

见义必为:指看到正义的事情就去做。

为丛驱雀:丛,丛林;驱,赶。把雀赶到丛林。比喻不会团结人,把一些本来可以团结的人赶到敌对方面去。

雀小脏全:比喻事物体积或规模虽小,具备的内容却很齐全。

全军覆没:整个军队全部被消灭。比喻事情彻底失败。

没衷一是:不能决定哪个是对的。形容意见分歧,没有一致的看法。现写为"莫衷一是"。

是非口舌:因说话引起的误会或纠纷。

舌锋如火:比喻话说得十分尖锐。

火烧火燎:燎,烧。被火烧烤。比喻心里非常着急或身上热得难受。

燎若观火:指事理清楚明白,如看火一般。

火上加油:在一旁助威增加他人的愤怒或助长事态的发展。

油光可鉴:形容非常光亮润泽。

鉴空衡平:犹言明察持平。

平步青霄:指人一下子升到很高的地位上去。同"平步青云"。

霄壤之殊:霄,云霄,也指天;壤,土地。天和地不同。形容差别很大。

殊路同归:比喻采取不同的方法而得到相同的结果。同"殊途同归"。

归全反真:回归到完善的、原本的境界。

真才实学:真正的才能和学识。

学而不厌:厌,满足。学习总感到不满足。形容好学。

厌故喜新：讨厌旧的，喜欢新的。

谢庭兰玉：比喻能光耀门庭的子侄。

玉洁松贞：像玉一样洁净，如松一般坚贞。形容品德高尚。

第七十四步

成语接龙

贞松劲柏　柏舟之节　节哀顺变　变动不居　居轴处中　中流一壶

壶浆箪食　食不充饥　饥不遑食　食不充口　口碑载道　道傍之筑

筑岩钓渭　渭阳之情　情不可却　却之不恭　恭而有礼　礼先一饭

饭来开口　口不二价　价廉物美　美益求美　美男破老　老泪纵横

横草之功　功败垂成　成名成家　家至户察　察察为明　明珠弹雀

雀目鼠步　步步高升　升堂拜母　母难之日　日不我与

成语解释

贞松劲柏：以松柏的坚贞劲直，比喻人的高尚节操。

柏舟之节：指妇女丧夫后守节不嫁。同“柏舟之誓”。

节哀顺变：节，节制；变，事变。抑制哀伤，顺应变故。用来慰唁死者家属的话。

变动不居：指事物不断变化，没有固定的形态。

居轴处中：指身居重要职位。

中流一壶：壶，指瓠类，系之可以不沉。比喻珍贵难得。

壶浆箪食：原谓竹篮中盛着饭食，壶中盛着酒浆茶水，以欢迎王者的军队。后多用指百姓欢迎、慰劳自己所拥护的军队。

食不充饥：犹言食不果腹。指吃不饱肚子。形容生活贫困。

饥不遑食：形容全神贯注地忙于事务。同“饥不暇食”。

食不充口：不能吃饱肚子。形容生活艰难困苦。

口碑载道：口碑，比喻群众口头称颂像文字刻在碑上一样；载，充满；道，道路。形容群众到处都在称赞。

道傍之筑：比喻无法成功的事。

筑岩钓渭：指贤士隐居待时。

渭阳之情：渭阳，渭水的北边。传说秦康公送其舅重耳返晋，直到渭水之北。指甥舅间的情谊。

情不可却：情面上不能推却。

却之不恭：却，推却。指对别人的邀请、赠与等，如果拒绝接受，就显得不恭敬。

恭而有礼：恭，恭敬；礼，礼节。恭敬又有礼节。

礼先一饭：指在礼节上自己年岁稍长。一饭，犹言一顿饭，喻指极短的时间。也指在礼节上先有恩惠于人。同"礼先壹饭"。

饭来开口：指吃现成饭。形容不劳而获，坐享其成。同"饭来张口"。

口不二价：指卖物者不说两种价钱。

价廉物美：廉，便宜。东西价钱便宜，质量又好。

美益求美：好上更求好。

美男破老：利用年轻的外宠之臣以谗毁老成人。

老泪纵横：纵横，交错。老人泪流满面，形容极度悲伤或激动。

横草之功：横草，把草踩倒。如同将草踩倒的那样功劳。比喻轻微的功劳。

功败垂成：垂，接近，快要。事情在将要成功的时候遭到了失败。

成名成家：树立名声，成为专家。

家至户察：到每家每户去察看。

察察为明：察察，分析明辨；明，精明。形容专在细枝末节上显示精明。

明珠弹雀：用珍珠打鸟雀。比喻得到的补偿不了失去的。

雀目鼠步：比喻惶恐之极。

步步高升：步步，表示距离很短；高升，往上升。指职位不断上升。

升堂拜母：升，登上；堂，古代指宫室的前屋。拜见对方的母亲。指互相结拜为友好人家。

母难之日：指自己的生日。

日不我与：时日不等待我。极言应抓紧时间。

第七十五步

成语接龙

与世沉浮　浮湛连蹇　蹇蹇匪躬　躬蹈矢石　石火电光　光宗耀祖

祖武宗文　文修武偃　偃兵修文　文不加点　点金成铁　铁中铮铮

铮铮铁骨　骨肉离散　散言碎语　语长心重　重气轻命　命若悬丝

丝竹筦弦　弦外之意　意出望外　外巧内嫉　嫉贤妒能　能言善辩

辩口利辞　辞严谊(义)正　正冠纳履　履盈蹈满　满腹经纶　纶音佛语

语近指远　远瞩高瞻　瞻望咨嗟　嗟来之食　食生不化

成语解释

与世沉浮:与,和,同;世,指世人;沉浮,随波逐流。随大流,大家怎样,自己也怎样。

浮湛连蹇:指宦海浮沉,遭遇坎坷。

蹇蹇匪躬:蹇,通"謇"。指为君国而忠直谏诤。亦作"蹇谔匪躬"。

躬蹈矢石:指将帅亲临前线,冒着敌人的箭矢礧石,不怕牺牲自己。

石火电光:形容事物像闪电和石火一样一瞬间就消逝。

光宗耀祖:宗,宗族;祖,祖先。指子孙做了官出了名,使祖先和家族都荣耀。

祖武宗文:祖袭武王,尊崇文王。指尊崇祖先。

文修武偃:礼乐教化大行而武力征伐偃息。指天下太平。

偃兵修文:停止武事,振兴文教。同"偃武修文"。

文不加点:点,涂上一点,表示删去。文章一气呵成,无须修改。形容文思敏捷,写作技巧纯熟。

点金成铁:用以比喻把好文章改坏。也比喻把好事办坏。

铁中铮铮:铮铮,金属器皿相碰的声音。比喻才能出众的人。

铮铮铁骨:比喻人的刚正不阿、坚强不屈的骨气。

骨肉离散:骨肉,指父母兄弟子女等亲人。比喻亲人分散,不能团聚。

散言碎语:犹言闲言碎语。唠叨些与正事无关的话。

语长心重:言辞恳切,情意深长。

重气轻命:指看重义行而轻视生命。

命若悬丝:比喻生命垂危。

丝竹筦弦:丝,指弦乐器;竹,指管乐器。琴瑟箫笛等乐器的总称。也指音乐。同"丝竹管弦"。

弦外之意:弦,乐器上发音的丝线。比喻言外之意,即在话里间接透露,而不是明说出来的意思。

意出望外:出乎意料。

外巧内嫉:外貌乖巧,内心刻忌。犹言口蜜腹剑。

嫉贤妒能:对品德、才能比自己强的人心怀嫉妒。

能言善辩:能,善于。形容能说会道,有辩才。

辩口利辞:指善辩的口才,犀利的言辞。形容能言善辩。

辞严谊正:言辞严厉,义理正大。同“辞严义正”。

正冠纳履:端正帽子,穿好鞋子。古时讲李树下不要弄帽子,瓜田里不要弄鞋子,以避免有偷李摸瓜的嫌疑。亦作“正冠李下”。

履盈蹈满:指荣显至极。

满腹经纶:经纶,整理丝缕,引申为人的才学、本领。形容人极有才干和智谋。

纶音佛语:比喻不由得不服从的话。

语近指远:指,本旨。语言浅近,含意深远。

远瞩高瞻:犹言高瞻远瞩。

瞻望咨嗟:咨嗟,赞叹。左顾右看,不停地赞美。形容感触颇深。

嗟来之食:指带有侮辱性的施舍。

食生不化:指生吞活剥,不善灵活运用。

第七十六步

成语接龙

化鸱为凤　凤凰于飞　飞短流长　长辔远御　御沟红叶　叶瘦花残

残羹冷炙　炙手可热　热心苦口　口诵心惟　惟口起羞　羞人答答

答非所问　问安视寝　寝皮食肉　肉眼凡夫　夫贵妻荣　荣古陋今

今雨新知　知止不殆　殆无孑遗　遗簪堕履　履薄临深　深谷为陵

陵谷变迁　迁延羁留　留连不舍　舍短取长　长斋绣佛　佛口蛇心

心焦如焚　焚林而狩　狩岳巡方　方枘圆凿　凿龟数策

成语解释

化鸱为凤:鸱,猫头鹰,古人以为凶鸟。把猫头鹰变为凤凰。比喻能以德化民,变恶为善。

凤凰于飞:比喻夫妻和好恩爱。常用以祝人婚姻美满。

飞短流长:指散播谣言,中伤他人。

长辔远御:放长缰绳,驾马远行。比喻帝王用某种政策、手段羁縻边远地区。也比喻驾驭创作手段从容达到写作的理想境界。

御沟红叶:御沟,流经宫苑的河道。指红叶题诗的故事,后用以比喻男女奇缘。

叶瘦花残:比喻女人的衰老。

残羹冷炙:指吃剩的饭菜。也比喻别人施舍的东西。

炙手可热:手摸上去感到热得烫人。比喻权势大,气焰盛,使人不敢接近。

热心苦口:形容热心恳切地再三劝告。

口诵心惟:诵,朗读;惟,思考。口中朗诵,心里思考。

惟口起羞:指言语不慎,招致羞辱。

羞人答答:答答,害羞的样子。形容自己感觉难为情。

答非所问:回答的不是所问的内容。

问安视寝:指古代诸侯、王室子弟侍奉父母的孝礼。同"问安视膳"。

寝皮食肉:形容仇恨之深。借指勇武的行为或精神。

肉眼凡夫:指尘世平常的人。

夫贵妻荣:指丈夫尊贵,妻子也随之光荣。见"夫荣妻贵"。

荣古陋今:推崇古代,苛责现今。同"荣古虐今"。

今雨新知:比喻新近结交的朋友。

知止不殆:殆,危险。知道适可而止的人就不会遇到危险。旧时劝人行事不要过分。

殆无孑遗:殆,几乎;孑遗,剩余。几乎没有一点余剩。

遗簪堕履:比喻旧物或故情。同"遗簪坠屦"。

履薄临深:比喻身处险境,必须十分谨慎。

深谷为陵:深谷变成山陵。比喻人世间的重大变迁。

陵谷变迁:陵,大土山;谷,两山之间的夹道。丘陵变山谷,山谷变丘陵。比喻世事变迁,高下易位。

迁延羁留:犹言拖延滞留。

留连不舍:依恋着不愿去。形容依依惜别的情貌。同"留恋不舍"。

舍短取长：短，短处，缺点；长，长处，优点。不计较别人缺点，取其长处，予以录用。

长斋绣佛：长斋，终年吃素；绣佛，刺绣的佛像。吃长斋于佛像之前。形容修行信佛。

佛口蛇心：佛的嘴巴，蛇的心肠。比喻话虽说得好听，心肠却极狠毒。

心焦如焚：心里焦躁，像着了火一样。形容心情焦灼难忍。

焚林而狩：比喻取之不留余地，只顾眼前利益，不顾长远利益。

狩岳巡方：指帝王巡狩方岳。

方枘圆凿：枘，榫头；凿，榫眼；卯眼。方形的榫头；圆形的卯眼。比喻格格不入、不相容、不适宜。

凿龟数策：龟，钻灼龟甲，看灼开的裂纹推测吉凶；数策，数蓍草的茎，从分组计数中判断吉凶。指古人用龟甲蓍草来卜筮吉凶。

第七十七步

成语接龙

策名就列　列土分茅　茅庐三顾　顾复之恩　恩不放债　债台高筑

筑舍道傍　傍花随柳　柳泣花啼　啼天哭地　地下修文　文婺武嬉

嬉皮笑脸　脸红筋暴　暴衣露冠　冠盖如云　云雾迷蒙　蒙昧无知

知我罪我　我负子戴　戴高帽儿　儿女姻亲　亲冒矢石　石火风灯

灯红酒绿　绿女红男　男婚女嫁　嫁狗随狗　狗续侯冠　冠履倒易

易于拾遗　遗珥坠簪　簪笔磬折　折腰五斗　斗米尺布

成语解释

策名就列：书名于策，就位朝班。意指做官。

列土分茅：指受封为诸侯。古代天子分封诸侯时，用白茅裹着社坛上的泥土授予被封者，象征土地和权力，称为“列土分茅”。

茅庐三顾：刘备为请诸葛亮，三次到草庐中去拜访他。后用此典故表示帝王对臣下的知遇之恩。也比喻诚心诚意地邀请或过访。同“草庐三顾”。

顾复之恩：顾，回头看；复，反复。比喻父母养育的恩德。

茅庐三顾

恩不放债：恩，指亲人。对亲人不宜放债。意指免因钱财交往而致发生怨怼。

债台高筑：形容欠债很多。

筑舍道傍：傍，通“旁”。在路旁盖房子，同路人讨论事情。比喻人多口杂，办不成事。

傍花随柳：形容春游的快乐。

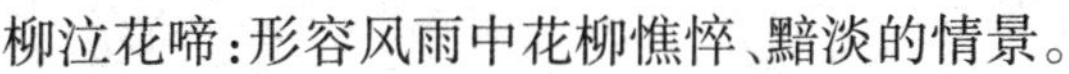
柳泣花啼：形容风雨中花柳憔悴、黯淡的情景。

啼天哭地：呼天叫地的哭号，形容非常悲痛。

地下修文：旧指有才文人早死。

文婪武嬉：指文武官员习于安逸，贪婪成性。

嬉皮笑脸：形容嬉笑不严肃的样子。

脸红筋暴：形容发急或发怒时面部涨红，青筋暴起的样子。

暴衣露冠：暴，晒。日晒衣裳，露湿冠冕。形容奔波劳碌。

冠盖如云：冠盖，指古代官员的冠服和车盖，用作官员代称。形容官吏到的很多。

云雾迷蒙：迷蒙，形容模糊不清的样子。云雾笼罩，使景物隐隐约约，看不清楚。

蒙昧无知：蒙昧，知识未开。没有知识，不明事理。指糊涂不懂事理。

知我罪我：形容别人对自己的毁誉。

我负子戴：指夫妻同安于贫贱。详“我黼子佩”。

戴高帽儿：吹捧、恭维别人。同“戴高帽子”。

儿女姻亲：儿女亲家。

亲冒矢石：指将帅亲临作战前线。同“亲当矢石”。

石火风灯：比喻为时短暂。

灯红酒绿：灯光酒色，红绿相映，令人目眩神迷。形容奢侈糜烂的生活。

绿女红男：服装艳丽的青年男女。

男婚女嫁：指儿女成家。

嫁狗随狗：比喻女子只能顺从丈夫。

狗续侯冠：犹狗续金貂。比喻滥封的官吏。

冠履倒易：比喻上下位置颠倒，尊卑不分。

易于拾遗：犹易如反掌。比喻事情非常容易做。

遗珥坠簪：形容欢饮而不拘形迹。同“遗簪堕珥”。

簪笔磬折：古代插笔备礼，曲体作揖，以示恭敬。

折腰五斗：折腰，弯腰；五斗，五斗米。为五斗米而弯腰。比喻忍受屈辱。亦作“折腰升斗”。

斗米尺布：指少量的粮食与布匹。

第七十八步

成语接龙

布被瓦器　器满将覆　覆车之鉴　鉴前毖后　后生可畏　畏首畏尾

尾大不掉　掉三寸舌　舌桥不下　下逐客令　令行禁止　止于至善

善贾而沽　沽誉买直　直木先伐　伐异党同　同美相妒　妒贤嫉能

能不称官　官卑职小　小试锋芒　芒屩布衣　衣弊履穿　穿花蛱蝶

蝶化庄周　周而不比　比比皆是　是非得失　失魂丧胆　胆颤心惊

惊才风逸　逸趣横生　生不遇时　时不可失　失惊打怪

成语解释

布被瓦器：布缝的被子，瓦制的器皿。形容生活俭朴。

器满将覆：比喻事物发展超过一定界限就会向相反方面转化。亦以喻骄傲自满将导致失败。同“器满则覆”。

覆车之鉴：覆，倾覆；鉴，镜子。把翻车作为镜子。比喻先前的失败，可以作为以后的教训。

鉴前毖后：指把过去的错误引为借鉴，以后谨慎行事，避免重犯。

后生可畏：后生，年轻人，后辈；畏，敬畏。年轻人是可敬畏的。形容青年人能超过前辈。

畏首畏尾：畏，怕，惧。前也怕，后也怕。比喻做事胆子小，顾虑多。

尾大不掉：掉，摇动。尾巴太大，掉转不灵。旧时比喻部下的势力很大，无法指挥调度。现比喻机构庞大，指挥不灵。

掉三寸舌：掉，摆动，摇。玩弄口舌。多指进行游说。

舌桥不下:形容惊讶的神态。

下逐客令:秦始皇曾下过逐客令,要驱逐从各国来的客卿。泛指主人赶走不受欢迎的客人。

令行禁止:下令行动就立即行动,下令停止就立即停止。形容法令严正,执行认真。

止于至善:止,达到;至,最,极。达到极完美的境界。

善贾而沽:贾,通“价”。善贾,好价钱;沽,出卖。等好价钱卖出。比喻怀才不遇,等有了赏识的人再出来做事。也比喻有了肥缺,才肯任职。

沽誉买直:故作正直以猎取名誉。同“沽名卖直”。

直木先伐:直,挺直。挺直成材的树木,最先被砍伐。比喻有才能的人会遭到迫害。亦作“直木必伐”。

伐异党同:伐,讨伐,攻击。指结帮分派,偏向同伙,打击不同意见的人。

同美相妒:妒,忌妒。指容貌或才情好的人互相忌妒。

妒贤嫉能:妒、嫉,因别人好而忌恨。对品德、才能比自己强的人心怀怨恨。

能不称官:才能跟职位不相称。

官卑职小:卑,职位低下。官位很低,职务也小。

小试锋芒:锋芒,刀剑的尖端,比喻人的才干、技能。比喻稍微显示一下本领。

芒屩布衣:芒屩,草鞋;布衣,麻布衣服。穿布衣和草鞋。指平民百姓。

衣弊履穿:衣服破败,鞋子穿孔。形容贫穷。

穿花蛱蝶:穿戏花丛中的蝴蝶。

蝶化庄周:比喻事物的虚幻无常。同“蝶化庄生”。

周而不比:周,亲和、调和;比,勾结。关系密切,但不勾结。指与众相合,但不做坏事。

比比皆是:比比,一个挨一个。到处都是,形容极其常见。

是非得失:正确与错误,得到的与失去的。

失魂丧胆:形容极度恐慌。

胆颤心惊:颤,发抖。形容非常害怕。

惊才风逸:指惊人的才华像风飘逸。

逸趣横生:指超逸不俗的情趣洋溢而出。

生不遇时:生下来没有遇到好时候。旧时指命运不好。

时不可失:时,时机,机会;失,错过。抓住时机,不可错过。

失惊打怪:形容大惊小怪。也形容神色慌张或动作忙乱。

第七十九步

成语接龙

怪声怪气　气充志骄　骄傲自满　满而不溢　溢于言外　外强中干

干巴利落　落地生根　根椽片瓦　瓦釜雷鸣　鸣鹤之应　应答如响

响彻云表　表里山河　河奔海聚　聚蚊成雷　雷奔云谲　谲而不正

正本澄源　源清流洁　洁己从公　公买公卖　卖犊买刀　刀头舔蜜

蜜口剑腹　腹心之患　患难与共　共挽鹿车　车水马龙　龙荒朔漠

漠不相关　关怀备至　至大至刚　刚直不阿　阿党比周

成语解释

怪声怪气:形容声音、语调、唱腔等滑稽或古怪难听。

气充志骄:指心满意得,骄傲自大。

骄傲自满:看不起别人,满足于自己已有的成绩。

满而不溢:器物已满盈但不溢出。比喻有资财而不乱用,有才能而不自炫,善于节制守度。

溢于言外:溢,水满外流,引申为超出。超出语言之外。指某种意思、感情通过语言文字充分表露出来。亦作"溢于言表"。

外强中干:干,枯竭。形容外表强壮,内里空虚。

干巴利落:指干脆;爽快。

落地生根:比喻长期安家落户或切切实实、一心一意地做好所从事的工作。

根椽片瓦:一根椽,一片瓦。指简陋的房舍。

瓦釜雷鸣:比喻无德无才的人占据高位,威风一时。

鸣鹤之应:比喻诚笃之心相互应和。

应答如响:对答有如回声。形容答话敏捷流利。

响彻云表:形容声音响亮,好像可以穿过云层,直达高空。同"响彻云霄"。

表里山河:表里,即内外。外有大河,内有高山。指有山河天险作为屏障。

河奔海聚:比喻思路开阔,文辞畅达。

聚蚊成雷:许多蚊子聚到一起,声音会像雷声那样大。比喻说坏话的人多了,会使人受到很大的损害。

雷奔云谲:如雷奔行,如云翻卷。

谲而不正:谲,欺诈。诡诈而不正派。

正本澄源:犹正本清源。

源清流洁:源头的水清,下游的水也清。原比喻身居高位的人好,在下面的人也好。也比喻事物的因果关系。

洁己从公:保持自身廉洁,一心奉行公事。同“洁己奉公”。

公买公卖:公平合理地买卖。

卖犊买刀:指出卖耕牛,购买武器去从军。

刀头舔蜜:舔,用舌头接触东西或取东西。比喻利少害多。也指贪财好色,不顾性命。

蜜口剑腹:犹言口蜜腹剑。谓嘴甜心毒。

腹心之患:比喻严重的祸患。

患难与共:共同承担危险和困难。指彼此关系密切,利害一致。

共挽鹿车:挽,拉;鹿车,古时的一种小车。旧时称赞夫妻同心,安贫乐道。

车水马龙:形容来往车马很多,连续不断的热闹情景。

龙荒朔漠:北方塞外荒漠之地。亦指在这些地方的少数民族国家。

漠不相关:形容彼此毫无关联。

关怀备至:关心得无微不至。

至大至刚:至,最,极。极其正大、刚强。

刚直不阿:阿,迎合,偏袒。刚强正直,不逢迎,无偏私。

阿党比周:指相互勾结,相互偏袒,结党营私。

第八十步

成语接龙

周而复始　始末原由　由此及彼　彼倡此和　和蔼近人　人涉印否

否极泰回　回肠百转　转忧为喜　喜不自胜　胜残去杀　杀鸡为黍

黍离麦秀　秀才人情　情面难却　却病延年　年高望重　重望高名
名不符实　实繁有徒　徒有虚名　名扬四海　海晏河清　清风亮节
节威反文　文韬武略　略不世出　出神入化　化若偃草　草木皆兵
兵贵先声　声名烜赫　赫赫有名　名山胜水　水涨船高

成语解释

周而复始:周,环绕一圈;复,又,再。转了一圈又一圈,不断循环。

始末原由:始末,事情从头到尾的经过;原由,缘由,来由。事情的经过和原因。同“始末缘由”。

由此及彼:此,这个;彼,那个。由这一现象联系到那一现象。

彼倡此和:和,附和,应和。比喻一方倡导,别一方效法;或互相配合,彼此呼应。

和蔼近人:和蔼,和善。态度温和,容易接近。

人涉卬否:别人涉水过河,而我独不渡。后用以比喻自有主张,不随便附和。

否极泰回:指坏运到了头好运就来了。同“否极泰来”。

回肠百转:形容内心痛苦焦虑已极。同“回肠九转”。

转忧为喜:由忧愁转为欢喜。

喜不自胜:胜,能承受。喜欢得控制不了自己。形容非常高兴。

胜残去杀:感化残暴的人使其不再作恶,便可废除死刑。也指以德化民,太平至治。

杀鸡为黍:指殷勤款待宾客。

黍离麦秀:哀伤亡国之辞。

秀才人情:秀才多数贫穷,遇有人情往来,无力购买礼物,只得裁纸写诗文。俗话说:秀才人情纸半张。表示馈赠的礼物过于微薄。

情面难却:由于面子、情分的关系,很难推却。

却病延年:指消除病痛,延长寿命。

年高望重:年纪大,声望高。

重望高名:拥有崇高的名望。

名不符实:名声与实际不符。

实繁有徒:实,实在;繁,多;徒,徒众,群众。实在有不少这样的人。

徒有虚名:空有名望。指有名无实。

名扬四海:四海,天下。名声传扬到天下。形容名声很大。

海晏河清:晏,平静。黄河水清了,大海没有浪了。比喻天下太平。

清风亮节:比喻人品格高尚,节操坚贞。

节威反文:节减威强,复用文理。

文韬武略:韬,指《六韬》,古代兵书,内容分文、武、龙、虎、豹、犬六韬;略,指《三略》,古代兵书,凡三卷。比喻用兵的谋略。

略不世出:谓谋略高明,世所少有。

出神入化:神、化,指神妙的境域。极其高超的境界。形容文学艺术达到极高的成就。

化若偃草:指教化推行如风吹草伏。形容教化之易推行。

草木皆兵:把山上的草木都当做敌兵。形容人在惊慌时疑神疑鬼。

兵贵先声:指用兵贵在先以自己的声势震慑敌人。

声名烜赫:名声显赫。

赫赫有名:赫赫,显著盛大的样子。声名非常显赫。

名山胜水:风景优美的著名河山。同“名山胜川”。

水涨船高:水位升高,船身也随之浮起。比喻事物随着它所凭借的基础的提高而增长提高。

第八十一步

成语接龙

高谈弘论　论辩风生　生气勃勃　勃然大怒　怒发冲冠　冠盖相望
望梅止渴　渴而掘井　井井有条　条分缕析　析微察异　异口同声
声色俱厉　厉精图治　治病救人　人云亦云　云容月貌　貌合形离
离合悲欢　欢欣鼓舞　舞文弄法　法外施仁　仁民爱物　物极必返
返朴归真　真心诚意　意料之外　外刚内柔　柔能克刚　刚愎自用
用兵如神　神清气爽　爽然自失　失张失智　智勇双全

成语解释

高谈弘论:弘,大。高深空洞不切实际的谈论。

论辩风生:议论辩驳,极生动而又风趣。

生气勃勃:勃勃,旺盛的样子。形容人或社会富有朝气,充满活力。

勃然大怒:勃然,突然。突然变脸大发脾气。

怒发冲冠:指愤怒得头发直竖,顶着帽子。形容极端愤怒。

冠盖相望:冠盖,指古代官员的冠服和车盖,用作官员代称;相望,互相看得见。形容政府的使节或官员往来不绝。

望梅止渴:原意是梅子酸,人想吃梅子就会流涎,因而止渴。后比喻愿望无法实现,用空想安慰自己。

渴而掘井:到口渴才掘井。比喻事先没有准备,临时才想办法。

井井有条:井井,形容有条理。形容说话办事有条有理。

条分缕析:缕,线;析,剖析。有条有理地细细分析。

析微察异:指仔细观察、辨别。

异口同声:不同的嘴说出相同的话。指大家说得都一样。

声色俱厉:声色,说话时的声音和脸色;厉,严厉。说话时声音和脸色都很严厉。

厉精图治:图,谋求,设法;厉,奋勉;治,治理。振奋精神,设法把国家治理好。

治病救人:治好病把人挽救过来。比喻帮助犯错误的人改正错误。

人云亦云:云,说;亦,也。人家怎么说,自己也跟着怎么说。指没有主见,只会随声附和。

云容月貌:比喻淡雅、飘逸的容貌。

貌合形离:貌,表面上。表面上很合得来,而行动上却又差异很大。

离合悲欢:泛指别离、团聚、悲哀、喜悦的种种遭遇和心态。

欢欣鼓舞:欢欣,欣喜;鼓舞,振奋。形容高兴而振奋。

舞文弄法:舞、弄,耍弄,玩弄;文,法令条文;法,法律。歪曲法律条文,舞弊徇私。

法外施仁:旧时指宽大处理罪犯。

仁民爱物:仁,仁爱。对人亲善,进而对生物爱护。旧指官吏仁爱贤能。

物极必返:事物发展到极点,会向相反方向转化。同“物极必反”。

返朴归真:去掉外饰,还其本质。比喻恢复原来的自然状态。

真心诚意:心意真实诚恳,没有虚假。

意料之外:没有想到的。

外刚内柔:外表刚强而内在柔弱。同“内柔外刚”。

柔能克刚:指以柔弱的手段能够制服刚强的人。同“柔能制刚”。

刚愎自用:十分固执自信,不考虑别人的意见。

用兵如神:调兵遣将如同神人。形容善于指挥作战。

神清气爽:形容人神志清爽,心情舒畅。也形容人长得神态清明,气质爽朗。

爽然自失:形容茫无主见,无所适从。

失张失智:举止失措、失神落魄的样子。

智勇双全:又有智谋,又很勇敢。

第八十二步

成语接龙

全民皆兵　兵无常势　势如破竹　竹报平安　安危与共　共为唇齿

齿少气锐　锐挫望绝　绝世独立　立足之地　地平天成　成算在心

心直口快　快心满志　志士仁人　人之常情　情同手足　足食丰衣

衣冠楚楚　楚楚动人　人面桃花　花枝招展　展翅高飞　飞珠溅玉

玉叶金枝　枝源派本　本小利微　微察秋毫　毫分缕析　析疑匡谬

谬想天开　开山鼻祖　祖宗家法　法无二门　门可罗雀

成语解释

全民皆兵:指把能参加战斗的人民全都武装起来,随时准备歼灭入侵之敌。

兵无常势:常,不变;势,形势。用兵没有一成不变的形势。用以说明办事要因时、因地制宜,具体问题要用具体办法去解决。

势如破竹:势,气势,威力。形势就像劈竹子,头上几节破开以后,下面各节顺着刀势就分开了。比喻节节胜利,毫无阻碍。

竹报平安:比喻平安家信。

安危与共:共同享受安乐,共同承担危难。形容关系密切,利害相连。

共为唇齿:比喻互相辅助。

齿少气锐:指年轻气盛,锐意进取。

锐挫望绝:指受挫而希望破灭。

绝世独立:绝世,当代独一无二。当世无双,卓然而立。多用来形容不同凡俗的美貌女子。

立足之地:站脚的地方。也比喻容身的处所。

地平天成:平,治平;成,成功。原指禹治水成功而使天之生物得以有成。后常比喻一切安排妥帖。

成算在心:心中早已经算计好了如何应付。

心直口快:性情直爽,有话就说。

快心满志:形容心满意足,事情的发展完全符合心意。同"快心遂意"。

志士仁人:原指仁爱而有节操,能为正义牺牲生命的人。现在泛指爱国而为革命事业出力的人。

人之常情:一般人通常有的感情。

情同手足:手足,比喻兄弟。交情很深,如同兄弟一样。

足食丰衣:丰衣足食。形容生活富裕。

衣冠楚楚:楚楚,鲜明、整洁的样子。衣帽穿戴得很整齐,很漂亮。

楚楚动人:形容美好的样子引人怜爱。

人面桃花:原指女子的面容与桃花相辉映。后泛指所爱慕而不能再见的女子,也形容由此产生的惆怅心情。

花枝招展:招展,迎风摆动的样子。形容打扮得十分艳丽。

展翅高飞:指鸟展开翅膀远远飞走了。亦比喻充分发挥才能,施展抱负。

飞珠溅玉:形容水的飞溅犹如珠玉一般。

玉叶金枝:封建时代称皇家后裔。

枝源派本:指寻根究源,寻求和追究事物的根本。

本小利微:微,薄。本钱小,利润薄。指买卖很小,得利不多。

微察秋毫:形容极细小的东西都看得很清楚。

毫分缕析:细致详尽的剖析。

析疑匡谬:解析疑义,纠正谬误。

谬想天开:形容想法非常荒谬。

开山鼻祖:比喻一个学术流派、技艺的开创者。

祖宗家法:封建时代祖先制定的家族法规。

法无二门:指法律统一,前后一致,不能随意变通。同“法出一门”。

门可罗雀:罗,张网捕捉。大门之前可以张起网来捕麻雀。形容十分冷落,宾客稀少。

第八十三步

成语接龙

雀鼠之争　争前恐后　后进之秀　秀水明山　山高水险　险象环生
生死相依　依依惜别　别有洞天　天真烂漫　漫山遍野　野草闲花
花样新翻　翻天覆地　地瘠民贫　贫贱不移　移形换步　步月登云
云蒸雾集　集思广益　益国利民　民富国强　强食自爱　爱屋及乌
乌合之众　众星捧月　月夕花晨　晨参暮礼　礼尚往来　来情去意
意气用事　事必躬亲　亲如手足　足不出门　门庭若市

成语解释

雀鼠之争:指强暴侵凌引起的争讼。

争前恐后:抢着向前,唯恐落后。同“争先恐后”。

后进之秀:犹言后起之秀。后来出现的或新成长起来的优秀人物。

秀水明山:山光明媚,水色秀丽。形容风景优美。

山高水险:比喻前进路上的种种艰难险阻。

险象环生:危险的局面不断产生。

生死相依:在生死问题上互相依靠。形容同命运,共存亡。

依依惜别:依依,留恋的样子;惜别,舍不得分别。形容十分留恋,舍不得分开。

别有洞天:洞中另有一个天地。形容风景奇特,引人入胜。

天真烂漫:天真,指心地单纯,没有做作和虚伪;烂漫,坦率自然的样子。形容儿童思想单纯、活泼可爱,没有做作和虚伪。

漫山遍野:漫,满;遍,到处。山上和田野里到处都是。形容很多。

野草闲花:野生的花草。比喻男子在妻子以外所玩弄的女子。

花样新翻：指独出心裁，创造新花样。同“花样翻新”。

翻天覆地：覆，翻过来。形容变化巨大而彻底。也指闹得很凶。

地瘠民贫：土地瘠薄，人民贫穷。

贫贱不移：移，改变。不因生活贫困、社会地位低下而改变自己的志向。形容意志坚定。

移形换步：犹移步换形。形容变化多端。

步月登云：步上月亮，攀登云霄。形容志向远大。

云蒸雾集：如云雾之蒸腾会集。形容众多。

集思广益：集，集中；思，思考，意见；广，扩大。指集中群众的智慧，广泛吸收有益的意见。

益国利民：对国家、对人民都有利。

民富国强：人民富裕，国家强盛。

强食自爱：劝慰人的话。指努力加餐，保重身体。

爱屋及乌：因为爱一个人而连带爱他屋上的乌鸦。比喻爱一个人而连带地关心到与他有关的人或物。

乌合之众：像暂时聚合的一群乌鸦。比喻临时杂凑的、毫无组织纪律的一群人。

众星捧月：许多星星衬托着月亮。比喻众人拥护着一个他们所尊敬爱戴的人。

月夕花晨：月明的夜晚，花开的早晨。形容良辰美景。

晨参暮礼：指早晚参拜。

礼尚往来：尚，注重。指礼节上应该有来有往。现也指以同样的态度或做法回答对方。

来情去意：事情的内容和原因。

意气用事：意气，主观偏激的情绪；用事，行事。缺乏理智，只凭一时的想法和情绪办事。

事必躬亲：躬亲，亲自。不论什么事一定要亲自去做，亲自过问。形容办事认真，毫不懈怠。

亲如手足：像兄弟一样的亲密。多形容朋友的情谊深厚。

足不出门：不出大门一步。指闭门自守。

门庭若市：庭，院子；若，像；市，集市。门前和院子里人很多，像市场一样。原形容进谏的人很多。现形容来的人很多,非常热闹。

第八十四步

成语接龙

市井之徒　徒劳无功　功德无量　量力而行　行易知难　难言之隐
隐姓埋名　名正言顺　顺天应人　人以群分　分庭抗礼　礼顺人情
情逐事迁　迁怒于人　人心所归　归之若水　水明山秀　秀才造反
反戈一击　击鼓鸣金　金枝玉叶　叶落知秋　秋月春花　花阶柳市
市井小人　人约黄昏　昏昏浩浩　浩气长存　存亡安危　危言高论
论议风生　生财之道　道听途说　说一不二　二三其德

成语解释

市井之徒:徒,人(含贬义)。旧指做买卖的人或街道上没有受过教育的人。

徒劳无功:白白付出劳动而没有成效。

功德无量:功德,功业和德行;无量,无法计算。旧时指功劳恩德非常大。现多用来称赞做了好事。

量力而行:量,估量;行,行事。按照自己力量的大小去做,不要勉强。

行易知难:行,实施;知,知晓。实行容易,但通晓其道理却很困难。

难言之隐:隐藏在内心深处不便说出口的原因或事情。

隐姓埋名:隐瞒自己的真实姓名,不让别人知道。

名正言顺:名.名分,名义;顺,合理,顺当。原指名分正当,说话合理。后多指做某事名义正当,道理也说得通。

顺天应人:应,适应,适合。顺应天命,合乎人心。旧时常用于颂扬建立新的朝代。

人以群分:人按照其品行、爱好而形成团体,因而能互相区别。指好人总跟好人结成朋友,坏人总跟坏人聚在一起。

分庭抗礼:庭,庭院;抗礼,平等行礼。原指宾主相见,分站在庭的两边,相对行礼。现比喻平起平坐,彼此对等的关系。

礼顺人情:指礼是顺乎人之常情,人与人共处必须遵守的规范。

情逐事迁:情况变了,思想感情也随着起了变化。同“情随事迁”。

迁怒于人:受甲的气向乙发泄或自己不如意时拿别人出气。

人心所归:指众人所归向、拥护的。

归之若水:归附的势态就像江河汇成大海一样。形容人心所向。

水明山秀:形容风景优美。同“水秀山明”。

秀才造反:知识分子对现实不满,有所反抗、斗争。

反戈一击:掉转武器向自己原来所属的阵营进行攻击。

击鼓鸣金:古时两军作战时用鼓和金发号施令,击鼓则进,鸣金则退。

金枝玉叶:原形容花木枝叶美好。后多指皇族子孙。现也比喻出身高贵或娇嫩柔弱的人。

叶落知秋:看到树叶落,便知秋天到来。比喻从细微的变化可以推测事物的发展趋向。

秋月春花:春天的花朵,秋天的月亮。泛指春秋美景。

花阶柳市:指妓院聚集的街市。

市井小人:指城市中庸俗鄙陋之人。

人约黄昏:人在黄昏时约会。指情人约会。

昏昏浩浩:苍茫浩渺。

浩气长存:浩气,即正气,刚直正大的精神。浩然之气永远长存。

存亡安危:使将要灭亡的保存下来,使极其危险的安定下来。形容在关键时刻起了决定作用。

危言高论:正直而不同凡响的言论。

论议风生:形容谈论广泛、生动而又风趣。

生财之道:发财的门路。

道听途说:道、途,路。路上听来的、路上传播的话。泛指没有根据的传闻。

说一不二:说怎么样就怎么样。形容说话算数。

二三其德:二三,不专一。形容三心二意。

第八十五步

成语接龙

德言容功　功标青史　史不绝书　书香世家　家学渊源　源源而来

来迎去送　送旧迎新　新亭对泣　泣不可仰　仰而赋诗　诗肠鼓吹

吹竹弹丝　丝恩发怨　怨家债主　主客颠倒　倒峡泻河　河清海晏

晏然自若　若隐若显　显而易见　见鞍思马　马齿徒增　增砖添瓦

瓦解冰消　消(逍)遥自在　在所不惜　惜玉怜香　香火因缘　缘木希鱼

鱼肠尺素　素不相能　能者多劳　劳民动众　众口交詈

成语解释

德言容功:德,妇德,品德;言,言辞;容,容貌;功,女红(旧指女子所做的针线活)。封建礼教要求妇女应具备的品德。

功标青史:标,写明;青史,古代在竹简上记事,因称史书为青史。功劳记在史书上。指建立了巨大功绩。

史不绝书:书,指记载。史书上不断有记载。过去经常发生这样的事情。

书香世家:指世代都是读书人的家庭。

家学渊源:家学,家中世代相传的学问;渊源,原指水源,比喻事情的本源。家世学问的传授有根源。

源源而来:原指诸侯相继朝觐一辈子。后形容接连不断地到来。

来迎去送:来者迎之,去者送之。

送旧迎新:送走旧的,迎来新的。

新亭对泣:新亭,古地名,故址在今南京市的南面;泣,小声哭。表示痛心国难而无可奈何的心情。

泣不可仰:哭泣得抬不起头。形容极度悲伤。

仰而赋诗:仰头歌唱作诗。

诗肠鼓吹:鼓吹,乐器合奏。特指听到黄鹂鸣声,可以引起诗兴。

吹竹弹丝:吹奏管乐器,弹拨弦乐器。

丝恩发怨:丝、发,形容细小。形容极细小的恩怨。

怨家债主:佛教指与我有冤仇的人。

主客颠倒:比喻事物轻重大小颠倒了位置。

倒峡泻河:比喻文笔酣畅,气势磅礴。

河清海晏:指黄河的水清了,大海也平静了。比喻天下太平。也说海晏河清。

晏然自若:晏然,平静安定的样子;自若,不变常态。形容在紧张状态下沉静如常。

若隐若显:若,好像;隐,隐藏;显,显现。好像隐藏不露,又好像显现出来。形容隐隐约约,看不清楚的样子。

显而易见:形容事情或道理很明显,极容易看清楚。

见鞍思马:看见死去或离别的人留下的东西就想起了这个人。

马齿徒增:马的牙齿有多少,就可以知道它的年龄有多大。谦称自己虚度年华,学业或事业却没有什么成就。

增砖添瓦:犹添砖加瓦。比喻做一些工作,尽一点力量。

瓦解冰消:比喻完全消逝或彻底崩溃。

消遥自在:指逍遥自得。

在所不惜:决不吝惜。多用在付出大的代价。

惜玉怜香:惜、怜,爱怜;玉、香,比喻女子。比喻男子对所爱女子的照顾体贴。

香火因缘:香火,供佛敬神时燃点的香和灯火。香和灯火都是供佛的,因此佛教称彼此意志相投为“香火因缘”。指彼此契合。

缘木希鱼:缘木,爬树。爬到树上去找鱼。比喻方向或办法不对头,不可能达到目的。同“缘木求鱼”。

鱼肠尺素:指书信。

素不相能:能,亲善。指一向不和睦。

能者多劳:能干的人做事多、劳累也多。

劳民动众:动用众多民力去做某件事。

众口交詈:众人一致责骂。

第八十六步

成语接龙

詈夷为跖　跖狗吠尧　尧年舜日　日销月铄　铄懿渊积　积讹成蠹

蠹国残民　民生凋敝　敝衣枵腹　腹热肠慌　慌手忙脚　脚不沾地

地老天昏　昏定晨省　省事宁人　人神共愤　愤世疾邪　邪不敌正

正儿巴经　经纬万端　端本澄源　源清流清　清浑皂白　白白朱朱

朱陈之好　好梦难圆　圆凿方枘　枘凿方圆　圆木警枕　枕典席文

文采风流　流离颠顿　顿首再拜　拜倒辕门　门可张罗

成语解释

詈夷为跖:詈,咒骂;夷,伯夷;跖,盗跖。指将伯夷责骂为盗跖。比喻颠倒黑白,诬蔑好人。

跖狗吠尧:比喻各为其主。

尧年舜日:比喻天下太平的时候。

日销月铄:一天天一月月地销熔、减损。

铄懿渊积:指德行美好,学问渊博精深。

积讹成蠹:指谬误积久,败坏人心。

蠹国残民:危害国家和人民。同"蠹国害民"。

民生凋敝:民生,人民的生计;凋敝:衰败,艰苦。社会穷困,经济衰败,人民生活极端困苦。

敝衣枵腹:衣破肚饥。形容生活困顿。

腹热肠慌:元曲俗语。形容焦急、慌乱。

慌手忙脚:形容动作忙乱。同"慌手慌脚"。

脚不沾地:形容走得非常快,好像脚尖都未着地。同"脚不点地"。

地老天昏:形容变化剧烈。

昏定晨省:昏,天刚黑;省,探望,问候。晚间服侍就寝,早上省视问安。旧时侍奉父母的日常礼节。

省事宁人:减少事务,使人安宁。

人神共愤:人和神都愤恨。形容民愤极大。

愤世疾邪:犹愤世嫉俗。

邪不敌正:犹言邪不犯正。指邪妖之法不能压倒刚正之气。

正儿巴经:正经的,严肃认真的。真正的,确实的。亦作"正儿八经"。

经纬万端:比喻头绪极多。

端本澄源:犹正本清源。从根本上加以整顿清理。

源清流清:源头的水清,下游的水自然就清。比喻因果相连,事物的本原好,其发展和结局也就好;或领导贤明,其下属也廉洁。源,也作原。亦作"源清流洁"。

清浑皂白:比喻事物的本来面目、是非、情由等。

白白朱朱:白的白,红的红。形容不同种类、色彩各异的花木。

朱陈之好:表示两家结成姻亲。

好梦难圆:比喻好事难以实现。

圆木警枕:用圆木做枕头,睡着时容易惊醒。形容刻苦自勉。

枕典席文:指以典籍为伴,勤于读书学习。

文采风流:横溢的才华与潇洒的风度。亦指才华横溢与风度潇洒的人物。

流离颠顿:形容生活艰难,四处流浪。同"流离颠沛"。

顿首再拜:顿首,以头叩地而拜;再拜,拜两次。古代的一种跪拜礼。亦指旧时信札中常用作向对方表示敬意的客套语。

拜倒辕门:辕门,将帅行辕或军营的大门。形容对别人佩服之至,自愿认输。

门可张罗:形容十分冷落,宾客稀少。同"门可罗雀"。

第八十七步

成语接龙

罗雀掘鼠　鼠心狼肺　肺腑之言　言类悬河　河清海竭　竭忠尽智
智小谋大　大权独揽　揽权纳贿　贿货公行　行不贰过　过庭之训
训格之言　言行抱一　一夔一契　契船求剑　剑树刀山　山呼海啸
啸傲风月　月夕花朝　朝成暮毁　毁誉参半　半筹不纳　纳垢藏污
污泥浊水　水底纳瓜　瓜分豆剖　剖蚌得珠　珠箔银屏　屏气敛息
息怒停瞋　瞋目竖眉　眉南面北　北辕适粤　粤犬吠雪

成语解释

罗雀掘鼠:原指张网捉麻雀、挖洞捉老鼠来充饥的窘困情况,后比喻想尽办法筹措财物。

鼠心狼肺:形容心肠阴险狠毒。

肺腑之言:肺腑,指内心。出于内心的真诚的话。

言类悬河:形容能言善辩,说话滔滔不绝。

河清海竭:黄河水清,大海干涸。比喻难得遇到的事情。

竭忠尽智:毫无保留地献出一片忠诚和所有才智。

智小谋大:指能力低下而谋划很大。

大权独揽:揽,把持。一个人把持着权力,独断专行。

揽权纳贿:揽,把持;纳,接纳。把持权势,并接受贿赂。

贿货公行:指公开行贿受贿。同“贿赂公行”。

行不贰过:指犯过的错误不再犯。

过庭之训:用以指父亲的教诲。

训格之言:指可以奉为行为准则的教诲之言。

言行抱一:犹言言行一致。说的和做的完全一个样。

一夔一契:夔契都是舜时贤臣,后因以之喻良辅。

契船求剑:比喻拘泥成法,不知变通。后多作“刻舟求剑”。

剑树刀山:佛教所说的地狱之刑。形容极残酷的刑罚。

山呼海啸:山在呼叫,海在咆哮。形容气势盛大。也形容极为恶劣的自然境况。

啸傲风月:啸傲,随意长啸吟咏游乐。在江湖山野中自由自在地吟咏游赏。

月夕花朝:月明的夜晚,花开的早晨。形容良辰美景。

朝成暮毁:形容翻新的速度很快。

毁誉参半:说坏话的和说好话的各占一半。表示对人的评价没有一致的意见。

半筹不纳:筹,古代计算工具,引申为计策;纳,缴纳。半条计策也拿不出来。比喻一点办法也没有。

纳垢藏污:垢、污,肮脏的东西。比喻隐藏或包容坏人坏事。

污泥浊水:比喻一切落后、腐朽和反动的东西。

水底纳瓜:形容不能容纳。

瓜分豆剖:瓜被剖开,豆从荚中分裂而出。比喻国土被并吞、分割。

剖蚌得珠:比喻求取贤良的人才。同“剖蚌求珠”。

珠箔银屏:箔,帘子;屏,屏风。珠缀的帘子,银制的屏风。多形容神仙洞府陈设华美。

屏气敛息:屏,闭住;敛,收住。闭住气,收住呼吸。指因心情紧张或注意力集中,暂时止住了呼吸。

息怒停瞋:瞋,发怒时睁大眼睛。停止发怒和生气。多用作劝说,停息恼怒之辞。

瞋目竖眉:瞪大眼睛,竖直眉毛。形容非常恼怒的样子。

眉南面北:形容彼此不和,合不来。形容分隔两地不能相见。

北辕适粤:犹北辕适楚。粤在南方。

粤犬吠雪:两广很少下雪,狗看见下雪就叫。比喻少见多怪。

第八十八步

成语接龙

雪窗萤几　几尽一刻　刻薄寡思　思归其雌　雌雄未决　决一死战

战战业业　业业兢兢　兢兢战战　战战兢兢　兢兢干干　干霄蔽日

日堙月塞　塞上江南　南山可移　移天换日　日久年深　深山密林

林寒涧肃　肃然生敬　敬老怜贫　贫病交攻　攻苦食啖　啖以重利

利出一孔　孔席墨突　突飞猛进　进退荣辱　辱国殃民　民怨沸腾

腾蛟起凤　凤凰来仪　仪态万千　千锤百炼　炼石补天

成语解释

雪窗萤几:比喻勤学苦读。

几尽一刻:几乎占了一刻的时间。

刻薄寡思:寡,少。待人说话冷酷无情,不厚道。

思归其雌:指退藏潜服。

雌雄未决:比喻胜负未定。

决一死战:决,决定;死,拼死。对敌人拼死决战。

战战业业:戒慎畏惧的样子。

业业兢兢:犹兢兢业业。小心谨慎、认真负责的样子。

兢兢战战:兢兢,小心谨慎的样子;战战,畏惧的样子。形容害怕而小心谨慎的样子。

战战兢兢:战战,恐惧的样子;兢兢,小心谨慎的样子。形容非常害怕而微微发抖的样子。也形容小心谨慎的样子。

兢兢干干:指敬慎自强。

干霄蔽日:犹干云蔽日。

日堙月塞:一天天堵塞,不通畅。

塞上江南:原指古凉州治内贺兰山一带。后泛指塞外富庶之地。同“塞北江南”。

南山可移:南山,终南山。比喻已经定案,不可更改。

塞上江南

移天换日:改变天,更换日。比喻使用欺骗手段篡夺政权。

日久年深:指日子长,时间久。

深山密林:与山外、林外距离远的、人迹罕至的山岭、森林。

林寒涧肃:指秋冬间林木凋零、涧水枯落的景象。

肃然生敬:形容产生严肃敬仰的感情。同“肃然起敬”。

敬老怜贫:老,年老的人;怜,怜恤。尊敬老人,怜恤家境困苦的人。形容人有恭谨慈爱的美好品德。

贫病交攻:贫穷和疾病一起压在身上。同“贫病交迫”。

攻苦食啖:做艰苦的工作,吃清淡的食物。形容刻苦自励。啖,亦作“淡”。同“攻苦食淡”。

啖以重利:啖,吃,引诱;重,大、厚;利,利益、好处。用优厚的利益和好处引诱或收买人。

利出一孔:给予利禄赏赐只有一条途径,那是从事耕战。

孔席墨突:原意是孔子、墨子四处周游,每到一处,座席没有坐暖,灶突没有熏黑,又匆匆地到别处去了。形容忙于世事,各处奔走。

突飞猛进:突、猛,形容急速。形容进步和发展特别迅速。

进退荣辱:指仕途的迁升或降职,荣耀或耻辱。

辱国殃民:使国家受辱,人民遭殃。亦作“辱国殄民”。

民怨沸腾:人民的怨声就像开水在翻滚一样。形容人民对腐败黑暗的反动统治怨恨到了极点。

腾蛟起凤:蛟,蛟龙;凤,凤凰。宛如蛟龙腾跃、凤凰起舞。形容人很有文采。

凤凰来仪:仪,容仪。凤凰来舞,仪表非凡。古代指吉祥的征兆。

仪态万千:仪态,姿态,容貌。形容容貌、姿态各方面都很美。

千锤百炼:比喻经历多次艰苦斗争的锻炼和考验。也指对文章和作品进行多次精心的修改。

炼石补天:炼,用加热的方法使物质纯净或坚韧。古神话,相传天缺西北,女娲炼五色石补之。比喻施展才能和手段,弥补国家以及政治上的失误。

第八十九步

成语接龙

天地诛戮　戮力同心　心谤腹非　非分之财　财大气粗　粗衣淡饭

饭糗茹草　草行露宿　宿水飡风　风餐雨宿　宿水飱风　风尘碌碌

碌碌无能　能谋善断　断袖余桃　桃弧棘矢　矢死不二　二童一马

马空冀北　北叟失马　马革裹尸　尸位素餐　餐风沐雨　雨栋风帘

帘窥壁听　听其自便　便辞巧说　说东谈西　西鹣东鲽　鲽离鹣背

背曲腰躬　躬逢其盛　盛筵难再　再接再厉　厉戈秣马

成语解释

天地诛戮:犹天诛地灭。比喻为天地所不容。同"天地诛灭"。

戮力同心:戮力,并力;同心,齐心。齐心合力。

心谤腹非:口里不说,心里谴责。指暗地里反对。

非分之财:不是自己应得的钱财。指本身不应该拿的钱财。

财大气粗:指富有财产,气派不凡。也指仗着钱财多而气势凌人。

粗衣淡饭:粗,粗糙、简单;淡饭,指饭菜简单。形容饮食简单,生活简朴。

饭糗茹草:饭、茹,吃;糗,干粮;草,指野菜。吃的是干粮、野菜。形容生活清苦。

草行露宿:走在野草里,睡在露天下。形容走远路的人艰苦和匆忙的情形。

宿水飡风:形容旅途或野外生活的艰苦。同"宿水餐风"。

风餐雨宿:在风中进餐,在雨中住宿。形容旅途或野外生活的艰辛。

宿水飱风:形容旅途或野外生活的艰苦。同"宿水餐风"。

风尘碌碌:碌碌,辛苦忙碌的样子。形容在旅途上辛苦忙碌的样子。

碌碌无能:碌碌,平庸、无能的。平平庸庸,没有能力。

能谋善断:善,擅长;断,决断。形容人能不断思考,并善于判断。

断袖余桃:指男性之间的同性恋。同“断袖之癖”。

桃弧棘矢:桃木做的弓,棘枝做的箭,古人认为可避邪。

矢死不二:发誓宁死不变。同“矢死无贰”。

二童一马:用以指少年时代的好友。

马空冀北:伯乐将冀北之良马搜选一空。比喻执政者善选贤才,无所遗漏。

北叟失马:比喻祸福没有一定。

马革裹尸:马革,马皮。用马皮把尸体裹起来。指英勇牺牲在战场。

尸位素餐:尸位,空占职位,不尽职守;素餐,白吃饭。空占着职位而不做事,白吃饭。

餐风沐雨:餐,吃;沐,洗。以风充饥,用雨水洗浴。形容旅行或野外生活的艰辛。

雨栋风帘:形容高敞华美的楼阁。

帘窥壁听:帘,布帘;窥,偷看;壁,墙壁;听,偷听。指窃听与偷看。

听其自便:听凭其任意行动。

便辞巧说:指牵强附会、巧为立说。

说东谈西:形容没有中心地随意说。同“说东道西”。

西鹣东鲽:代称四海珍异之物。

鲽离鹣背:比喻夫妻或恋人分离。

背曲腰躬:腰背弯曲。常指坐久或年老。

躬逢其盛:亲身经历那种盛况。

盛筵难再:比喻良机不易重逢。

再接再厉:接,交战;厉,砺,磨快。原指鸡相斗时,在每次交锋前要先磨嘴。后用以指继续努力,坚持不懈。

厉戈秣马:磨戈喂马。比喻做好战斗准备。

第九十步

成语接龙

马首欲东　东挪西撮　撮科打哄　哄动一时　时乖运蹇　蹇人上天
天渊之别　别鹤孤鸾　鸾歌凤舞　舞裙歌扇　扇枕温被　被发缨冠
冠绝一时　时乖命蹇　蹇视高步　步履维艰　艰苦奋斗　斗粟尺布
布衣韦带　带砺山河　河清海晏　晏安鸩毒　毒手尊前　前功尽弃
弃同即异　异路同归　归心如箭　箭不虚发　发扬蹈厉　厉兵秣马
马革盛尸　尸禄素餐　餐风啮雪　雪案萤灯　灯尽油干

成语解释

马首欲东:指东归,返回。

东挪西撮:指各处挪借,凑集款项。同“东挪西凑”。

撮科打哄:犹言插科打诨。戏曲、曲艺演员在表演中穿插进去的引人发笑的动作或语言。

哄动一时:在一个时期内惊动很多人。

时乖运蹇:时,时运,时机;乖,不顺利;蹇,一足偏废,引申为不顺利。时运不好,命运不佳。这是唯心主义宿命论的观点。

蹇人上天:比喻不可能之事。亦作“蹇人升天”。

天渊之别:天和地,一极在上,一极在下。比喻差别极大。

别鹤孤鸾:别,离别;鸾,凤凰一类的鸟。离别的鹤,孤单的鸾。比喻远离的夫妻。

鸾歌凤舞:比喻美妙的歌舞。

舞裙歌扇:歌舞的装束、用具,即指歌舞。也指能歌善舞的人。同“舞衫歌扇”。

扇枕温被:形容对父母十分尽心。

被发缨冠:来不及将头发束好,来不及将帽带系上。形容急于去救助别人。

冠绝一时:冠绝,遥遥领先,位居第一。形容在某一时期内超出同辈,首屈一指。

时乖命蹇:时,时运,时机;乖,不顺利;蹇,一足偏废,引申为不顺利。时运不好，命运不佳。这是唯心主义宿命论的观点。

蹇视高步：犹言昂首阔步。

步履维艰：指行走困难行动不方便。

艰苦奋斗：不怕艰难困苦，坚持英勇斗争。

斗粟尺布：比喻兄弟间因利害冲突而不和。

布衣韦带：原是古代贫民的服装，后指没有做官的读书人。

带砺山河：带，衣带；砺，磨刀石；山，泰山；河，黄河。黄河细得象条衣带，泰山小得象块磨刀石。比喻时间久远，任何动荡也决不变心。

河清海晏：指黄河的水清了，大海也平静了。比喻天下太平。也说海晏河清。

晏安鸩毒：比喻耽于逸乐而杀身。

毒手尊前：泛指无情的打击。

前功尽弃：功，功劳；尽，完全；弃，丢失。以前的功劳全部丢失。也指以前的努力全部白费。

弃同即异：指抛弃同姓同族而亲近异姓异族。也指丢掉共同之说而接近新奇之说。

异路同归：通过不同的道路，到达同一个目的地。比喻采取不同的方法而得到相同的结果。

归心如箭：想回家的心情像射出的箭一样快。形容回家心切。

箭不虚发：虚，空。形容箭术高超，百发百中。

发扬蹈厉：原指周初《武》乐的舞蹈动作。手足发扬，蹈地而猛烈，象征太公望辅助武王伐纣时勇往直前的意志。后比喻精神奋发，意气昂扬。

厉兵秣马：指磨好刀枪，喂饱战马，准备战斗。

马革盛尸：用马皮把尸体裹起来。指英勇牺牲在战场。同“马革裹尸”。

尸禄素餐：指空食俸禄而不尽其职，无所事事。

餐风啮雪：形容野外生活的艰苦。

雪案萤灯：比喻勤学苦读。同“雪窗萤几”。

灯尽油干：灯光尽灭，灯油耗干。比喻人的精力或财力都消耗一空。

第九十一步

成语接龙

干城之将　将错就错　错综复杂　杂乱无章　章台杨柳　柳暗花明
明日黄花　花容月貌　貌美如花　花簇锦攒　攒三聚五　五内如焚
焚琴鬻鹤　鹤处鸡群　群蚁溃堤　堤溃蚁孔　孔孟之道　道尽途殚
殚见洽闻　闻一知十　十夫楺椎　椎埋穿掘　掘室求鼠　鼠啮虫穿
穿井得人　人微言贱　贱敛贵发　发秃齿豁　豁然贯通　通幽洞冥
冥顽不灵　灵蛇之珠　珠联玉映　映月读书　书声朗朗

成语解释

干城之将：干城，盾牌和城墙，比喻捍卫者。指保卫国家的大将。

将错就错：就，顺着。指事情已经做错了，索性顺着错误继续做下去。

错综复杂：错，交错，交叉；综，合在一起。形容头绪多，情况复杂。

杂乱无章：章，条理。乱七八糟，没有条理。

章台杨柳：比喻窈窕美丽的女子。

柳暗花明：垂柳浓密，鲜花夺目。形容柳树成荫，繁花似锦的春天景象。也比喻在困难中遇到转机。

明日黄花：黄花，菊花。原指重阳节过后逐渐萎谢的菊花。后多比喻过时的事物或消息。

花容月貌：如花似月的容貌。形容女子美貌。

貌美如花：形容女子的容貌像花一样美。

花簇锦攒：形容五色缤纷、繁盛艳丽的景象。同"花攒锦簇"。

攒三聚五：三三五五聚在一起。

五内如焚：五内，五脏；焚，烧。五脏都像着了火一样。形容像火烧的一样。比喻非常焦急。

焚琴鬻鹤：犹焚琴煮鹤。比喻糟蹋美好的事物。

鹤处鸡群：比喻一个人的仪表或才能在周围一群人里显得很突出。同"鹤立鸡群"。

群蚁溃堤:溃,溃决。细小的蚁洞可以溃决堤坝。比喻细小的漏洞可以酿成大错。

堤溃蚁孔:堤坝因蚂蚁洞而崩溃。比喻忽视小处会酿成大祸。

孔孟之道:孔,孔子;孟,孟子。指儒家学说。

道尽途殚:指无路可走.陷于绝境。

殚见洽闻:殚,尽,完全;洽,广博。该见的都见过了,该听的都听过了。形容见多识广,知识渊博。

闻一知十:听到一点就能理解很多。形容善于类推。

十夫楺椎:指十个人的力量能使椎弯曲;比喻人多力大,足以改变原状。

椎埋穿掘:杀人埋尸,发冢盗墓。泛指行凶作恶。

掘室求鼠:挖坏房子捉老鼠。比喻因小失大。

鼠啮虫穿:指鼠咬虫蛀。

穿井得人:穿井,打井。指家中打井后省得一个劳力,却传说成打井时挖得一个人。比喻话传来传去而失真。

人微言贱:犹言人微言轻。地位低,说话不受人重视。

贱敛贵发:低价买进,高价卖出。同"贱敛贵出"。

发秃齿豁:头发脱光,牙齿豁落。形容人已衰老。

豁然贯通:豁然,通达的样子;贯通,前后贯穿通晓。指一下弄通了某个道理。

通幽洞冥:通晓、洞察幽冥之事。

冥顽不灵:冥顽,愚钝无知;不灵,不聪明。形容愚昧无知。

灵蛇之珠:即隋珠。原比喻无价之宝。后也比喻非凡的才能。

珠联玉映:本指一种天象。同"珠联璧合"。

映月读书:利用月光来照明读书。形容家境清贫,勤学苦读。

书声朗朗:形容读书声音清朗而响亮。

第九十二步

成语接龙

朗朗上口　口呆目瞪　瞪眉瞠眼　眼馋肚饱　饱经忧患　患难之交

交头互耳　耳鬓斯磨　磨砥刻厉　厉兵秣马　马鹿异形　形影相吊

吊尔郎当　当头棒喝　喝西北风　风驰草靡　靡靡之声　声东击西
西风残照　照人肝胆　胆壮心雄　雄才大略　略迹原心　心如止水
水阔山高　高情远意　意气扬扬　扬威耀武　武断专横　横戈跃马
马如游龙　龙姿凤采　采葑采菲　菲食薄衣　衣妆楚楚

成语解释

朗朗上口:指诵读诗文时的声音响亮而顺口。

口呆目瞪:嘴说不出话,眼发直。形容很吃惊的样子。

瞪眉瞠眼:立眉瞪眼。形容醉态。

眼馋肚饱:形容人贪得无厌。

饱经忧患:指经历了许多困苦患难。

患难之交:交,交情,朋友。在一起经历过艰难困苦的朋友。

交头互耳:犹交头接耳。形容两个人凑近低声交谈。

耳鬓斯磨:鬓,鬓发;厮,互相;磨,擦。耳与鬓发互相摩擦。形容相处亲密。

磨砥刻厉:磨炼砥砺。形容刻苦钻研。

厉兵秣马:磨好兵器,喂好马。形容准备战斗。

马鹿异形:出自赵高指鹿为马的故事,比喻颠倒是非、混淆黑白。

形影相吊:吊,慰问。孤身一人,只有和自己的身影相互慰问。形容无依无靠,非常孤单。

吊尔郎当:形容作风散漫,态度不严肃。

当头棒喝:佛教禅宗和尚接待初学的人常常用棒一击或大喝一声,促他醒悟。比喻严厉警告,促使人猛醒过来。

喝西北风:指没有东西吃,空着肚子过日子。

风驰草靡:比喻强大的势力能制服一切。同“风行草靡”。

靡靡之声:指柔弱、颓靡的音乐。同“靡靡之音”。

声东击西:声,声张。指造成要攻打东边的声势,实际上却攻打西边。是使对方产生错觉以出奇制胜的一种战术。

西风残照:秋天的风,落日的光。比喻衰败没落的景象。多用来衬托国家的残破和心境的凄凉。

照人肝胆:比喻以赤诚相见。

胆壮心雄:形容胆子大,有雄心,做事无所畏惧。

雄才大略:非常杰出的才智和谋略。

略迹原心:撇开表面的事实,而从其用心上加以原谅。

心如止水:形容心境平静,毫无杂念。

水阔山高:阔,宽,广阔,指有广阔的水面和高大的山脉隔着,不得相通。

高情远意:高尚的品格或情趣。同“高情远致”。

意气扬扬:扬扬,得意的样子。形容很得意的样子。

扬威耀武:炫耀武力,显示威风。

武断专横:武断,只凭主观想象作判断;专横,专制强横。形容凭借权势独断专行,蛮横跋扈。

横戈跃马:横持戈矛,策马腾跃。形容将士威风凛凛,准备冲杀作战的英勇姿态。

马如游龙:形容人马熙熙攘攘的景象。

龙姿凤采:形容姿态风采非凡。

采葑采菲:比喻不因其所短而合其所长。葑即蔓青,叶和根、茎可食,但根茎味苦。

菲食薄衣:菲,微薄。微薄的衣服,粗劣的食物。形容生活十分俭朴。

衣妆楚楚:犹言衣冠楚楚。服饰整齐鲜明。

第九十三步

成语接龙

楚歌四起　起居无时　时和岁丰　丰功厚利　利齿伶牙　牙白口清
清廉正直　直内方外　外简内明　明堂正道　道不掇遗　遗惠余泽
泽及枯骨　骨肉相连　连镳并驾　驾雾腾云　云开见天　天理良心
心慈面软　软语温言　言犹在耳　耳目一新　新陈代谢　谢家宝树
树大招风　风平浪静　静极思动　动地惊天　天经地义　义重恩深
深厉浅揭　揭篋担囊　囊括四海　海屋筹添　添砖加瓦

成语解释

楚歌四起：比喻四面被围，陷入孤立危急的困境。

起居无时：起居，作息，日常生活。形容日常生活没有规律。

时和岁丰：四时和顺，五谷丰收。用以称颂太平盛世。同"时和年丰"。

丰功厚利：指巨大的功利。

利齿伶牙：伶，通"灵"，灵活，乖巧。能说会道。

牙白口清：比喻说话清楚。

清廉正直：清白廉洁，为人正直不阿。

直内方外：形容内心正直、做事方正。

外简内明：指对人表面上简易，而内心明察。

明堂正道：犹言正式，公开，堂堂正正。同"明公正气"。

道不掇遗：路上没有人把别人丢失的东西拾走。形容社会风气好。同"道不拾遗"。

遗惠余泽：前人留下的恩惠德泽。

泽及枯骨：泽，恩泽；枯骨，死去已久的人。恩泽及于死者。形容给人恩惠极大。

骨肉相连：像骨头和肉一样互相连接着。比喻关系非常密切，不可分离。

连镳并驾：比喻彼此的力量或才能不分高下。同"连镳并轸"。

驾雾腾云：乘着云，驾着雾。原是传说中指会法术的人乘云雾飞行，后形容奔驰迅速或头脑发昏。

云开见天：乌云消散，重见天日。比喻社会由乱转治，由黑暗转向光明。

天理良心：天理，自然之理，上天主持的公理。良心，旧指人类纯真善良之心。指人的天性善心。

心慈面软：形容为人和善。

软语温言：温和的话语。

言犹在耳：犹，还。说的话还在耳边。比喻说的话还清楚地记得。

耳目一新：耳目，指见闻。听到的、看到的跟以前完全不同，使人感到新鲜。

新陈代谢：原指生物体经常地、不断地用新物质代替旧物质的过程。现比喻新生事物代替衰亡的旧事物。

谢家宝树：比喻能光耀门庭的子侄。

树大招风：比喻人出了名或有了钱财就容易惹人注意，引起麻烦。

风平浪静：指没有风浪。比喻平静无事。

静极思动：指生活平静到了极点，就希望有所改变。亦指事物的静止状态达到极点，便会向动的方向转化。

动地惊天：惊，惊动；动，震撼。使天地惊动。形容某个事件的声势或意义极大。

天经地义：经，规范，原则；义，正理。天地间历久不变的常道。指绝对正确，不能改变的道理。也指理所当然的事。

义重恩深：恩惠、情义极为深重。

深厉浅揭：厉，连衣涉水；揭，撩起衣服。意思是涉浅水可以撩起衣服；涉深水撩起衣服也没有用，只得连衣服下水。比喻处理问题要因地制宜。

揭箧担囊：盗窃箱笼等财物。

囊括四海：囊括，比喻统统包罗在内。指统一全国。

海屋筹添：原指长寿，后为祝寿之词。

添砖加瓦：比喻做一些工作，尽一点力量。

第九十四步

成语接龙

瓦解冰销　销毁骨立　立盹行眠　眠花宿柳　柳絮才高　高不可攀
攀蟾折桂　桂酒椒浆　浆酒藿肉　肉飞眉舞　舞凤飞龙　龙举云属
属辞比事　事不宜迟　迟徊观望　望风披靡　靡所底止　止戈散马
马迹蛛丝　丝发之功　功一美二　二分明月　月落参横　横冲直闯
闯南走北　北鄙之声　声势熏灼　灼艾分痛　痛不欲生　生拽活拖
拖麻拽布　布袜青鞋　鞋弓袜浅　浅斟低唱　唱沙作米

成语解释

瓦解冰销：比喻失败、崩溃或消失。

销毁骨立：销，久病枯瘦。形容身体枯瘦如柴。

立盹行眠:站立、行走时都在睡觉。形容十分疲倦。

眠花宿柳:比喻狎妓。

柳絮才高:表示人有卓越的文学才能。多指女子。

高不可攀:攀,抓住高处的东西向上爬。高得手也攀不到。形容难以达到。也形容人高高在上,使人难接近。

攀蟾折桂:攀登蟾宫,折取月桂。比喻科举登第。

桂酒椒浆:泛指美酒。

浆酒藿肉:把酒肉当做水浆、豆叶一样。形容饮食的奢侈。同"浆酒霍肉"。

肉飞眉舞:犹言眉飞色舞。形容高兴喜悦的神态。

舞凤飞龙:犹龙飞凤舞。气势奔放雄壮的样子。

龙举云属:比喻王者兴起则必遇贤臣良将。同"龙兴云属"。

属辞比事:原指连缀文辞,排比事实,记载历史。后泛称作文记事。

事不宜迟:事情要抓紧时机快做,不宜拖延。

迟徊观望:犹言迟疑观望。

望风披靡:披靡,草木随风倒伏。草一遇到风就倒伏了。比喻军队毫无斗志,老远看到对方的气势很盛,没有交锋就溃散了。

靡所底止:指没有止境。

止戈散马:停用兵戈,放还战马,意指结束战争。

马迹蛛丝:马蹄的痕迹,蜘蛛的细丝。比喻隐约可寻的痕迹和线索。

丝发之功:丝发,一根丝,一根头发。指功劳极微小。

功一美二:功,功绩。做一方面的事情而取得两方面的美名。

二分明月:古人认为天下明月共三分,扬州独占二分。原用于形容扬州繁华昌盛的景象。今用以比喻当地的月色格外明朗。

月落参横:月亮已落,参星横斜。形容天将明。

横冲直闯:乱冲乱撞,蛮横无理。同"横冲直撞"。

闯南走北:奔走四方。

北鄙之声:指殷纣时的音乐。后世视为亡国之声。

声势熏灼:谓声威气势逼人。

灼艾分痛:比喻兄弟友爱。

痛不欲生:悲痛得不想活下去。形容悲痛到极点。

生拽活拖:犹言生拖死拽。形容用力拉扯。

拖麻拽布:指戴孝。

布袜青鞋:原指平民的服装。旧时比喻隐士的生活。同“青鞋布袜”。

鞋弓袜浅:指旧时妇女小脚。同“鞋弓袜小”。

浅斟低唱:慢慢地喝酒,低低地歌唱。形容封建时代的士大夫消闲享乐的情状。

唱沙作米:比喻以假乱真或以劣为优。

第九十五步

成语接龙

米粒之珠	珠围翠拥	拥篲救火	火光烛天	天翻地覆	覆蕉寻鹿
鹿裘不完	完事大吉	吉网罗钳	钳口不言	言行相诡	诡变多端
端倪可察	察己知人	人琴俱亡	亡可奈何	何乐不为	为虺弗摧
摧兰折玉	玉质金相	相门有相	相生相克	克勤克俭	俭以养德
德隆望尊	尊己卑人	人心惶惶	惶恐不安	安室利处	处尊居显
显亲扬名	名垂万古	古井不波	波波碌碌	碌碌无奇	

成语解释

米粒之珠:比喻细微弱小的东西。

珠围翠拥:指华贵的装潢或装饰。

拥篲救火:指方法不当,事必不成。

火光烛天:火光把天都照亮了。形容火势极大(多指火灾)。

天翻地覆:覆,翻过来。形容变化巨大。也形容闹得很凶。

覆蕉寻鹿:覆,遮盖;蕉,同“樵”,柴。比喻把真事看做梦幻而一再失误。同“覆鹿寻蕉”。

鹿裘不完:比喻俭朴节俭。

完事大吉:指事情结束了,或东西完蛋了。多含贬义。

吉网罗钳:比喻酷吏朋比为奸,陷害无辜。

钳口不言:钳口,闭口。闭着嘴不说话。

言行相诡:诡,违反,违背。说的和做的相违背。指言行不一。

诡变多端:诡变,狡诈多变;端,项目,点。形容坏主意很多。

端倪可察:端倪,线索。事情已经可以看出眉目来了。

察己知人:指情理之中的事情,察度自己,就可知晓别人。

人琴俱亡:形容看到遗物,怀念死者的悲伤心情。

亡可奈何:亡,同“无”。无可奈何。指只能如此,没有别的办法。

何乐不为:乐,乐意;为,做。有什么不乐于去做的呢?表示愿意去做。

为虺弗摧:虺,小蛇。小蛇不打死,大了就难办。比喻弱敌不除,必有后患。

摧兰折玉:摧,摧残,毁掉。毁坏兰花,折断美玉。比喻摧残和伤害女子。

玉质金相:金、玉,比喻美好;质,本质;相,外貌。比喻文章的形式和内容都完美。也形容人相貌端美。

相门有相:宰相门里还出宰相。旧指名门子弟能继承父兄事业。

相生相克:指金、木、水、火、土五种物质的互相生发以互相克制的关系。后引申为一般物质之间的辩证关系。

克勤克俭:克,能够。既能勤劳,又能节俭。

俭以养德:节俭有助于养成质朴勤劳的德操。

德隆望尊:犹言德高望重。同“德隆望重”。

尊己卑人:抬高自己,蔑视他人。形容自尊自大。

人心惶惶:惶惶,也作“皇皇”,惊惶不安的样子。人们心中惊惶不安。

惶恐不安:惶,恐惧。内心害怕,十分不安。

安室利处:指安全便利的处所。

处尊居显:显,显要,显赫。指有声望有地位。形容职位高,权势大。

显亲扬名:显,显赫;亲,父母;扬,传扬。指使双亲显耀,名声传扬。

名垂万古:指名声永远流传。

古井不波:古井,枯竭的老井;波,波澜。枯竭的老井已不会再起波澜。比喻心境沉寂,不会因外界的影响而动感情。旧时指寡妇不思再嫁。亦作“古井无波”。

波波碌碌:奔走忙碌的样子。

碌碌无奇:平凡,无特殊才能。

第九十六步

成语接龙

奇耻大辱　辱身败名　名我固当　当场出彩　彩笔生花　花攒锦聚

聚众滋事　事过景迁　迁延稽留　留(流)连忘返　返本朝元　元方季方
方领圆冠　冠上加冠　冠履倒置　置身事外　外感内伤　伤风败化
化枭为鸠　鸠居鹊巢　巢林一枝　枝对叶比　比量齐观　观隅反三
三婆两嫂　嫂溺叔援　援鳖失龟　龟龙鳞凤　凤毛济美　美人香草
草木萧疏　疏财尚气　气喘吁吁　吁地呼天　天保九如

成语解释

奇耻大辱:奇,异常。极大的耻辱。

辱身败名:指自身受辱,名声败坏。

名我固当:叫我这个名字实在很恰当。

当场出彩:旧戏表演杀伤时,用红色水涂抹,装做流血的样子,叫做出彩。比喻当着众人的面败露秘密或显出丑态。

彩笔生花:比喻才思有很大的进步。

花攒锦聚:形容五色缤纷、繁盛艳丽的景象。同"花攒锦簇"。

聚众滋事:聚集一帮人到处惹事,制造纠纷。

事过景迁:事情已经过去,情况也变了。同"事过境迁"。

迁延稽留:犹言拖延滞留。

留连忘返:形容留恋景物,舍不得回去。

返本朝元:犹言返本还源。

元方季方:意指两人难分高下。后称兄弟皆贤为"难兄难弟"或"元方季方"。

方领圆冠:方形的衣领和圆形的帽冠,为古代儒生的服饰。亦借指儒生。

冠上加冠:同画蛇添足,比喻多余的举动。

冠履倒置:比喻上下位置颠倒,尊卑不分。

置身事外:身,自身。把自己放在事情之外,毫不关心。

外感内伤:中医指外感风邪,内有郁积而致病。比喻内外煎迫。

伤风败化:指败坏社会风俗。多用来谴责道德败坏的行为。同"伤风败俗"。

化枭为鸠:比喻变凶险为平安。枭即猫头鹰,旧时认为是凶鸟,鸠是吉祥之鸟。

鸠居鹊巢:比喻强占他人的居处或措置不当等。

巢林一枝:指鹪鹩筑巢,只不过占用一根树枝。后以之比喻安本分,不贪多。

枝对叶比:枝叶相对并列。比喻骈体文对偶句式。

比量齐观：指同等看待。

观隅反三：犹言举一反三。比喻从一件事情类推而知道其他许多事情。

三婆两嫂：犹言三妻四妾。

嫂溺叔援：比喻视实际情况而变通做法。

援鳖失龟：比喻得不偿失。

龟龙鳞凤：传统上用来象征高寿、尊贵、吉祥的四种动物。比喻身处高位德盖四海的人。

凤毛济美：旧时比喻父亲做官，儿子能继承父业。

美人香草：旧时诗文中用以象征忠君爱国的思想。

草木萧疏：萧疏，冷落，稀稀落落。花草树木都已枯萎凋谢。形容深秋景象。

疏财尚气：轻视钱财，讲义气。多指出钱帮助遭难的人。同"疏财仗义"。

气喘吁吁：形容呼吸急促，大声喘气。

吁地呼天：呼天唤地。形容极度悲切。

天保九如：祝贺福寿延绵不绝之意。

第九十七步

成语接龙

如解倒悬	悬鼓待椎	椎埋狗窃	窃势拥权	权重望崇	崇论吰议
议不反顾	顾全大局	局外之人	人微言轻	轻身重义	义不生财
财竭力尽	尽心尽力	力争上游	游云惊龙	龙马精神	神飞气扬
扬名显亲	亲密无间	间不容息	息息相关	关山阻隔	隔岸观火
火树琪花	花明柳暗	暗渡陈仓	仓卒之际	际会风云	云净天空
空口无凭	凭轼旁观	观山玩水	水中捞月	月晕而风	

成语解释

如解倒悬：比喻把人从危难中解救出来。

悬鼓待椎：比喻急不可待。

椎埋狗窃：指抢杀偷盗，不务正业。

窃势拥权：盗用权势。

权重望崇:指权力大而威望高。

崇论吰议:指高明卓越的议论。同“崇论闳议”。

议不反顾:议,通“义”。指为了正义奋勇向前,不回头、后退。

顾全大局:指从整体的利益着想,使不遭受损害。

局外之人:局外,原指棋局之外,引申为事外。指与某件事情没有关系的人。

人微言轻:地位低,说话不受人重视。

轻身重义:指轻视生命而重视正义事业。

义不生财:主持正义者不苟取财物。

财竭力尽:钱财和力量全部用尽。比喻生活陷入困窘的境地。

尽心尽力:指费尽心力。

力争上游:上游,河的上流,比喻先进的地位。努力奋斗,争取先进再先进。

游云惊龙:形容书法精妙。

龙马精神:龙马,古代传说中形状像龙的骏马。比喻人精神旺盛。

神飞气扬:精神振奋,意气昂扬。

扬名显亲:扬,传扬;显,显赫;亲,父母。指使双亲显耀,名声传扬。

亲密无间:间,缝隙。关系亲密,没有隔阂。形容十分亲密,没有任何隔阂。

间不容息:间,中间;容,容纳;息,喘息。中间都不容喘一口气。形容时机紧迫,不容延误。

息息相关:息,呼吸时进出的气。呼吸也相互关联。形容彼此的关系非常密切。

关山阻隔:关隘山岭阻挡隔绝。形容路途艰难,往来不易。

隔岸观火:隔着河看人家着火。比喻对别人的危难不去求助,在一旁看热闹。

火树琪花:比喻灿烂的灯火或焰火。

花明柳暗:垂柳浓密,鲜花夺目。形容柳树成荫,繁花似锦的春天景象。也比喻在困难中遇到转机。

暗渡陈仓:渡,越过;陈仓,古县名,在今陕西省宝鸡市东,古代兵家必争之地。比喻用造假象的手段来达到某种目的。也指暗中进行某种活动。

仓卒之际:仓卒,仓促,匆忙。匆忙之间。

际会风云:遭逢到好的际遇。

云净天空:比喻事情办得干净利落,不留痕迹。

空口无凭：单凭嘴说而没有什么作为凭据。只要用实物来证明。

凭轼旁观：靠在车前横木上旁观。比喻置身事外。

观山玩水：犹言游山玩水。

水中捞月：到水中去捞月亮。比喻去做根本做不到的事情，只能白费力气。

月晕而风：比喻见到一点迹象就能知道它的发展趋向。

第九十八步

成语接龙

风土人情　情意绵绵　绵绵不断　断织劝学　学如穿井　井蛙醯鸡
鸡鸣候旦　旦夕之间　间不容瞬　瞬息之间　间不容发　发财致富
富于春秋　秋毫见捐　捐弃前嫌　嫌贫爱富　富家大室　室如县罄
罄竹难书　书缺有间　间见层出　出谷迁乔　乔龙画虎　虎啸龙吟
吟花咏柳　柳骨颜筋　筋疲力竭　竭力虔心　心高气傲　傲睨自若
若有所丧　丧尽天良　良工巧匠　匠心独运　运乖时蹇

成语解释

风土人情：风土，山川风俗、气候等的总称；人情，人的性情、习惯。一个地方特有的自然环境和风俗、礼节、习惯的总称。

情意绵绵：情意，对人的感情；绵绵，延续不断的样子。形容情意深长，不能解脱。

绵绵不断：接连不断，一直延续下去。

断织劝学：原指东汉时乐羊子妻借切断织机上的线，来讽喻丈夫不可中途废学。后比喻劝勉学习。

学如穿井：穿，凿通。求学如同凿井。比喻在学习当中，学到的知识越深也就越难，因此为了获得更深的学问，必须要有百折不挠的进取精神。

井蛙醯鸡：醯鸡，昆虫名，即蠛蠓，常用以形容细小的东西。比喻眼界不广，见识浅薄。

鸡鸣候旦：怕失晓而耽误正事，天没亮就起身。同“鸡鸣戒旦”。

旦夕之间：旦，早晨；夕，晚上。早晚之间，形容在很短时间内。

间不容瞬:指眨眼的时间都没有。形容时间短促。

瞬息之间:极短暂的时间内。

间不容发:空隙中容不下一根头发。比喻与灾祸相距极近或情势危急到极点。

发财致富:因获得大量财物而富裕起来。

富于春秋:指年少,年轻。

秋毫见捐:秋凉以后,扇子就被抛在一边不用了。旱时比喻妇女遭丈夫遗弃。

捐弃前嫌:抛弃旧有的嫌隙。

嫌贫爱富:嫌弃贫穷,喜爱富有。指对人的好恶以其贫富为准。

富家大室:指广有财产的大户人家。

室如县罄:指室中空无所有。比喻一贫如洗。亦作"室如悬磬"。

罄竹难书:罄,尽,完。形容罪行多得写不完。

书缺有间:泛指古书残缺已有多年。

间见层出:先后一再出现。

出谷迁乔:从幽深的溪谷出来,迁上了高大的乔木。比喻地位上升。

乔龙画虎:形容假心假意地献殷勤。

虎啸龙吟:形容歌声雄壮而嘹亮。

吟花咏柳:犹言吟风弄月。

柳骨颜筋:唐柳公权的书法骨力道健,结构劲紧;颜真卿的书法端庄雄伟,气势开张。后因以之称其书法的字体和法度。

筋疲力竭:筋,筋骨;竭,完。形容非常疲乏,一点力气也没有了。

竭力虔心:诚心诚意地用全力做某件事情。

心高气傲:心比天高,气性骄傲。态度傲慢,自以为高人一等。

傲睨自若:睨,斜视;自若,指满不在乎。形容自高自大、藐视一切的样子。

若有所丧:好像丢了什么似的。形容心神不定的样子。也形容心里感到空虚。

丧尽天良:丧,丧失;天良,良心。没有一点良心。形容恶毒到了极点。

良工巧匠:良工,手艺精良的工人;巧匠,技艺精巧的匠人。指技艺高超的工匠。

匠心独运:匠心,工巧的心思。独创性地运用精巧的心思。

运乖时蹇:指时运不佳,处于逆境。同"运蹇时乖"。

第九十九步

成语接龙

寒人升天　天理昭昭　昭然若揭　揭篋探囊　囊萤照读　读书三余
余霞散绮　绮纨之岁　岁聿其莫　莫可究诘　诘戎治兵　兵微将寡
寡信轻诺　诺诺连声　声罪致讨　讨价还价　价值连城　城狐社鼠
鼠撺狼奔　奔走呼号　号啕大哭　哭笑不得　得月较先　先我着鞭
鞭不及腹　腹心相照　照功行赏　赏一劝众　众目具瞻　瞻顾前后
后进领袖　袖手充耳　耳鬓厮磨　磨砻砥砺　砺带河山

成语解释

蹇人升天:比喻不可能之事。同“蹇人上天”。

天理昭昭:昭昭,明显。旧称天能主持公道,善恶报应分明。

昭然若揭:昭然,明显、显著的样子;揭,原意为高举,现也指揭开。形容真相全部暴露,一切都明明白白。

揭篋探囊:盗窃箱笼等财物。同“揭篋担囊”。

囊萤照读:用口袋装萤火虫,照着读书。形容家境贫寒,勤苦读书。

读书三余:余,冬者岁之余,夜者日之余,阴雨者晴之余。指读好书要抓紧一切闲余时间。

余霞散绮:常用来评论文章结尾有不尽之意。同“余霞成绮”。

绮纨之岁:指少年时代。

岁聿其莫:聿,语气助词;莫,“暮”的古字。指一年将尽。

莫可究诘:究,追查;诘,追问。无法追问到底。

诘戎治兵:指整治军事。

兵微将寡:微、寡,少。兵少将也不多。形容力量薄弱。

寡信轻诺:轻易答应人家要求的,一定很少守信用。

诺诺连声:一声接一声地答应。形容十分恭顺的样子。

声罪致讨:宣布罪状,并加讨伐。

讨价还价:比喻接受任务或举行谈判时,双方对所提条件斤斤计较,反复争论。

价值连城:连城,连在一起的许多城池。形容物品十分贵重。

城狐社鼠:社,土地庙。城墙上的狐狸,社庙里的老鼠。比喻依仗权势作恶,一时难以驱除的小人。

鼠撺狼奔:形容狼狈逃跑的情景。

奔走呼号:奔走,奔跑;呼号,叫喊。一面奔跑,一面呼唤。形容处于困境而求援。

号啕大哭:号啕,大声哭叫。形容放声大哭。

哭笑不得:哭也不好,笑也不好。形容很尴尬。

得月较先:水边的楼台先得到月光。比喻能优先得到利益或便利的某种地位或关系。

先我着鞭:着,下。比喻快走一步,占先。

鞭不及腹:及,到。原意是鞭子虽长,也不能打马肚子。比喻相隔太远,力量达不到。

腹心相照:腹心,内心;照,映照,以真心相见。比喻彼此很知心,达到心心相印的程度。

照功行赏:按照功劳大小给予不同奖赏。

赏一劝众:奖励一个人的先进事迹而鼓励好多人。

众目具瞻:所有人的眼睛都看到了。形容非常明显。同"众目共睹"。

瞻顾前后:瞻,向前看;顾,回头看。看看前面,又看看后面。形容做事之前考虑周密慎重。也形容顾虑太多,犹豫不决。同"瞻前顾后"。

后进领袖:晚辈中最杰出的人。

袖手充耳:谓不闻不问。

耳鬓厮磨:鬓,鬓发;厮,互相;磨,擦。耳与鬓发互相摩擦。形容相处亲密。

磨砻砥砺:四种质地和颜色不同的磨石。磨砺锻炼。亦作"磨砻底厉"。

砺带河山:黄河细得像条衣带,泰山小得像块磨刀石。比喻时间久远,任何动荡也决不变心。

第一〇〇步

成语接龙

山公倒载　载驱载驰　驰名中外　外合里应　应天从人　人亡物在

在家出家　家传户颂　颂德歌功　功行圆满　满谷满坑　坑灰未冷
冷嘲热讽　讽多要寡　寡二少双　双凫一雁　雁默先烹　烹龙庖凤
凤翥鸾回　回嗔作喜　喜从天降　降尊临卑　卑不足道　道尽涂殚
殚财竭力　力倍功半　半痴不颠　颠颠倒倒　倒箧倾囊　囊漏储中
中心摇摇　摇摇摆摆　摆尾摇头　头出头没　没完没了　了不长进
进寸退尺　尺步绳趋　趋权附势　势成骑虎　虎狼之势

成语解释

山公倒载：指醉酒后躺倒在车上。形容烂醉不醒。

载驱载驰：指车马疾行。

驰名中外：驰，传播。形容名声传播得极远。

外合里应：外面攻打，里面接应。

应天从人：应，顺，顺应。上顺天命，下适应民意。旧常用作颂扬建立新的朝代。

人亡物在：人死了，东西还在。指因看见遗物而引起对死者的怀念，或因此而引起的感慨。

在家出家：指不出家当和尚，清心寡欲，在家修行。

家传户颂：家家户户传习诵读。同"家传户诵"。

颂德歌功：颂扬恩德，赞美功绩。

功行圆满：功，功绩、僧道等修行的功夫；行，善行。封建迷信指功德成就，道行圆满。

满谷满坑：充满了谷，充满了坑。形容多得很，到处都是。

坑灰未冷：比喻时间极为短暂、匆促。

冷嘲热讽：冷，不热情，引申为严峻；热，温度高，引申为辛辣。用尖刻辛辣的语言进行讥笑和讽刺。

讽多要寡：讽喻之言多，切要之言少。

寡二少双：寡，少。很少有第二个。形容极其突出。

双凫一雁：汉苏武出使匈奴被羁，归国时留别李陵的诗中有"双凫俱北飞，一雁独南翔"之句。后以"双凫一雁"为感伤离别之词。

雁默先烹：比喻无才者先被淘汰。

烹龙庖凤:比喻烹调珍奇菜肴。亦形容菜肴豪奢珍贵。同“烹龙炮凤”。

凤翥鸾回:翥,高飞。比喻书法笔势飞动舒展。

回嗔作喜:嗔,生气。由生气转为喜欢。

喜从天降:喜事从天上掉下来。比喻突然遇到意想不到的喜事。

降尊临卑:尊贵的人委曲自己的身份与地位较低的人交往。

卑不足道:指卑微藐小,不值得一谈。

道尽涂殚:涂,通“途”;殚,尽。到了无路可走的境地。比喻穷途末路,末日来临。

殚财竭力:殚、竭,尽。用尽所有的财力和人力。形容竭尽全力。

力倍功半:指工作费力大,收效小。

半痴不颠:痴,呆傻;颠,同“癫”,疯癫。装疯卖傻的意思。

颠颠倒倒:指神思迷糊错乱。指事情不顺或言行无条理,不可置信。

倒箧倾囊:倾囊倒箧。形容倾尽其所有。

囊漏储中:常比喻实际利益并未外流。同“囊漏贮中”。

中心摇摇:中心,心中;摇摇,心神不安。形容心神恍惚,难以自持。

摇摇摆摆:行走不稳的样子。也形容主意不定。

摆尾摇头:摆动头尾,形容喜悦或悠然自得的样子。

头出头没:比喻追随世俗。

没完没了:无穷尽。

了不长进:一点进步也没有。形容没有出息。

进寸退尺:进一寸,退一尺。比喻得到的少,失掉的多。

尺步绳趋:绳、尺,木工校曲直、量长短的工具,引申为法度;趋,快走;步,行走。指举动符合规矩,毫不随便。

趋权附势:趋,奔走;权,权势。奉承和依附有权有势的人。

势成骑虎:骑在老虎背上,要下来不能下来。比喻事情中途遇到困难,但迫于形势,想停止也停止不了。

虎狼之势:形容极凶猛的声势。

第一〇一步

成语接龙

势不两存　存而不论　论长道短　短兵接战　战火纷飞　飞眼传情
情逾骨肉　肉眼愚眉　眉开眼笑　笑筵歌席　席卷天下　下气怡声
声振林木　木讷寡言　言听计从　从长计议　议论风生　生龙活虎
虎落平阳　阳关大道　道无拾遗　遗世独立　立马万言　言谈举止
止谈风月　月异日新　新人新事　事无巨细　细水长流　流星赶月
月露风云　云飞烟灭　灭景追风　风雨飘摇　摇身一变　变化无穷
穷源溯流　流水行云　云期雨信　信口开河

成语解释

势不两存:指敌对的事物不能同时并存。

存而不论:存,保留。指把问题保留下来,暂不讨论。

论长道短:议论别人的是非好坏。

短兵接战:短兵,刀剑等短兵器;接,交战。指近距离搏斗。比喻面对面地进行激烈的斗争。

战火纷飞:形容战斗频仍、激烈。

飞眼传情:借眼睛来传递感情。

情逾骨肉:逾,超过;骨肉,比喻至亲。形容感情极其深厚。

肉眼愚眉:比喻见识浅陋。

眉开眼笑:眉头舒展,眼含笑意。形容高兴愉快的样子。

笑筵歌席:歌舞欢笑的宴席。

席卷天下:形容力量强大,控制了全国。

下气怡声:下气,态度恭顺;怡声,声音和悦。形容声音柔和,态度恭顺。

声振林木:形容歌声或乐器声高亢洪亮。

木讷寡言:木讷,质朴而不善辞令。质朴而不善于说话。

言听计从:听,听从。什么话都听从,什么主意都采纳。形容对某人十分信任。

从长计议:用较长的时间慎重考虑、仔细商量。

议论风生:形容谈论广泛、生动而又风趣。

生龙活虎:形容活泼矫健,富有生气。

虎落平阳:平阳,地势平坦明亮的地方。老虎离开深山,落到平地里受困。比喻失势。

阳关大道:原指古代经过阳关通向西域的大道,后泛指宽阔的长路,也比喻光明的前途。

道无拾遗:路上掉的东西,没有人检走。形容社会风气好。

遗世独立:遗世,遗弃世间之事。脱离社会独立生活,不跟任何人往来。

立马万言:倚靠在马旁,马上写成一篇文章。形容才思敏捷。

言谈举止:人的言语、举动、行为。

止谈风月:止,只,仅。只谈风、月等景物。隐指莫谈国事。

月异日新:月月不同,日日更新。形容变化、发展很快。

新人新事:具有新的道德品质的人和体现新的高尚社会风尚的事。

事无巨细:事情不分大小。形容什么事都管。同"事无大小"。

细水长流:比喻节约使用财物,使经常不缺用。也比喻一点一滴不间断地做某件事。

流星赶月:像流星追赶月亮一样。形容行动迅速。

月露风云:比喻无用的文字。

云飞烟灭:比喻消逝。

灭景追风:看不见影子,追得上风。形容马跑得极快。景,同"影"。

风雨飘摇:飘摇,飘荡。在风雨中飘荡不定。比喻局势动荡不安,很不稳定。

摇身一变:旧时神怪小说中描写有神通的人能用法术一晃身子就改变自己本来的模样。现用来形容人不讲道义原则,一下子来个大改变。

变化无穷:穷,尽,终结。形容不断变化,没有止境。

穷源溯流:源,河流发源的地方;溯,逆流而上。原指逆流而上探寻河流的源头。现比喻探究和追溯事物的缘由。

流水行云:形容文章自然不受约束,就像漂浮着的云和流动着的水一样。

云期雨信:指男女约定幽会的日期。

信口开河:比喻随口乱说一气。

第一〇二步

成语接龙

河清社鸣　鸣珂锵玉　玉箫金管　管仲随马　马上看花　花烛洞房

房谋杜断　断香零玉　玉堂人物　物阜民丰　丰亨豫大　大智大勇

勇往直前　前古未有　有约在先　先睹为快　快心满意　意转心回

回天之力　力不从心　心满意足　足衣足食　食古不化　化整为零

零敲碎打　打拱作揖　揖盗开门　门间之望　望眼欲穿　穿云裂石

石破惊天　天下第一　一本正经　经纶满腹　腹饱万言　言简意深

深猷远计　计出万全　全始全终　终而复始

成语解释

河清社鸣:为太平祥瑞的象征。

鸣珂锵玉:玉珂鸣响,佩玉铿锵。比喻显贵。

玉箫金管:泛指雕饰华美的管乐器。同“玉箫金琯”。

管仲随马:谓尊重前人的经验。

马上看花:指粗略行事,走马看花。

花烛洞房:谓新婚。

房谋杜断:指唐太宗时,名相房玄龄多谋,杜如晦善断。两人同心济谋,传为美谈。形容能人之间的合作。

断香零玉:比喻女子的尸骸。

玉堂人物:泛指显贵的文士。

物阜民丰:物产丰富,人民安乐。

丰亨豫大:形容富足兴盛的太平安乐景象。

大智大勇:指非凡的才智和勇气。

勇往直前:勇敢地一直向前进。

前古未有:自古以来未曾有过。

有约在先:已经约定好了。指事情的处理方案已事先定好。

先睹为快:睹,看见。以能尽先看到为快乐。形容盼望殷切。

快心满意:形容心满意足,事情的发展完全符合心意。同"快心遂意"。

意转心回:心、意,心思;回、转,掉转。改变想法,不再坚持过去的意见。

回天之力:原比喻言论正确,极有力量,影响深远。现多比喻能挽回严重局势的力量。

力不从心:心里想做,可是力量够不上。

心满意足:形容心中非常满意。

足衣足食:衣食丰足。指生活富裕。

食古不化:读书、作画一味学习古人,拘泥陈法,不善于灵活运用。指对所学的古代知识理解得不深不透,不善于按现在的情况来运用,跟吃东西不消化一样。

化整为零:把一个整体分成许多零散部分。

零敲碎打:形容以零零碎碎、断断续续的方式进行或处理。

打拱作揖:拱、揖,两手合抱致敬。弯身抱拳行礼。表示恭敬顺从或恳求的样子。

揖盗开门:比喻接纳坏人,自取其祸。

门闾之望:指父母对子女的思念。

望眼欲穿:眼睛都要望穿了。形容盼望殷切。

穿云裂石:进入云霄,震碎石头,形容声调高亢。

石破惊天:原形容箜篌的声音,忽而高亢,忽而低沉,出人意外,有难以形容的奇境。后多比喻文章议论新奇惊人。

天下第一:形容没人能比得上。

一本正经:原指一部合乎道德规范的经典。后用以形容态度庄重严肃,郑重其事。有时含讽刺意味。

经纶满腹:经纶,整理丝缕,引申为人的才学、本领。形容人极有才干和智谋。

腹饱万言:指学识渊博。

言简意深:言辞简练,含意深刻。

深猷远计:指计划得很周密,考虑得很长远。同"深谋远虑"。

计出万全:万全,非常安全周到。形容计划非常稳当周密,绝不会发生意外。

全始全终:全,完备,齐全;终,结束。从头到尾都很完善。形容办事认真,有头有尾。

终而复始:不断地循环往复。

第一〇三步

成语接龙

始末缘由　由来已久　久闻大名　名卿巨公　公道合理　理不忘乱
乱首垢面　面目一新　新学小生　生聚教养　养晦韬光　光采(彩)夺目
目挑心悦　悦目娱心　心灵性巧　巧同造化　化腐为奇　奇花异草
草木知威　威风八面　面壁功深　深明大义　义不反顾　顾盼自豪
豪迈不群　群策群力　力不能支　支手舞脚　脚心朝天　天地长久
久惯老诚　诚心实意　意在笔前　前赴后继　继往开来　来踪去路
路叟之忧　忧国忧民　民保于信　信手拈来

成语解释

始末缘由:始末,事情从头到尾的经过;缘由,缘故由来。事情的经过和原因。亦作“始末原由”。

由来已久:由来,从发生到现在。事情从发生到现在已经过了很长时间了。

久闻大名:闻,听到。早就听到对方的盛名。多用作初见面时的客套话。

名卿巨公:名公巨卿。指有名望的权贵。

公道合理:指处理事情公正符合情理。同“公平合理”。

理不忘乱:国家得以平安治理的时候,不能忘记混乱的日子。

乱首垢面:犹蓬头垢面。旧时形容贫苦人生活条件很坏的样子。也泛指没有修饰。

面目一新:样子完全改变,有了崭新的面貌。

新学小生:指治学时间不长,见闻浅陋、经验不足的后生晚辈。

生聚教养:生聚,繁殖人口,聚积物力。指军民同心同德,积聚力量,发愤图强,以洗刷耻辱。同“生聚教训”。

养晦韬光:指隐藏行迹和才能,不露锋芒。

光采夺目:形容鲜艳耀眼。同“光彩夺目”。

目挑心悦:指眉眼传情,两心相悦。

悦目娱心:使眼睛高兴,使心里快乐。形容使人感到美好快乐。

心灵性巧:指心思灵巧。

巧同造化:巧,技巧,技艺;同,一样;造化,指宇宙的造物能力。形容人的能力很大,可与宇宙的造物能力相比。

化腐为奇:指变坏为好,变死板为灵巧或变无用为有用。同“化腐成奇”。

奇花异草:原意是指稀奇少见的花草。也比喻美妙的文章作品等。

草木知威:连草木都知道他的威名。形容威势极大。

威风八面:形容神气十足,声势慑人。

面壁功深:面壁,佛家语,指面对墙壁默坐静修。和尚面壁静修,道行很深。比喻某人在某一方面造诣很深。

深明大义:指识大体,顾大局。

义不反顾:秉义直前,决不回顾退缩。

顾盼自豪:形容得意忘形的样子。同“顾盼自雄”。

豪迈不群:群,合群。因性格豪放不拘小节而与周围的人处不到一块去。

群策群力:群,大家,集体;策,谋划,主意。指发挥集体的作用,大家一起来想办法,贡献力量。

力不能支:力量不能支撑。

支手舞脚:犹言指手画脚。

脚心朝天:死的隐语。

天地长久:形容时间悠久。也形容永远不变。多指爱情。同“天长地久”。

久惯老诚:比喻深于世故。同“久惯牢成”。

诚心实意:形容十分真挚诚恳。

意在笔前:做诗文先做思想上的酝酿,然后着笔。指写字构思在落笔以前。亦作“意在笔先”。

前赴后继:前面的冲上去了,后面的紧跟上来。形容不断投入战斗,奋勇冲杀向前。

继往开来:继,继承;开,开辟。继承前人的事业,开辟未来的道路。

来踪去路:指人的来去行踪。同“来踪去迹”。

路叟之忧:指百姓的疾苦。

忧国忧民:为国家的前途和人民的命运而担忧。

民保于信:指执政的人有信还要有义,才能受到人民拥护。

信手拈来:信手,随手;拈,用手指捏取东西。随手拿来。多指写文章时能自由纯熟地选用词语或应用典故,用不着怎么思考。

第一〇四步

成语接龙

来处不易　易于反手　手不释书　书香人家　家给民足　足高气强
强记博闻　闻风远扬　扬扬得意　意气自如　如坐春风　风清月皎
皎阳似火　火烧眉毛　毛羽零落　落英缤纷　纷乱如麻　麻姑献寿
寿比南山　山水相连　连枝带叶　叶散冰离　离乡背井　井然有条
条修叶贯　贯朽粟红　红愁绿惨　惨淡经营　营私植党　党同妒异
异名同实　实获我心　心凝形释　释知遗形　形单影双　双桂联芳
芳年华月　月没参横　横僿不文　文章宗匠

成语解释

来处不易:表示事情的成功或财物的取得,经过了艰苦努力。

易于反手:犹易如反掌。比喻事情非常容易做。

手不释书:犹手不释卷。书本不离手。形容勤奋好学。

书香人家:指世代都是读书人的家庭。

家给民足:给,丰足,富裕。家家衣食充裕,人人生活富足。

足高气强:犹言趾高气扬。

强记博闻:记忆力强,见闻广博。

闻风远扬:风,风声,消息。指听到一点风声就逃得远远的。

扬扬得意:形容十分得意的样子。

意气自如:比喻遇事神态自然,十分镇静。同"意气自若"。

如坐春风:像坐在春风中间。比喻同品德高尚且有学识的人相处并受到熏陶。

风清月皎:轻风清凉,月光皎洁。形容夜景优美宜人。

皎阳似火:皎,白而亮。太阳像火一样燃烧。多形容夏日的炎热。

火烧眉毛:火烧到眉毛。比喻事到眼前,非常急迫。

毛羽零落:比喻失去了帮手或亲近的人。

落英缤纷：形容落花纷纷飘落的美丽情景。

纷乱如麻：麻，麻团。交错杂乱像一团乱麻。

麻姑献寿：献，把东西送给尊长或敬爱的人。指祝贺寿辰。

寿比南山：寿命像终南山那样长久。用于祝人长寿。

山水相连：指边界连接在一起。

连枝带叶：同根所生的枝叶。常比喻兄弟之间的密切关系。

叶散冰离：比喻事物消散离失。

离乡背井：背，离开；井，古制八家为井，引申为乡里，家宅。离开家乡到外地。

井然有条：犹言井井有条。形容说话办事有条有理。

条修叶贯：枝长叶连。比喻有条理、有系统。

贯朽粟红：比喻财粮富足。同“贯朽粟陈”。

红愁绿惨：比喻愁思满怀，容易伤感。

惨淡经营：惨淡，苦费心思；经营，筹划。费尽心思辛辛苦苦地经营筹划。后指在困难的境况中艰苦地从事某种事业。

麻姑献寿

营私植党：结合党羽，谋取私利。

党同妒异：犹言党同伐异。指结帮分派，偏向同伙，打击不同意见的人。

异名同实：名称不同，实质一样。

实获我心：表示别人说的跟自己想的一样。

心凝形释：精神凝聚，形体散释。指思想极为专注，简直忘记了自己身体的存在。

释知遗形：犹言弃智忘身。指超然物外，与世无争。

形单影双：形容人无亲无友、孤独无依。

双桂联芳：比喻兄弟二人俱获功名。

芳年华月：芳年，妙龄。指美好的年华。

月没参横：月亮已落，参星横斜。形容夜深。

横傺不文：傺，粗鄙。粗鄙没有文化。

文章宗匠：为人敬仰的文章巨匠。

第一〇五步

成语接龙

匠门弃材　材(才)德兼备　备尝艰苦　苦尽甘来　来日大难　难更仆数

数米而炊　炊金馔玉　玉燕投怀　怀璧其罪　罪不容诛　诛暴讨逆

逆耳利行　行不副言　言若悬河　河鱼天雁　雁断鱼沉　沉痼自若

若烹小鲜　鲜车怒马　马壮人强　强本节用　用管窥天　天壤悬隔

隔年皇历　历历在目　目无尊长　长风破浪　浪子回头　头头是道

道听途说　说三道四　四海升平　平易近人　人情世故　故弄玄虚

虚己受人　人中龙虎　虎不食儿　儿女亲家

成语解释

匠门弃材：能工巧匠废弃的材料。比喻无用的人。

材德兼备：材，通"才"。既有工作的才干和能力，又有好的思想品质。

备尝艰苦：备，全、尽；尝，经历。受尽了艰难困苦。

苦尽甘来：甘，甜，比喻幸福。艰难的日子过完，美好的日子来到了。

来日大难：表示前途困难重重。

难更仆数：原意是儒行很多，一下子说不完，一件一件说就需要很长时间，即使中间换了人也未必能说完。后形容人或事物很多，数也数不过来。

数米而炊：炊，烧火做饭。数着米粒做饭。比喻计较小利。也形容生活困难。

炊金馔玉：炊，烧火做饭；馔，饮食，吃。形容丰盛的菜肴。

玉燕投怀：后作贺人生子的颂语。

怀璧其罪：怀，怀藏。身藏璧玉，因此获罪。原指财能致祸。后也比喻有才能而遭受忌妒和迫害。

罪不容诛：诛，把罪人杀死。罪恶极大，杀了也抵不了所犯的罪恶。

诛暴讨逆：诛，讨伐。讨伐凶暴、叛逆之人。

逆耳利行:犹言忠言逆耳利于行。谓忠诚正直的话虽然不顺耳,但有益于行为。

行不副言:指言行不一。

言若悬河:形容能言善辩,说话滔滔不绝。同“言类悬河”。

河鱼天雁:古传鱼雁都能传递书信,后即以之借指传送书信者。

雁断鱼沉:比喻彼此音讯断绝。同“雁逝鱼沉”。

沉痼自若:沉痼,积久难治的疾病。比喻积久难改的习俗或嗜好没有改变。

若烹小鲜:意为治理大国要像煮小鱼一样。煮小鱼,不能多加搅动,多搅则易烂,比喻治大国应当无为。后常用来比喻轻而易举。

鲜车怒马:怒,气势强盛。崭新的车,肥壮的马。形容服用讲究,生活豪华。

马壮人强:犹言人强马壮。形容军队的战斗力很强或军容很盛。

强本节用:本,我国古代以农为本。加强农业生产,节约费用。

用管窥天:从管子里看天。比喻眼光狭窄,见识短浅。

天壤悬隔:比喻相差极远或相差极大。

隔年皇历:皇历,原指清朝廷颁发的历书,后泛指历本。隔了一年的皇历。比喻过时的事物或陈旧的经验,在新的情况下已经用不上。

历历在目:历历,一个一个清清楚楚。指远处的物体或某种景象清清楚楚出现在眼前。

目无尊长:尊长,指地位、辈分高的人。不把上级和长辈放在眼里,形容傲慢无礼,不知道尊敬上级和长者。

长风破浪:比喻志向远大,不怕困难,奋勇前进。

浪子回头:指不务正业的败家子改邪归正,悔过自新。

头头是道:头头,各方面;道,道理。佛教语,指道是无所不在的。后用来形容说话、做事有条有理,道理充分。

道听途说:途,道路。在路上听来的话,又在路上向人传播。指没有根据的传言。

说三道四:指乱发议论。

四海升平:四海,指全国各地;升平,太平。天下太平。

平易近人:态度谦逊和蔼,使人容易亲近。

人情世故:为人处世的道理。

故弄玄虚:故意玩弄花招,迷惑人。

虚己受人:虚心接受他人的意见。

人中龙虎:比喻人中豪杰。

虎不食儿:老虎凶猛残忍,但并不吃自己的孩子。比喻人皆有爱子之心,都有骨肉之情。

儿女亲家:指两家儿女结为婚姻的亲戚关系。

第一〇六步

成语接龙

家藏户有　有案可查　查无实据　据鞍读书　书不尽言　言三语四

四百四病　病病歪歪　歪八竖八　八万四千　千真万确　确然不群

群而不党　党邪丑正　正中下怀　怀才不遇　遇事生风　风驰电骋

骋嗜奔欲　欲取姑予　予取予携　携老扶弱　弱不好弄　弄兵潢池

池鱼堂燕　燕燕莺莺　莺猜燕妒　妒贤疾能　能上能下　下回分解

解弦更张　张大其词　词不达意　意乱心忙　忙里偷闲　闲云野鹤

鹤长凫短　短褐不完　完好无缺　缺一不可

成语解释

家藏户有:指家家都有。

有案可查:案,案卷,文书。指有证据可查。

查无实据:查究起来,没有确实的根据或证据。

据鞍读书:在马背或驴背上读书。后多形容学习勤奋。

书不尽言:书,书信。信中难以充分表达其意。后多作书信结尾习用语。

言三语四:言、语,说,讲。形容人多嘴杂,议论纷纷。

四百四病:指四肢百体的四时病痛。泛指各种疾病。

病病歪歪:形容病体衰弱无力的样子。

歪八竖八:杂乱不整的样子。

八万四千:本为佛教表示事物众多的数字,后用以形容极多。

千真万确:形容情况非常确实。

确然不群:指坚守志操,不同流俗。

群而不党:群,合群。与众合群,不结私党。

党邪丑正:犹言党邪陷正。与坏人结伙,陷害好人。

正中下怀:正合自己的心意。

怀才不遇:怀,怀藏;才,才能。胸怀才学但生不逢时,难以施展;多指屈居微贱而不得志。

遇事生风:原形容处事果断而迅速。后指一有机会就挑拨是非,引起事端。

风驰电骋:形容像刮风和闪电那样迅速。同"风驰电掣"。

骋嗜奔欲:指随自己的嗜欲而奔走求取。

欲取姑予:姑,暂且;与,给予。要想夺取他些什么,得暂且先给他些什么。指先付出代价以诱使对方放松警惕,然后找机会夺取。

予取予携:从我处掠取。

携老扶弱:搀着老人,扶着体弱者。亦作"携老扶幼"。

弱不好弄:弱,年少;好,喜欢;弄,玩耍。年幼时不爱玩耍。

弄兵潢池:潢池,积水池。比喻起兵。

池鱼堂燕:比喻无辜受祸。

燕燕莺莺:比喻娇妻美妾或年轻女子。

莺猜燕妒:比喻遭人猜忌。

妒贤疾能:对品德、才能比自己强的人心怀怨恨。同"妒贤嫉能"。

能上能下:指无论当干部还是一般工作人员,也无论职务提升或下降,都能正确对待。

下回分解:章回小说于每回之末所用的套语。现多用以比喻事件发展的结果。

解弦更张:更,改换;张,给乐器上弦。改换、调整乐器上的弦,使声音和谐。比喻改革制度或变更计划、方法。

张大其词:张大,夸大。说话写文章将内容夸大。

词不达意:词,言词;意,意思。指词句不能确切地表达出意思和感情。

意乱心忙:犹心忙意乱。心里着慌,乱了主意。

忙里偷闲:在忙碌中抽出一点时间来做别的不关重要的事,或者消遣。

闲云野鹤:闲,无拘束。飘浮的云,野生的鹤。旧指生活闲散、脱离世事的人。

鹤长凫短:比喻事物各有特点。

短褐不完:短褐,粗布短衣,古代贫贱者或僮竖之服;完,完整。粗布短衣还破旧不完整。形容生活贫苦，衣衫破烂。

完好无缺：完，完整。完完整整，没有欠缺。

缺一不可：少一样也不行。

第一〇七步

成语接龙

可歌可泣　泣涕如雨　雨帘云栋　栋梁之才　才大难用　用尽心机

机不可失　失张冒势　势倾朝野　野人献曝　曝书见竹　竹罄南山

山积波委　委靡不振　振臂一呼　呼牛作马　马齿徒长　长斋礼佛

佛性禅心　心不两用　用行舍藏　藏弓烹狗　狗党狐朋　朋比为奸

奸掳烧杀　杀气腾腾　腾达飞黄　黄钟瓦釜　釜中生鱼　鱼传尺素

素车白马　马仰人翻　翻黄倒皂　皂白难分　分钗劈凤　凤泊鸾漂

漂蓬断梗　梗顽不化　化及豚鱼　鱼帛狐声

成语解释

可歌可泣：泣，不出声地流泪。值得歌颂、赞美，使人感动流泪。形容英勇悲壮的感人事迹。

泣涕如雨：眼泪像雨一样。形容极度悲伤。

雨帘云栋：形容高敞华美的楼阁。

栋梁之才：比喻能担当大事的人才。

才大难用：原意是能力强难用于小事。后形容怀才不遇。同"材大难用"。

用尽心机：心机，心思。用尽了心思。

机不可失：机，机会；时，时机。好的时机不可放过，失掉了不会再来。

失张冒势：冒冒失失的样子。

势倾朝野：形容权势极大，压倒一切人。

野人献曝：比喻贡献的不是珍贵的东西。向人建议时的客套话。

曝书见竹：指睹物思人。

竹罄南山：本言事端繁多，书不胜书，后常以"竹罄南山"谓人罪恶极多，书写不尽。

山积波委:指堆积如山高,如波涛重叠。形容数量极多。

委靡不振:委靡,也作“萎靡”,颓丧。形容精神不振,意志消沉。

振臂一呼:振,挥动。挥动手臂呼喊。多用在号召。

呼牛作马:比喻别人骂也好,称赞也好,决不计较。同“呼牛呼马”。

马齿徒长:谦称自己虚度年华,没有成就。

长斋礼佛:长斋,终年吃素。吃长斋于佛像之前。形容修行信佛。

佛性禅心:指佛教徒一意修行、清静寂定之心性。

心不两用:指一个人的心思一时只能专注于一事。

用行舍藏:任用就出来做事,不得任用就退隐。这是早时士大夫的处世态度。

藏弓烹狗:飞鸟射尽了就把良弓收起,狡兔被捉就把捕兔的猎狗煮了吃肉。旧时比喻统治者得势后,废弃、杀害有功之臣。

狗党狐朋:泛指一些吃喝玩乐、不务正业的朋友。同“狐朋狗党”。

朋比为奸:朋比,依附,互相勾结。坏人勾结在一起干坏事。

奸掳烧杀:奸淫妇女,抢劫财物,杀人放火。

杀气腾腾:杀气,凶恶的气势;腾腾,气势旺盛的样子。形容充满了要杀人的凶狠气势。

腾达飞黄:形容骏马奔腾飞驰。比喻骤然得志,官职升得很快。同“飞黄腾达”。

黄钟瓦釜:瓦釜,泥土烧成的大锅,用作乐器,音调最为低。比喻高雅优秀的或庸俗低劣的;贤才和庸才。

釜中生鱼:比喻生活困难,断炊已久。

鱼传尺素:尺素,古代用绢帛书写,通常长一尺,因此称书信。指传递书信。

素车白马:旧时办丧事用的车马,后用作送葬的语词。

马仰人翻:形容极忙乱或混乱的样子。

翻黄倒皂:犹言颠倒黑白。

皂白难分:比喻是非不易辨别。

分钗劈凤:比喻夫妻的离别。同“分钗断带”。

凤泊鸾漂:漂、泊,随流飘荡。原形容书法笔势潇洒飘逸,后比喻夫妻离散或文人失意。

漂蓬断梗:比喻生活不安定,到处漂泊。

梗顽不化:指十分顽固,无法感化。

化及豚鱼:比喻教化普及而深入。

鱼帛狐声:指借助鬼神制造舆论,以便起事。

第一〇八步

成语接龙

声誉鹊起　起早挂晚　晚节黄花　花遮柳掩　掩恶扬善　善马熟人
人才难得　得薄能鲜　鲜衣良马　马捉老鼠　鼠窜狼奔　奔走相告
告贷无门　门殚户尽　尽诚竭节　节衣缩食　食不果腹　腹背受敌
敌国外患　患至呼天　天方夜谭　谭言微中　中道而废　废寝忘食
食宿相兼　兼收并蓄　蓄精养锐　锐不可当　当世无双　双管齐下
下井投石　石烂江枯　枯鱼之肆　肆意横行　行藏用舍　舍己从人
人亡政息　息迹静处　处高临深　深文周纳

成语解释

声誉鹊起:比喻声名迅速增高。

起早挂晚:犹言起早贪黑。

晚节黄花:黄花,菊花;晚节,晚年的节操。比喻人晚节高尚。

花遮柳掩:比喻行动或说话躲躲闪闪,不实在。亦作“花遮柳隐”。

掩恶扬善:指对待别人讳言其过恶,称扬其好处。

善马熟人:指良马与武艺精熟的勇士。

人才难得:有才能的人不容易得到。多指要爱惜人才。

得薄能鲜:德行浅薄,才能不足。表示自谦的话。

鲜衣良马:美服壮马。谓服饰豪奢。同“鲜车怒马”。

马捉老鼠:比喻瞎忙乱。

鼠窜狼奔:形容狼狈逃跑的情景。

奔走相告:指有重大的消息时,人们奔跑着相互转告。

告贷无门:告贷,向别人借钱。想借钱但没有地方借。指生活陷入困境。

门殚户尽:指全家死亡。

尽诚竭节：诚，忠诚；节，气节，义节。竭尽自己全部的忠诚和义节。

节衣缩食：节、缩，节省。省吃省穿。形容节约。

食不果腹：果，充实，饱。指吃不饱肚子。形容生活贫困。

腹背受敌：腹，指前面；背，指后面。前后受到敌人的夹攻。

敌国外患：指来自敌对国家的侵略骚扰。

患至呼天：患，祸患；呼，喊。形容事前不作准备，灾祸临头，求天救助。

天方夜谭：比喻虚诞、离奇的议论。

谭言微中：说话隐微曲折而切中事理。

中道而废：中道，中途。半路就停止了。

废寝忘食：废，停止。顾不得睡觉，忘记了吃饭。形容专心努力。

食宿相兼：比喻幻想同时实现两个互相矛盾的目标。

兼收并蓄：收，收罗；蓄，储藏，容纳。把不同内容、不同性质的东西收下来，保存起来。

蓄精养锐：犹养精蓄锐。

锐不可当：锐，锐气；当，抵挡。形容勇往直前的气势，不可抵挡。

当世无双：当代独一无二，首屈一指。

双管齐下：管，指笔。原指手握双笔同时作画。后比喻做一件事两个方面同时进行或两种方法同时使用。

下井投石：见人掉进井里，不但不搭救，反而向井里扔石头。

石烂江枯：直到石头变土，江水干涸。比喻不可能发生的事情。

枯鱼之肆：枯鱼，干鱼；肆，店铺。卖干鱼的店铺。比喻无法挽救的绝境。

肆意横行：肆意，任意残杀或迫害；横行，仗势作恶，蛮横凶暴。随心所欲地为非作歹。亦作"肆虐横行"。

行藏用舍：行，做，实行。藏；退隐。用，任用。舍，不用。

舍己从人：舍，弃；从，顺。放弃自己的意见，服从众人的主张。

人亡政息：亡，失去，死亡；息，废，灭。旧指一个掌握政权的人死了，他的政治措施也跟着停顿下来。

息迹静处：息，止息；迹，行迹，脚印；处，处所。要想不见行迹，只有自己静止不动。引申为要想人不知，除非己莫为。

处高临深：处高，处在显贵重要地位。临深，如临深渊。处在显贵之位，好比面临深渊。旧时指官职高了常有危险性。

深文周纳：周纳，罗织罪名。指苛刻地或歪曲地引用法律条文，把无罪的人定成有罪。也指不根据事实，牵强附会地给人硬加罪名。

第一〇九步

成语接龙

纳履踵决　决断如流　流离转徙　徙薪曲突　突然袭击　击钟陈鼎
鼎铛玉石　石泐海枯　枯木发荣　荣华富贵　贵贱无二　二三其意
意懒心灰　灰头土面　面北眉南　南船北车　车在马前　前古未闻
闻风而至　至德要道　道不举遗　遗簪坠履　履贱踊贵　贵耳贱目
目空一切　切齿拊心　心头鹿撞　撞阵冲军　军法从事　事火咒龙
龙拏虎攫　攫为己有　有板有眼　眼语颐指　指天为誓　誓死不二
二心三意　意望已过　过而能改　改步改玉

成语解释

纳履踵决：纳，穿；履，鞋；踵，脚后跟；决，破裂。提上鞋，鞋的脚后跟处却破裂。形容处境困难。

决断如流：决策、断事犹如流水。形容决策迅速、顺畅。

流离转徙：流离，流转离散；徙，迁移。辗转迁移，无处安身。

徙薪曲突：搬开灶旁柴火，将直的烟囱改成弯的。本指预防火灾。后亦比喻先采取措施，防患于未然。

突然袭击：指军事上出其不意地攻击。

击钟陈鼎：钟，古代乐器；鼎，古代炊器。击钟列鼎而食。形容贵族的豪华排场。

鼎铛玉石：视鼎如铛，视玉如石。形容生活极端奢侈。

石泐海枯：直到石头碎裂，海水干涸。形容经历极长的时间。

枯木发荣：枯萎的树木恢复生机。比喻衰亡的事物重获新生。

荣华富贵：荣华，草木开花，比喻兴盛或显达。形容有钱有势。

贵贱无二：对高贵和卑贱的人态度一样。

二三其意:即三心二意。指心意不专一,反复无常。

意懒心灰:心、意,心思,意志;灰、懒,消沉,消极。灰心失望,意志消沉。

灰头土面:形容神情懊丧或消沉。不精神,没有朝气。

面北眉南:指脸面相背,互不理睬。形容相处不合,各不照面。

南船北车:比喻行踪不定。

车在马前:大马拖车在前,马驹系在车后,这样,可使小马慢慢地学拉车。比喻学习任何事物,只要有人指导,就容易学会。

前古未闻:指从来没有听说过。

闻风而至:一听到消息就来。形容行动迅速。

至德要道:最美好的道德和最精要的道理。

道不举遗:路上没有人把别人丢失的东西拾走。形容社会风气好。同“道不拾遗”。

遗簪坠履:比喻旧物或故情。同“遗簪坠屦”。

履贱踊贵:原指被砍郤的人很多,致使鞋子价贱而踊价贵。后形容刑罚既重又滥。也比喻犯罪的人多。

贵耳贱目:重视传来的话,轻视亲眼看到的现实。比喻相信传说,不重视事实。

目空一切:什么都不放在眼里。形容极端骄傲自大。

切齿拊心:咬牙捶胸。极端痛恨的样子。

心头鹿撞:形容惊慌或激动时心跳剧烈。同“心头撞鹿”。

撞阵冲军:撞开敌阵地,冲向敌军。形容作战勇猛。

军法从事:按照军法严办。

事火咒龙:事火,指祀火为神;咒龙,指咒龙请雨。比喻荒诞不经之事。

龙拏虎攫:犹言龙争虎斗。比喻笔势遒劲、奔放。

攫为已有:攫,夺取。用强行手段夺取别人的东西,占为己有。

有板有眼:比喻言语行动有条理、有步调。

眼语颐指:用眼色或面部表情示意别人为之奔走。形容有权势者气焰之盛。

指天为誓:誓,发誓。指着天誓。表示意志坚决或对人表示忠诚。

誓死不二:誓死,立下志愿,至死不变。至死也不变心。形容意志坚定专一。

二心三意:想这样又想那样。形容意念不专,主意不定。同“三心二意”。

意望已过:已经超出了原先的愿望。

过而能改:有了错误就能改正。

改步改玉:步,古代祭祀时祭者与尸相距的步数,以地位排列。改变步数,改换玉饰。指死者身份改变,安葬礼数也应变更。

第一一〇步

成语接龙

玉惨花愁　愁眉啼妆　妆(装)聋做哑　哑子托梦　梦断魂劳　劳身焦思
思不出位　位卑言高　高居深拱　拱手而降　降服而囚　囚首丧面
面命耳提　提要钩玄　玄妙入神　神魂飘荡　荡检逾闲　闲云孤鹤
鹤困鸡群　群空冀北　北宫婴儿　儿女情长　长材茂学　学无常师
师老兵疲　疲精竭力　力均势敌　敌惠敌怨　怨天尤人　人定胜天
天地剖判　判若两人　人不自安　安邦定国　国尔忘家　家无二主
主一无适　适材适所　所向皆靡　靡然成风

成语解释

玉惨花愁:形容女子忧愁的样子。

愁眉啼妆:愁眉,使眉细而曲折;啼妆,轻轻地擦去目下的粉饰以作啼痕。形容妇女的妖态。

妆聋作哑:不闻不问,假装糊涂。现写为"装聋作哑"。

哑子托梦:比喻有话或苦衷说不出。同"哑子做梦"。

梦断魂劳:睡梦中也在思想着,弄得神魂不宁。亦作"梦断魂消"。

劳身焦思:劳,费;焦,焦急。形容人为某事忧心苦思。

思不出位:思,考虑;位,职位。考虑事情不超过自己的职权范围。比喻规矩老实,守本分。也形容缺乏闯劲。

位卑言高:指职位低的人议论职位高的人主持的政务。

高居深拱:指高居帝位,垂拱而治。

拱手而降:拱手,两手在胸前合抱表示恭敬。恭恭敬敬地俯首投降。

降服而囚:脱去上衣,像囚犯那样,表示谢罪。

囚首丧面:头不梳如囚犯,脸不洗如居丧。

面命耳提:不仅是当面告诉他,而且是提着他的耳朵向他讲。形容长辈教导热心恳切。

提要钩玄:提要,指出纲要;钩玄,探索精微。精辟而简明地指明主要内容。

玄妙入神:形容技艺学问已进入高超而神奇的境界。

神魂飘荡:形容精神飘忽。

荡检逾闲:逾、荡,超越;闲、检,指规矩、法度。形容行为放荡,不守礼法。

闲云孤鹤:漂浮的云,孤飞的鹤。比喻无拘无束、来去自如的人。

鹤困鸡群:比喻才能出众的人沦落于平庸之辈当中。

群空冀北:比喻有才能的人遇到知己而得到提拔。

北宫婴儿:北宫,古代王后所居之宫;婴儿,指齐国孝女婴儿子。用作孝女的代称。

儿女情长:指过分看重爱情。

长材茂学:指才能高学问大的人。

学无常师:求学没有固定的老师。指凡有点学问、长处的人都是老师。

师老兵疲:师、兵,军队;老,衰竭;疲,疲乏。指用兵的时间太长,兵士劳累,士气低落。

疲精竭力:犹言精疲力竭。

力均势敌:双方力量相等,不分高低。

敌惠敌怨:犹言报德报怨。

怨天尤人:天,天命,命运;尤,怨恨,归咎。指遇到挫折或出了问题,一味报怨天,责怪别人。

人定胜天:人定,指人谋。指人力能够战胜自然。

天地剖判:犹言开天辟地。比喻空前的,自古从来没有过的。

判若两人:形容某人前后的言行明显不一致,像两个人一样。

人不自安:人心惶惶,动摇不定。

安邦定国:邦,泛指国家。使国家安定巩固。

国尔忘家:一心为国,不顾家庭。

家无二主:指一家之内,不可以有两个主人,否则会发生争吵,不得安静。

主一无适:专一,无杂念。

适才适所:指办事能力与所安排的工作位置或场所相当。

所向披靡：所向，指力所到达的地方；披靡，溃败。比喻力量所达到的地方，一切障碍全被扫除。

靡然成风：指群起效尤而成风气。

第一一一步

成语接龙

风华正茂　茂林修竹　竹篮打水　水性杨花　花街柳巷　巷尾街头
头破血流　流离失所　所见略同　同心协力　力所能及　及瓜而代
代人捉刀　刀光剑影　影只形孤　孤悬浮寄　寄迹山林　林栖谷隐
隐居求志　志洁行芳　芳兰竟体　体规画圆　圆孔方木　木落归本
本支百世　世道人心　心慕手追　追风逐日　日渐月染　染翰成章
章句小儒　儒雅风流　流天澈地　地动山摇　摇尾求食　食古不化
化外之民　民和年丰　丰功盛烈　烈火辨日

成语解释

风华正茂：风华，风采、才华；茂，旺盛。正是青春焕发、风采动人和才华横溢的时候。形容青年朝气蓬勃、奋发有为的精神面貌。

茂林修竹：修，长，高。茂密高大的竹林。

竹篮打水：比喻费了力没有效果。

茂林修竹

水性杨花：水性随势而流，杨花随风飘荡。比喻妇女作风轻浮，用情不专一。

花街柳巷：花、柳，旧指娼妓。旧指游乐的地方。也指妓院。

巷尾街头：指大街小巷。

头破血流：头打破了，血流满面。多用来形容惨败。

流离失所:流离,转徙离散。无处安身,到处流浪。

所见略同:所持的见解大致相同。

同心协力:心,思想;协,合。团结一致,共同努力。

力所能及:力,体力,能力;及,达到。在自己力量的限度内所能做到的。

及瓜而代:及,到。到明年瓜熟时派人接替。指任职期满由他人继任。

代人捉刀:捉刀,代别人写文章。指代别人做事,多指写文章。

刀光剑影:隐约显现出刀剑的闪光和影子。形容环境充满了凶险的气氛。

影只形孤:犹形单影只。只有自己的身体和自己的影子。形容孤独,没有同伴。

孤悬浮寄:形容孤立而没有依托。

寄迹山林:隐居山林间,不过问世事。

林栖谷隐:指在山林隐居。亦指隐居的人。

隐居求志:隐居不仕,以实现自己的志愿。

志洁行芳:志向高洁,品行端正。

芳兰竟体:芳兰,兰草的香气;竟体,满身。香气满身。比喻举止闲雅,风采极佳。

体规画圆:犹言依样画葫芦。指墨守成规,一味模仿。

圆孔方木:把方木头放到圆孔里去。比喻二者不能投合。

木落归本:犹言叶落归根。比喻事物总有一定的归宿。多指作客他乡的人最终要回到本乡。

本支百世:指子孙昌盛,百代不衰。

世道人心:社会的风气,人们的思想。

心慕手追:慕,羡慕;追,追求。心头羡慕,手上模仿。形容竭力模仿。

追风逐日:形容速度极快。多指马飞速奔驰。同"追风逐电"。

日渐月染:天长日久地渐渐熏染。指受外界事物的影响而发生逐渐的变化。

染翰成章:指提笔成文。

章句小儒:指不能通达大义而拘泥于辨析章句的儒生。

儒雅风流:文雅而飘逸。也指风雅醇正。

流天澈地:形容液体漫溢。

地动山摇:地震发生时大地颤动,山河摇摆。亦形容声势浩大或斗争激烈。

摇尾求食:老虎被关进笼圈里,向人摇尾巴求取食物。比喻人的地位降低,向人乞求。

食古不化:指对所学的古代知识理解得不深不透,不善于按现在的情况来运用,跟吃东西不消化一样。

化外之民:化,开化;民,民众。文明地区以外的民众,即没有开化的民众。

民和年丰:百姓安居,年成很好。

丰功盛烈:犹言丰功伟绩。巨大隆盛的功业。

烈火辨日:在烈火中能辨别玉的好坏。比喻在关键时刻能看出一个人的节操。

中华成语典故

品鉴语言精髓　赏阅轶事掌故

图文珍藏版

王书利◎主编

老罴当道

【释义】

罴:熊罴,南北朝时西魏大将王罴的自称;当道:挡在路中央。老熊挡在路中央。原比喻猛将镇守要害。后也比喻老者当权。

【出处】

《北史·王罴传》:“老罴当道卧,貉子那得过!”

【故事】

南北朝时,北魏分裂为西魏、东魏。西魏建立后,王罴升迁为骠骑大将军,加侍中,镇守华州(今陕西华县)。东魏丞相高欢率领十万大军进驻潼关,伺机向华州发起进攻。王罴为了巩固城防,指挥士兵对华州城墙进行修缮。刚开始的时候,一到夜晚便把梯子搬回城中,时间长了官兵们渐渐懈怠,就将梯子留在城外。

狡猾的高欢派部将韩轨、司马子如率领部队出发,借着夜色的掩护从河东偷袭华州。天将破晓,东魏军来到华州城下,看到城外有梯子,大喜过望,大军登梯而入,顺利杀入城中。

那时候,王罴还在梦中,忽然听到外面人喊马嘶,知道情况有变,从床上一跃而起,随手抄起一根白木棍,光着身子打着赤脚夺门而出。

王罴一出门就遇上来敌,便大声断喝:“老罴当道,貉子哪能得过!”东魏军一看这位凶神恶煞般的猛将,吓得直往后退,王罴集合赶来的西魏士兵,一齐奋力向前冲,东魏军抵挡不住,从城墙缺口处逃出。

不久,高欢的后援大军来到华州城下,这时候,城墙上早已做好防备,王罴威风凛凛,站在城头帅旗下。

高欢在城下喝道:“大军压境,还不快快投降!”

王罴“哈哈”一笑,说道:“华州城就是我老罴的家,我和全军将士誓与城池共存亡!你们要是不怕死,就来攻城吧!”话音刚落,西魏军居高临下万箭齐发,东魏军猝不及防,连连后退。高欢知道华州城难以攻下,只好指挥东魏大军撤退。

立木为信

【释义】

谁能把立在南门的木头搬走,就赏给他五十金,以此取得人们的信任。比喻取信于人的行为。

【出处】

《史记·商君列传》:"……乃立三丈之木于国都市南门……"

【故事】

商鞅,原是卫国人,名叫公孙鞅,因为他在秦国变法有功,秦孝公给他的封地在商邑,所以又叫商鞅。

他年轻的时候曾经到过魏国,但是没有得到重用。后来,秦孝公下令寻求有才能的人,他听到了消息便跑到秦国去,秦孝公任用了他,让他进行变法。

立木为信

商鞅制定的新法主要内容有:规定五家为"伍",十家为"什",一家犯法,另外九家要告发,不然的话就一起治罪。奖励军功,按照军功大小赏赐官爵、土地、房屋。严禁私斗,违反的人根据情节轻重给予不同的处罚。鼓励民众积极从事农业生产,生产好的给予奖赏,等等。

商鞅制定好新法没有立即公布,他首先要取得大家的信任。

他在都城的南门竖起一根木头,对大家说:"谁能把这根木头搬到北门,就赏给他十金。"老百姓觉得奇怪:这可是一笔不小的财富啊,搬一趟木头就能够得到?围观的人虽然很多,可是谁也不相信,没有人去搬。

过了一会儿，他又宣布："谁能把这根木头搬走，赏五十金。"这是真的？有个人走上前，扛起木头就把它搬走了。商鞅立即赏他五十金，表示自己说话算数，绝不欺骗人。

这件事很快就传遍了全国，大家都认为商鞅说话、做事有诚信。新法公布以后，得到大多数人的拥护，秦国从此走上了富强之路。

辽东鹤

【释义】

辽东人丁令威修道成仙后化鹤返回故里。比喻久别故乡的人返回故里，也比喻对物是人非的感叹。

【出处】

《搜神后记》："丁令威，本辽东人，学道于灵虚山。后化鹤归辽，集城门华表柱。时有少年，举弓欲射之。鹤乃飞，徘徊空中而言曰：'有鸟有鸟丁令威，去家千年今始归。城郭如故人民非，何不学仙冢（坟墓）累累。'遂高上冲天。"

【故事】

辽东太守丁令威，是位两袖清风、爱民如子的清官。在他的管辖下，辽东郡的百姓安居乐业。

有一年，辽东地区三月不雨，大片庄稼枯死，紧接着又发生虫灾，辽东郡几乎颗粒无收。老百姓挖草根剥树皮，艰难度日。丁令威为了拯救当地的百姓，下令开仓放粮，帮助百姓渡过难关。

朝廷很快就知道了这件事，派钦差来到辽东，要将目无朝廷的丁令威开刀问斩。行刑的那一天，刑场周围围满了当地的百姓，他们要为自己的父母官送最后一程。突然，天上飞来两只白鹤，将丁令威救走。白鹤越飞越高，最后不见踪影。

白鹤将丁令威救到灵虚山，然后就飞走了。灵虚山远离人世，环境清幽，丁令威便在这里修道，终于修炼成仙。

丁令威非常思念辽东，于是化作白鹤飞回去，停在城门华表柱上。他放眼仔细一看，城郭还是旧模样，人已经全都是新人。

有个少年，看见华表上的白鹤，拿起弓箭想要射它，化作白鹤的丁令威连忙起飞。白鹤一边在空中盘旋，一边高声唱道："有鸟有鸟丁令威，去家千年今始归。城郭如故人民非，何不学仙冢累累。"唱完以后，白鹤又在空中盘旋了几圈，然后高声鸣叫一声飞向天空，以后再也没有返回。

临池学书

【释义】

在池塘边研墨习字学习书法。比喻刻苦学习书法。

【出处】

晋·卫恒《四体书势》："弘农(今河南灵宝)张伯英者，因而转精其巧，凡家之衣帛，必先书而后练之。临池学书，池水尽墨。"

【故事】

"临池学书"这个典故源于晋代卫恒的《四体书势》，文中说，东汉的张芝(字伯英)为了练习书法，在家中做衣裳的帛上反复书写练字，书写完了以后，再将帛染色裁衣。他每天在池塘边磨墨写字，天长日久，池塘里的水都变成黑色了。张芝的草书写得极好，世称"草圣"。

人们更熟悉的是王羲之练习书法的故事。

王羲之，字逸少，因曾做过右军将军，后人又称他"王右军"。他是东晋著名的书法家，世称"书圣"。

他从小就跟叔叔王廙学写字，以后又在卫夫人的指导下苦练书法，卫夫人见他习字勤奋，天赋又高，曾经赞叹道："这孩子很有出息，将来在书法上的造诣一定会超过我。"

成年后，他游历了许多名山大川，见到许多大书法家留下的手迹。他悉心临摹,博采众长,自成一家。他留下的墨迹成为我国书法艺术的瑰宝。

王羲之的书法能有这样高的造诣,是和他勤学苦练分不开的。据说,他幼年时因为刻苦练字,常在屋旁的池塘里洗笔洗砚,时间长了,一池碧清见底的水被染得乌黑。后人在那里建造了一座精巧的亭子,里面挂着“墨华亭”的横匾,称这个池塘为“洗砚池”或“墨池”。

他每到一处,都坚持不懈地练字,因而留下的“墨池”遗迹有多处,天台山华顶上有,江西新城山有,浙江温州也有。

有时候,为了练好一个笔画,写好一个字,他要练上好多张纸。晚上睡在床上,就用手指在自己的肚子上画。一次,他练得入了神,竟在熟睡的妻子的肚子上画来画去。他的妻子被弄醒了,问他什么事,他不好意思地笑了笑说:“我在练字呢。”

刘伶鸡肋

【释义】

刘伶的胸口就跟鸡肋一般,只见一根根骨头。形容人非常瘦弱。

【出处】

《晋书·刘伶传》:“伶徐曰:‘鸡肋不足以安尊拳。’其人笑而止。”

【故事】

魏晋之际社会动荡,民不聊生。一些文士不愿跟统治者合作,又担心生命的安全,因此崇尚老庄哲学,希望从中找到精神寄托,用清谈、饮酒、佯狂来排遣他们的忧愤,躲避灾祸。刘伶就是这样的人物。

曹魏末年,刘伶曾任建威参军;晋朝初年,召为策问。他强调“无为而治”,被司马懿罢免,以后便嗜酒佯狂,放浪形骸。

刘伶在家常常一丝不挂,被人看到实在不雅。有人责问他为何如此不守礼法,他说:“我以天地为房屋,以屋室为衣裤,你们为什么钻到我的裤裆里来?”

他常常乘上鹿车,携一壶酒,让仆人带着铁锹跟在后面。他对仆人说道:“我要是喝酒喝死了,你就马上把我埋了。”

有一天,刘伶生病待在家里,觉得口渴,向他妻子要酒喝。他的妻子把剩下的酒都倒了,把酒瓮砸碎,一边哭一边相劝:“你喝酒喝得太多了,这样对身体不好,一定要把酒戒掉!”

刘伶说:“你说得对,可是我不能自制,一直戒不了。你去准备些酒肉,让我向鬼神立下誓言,这样才能把酒戒了。”

他的妻子信以为真,很快把一切备办好。刘伶跪下进行祈祷,说:“天生刘伶,以酒为名。一饮一斛(量词,本为十斗,后来改为五斗),五斗解酲(喝醉了神志不清)。妇人之言,慎(千万)不可听。”祈祷完了之后,拿起酒就喝,夹起肉便吃,不消片刻,又喝得酩酊大醉。

有一次,刘伶喝醉了酒跟人吵架,两人越吵越厉害。那人怒不可遏,举起拳头要打他。刘伶不慌不忙地说:“你看看,我这鸡肋般的瘦弱胸膛,哪里能够放得下你的拳头。”那人先是一愣,接着“哈哈”大笑,把举起的拳头放下了。

M

买椟还珠

【释义】

椟:木匣。珠:珍珠。买下木匣,退还了珍珠,比喻舍本逐末,取舍失当。

【出处】

《韩非子·外储说左上》:“楚人有卖其珠于郑者,为木兰之柜,薰以桂椒,饰以玫瑰,辑以羽翠,郑人买其椟而还其珠。此可谓善卖椟矣,未可谓善鬻珠也。”

【故事】

春秋时期,楚国有位商人在郑国贩卖珠宝。有一天,他获得一颗珍贵的珍珠,打算以高价卖出。于是,他买来名贵木材,请一位手艺高超的工匠,做了个精美的首饰盒。盒面上雕刻着花鸟鱼虫等各种美丽的花纹,盒子四角镶着漂亮的装饰,又用桂椒香料把它熏得香气扑鼻。

商人把珍珠小心翼翼地放进盒中,拿到市集上去卖。精美的盒子非常引人注目,被人们团团围住。一位郑人很喜欢这个盒子,最后花高价买下。

商人正在独自高兴,只见买珠人急匆匆地走过来。商人以为他后悔了,正想找个借口离开,没想到买珠人对他说:“您有颗珍珠忘拿出去了,我特意回来还给您。”

商人拿着被送还的珍珠,哭笑不得。他原以为别人出高价购买是因为欣赏珍珠,没想到看中的却是装珍珠的盒子。

盲人摸象

【释义】

本指盲人来摸大象,比喻看问题总是以点代面、以偏概全。

【出处】

宋·释道原《景德传灯录·洪进禅师》:“有僧问:‘众盲摸象,各说异端,忽遇明眼人又作么生?’”

【故事】

从前,有个非常信奉佛法真理的国王,因臣民不像他一样虔诚信佛而苦恼,总想找个办法来教育臣民,使他们舍弃邪恶,回归到正确的道路上。一天,国王召集臣子说:“你们去把国内所有天生的盲人找来!”几天后,盲人都聚集在国王的宫殿里。国王又对臣子说:“你们再去找头大象来!”大家都很疑惑,但还是按照吩咐牵来一头大象。

国王把大象牵到盲人面前,让他们说大象是什么样的。盲人们都没见过大象,只好用手去摸大象,想感觉一下大象的样子。可大象太大了,他们只能摸到大象身体的一部分。摸着象脚的说大象好像柱子一样,摸着象尾的说大象像扫把,摸着象耳朵的说大象明明就像扇子,摸着大象身子的说大象很像一面大鼓……众盲人都以为自己摸到的是大象的真实样子,便争论不休。

这时,国王笑着对大家说:“何必要争论是非呢?你们从没见过象的全身,只是摸到它身体的一部分,就自以为得到了象的全貌。这就好比没有听过佛法的人,自以为获得了真理一样。臣民们啊!你们宁愿相信浅薄的邪论,也不去研究切实整体的佛法真理,和那些盲人摸象有什么两样呢?”此后,这个国家的臣民都开始虔诚地信奉佛教了。

毛遂自荐

【释义】

原意指毛遂自我推荐,后用来比喻自告奋勇或自我推荐去做某事。

【出处】

汉·司马迁《史记·平原君列传》:“门下有毛遂者,前,自赞于平原君曰:‘遂闻君将合从于楚,约与食客门下二十人偕,不外索。合少一人,愿君即以遂备员而行矣。’”

【故事】

毛遂自荐

战国时期,赵国的平原君善养门客,在各诸侯国中都有贤名。公元前260年,赵军在长平一战中大败,秦军主将白起包围了赵国都城邯郸,情势十分危急。于是,赵王派平原君去楚国求兵解围。

平原君接到命令后,回府召集所有门客,准备挑选二十个有才能的人一起去楚国。他挑了又挑,选了又选,最后还缺一个人。这时,有位门客站出来说:“我叫毛遂,听说公子要到楚国请援,随从二十人还差一名,希望公子就以毛遂凑足人数出发吧!”

平原君看他其貌不扬,就问:“先生到我们门下有几年了?”毛遂答道:“已满三年。”平原君说:“贤能的人好比锥子放在囊中,它的尖梢会立即显现出来。先生在我门下已经三年了,我没有听到对您的任何赞语,所以不能答应先生。”毛遂听了他的话,坦然地答道:“我只不过是今天才请求进到囊中罢了。如果我早处在囊中,就会像禾穗的尖芒那样整个挺露出来。”平原君只好将信将疑地答应了他。

到了楚国后,楚王只接见平原君一人。两人坐在殿上,从早晨谈到中午还没有结果。这时,在殿下站着的毛遂大踏步走到殿上,喊道:“出兵的事非利即害,简单而明白,为什么迟迟还没有决定?”楚王喝道:“我与你家公子说话,还轮不到你来此说教!”毛遂不但没退下,反而更上前一步,手按宝剑说道:“如今十步之内,大王性命在我手中!”楚王见他手按宝剑,怒目圆瞪,没敢再呵斥他。毛遂便趁机讲述出兵援赵对楚国的利益。楚王这才答应出兵。

回到赵国后,平原君敬毛遂为上宾,并对门客们说:“先生一至楚,楚王就不敢小看赵国了。”

门可罗雀

【释义】

罗:张网捕捉。本意为大门之前可以张起网来捕捉麻雀,后用来形容门庭冷落,宾客稀少。

【出处】

汉·司马迁《史记·汲郑列传赞》:“始翟公为廷尉,宾客阗门;及废,门外可设雀罗。”

【故事】

汉朝时期,汲黯与郑庄两位大臣位居高官,声名显赫。朝臣士子都以能与他们结交为荣,去拜访他们的人络绎不绝。后来,他们被汉武帝撤了职,渐渐就没人去拜访他们了。

开封的翟公任职廷尉时,登门拜访的宾客塞满了门庭。后来他被罢了官,就如汲黯、郑庄下任时,门口冷清得可以张网捕捉鸟雀。从此,“门可罗雀”一词不胫而走。不久后,翟公官复原职,那些宾客又来登门拜访。翟公在经历一场贵贱交替后,看清了世态炎凉,在大门上写下:“一生一死,乃知交情;一贫一富,乃知交态;一贵一贱,交情乃见。”那些前来拜访的人见了后,都悻悻地走了。

孟母三迁

【释义】

原指孟母为教育孟子，注意环境的影响。后常用来形容家长关心子女的成长。

【出处】

西汉·刘向《列女传》：“孟子生有淑质，幼被慈母三迁之教。”

【故事】

孟子很小的时候，父亲就去世了，孟母依靠纺织麻布来维持艰难的生活。孟子非常聪明，看见什么就学什么，而且模仿本领特别强。起初他们住在墓地附近，每隔几天，就会有送葬的队伍吹着喇叭经过他家门口。好奇的孟子就跟着送葬的队伍学着吹喇叭，引得一群孩子跟在他后面跑着玩，大家一起玩送葬的游戏。

孟母非常重视孟子的教育问题，看到孟子整天吹喇叭玩送葬游戏，赶紧就把家搬到了城里，住在屠宰场的旁边。这回，孟子每天都到屠宰场去看杀猪，那些屠夫们杀猪时手脚利落，十分熟练。孟子看在眼里，记在心上。没过多久，他竟[illegible]着杀猪了。孟母非常着急，又把家搬到了学堂附近。于是，每天早晨，孟子都跑到学堂外面，摇头晃脑地跟着学生们一起读书。当时，孔子的孙子正在这里当老师，他见孟子学什么都很快，而且记忆力特别好，就非常喜欢他，还让他免费进学堂读书。后来，孟子果然没有辜负孟母的期望，成为历史上有名的思想家。

民不聊生

【释义】

聊：依赖，凭借。原指百姓没有赖以生存的东西。现用来形容劳动人民在剥削阶级的残酷统治下极端贫困，无法生存。

【出处】

汉·司马迁《史记·春申君列传》:"人民不聊生,类族离散流亡。"

【故事】

战国后期,各诸侯间的战事更加频繁。在华阳一战中,秦国打败了韩、魏两国,又打入楚国境内,连续攻占了几个郡。秦昭王命令大将白起联合韩,魏共同征伐楚国,但韩、魏两国托故没有出兵,秦军只得撤军回国,使秦昭王非常气愤。过了不久,秦国扬言又要伐楚。

当时楚国贵族春申君正在秦国游说,听到这个消息后,担心秦国会灭掉楚国,就致书秦昭王,劝他同楚国结交,彻底消灭韩、魏两国。春申君在信中写道:"大王已侵占了韩、魏两国的许多土地,烧毁了很多的宗庙。这两个国家的百姓已是家破人亡,失去了赖以生存的东西,所以他们对秦国的仇恨非常深。如果大王不消灭他们,日后必成为秦国的后患。因此,秦国应该同楚国联合起来去消灭韩、魏两国。"秦昭王采纳了春申君的建议,同楚国结成了盟国。

明察秋毫

【释义】

明察:目光锐利、观察细微。秋毫:秋天鸟兽身上新生出来的茸毛。原形容人目光敏锐,任何细小的事物都能看得很清楚。后多形容人能洞察事理。

【出处】

《孟子·梁惠王上》:"明足以察秋毫之末,而不见舆薪,则王许之乎?"

【故事】

战国时期,齐宣王想称霸,对孟子说:"您能给我讲讲当年齐桓公、晋文公称霸的事迹吗?"孟子答道:"我们孔夫子的门徒从不讲霸主的事,而是讲王道,用道德的力量统一天下，我就讲讲有关王道的浅见吧！我听说有一次准备杀牛祭新钟时，您看见牛无罪被杀感到不忍，就杀了只羊来代替，有这回事吗？”

齐宣王回答的确有那件事，当时他是太可怜那头牛了。孟子又说：“不知道您想过没有，一只羊和一头牛有什么区别呢？您怜悯那头牛，只不过是因为您亲眼见到牛要被杀，您没见到羊，所以对它没有怜悯之心。对百姓也是同样的道理，因为您没有亲眼见到他们的穷苦，所以不能产生同情心。如果有人说：‘我的力气足以举起三千斤重的物品，但举不起一根羽毛；眼睛能看清秋天鸟兽细小的毫毛，却看不见满车的木柴。’您相信这种话吗？”

齐宣王说：“当然不会相信！”孟子接着说：“举不起羽毛是因为不用力气，看不见满车木柴是因为不想看。您的好心能用来对待动物，却不能用来爱护老百姓，这同样叫人难以相信。百姓不能安居乐业，也是您不关心的缘故。所以您不施行德政、王道来统一天下，主要是不愿意这样去做，而不是做不到啊！”听了孟子的话，齐宣王顿时恍然大悟。

目不窥园

【释义】

形容专心致志，埋头苦读。

【出处】

汉·班固《汉书·董仲舒传》：“少治《春秋》，孝景时为博士。下帏讲诵，弟子传以久次相授业，或莫见其面。盖三年不窥园，其精如此。”

【故事】

董仲舒是西汉时期著名的学者，少年时读书特别刻苦，经常夜以继日地读书。在董仲舒书房旁边有一座花园，每到春夏之际，花园里姹紫嫣红，鸟语花香，非常吸引人。但董仲舒读书三年，从未进过花园，甚至连一眼都没瞧过。后来，他被征为博士，公开聚众讲学，弟子遍布四方。

目瞪口呆

【释义】

目瞪:睁大眼睛直视。口呆:嘴里说不出话来。形容因吃惊或害怕而发愣的样子。

【出处】

元·无名氏《赚蒯通》:"吓得项王目瞪口呆,动弹不得。"

【故事】

秦末时期,韩信被刘邦拜为大将后,充分发挥了自己的军事才能,在楚汉相争中接连打败项羽,后来被封为齐王。

因其掌握重兵大权,刘邦的妻子吕后非常担心他会拥兵自重,日后对汉朝政权构成威胁,便找来妹夫樊哙,商议如何除去这个隐患。

樊哙本是个粗人,只因在鸿门宴上保了刘邦的驾,再加上有亲戚这层关系,才得到刘邦的重用。

听到吕后的忧虑,他颇不以为然地自夸道:"当年主公在鸿门宴上,我侍立一旁护驾。项王见我气魄非凡,便赐我一斗酒、生彘一肩,被我一啖而尽,吓得项王目瞪口呆,动弹不得,方才保得主公安然无恙。韩信是个受过胯下之辱的无能之辈,而且手无缚鸡之力,他能做些什么?只需派两个能干的人把他找来,咔嚓一刀就可除掉这个后患。"后来,在吕后的授意下,萧何设计以谋反罪杀了韩信。

目无全牛

【释义】

眼中没有完整的牛,只有牛的筋骨结构,比喻技术熟练到了得心应手的境地。

【出处】

《庄子·养生主》:“始臣之解牛之时,所见无非牛者;三年之后,未尝见全牛也。”

【故事】

梁惠王有一个厨师叫丁,杀牛的技法熟练而迅速,只要将刀刺到牛的身体里,就会听见皮骨分离的声音,而且很有节奏。

梁惠王见到后非常惊奇,问他:“你的技术怎么会高明到这种程度呢?”

厨师回答道:“我探究的是事物的规律,已经超出对宰牛技术的追求。刚开始杀牛的时候,我看见的都是整头的牛。三年之后,我看到的就是牛的肌理和筋骨了。

“如今我杀牛时只凭借感觉,使刀在筋骨间的空隙游走。我的刀不去碰经络相连的地方、紧附在骨头上的肌肉和肌肉聚结的地方,当然更不会碰到大骨。

“所以技术高明的厨师,一年换一把刀,技术一般的厨师,一个月就要换一把刀。而我的这把刀已经用了十九年了,杀过的牛有数千头,刀刃却依然像新磨过的一样。”

满城风雨

【释义】

原指秋天的景象,后比喻消息一经传出,很快传开来,人们议论纷纷。

【出处】

《题壁》诗:“满城风雨近重阳。”

【故事】

北宋时的诗人谢无逸与潘大临是好朋友,只是家境都非常贫寒。两人都很有才华,又情投意合。但因一个在江西临川,一个位于湖北黄州,所以只好鸿雁往来,以叙友情和诗趣。

有一次,谢无逸惦念潘大临,就去信问候,并问他近来是不是又做了什么新诗,可否让他一饱眼福。

对于好友的慰问,潘大临十分感激,立即给他写了回信。信中说:"近来秋高气爽,景物宜人,很能引发作诗的雅兴。可恨的是常有庸俗鄙陋的事情搅乱心绪,败坏诗兴。昨天闲卧床上,耳中听着窗外风涛阵阵,雨打秋林,顿觉诗兴大发,连忙起身,浓墨饱蘸,在白壁上写下'满城风雨近重阳'的佳句。谁知刚写了这一句,一个催收田租的官吏忽然闯了进来,勃发的诗兴顿时全被打消。所以,现在只能将这一句诗奉寄给你了。"

后来,潘大临因为贫病交加而去世,谢无逸悲痛不已,他借"满城风雨近重阳"一句续了一首诗《补亡友潘大临诗》:"满城风雨近重阳,无奈黄花恼意香。雪浪翻天迷赤壁,令人西望忆潘郎。"这首诗表达了谢无逸对好朋友的深情缅怀和两人深厚的友谊。

潘大临的这句"满城风雨近重阳"准确生动地描绘了秋天风雨萧索、万物易色的景象,所以它虽未成篇,却同样脍炙人口,备受称颂。

后来,"满城风雨近重阳"演化为成语"满城风雨"。

磨杵成针

【释义】

杵:舂米或捣物用的棒槌。把铁棒磨成绣花针。比喻有恒心,有毅力,再大的困难也能克服。

【出处】

《潜确类书》卷六十:"李白少读书,未成,弃去。道逢老妪磨杵,白问其故。曰:'欲作针。'白感其言,遂卒业。"

【故事】

李白，是我国唐代著名的浪漫主义诗人，祖籍陇西成纪（今甘肃秦安东）人。

五岁时，李白随父亲迁居绵州昌隆（今四川江油），随即开始认字读书。他天资聪颖，到十岁时已读了很多诗书。李白的父亲是个富商，家里很有钱。李白从小养成好玩的习惯，又喜欢舞刀弄枪，因此不用功读书，往往读了一会儿后，就放下书本，到外面闲逛去了。

一天，李白又读得烦心起来，便到野外去游玩。他在一条小河边遇见一个老婆婆，正在石头上用力磨一根大铁棒。李白觉得很奇怪，问道："老婆婆，您这是在干什么啊？"

老婆婆抬头瞧了瞧李白，回答说："孩子，我这是在把它磨成针哪！"

李白惊奇极了，说："啊，这么粗的一根铁棒，要把它磨成针，能行吗？"

老婆婆笑笑说："不停地磨下去，这铁棒会越来越细，只要坚持不停最后一定会被磨成针，怎么不行呢？"

李白听了很受感动，受此启发，于是下决心坚持读书。后来，他终于成为一位著名的大诗人，写出了许多脍炙人口的千古名篇。

莫名其妙

【释义】

名，说出。无法说出其中的奥妙。形容事出稀奇、无法理解或不合常理。

【出处】

清·宣鼎《夜雨秋灯录》："及进西瓜汤，饮兰雪茶，莫名其妙。"

【故事】

大将军福康安是乾隆年间的权臣。乾隆元年，福康安奉命率大军西征准噶尔。他生性好奢侈，虽然由京都往新疆有万里之遥，而且越往西，越荒凉，越贫穷，但福康安一路奢华不减。由于招待不周而被处分者,接二连三。

不久,福康安临近边疆某邑。邑令终日苦闷,深为接待福康安大将军发愁。他的一个亲戚见他愁眉不展的样子,答应用两三百两银子来接待福康安。

当时正直炎热夏季,这位亲戚把宾馆装饰了一番,布置了凉爽的摆设,摆放了各种鲜花,又把西瓜搅成了汁,做成了"西瓜汤"。

福康安大驾光临,见到了这么舒适凉爽的宾馆,十分高兴地说:"天仙界,水晶宫,不过如此!"喝了西瓜汤后,更"莫名其妙"。

明目张胆

【释义】

明目,睁亮眼睛;张胆,放开胆量。原形容很有胆识,敢作敢为。现形容公开放肆,毫无顾忌(做坏事)。

【出处】

唐·房玄龄等《晋书·王敦传》:"今日之事,明目张胆,为六军之首,宁忠臣而死,不无赖而生矣。"

【故事】

韦思谦是唐高宗的监察御史,他为人刚正不阿,不畏权势。他认为做一个监察御史,就应该尽职尽责,所以经常出外巡察,揭发贪官污吏的罪行。

有一次,在出巡中,他发现中书令褚遂良犯有错误,于是便上书揭发,褚遂良因此被降职。后来,唐高宗重新起用褚遂良。褚遂良上任后,就对韦思谦进行报复,把韦思谦降为甘肃清水县县令,即使如此,韦思谦还是和坏人进行不屈不挠的斗争,他慷慨激昂地说:"大丈夫应当敢于说话,要公开、大胆地干出一番事业来报答皇上,怎能做一个庸庸碌碌的无能之辈,以保全自己和妻子儿女呢?"后来,唐高宗经过考察,又任命他为御史大夫。

明哲保身

【释义】

明哲,明智,洞察事理。原意是明白事理的人能够保全自己。现指回避斗争来保全个人利益。

【出处】

《诗经·大雅·烝民》:"……既明且哲,以保其身。"

【故事】

周宣王(前827—前782年在位)派仲山甫筑城于齐,在他临行时,尹吉甫作了一首诗赠给他。诗中赞扬仲山甫的美德和他辅佐宣王时的盛况。诗歌中这样写道:

肃肃王命,仲山甫将之。邦国若否,仲山甫明之。既明且哲,以保其身。夙夜匪解,以事一人。

人亦有言:"柔则茹之,刚则吐之。"维仲山甫,柔亦不茹,刚亦不吐。不侮矜寡,不畏彊御。

人亦有言:"德輶如毛,民鲜克举之。"我仪图之,维仲山甫举之,爱莫助之。衮职有阙,维仲山甫补之。

诗歌的意思是:周王的命令很严肃,仲山甫奉命就要启程。国家事情好或坏,仲山甫都能分得清。他开明又聪慧,愿他高风亮节万年长。日夜操劳不懈怠,竭诚辅佐周天子。古人有话这样说,弱的呀吞下它,硬的呀吐出它。只有仲山甫,刚柔相济,不欺弱小,不畏强暴。古人有话这样道,道德品行轻如毛,人们却很少能举起它。我在暗暗猜想啊,只有仲山甫能独举德政旗帜,别人都难以起到他的作用,君王失职,别人不敢批评,他却能为之补过。

"既明且哲,以保其身"这两句诗,原来是包含着赞美的。后来提炼为"明哲保身",指为了维护个人利益而回避矛盾和斗争。

这里“爰莫助之”是说仲山甫推行宣王德政包含深远意义，能起到他的作用的人不多，所以功劳只能归功于它。后提炼为“爱莫能助”，形容本意虽说爱护，想去帮助，但又无力或无法帮助，表示深为惋惜之情。

明珠暗投

【释义】

把闪闪发光的珍珠投到暗处。比喻怀才不遇或好人失足参加坏集团，也泛指珍贵的东西得不到赏识。

【出处】

西汉·司马迁《史记·鲁仲连邹阳列传》：“臣闻明月之珠……以暗投人于道路。”

【故事】

邹阳是汉初齐国人，最初在吴王刘濞手下任职，以文辞著称。汉景帝三年，吴王谋反，邹阳劝谏吴王而不听，于是邹阳改投梁孝王门下。邹阳为人有智谋才略，慷慨不苟合。梁孝王手下的宠臣羊胜等一帮小人嫉恨他，在梁孝王面前诋毁他，梁孝王听信谗言，把他打入监牢并要杀死他。

邹阳为洗雪冤枉，在狱中写了《狱中上梁王书》，其中有这样一段话：“齐国邹阳，到梁国游说，遭人谗害，被捕入狱。邹阳在狱中写了一封长信给梁孝王。”其中有如下一段内容：

我听说“明月之珠”和夜里发光的宝玉，如果“以暗投(赠)人于路”，那么，没有谁不握紧宝剑，愤怒地瞪起眼睛。为什么呢？无缘无故地上前献殷勤，能不引起怀疑吗？那些不成材的疙里疙瘩树根、曲木，却成了被朝廷重用的干员。为什么呢？因为国君的左右近侍，事先为他在国君面前说了不少好话。因此，如果无人引荐，便贸然上前贡献热情和忠诚，哪怕你拿出“随侯之珠，夜光之璧”，也只能结下怨恨而不被信任。所以，如果有人为我事先向大王引荐，那么，凭我这“枯木朽株”(比喻不值得重视、没有多大能力的人才)，建立尺寸的功业，也忘不了他的好处。

邹阳的一番表白，让梁孝王很受感动。于是，就释放了他并把他当作上宾对待。

文中“明月之珠”，“以暗投人于路”，被炼为典故“明珠暗投”。

“随侯之珠，夜光之璧”也是典故。也作“和氏之璧，随侯之珠”“明月之珠，和氏之璧”。

“枯木朽株”也是典故，谓枯槁的树干和腐朽的树根。比喻不值得重视，没有多大用处的人才。也往往用作自谦。

暮夜却金

【释义】

夜晚拒绝送上门来的黄金，赞誉为官的清廉，不受贿赂。

【出处】

南朝宋·范晔《后汉书·杨震传》：“……以十金奉杨曰：‘暮夜无知者。’”

【故事】

杨震到东莱做太守，在去往东莱的路上，经过了昌邑县。由杨震推荐的秀才王密此时已经成为昌邑县的县令。

王密见自己的上司加恩公杨震驾到，马上行大礼参拜。晚上，王密悄悄地来到杨震的住处，拿了十斤黄金要给恩公。杨震一见，立刻严肃地对王密说：“作为老朋友，我是了解你的，所以推荐你来做昌邑县的县令，但是，你怎么不了解我这个老朋友呢？你夜晚送这么多黄金过来，是什么意思？”王密说：“这会儿是半夜呀，没有人会知道的。”杨震回绝道：“天知、地知、我知、你知，怎么能说是没人知道啊？”王密听了杨震这番义正词严的批评后，满脸羞愧地带上他的十斤黄金回去了。

杨震为官清廉，从不接受私人的请求和托付。年长的老友，有人想请他帮忙为孩子创办些产业，杨震也都拒绝了，对他们说：“让后代做清白的后代，把这个清明传下去，对后代来说，这样的遗产不也是很丰厚的吗？”

后人用“暮夜怀金”来比喻行贿的；用“暮夜却金”赞誉为官的清廉，不受贿赂。

梦笔生花

【释义】

原比喻人的才思大有长进。后形容文思俊逸，有杰出的写作才能。

【出处】

《阅微草堂笔记·滦阳消夏录五》："李太白梦笔生花，文思大进。"

【故事】

诗人李白一天深夜在睡意朦胧中，一边吟诗，一边随风飘到了一座海上的仙山。只见四周云海苍茫，花木葱茏。李白被大自然的美景所陶醉。正在这时，一支巨大的毛笔耸出云海，足有十多丈高，像一根玉柱一样。李白心想："如果能得到这枝巨笔，用大地作砚，蘸海水为墨，拿蓝天当纸，写尽人间美景，那该有多好。"就在他浮想联翩之时，忽然听见一阵悠扬悦耳的仙乐，并有五色光芒从笔端射出，接着在笔尖开放出一朵鲜艳的红花。那支生花笔渐渐移动，朝着他飘然而来。李白眼看那支光芒四射的生花妙笔越来越近，便伸手去取，当快要摸到粗壮的笔杆时，不觉惊醒，原来是黄粱一梦。李白梦醒之后，反复回想梦中情景，总想不出是在什么地方。他决心遍访名山大川，寻找梦中仙境。后来，李白云游到黄山，发现黄山的一处山涧深谷中有一根崛起的擎天石柱，石柱下部直立部分圆滚修长，好像笔杆，顶端好像毛笔尖，一棵古松生长在石柱上面，好像一朵鲜花开放在毛笔的顶端。李白见此，不觉失声大叫："以前我梦中所见的生花巨笔，原来就在这里。"

据说，李白自从见到"梦笔生花"后，名诗佳句便源源不断。

牧豕听经

【释义】

比喻贫寒中勤奋苦学成才。

【出处】

南朝宋·范晔《后汉书·承宫传》:“少孤,年八岁为人牧豕……因就听经,遂请留门下,为诸生拾薪。”

【故事】

东汉初年,有一名士叫承宫,字少子,琅邪姑幕人。他很小就成为孤儿,刚八岁就给人放猪度日。当时乡里有个人叫徐子盛,以《春秋经》教授数百名学生。承宫放猪路过他家时,常跟着学生一起听他讲经,后来学生们就请求徐子盛留下他,边做工边学习。此后他边学习,边为学生们捡拾柴薪,做各种苦活。承宫在徐家辛苦劳作数年,坚持勤奋不倦地学习经典,是所有学生中最优秀的。学业有成,就回家开设学堂,教授学生。西汉末年社会动荡混乱,便携学生到汉中避祸,一边教学,一边耕作。人们知他才学出众,请他出山,他都婉言谢绝。后来汉明帝亲自招请,下旨拜他为博士,迁升左中郎将。承宫以进良策忠言闻名于世,深得汉明帝的器重。但他不为名利所动,有一次,皇帝要派他出使匈奴。原来承宫之名早已远扬匈奴,匈奴单于指名请他当使者。承官以自己相貌丑陋为由,请皇帝改派别人。后官拜侍中祭酒。后人对他的一生都赞叹不已,认为他是于贫寒中勤奋苦学成才的典范。

民以食为天

【释义】

天,指所依存或依靠的。人民以粮食物为生存之根本。形容粮食的重要。

【出处】

西汉·司马迁《史记·郦食其传》:“王者以民为天,而民以食为天。”

【故事】

在秦朝灭亡以后,刘邦和项羽又展开了多年的争霸之战。战争初期,刘邦处于劣势,彭城战役的失败使刘邦不得不退守荥阳、成皋。而项羽的猛攻,又使荥阳岌岌可危。万般无奈之下,刘邦打算割让荥阳、成皋给项羽,退守巩、洛一带,一方面可以缓口气,另一方面能组织力量,再与楚军决战。此时,荥阳西北的敖山上,有秦时建成的巨大粮仓,名叫敖仓。敖仓里仍积存着大量粮食。

谋士郦食其权衡利弊后,认为刘邦这样做是得不偿失,于是他劝谏刘邦说:“有志于天下的人,以民为天,而‘民以食为天’——粮食就是天上头的天啊,你怎能把粮食拱手让人呢?”

刘邦觉得郦食其的话有道理,忙问:“那么按照先生的高见,我应如何做呢?

郦食其说:“在这种情况下,千万不可退兵,大王只有组织力量,坚守荥阳,保住敖仓,丰衣足食才能振奋士兵精神。”刘邦按郦食其的话去做,果然取得了胜利。

马首是瞻

【释义】

马首是瞻原指作战时,士卒看主将的马头行事。后比喻服从指挥或依附某人。

【出处】

《左传·襄公十四年》:“荀偃令曰:‘鸡鸣而驾,塞井夷灶,惟余马首是瞻。’”

【故事】

春秋时期,秦国十分强大,常欺负那些弱小的诸侯国。众诸侯国都不甘受欺。公元前559年,晋悼公联合了其他诸侯国共同反秦,让荀偃做联军总帅。荀偃原先估计,秦国得知诸侯联军来进攻,肯定会惊慌失措,战争很容易取胜。没想到联军内部各行其是，并不齐心，士气也很低落，秦国得知这些情况，所以一点也不怕，根本就没有求和的表示。秦军还在泾河的上游放毒，毒死了不少联军的士兵。

看到这种情况，荀偃就想早点发动总攻，他向联军将领发布命令说："明天早上鸡一叫，我们就准备出发，各军都要拆掉土灶，填平水井，以便布阵。作战时，大家都看着我的马头来行动，我指向哪里，大家就奔向哪里。"荀偃手下的将领听了他的话，觉得他太专横了，很反感。有个将领说："晋国从来没有下过这种命令。你要向西去打秦国，那你自己去吧。我的马头可要向东，回到我们晋国去。"

其他诸侯国的将领看到晋国的将领带兵回国，也纷纷撤回自己国家去了。全军顿时不战自乱，荀偃眼看局势无法挽回，也只好狼狈地撤军了。

摩肩接踵

【释义】

原意是肩挨肩，脚跟脚，形容人多，拥挤不堪。

【出处】

《晏子春秋·内篇·杂下》："摩肩接踵，挥汗成雨，挥袖成云。"

【故事】

晏婴是春秋时期齐国著名的外交家。

有一年，晏子出使楚国。楚王见他身材矮小，很看不起他。在晏子入城时，楚王命人不开城门正门，只开侧门，以此种方式来侮辱晏子。晏子见此，笑着对接待官员说："我出使了许多国家，进门都走大门。今天来到楚国，没想到狗门大开，既然访问狗国，只好从狗门入内了。"接待官员一听，急忙赔礼道歉，命人打开城门迎接晏子入城。

楚王看着面前矮小的齐使，故作惊讶地说："哟，齐国没人了吗？怎么派这样一个人出使我国呢？"

晏子不卑不亢地说："我们齐都临淄街道纵横，百姓一家挨一家，不在几万户之下；百姓张开衣袖就能遮住太阳；众人挥一把汗就像下一阵雨；街上人来人往，肩擦肩，脚跟脚，怎能说没人呢？至于派我来楚国，是齐国的规矩造成的。我们齐国有一条规矩，有本事的人就派他拜见有本事的君主，没本事的人就只能拜见无能的君主了。我在齐国最无能，所以我就被派到这里了。”

楚王听了，非常尴尬，急忙命人隆重接待晏子。从此，楚王再也不敢小看晏子了。

莫逆之交

【释义】

彼此情投意合，友谊深厚。

【出处】

《庄子·大宗师》：“四人相视而笑，莫逆于心，遂相与为友。”

【故事】

子祀、子舆、子犁和子来是战国时的四个怪人。他们性情古怪，不同一般人接触。但他们四人性情相投，主张一致，都认为事物要顺其自然，“无”是最崇高的。

有一天，这四个怪人聚在一起，热烈地讨论着“无”的崇高和伟大，一致认为“无”就像人的头一样，起着至关重要的作用。分别时，四个人互相望着笑着，认为他们心心相通，友谊将天长地久（四人相视而笑，莫逆于心，遂相与为友）。

过了一段时间，子舆害病了，子祀去探望他。子舆出门迎接时，弯着腰，低着头，高耸起两肩，背上长着五个大脓疮。他却对子祀说：“上天真是伟大啊，使我成为这样的奇人！”

子祀问道：“你对你的病一点也不忧虑吗？”

子舆说：“干吗要忧虑呢？人的生与死，本来是上天安排好了的，我只要顺其自然就完全无忧无虑了。”

不久，子来也害了病，表情非常痛苦，眼看就要死去。子犁来看子来，见子来的妻子痛哭流涕。子犁坐在床边和子来说道：“唉，你的妻子真不懂事！伟大的造物主正在改变你，怎么能随便惊疑啼哭呢？”

子来感激地说：“假如一个铁匠打铁时，火炉中的一块铁突然跳了起来，那铁匠一定认为是不祥之兆。天地是一个大熔炉，阴阳是一个伟大的铁匠。我现在正在被天地铸造着，怎么能表现出痛苦呢？”

子犁紧紧握着子来的手，说：“我们真是知己！”

迷途知返

【释义】

迷失道路，知道回来。比喻觉察到自己的错误之后，知道改正。

【出处】

《三国志·魏书·袁术传》：“以身试祸，岂不痛哉！若迷而知反，尚可以免。”

【故事】

东汉末年，宦官专权，大将军何进密召董卓进京除奸。消息传来，宦官们杀死何进。何进的部下袁绍火烧宫门，汉少帝也逃出皇宫。董卓乘机率领大队凉州兵马占据京都洛阳，追回汉少帝，专揽朝政。袁绍发觉这是引狼入室后，深感懊悔，便率领自己的队伍离开了洛阳，来到关东，计划征讨董卓。不久，董卓废掉汉少帝，另立汉献帝刘协，把朝廷军政大权全部掌握在自己手中。

袁绍的弟弟袁术是个心术不正的人，为了躲避这场祸乱，他带着自己的军队向南阳逃奔。长沙太守孙坚是个骁勇善战的虎将，他响应袁绍，起兵讨伐董卓，率部下向洛阳进军。南阳郡太守张咨被孙坚杀死后，袁术便乘机占领了南阳郡，扩充自己的势力。

袁术占据南阳后，骄横霸道，放纵享乐，胡作非为，成了当地一害。后来。北部的袁绍和中原的曹操势力强盛起来，共同进攻袁术。袁术经不住两下夹攻，便逃离南阳，败走扬州，从此割据一方，划定了自己的势力范围。一时，汉朝天下军阀割据，混战不已。占据四个州郡的袁绍同占据两个州郡的曹操又发生激烈的冲突。

袁术见汉朝政权土崩瓦解，便想趁混乱之机登上皇帝宝座。这时，他想起了少年时代的好友陈珪，便写信请陈珪帮助他实现做皇帝的梦想。

陈珪是位很有政治见解的人，他回信劝说袁术不要称帝，否则会违背天意民心。陈珪在信中说："我以为你会齐心协力救助汉室，谁知你却走上迷途，要自称皇帝，以身试祸，岂不令人痛心！如果迷了路还知道返回，尚能避免祸患（迷途知返）。"

袁术听不进陈珪的劝告，在寿春称帝。他的倒行逆施遭到天下百姓和各路军阀的强烈反对。后来，吕布、曹操先后讨伐袁术，袁术大败，在向青州逃奔途中病死。

靡靡之音

【释义】

原指令人精神不振的亡国音乐，后泛指一切低级趣味的音乐。

【出处】

《韩非子·十过》："乃召师涓……与纣为靡靡之乐也。"

【故事】

卫灵公亲自赴晋国为建殿道贺，晋平公十分高兴，在新宫内设宴款待他。卫灵公带来的大批奇珍异宝令晋平公喜笑颜开，他边敬酒，边命乐师奏乐助兴。

卫灵公在音乐刚起时便对晋平公说："我在途中听到一支非常委婉柔美的曲子，我已命人记录下来了。我相信这支曲子定会叫大王沉醉的。"

晋平公一听，马上命卫国乐师演奏这支曲子。果然，这支曲子有种说不出的柔媚韵味，听得人如醉如痴，忘乎所以。正在大家听得入迷时，有人大喝一声："别弹了，停！"

晋平公满腔怒火地看着说话的人——晋国宫廷乐师师旷。师旷不慌不忙，正色道："这是亡国之音，怎能在如此喜庆的时候弹奏呢？"

晋平公大惑不解:“这么优美的曲子怎么会是亡国之音呢?”

师旷娓娓道来:

“商纣荒淫无耻,整天沉溺于酒色中不理朝政。有个叫师延的乐师为了讨好取悦纣王,便作了这支委靡颓废的曲子供宫女舞蹈之用。纣王非常喜欢这支曲子,常常在这支曲子的伴奏下通宵达旦地饮酒作乐。朝中大臣纷纷谴责师延作这支令人颓废沉迷的曲子祸国殃民。后来,周武王灭了商,师延怕有人追究自己的责任,便投水自尽了。这支曲子虽然委婉动听,但它有一种令人萎靡不振的魔力。所以之后许多帝王都禁止演奏这首曲子,渐渐地这首曲子就失传了。”

“现在这支曲子又出世了,一定是师延阴魂不散,为自己的杰作被人遗忘而愤愤不平。大王要慎重,此乃亡国之音,切不可贪恋。”

晋平公闻此,哈哈大笑,不以为然地说:

“师旷乐师多虑了。商纣亡国是自己荒淫所致,与音乐有何关系?如此美妙的音乐不享受其中,岂不是三生遗憾吗?继续奏乐!”

后来,晋平公果然步商纣后尘,未及亡国便死了。

名列前茅

【释义】

比喻名次列在前面。

【出处】

《左传·宣公十二年》:“前茅虑无。”

【故事】

春秋时期,晋国和楚国的争霸斗争非常激烈,夹在两个大国之间的郑国处境很危险。有一年,楚军入侵郑国,郑国一边向晋国求援,一边坚决抵抗,结果援兵未到就失败了。

晋国派大将荀林父为中军统帅,领兵救援郑国。可是他们还没有渡过黄河,就听说郑国已经向楚国投降，楚军也已经渡过黄河撤回国了。荀林父召集将领们商议对策，说："战斗已经结束，楚军也撤走了，我们这时赶来已毫无意义，不如撤回去算了。"可是副将先縠不赞成这个意见，他认为应该立即渡过黄河，去追击楚军。上军统帅士会详细分析了晋楚两军的形势，他认为退兵回国是正确的。士会说："指挥作战的一个首要原则是善于观察时机，只有抓住敌人的疏漏发动攻击，才能取得胜利。如今楚国的德行、政令、典章、礼仪都没有违背常规，所以我们很难打败他们。楚王如今任用贤才，整顿军队，军队训练有素，很有秩序。军队出征时，各路队伍井然有序，右军紧紧护卫着主帅的兵车；左军负责割草以安排夜宿：先头部队以茅草作为信号，发现敌情就举起茅草向后面报警；中军负责制订作战计划，发布命令；后军是精锐部队。打起仗来各路将士都有明确的分工，军队纪律非常严明。再说，楚国现在管理严明，人才辈出，我们怎能贸然去进攻他们呢？"

荀林父十分赞同士会的意见。可是先縠一意孤行，竟然率领自己的军队渡过黄河，去进攻楚军，结果遭到惨败。

茅是楚国的特产，楚军先头部队的士兵用茅当作信号旗，走在最前面，发现敌人有什么动静，就用茅发出信号。因此前锋称为"前茅"，"名列前茅"这个成语就是这样来的。

门庭若市

【释义】

门口和庭院里热闹得像集市一样。形容来的人多。

【出处】

《战国策·齐策》："群臣进谏，门庭若市。"

【故事】

邹忌是战国时期齐国的大臣。他身高八尺多，而且身材魁梧，容貌美丽。一天早晨，他穿好官服、戴好官帽，照着镜子，对他的妻子说："我和城北的徐公相比谁更美?”他的妻子说:“您美极了,徐公怎么能比得上您呢?”原来,城北的徐公是齐国的美男子。邹忌不相信自己比徐公美,又问他的妾说:“我和徐公相比谁更美?”妾说:“徐公怎么能赶得上您啊!”第二天,有位客人从外面来,邹忌与客人坐着聊天,又问客人:“我和徐公哪个更美?”客人说:“徐公不如您美。”又过了一天,徐公来了,邹忌仔细地观察徐公,自认为不如徐公美;再照镜子看自己,更觉得不如徐公。晚上躺在床上,邹忌思考这件事,恍然大悟:“我的妻子认为我美,是偏爱我;妾认为我美,是害怕我;客人认为我美,是对我有所求。”

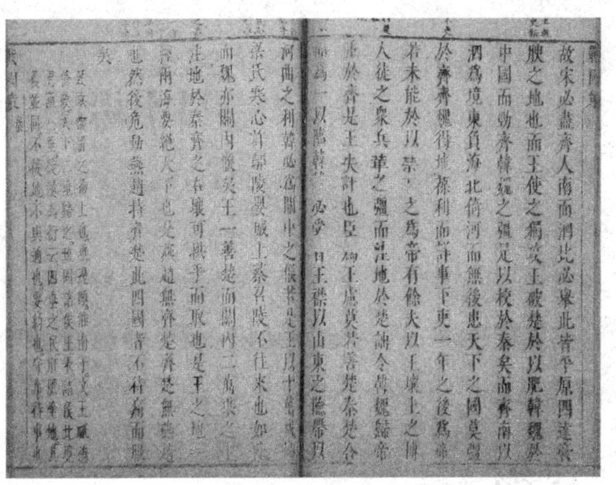
故宋必盡齊人南面泗北必舉此皆平原四達膏
腴之地也而王使之獨攻王破楚於以肥韓魏於
中國而勁齊韓魏之強足以校於秦矣齊南以
泗爲境東負海北倚河而無後患天下之國莫強
於齊齊魏得地葆利而詳事下吏一年之後爲帝
若未能於以禁王之爲帝有餘夫以王壤土之博
人徒之衆兵革之彊而注地於楚詘令韓魏歸帝
重於齊是王失計也臣願王熟慮之也秦楚合
而爲一以臨韓韓必授首王襟以山東之險帶以
河曲之利韓必爲關中之候若是王以十成鄭
梁氏寒心許鄢陵嬰城上蔡召陵不往來也如此
而魏亦關內候矣王一善楚而關內二萬乘之主
注地於齊齊之右壤可拱手而取也是王之地一
任兩海要絶天下也是燕趙無齊楚齊楚無燕趙
也然後危動燕趙持齊楚此四國者不待痛而服
矣

《战国策》书影

于是,邹忌上朝拜见齐威王,对他说:“我确实知道自己不如徐公美。我的妻子认为我美是偏爱我,我的妾认为我美是害怕我,我的客人认为我美是有求于我,所以他们都认为我比徐公美。如今齐国国土方圆一千多里,城池有一百二十座,宫中妃嫔和左右侍从没有谁不偏爱您,朝廷大臣没有谁不害怕您,全国的百姓没有谁不有求于您。由此看来,您受的蒙蔽一定很深。”

齐威王说:“好!”于是下了一道命令:“各级大小官吏、百姓能够当面指责我的过错的,受到上等奖赏;能够上书劝谏我的,受到中等奖赏;能够在公共场所评论我的过错并让我听到的,受到下等奖赏。”

命令刚下达,许多大臣来进言劝谏,宫门前庭院里人多得像集市一样。几个月后,偶尔有人来进谏。满一年之后,即使想进谏,也没什么可说的了。燕、赵、韩、魏等国听说了这件事,都到齐国来朝拜。这就是所谓的在朝廷上战胜别国。

目不识丁

【释义】

连最普通的“丁”字也不认识。形容一个字也不认得。比喻才疏学浅，没有见识，愚蠢无知。

【出处】

《旧唐书·张弘靖传》：“今天下无事，汝辈挽得两石力弓，不如识一丁字。”

【故事】

唐朝宪宗年间，朝廷中有一名官员叫张弘靖，他为人圆滑无比，谄上欺下，却深受上司器重。没过多久，竟被朝廷任命为幽州节度使，代替了前任节度使刘总。

幽州的百姓以为来了一个好官，急着要一睹张弘靖的尊容。但是张弘靖不了解幽州，根本不懂这里的风俗民情，再加上他出身富贵，来到幽州时，他的车驾在三军之中显得十分豪华阔气，非常显眼，百姓吏卒们看了很是失望。

刚一上任，张弘靖便想有所作为，但从哪里着手呢？他想到，幽州地处边远之地，要想开化这里的百姓，首先要改革民俗，但这谈何容易。他想，安史之乱时，安禄山首先就是在幽州造反叛乱的，他以为只要能将安禄山的问题解决一下，民风就能好起来。于是，张弘靖派人掘开安禄山的坟墓，毁掉了安禄山的棺柩。当地百姓看到张弘靖的所作所为，大为失望，人们都说：“我们都以为来了一个为民着想的好官，不想却来了一个掘墓开棺的官呀！”

不仅张弘靖让人失望，他手下还有两个十分可恶的官吏，其中一个叫韦雍，另一个叫张宗厚。这两个人整天无所事事，经常聚合一伙人到酒店去喝酒，而且每次都要喝到大半夜，直到喝得酩酊大醉方才罢休。每次喝完，他们都让士兵点起灯笼，燃亮火把将他们送回府去。这时，街头巷尾，灯光通亮，他们大声吆喝、吵吵闹闹，使得全城都不得安宁，百姓们很厌恨他们。

韦雍和张宗厚平时对幽州原有的军吏们也十分苛刻，稍不如意，便骂人家是

"反虏",说人家曾是安禄山一伙。那些人稍一辩解,他们便挥起鞭子就打,再不然就将人关进大牢里,所以军士们对韦雍和张宗厚怀恨在心。

有一天,韦雍又喝醉了酒,便对军吏们大发狂言:"现在天下太平,国家无战事,你们这些军吏虽能拉开两石重的强弓,但那有什么用处呢?还不如认识一个'丁'字呢?"士兵们心中义愤填膺,但却不敢说什么,只是对韦雍恨得咬牙切齿。

这些事还不算,前任幽州节度使刘总离任回到朝廷不久,便派人为幽州的士兵们送来一百万贯钱,以犒赏跟随他多年的士兵。但是张弘靖竟敢冒天下之大不韪,他从中克扣下二十万贯作为自己的开销,只将八十万贯钱分给了那些士兵。

这件事不久后就被全幽州人知道了,士兵们真是到了忍无可忍的地步,再也不愿受韦雍、张宗厚的欺压,更不愿听从张弘靖的指挥,于是借机反叛。他们愤怒地把韦雍、张宗厚杀了,又把张弘靖拘禁了起来。最后,张弘靖被朝廷下放。

名落孙山

【释义】

名字落在榜末孙山的后面。指榜上无名,考试未被录取。

【出处】

《过庭录》:"吴人孙山,滑稽才子也。赴举他郡,乡人托以子偕往;乡人子失意,山缀榜末,先归。乡人问其子得失,山曰:'解名尽处是孙山,贤郎更在孙山外。'"

【故事】

有一个名叫孙山的读书人想到省城去考取举人。他能言善辩,说话也很风趣。临行前,乡里一位老人来拜访孙山,请孙山带他的儿子一起去省城应考,以便他儿子能得到一些照应,孙山爽快地答应了。

两人到省城后,很顺当地参加了考试,接着是等待发榜。

发榜那天,孙山怀着紧张的心情,到发榜处去观看。看榜的人很多,孙山拼命往前挤才挤到前面，一连看了几遍，都没有看到自己的名字。他心一下子凉了半截，准备再看一遍，如果榜上确实无自己的名字就离去。结果，竟在最后一行中见到了自己的名字，原来自己的名字排在最后，顿时转忧为喜。至于一起来应试的同乡的名字，则无论如何找不到，他肯定落选了。

孙山回到旅舍，把发榜的情况向同乡说了。对方听说自己没有考上，闷闷不乐，表示想再在省城待几天。孙山归心似箭，第二天一早就回乡了。

孙山回到家里，乡邻们得知他中举，都来祝贺他。那老人见儿子未回来，问孙山他儿子考中了没有。孙山没有正面回答，而是诙谐地念了两句诗：

"解名尽处是孙山，贤郎更在孙山外。"

这两句诗的意思是：举人的最后一名是我孙山，你儿子的大名还在我孙山之后呢，言下之意是他落选了。

那老人见到很有才气的孙山也只考了最后一名，而他儿子才气不如孙山，没有考上这是理所应当的，也没说什么便离开了。

名正言顺

【释义】

名：名分，名义。顺：合理、顺当。原指名分正当，说话合理。后多指做某事名义正当，道理也说得通。也表示做事理由正当充分，含有理直气壮的意思。

【出处】

《论语·子路》："名不正则言不顺，言不顺则事不成，事不成则礼乐不兴，礼乐不兴则刑罚不中，刑罚不中则民无所措其手足。"

【故事】

公元前501年，当上鲁国中都宰的孔子已经51岁了。孔子很用心地工作，在公元前502年，又做了司空。接着，工作性质发生了改变，他当上了司寇，这也是孔子所希望的。

孔子56岁那年,又当上了大司寇,代理相国职务。他参与国政仅仅三个月,鲁国的风俗就大大变了样。

孔子的成就使齐景公感到害怕,他特地挑了80个美貌的女子,让她们穿上华丽的衣服,教她们学会舞蹈,加上120匹骏马,一起送给贪图享乐的鲁定公,以腐蚀他的意志。这一计果然奏效,鲁定公沉湎于歌舞淫乐之中,不再过问政事了。

孔子的学生子路见到这种情况,便对孔子说:"老师,我们可以离开这里了吧!"

孔子回答说:"鲁国现在就要在郊外祭祖,如果鲁定公能按照礼法把典礼后的烤肉分给大夫们,那我还可以留下不走。"

结果,鲁定公违背常礼,没有把烤肉分给大夫们。于是,孔子离开鲁国,来到了卫国。卫灵公问孔子,他在鲁国得到的俸禄是多少。孔子回答说是俸米六万斗。于是,卫灵公也给他这个数的俸米。

跟随孔子的学生们见有了安身之处,都很高兴。子路尤其高兴,问孔子道:"卫国的君主等待你去治理国政,你首先干些什么?"

孔子略为思索了一下,说:"我以为首先要纠正名分。"

子路不客气地说:"老师未免太迂腐了,这有什么纠正的必要呢?"

孔子反驳说:"您真粗暴!君子对他所不知道的只存疑在心中。名分不正,道理也就讲不通;道理不通,事情也就办不成;事情办不成,国家的礼乐教化也就兴办不起来;礼乐教化兴办不起来,刑罚就不会得当;刑罚不得当,老百姓就会不知如何是好,连手脚都不晓得往何处摆了。所以君子用的名分,一定要有道理可以说得出来,讲出来的道理一定要行得通!"

孔子在卫国也没有待多长时间,只有十个月,原因是卫灵公听信谗言而不信任孔子,孔子无奈,只好走了。

面红耳赤

【释义】

脸和耳朵都红了。形容害臊或着急、发怒的样子。

【出处】

《朱子语类》卷二九:“今人有些小利害,便至于头红耳赤;子文却三仕三已,略无喜愠。”

【故事】

朱熹是南宋著名思想家,教育家。19岁时,他参加乡试、贡试,均成绩名列前茅,后中进士。历仕宋高宗、孝宗、光宗、宁宗四朝,庆元三年(1197年),韩侂胄擅权,排斥赵汝愚,朱熹也被革职回家,从此著书立说、教授弟子。

朱熹所著《朱子语类》,是朱熹与其弟子问答的语录汇编,主要按照《论语》的体例来阐释思想。此书编排次第,先论理气、性理、鬼神等世界本原问题,以太极、理为天地的开始。接着解释心性情意、仁义礼智等伦理道德;再论知行、力行、读书、为学等认识方法。在阐释思想时,往往以孔孟的典籍为依据,内容丰富,析理精密。

朱子经常引用古代的典籍和弟子说明道理。他说道:“现在有很多小人为了一点点利益,往往争得面红脖子粗的;而子文却是三次当官然后又被罢免,他也没有丝毫不高兴的表现。”在这里朱子引用的就是《论语》中的故事。

令尹子文是春秋战国时代楚国的宰相。姓斗,名谷于菟。令尹子文,令尹是官名,等于后世所谓的宰相、首相。子文是封号,说明他的道德、学问都很有修养。他三次上台做宰相,并没有觉得了不起,一点也没有高兴过。三次下台卸官,他也没有难过。人在上台与下台之间,真能做到淡泊的并不多。而令尹子文最难得的是,他每次下台,自己所做的事情一定会详详细细告诉后面接任的人该怎么办。普通交接,一般就是只说:这事我办了一半,明天你开始接下去。而令尹子文则把事情的困难、机密,全部告诉来接印的新人。

这里朱子是借用令尹子文对国家尽忠负责的故事,说明人要对国家尽忠,对自己尽职,不能只顾蝇头小利,而要将私人的利害得失丢开。

冒天下之大不韪

【释义】

冒:冒犯。不韪:不是,错误。去干普天下的人都认为不对的事情。指不顾舆论的谴责而去干坏事。

【出处】

《左传·隐公十一年》:“犯五不韪而以伐人,其丧师也,不亦宜乎?”

【故事】

《左传》原名为《左氏春秋》,汉代改称《春秋左氏传》,简称《左传》。旧时相传是春秋末年左丘明为解释孔子的《春秋》而作。

《左传》是研究先秦历史和春秋时期历史的重要文献,它代表了先秦史学的最高成就,对后世的史学产生了很大影响,特别是对确立编年体史书的地位起了很大作用。它丰富了《春秋》的内容,不但记鲁国一国的史实,而且还兼记各国历史;不但记政治大事,还广泛涉及社会各个领域的“小事”。

在《左传·隐公十一年》中记载着这样一个故事:春秋初年,河南省中部有两个小国家紧密相连,它们是郑国和息国,同为周室宗亲,国君皆姓姬。

息国虽然比郑国还小,但它的国君不能与郑国友好相处,经常发生口舌。公元前712年,息国的国君由于一些小事,与郑国国君发生口角,继而又派兵攻打郑国。

当时郑庄公在位,数年间屡败宋国和卫国等大国,军势如日中天。息国有人事先就知道这场战争必定失败,因为它犯有五大错误:一是没有度量这次出兵是否正义,二是没有权衡自己的力量,三是没有想到与自己同姓的亲戚应该亲善和睦,四是没有分清是非曲直,五是没有审察自己的过错。息国存在这五个致命弱点,自己却全然不知,毫不醒悟。长此以往,必然要走向灭亡的道路。

结果当然是如此,息国遭到惨重失败,国君狼狈逃回。后来,息国被强大的楚国灭亡。

息侯伐郑的故事，后来就演变成了成语“冒天下之大不韪”，而且还留下一个最常使用的汉语成语——自不量力。

模棱两可

【释义】

模棱：含糊，不明确。两可：可以这样，也可以那样。指不表示明确的态度，或没有明确的主张。

【出处】

《旧唐书·苏味道传》：“处事不欲决断明白，若有错误，必贻咎谴，但模棱以持两端可矣。”

【故事】

唐朝初期，有一个读书人叫苏味道，稍有文采，人也有点小名气。人们把他与当时的另一位文士李峤并称“苏李”。这苏味道据说从小相当聪明，二十岁就考上了进士，做官做到吏部侍郎，武则天执政的时候，他还担任过宰相。可是这人办事缺乏决断，往往这样也好，那样也行，从来不肯表示明确的态度。他以为这样方可不得罪人、不出错误；即使错了，也可以不负责任，以便永远保住个人的名誉地位。《旧唐书·苏味道传》曾记录了他的一句话，这句话典型地道出了苏味道圆滑的处世哲学。他说：“处理事情不要明白说出自己的意见，否则，出了错就要后悔不及，能够‘模棱持两端’为最好。”

棱，就是棱角。例如一根方柱，有四条棱。用手抚摸任何一条棱，可以同时摸到两个面，而并不肯定摸哪一面，所以叫作“持两端”。

苏味道这一套“模棱持两端”的态度，自以为很聪明。其实，这在那时的封建社会里，并不被人们赞赏，反而被人们讥笑。人们叫他“苏模棱”，也叫“模棱手”或“模棱子”。而他后来仍不免出了岔子，被人告发，贬官到四川眉州，最后就死在那里，为人耻笑。

"模棱以持两端可矣。"这句话,后人加以演变而为成语"模棱两可"。

暮云春树

【释义】

傍晚的云,春天的树,指能勾起回忆的景物。比喻思念远方的知己。

【出处】

《春日忆李白》诗:"渭北春天树,江东日暮云。"

【故事】

李白和杜甫是我国唐代两个家喻户晓的著名诗人。李白以讴歌祖国山水,想象丰富而闻名;杜甫则以一腔爱国热情诉诸诗中,忧国忧民之情涌之于笔端,后人称李白为"诗仙",杜甫为"诗圣"。

公元744年夏,二人在洛阳会面。当时杜甫33岁,比李白小11岁,但是,年龄的差距并没有妨碍他们成为好朋友。杜甫一见李白,就被这位"天上谪仙人"的风采吸引住了,希望与李白一起去求仙访道。李白见杜甫谦虚纯朴,诗也写得很好,因此一见如故,与他结成了好友。

不久,李白到梁园(今河南省开封市)结婚。过后,杜甫也特意到那里去贺喜。李白非常高兴,请杜甫进城喝酒。

第二年,杜甫和李白在齐州度过了夏天。六月底,李白告别杜甫,前往鲁郡。第二年秋天,杜甫也前往那里。他俩又一起访问友人,饮酒作诗。白天携手出游,醉后同床共被,形影不离,情同手足。

暮秋时节,杜甫决定西去长安,谋求一个官职。李白一直把他送到城东门前。两人在一家小酒店默默地喝了几杯酒,终于依依不舍地分手了。此后,这两位诗坛巨匠再也没会过面。

杜甫到长安后,未能谋到官职,失意兼寂寞,使他更怀念李白。于是,他写了一首五言律诗抒思念之情。诗的后四句是这样的:

渭北春天树，
江东日暮云。
何时一樽酒，
重与细论文。

杜甫住在渭水之滨的长安，他把自己比作那里春天的树。李白当时在江东漫游，杜甫把他比作那里傍晚的浮云。然后他慨叹什么时候两人才会再一面饮酒，一面重新细细谈论文学方面的事呀！这首诗表达了杜甫对李白的深深思念，他们的友谊也成了我国千古流传的佳话。

暮夜无知

【释义】

指暗中贿赂，自以为无人得知。

【出处】

《后汉书·杨震传》："所举荆州茂才王密为昌邑令，谒见，至夜怀金十斤以遗震。震曰：'故人知君，君不知故人，何也？'密曰：'暮夜无知者。'震曰：'天知、神知、我知、子知。何谓无知。'"

【故事】

杨震是东汉末年关西华阴人，知识渊博，品德高尚，以教授学生为生，是当时的大名士，人们称他为"关西孔夫子"。

杨震家境贫寒，但一直没有出来做官。在他五十岁的时候，朝廷知道他德才兼备，就提拔他做官。他一级级地升上去，这一年，朝廷任命他为东莱太守。他到东莱去上任的时候，途经昌邑县(今山东巨野东南)，在那里住了一天。

当时，王密是昌邑县县令，杨震曾经提拔过他。夜深人静之时，他就去拜望杨震，并且带了十斤黄金，要送给杨震。杨震见了，十分生气。他对王密说："我是了解你的为人的，你怎么就不了解我呢？你来看我为什么还要拿这些东西？"

王密说，“我只是表示一下心意，您千万别客气。反正现在是深更半夜的，又没人知道，您就放心收下吧。”

杨震把黄金使劲往王密怀里一塞，说道：“天知道，地知道，你知道，我知道，你怎么能说没有人知道呢？”

王密听了，非常惭愧，只好拿上黄金回去了。

杨震为官公正清廉，从不收受贿赂，而且也不准家里人向别人索要财物。他当了多年的太守，生活过得仍然十分清苦，家中没有什么家业。他的子女还吃着家常饭菜，出门没有车坐。有些朋友曾经劝他说：“为了子孙，你也该多少置点家产。”

杨震听了，呵呵一笑，他说：“让我的子孙以后被别人称为清官的后代，这份遗产难道还不丰厚吗？”人们听到后，就更加敬重杨震了。

墨守成规

【释义】

墨守：战国时墨翟善于守城。成规：现成的或久已通行的规则、方法。指思想保守，守着老规矩不肯改变。

【出处】

《钱退山诗文序》：“如钟嵘之《诗品》，辨体明宗，固未尝墨守一家以为准的也。”

【故事】

春秋时代，列国纷争，战乱频仍，人民生活在水深火热之中。墨子是墨家学派的创始人，他主张兼爱和平，反对战争。

有一次，楚王想攻打宋国，命人叫当时最有名的工匠公输班设计制造攻城的云梯。墨子知道这件事后，走了十天十夜才到达楚国的都城。他对楚王说：“听说你要攻打宋国，有这回事吗？”

楚王说：“有。”

墨子说："一定要有占领宋国的把握才能去攻打。如果打不赢，反而把事情搞坏。我认为你一定占领不了宋国的。"

楚王当然不相信他的话。墨子说："那么，我制作守城的设备，请你叫公输班来攻，看他能不能攻进城，好不好？"

于是公输班用他制造的云梯，攻打墨子守御的城，一连攻了九次，都被墨子打退。后来两人调换过来，公输班守城，墨子攻城，墨子一连攻了九次，就攻破了九次。

但是公输班并不认输，他说："我已经知道对付你的办法了，只是我不想说出来。"

墨子也说："我也知道你会用什么方法来对付我了，只是我不愿意说罢了。"

楚王故作不解地问墨子："先生理解公输班的意思吗？"

墨子正气凛然地说："我当然理解——那就是把我杀掉！他以为这样做宋国就没人守城了，就可以一下子攻下宋国。不过，我早已经叫我的三百多个学生运载着我的守城器械到宋国去了，他们正等着你们呢！你就是把我杀了，也挽救不了你们的失败。"接着，墨子又严肃而高声地说："你们到底打算怎么办？"

楚王叹了一口气，无奈地说："好吧，我们取消攻打宋国的计划。"这时墨子才带着胜利的微笑，告别楚王而去。

买臣负薪

【释义】

负：背着；薪：柴草。朱买臣背着柴草读书。比喻勤学苦读。

【出处】

《汉书·朱买臣传》："……买臣独行歌道中，负薪墓间。"

【故事】

朱买臣，字翁子，吴地人，是汉代的名臣。他的家庭非常贫穷，但却十分喜欢读书。为了养家糊口，他与妻子只得上山砍柴。下山时，朱买臣一边背着柴草，一边吟唱诗书。

他的妻子背着柴草跟在后面，屡次阻止买臣吟唱："你不就是个卖柴的吗，背着柴还要吟唱，你就不觉得寒碜？"妻子越是不让他唱，他就越是唱，声音也越来越大。

他的妻子觉得太丢人，要求跟他一刀两断。朱买臣对她说："凭我的学识，总会有发达的一天，现在我已经四十多岁了，想来也不会等待很久了。"

他的妻子怒道："像你这样的人，总有一天要饿死在山沟里，还做什么富贵梦！"他的妻子铁了心，终于离他而去。

时隔不久，朱买臣背着柴草在山间墓地行走，昏倒在那里。他的前妻和丈夫去上坟，看到饿昏的朱买臣，把他扶起来给他饭吃。朱买臣暗暗想道：她总算还没有完全忘掉过去夫妻的情分。

过了几年，朱买臣来到长安，给皇上递上奏折，过了很多日子，却始终没有得到回音。朱买臣的钱都用完了，陷入了困境。正巧他的同县人严助受到皇帝宠幸，严助向皇帝推荐了朱买臣。朱买臣在汉武帝面前"说春秋，言楚辞"，得到汉武帝的赏识，被授予会稽（今浙江绍兴）太守的官职。

会稽的官员听说太守将到，征召百姓修整道路。朱买臣的车子到了吴地，看见他的前妻和她现在的丈夫在修路。朱买臣让车子停下，叫后面的车子载上他们来到太守府中。朱买臣吩咐仆从，要照顾好这对贫困夫妻。

过了一个月，他的前妻上吊死了。朱买臣给她丈夫银两，让他将妻子安葬。

盲人骑瞎马

【释义】

瞎子骑着瞎马乱闯。比喻十分危险。

【出处】

南朝宋·刘义庆《世说新语·排调》："殷有一参军在坐，云：'盲人骑瞎马，夜半临深池。'殷云：'咄咄逼人！'"

【故事】

殷仲堪，是晋代名将，也是个大孝子。当年他父亲得了重病，他辞官回家亲自照料父亲。他亲自给父亲开药方，亲自给父亲煎药。由于长年煎药烟熏火燎，以致他的一只眼睛被烟熏瞎了。

居丧完毕，朝廷又征召他去做官，以后他成了朝廷重臣。有一天，桓玄和顾恺之到他家喝酒，闲聊了一会儿，殷仲堪提议：每人吟咏一句诗，看谁描绘出来的情境最惊险。大家觉得有趣，纷纷表示赞成。

桓玄先说："矛头淅米剑头炊。"好家伙，脚踩矛尖淘米，蹲在剑尖上烧饭，真够悬的，一个不小心就要受伤。

殷仲堪接着说："百岁老翁攀枯枝。"这也够危险的。百岁老人路都走不稳，还要攀着枯枝往上爬，要是摔下来可不得了。

顾恺之不甘示弱，说："井上辘轳卧婴儿。"这种危险景致也亏他想得出，把个婴儿放在井口的辘轳上睡觉，辘轳一动孩子就掉下去了，太危险了！

殷仲堪的参军也在座，说道："盲人骑瞎马，夜半临深池。"这当然危险了，又是盲人，又是瞎马，夜半时分到了深渊边上，不掉下去才怪呢。

参军匆忙间没有想到，这话犯了殷仲堪瞎了一只眼的大忌，殷仲堪忍不住说："这可真是咄咄逼人啊！"

每事问

【释义】

遇到每一个不懂的问题都要向别人请教。形容虚心好学。也形容遇事多做调查研究。

【出处】

《论语·八佾》："子入太庙，每事问。"

【故事】

孔子,名丘,字仲尼,春秋时鲁国人,是我国古代的思想家和教育家,儒家学派的创始人。

孔子之所以能够取得那么大的成就,是跟他虚心好学分不开的。《论语》开篇就说:“学而时习之,不亦说(悦)乎!”可见孔子和孔子的学生对虚心好学的重视。

孔子

孔子学习,择善而从,学无常师。根据史书记载,孔子曾经跟很多人学习,知名的有郯子、蘧伯玉、师襄子、老子、苌弘等,学习的内容涉及礼、史、官制、琴术等等;日常遇到问题向别人请教的,可以说不计其数,在这方面,最有名的一句名言就是“三人行,必有我师”。

孔子曾经说:“学如不及,犹恐失之。”意思是:学习好像追赶什么,总怕赶不上,赶上了又怕被甩掉。又说:“朝闻道,夕死可矣。”意思是:早晨明白了人生的真谛,晚上死去也是心甘情愿的。他对真理的追求,达到如此地步。

有一次,孔子到太庙去参加鲁国国君祭祖的典礼。他一进太庙,就问这问那,几乎每一件事他都问到了(每事问)。“每事问”是孔子虚心好学最好的写照。

扪虱而谈

【释义】

扪:按。一边捉虱子,一边跟人谈论国家大事。形容说话时旁若无人,不拘小节。

【出处】

《晋书·王猛传》:“桓温入关,猛被褐(粗布衣服)而诣(到……去)之,一面谈当世之事，扪虱而言，旁若无人。”

【故事】

陶侃平定了苏峻叛乱以后，东晋王朝获得短暂的安定局面。公元354年，东晋大将桓温率领四万大军，从江陵出发，兵分三路，进攻长安，前秦国君苻坚率领五万大军抵抗。交战以后，斗志昂扬的北伐官兵奋勇杀敌，把前秦军打得落荒而逃。苻坚带着六千多残兵败将，逃回长安。晋军乘胜前进，到了灞上（今陕西西安东南）。附近郡县的官员知道难以与北伐军抗衡，纷纷向晋军投降。

自从西晋灭亡以后，沦陷区的百姓饱受战乱之苦，如今见到晋军来了，如见亲人，牵着牛，备了酒，到军营犒劳晋军官兵。

大军到了灞上以后，桓温按兵不动，打算等麦子成熟时，派士兵收割麦子补充军粮。

有一天，军士向桓温禀报，有个叫王猛的人前来求见。桓温听说王猛来了，连忙跑出去相迎，把他请进大营。

王猛身穿粗布短衣，一副邋遢的样子。那时候的名士都有些怪脾气，桓温见他这副模样也不以为怪。双方坐定以后，桓温跟他谈论天下大事。王猛一边捉虱子，一边跟桓温说话。桓温也算见多识广，名士也见过不少，他们的怪癖行为也曾见识过，却从来没有见过如此不拘小节、旁若无人的架势。

谈了一会儿，桓温向王猛问道：“我奉天子之命率领精兵强将讨伐逆贼，可是关中的豪杰却不前来效力，这是什么原因？”

王猛答道：“将军驻扎在灞上，久久不渡河作战，大家摸不透将军的心思，所以没有前来。”一句话便击中了要害，桓温不禁对他刮目相看：这个人倒不是徒有虚名，看问题看得清楚着呢！

后来桓温决定退兵。临行前，桓温送给王猛高车驷马，答应授予他高官，请王猛一起南下，王猛断然拒绝，依旧留在北方。

明镜不疲屡照

【释义】

明亮的镜子不厌倦人们常照。比喻德才高的人不厌倦别人经常前来请教。

【出处】

南朝宋·刘义庆《世说新语·言语》:“何尝见明镜疲于屡照,清流惮(害怕)于惠风?”

【故事】

晋代的车胤,他的曾祖车浚在三国时曾任东吴的会稽(今浙江绍兴)太守,因为当地遭受饥荒,请求朝廷赈济百姓,被昏庸的吴国国君孙皓处死。从此以后,家境败落。

车胤自小志向远大,勤学苦读,由于家里买不起灯油,每到夏日,他便捉来几十个萤火虫放在布袋中,天黑以后,借着萤火虫的微弱光亮继续读书。太守王胡之曾经对他的父亲车育说:“这孩子如此努力,必成大器,日后光大门楣,必定是这个孩子。”

大将军桓温早就听人说起过车胤,又因为车胤是车浚的曾孙,便举荐车胤担任官职。

有一次,晋孝武帝司马曜打算给大臣们讲《孝经》,谢安、谢石两兄弟得到消息,便在家里和一些人互相讨论学习,车胤也在其中。车胤听了讲解,有些地方仍然有疑惑,但又不敢向谢家兄弟请教。车胤对袁羊说:“我不问吧,生怕把精彩的讲解遗漏了;多问吧,又怕劳烦谢家兄弟。”

袁羊说:“你只管问吧,我看他俩是决不会嫌烦的。”

车胤问道:“你怎么知道谢家兄弟不会嫌烦呢?”

袁羊说:“哪里见过明亮的镜子厌倦人们常照,清澈的流水害怕和风吹拂!”

莫须有

【释义】

宋时口语，意为也许有、可能有。后比喻凭空捏造。

【出处】

《宋史·岳飞传》："狱之将上也，韩世忠不平，诣（到……去）桧诘（责问）其实。桧曰：'飞子云与张宪书虽不明，其事体莫须有。'世忠曰：'莫须有三字何以服天下？'"

【故事】

秦桧这几天犹如猫爪子不断地挠他的心，他心神不安，坐卧不宁。心想：那个专门与自己作对的岳飞，率领"岳家军"在河南开封附近，将金兀术的主力击溃，进兵朱仙镇，收复了郑州、洛阳等地，还说什么要"直捣黄龙府，痛饮庆功酒"……秦桧越想越害怕，要是主子真的被岳家军打败了，自己的叛徒身份就要暴露给世人，宋代的臣民一人一口吐沫也要把自己淹死！

想当年，这秦桧也曾寒窗苦读，考得进士功名；也曾义愤填膺（胸），主张抗金，反对割地求和；金人攻克开封以后，打算立张邦昌为帝，秦桧也曾竭力反对，被金军掳掠到北疆。到了北庭，贪生怕死的秦桧终于露出了原形，在金人的威逼利诱下屈膝投降，成了遗臭万年的民族败类。

为了效忠新主人，秦桧在北庭将和议的调子唱得高高的。金人为了在南宋小朝廷安插自己的奸细，便将秦桧放回江南。

那时候，秦桧的叛徒嘴脸尚未暴露，加上他能说会道，逐渐取得宋高宗赵构的信任，竟然顺顺当当地当上了宰相。秦桧为了跟金人唱好双簧，提出"南人归南、北人归北"的主张。这个主张一经提出，朝野一片哗然。宋高宗赵构对此很不满意：我也是北人啊，若是"南人归南、北人归北"，你叫我归向哪里！

皇上动了怒，宰相的宝座自然没法再坐下去。秦桧被罢相闲居，郁闷了好几年。绍兴七年(公元 1137 年),秦桧又被起用,担任枢密使,第二年,秦桧重新拜相,力主议和,代表宋高宗向金使跪接诏书。如今岳飞把金人打得大败,这可如何是好?

捷报传到京城,宋高宗对岳飞取得的胜利忧心忡忡。岳飞立下了这么大的功劳,以后如何控制他?秦桧觉得有机可乘,便一个劲地说岳飞的坏话,宋高宗对岳飞的疑心更大。宋高宗听信了秦桧的谗言,在一天内连发十二道金牌,强行命令岳飞率领军队返回。

岳飞回到京师以后,秦桧指使他的同党诬告岳飞谋反,把他逮捕入狱。可是,所有的罪名都是捏造出来的,没有办法给岳飞定罪。秦桧想杀害岳飞,在东窗下同妻子王氏商量。王氏说:"捉住老虎容易,放掉以后要想再把它抓住就很难了。"

抗金名将韩世忠不服,到秦桧府上找秦桧质问。秦桧说,岳飞儿子岳云写给张宪造反的信虽然找不到了,可是"其事体莫须有"。韩世忠说:"'莫须有'三字,何以服天下!"秦桧为了斩草除根,横下一条心,最终将岳飞父子杀害。

杀害岳飞不久,秦桧得了暴病死去,没过多少日子,秦桧的儿子秦熹又一命呜呼。王氏老觉得心神不宁,便请来一个道士做道场消灾。

那道士到了地府,看见秦熹戴着沉重的铁枷,样子十分凄苦。道士向他问道:"你父亲在什么地方?"秦熹呜咽着说:"在丰都地狱受苦受难。"道士赶到丰都地狱,果然见到了秦桧。秦桧戴着铁枷,受各种酷刑煎熬。临别时,秦桧对道士说:"麻烦你带个口信给我夫人,就说东窗事发了。"

回到阳间,道士把秦桧的话告诉了王氏。这么机密的事道士怎么会知道?一定是阴谋败露了。王氏吓破了胆,没过多少天也在极度惶恐中死去。另一条典故"东窗事发"源于此,比喻阴谋败露,自食恶果。

沐猴而冠

【释义】

沐猴:猕猴;冠:戴帽子。像是猕猴戴上帽子。比喻人本质不好,虚有其表。

【出处】

《史记·项羽本纪》:"人言楚人'沐猴而冠'耳,果然。"

【故事】

沐猴，又称猕猴。猕猴戴上帽子，样子倒有些像人，可是它毕竟没有人的智慧。项羽的谋士韩生，说项羽像是戴了帽子的猕猴。听听看，这不是找死！

公元前207年，刘邦首先攻入秦国首都咸阳。他听从了张良的建议，封了库房，关闭宫门，然后把军队撤退到霸上（今陕西西安附近）。

接着，项羽也带着军队来到咸阳。他一进城，便大开杀戒，直杀得满街是尸体，血流成河。随后放了一把火，焚烧秦宫，大火烧了几个月都没有熄灭。当时，项羽的军队最多，力量最强大，他这么做，谁也不敢说什么。

项羽不想当统一中国的皇帝，只要做诸侯霸主。他自封为西楚霸王，做各国诸侯的首领；另外分封了十八个诸侯，要他们听从他的指挥。他搜刮了许多金银财宝，掳掠了一批年轻妇女，准备回到自己的老家楚地。

项羽的谋士韩生对他说："关东一带地势险要，东有函谷关，南有武关，西有乌关，北有黄河，能够凭借险要牢牢守住，不能轻易放弃。再说，这里土地肥沃，物产丰富，要想成就霸业，在这里建立首都最为合适。"

项羽看看咸阳，已经破坏得不成样子；再看看秦王宫殿，已被烧得残破不堪；再说，自己也想念故乡，于是对韩生说："富贵起来不回家乡，就像夜里穿着华丽的衣服在外面行走，没有人能看见。"

韩生听了项羽的话，对他很看不起，于是背后对人说："过去听别人说，楚人就像戴了帽子的猴子，现在看来一点儿也没错。"

这话传到项羽耳朵里，项羽怒不可遏："我像猴子？那你是什么东西！"项羽立即下令，把韩生扔到油锅里活活炸死。

N

南山可移

【释义】

南山:终南山。终南山能够搬开(这个案子不能改判)。比喻已经定案,不可改判。

【出处】

《旧唐书·李元纮传》:“南山或可改移,此判终无摇动。”

【故事】

唐代的太平公主,是个了不起的巾帼,别看她是个女流之辈,她的胆魄胜过许多须眉。

公元710年,她参与了李隆基(后来的唐玄宗)发动的政变,杀死韦后和安乐公主,拥立睿宗登上了帝位,这就是史书上的“睿宗复辟”。从此以后,她把持了朝政,七位宰相中有五位出自太平公主门下。朝廷中的许多官员,巴结她都来不及,又有谁敢去招惹她?偏偏有个不大的官儿,为了给百姓主持公道,就是不怕她。

有一次,太平公主的家奴依仗权势,霸占了一座寺院的磨坊。寺院的僧人无法跟他们争斗,只好把太平公主告到官府。

负责审理这个案子的,是司户参军李元纮。李元纮查清了事情的原委,毅然将磨坊判给了僧人。

雍州长史知道了这件事,吓得脸色煞白。真是太阳从西边出来了,太平公主能在小小的司户参军手里输了官司?李元纮跑不了,自己也脱不了干系!

他忙不迭地找到李元纮，要他把这个案子改判。没料想李元纮不肯低头，硬是要与民做主，他写下了十二个大字："南山或可改移，此案终无动摇。"

这个案子就是没有改判，所有的人都捏着一把汗。太平公主终究因为自己理亏，最后只得作罢。

宁为鸡口，不为牛后

【释义】

牛后：牛肛门。情愿做小鸡的嘴，也不做牛肛门。比喻情愿在小的地方自主，也不在大的地方受人支配。

【出处】

《战国策·韩策一》："臣闻鄙语曰：'宁为鸡口，无为牛后。'今大王西面交臂而臣事秦。何以异于牛后乎？"

【故事】

古时候，人们将南北向称作"纵"，将东西向称作"横"。战国时，秦国在西，其他六国在东，土地南北相连的六国联合起来共同抵御西方的秦国叫"合纵"，与"合纵"政策针锋相对的是"连横"。宣扬、推行"合纵"政策的代表人物是苏秦，宣扬、推行"连横"政策的代表人物是张仪。

在苏秦游说各国共同抗秦的同时，张仪也四处活动，劝说各国与秦国结盟。

有一年，苏秦来到韩国，向韩王游说道："韩国据有险要之地，土地方圆千里，有几十万军队，韩王要是臣服秦国，岂不要被天下人耻笑！我给大王设想一下，大王要是臣服秦国，秦国一定向大王索要宜阳（今河南洛阳西南）那一带的土地。今年大王把宜阳献出去了，明年秦王又来索要其他的土地，韩国的土地是有限的，秦王的要求是无限的，等到韩国没有土地可以割让了，也就灭亡了。我听说过这样的俗话，情愿做小鸡的嘴，也不做牛肛门。大王如此贤能，难道愿意做牛肛门？"

韩王手按宝剑叹息道："我就是死了，也不侍奉秦王。我一定听从您的教诲，参加合纵抵御强秦。”

张仪随后到了韩国，对韩王说：“韩国处于山区，粮食产量很低，如果哪一年收成不好，老百姓连谷皮都吃不上。算算你的兵力，总共不到三十万。韩国的粮食少，兵力弱，怎么能跟强秦对抗！秦国土地肥沃，粮食堆积成山，军队有百万人马，战车千辆。秦国对付六国，就像大力士对付婴儿一样。希望你不要听从合纵者的甜言蜜语，赶快归顺秦国，现在还不归顺，实在是太危险了。秦王让我给您带来一封信，希望你能做出明智抉择。”

韩王被张仪的一番话吓破了胆，连忙说：“韩国愿意做秦国的藩臣，并且将宜阳一带的土地献给秦王。”

牛角挂书

【释义】

把书放在牛角上来读。形容勤奋好学。

【出处】

《新唐书·李密传》：“闻包恺在缑山，往从之。以蒲鞯乘牛，挂《汉书》一帙角上，行且读。”

【故事】

隋朝末年，有个读书人叫李密。他的父亲叫李宽，是隋朝的一名骁勇武将，官至蒲山郡王。因为父亲的缘故，李密得以在宫里当上一名侍卫。可是，做宫中侍卫不合李密的愿望，值班的时候往往心有旁骛，结果他被免职，只得回到家中。

回家以后，李密读书更加勤奋。有一天，听说有名的学者包凯到了偃师的缑山，便打算前去拜访。为了不浪费时间，他把一卷《汉书》挂在牛角上，一边骑牛行走，一边读书。

那一天，正好大臣杨素坐车外出，看到前面有一个年轻人把书放在牛角上，骑在牛背上看书，十分好奇。他便让驾车人慢慢行驶，让车子跟在年轻人的后面。过了好一会儿，杨素忍不住问道："年轻人，你是哪儿的书生？"

李密在宫中做侍卫时见过杨素，连忙从牛背上跳下来参拜。杨素问他读的是什么，李密照实回答："读的是《项羽传》。"

杨素跟李密交谈了一会儿，发现李密诗书满腹，志向远大，便着实鼓励了李密一番。

回家以后，杨素便把见到李密在牛背上读书的事说给儿子杨玄感听，并说李密不是等闲之辈，应当跟他多多交往。以后杨玄感便主动跟李密结交，两人成为好朋友。

不久天下大乱，杨玄感乘机起兵反隋。李密参加了杨孝感的部队，为他出谋划策。起事初期，义军取得节节胜利。

李密分析了当时的形势，提出了上、中、下三策。上策是截断隋军自高丽归来的道路，前有起义军阻截，后面有高丽追兵，能够轻而易举地击败隋军；中策是抢先占据长安，在关中一带称王，使隋朝失去根本；下策是率兵进攻东都，结果无法预料。

不知杨玄感出于何种考虑，偏偏领兵进攻东都洛阳，最终兵败身亡。后来李密参加了瓦岗军，成为起义军的一名重要将领。

牛衣对泣

【释义】

牛衣：给牛御寒的草或麻的编织物。躺在牛衣中相对哭泣。比喻夫妻生活贫困，愁苦万分。

【出处】

《汉书·王章传》："初，章为诸生学长安，独与妻居。章疾病，无被，卧牛衣中，与妻决（诀），涕泣。"

【故事】

别看有的男人在外面风风光光，实际上主要还是靠女人的支持和鼓励。汉代的王章能够成就功业，全靠妻子的激励；最终死在狱中，也是因为没有听从妻子的劝告。

王章家里非常贫穷，和妻子过着苦日子。年轻时他到长安去求学，妻子跟他一同前往。

那日子过得真是苦啊，一日只吃两餐，常常饿得肚皮贴后脊梁；寒冬腊月连盖的被子都没有，只得捡了别人不要的牛衣盖在身上抵御些许寒气。

有一天，王章得了重病，他以为自己一定是快要死了，躺在牛衣中与妻子诀别。他的妻子只觉得万箭穿心，对丈夫百般安慰，王章总认为自己不行了，不停地哭泣。他的妻子狠了狠心，向王章喝道："你看看，朝中那些权贵的才学，哪一个能够比得上你！你现在贫病困厄，为什么不振奋起来！现在反而在这里哭哭啼啼，实在是没有出息！"

后来王章当了官，官居京兆尹（京师所在地行政长官）。那时候，汉成帝的舅舅王凤专权，他为了巩固自己的地位，竭力排除异己。王章打算上书给皇上，弹劾大司马大将军王凤。他的妻子对他说："王凤一手遮天，你上书给皇上是自不量力。做官要知足，不要去做自己没法做到的事。"

王章不听妻子的劝告，把奏章递了上去。不出他的妻子所料，王章被捕入狱，最终死在狱中。

宁为玉碎，不为瓦全

【释义】

宁可作为玉器被打碎，不做瓦器而保全。比喻宁愿为正义事业牺牲，不愿丧失气节，苟且偷生。

【出处】

《北齐书·元景安传》："岂得弃本宗，逐他姓，大丈夫宁可玉碎，不能瓦全。"

【故事】

公元550年，北朝的东魏大将军高洋逼迫东魏孝静帝元善见退位，建立了北齐王朝。次年又毒死了孝静帝和他的三个儿子。

有一年，出现了日食的现象，高洋觉得这是不祥之兆，心里很害怕。原来在古时候，人们对一些比较异常的自然现象是非常重视的。如果发生了日食、地震之类的事情，人们就会认为是不吉利的征兆，会想办法采取一些措施去挽救。于是他就去问一位亲信。

因为高洋的皇位是从东魏元善见手上抢来的，他一直就没有安心过，他害怕别人又从自己手上把皇位夺走。他问那位亲信说："以前王莽夺取了汉朝的天下，为什么后来光武帝刘秀又能把天下夺回去？"

那位亲信知道高洋的心思，就说："这是因为王莽夺取了汉朝的天下以后，没有把刘家宗室的人杀光。要是他当时把刘家宗室的人斩尽杀绝了，后面就没有刘秀了。"于是，高洋就把元氏宗室近亲四十多家、七百多口全部杀死了。

消息传出来以后，剩下的元氏远房宗族都非常害怕，他们立刻聚集在一起商量自救的办法。有个叫元景安的县令想了个主意，就说："我们现在要想保住性命，恐怕就不能再姓元了。我们应该请求皇上，让他赐我们改姓高。"

元景安有个堂兄，名叫景皓，他是个很有骨气的人。他坚决反对改姓，说："我们怎么可以为了保住性命，抛弃自己的姓而改姓别人的姓呢？这不是连祖宗都不要了吗？大丈夫宁可作为玉器被打碎，也不能够为了保全自身而去做瓦器！我宁愿保持气节而死，也决不愿意为了活命而忍受改姓的屈辱！"听了元景皓大义凛然的一席话，众人都觉得很惭愧。

南柯一梦

【释义】

形容一场大梦，或比喻得失无常，人生如梦。

【出处】

唐·李公佐《南柯太守传》载：淳于棼在槐树下睡觉，梦到自己到了大槐安国，娶公主为妻，做了南柯太守，享尽荣华富贵。后遭国王疑忌，被遣还乡。醒后发现大槐安国是槐树下的蚁穴。

【故事】

南柯一梦

隋末唐初，有位叫淳于棼的人，他家的院中有棵大槐树。一日，淳于棼酒后无事，便在大槐树下乘凉，不知不觉中沉沉睡去。梦中，淳于棼仿佛到了大槐安国。大槐安国正在进行京城会试，淳于棼报名入场，竟然得以高中。接着在殿试中，皇帝见他一表人才，风流倜傥，钦点他为头名状元，并把公主许配给他。

完婚后，淳于棼被皇帝派往南柯郡任太守。他忠于职守，经常巡行各县，使盗贼不敢胡作非为，百姓能够安居乐业，很受大家的称赞。皇帝几次想把他调回京城，都因南柯郡百姓的极力挽留而作罢，淳于棼在南柯郡一任便是二十年。

一年，大槐安国遭遇敌兵入侵，几员大将都被敌军俘虏斩杀。宰相向皇帝推荐淳于棼，皇帝只好派淳于棼带兵迎敌。可他根本不懂军事，遇敌后马上溃不成军。皇帝大怒，立即下令罢免其职，遣送回乡。他气得大叫，猛然惊醒，原来自己经历的只是一场梦。后来，人们在他靠着睡觉的槐树下掘出一个很大的蚂蚁洞，旁有孔道通向南枝，另有一个小蚁穴。淳于棼此时才知道，梦中的“南柯郡”“槐安国”只是小蚂蚁洞而已。

南辕北辙

【释义】

本意是辕向南，辙向北，指想往南而车子却向北行。比喻行动与目的相反，结果离目标越来越远。

【出处】

西汉·刘向《战国策·魏策四》：“犹至楚而北行也。”

【故事】

战国时期,魏国想要攻打赵国的国都邯郸,本已奉命出使邻国的谋臣季梁听说后,立即从中途返回,风尘仆仆地去见魏王说:

“臣今天在太行道上遇见一位匆匆驾车向北而行的人。臣问他急于去何方,他回答说要到楚国去。我很奇怪,问他楚国在南面,怎么能向北走呢?那个人说他的马好,跑得快。我提醒他马虽然好,但向北并不是去楚国的路。那个人说自己带的路费多,又说他的马夫最会赶车。

“臣认为这个人真糊涂啊!他前往的方向不对,即使马再好、路费再多、马夫特别会赶车,又有什么用呢?只能越走离楚国越远罢了。

“如今,大王要成就霸业,一定要以诚信取天下。如果依仗国力强盛、兵士精锐而讨伐邯郸,就像那个要去南方的人反而朝北走一样,只能离成就霸业的目标越来越远啊!”

囊萤映雪

【释义】

原指车胤用口袋装萤火虫借助光亮来读书,孙康利用雪的反光勤奋苦学的故事。后用来形容刻苦攻读。

【出处】

唐·房玄龄等《晋书·车胤传》:“车胤字武子,学而不倦,家贫,不常得油,夏日用练囊,盛数十萤火,以夜继日焉。”《孙氏世录》:“晋孙康家贫,常映雪读书。”

【故事】

车胤是晋朝时期著名的学者,从小就好学不倦。因为家境贫穷,没有钱买蜡烛,车胤总是为晚上无法读书而惋惜,觉得浪费了很多学习时间。

一个夏夜,他忽然看到院中草地上有很多“小灯”在飞舞,走近一看,原来是飞舞的萤火虫。他突发奇想，如果把很多萤火虫装到袋子里，不就像蜡烛一样，可以在夜间读书了吗？

他兴奋地找来一个白绢扎成的口袋，抓了很多萤火虫放到里面，萤火虫发出的光果然很亮。于是，车胤就在晚上借着萤火虫发出的光读书，坚持了整个夏天。

同是晋朝的孙康，也是由于家境贫寒，夜里无法读书。有年冬天，天上下了场鹅毛大雪，孙康从梦中醒来，发现窗外特别亮。原来月光映照下的大雪，可以如此光明。孙康马上倦意全无，立即穿好衣服，来到屋外看书。从此，每到下雪的夜晚，孙康都会在雪地里看书。这种苦学精神促使他的学识突飞猛进，最终成为饱学之士。

啮雪吞毡

【释义】

指汉朝苏武被匈奴单于囚禁于大窖中，不供应饮食，苏武乃嚼雪混同毡毛而吞食的故事。后形容坚持气节而过艰苦的生活。

【出处】

汉·班固《汉书·苏武传》："汉武帝天汉元年，苏武以中郎将出使匈奴，单于留不遣，欲降武，乃幽武于大窖中，绝不饮食。天雨雪，武卧啮雪与旃毛并咽之，数日不死。"

【故事】

汉武帝初期，军事力量比较弱，强势的匈奴经常骚扰汉朝疆土。公元前100年，汉武帝派遣中郎将苏武出使匈奴交好，结果被单于扣留。单于派卫律用各种方法威逼利诱他，苏武都不肯投降。于是，单于将苏武囚禁在大窖中，不给他提供饮食，想让饥饿之苦迫使他屈服。可苏武并没有被困难吓倒，而是把毡毛和雪吃下去充饥。匈奴见没有饿死他，都以为他是神，不敢再折磨他，就把他送到北方没有人烟的沼泽中放牧公羊。在北方恶劣的环境中，苏武仍然矢志不移，手持汉朝使臣之节，在被扣留十多年后，终于又回到了汉朝。

奴颜婢膝

【释义】

奴:奴才。颜:面容。婢:侍女。膝:膝盖,借指下跪。奴才的面孔,婢女的膝盖,形容低三下四,卑躬屈膝的样子。

【出处】

晋·葛洪《抱朴子·交际》:"以岳峙独立者为涩吝疏拙,以奴颜婢睐者为晓解当世。"

【故事】

葛洪是东晋时期一位很有才学的道士,不仅喜欢炼丹术,而且对医学也颇有研究,是当时著名的医生。

葛洪听说交趾地区出丹砂,便带着儿子和侄子到了罗浮山,一边炼丹,一边著书。

葛洪虽为世外之人,却十分关心世事,在《抱朴子·交际》中描述了当时朝廷中的风气:"社会上有些非常有名气的人物,他们见风使舵,处事像杨柳般随风摆动,随时局变化而改变自己。他们从不想为百姓做事,反而常常颠倒是非曲直,把品质刚强正直的人看作老顽固,把满脸奴才相的人看作识时务者。"

鸟尽弓藏

【释义】

鸟没有了,弓也就藏起来不用了。旧时用来比喻封建帝王取得政权之后,功臣遭到废弃或杀害。现比喻事情成功之后,把曾经出过力的人一脚踢开。

【出处】

西汉·司马迁《史记·越王勾践世家》:“蜚鸟尽,良弓藏,狡兔死,走狗烹。”

【故事】

春秋末期,吴、越争霸,越国被吴国打败后,越王勾践卧薪尝胆,任用大夫文种、范蠡整顿朝政,积蓄了二十年,终于使国家转弱为强,最终打败了吴国,洗雪了国耻。

越王勾践在吴宫欢宴群臣时,发觉范蠡不知去向,第二天竟在太湖边找到了范蠡的外衣,大家都以为范蠡投湖自杀了。可是过了不久,有人给文种送了一封信,上面写着:“飞鸟尽,良弓藏;狡兔死,走狗烹;敌国灭,谋臣亡。越王为人,只可与他共患难,不宜与他同安乐,大夫至今不离他而去,将来难免有杀身之祸。”

文种此时方知范蠡还活在人世。他虽然不完全相信信中所说的话,但从此常告病不去上朝,日久便引起了勾践的疑忌。

一日,勾践去探望文种,并赐给文种一把剑说:“你教给我攻伐吴国的七条计策,我只采用了三条就打败了吴国,剩下的那四条,你替我到先王面前试验一下吧!”文种悲愤自杀,临死前,他十分后悔没有听范蠡的劝告。

弄巧成拙

【释义】

本想要弄聪明,结果却干了蠢事。

【出处】

《拙轩颂》:“弄巧成拙,为蛇画足。”

【故事】

北宋时,有一著名的画家,名叫孙知微。有一次,成都寿宁寺请他为寺院画一幅《九曜图》,他画好草图以后,因为有事外出,就把弟子们找来,说:“这幅画的轮廓我已经画好了,剩下着色的工作,你们几人接着做吧,一定要认真做好。”

老师走了以后,弟子们争先恐后地准备上色,可是,忽然发现图中水星菩萨的侍从童子手中拿的水晶瓶是空的。一个学生说:“老师平时画瓶,总要在瓶上画一束鲜艳的插花,这一次可能匆忙当中忘了画上,我们给补上吧。”大家都一致赞同他的意见,于是,他就在水晶瓶上很用心地画上一枝粉红色的莲花。

第二天,孙知微归来。当他看到水星菩萨的侍从捧的瓶子中居然冒出一朵莲花时,气愤得吼叫起来:“《道经》中说,这水星菩萨的水晶瓶不是插花用的,而是用来镇妖伏魔的宝贝。瓶中根本就没有什么花草,如果添上花,它就不是神物而是一只普通的花瓶了。你们这是弄巧成拙啊!”

弟子们一个个都吓得不敢吭声,纷纷低头认罪。

O

呕心沥血

【释义】

呕:吐。沥:液体一滴一滴地落下。常用来比喻费尽心思,多形容为事业、工作、文艺创作等用心良苦。

【出处】

“呕心”出自南朝·梁·刘勰《文心雕龙·隐秀》:“呕心吐胆,不足语穷。锻岁炼年,奚能谕苦。”“沥血”出自南朝·梁元帝《与诸藩令》:“而不以富贵为荣,不以妻孥为念,沥血叩心,枕戈尝胆,其故何哉?”

【故事】

李贺是唐代著名诗人,小时候就才华横溢,深受长辈的赞赏。长大后,李贺本想在政治上有所建树,但由于父亲的名字为李晋,与“进士”的“进”同音,按照唐代的避讳,他一生不得参加进士考试,因此郁郁不得志。

李贺将这种苦闷心情全部倾注到诗歌创作上。他让随身小童整日背着一个袋子,只要一有灵感,就马上用笔记下来,放到袋子里,回家后再拿出来重新整理、提炼。李贺的身体并不好,经常生病,母亲看他如此用心,心疼地说:“我儿子已经把全部的精力和心血都放在写诗上了,真是要把心呕出来才罢休啊!”后来,人们就常用“呕心沥血”来比喻极度劳心苦思。

鸥鸟忘机

【释义】

机:巧诈或权变之心。指像鸥鸟一样,整日与白沙云天相伴,完全忘掉心计。比喻淡泊隐居,不以世事为怀。

【出处】

《列子·黄帝》:“海上之人有好鸥鸟者,每旦之海上,从鸥鸟游,鸥鸟之至者百住而不止。其父曰:‘吾闻鸥鸟皆从汝游,汝取来,吾玩之。’明日之海上,鸥鸟舞而不下也。”

【故事】

据传,海边有个人经常与海鸥一起玩耍,天长日久,那些鸟儿们竟陆陆续续飞来了不下百只,人们都说他与海鸥有缘。某日,他父亲听说此事,就说:“我听说海鸥与你相处得很好,每天与你一起游玩,不如你抓几只来,让我也玩一下。”“这有何难?”他拍着胸脯一口应承下来。可是第二天,当他再与成群的鸥鸟玩耍时,那些鸟儿居然再也不飞落到他跟前了。后来,人们就常用“鸥鸟忘机”一词来比喻人若无机巧损人之心,那么异类也可相亲。也常用来形容超然物外、与世无争的隐逸生活。

P

攀龙附凤

【释义】

龙、凤:传说中的吉祥动物,形容有权势的人。比喻巴结或投靠有权势的人。

【出处】

《法言·渊骞》:“攀龙鳞,附凤翼。”

【故事】

西汉的开国皇帝刘邦出生农民家庭,他的父母连名字都没有。刘邦原名季,意思是“老三”,直到做了皇帝,才改名为邦。刘邦三十岁时,当了秦朝沛县的一个乡村小吏——亭长。他为人豁达大度,胸怀开朗,做事很有气魄,很多人都和他合得来。萧何、樊哙、夏侯婴都跟他交情很深,并且后来都跟随刘邦创立了大汉基业。

樊哙是刘邦的同乡,是个杀狗卖肉的。陈胜、吴广发动起义后,沛县县令惊恐万分,打算响应陈胜,就派樊哙去召刘邦来相助。不料刘邦带了几百人来时,县令又反悔起来。于是,刘邦说服城里人杀了县令,带领二三千人马誓师起兵。

夏侯婴与刘邦也早就有了交情。他原来是县衙里的马夫,每次奉命为过往使者赶车,回来时经过刘邦那里,总要与刘邦闲谈很长时间,直到日落西山才走。后来夏侯婴当了县吏,与刘邦交往更密切了。一天,刘邦与他闹着玩,一不小心打伤了他。有人告刘邦身为亭长,动手打人,应当严惩,夏侯婴赶紧为他解释。不料,后来夏侯婴反以伪证罪被捕下狱,坐了一年多班房。后来刘邦在沛县起兵,他和樊哙主动参加,并担任部将。

刘邦的势力逐渐发展后，有个名叫灌婴的睢阳人又来投奔他。灌婴本为贩卖丝绸的小商人。此人后来也成为刘邦的心腹，带兵转战各地，立了不少战功。

公元前208年，刘邦根据各路起义军开会的决定，带领人马西攻秦都咸阳。第二年初，刘邦大军兵临陈留，把营扎在城郊，当地有个名叫郦食其的小吏前来献计。

郦食其对刘邦说，现在您兵不满万人，又缺乏训练，要西攻强秦，如进虎口。不如先攻取陈留，招兵买马，等兵强马壮后再打天下。郦食其还表示，他和陈留县令相好，愿意去劝降；如县令不降，就把他杀了。

刘邦采纳了郦食其的计谋。郦食其连夜进陈留城劝说县令，但那县令不肯起义。于是，郦食其半夜割下他的头颅来见刘邦。第二天刘邦攻城时，把那县令的头颅高悬在竹竿上，结果守军开城门投降。在陈留，刘邦补充了大量粮食、武器和兵员。

接着，郦食其又推荐了他颇有智勇的弟弟郦商，郦商又给刘邦带来了四千人。刘邦就任命他为副将，带领这支队伍西攻开封。后来，刘邦又战胜项羽，在公元前202年即皇帝位，建立了西汉王朝。

刘邦当皇帝后大封功臣，樊哙、夏侯婴、灌婴、郦商等人也先后被封为舞阳侯、汝阴侯、颍阴侯和曲周侯。

后来《汉书》中评论他们四人时写道："舞阳侯原来是操屠刀的，滕公（汝阳侯夏侯婴曾出任过滕令）原来是个马夫，颍阴侯原来个商贩，曲周侯原来是个庸夫。这些人因为交给刘邦，好比攀着龙鳞，附着凤翼，以致获封侯之赐，得以与天子在大街上并驾齐驱。"

披荆斩棘

【释义】

披：拨开。棘：多刺的植物。比喻在前进中清除障碍，克服重重困难。

【出处】

《后汉书·冯异传》："为吾披荆棘，定关中。"

【故事】

冯异是汉光武帝刘秀手下的一员大将，曾多次随刘秀出兵，取得了很多赫赫战功。可是，他却淡泊名利，从不邀功请赏。每次在光武帝奖赏手下将领时，冯异总是默默地躲到行营的大树后面，避免和别人争功。时间一长，大家便称呼他为“大树将军”来赞扬他的美德。

在刘秀刚起家的时候，有一次冯异跟随刘秀领兵到河北，一路上人困马乏，十分艰苦。实在走不动了，刘秀便让随行的人在路边的小亭子中歇息。刘秀从马上下来，歪歪斜斜地走到亭子中，一坐到地上就开始睡觉了。冯异看到主上疲劳的样子，强忍着自己的困乏，到前面的村子中讨了一些豆粥给刘秀。刘秀看到了稀粥，就像看到了山珍海味，端起粥，几口便喝完了。

当刘秀的队伍行进到南宫后，天上下起了瓢泼大雨。一群人被淋的全身湿透，赶紧找地方避雨。好不容易才找到了一所空房子，大家一窝蜂地钻了进来。这时候，冯异怕刘秀着凉，赶紧在屋里找了干柴，点燃篝火给刘秀取暖。这时，他又找到了一些麦子，就着火煮了饭给大家吃。饭好了，他把饭先送到刘秀面前，让刘秀先吃。等刘秀吃完后，冯异才和大家吃了点剩下的饭。

后来，刘秀在洛阳建立东汉王朝，史称光武帝。他没有忘记冯异的功劳，将冯异封为阳夏侯，并任命他当征西大将军平定关中。后来，冯异平定关中，并长期镇守长安，被称为咸阳王。朝中有人嫉妒冯异的权势，便向刘秀打小报告说，冯异现在的权势实在是太大了，就跟汉初的韩信一样。如果皇上还不控制他的话，他迟早就会谋反。冯异收到自己被诬告的消息，非常害怕，赶紧给刘秀上奏，向皇帝表白自己的心迹。他说：“过去在皇上处境危急的时刻，我都从来没有背叛过皇上。现在天下已定，而且我获得了超过我自身才能的职位，我怎敢背叛皇上呢？请皇上相信我，我会竭尽全力，效忠皇上的。”

刘秀对冯异的为人是非常了解的，就给他回信到：“我和将军虽是君臣，但私底下亲如父子。我对将军从来都未曾怀疑，你又何必害怕呢？”

后来，冯异从长安回到洛阳拜见光武帝刘秀。刘秀在朝堂上隆重地欢迎他。在文武百官面前，他拉着冯异的手说：“这是我起兵时的主簿，为我披荆斩棘，平定了关中。”这样一来，消除了朝中对冯异不满的声音，此后再也没有人敢上奏冯异谋反了。

攀辕卧辙

【释义】

拉住车辕，躺在车道上，不让车走。旧时用作挽留好官的谀词。

【出处】

南朝·梁·沈约《齐故安陆昭王碑》："麾旆每反，行悲道泣，攀车卧辙之恋，争涂忘远；去思一借之情，愈久弥结。"

【故事】

侯霸是东汉人，他在担任淮平大尹一职时，公正严明，清正廉洁，当地老百姓非常敬重他。因此侯霸的声名远近闻名。刘秀称帝后，早就听说他的大名，想让其出任大司徒一职，便派人去临淮迎请侯霸。老百姓听说侯霸要走，蜂拥来至淮平大尹府前，挡住使者的马车，有的人甚至躺在车轮底下，哭喊着不让侯霸走。使者见百姓如此诚意挽留，担心侯霸走后临淮会发生暴乱，于是就没有授予侯霸大司徒的印玺，独自回去复命了。"攀辕卧辙"一词由此流传下来。

皮之不存，毛将焉附

【释义】

焉：哪儿。附：依附。连皮都没有了，毛又将在哪里依附呢？比喻事物失去了借以生存的基础，就不能存在。

【出处】

春秋·左丘明《左传·僖公十四年》："皮之不存，毛将焉附？"

【故事】

战国时期，魏国的属地东阳地区某年给魏国的贡品比以前多出了十倍，朝中大臣都前来恭贺，但魏文侯却显得比较忧虑。众臣不解地问："大王，您每年收到贡品时都很高兴，今年收了如此多的贡品，为何反而看起来很忧虑呢？"

魏文侯解释说："我曾经看见一个背着柴火的人，他穿毛皮衣服时，总是将毛放在里面。我问他为什么这样做，他说：'我很爱惜这件衣服，很怕把毛磨掉，所以把毛穿在里面。'"

讲完这个故事后，魏文侯又说："这个人真是糊涂啊！难道他不知道把皮磨坏了，毛也没有依附的地方了吗？如今东阳粮食没有增加，上交的物品却比往年多了十倍，这定是东阳官吏横征暴敛而来啊！如果老百姓不得安宁，国君的地位也将难以巩固，希望你们记住这个道理，不要被一点小利蒙蔽了眼睛，看不到实质。"众臣这才明白过来，暗自称叹魏文侯眼光独到，看问题一眼即切中要害。

破镜重圆

【释义】

比喻夫妻离散或决裂后重新团聚与和好。

【出处】

唐·孟棨《本事诗·情感》："德言直引至其居，设食，具言其故，出半镜以合之，仍题诗曰：'镜与人俱去，镜归人不归。无复嫦娥影，空照明月辉。'陈氏得诗涕泣不食。素知之，怆然改容，即召德言，还其妻，仍厚遗之。"

【故事】

南北朝末期，陈国后主陈叔宝的妹妹乐昌公主下嫁江南才子徐德言，夫妻二人极为恩爱。陈国行将灭亡之际，乐昌公主被虏北上，眼看二人即将分别，公主遂将梳妆台上的一面铜镜摔成两半，与夫君约定：以后每年的正月十五在长安街市上沿街叫卖，以镜为凭，直至找到对方的下落。

陈国亡后，乐昌公主被隋朝越国公杨素所得。第二年正月十五，徐德言历尽千辛万苦赶至长安，见市集上有一个老仆人在卖半边铜镜，就从怀里拿出自己的那半铜镜与其相对，果然吻合。

破镜重圆

徐德言见镜在妻子不在，当场题写了一首诗："镜与人俱去，镜归人不归。无复嫦娥影，空照明月辉。"意思是说，这半边铜镜与佳人是一起离去的，如今镜子回来了，我的妻子却没有回来，再也看不到佳人的影子了，只留下明月的清辉还在照耀。

乐昌公主看到老仆带回的诗后，水米不进，悲哭不止。越国公杨素听说此事后深受感动，立即派人将徐德言召入府中，令夫妻二人团聚，并回到江南终老。

这段佳话遂被四处传扬，"破镜重圆"一词也流传开来。

扑朔迷离

【释义】

扑朔：提着兔子耳朵悬在半空中时，雄兔两只前脚时时动弹。迷离：雌兔两只眼时常眯着。原指难辨兔的雄雌，后来形容事情错综复杂，不容易看清真相。

【出处】

宋·郭茂倩《乐府诗集·横吹曲辞五·木兰诗》："雄兔脚扑朔，雌兔眼迷离。双兔傍地走，安能辨我是雄雌？"

【故事】

《乐府诗集·横吹曲辞五·木兰诗》中描写了北魏时期一位名叫花木兰的巾

帼英雄。花木兰自小喜欢骑马射箭，舞枪弄棒，虽为女儿身却有一身男子英气。那时由于北方游牧民族柔然族不断南下骚扰，北魏王朝规定每家必出一名男子上前线，花木兰见父亲年事已高，弟弟年纪又小，所以就决定替父从军出战边关，开始了她长达多年的军旅生涯。十多年后，花木兰随队凯旋，因其军功赫赫，皇帝想把她继续留在朝廷效力，但花木兰婉言拒绝，恳请回家孝顺父母，皇帝批准了她的要求。当昔日的英武将军回到家中脱下一身战袍换上旧时女儿装时，同行的战友都惊呆了，多年来与他们一起征战沙场、奋勇杀敌的将军竟是一位女子！

全文在末尾处以比喻的手法写道："雄兔脚扑朔，雌兔眼迷离。双兔傍地走，安能辨我是雄雌？"意思是：提着兔子耳朵悬在半空时，雄兔两只前脚时时动弹，雌兔两只眼睛时常眯着，所以容易辨认。如果两只兔子贴着地面并排跑，谁又能分辨出哪个是雄兔、哪个是雌兔呢？

捧腹大笑

【释义】

用手捂住肚子大笑。形容遇到极可笑之事，笑得不能抑制。

【出处】

《史记·日者列传》："司马季主捧腹大笑曰：'观大夫类有道术者，今何言之陋也，何辞之野也！'"

【故事】

西汉时，司马季主在长安城里以占卜为生，名气很大，没有人不知道。有一天，中大夫宋忠和博士贾谊来到东市，见司马季主正坐在那里同弟子们谈论着日月运行和阴阳吉凶。

宋忠和贾谊被司马季主的谈论吸引住了，向司马季主拜了两拜。司马季主打量他们的状貌，好像是有知识的人，就还礼作答，叫弟子引他们就座。坐定之后，司马季主重新疏解前面讲的内容，讲了数千言，无不顺理成章。

宋忠、贾谊十分惊异他的才华，恭敬地问："看先生的容貌，听先生的谈吐，晚辈们私下认为您为当世的奇才。可是您为什么从事如此低下的职业呢？"

司马季主用手捂住肚子大笑说："看两位大夫好像是有才学的人，怎么会说出这种浅薄的话呢？你们所认为的贤者是什么样的人呢？所认为高尚的人是谁呢？凭什么将长者视为卑下污浊呢？"

宋忠和贾谊说："做官就是高贵，有本事的人哪个不想做官？你是个人才，却以胡言乱语骗取别人的钱财，所以我们说你卑贱低下，我们真为你感到可耻啊！"

司马季主说："你们以为做官都高贵，可如今这些做官的又是些什么人？他们互相勾结，压榨人民，弄得天下百姓怨声载道。凤凰不同燕子麻雀为群，而贤者也不跟不肖者同伍。所以君子常处于卑下的地位，帮助上天养育生灵，而不求什么尊位与荣誉。你们二位不过是些随便发发议论的人，怎么会知道长者的道理呢？"

宋忠和贾谊听得精神恍惚而茫然失色，于是整衣起身，辞别司马季主。

过了很久，宋忠出使匈奴，没有到达那里就返回来了，因而被判了罪。贾谊做梁怀王的太傅，梁怀王不慎坠马而死，贾谊痛恨而死。这都是追求华贵而断绝性命的事例啊！

萍水相逢

【释义】

浮萍随水漂流，偶然聚在一起。比喻素不相识的人偶然相遇。

【出处】

《滕王阁序》："萍水相逢，尽是他乡之客。"

【故事】

王勃，字子安，是唐代著名的诗人。他与杨炯、卢照邻、骆宾王齐名，齐称"初唐四杰"，其中王勃是"初唐四杰"之首。

初唐四杰，在中国文学史上是一个非常著名的集团。他们反对六朝以来颓废绮丽的风气，致力于改革六朝文风，开始把诗文从宫廷引向市井，从台阁移到江山和边塞，扩大了表现题材，风格也清新刚健。经过他与同时代的人的努力，初唐诗风形成了自己独具特色的文风。

上元二年(675年)秋，王勃前往交趾看望父亲，路过南昌时，正赶上都督阎伯屿新修滕王阁，并准备重阳节在滕王阁大宴宾客。王勃前往拜见了阎伯屿，而阎都督早闻他的名气，便请他也参加宴会。

阎都督此次宴客，是为了向大家夸耀女婿吴子章的才学。他让女婿事先准备好一篇序文，在席间当作即兴所作书写给大家看。宴会上，阎都督让人拿出纸笔，假意请大家为这次盛会作序。大家知道他的用意，所以都推辞不写，而王勃以一个二十几岁的青年晚辈，竟不推辞，接过纸笔，当众挥笔而书。阎都督很是不高兴，拂衣而起，转入帐后。

过了不长时间，王勃就一气呵成地写出了著名的《滕王阁序》，众宾客看了一致称好。阎伯屿读后也深为钦佩，认为这序文比自己女婿写的要高明得多，也就不再让吴子章出场写了。

《滕王阁序》构思精绝，文气通顺畅达。其中序文在铺叙盛会胜景的同时，也流露出作者壮志难酬的感慨："关山难越，谁悲失路之人？萍水相逢，尽是他乡之客。"这几句话的意思是：关山重重，难以攀越，有谁为失路的人悲哀？今天与会的人像萍浮水面，偶然相遇，都是异乡之客。在对滕王阁重修于好的赞美之中，也流露出作者对命运不佳的慨叹之情。

鹏程万里

【释义】

鹏，传说中的大鸟。相传鹏鸟能飞万里远的路程。比喻前程远大。

【出处】

《庄子·逍遥游》："鹏之徙于南冥也，水击三千里，抟扶摇而上者九万里。"

【故事】

传说我国古代有一种鹏鸟，是一种名叫“鲲”的大鱼变成的。它的背长达几千里。每年六月，它都要飞往南海的“天池”，它把翅膀一拍，天池的水就被击起三千里的浪花。它乘着旋风，一下子能飞越九万里的高空。

后来，人们就用成语“鹏程万里”来比喻前程非常远大。

旁若无人

【释义】

身旁好像没有人。形容态度自然从容，不受拘束。也形容高傲、目中无人。多指镇静自若或毫无顾忌的样子。有时也可形容专心致志的神态。

【出处】

西汉·司马迁《史记·刺客列传》：“高渐离击筑，荆轲和而歌于市中，相乐也，已而相泣，旁若无人者。”

【故事】

荆轲，卫国人。他在平时，一言一行、一举一动就与常人不一样。他喜欢击剑，整天和朋友一起练剑习武，切磋武艺。每天早晨，天刚亮，他就起身去练剑，直练到汗水淋漓，才收剑休息。但他同时又十分喜欢读书，饱读诗书，好学不倦，成为战国时期著名的侠士。

荆轲到了燕国以后，和隐居卖狗肉的高渐离成了知己。高渐离也是一名勇士。不仅如此，他还善于演奏一种名叫“筑”的古乐器。他们还常趁着酒兴，到闹市上引吭高歌。

一次，荆轲和高渐离两人在闹市上喝酒。当酒喝到八九成时，他们俩来到了闹市中央，高渐离击筑、荆轲和着乐声放声高歌。两人越唱越高兴，歌声也越来越激昂，引来了许多围观的人。他们对于人们的指点和围观熟视无睹，一点也不在乎。

当唱到悲切慷慨处，两人还相对放声痛哭，泪如雨下，旁若无人，仿佛这个世界上只有他俩存在一样。

旁观者清

【释义】

局外人站在客观立场上看问题比当事人清楚。也作“当局者迷，旁观者清。”

【出处】

后晋·刘昫等《旧唐书·元行冲传》：“当局称迷，旁观见审。”

【故事】

唐朝有位很有学问的人，名叫元澹，字行冲。他撰写的《魏典》三十篇，受到当时许多学者的称赞。有一次，一位大臣上疏唐玄宗，请求把唐初名相魏征修订、整理的《礼记》列为儒家经典。唐玄宗觉得这个主意好，便命元行冲等人仔细校核，再加上注解。

不料右丞相张说反对这样做，他认为，戴圣的本子使用到现在已近千年，东汉的郑玄也为它加了注解，为什么要改用魏征的本子呢？唐玄宗觉得他说的也有道理，便改变了主意。但元行冲认为本子还是改换一下为好，他写了一篇文章，起名《释疑》，用来表明自己的观点，这篇文章是采用客人和主人对话的形式写成的。

客人问：“《礼记》这部书，究竟谁编的好？”

主人答：“戴圣编的本子，从西汉到现在，已经过许多人的修订、注解，矛盾之处很多。魏征考虑到这个情况，对它进行了修订、整理，哪知那些墨守成规的人竟会反对！”

客人说：“就像下棋一样，局中人反而迷糊，旁观者倒看得清楚。”

皮里春秋

【释义】

皮里，指内心；春秋，记载鲁国历史的书。形容心里有看法但不直说出来。用来代表“批评”，因为相传孔子修《春秋》，意含褒贬。

【出处】

唐·房玄龄等《晋书·褚裒传》：“谯国桓彝见而目之曰：‘季野有皮里春秋。’言其外无臧否，而内有所褒贬也。”

【故事】

褚裒是东晋人，他才华横溢，是个与众不同的人。

有一天，吏部尚书郎桓彝，看见褚裒，眼睛就盯住他不放，半晌才缓缓地笑着说：“哈哈，果然是名不虚传，我看褚裒是皮里春秋，虽然口头上不表示什么，可心里却是非分明，极有主见，身上有一股浩然正气。”

褚裒为官清廉，生活简朴，虽然后来做了高官，又是皇亲，却从不借公家的东西来为自己谋私利。他在朝廷做了官以后，总觉得心里不安，怕别人说他依靠皇后的势力专权，几次要求离开京城，去京外任职。在他的强烈要求下，朝廷答应了他的请求。

蚍蜉撼树

【释义】

蚍蜉，蚂蚁的一种，黑色，比普通蚂蚁稍大，多住在树根洞里。比喻力量很小而想动摇强大的事物，不自量力。

【出处】

唐·韩愈《调张籍》：“蚍蜉撼大树，可笑不自量。”

【故事】

韩愈是唐代杰出的文学家。他的散文写得好,诗也写得好,在中国古代文学史上有很高的地位。

那时,李白和杜甫刚刚去世几十年,有些人对这两位伟大诗人的作品横加批评。韩愈不同意,专写了一首诗给他的朋友张籍,表明他的态度。诗中有这么几句:“李杜文章在,光焰万丈长。不知群儿愚,那用故谤伤。蚍蜉撼大树,可笑不自量。”韩愈赞颂李白、杜甫的诗气势雄伟,明艳夺目,批评那些所谓批评者,狂妄可笑,幼稚无知,他们企图贬低李白、杜甫,就好像蚂蚁撼大树一样不自量力。

文中“光焰万丈”也是成语,形容气势雄伟、明艳夺目。也作“光芒万丈”。

漂母饭信

【释义】

比喻施恩而不望报答。也作“一饭千金”。

【出处】

西汉·司马迁《史记·淮阴侯列传》:“信钓于城下,诸母漂……岂望报乎?”

【故事】

韩信年轻还是布衣平民的时候很穷,又没什么事情可做。他常常寄住在别人家,跟人家讨吃的,人们多半讨厌他。有一次,他在城外的小河边钓鱼,他的一旁,有好多老妇人在河边洗衣服。其中有一位老妇人见韩信没有饭吃,便把自己带的饭,分了一半给韩信。第二天仍然如此。一连好几十天。

韩信很高兴,对老妇人说:“将来我发达了,一定会重重报答您。”

老妇人听了韩信的这番知恩必报的话,非但没有高兴,反而十分生气地说:“你作为男子汉大丈夫,自己都喂不饱自己。我看你像是位公子,出于同情给你饭吃,难道是图你的报答吗?”

后来,韩信先投奔了项羽,却不得志,又改投了刘邦。经过一番周折,他当上了大将军,帮助刘邦建功立业,被封为齐王。当上齐王后的韩信,回到了当初钓鱼的地方,找到了那个当年曾经分饭给他吃的漂母,并赏赐千金给她。

剖腹藏珠

【释义】

剖开肚子来藏珍珠。比喻为物伤身,轻重倒置。

【出处】

北宋·司马光《资治通鉴·唐纪·太宗贞观元年》:"吾闻西域贾胡得美珠,剖身以藏之,有诸?"

【故事】

有一次,唐太宗李世民对大臣们讲了一个故事:"西域有一个商人,偶然间得到一颗非常稀有的珍珠。因为这颗珍珠很值钱,商人一直很担心别人会来偷他的珍珠,所以,想尽办法要把它藏在一个比较隐秘的地方。不过,尽管他换了很多地方,他都觉得不够安全。有一天,他终于想到一个自以为最好的办法,他把自己的肚子剖开,把珍珠藏在肚子里。当然,商人最后就死了。"

唐太宗讲完故事后,就问大臣们说:"你们说世界上真的有这种人吗?"大臣们有的说有,有的说没有。

唐太宗接着说:"商人的行为的确很荒谬,但是,有的人为了贪污而失去性命;有些皇帝为了追求享乐就断送国家的未来。他们的行为不就和那个商人一样笨吗?"

抛砖引玉

【释义】

抛出砖去,引回玉来。谦辞,比喻用粗浅的、不成熟的意见引出别人高明的、成熟的意见。

【出处】

宋·释道原《景德传灯录》:“……稔曰:‘比来抛砖引玉,却引得个墼子。’”

【故事】

唐朝诗人赵嘏擅长写诗,曾因为一句“长笛一声人倚楼”得到一个“赵倚楼”的称号。和他同时期的另一位诗人常建,也写得一手好诗,但是他总认为自己没有赵嘏写得好。

有一次,常建听说赵嘏要到苏州游玩,他十分高兴。心想,“这是一个向他学习的好机会,千万不能错过。用什么办法才能让他留下诗句呢?”他想,“赵嘏既然到苏州,肯定会去灵岩寺的,如果我先在寺庙里留下半首诗,他看到以后会补全的。”于是,他就在墙上题下了半首诗。

赵嘏后来真的来到了灵岩寺,在他看见墙上的那半首诗后,便提笔在后面补上了两句。常建的目的也就达到了。他用自己不是很好的诗,换来了赵嘏精彩的诗。

人们说,常建的这个办法,真可谓“抛砖引玉”了。

平易近人

【释义】

平易,原指道路平坦宽广,后比喻态度和蔼可亲。形容态度谦逊和蔼,使人容易接近。也指文字浅显,容易了解。原作“平易近民”。

【出处】

西汉·司马迁《史记·鲁周公世家》:“平易近民,民必归之。”

【故事】

周公是周武王的弟弟,一直忠心辅佐武王和周成王。这时,姜子牙被封在齐地。过了五个月,姜子牙回来向周公报告齐地的情况。周公问他:“你怎么这样快就报告情况呀?”姜尚回答说:“我简化了君臣之间的礼节,一切按照当地风俗去做,所以快。”

周公的儿子伯禽被封在鲁地,当了鲁公。三年后伯禽向周公汇报鲁地的情况。周公问他:“为什么这么慢才来汇报?”伯禽答道:“改变那里的习俗,革新那里的礼法,三年后才能看到效果,所以来晚了。”

周公听了,叹道:“唉,鲁国的后代将要当齐国的臣民了!政令不简单易行,百姓就不会对它亲近;政令平和易行,百姓才会乐于接受。”

片言折狱

【释义】

片言,极少的几句话;折狱,判决诉讼案件。原意是听了简单的诉说,便能决断讼事。后指用几句话就能断定双方争论的是非曲直。

【出处】

《论语·颜渊》:“片言可以折狱者,其由也与?”

【故事】

据说孔子有三千弟子,七十二贤人。七十二位贤人中,有个年岁最大的,姓仲,名由,也叫季路,人们都叫他子路。子路只比孔子小九岁,身强力壮,粗暴好斗。经过孔子的谆谆教诲,子路的性情变化很大。他虚心向孔子学习,热情为孔子服务。孔子出行,子路驾车,做侍卫。孔子说:“自我得由,恶言不闻于耳(自从我有了子路,就再没听过别人对我说无礼的话)。”

子路更令人称赞的是他的诚信,凡是他答应的事,立即就办。人们说:“子路无宿诺。”

更可贵的是子路惊人的决断能力。孔子说:“片言可以折狱者,其由也欤?”意思是,听了简单的诉说,就能决断讼事,怕是只有子路能做到吧?这是因为子路赤诚待人，坦白公正，所以别人也不会欺骗他。

匹夫之勇

【释义】

指不用智谋，单凭个人的勇气。

【出处】

《史记·淮阴侯列传》："匹夫之勇，妇人之仁，其强易弱。"

【故事】

韩信从小就胸怀大志，喜读兵书，希望将来有所作为。他早先投奔项梁，后来又跟从项羽，都没有得到重用。于是，他又投奔刘邦，开始未被重用，只当了个管理粮草的官。他不甘于这样的处境，就逃走了。萧何了解韩信的才能，一听到这个消息，立即骑上快马，把他追了回来。

刘邦听从了萧何的意见，拜韩信为大将，并举行了一个隆重的拜将仪式。仪式举行之后，刘邦就向韩信请教同项羽争夺天下的办法，韩信直截了当地问刘邦："您认为自己在勇、仁、强各方面，较项羽如何？"刘邦沉默不语，半晌才答道："我不如他。"韩信说："不错，我也觉得您不如他。不过，我跟从他数年，深知这个人。项羽勇是够勇的，一声呼喝，可以压倒几千人。但是他不善于任用贤能的将领。他的勇只不过是匹夫之勇。说到仁，项羽对人也比较关心，但是他不重赏有功的人，只玩弄些小恩小惠，他的仁不过是假仁假义。另外，他分封地盘不公，诸侯都有意见；军队扰害地方，百姓怨恨在心；所以。他目前虽然强，但很快就会弱下去的。大王您只要反其道而行之，那么夺回关中之地并不难，进而夺取天下也就指日可待了。"

刘邦听了韩信的这番话，认为他讲得入情入理，心里非常高兴。后来他又按韩信的话去做，率大军悄悄从南郑向关中进发，不到三个月，就占领了关中。最后，他打败了项羽，统一了天下，建立了西汉王朝。

匹夫有责

【释义】

匹夫:古时指平民中的男子,后泛指平常的人。有责:有责任。每个人都有责任。

【出处】

《日知录·正始》:“是故知保天下,然后知保其国。保国者其君其臣,肉食者谋之。保天下者,匹夫之贱,与有责焉耳矣。”

【故事】

顾炎武是明末清初著名的思想家、史学家和语言学家。他出身于江东望族,养母独立扶养他长大,教授他忠义节气,他从小胸怀大志。十四岁时,就加入了主张改良革新的复社。

清兵攻占南京后,顾炎武和县令杨永言、归庄等人齐心守城拒敌。几日后,昆山失守,死难者多达四万多人,顾炎武的亲生母亲右臂被清兵砍断,两个弟弟被杀死,他在破城之前逃了出去,得以保全性命。九天后,清兵攻占常熟,顾炎武养母王氏绝食殉国,临终前嘱咐他说:“我虽然是妇人,但是身受明朝的恩惠,我与明朝一起灭亡,这是义。你不要做清朝的臣子,不要辜负明朝世代的恩惠,不要遗忘先祖的遗训,那样我就可以安心去了。”顾炎武流泪答应了。此后,顾炎武秘密参加抗清活动,积极营救抗清义士,联络沿海地区的抗清将士,意图集合各地义军等待时机,采取行动。昆山豪族叶方恒蓄意吞并顾炎武的家产,勾结顾家仆人陆恩,图谋以“通海”的罪名控告他。顾炎武回昆山处决了陆恩,不幸被叶方恒绑架关押,幸得友人相助才脱险。

顾炎武为了结纳各地抗清志士,北上考察山川地势。在游历北方的二十多年中,孑然一身,足迹遍及山东、河北、山西、河南等地,晚年定居在陕西华阴。顾炎武坚守气节,终身不仕清朝。

顾炎武著作繁多，穷尽毕生心力写作《日知录》，阐述他的经世思想。《日知录》中有句名言："保天下者，匹夫之贱，与有责焉耳矣（保天下，即使是地位低贱的普通百姓都有责任）。"这表明了他高尚的道德情操和崇高的民族气节。

曲突徙薪

【释义】

曲：弯。突：烟囱。徙：迁移。薪：柴草。把烟囱改建成弯的，把灶旁的柴草搬走。比喻事先采取措施，才能防止灾祸。

【出处】

《汉书·霍光传》："臣闻客有过主人者，见其灶直突，傍有积薪。客谓主人，更为曲突，远徙其薪，不者且有火患。主人嘿然不应。俄而家果失火，邻里共救之，幸而得息。"

【故事】

西汉武帝后，大司马、大将军霍光执掌汉室近20年，权倾朝野。茂陵人氏徐福不满霍氏专权，他说："霍氏必亡。凡奢侈无度，必然傲慢不逊；傲慢不逊，必然冒犯主上；冒犯主上就是大逆不道。身居高位的人，必然会受到众人的厌恶。霍氏一家长期把持朝政，遭到很多人的厌恶，天下人厌恶，又做出大逆不道的事，怎么可能不灭亡呢！"

于是他上书朝廷说："霍氏一家权势太大，陛下既然厚爱他们，就应随时加以约束限制，不要让他们发展到灭亡的地步！"但是他三次上书汉宣帝，宣帝对此却都置若罔闻。霍光死后，其家人果然谋反，因人揭发才未致酿成大乱。灭霍氏后，宣帝对告发之人奖赏有加，却唯独没有奖赏事前上书的徐福。

有一位大臣为徐福打抱不平，上书宣帝，他特意举了个例子说明奖赏徐福的道理：

有个人到朋友家做客，见主人家的烟囱是直的，灶边又堆了不少柴薪，觉得这样很危险，就劝告主人说："你这烟囱要改砌成弯曲的，柴薪要搬到远处去，不然容易发生火灾啊！"主人不以为然，没有作声。不久，主人家果然失火，亏得邻居及时赶来把火扑灭，才没有造成更大的损失。

事后，主人杀牛摆酒，酬谢前来救火的邻居。他特地请那些被火烧得焦头烂额的人坐在首座，其他的则按照出力大小安排座次，偏偏没有请不久前建议他改砌烟囱、搬走柴薪的那位客人。

席间，有人对主人说："如果当时你听从那客人的话，把烟囱改砌成弯曲的，并把柴薪搬到远处，那么就不会失火，也就不必杀牛摆酒了。今天你论功请客，却把你那客人忘了。"主人听了这番话，顿时省悟过来，马上把那客人请来，奉他为上宾。

汉宣帝听后恍然大悟，立刻赐给徐福绸缎十匹，后来又任命他为郎官。

曲高和寡

【释义】

曲调高深，能跟着唱的人就少。旧指知音难得。现比喻言论或作品不通俗，能了解的人很少。

【出处】

《对楚王问》："引商刻羽，杂以流徵，国中属而和者不过数人而已。是其曲弥高，其和弥寡。"

【故事】

宋玉，战国时人，相传是屈原的学生，曾侍奉楚顷襄王。好辞赋，为屈原之后著名的辞赋家，所作辞赋甚多。

有一次，楚襄王问他："先生最近有行为失检的地方吗？怎么现在外面有人对你的意见大得很呢？"

宋玉若无其事地回答说："嗯，是的，有这回事。请大王宽恕我，请听我讲个故事。

“最近,有位客人来到我们郢都唱歌。他开始唱的是非常通俗的《下里》和《巴人》,城里跟着他唱的有好几千人。接着,他唱起了还算通俗的《阳河》和《薤露》,城里跟他唱的要比开始的少多了,但还有好几百人。后来他唱格调比较高雅的《阳春》和《白雪》,城里跟他唱的只有几十个人了。最后,他唱出格调高雅的商音、羽音,又杂以流利的徵音,城里跟着唱的人更少,只有几个人了。”说到这里,宋玉对楚王说:

“由此可见,唱的曲子格调越是高雅,能跟着唱的也就越少。”

为了进一步说明这个问题,宋玉又用动物的活动来打比方:

“凤凰能在九霄云外展翅翱翔,在篱笆间跳跃的小鸟又怎能和它相比呢?鲲鱼早上从昆仑山出发,晚上在大泽过夜,在浅水里游的小鱼怎能与它一起测量江海的深广?不但鸟中有凤凰,鱼中有鲲鱼,人中也有像它们一样的人物。出类拔萃的人自然有他与众不同的地方。一般人又怎能理解我的所作所为呢?”

楚王听宋玉这么一说,知道是人们误解了宋玉,就不再追究宋玉的事情了。

蓬莱仙境

【释义】

蓬莱是相传中的仙境,是仙人居住的地方。

【出处】

《列子·汤问》:“渐海之东有山曰蓬莱……”

【故事】

在我国古代的神话传说中,归墟是渤海之中的一个很大的无底深渊,它离陆地很远。天下所有江河海洋之水都向归墟汇集,可归墟的水并不见增加,水面始终是那么高。人们都不知道它到底有多大多深。

归墟中有五座神山,它们分别名叫岱舆、员娇、方壶、瀛洲、蓬莱。每座山的高下周围各三万里,山顶上平坦之处也有九千里,山与山之间的距离约七万里。山上有黄金、白玉造成的殿台楼阁，飞禽走兽都是纯白的；到处长着珍珠宝石的树，结的果吃了可以长生不死。

这五座神山，都是仙人的住处，他们每天飞来飞去，从这座山飞到那座山，又从那座山飞到这座山，真是自由自在，快乐逍遥。可是有一件事情，却使仙人们颇为不满，那就是：五座神山都漂浮在大海里，随波逐流，不能固定，仙人们彼此往来，常常感到不便。于是他们向天帝请求，要求解决这个问题。

天帝也认为这样不妥当：五座神山万一漂走了，叫仙人们都住到哪里去呢！于是，天帝命令北海的海神禺强天帝赶快替五座神山上的诸仙想个妥善的处置办法。

禺强调遣了十五只巨鳌，到归墟去分管五座神山。每三只巨鳌管一座山：由一只鳌在水下把山顶住，其余两只在旁守候，准备替换，规定每六万年换一次班。这样，神山才算固定不动了。

后来，大人国有一个人来到这里。他的腿可真长，不几步，就把五座神山都走遍了。他发现这里有鳌，就放下钓竿去钓。这一钓，钓起了六只巨鳌，一下子都被他背着走了。他把巨鳌带着回家去，把硬壳剥下来，作为占卦之用。这样，岱舆、员娇两座神山便漂流到北极去，终于沉没在大海里了。害得这两座神山上的许许多多的仙人们都忙着搬家。

由于这五座神山中有一座叫蓬莱，在人们的口耳相传中，慢慢产生了“蓬莱仙境”这一成语。

破釜沉舟

【释义】

釜：锅。舟：船。不顾一切，要获得胜利。形容决心很大。

【出处】

《史记·项羽本纪》：“项羽乃悉引兵渡河，皆沉船，破釜甑，烧庐舍，持三日粮，以示士卒必死，无一还心。”

【故事】

秦朝末年，秦朝大将章邯在一次战役中大败楚军，接着带领大军去攻打赵国，并攻下了赵国的都城邯郸，赵王带着赵军退到巨鹿。

破釜沉舟

章邯率秦军把巨鹿包围起来。赵王急忙派人去向楚怀王求救。项梁是项羽的叔父，项羽急着想为他报仇，就要求领兵前去。楚怀王就派宋义为上将军，项羽为副将，带领二十万大军到巨鹿去救赵军。

宋义想让秦军与赵军先打起来，等他们两败俱伤的时候再发动进攻，就把部队驻扎在安阳，按兵不动。项羽为叔父报仇心切，就对宋义说："秦军包围了巨鹿，情况非常紧急。我们应该赶快渡河过去，与赵军内外夹击，一定能打败秦军。"

宋义根本不把项羽放在眼里，坚持要等秦军和赵军打了以后再说。并且对项羽说："上阵打仗，我不如你，但说到运筹帷幄，出谋划策，你就不如我了。"还下了一道命令："军中将士有不服从命令的，按军法处死！"

这道命令明显是冲着项羽来的，项羽气得要命。当时已是冬天，又赶上下雨，军营里粮食也没有了，士兵们挨冻受饿，都埋怨起来，军心很不稳定。项羽趁着机会，鼓动士兵，然后找机会把宋义杀了。楚怀王得到消息后也没有办法，就让项羽担任上将军。

项羽马上派一支部队做先锋，渡河过去进攻秦军。然后，他自己亲自率领主力渡河。他渡河以后，命令士兵只带三天的干粮，把军队里做饭的锅全砸了，把渡河的船也全部击沉，然后对将士们说："我们这次是只能进，不能退，三天之内一定要打败秦军！"

项羽的勇气和决心鼓舞了全军将士，楚军马上发动进攻。将士们个个士气振奋，英勇无比，经过几次激烈的战斗，把秦军打得大败。这就是著名的"巨鹿之战"。巨鹿之战以后，项羽赢得了威信，被拥立为各路反秦军队的领袖。

盘根错节

【释义】

盘:盘旋。错:交错。树木的根条枝节盘曲交错。比喻事情繁难复杂,不易处理;或比喻势力根深蒂固,不易消除。

【出处】

《后汉书·虞诩传》:"志不求易,事不避难,臣之职也;不遇盘根错节,何以别利器乎?"

【故事】

虞诩是东汉时人,从小父母双亡。于是他成了孤儿,是祖母把他一手拉扯成人的。为了报答祖母的养育之恩,直到祖母去世后,他才去太尉府李修那里担任一个较低的官职。

这时,西羌和匈奴突然入侵,北方的并州和西方的凉州同时受到严重的威胁,大将军邓骘认为与其兵分两地驻守,分散实力,还不如把兵力集中防守并州而弃凉州,朝廷中不少大臣也附和邓骘的意见。

虞诩听说了这件事后,就对太尉李修提出自己的看法说:"凉州的百姓不但熟习军事,而且个个英勇善战。西羌之所以不敢入侵关中,也是因为畏惧凉州的百姓。而凉州百姓一向认为自己是大汉的一脉,才义无反顾地牺牲一切来捍卫国家。今天如果照邓将军建议,舍弃凉州,那对整个局势恐怕只有害处而没有好处吧!"最后,朝廷没有采用邓骘的计划。

邓骘听说是虞诩的意见,认为虞诩是故意和自己作对,怀恨在心,一直想找机会进行报复。时隔不久,朝歌县发生农民起义,老百姓纷纷武装起来与地主官府对抗,常常有地方官被杀的事情发生,朝廷虽然一再领兵去镇压,却始终没法平息。

邓骘看到这是一个很好的报复机会,便找了个理由,把虞诩调去当朝歌的县令,虞诩的亲朋好友知道后,都很为他担心。认为这次邓骘是利用此次机会公报私仇，而虞诩去朝歌一定凶多吉少，没有一个不替他打抱不平的。可是虞诩却很有信心地笑着说："一个有抱负、有志气的人，绝不会避开困难的事而专门去找容易的事来做。这就像我们在砍树时，如果不遇到树木的根条枝节、盘曲交错，就显不出斧头的锋利一样。我出任朝歌县令，又有什么可怕的呢？"

虞诩到了朝歌后，他出色的政治才能立即显露出来，不久就平息动乱。此事得到朝廷的赞赏，把他升任武都太守。后又带兵攻打羌，因多次立下大功，最后官升至尚书仆射。

庖丁解牛

【释义】

庖：厨师；丁：人名。名叫丁的厨师肢解分割牛。本比喻顺应自然。后多比喻技术娴熟高超，做事得心应手。

【出处】

《庄子·养生主》："庖丁为文惠君解牛，手之所触，肩之所倚，足之所履，膝之所踦，砉然响然，奏刀騞然，莫不中音。"

【故事】

古时候，有个名叫丁的厨师，大家叫他"庖丁"。他解牛的技术非常高超，受到大家的一致夸赞。

有一次，文惠君请他去做肢解牛的表演。只见他来到杀好的整牛旁，一会儿用手按着牛，一会儿用脚踩着牛，一会儿用膝盖顶着牛，一会儿用肩扛着牛。他解牛的动作又轻捷，又好看，不像是在进行繁重的体力劳动，倒是像在跳姿态优美的舞蹈。解牛时锋利的刀切割着牛体，发出"哗哗哗"的声音，这声音既有节奏，又悦耳，像是演奏动听的音乐。欣赏庖丁的解牛表演，简直是一种美好的享受。

庖丁把牛剖解完毕，文惠君不禁大声赞叹："太好了！太好了！你的技艺怎么这样高超？"

庖丁放下屠刀,回答说:“我追求的自然规律,这就远远超过掌握技术了。我开始学解牛的时候,眼睛里看到的是整头整头的牛;三年以后,由于我完全了解牛的身体结构,它们在我眼里,只是一部分一部分的牛体,不再是浑然一体的整牛了。我现在解牛,靠的是心领神会,刀顺着牛身上的自然肌理插进去,导向骨节间的缝隙。牛的骨节间缝隙虽小,我的刀刃很薄很薄,插进去游动还是宽大有余。遇到筋骨盘结的地方,我就特别小心,眼睛集中在一点上,注意力高度集中,‘哗’的一声解开了,牛肉像泥土一样落在地上。这时候,我真是心满意足啊。”

文惠君听了,发出了感叹,说:“听了你的一席话,我懂得了顺应自然的养生之道。”

牝牡骊黄

【释义】

牝:雌性的动物;牡:雄性的动物;骊:黑色的马。比喻事物的表面现象。

【出处】

《列子·说符》:“穆公曰:‘何马也?’对曰:‘牡而黄。’使人往取之,牡而骊。”

【故事】

秦穆公想要得到一匹千里马,于是对伯乐说:“本来想让你去寻找千里马,可是你的年纪太大了。你看看,在你的后代中,有谁能够派去寻找千里马?”

伯乐回答道:“一般的良马,可以从外貌筋骨等方面看出来,天下难得的好马,看看像是好马,再看看又好像不是好马。这样的马跑起来不扬尘土,不留足迹,如同飞一般。我的子侄才能低下,识别不了这样的天下良马。不过,有个叫九方皋的人,相马的本领不在我之下,大王可以接见他,让他去寻找千里马。”于是,秦穆公派九方皋去寻找千里马。

三个月以后,九方皋回来了,对秦穆公说,千里马已经找到了。秦穆公连忙问道:“是一匹什么样子的马?”九方皋回答道:“是一匹黄色的母马。”秦穆公派人把马牵回来,问牵马人是一匹什么样的马,牵马人的回答让秦穆公大吃一惊:“是一匹黑色的公马。”

秦穆公很不高兴,责备伯乐道:“唉,你推荐的是什么样的人!他连雌雄黑黄都分不清,能辨别什么样的马是千里马吗?”

伯乐叹了一口气说:“九方皋相马,注意力集中在马的内在素质,而不在马的外表。他看到了马的主要方面,忽略了马的次要的地方。像九方皋这样相马,才能找到真正的宝马良驹。”

马牵来了,秦穆公一看,果然是一匹天下少有的骏马。

冯妇

【释义】

冯妇:人名,晋国能徒手打虎的人。指勇士。

【出处】

《孟子·尽心下》:“晋人有冯妇者,善搏虎,卒为善士;则之野,有众逐虎,虎负嵎,山势弯曲险阻的地方,莫之敢撄(触犯);望见冯妇,趋而迎之,冯妇攘(捋)臂下车,众皆悦之,其为士者笑之。”

【故事】

春秋时,晋国有位勇士,名字叫冯妇。他的勇猛没人不佩服,他能赤手空拳打死老虎!冯妇渐渐年长,开始专心学习。他向大家公开宣布,以后再也不去冒险去干打老虎之类的事。

有一天,他和朋友们乘车到郊外游玩,忽然听到一阵呐喊声。原来,很多人在围攻一头猛虎,把老虎逼到山角,可是谁也不敢靠近它。人们看到冯妇来了,欢呼着向他奔去。冯妇看到这种情况,再也按捺不住,卷了卷袖子走下车,大踏步走向前。说时迟那时快,他一把就抓住了老虎,猛地向地上一摔,一下子就把老虎摔死了。

《郁离子》中还有一则冯妇的故事，看了令人捧腹。

东瓯（今浙江温州一带）方言“火”“虎”不分，“打虎”和“打火”读音相同。那里的房顶全用茅草盖成，容易发生火灾，当地人吃足了火灾的苦头。

有个东瓯商人到了晋国，听说晋国有个叫冯妇的人善于同虎搏斗，回来后就把这件事告诉了东瓯国君。东瓯国君听了非常高兴，用马四十匹、白玉两双、文锦十匹作礼物，让商人做使者，到晋国把冯妇请来。

冯妇应邀到来，东瓯国君亲自在国门外迎接他，一起乘车进入馆驿，把冯妇作为上宾款待。

第二天，市中起火，当地人跑过来向冯妇报告。冯妇捋捋袖子跑出来，到处找老虎搏斗，找了半天也没有找到。这时大火逼向宫殿，国人簇拥着冯妇奔向大火，冯妇没能逃脱，被大火活活烧死。冯妇一直到死，都没搞清是怎么回事。

破天荒

【释义】

科举时代比喻突然得志扬名。现在多用以指第一次出现的新鲜事。

【出处】

宋·孙光宪《北梦琐言》：“唐荆州衣冠薮泽，每岁解送举人，多不成名，号曰天荒解。刘蜕舍人以荆解及第，号为‘破天荒’。”

【故事】

“春风得意马蹄疾，一日看尽长安花。”唐代孟郊《登科后》中的这两句诗，将举子考取进士后的得意的神态、心情刻画得淋漓尽致。十年寒窗虽苦，但是“书中自有黄金屋，书中自有颜如玉”，一旦考取了进士，便可踏上仕途，“黄金屋”“颜如玉”便也就唾手可得了。

举子们没有不想考取进士的，可是考取进士也非易事。唐朝荆南是个落后地区，四五十年间竟然没有一个人考中进士。一些人瞧不起这个地方，称荆南地区为

“天荒”，把那个地区送去的考生称作“天荒解”。“天荒”是什么意思？指尚未开发的蛮荒之地，“天荒解”多难听啊，是对荆南地区送去考生的蔑称。

唐宣宗大中四年（公元850年），奇迹终于出现了，荆南考生刘蜕终于考中进士，总算破了“天荒”。当时，魏国公崔弦镇守荆南一带，得知刘蜕成为天子门生，欣喜万分，写信表示祝贺，并赠送给他七十万“破天荒”钱。刘蜕很有志气，不肯接受“破天荒”钱，在给崔弦的回信中写道：“五十年来，自是人废；一千里外，岂曰天荒。”

刘蜕说得对，五十年来没人考取，那是人的原因；京城千里之外，怎么能说是“天荒”呢！

Q

七步之才

【释义】

在七步之内，成诗一首。比喻才思敏捷。

【出处】

《世说新语·文学》："文帝尝令东阿王七步中作诗，不成者行大法；应声便为诗曰：'煮豆持作羹，漉豉以为汁；萁在釜下燃，豆在釜中泣，本自同根生，相煎何太急！'帝深有惭色。"

【故事】

曹植是三国时期著名的诗人、文学家。他是曹操的儿子，魏文帝曹丕的同母胞弟，曾立为陈王。曹植自幼聪颖，才思敏捷，下笔成章，深得曹操宠爱。曹操认为曹植在几个儿子中是能成大事的，几次想要立他为世子。可是曹植生性随意，不拘礼法，屡犯禁令，经常惹得曹操大怒。曹丕嫉妒曹植得到曹操的赞扬，开始小心翼翼、处心积虑地赢得曹操的好感，终于在建安二十二年(公元217年)被立为世子。

建安二十五年，曹操因病去世，曹丕废黜汉献帝，自立称帝。曹丕做了魏王以后，仍旧记恨曹植。有一次，曹丕借口曹植在父丧期间礼仪不当，将他拿下问罪，要处曹植死罪。卞太后知道这件事，连忙为曹植求情，让曹丕看在他们是同母兄弟的份上手下留情。在审问期间，曹丕指责曹植倚仗自己的才学，故意无视礼法，他说："父亲生前常夸你才思敏捷，落笔成文，却没有当面考验过你。今天就限你七步成诗一首，如果不能，休怪我问你罪责。"

曹植点头说:“请皇上赐题。”

“你就以‘兄弟’为题,但诗中不能出现‘兄弟’二字。”

曹植想了片刻,便迈开脚步,走一步吟一句诗:“煮豆持作羹,漉豉以为汁。萁在釜下燃,豆在釜中泣。本自同根生,相煎何太急?”这首诗的意思是:锅里煮着豆子,是想把豆子的残渣过滤出去,留下豆子汁来做成糊状食物。豆茎在锅下燃烧,豆子在锅里哭泣。你我本来是同条根上生出来的,你又怎能这样急迫地煎熬我呢?

曹植在七步之内吟完这首诗,曹丕明白了曹植做这首诗的寓意。如果自己杀了曹植便会被世人耻笑,于是免去了他的死罪,将他贬为安乡侯。

七擒七纵

【释义】

指三国时诸葛亮七次捉孟获,又放了他七次的故事。后比喻运用策略,使对方心服。

【出处】

晋·陈寿《三国志·蜀书·诸葛亮传》裴松之注引《汉晋春秋》:“亮至南中,所在战捷……亮笑,纵使更战,七纵七擒,而亮犹遣获。”

【故事】

三国时期,诸葛亮率军平定南夷之乱,一路上所向披靡,战无不胜,只有南方彝族首领孟获不肯屈服,常常袭击蜀汉军队。诸葛亮闻知他作战勇猛、为人重义,颇有威信,便有了收服他的决心,设计将他擒住。孟获本以为自己凶多吉少,没想到,诸葛亮亲自给他松绑,好酒好菜招待他,还让他观看军队操练的阵法。诸葛亮问他:“你觉得这支军队怎么样?”孟获不服气地说:“这次失败是我太大意了,如今我已知道你们的阵法,你若敢放了我,下次我一定能战胜你们!”诸葛亮笑了笑,果真将他放了,让他组织力量再来决战,后来孟获又连战六次,每次都被诸葛亮活捉。当诸葛亮第七次擒到孟获时,孟获终于心服口服地说:“丞相真有神威,现在我彻底服气，以后再也不会反叛了。”诸葛亮这种使人心悦诚服的做法收到了非常好的效果，直到他死后多年，蜀地的少数民族也没闹过事。

杞人忧天

【释义】

比喻不必要的或荒谬的忧虑。

【出处】

《列子·天瑞》：“杞国有人忧天地崩坠，身亡所寄，废寝食者。”

【故事】

春秋时期，有个杞国人胆子很小，经常忧心忡忡，担心会有灾难降临。一天，他在树下乘凉，抬头望天，觉得天似乎离得近些了，不免开始担心天塌下来该怎么办。他越想越怕，日不能食，夜不能寐，变得很憔悴。朋友们以为他病了，问他哪里不舒服。他叹了口气，把自己的担心告诉了他们。大家听后都劝他：“老兄啊！你何必为这件事自寻烦恼呢？天怎么会塌下来呢？再说即使真的塌下来，那也不是你自己忧虑发愁就可以解决的啊！”可是，无论大家怎么劝解，他仍然日夜为这个问题担忧。

杞人忧天

前倨后恭

【释义】

意为以前傲慢，后来恭敬，形容对人的态度的改变。

【出处】

汉·司马迁《史记·苏秦列传》："苏秦笑谓其嫂曰：'何前倨而后恭也？'"

【故事】

苏秦是战国时期著名的纵横家，曾随鬼谷子游学多年，学成后变卖家产，周游列国，希望能施展自己的政治抱负。然而，去过的国家中，竟然没有一个国君欣赏他，盘缠花光后，苏秦只得衣衫褴褛地回到洛阳。

家人本来抱有很大的希望，如今见他一贫如洗地回来，不免多了埋怨。苏秦很饿，请嫂子做些食物，嫂子不仅不肯做，还将他狠狠地训斥了一番。

苏秦感到非常耻辱，开始振作精神，苦心攻读。一年后，他掌握了当时的政治形势，再次出游列国，说服齐、楚、燕、韩、赵、魏六国"合纵抗秦"，做了六国的丞相。

当他再次返乡时，众乡亲为他洒扫街道，出城数里前往迎接。他的亲人也一改往日冷漠的态度，尤其是苏秦的嫂子，像蛇一样跪着恭迎他。苏秦站在车上问道："嫂子，你为何上次那么傲慢，今日却如此恭敬呢？"嫂子回答说："因为你现在处于高位，而且很有钱。"苏秦听后叹了口气说："唉！如果一个人贫穷，父母都不把他当儿子，这个人富贵了，妻子、嫂子都惧怕他，更何况外人呢！"于是，他送给宗族朋友很多钱，连以前曾借给他路费的人，也都报以百金。

黔驴技穷

【释义】

比喻有限的一点本领也已经用完了，讽刺一些虚有其表、外强中干、无德无才的人。

【出处】

唐·柳宗元《三戒·黔之驴》："虎因喜，计之曰：'技止此耳！'因跳踉大㘎，断其喉，尽其肉，乃去。"

【故事】

据说，黔中道本没有驴子，有个好事的人用船运了头驴过来，而后却发现它没有什么用处，就把它放到一座山下。山上有只老虎，有一天老虎到山下觅食，忽然看见一只从没见过的动物正在吃草。老虎不知道这是何方神圣，就躲在树林中偷偷地观察。几天过后，老虎发现它并没有什么特别的技能，就小心翼翼地接近它，这时驴子一声洪亮的长鸣，吓得老虎远远逃走了。过了一会儿，老虎发现它好像没有什么特殊的本领，于是再次渐渐靠近，引得驴子又一阵大叫。这回老虎知道了，它在大叫之后并没有什么特别的举动，于是放心大胆地靠过去，随便碰擦倚靠、冲撞冒犯。驴子非常愤怒，用蹄子踢老虎。老虎大喜，心想："原来它的本领不过如此罢了！"于是跳起来咬断了驴子的喉咙，吃光了它的肉。

请君入瓮

【释义】

指用其人之道还治其人之身。

【出处】

唐·张鷟《朝野佥载·周兴》:“即索大瓮,以火围之,起谓兴曰:‘有内状勘老兄,请兄入此瓮。’”

【故事】

据说在唐朝时期,武则天为了维持统治,任用酷吏使用严刑消除异己,周兴和来俊臣就是其中的两个。

有一天,周兴被人密告谋反,武则天派来俊臣审理此案。他们二人私下是好友,曾合伙想出许多严酷的刑罚手段,所以来俊臣觉得这桩事很棘手,苦思冥想后得到一计。他请周兴来喝酒,席间故意装作发愁的样子说:“最近审问犯人总是没有结果,我知道你对刑具颇有研究,不知你有没有新的绝招啊?”周兴听得来俊臣如此赞赏自己,非常得意地说道:“我最近新发明一种方法,就是准备一个大瓮,在瓮的四周堆满烧红的炭火,只要把犯人放进瓮里,没有不招供的。”

于是,来俊臣暗中派人按照他说的方法,准备了一口大瓮。待瓮烧红后,便对周兴说:“有人告你谋反,太后命我来审问你,如果你不老实招供,就只好请你进这个大瓮了!”

听到这些话,周兴顿时吓得面如土色,知道自己在劫难逃,只好俯首认罪。

罄竹难书

【释义】

罄:用尽。指把竹子用完了都写不完,比喻罪恶事实很多,难以写尽。

【出处】

秦·吕不韦《吕氏春秋》:“乱国之所生也,不能胜数,尽荆越之竹,犹不能书。”汉·班固《汉书·公孙贺传》:“南山之竹不足受我辞,斜谷之木不足为我械。”晋·刘昫《旧唐书·李密传》:“罄南山之竹,书罪无穷;决东海之波,流恶难尽。”

【故事】

隋朝末期,隋炀帝杨广即位后,大肆挥霍钱财,四处营建宫殿和运河,每项工程都要征调民工数万到数十万人。沉重的徭役和赋税压得百姓苦不堪言,最终爆发了全国性的农民起义。当时,隋朝有名官吏叫李密,他见隋炀帝无道,索性托病辞官回乡。不久后,他加入反隋大军,并被推举为起义军的首领。他率领军队攻打洛阳前,为了团结各方面的力量,彻底摧毁隋朝政权,便发布了一篇讨伐杨广的檄文。檄文在列数杨广祸国殃民的十大罪状后写道:"我们用尽南山的竹子做书简,也写不完杨广的罪行;放出东海滔滔的海水,也冲洗不尽杨广的罪恶。"

倾国倾城

【释义】

倾:倾覆。城:国。原指因女色而亡国。后多形容妇女容貌极美。

【出处】

《诗·大雅·瞻印》:"哲夫成城,哲妇倾城。"《汉书·孝武李夫人传》:"北方有佳人,绝世而独立,一顾倾人城,再顾倾人国。"

【故事】

从秦朝起,宫廷就设有乐府。到汉武帝时,乐府的规模已很大,掌管朝会、宴请、游行时所用的音乐,同时收集民间的诗歌和乐曲供宫廷使用。当时有位名叫李延年的宫廷乐师,他的父母兄弟都是乐工,妹妹也是一位歌妓。

李延年很受武帝赏识,经常在武帝面前边唱歌边跳舞。有一次,他动情地唱道:

"北方有佳人,
绝世而独立。
一顾倾人城,
再顾倾人国。

宁不知倾城与倾国，

佳人难再得。”

歌词的意思是，北方有个非常漂亮的姑娘，堪称绝代佳人，全城、全国的人看了她，都会为之倾倒，这样，倾城倾国的美人再也难有第二个。

汉武帝听了忙问李延年：

“难道世上真有这样的绝代佳人？”

还没等李延年回答，武帝的姐姐平阳公主便笑着说道：

“有这样的佳人啊，她就是李乐师的妹妹！”

武帝立即传令把李乐师的妹妹带进宫来。一看，其美貌果然举世无双，于是将她留在身边，称为李夫人。李夫人不仅十分漂亮，而且能歌善舞，深受武帝宠爱。

可惜佳人薄命，李夫人在武帝身边只过了几年富贵的生活，就患病而死，汉武帝悲痛不已，很长时间都无心料理朝政。

倩女离魂

【释义】

倩女指古代传说中的倩娘。她因极度思念自己的恋人。以致灵魂出窍，离开自己的躯体而去追随恋人。比喻少女痴情。

【出处】

《离魂记》：“天授三年，清河张镒……而说极备悉，故记之。”

【故事】

王宙与倩娘是从小在一起长大的表兄妹，两人形影不离，可以说是青梅竹马，两小无猜。倩娘的父亲张镒还常常对王宙开玩笑说：“以后就让小女与你结为夫妻吧。”

后来，张镒想从幕僚中为倩娘选择一个夫婿。倩娘一听。如晴天霹雳，顿时昏厥。王宙听说了这事，对他的舅舅张镒非常怨恨，就雇了艘船准备独自离开家乡。

船行至夜半时分，王宙正躺在船舱里辗转反侧，思念着倩娘。突然，听到河岸上传来倩娘那清脆的呼声，他一阵惊喜，赶忙让船靠了岸。把倩娘接上船后，王宙叫船夫沿长江而上，两人远走高飞。

他们两人来到了蜀郡，便住了下来。几年后，他们已生育了两个孩子，一男一女。四口之家，夫妻恩爱，幸福美满。但倩娘久离家乡，非常思念父母。一天，她提出要回娘家。王宙很体谅妻子，立刻准备了一艘船和妻子一起回到衡阳。

船到衡阳城外，王宙把船靠岸，安顿好妻子儿女，自己先到张镒家里拜见岳父。只见张镒正坐在大堂正中的太师椅上愁眉苦脸。王宙忙跪在地上，说："拜见岳父大人，倩娘和我多年未来看望您老人家，真是有罪。望您能宽恕倩娘和我。"张镒听得莫名其妙，忙打断他的话说："什么倩娘？她躺在闺中，整天痴呆呆的，都已经好几年了。"

王宙无法相信张镒的话，继续解释说：

"岳父大人要是不相信，可以派人和我同去船上，一看便知。"

张镒派了一个奴仆跟去了。不久，奴仆就跑回来报告说，倩娘确确实实在船上。张镒感到很奇怪，便去告诉了家人。家人个个惊讶，赶紧去告诉闺中病女倩娘。不料，病女脸上却漾起了笑容，默默不语地下了床，走出房间，来到院子里。这时，门外远远地驶来了马车，一会儿马车停住，倩娘走下车子，病女迎上前去，一晃眼，两人并成一人。在场的人都惊呆了，原来这是魂灵和身体合二为一。

轻于鸿毛

【释义】

鸿毛：大雁的毛。比大雁的毛还轻。比喻毫无价值。

【出处】

《报任少卿书》："人固有一死，或重于泰山，或轻于鸿毛，用之所趋异也。"

【故事】

司马迁，字子长，中国西汉伟大的史学家、文学家、思想家。

其父司马谈为太史令，相当于现在国家图书馆馆长一职。早年，司马迁在故乡过着贫苦的生活，他父亲司马谈死后，司马迁接替父亲做了太史令。

公元前99年，汉武帝派将军李广利带兵三万攻打匈奴，结果打了个大败仗，几乎全军覆没，李广利逃了回来。李广的孙子李陵当时担任骑都尉，带着五千名步兵跟匈奴作战。单于亲自率领三万骑兵把李陵的步兵团团围困住。但是李陵的箭法十分高超，兵士也十分勇敢，五千步兵杀了五六千名匈奴骑兵，单于调拨了更多的兵力，仍然无力与李陵相抗衡。

在单于准备退军之时，李陵手下有一名军侯叛变，将李陵内部军情告诉了单于。他告诉单于李陵后面没救兵，而且教单于部下制作连发连射的弓箭。单于于是继续与李陵作战。最后李陵寡不敌众，只剩了四百多汉兵突围出来。李陵被匈奴逮住，最后投降了。

大臣们都谴责李陵不该贪生怕死，向匈奴投降。汉武帝问太史令司马迁，想听听他的意见。司马迁说："李陵带去的步兵不满五千，他深入到敌人的腹地，打击了几万敌人。他虽然打了败仗，可是杀了这么多的敌人，也可以向天下人交代了。李陵不肯马上去死，准有他的主意。他一定还想将功赎罪来报答皇上。"

汉武帝听了，认为司马迁这样为李陵辩护，是有意贬低李广利，可是李广利是汉武帝宠妃的哥哥。于是，他勃然大怒，说："你这样替投降敌人的人强辩，不是存心反对朝廷吗？"于是就把司马迁下了监狱，交给廷尉审问。

不久，有传闻说李陵曾带匈奴兵攻打汉朝。汉武帝信以为真，便草率地处死了李陵的母亲、妻子和儿子。司马迁也因此事被判了死刑。第二年，汉武帝杀了李陵全家，处司马迁以宫刑。司马迁认为汉武帝实在是没有一点人情味，就因为他替李陵说了几句公道话，竟把他处以最耻辱的宫刑，他觉得真是伴君如伴虎啊！

在给他好朋友任安的信中充分地说明了他此时的矛盾心理，他写道："……人都有一死，有的人死重过泰山，是有意义的；而有的人死就像大雁的毛一样轻……"信中述说了自己隐忍苟活的原因是要写作《史记》，从而才能使自己死得有尊严。

不久，汉武帝觉得对司马迁的处分有点过分，就赦免了他，让他做了当时应该由宦官做的中书令，掌握皇帝的文书机要。于是他发愤著书，全力写作《史记》，大约在他55岁那年终于完成了全书的撰写和修改工作。

轻举妄动

【释义】

轻,轻率;妄,胡乱,任意。指不经慎重考虑,轻率地采取行动。

【出处】

《韩非子·解老》:“众人之轻弃道理而易忘举动者,不知其祸福之深大而道阔远若是也。”

【故事】

按照事物的法则办事的人,没有不成功的。大功能成就天子的权势尊严,小功容易取得卿相将军的赏赐俸禄。

违背事物法则而轻举妄动的,即使上有天子诸侯的权势尊严,下有猗顿、陶朱以及卜祝的富有,还是会失去百姓而丧失财产的。

大家之所以轻易地违背事物法则而轻举妄动,是由于不懂得祸福转化的道理是多么的广阔深远。所以《老子》告诉人们说:“谁知道它的究竟?”

人们没有不想富贵全寿的,但没有谁能免于贫贱早死的灾祸。心里想富贵全寿,而现在却贫贱早死,这就是没能达到他想达到的目的。凡是离开他想走的路而乱走的,就叫作迷惑;迷惑就不能到达他想到达的地方了。众人不能到达想要到达的地方,从开天辟地直到现在,一直都如此,所以《老子》说:“人们陷入迷途,日子确实很长久了。”

轻诺寡信

【释义】

诺,答应,许诺;寡,少。轻易许下诺言的人,很少守信用。

【出处】

《老子》第六三章:“夫轻诺必寡信,多易必多难。”

【故事】

以“无为”的态度去作为,以“无事”的方武去做事,以无味作为有味。

大生于小,多起于少,用恩德去报答怨恨。解决困难的事要从容易的地方着手,做大事情要从细小的地方入手。

天下的难事,一定从简易开始;天下的大事,必定由细小开始。所以有“道”的圣人永远不认为自己在做大事情,才能成就大事。

轻易应诺别人的要求,一定很少遵守信约;把事情看得太容易,遇到的困难就一定多。因此有“道”的圣人(遇到事情)都把它看得艰难,所以才永远没有困难。

青出于蓝

【释义】

青:靛青。蓝:蓼蓝之类可作染料的草。青是从蓝草里提炼出来的,但颜色比蓝更深。比喻学生超过老师或后人胜过前人。

【出处】

《荀子·劝学》:“青,取之于蓝而青于蓝。”

【故事】

孔璠是南北朝时期一个非常著名的学者。他收了很多弟子,其中一个弟子叫李谧,是一个勤奋好学的人。孔璠非常喜欢他,将自己的学问全部都教授给他。李谧也非常用功,过了几年后,他的知识和学问就超过了老师。但李谧非常谦虚,在老师面前从不表现自己的过人之处。

孔璠有个习惯,就是遇到了疑难问题喜欢跟学生探讨,并且还能向学生虚心请教。有一次,孔璠遇到了难题,就询问李谧。李谧觉得孔璠是老师,虽然自己知道答案,但也不能表现得比老师高明。于是,他在解答问题时吞吞吐吐,欲说还止,表现得极不自然。

事后,孔璠留下了他,并认真地跟他交流。孔璠说:"我向你请教问题,不要因为担心我的面子问题而明知道答案却不回答。孔子就说过,在三个人当中就会有人是我的老师。我们时刻要记住。每个人都会有自己的长处,都会在某一方面比别人知道得多,这样的人就可以做我的老师,何况你还是很有才能的呢!"

孔璠虚心向学生求教的事情传出去后,受到了当时士林中人的褒扬。有人为此编了一首短歌,颂扬孔璠不耻下问的精神,也赞扬李谧尊师重道的精神:

青成蓝,蓝谢青;

师何常,在明经。

这句话后来就演变成成语青出于蓝,意思是靛青这种染料是从蓝草里提炼出来的,然而它却比蓝草的颜色更深,更容易给衣服染色。比喻学生超过老师或后人胜过前人。

漆身吞炭

【释义】

漆身:身上涂漆为癞。吞炭:喉咙吞炭使之变哑。指故意变形改音,使人不能认出自己。

【出处】

《战国策·赵策一》:"豫让又漆身为厉,灭须去眉,自刑以变其容。……又吞炭为哑,变其音。"《史记·刺客列传》:"漆身为厉(癞),吞炭为哑,使形状不可知。"

【故事】

春秋时,晋国有个勇士名叫豫让,投靠在智伯门下,很受智伯的礼遇和重用。后来赵襄子联合韩、魏,共同灭了智伯,平分了智伯的土地,把智伯全族的人都杀了个一干二净,还把智伯的头骨制成便器,用来装粪便。

豫让见智伯的下场这么悲惨，就痛哭流涕，发誓要杀掉赵襄子，为智伯报仇。于是，豫让装扮成奴仆，怀里揣着匕首，混进赵襄子家的厕所里，准备伺机刺杀赵襄子。谁知赵襄子非常警觉，豫让被他发现，赵襄子让卫兵把豫让抓了起来。赵襄子问他是什么人，为什么想刺杀自己。豫让毫不隐瞒，告诉赵襄子说："我是智伯的门客，要杀你为智伯报仇！"

赵襄子很赞赏他的气节，就把他放了。在放他的时候，赵襄子问豫让："今天我把你放了，你能不能不再找我报仇？"豫让说："你放了我，是你对我有了私恩，但我为主人报仇是大义，我不能为了私恩而忘了大义。"赵襄子手下的人见他还要找赵襄子报仇，就要把他杀了。可赵襄子说："我已说过要放他，不能反悔。今后我小心躲着他就是了。"

豫让力了能混到赵襄子身边，想方设法进行化装。他用漆把身上涂了一遍，看起来就像是身上长满了癞子，然后扮成乞丐。有一回，豫让的妻子看见了他，从他说话的声音判断出他是豫让。于是，豫让又吞下火炭，把自己的嗓子弄沙哑了。后来，就是豫让的妻子见了他，听见他说话，也认不出他了。

有一次，豫让得知赵襄子要去一座桥，就埋伏在桥下准备行刺，结果又被赵襄子发现了。赵襄子把豫让抓起来，说："你舍生取义，确实令人尊敬。但这次我不能饶恕你了！"豫让说："多谢赵公厚义，但我临死前请求你能把外袍脱下来，让我刺三剑，偿我为主复仇的意愿。我死而无怨了。"赵襄子见他这样忠诚，大为感动，便脱下外袍。豫让刺了赵襄子的外袍之后，自刎而亡。

趋炎附势

【释义】

趋：迎合。炎：热。比喻迎合依附有权势的人。

【出处】

《宋史·李垂传》："今已老大，见大臣不公，常欲面折之。焉能趋炎附势，看人眉睫，以冀推挽乎？"

【故事】

北宋时期有个人叫李垂，他为人非常正直。他在开封做官的时候，勤勤恳恳，对于官场中那些逢迎拍马的作风深恶痛绝。当时，丁谓用阿谀奉承的手段，讨得真宗的欢心，卑劣地爬上了宰相的位置。然后他玩弄权术，排挤异己，独揽朝政。别人只要想升官就必须吹捧、巴结他。当时，京城开封的许多官员慑于丁谓的权势，不敢得罪他。后来，丁谓的权势更加显赫，朝臣大多攀附丁谓。李垂当时是给皇帝写起居注的官员，官职不高，却铁骨铮铮。面对权势极大的丁谓，李垂不趋炎附势，根本不到丁谓的府上去拜谒。

一天，有人劝告李垂："你应该去丁谓家里拜望一下，这对你以后升官有好处。"李垂正色道："丁谓身为一国的宰相，不以公道和正直来使天下人佩服，而是依靠玩弄权术，胡作非为，这样的人是可耻可恨的，我绝不会和丁谓同流合污。还有，我见有的大臣处事不公，常常批评和劝诫他们。现在，我怎么能到丁谓的府上去趋炎附势呢？"李垂的话说得掷地有声，让那个劝他去拜望丁谓的人也忍不住高声赞赏。由此，李垂也为后世留下了"趋炎附势"这个成语。趋炎附势这个成语就是从李垂开始才有的，它的意思是去迎合、奉承有权有势的人。

宋仁宗即位后，丁谓倒台，被贬到遥远的地方去任职，而李垂却被召回京都。一些关心他的朋友对他说："朝廷里有些大臣知道你才学过人，想推举你当知制诰，为皇帝起草诏书。不过，当今宰相还不认识你，你何不去拜谒一下他呢？"

李垂回答说："如果我三十年前就去拜谒当时的宰相丁谓，可能早就当上翰林学士了。我现在年纪大了，怎么能趋炎附势，看别人的眼色行事，借以换取他们的荐引和提携呢？"

他的这番话不久传到了宰相耳里。结果，他再次被排挤出京都，到外地去当州官。

骑鹤上扬州

【释义】

骑上白鹤到扬州去。本比喻兼得发财、做官、成仙的愿望。现多指带上大量的钱财到扬州去游玩。

【出处】

南朝梁·殷芸《吴蜀人》:“有客相从,各言所志:或愿为扬州刺史,或愿多赀财,或愿骑鹤上升,其一人曰:‘腰缠十万贯,骑鹤上扬州。’欲兼三者。”

【故事】

旅店里来了四个人:一个小吏、一个商贩、一个云游道士,一位年轻公子。店里已经住满了客人,只有一间空房,旅店主人就把这四个人安排在一个房间里。

闲来无事,几位就在客房里闲聊。小吏说的无非是整日忙碌,还得看上司的脸色,不知哪一天才能升迁。商贩说的无非是生意难做,本小利微,一年下来只有蝇头微利。云游道士说的无非是修仙不易,整年在外,难觅能修成正果的真经。那位年轻公子只是听别人说,含笑不语。

过了一会儿,那位小吏说:我要是哪一天当上大官就好了。那位商贩说:我要是哪一天发上一笔大财就好了。那位云游道士说:我要是哪一天骑上白鹤飞升上天就好了。大家都看着那青年公子,希望他说说自己的愿望。那公子笑了笑说:“腰缠十万贯,骑鹤上扬州。”

乖乖,他的这个愿望不得了:钱不少,十万贯;官不小,扬州刺史;成了仙,骑鹤飞行!三个人的愿望都给他一个人占了!

骑虎难下

【释义】

骑在老虎背上下不来。比喻事到中途遇到困难没法停下,陷于左右两难境地。

【出处】

《晋书·温峤传》:“今之事势,义无旋踵,骑猛兽安可中下哉。”

【故事】

东晋王朝平定了王敦叛乱之后，有过一段时间的安宁。天有不测风云，二十七岁的晋明帝突然病故，年仅五岁的晋成帝司马衍继位，从此以后，国家又陷入了一片混乱。

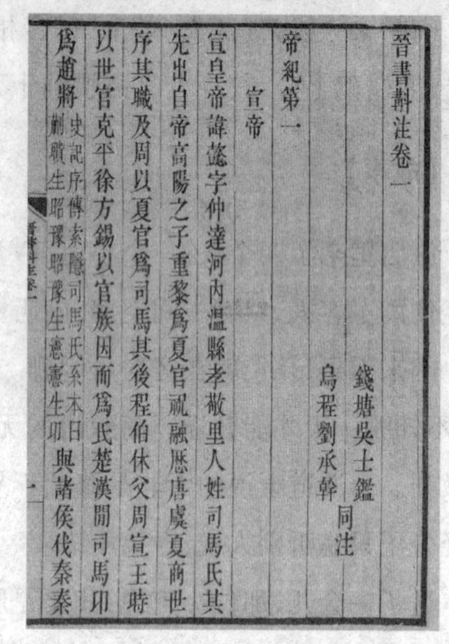

晉書斠注卷一

錢塘吳士鑑 烏程劉承幹 同注

帝紀第一

宣帝

宣皇帝諱懿字仲達河內溫縣孝敬里人姓司馬氏其先出自帝高陽之子重黎爲夏官祝融歷唐虞夏商世序其職及周以夏官爲司馬其後程伯休父周宣王時以世官克平徐方錫以官族因而爲氏楚漢間司馬卬爲趙將史記序傳索隱司馬氏系本曰蒯聵生昭豫昭豫生憲憲生卬與諸侯伐秦秦

《晋书》书影

公元 327 年，苏峻、祖约反叛朝廷。叛军势不可挡，官军节节败退，没过多久，叛军就攻进了京城建康（今江苏南京）。苏峻放纵官兵烧杀掳掠，奸淫妇女，百姓一下子就陷于水火之中；叛军放火焚烧官署，大大小小的衙门全部化为焦土，连宫内的二十万匹布帛，五千斤金银，也被叛军抢劫一空。京城内一片混乱，哀号声惊天动地。

丞相王导闻知叛军入城，飞马驰入宫内，扶起吓坏了的小皇帝，登上太极前殿，与光禄大夫陆晔、荀崧共登龙床，护卫幼主。苏峻闯入宫廷，被王导的威严震慑。他不敢在王导面前放肆，只得给皇上跪下。王导对他安抚一番，苏峻随即离开了皇宫。

苏峻攻下建康，晋成帝的舅舅庾亮逃至浔阳（今安徽黄梅），他想以温峤为盟主，起兵讨伐叛军。温峤深知陶侃对朝廷忠心耿耿，说：“陶侃为荆州刺史，都督数州军事，若是推举他为盟主，何愁不能平定叛军！”

过去，陶侃与庾亮有矛盾，经过温峤耐心劝说，陶侃同意起兵平叛。当时叛军力量强大，官军将少粮缺，初战接连失利。陶侃心中焦急，打算暂且收兵。温峤对陶侃说：“现在的局势，没有一点儿回旋余地，就像骑在老虎背上一样，没有办法下来。只有勇猛向前，才是唯一出路。”

陶侃接受了温峤的意见，激励将士奋勇杀敌。官军克服了各种困难，很快平定了叛乱。

这条典故原作“骑兽难下”。《晋书》是唐人撰写，唐人避讳，将“虎”作“兽”

(唐高祖李渊的祖父名叫李虎)。后世皆作“骑虎难下”,不做“骑兽难下”。

千里姻缘一线牵

【释义】

比喻人的婚姻是注定的,即使相隔千里,最后也要成为夫妻。

【出处】

唐·李复言《续玄怪录·定婚店》:“唐韦固遇一老人,携带一囊……亦能成为夫妇也。”

【故事】

唐朝时,杜陵(今陕西长安附近)有个年轻人叫韦固,打算前往清河(今山东临清东北),路过宋城(今河南商丘南),住在一家旅店里。

晚上闲来无事,韦固便到街市闲逛。有位老人席地而坐,在月光下看书,身边有个袋子,里面装着红绳子。韦固感到好奇,便也凑上去看看。不看则已,一看大吃一惊,他自幼饱读诗书,可是这本书上的字他一个也不认识。

韦固向老人问道:“老伯,您看的是什么书?上面的字我怎么不认得?”老人笑了笑说:“这是一本管人间婚姻的天书,你怎么会认得上面的字!”

韦固更加好奇,问道:“人间的婚姻如何来管?”老人说:“如果两个人是夫妻,我就用口袋里的红绳把他们俩的脚系住,以后再也没有办法挣脱。即使相隔千里,最终也要成为夫妻。”

韦固随口问道:“老伯,我的妻子在哪里?”老人翻了翻书,说:“你的妻子就在附近,就是旅店北面那家卖菜人家的女儿。”

韦固又问:“我能不能见见她?”老人说:“明天早上你到米市去,我来指给你看。”

第二天,韦固如约而至,看到老人在前面走,韦固便跟在他后面。走了不远,老人指着一个瞎婆子,对韦固说:“她怀里抱着的那个三岁女孩,就是你未来的妻子。”

韦固仔细一看,差一点儿气昏,那女孩子鼻涕拖得老长,丑得要死。韦固再找那位老人,那位老人已经不见了。

这个瞎婆子的丑女儿是自己未来的妻子?韦固越想越憋气。他吩咐仆人道:“明天你去把那瞎婆子的女儿给我杀了。”

第二天,仆人来到米市,在女孩子的眉间刺了一刀,然后趁乱逃脱。韦固听了仆人的回报,暗暗想道:“老头说那个丑女孩是我的妻子,我倒要看看老头的天书灵不灵!”

时光飞逝,韦固高不成低不就,一直没有娶亲。转眼过去了十四年,韦固总算要结婚了,妻子是郡守十七岁的千金。

洞房花烛夜,韦固看着自己的妻子,越看越觉得她美;再仔细看看,眉间好像有个伤疤。韦固心头一懔,忙问这是怎么回事,娇妻说:“我不是郡守的亲女儿,他是我的养父。我的父亲本为宋城县令,在任上去世。父亲去世不久,母亲也离开了人世。奶奶不忍把我扔下,便以种菜为生,把我带在身边。三岁那年,不知哪里来的暴徒,在我眉间刺了一刀,至今疤痕还在。”

韦固听了倒吸了一口冷气:哎呀,看来这被红线系住的千里姻缘是挣不脱的,自己娶的妻子果然还是她。

千日酒

【释义】

能让人醉千日的酒。指美酒。

【出处】

晋·张华《博物志》:“俗云:‘玄石饮酒,一醉千日。’”

【故事】

古时候有个人叫狄希,善于酿造美酒,酿造出来的最好的一种酒叫“千日酒”,只要喝上一杯,就能使人醉上一千天。

有个人叫刘玄石，喜欢喝酒，久闻狄希的大名，赶到狄希那儿求酒。狄希对刘玄石说："酿的酒时日未到，尚未酿熟，不敢给你喝。"刘玄石说："就算没有熟，给我喝一杯，行不行?"狄希直摇头："不行！不行！喝了很难醒过来。"刘玄石继续纠缠："求你了，只喝一杯。"接着又开起了玩笑："你的酒里没有砒霜，喝上一杯不会死人。"

给他这么一闹，狄希不能再推辞，就给他喝了一杯。刘玄石喝了直咂嘴："好酒！好酒！再给一杯！"狄希说："就是这一杯，也要让你睡一千天。好了，等你酒醒了再来。"

刘玄石到家以后，一头倒在床上，醉得像个死人，只是好像还有一口气。过了一天，刘玄石没醒；过了三天，刘玄石还是没醒；半个月过去了，刘玄石似乎没了气。家人大哭一场，将他埋葬。

三年过去了，狄希猛然想起了刘玄石，自言自语道："刘玄石也该醒了，我应该去看看。"到了刘玄石家，狄希问道："玄石在家吗?"

家人觉得奇怪，他都死了三年了，现在还有人来问? 家人回答道："玄石早就死了，家人的丧服都脱掉了。"

狄希大吃一惊，说："他喝了我的'千日酒'，应当睡上一千天，现在时日已到，应该醒过来了。"

狄希的一番话，让他的家人半信半疑。大家商量了一下，决定到坟地打开棺材看看。到了刘玄石的坟墓，坟墓上酒气冲天，打开棺木一看，只见刘玄石睁开眼睛，张开嘴巴，大声说道："好酒啊好酒，真是太高兴了！"看到狄希站在身边，说："你酿的酒真好，我只喝一杯就醉了。"接着问道："今天是什么日子了?"

听了他的话，全家人转悲为喜，一齐笑了起来。家里人就这么"哈哈"一笑，坏了，把酒气吸到了肚子里，回家以后，家人也都足足睡了三个月。

前度刘郎

【释义】

前一次来过的刘晨。指离开以后又返回的人。

【出处】

南朝·宋·刘义庆《幽明录》:"汉明帝永平五年,剡县刘晨……二人半年还乡,子孙历七世。"

【故事】

东汉时,有一对好朋友,一个叫刘晨,一个叫阮肇。他们俩经常在一起谈古论今、写诗作文。

有一天,他俩到天台山采药。山里风景优美,药材多多,可把他们两个乐坏了。太阳已经偏西,两个人打算返回,可是转来转去找不到返回的路,两个人不免有些慌张,要是回不去在深山老林里过夜,遇上野兽怎么办!

天色渐渐暗了下来,两人走得筋疲力尽,向四边望去,黑黢黢一片,他俩已经挪不动腿,只好找个避风的地方休息。

他俩在山里转了十三天,饿了,采点野果充饥;困了,找个山洞睡觉。山里的风景再好,也提不起两人的兴致,他俩只盼能找到回家的路,回家以后先饱餐一顿,然后倒头就睡。

第十四天中午时分,他们遇到两位年轻漂亮的女子,只听她们说:"刘郎阮郎,你们两个怎么到现在才来呀!"他俩惊呆了,素昧平生,这两个姑娘怎么认得自己?容不得他俩多想,两个姑娘拉着他俩就走,那个亲昵劲儿,弄得他俩都有点儿不好意思。

走进一个山洞,拐过一个弯,里面一下子亮堂起来。这里面的景象,如同仙境一般。姑娘请他们坐下,跟他俩聊天,他俩向姑娘述说这些天的遭遇,姑娘听了"咯咯咯"地笑个不停。晚饭以后,姑娘请他们俩住下,他俩也无处可去,自然求之不得。

在这里一住就是半年,两个人有点想家。他俩跟姑娘说打算回去一趟,被姑娘拒绝,后来姑娘禁不住他俩多次苦苦相求,只得答应下来。姑娘给他们指明下山的路,依依不舍地看着他俩走下山,直到看不见他俩的影子,姑娘才返回。

两人归心似箭,急匆匆地往家里赶。刘晨到了村里一看,咦,怎么全变了?莫非自己走错路了?找了个老翁打听一下,刘晨大吃一惊,他的儿子已经死了一百多年,子孙已经传了好几代!这时他才明白,自己和阮肇遇到的原来是仙女!

他赶紧去找阮肇，找到以后急急忙忙往山里跑，可是他俩再也找不到原来的路，再也看不见心上人了。

钱可通神

【释义】

钱能够买通鬼神。比喻金钱的魔力巨大，能够买通一切。

【出处】

唐·张固《悠闲鼓吹》："钱十万，可通神矣，无不可回之事。吾惧祸及，不得不止。"

【故事】

唐朝时，祖孙三代都做了宰相的，只有"三相张家"：张嘉贞、儿子张延赏、孙子张弘靖。张嘉贞是唐玄宗时的名相，张延赏是唐德宗时的宰相，张弘靖是唐宪宗时的宰相。

张延赏原名张宝符，父亲去世时他才四岁。唐玄宗体恤大臣遗孤，亲自赐名张延赏，意思是"赏延于世"，即赏赐延及后人。

有一次，张延赏决心审理一件久而未决的大案。这件大案的案情并不复杂，难就难在它牵涉到许多官员。他命令属官，一定要在十天之内把案情调查清楚，尽快结案。

第二天清早，张延赏发现自己的几案上有张帖子，拿起来一看，只见上面写道：敬奉钱三万贯，请大人不要再过问这件事。张延赏看了勃然大怒：行贿的勾当居然明目张胆地弄到我这里来了，把我当成了什么人！他立即把属官叫来，要他们抓紧时间办案。

第三天一早，张延赏发现自己的几案上又有一张帖子，上面写道：多有不敬，三万贯太少，当送五万。张延赏看了怒不可遏：这些城狐社鼠太可恶了，以为用钱就能把我买通！他立即把属官叫到跟前，严令他们必须在两天内把案子查清。

第四天,张延赏一进衙门就朝自己的几案上看,不得了,上面赫然放着一张大帖子。他拿起来一看,帖子上只有六个大字:敬奉钱十万贯。

张延赏看了帖子,一屁股坐到座椅上。他暗暗想道:对方的力量太大,自己不是他们的对手,还是算了吧。

时间一天天过去,属官没有来向他报告调查的情况,他也没有再过问,这件案子就这么不了了之。

过了好多日子,有人问张延赏:那个案子听说要办,怎么后来不办了?张延赏毫不隐讳地回答:"十万贯钱连鬼神都能买通,我还办什么案?"

黔娄被

【释义】

隐士黔娄死后盖的短被。比喻安贫乐道。

【出处】

汉·刘向《列女传·鲁黔娄妻》:"鲁黔娄先生之妻也……君子谓黔娄妻为乐贫行道。"

【故事】

春秋时,鲁国有个著名的隐士黔娄。他出生于贫民家庭,成年后刻苦钻研学问,写成《黔娄子》一书。这本书研究天地生成的道理,认为先天而生其性,后天而成其质,从无形而生有形,为一切事物生成演化的步骤,阐述了"常的无定便是变,变的有定就是常"的道理。

黔娄安贫乐道,不追逐名利,虽然家徒四壁,却把荣华富贵看作过眼云烟。他的妻子出身于富贵人家,但与黔娄一起下田耕作,自食其力,夫唱妇和,琴瑟和谐。

黔娄名声远播,引起了各国统治者的注意。齐国国君备下千金,请黔娄到齐国去做官,黔娄坚决推辞。为了避开权贵们的干扰,黔娄和妻子来到历山(今济南千佛山)躬耕。鲁国国君知道了这件事,派人请他担任鲁国国相,黔娄仍然不肯前去就职。

黔娄去世后,孔子的弟子曾参前往吊祭。黔娄的尸体用被子盖着,因为被子太短,盖住头就盖不住脚,盖住脚就盖不住头。曾参为之心酸,说:“把被子斜过来盖,就能够盖住全身了。”

没料想黔娄的妻子说:“斜过来盖有余,正着盖不足,先生活着的时候不斜,死后能够让被子斜盖吗?”

曾参听了黔娄妻子的话,不禁感到惭愧。

强项令

【释义】

挺着脖子不肯屈服的县令。本指汉光武帝时的洛阳令董宣,后泛指公正执法、刚正不阿的官员。

【出处】

《后汉书·酷吏传》:“帝笑曰:‘天子不与白衣同。’因敕(皇帝的命令):‘强项令出!’”

【故事】

东汉初年,京都洛阳最难治理。城里皇亲国戚、功臣显贵遍地,一个小小的县令能管到他们头上去?洛阳令换了好几任,就是不能把天子脚下的洛阳城治理好。光武帝刘秀思量再三,决定任命年近七旬的董宣做洛阳令。

董宣到任后,遇到的第一个难题,就是处理阳湖公主的家奴行凶杀人案。这位阳湖公主非同一般,是光武帝刘秀的亲姐姐。公主家的恶奴依仗权势胡作非为,竟然在光天化日下杀人,然后躲在公主家里不出来,官员无法对他进行抓捕。

董宣得知后直挠头皮,这个案子不处理好,以后怎么治理这座洛阳城?他派人等候在公主家的大门口,要他们看到凶手出来就立即向他报告。公主根本不把家奴杀人当回事,出门时让这个恶奴陪她坐在车上。差役看到后立即向董宣报告,董宣便在公主的必经之路等候。

公主的车子驶过来了，董宣站在路当中拦住马车，请公主把凶手交出来。公主对他睬也不睬，让车夫继续赶车。董宣双眼圆睁，用刀在地上画了一条线，吼道："公主，为了天下太平，您可要带头维护法令啊！"他见公主不理不睬的模样，便命令凶手："你这个连累公主的奴才，给我从车上下来！"恶奴料想公主在这里，董宣不能把他怎么样，便大摇大摆地下了车。刚一下车，董宣把手一挥，差役一拥而上，把凶手打死了。

阳湖公主气坏了，回宫向光武帝告状，说董宣当着她的面把家奴打死，使她颜面尽扫。光武帝听了勃然大怒，打狗还要看主人面，董宣怎么能这么干！

光武帝立即把董宣召进宫，要用皮鞭打死他。董宣磕头道："希望陛下再让我说一句话，然后再把我打死。"光武帝怒道："你想说什么？"董宣一边磕头一边说："陛下因为德行圣明中兴国家，现在却放纵家奴残害百姓，臣不知陛下用什么来治理国家。臣实在不愿被鞭子打死，请求陛下让我自裁。"说完，就向柱子撞去，顿时血流满面。

光武帝一下子清醒过来，让小太监扶起董宣，要他向阳湖公主磕头赔罪。董宣不肯磕头赔罪，光武帝命令小太监把董宣的头按下。董宣两手撑地，挺着脑袋就是不肯低头。

公主冷冷地说："过去弟弟做百姓的时候，隐藏过逃犯、死囚，官吏不敢到我们家里来搜查。现在做了皇帝，你就不能施威让一个县令低头吗？"

光武帝笑着说："做皇帝和做百姓大不一样。"随即下令："给我把这个硬脖子县令赶出去！"

时隔不久，光武帝赏赐董宣钱三十万，董宣把它全部分给手下。这个董宣太厉害了，连皇上姐姐的家奴都敢打死，还有哪个不害怕？京城洛阳的治安状况一下子被扭转过来，再也没人敢仗势为非作歹了。

青蚨

【释义】

指钱。

【出处】

晋·干宝《搜神记》卷十三:"南方有虫,名墩蝺,一名蝍蠋,又名青蚨……"

【故事】

要是钱一直用不完该有多好啊！有个寓言故事说的就是这事。

南方有一种虫子,它的名字叫墩蝺,人们又叫它青蚨。青蚨的形状有点儿像蝉,又有点像蝶,个头比它们稍微大一些。它的翅膀像蝴蝶,不像蝉的翅膀那样窄。青蚨的颜色美丽,拿它烤着吃味道很鲜美。

青蚨产卵之前,一定会去寻找花草茂盛的地方,把卵产在花草的叶子上。青蚨的卵很小,只有蚕蛾的卵那么大。如果把青蚨卵悄悄拿走,母青蚨就一定会飞着去找,不管离得多远,藏得多么严实,母青蚨都能找到。

要是按照下面的方法去做,青蚨就能派上大用场。先找一定数量的母青蚨,再找同样数量的子青蚨,把它们放在瓮里,然后埋到地下。三天以后把瓮挖出来打开,用母青蚨的血涂在八十一文铜钱上,再用子青蚨的血涂在另外八十一文铜钱上,这些铜钱就像青蚨一样分不开了。每次上街买东西,或用母钱买东西,或用子钱买东西,用掉以后母钱、子钱都会自己飞回来。如此循环往复,钱就永远都用不完了。

原先,人们把传说中的"青蚨钱"称作"神钱",后来,人们为了表达钱多用不完的美好愿望,索性把钱叫作"青蚨"。

青箱学

【释义】

青箱,用来放置个人物品的箱子。比喻世传家学。

【出处】

《宋书·王准之传》:"曾祖彪之……博闻多识,练悉朝仪,自是家世相传,并谙

(熟悉)江左旧事,缄(封)之青箱,世人谓之'王氏青箱学'。"

【故事】

王氏青箱学的始祖,当为晋代的王彪之,王彪之是江东望族王氏家族的一员,是著名书法家王羲之的堂兄弟,他的学问当然是家传。不过,王彪之除了熟悉儒家经典,还着重研究典章制度。他将自已的研究所得和搜集来的各种资料,放在一个箱子里,传给子孙后代,继承了这门学问的子孙后代,将这门学问称为"王氏青箱学"。

自王彪之之后,代有人出。他的儿子王临之,孙子王讷之,都曾担任御史中丞。从此以后,王氏青箱学的名头更响,代代相传。

王氏青箱学的主要内容是关于典章制度和历朝施政故事,是为族中子弟当官服务的学问。建立在家族教育基础上的王氏青箱学,帮助族人在官场中竞争,培养出一批博古通今的政治家。综观王家的著名政治家和谋臣,无不以精通家学著称于世。

另外,精通王氏青箱学的后人,还潜心于典章制度的研究,有《仪注》《晋宋杂记》《古今丧服集记》《齐职仪》《礼杂问答》等众多著作问世,为典章制度的研究工作做出了很大贡献。直到今天,他们的研究成果仍然有重要的意义。

我们今天所说的"青箱学",不光指"王氏青箱学",而是泛指家传的学问。

卿卿我我

【释义】

形容夫妻或情人恩恩爱爱。

【出处】

南朝宋·刘义庆《世说新语·惑溺》:"亲卿爱卿,是以卿卿,我不卿卿,谁当卿卿?"

【故事】

晋代的名士，留下许多有趣的故事。“竹林七贤”之一的王戎，也留下不少趣事。

王戎相貌俊朗，自小聪慧。有一次，他跟同伴一起玩耍，看到路边有一棵李树，树上结满了果子。小伙伴一拥而上，抢着摘树上的李子，只有王戎一动不动站在那里。别人问他为什么不去摘，王戎说道：“路边的李树上有这么多李子，一定是苦李没人去摘。”小伙伴尝了尝摘下的李子，果然是苦李。

王戎在母亲去世后为母守孝，却逾越礼制饮酒食肉，但面容憔悴，身体虚弱，连起身都要扶着拐杖。守孝三年以后，经过很长时间调养，身体才得以恢复。另一位孝子和峤同时遭丧，守孝期间，一点儿都不违背礼制。守孝三年，神气丝毫没有损伤。当时有人说“和峤生孝，王戎死孝”。

那时候，妇人应以“君”称其夫，丈夫应以“卿”称其妻。他的妻子不按礼数称呼丈夫，亲亲热热地称王戎为“卿”。

王戎对她说：“妇人称丈夫为‘卿’，实在不合礼数，以后不要这么喊了，还是称我‘君’好。”

他的妻子反问道：“你倒说说，怎么不合礼数？跟你亲跟你爱，所以才叫你卿卿，我不叫你卿卿，谁来叫你卿卿？”王戎被她说得哑口无言，只得让她这么叫。

他们俩的事渐渐传扬开了，夫妻之间也都常常这么称呼。久而久之，称丈夫为“卿”成为习惯，他俩的故事也就成了“卿卿我我”的出处。

请缨

【释义】

缨：捆绑人的绳子。请求给自己一根长绳。比喻自请从军报国，也泛指主动请求担当重任。

【出处】

《汉书·终军传》：“南越与汉和亲，乃终军使南越说其王，欲令入朝，比内诸侯。军自请,愿受长缨,比羁南越而致之于阙(朝廷)下。”

【故事】

西汉时的终军,是后世年轻人学习的楷模。唐代的王勃,在《秋日登洪府滕王阁饯别序》中写道:“无路请缨,等终军之弱冠;有怀投笔,慕宗悫之长风。”

终军少年时才华出众,十八岁便被举荐为博士弟子。前往京师时,途经函谷关,守关吏卒交给他一件帛制的“繻”。终军问这是什么东西,吏卒告诉他,这是返回时过关的凭证。终军将它扔到地上,说:“大丈夫西游,一定要取得功名,出关哪里还要用这个东西!”守关吏卒听了他的话吃惊不小,瞪大了眼睛看着他。这便是典故“弃繻”的出处,比喻年轻人立下壮志。

到长安后,终军官拜谒者给事中,奉命巡视东方郡国。他手持朝廷符节,骑着高头大马,再次路过函谷关,往东而去。守关的吏卒一下子就认出了这个年轻官员,他正是前次“弃繻”的青年,吏卒瞪大了眼睛看着他,对他敬佩不已。

汉武帝时,南越(今广东、广西及越南北部)割据政权尚未归附,他又主动请求出使南越,表示愿意接受长缨,让南越王归附朝廷,不然的话,就把他绑回京城。

到南越后,他向南越王分析了当前的形势,阐述了朝廷的政策,南越王终于答应臣服汉朝。没想到南越丞相吕嘉极力反对,发兵攻杀南越王,终军也被杀害,遇害时只有二十多岁。

秋胡妇

【释义】

秋胡的妻子。指贞节的妇女。

【出处】

汉·刘向《列女传·鲁秋洁妇》:“洁妇者,鲁秋胡子妻也。”

【故事】

春秋时,鲁国有个人叫秋胡,他自幼丧父,母亲辛辛苦苦将他拉扯成人。到了婚嫁的年龄,母亲张罗着给他娶了妻子。娶妻才五天,秋胡就扔下年迈的母亲和新婚妻子,到陈国去做官。

自从秋胡离家后,秋胡的妻子辛勤劳作,和婆婆相依为命。几年时间过去了,一直没有秋胡的音信。

五年后的一天,秋胡返回家乡。走在回家的路上,秋胡看到一个漂亮妇人在田里劳作,看看四下里无人,秋胡不禁起了歪心。

他走到漂亮妇人身边,用言语跟她调情,那妇人对他不理不睬,秋胡就是不肯死心。他又拿出金子对妇人说:"这些金子都给你,只要你跟我亲热一番就行。"那妇人正色道:"光天化日的,不要调戏良家妇女。"秋胡实在无法可想,只得讪讪而退。

秋胡回家以后,把金子交给了母亲。母亲见儿子终于回来了,非常高兴,连忙叫媳妇跟儿子相见。媳妇走了进来,秋胡一下子傻了眼,她不是别人,就是自己在路上调戏的漂亮妇人。只因多年未见,两人已经互不相识。

秋胡妻不胜惊讶,说:"因为要讨女人的欢心,就要把金子给她,这是忘记了自己的母亲,做出不孝的事;看见年轻女子,就动了奸邪之心,这是忘记了自己的妻子,玷污了自己的品行!你孝义全无,我实在羞于见你!"

秋胡羞愧难当,呆在当场。秋胡妻说完这番话,迅速跑出家门,纵身跳河自尽。

曲突徙薪

【释义】

曲:使……弯曲;突:烟囱;徙:把东西搬走;薪:柴草。把烟囱改成弯的,把柴草从灶口搬走。比喻预先做好准备,防止祸患发生。

【出处】

《汉书·霍光传》:"曲突徙薪亡(通"无")恩泽,焦头烂额为上客耶?"

【故事】

汉朝时,徐生屡屡向朝廷揭发权臣霍光的罪行,希望引起朝廷的注意。霍光去世以后,他的家人罪行败露,被满门抄斩。这场祸乱平息以后,很多功臣得到封赏,偏偏徐生什么也没得到。有人对此感到不满,上书给汉宣帝,奏章中说了这么个故事:

从前有户人家,炉灶的烟囱笔直向上穿过房顶,而烟囱旁堆着许多柴草。烧火煮饭时,烟气夹着火星,直往上蹿,有些火星竟落在柴草堆上。有个客人看到这种情形,对那家主人说:"这样太危险了,弄不好要发生火灾的。应当把烟囱改成弯的,这样火星就不会跟着烟气飞出去了。要把烟囱旁的柴草搬开,那样即使有火星飞出来,也不要紧了。"

那家主人说:"我家的炉灶砌了好多年了,烟囱一直是这样,从来没有什么事,用不着改成弯的。柴草堆一直在那儿,这么多年也没出什么事啊。"

主人不听客人的劝告,依然照旧。

没过多少天,那家果然失火了正是由烟囱飞出的火星引燃了柴草堆。左邻右舍赶快来救火,生怕火势蔓延。幸亏发现得早,大家救得及时,终于把火扑灭了,但有几个邻居在救火时还是被烧得焦头烂额。

那家人家置办了酒席,感谢邻居们奋力相救。被烧得最重的人坐在上席,其他人也按功劳大小依次就座,就是没请建议他把烟囱改弯、把柴草堆搬走的人。

有人提醒主人:"当初要是听了客人的话,及时采取措施,就不会发生火灾了。要是不发生火灾,大伙儿不会受伤,你家也不会受损失,更不要破费钱财置办酒席。要说功劳,数他的功劳最大,你为什么把他忘了?"

主人听了这番话,觉得很有道理,连忙恭恭敬敬把他请来,向他表示感谢,请他坐在首席。

汉宣帝看了奏章,觉得说得有道理,下诏封赏了徐生。

潜移默化

【释义】

潜:不见形迹。默:不说话,没有声音。指人的思想或性格不知不觉受到感染、影响而发生了变化。

【出处】

《颜氏家训·慕贤》:“潜移暗化,自然似之。”

【故事】

颜之推,字介,南北朝后期到隋朝初年儒家学者,文学家。

颜之推出生官宦之家,少时便博览群书,性好饮酒,不修边幅。一生曾仕多朝,初仕南朝梁,为湘东王萧绎参军,后萧绎自立为梁元帝,任颜之推为散骑侍郎。西魏破江陵后,投奔北齐,任黄门侍郎平原太守。北齐亡,入北周,为御史大夫。隋初,东宫太子召为学士,曾自叹一生“三为亡国之人”,未久以病卒。

颜之推经历四个动乱的朝代,目睹当时士大夫子弟的无能及士族教育的腐败,认为教育必须改革,才能为国家培养有用人才。他将自己亲身见闻及立身、治家、处世的道理,写成《颜氏家训》二十篇来教诫子弟。他要求子弟学习应以儒家经典为主,兼及各家之言,即“明六经之指,涉百家之书”,注意实用知识的学习。他教育弟子要勤学守行,应世经务,成为一个厚重、勤勉、博学、多能、务实、学以致用的人才。这本书在我国家庭教育发展史上有重要的影响。

《颜氏家训·慕贤》:“人在少年,神情未定,所与款狎,熏渍陶染,言笑举动,无心于学,潜移暗化,自然似之,何况操履艺能,较明易习者也。是以与善人居,如入芝兰之居,居而自芳之;与恶人居,如入鲍鱼之肆,久而自臭也。”

原文大意说,人在少年时,神态、表情尚未定型,对他人的言行举止并没有刻意的模仿,只因长期接触,受到感染熏陶,在不知不觉中逐渐发生了变化,自然而然与相处者近似。对“言笑举动”“无心于学”尚且如此,更何况对明了易学的操行和技能呢?与高尚的人同处,就像住在摆放着芝兰的房间一样,日子长了自己也有了香味;与品行低劣的人住在一起,就像住在咸鱼店中,时间长了,本人也被熏臭了。

强弩之末

【释义】

弩:古代用机械发箭的弓。强弩所发的箭,飞行已达末程。比喻强大的力量已经衰竭,不能再起作用。

【出处】

《史记·韩长儒列传》:“强弩之极,矢不能穿鲁缟。”《汉书·韩安国传》:“且臣闻之,冲风之衰,不能起毛羽;强弩之末,力不能入鲁缟。”

【故事】

韩安国,字长孺,西汉时人,任梁王刘武的中大夫。后来他触犯国法,本来应该杀头,可考虑到他在平定“吴楚七国之乱”中有功,就革职为民。他就一直在家闲居。

直到汉武帝做了皇帝,知道韩安国很有才能,便起用他担任北地都尉的职务,不久又升迁为大司农。

后来,由于韩安国平定战乱有功,汉武帝又让他做了御史大夫。这时,汉朝和匈奴的关系时而交战,时而议和。一次,匈奴方面突然派了一位使者来议和,武帝一时之间也难以决定,便召集朝廷的文武大官,共同来讨论这件事。

大臣中有个叫王恢的,过去曾在边疆做过几年官,对于匈奴的情况相当了解。他认为凭汉朝的军事实力,一定能扫平匈奴,因此他反对和匈奴议和;而且建议汉武帝立即采取行动,发兵到边疆去征伐匈奴。

在场的官员听了,大都保持沉默,只有韩安国站出来大声反对说:

“现在匈奴的兵力日益壮大,而且又神出鬼没,流窜不定。如果我们要出兵千里去围剿他,那不但很难成功而且人马到那儿就疲惫不堪,会给匈奴以逸待劳、得以制胜的机会。这情形就像是射出的箭矢飞行到最后没有力量的时候,连最薄的绸缎也无法穿破;狂风的尾巴,连很轻的羽毛也无法吹动一样。这并不是因为开始时力量不强,而是因为到了最后,力量衰竭,起不了什么作用了。我们现在如果发兵征讨匈奴,实在是不智之举。依我的看法,倒不如和他们缔约谈和。”

韩安国生动的比喻和有理的讲解,博得群臣的赞同,汉武帝也采纳了韩安国的意见,同意和匈奴议和。于是,一场极有可能发生的战争,就此冰消瓦解,这为国家带来了长期的和平和稳定。

强词夺理

【释义】

强词:强辩。夺:争。指无理强辩,明明没理硬说有理。

【出处】

《三国演义》第四十三回:“座上一人忽曰:‘孔明所言,皆强词夺理,均非正论,不必再言。’”

【故事】

高阳应是战国时代宋国的一位大夫。他天生喜欢辩论,有理没理都要强辩一番。有时别人明明有理,但嘴上就是说不过他,因此只好认屈。

有一次,他要兴建一幢房屋,于是派人在自己的封邑内砍伐了一批木材。这批木材刚一运到宅基地,他就找来工匠,催促其即日动工建房。工匠一看,地上横七竖八堆放的木料还是些连枝杈也没有收拾干净的、带皮的树干。树皮脱落的地方,露出光泽、湿润的白皙木芯;树干的断口处,还散发着一阵阵树脂的清香。用这种木料怎么能马上盖房呢?所以,工匠对高阳应说:“我们目前还不能开工。这些刚砍下来的木料含水太多、质地柔韧,抹泥承重以后容易变弯。初看起来,用这种木料盖的房子与用干木料盖的房子相比,差别不大,但是时间一长,还是用湿木料盖的房子容易倒塌。”

高阳应听了工匠说的话以后,冷冷一笑。他自作聪明地说:“依你所见,不就是存在一个湿木料承重以后容易弯曲的问题吗?然而你并没有想到湿木料干了会变硬,稀泥巴干了会变轻的道理。等房屋盖好以后,过不了多久,木料和泥土都会变干。那时的房屋是用变硬的木料支撑着变轻的泥土,怎么会倒塌呢?”

工匠们只是在实践中懂得用湿木料盖的房屋寿命不长,可是真要说出个详细的道理,他们也感到为难。因此,工匠只好遵照高阳应的吩咐去办。虽然在湿木料上拉锯用斧、下凿推刨很不方便,工匠还是克服种种困难,按尺寸、规格搭好了房屋的骨架。抹上泥以后，一幢新屋就落成了。开始那段日子，高阳应对于很快就住上了新房颇感骄傲。他认为这是自己用心智折服工匠的结果。可是时间一长，高阳应的这幢新屋越来越往一边倾斜。他的乐观情绪也随之被忧心忡忡取而代之。高阳应一家怕出事故，从这幢房屋搬了出去。没过多久，这幢房子就倒塌了。

故事中的高阳应，可谓强词夺理的典型。

亲痛仇快

【释义】

形容做的事使亲人痛心，仇人高兴。形容不利于己、反利于敌的错误行为。也作"亲者痛，仇者快"。

【出处】

南朝宋·范晔《后汉书·朱浮传》："凡举事无为亲厚者所痛，而为见仇者所快。"

【故事】

朱浮，字叔元；彭宠，字伯通，都是汉光武帝的将军。朱浮担任"幽州牧"，彭宠担任"渔阳太守"。汉光武帝刘秀打下东汉天下，继承西汉，做了皇帝，朱浮和彭宠都是有过功劳的。彭宠很自负，以为应当封王，结果却很令人失望，因此对朝廷颇有不满。

当时，渔阳郡归幽州管辖，所以朱浮还是彭宠的上司，这一点也是彭宠所不满的。两人于是闹了一些意见。朱浮把彭宠的不满情绪，秘密报告光武帝，光武帝便召彭宠回京城洛阳。彭宠知道是朱浮告了状，大怒，拒不奉召，并且发兵进攻朱浮。朱浮便写了一封信给彭宠。

信的大意是指责彭宠不应自恃功高，骄傲狂妄，如有理由，应进京到朝，详细说明，怎可不顾后果，兴兵造反。信的最后一句说："凡举事无为亲厚者所痛，而为见仇者所快(做任何事情都别让自己人觉得痛心，而让敌人感到高兴)！"

千万买邻

【释义】

比喻居住要找好邻。形容好邻居的难得与可贵。

【出处】

唐·李延寿《南史·吕僧珍传》:“季雅曰:‘一百万买宅,一千万买邻。’”

【故事】

梁武帝很欣赏吕僧珍的才干。有一次,吕僧珍请求梁武帝让他回乡扫墓。梁武帝不但同意,而且任命他为关南兖州令,让他光耀一下门庭。

吕僧珍到任后,不徇私情,秉公办事。因公会客时,连他的兄弟也只能在外堂,不准进入客厅。一些近亲,以为有了吕僧珍这样的靠山,可以不再做买卖,到州里来见他,以谋取一官半职。吕僧珍耐心说服他们回去,继续做自己的小生意。

吕僧珍住宅的前面。有一所他属下的官舍,平时出入的人很多。有人建议他让那个属下到别处去办公,把官舍留下来自己居住。吕僧珍严词拒绝,表示决不能把官舍作为私人的住宅。

吕僧珍这种廉洁奉公公的高尚品德,受到了人们的称颂。有位名叫宋季雅的官员告老还乡回到关南兖州后,特地把吕僧珍私宅邻居的一幢房屋买下来居住。一天,吕僧珍问他买这幢房子花了多少银两,宋季雅回答说:“共花了一千一百万两。”

吕僧珍听了大吃一惊,问道:“要一千一百万,怎么会这么贵?”宋季雅笑着回答说:“其中一百万是买房屋,一千万是买邻居。”吕僧珍听后会意地笑了起来。

千里之堤，溃于蚁穴

【释义】

一个小小的蚂蚁洞，可以使千里长堤溃决。比喻大的灾难或损失往往是由微小的隐患逐渐酿成的。

【出处】

《韩非子·喻老》："知丈之堤，以蝼蚁之穴溃；百尺之室，以突隙之炽焚。"

【故事】

临近黄河岸边有一片村庄，为了防止水患，农民们筑起了巍峨的长堤。

有一天，有个老农偶尔发现蚂蚁窝一下子猛增了许多。老农心想：这些蚂蚁窝究竟会不会影响长堤的安全呢？

他要回村去报告，路上遇见了他的儿子。老农的儿子听后不以为然地说："那么坚固的长堤，还害怕几只小小的蚂蚁吗？"于是便拉着老农一起下田干活了。

当天晚上风雨交加，黄河水暴涨。咆哮的河水从蚂蚁窝开始渗透，继而喷射，终于冲决长堤，淹没了沿岸的大片村庄和田野。

这个成语故事告诉我们失败往往在于忽略了小的隐患。后来人们用"千里之堤，溃于蚁穴"比喻小事不慎将酿成大祸。

求仁得仁

【释义】

追求仁德而得到仁德。泛指追求的理想、愿望实现了。

【出处】

《论语·述而》："求仁而得仁，又何怨？"

【故事】

伯夷、叔齐是商朝末年孤竹国国君的长子和三子。孤竹国国君想立叔齐为太子。他死后，叔齐想把王位让给兄长伯夷。伯夷说："你当国君是父亲的遗命，怎么可以随便改动呢？"于是逃走了。叔齐觉得自己不应该继承王位，也逃走了，国人只好让国君的二儿子继承了王位。

后来伯夷、叔齐听说西岐的西伯昌是位有德之君，就长途跋涉来到西岐。这个时候，西伯昌已死，他的儿子周武王即位。周武王追认西伯昌为周文王，并带着周文王的棺木，向东方进军准备讨伐商纣王。伯夷、叔齐不赞成这种用暴力的方法阻止暴力的做法，他们拉着周武王的马缰，劝说道："父亲死了不埋葬，却发动战争，这叫作孝吗？身为商朝的臣子却要讨伐君主，这叫作仁吗？"周武王不听。周武王灭掉了商朝，建立了周朝。伯夷、叔齐不愿吃周朝的粮食，于是跑到首阳山里靠挖野菜充饥，终因饥饿而死。

有一次，孔子的弟子子贡问孔子："伯夷、叔齐究竟是什么样的人？"孔子说："他们是古代的圣贤。"子贡问："那样的圣贤却被饿死了，难道他们就没有什么怨言吗？"孔子说："他们求仁得仁，又有什么可抱怨的呢？"

穷而后工

【释义】

文人越不得意，诗就写得越好。

【出处】

北宋·欧阳修《（梅圣俞诗集）序》："盖愈穷则愈工。然则非诗之能穷人，殆穷者而后工也。"

【故事】

世人认为诗人很少有显赫得志的，大多数都困窘失意，难道真的是这样吗？世代传下来的诗作，多出自古时穷窘失意者的辞章。凡是怀有真才实学，却得不到施展机会的人,很多喜欢纵情在青山绿水之间。他们见到虫鱼草树、风云鸟兽之形状,往往寻求它们的与众不同之处。他们心中怀抱忧国忧民感时愤世的忧患意识,把怨愤和讽刺寄托在比喻里,用来书写流放之臣和寡居之妇的哀叹,来写难以表达的人情。这大概就是"穷则愈工"了。可见,并不是诗让人困穷,而是"穷者而后工"。

前事不忘,后事之师

【释义】

记住过去的经验教训,可以为以后的事做借鉴。

【出处】

西汉·刘向《战国策·赵策一》:"前事之不忘,后事之师。"

【故事】

春秋末年,晋国的大权落到智、赵、魏、韩四卿手中。到了晋哀公时期,智伯开始独揽朝政大权,成为晋国最大的卿。其他三卿赵襄子、魏桓子和韩康子都不敢和他抗衡。智伯分别向魏桓子和韩康子要了土地。当他要求赵襄子割地时,遭到了严厉拒绝。智伯非常恼怒,胁迫魏桓子和韩康子联合出兵攻打赵襄子。最后,赵襄子被围困在晋阳长达三年。城里百姓民不聊生,军心浮动。这时,谋臣张孟谈不顾生命危险潜入魏、韩营中,说服了魏桓子和韩康子与赵襄子三家联合进攻智伯,并最后打败了智伯。从此,晋国成了赵、魏、韩三家鼎立的局面。

一天,张孟谈向赵襄子辞别,赵襄子急忙挽留。张孟谈说:"你想的是报答我的功劳,我想的是治国的道理,正因为我的功劳大,名声甚至还会超过你,所以才决心离开。在历史上从来没有君臣权势相同而永远和好相处的。前事不忘,后事之师。请你让我走吧。"赵襄子只好惋惜地答应了。张孟谈辞去官职,退还封地,隐居到负亲之丘,在那里平安地度过了自己的晚年。

巧取豪夺

【释义】

巧取，要弄各种花招来骗取；豪夺，强抢。用欺诈或强暴的手段攫取掠夺。

【出处】

宋·苏轼《次韵米二芾王书跋尾》："巧偷豪夺古来有，一笑谁似痴虎头。"

【故事】

米友仁，字元晖，是宋朝大书法家、大画家米芾的儿子。由于家学渊源，米友仁也和他父亲一样，既写得一手好字，又画得一手好画。他尤其喜爱古人的作品。有一次，他在别人的船上，看见王羲之的真笔字帖，非常喜欢，立即要拿一幅作交换，主人不同意，他急得大叫，攀着船舷竟往水里跳，幸亏别人把他抱住，才不致落水。

米友仁擅长模仿古人的画作。他曾经向人借回一幅"松牛图"描摹。后来他把真本留下，拿摹本还给主人。主人当时竟没有觉察出来，过了好多日才来讨还原本。米友仁问他怎么看出来的，那人回答说："真本中的眼睛里面，有牧童的影子；而你还我的这一幅却没有。"

但米友仁模仿古人的画作，大多数都能以假乱真。他经常千方百计向人借古画描摹，而摹完以后，总是拿模本和真本一齐送给主人，请主人自己选择。主人往往把模本当成真本收回去，米友仁便因此获得了许多名贵的真本古画。

米友仁用这种巧妙方法骗取别人真本古画的行为，后被人称做"巧偷豪夺"。"巧偷豪夺"后来演变成"巧取豪夺"。

窃符救赵

【释义】

偷了兵符救了赵国。比喻为了正确的事情，采取不合适的手段。

【出处】

明·冯梦龙《东周列国志》第一百回："鲁仲连不肯帝秦，信陵君窃符救赵。"

【故事】

窃符救赵

战国的时候，秦国派兵围攻赵国的都城邯郸。赵国向魏国求救，魏国派兵前去救赵。秦国听说魏国派兵救赵一事，派人去魏国威胁魏王，魏王屈服于秦国，下令让前去救赵的魏兵按兵不动。

于是，赵王给魏国公子信陵君写信求救。信陵君曾为魏王的宠妃如姬报了杀父之仇，信陵君请求如姬从魏王那里盗出兵符，从而夺取了兵权。然后他率领几万精兵，奔赴邯郸，打败了秦军，解了邯郸之围。

茕茕孑立，形影相吊

【释义】

茕茕，孤独忧伤的样子；孑，孤单。一个人孤零零地活着。形容孤单，无依无靠。

【出处】

晋·李密《陈情表》:“茕茕孑立,形影相吊。”

【故事】

晋朝有一个人名叫李密,他的父亲很早就过世了,母亲被迫改嫁,他由祖母刘氏抚养长大。李密成人后,对年老多病的祖母非常孝敬,日夜侍候。由于他才华出众,晋武帝征调他任太子洗马一职。诏书屡次下达,郡县连连催他赴任。李密无奈,只得向晋武帝写信,即《陈情表》,说自己没有比较亲近的亲属,连应声开门的孩童也没有,“茕茕孑立,形影相吊”。请求能留下来侍奉祖母。晋帝感其诚恳,允许他侍奉祖母,养老送终。李密遂在祖母去世后才去赴任。

秦晋之缘

【释义】

春秋时,秦晋两国不止一代互相婚嫁。泛指两家联姻。后指异姓联姻。

【出处】

《金钱记》第三折:“我与你成合秦晋之缘何如。”

【故事】

春秋时期,晋国和秦国为了保持友好关系一直不断,经常互通婚姻。不过这类婚姻大多是政治婚姻,其中也充满了阴谋和算计。

晋献公以庶母齐姜为夫人,生了个女儿叫伯姬,她在秦晋政治联姻中嫁给秦穆公。晋献公死后,国内发生动乱,太子被杀。逃亡在梁国的晋献公之子夷吾答应给秦河西五城,请求姐夫秦穆公出兵助自己返国继位。秦穆公即命公孙枝率三百辆兵车,送夷吾回晋国成为晋惠公。

晋惠公即位后,便毁约不肯给秦河西五城了,秦穆公非常恼怒。后来,晋国遭遇了一场特大旱灾，境内大片田地几乎颗粒无收，晋惠公只好厚脸向秦国乞求购买粮食，秦穆公很大度地答应卖粮给晋国解救饥荒。但第二年秦国遭遇罕见大旱灾，而风调雨顺的晋国，庄稼大获丰收。秦穆公便遣使臣泠至向晋国借粮救荒。不料晋惠公却幸灾乐祸，并拒绝卖给秦国粮食。于是，气愤不过的秦穆公同宰相百里奚亲率兵马攻打晋国来了。秦军兵马虽少，但群情激奋，晋军则背着恩将仇报的恶名，军心涣散，连吃败仗。结果在韩原决战中，秦军把晋惠公也俘虏了。

秦穆公夫人伯姬看见晋惠公被俘，她就让人在后花园里垒一高台，台下堆积干柴，带着太子、公子与女儿以自焚胁迫秦穆公释放弟弟晋惠公回国。秦穆公也并不想杀惠公，但放他的条件是晋国割让河西五城，并把太子圉留在秦国做人质。

接下来，秦穆公想要让做人质的太子圉回晋做国君，便继续实行"秦晋之好"的政策，将自己的女儿怀嬴嫁给了太子圉，还把河东地区的土地归还晋国。五年后，太子圉听说其父病重，生怕被人抢走君位，便私下跟妻子怀嬴商量一同逃回晋国。怀嬴表示：不敢跟太子圉逃走，也不敢向人泄露此事。于是，太子圉扔下怀嬴逃回了晋国。

晋惠公病故后，太子圉继承君位，成了晋怀公。晋怀公一上台，却宣布与秦国断绝来往。气得秦穆公大骂这个亲上加亲却又忘恩负义的女婿。后来，在外流亡十几年之后的重耳最后来到了秦国，秦穆公非常器重他，又把女儿怀嬴改嫁给他。后来，秦穆公帮助重耳夺取了晋国的君位，就是晋文公。晋文公让自己的太子也娶了秦国的宗妇做夫人。

秦国和晋国的国君几代都互相通婚，后来人们就把结成婚姻称为"秦晋之缘"，也可说"秦晋之好"。

奇货可居

【释义】

本意是把珍奇的货物囤积起来高价出售，比喻凭借特殊条件谋取名利地位。

【出处】

《史记·吕不韦列传》："吕不韦贾邯郸，见而怜之曰：'此奇货可居。'"

【故事】

战国时期有个叫吕不韦的大商人。此人颇具经营头脑,善于投机和囤积居奇,所以富甲一方,名声远扬。

有一年,吕不韦到赵国都城邯郸做生意。在这里吕不韦发现一件稀有奇货,大叫:“此奇货可居。”他匆匆忙忙赶回家向父亲陈述了自己的投资计划,得到了父亲的支持。

为了这件“奇货”,吕不韦耗费了大量钱财。成批成批的珍奇宝物源源不断地送到秦国皇宫,最后连自己心爱的小妾也送了出去。

几年之后,吕不韦由卫国的一个富贾一跃成为秦国的丞相。高官厚禄,其风光与富贵程度胜往昔千倍。这就是吕不韦善于投机经营的结果。

原来,当年吕不韦眼中的“奇货”是置身赵国的秦昭王的孙子子楚。子楚的父亲安国君是秦国太子,所以子楚有望成为秦王。为了帮子楚登上王位,吕不韦向安国君的宠妃华阳夫人送礼。他一面让子楚认华阳夫人为母亲,一面怂恿华阳夫人在安国君面前替子楚美言。

民间传说吕不韦为了讨好子楚,把自己的爱妾送给子楚为妻。即秦始皇的母亲。

吕不韦的苦心没白费,几年后子楚被接回国封为太子,继而登上了王位。为了报答吕不韦的鼎力相助,子楚登基后厚赏了吕不韦。

从故事中可以看出,吕不韦的“奇货”确实“可居”,他为吕不韦带来了做生意无法得到的声名与权势。

旗鼓相当

【释义】

比喻双方势均力敌,不相上下。

【出处】

《后汉书·隗嚣传》:“如令子阳到汉中三辅,愿因将军兵马,鼓旗相当。”

【故事】

公元25年,刘秀在洛阳建立了东汉政权,后人称他为光武帝。由于当时边远地区还没有完全统一,隗嚣在甘肃一带自称上将军,公孙述在四川一带自称皇帝,双方都握有重兵,时常为争夺地盘而发动战争。这两股势力对东汉王朝构成了严重的威胁。

由于东汉王朝刚刚建立,暂时还没有足够的兵力去平息叛乱,刘秀就想方设法拉拢隗嚣,以孤立公孙述的势力,进而统一天下。

隗嚣为了寻求政治出路,就乘机上书刘秀,表示愿意向东汉投降称臣。于是,刘秀便派大司徒邓禹赶赴四川,封隗嚣为四川大将军。

不久,吕鲔在陈仓发动叛乱,拥兵数万,接着,吕鲔又与公孙述勾结在一起,出兵攻打陕西中部一带,进逼长安城,形势万分危急。

这时,隗嚣率领大军及时赶来,隗嚣的军队配合刘秀部队顽强抗敌,将叛军杀得大败而逃。

刘秀听说前线告捷,十分高兴。就亲自写了一封措辞委婉的信给隗嚣,希望他能凭借自己的兵力,与汉军联合起来共同对付公孙述。刘秀在信中说:“我现在忙于在东方作战,大部队都部署在那里。眼下我在西方的兵力极其薄弱,如果公孙述侵犯长安的话,我希望与将军的兵马联合在一起,这样便能与公孙述旗鼓相当了。”

隗嚣接受了刘秀的意见,不久,他与刘秀共同出兵讨伐公孙述,结果把公孙述打得大败。

歧路亡羊

【释义】

原意指在岔路上丢失了羊,难以寻找。比喻事理复杂多变,找不到正确的方向,误入了歧途,最终一无所获。

【出处】

《列于·说符》:“大道以多歧亡羊,学者以多方丧生。”

【故事】

古时候,有个文人叫作杨子,饱读百家诗书,但却无所适从,没有头绪。有一天他的邻居丢了一只羊。邻居很着急,于是招呼了一大批人去寻找。怕人手不够,他又去求杨子帮助:“先生,能否让你家的仆人帮我找寻丢失的羊?”杨子对邻居为一只羊兴师动众的做法很不理解。邻居无可奈何地答道:“先生,您不了解实际情况,这村外有好几条岔道,谁知道羊顺哪条道儿走丢了呢?人少了不行!”杨子听了之后,觉得也有道理,便让仆人也去帮忙了。

几个时辰过去了,找羊的人都拥到了杨子家。杨子以为羊找到了,一问才知没找到。

邻人苦恼地说:“出了咱这村子,就是大路,这大路上有好几条岔路。走一段后,又有岔路,简直像树杈一样。我们被这岔路弄得晕头转向,到后来根本不知道这只羊是从哪条岔路上走失的。”

杨子听了邻人的这一席话之后,心事重重,若有所思,令他的弟子们百思不解。后来有位学者在研究杨子对此事的反应时这样解释:“岔路如此多,所以羊究竟从哪个方向逃走了,不得而知。同样的道理,读书人因百家争鸣而找不到真理,以致误入歧途,最终一无所获。”

千金市骨

【释义】

花费千金,买千里马的骨头。比喻渴望求得有才能的人。

【出处】

《战国策·燕策一》:“郭隗先生曰:‘臣闻古之君人有以千金求千里马者……岂远千里哉?’”

【故事】

战国时期。各诸侯国为了争夺地盘,战争不断。燕国曾被强大的齐国打败。

燕昭王继位后，决心招贤纳士，复兴燕国。

一次，燕昭王召见了极有谋略的谋士郭隗，虚心请教道："当前燕国面临困境，你看如何才能求得有才能的贤士，辅助我治理国家，重整旗鼓，以实现复仇的夙愿呢？"郭隗没有直接回答昭王的问题，而是先给昭王讲了一个故事：

从前有位国王，一心想得到一匹千里马，就派人在全国各地张贴布告，说他愿出一千两黄金购买一匹千里马。可三年过去了，一匹马都没有买到，国王为此很不高兴。这时，国王身边有个侍臣说，他愿意带上一千两黄金出外寻找千里马。国王同意了。于是侍臣带着一千两黄金，四处奔走寻马。他花了三个月的时间，才打听到一点儿消息，可等他赶到时，那匹千里马已经死了。侍臣毫不犹豫地拿出五百两黄金，买下了那匹千里马的尸骨，带回来献给了国王。国王斥责道："我要的是一匹日行千里的活马，可你却白白花掉五百两黄金，买回一堆千里马的尸骨。这有何用呢？"侍臣不慌不忙地回答说："大王，您买了好几年的千里马都没买到，这并非是世上没有千里马，而是人们不相信您真的会出千金买马呀！如今我花掉五百两黄金，为您买了一堆千里马的尸骨，消息传开后，天下人都知道您珍爱千里马。过不了多久，就会有人把活的千里马给您牵来的。"果然，不到一年，就有好几匹千里马被送到了国王那里。

郭隗讲完故事后，意味深长地说："大王若真的想招贤纳士，不妨先从我开始，天下贤人见像我郭隗这样的人都能被您重用，那么，比我更有才能的人便会主动来找大王了。"燕昭王觉得郭隗言之有理，当即拜他为师。各诸侯国的贤士闻讯，纷纷前来向燕昭王自荐。燕昭王任用各国的能人贤士治理国家，后来，终于击败了强大的齐国，收复了全部失地。

千里送鹅毛

【释义】

比喻礼物虽轻，但情意深厚。

【出处】

《路史》："千里送鹅毛，礼轻情意重。"

【故事】

唐朝时，各地的地方官经常派人向唐朝天子进贡礼物。

有位偏远地区的地方官派缅伯高给唐天子进贡活天鹅。

路上走了好多天，笼子里发出一股臭味，天鹅的羽毛也脏了。

到了沔阳湖后，缅伯高就打开笼子，想让天鹅到湖里去洗洗澡。“呼啦啦”，天鹅张开翅膀飞走了，地上只留下几根洁白的羽毛。

这可怎么向大人交代呢？缅伯高又急又怕，哭了一场。可哭有什么用呢？他急中生智，捡起一根羽毛，将它带往京都长安。

到了长安，各地的使臣都来朝拜唐天子，并陆续献上了名贵的礼品。轮到缅伯高了，他大步上前，双手捧着那根羽毛。满朝文武你看我，我看你，都不知道是怎么回事。

缅伯高将进贡的前后过程编成歌词，高声唱了起来。

歌词最后两句是：“礼轻情意重，千里送鹅毛。”唐天子听了，哈哈大笑，心想：这使臣真聪明！

就这样，缅伯高不但没受到处罚，反而得到了唐天子的赏赐。

锲而不舍

【释义】

雕琢一件器物，要不停地去镂刻才能成功。

【出处】

《荀子·劝学》：“锲而舍之，朽木不折；锲而不舍，金石可镂。”

【故事】

荀子学识渊博，是春秋战国时期有名的教育家。荀子的思想里闪烁着古代唯物主义的光芒，他不信鬼神，更不相信有天命，认为日月星辰的运行有其内在的规律，不以人的主观意志为转移。在他年轻的时候，就写下了充满智慧与启迪的名篇——《劝学》。

在文章的开头，他就写道，人人应该接受教育以获得学问来丰富自己的精神境界。靛青这种颜料由蓝草提炼而来，但是它的色彩比蓝草还要蓝。言下之意，是说学生可以胜过老师，后人可以胜过前人。

接下来，荀子又写道，在木头上刻字，刻了几下子就停下来，就是烂木头也劾不断；倘若坚持刻下去，就是再坚硬的金属和石头也能刻穿。

在荀子这篇文章中，包含了许多精辟透彻的比喻，对人很有启发作用。《劝学》不仅给我们留下了深刻的思想，还留下了许多朗朗上口的成语。除“锲而不舍”之外，还有“青出于蓝”“积水成渊”等许多对人有所教益的成语。

青梅竹马

【释义】

形容男女小时候天真无邪，在一起玩耍。

【出处】

《长干行》：“郎骑竹马来，绕床弄青梅。同居长干里，两小无嫌猜。”

【故事】

李白的诗想象丰富，风格豪放，不拘一格。有人曾说他像天上的神仙谪居人世间一般。他的作品中，有一首诗描述男女在孩童时彼此玩得很投契的情景，其中有两句：

郎骑竹马来，绕床弄青梅。

“青梅竹马”这个成语，就是从这首诗中得来的。

气壮山河

【释义】

气:气概。壮:使壮丽。山河:高山和大河。形容气概豪迈,因而使祖国山河更加壮丽。比喻人的豪迈之气好像高山大河那样雄伟壮观。

【出处】

《老学庵笔记》:“赵元镇丞相与谪朱崖,病亟,自书铭旌:‘身骑箕尾归天上,气作山河壮本朝。’”

【故事】

南宋大臣赵鼎幼年丧父,由母亲樊氏抚养长大。他学识渊博,才智过人,二十一岁就考中进士。他担任洛阳令时,受到当时的宰相吴敏赏识,被调到都城开封任开封府士曹。

1125年冬天,金国兵分两路进攻北宋。第二年秋天,金兵围困北宋都城汴京,宋钦宗赶紧召集群臣商议对策。投降派主张赔款、割让太原等三镇,向金国求和。赵鼎坚决反对。宋钦宗懦弱无能,他亲自前往金军军营商议求和,被金兵统帅扣留。

1127年二月,汴京失守,宋钦宗和他的父亲宋徽宗以及一些大臣被俘,北宋灭亡。不久,宋钦宗的弟弟康王赵构在应天府(今河南商丘)即位,建立南宋王朝,史称宋高宗。

宋高宗在位初期,起用主战派将领,发动军民抗金。后又起用投降派,屡战屡败,后定都临安(今浙江杭州)。宋室南迁后,赵鼎官至宰相,他为保卫江南,殚精竭虑。他知人善任,举荐岳飞、韩世忠等爱国将领。

赵鼎因力主抗金,反对求和主张,引起奸臣秦桧的忌恨。秦桧任宰相后,常在宋高宗面前诬陷赵鼎,千方百计排挤他。之后,赵鼎被罢相,被贬到泉州,后又被贬到潮州、吉阳军。

秦桧得知赵鼎的艰难处境后，还不甘心，更加紧对他的迫害，将经常派人帮助赵鼎的广西帅将张宗远调离广西，命令地方官每月上报赵鼎的消息。

赵鼎知道秦桧的险恶用心，只能以死抗争。他托人告诉他的儿子：秦桧一定要置我于死地。如果我死去，你们也许能幸免于难，不然的话，我会连累全家人。他临终前自己撰写了墓志铭，铭中有两句“身骑箕尾归天上，气作山河壮本朝”，意思是：我身骑箕、尾两座星宿回归上天，我的气概像高山大河那样雄壮豪迈地存在于本朝。几天后，赵鼎绝食而死，享年六十三岁。

巧夺天工

【释义】

夺：胜过。人工的精巧胜过天然。形容技艺十分巧妙。

【出处】

《赠放烟火者》诗：“人间巧艺夺天工，炼药燃灯清昼同。”

【故事】

东汉末年，上蔡县令甄逸的小女儿生得貌美如花。一天，有个相面先生来到甄家，说是能未卜先知，算出人一生凶吉。甄夫人请他逐一为自己和女儿看相算命。相面先生见到漂亮的甄姑娘后，大吃一惊，说她的相貌贵不可言，将来必定是一位贵夫人。甄夫人万分高兴，从此留心给甄姑娘找一个有权势的夫家。

当时，出身于四世三公大官僚家庭的袁绍，担任冀州牧，他第二个儿子袁熙还未成亲。于是甄家托人去说亲。袁熙听说甄姑娘貌美，于是请求父亲派人去提亲。这样。甄姑娘便嫁给了袁熙。

后来，袁绍在官渡之战中被曹操打败，不久病死。甄姑娘的丈夫袁熙，不久也被杀死。

当时，袁绍的夫人刘氏和甄姑娘一起住在邺城。曹操的儿子曹丕攻破邺城后进入袁府，甄姑娘吓得披头散发的。曹丕见到甄姑娘的美貌，当即就要她理一下披散的头发，并递过手巾给她擦脸。临走时，留下一队卫兵保护袁府，不准外人闯入。

曹丕走后，刘氏对甄姑娘说，我们的性命无忧了。果然，曹丕禀明曹操，派人将甄姑娘接到自己府里，并与她成了亲。

曹丕对甄夫人宠爱无比，百依百顺。后来曹丕代汉称帝，建立了魏国，甄夫人被立为皇后。当时她已经四十岁了，为了让曹丕长久宠爱自己，她每天早晨都要花许多时间打扮。

据说在她寝宫前的庭院中，有一条十分美丽的绿色小蛇，它嘴里经常含一颗红珠。每当甄皇后梳妆打扮时，它就在她面前盘成奇巧的形状。甄皇后不经意地发现，这蛇每天盘一个形状，从来不重复。于是，她就模仿它的形状梳头。

时间久了，甄皇后的头发虽然是用人工梳成的，但它的精致巧妙胜过了天然的。当然，她每天的头发形状也是不同的，后宫的人都称它为“灵蛇髻”。曹丕见了后，觉得她更加美丽了，于是更加宠爱她。

R

染指

【释义】

用手指头蘸一蘸。比喻分取不该得到的利益。也指插手某件事情。

【出处】

《左传·宣公四年》:“子公怒,染指于鼎,尝之而出。”

【故事】

春秋时,公子宋和公子归生是郑国的重臣。有一天,公子宋和公子归生一起上朝。忽然,公子宋的食指跳动了起来,就将跳动的食指给公子归生看,说:“我的食指每次跳动,都能吃上好东西。不知道今天能吃到什么?”公子归生半信半疑,说:“当真有这么准?”公子宋说:“不信?等一会儿看。”

进了朝门,看到内侍急急忙忙去找厨子,公子宋把他叫住,问道:“有什么事这么着急?”内侍答道:“有个楚国人打了一只大鼋(鳖),献给了大王,大王让我去叫厨子,把大鼋煮熟给大家尝尝。”公子宋洋洋得意,对公子归生说:“怎么样,我的食指灵验吧!”

谒见郑灵公时,公子归生笑着朝公子宋翘翘大拇指,公子宋忍不住笑了笑。郑灵公见他俩这般没有规矩,不禁皱了皱眉头,问:“你们俩在笑什么?”公子归生就把刚才的事说了一遍,郑灵公听了,含含糊糊地说:“灵验不灵验,还得我说了算。”

大鼋煮熟了,厨子把鼋肉分成一块一块,装在餐具里。厨子先献给郑灵公,郑灵公品尝了一口,啧啧称叹:“味道真鲜美!”厨子再从下席分起,一份一份往上席分。到了第一、第二席，只剩下一份，郑灵公说：“怎么，没了？这一份就给公子归生吧。”

所有的臣子都吃到了国君赏赐的鼋肉，唯独公子宋没有吃到。公子宋受到郑灵公这般凌辱，实在是羞愧难当。他再也忍不住心中的怒火，大踏步走到大鼎（煮食物的器皿，三足两耳）跟前，把手指放到大鼎里，蘸了蘸汤尝了尝，说：“味道不错！”然后大摇大摆走出朝堂。

郑灵公捉弄了公子宋一番，自己也没占到便宜。他恼羞成怒，扬言非杀掉公子宋不可。公子宋先下手为强，发动一场政变，把郑灵公给杀了，报了没有吃到鼋肉之恨。公子宋最终也没有好下场，因谋杀国君而被诛。

绕梁

【释义】

歌唱的余音绕着中梁，很久都不消失。比喻歌声或乐曲声极其优美。

【出处】

《列子·汤问》：“既去而余音绕梁欐，三日不绝，左右以其人弗去。”

【故事】

有个人名叫薛谭，拜歌唱大师秦青为师，跟他学习唱歌的技艺。过了一段时间，薛谭自以为把秦青的歌唱技艺全都学会了，就向秦青告辞，打算回家。

秦青没有劝他留下来继续学习，在城外大道旁给他饯行。秦青打着节拍，高唱悲歌，歌声振动了林木，止住了行云。薛谭听了连忙向秦青道歉，要求留下继续学习歌唱技艺。从此以后，他一辈子也不敢再说要回家。

有一次，秦青对他的朋友说：“从前有个人叫韩娥，到东边的齐国去，到了齐国，已经分文全无，没有饭吃。经过齐国城门雍门时，她就在那里卖唱乞讨，离开之后，余音绕着雍门的中梁，三日都没有消失，附近的人还以为她没有走呢。”

秦青接着又说了一件事：“韩娥住客栈时，客栈的人侮辱她，韩娥因此放声痛哭。她的哭声非常悲哀，整条胡同的男女老少都感到悲伤愁苦。韩娥离开以后，里弄的人泪眼相对,三天都吃不下饭。这可怎么行,大家赶紧派人把她追回来,要她重新歌唱。韩娥放声唱起了欢乐的歌曲,整条胡同的男女老少全都高兴起来,一个个情不自禁跳起舞蹈,完全忘记了先前的悲伤。胡同的人凑了很多钱,给韩娥当路费。直到现在,雍门那里的人还善于唱歌,那是因为他们效仿韩娥留下的歌唱技艺。”

人面桃花

【释义】

面容像桃花一样娇艳。指因不能再见爱慕的女子而产生的怅惘之情。

【出处】

唐·崔护《题都城南庄》诗:“去年今日此门中,人面桃花相映红。人面不知何处去,桃花依旧笑春风。”

【故事】

唐朝有个诗人,名叫崔护。唐德宗贞元年间,他收拾好琴剑书箱,赴京城长安应举。有一天闲来无事,趁着风和日丽到郊外踏青。他曾听说城南一带的风景不错,便到那里寻芳觅胜。

城南一带的风景果然秀丽,桃红柳绿,草长莺飞。观赏着大好春光,崔护只觉得心旷神怡。一路走来,渐渐觉得有些口渴,想找户农家讨些水喝。放眼望去,一座农舍掩映于桃花盛开的桃林之间。走到门前,他敲了敲门,一声莺啼燕啭的应答声传了出来,门“吱呀”一声打开了,一位面如桃花的年轻姑娘走出门外。见到年轻书生崔护,她不禁有些羞涩,脸一下子红了。崔护见到这么漂亮的姑娘,只觉得心儿“怦怦”乱跳,他连忙稳住自己,向姑娘施了一礼,说道:“小可口渴难忍,前来打扰讨口水喝。”姑娘返身进门,端了碗水出来,递给了崔护,随后便倚着花朵盛开的桃树。崔护一边喝水,一边偷眼看那姑娘,姑娘在桃花的映衬下,面容显得更加娇艳。那姑娘也在偷眼看他,正落得四目相对,两人连忙把目光移开,随后又不约而同地向对方望了过去,姑娘羞涩地低下脑袋。

崔护喝完水，向姑娘道声谢，把碗递给姑娘。姑娘接过碗，返身回到屋里，再也没有走出来。

回城以后，崔护对那位姑娘久久不能忘怀。只是因为杂事繁忙，没有再到那里去。第二年春天，崔护不禁又想起了那位姑娘。他向城南那座农舍走去，还想见见自己心仪的人儿。没想到来到门前一看，门上锁着一把大锁，四周空无一人，只是门前那棵桃树花儿依然盛开，依旧像去年那般艳丽。

崔护若有所失，看着满树的桃花，久久没有回过神来。呆呆地看了好一会儿，他长长地叹了口气，在门上题了首诗："去年今日此门中，人面桃花相映红。人面不知何处去，桃花依旧笑春风。"题完诗，便怅然离去。

人琴俱亡

【释义】

他的人死了，他的琴也弹不出调了。比喻对亲友亡故的悼念。

【出处】

南朝宋·刘义庆《世说新语·伤逝》："王子猷、子敬俱病笃，而子敬先亡……子敬素好琴，便径入座灵床上，取子敬琴弹。弦既不调，掷地云：'子敬子敬，人琴俱亡！'恸绝良久，月余亦卒。"

【故事】

王徽之和王献之是亲兄弟，他们的父亲就是大名鼎鼎的大书法家王羲之。他俩在当时也都是响当当的人物。

王徽之、王献之兄爱弟敬，情深意笃。后来，两兄弟都得了重病，你想着我，我想着你，可是，双方都没有把自己病重的真实情况告诉对方，生怕对方为自己着急、担心。

没过多久，王献之去世了。噩耗传到王徽之家中，王徽之的家人怕他过于悲痛，没有把这件事告诉他。

两家人虽然住得很近，可在奔丧的人群中不见王徽之的身影。大家都以为王徽之病重不能前来,不了解王徽之根本不知道这件事。

一连好几天过去了,王徽之老是听不到弟弟王献之的消息,他实在憋不住了,便向家人询问:“子敬(王献之的字)的病怎样了?为什么许久没有听到他的消息?莫非出了什么事?”

家人支支吾吾,不肯吐露真情。王徽之终于明白过来,悲哀地说:“唉,看来子敬已经不在人世了。”

家人知道再也瞒不住,只好跟他道出实情。王徽之听了也没哭,只是挣扎着下了病榻,吩咐仆人准备车辆到弟弟家去奔丧。

到了王献之家,王徽之直向灵床走去。他在灵床上坐下来,便对王献之的家人说:“把子敬的琴取来。”

琴拿来后,王徽之打算弹首曲子寄托自己的哀思。由于过度悲伤,弹了几次都弹不成曲调。他举琴向地上掷去,悲痛地说道:“子敬!子敬!如今人琴俱亡!”说完这句话,他悲痛得昏了过去。

一个多月以后,他也离开了人世。

日近长安远

【释义】

抬头就能看见太阳,觉得近;看不见京都长安,所以觉得远。后泛指距京城遥远。也比喻向往京城。

【出处】

《世说新语·夙惠》:“因问明帝:‘汝意谓长安何如日远?’……答曰:‘举目见日,不见长安。’”

【故事】

西晋的国都在洛阳,怎么又会说在长安?要说明这事,需要简单说说西晋的历史。

公元265年,司马炎代魏称帝,史称西晋。晋武帝司马炎认为,曹魏之所以很快灭亡,是因为皇室力量薄弱。于是司马炎大封同姓王,认为这么一来,以后若是皇帝有难,八方诸侯可以前来救援,司马氏的天下,就能成为铁打的江山。没想到这些诸侯王拥兵自重,成为日后的祸根。

武帝死后,惠帝继位,外戚杨氏和贾氏争权,紧接着便是“八王之乱”。八王混战期间,政治腐败,社会混乱。公元306年,惠帝去世,怀帝继位,他虽有拨乱反正的雄心,无奈积重难返,无法扭转险恶的政局。北方的一些少数民族首领趁乱而起,纷纷起兵建立割据政权。公元308年,刘渊称帝,国号为汉。刘渊死后,刘聪继立,公元310年,汉军包围了晋都洛阳,几个月后洛阳失陷,怀帝被俘。公元313年,怀帝被刘聪所杀,晋愍帝司马炽在长安即位。长安政权在风雨飘摇中苦苦支撑了四年,终于在公元316年被汉军攻破,愍帝出降,后来也被刘聪所杀。至此,晋政权彻底崩溃,西晋灭亡。由此可知,西晋的首都大部分时间在洛阳,最后几年在长安。

西晋灭亡以后,晋元帝司马睿在渡江士族的支持下,在建康(今江苏南京)建立了东晋。

晋元帝的儿子司马绍,自小聪明伶俐,深得司马睿的欢心。司马绍只有几岁的时候,到元帝议事的地方去玩耍。元帝看着天真活泼的乖儿子,情不自禁地将他抱在膝盖上坐着。这时候,来了个从长安来的人,元帝就向他询问长安方面的消息。听着听着,晋元帝不由得流下了伤心的眼泪。

司马绍不禁觉得奇怪,便向元帝问道:“陛下,为什么要哭呀?”元帝止住哭泣,把过去的伤心事详细地告诉了儿子。说完以后,他问司马绍:“你说说看,长安与太阳相比,哪个更远?”司马绍回答说:“当然是太阳远了。只听说有人从长安来,从没听说有人从太阳那边来,由此可知太阳远,长安近。”元帝喜出望外,小孩子能说出这样的话,真是不简单!

第二天,元帝召集群臣举行宴会,把司马绍说的话讲给大家听,大臣们免不了恭维一番。元帝又问司马绍:“你说说看,长安与太阳相比,哪个离我们更远?”司马绍想也没想就回答说:“当然是太阳离我们近了。”元帝听了大惊失色,问道:“你现在说的怎么和昨天说的不一样呢?”司马绍回答说:“抬头就能看见太阳,没法看到长安。所以说太阳离我们近,长安离我们远。”

这孩子说出的这番话何尝没有道理?大臣们轰然叫“好”,连声夸赞司马绍聪明。

入彀

【释义】

彀:张满弓。进入弓箭射程范围内。比喻进入牢笼,受人控制。

【出处】

五代·王定保《唐摭言·述进士》:“文皇帝修文偃武……喜曰:‘天下英雄入吾彀中矣!’”

【故事】

隋朝末年,人民不堪隋王朝的残酷统治,爆发了大规模的农民起义。农民起义风起云涌,起义军力量日益壮大。李渊、李世民父子见隋朝将亡,于公元 617 年在晋阳(今山西太原西南)起兵,加入推翻隋王朝的义军行列。

起兵之初,李渊以长子李建成为陇西公、左领军都督,统领左三军;李世民为敦煌公、右领军都督,统领右三军。

公元 618 年,李渊即位,建立了唐王朝,他就是唐高祖。建国不久,李渊立长子李建成为皇太子,封李世民为秦王,李元吉为齐王。在统一全国的战争中,李世民居功最高,为唐王朝的建立立下了赫赫战功,但他是李渊的次子,不能继承皇位。为争夺皇位,一场血腥的争斗开始了。以李世民为一方,以李建成、李元吉为另一方,兄弟阋墙,拼得你死我活。公元 626 年,李世民发动“玄武门之变”,杀死李建成、李元吉,逼迫父亲唐高祖李渊退位,自己登上帝位,他就是唐太宗。

唐太宗深知人才的重要,千方百计网罗贤才为自己效力。魏徵本是太子李建成的僚属,曾经多次劝李建成先发制人,除掉心腹大患李世民,只是李建成没有听从他的劝告,才落得身死名裂的下场。李世民非常器重魏徵的才识,在“玄武门之变”以后,非但没有责怪他,反而对他予以重用。从此以后明主贤相,留下一段历史佳话。

有一次,李世民问魏徵,什么样的国君是明君,什么样的国君是昏君?魏徵回答道:“国君之所以明,是因为兼听;国君之所以暗,是因为偏信。”唐太宗对魏徵的这番话深表赞同，更坚定了他广纳贤才的决心。

有一次，唐太宗李世民微服私访至端门，看到许多新取的进士鱼贯而出，于是他兴高采烈地说："天下有才能的人，全都被我网罗来了（入吾彀中）！"

人言可畏

【释义】

人言：别人的评论，指流言蜚语。畏：怕。指在背后的议论或诬蔑的话很可怕。

【出处】

《诗经·郑风·将仲子》："人之多言，亦可畏也。"

【故事】

古时，一位叫仲子的男子恋上一位姑娘，想偷偷去她家幽会。姑娘因为这段恋情还没得到父母的同意，怕父母知道后会责骂她，所以写了首诗劝恋人别这样做。这首诗收录于《诗经·郑风·将仲子》中，共分三段，大意为：希望仲子不要偷着爬墙到我家，不要折断我家的檀香树木，父母和兄长都会责骂我。我哪里是爱惜那些树木，我是怕别人说闲话呀。仲子你一定要记住，人们的闲话足以使我们惧怕呀。末句提及的"人之多言，亦可畏也"后来简化成"人言可畏"一词。

如椽大笔

【释义】

原意是指像椽子那样大的笔，多用来形容著名的文章，也指有名的作家。

【出处】

唐·房玄龄等《晋书·王珣传》："梦人以大笔如椽与之，既觉，语人云：'此当有大手笔事。'"

【故事】

东晋名士王珣才思敏捷，善写散文和诗赋，二十岁时就被大司马桓温聘为主簿。某次，桓温为了试探他是否有真才实学，故意偷偷拿走王珣的发言稿，没想到他演讲时依然口若悬河滔滔不绝，丝毫不见怯场。桓温仔细做了个比较，发现王珣所说的虽与稿子不同字句，但意思基本无甚出入，当下心里不由得暗暗佩服。

王珣有次做梦，梦见别人送他一支像椽子那样大的笔，醒后他对家人说："看来要有大手笔的事情要我做了。"这梦很快应验，就在当天，晋孝武帝去世了，朝廷命王珣撰写祭文，他当即应允下来，担起此项重任。

如履薄冰

【释义】

履：践、踩在上面。像走在薄冰上一样。比喻行事极为谨慎，存有戒心。

【出处】

《诗经·大雅·小旻》："战战兢兢，如临深渊，如履薄冰。"

【故事】

曾子是孔子的得意弟子，某次，他病得连续几日不能下床。因怕学生们趁他生病到外面惹是生非，曾子便将学生召到床前，说："你们揭开被子看看我的手脚，没有一点伤疤，这都是我平时注意保护身体的缘故。《诗经》里讲'处事要小心谨慎，就好像站在深水潭边，踩在结着薄冰的河面上。'这句话让我意识到祸患是可以避免的，你们一定要懂得这个道理。"学生们听了老师的话后，外出时就自觉地谨言慎行，以避免祸事的发生。这则典故后来引申出"如履薄冰""如临深渊"两个成语。

入木三分

【释义】

原指字迹透入木板三分深，形容书法极有笔力。现多比喻分析问题很深刻。

【出处】

唐·张怀瓘《书断·王羲之》："王羲之书祝版，工人削之，笔入木三分。"

【故事】

东晋书法家王羲之曾做过右军将军，人们也称他王右军。王羲之对书法极为痴迷，为了练字，他不管是走路还是休息，总是不停用手指头在衣襟上划来划去，时间久了，连衣服都被划破了。王羲之还经常在池塘边练习写字，写完后就在池塘里洗涤笔砚，很快，整个池塘的水也都变得如同黑墨一般。某次，皇帝要去北郊祭祀，王羲之奉命把祝辞写在一块木板上，方便工人雕刻。一旁工匠待他写完拿起木板准备雕刻时，发现王羲之的字因笔力强劲，竟已渗入木里三分多！这个工匠不由感叹道："右军将军的字，真是入木三分呀。"

人人自危

【释义】

所有的人都感到危险而心悸不安。

【出处】

《史记·李斯列传》："群臣人人自危，欲畔者众。"

【故事】

公元前216年，秦始皇出巡东南一带，随行的人员有丞相李斯、中车府令（掌管皇帝出巡时的车舆）赵高和秦始皇的小儿子胡亥等。赵高兼管皇帝的玉玺、发送皇帝的诏令等工作。七月间，秦始皇一行人巡游到沙丘（今河北广宗）。不料，秦始皇忽然患上重病。他知道自己活不长久，就命令赵高代替他给长子扶苏写信，让扶苏速回都城咸阳，主持丧事。诏书刚写好，秦始皇没过目就死了。诡计多端的赵高见机把诏书藏了起来。于是，遗诏和玉玺就落入了赵高手中。

秦始皇

赵高扣下遗诏不发，却跑去和胡亥密谈，他怂恿胡亥继位。起初胡亥有顾虑，害怕落下不仁、不义、不孝的骂名，后来经不住赵高一番诱惑就同意了。

赵高顾忌丞相李斯的大权，和胡亥商量后决定拉拢李斯。于是在赵高的威逼利诱下，李斯也被迫同意了。

赵高和李斯合谋，伪造遗诏，立胡亥为太子，继承皇位。同时，又伪造秦始皇给长子扶苏的诏书，捏造罪名，逼令扶苏和大将军蒙恬自杀。

胡亥继位后，称为秦二世，对赵高更加宠信，升他为郎中令。从此，朝政大权便落在赵高手中。

秦二世昏庸无道。他害怕被人识破他与赵高的阴谋，不能当一辈子皇帝，便问赵高怎么办？赵高说："沙丘之谋，您的兄弟和朝中大臣都有怀疑，心中怀有不满。长此以往，皇上的皇位一定坐不稳。依我之见，要先下手为强，必须采用严刑酷法，把有罪的人满门抄斩，还要把老臣除掉，用新人来代替。"

凶残暴戾的胡亥听从赵高的奸计，立刻下令处死蒙毅等一批老臣。胡亥连自己的兄弟姐妹都不放过，他把公子十二人处死在咸阳闹市上，又把十个公主用酷刑处死，被牵连而死的人不计其数。一时间，大臣和公子们人心惶惶，人人自危，唯恐有一天灾祸会降临到自己头上。

从此，秦二世和赵高更是肆无忌惮、为所欲为。他们用这种残酷的手段屠戮亲族和大臣，对老百姓更是横征暴敛，无所不为。满朝文武大臣个个提心吊胆，许多人想起来反叛他们。他们的苛政和专权，终于激起广大人民的反抗。

公元前209年，陈胜、吴广在大泽乡揭竿而起，接着全国烽烟四起，各路豪杰纷纷起兵。三年后，秦王朝便被刘邦领导的起义军所灭。

人心如面

【释义】

心：指思想、感情等。指每个人的思想也像每个人的面貌一样，各不相同。

【出处】

《左传·襄公三十一年》："人心之不同，如其面焉，吾岂敢谓子面如吾面乎？"

【故事】

春秋时期，郑国的执政者子皮准备让年轻的尹何担任自己封地的主管。尹何是郑国贵族子产的家臣，从未管理过子皮封地这样大的地域，缺乏管理者的经验和能力。

子皮征询子产的意见，子产说："尹何太年轻了，不知行不行？"子皮不以为然，说："尹何老实敦厚，我很喜欢他，他不会背叛我。让他前往封地边干边学习，学的时间长了，他就知道怎么治理了。"子产说："不可以。人们爱护一个人，总希望被爱护的人得到好处。现在你爱护尹何，让他去管理政事。这就好像让一个不会拿刀的人去割东西，那会给他带来很大的伤害。你这样爱护一个人，反而伤了他，以后谁还敢求你保护呢？您是郑国的栋梁，屋中栋梁折断了，我们这些住在屋子里的人也会遭殃。再比如，您有一匹精美的锦缎，您不会随便交给一个人去裁剪衣服吧？"

子产接着说下去，"重要的职务、广大的封地，是您终身的依靠，这比那匹精美的锦缎重要多了。您舍不得把锦缎随便拿给别人去剪裁做衣服，却为何要把重要的职位交给没有经验的人学着去担任呢？为何把广大的封地交给没有经验的人学着去治理呢？我只听说先学习，然后才去管理政事，没听说学着去治理的。如果硬要这样，必定会造成重大损失。"

为了进一步引导子皮，子产说："这就像打猎，如果猎人善于骑射，他肯定能捕获野兽;如果猎人从没有驾车射过箭,他怎么能捕获野兽呢?他担心的是自己要翻车受伤,哪会想到有没有捕获野兽呢?”

子皮听完子产的这席话,如醍醐灌顶,他说;“您说得很对,我真是太不明智了。我听说君子思虑深远,小人只顾眼前,我是个小人啊。衣服穿在我的身上,我知道要好好爱护它;重要的职务、广大的封地,是我终身的依靠,我却轻视、怠慢它。如果不是您一番话提醒了我,我还不懂得这个道理呢。以前我说‘您治理郑国,管理好我的家产,让我有所庇护,这就够了’。从现在起,我知道这样还是不够的。从今天起,连我的家事,也按照您的意思去办。”

子产听完,摇头说:“人心各不相同,就如同人的面貌各不相同。我怎么敢说你的面貌与我的面貌相同呢?我觉得你让尹何去管理封地很危险,所以才告诉你这些道理。”

人自为战

【释义】

自:自己。为:做、作。人人都主动奋勇作战或人人独立作战。

【出处】

《史记·淮阴侯列传》:“此所谓‘驱市人而战之’,其势非置之死地,使人人自为战。”

【故事】

楚汉战争时期,有一次,汉将韩信和张耳带领军队攻打赵国。赵王与成安君陈余驻守井陉(今河北井陉北),部署了号称二十万的兵力,准备大战。

赵国的广武君李左车对陈余说:“听说汉将韩信渡过西河,俘虏了魏王,活捉了夏说,现在又有张耳辅助,想要攻下赵国。韩信此举是趁着胜利,远离根据地作战,汉军锋芒不可挡。我听说,跋涉千里运粮,解决不了士兵的饥饿。现在井陉的道路,两辆车不能并行,马不能成队并列,这样走数百里,粮食必定是在后面。请您给我骑兵三万人,从小路截住他们的粮草和军械,而您派人挖深沟,筑高墙,坚守在营寨中不出战。这样他向前不能进，向后不能退，不用十天，韩信和张耳的首级就可以送到您的账下了。”

陈余是个读书人，常说“义兵不用诈谋奇计”。他对李左车说：“我听说兵法上说：‘十倍于敌人的兵力就包围他们，一倍于敌人的兵力就和他们作战。’现在韩信的兵力号称数万，实际上不过数千人，又千里跋涉来攻击我们，已经很疲惫了。如今避而不战，后面大部队来了，怎么战胜汉军？况且诸侯会说我懦弱，会轻视我，来讨伐我。”陈余最终没有采用李左车的计策。

韩信派人去赵营打探，知道陈余没采用李左车的计策，非常高兴。韩信命令军队继续前进，在距井陉口三十里的地方驻扎下来。

到了夜里，韩信开始部署。他先命令将领带两千轻装骑兵，每人手拿一面汉军的红旗，从小路去到赵军的营寨附近，先在山上隐蔽着。韩信说：“赵军看见我们后撤，必定会全军离开营寨来追赶我们，这时你们迅速进入赵军的营寨，拔掉赵军的旗帜，换上我们汉军的旗帜就行了。”这两千人立即出发了。韩信又召集了其他将领，说：“现在就出击，今天打败赵军，全军好好吃上一顿！”将领们心怀疑虑地答应说：“是！”

韩信命令进军，到了井陉口附近时，天已经亮了。赵军见汉军来了，将领们都到高处来察看。陈余见韩信背水列阵，犯兵家大忌，就下令出击。

两军相遇，激战开始，汉军把旗帜仪仗都丢了，假装败走。陈余见汉军溃逃了，立即下令全军出击。汉军边打边退，一直退到了泜水边上，发现没地方能再退了。两军再次交战，汉军将士个个拼死作战，赵军攻不下汉军营寨，只好先退兵了。赵军退回到自己营寨，发现营寨全部插上了汉军的红旗。赵军一下慌了，以为赵王也被捉住了，都乱跑开了，各自去找各自的生路。赵军的将领砍杀逃走的士兵，但也无法阻挡士兵逃跑。汉军打败了赵军，陈余在乱军中被杀了，赵王也被俘虏了。

战后，汉军的将领对韩信背水列阵而打胜仗感到疑惑。韩信说：“这是兵法上记载的，只是诸位没想到而已。兵法上不是说了‘陷之死地而后生，置之亡地而后存’吗？士兵背水迎敌，人自为战，没有退路，只能奋勇杀敌。”众将士称好，十分佩服韩信。

人面兽心

【释义】

人的面貌,野兽的心肠。比喻品质极端卑劣,行为极端凶残。是十足的贬义词。

【出处】

《列子·黄帝》:"夏桀、殷纣、鲁醒、楚穆,状貌七窍皆同于人,而有禽兽之心。"《汉书·匈奴传赞》:"被发左衽,人面兽心。"

【故事】

相貌不一定相同,智力相同;智力不一定相同,相貌相同。有最高道德水平的人看重相同的智力,忽略相同的相貌;世人却亲近相同的相貌,疏远相同的智力。相貌与我相同的,就亲近并喜爱他;相貌与我相异的,就疏远而畏惧他。有七尺高的身躯,手脚功能不同,头上长发,口中长着牙齿,能直立行走的,称做人,但人未必没有兽心。即使有兽心,可是因为相貌相同就互相亲近。身上长翅,头上生角,张牙舞爪,高飞或俯身奔跑,叫做禽兽,但禽兽未必没有人心。虽然有人心,因为相貌与人相异就遭到疏远。庖牺氏、女娲氏、神农氏、夏后氏,蛇身人面,牛头虎鼻:他们都长着不是人的相貌,却有着最高尚的德性。夏桀、殷纣、鲁桓公、楚穆王,相貌有七窍,都与人相同,但他们却怀着禽兽之心。世人只凭着同样的相貌来寻求最高的智慧,这是很难办到的。

黄帝与炎帝在阪泉的原野上打仗,率领熊、罴、狼、豹、虎担任前驱,雕、鹖、鹰、鸢作为旗帜,这是用力量来驱使禽兽。尧帝派夔掌管乐律,击拍石磬,百兽相继起舞;他演奏了九阕韶乐,凤凰飞来朝见,这是以音乐来召集禽兽。既然如此,禽兽之心为什么与人不同呢?只是它们的形貌声音与人相异,因而人们不懂得和它们交往的办法。道德最高的人没有什么不知道的,没有什么不通晓的,所以能够召集并驱使禽兽。

人鼠之叹

【释义】

感叹人与人之间的地位悬殊。对处境不幸的感慨。

【出处】

《史记·李斯列传》:“于是李斯乃叹曰:‘人之贤不肖譬如鼠矣,在所自处耳!’”

【故事】

李斯是战国末年楚国上蔡(今河南上蔡)人。他是著名的政治家、文学家,曾担任秦朝丞相。

李斯年轻的时候做过郡县掌管文书的小吏。一次如厕,李斯发现很多老鼠以脏东西为食物,常常因为遇到人或者狗惊恐万分,仓皇逃窜。后来,李斯在仓库也看到过老鼠,粮仓里的老鼠吃着堆积如山的粮食,生活在大堂周围的房间里,很少看到人或狗来惊扰它们。

厕鼠、仓鼠境遇不同,这些在常人眼里是再寻常不过的事,李斯却另有一番感叹:“人是出人头地还是甘愿人后,就像老鼠一样,就看他处于什么环境中了。”

李斯不甘人后,暗自下决心要改变自己,做出一番成就,名垂青史。于是他辞去小吏职务,辗转到齐国拜儒学大师荀子为师,学习治理国家的学问。李斯完成学业后,来回楚国,而是辞别恩师荀子,往西投奔强盛的秦国。凭借自己的抱负和学识,李斯最终成为秦国丞相。

人为刀俎,我为鱼肉

【释义】

刀俎:刀和砧板,宰割的工具。比喻生杀大权掌握在别人手里,自己处在被宰割的地位。

【出处】

《史记·项羽本纪》:“如今人方为刀俎,我为鱼肉。”

【故事】

公元前206年,刘邦率领军队攻入关中地区。秦王子婴向刘邦投降。刘邦入关后,与秦民约法三章,承诺杀人、伤人及偷盗者都要受到惩罚,并派人驻守函谷关。与此同时,项羽率军攻陷了关隘,到达戏水之西。

刘邦驻军霸上,暂时未同项羽会面。刘邦的左司马曹无伤派人对项羽说:“刘邦打算在关中称王,让子婴做丞相,将所有珍宝据为己有。”项羽听后大怒,下令次日犒劳士兵,打算全力击败刘邦的军队。此时,项羽率军四十万大军驻扎在新丰鸿门,刘邦军队十万人驻扎在霸上。亚父范增劝告项羽,刘邦是胸怀大志之人,要趁此机会一举歼灭刘邦的军队。

项羽的叔父项伯和刘邦旗下的张良交好。项伯连夜跑去刘邦军营,私下会见张良,将项羽打算率军攻打刘邦的事情告诉了张良,要张良和他一起离开。张良不愿离开刘邦,认为在刘邦遇到危急之事的时候离去,这是不仁义的行为。

于是张良告诉刘邦这个消息,刘邦惊讶无比。刘邦和张良商议片刻后,邀请项伯进账。刘邦给项伯捧上一杯酒,祝项伯长寿,并和项伯约定结为儿女亲家。刘邦向项伯表明心迹,他进关中后财物不敢据为己有,一切安排妥当正在等待项羽的到来。项伯答应为他在项羽面前说情,并让刘邦第二天早上亲自前去向项羽谢罪,他答应了。项伯连夜回到军营,把刘邦说的告诉项羽,并为刘邦求情,项羽应允了。

第二天一早,刘邦带领一行人来到鸿门见项羽,向他谢罪。项羽留下刘邦,设宴喝酒。

鸿门宴上,不乏美酒佳肴,却暗藏杀机。范增一直主张杀掉刘邦。在鸿门宴上,他一再示意项羽发令,但项羽却默然不应。范增出去召项庄舞剑为酒宴助兴,想趁机杀掉刘邦。项伯为了保护刘邦,也拔剑起舞,用身体掩护刘邦。

在危急关头,张良去军营找到樊哙。樊哙拿剑持盾闯入军门,怒目直视项羽。项羽见他气度不凡,握剑起身问来者何人。当得知樊哙是刘邦的参乘时,即命赐酒。樊哙拜谢后,站着将酒喝完,项羽赏赐猪腿后,又问他能不能再饮酒。樊哙说,死都不怕，一杯酒有什么推辞的。樊哙乘机表明刘邦的忠心，项羽无言以对。

刘邦出去，把樊哙叫了出来，他想趁上厕所的机会逃走，只因没向项羽告辞而心怀顾虑。樊哙说："做大事不必顾及小的细节，讲大礼不必计较小的谦让。如今人家好比是菜刀和砧板，我们则是鱼和肉，还告辞做什么？"于是，刘邦一走了之。刘邦部下张良来到项羽面前为刘邦推脱，说他不胜酒力，无法前来道别，献白璧一双给大王，献玉斗一双给大将军，请收下。项羽收下白璧，范增拔出剑敲碎玉斗并大骂项羽。

如坐针毡

【释义】

像坐在插着针的毡子上。形容心神不宁，坐立不安。

【出处】

唐·房玄龄等《晋书·杜锡传》："后置针着锡常所坐处毡中，刺之流血。"

【故事】

西晋时候有个叫杜锡的人，学识渊博，性格非常耿直，在做了太子中舍人以后，多次规劝晋惠帝的儿子愍怀太子。愍怀太子不仅不听劝告，反而对杜锡心怀怨恨，便故意在杜锡坐的毡垫中放了一些针。杜锡没有发觉，屁股被扎得鲜血直流。

第二天，太子故意问杜锡："你昨天出了什么事？"杜锡难以开口，只好说："昨天喝醉了，不知道干了些什么。"太子说："你喜欢责备别人，为什么自己也做错了事呢？"

如鱼得水

【释义】

就如鱼儿得到了水一样。比喻得到了投合自己心意的人或很适合自己的环境。

【出处】

《三国志·蜀书·诸葛亮传》:“孤之有孔明,犹鱼之有水也。”

【故事】

诸葛亮,字孔明,山东阳都人;刘备,字玄德,河北涿州市人。东汉末年,天下大乱,豪杰纷起,群雄争霸。刘备为实现自己统一天下的宏愿,多方搜罗人才,特意拜访隐居在隆中卧龙岗的诸葛亮,请他出山。他连去了两次都未能见着诸葛亮,第三次去,才见了面。刘备说明来意,畅谈了自己的宏图大志。诸葛亮推心置腹地提出了夺取荆州、益州,与西南少数民族和好,东联孙权、北伐曹操的战略方针,预言天下今后必将成为蜀、魏、吴三足鼎立的局面。刘备听后大喜,于是拜孔明为军师。

孔明千方百计、竭尽全力辅佐刘备,而刘备对孔明的信任和重用,却引起了关羽、张飞等将领的不悦。他们不时在刘备面前,表现出不满的神色,秉性耿直的张飞,更是满腹牢骚。刘备耐心地给他们做了解释,他形象地把自己比作鱼,把孔明比作水,以鱼儿离不开水,来反复说明孔明的才识与胆略对自己完成夺取天下大业是多么重要。他说:

“我刘备有了孔明,就好像鱼儿得到了水一样,希望大家不要再多说了。”

以后,刘备在孔明的辅佐下,联合东吴的孙权,首先占领荆州,进而攻取益州,取得一个又一个战斗的胜利,势力范围不断扩大,最后促成三国鼎立局面的形成。

如火如荼

【释义】

荼:茅草的白花。像火那样红,像荼那样白。原比喻军容之盛。现用来形容大规模的行动气势旺盛,气氛热烈。

【出处】

《国语·吴语》:“万人以为方阵,皆白裳、白旗、素甲、白羽之矰,望之如荼……

左军亦如之，皆赤裳、赤旆、丹甲、朱羽乏矰，望之如火。”

【故事】

春秋后期，吴国国力逐渐强盛，吴王夫差想当中原霸主。他于公元前482年，带领大军来到卫国的黄池（今河南封丘西南），约天下诸侯前来会盟，要大家推他为盟主。为了显示实力，夫差在一夜之间把带来的三万军队分成左、中、右三路，每路百行，每行百人，各摆成一个方阵。他亲自高举斧钺，以熊虎为旗号，指挥中军前进。中军全体将士，全都身穿白色战袍，披上白色铠甲，打着白色旗帜，插起白色箭翎，远远望去，好像遍野盛开的一片白花；左军一万将士，一律身穿红色战袍，披上红色铠甲，打着红色旗帜，插起红色箭翎，望去好像一片熊熊烈火；右军则全用黑色，犹如一片乌云。

三路军马在晋营附近，摆开阵势。这时，吴王夫差跃身下马，亲自指挥擂鼓助威。顿时，鼓号声、呐喊声连成一片，响彻云霄，好似天崩地裂一般。

吴军在各诸侯面前显示了强大的阵容，给诸侯们一个下马威，令其不敢滋事。吴王夫差也终于如愿以偿地当上了盟主。

如意算盘

【释义】

比喻为符合自己的心愿，只从好的方面做出的打算。

【出处】

《官场现形记》第四十四回："好便宜！你倒会打如意算盘！十三个半月工钱，只付三个月！你同我了事，我却不同你干休！"

【故事】

申守尧家里穷得无米下锅，可是因为他是"老爷"，总想摆架子，要面子，出门衣帽都让仆人拿放。一天，申守尧正与朋友谈得高兴，忽然家中为他拿衣取帽的老妈子闯进来，冲着他喊："老爷的事情完了没有？衣裳脱下来交给我，我拿回去，家里今天还没米下锅,太太叫我去当当……”申守尧一听这话,恼羞成怒,举手打了老妈子一个巴掌。老妈子脚站不稳,趔趔趄趄地摔倒了,她哪肯罢休!趁势躺在地上撒起泼来,又哭又叫:“老爷,你尽管打,你打死我吧……”

这下,申守尧慌了手脚,又生气又羞愧,想赶紧把老妈子赶走了事,可老妈子赖在地上不走。在朋友的帮助下,终将老妈子撵回家中。

申守尧随后也赶忙回家,进房一看,老妈子还在哭闹。他气急败坏地骂道:“你给我滚吧,我不用你了!”

“没那么容易,把工钱还了我,我立刻走!”老妈子火冒三丈,嘴巴像连珠炮似的,“从去年五月到如今,大大小小也有三块多钱的脚钱。连着十三个半月的工钱,你一共得给我十二块洋钱。”申守尧听她要这么多工钱,急得头里火星直迸,怒声叫喊:“岂有此理!谁欠你这么多钱?我有数的,就欠你三个月的,你明明是讹人的。因为你会讹人,把脚钱罚掉,只给你三个月工钱,从此咱们一刀两断,永远不准进我的大门!”

老妈子听他说出这样没理的话,气不打一处来,狠狠地瞪他一眼,吵嚷起来:“你好便宜呀!你倒会打如意算盘,十三个半月工钱只付三个月!你同我了事,我却不同你干休!还有送礼的脚钱,也不能少我半个!你如果少给我一个钱,我与你到县衙打官司去!赖人家工钱,还充什么老爷!”

申守尧听了老妈子这一番话,羞恼得满脸涨红,奔上前来拉住她的衣领,要与她拼命。幸好太太过来劝解,为他解了围……

如释重负

【释义】

释:放下。重负:重担子。像放下重担那样轻松。形容紧张心情过去以后的轻松愉快。

【出处】

《穀梁传。昭公二十九年》:“昭公出奔,民如释重负。”

【故事】

公元前542年，鲁襄公病死，公子郦继位，史称鲁昭公。当时，鲁国的实际权力，掌握在季孙宿、叔孙豹和孟孙三个卿手里，其中以季孙宿的权力最大，昭公不过是个傀儡。昭公这个国君也不争气，整天想着吃喝玩乐，不理朝政。生母去世后，他在丧葬期间面无愁容，谈笑自若，还外出打猎取乐，这样就更使他在国内失去民心。

大夫子家羁见昭公越来越不像样，非常担心，几次当面向昭公进谏，希望他勤于政事，巩固力量，免得被外人夺了政权。但是，昭公不听他的劝告，照样我行我素。

日子久了，昭公终于觉察到，季孙宿等三卿在不断扩大势力，对自己已经构成了严重的威胁。于是，他在大臣中暗暗物色反对三卿的大臣，寻找机会打击三卿。

不久，季孙宿死去，他的孙子意如继续执政。大夫公若、郈孙、藏孙与季孙意如有矛盾，打算除掉季孙氏，便约昭公的长子公为密谈这件事。公为当然赞成。

公为回宫和两个弟弟商量后，认为父亲昭公肯定怨恨季孙氏专权，因此劝说昭公除掉季孙氏。昭公听说郈孙、藏孙等大夫与季孙氏有矛盾，心里很高兴，就秘密把他们两人召进宫内，要他们一起来讨论诛灭季孙氏。接着，又把子家羁召来，告诉了他这一密谋。不料，子家羁反对说：

“这可千万使不得！这是进谗者利用大王去侥幸行事，万二事情失败，大王就要留下无法洗刷的罪名。”

昭公见他坚决反对，喝令他离去。但子家羁表示，现在他已经知道了这件事的内幕，就不能离宫了，否则泄露出去，将来就会怪罪他。于是，他就在宫中住了下来。

这年的秋天，三卿之一的叔孙豹因故离开都城，把府里的事情托给家臣鬃戾掌管。昭公觉得这是个好机会，没有人会去支援季孙氏，便使郈孙、藏孙率军包围了季孙氏的府第。季孙意如来不及调集军队反击，又不能得到叔孙豹的救援，只好固守府第。他向昭公请求，愿意辞去卿的职务回封地去，或者流亡到国外去。子家羁建议昭公答应季孙意如的请求，但是，郈孙坚持非把他杀掉不可。昭公觉得郈孙的意见对，就听从了他的意见。

再说叔孙豹的家臣鬃戾得知季孙氏被围的消息，和部属商量后认为，如果季孙氏被消灭,那么接下来会轮到叔孙氏,所以马上调集军队救援季孙氏。昭公的军队没有什么战斗力,见叔孙氏的军队冲过来,马上四散逃走。三卿中还有一家孟孙,其见叔孙氏家已经出兵救援季孙氏,也马上派兵前往,路上正好遇到逃退而来的郈孙,便把他抓住杀死了。

昭公见三卿的军队已经联合起来,知道大势已去,只好和藏孙一起出奔齐国避难。

人弃我取

【释义】

别人抛弃,我去取来。原指商人廉价收购滞销的货物,待机获利。后来多用以表示兴趣或见解不同于其他人。

【出处】

西汉·司马迁《史记·货殖列传》:"李克务尽地力,而白圭乐观时变,故人弃我取,人取我与。"

【故事】

战国初,魏文侯任用李悝为相国,实行改革,加强统治。李悝实施了保护农民利益和发展农业的"平籴"法。所谓"平籴",就是国家在丰收年份用平价买进粮食,到荒年时以平价卖出,使粮价保持稳定。这样,就促进了政治和经济的发展,使魏国成为战国初期的强国之一。

李悝的经济改革,尤其是所实行的"平籴"法,使一个名叫白圭的商人受到启发,他想出了一种适应时节变化的经商致富办法。这就是"人弃我取,人取我与",那就是别人不要的我要下来,别人要的我就给予。

按照这个办法,在丰收季节,他就低价买下大量粮食。这时,粮价虽然很低,但蚕丝、漆等因不是收丝或割漆的季节,没有大量上市,价钱自然很高,他就赶紧把这些货物卖出去。到了收丝时节,蚕丝大量上市,价钱贱下来,而粮价却高了起来,这时,他就收进蚕丝,再卖出粮食。就在这买进卖出之间,他很快发财致富了。

人杰地灵

【释义】

杰，才能超过一般人，杰出；灵，特别美好。指杰出人物出生或到过的地方成了名胜之区。

【出处】

唐·王勃《滕王阁序》："人杰地灵，徐孺下陈蕃之榻。"

【故事】

公元663年的九月初九重阳节，洪州阎都督在新落成的滕王阁大宴宾客，当地知名人士都应邀出席。王勃正好路过这里，也应邀参加。因为他才十四岁，所以被安排在不显眼的座位上。

阎都督的女婿很会写文章，阎都督就叫他预先写好一篇序文，以便当众炫耀一番。大家酒喝得差不多了，阎都督站起来说："今天洪州的文人雅士欢聚一堂，不能没有文章记下这次盛会，各位都是当今名流，请写赋为序，使滕王阁与妙文同垂千古。"话一说完，侍从将纸笔放在众人面前。但是大家推来推去，没有一个人动笔。后来推到王勃面前，王勃竟然将纸笔收下，低头沉思。

过了一会儿，王勃卷起袖口，挥毫即书。阎都督见是一个少年动笔，不太高兴，就走出大厅，凭栏眺望江景，并嘱咐侍从将王勃写的句子随时抄给他看。才过一会儿，侍从抄来《滕王阁序》的开头四句："豫章故郡，洪都新府。星分翼轸，地接衡庐。"这四句的意思是：滕王阁所在之处过去属南昌郡治，现在归你洪州府。它的上空有翼、轸两星，地面连接衡山、庐山两山。阎都督看了，认为这不过是老生常谈，谁都会写，一笑置之。其实，这十六个字把南昌的历史和地理的概况都交代清楚了，纵横交错，起笔不凡。

接着，侍从又抄来了两句："襟三江而带五湖，控蛮荆而引瓯越。"阎都督看了有些吃惊。他想，这少年以三江（指荆江、湘江和浙江）为衣襟，又将五湖（指太湖、鄱阳湖、青草湖、丹阳湖、洞庭湖）为飘带，既控制着南方辽阔的楚地，又接引着东方肥美的越地，大有举足轻重、扭动乾坤之气。写出这样有气魄的句子，不具备大胸襟、大手笔是写不出来的。

侍从接着又抄上来几句，更使阎都督吃惊：“物华天宝，龙光射牛斗之墟；人杰地灵，徐孺下陈蕃之榻。”原来，王勃在这里用了两个典故。前一个典故是说，物有精华，天有珍宝，龙泉剑的光芒直射天上二十八星宿中的斗宿和牛宿之间，意思是洪州有奇宝。后一个典故是说，东汉时南昌人徐孺家贫而不愿当官，但与太守陈蕃是好朋友，陈蕃特地设一只榻，专供接待徐孺之用，意思是洪州有杰出的人才。阎都督越看越有滋味，越看越钦佩，连声称赞：“妙！妙！妙文难得！”于是，没再让女婿把预先写好的序文拿出来。

王勃写完后，走到阎都督面前，谦逊地说：“我的作品真是献丑了，还希望都督多多指教。”阎都督高兴地说：“你真是当今的奇才啊！”

人非圣贤，孰能无过

【释义】

一般人不是圣人和贤人，谁能没有过失？

【出处】

春秋鲁·左丘明《左传·宣公二年》：“人谁无过，过而能改，善莫大焉。”

【故事】

晋灵公生性残暴，经常滥杀无辜。一天，厨师送上来的熊掌炖得不透，他就残忍地当场把厨师处死。这事正好被赵盾、士季两位正直的大臣撞见。他们了解情况后，非常气愤，决定进宫去劝谏晋灵公。

士季先去朝见，晋灵公从他的神色中看出是为自己杀厨师这件事而来的，便假装没有看见他。直到士季往前走了三次，来到屋檐下，晋灵公才瞟了他一眼，轻描淡写地说：“我已经知道自己所犯的错误了，今后一定改正。”士季听他这样说，也就用温和的态度道：“谁没有过错呢？有了过错能改正，那就最好了。如果您能接受大臣正确的劝谏，就是一个好的国君。”

但是，晋灵公并非真正认识到自己的过错，行为残暴依然如故。相国赵盾也屡次劝谏，他不仅不听，反而派刺客暗杀赵盾。不料刺客宁可自杀也不愿杀害正直、忠贞的赵盾。晋灵公见这样做行不通，就改变方法，假意请赵盾进宫赴宴，准备在席间杀他。但结果赵盾被卫士救出，他的阴谋又未能得逞。最后这个作恶多端的国君，终于被自己的姐夫赵穿杀死。

入室操戈

【释义】

戈，古代像矛的武器。到对方的屋里拿起对方的武器攻击对方。比喻用对方的论点来反驳对方。

【出处】

南朝宋·范晔《后汉书·郑玄传》："休见而叹曰：'康成入吾室，操吾矛以伐我乎？'"

【故事】

后汉时期，有一位著名的文学家、教育家，名叫郑玄。他从小勤奋好学，太守杜密认为他是个可造之才，于是推荐他进入太学读书。后来，郑玄又拜大文学家马融为师。当郑玄学成离开时，马融感慨地说："郑玄走了，我全部的学识也都被他带走了。"

离开马融后，郑玄在家里继续勤奋地研究学问，他与一起研究经学的何休是好朋友。何休写了《公羊墨守》《左氏膏肓》《谷梁废疾》三篇文章。郑玄读完后，不同意他的见解，于是就写了《墨守》《膏肓》《废疾》三篇文章来反驳何休。何休读完后，发现郑玄是利用自己文章里的观点来反驳自己，而且很有道理，不得不感慨地说："你这不是进我的屋子，拿我的武器向我进攻吗？"

日新月异

【释义】

新，更新。天天都有更新，月月都在变化。原义专指人的品德修养。后形容进步、发展很快，新事物、新气象不断出现。

【出处】

西汉·戴圣《礼记·大学》："苟日新，日日新，又日新。"

【故事】

"汤之盘铭曰：'苟日新，日日新，又日新。'《尚书·康诰》曰：'作新民。'《诗·大雅·文王》曰：'周虽旧邦，其命维新。'是故君子无所不用其极。"

以上引文的意思是说，商代的汤王在战胜夏桀之后，在所用的盘上铸上铭文（警策的话）："如果每天都用新的标准修养自己的品德，那么自己的品德就一天比一天提高，这样，每迎来新的一天，自己的品德便又有新的提高。"《尚书·康》说："教化人民服从商朝管理，做新的百姓。"《诗·大雅·文王》说："周原是商朝的属国，但周文王励精图治，到临死时，已为周武王讨伐商纣创造了条件，周的使命就是革旧图新，打败商纣王，建立新的国家。"所以，地位高的人在修养品德时没有一处不尽心尽力的。

《礼记》这段话被概括为典故"日新月异"，不再限于形容品德修养的提高，更多地形容事物的发展、进步很快。

引文句未的"无所不用其极"也是常见的典故，原指修养品德时没有一处不尽心尽力的，褒义。现已失去褒义，专为贬义，指任何坏事都干得出来或任何极端手段都使得出来。

忍辱负重

【释义】

为了完成艰巨的任务，忍受屈辱，承担重任。

【出处】

晋·陈寿《三国志·吴书·陆逊传》："国家所以屈诸君使相承望者，以仆有尺寸可称，能忍辱负重故世。"

【故事】

建安二十四年,东吴大将吕蒙因为生病向孙权推荐陆逊接替他的职务,抵抗蜀将关羽。吕蒙对孙权说:"陆逊处事谨慎,有勇有谋。可担大任。现在他还没有大的名气,不为关羽所重视,若用他来接替我,对外隐藏真实的意图,对内明察形势、相机而动,就能得到荆州了。"陆逊果然不负众望,夺取了荆州,最后导致关羽首尾不能相顾,并被东吴部将杀害。

黄武元年,刘备因忌恨东吴杀害关羽,率兵进犯东吴,孙权又以陆逊为大都督率兵抗敌。陆逊再次大败蜀军,刘备败退白帝城。

当初,陆逊为大都督抵抗刘备来犯时,身边的将领多是孙策时代的旧臣名将,有的还是王公贵族。他们骄傲自负,不愿听从陆逊调遣。陆逊按着宝剑说:"刘备天下闻名,连曹操也惧他三分,今率兵犯境,实则是强敌压境啊!诸君共享国恩,应当团结一心,共同抗敌,以报国恩。现在大家不能团结一心,听从调令,实在太不应该了。我虽然是个书生,但受主上宏恩当此大任。国家之所以让诸君听命于我,是因为我还有一点可以称道的优点,就是能忍辱负重罢了。现在各负其责,岂能推辞?军令如山,不可违犯啊!"

忍辱负重

燃眉之急

【释义】

燃:烧。像火烧眉毛那样的急迫,比喻情势急迫。

【出处】

《五灯会元》卷十六:"问:'如何是急切一句?'师曰:'火烧眉毛。'"

【故事】

汉末献帝时，曹操挟天子以令诸侯，专权到了极点。各地汉室的皇族和拥兵大将都起来反抗。曹操想统一天下，带兵南下，和刘备在新野等地交战。刘备因地狭兵少，无法支持。孙权见曹操大兵压境，就派鲁肃到刘备那里探听消息，并和刘备商议：刘、孙两方联合起来，共同抵抗曹操。但是以张昭为首的孙权的文臣们，见曹操兵力强大，不敢抵抗，都主张投降。因此，鲁肃邀请诸葛亮同赴东吴，游说孙权出兵。

当时孙权光听说过诸葛亮的大名，却没见过他本人。虽说博望烧屯、火焚新野布置得十分出色，但诸葛亮毕竟只有二十七八岁，这么大的战争，刘备只派他一个人来“联合”抗曹，够分量吗？东吴也是谋士如云，能不能比得上他呢？孙权听完了鲁肃的回报，不冷不热地说了一句：“叫他先见识见识我们东吴的才俊！”然后事先知会东吴的谋士们在外厅等候。诸葛亮泰然自若地跟着鲁肃进去了，一一做过介绍后，坐了下来。东吴的一班谋士开始仔细打量诸葛亮。张昭等人见诸葛亮丰神秀逸，气概非凡，料到此人必来游说。

于是，张昭用带有责问的口气对诸葛亮说：“我们很久以前已知道，先生居住在隆中的时候，常常拿自己来比作春秋时的管仲、乐毅。管仲辅佐齐桓公，使齐桓公成为诸侯的盟主；乐毅替燕国出兵伐齐，连下七十余城！现在刘备得到你之后，你不但不能帮助他强大起来，反而失去了新野，丢弃了樊城，当阳长坂坡吃了败仗，现在又逃到了夏口去，像燃眉一样的焦急。你哪里比得上管仲、乐毅的万分之一呢？”

接着，虞翻、步陟、陆绩等谋士亦攻击诸葛亮。诸葛亮当场舌战群儒，结果，东吴的一班谋士在诸葛亮时而谈笑风生，时而义正词严的回击下，一一败下阵去。

从此以后，孙、刘结成联盟，共同对抗北方的曹操。此故事中张昭的话，后来演变成了“燃眉之急”这句成语。

日理万机

【释义】

机，事务，特指政事；万机，古时帝王日常处理的纷繁的政务。原指帝王每天处理纷繁的政务。现形容国家领导人工作繁重。

【出处】

《尚书·皋陶谟》:"兢兢业业,一日二日万几。"

【故事】

"无教逸欲有邦,兢兢业业,一日二日万机。无旷庶众,天工人其代之。"

这段引文大意是,不要使自己安于享乐吧,诸侯们!诸位做事情,应该"兢兢业业","一日二日万机"。让你们的官员也不要懈怠。我们从事的工作是上天安排我们做的。

文中的"一日二日万机"被炼为典故"日理万机"。也作"一日万机"。

文中的"兢兢业业"也是典故,表示小心谨慎,认真负责。

孺子可教

【释义】

指小孩儿能够被教诲,被塑造。

【出处】

《史记·留侯世家》:"良尝闲从容步游下邳圯上……曰:'孺子可教矣。后五日平明,与我会此。'"

【故事】

秦朝末年,张良辅佐刘邦打败项羽,建立了汉王朝。张良用兵布阵的才能得益于他少年时期的一次奇遇。

一天,张良正在桥上散步,迎面走来一位老人。恰巧老人的鞋掉到了桥下,老人见张良走过来便说:

"小伙子,你下去把我的鞋捡上来!"

张良心中不悦,但转念一想,老人家这么大年纪了,为他捡个鞋也没什么,便下桥捡了鞋上来。这时老人又要求张良把鞋给他穿上。张良心中很不高兴，但转念一想，既然捡上来了，再帮老人家穿上也没什么大不了，于是就把鞋给老人穿上了。

老人起身便走，一句话也不说，张良很奇怪，继续散步，过了一会儿，老人返回来对张良说：

"你这个小孩子值得我教诲，五天以后到桥上见我。"张良一想，这老人肯定大有来头，连声称是。

第五天早上，张良早早地赶到桥上，老人已站在那儿，很生气地说：

"小孩子不懂得尊敬老人，还让我等你，过五日再来。"

五日后，张良起了个大早，但老人又先到了，并说同样的话。张良心想，下次我半夜就来。第五日午夜，张良就到桥上等候。老人来后很高兴，交给张良一部《太公兵法》，要他努力钻研，日后定能辅佐帝王成就大业。张良道谢，老人转身而去。

张良发愤研读兵书，后来终于辅佐汉高祖刘邦成就了一番大业。

日暮途穷

【释义】

日暮：天快黑。途穷：路走到了尽头。比喻接近灭亡。

【出处】

《投赠哥舒开府翰二十韵》："几年春草歇，今日暮途穷。"

【故事】

春秋后期，楚国的国君楚平王在位期间，昏庸无道，听信宠臣费无极的谗言，下令斩杀太子、太子师傅伍奢及他的两个儿子。太子接到密告逃亡到其他诸侯国，伍奢和长子伍尚遇害，次子伍子胥逃出楚国。

伍子胥历尽千辛万苦，逃到吴国。他决定借吴国的兵力去攻打楚国，替父兄报仇。于是，他帮助阖闾刺杀了吴王僚，使阖闾取得了王位。之后，又辅佐吴王阖闾治理国家，举荐贤能，奖励农商，训练军队，使吴国日益强盛，成为东南地区的强国。

伍子胥说服吴王阖闾进攻楚国，他与孙武等辅助阖闾率领吴军攻打楚国。吴军屡战屡胜,最后攻克楚国的都城郢。当时在位的楚昭王带着部分大臣和将士,逃往随国。此时楚平王已死,伍子胥无法报杀父之仇,内心愤愤不平。

虽然楚平王已死,但伍子胥难消心头之恨。于是,在征得吴王阖闾的同意之后,伍子胥领兵前往楚平王的陵墓。伍子胥挖开陵墓,撬开棺材,举起铜鞭,在楚平王的尸体上狠狠抽了三百下,最后将骨头打折,头颅割下来,方才罢休。

伍子胥的好朋友申包胥知道了伍子胥鞭尸的事后,特地派人送了一封信给伍子胥。信中说:"你这样做实在太过分了。你曾是楚平王的臣子,如今却为报父兄之仇,竟然连死人也不肯放过,真是太残忍了!"

伍子胥读过信后,对送信的人说:"请你代我谢过申君,并转告他:'自古忠孝难两全,我就像一个走远路的人,天色已晚,但路却很远,所以我只好做出违背常理的事情了!'"

日行千里

【释义】

一天能走一千里。形容速度惊人。

【出处】

《魏书·吐谷浑传》:"吐谷浑尝得波斯草马,放入海。因生骢驹,能日行千里,世传青海骢者是也。"

【故事】

古代鲜卑族有一个部落的首领名叫涉归,他有两个儿子,长子吐谷浑和次子若洛廆。涉归死后,次子若洛廆接替了父亲的位置,而长子吐谷浑分到七百户牧民。

吐谷浑与若洛廆两人因为双方的马群互相斗殴而产生了摩擦。若洛廆派人去对吐谷浑说:"父亲生前已经给我们俩人分家,你为什么不带着你的牧民走远一点儿!"

吐谷浑很气愤地对来人说:"马是畜生,不懂得谦让。因为马群斗殴而导致我们兄弟反目,这是什么道理啊!既然他都这样说了,我带着我的牧民和马群迁到万里以外的地方去!”

后来,若洛廆觉得自己的行为不妥,后悔把哥哥撵走,就想派大臣去把他追回来。

吐谷浑对弟弟派来的大臣说:“我们打个赌,你如果有办法把我的马群赶回去,我就跟你回去。如果不能够,就请让我自己走吧!”

于是,那位大臣派人把马群拼命往回赶。但赶了几百步,群马忽然长嘶短鸣,掉头向西狂奔。吐谷浑再也不肯回去,率领他的牧民和马群继续向西走去,一直走到青海的草原,在那里扎根落脚,后来逐渐发展成一个部落。

此时正值西晋末年,这个部落逐渐发展壮大,随着时间的推移也慢慢地被汉人同化。到了唐代,吐谷浑的后代被封为青海王。当年他把几匹波斯种马放入青海湖畔,繁殖出一种又高又大青白色的马。这种马能够日行千里,得到后人的广泛喜爱。

让枣推梨

【释义】

小孩子推让食物。形容兄弟之间相互谦让友爱。

【出处】

《南史·梁武陵王传》:“兄肥弟瘦,无复相代之期;让枣推梨。长罢欢愉之日。”

【故事】

让枣推梨是我国历史上两个著名的兄弟之间相互谦让友爱的故事。故事的两个主角分别是王泰和孔融。

王泰是南朝时人,他从小就非常懂事,懂礼貌。

有一次,王泰和伯伯叔叔的孩子们在一起玩。大家年龄都差不多,天天都在一块儿玩游戏,玩得非常开心。他们的祖母非常疼爱这些可爱的孙子们,每当她看到孙子们在一起玩得高兴,她就会开心地笑。

祖母总是留着许多好吃的东西,她自己从来都舍不得吃,总是拿来分给孙子们。一天,祖母看着孙子们玩了一阵,就把孩子们叫到身边,端出一盘枣子分给他们吃。小伙伴们一见又有好东西吃,都赶紧围着祖母,伸着小手向祖母要。只有王泰仍站在一边,一点也不着急。

祖母知道王泰最喜欢吃枣子了,见他站在一旁不动,就叫王泰过来,问道:"你不是很爱吃枣子吗? 怎么不过来拿呢?"

王泰用手指着小兄弟们,回答说:"祖母,您让他们先拿吧! 剩下的给我吃就行了。"

祖母听了,高兴地说:"我的宝贝可真懂事!"

孔融是汉朝人,是个很有名的文学家。他小的时候也很懂事,从不和哥哥们争抢东西。孔融四岁的时候,他母亲经常拿梨来分给他和哥哥们吃。每次分梨时,母亲都让他先挑。可是孔融每次吃梨都挑最小的,母亲感到很奇怪,就问他:"你怎么老是挑最小的吃呢?"

孔融很认真地回答说:"哥哥比我大,当然应该吃大的。我最小,就应该吃最小的嘛!"

母亲听了,赞叹说:"这么小的孩子,就懂得这些道理,长大了肯定有出息!"

王泰和孔融的故事,一直流传下来,成为许多父母教育子女的范例。

"让枣推梨"也作"推梨让枣"。

任人唯贤

【释义】

表示用人只凭德才。

【出处】

《尚书·咸有一德》:"任官惟贤才,左右惟其人。"

【故事】

春秋时期,齐国的国君襄公残暴荒唐,连他的两个兄弟都逃到别国去了。这两个兄弟是两个母亲生的。一个叫公子纠，逃到了鲁国。一个叫公子小白，逃到了莒国。公子纠的师傅是管仲，公子小白的师傅是鲍叔牙。

后来，齐襄公被人杀死了。第二年春天，齐国的大臣派使者迎接公子纠回去做国君。鲁国的国君鲁庄公亲自派兵护送。公子纠的师傅管仲怕逃亡在莒国的公子小白因为离齐国近抢先回国夺到君位，所以经庄公同意，先带领一支人马去拦住公子小白。走到即墨，听人说公子小白已经跑在头里了。管仲使劲地追，追了三十多里路才追上。管仲瞧见公子小白坐在车里，也不多说，偷偷地拿起弓箭，对准了公子小白，"嗖"的一箭射过去。公子小白大叫一声，口吐鲜血，倒在车子里。管仲一看，以为小白死了，他想公子纠的君位必定稳坐了，便不慌不忙地回鲁国去护送公子纠到齐国去。

谁知道公子小白并没有死，只是咬破舌头，弄得满口的鲜血装死。鲍叔牙护着小白抄小道赶到都城临淄。鲍叔牙硬是说服了大臣们，立公子小白为国君，也就是齐桓公。

不久，鲁国的兵马送公子纠回到了齐国地界。齐国的鲍叔牙立即请齐桓公发兵抵抗，于是齐鲁之间发生战争。鲁军大败，只得答应齐国的条件，将公子纠逼死，又把管仲抓起来。齐国的使者表示，管仲射过他们的国君，国君要报一箭之仇，非亲手杀了他不可，所以一定要将他押到齐国去。鲁庄公只好把管仲装上囚车，押回齐国。

管仲被捆绑着，从鲁国押往齐国。一路上，他又饥又渴，吃了许多苦头。来到绮乌这个地方时，他去见那里守卫边界的官员，请求给点饭吃。不料，那守边界的官员竟跪在地上，端饭给管仲吃，神情十分恭敬。等管仲吃好饭，他私下问道："如果您到齐国后，侥幸没有被杀而得到任用，您将怎样报答我？"管仲回答道："要是照你所说的那样，我得到任用，我将要任用贤人，使用能人，评赏有功的人。我能拿什么报答您呢？"

等到管仲一回到齐国，鲍叔牙就亲自到城外迎接。接着，鲍叔牙大力把管仲保举给齐桓公。齐桓公说："他拿箭射我，要我的命，你还叫我用他吗？"鲍叔牙说："那会儿他是公子纠的师傅，管仲自然冒死帮着公子纠啦。管仲的本领比我强十倍。主公要是用他，他准能给您立大功。"齐桓公听了鲍叔牙的话，立即拜管仲为相国。鲍叔牙反倒做了管仲的副手。管仲当相国以后，发挥他的政治才能，大力实行改革，使齐国的国力迅速增强。七年后，齐桓公就称霸四方，不久，齐桓公就成了春秋第一霸。

S

三人成虎

【释义】

三个人谎报街市里有老虎,听的人就信以为真。比喻说的人多了,就能使人们把谣言当事实。

【出处】

《战国策·魏策二》:“夫市之无虎明矣。然而三人言而成虎。”

【故事】

春秋战国时代,诸侯国互相攻伐。为了使各国能真正遵守盟约,诸侯国之间通常都将太子交给对方作为人质。

当时有两个边境相邻的魏国和赵国,订立了友好盟约。为了使盟约更有效,两国之间决定互换人质作担保。因此,魏王决定把太子送到赵国的都城邯郸去作为人质。为了保证太子的安全,魏王决定派大臣庞葱陪同太子前往赵国。

庞葱是魏国一个很有才能的大臣,他担心自己离开魏国以后有人会借机陷害他。于是临行之前他对魏王说:“大王,如果有一个人说街市上有老虎,您相信不相信呢?”

魏王回答:“我不相信。”

庞葱接着问:“如果有两个人说街市上有老虎,您相信不相信呢?”

魏王回答:“我有些半信半疑了。”

庞葱又问:“如果有三个人说街市上有老虎,您相信不相信呢?”

魏王有些迟疑地回答说:“那我就只好相信了。”

听魏王这样回答,庞葱更担心了。他叹了一声说道:“大王,您想想看,老虎是不会跑到街市上来的,这是人人皆知的事情。只是因为三个人都这么说,街市上有老虎便成为真的了。赵国邯郸离我们魏国的都城大梁,比王宫离大街远得多,而且背后议论我的人可能还不止三个,希望大王能够明察。”

魏王明白庞葱一番话的深意,就点点头说:“你的心思我知道了,你只管放心陪同公子去吧!”

于是,庞葱陪同太子到了邯郸。不久,果然有很多人对魏王说庞葱的坏话。起初,魏王总是为庞葱辩解。后来,当庞葱的政敌三番五次对魏王说庞葱的坏话时,魏王还真的相信了他们的谗言。当太子充当人质期满回国的时候,庞葱却未能再获得魏王的召见。

三令五申

【释义】

三、五:表多数。申:陈述,说明。屡次地命令告诫,再三地嘱咐。

【出处】

《史记·孙子吴起列传》:“约束既布,乃设铁钺,即三令五申之。”

【故事】

孙武是春秋时期齐国著名军事家。他写成的兵法著作《孙子兵法》十三篇,为后世兵法家所推崇,被誉为“兵学圣典”。

有一次,孙武携带自己写成的《孙子兵法》到了吴国,被吴国大夫伍子胥引荐给吴王阖闾。吴王看过《孙子兵法》之后,对孙武说:“你的兵法十三篇我都看过了,能不能拿我的军队小试一下?”孙武回答说:“可以。”吴王又问:“可以用妇女来试试吗?”孙武答道:“可以。”

于是,吴王召集后宫中一百八十名宫女交给孙武训练。孙武将她们分成两队,让吴王两个宠姬分别担任两队队长,并叫她们手持长戟,列队站好。孙武问道;“你们知道向前向后和向左向右吗?”众宫女说:“知道。”孙武接着说:“向前,就看我前胸;向左,看我左手;向右,看我右手;向后,就看我后背。”众宫女回答:“知道了。”

规则交代清楚后,孙武命人摆出刑具,三番五次地向她们陈述作战守则。于是,孙武传令击鼓发出向右的号令,这些宫女不听号令,反而哈哈大笑起来。孙武说:“没有交代清楚军令和作战守则,是将领的过错。”于是又将军令和作战守则和她们陈述了一遍,便又传令击鼓发出向左的号令。宫女们还是大笑不已。孙武说:“没有说清楚军令和作战守则,是将领的过错;已经说清楚而不听法令,就是队长和士兵的过错了。”于是命人把两个队长拖出去斩首示众。吴王在台上观看孙武训练宫女,当看到他要杀自己的爱姬,非常震惊。吴王赶紧说:“我已经知道将军擅长用兵。我如果没有这两位爱姬,吃什么都不香,你不要杀她们。”孙武答道:“我既然受您的军命担任将军,将在军队中,可以不听从您的命令。”于是命令部下斩了两名队长,并重新指派两位队长。接下来击鼓传令,众宫女认真操练向左向右、向前向后、跪下起立等动作,没人敢再嬉笑,违抗命令。

三十六计,走为上计

【释义】

原本指无力与敌人对抗,最好是避开。后指事情已经到了无可奈何的地步,没有别的好办法,只能出走。

【出处】

《南齐书·王敬则传》:“檀公三十六策,走是上计,汝父子唯应急走耳。”

【故事】

王敬则是南北朝时期南朝齐国的建国功臣。王敬则出身低微,曾以杀狗贩卖为生。然而他自年幼起就特别喜欢舞刀弄剑,练就了一身好武艺。王敬则以高超的武艺被选入南朝宋朝的皇宫,从此认识了萧道成,并成为他的心腹。王敬则为齐高帝萧道成登上皇位、建立齐国,立下汗马功劳。齐高帝在位时,他担任侍中的职务;齐武帝萧赜在位时,他担任司空的职务。齐武帝死后,皇室发生内乱。萧鸾依靠阴谋夺权，登上皇位，史称齐明帝。萧鸾即位后，猜忌皇室，派人监视王侯，残忍地屠杀了齐高帝萧道成的儿孙。

萧鸾费尽心机除掉一些老臣后，齐高帝、齐武帝的旧臣王敬则自然成为他猜忌的对象。当时王敬则担任会稽太守一职，萧鸾经常派人询问王敬则饮食、身体状况，因为王敬则居住地离朝廷不远，因此萧鸾很不放心。不久，萧鸾患上重病，心里不安，任命张瑰为平东将军、吴郡太守，秘密部署兵力防备王敬则。朝野内外对此议论纷纷，说齐明帝将会有所行动。王敬则听到传言后说："东边现在还有谁？让张瑰为平东将军，不就是让他除掉我吗？"

王敬则的第五个儿子王幼隆在京城任太子洗马，他请谢朓配合王敬则一同起事。谢朓胆怯惧祸，上书告发王敬则将起兵举事的密谋。明帝得密报，立即将王敬则在京城的儿子全部杀害。

王敬则以拥立南康王名义起兵，率军进抵曲阿。东昏侯在东宫召集手下密议反叛，派人登楼观察，看到征虏亭发生火灾，以为王敬则来了，吓得连忙逃走。有人告诉王敬则，王敬则说："檀道济的三十六计，走为上计，你们父子只有逃走了。"王敬则领兵反叛，声势浩大，没过多久遭朝廷重兵截击，起兵失败，死时七十多岁。

三寸不烂之舌

【释义】

比喻口才好，能言善辩。

【出处】

《史记·平原君虞卿列传》："毛先生以三寸不烂之舌，强于百万之师。"

【故事】

战国时期，秦国大军攻打赵国都城邯郸。当时的赵国，经过长平一战，元气大伤，已经大不如当年。如今秦军大兵压境，赵国实在难以抵御。

赵王和平原君商量了一番，决定由平原君前往楚国请求救兵，请楚国跟赵国联合抗秦。平原君打算挑选二十个能干的门客一同前往，可是在三千个门客中挑来挑去，只挑出十九个人。他正在发愁，有个门客走上前来对平原君说："您看我能不能凑个数？"

有才能的门客他都认得，怎么冒出这么个人？平原君问道："你叫什么名字？到我门下多久了？"那人回答道："我叫毛遂，已经来了三年了。"

平原君有些诧异，说："有才能的人处世，就像锥子放在口袋里，锥尖一下子就冒了出来。你到这里已经三年了，我怎么不认得你呀？"

毛遂从容答道："假如您早些把我放进口袋，锥子早就露出来了，哪里光是露出个锥尖！今天请您把我放到口袋里。"平原君听他说话口气不小，就带着他一同前往楚国。

到了楚国，平原君跟楚王商谈联合抗秦之事，门客们都在台阶下等着。从早晨谈到中午，平原君磨破了嘴皮，力劝楚王与越国联合抗秦，可是楚王始终没有明确表态，联合抗秦之事定不下来。门客们十分焦急，其他人对毛遂说："该你露出锥子了，你上去。"

毛遂大步跨上台阶，高声说道："联合抗秦的事三言两语就能谈妥，怎么到现在还没个结果！"楚王听了很不高兴，问平原君："这个人是谁？"平原君道："是我的门客毛遂。"楚王更加火了，怒斥毛遂："我在跟你主人说话，哪轮得上你来插嘴！还不快点儿下去！"

毛遂手按宝剑跨上一步，说："你这么怒斥我，只不过是仗着军队比赵国多罢了。现在你离我这么近，军队再多也没用。"

楚王听了这话，不禁有些害怕，瞧毛遂那股横劲，什么事做不出来呀！他马上放缓了口气对毛遂说："先生就说说你的高见吧。"

毛遂说："楚国是个大国，本当与秦国平起平坐，没想到楚国连连被秦国击败，现在连大王都这么怕秦国！过去商汤仅仅占有方圆七十里的土地便统一了天下，周文王仅仅占有方圆百里的土地便使天下诸侯称臣，现在大王拥有这么辽阔的土地，却连连被秦国白起那小子击败，实在是有辱先王。眼下跟你商量抗秦之事，不仅仅是为了我们赵国，也是为了楚国呀，大王怎么连这个账都算不过来！"

楚王听了毛遂的一番话，幡然醒悟，说："先生说得对，我们楚国一定跟赵国一起全力抗秦。"毛遂紧接着问："联合抗秦的事就这么定了？"楚王道："当然说定了！"楚王跟平原君当即歃血为盟，平原君终于完成了使命。

平原君带一行人回到赵国后，和人谈起毛遂这次的功劳，感慨万分地说："我识别的人才，多达千人，自以为天下有真本事的人都逃不过我的眼睛，却偏偏没有识别出毛遂先生的才干。毛先生的三寸不烂之舌，胜过了百万雄师！”

值得一提的是，人们常用的成语“毛遂自荐”“脱颖而出”的出处都在这里。

三过其门而不入

【释义】

原指大禹忙于治理水患，三次经过自己的家门口都没有走进家门。后比喻热心工作，无暇顾家。

【出处】

《孟子·许行》：“当是时也，禹八年于外，三过其门而不入，虽欲耕，得乎？”

大禹

【故事】

相传上古尧在位的时候，天下发生洪水灾害，庄稼被淹没，房屋被冲毁，人们只好四处躲避洪水。

部族首领尧召开部落联盟会议，商讨治理洪水的大事，大家经过讨论，一致推选鲧去治理洪水。

鲧采用堵的办法，洪水到了哪里，就到那里去把洪水堵住。这个办法不行，堵住了这里，洪水流向那里；堵住了那里，洪水又流往别处。治水的人跟着洪水到处跑，异常辛苦，可是见不到成效。九年时间过去了，洪水依旧肆虐，人们依然饱受水患。最终，鲧被处死。

鲧的儿子禹接替了父亲的职务，继续治理天下的洪水。他改变了父亲堵得做法，用疏的方法治理水患。他带领民众凿开龙门，开挖了九条河道，把洪水引到大海里去。经过十年不懈的努力，大禹治理水患终于成功了！

在这十年里，禹的付出太大了。由于一天到晚在泥浆里行走，大禹腿上的汗毛都被泥浆拔光了；三次经过自家的家门，都没有进去看一看。人们对禹非常信任，在舜去世以后，一致选举禹为部族联盟首领。

三折肱

【释义】

三：多次；折肱：断臂。几次断臂，就能知道医治断臂的方法。比喻对某事阅历多，成为内行。也指医道高明。

【出处】

《左传·定公十三年》："三折肱，知为良医。"

【故事】

春秋时期，晋文公曾称霸诸侯，诸侯莫不俯首听命。岂料晋文公去世后，晋君权势日趋衰落，大权渐渐落入卿大夫手中。到了晋出公时，晋君已经名存实亡，成为卿大夫手中的傀儡，只要能保住君位，他已心满意足，国事哪里还敢过问！

当时，卿大夫中权势最大的，是智氏、韩氏、魏氏、赵氏、范氏、中行氏六家，被称为"六卿"。这六家各占地盘，彼此矛盾很深。这一年，其他五家联合起来，把赵氏打败；紧接着智氏、韩氏、魏氏三家又借着晋君的名义，攻打范氏和中行氏，没想到偷鸡不成蚀把米，反被范氏、中行氏打败。范氏和中行氏不肯善罢甘休，打算索性消灭傀儡晋君，然后再去攻打智氏、韩氏、魏氏。

这时，齐国有个叫高强的人对范氏、中行氏说："俗话说'三折肱为良医'，晋君屡经失败，已经从中得到了教训，力量虽弱，却也不好对付，这是其一；你要是攻打晋君，智氏、韩氏、魏氏三家就一定会联合起来，这是其二；再说，你们这样做违背了民意，民众也会反对你们，这是其三。这几股力量合在一起，绝对不能小觑。你们应该先逐个去攻打智氏、韩氏、魏氏，把这三家消灭了，晋君也就孤立了，那时再去攻打晋君，岂不是易如反掌？"

范氏和中行氏不听高强的劝告，立即领兵去打晋君。不出高强所料，全晋国的人都联合起来帮助晋君，中行氏和范氏大败，反而被消灭。从此以后，晋国只留下智氏、魏氏、韩氏和赵氏四卿。

山鸡舞镜

【释义】

山鸡对着镜子起舞。比喻顾影自怜。

【出处】

南朝宋·刘敬叔《异苑》卷三:"山鸡爱其毛羽,映水则舞。魏武时,南方献之,帝欲其鸣舞无由。公子苍舒令置大镜其前,鸡鉴形而舞,不知止。"

【故事】

说起东汉末年的曹冲,人们就会想起他的两个故事:曹冲称象和山鸡舞镜。

曹冲是曹操的小儿子,为小妾环夫人所生。在几个兄弟中,曹冲最聪慧,深得曹操喜爱,可惜他未成年而夭折,死时只有十三岁。有一年,东吴的孙权送给曹操一头大象,曹操非常高兴。北方人只听说过大象,却没人见过,大象运到许昌的那一天,曹操带着文武百官和只有五六岁的曹冲前去观看。

见到了那只庞然大物,人们非常惊讶。曹操问在场的文武大臣:"你们说说看,这只大象有多重?"大臣们你看看我、我看看你,谁也回答不出来。突然间,有人说道:"只要称一下,就能知道它有多重了。"

说得倒是不错,可是用什么东西来称啊?大臣们面面相觑,谁也想不出称的办法。这时候,曹冲用稚嫩的嗓音说:"我有办法。"曹操笑着说:"大人都没有办法称它,你能有什么办法?"曹冲说:"把大象牵到船上,在水痕那里画上记号,然后把大象牵下来,再往船上装东西,东西装到记号那里就停,再称称搬上船的东西有多重,就可以知道大象的重量了。"

这个办法真好,把个难题解决了。

有人送给曹操一只山鸡,那只山鸡的羽毛太美了。可惜的是,这只山鸡在厅堂上既不鸣叫,也不起舞,让欣赏它的人无法尽兴。曹操想让它鸣叫、起舞,可谁也想不出办法。

又是小曹冲，让人拿来一面大镜子，放在山鸡的面前，山鸡看到自己美丽的身影，一下子兴奋起来，它不断地欢叫，扑腾着翅膀翩翩起舞。山鸡舞个不停，直到倒在地上死去。

山中宰相

【释义】

隐居在山中的宰相。本指南朝梁时的陶弘景，后比喻隐居的高贤。

【出处】

《南史·陶弘景传》："国家每有吉凶征讨大事，无不前以咨询。月中常有数信，时人谓为山中宰相。"

【故事】

江苏南京附近的茅山，是道家上清派的中心。自从南朝的陶弘景隐居茅山之后，上清派的名声大振，从唐到北宋前期，上清派是社会影响最大的道教宗派。

陶弘景，字通明，丹阳秣陵（今江苏南京）人，南朝齐、梁时期的道教思想家、炼丹家、政治家。他四五岁时就喜好读书，经常以芦苇为笔，在灰中写字。九岁就能熟读儒家经典。十五岁作《寻山志》，述说自己对方士的隐逸生活的倾慕。齐高帝萧道成及其子萧赜在位时，陶弘景曾经先后出任巴陵王、安成王、宜都王的侍读，兼管诸王室牒疏章奏等事务。三十六岁时，陶弘景毅然辞去官职，隐居于茅山。

梁武帝早年便与陶弘景相识，称帝之后，想让陶弘景出山为官，辅佐朝政。他亲自书写了一份诏书，文中有这样两句话："心中何所有？卿何恋而不返？"陶弘景接到诏书后，写诗一首回复："山中何所有？岭上多白云。只可自怡悦，不堪持赠君。"

时隔不久，陶弘景又画了一幅画送给梁武帝，梁武帝打开一看，画上有两头水牛，一头在自由自在地啃食漫步，一牛戴着金轭（驾车时搁在牛颈上的曲木）头。梁武帝知道陶弘景的用意，以后便不再强求他出山。每遇大事，他就派使者进山，向陶弘景咨询，久而久之，人们便称陶弘景为"山中宰相"。

舌耕

【释义】

好比用口舌耕地。比喻以教书谋生。

【出处】

晋·王嘉《拾遗记》卷六引《后汉》:“贾逵非力耕所得,诵经舌倦,世所谓舌耕也。”

【故事】

贾逵,东汉著名经学家,所撰《春秋左氏传解诂》《国语解诂》,当时影响很大。

贾逵自幼聪慧。他家的隔壁也是一户读书人家,每天有人高声诵读。贾逵的姐姐闲来无事,常常抱着五岁的贾逵隔着篱笆听人读书。小小年纪的贾逵竟然专心细听,让他姐姐非常高兴。贾逵每天都去听人读书,到了十岁,已经能够将《诗》《书》《礼》《乐》《易》《春秋》六部儒家经典全部背诵。

贾逵识字多亏了姐姐。没有纸,姐弟俩就在院子里扯些桑树皮来代替,没有笔,就用炭代替。姐姐写一个,他就认一个。就这样,贾逵不仅能背诵六经,上面的字也都能书写。经过不懈的努力,贾逵终于把这些经书全部弄懂。

随着年龄的增长,贾逵学识也越来越丰富,名气也越来越大。有的人跋山涉水,从千里之外赶到他家,拜贾逵为师。有的甚至把儿子、孙子也背来了,在附近住下,天天到他家来念书。

学生们前来念书,每年都要送给老师一些粮食作为学费,由于贾逵的学生多,送来的粮食堆满了粮仓。当时有人说:“贾逵讲书讲得口干舌燥,花费了很多精力,他家的粮食,是靠舌头耕种得来的。”

社鼠

【释义】

社:土地庙。土地庙里的老鼠。比喻朝堂里的奸佞。现多比喻有所依恃的坏人。

【出处】

《晏子春秋·问上》:“景公问晏子曰:‘国何患?’晏子对曰:‘患夫社鼠。’”

【故事】

晏婴,人称晏子,是春秋时期著名的政治家、思想家、外交家。他经历了齐灵公、齐庄公、齐景公三朝,辅政长达五十余年。他胸怀坦荡,廉洁无私,是我国古代著名的贤相。

有一天,齐景公问晏婴:“治国最怕的是什么?”晏子回答道:“最怕的东西就是社鼠。”

齐景公的脑筋一下子转不过弯来,问道:“最怕社鼠?这话是什么意思?”

晏子说:“土地庙的墙壁,是用许多木条连接在一起,然后再在上面涂抹泥土而成。老鼠之所以特别喜欢寄居在那里,是因为那里特别安全。人们要是用火去熏它吧,又怕烧着了木条引起火灾;要是用水去灌它吧,又怕淹坏了涂墙的泥巴墙头坍塌,这就是没有办法除掉土地庙里的老鼠的原因。”

晏子话锋一转,接着说:“一个国家也有社鼠,这就是国君亲信的奸佞小人。在朝廷内,他们一味蒙蔽国君;在朝廷外,他们依仗权势干尽坏事。不杀掉这种奸佞小人,就会给国家酿成大祸,但要想杀了他们,也不是件易事,他们是国君的宠臣,人们生怕伤及国君,多有顾忌。这些奸佞小人贻害国家,却难以根除。”

尸居余气

【释义】

居:居留、停留。就像死尸一样待在那里,只比死人多口气。形容人暮气沉沉,不能有所作为。

【出处】

《晋书·宣帝纪》:“胜退告爽曰:‘司马公尸居余气,形神已离,不足虑矣。’”

【故事】

三国时,魏明帝曹叡临终前,嘱托大将军曹爽和太尉司马懿辅佐年仅八岁的儿子曹芳。曹叡去世后曹芳继位,他就是魏少帝。

曹爽是曹操的族孙,自以为了不起,一心要抓权。司马懿便假装糊涂,任凭曹爽行事,不久便索性装病不再上朝。

河南尹李胜调任荆州刺史,临行前奉曹爽之命,以向司马懿道别为名,借机打探司马懿的动静。

司马懿何等老辣,岂会不知曹爽之意?他准备索性装出一副病入膏肓的样子给李胜看,让他回去报告给曹爽。

李胜由司马懿的儿子司马师带着,前去探望司马懿。进了房门,李胜看到两个婢女正打算把司马懿扶起来。经过一番折腾,司马懿累得"呼呼"直喘粗气,才靠着被子半躺在床上。婢女把粥汤端来给他喝,他手抖抖地没能端住碗,便沮丧地叹了口气,把头凑过去喝粥。粥汤顺着他的嘴直往外流,弄得脖子上、被子上都是。婢女看到他轻轻摆摆手,便把他嘴边的粥碗拿走。

司马懿闭目躺了一会儿,才半睁开眼睛问:"来的人是谁呀?"司马师在他耳边大声说道:"是河南尹李胜李大人。"司马懿看着李胜,有气无力地说:"我……不行了。我放心不下的是……两个儿子。既然大人来了,我就把……他们兄弟……托付给你。"

李胜大声安慰司马懿几句,便告辞而去。见了曹爽,他把见到的情况说给曹爽听,最后说道:"司马懿只是比死人多口气,再也干不出什么事。"曹爽听了非常高兴,对司马懿不再有戒心。

公元249年的一天,曹爽等人陪同曹芳到城北祭扫先陵。年届七十诈病已久的司马懿,抖擞精神戴盔披甲,带着司马师、司马昭,率领精兵锐卒占领了京城,并假传太后的诏令,废曹爽为平民。

曹爽在城外得到消息,吓得不知所措。他派人去见司马懿,司马懿让来人带去口信,免去曹爽的官职,其余不予追究。曹爽信以为真,率领部下乖乖地向司马懿投降。几天以后,司马懿还是把曹爽杀了以除后患。

从此以后,曹魏的大权落入司马懿的手中,魏少帝成了司马懿的傀儡。

十年生聚，十年教训

【释义】

生聚：繁殖人口，聚积物力；教训：教育，训练。花十年的时间繁殖人口，聚积物力；花十年时间做好军民的教育、训练。指发愤图强，积聚力量，以洗刷前耻。

【出处】

《左传·哀公元年》："越十年生聚，而十年教训，二十年之外，吴其为沼乎！"

【故事】

春秋时，吴、越两国世代为仇，你攻我，我打你，无休无止。公元前 496 年，吴王阖闾率领军队攻打越国，越国军队奋力抵抗，阖闾被乱箭射中，伤势严重。临死前，他对儿子夫差说："你一定要打败越国，为我报仇。"

夫差继承王位以后，日夜操劳，加紧训练军队，兵力一天天强大。越王勾践想先发制人，却被吴王夫差击败。夫差乘胜追击，将勾践包围在会稽山上。

这时候，越王勾践只剩下五千人马，没有力量继续抵抗，只好派文种去求和。吴王夫差一心要报仇，拒绝了越国的求和条件。

大臣文种想尽了办法，买通了吴国太宰伯嚭，请他帮着说情。伯嚭一番花言巧语，终于使夫差接受了勾践的投降条件。夫差把勾践夫妇二人押回吴国，关在父亲墓旁的石屋里，要他们看守坟墓，饲养马匹。

越王勾践在那里住了三年，处处小心谨慎，时时忍受耻辱。吴王夫差坐车出门，勾践就给他驾车拉马，伺候得非常周到。有一次，吴王夫差生了病，勾践亲自殷勤服侍，就像儿子服侍老子一般。夫差病好之后，放勾践夫妇回国。

回国以后，勾践艰苦奋斗，决心报仇雪恨。他睡觉时连褥子都不用，就睡在柴草堆上，提醒自己不要忘了饲养马匹时所过的苦难生活；他在住的地方挂着一枚苦胆，饭前或休息的时候都要尝一尝苦味，提醒自己不要忘了所受的痛苦和耻辱。

越王勾践还采用了大臣文种的建议，制定了复兴计划，准备用十年时间发展生产、训练军队。经过艰苦努力，不到十年工夫，越国就恢复、发展、强大起来。

经过长期准备，勾践趁夫差到北方参加会盟、吴国后方空虚的机会，攻打吴国都城。夫差连忙回来救援，但无法抵挡越国的攻势。公元前473年，夫差被越军团团包围，最后自杀身亡。

使功不如使过

【释义】

使用有功的人，不如使用有过错的人；有功的人往往居功自傲，有过的人往往想立功赎罪。

【出处】

《后汉书·索卢放传》："太守受诛，诚不敢言，但恐天下惶惧，各生疑变。夫使功者不如使过，愿以身代太守之命。"

【故事】

王莽新朝后期，社会一片黑暗，老百姓生活在水深火热之中。老百姓受不了朝廷的压榨，纷纷举行起义。

公元23年，绿林军打败新军，拥立刘玄为更始帝。刘玄上台后打算树立好的形象，想首先查办老百姓最为憎恶的官吏贪赃枉法之事。第一个被查办的是东郡太守，东郡太守的属官索卢放前去向使者求情，认为当前国家急需稳定，使功不如使过；这些人并不是罪不可赦，与其办他们的罪，不如让他们戴罪立功。使者听从了他的意见，赦免了东郡太守。

"使功不如使过"为人们熟知的故事，是唐高宗李渊使用李靖之事。隋朝末年，农民起义风起云涌。这时候，太原留守李渊也在招兵买马，准备起事。时任马邑郡（治所位于今山西朔县东）丞的李靖有所察觉，打算前往江都告发此事。李靖来到长安，关中已经大乱，前往江都的道路阻塞，最终未能成行。时隔不久，李渊攻占了长安，李靖被俘。李渊赏识他的才气，又有李世民给他求情，李靖最终获释。

李渊称帝以后，李靖东征西伐，立下赫赫战功。当杀死叛将肇则的捷报传到京城时，唐高祖李渊兴奋地对大家说："使功不如使过，大胆使用李靖果然收到奇效。"

贞观二十三年（公元649年），李靖病危，唐太宗李世民亲临慰问。李靖去世以后，唐太宗册赠司徒、并州都督，谥号景武。

司马牛之叹

【释义】

司马牛为没有兄弟发出慨叹。指没有兄弟。

【出处】

《论语·颜渊》："司马牛忧曰：'人皆有兄弟，我独亡（通"无"）。'"

【故事】

春秋时的司马牛，是宋国大夫司马桓魋的弟弟。司马桓魋不是善辈，有一次孔子路过宋国，桓魋闻讯后气势汹汹地带兵前来，当时孔子正与弟子们在大树下演习周礼的仪式，桓魋立即砍倒大树，而且扬言要杀死孔子，孔子在学生们的保护下，匆匆忙忙离开了宋国。

后来桓魋在宋国犯上作乱，失败后全家人匆忙出逃。司马牛逃到鲁国，拜孔子为师。司马牛以有这样的哥哥为耻，一再声称司马桓魋不是他的哥哥，自己没有兄弟。

有一次，司马牛问孔子，怎样才能做一个君子。孔子回答他说："君子不忧愁，不恐惧。"司马牛说："不忧愁，不恐惧，这样就可以叫作君子了吗？"孔子说："自己问心无愧，那还有什么忧愁和恐惧呢？"

又有一次，司马牛问孔子，怎样做才是仁。孔子回答他说："仁人说话是慎重的。"司马牛说："说话慎重，这就叫作仁了吗？"孔子说："做起来很困难，说起来能不慎重吗？"

孔子对司马牛这些问题的回答，被后人认为是有针对性地因材施教的典范。

司马牛曾经忧愁地说："别人都有兄弟，唯独我没有。"子夏对他说："我听说这样的话：'死生有命，富贵在天。'君子只要对待所做的事情严肃认真，不出差错，对待别人恭敬有礼，符合规定，那么，四海之内皆兄弟，君子何愁没有兄弟！"

司马昭之心路人皆知

【释义】

路人：路上行走的人，指所有的人。司马昭篡夺帝位的野心，所有的人都知道。比喻野心为人所共知。

【出处】

《三国志·魏书·高贵乡公传》裴松之注引《汉晋春秋》："司马昭之心，路人皆知。"

【故事】

曹魏末年，司马懿杀了大将军曹爽，朝廷大权完全落入司马懿的手中。司马懿去世以后，他的儿子司马师接替了他的职位。

司马师为人阴险、狡诈，魏少帝曹芳对他的所作所为强烈不满，少帝找来李丰、张缉、夏侯玄等人，要他们帮助自己夺过司马师的兵权。不料密谋泄漏，司马师来了个先下手为强，抓住参与预谋的大臣，把他们杀了个罄尽。正元元年（公元254年），气焰熏天的司马师逼迫皇太后废了少帝曹芳，另立曹髦为帝。

一些地方官本来就对司马师不满，这时候便借机起事，镇东将军毋丘俭、扬州刺史文钦率兵讨伐司马师。正在患病的司马师不顾自己的疾病，领兵前去抵御。途中，他的病越来越重，便派人火速进京，把留守在京城的弟弟司马昭叫来。司马昭日夜兼程赶赴前线，司马师把兵权交给他，让他指挥部队作战。打败了毋丘俭、文钦以后，司马师在许都去世。

司马昭掌权以后，在朝中飞扬跋扈，比司马懿、司马师更专横。魏帝曹髦再也忍受不住了，力图起来抗争。一天，曹髦把一些心腹大臣找来，愤愤地说："司马昭之心,路人皆知,我不能坐着等死!”他要这些心腹大臣帮助自己,夺回掌控在司马昭手中的兵权。侍中王沈、散骑常侍王业知道反对司马昭犹如鸡蛋碰石头,绝对不会有好结果,便连夜向司马昭报告。司马昭得到消息,连忙派亲信贾充领兵做好准备。

曹髦见王沈、王业跑了,知道预谋已经泄漏,他决心拼个鱼死网破,率领人马攻打相府。他手提宝剑,站在车上大声呼喊:“天子亲征有罪之人,谁敢抵抗就杀了他全家。”看看这架势,听听这口气,好不吓人!相府的兵将都惊呆了,不敢上前应战。贾充一看情况不妙,厉声喝道:“养兵千日,用兵一时,大将军平时养着你们,就是希望你们今天为他效力。”

有个名叫成济的亡命徒,听了贾充的话,胆气陡生,操起长矛向曹髦的车子冲过去。曹髦的侍从被突然发生的情况吓呆了,一时不知所措。说时迟,那时快,成济手持长矛猛向曹髦刺去。曹髦招架不及,矛头从前胸刺进,又从后背透出,堂堂天子就这么跌下车来一命呜呼。

司马昭听说手下杀了曹髦,未免有些着慌,为了平息众怒,他忍痛将成济满门抄斩,随后,另立年方十五的曹奂为帝。

消灭了蜀国以后,踌躇满志的司马昭打算代魏自立,没想到病魔缠身,百般医治无效,一命呜呼。他的儿子司马炎比他更急,让心腹们上书给魏元帝曹奂,威逼魏元帝退位。

魏元帝十五岁登基,五年来被司马昭玩弄于股掌之上,终日惶恐不安。现在要他退位,他便立即应允。咸熙二年(公元 265 年)腊月十七,举行了“禅让典礼”,曹奂退位,曹魏灭亡;司马炎即位,晋王朝建立。

死诸葛吓走生仲达

【释义】

诸葛:指诸葛亮;仲达:司马懿字仲达,指司马懿。死去的诸葛亮吓跑了活着的司马懿。比喻人虽已死,余威仍在。

【出处】

《晋书·宣帝纪》:“时百姓为之谚曰:‘死诸葛走生仲达。’帝闻而笑曰:‘吾便料生,不便料死故也。”

【故事】

诸葛亮曾经五出祁山与魏军作战,均无功而返。公元234年,诸葛亮亲自率领十万大军,六出祁山向北征伐。魏明帝曹睿闻报诸葛亮又出祁山,忙命大将军司马懿率领二十万大军迎战。

诸葛亮领兵驻扎在五丈原,这里控制着褒斜谷山道的北端,进可攻,退可守,即使战事不利,也不会对蜀军造成多大损失。司马懿老谋深算,自恃兵多将广,粮草无虑,决定按兵不动,固守营垒。一意速战速决的诸葛亮使出了各种办法,司马懿就是不应战。

由于长期操劳,诸葛亮终于支撑不住,患上了重病。这一年的八月,五十四岁的诸葛亮在五丈原的军营中逝世。两军对峙,一方主帅突然去世,弄不好就会全线崩溃。长史杨仪连忙率领蜀军撤退,司马懿得知后连忙领兵追击。蜀将姜维见情况危急,命令杨仪调转战旗,擂响战鼓,做出准备向魏军攻击的样子。司马懿大吃一惊,以为诸葛亮诈死,以此引诱魏军出营作战,连忙领兵退了回去。

过了一天,司马懿亲自到蜀军原先驻扎的营地察看虚实。蜀军的军营中不仅弃有粮草,连军用文书也丢得满地都是。他跺着脚后悔地说:“诸葛亮一定是死了,这个人真是天下了不起的奇才。”

军师辛毗还不敢相信诸葛亮已死,司马懿对他说:“双方对阵最怕泄露军事秘密,不是出了非常事件,不会把军事文书到处乱扔,蜀军不是战败而退,却惊慌到连军事文书都顾不上的地步,假如不是失去了主帅,还会有什么事值得这样惊慌呢?不必再犹豫了,赶快领兵追击!”

杨仪率军离开前线的时间已久,魏军虽是急速追赶,也未能追及。蜀军进入褒斜谷以后,才为诸葛亮发丧。

当地居民为这件事编了一句顺口溜:“死诸葛吓走生仲达。”司马懿听到了也不生气,自我解嘲道:“我能预料他活着时候的事,他死后的事我又怎么能预料呢!”

素口蛮腰

【释义】

像樊素那样的樱桃小口，像小蛮那样的杨柳细腰。形容容貌出众的女子。

【出处】

唐·孟棨《本事诗·事感》："白尚书（居易）姬人樊素善歌，妓人小蛮善舞，尝为诗曰：樱桃樊素口，杨柳小蛮腰。"

【故事】

唐代白居易的《琵琶行》为传诵千古的名作，许多人为"座中泣下谁最多，江州司马青衫湿"而潸然泪下。白居易确为多情种子，试想，夜半时分有素不相识的妇人在船上弹奏琵琶，白居易竟然能"寻声暗问弹者谁"，进而"移船相近邀相见"，这种举动绝非一般读书人所能为。

蓄妓享乐，在唐代也算是风流雅事，白居易是其中较为突出的一位。白居易为官以后，关心民生疾苦，但常常不能如意。为了涤除人生烦恼，他除了赋诗倾诉情怀之外，便蓄妓饮酒放纵自娱。从白居易的诗作中可以得知，从中年至暮年，他蓄养的知姓名之宠妓便有十多个，其中最出名的是樊素和小蛮。白居易曾为诗曰："樱桃樊素口，杨柳小蛮腰。"意思是说，美姬樊素的嘴小巧鲜艳，如同樱桃；美妓小蛮的腰柔弱纤细，如同杨柳。后世形容美女说樱桃嘴、小蛮腰，就是从白居易那里学过来的艳词。

白居易日渐衰老，体弱多病，决定放妓。樊素和小蛮离开以后，白居易写下《别柳枝》怀念她们："两枝杨柳小楼中，袅娜多年伴醉翁。明日放归归去后，世间应不要春风。"

白居易在文学上积极倡导新乐府运动，主张"文章合为时而著，诗歌合为事而作"，写下了不少反映民间疾苦的诗篇，对后世影响很大，是我国文学史上的重要诗人。至于他沉湎于声色，后人也颇多微词。

声东击西

【释义】

声:声张。指造成要攻打东边的声势,实际上却攻打西边。是使对方产生错觉以出奇制胜的一种战术。也比喻一个人当面一套、背后一套。

【出处】

《淮南子·兵略训》:“故用兵之道,示之以柔而迎之以刚,示之以弱而乘之以强,为之以歙而应之以张,将欲西而示之以东……”

【故事】

秦朝灭亡以后,刘邦和项羽为争夺天下,双方势不两立,兵刃相见。有一年夏天,刘邦在彭城被项羽的楚军杀得大败,许多将官也投降了项羽。本来已经归顺刘邦的魏王豹,这时看到楚军的势力强大,便借口回去看望生病的亲人,离开汉军,到达河关后,就与项羽和好,宣布反汉。

声东击西

魏王豹投降楚军,在军事上对刘邦造成极大的威胁,有左右夹击的危险。刘邦派郦生去说服魏王豹,动员他重新回到汉军来,可是他哪里肯呢?没有办法,刘邦只好派韩信为左丞相,领兵去攻打魏王豹。

魏王豹得知汉军进攻的消息,就任命柏直为大将,统率兵马扼守在黄河东岸的蒲坂,封锁黄河渡口临晋津,阻止汉军渡河。柏直还命令部下,把老百姓的船只全部搬走,不许民船下河。他把蒲坂防守得十分严密,自以为汉军即使插上翅膀,也难以飞过黄河,魏王豹可以高枕无忧了。

韩信带领汉军来到前线,看到蒲坂地势险要,柏直又有重兵坚守,知道从这里硬攻很难获胜。经过反复考虑，他想出一个"声东击西"的战术。他将军营扎在蒲坂对岸，军营四周插上旗帜，又弄来一些船只。白天让士兵操练、呐喊，夜里掌灯举火，调兵遣将，表现出要从这里强渡黄河的架势。背地里，他却把汉军主力偷偷向北调移，选择了夏阳作为偷渡黄河的据点。

魏军看到黄河对岸的汉军，训练繁忙，喊杀声冲天，以为韩信真要从蒲坂渡河。柏直乐得拍手大笑："韩信之辈真是一伙笨蛋，我这里坚如磐石，固若金汤；再加上黄河水深流急，想渡过黄河，真是白日做梦！"于是他便放心睡觉去了。

汉军开到夏阳以后，韩信命令士兵夜以继日地做木桶。把几个木桶连在一起，上面拴上木排，倒扣在水面上，就成了渡筏。汉军乘着这些渡筏，偷渡到对岸。因为魏军在那里没有派兵防守，所以汉军顺利地渡过黄河，攻陷了魏军后方要地安邑。魏王豹毫无准备，仓促领兵迎战，结果被汉军打得惨败，还被韩信活捉了。

师出无名

【释义】

师：军队。名：名义，引申为理由。原指出兵没有理由。现泛指办事没有正当理由。

【出处】

《礼记·檀弓下》："君王计敝邑之罪，又矜而赦之，师与有无名乎？"《汉书·高帝纪上》："兵出无名，事故不成。"

【故事】

义帝楚怀王对起义军的将领们有约在先，谁先进入咸阳，谁就当秦王。项羽后进咸阳，却自封西楚霸王，私自把先入咸阳的刘邦封为汉王，把他赶到了巴蜀之地。项羽怀恨楚怀王，秘密派人杀死了他。

项羽的这些举动，引起了诸侯们的强烈不满。汉王刘邦领兵到了洛阳，当地掌管教化的董公对刘邦说："我听说顺德的昌盛，逆德的灭亡。没有正当理由，做大事就不能成功。项羽杀了君王，为天下人所怨。您何不借此机会领兵讨伐项羽，四海之内都会仰慕你的德行。这样，您就同从前的周武王讨伐纣王一样，兴的是仁义之师。”

刘邦马上为义帝楚怀王发丧，命令三军全都穿上白衣，自己则袒露左臂，放声大哭，接连公祭了三天。接着，刘邦又派使者给其他诸侯送信说：“天下共立义帝，我们作为臣子尊他为君。现在项羽杀害了义帝，实在是大逆不道。我要兴仁义之师，和你们一起去讨伐杀害义帝的人。”于是，楚汉之争开始了。

伤风败俗

【释义】

伤：损伤。败：败坏。败坏社会风气。常用于谴责不正当的行为。

【出处】

《论佛骨表》：“伤风败俗，传笑四方，非细事也。”

【故事】

韩愈，字退之，汉族，唐朝河内河阳人，自谓郡望昌黎，世称韩昌黎。唐代古文运动的倡导者，宋代苏轼称他“文起八代之衰”，明人推他为唐宋八大家之首，与柳宗元并称“韩柳”，有“文章巨公”和“百代文宗”之名。他仕途颇不顺利，多次遭到贬职。进士出身，后任过县令、国子监博士，也任过监察御史、刑部侍郎。

有一次他还差点惹上杀身之祸。原来，当时佛教盛行，从官员到百姓，许多人都信佛，连宪宗也笃信佛教。有一次，宪宗把传说是佛祖释迦牟尼的一块遗骨迎进宫内供奉。韩愈反对宪宗这一做法，特地写了《论佛骨表》，呈交给宪宗进行谏阻。在《论佛骨表》中，韩愈说：

“佛教是从外国传来的，中国古时候根本没有。尧、舜、禹等古代圣人不知道有什么佛教，但他们把国家治理得很好，在位的时间长，寿命也很长。佛教是从东汉明帝时期传入中国的，明帝在位只有 18 年。宋、齐、梁、陈和北魏后的各个朝代，对佛教无比信奉，但那些朝代的命都很短。就拿梁武帝来说吧，他前后三次舍身到佛寺做佛僧，他祭祀宗庙，不杀牲畜作为祭品。他本人每天只吃一顿饭，只吃蔬菜和水果，但他后来竟被侯景逼迫，饿死在台城，梁朝也很快灭亡。他本想求佛得到保佑，结果却是悲惨死去。

“现在，陛下把佛骨迎到宫里来供奉，使王公大臣们奔走施舍，浪费大量的财富。如果不立即加以禁止，佛骨再经过各寺院，必定有人砍掉胳臂，割下身上的肉来奉献佛陀，以表示自己对佛的虔诚。伤风败俗，四方传为笑谈，这可不是小事啊！依我看来，应当把那块佛骨扔进水里或者投入火中才是！永远灭绝这个佛僧骗人的根本，断绝天下人的疑虑，杜绝后代人的迷惑。佛如果真的灵验，能降下灾祸的话，那么，一切的祸殃都应加在我的身上。老天爷在上面看着，我绝不后悔埋怨。”

宪宗一看这篇《论佛骨表》，大怒，以为韩愈在诅咒自己，拿他跟那些短命的皇帝相比，就想要杀他，但宰相裴度为他讲情，韩愈才得以解脱，被贬到潮州。

身在曹营心在汉

【释义】

比喻身子虽然在对立的一方，但心里想着自己原来所在的一方。比喻坚持节操，忠贞不贰。现在多用来比喻在这里工作、任职，心却想念别处。多用来形容人工作不安心，向往别的单位、部门，带贬义。

【出处】

《三国演义》第二十五回至二十七回记载，关羽和刘备失散后，被曹操留在营中，“封侯赐爵，三日一小宴，五日一大宴，上马一提金，下马一提银”，恩礼非常；但关羽却系念刘备，后来得知刘备在袁绍处，遂挂印封金，“过五关斩六将”，终于回到刘备身边。

【故事】

东汉末年，天下三分，魏、蜀、吴三国鼎立。丞相曹操把持朝政，为了铲除异己，曹操决定先铲除军事力量相对薄弱的刘备。曹操大军到了徐州，大败刘备。慌乱之中，刘备与关羽、张飞失散，骑马投奔袁绍去了。关羽驻守在下邳，保护刘备的两位夫人。

曹操求贤若渴，很赏识关羽的人品和武艺，想把关羽招揽到旗下，为己所用。曹操帐下谋士献计，派遣刘备手下投降的士兵混进下邳做内应。第二天，曹兵来下邳城下辱骂，关羽大怒，带领三千人马出城迎战。曹操几员大将轮番与关羽交站，将关羽引到一座土山上团团围住。关羽看见下邳城中火光冲天，不知道是城中内应打开城门，下邳于是被曹军占领。

关羽宁死不投降，曹操派大将张辽劝降关羽。关羽提出三个要求：一，降汉不降曹；二，保证两位嫂嫂的安全；三，一旦知道刘备的下落，就去找他。曹操爱才，忍痛答应了。

关羽护送两位嫂嫂去了许昌。途中要住宿驿站，关羽整夜站在室外，保护两位嫂嫂。曹操见此，更加敬服。

曹操引荐关羽见汉献帝，汉献帝任命关羽为偏将军。曹操设宴，以客人的礼数对待关羽，又赠给他许多绫罗绸缎、金银器皿，关羽全都交给嫂嫂储藏。曹操对关羽礼遇有加，三日一小宴，五日一大宴，又送美女十名，服侍关羽。关羽把她们送入内室，服侍嫂嫂。

一天，曹操看见关羽穿的绿战袍已经破旧了，就赠给他一副上好锦缎做的新战袍。关羽接受了，但却把它穿在里面，外面用旧袍罩上，曹操问他："云长为何如此节俭呢？"关羽说："我不是节俭，只是旧袍是刘皇叔所赐，我穿着就如同见到兄长，不敢因丞相的新赐而忘了兄长的旧赐，所以穿在外面。"曹操感叹："真是义士啊！"他虽然嘴上称赞，心里却不高兴。

有一天，曹操宴请关羽，吃完饭后，他把关羽送到门口，看到关羽的马很瘦弱，就令手下牵来一匹马。关羽看那匹马身上如火炭一般红，样子非常雄伟，认出那是吕布的赤兔马，关羽下拜称谢。曹操不高兴地问："我送给将军美女、金银、锦帛，你从不谢我，一匹马何至于下拜？"关羽说："我知道这匹马能日行千里，今天有幸得到它，我如知道兄长下落，我一天就能赶到兄长身边了。"曹操很惊讶，继而后悔了。关公离去后，曹操问张辽："我对关羽不薄，而他常怀着离去之心，为何呢？"张辽回答："让我去探探他的真实意图。"

第二天，张辽去见关羽，拜过之后，说："我推荐您在丞相这里，不曾怠慢？"关羽说："我感谢丞相的厚待。只是我身在这里，心里念念不忘刘皇叔。"

张辽向曹操转达了关羽的想法，曹操听了，知道关羽身在曹营心在汉，心里不忘刘备。

后来，当关羽得知刘备的消息后，非常感谢曹操的款待，随即将金印悬在房梁上，又把所赐的金银、锦帛分毫不动地封存在一间屋子里。关羽带了随从，护送两位嫂嫂的车仗，出许昌北门，一路过五关、斩六将，终于回到刘备身边。

双管齐下

【释义】

管：指笔。原指手握双笔同时作画。后比喻做一件事两个方面同时进行或两种方法同时使用。

【出处】

《图画见闻志·张璪》："唐张璪员外画山水松石名重于世。尤于画松特出意象，能手握双管，一时齐下，一为生枝，一为枯干，势凌风雨，气傲烟霞。"

【故事】

张璪，字文通，吴郡（今江苏苏州）人，唐代著名画家。当朝宰相刘晏很欣赏他的画，还特意邀请他去京城，举荐他担任检校祠部一职。后来他被贬为衡州司马，又被调任忠州司马，在官场上很不得志。

张璪在长安作画，绘画技法受王维水墨画影响，独创破墨法，擅长画山水松石，尤其是画松为世人称道。他在绘画艺术上有独创的技法和独特的风格，在我国唐宋绘画史上占有一定的地位。张璪作画的时候，一定是先屏气静坐，灵感一来，挥笔疾如闪电，彩墨淋漓。他在绘画创作上有个绝技，他能一只手握一支笔，左右同时画两棵松树，而且一支笔将松树画得润含春泽、生机蓬勃，另一支笔则将松树画得惨同秋色，憔悴干枯。他同时画出的两棵松树，虽然形象迥异，但同样生动。更令人叫绝的是，他还能用两只秃笔，甚至是自己的手指代替笔，在纸上纵横抹按，揉擦转动，把山石的凝重，泉水的径流，表现得活灵活现。凡是看过他作画的人没有一个不佩服他双管齐下的本事。当时有人评论说"张璪作画，真是双管齐下"。

水落石出

【释义】

水落下去，水底的石头就露出来。比喻事情的真相完全显露出来。

【出处】

《醉翁亭记》："野芳发而幽香，佳木秀而繁阴，风霜高洁，水落而石出者，山间之四时也。"《后赤壁赋》："山高月小，水落石出。"

【故事】

苏轼，字子瞻，号东坡居士，北宋著名文学家、书画家，唐宋八大家之一。苏轼性格豪放、旷达，但他的人生经历异常坎坷、复杂。

北宋中期，朝廷内部斗争日趋激烈，由于保守派的反对和变法派内部的相互倾轧，王安石两度罢相之后退居金陵（今江苏南京），一场严肃的变法争斗，逐渐演变为排斥和打击异己的争斗。当时监察御史舒亶、御史中丞李定等人，把苏轼诗中某些讽刺新法的部分，夸大为对朝廷乃至对神宗的不满，说他有叛逆思想。他们把苏轼的诗句当作一个罪证，在宋神宗面前进谗，于是宋神宗降旨拘捕苏轼，把他投入牢狱。一时亲友震惊，家人惊恐。苏轼在狱中遭受侮辱和折磨，后被贬为黄州（今湖北黄冈）团练副使。这就是北宋历史上有名的文字狱——乌台诗案。

黄州的第二年，苏轼生活渐渐困难，在友人的帮助下，开辟了几十亩荒地，挖井筑屋，亲自在东坡开荒种地，这地方就是所谓的"东坡"，自己取号"东坡居士"。

公元 1082 年七月和十月，苏轼两次游黄州附近的赤壁，写下了《前赤壁赋》和《后赤壁赋》这样脍炙人口、流传千古的名篇。在《后赤壁赋》中，他有这样几句"于是携酒与鱼，复游于赤壁之下，江流有声，断岸千尺，山高月小，水落石出，曾日月之几何，而江山不可复识矣。"

苏轼的赋中的"水落石出"，本来是指冬季的一种风景，但后人把这水落石出四字，用作真相显露的意思，把一件事情的原委弄清楚以后，等到真相大白，也叫作水落石出。

水中捞月

【释义】

到水中去捞月亮。比喻去做根本做不到的事情，只能白费力气。

【出处】

源出佛教的一个寓言故事。佛陀以此故事喻那些自以为是，分不清是非虚实，害己害人的外道邪师。

【故事】

从前有个伽师国（今新疆维吾尔自治区西南），这个国家有一座名叫波罗桼的城市。在这个城市的郊外有个人迹罕至的森林，森林中有几百只猴子在那儿生活。

一天晚上，这群猴子在山上玩耍，领头的大猴子看见空中挂着一个圆圆的月亮，就想把它摘下来。大猴子一声呼哨，一群猴子就跟着它跑到一个最高的山峰。它们一个叠一个搭成一座"猴梯"，最小的猴子爬上顶端去摘月亮，它拼命往前抓，"猴梯"摇摇晃晃失去平衡，从山顶上摔了下来，有的猴子落在树上，有的猴子掉进草丛，有的猴子跌入井水中。没有摘到月亮，群猴都垂头丧气，各自走开。

这时，两只掉进井水里的小猴爬了上来，一回头，看见月亮在井里。它俩非常高兴，赶紧呼喊起来："月亮在井里，我们从井里捞月亮吧！"大猴子听到它俩的喊声，匆匆跑过来，一看井里果然有个月亮，捞井里的月亮也挺好的。于是，大猴子一声呼哨，把群猴集合起来。因为水离井面很远，猴子们只好一个拉着另一个的尾巴，拉成一长串，挂到水面。它们还找来了葫芦瓢，传给最下面那只小猴。它盛了一瓢水就把"月亮"捞在瓢中。群猴兴高采烈，围着"月亮"跳舞。一只贪心的小猴抢走"月亮"，于是你争我夺，把一瓢水泼在地上，"月亮"没有了。群猴四处寻找，抬头一看，月亮依旧挂在空中。他们面面相觑，困惑不解，纷纷说，被捞上来的月亮怎么又回到天上了。

生吞活剥

【释义】

原指生硬搬用别人诗文的词句。现比喻生硬的接受或机械的搬用经验、理论等。

【出处】

《大唐新语·谐谑》:"有枣强尉张怀庆好偷名士文章……人谓之谚曰:'活剥王昌龄,生吞郭正一。'"

【故事】

唐高宗时期,枣强县县令张怀庆,附庸风雅,喜欢诗文创作,但他文笔不好,又是个喜爱沽名钓誉的人,为了出名,经常抄来名士的诗文,把它改头换面一番,冒充自己的作品,然后毫无顾忌地将它展示给人家看。有些人明知不是他的创作,但为了讨他欢喜,就吹捧他几句,他也沾沾自喜,不以为耻。

有一次,一个名叫李义府的名士写了一首五言绝句:

"镂月成歌扇,裁云作舞衣。自怜回雪影,好取洛川归。"

张怀庆读了,认为这首五言绝句写得很好,经过自己的加工,将会锦上添花。于是他自作聪明,在每句诗前面加上两个字,将其改为七言诗:

"生情镂月成歌扇,出意裁云作舞衣。照镜自怜回雪影,时来好取洛川归。"

此诗经他一改,把原诗的精练清新一扫而光,而且变得不伦不类,张怀庆却自以为甚高,拿出来展示,结果闹出了很大笑话。

当时,朝中有两个官居高位的大诗人,一个是张昌龄,一个是郭正一。他们两人的作品常常遭到张怀庆的剽窃篡改。

因为张怀庆有不懂装懂、剽窃抄袭、随便改动别人作品来冒充自己创作的恶劣习惯,并且常常剽窃张昌龄和郭正一的作品,所以当时的人们就给他编了两句顺口溜:"活剥王(张字之误)昌龄,生吞郭正一。"

成语"生吞活剥"就是由"活剥王昌龄,生吞郭正一"简化演变来的。人们常用它来比喻生硬地抄袭或模仿别人的言论和文章,也指原样照搬别人的工作经验。

失之东隅,收之桑榆

【释义】

东隅:东方日出处,指早晨。桑榆:指日落处,指日暮。比喻开始在这一方面失败了,最后在另一方面取得胜利。

【出处】

《后汉书·冯异传》:"始虽垂翅回溪,终能奋翼黾池,可谓失之东隅,收之桑榆。"

【故事】

两汉之交,跟随刘秀的开国名将有二十八位,号称"云台二十八将"。征战间隙,诸将常常聚在一起聊天,话题无非是自述战功,胡吹乱侃。每当众将争功论能之时,大将军冯异从不争功,总是一个人默默地躲到大树下面。于是,士兵们便给他起了个"大树将军"的雅号。

冯异,字公孙,原来是王莽的手下,后来被刘秀手下游说,投降了刘秀。他为人谦和,为东汉王朝立下了汗马功劳。

刘秀初到河北之时,河北几乎已落入他人之手。刘秀北上,即遭到通缉,一路奔波,饥寒交迫。一日,他们来到河北饶阳芜蒌亭时,天气寒冷,北风凛冽。冯异到附近的村子里要饭,给刘秀弄来了一碗豆粥。刘秀一口气喝下,顿觉甘美无比。第二天,刘秀还在回味那碗豆粥。当他们走到滹沱河边时,忽遇大风暴雨,幸好河边有几间屋子,一行人便进去避雨。屋中有炉灶,冯异便抱来柴薪,邓禹生好炉子,让刘秀对着炉火烘干被淋湿的衣服。不一会儿,冯异从房子里找到了一点麦子和菟肩,给刘秀做了一碗菟肩麦饭。对于这一段君臣的患难经历,刘秀一直念念不忘。登基之后,刘秀还专门给冯异写信说:"我时时记着当年将军在芜蒌亭端给我的豆粥,在滹沱河递给我的麦饭。这些深情厚谊,我至今还未报答呢!"

汉光武帝三年,冯异被封为征西大将军。这时邓禹率车骑将军邓弘从另一战场回军宜阳,恰与冯异相遇。他要求与冯异联兵合击赤眉军,但冯异认为时机尚不成熟,邓禹却态度坚决,冯异无奈只好冒险出征。双方交战后,赤眉军佯退,弃尽辎重。当时汉军正缺军粮,士兵只顾争先夺取粮草,不料赤眉军回军掩杀,冯异指挥军队拼死奋战,赤眉军才稍稍退却。冯异见部下将士饥饿疲倦,建议休战,邓禹不听,命令重新发起进攻,结果汉军大败,邓禹狼狈逃回宜阳。

冯异弃马步行回营寨坚守,很快又组织了数万精兵,与赤眉军约期决战。冯异命部分士兵化装成赤眉军,埋伏起来,而自领前部与赤眉军交锋。赤眉军见冯异前部势力单薄,认为有机可乘,于是出动万余人攻击冯异前部,冯异奋勇抵抗,战至黄昏,化装成赤眉军的汉军伏兵一齐杀出,赤眉军在暮色中难分敌我,顿时大败,被生俘八万余人。

冯异大败赤眉军的事情,汉光武帝刘秀很快就知道了。刘秀立即犒赏了冯异及其部下。刘秀对冯异说:"胜败乃兵家常事,你在这方面做得很好,真可谓是失去了东方日出的阳光,却在桑树、榆树上得到了落日的余晖。"

失之毫厘,差之千里

【释义】

毫厘都是长度单位。形容稍微相差一点,就会导致极大的错误。

【出处】

《大戴礼记·保傅》:"《易》曰:'正其本,万物理。失之毫厘,差之千里。'故君子慎始也。"

【故事】

赵充国,字翁孙,是西汉时期的军事家,在当时屯田政策上做出了卓越贡献。他为人沉着勇敢,有远见深谋。

有一年,汉宣帝命令他领兵去征伐西北地区的叛贼。赵充国到了那儿,察看了军情,发现叛军的力量虽大,但军心不齐,他就决定采取招抚的办法。经过不懈努力,果然有一万多叛军前来投诚。赵充国便打算撤回骑兵,只留小部分军队留驻原地开垦土地,等待叛军全部归顺。

可是还未等到他把情况上报汉宣帝,汉宣帝却命令他再次出兵讨伐叛贼。经过再三考虑,赵充国决定还是按照自己原来的打算去做招抚叛军的工作。赵充国的儿子赵卯听到这个消息,急忙派人劝他父亲执行汉宣帝的命令,免得因违抗皇帝命令而遭杀身之祸。这使得赵充国想起了种种往事。

赵充国曾向皇帝建议让酒泉太守辛武贤去驻守西北边境,但皇帝却派了不懂军事的义渠安国带兵,结果被匈奴人杀得大败。

有一年,金城、关中粮食大丰收,赵充国向皇帝建议收购三百万石谷子存起,那么边境上的那些心怀不轨的人见到军队的粮食充裕,他们就不敢轻举妄动了。但是,后来耿中丞只向皇帝申请买一百万石,皇帝又只批四十万石,义渠安国又轻易地耗费了几万石,只因为做错了这两件事,才发生了这样大的叛乱。

赵充国想到这些,深深地叹了口气说:"真是'失之毫厘,差之千里'啊!现在战事未停,危机四伏,我一定要用生命来坚持我的正确主张,替皇帝扭转这个局面。我想,对英明的皇帝是可以讲话的。"接着,赵充国冒着违抗皇帝命令的危险,把自己的正确主张奏报了汉宣帝。汉宣帝认为赵充国说得很对,同意赵充国的做法。后来,赵充国果然平定了叛乱。赵充国去世后,汉宣帝认为他功高盖世,为他在未央宫中画了像,供人瞻拜、纪念。

尸位素餐

【释义】

尸:占据的意思。素:不劳,白白地。意思是官吏空占职位、白受俸禄而不恪尽职守。有时也用于自谦,表示没有做什么事情,或者未尽职守。

【出处】

《汉书·朱云传》:"今朝廷大臣,上不能匡主,下亡以益民,皆尸位素餐。"

【故事】

西汉人朱云，喜欢舞刀弄剑。他性格豪爽，爱打抱不平，加上身材魁梧、体格健壮，深受朋友敬重。朱云四十岁那年，拜师学习《周易》和《论语》，逐渐成了这方面的名家。汉元帝在位时，他与西汉著名的儒家学者五鹿充宗辩论易学，朱云逐一解答五鹿充宗的提问，等到朱云反问时，五鹿充宗张口结舌，难以解答。从此朱云名满京城，被授予博士，先后被任命担任杜陵和槐里县令。

朱云为人狂傲正直，他多次上书抨击身居高位又昏庸无能的朝廷大臣。因此得罪权臣，被罢官。汉成帝即位后，重用他的老师张禹。起初封张禹为安昌侯，后来又提拔为宰相。张禹能力有限，当上宰相后，处理不好朝政国事，难以胜任宰相一职。朱云得知这件事后，上书汉成帝请求召见。朱云在朝堂之上大胆陈辞："如今有许多身居高位的大臣，对上不能纠正天子的过失，对下不能做有益于百姓的事情，身占高位吃闲饭，误国误民。在我看来，要杀一儆百，引起重视。"

汉成帝和朝廷大臣们非常吃惊。汉成帝问他："你要杀谁?"朱云立刻回答："宰相张禹。"汉成帝勃然大怒，下令立即处死朱云。左将军辛庆忌为保朱云性命，为他求情，拼死进谏。等汉成帝怒气消尽，他也意识到朱云所说并非没有道理，又见左将军辛庆忌拼命求情，就下令免除朱云死罪，将他释放了。

塞翁失马

【释义】

比喻虽然一时受到损失，也许反而因此能得到好处，也指坏事在一定条件下可变为好事。

【出处】

汉·刘安等《淮南子·人间训》："近塞上之人，有善术者，马无故亡而入胡，人皆吊之。其父曰：'此何遽不为福乎?'居数月，其马将胡骏马而归。人皆贺之。"

【故事】

古时，靠近长城边塞居住的人中，有位擅长推测吉凶掌握术数的老翁。某次，他的马无缘无故跑去胡人驻地,人们都来宽慰他,老翁却说:“这怎么就不是一件好事呢?”过了几个月,那匹马带着胡人的良马回来,人们前来祝贺他,老翁又说:“这怎么就不能是一件坏事呢?”他的儿子爱好骑马,结果从马上掉下来摔断大腿,人们前来安慰,老翁又道:“这怎么就不是一件好事呢?”一年后,胡人大举入侵边塞,壮年男子都拿起弓箭去作战。靠近长城一带的人大部分都死了,唯独他儿子因为腿瘸的缘故免于征战,父子俩这才得以保全。众人问老人如何能预测祸福,老人叹了口气,回答道:“我怎么能预测人的祸福呢,只不过但凡事情都遵从‘福祸相依’的道理罢了。”

三顾茅庐

【释义】

顾:拜访。茅庐:草屋。是指刘备多次拜访诸葛亮的茅草屋之事。后来比喻真心诚意一再邀请、拜访有专长的贤人。

【出处】

三国·蜀·诸葛亮《出师表》:“先帝不以臣卑鄙,猥自枉屈,三顾臣于草庐之中。”晋·陈寿《三国志·蜀书·诸葛亮传》:“刘备以亮有殊量,乃三顾亮于草庐之中。”

【故事】

汉末时期,徐庶向刘备推荐了卧龙诸葛亮。刘备便找了个时机,与关羽、张飞带着礼物到隆中卧龙岗去请卧龙先生,不巧的是,诸葛亮正巧这天出门,三人只好无功而返。

过了些日子,刘备派人再去打听,探明他确实在家,遂又二次前往。三人行至半路,忽遇大雪,张飞建议回去避了雪再来,刘备执意不肯,再次来到卧龙岗前。可这次他们还是扑了个空,诸葛亮临时出行,又是人去屋空,无奈,刘备留下封书信回去了。回到新野后,度过数月,刘备特意让卜卦者看了黄道吉日,斋戒三日、沐浴更衣后，第三次前往卧龙岗。诸葛亮当时正在午睡，张飞气得打算用绳子捆起就走，关羽也说对方也许徒有虚名，刘备均驳回了二人的说法，恭恭敬敬地站在廊檐下等候。一个时辰过去了，诸葛亮醒来，见对方几次三番确有诚意，当即答应出山相助。后来，世人就用“三顾茅庐”比喻诚恳地一再邀请贤人。

三缄其口

【释义】

缄：封。在嘴上贴了三张封条。形容说话谨慎。现也用来形容不肯或不敢开口。

【出处】

汉·刘向《说苑·敬慎》：“孔子之周，观于太庙，右陛之前有金人焉，三缄其口，而铭其背曰：‘古之慎言人也，戒之哉！戒之哉！无多言，多言必败。’”

【故事】

春秋时期，孔子带着学生们周游列国。某天，他们来到周王朝的故都，在参观周王祭先祖的太庙时，看到台阶右侧立有一个铜铸人。奇怪的是，这尊铜像的嘴上被贴了三张封条，背面刻有一行字：“古之慎言人也”，意即：这是古代一位出言谨慎之人。大概这给了孔子极大的启发和震动，他在后来教诲学生时，总是不忘强调“君子讷于言而敏于行”。后来人们便以“三缄其口”或“缄默不语”来比喻“慎言”了。

杀鸡骇猴

【释义】

传说猴子怕见血，驯猴的人便杀鸡放血来恐吓猴子。比喻用惩罚一个人的办法来警告别的人。

【出处】

清·李宝嘉《官场现形记》:“俗语说得好,叫作‘杀鸡骇猴’,拿鸡子宰了,那猴儿自然害怕。”

【故事】

相传猴子性情乖巧,活泼好动,极通人性,却最怕见血。民间驯猴人为了让它听话,通常会当着猴子的面把鸡杀死,猴子一见就会吓得魂不附体,乖乖就范。不管多么凶狠的猴子怎样顽强抗拒,只要雄鸡一声惨叫,鲜血一冒,都会全身软化,毫不含糊地执行指令。此举即为“杀鸡骇猴”,也作“杀鸡给猴看”“杀鸡做猴”。

舍生取义

【释义】

指为了正义而牺牲生命。

【出处】

《孟子·告子上》:“生,亦我所欲也;义,亦我所欲也。二者不可得兼,舍生而取义者也。”

【故事】

孟子某日与学生闲谈,当谈到某件事物的取舍时,孟子说:“凡是好的、觉得有用的应该取,不好的、觉得无用的应该舍,假如两样都是好的、有用的,应该先做一番比较,然后再决定取舍。比如,鱼,是我所喜爱的;熊掌,也是我所喜爱的,如果这两种东西不能同时都得到的话,那么我就只好放弃鱼而选取熊掌了。”当谈到生命与正义时,孟子又说:“生命,是我所爱惜的;正义,是我所追求的,如果二者不能同时都得到,那么我宁可选择正义而舍去生命。没有一个人会放弃生存的权利,这是人的本能,不过圣贤之人在面临这种局面时,所想的先是一个义字,他们可以为了正义而舍弃自己的生命,而庸俗之人想的却是舍去义而取生。这就是两者的不同。"学生们听后,都认为老师说得很有道理,纷纷表示赞同。

生灵涂炭

【释义】

生灵:百姓。涂:泥沼。炭:炭火。人民陷在泥塘和火坑里。形容人民处于极端困苦的境地。

【出处】

《尚书·仲虺之诰》:"有夏昏德,民坠涂炭。"唐·房玄龄等《晋书·苻丕载记》:"先帝晏驾贼庭,京师鞠为戎穴,神州萧条,生灵涂炭。"

【故事】

东晋十六国时期,后燕、后秦联合攻打前秦,前秦的国都长安被包围,围困数日后,长安城里粮草供应不足,竟然发生人吃人的惨状。苻坚勉强应战,结果兵败五将山,自己也被后秦活捉处死。

苻坚的儿子苻丕当时一直驻在邺城,前秦的幽州刺史王永听说苻坚已死,就请苻丕到晋阳。于是,在王永等人的拥护下,苻丕登上皇位,加封王永为左丞相。王永随后写了一篇诏告,欲号召前秦的部队去讨伐后秦和后燕,他在诏告中说:"自从苻坚被害,国都长安沦陷后,国家就开始一蹶不振,老百姓好像生活在泥沼和炭火之中,十分痛苦。各地官员接到这份诏告以后,要派出兵马到临晋会师准备作战。"诏令发出后,各地官吏均率兵前来会师,但由于后秦军队实在太过强大,王永无法获得胜利,由他指挥的反击战终告失败,前秦迅速衰落下去,不久即被后秦所灭。原文中的"生灵涂炭"用来形容人民陷于泥塘和火坑中。

声名狼藉

【释义】

声名:名誉。狼藉:本是指狼睡觉的地方,因它喜欢睡在草堆上,离开时用爪子再扒乱草堆消除痕迹,所以人们常用“狼藉”来形容杂乱无章、混乱不堪,也形容声望、名誉坏到极点。

【出处】

汉·司马迁《史记·蒙恬列传》:“恶声狼藉,布于诸国。”

【故事】

秦始皇在第五次巡游途中病死,中东府令赵高与宰相李斯合谋篡改遗嘱,赐死了扶苏,立胡亥为帝。当时,秦的兵权掌握在协助扶苏、驻守北方的大将蒙恬、蒙毅兄弟手中,赵高怕这两兄弟日后为扶苏报仇,加之他本就与蒙氏兄弟有私仇,遂又设法赐死蒙恬、蒙毅两兄弟。

接到圣旨后,蒙恬自尽,蒙毅临死前流泪劝谏道:“从前秦穆公杀死奄息等,秦昭襄王杀死白起,楚平王杀死武奢,夫差杀死伍子胥,他们在诸侯中都已声名狼藉,不仅败坏了自己的名声,也使国家陷入了危难之中。”其中提到的“声名狼藉”是形容名望如“狼藉”般混乱不堪,受人唾弃。

守株待兔

【释义】

株:露出地面的树根。原比喻希图不经过努力而得到成功的侥幸心理。现也比喻墨守成规,不知变通的行为。

【出处】

《韩非子·五蠹》:“宋人有耕者,田中有株,兔走触株,折颈而死。因释其耒而守株,冀复得兔,兔不可复得,而身为宋国笑。”

守株待兔

【故事】

宋国有个农民,他耕种的田地中有一截露出地面的枯树桩。某天,一只跑得飞快地野兔无意中撞在树桩上,扭断脖子死了。那个农民见有此等好事,干脆放下农具每天守在树桩旁边,希望能再拾到几只兔子。十天、二十天、一个月过去了,再没有一只野兔撞到树桩上,而他地里的杂草却因无人清理越长越高。宋国人听说了这件事后,纷纷笑其愚不可及。这就是“守株待兔”的故事。

首鼠两端

【释义】

首鼠:鼠性多疑,出洞时一进一退,不能自决。两端:拿不定主意。在两者之间犹豫不决、左右动摇不定。

【出处】

汉·司马迁《史记·魏其武安侯列传》:“武安已罢朝,出止车门,召韩御史大夫载,怒曰:‘与长孺共一老秃翁,何为首鼠两端?’”

【故事】

西汉时期,丞相田蚡迎娶淮南王的女儿,百官前去祝贺,窦婴与灌夫也在其列。席间,窦婴敬酒,田蚡假装没看见,灌夫气不过,举起杯来向灌贤敬酒,灌贤却也只顾和别人说话。灌夫大怒,骂道:“我是长辈,向你敬酒,你站都不站起来,还学什么娘娘腔咬他的耳朵说话!”田蚡见他闹事,当即大怒,命人将他逮捕,准备满门处死。

窦婴赶紧四下托情,求见汉武帝要求公断。汉武帝就在宫中召集群臣,让窦婴和田蚡当堂辩论。堂上,窦婴说:“灌夫是酒醉后得罪的丞相,罪不至死。他是有名的勇将,曾单枪匹马杀入吴军,身受几十处创伤,还不肯退下,是汉朝的勇士。如果现在因为一杯酒的小事而全家抄斩,恐怕太过分了。”田蚡却竭力说灌夫是罪大恶极,并揭露他在家乡颍川广积家财,欺压良民,排斥皇族,欲将灌夫置于死地。窦婴大怒,随即亦揭露他贪污舞弊的种种劣迹,两人一时吵得不可开交。武帝难以决断,就叫大臣们发表意见。御史大夫韩安国闪烁其词地说:“魏其侯说,灌夫平时有功无过,酒后失言,不应当陷于重罪,这话是对的。丞相说,灌夫胡作非为,危及国家,这话也不错。究竟怎么处理,还是凭陛下圣明定夺!”其他大臣见风使舵,也都不发表意见,这次争论最后不欢而散。

散堂后,田蚡坐车离宫,看见前面韩安国正独自行走,就把他叫上车同行,埋怨道:“长孺(韩安国的字),今天你应同我一起对付那个秃翁(指窦婴),为什么首鼠两端呢?”

熟能生巧

【释义】

熟练以后就能形成高超的技巧。

【出处】

《欧阳文忠公文集·归田录》:“乃取一葫芦置于地,以钱覆其口,徐以杓酌油沥之,自钱孔入而钱不湿。因曰:‘我亦无他,惟手熟尔。’”

【故事】

北宋时期有一个人很擅长射箭,人们都称他为“神箭手”,他也因此而声名远播。他的箭法十分高超,能够在百步以外射中杨柳的叶子,这种箭法在当时几乎无人能及。这个人就是陈尧咨。

陈尧咨家中有一片平地,是专门用来练习射箭的。有一天,他又在这片平地上练习射箭。他射得又准又好,吸引了很多人来观看。这时,有一个卖油的老人用扁担担着油桶,正好从陈尧咨射箭的地方经过。老人看见围着看射箭的人很多,就很好奇,于是就放下了扁担,也站在一旁看射箭。没过多长时间,陈尧咨将十支箭全都射中了靶心。围观的人看到这精彩的一幕,纷纷佩服不已,都竖起大拇指夸奖他百步穿杨,百发百中。

陈尧咨自然是非常得意。但是他却发现只有那个老人站在那儿一句话也没有说,非常不以为然。陈尧咨感到非常奇怪和气愤,心想,大家都看到了我的精彩表演,无不赞叹,为什么单单只有你一个人不服气呢?他就上前问他道:“老人家,你会射箭吗?”“我不会射箭。”老人平静地答道。“那你凭什么不为我喝彩?”陈尧咨不客气地问。“我觉得你的箭射得不算坏,但也不过是手熟罢了,实在没有什么妙处,不值得喝彩。”老人说。

陈尧咨听后,更加火冒三丈,他愤怒地说:“你这糟老头,不会射箭还这样瞧不起人,你自己又有什么能耐?”老人听了这话并没有直接回答他,只是不慌不忙地从身上拿出了一个装油的葫芦,把这个葫芦放到了地上,接着又从衣服里摸出了一枚铜钱,并把这枚铜钱放到了葫芦嘴上。然后从油桶里用勺子舀起了一勺油。他将勺子高高举过了头顶,接着顺着钱孔缓缓倒下。只见那油立刻变成了一条细细的线,不偏不倚地从铜钱的孔中钻到了葫芦里,然而铜钱却未沾上一滴油。众人顿时爆发出一阵雷鸣般的喝彩声。陈尧咨见遇上了高人,羞愧得无话可说。老人这才缓缓地说:“其实这也没什么,只是熟能生巧罢了。”

司空见惯

【释义】

司空,古代官名。指某事常见,不足为奇。

【出处】

唐·孟棨《本事诗·情感》:“司空见惯浑闲事,断尽江南刺史肠。”

【故事】

唐代大诗人刘禹锡罢任苏州刺史后,到杜鸿渐家中与李绅等人饮酒消愁。酒过三巡，刘禹锡大醉，杜鸿渐将他安置到家中的客舍。不久，刘禹锡酒醒，刚一睁眼便大吃一惊——他左右各有一名歌女陪卧！刘禹锡很惊讶，问歌女何故如此。歌女说："刚才您喝酒时，与司空李绅大人作诗取乐。杜大人根据您的诗意便差遣我们来侍奉您。"刘禹锡说："我作的什么诗？"歌女背诵道：

"高髻云鬟新样妆，
春风一曲《杜十娘》。
司空见惯浑闲事，
断尽苏州刺史肠。"

诗的大意说，美女佳人、风花雪月，都是李司空习以为常的景致，可这些事物对我这苏州刺史来说却是可望而不可即的。

四分五裂

【释义】

形容分散、破碎、不完整。

【出处】

西汉·刘向《战国策·魏策一》："魏南与楚而不与齐，则齐攻其东……此所谓四分五裂之道也。"

【故事】

战国时期，秦、魏、赵、韩、齐、楚、燕七国争霸，其中秦国最强大。以苏秦为领袖的政治家，认为弱国应联合起来，抵抗秦国，称为"合纵"；以秦国的张仪为领袖的政治家，认为弱国中的某几国应跟从秦国进攻其他国家，称为"连横"。各国为自己的利益，纷纷派出说客，游说列国。

当时，秦国的政客张仪游说到了魏国，他对魏王说："魏国的地理条件不好，处于郑、陈、楚、韩、赵、齐的中间，打起仗来无法固守，这是致命的弱点。如果联合南方的楚而不与齐国联合，齐国就会从魏国的东面打来；如果联合齐国而不联合赵国，赵国就会在北面挑衅闹事；如果不和韩国和好，韩国的军队便要从西面进攻；如果不亲近楚国，楚国则从南面进攻。这样，稍有不慎，就会发生战祸，哪里能有安全的保障？这就是所说的四分五裂的道理啊！”魏王听了张仪的话十分焦虑。

张仪巧言善辩，进一步规劝魏王，说：“秦国强大，如果联合了秦国，魏国就没有被侵犯、被灭亡的忧虑了。”在张仪的威胁利诱下，魏王依附了秦国。

十羊九牧

【释义】

十只羊，九个牧羊人。旧时以羊为民，以牧人为官。比喻民少官多。亦指政令不一，使人无所适从。

【出处】

唐·魏征等《隋书·杨尚希传》：“当今郡县，倍多于古……所谓民少官多，十羊九牧。”

【故事】

南北朝时北周的杨尚希，在历明帝、武帝、宣帝三朝为官，长期担任要职。隋文帝灭掉北周取代政权后，杨尚希对隋文帝也是忠心耿耿、殚精竭虑。

隋文帝恢复汉制，重新划分行政区域，设立州郡。但是，隋朝时期所设立的州郡数目比秦汉时期多了一倍，官府机构也因此相应增多，官员和吏卒也成倍增加，各种州郡制度也名目繁多，国家财政不堪重负。

杨尚希对这种情况很忧虑，他向隋文帝报告了自己的意见：“这种州郡过多的情况好比九个人放十只羊，完全没有必要。当务之急是把重要的州郡保留下来，闲置的州郡撤并掉。这样对国家来说，地域、人口还是这么多，每年的租调、粮食、布匹等项收入，不会减少，而开支却可以大大节省。并且还可以把能派上用场的贤才能人，安排到最需要他们的地方去，办事效率也会明显提高。”隋文帝于是按照杨尚希的建议，撤销、归并了许多州郡，收到了良好的效果。

升堂入室

【释义】

升,登上;堂,古代宫室的前屋;室,古代宫室的后屋。登上厅堂,进入内室。比喻学识或技能由浅入深,循序渐进,逐步达到很高的成就。也作“登堂入室”。

【出处】

《论语·先进》:“由也升堂矣,未入于室也。”

【故事】

孔子的学生子路,个性勇猛豪爽。有一次,子路在弹奏“瑟”,孔子听到他的琴声充满了豪放勇武的肃杀之气,孔子批评他说:“子路这么弹瑟,怎么能当我孔子的弟子呢?”

孔子的其他弟子听见孔子批评子路,就不再尊敬子路了。

其实,孔子批评子路,是因为爱护子路,希望他改正缺点,更好地进步。但是孔子的其他弟子们显然是误解了孔子的良苦用心。于是,孔子又说:“由也升堂矣,未入于室。”意思是说,子路的学业已经有了一定的成就了,只是还没有达到奥妙的境界罢了,不要因为子路犯了小的错误就看低他。

十年树木,百年树人

【释义】

树,培植,培养。培植树木需要十年,培育人才需要百年。比喻培育人才是长久之计,也表示培养人才是不容易的。

【出处】

《管子·权修》:“一年之计,莫如树谷;十年之计,莫如树木;终身之计,莫如树人。”

【故事】

管仲是春秋时期齐国著名的政治家。他辅助齐桓公改变行政区划和赋税制度,并施行一切措施富国强民,使齐国成为当时第一强国并首先称霸。后来,出现了《管子》一书,相传是管仲所作,其实是后人托名管仲编撰的。书中有《权修》一篇,其中有这样的一段话:“一年之计,莫如树谷;十年之计,莫如树木;终身之计,莫如树人。一树一获者,谷也;一树十获者,木也;一树百获者,人也。我苟种之,如神用之,举事如神,唯王之门。”

大意是:希望一年就有所收获的,就种谷子;希望十年以后取得较大收获的,那就种树;希望受益终身的,那么最好是培养人才了。因为种谷子一年就可以收获;种植树木,十年也可以获得利益;如果培养一批人才,就能长远地取得利益。培养人才,这是君王称霸天下的必由之路。

管仲说出了取得短暂利益和长久利益的不同,极其艰辛的不同,所受磨炼越久,才干也就越杰出。要使国家强盛,改革成功,必须注重对人才的培养。

十行俱下

【释义】

一眼同时看十行书。形容阅读速度之快。也作“一目十行”。

【出处】

唐·姚思廉《梁书·简文帝纪》:“读书十行俱下。”

【故事】

南朝梁简文帝萧纲,从小就聪明过人。他四岁开始识字读书,而且过目不忘。到六岁时,就已经会写文章了。

他的父亲梁武帝对萧纲如此好学感到非常高兴。有一次,特地把他叫到跟前,当面出了一个题目，要他做一篇文章。萧纲稍微想了一下，不慌不忙地提起笔来就写。不到一顿饭的功夫，就写成了一篇词句整齐，对偶工整的文章。擅长文学的梁武帝一看，只见文章的声韵和谐，辞藻华丽，不禁赞叹道："你这孩子呀，真是我们萧家的东阿王！"东阿王是三国时魏国著名的文学家曹植的封号，由此可见梁武帝对萧纲评价之高。

随着年龄的增长，萧纲读的书越来越多。据说他阅读的能力很强，读书的速度惊人，能够十行同时阅读下去。用这样的速度读书，当然能博览群书，写起诗赋文章，自然就得心应手。

十一岁那年，萧纲被任命为宣惠将军、丹阳尹，开始处理郡里的各种事务。他虽然还是个少年，但因为读的书多，知识广博，因此处理事务有条不紊，很有自己的想法。

水深火热

【释义】

老百姓所受的灾难，像水那样越来越深，像火那样越来越热。比喻人民生活极端痛苦。

【出处】

《孟子·梁惠王下》："如水益深，如火益热，亦运而已矣。"

【故事】

战国的时候，燕王哙因为改革国政，把王位让给相国子之，引起将军的不服，并起兵攻打子之，燕国爆发内战。齐宣王乘着燕国打内战的时候，派大将匡章率领十万士兵攻打燕国。燕国的百姓因为对内战不满，都不愿出力抵抗齐军，有些地方的燕国百姓反而给齐国的军队送饭递水表示欢迎。结果匡章只用了五十天的时间，就攻下燕国的国都。齐军攻占燕国后，匡章不管束军队，士兵欺凌燕国的百姓，燕人纷纷起来反抗。

于是，齐宣王向正在齐国的孟子请教："有人劝我不要吞并燕国，有人劝我吞并它，我到底该怎么办？"

孟子回答说："如果吞并燕国，当地百姓反而很高兴，那就吞并它，周武王就是这样的例子。"孟子又说："如果吞并燕国，当地百姓并不高兴，那就不要吞并它，周文王就是另外一个例子。"

孟子举了这两个例子后说："当初齐军攻入燕国，燕国的百姓送饭递水表示欢迎，那是因为他们想摆脱苦日子。如果齐国现在想吞并燕国，给燕国的百姓带来亡国的灾难，使他们陷入水深火热之中，那他们一定会盼望别的国家来解救了！"

水滴石穿

【释义】

水滴不止便可能最终穿透石头。比喻只要坚持不懈，事情便会成功。

【出处】

南宋·罗大经《鹤林玉露·一钱斩吏》："判曰：'一日一钱，千日千钱，绳锯木断，水滴石穿。'"

【故事】

宋朝的时候，崇阳县有一个县令名叫张乖崖，有一天他看见一个管仓库的小吏从仓库里出来的时候，顺手将一文铜钱放进了自己的口袋。经过审问之后，知道他是从仓库里偷出来的，于是县令就要打他。这个小吏不服气，于是这个县令就提笔写道："一日一钱，千日一千。绳锯木断，水滴石穿。"也就是说，一天偷一文钱，一千天就是一千文。绳子虽然不锋利，但是用它锯木头，时间久了也可以把木头锯断；水滴虽然没有什么力量，但是时间长了，也可以把坚固的石头滴穿。于是下令把这个小吏斩首。

四海为家

【释义】

原指帝王占有天下，统治全国。用以夸耀帝业宏大。也指国家统一。后用以形容志在四方，到处都可以当作自己的家，不留恋于故乡。现指漂泊不定，到处可以为家。

【出处】

《汉书·高帝纪》："天子以四海为家。"

【故事】

汉八年（公元前199年）刘邦引兵向东讨伐韩信的余党，萧何丞相主持设计、建造了未央宫。未央宫中设立了东宫、北宫、前殿、警卫用房和皇家仓库。

刘邦回到长安后，见到宏伟的未央宫，十分生气，他责问萧何说："如今天下动乱，连年残酷地作战，咱们的事业是成功还是失败，现在还不清楚，为什么建造如此奢华的宫殿呢？"

萧何回答说："天下确实还没有安定，所以我们可根据形势的发展来营造宫殿。更何况天子应该以'四海为家'，不壮丽就没办法体现皇帝的无限权威，而且让后代见了这未央宫也觉得无可挑剔。"刘邦听了萧何的解释，于是又高兴了起来。

岁不我与

【释义】

时间不等人，指要抓紧时间。也作"时不我待"。

【出处】

《论语·阳货》："日月逝矣，岁不我与。"

【故事】

阳货想见孔子,孔子不见。他便赠送给孔子一只熟的小猪,想要孔子去回拜他。

孔子打听到阳货不在家时,才往阳货家拜谢,却又在半路上遇见了他。阳货对孔子说:“来,我有话要跟你说。”孔子走过去。阳货说:“把自己的本领藏起来而听任国家迷乱,这可以叫作仁吗?”孔子回答说:“不可以。”

阳货说:“喜欢参与政事而又屡次错过机会,这可以说是智吗?”孔子回答说:“不可以。”

阳货说:“时间一天天过去了,年岁是不等人的。”孔子说:“好吧,我这就去做官。”

扫除天下

【释义】

扫除,消除、肃清。肃清坏人,安定社会。

【出处】

南朝宋·范晔《后汉书·陈藩传》:“大丈夫处世,当扫除天下,安事一室乎?”

【故事】

陈藩十五岁的时候,曾经独自住在一处,庭院以及屋舍内十分杂乱,到处都脏乱不堪。

他父亲的朋友薛勤来拜访他,对他说:“小伙子你为什么不打扫房间来迎接客人?”

陈藩说:“大丈夫处理事情,应当以扫除天下的坏事为己任。不能在乎一间屋子的事情。”

薛勤反问道:“你自己的屋子都不扫,怎么扫天下?”

薛勤认为他有造福社会的志向，与众不同。可是，连自己的一个简单的屋子都不打扫，怎么能够扫除天下呢？！

杀人越货

【释义】

越，抢劫。杀害人命，抢夺财物。指盗匪的行为。

【出处】

《尚书·康诰》："杀越人于货，暋不畏死，罔弗憝。"

【故事】

万章问孟子道："请问，同别人交往要抱什么样的心态？"

孟子说："恭敬的心态。"

万章问："对别人的礼物坚决推辞不受是不恭敬的，为什么呢？"

孟子说："假使尊长赐给你礼物，你接受前先想一下，他得来这些礼物是否正当，然后才接受。这是轻慢不恭敬的，所以不应拒绝。"

万章说："如果不用言语拒绝，只是心里不接受，心里说，'他从百姓那里取来这些东西是不义的'，然后用别的理由拒绝接受，不行吗？"'

孟子说："他以道相交往，以礼相对待，这样即使是孔子也会接受礼物的。"

万章说："如果有个在城外拦路抢劫的人，他以道相交往，按礼节赠送礼物，这种情形也可以接受吗？"

孟子说："不行。《康诰》上说，'杀人抢劫，强横不怕死的人，没有人不痛恨的。'这种人是不必等候教训就可以诛杀的。这个法律已经是夏商周三代相传，到现在更是要继承它，怎么还能接受他的馈赠呢？"

万章说："现在的诸侯从百姓那里掠取财物，这与拦路抢劫的性质是一样的。如果他们按照礼节交往，这样君子就可以接受他们的礼物，请问这又是什么道理呢？"

孟子说："你认为如果有圣王出现，他将会把现在的诸侯统统杀掉呢？还是把经过教育仍不悔改的诸侯杀掉呢？认为不是他该有的东西他拿了，这就是抢劫，这是把‘抢劫’的含义范围扩大到最尽头的说法罢了，并不是真正的抢劫。孔子在鲁国做官时，鲁国人有打猎时争夺猎物的习俗，孔子也去争夺了。这种不合理的争夺猎物的风俗尚且可以随从，何况是接受诸侯赠给的礼物呢？"

束之高阁

【释义】

把东西捆起来，放在高高的架子上。比喻扔在一边，不用或不管。

【出处】

唐·房玄龄等《晋书·庾翼传》："每语人曰：'此辈宜束之高阁，俟天下太平，然后议其任耳。'"

【故事】

庾翼是东晋人，他从小就有过人的才智和远大的志向，因在作战中屡立奇功，后被封为都亭侯，官至征西将军。与他同时代的殷浩也很有才能，而且长于高谈阔论。殷浩二十岁的时候，就出了名，后来做了扬州的刺史，不久又调任建武将军，负责扬、豫、徐、兖、青五洲的军事，但是在讨伐放昌和洛阳敌人的战役中，却屡打败仗，被革了职。

后来，有人向庾翼建议，让殷浩重新出来做官，庾翼并不同意，他认为殷浩是一个徒有虚名的清谈家，只会高谈阔论，而没有真才实干，庾翼带着鄙夷的神情说："他像无用之物一样，只好把他捆起来放到高楼上去，等到天下太平后，再来考虑任用他。"

事半功倍

【释义】

形容做事花费的劳力小，收到的成效大。

【出处】

《孟子·公孙丑上》：“万乘之国，行仁政，民之悦之，犹解倒悬也。故事半古之人，功必倍之，惟此时为然。”

【故事】

有一次，孟子和他的学生公孙丑谈论统一天下的问题，当说到周文王的时候，孟子说：“当时，周文王以方圆仅一百里的小国为基础，施行仁政，因而创立了丰功伟业，而如今天下的百姓都苦于战争带来的混乱和残暴君王的统治，像齐国这样的大国，如果能施行仁政的话，天下百姓一定很喜欢，就像替他们解除了痛苦一样。这样，付出的代价虽只有古人的一半，但收到的效果必定是加倍的。”

丧家之犬

【释义】

比喻失去依靠、无处投奔，到处逃亡的人。也作“丧家之狗”。

【出处】

西汉·司马迁《史记·孔子世家》：“孔子适郑，与弟子相失……累累若丧家之狗。”

【故事】

孔子从三十岁开始办私学，几年之内就出了名，招来了大批弟子。但直到五十岁那年才被鲁定公任命为中都宰。上任才一年，中都出现了太平的景象。过了一年，鲁定公升他为管理工程建筑的司空。后来，他又升为主管司法和治安的司冠。五十五岁那年，他因为对鲁定公接受齐国送来的美女表示不满，便和弟子们离开了鲁国。此后，他先后到过卫、陈、宋等诸侯国，但那里都容不了他。于是他又到了郑国。不料出了个意外，他和弟子们走散了，只好孤零零地站在城门下等候。弟子子贡焦急地到处寻找，有个郑国人问他找谁，他说："我在找我的老师，见到他了吗？"那人说："东门口有个老头儿，相貌不伦不类，非常古怪。他脑门有点像尧帝，脖子有点像皋陶，肩膀有点像子产。不过，他没精打采的样子，活像一条居丧人家的狗。不知他是否你的老师？"子贡赶紧来到东门，果然找到孔子，他如实将那郑国人的话说了一遍，孔子听后笑着说："他说我像这像那，倒是未必；而说我像居丧人家的狗，是说对了！说对了！"

"丧家之犬"中的"丧"原来念平声，指有丧事人家的狗。沿用下来的时候，"丧"字念成了去声，用来指失去主人的狗，现在多用来比喻没有归宿的人。

始作俑者

【释义】

俑，古代用以陪葬的木制或陶制的偶人。指开始用俑殉葬的人。比喻第一个做某项坏事的人或某种恶劣风气的创始人。

【出处】

《孟子·梁惠王上》："仲尼曰：'始作俑者，其无后乎？'"

【故事】

战国的时候，有一次孟子和梁惠王谈论治国之道。孟子问梁惠王："用木棍打死人和用刀子杀死人，有什么不同吗？"

梁惠王回答说："没有什么不同的。"

孟子又问："用刀子杀死人和用政治害死人有什么不同？"

梁惠王说："也没有什么不同。"

孟子接着说："现在大王的厨房里有的是肥肉，马厩里有壮马，可老百姓面有饥色，野外也到处躺着饿死的人。这简直就是当权者在带领着野兽来吃人啊！大王想想，野兽相食，尚且使人厌恶，那么当权者带着野兽来吃人，怎么能当好老百姓的父母官呢？孔子曾经说过，'始作俑者，其无后乎（第一个制作木偶来陪葬的人，应该断子绝孙啊）'！您看，用人形的木偶来殉葬都已经是不仁了，又怎么可以让老百姓活活地饿死呢？"

善游者溺

【释义】

会游泳的人，往往淹死。比喻擅长某种技能的人往往因为疏忽大意而遭祸。

【出处】

西汉·刘安等《淮南子·原道训》："夫善游者溺，善骑者堕，各以其所好，反自为祸。"

【故事】

擅长游泳的人容易溺水，擅长骑马的人容易掉下来，都是因为自恃所长反而给自己带来了祸害。所以喜欢多事的人常常事与愿违，喜欢争利的人常常陷于穷困。

远古时代的共工氏（远古传说中的水神）力气很大，用头将不周山（传说中的擎天柱）撞断，结果使大地向东南方向倾斜。他和高辛氏（黄帝的孙子）争夺帝位，失败后藏在海底不敢出来，连后代都没有。

战国时代太子翳为逃避王位，躲到山洞里隐藏，越国的百姓烧了艾草烟来熏，翳没有办法只好出来当了越王。

由此看来，能不能得到，在于命运，不是由于力争。事情的成功在于合乎天理，不在于计划的周密。

死灰复燃

【释义】

死灰，燃烧后余下的灰烬。灰烬重新又燃烧起来。比喻已经停息的事物又重新活动起来（多指坏事）。

【出处】

西汉·司马迁《史记·韩长孺列传》："蒙狱吏田甲辱安国，安国曰：'死灰独不复燃乎？'"

【故事】

西汉时期，韩安国是梁孝王的大夫。当时，汉景帝因为一件小事不满梁孝王。眼看梁孝王性命危在旦夕，韩安国不顾个人安危，亲自去拜见汉景帝的姐姐，诉说梁孝王对汉景帝和窦太后的忠心。梁孝王因此得到了保全，韩安国也因为游说有功而得到价值千金的赏赐，并且很受梁孝王的信任。

韩安国仗着自己受宠，逐渐变得骄傲自满起来，结果触犯了国法，被流放到了蒙地。狱卒田甲经常欺侮韩安国，韩安国非常气愤地说："死灰复燃乎？"意思是说，失败了就不能重新振作起来吗？田甲傲慢地说："如果你能复燃，我就尿泡尿来浇灭它。"

后来，韩安国不但被释放出狱，官复原职。狱卒田甲知道后，害怕遭到韩安国的报复，就逃跑了。韩安国听说后对别人说，如果田甲不赶快回来，就要杀死他的全家。田甲听到这消息，赶紧光着身子前来请罪，韩安国笑着讽刺田甲说："现在你就可以撒尿了。"田甲一听这话，吓得面如土色，赶紧跪下向韩安国磕头求饶，而韩安国却轻蔑地说："像你这种势利小人，才不值得报复呢！"

殊途同归

【释义】

通过不同的途径，到达同一个目的地。比喻采取不同的方法而得到相同的结果。原作“同归殊途”，也作“殊路同归”。

【出处】

《周易·系辞下》：“天下何思何虑？天下同归而殊涂（通“途”），一致而百虑。天下何思何虑？日往则月来，月往则日来。日月相催，而明生焉。寒往则暑来，暑往则寒来。寒暑相推，而岁成焉。”

【故事】

天下有什么可以思索、可以忧虑的呢？天下万物同一个归宿而道路却不相同，同一个趋向而有各种考虑。因此，天下有什么可以思索，可以忧虑的？太阳落下了，而月亮升起来；月亮落下了，而太阳升起来。日月轮回取代，从而保证了天下的光明。寒冷过去了，炎热就到来；炎热过去了，寒冷就到了。寒冷炎热轮回取代，从而完成一年的流动时光。

食言而肥

【释义】

食言，说话不算数，失信。形容为图私利而说话不算数。

【出处】

春秋鲁·左丘明《左传·哀公二十五年》：“是食言多矣，能无肥乎？”

【故事】

春秋的时候，鲁国有个大夫，叫孟武伯。这个人说话一贯言而无信，鲁哀公对他相当不满。

有一次，鲁哀公在五梧举行宴会，孟武伯照例来参加。这时，有个名叫郭重的大臣也在座。这郭重长得十分肥胖，却很受鲁哀公的宠爱，就因为这样，常常遭到孟武伯的嫉妒和讥辱。

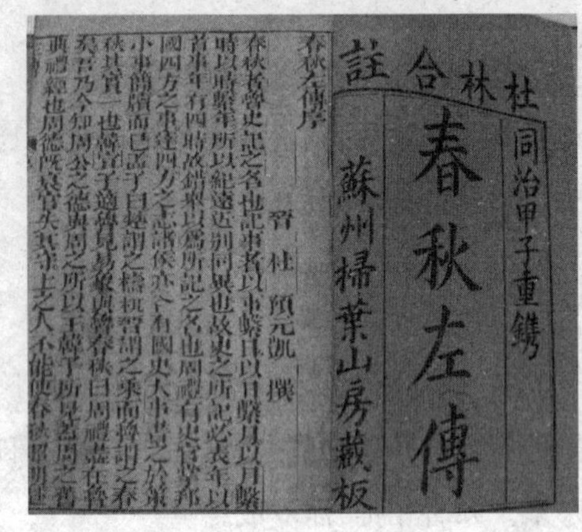

《左传》书影

这次孟武伯借着向鲁哀公敬酒的机会，又故意向郭重问道："你是吃了什么东西呀？长得这样肥胖啊！"

鲁哀公听了之后，感觉十分厌恶，便代替郭重答说："食言多也，能无肥乎！"这句话分明是反过来讽刺孟武伯一贯说话不算数。

孟武伯顿时面红耳赤，感到万分难堪。

树欲静而风不止

【释义】

树要静止而风却不停。比喻事物的客观存在和发展规律不以个人的意志为转移。常用来说明子女对父母的孝顺问题。

【出处】

《孔子家语·致思》："树欲静而风不止，子欲养而亲不待也。"

【故事】

有一次，孔子带着徒弟们外游，忽然听见路边有人哭得特别哀伤。孔子循声前去一看,原来是皋鱼。

孔子问他:“你为什么哭得如此的悲哀呢?”皋鱼回答说:“我的过失有三条:少年时在外游学,周游列国,没有时间侍奉自己的父亲母亲,这是其一;我的志向很高远,可是对奢华的君主却无法委婉劝谏,这是其二;我与朋友交往深厚,可是现在却渐渐地疏于往来了,这是其三。树想要安静而风吹不止;子女想要赡养双亲,而他们却亡故了。消逝后而不可追回的,是时光啊;亡故后而不能再见的,是双亲!请让我从此告别世人吧。”

孔子听后,对众弟子说:“弟子们,记住他吧。”于是,孔子的弟子告辞而回家养亲的有十分之三。

杀身成仁

【释义】

仁,仁爱,儒家道德的最高准则。原指不惜舍弃自己的生命以成全仁德。后泛指为正义或崇高的理想而牺牲生命。

【出处】

《论语·卫灵公》:“志士仁人,无求生以害仁,有杀身以成仁。”

【故事】

孔子说:“志士仁人,没有贪生怕死而损害仁的,只有牺牲自己的性命来成全仁的。”

“杀身成仁”被近现代以来某些人加以解释和利用后,似乎已经成了贬义词。其实,我们认真深入地去理解孔子所说的这段话,主要谈了他的生死观是以“仁”为最高原则的。生命对每个人来讲都是十分宝贵的,但还有比生命更宝贵的,那就是“仁”。“杀身成仁”,就是要人们在生死关头宁可舍弃自己的生命也要保全“仁”。自古以来,它激励着多少仁人志士为国家和民族的生死存亡而抛头颅、洒热血,谱写了一首首可歌可泣的壮丽诗篇。

盛气凌人

【释义】

骄横的气势威逼着别人的样子。

【出处】

清·曾国藩《求阙斋语》:“今日我以盛气凌人,预想他日人亦以盛气凌我。”

【故事】

战国时,诸侯争霸,战事迭起。有一年,秦攻赵,赵危,求助于齐。

齐王接到求援信后,表示一定要让赵太后的小儿子长安君去做人质方肯出兵援助。赵太后一听,连声说:“那怎么行?”原来长安君是太后最宠爱的小儿子,所以无论大臣们如何劝谏。她也不同意让长安君去做人质。

前线战事已经非常危急了。这时,赵国的老臣触龙求见太后。太后怀疑他又是来劝谏的,于是“盛气而胥之”,满脸怒气,等着触龙一开口劝谏就训斥他。触龙进宫以后,先表示了深切的歉意,他说:“我年纪大了,身体也差了,所以没有能多多看望太后,心里非常内疚。”太后一听,原来他不是来劝谏的,心中怒气消了一大半。

触龙见太后脸色和缓下来,便和她谈起了自己如何疼爱小儿子的事儿。慢慢地将话题引到太后对儿子的态度上,使赵太后在不知不觉中接受了“爱孩子就应为孩子作长远打算”的道理。随即,赵太后答应了齐国要长安君做人质的要求,避免了赵国的一场灾难。

食不甘味

【释义】

指不知道吃的东西是什么味道,形容某人心中忧虑不安,挂念着某件事情,或者是因忙碌操劳，以至于吃饭都没有味道。

【出处】

《战国策·齐策五》："秦王恐之，寝不安席，食不甘味。"

【故事】

苏秦连横的策略未被秦王采纳后，苏秦又说服赵国采取其合纵策略，共抗强秦。

在苏秦的努力下，韩、魏、齐三国分别加入了合纵。于是苏秦来到了当时相对比较强大的楚国。见到了楚威王以后，苏秦说：

"楚国地理位置优越，国力昌盛，兵强马壮，粮草充足，而且有您这样一位贤君，楚国有如此优越的条件正是称霸的基础。但现在楚国却打算侍奉秦国，那当今世上就没有哪个诸侯敢不侍奉秦国了。"

"是啊！"楚威王答道。

"实际上，秦国最怕的就是楚国，双方可以说是势均力敌。如果秦国联合了诸侯国，他就可以称霸，如果您联合了诸侯国，您就可以称王。称王称霸可以得到其他诸侯国的进奉，您愿意做扬眉吐气的霸主呢，还是愿意做俯首称臣的弱者呢？"

楚威王听罢，感慨地说：

"楚秦两国接壤，秦国一直有吞并我国的野心。我们又不能同韩、魏结盟，因为韩、魏一直受秦国的挟制，我每当想起光靠楚国难以抵挡秦国的进攻就睡不安稳，吃东西都没有味道，心就像是悬挂在天空中的旌旗一样摇摆不定，没有一天安定的时候，先生言之成理，我决定参加合纵，与其他诸侯国一致抗秦。"

最终，苏秦说服了各国，形成了合纵。

石破天惊

【释义】

原意指李凭所弹的箜篌气势恢宏，有惊天动地之势。后人用此形容文章或某一事件的发展非常惊人。

【出处】

唐·李贺《李凭箜篌引》:"女娲炼石补天处,石破天惊逗秋雨。"

【故事】

唐朝诗人李贺被誉为"诗鬼"。其诗诡谲、隐晦而又灵动,许多诗句传唱千古。

在李贺的名篇《李凭箜篌引》(箜篌是我国古代的一种乐器)中,他写道:"女娲炼石补天处,石破天惊逗秋雨。"意思是李凭所弹的箜篌是如此的激昂高亢,以至于震碎了女娲炼石补天之处的巨石,惊动了天公,引起一场绵绵秋雨。"石破天惊"即源于此诗,表示有惊天动地之势。

舐犊情深

【释义】

像老牛舔小牛一样感情很深。后来常用来比喻父母非常疼爱自己的儿女。

【出处】

《后汉书·杨彪传》:"犹怀老牛舐犊之爱。"

【故事】

杨修恃才傲物,屡次当众揭穿曹操心事,令曹操极为恼怒。

曹操的三儿子曹植在同曹操议事时,总能对答如流,曹操心中很奇怪。后来长子曹丕告密说是杨修同曹植关系极好,所以经常把许多问题的答案都准备好了给曹植。曹操心中更加恼火,因为杨修竟然猜出曹操要问曹植什么问题,可以说对曹操的心事了如指掌。所以他心中更加疑忌杨修。

后来在出兵伐蜀途中,曹操终于找了个借口杀了杨修。

不久,曹操见到了杨修的父亲杨彪,假惺惺地问道:"先生为何如此之瘦?"杨彪回答说："愧无日磾先见之明，犹怀老牛舐犊之爱。"金日磾是汉武帝的近臣，匈奴的一个贵族，他有两个儿子受汉武帝宠爱，因而把他们养在宫中，但是这两个儿子在皇宫内淫乱，被他父亲察觉了，于是金日磾把他们杀了，为了免生后患。所以杨彪的意思是："我很惭愧虽然没有金日磾那样有先见之明，杀了我的儿子，但是我毕竟还有老牛舔小牛那样的父子之爱啊！"

拭目以待

【释义】

原意是擦亮了眼睛等待着。后人常用此成语来形容十分殷切地等待着某件事情的发生或某人的出现。

【出处】

明·罗贯中《三国演义》："朝廷旧臣，山林隐士，无不拭目而待。"

【故事】

东汉末年，群雄割据，天下大乱。曹操逐渐统一了北方。曹操率领号称百万的兵马，准备一举消灭刘备和东吴孙权的军队。

诸葛亮分析了当前的形势，劝刘备联合孙权共同抗曹。刘备于是派诸葛亮到东吴说服孙权建立联盟。诸葛亮事先已经了解到东吴内部有两种观点，一派以张昭为首，主张讲和；另一派以鲁肃等少数人为首，主张开战。孙权不甘祖辈的家业丧失，内心也是主战的，而周瑜当时因为在外领兵还没来得及赶回。孙权召见诸葛亮以后，便介绍诸葛亮同他的谋士们一一相见。等介绍到张昭时，张昭主动挑战："听说先生自比古代的管仲和乐毅，不知是不是确有其事？"

诸葛亮答道："这只不过是个小小的比喻罢了！"

张昭于是笑着说："先生的言和行恐怕不太一致吧？管仲辅佐齐桓公，使齐国称霸；乐毅率燕军一举攻下齐国七十多座城池！他们都是举世公认的人才啊！自从先生您出山以后，朝廷的老臣，山林里的隐士都拭目以待，希望您能辅佐刘玄德消灭曹操,复兴汉室!但是怎么曹兵一到,刘玄德便几乎无容身之地了?管仲、乐毅会如此吗?"诸葛亮听完朗声大笑,大声答道:"大鹏一飞就是万里,它的志向,一般的鸟怎能理解?现在我主刘玄德兵马不足一千,大将只有三位,正处在最衰落的时候,但即使是如此,我们仍能大败夏侯惇,令夏侯惇和曹仁闻风丧胆,我以为管仲、乐毅也不过如此!"接着诸葛亮列举了当前的形势和刘备暂时失利的原因,驳得张昭哑口无言。接着,又有几位谋士向诸葛亮发难,全都被他驳得无话可说。诸葛亮舌战群儒一时被传为佳话。

驷马难追

【释义】

四匹马拉的车子,跑得很快。比喻既成事实,无可挽回。

【出处】

《新五代史·晋书·高祖皇后李氏传》:"不幸先帝厌代,嗣子承祧,不能继好息民,而反亏恩辜义,兵戈屡动,驷马难追,戚实自贻,咎将谁执!"

【故事】

五代时期,石敬瑭起兵反后唐,为求契丹支援,认契丹主耶律德光为"父皇帝",后大败后唐兵,历史上称石敬瑭为"儿皇帝"。

天福七年(942年),高祖石敬瑭去世,他的儿子石重贵继位,史称出帝。石重贵不会料理国家政事,又遭遇蝗虫等自然灾害,人民生活困苦不堪,道路旁到处可见饿死的人。

开运元年(944年)春,契丹进犯后晋,出帝石重贵率军抵御,又派人致书耶律德光,请求重修旧好,被耶律德光拒绝。双方发生多次战争,而晋军则一再败退。耶律德光派降将张彦泽率领先锋骑兵二千人进入京城,屯兵于明德门外,京城陷入一片混乱。石重贵招来学士范质,对他说:"昔日先帝起兵太原时,想选择一个儿子留守太原,契丹皇帝看中了我,他应该比较了解我。你为我草写降表,说说过去的事，也许能让我们母子活下来。”

范质草写降表，石重贵自称“孙男臣”，称呼耶律德光为“翁皇帝”，表示自己全家低头认罪，等待处理。

范质又为太后草写降表，自称“晋室皇太后新妇李氏妾”，上表说：“张彦泽率军进城，承蒙皇帝阿翁降书安抚，先皇帝当年处于危难时，皇帝阿翁亲自征战，挽救了石氏，立了我晋朝社稷。不幸先帝去世，嗣子继位，没有好好治理国家，兵连祸结，终于落到今天这个地步。事情已经发生，驷马难追。今蒙皇帝阿翁的抚慰，对我们有再生之恩，上表请罪。”

耶律德光接到出帝和太后的降表，回信说：“你们不必忧虑，保证你们有一个吃饭的地方。”石重贵投降耶律德光后，耶律德光并没有杀他，而是任命他为光禄大夫，封为“负义侯”，并把他们全家送到黄龙府去居住。

上行下效

【释义】

效：仿效，跟着学。上面的人怎么做，下面的人就跟着怎么干。

【出处】

《白虎通·三教》：“教者，效也，上为之，下效之。”

【故事】

春秋时期，齐桓公特别喜欢穿紫色的衣服，朝中大臣也跟着效仿，争着穿紫色衣服上朝。都城百姓见大臣都穿紫色衣服出入宫殿，觉得紫色衣服漂亮又时尚，便纷纷效仿起来。不久，整个国都的人都穿紫色的衣服。

当时，紫色衣服价格猛涨，五匹未染色的绢布也换不到一匹紫色的绢布，而且上涨的势头不减。

得知这种情况后，齐桓公十分忧虑，他召见丞相管仲商量对策。齐桓公对管仲说：“我喜欢穿紫色的衣服，国都百姓也喜欢穿紫色的衣服，但是紫色的衣料特别贵，我该怎么办呢？”管仲回答说：“您要制止这种现象，为何不尝试不穿紫色衣服呢？您可以对身边服侍您的人说，您非常讨厌紫色衣服的臭味。如果正好侍从中有人穿着紫色衣服来觐见，您一定要对他说：‘离我远一点，我非常讨厌紫色衣服的臭味。’”齐桓公说：“好吧！”

于是，当天宫中没人再穿紫色衣服。第二天，国都里没有人再穿紫色衣服了。没过几日，齐国境内没有人再穿紫色衣服了。

手不释卷

【释义】

卷：指书。手中的书不肯放下来。比喻抓紧时间勤学，或看书着了迷。

【出处】

《三国志·吴书·吕蒙传》：“光武当兵马之务，手不释卷。”

【故事】

三国时期吴国大将吕蒙从小读书很少，知识欠缺，孙权鼓励他多读史书与兵法。

有一次，孙权对吕蒙和蒋钦说：“你们现在身居要职掌管事务，应该通过学习来提高自己的知识水平。”吕蒙回答说：“在军中常常苦恼于事务很多，恐怕不允许再有时间来读书。”

孙权说：“我难道想要你成为研究儒家经典的博士吗？只是应当粗略地阅读，了解历史罢了。你说军中事务繁多，谁比得上我事务多？我小时候读过《诗》《书》《礼记》《左传》《国语》，唯有没读过《易》。等到统领军中、国家大事以来，又熟读三史（魏晋南北朝以来将《史记》《汉书》《东观汉记》统称为三史）、各家兵书，自己认为是大有好处的。

像你们两个人，有思想，悟性高，学习必定有收获，难道不应当去学习吗？最好赶紧去读《孙子》《六韬》《左传》《国语》以及三史。孔子说：‘我曾经整天不吃，整夜不睡，思考问题，但没有益处，还不如去学习。'汉光武帝刘秀带领兵马打仗的时候，手里的书都不愿放下来，曹操也自称老了也喜欢学习，你们为什么偏不勉励自己呢？"

从此以后，吕蒙开始发奋学习，他专心致志，不知疲倦。他看过的书和发表的见解，大学者都比不上。

等到鲁肃过寻阳的时候，和吕蒙谈论问题。鲁肃非常惊讶地说："你现在的才干和谋略，不再是以前那个吴县的阿蒙了！"吕蒙笑着回答："与读书人分开三天，就应该重新看待他，长兄认清事物太迟了吧！"鲁肃于是拜见了吕蒙的母亲，与他结交好友后离开了。

世外桃源

【释义】

比喻理想中环境幽静、不受外界影响、生活安逸的地方。现用来比喻一种虚幻的超脱社会现实的安乐美好的境界。

【出处】

《桃花源记》描述的一个与世隔绝，没有遭到祸乱的美好地方。

【故事】

陶渊明，字元亮，号五柳先生，世称靖节先生，是我国东晋末期南朝宋初期著名的诗人、文学家、辞赋家、散文家。他曾做过几年小官，后辞官回家，从此隐居，田园生活是他诗歌的主要题材。《桃花源记》是他的一篇千古流传的名篇，里面讲了这样一则故事：

西晋时，武陵（今湖南常德）有个以捕鱼为生的人。有一天，他沿着小溪划船打鱼。也不知道走了多远，忽然发现了一片桃树林，桃树林在溪水的两岸，繁花似锦，落英缤纷。

渔夫被这迷人的景色吸引住了，就划着小船一直往前走，想走到桃林的尽头，看个究竟。到了桃林的尽头,他发现了一个洞口,就丢下小船,从洞口走了进去。洞口很小,刚刚能容纳一个人通过。他往前走了几十步,豁然开朗。原来,这里土地平坦肥沃,桑木成行,还有一个很大的村子。人们来来往往,勤恳地劳动着。田间小路纵横交错,鸡犬之声,不绝于耳。这里的人穿的衣服也跟外面的人一样,男女老少都怡然自得。

村子里的人看见了渔夫,都感到很吃惊,问他是从哪里来的。渔夫诚实地做了回答,人们就很热情地邀请他到家里去做客,他们做好丰盛的饭菜款待渔夫。渔夫跟大家交谈,才知道村子里的人的祖先是秦朝末年的时候,为了躲避战乱到这儿来的。从那时起,他们就居住在这里,没有同外界接触过。他们对秦朝以后的事一无所知。渔夫把外面的情况告诉他们,他们听了都惊讶不已。

村子里的人都轮流请渔夫去做客,这样过了几天,渔夫就向他们告辞回家。临走的时候,村里的人叮嘱他说:"请你不要向外面的人说起我们这里的事。"

渔夫沿原路返回,找到自己的小船回家去。在路上,他做了许多标记,准备下一次再来。到了武陵以后,他就把看到的一切告诉了太守。太守听了很感兴趣,派人跟着渔夫去找那片桃树林。但是他们迷了路,找不到以前渔夫做的标记,人们再也找不到那个桃树林了。

当时南阳有个名士叫刘子骥,喜欢寻仙访道。他听到这件事以后,就兴冲冲地计划前去寻找。但是不久他就因病去世了。后来就再也没有人去寻找这片神奇的桃源仙境了。

舍本逐末

【释义】

舍:舍弃。本:根本。逐:追求。末:枝节。本指舍弃根本的、主要的,而追求枝节的、次要的。比喻做事不从根本着眼,而在枝节上用功夫。

【出处】

《汉书·食货志》:"弃本逐末,耕者不能半,奸邪不可禁,原起于钱。"

【故事】

一天,齐王派出了一个使者,要他到赵国去问候赵威后。

齐王的使者没到过赵国,更没见过赵威后。但他早已听说,赵威后是一位很贤德的王后,所以,他十分高兴地接受了这一差事。他想,去向赵威后问安,赵威后一定会很欢喜。她一欢喜,说不定会回赐些贵重的礼品。因此,他觉得此次出使赵国,是一件十分难得的美差。

他披星戴月,马不停蹄,终于到了赵国京都邯郸。邯郸,在齐王使者眼中是非常繁华的。只见这里到处都是雕梁画栋的高楼,清水碧透的河流在城市中流淌,市井中热闹非凡,人们高高兴兴地在做着生意。他不禁感叹说:"赵国真是繁华呀!"

来到赵国后,他去向赵威后问安。果然,赵威后不负贤名,当使者被宫娥引进后宫时,那赵威后早已端坐在座位上等候了。她一身正气,满脸慈祥。

礼仪过后,齐王使者把随身带来的齐王问候赵威后的亲笔信,递给了赵威后。但不知怎的,那赵威后竟然没有先去拆阅齐王的信,却躬身问齐王使者道:"齐国今年的收成好吗?"

"好。"齐王使者答。

赵威后接着又问:"百姓们的生活好吗?"

"好。"齐王使者答。

赵威后再问:"齐王身体还好吗?"

"也很好。"齐王使者答。

随着赵威后的问候,该如何回答,齐王使者都回答过了。可齐王使者心里却很不是滋味。他是直率的人,见赵威后是那样的慈祥与宽厚,于是,他问道:

"尊贵的威后,我接受王上的旨意,专程向你来问安。照说,你若回问的话,也该先问候我们的大王。可你先问的,却是收成和百姓。你怎么把低贱的摆在了前头问,而把尊贵的摆在了后头问呢?"

赵威后微微地笑了:

"话可不能这么说。我所以先问收成和百姓,后问候你的大王,自有我的道理。你想想看:假如没有好年景,那黎民百姓靠什么活下去呢?同样,假如没有黎民百姓,又哪里有大王呢?所以说,我这样问才合乎情理;不这样问,便是放弃了最根本的,而只是考虑一些不重要的了。你说是不是这样呢?”

齐王的使者这下子张口结舌了。他终于明白为什么赵威后被称为贤德的王后了。

四面楚歌

【释义】

到处都是楚国的歌声。后来形容到处受敌、孤立无援的困境。

【出处】

《史记·项羽本纪》:“项王军壁垓下,兵少食尽,汉军及诸侯兵围之数重。夜闻汉军四面皆楚歌,项王乃大惊曰:‘汉皆已得楚乎?是何楚人之多也!’”

【故事】

楚汉战争中,西楚霸王项羽和汉王刘邦争战多年,打了个平手,便议和罢兵,约定以鸿沟为界,各封领土,互不侵犯。后来刘邦听从张良和陈平的规劝,觉得应该趁项羽衰弱的时候消灭他,就又和韩信、彭越、刘贾会合兵力追击正在向东开往彭城的项羽部队。终于布置了几层兵力,把项羽紧紧围在垓下。

当时,项羽帐下尚有数员大将和八千精锐子弟兵,个个骁勇善战,汉军一时难以聚歼。

刘邦准备下令猛攻,韩信说:“楚军虽已成瓮中之鳖,无路可逃,但战斗力不能轻视,强攻会给汉军造成无谓的伤亡,项羽还可能就地突围。”

张良说:“我可以让汉军大唱楚地民歌,引起楚兵的思乡之情,让他们丧失战斗力。”

几天以后的深夜,一轮明月闪出云层,阵阵秋风吹得残枝哗哗作响,好似无可奈何的叹息。张良选了很多会唱楚歌的士兵聚集在一起唱楚歌。歌声婉转低沉,令听者落泪,思念家乡。

霸王项羽正在军帐内思考突出重围的办法,听到四面八方传来幽怨悲凉的楚歌，不禁非常吃惊地说：“刘邦已经得到了楚地了吗？为什么他的部队里面楚人这么多呢？”于是他踱出帐外，看到楚军三五成群，或窃窃私语，或仰望明月，泪水长流；或手扶长枪，木然远眺，眼前一派惨象让项羽觉得心情沉重，愁绪袭来，于是默默地回到帐中。他不由想起当年在三楚高举义旗、勇冠三军的战绩，忽又觉得巨鹿决战，叱咤风云，千人丧胆的气概，宛如昨日。昔日的辉煌，眼前的惨景使他愁肠百结，闷闷地拿起酒壶一饮而尽。这时，他爱妾虞姬进账，为他舞剑。身影剑花，更令项羽不能自已，内心悲苦万分。

楚军果然军心涣散。项羽突围几次都没能成功，后来仅带了八百名骑兵，从南面突围逃走，最后兵败乌江。一代枭雄，最终自刎，令人叹息。

四海之内皆兄弟

【释义】

皆：都。世界各国的人民都像兄弟一样。比喻朋友很多。

【出处】

《论语·颜渊》：“君子敬而无失，与人恭而有礼，四海之内，皆兄弟也。”

【故事】

司马牛，孔子的弟子，复姓司马，名耕，又名犁，字子牛，是宋国大夫司马桓魋的弟弟。司马桓魋参与宋国叛乱，失败后逃跑，司马牛也被迫离开宋国，逃亡到鲁国。

有一次，司马牛向孔子请教“仁”的含义。孔子知道司马牛的缺点是说话不怎么谨慎，脾气又很急躁，就说：“仁人的言谈是很谨慎的。”

司马牛还是不怎么明白，又问：“言谈谨慎，就可以算是仁吗？”孔子语重心长地说：“不管什么事，做起来都是很困难的，说起来能不谨慎吗？”

司马牛又问怎样做才可以算是君子。孔子知道司马牛因为哥哥司马桓魋参与叛乱而受牵连，又因为司马桓魋曾经加害过孔子，内心非常忧愁、恐惧。于是孔子就说：“君子不忧愁，不畏惧。”司马牛又没有明白这话的意思，又问孔子：“难道不忧愁、不畏惧就可以叫作君子吗?"孔子说:"君子经常反省自己,做到问心无愧,还有什么忧愁和畏惧的呢?"

司马牛告别了孔子,出来碰见了孔子的另一个学生子夏。司马牛又忧愁地对子夏说:"别人都有兄弟,唯独我没有。"实际上司马牛有哥哥,就是司马桓魋,但是他的哥哥太不像话了,不但犯上作乱,而且还曾加害过孔子,因此他这句话的意思是有兄弟就像没兄弟一样。

子夏听了,就安慰他说:"我听别人说过:'死和生都是由命运决定的,富贵与否则是由上天安排的。'君子做事认真,没有差错,对人恭敬而有礼貌,那么天下所有的人都是兄弟,君子何必忧愁没有兄弟呢?"

四体不勤,五谷不分

【释义】

四体:指人的两手两足。五谷:通常指稻、黍、稷、麦、菽。指不参加劳动,不能辨别五谷。形容脱离生产劳动,缺乏生产知识。

【出处】

《论语·微子》:"丈人曰:'四体不勤,五谷不分,孰为夫子?'"

【故事】

孔子是我国伟大的思想家、教育家,他的儒家思想奠定了中华文明的基础。当时孔子为了宣扬自己的思想,带着许多弟子不辞劳苦周游列国。

一天,孔子和学生走散了,子路一个人落在后面。这时天色已晚,子路就向一个老人问路:"老人家,你看见我的老师了吗?"老头儿放下锄头生气地说:"看你这个人,四体不勤,五谷不分,冒冒失失地向我问话,你老师是怎么教育你的呢?"说完,老头又挥锄干起农活来了。

子路拱手站在路边地头上,等候老头儿。天黑了,老头儿扛起锄头,说一声:"走吧!"老头儿留子路在家里吃饭,特意杀了鸡,做了一锅黄米饭,盛情招待他,又叫两个儿子出来与子路见面,并留他住了一宿。

第二天,子路赶上孔子,就把昨天发生的事情向他报告了。孔子说:“他是一位隐士呀,你应该再回去看看他!”

子路不敢怠慢,又急忙折回去找那个老头儿,但是他早已避开了。

于是,子路生气地说:“不做官是不对的。长幼间的关系是不可能废弃的;君臣间的关系怎么能废弃呢?想要自身清白,却破坏了根本的君臣伦理关系。君子做官,是为了实行君臣之义。至于道的行不通,早就知道了。”儒家提倡君臣的伦理关系,君子要出来做官,为老百姓谋福利,而不赞成归隐山林。这位老人让自己的两个儿子出来拜见子路,这是遵守长幼之序的伦理关系的,但是他本人却不遵守君臣之礼,自己做隐士,还嘲讽宣扬君臣伦理关系的人。因此,子路很生气地发了这一通议论。

市道之交

【释义】

指买卖双方之间的关系。比喻人与人之间以利害关系为转移的交情。

【出处】

《史记·廉颇蔺相如列传》:“廉颇之免长平(今山西高平市西北)归也,失势之时,故客尽去。乃复用为将,客又复至。廉颇曰:‘客退矣!’客曰:‘吁!君何见之晚也?夫天下以市道交,君有势,我则从君,君无势则去,此固其理也,有何怨乎?’”

【故事】

廉颇是战国时期赵国的名将,因为战功显著被赵王封为上卿。于是,有很多人来做廉颇的门客,又有很多人来拜访和奉承他。

一次,赵王让廉颇率领二十万精兵到长平去迎战秦军。他到长平后,从战情的实际出发,采用了持久战的策略,眼看要拖垮远离本土的秦军。可就在这时,赵王中了秦国的反间计,改用赵括为将,廉颇被罢了官,回到了邯郸。这时候,拜访和奉承的人一个也不见来了。那些朝臣显贵不来,就是文人贤士也不见来登门。廉颇府上的大门不仅夜间关着,白天也不见开了。

因为赵括只会“纸上谈兵”,长平大败,一夜之间,秦国坑杀赵军四十多万。长平之战结束之后,燕国的相国栗腹对燕王说:“赵国年富力强的人全死在长平,他们的孤幼尚未长大,不会发兵去打战。”燕王采纳了栗腹的意见,举兵攻赵。赵王又起用廉颇为将,带兵去迎击燕军,在高地一带摆开了战场。廉颇不愧为名将,高地一仗大败燕兵,而且还杀死了燕国相国栗腹。之后又乘胜追击,围攻燕国都城。结果,燕国提出以割五座城给赵国作为求和的条件,赵国才答应退兵。高地一仗结束后,赵王把尉文邑封给廉颇,号称“信平君”,并让廉颇代行相国的职务,廉颇的声望又高了起来。

这样一来,那些因廉颇被免职而不再登门拜访和奉承的人,又陆续登门拜访和奉承来了。廉颇是个正直的人,很看不惯这些人的市侩作风。于是,见那些人又找上门来,便下了逐客令。他说:“诸位还是请回吧!”这时候,有一个客人站出来对廉颇说:“廉将军,你得势时,我们来追随你;失势时,我们就离去。天下人以利害相交往,这是很自然的事。你何必怨恨与发火呢?”廉颇恍然大悟,才明白他们看中的只是他的权势与他们的自身利益,不是他本人。廉颇无言以对,只是叹了一口气。

束装盗金

【释义】

整理服装,偷取财物。后形容无端受怀疑。

【出处】

《汉书·直不疑传》:“其同舍有告归,误持同舍郎金去,已而金主觉,妄意不疑,不疑谢有之,买金偿。而告归者来而归金,而前郎亡金者大惭,以此称为长者。”

【故事】

西汉汉文帝的时候,隽不疑担任一名郎官,他的主要任务就是守卫门户、充任车骑。当时，这些郎官是住在一起的，有一天，有个老郎官到了退休的年龄了，告老还乡，收拾行李的时候没注意，把同宿舍小伙子的银两塞进了自己的行囊，便告别众人上路了。

没过一会儿，小伙子就发现银两不见了，翻箱倒柜地找了很长时间也没有找到，小伙子号啕大哭起来，这可都是他平时省吃俭用攒下来的，一家人全指望着他的这些银两过日子。

小伙子哭哭啼啼的，引来了很多人围观，大家都在议论纷纷，忽然传来了一阵鼾声。大家循声一看，却见同屋的隽不疑睡得不亦乐乎。

同事丢了银两，大家都在关心，只有隽不疑一个人躺在那儿睡大觉，不闻不问。大家想了想，平时老郎官是一个老实人，应该不可能拿同事的银两，而隽不疑这个人行动这么可疑，肯定是他拿了同事的银两。

小伙子也深信不疑，情急之下，冲到隽不疑的前面使劲摇晃隽不疑，见隽不疑醒来立马就对他说："你拿了我的钱，那可是我们全家生活的钱啊，你快点把我的钱还给我。"

隽不疑刚刚睡醒，不知道发生了什么事，点点头说："对对，是我的错，对不起，对不起。"

大家都很鄙视地看着隽不疑，隽不疑拿了自己的东西到集市上换了一些银两，把他还给了小伙子。

过了几天，老郎官又回来了，他摸出一包东西，递给了小伙子，不好意思地说："那天我回到家之后打开包袱才看到多了一包银两，原来是我收拾东西的时候没有看清楚，误拿了别人的东西。现在我这不又急忙赶回来，把银两还给你。"

这时，小伙子才知道，原来自己一直都冤枉了隽不疑。他感到非常羞愧，连忙给隽不疑道歉。

势如破竹

【释义】

势：气势，威力。形势就像劈竹子，头上几节破开以后，下面各节顺着刀势就分开了。比喻节节胜利，毫无阻碍。

【出处】

《晋书 · 杜预传》:“今兵威已振，譬如破竹，数节之后，皆迎刃而解。”

【故事】

杜预是西晋时著名的将领，出身军事世家。他的祖父杜畿有大功于曹操，受封为丰乐亭侯。父亲杜恕官至幽州刺史，但由于触犯司马懿而屡遭排挤和劾奏，受到牵连的杜预一直到三十多岁也未能当官。

西晋武帝时，杜预针对官吏腐败向晋武帝建议实行考课制度，但没有被朝廷采纳。后来由于拒绝对鲜卑叛乱的盲目出兵，杜预被石鉴陷害，失去了爵位。杜预非常有才智，向晋武帝提出过五十多项治国治军的建议。此外，他还充分施展自己的聪明才智，积极进行科学发明。为了解决洛阳的交通问题，他力排众议，主持修建了富平津大桥。

在他被封为镇南大将军、都督荆州诸军事后不久，向晋武帝建议出兵彻底消灭吴国。晋武帝拿不定主意，便召集大臣们一起商议，结果有不少大臣表示反对。他们认为吴国是一个强敌，加上正值盛暑，河水泛滥，很容易发生瘟疫，对不适应在沼泽地区打仗的北方士兵来说，是很不利的，不能轻易取胜。因此他们建议等到明年春天再发兵，那时才有比较大的把握。可是，杜预却坚持自己的主张，他说:“战国时代的燕国大将乐毅，在洛西一战，一口气攻下了齐国七十多座城池，这除了指挥有方以外，主要是士气旺盛；而现在我们已经灭掉了蜀国，将士的士气正在旺盛的时候，趁此顺势发兵去攻打吴国，就像是劈竹子一样，等劈裂几节以后，剩下的便会迎刃而解，而不会有任何阻碍了。”

晋武帝采纳了杜预的建议。于是，杜预立刻出兵，在不到十天的时间里，攻占了吴国的许多城池，还俘虏了吴国都督和文武高级官员二百多人。后来，杜预乘胜前进，就像剖开已经被打开的竹子一样，一鼓作气，很快打进了吴国都城建业，吴国灭亡。

素面朝天

【释义】

妇女不施脂粉，入朝觐见天子。

【出处】

《杨太真外传》："（唐玄宗）封大姨为韩国夫人，三姨为虢国夫人，八姨为秦国夫人。同日拜命，皆月给钱十万，为脂粉之资。然虢国不施妆粉，自衒美艳，常素面朝天。"

【故事】

唐玄宗李隆基的宠妃武惠妃去世后，他便常常郁郁寡欢，寝食不安，也无心料理朝政。

当时，他儿子寿王李瑁的妃子杨玉环是一位绝色美人。玄宗一见到她就神魂颠倒，虽然从辈分上说，她是自己的儿媳妇，但他顾不得辈分了，千方百计将她弄到自己的身边，封她为贵妃，宠爱有加。自从得到杨贵妃，唐玄宗便整天沉溺于歌舞声色中了。

杨贵妃集后宫三千宫女妃嫔的宠爱在一身，杨家也沾光了，整个家庭顿时鸡犬升天。兄弟姐妹都得到封赏，大姐封韩国夫人，三姐封虢国夫人，八姐封秦国夫人。

韩国夫人、虢国夫人、秦国夫人三人都美貌出众，玄宗经常与她们一起寻欢作乐，每年都要赏赐大量的脂粉钱。

三人中属虢国夫人最漂亮，而且又很会卖弄风骚，讨皇上喜欢，玄宗对她也是怜爱有加。虢国夫人自恃美艳，常常不施脂粉，素面入朝去觐见天子。诗人杜甫曾有诗讽刺道：

虢国夫人承主恩，

平明骑马入宫门。

却嫌脂粉污颜色。

淡扫娥眉朝至尊。

宫中女子为了讨皇上欢心,都要描眉画唇,施以厚厚的脂粉。虢国夫人却别出心裁,不施脂粉,在六宫粉黛中反而更显得美若天仙,玄宗由此更加宠爱她。她家的宅第,豪华比得上皇宫,气派没有哪家能比,虢国夫人享尽了荣华富贵。安史之乱后,她逃到了陈仓,最后死在了那里。

塞翁失马,焉知非福

【释义】

比喻一时虽然受到损失,也许反而因此能得到好处。也指坏事在一定条件下可变为好事。同"塞翁失马,安知非福"。

【出处】

《淮南子·人间训》:"近塞上之人有善术者,马无故亡而入胡,人杰吊之。其父曰:'此何遽不为福乎?'居数月,其马将胡骏马而归。"

塞翁失马,焉知非福

【故事】

古时候,在我国北方的边城住着一位老人,大家都叫他"塞翁"。

塞翁养了许多马,一天,他的马群中忽然有一匹走失了。邻居们听说这件事,都跑来安慰,劝他不必太着急,年龄大了,要多注意身体。塞翁见有人劝慰,笑了笑说:"丢了一匹马损失不大,没准会带来什么福气呢。"

邻居听了塞翁的话,心里觉得很好笑。马丢了,明明是件坏事,他却认为也许是好事,显然是自我安慰而已。过了几天,丢失的马不仅自动返回家,还带回一匹匈奴的骏马。

邻居听说了,对塞翁的预见非常佩服,向塞翁道贺说:"还是您有远见,马不仅没有丢，还带回一匹好马，真是福气呀。”

塞翁听了邻人的祝贺，反而一点高兴的样子都没有，忧虑地说：“白白得了一匹好马，不一定是什么福气，也许惹出什么麻烦来。”

邻居们以为他故作姿态，纯属老年人的狡猾。其实他心里明明高兴，有意不说出来。

塞翁有个独生子，非常喜欢骑马。他发现带回来的那匹马顾盼生姿，身长蹄大，一看就知道是匹好马。他每天都骑马出游，心中洋洋得意。

一天，他高兴得有些过火，打马飞奔，结果一个趔趄，从马背上跌下来，摔断了腿。邻居听说后，纷纷来慰问。

塞翁说：“没什么，腿摔断了却保住性命，或许是福气呢。”邻居们觉得他又在胡言乱语。他们想不出，摔断腿会带来什么福气。

不久，匈奴兵大举入侵，青年人被应征入伍，塞翁的儿子因为摔断了腿，不能去当兵。入伍的青年都战死了，唯有塞翁的儿子保全了性命。“塞翁失马，焉知非福”的成语就是由这个故事引申出的。

T

贪天之功

【释义】

贪:贪图。天:指造物主。把天所成就的功绩说成是自己的力量。现指抹杀群众或领导的力量,把功劳归于自己。

【出处】

《左传·僖公二十四年》:“窃人之财,犹谓之盗,况贪天之功以为己力乎?”

【故事】

介子推是春秋时期晋国的贤臣,又名介之推,后人尊称他为介子。

晋国由于晋献公宠幸骊姬,想废掉太子申生,改立骊姬之子奚齐为太子,于是引发了一系列变乱。太子申生被骊姬陷害致死,晋献公的另外两个儿子公子夷吾和重耳感到害怕就逃亡了。跟随重耳避难的贤士有很多,主要人士有五人,即:狐偃、赵衰、魏武子、司空季子及介子推。

重耳逃亡时,先是父亲献公追杀,后是兄弟晋惠公追杀。重耳经常吃不饱饭、睡不好觉。有一年逃到卫国,一个随从偷光了重耳一行的所有的钱粮,逃入了深山。重耳一行没有粮食,饥饿难当,只好向农夫乞讨,可不但没要来饭,反被农夫们用土块当成饭戏弄了一番。为了让重耳吃上饭,介子推到山沟里,把腿上的肉割了一块,与采摘来的野菜一同煮成汤给重耳喝。当重耳吃后知道是介子推腿上的肉时,重耳大受感动,声称有朝一日做了君王,要好好报答介子推。

十九年的逃亡生涯结束后,重耳一下子由逃亡者变成了晋文公。对此,介子推没有像狐偃、赵衰那样，主动请赏。他说，晋文公返国，实为天意，自己并没有什么功劳。他认为狐偃等人每天居功自以为是、享受荣华富贵，都是小人的举动。而且有些并未跟随晋文公逃亡的人，为了贪图富贵也来向文公请赏。介子推因此很气愤，进而隐居绵山，成了一名不食君禄的隐士。

晋文公后来想起了介子推，赶紧派人召见介子推，才知道他已隐入绵山。晋文公便亲自带很多人马前往绵山寻访。谁知那绵山蜿蜒数十里，重峦叠嶂，谷深林密，竟无法可寻。晋文公求人心切，听小人之言，下令三面烧山，此小人却放火四面烧山。没料到大火烧了三天，介子推终究没有出来，后来有人在一棵枯柳树下发现了介子推母子的尸骨。晋文公悲痛万分，将一段烧焦的柳木，带回宫中做了一双木屐，每天望着它感叹。最后又命人将介子推安葬在绵山，将介子推母子隐居的岩洞改建成介公祠。传说介子推被火烧死那天正是阴历三月初三，为了纪念这位至死也不做官的隐士，当地百姓每年到这一天都不烧火做饭，全天吃冷食，这就是“寒食节”的由来。

天崩地坼

【释义】

崩：倒塌。坼：裂开。像天塌下、地裂开那样。比喻重大的事变。也形容巨大的声响。

【出处】

《战国策·赵策》：“天崩地坼，天子下席。”

【故事】

秦国围困赵国都城邯郸，魏王派大将晋鄙率军营救赵国，但是魏王和大将晋鄙都畏惧秦军，所以魏军驻扎在魏国和赵国接壤的荡阴，不敢前行。魏王又派将军辛垣衍秘密潜入邯郸，让赵国平原君劝说赵王：“秦国加紧围攻邯郸的真正目的，不是为了贪图邯郸城，是为了称帝。如果赵国派使者去秦国拥戴秦昭王为帝，秦军就会撤退,邯郸自然就解围了。"平原君一直很犹豫,没有做出决定。

这时,鲁仲连恰巧正在赵国游历。正碰上秦军围攻邯郸,他听说魏国派使者劝说赵王拥戴秦昭王为帝,就去见平原君。鲁仲连想让平原君介绍他会见魏国使者辛垣衍。平原君就去见辛垣衍,说鲁仲连想见他。辛垣衍推辞说身负重任,不想见鲁仲连。平原君说:"我已经把你在这里的消息告诉他了。"不得已,辛垣衍答应去见鲁仲连。

鲁仲连见到辛垣衍,没有先开口说话。辛垣衍说:"根据我的观察,留在被围困的邯郸城的人,都是有求于平原君的。可是我看先生您的仪容相貌,不像是有求于平原君的人,为什么久留在被围困的邯郸城中而不离开呢?"鲁仲连回答说:"世上那些认为鲍焦(周朝隐士)是不能自我宽容而死去的人,都是错误的。如今的人不了解鲍焦的死因,认为他是为了自身利益而死的。秦国是一个抛弃仁义礼制而崇尚杀敌斩首之功的国家,用权诈之术对待大臣,像对待奴隶那样奴役百姓。如果让秦王肆意称帝,进而统治天下,那我只好跳东海自杀了。我不能容忍做秦国的顺民。我之所以要见你,只是想对赵国有所帮助。"

辛垣衍赶紧问:"您将怎样帮助赵国呢?"鲁仲连说:"我要让魏国和燕国发兵救赵国,而齐国和楚国本来就会帮助赵国的。"辛垣衍说:"燕国是会听从您的。至于魏国,我就是刚从魏国来的,您怎么能让魏国帮助赵国呢?"鲁仲连回答说:"那是因为魏国还没有预见秦国称帝的危害。如果魏国了解了这点,一定会救助赵国的。"

辛垣衍又问:"秦国称帝会有什么危害?"鲁仲连说:"当初齐威王曾实行仁义之政,率领各诸侯王去朝见周天子。当时周王室贫穷且衰弱,诸侯们都不去朝见,只有齐国去朝见。过了一年多,周烈王去世,各诸侯国都去吊丧,齐国去迟了。周王室的大臣很生气,在给齐国的讣告里说:'天子驾崩,如同天地塌陷,继位天子都亲自守丧。而戍守东部的诸侯齐国大臣田婴竟敢迟到,按理该杀。'齐威王大怒,骂道:"呸,你妈不过是个奴婢。"结果被天下人耻笑。齐威王之所以在周天子活着的时候朝见他,死后却辱骂他,这实在是因为忍受不了周王室的苛求啊!天子就是那样苛刻,没什么大惊小怪的。"

鲁仲连机智地应对着辛垣衍的发难,并生动地论说了如果让秦称帝后,包括魏国在内的诸侯国,将沦为秦王的臣仆,将落个任人宰割的可悲下场。一番话,说得辛垣衍无言以对。他起身朝鲁仲连拜了两拜，说："先生您是经天纬地的人才啊！我这就离开赵国，不敢再说尊秦为帝的事了。"

秦将听说这件事后，将围困邯郸的部队撤退了五十里。这时，魏公子信陵君夺取了晋鄙的兵权，率兵援赵，秦军不战而退。

天衣无缝

【释义】

天上神仙的衣服没有缝儿。比喻事物完善周密，找不出什么毛病。

【出处】

《灵怪录·郭翰》："徐视其衣，并无缝。翰问之，曰：'天衣本非针线为也。'"

【故事】

从前有个太原人名叫郭翰，他年轻时傲视权贵，有清高的名声，仪表气度秀美，善于言谈，精通书法。他早年失去双亲，自己独自居住。当时正是盛夏酷暑，他乘着月色在庭院中纳凉。这时，有一股清风袭来，带来一丝香气，渐渐的，香气越来越浓郁。郭翰觉得很奇怪，就抬头仰视夜空，看见有人冉冉而下，慢慢落在郭翰面前，原来是一个年轻女子。这女子生得明艳动人，风华绝代。

郭翰慌忙起身，向仙女施礼说："请问姑娘从何处来？"

仙女还礼后，柔声说道："我是织女，从天上来。上帝恩赐，让我到人间一游。我仰慕你清高的风度，想与你聊聊。"

郭翰听后大惊，仔细地端详仙女。他发现织女的衣服竟然没有衣缝，不禁非常奇怪，便问仙女："您穿的衣服是用什么衣料织成的？怎么没有衣缝呢？"

仙女听后，微微一笑回答说："我穿的是天衣，天衣本来就不是用针线做的，自然没有衣缝。"

他们在一起开心地交谈着，不知不觉快到天明了。仙女拜别郭翰，踏着云彩，飘然离去。

天罗地网

【释义】

罗:捕鸟的网。天空、地面遍张罗网。比喻包围得非常严密,无处可逃。

【出处】

《大宋宣和遗事》亨集:“才离阴府恓惶难,又值天罗地网灾。”《锁魔镜》第三折:“天兵下了天罗地网者,休要走了两洞妖魔。”

【故事】

元代李寿卿写了一本《伍员吹箫》的杂剧。故事是这样的:春秋时期,楚平王是个昏庸无道的国君。他派奸臣费无极代表太子芈建到秦国,迎娶秦景公的女儿孟嬴。费无极将孟嬴迎接到郢都(今湖北江陵)后,立刻跑去告诉楚平王,说孟嬴有绝色美貌,怂恿楚平王娶了她。孟嬴进宫后,好色的楚平王把她留在身边,而将陪嫁少女冒充孟嬴嫁给自己的儿子芈建。这件事在楚国传为丑闻。

楚平王害怕太子芈建知道真相,就派他去镇守城父(今河南宝丰县东)。太子芈建的老师名叫伍奢,担任太子太傅一职。他是个刚正不阿的人。费无极害怕将来伍奢帮助太子惩罚自己,便诬告太子芈建和伍奢谋反。于是,楚平王下诏斩杀太子芈建和伍奢及他的两个儿子。太子芈建得到风声,逃到宋国去了。

芈建知道伍奢的次子伍员(伍子胥)镇守樊城,就连夜来到樊城,把伍奢一家被害的经过告诉了他,并说费无极已经派他的儿子费得雄来骗他回朝,暗行杀害。伍员听说后,心中气愤不已,大骂楚王昏庸无道,费无极心狠手辣。

不久,费无极派费得雄来到樊城,见到伍员,谎称伍员屡建战功,楚平王要他立刻回朝,接受赏赐。伍员故意问道:“我已经半年不曾入朝,我的父母兄长都好吗?”费得雄为了掩饰真相,欺骗他说他一家都好。伍员听了勃然大怒,骂道:“你们害得我们全家被诛杀,还说我家人都好。”费得雄以为伍员不知道真相,让他说出证人是谁。伍员说:“如果不是太子芈建来说明内幕,道破你的谎言,我险些被你骗入天罗地网。”

伍员把费得雄痛打一顿,弃官逃走。他历尽千辛万苦,到了吴国,在街市上吹箫乞讨。后来，伍员得到吴王重用，领兵攻打楚国，为父报仇。

天下为公

【释义】

公，公家的。原指国君的地位不为一家私有，后形容一种美好和谐的社会制度，也叫作“大同”社会。

【出处】

西汉·戴圣《礼记·礼运》：“大道之行也，天下为公。”

【故事】

《礼记·礼运》里出现了“天下为公”的说法：“大道之行也，天下为公，选贤与能，讲信修睦。”而且《礼记·礼运》还具体描绘了“天下为公”的景象：“人不独亲其亲，不独子其子。使老有所终、壮有所用，幼有所长，鳏、寡、孤、独、废疾者，皆有所养，男有分，女有归。货恶其弃于地也，不必藏于己；力恶其不出于身也，不必为己。是故谋闭而不兴，盗窃乱贼而不作，故外户而不闭，是谓大同。”这是一幅类似桃花源的图景，大意是：

人不只是孝敬自己的老人，不只是溺爱自己的孩子，让老人得到赡养以尽天年，让青壮年都有贡献才能的机会，让孩子们都能健康成长，让没有妻子的、失去丈夫的、失去父亲的、老年无子的，身有残疾的，都得到关爱，男人有劳作的岗位，女人有出嫁的保障。有人把物件扔在地上，别人也没有必要捡起来作为私有。有人干活不出力，也没必要影响自己全力地劳作。这样一来，各种阴谋诡计便失去了滋生的条件，抢劫偷盗的事情也便不会发生了。因此，老百姓连街门也不用上锁了。这便是人们所说的“大同”社会的情形。

天下奇才

【释义】

指世上少有的、奇异的才能或能人。

【出处】

西晋·陈寿《三国志·蜀书·诸葛亮传》:“及军退,宣王案行其营垒处所,曰:‘天下奇才也!’”

【故事】

东汉献帝十二年春天,诸葛亮率领大军从斜谷出川,北上伐魏。蜀军用四轮车运送军需,驻扎在武功的五丈原,与司马懿在渭水之南形成对峙的形势。诸葛亮经常担心军粮接济不上,这就无法实现收复中原光复汉室的大志。于是便分派部分士卒耕种庄稼,作为长久驻军的基础。耕种的士卒与渭水边的百姓混合在一起,但百姓都能安居,因为蜀军没有私心,不打扰百姓。两军相持一百多天。

这年八月,诸葛亮病死军营,享年五十四岁。等蜀军撤出五丈原后,司马懿巡行察看蜀军的营房阵地,发现处处井井有条、有章有序,他不由地赞叹道:“诸葛亮,真‘天下奇才’也!”

天各一方

【释义】

方,地方。指各自在天底下的一个地方。形容相隔极远,见面困难。

【出处】

汉·苏武《古诗四首》:“良友远离别,各在天一方。”

【故事】

因为有了颍川人徐庶的帮助，刘备打败了来犯的曹军，并乘机夺取了樊城。

曹操骗取了徐庶母亲的笔迹，以徐母的名义写信给徐庶，要他赶快来许昌相会。徐庶接信十分着急，来和刘备辞行。有人私下劝刘备不要放走徐庶，免得他被曹操所用。刘备说："我把他留下来，断绝了他们母子之道，这是不义的行为，我做不出来。"

第二天，刘备为徐庶饯行。刘备依依不舍，拉着徐庶的手说："先生这一去，天各一方，不知何时能再次相会了！"

天网恢恢，疏而不漏

【释义】

天网，大自然的网，引申为天道的网，比喻自然的惩罚或国法；恢恢，宽广的样子。天道像一个广阔的大网，作恶者逃不出这个网也就是逃不出天道的惩罚。也比喻国法的威严无所不在。

【出处】

《老子》第七三章："天网恢恢，疏而不失。"

【故事】

"勇于敢则杀，勇于不敢则治。此两者，或利或害。天之所恶（厌恶），孰知其故？是以圣人犹难之。天之道，不争而善胜，不言而善应，不召而自来，坦然而善谋。天网恢恢，疏而不失。"

上面这段引文的意思是：勇气向果断靠拢，就会死去；勇气向犹豫靠拢，就能存活。这两种情况，有的得利，有的遭害。大自然讨厌什么，谁知道它的原因呢？所以，圣人也很难判断。大自然的规律，是不争抢而善于取胜，不说话而善于回应，不召唤而主动前来，心平气和而善于谋划。大自然的范围极为广大，虽然有稀疏之处，却不会有一点漏失。

天花乱坠

【释义】

本指佛祖讲经，感动天神，天界各色香花纷纷坠落。现比喻说话有声有色，非常动听（多指夸大的或不切实际的）。

【出处】

唐·般若译《心地观经·序品偈》："六欲诸天来供养，天华乱坠遍虚空。"

【故事】

两晋南北朝时佛教盛行，全国有寺庙三万多所，僧尼二百多万人。南朝的梁武帝带头求神拜佛，在全国大建寺庙。他曾经三次去同泰寺，他还聘请古印度僧人波罗末到中国讲经。波罗末翻译了不少印度佛经，并培养了许多中国弟子。有了经书，讲经的风气更加兴盛。

传说世尊释迦牟尼在讲经时，香花、明灯、供食环绕着他，听经的菩萨们对世尊个个都面露恭敬、尊重、赞叹的神情，他们袈裟洁净，神情庄严地盘坐在蒲团上……

当世尊讲完了《大乘经》时，其中无限深奥的道理，听得菩萨们如醉如痴，个个形如雕塑，身心不动。这时天界飘下五颜六色的香花。

后来，佛教在中国分成许多宗派，影响最大的是"禅宗"。宋真宗时，道原禅师编了一本《景德传灯录》，记载了禅宗师徒的故事。书中讲到对佛意要真正领会，反对讲得"天花乱坠"。

天经地义

【释义】

经，常道；义，正理。天地间本应当这样。比喻非常正确不容置疑的道理。

【出处】

春秋鲁·左丘明《左传·昭公二十五年》:"夫礼,天之经也,地之义也,民之行也。"

【故事】

郑国卿大夫子太叔拜会晋国大夫赵简子,赵简子向他询问揖让、周旋之礼。

子太叔说:"这是仪式,不是礼。"

赵简子说:"请问,什么是礼?"

子太叔说:"我曾听先大夫子产(郑国大夫)说过,'礼,是天的原则,地的法则,百姓行为的依据。'既然是天地的法则,百姓便效法实施。"

子太叔所说的百姓效法天地之法是指人类依据"天经地义"而衍生出人类文明,从而制定出系统的规章、政策等社会制度。

天真烂漫

【释义】

天真,单纯;烂漫,坦率自然的样子。形容心地单纯、性情直率,没有做作虚伪。

【出处】

宋·龚开《高马小儿图》:"天真烂漫好容仪,楚楚衣裳无不宜。"

【故事】

先说"天真"。

礼者,世俗之所为也;真者,所以受于天也,自然不可易也。故圣人法天贵真,不拘于俗。

《庄子》中这段引文的大意是:礼节是世俗人做出来的;纯真是上天给的,是自然而然、不能改变的。所以,圣人崇尚自然,尊重纯真,而不受世俗礼节的约束。

后以“天真”指不受礼俗拘束的品性，亦谓事物的天然性质或本来面目。

郑思肖是南宋末年很有气节的画家，尤其擅长画水墨兰。郑思肖的兰花，远近闻名，但他从不给有权势者画。有一次，县官派人传话来：“送张墨兰来，可免税赋；否则，小心狗头。”郑思肖回答说：“要脑袋有，要画没有！”气得县官没了脾气。有一次，他画了二卷高五寸、长一丈余的水墨君子兰。画上的墨兰，很自然，全无土根。他在画上题了八个字：“纯是君子，绝无小人。”

当时，人们给郑思肖所画的“墨兰”的评价是“天真烂漫”。

螳螂捕蝉，黄雀在后

【释义】

螳螂在前面打算捕捉蝉，黄雀在后面要吃它。比喻贪求眼前的利益，没有意识到后面将要发生的灾祸。

【出处】

汉·刘向《说苑·正谏》：“园中有树，其上有蝉，蝉高居悲鸣饮露，不知螳螂在其后也。螳螂委身曲附欲取蝉，而不知黄雀在其旁也。黄雀延颈欲啄螳螂，而不知弹丸在其下也。”

【故事】

春秋末年，南方的吴国一天天强大起来，吴王为了扩大自己的地盘，决心攻打楚国。不少大臣认为现在去攻打楚国，时机还不成熟，纷纷劝他放弃这个打算。吴王不但不听劝告，反而下令说：“谁要是再敢劝阻我，我就砍了谁的脑袋！”大臣们虽然不同意出兵，但是谁也不敢再说什么。

吴王有个年轻侍卫，想劝吴王不要攻打楚国，但是吴王已经把话说绝了，这该怎么办？他左思右想，终于想到了一个好办法。

一天清早，年轻侍卫带着弹弓和泥丸，到王宫的后花园里去。他装作打鸟的样子，仰着头，望着树梢，在后花园里转来转去。

吴王一连三天看见这个年轻侍卫在后花园里转来转去，不禁有些奇怪，忍不住问道："年轻人，你在那里干什么呀？"

年轻侍卫对吴王说："大王，我在这里打鸟呢。我看到的景象，真有意思。"

吴王问："你看到了什么，说给我听听看。"

年轻侍卫说："树上有个知了，一边抖着翅膀鸣叫，一边喝露水，不知道后面有只螳螂，悄悄爬近它，弯着身子伸出前腿，正准备抓它；螳螂不知道它身后有只黄雀，正伸着脖子准备吃它；黄雀不知道我手里拿着弹弓，正在树下准备射它。这三个小动物，只想着要得到前面的食物，不顾身后的危险。大王，你说说看，是不是有意思？"

吴王何等聪明，一听就明白了。他觉得这个年轻人说得对，从此以后再也不提攻打楚国的事。

桃李满天下

【释义】

桃李：对别人学生的美称。称誉别人的学生很多，到处都有。

【出处】

《资治通鉴·唐纪·武后久视元年》："天下桃李，悉在公门矣。"

【故事】

狄仁杰，唐代著名的宰相，被后人称为"唐室砥柱"。

公元691年，狄仁杰第一次担任宰相。那时候，正是武承嗣踌躇满志之时，武承嗣认为狄仁杰将是他被立为皇嗣的障碍，勾结酷吏来俊臣诬告狄仁杰谋反，将他逮捕下狱。经过各种磨难，狄仁杰死里逃生，被贬为彭泽令。

由于狄仁杰在担任地方官期间政绩突出，武则天于公元697年将他召回朝廷，恢复他的宰相职务。武则天对他十分信任，狄仁杰成为辅佐武则天的左右手，对国家的稳定发挥了重要作用。

狄仁杰颇有知人之明，经常向武则天推荐后起之秀。他先后推举了张柬之、桓彦范、敬晖、窦怀贞、姚崇等数十位忠贞廉洁的官员，武则天都委他们以重任。这些年轻的官员精明干练，朝廷出现了欣欣向荣的新气象。有人赞誉狄仁杰说："天下桃李，悉在公门矣"。

这些人在狄仁杰去世后为恢复唐王室发挥了重要作用。公元705年正月，武则天身染重病，卧床不起。宰相张柬之等人乘机发动政变，率左右羽林军五百余人控制了玄武门，武则天于无奈中退位，中宗复位，唐王朝得以恢复国号，这就是史书上说的"中宗复辟"。狄仁杰的努力没有白费，终于得以瞑目。

天女散花

【释义】

本为佛经故事，天女散花试诸菩萨及弟子道行。后多形容花朵、雪花、光焰等从天空、高处落下的绚烂景象。

【出处】

《维摩诘经·观众生品》："时维摩诘室有一天女，见诸大人闻所说法，便现其身，即以天华（花）散诸菩萨、大弟子上，华（花）至诸菩萨即皆堕落，至大弟子便著不堕。"

【故事】

佛是梵语佛陀音译的简称，意译为觉者。觉有三义：自觉、觉他、觉行圆满，这是佛教修行的最高境界。凡夫俗子无一觉，声闻、缘觉有一觉，菩萨有两觉，只有佛有三觉。

维摩诘，意译为净名、无垢称，意思是以洁净、没有污染而著称者。维摩诘是古印度毗舍离地方的一个富翁，家有万贯，奴婢成群。但是，他勤于攻读，虔诚修行，成为居家菩萨。

维摩诘居士是佛教兴起的关键人物，《维摩诘经》是佛家的重要经典。《维摩诘经》描述维摩居士居家修行的宿世妙缘，是佛教家庭化的最早典范，佛家称维摩居士为佛陀时代第一居士。

有一天,如来佛在莲花宝座讲经解法,忽然看到一片祥云从东面飘来,得知弟子维摩诘患病,于是派众弟子前去问候。

如来佛知道维摩诘要借机宣讲佛家大义,便派天女前去检验弟子们的学习情况。天女手提花篮,飘逸而行,来到尘世间低头一看,维摩诘果然正与诸菩萨、大弟子讲经。天女随即将满篮鲜花撒下,鲜花落到菩萨身旁就落地,落到大弟子身上便不落到地上。弟子舍利弗满身沾花,知道自己道行不够,以后愈发努力学习。

铁砚穿

【释义】

把铁砚台磨穿。比喻矢志不移,持久不懈。

【出处】

《新五代史·桑维翰传》:"又铸铁砚以示人曰:'砚弊则改而佗(他)仕。'卒以进士及第。"

【故事】

五代时,洛阳有个读书人,名叫桑维翰。他其貌不扬,生得五短身材,面孔像驴子那么长。别人见了都认为他相貌丑陋,他却认为自己的长相非同一般。每次照镜子的时候,他都要仔细将自己端详一番。

读书人想踏入仕途,一般都要参加科举考试。桑维翰去应考进士时,主考官对他的姓非常反感:姓什么"桑",这不是和"丧"同音嘛,要是让他考取了,岂不是要倒霉啦!

有人知道主考官的想法,婉转地劝慰桑维翰,说道:"做官不一定要参加科举考试,通过别的途径一样能够做官。"

桑维翰知道内情以后非常气愤,写了一篇《日出扶桑赋》批驳了这个看法。这篇文章的大意是:东方有棵名叫扶桑的神木,太阳就是从扶桑那里冉冉升起的;普照万物的太阳尚且离不开一个“桑”字，那种排斥姓桑者的做法简直是太可笑了！

为了表达自己要通过科举踏上仕途的决心，桑维翰请铁匠打造了一方铁砚，他把这方砚拿给大家看，说道：“如果这只铁砚磨穿了，我还是考不上进士，那我就再走其他途径。”铁砚磨穿？那要到哪一年？看样子桑维翰是要一条道走到底了。

通过多年的努力，桑维翰终于在后唐同光年间考中了进士。他先在后唐为官，后晋时两度担任宰相。

停机德

【释义】

停下织机劝勉夫婿上进的贤德。比喻妻子激励夫婿努力奋进。

【出处】

《后汉书·烈女传·乐羊子妻》：“河南乐羊子之妻者，不知何氏之女也……妻常躬勤养姑，又远馈羊子。”

【故事】

有一天，乐羊子在路上行走，捡到一块金饼。他非常高兴，赶快跑回家把金饼交给妻子。

妻子看了看金饼，对乐羊子说：“有志气的人不喝‘盗泉’里的水，喝了‘盗泉’水的人品德就要变坏。廉洁的人不接受别人施舍的东西，接受了就显得没有志气。别人丢失的金饼，你把它捡回来，这是图谋私利玷污了自己的品行！”

听了妻子的话，乐羊子非常惭愧，把金饼扔到了野外。他决定外出寻师，提高自己的学识，培养自己的高尚品德。

一年之后，乐羊子回到家中。妻子见他回来了，问他是不是学有所成。乐羊子摇摇头，说：“在外面待久了，心里非常想念你。”

妻子听了他的话，拿起剪刀走到织机前，说：“这些丝织品都是用蚕丝织成，一根一根蚕丝累积起来，才有一寸；一寸一寸累积起来，才有一丈、一匹。如果我现在把织机上的丝织品剪断了，以前的工夫就全都白费了。你在外面学习，每天都要问问自己：今天学到了哪些知识？哪些方面还做得不够？这样日积月累，才能把知识学好，才能成就自己的美德。你中途就回来了，跟我剪断织机上的丝织品有什么不同呢？”

听了妻子的话，乐羊子深受教育，他立即动身回到老师那里，继续努力学习。

投梭折齿

【释义】

女子扔出梭子，打断调戏他的男子的牙齿。比喻调戏妇女被拒而受惩。

【出处】

《晋书·谢鲲传》：“邻家高氏女有美色，鲲尝挑之，女投梭，折其两齿。”

【故事】

晋代的王谢两家，是当时的高门世族，因为两家都居住在乌衣巷，人们便称呼他们的子弟为“乌衣郎”。

有位“乌衣郎”叫谢鲲，是位出了名的人物。他的父亲是谢衡，官至国子监祭酒；他的儿子谢尚历任江州刺史、尚书仆射，后为镇西将军，世称谢镇西；他的侄子谢安名气更大，身为东晋宰相，运筹帷幄，指挥东晋八万士卒，在淝水一举打败了前秦八十多万大军，使国家转危为安。这样的“乌衣郎”，年轻时免不了有些风流韵事。

谢鲲年轻时便小有名气，见识高，有才气，不修边幅，颇有名士风度。他还能唱歌，善鼓琴，赢得不少年轻姑娘的芳心。

有一天，谢鲲跟随父亲到邻居高家拜访，在闺房窗外看到了高家小姐。这女孩子生得樱桃小口，杨柳细腰，十分美貌，看得谢鲲心荡神摇。谢鲲在风流场上混惯了，隔窗用言辞挑逗，打算使出浑身解数，赢得美女的欢心。

高家女是个大家闺秀，为人正派，见谢鲲言词轻薄，正色道：“谢公子，请尊重些。”谢鲲是情场老手，以为凭自己的风流倜傥，再加上水磨工夫，没有哪一个年轻女子不动心；再说高家女豆蔻年华，情窦初开，有些害羞本为常事。

谢鲲说话越来越放肆，高家女忍无可忍，随手拿起梭子向谢鲲掷去。梭子不偏不倚，正中谢鲲的面颊，随着“哇”的一声，谢鲲的两颗门牙被打落在地。

从此以后，这位花花公子的行为收敛了许多。

推梨让枣

【释义】

推让着拿小梨，自己不拿枣子让大人拿给自己。比喻兄弟友爱。

【出处】

《后汉书·孔融传》李贤注引《融家传》：“年四岁时，每与诸兄共食梨，融辄引小者。大人问其故，答曰：‘我小儿，法当取小者。’”《南史·王泰传》：“年数岁时，祖母集诸孙侄，散枣果于床。群儿竞之，泰独不取。问其故，对曰：‘不取，自当得赐。’”

【故事】

推枣让梨

汉代的孔融，年纪很小就懂得兄弟友爱。有一次，家里来了客人，给孩子们带来很多梨。父母把他们弟兄六个都叫到跟前，拿一盘子梨给小兄弟们吃。孔融年仅四岁，排行最小，父母疼爱他，让他先拿。孔融走上前去，拣了一个最小的。

大家感到奇怪，那么多梨放在盘里，这孩子为什么拿了个小的？有人问他为什么拿小的，孔融的回答让所有的大人都感到意外：“我最小，应当拿小的，大的给哥哥吃。”

南朝时的王泰，从小就懂得规矩。有一次，祖母把孩子们叫过来，拿了许多枣子撒在坐具上，孩子们一拥而上，抢着拿枣子吃，祖母看了很高兴。

她见王泰站在那里不动，感到很奇怪，说："傻孩子，怎么不去拿枣子吃?"王泰说："不该自己拿，大人拿给我我才要。"祖母把他搂在怀里，摸着他的脑袋说："真是个懂事的好孩子。"

推敲

【释义】

本比喻再三斟酌文字。后泛指反复斟酌，仔细琢磨。

【出处】

宋·胡仔《苕溪渔隐丛话前集》引《刘公嘉话》："岛初赴举京师，一日于驴上得句云：'鸟宿池边树，僧敲月下门。'……韩立马良久，谓岛曰：'作敲字佳矣。'"

【故事】

贾岛，唐代诗人。年少时因为家贫，落发为僧。他写诗不惜耗费心血炼字，是苦吟派代表诗人。

有一天，他去探访好朋友李凝，恰巧李凝不在家，只得扫兴而归。第二天，他写了一首《题李凝幽居》记叙这件事："闲居少邻并，草径入荒园。鸟宿池边树，僧推月下门。过桥分野色，移石动云根。暂去还来此，幽期不负言。"

写好以后，贾岛总觉得有什么地方写得不够好。这件事一直让他惦记在心，时不时就想起这首诗。

有一天，贾岛出门办事，人骑在毛驴上，心思仍然挂念在那首诗上。突然，他觉得"鸟宿池边树，僧推月下门"这一句的"推"字，应当改用"敲"字；回过头来一想，又觉得还是用"推"字好。吟哦多遍，仍然拿不定主意。贾岛骑在驴上，一会儿作推的姿势，一会儿作敲的模样，全然不顾路人诧异的目光。

这时候，在京城做官的韩愈过来了。前面的仪仗在前面开道，贾岛浑然不知，依然做他的“推”“敲”，不知不觉竟然闯入了韩愈的仪仗队里。衙役一阵吆喝，将贾岛拿下，推到韩愈面前。

韩愈问贾岛为什么闯进自己的仪仗，贾岛便把自己做的那首诗念给韩愈听，并把那一句是用“推”好还是用“敲”好的疑问说了一遍。韩愈听完之后仔细想了一会儿，对贾岛说：“我看还是用‘敲’好，即使友人家的门虚掩着，还是应当敲门，敲门是应有的礼貌。再说，夜静更深之时，用了‘敲’字可以用声响反衬那里的清冷幽寂。”贾岛听了韩愈的话，打心底里佩服，连连点头称赞。

这个故事成为千古美谈，从此以后，“推敲”也就成了常用词语。

退笔冢

【释义】

冢：坟墓。把写秃的毛笔头埋在土坑里堆成一座坟墓。比喻刻苦练习书法。

【出处】

张怀瓘《书断》：“永公住吴兴永欣寺，积年学书，后有秃笔头十瓮，每瓮皆数石。人来觅书并请题额者如市。所居户限为之穿穴，乃用铁叶裹之。人谓为‘铁门限’。后取笔头瘗（掩埋）之，号为‘退笔冢’。”

【故事】

隋朝有位著名的书法家——智永禅师。他本姓王，是东晋大书法家王羲之的七世孙。

智永自幼出家，后来云游到浙江吴兴善琏镇，在永欣寺里住了下来。从此以后，人们在寺院外再也看不到他的身影。每天雄鸡一打鸣，智永就起床了，磨好墨练习书法，一练就是三十年。

他的字自成一家，人们竞相求取，求墨宝者络绎不绝，以致把门槛都踏破了，不得不用铁皮裹起来。这就是“铁门限”的典故；也是成语“户限为穿”的出处。

相传智永禅师晚年时，几位年轻书生慕名前来求取墨宝，并向智永请教书法秘诀。智永笑着说，我赠给你们四个字——“勤学苦练”。

几位书生以为智永不肯将秘法相传，听后大失所望。智永禅师便命小和尚打开后院门，带领他们去寺中塔林，那里有一座高高的坟冢，冢前立一石碑，上刻“退笔冢”三个大字，下有“僧智永立”四个小字，背面还有智永写的一篇墓志铭。几位书生看了“退笔冢”和墓志铭，对智永更加敬佩。

智永在我国书法艺术史上有重大贡献，特别是对“永字八法”的阐述，阐明了正楷笔势方法，是隋唐书法一代宗师。

桃李不言，下自成蹊

【释义】

蹊：小路。原意是桃树不招引人，但因它有花和果实，人们在它下面走来走去，走成了一条小路。比喻人只要真诚、忠实，就能感动别人。

【出处】

《史记·李将军列传》：“谚曰：‘桃李不言，下自成蹊。’此言虽小，可以喻大也。”

【故事】

西汉初期，匈奴是我国北方最大的一支游牧少数民族，经常南下骚扰中原居民。陇西的名将李广奋勇抗击，匈奴既怕他，又敬重他，称他为“飞将军”。

一次，李广率领四千名骑兵，从右北平出发，博望侯张骞带领一万骑兵和他在一起。他们分两路围剿匈奴。李广率兵前进几百里后，被匈奴左贤王率领的四万骑兵包围。面对优势敌人，李广竭尽全力组织抗击。后来张骞的大军赶到才得以解围。这一次，李广几乎全军覆没，只得撤兵回去。事后，朝廷追究责任，李广虽杀敌有功，但部队损失太大，功过相抵。他既没有被处罚，也没有受封赏。

有一次，李广私下对占卜天象的王朔说：“自从汉朝抗击匈奴以来，我李广没有一次战役不参加的。我率领过的部队当中的校尉，才能不及一般人，而以抗击匈奴有功被封侯的,有十数人之多。我李广比起别人来不算落后,但却从来没有因为积功而取得侯爵的封邑,这是为什么呢?"

王朔则问他:"你是否做过违背良心的事?"

李广想了一下说:"我镇守陇西的时候,羌人曾经起来造反,我用计哄骗他们,使他们投降了。后来我又用诡计,把这八百多投降者在同一天内杀死了。这是我以为最遗憾的大事。"

王朔叹息道:"给人带来灾祸的事,最严重的莫过于把已经投降的敌人杀掉,这就是将军所以没有被封侯的原因。"

公元前 119 年,朝廷决定对匈奴再发动一次大规模的攻击,分两路向匈奴进军,已经年老的李广主动请战,担任前将军,归卫青指挥。李广在行进途中几次迷路。等他赶到会合地点,已比指定的时间迟了好几天,当时,匈奴已被卫青的大军打败。会合后,卫青派手下的人问李广迷路的经过情况,并催促李广的部下快到卫青那里去认罪。李广气愤地说:"我的部下并没有罪,误期迟到的责任全在我一人身上,我现在亲自去大将军的幕府去听候审问。"

接着,李广对部下说:"我一生跟匈奴打了大小七十多次仗,这次跟着大将军出战,没想到大将军又把我的队伍调开,让我走那条迂回遥远的路,而偏偏又迷失了路径,这岂不是天意吗?"说完,拔刀自刎。

司马迁曾引用孔子的话对李广进行过评价,接着又说:"我看李将军诚实得像个乡下人,嘴里不会花言巧语。他死后,天下人不论认识的还是不认识他的,都非常悲痛。俗语说:'桃花和李花是不会说话的,但它开放的时候,欣赏的人都在树下踩出小路。'这话虽然讲的是小事,但却可以用来比喻大事。"

弹冠相庆

【释义】

弹冠:掸去帽子上的灰尘准备做官。比喻即将做官而互相庆贺,多用于贬义。

【出处】

汉·班固《汉书·王吉传》:"吉与贡禹为友,世称'王阳在位,贡公弹冠',言其取舍同也。”

【故事】

春秋时期，易牙、竖刁、开方为了博得齐桓公的信任与宠爱，想方设法地拍马溜须。易牙是管理齐桓公早膳、晚膳的厨师，据说他非常善于调味。一次，齐桓公无意中说道：“山珍海味我都吃过了，只是不知道人肉的味道如何。”桓公本是无心之言，易牙却牢记在心，当天他返家后，就把自己的儿子杀了，然后用儿子的肉烹制成鲜美的食物呈献给齐桓公。桓公刚吃一口即觉得它与以往任何菜肴都不同，就把易牙叫来，问道：“这是什么肉啊，如此鲜美？”易牙就哭着禀告道：“这是我儿子的肉，上次大王想吃人肉，我就把儿子杀了，献予大王您尝鲜。”桓公虽然心里很不舒服，但还是被易牙杀子献菜的行为感动，从此便宠信他。

竖刁是桓公的近侍，他曾经为了得到“近侍”这个职位，不惜自行宫刑。开方是千乘之国的公子，为了得到更大的奖赏，他抛弃千乘之家跟随而来，齐桓公对这两人也极为宠信。三人骗取了齐桓公的信任后开始互相勾结祸乱齐国，直到齐桓公任用管仲为相，他们才没有机会兴风作浪。管仲死后，三人非常高兴，马上回家取出旧官帽，弹掉上面的灰尘，相互庆贺着准备卷土重来。

投笔从戎

【释义】

原指班超扔掉笔投身于军事的故事，后来多用于形容文人从军、弃文就武。

【出处】

南朝·宋·范晔《后汉书·班超传》：“（超）家贫，常为官佣书以供养。久劳苦，尝辍业投笔叹曰：‘大丈夫无它志略，尤当效傅介子、张骞立功异域，以取封侯。安能久事笔砚间乎？’后立功西域，封定远侯。”

【故事】

班超出身于书香世家，他的父亲班彪、哥哥班固以及妹妹班昭都上是著名的史学家。班超家贫，自从哥哥班固被召入京中任校书郎后，班超和母亲才跟随着迁居洛阳。那时，哥哥的俸禄不足以养家，班超就替官府抄写文书来奉养老母。一日，他正伏案抄写，突然扔了笔，感叹说："大丈夫应当像傅介子、张骞那样，立功封侯，怎么能一辈子和笔砚打交道呢？"别人听了班超的话，都嘲笑他，班超却说："你们这些人怎么能了解男子汉大丈夫的志向呢！"

某天，汉明帝问班固："你弟弟在做什么？"班固低头回答道："我弟弟现在靠给官府抄文件以奉养母亲。"明帝听后，遂任命班超为掌管奏章和文书的兰台令史。但他没做多久就因小过失被免职了。后来，奉车都尉窦固出兵攻打匈奴，班超听说此事立即前去投奔窦固，从此走上了从军之路，直至后来他在军事上建功立业，成为东汉著名的军事家、外交家。

投鼠忌器

【释义】

投：用东西去掷。忌：怕，有所顾虑。想用东西打老鼠，又怕打坏了近旁的器物。比喻做事有顾忌，不敢放手干。

【出处】

汉·班固《汉书·贾谊传》："里谚曰：'欲投鼠而忌器。'此善喻也。"

【故事】

西汉时期，著名的政治家、文学家贾谊为官时，曾向汉文帝屡次上疏。他在《论政事疏》中系统地阐述了自己的政治主张，主张之一就是建议汉文帝严格实行森严的等级制度。贾谊认为，至高无上的皇帝与大小官吏、普通百姓好比是一级级的台阶，在处罚那些犯下错误与罪行的王侯大臣时，不能像处罚普通百姓一样在脸上刺字、割掉鼻子或脚趾就算了事，而应当用"廉耻节礼"等道德观念进行约束。

为了说明自己主张的正确，贾谊讲了个故事：有位富人喜好古董，收藏了一件稀有玉盂。某天晚上，一只老鼠跳进这个玉盂，富人非常恼火，拿起块石头就砸向了老鼠。当然,老鼠是被砸死了,可是那个珍贵的玉盂也被打破了。他很后悔自己的鲁莽行为,便向世人发出警告,不要为除掉一只老鼠而毁去珍贵的宝物。贾谊借这个故事说明,因为王侯大臣是在皇帝身边,如果对其施用刑罚可能会有损皇帝的尊严。汉文帝认为说得很有道理,最终采纳了这项政治主张。

图穷匕首见

【释义】

图:地图。穷:尽。见:现。常用来比喻事情发展到最后,真相或本意显露了出来。

【出处】

西汉·刘向《战国策·燕策三》:"秦王谓轲曰:'起,取武阳所持图。'轲既取图奉之,发图,图穷而匕首见。"

【故事】

战国时期,逐渐强大起来的秦国不断蚕食他国。当秦王开始计划攻燕时,在秦国做人质的燕太子丹偷偷逃回国内。太子丹认为,是秦王一手造成了燕国之祸,若杀了秦王,燕国即可避免亡国。于是,他秘密挑选了一位壮士荆轲前去行刺,荆轲知道此行凶险难测,便在出发前做了三项周密准备:由勇士秦舞阳陪同荆轲行刺;带上秦王一直想杀死的樊於期的人头;再拿上燕国打算要献给秦王的最肥沃的燕地督亢地区地图。

荆轲见到秦王,献上樊於期的人头,秦王很高兴。荆轲又说,燕国准备将最肥沃的督亢一带贡献给秦,说着即呈上了地图。秦王一听大喜,立即让荆轲到身边将地图展开。那幅地图徐徐展开,快到尽头时,一柄寒光闪耀的匕首露出!秦王大惊失色,正待起身,却不料被荆轲一把抓住了衣袖,眼看荆轲另一只手握起匕首就要刺来,秦王"刷啦"一声竟挣断了衣袖,转身避开!荆轲一击未中,奋力再刺时,秦王两侧近侍已向他包抄而来……由于寡不敌众,荆轲最终功败垂成,当场斩死。后来,人们就用“图穷匕首见”来比喻真相显露出来。

屠龙之技

【释义】

屠:宰杀。宰杀蛟龙的技能。比喻技术虽高,但无实用。

【出处】

《庄子·列御寇》:“朱泙漫学屠龙于支离益,单千金之家。三年技成,而无所用其巧。”

【故事】

庄子是道家学派的代表人物,是老子思想的继承者和发展者,先秦庄子学派的创始人。后世将他与老子并称为“老庄”,他们的哲学为“老庄哲学”。

庄子曾做过漆园吏,生活贫穷困顿,力图在乱世保持独立的人格,追求精神自由。《庄子》一书想象力丰富,文笔变化多端,具有浓厚的浪漫主义色彩。内容采用寓言故事形式,富有幽默讽刺的意味,对后世语言文学有很大影响。

在《庄子·列御寇》中记载着这样一个寓言故事:

古时候,有个叫朱泙漫的人。他生来聪颖,家庭也十分富有,由于他的想法不着边际,导致他一无所成,变成了百无一用的废才。

他先是读书,学习治国安邦的大道理,学了时间不长,他了解到在自己以前已经出现过不少善于治国的贤相,于是他弃书不读了。因为他认为既然出了那么多贤明的政治家,就不必再步人后尘了。

后来,他拜支离益做老师学习杀龙的技术。朱泙漫学习肯下苦功夫,花了整整三年的时间,才把杀龙的技术学到手。学成后,他高兴地回到家乡,人们关心地问他究竟学了什么,他兴致勃勃地讲开了自己杀龙的本事:杀龙应该用什么刀,怎样按住龙头,踩住龙尾,如何开膛剖肚……

可是,当人们问他龙是什么样子,在什么地方时,他却回答不上来。于是人们忍不住笑起来，告诉他："学本领是为了有用处，如果学的东西毫无用处，学得再精通，也是一文不值。"朱泙漫这才恍然大悟，原来世界上根本没有龙这种东西，他花费那么多的时间和精力学的本领都是白学了，根本没有地方使用。

"屠龙之技"后来用来比喻无实用价值的技术，就是再高超，也是徒有虚名，学而无用。

泰山北斗

【释义】

泰山，五岳之首；北斗，大熊星座，众星中最亮的一颗星。比喻道德高、名望重或有卓越成就为众人所敬仰的人。

【出处】

北宋·欧阳修等《新唐书·韩愈传赞》："学者仰之如泰山北斗。"

【故事】

韩愈，字退之，唐代南阳（今河南孟州市）人；因为祖籍昌黎（在今河北唐山地区），曾自称"昌黎韩愈"，死后追封为"昌黎伯"，所以后世称他韩昌黎。《昌黎全集》便是他遗著的总集。他的诗和文章都很有名，特别是他的散文，自成风格，为人们所传诵，称之为"韩文"。后人把他列为"唐宋八大家"之首。

当时一般的文风，由于受六朝以来的影响，作家都只求辞藻华丽，崇尚对句等形式（所谓"骈俪体"），而魏以前优秀作家的传统，如汉代文学家司马迁、扬雄等写作技巧和雄浑清新的气派，这时已衰退不振。韩愈便提倡学习古文，并以主要精力从事散文创作。

在他的倡导和推行下，古文运动（亦即散文运动）展开，给后世留下深刻的影响。宋代著名文学家苏轼曾称赞韩愈"文起八代之衰"。《新唐书·韩愈传》末后的赞语中也说："自愈没（死后），其言大行，学者仰之如泰山北斗云。"

土崩瓦解

【释义】

瓦解，制瓦时先把陶土制成圆筒形，分解为四，即成瓦。比喻事物的分裂，像土崩塌、瓦破碎一样，不可收拾。也比喻彻底垮台。

【出处】

《鬼谷子·抵巇》："君臣相惑，土崩瓦解，而相伐射。"

【故事】

商纣王是商朝的末代君主，是一个非常残暴的昏君。他迷恋酒色，整日花天酒地，只顾自己享乐，而不管国家的大事。

他听信谗言，重用奸臣，残害忠臣，滥杀无辜，还征收苛捐杂税，强迫百姓为他修建宫殿和花园，他还制造出了种种惨无人道的酷刑，以观看人受刑时的痛苦为乐。在他残暴的统治下，百姓无不怨声载道，苦不堪言。

虽然说商朝的疆土非常广阔，左起东海，右至杳无人烟的沙漠，南到五岭以南，北至遥远的幽州，军队从容关一直驻扎到蒲水，士兵不下数万，但打起仗来，因为兵士不愿意为纣王战斗，反而都调转武器，帮助敌人战斗。商朝政权岌岌可危。

所以，当周武王左手举着用黄金装饰的大戟，右手拿着用牦牛尾装饰的白色旌旗，坐着战车，势不可挡地杀来时，纣王的军队节节败退，商纣王政权也就土崩瓦解了。

螳臂当车

【释义】

当。阻挡。比喻不正确估计自己的力量，去做办不到的事情，必然招致失败。

也作“螳臂挡车”。

【出处】

《庄子·人间世》:“汝不知夫螳螂乎,怒其臂以当车辙,不知其不胜任也。”

【故事】

春秋时期卫国大夫蘧伯玉对鲁国贤士颜阖说:“你不知道那螳螂吧?这小虫发怒时敢以臂膀阻挡车轮,其勇气虽然可嘉,但其行为实质是自不量力的,它不知道自己是挡不住车轮的。”

据说有一次,齐庄公外出打猎,一只小虫在路中央拦住庄公的去路,庄公探头一看,这小虫气势汹汹地挥舞着镰刀般的前足,要与庄公的车轮搏斗。庄公感到十分有趣,问车夫说:“这是什么虫?”车夫说:“这就是螳螂。此虫知进不知退,不知自己的力量大小,却轻视一切对手。”庄公听罢,感慨道:“此虫若是人的话,必是天下最勇猛的武夫。”说完,调转车子,避开螳螂绕道而行。

谈何容易

【释义】

原指臣下向君主进言很不容易。后指事情做起来并不像说的那样简单。

【出处】

西汉·东方朔《非有先生论》:“先生曰:‘於戏!可乎哉,可乎哉,谈何容易?’”

【故事】

汉武帝继位中兴,为招贤纳士,宣称“待以不次之位”,即对有才干的人不拘等级授予重要职位。东方朔,因而上书言事,起初汉武帝叫他居于公车待命,长期不见任用,东方朔便作《答客难》一文,假托“非有先生仕于吴”来表达自己的政见。

吴王说:“你远道来我吴国,我躬身敬候你的主张。可是你三年无所作为,是说你不忠呢,还是说我不行?看你的意思,好像是说我不行吧?对我有什么批评意见吗?可以说说吗?我一定洗耳恭听。”

非有先生说:“哎呀!可以吗?‘谈何容易’(发表意见可不是件容易的事)!”非有先生于是讲了由于古代龙逢深谏于桀、比干直言于纣,结果都被害,因而才有伯夷叔齐饿死于首阳山之事;又由于有接舆隐居避世,箕子装疯卖傻,才有后来姜太公钓于渭水之事,因此才说“谈何容易”。

叹为观止

【释义】

叹,赞叹;观止,看到了止境。用来赞叹所见的事物好到了极点。

【出处】

春秋鲁·左丘明《左传·襄公二十九年》:“观止矣,若有他乐,吾不敢请已。”

【故事】

春秋时期,吴国有一位名叫季札的相国,他非常博学、有才能。公元前 544 年,季札奉吴王之命访问鲁国。在鲁国访问期间,季札要求欣赏聆听周乐和舞蹈,鲁襄公就让人为他表演。季札一面欣赏各种音乐和歌舞,一面指出优缺点。当看完表演虞舜的歌舞《韶箾》后,他便知是最后一个节目了。季札大声称赞:“虞舜的功德最高啊!就像无限的春天,没有什么不被它覆盖;就像广阔的大地,没有什么不被它运载!再没有什么功德能超过这部歌舞所表现出来的虞舜的功德了。欣赏就到此为止吧!”鲁国人想不到季札竟能一一点出乐舞的名字,预知鲁国用乐的数量和篇目,又能恰如其分地对其做出评论。因此,对他非常敬佩。

同甘共苦

【释义】

甘：甜。一同尝甜的，也一同吃苦的。比喻有福一起享，有困难一起承担。

【出处】

《战国策·燕策》："燕王吊死问生，与百姓同其甘苦。"

【故事】

战国时期，燕昭王是燕国的诸侯王。他非常有能力，而且为人善良仁慈，但是他的父亲燕哙王在位时亲信小人，疏远贤臣，结果国家被他治理得非常破败，差一点就被齐国灭掉了。

燕昭王即位后，觉得齐国差点就灭掉燕国是燕国的一大耻辱，于是下定决心要报仇雪恨。但是，当时的燕国破败不堪，百废待举。因此，燕昭王觉得应该先使燕国强大起来，然后才有可能谈到为国报仇的事情。但是燕昭王自己也不知道怎么治理才能富民强国、复仇雪耻。

一天，他听说郭隗善出点子，很有计谋。于是赶紧派人去把郭隗请来，向他请教说："我想使燕国赶快强大起来，然后去攻打齐国，以雪国耻。不知道先生能不能给我出个好主意，怎样才能使燕国迅速富强起来？"郭隗告诉他："招揽人才是国家振兴的关键。你要先树立起重视人才的思想，做一个求贤若渴、任人唯贤的英明君主，使能人志士甘心为你出谋划策。"

燕昭王问："那么我去请哪一个才好呢？"

郭隗回答说："先重用我这个本领平平的人吧！天下本领高强的人看到我这样的人都会被您重用，那么，他们肯定会不顾路途遥远，前来投奔您的。"

燕昭王觉得很有道理，就拜郭隗为师，并替他造了一幢华丽住宅，让他生活舒适，衣食无忧。消息一传开，乐毅、邹衍、剧辛等有才能的人纷纷从魏、齐、赵等国来到燕国，为燕昭王效力。燕昭王很高兴，都委以重任，关怀备至。无论谁家有婚丧嫁娶等事，他都亲自过问。不久，燕国就云集了很多有才能的文武将领。与此同时，燕昭王还很体恤老百姓，老百姓快乐的时候，他也跟着快乐。老百姓遇到灾年，他就及时打开国库救济他们，与他们同甘共苦。他与百姓同欢乐，共患难二十八年，终于把燕国治理得国富民强，受到举国上下的一致拥戴。后来，燕昭王一看报仇的时机已到，就派乐毅为上将军，会同秦、楚、韩、魏、赵等国一起，攻打齐国。结果齐国被打得大败，就连齐国的国王也被吓跑了。燕昭王终于一雪前耻。

同病相怜

【释义】

怜：怜悯，同情。比喻因有同样的遭遇或痛苦而互相同情。

【出处】

《吴越春秋·阖闾内传》："子不闻河上之歌乎？同病相怜，同忧相救。"

【故事】

春秋末年，楚平王是出了名的昏君。他听信费无极的谗言，要把太子建治罪。太子建听说楚平王要处死他，赶忙带着家眷逃走了。于是楚平王迁怒于太子建的太傅伍奢，当时伍奢的两个儿子伍尚和伍员在外地。楚平王要赶尽杀绝，又哄骗伍奢叫回他的两个儿子，伍奢不知是计，写信叫他的两个儿子回来。伍尚得到信，就真的回到楚国都城，结果和伍奢一起被杀害了，而伍员没有回去，从楚国逃走了。

伍员就是伍子胥，他后来逃到了吴国，得到了吴国公子光的信任，并帮助公子光夺取了王位。公子光即位以后，就是吴王阖闾，他重用伍子胥，让他掌管军国大事。

过了几年，楚国的另一个大臣郤宛也被奸臣陷害，全家都被处死。他有一个亲戚，名叫伯嚭，他是郤宛从小抚养大的，对郤宛有着非常深厚的感情。郤宛被杀以后，伯嚭也逃了出来，他听说伍子胥在吴国受到重用，便去投奔伍子胥。

伯嚭到了吴国，找到伍子胥。伍子胥听说他的遭遇和自己相似，十分同情，就热情地招待了他，并且马上向吴王阖闾推荐。有人见伍子胥对伯嚭这么热心，就问他："伯嚭刚到这里，他的为人到底怎样还不知道，你为什么一见面就这样信任他呢？"

伍子胥说："这是因为他和我有相同的冤仇。俗话说得好，有相同的病的人要相互怜悯，有相同的忧患的人要相互救助。他和我的遭遇相同，我当然要帮助他。"

吴王阖闾看在伍子胥的面上，就收留了伯嚭，还封他做了太宰。

同舟共济

【释义】

济：过河。同乘一条船过河。比喻在困难的环境中同心协力，克服困难。

【出处】

《孙子·九地》："夫吴人与越人相恶也，当其同舟而济，遇风，其相救也，如左右手。"

【故事】

孙武，字长卿，中国春秋时期著名军事家，被后人尊称为孙子、孙武子、兵圣、百世兵家之师、东方兵学的鼻祖。他领兵打仗，战无不胜，曾与伍子胥率吴军破楚，五战五捷，率兵六万打败楚国二十万大军，攻入楚国郢都，北威齐晋，南服越人，显名于诸侯。他著有《孙子兵法》十三篇，为后世兵法家所推崇，被誉为"兵学圣典"，成为国际间最著名的兵学典范之书。

一次，有人问他："怎样布阵才能不被敌人击败呢？"

孙武说："你如果打蛇的脑袋，它会用尾巴反击你；你去打蛇的尾巴，它又会用头部来袭击你；你如果打蛇的腰部，它就用头尾一齐来攻击你。所以，善于布阵的将才，也要将军队摆成蛇一样的阵势，头尾能互相救援，使全军形成一个整体，前、中、后彼此照应，才不会被敌人击溃、打散……"

那人这才明白军队要想得胜，应该摆成蛇字形，但又产生了疑问，不知道士兵会不会像蛇一样，首尾互相照应呢？

孙武说："这是不必担心的。战场是生死之地，战争迫使军队必然齐心协力。比如两个仇人，平日恨不得彼此吃了对方。但是他们同乘上一条船渡海，遇到了狂风恶浪，眼看就有葬身海底的危险时，他们就会忘记旧仇，同心协力与风浪搏斗以避免船翻人亡的危险。连仇人在危险之时尚能同舟共济，何况没有冤仇、兄弟情深的将士呢？所以军队必然会像蛇一样成为一个整体，首尾相顾，彼此救援的。"

这个人听了孙武的解释之后，觉得非常有道理，于是更加佩服孙武了。

谈笑自若

【释义】

指在危急的形势下也能镇定自如，跟平时一样地谈笑。

【出处】

《三国志·甘宁传》："城中士众皆惧，惟宁谈笑自若。"

【故事】

三国时候，东吴大将甘宁据守夷陵，被曹军以五倍的兵力团团围住，形势十分危急。

当时，曹军筑起大土堆，并在上面设置高楼，高与城齐。然后从高楼上向城中守军射箭，一时万箭齐发，吴军死伤不少。大家都很害怕，唯恐被乱箭射中。只有甘宁将军跟平时一样，谈笑自若，满不在乎。同时，他派人收集曹军射来的箭，派神射手与曹军对射，以压制对方气势，逐渐使大家镇定下来。

结果，曹军始终无法攻破城池，东吴援兵赶到，曹军只好败退。

探囊取物

【释义】

能够轻而易举地完成任务。

【出处】

《新五代史·南唐世家·李煜传》:“中国用吾为相,取江南如探囊中物尔。”

【故事】

后唐名士韩熙载为报父仇,决定到南唐寻求发展,好友李穀为他送行。

临别之际,韩熙载信心百倍地对李穀说:“假如南唐用我为相,那么我必定亲率大军北上征伐,一举平定中原。”

李穀听了,也顿觉豪情万丈,不由立下誓言:“中原的国家若用我为相,那么扫平江南各国就好像把手伸到口袋里拿东西一样容易。”

之后,两人踌躇满志地分手了。

然而结果却事与愿违:韩熙载在昏庸的南唐皇帝那儿不受重用。终日碌碌无为,只好借酒消愁,以与歌伎厮混打发时光,当初的誓言没一样得到实现;李穀的情况也一般,他虽然成为北方后周的大将,在南征过程中屡立战功,但也没有当上宰相,更没有扫平南方,誓言也等于没有实现。

铁石心肠

【释义】

原作“心如铁石”,指意志坚定,不易为感情所动。

【出处】

《宋璟集序》:“宋广平刚态毅状,疑其铁石心肠。”

【故事】

隋炀帝时期,卫州司马敬肃办事老练而又忠诚老实,特别是他能够不畏权贵,秉公断案,司隶大夫薛道衡称赞他是:“心如铁石,老而弥笃。”

有一次,朝廷权臣宇文述的亲朋在家乡为非作歹,残害百姓。被人告到敬肃那里。敬肃立即派人调查,取得真凭实据后,马上把涉案的罪犯全部抓捕法办,根本没有顾及宇文述的面子,更不理会宇文述平时的拉拢。

这下可气坏了宇文述,他一有机会就在隋炀帝面前说敬肃的坏话。搞得隋炀帝半信半疑,一直也没有提拔敬肃。

太公钓鱼,愿者上钩

【释义】

姜太公,即西周初的姜尚,又称姜子牙。姜太公用直钩不挂鱼饵垂钓,愿意上钩的鱼,就自己上钩。比喻心甘情愿地中别人设下的圈套。

【出处】

《武王伐纣平话》卷下:“姜尚因命守时,立钩钓渭水之鱼,不用香饵之食,离水面三尺,尚自言曰:‘负命者上钩来!’”

【故事】

商纣王在位期间,有个人名叫姜尚,字子牙。他饱读诗书,满腹经纶,精通兵法战略,胸怀壮志凌云。他曾去殷商都城朝歌求做官,没成功。

姜子牙听说西伯侯姬昌招贤纳士、广施仁政,年逾七旬的他便千里迢迢来到西岐。到达西岐后,他没有前去毛遂自荐,而是辗转来到渭水北岸住下。此后,他每天在渭水垂钓,等待姬昌的到来。

姜子牙钓鱼的方法很奇特:鱼竿短,鱼线长,用直钩,没鱼饵,钓竿不放进水里,离水面有三尺高。他一边钓鱼一边自言自语:“太公钓鱼,愿者上钩。”

一个叫武吉的樵夫来到河边，看到姜子牙用不挂鱼饵的直鱼钩在水面上钓鱼，便对他说："像您这样钓鱼，就是一百年也钓不到一条鱼。"

姜子牙说："你不知道个中缘由，我不是为了钓到鱼，而是为了钓王与侯。"

后来，他果然钓到了周文王姬昌。姬昌兴周伐纣，迫切需要招揽人才，他断定年逾古稀的姜子牙是栋梁之材。于是，他斋食三日，沐浴更衣，带着厚礼，亲自前往聘请姜子牙。姜子牙辅佐周文王兴邦立国，后又辅助周武王姬发灭掉了商朝。姜子牙被周武王封于齐地，实现了建功立业的愿望。

弹丸之地

【释义】

弹丸：弹弓所打的泥丸。比喻地方极小。

【出处】

《史记·平原君虞卿列传》："此弹丸之地弗予，令秦来年复攻王，王得无割其内而媾乎？"

【故事】

战国时期，秦国在长平之战中大破赵军，接着又派人向赵国索要六座城池。赵国不乐意给，但又怕秦国再来侵犯。对此，赵王犹豫不决，手下的大臣们也没有什么好办法。无奈之下，赵王向刚从秦国来到赵国当官的楼缓请教。

楼缓说："大王您让我很为难。我刚从秦国来，说不给城池吧，又没有好的办法对付秦国。说给吧，大王您又要怀疑我为秦国说话，所以我不敢说。"

赵王说："没关系，你就照直说吧！"

楼缓接着说："假如让我说实话，我认为您不如把城池给秦国。"

赵王听了，就想按照楼缓的意见做。这时候，赵国大臣虞卿听到这个消息，上朝晋见赵王，一针见血地指出："这是楼缓的诡辩，他在替秦国说话。秦国在长平一战中也没有占到很大的便宜，如果现在赵国给秦国六城，实际上是增加了秦国的器张气焰的。"赵王又迟疑不定了,就再次请教楼缓。

楼缓说:"虞卿完全了解秦国的实力吗?如果赵国能对抗秦国的进攻,那对六座城池的弹丸之地完全可以不给。但假如秦国明年再一次来攻打,赵国抵挡不住的话,那就恐怕不是六城的问题,而是要割让大片富庶之地才能求和了。"

赵王问:"假如割让六城给秦国,你能保证明年秦国不来进攻赵国吗?"

楼缓不动声色地把责任推给了赵王,他说:"这不是我所能担保的,过去韩、赵、魏三国都与秦国友好,现在秦国不打韩、魏,单独进攻赵国,必定是大王对待秦国不如韩、魏吧。"

痛心疾首

【释义】

痛:怨恨。疾:痛恨。对人或事憎恨到了极点的意思。

【出处】

《左传·成公十三年》:"诸侯备闻此言,斯是用痛心疾首,昵就寡人。"

【故事】

《左传》原名为《左氏春秋》,汉代改称《春秋左氏传》,简称《左传》。旧时相传是春秋末年左丘明为解释孔子的《春秋》而作。

《左传》是研究先秦历史和春秋时期历史的重要文献,它代表了先秦史学的最高成就,对后世的史学产生了很大影响。它丰富了《春秋》的内容,不但记鲁国一国的史实,而且还兼记各国历史;不但记政治大事,还广泛涉及社会各个领域的"小事"。

左丘明在《左传·成公十三年》记载着这样一个故事:

春秋时,晋国的晋厉公即位以后,秦晋两国又为边界问题而发生了纠纷。于是两国国君就约好在令狐会面,订立了盟约,解决了边界纠纷。

可是,秦桓公回国后,马上就背叛了盟约。他邀楚国一起攻打自己边界上的一个小国白狄。白狄是秦国的敌国，却和晋国有着姻亲关系，楚国畏惧秦国，无可奈何地答应了。

可是这时候秦国却派人去向白狄国说："晋国要出兵攻打你们，你们应该归附我们秦国！和我们一起对付晋国。"

楚国也派人对晋国说："秦国背约和楚国合起来对付晋国，但白狄和楚国对秦国的背信弃义痛心疾首。"

晋厉公于是派吕相去和秦国绝交，并对秦桓公说："现在每个诸侯国都知道你们秦国是一个唯利是图、背信弃义的国家。所以，大家都愿意和晋国维持友好关系，而对秦国痛心疾首，憎恨到了极点。现在，我们和各诸侯国都做好了和秦国交战的准备，你们秦国如果愿意遵守盟约，我国便负责劝诸侯国退兵，否则，我们只有在战场上见了。"

后来，晋国率领各诸侯国在麻隧和秦国大战，最后打败了秦军。

痛饮黄龙

【释义】

黄龙：即黄龙府，辖地在今吉林一带，为金人的腹地。原指攻克敌京，置酒高会以祝捷。后泛指为打垮敌人而开怀畅饮。

【出处】

《宋史·岳飞传》："金将军韩常欲以五万众内附。飞大喜，语其下曰：'直抵黄龙府，与诸君痛饮尔！'"

【故事】

金在靖康年间掳了宋徽、钦二帝后，又于1140年兵侵南宋。高宗急令大将岳飞率"岳家军"抗金。

完颜兀术得到郾城兵少的消息，亲率一万五千精锐骑兵、步军十万突袭郾城，企图一举摧毁岳飞司令部。当时岳飞手下只有背嵬军和部分游奕军，其余兵力来

不及集结。这是前所未有的恶战。当日下午开始交战,岳飞首先命令岳云率领背嵬军和游奕马军首先出城应战,

岳云挥动两杆铁槌枪率背嵬军直贯敌阵。在岳云的骑兵打败金军的第一批骑兵后,金军后续的十万步兵也全部开入战场,岳家军与金军开始全军接战。

在战斗最激烈的时刻,岳飞亲率四十名骑兵突出阵前,只见岳飞跃马驰突于敌阵之前,左右开弓,箭无虚发。全军士气大振,一鼓作气取得了战斗的胜利。这就是著名的“郾城大捷”。

岳飞在郾城把金兀术的十万大军打得落花流水、损失过半后,随即命人联络太行山等地义军联合抗金。各路豪杰纷纷打出“岳家军”的旗号来响应。

北方的百姓早就恨透了金军,日夜盼望岳飞的军队早日前来。义军打起“岳”字旗号以后,百姓都急着牵牛送粮给义军;还有些百姓头上顶着盆,盆中燃着香,等在路上迎接义军。

那时候,金国发布的命令,在燕山以南已经没人理睬了。金军统帅兀术想征发军队抵抗岳飞,不料命令下达后,黄河以北竟没有一人前来。他只好叹口气,说:“自从我起兵北方以来,还没有像今天这样惨败过,真是撼山易,撼岳家军难啊!”

金军的将领也惶惶不安,不断有人向宋军投降。有个叫韩常的将军,准备带领五万人马归降岳飞。岳飞看到形势非常有利,高兴极了,对部下说:“我们很快就要直捣金人的老巢黄龙府了。到那时候,我一定同大家痛饮一番!”

痛定思痛

【释义】

形容悲痛的心情平静以后,追思当时所遭受的痛苦,倍加伤心。

【出处】

《与李翱书》:“今而思之,如痛定之人,思当痛之时,不知何能自处也。”

【故事】

元军灭金以后,便挥师直下进攻南宋。南宋却在投降派的主张下步步妥协、退

让，元军逼近都城临安。这时候，临安的小朝廷已经连逃跑也来不及了，朝中大臣束手无策。

为了缓解危急的局势，更想窥察一下元国的情况，文天祥毅然请命前往元营探查。到元营后，文天祥以激昂慷慨的言辞痛斥了元军南侵的罪行。面对大义凛然的文天祥，元帅伯颜非常惊慌，却又钦佩他的才识，企图引诱他投降，文天祥严词拒绝，毫不动摇。

不久，元军让南宋的贾余庆以祈请使的身份，前往元朝的京城大都求降，伯颜也强迫文天祥随同前往。文天祥只好忍辱随贾余庆前往。船驶到京口，文天祥乘敌人不备，与同去的幕客乘上一条小船脱身。接着，一行人来到了真州。文天祥把敌人的军情虚实告诉了真州守将苗再成；同时写信给淮东、淮西的两位边帅，约他们联合行动。

不料，驻扬州的淮东边帅李庭芝以为文天祥已投降元军，这回是来代敌人骗取扬州城的，命令苗再成除掉他。苗再成不同意这样做，也不忍下手，于是送文天祥出城，劝他逃到淮西去。文天祥不得已，只好改名换姓，隐蔽行踪，在荒野里赶路，在露天下歇宿，每天与敌人的骑兵周旋于淮河地区。

文天祥在从元军手中逃脱到渡海南下途中，写了许多记录自己危急遭遇和抒发自己爱国之情的诗篇。后来他把这些诗作汇成一个集子，命名为《指南录》。在《指南录后序》中的第四段，他感叹道：生与死是像昼夜转移一样平淡的事，死了也就算了。但是艰危险恶的处境反复错杂地出现，不是人所能忍受得了的。痛苦的事情过了之后，即使再回想起，才明白这种痛楚是多么深啊！

W

危在旦夕

【释义】

旦：早晨。夕：傍晚。旦夕：指时间极短。危险就在眼前了。

【出处】

《三国志·吴书·太史慈传》："今管亥暴乱，北海被围，孤穷无援。危在旦夕。"

【故事】

东汉末年，有一个勇士名叫太史慈，他家境贫寒，多亏名士孔融救济他，才没有饿死荒野。

黄巾农民起义爆发后，身为北海相的孔融在都昌被农民军将领管亥的部队团团围住，形势万分危急。太史慈的母亲对他说："儿啊，如今孔大人遇到危难，你该去帮帮他！"

太史慈越过了封锁线，只身潜入了都昌城。农民军将都昌城围得越来越紧，孔融坐立不安，更加焦急。有人提议，平原相刘备为人重信义，急人所难，不如再派人突围去向平原相报信求援，请刘备赶快来解围。孔融面有难色，说："主意倒是不错，可无奈这城被围得水泄不通，前几次突围送信的人，死的死，伤的伤，没有人能冲得出去。"

这时，太史慈站了出来，向孔融请求出城送信。

第二天，都昌城紧闭多日的城门突然打开了，只见太史慈全副武装，纵马驰出，身后只跟了两名骑兵。城外围军惊骇不已，竟不知怎么样对付太史慈。太史慈下马滚入沟堑，搭弓射箭，连中两名敌兵，接着跃身上马，一溜烟进了城，城门又紧紧地关上了。

此后几天，太史慈天天如此骚扰围军一番，围军只当这是守军的杀伤战术，渐渐习以为常，不加警惕。到了第五天早上，城门一开，太史慈飞马加鞭，竟然直冲围军而去，围军急忙躲闪，居然给他让出了一条路。等到围军醒悟过来，太史慈早已越过重围，朝远方而去。

太史慈到了平原郡，见到了平原相刘备，告急道："今北海孔大人被围，孤军无援，危在旦夕，请您马上派兵相救。"说罢，递上孔融的亲笔信。

刘备立即点精兵三千给太史慈去救孔融，解了都昌之围。

完璧归赵

【释义】

指蔺相如将和氏璧完好地从秦国送回赵国，后比喻把原物完好地归还本人。

【出处】

汉·司马迁《史记·廉颇蔺相如列传》："相如曰：'王必无人，臣愿奉璧往使。城入赵而璧留秦；城不入，臣请完璧归赵。'"

【故事】

战国时期，赵惠文王得到一块闻名天下的宝玉——"和氏璧"。秦昭王知道这个消息，就派人送信到赵国，表示愿意用十五座城作代价来换取这块宝玉。赵王与大臣们商量，把宝玉给秦国，怕得不到秦国答应给的十五座城，不给又怕秦王派兵攻打赵国，一时拿不定主意。这时有位叫缪贤的宦者令推荐自己的门客蔺相如，说此人可以担当出使秦国的重任。在赵惠文王的首肯下，蔺相如很快带着"和氏璧"来见秦昭王。

秦昭王得到宝玉后全无划给赵国十五座城池之意，蔺相如不畏强暴，以指出璧瑕为借口,机智地索回了和氏璧,并当庭据理力争:“既然大王毫无交割城邑的诚意,那我宁可将脑袋与宝玉一起在柱子上撞碎。”秦昭王无奈,只得答应划出十五座城池,蔺相如识破这不过是假意应付,便提出要秦昭王斋戒五日后再作交换。秦昭王只得应允,蔺相如立即派出随从怀藏和氏璧,偷偷从小道返回赵国。待斋戒完毕,双方举行交换仪式时,蔺相如方才把送和氏璧回赵之事告诉了秦昭王,和氏璧从而得以保全。

亡羊补牢

【释义】

羊逃跑了再去修补羊圈,还不算晚。比喻出了问题以后想办法补救,可以防止继续受损失。

【出处】

西汉·刘向《战国策·楚策四》:“见兔而顾犬,未为晚也;亡羊而补牢,未为迟也。”

【故事】

战国时期,楚国有位叫庄辛的大臣对楚王说:“大王在宫殿中时,左有州侯右有夏侯,出去时,车后又有鄢陵君和寿陵君随从。您总是过着毫无节制的生活,不理国家政事,这样下去楚国就危险了!”楚王生气地说:“先生老糊涂了吗?诅咒楚国将遇到不测吗?”

庄辛回答说:“我不敢诅咒楚国,只是预知到事情发展的必然结果而已。如果大王您继续宠信此四人,楚国必然灭亡。请您允许我暂时到赵国躲避,留下我这条命看看结果会如何。”五个月后,秦国果然发兵攻占了楚国的很多地方,楚王也流亡到城阳。

此时,楚王猛然醒悟,立刻派人去赵国请回庄辛。楚王问庄辛:“当初我没听先生的建议,导致今天的局面,现在我该怎么办?”

庄辛回答说："有句俗语：'看见兔子再回头找猎狗追，并不算晚；丢了羊再修补羊圈，也不算迟。'当初商汤王和周武王依仗百里的土地使天下昌盛，而夏桀和殷纣拥有天下却逃脱不了灭亡的命运。如今楚国虽小，如果能做到截长补短，还能有数千里，岂止一百里而已？"楚王听后，便封他为阳陵君，过了不久他就帮楚王收复了淮北的土地。

望梅止渴

【释义】

比喻用空想或空话等来安慰自己或别人。

【出处】

南朝·宋·刘义庆《世说新语·假谲》："魏武行役，失汲道，军皆渴。乃令曰：'前有大梅林，饶子，甘酸可以解渴。'士卒闻之，口皆出水。乘此得及前源。"

【故事】

三国时期，曹操率兵讨伐张绣。一天，军队在炎热的太阳下匆忙赶路。士兵们都非常渴，但路上既没有河也没有井，大家都渴得快走不动了。

曹操担心在夜晚来临前，军队无法到达预定地点，就灵机一动，指着前面大声说道："前面有一大片梅林，那里的梅子汁甘美酸甜，可以解渴。"

众将士听了曹操的话，精神为之一振，口里顿时觉得生出许多津液，都大踏步向前走去。曹操借此提高了行进速度，终于在天黑前赶到了指定地点。

闻鸡起舞

【释义】

原意为听到鸡叫就起来舞剑，形容发奋有为，也比喻有志报国的人及时奋起。

【出处】

唐·房玄龄等《晋书·祖逖传》:“中夜闻荒鸡鸣,蹴琨觉曰:‘此非恶声也。’因起舞。”

【故事】

闻鸡起舞

东晋时期,祖逖与刘琨为儿时好友,后来二人又一起担任司州主簿,感情非常深厚。在司州时,二人经常同寝同眠,兴致勃勃地谈论国家大事。

有天半夜,一阵鸡叫声惊醒了祖逖,他向窗外一看,天边挂着一轮残月,东方还没有发白。祖逖不想睡了,便推醒刘琨说:“别人都认为半夜听见鸡叫不吉利,我偏不这样想,咱们以后听见鸡叫就起床练剑如何?”刘琨欣然同意。从此以后,每当听到鸡叫声,祖逖与刘琨就起床练剑,寒来暑往从不间断。功夫不负有心人,经过长期的刻苦学习和训练,二人都成为文韬武略的全才。后来,祖逖被封为镇西将军,刘琨做了征北中郎将,实现了他们报效国家的愿望。

卧薪尝胆

【释义】

原指春秋时期的越国国王勾践睡在柴草上,吃饭睡觉都尝一尝苦胆的励精图治的故事,后演变为成语,形容人刻苦自励,发愤图强。

【出处】

汉·司马迁《史记·越王勾践世家》:“越王勾践反国,乃苦身焦思,置胆于坐,坐卧即仰胆,饮食亦尝胆也。”

【故事】

春秋时期,吴越争霸,吴王阖闾身受重伤后亡故。两年后,其子夫差率兵攻打越国,大获全胜。为报父仇,夫差要求越王勾践在吴国做奴隶,并百般凌辱他。勾践忍辱负重,悉心照顾夫差三年,才免除对他的戒心,得以回国。

回到越国后,勾践表面上对夫差依然无条件地服从,暗中却养精蓄锐,等待时机反击。他怕安逸的生活消磨了自己的意志,就特意让自己生活在艰苦的环境中,甚至不用床被,仅在地上铺些柴草睡在上面。为了时刻不忘在吴国所受的耻辱,他在卧房中挂了个苦胆,每日起床后、临睡前都要舔一下,还让士兵站在自己门前不时地喊:“你忘了灭越之仇了吗?”

就这样,勾践与越国人民一起参加劳动,励精图治,使越国逐渐强大起来,最终消灭了吴国。

无事生非

【释义】

非:是非。无缘无故找岔子,存心制造麻烦。

【出处】

《镜花缘》第五十八回:“有不安本分的强盗,有无事生非的强盗。”

【故事】

清代李汝珍写的小说《镜花缘》里面有这样一个故事:

这天,文萁、文葤和承志三人来到小瀛洲山下。天快黑了,他们停下脚步,准备找个旅馆歇息一晚。那些家将说:“这座大山,方圆几百里没有人烟,里面的强盗最多。豺狼虎豹经常出来伤人,因此这座山脚下没有旅馆,必须往前走一二十里才有歇息的地方。”文萁说:“这个地方既然有强盗,我倒想和他们交手,替商人旅客除害也是好事。”文葤说:“这样很好,我们先去观察一番,我从来没有见过这些强盗,他们长什么模样呢?”承志听了,着急地说:“两位贤弟,你们看天色已晚,山路崎岖,很难爬上去;即使上山遇见强盗,你们又怎能见到他们的模样?不如等以后从陇右回来,起个大早,再去看啊!如今骆家兄弟是生是死都不知道,你们两位既然是来行侠仗义的,更应该赶路,怎能在这里耽搁?平时我走南闯北,看见的强盗最多,你们要问他们的样子和名称,我都知道。跟着我来,等我慢慢说给你们听。”于是,他带着二人,一起往前走。

文蔚问:“请问兄长,这个世上的强盗长什么样子?总共有几种名称?”

承志回答:“如果说样子,他们脸上没有不涂抹黑烟的,把本来的样子丢了很久了,你从哪儿能看到呢?只有冷眼看他,或许能粗略看到真实的神情。”

文蔚又问:“请问怎样看呢?”

承志接着回答:“你只要看他一旦有钱有势,他就百般骄傲;等到没钱没势,他就阿谀奉承。虽然脸上堆着笑容,心里却想法险恶;虽然嘴上甜言蜜语,胸中却藏着歹意,就像这样的。虽然说得很少,你们也能了解大概了。其中最容易辨认的,就是那双贼眼:因为他们见钱眼红,所以容易辨认。”

文蔚再问:“请问他们的名称呢?”承志答道:“如果说名称,有杀人放火的强盗,有图财害命的强盗。”文其又问:“只有这两种吗?”承志听了,随口答道:“哪里只有这两种!有不敬天地的强盗,有不尊君上的强盗,有藐视神明的强盗,有不安本分的强盗,有无事生非的强盗……就像这样的,一忽儿能说许多。”

无出其右

【释义】

出,超过;右,上,古代以右边为上位。指没有人能超过。

【出处】

西汉·司马迁《史记·田叔列传》:“上尽召见,与语,汉廷臣毋能其出右者。”

【故事】

汉高祖刘邦刚建立汉朝的时候,还有许多异姓的诸侯王。有一次,刘邦带兵镇压陈豨的反叛，途经赵国，赵王怕刘邦怪罪于他，便下令做了许多美味佳肴，亲自端给刘邦吃。谁知刘邦故意大摆皇帝的威风，并且开口骂赵王招待不周。

赵国的宰相赵午等见刘邦如此羞辱赵王，十分气愤。回宫后，他们竭力劝说赵王反叛刘邦，赵王执意不允，并把手指咬出血来，要大臣们不要再提。大臣们见赵王不答应，便决定瞒着赵王去暗杀刘邦。谁知事情败露，刘邦大怒，下令逮捕赵王及其近臣。赵午等都自杀了，只有赵王和大臣贯高被捉去，并要把他俩解押到都城长安。许多忠于赵王的旧臣都想护送赵王去长安。刘邦知道了，立即下令，如有人胆敢跟随就灭其三族。田叔、孟舒等十几个臣子就剃掉头发，身穿红色囚服，用铁圈束住头颈，伪装成赵王家族，一起去了长安。

到了长安，刘邦亲自审讯贯高，要他说出赵王谋反的经过。贯高把赵王如何不肯谋反，还阻止臣子们谋反的经过详细地说了一遍。刘邦这才相信赵王确实没有谋反，但仍借口说赵王没有教育好臣子，把他降做宜平侯。

赵王向刘邦谢恩，并请刘邦宽恕随他而来的田叔、孟舒等大臣。刘邦听说有如此忠心的大臣，便召见了他们。通过谈话，刘邦发现他们都才学过人、有勇有谋、忠心耿耿、品德高尚，他感慨地说："现在汉朝的臣子没有一个能超过他们的。"心里一高兴，就有意重用他们。于是，有的做了郡的长官，有的做了诸侯的相国。

无可奈何

【释义】

奈何，如何，怎么办。没有办法；没有办法可想。表示事已如此，再要挽回已经无能为力了。

【出处】

西汉·司马迁《史记·屈原贾生列传》："其存君兴国而欲反复之，一篇之中三致志焉。然终无可奈何，故不可以反，卒以此见怀王之终不悟也。"

【故事】

晏殊，字同叔，抚州临川人。小时候十分聪明。十四岁被以"神童"推荐去参加廷试，得到了同进士出身。从此做了官，一帆风顺，世称“太平宰相”。晏殊善于用简单的词句表现富贵气象。这句“无可奈何花落去”不过是慨叹光阴易逝、青春难再、富贵不能永年而已。遗憾的是，此句有上句没下句，难做文章。

一天，晏殊路经扬州，投宿在大明寺，从寺中墙上的题诗中，得知江都尉王琪擅长作诗。便立即派人把王琪叫到大明寺来，二人相见后，晏殊对王琪说：“有时我得到诗句，也常写在墙上。有时一年也对不出下句，比如‘无可奈何花落去’……”

“似曾相识燕归来。”王琪脱口而出。

晏殊觉得他对得很妙，十分喜欢。他把王琪的对句和自己的句子放在了一起，构成描绘晚春景色的佳对“无可奈何花落去，似曾相识燕归来。”

无价之宝

【释义】

用多少钱也买不到的宝物。指极其稀有的珍贵东西。

【出处】

唐·鱼玄机《赠邻女》：“易求无价宝，难得有情郎。”

【故事】

战国时，魏国的一位农夫在田里锄草。当他锄到田地的中央时，锄头好像被一种很硬的东西碰了一下。农夫抬起锄头一看，那锄上竟有一个大缺口。他觉得十分奇怪，便换了一把新锄头，铲去周围的杂草，动手去挖，最后挖出的竟是一块一尺多长的玉石。他拿到手里反复察看，但认不清这到底是什么东西。他知道邻居平时见多识广，也许能知道这是什么东西，便把玉石拿到邻居的家里。

邻居告诉农夫说：“这块石头很不吉利，我想要是放在家中肯定会招灾惹祸，至于它叫什么名字我也说不出。你不如把它放回原处，自己回家过太平日子吧！”农夫对邻居的话非常相信，便将玉石重新放回到原处。

农夫刚走，邻居便悄悄地跟在他后面，等农夫走后，偷偷地将那块玉石搬回了自己的家中。夜深人静时，那块玉石发光了，照得满屋很亮。邻居的妻子被玉石的光芒吓坏了，忙对丈夫说："这样的宝贝放在我们这样的家里，只怕会招来杀身之祸呀！且不说小偷时时刻刻会想着偷去，若是让强盗们知道了，为了得到这宝贝，还不把我们全家都杀了！"

邻居一听妻子的话有道理，便对妻子说："是啊，那我们就把这宝贝卖掉，多换些银两，让我们的生活也过得好些，你看行吗？"

妻子说："你去将这块玉石献给国君，国君看到你献宝一定十分高兴，他肯定会奖赏你，这样你不就发财了吗！"邻居觉得很有道理，于是他带上玉石，直接向王宫赶去。魏王听说有人来献宝，马上让人将他带进宫里。魏王马上命人找来玉工鉴定。经过仔细鉴定，玉工对魏王说："大王，这块玉石的价值无法估量，用五座城池的代价也就只能看上一眼。"

魏王得到了这样一块宝石，非常高兴，马上命人重重地赏赐献宝人，邻居得了许多金银珠宝，邻居的妻子要他分一半给农夫，从此农夫也过上了好日子。

无妄之灾

【释义】

无妄，意想不到的。指平白无故受到的损害。初作"无妄之祸"。

【出处】

西汉·刘向《战国策·楚策四》："世有无妄之福，又有无妄之祸……安不有无妄之人乎。"

【故事】

战国时期，楚考烈王没有儿子，春申君将很多有生育能力的女子献给楚王，但最终还是不能生子。赵国人李园使用手段，诱使春申君收纳其妹为妾，并怀上了春申君的孩子。兄妹俩密商以后，李园的妹妹对春申君说："楚王喜欢您，超过了他的兄弟，如今您做宰相二十多年，楚王又没有儿子，他死后，其兄弟继位，您就不能长久保持您的荣华富贵了。”

这个女人恫吓了春申君一番之后，接着神秘兮兮地说道：“现在我已经怀有身孕，如能趁此时您将妾献给楚王，妾托老天的福，将来若生下个男孩，那就是您的儿子，也就是未来的楚王，这样，比起受别人管辖，时刻担心会有不测的祸患，不是要强得多吗？”

春申君认为她说得很有道理，便借机将这女子献给了楚王。果然，这女子生下一个男孩，并被立为太子，李园的妹妹也被立为皇后，李园也因此受到楚王重用，手握大权。

楚王患病期间，有个叫朱英的人对春申君说：“世人有不测之福，又有无妄之祸，如今您处在不测的世道中，服侍不测的君王，那么，你周围哪能没有不测之人呢？”

春申君不明白，那人又说：“您做楚相已经二十多年了，虽然名义上是相国，实际就是楚王。如今楚王病危，太子幼小，楚王一旦归天，您辅佐幼小的君主，就像古时的周公一样。或者，您自己当王，拥有楚国。这就是我所说的不测之福。”

“那什么叫无妄之祸呢？”

“当前，李园虽然还没有执政，但他是王舅，他虽然不担任领兵的将军，但很久以来，他却私下养了一批为他舍死效忠的军士。楚王一去世，李园必然抢先入宫，假托楚王的遗旨，执掌大权，任意专断，也会派人杀你，这就是我所说的无妄之祸。”

“什么叫不测之人？”

“您现在就抢先任命我为郎中，待到楚王去世后，李园如果真的抢先进宫，我就帮您杀掉他，这就是我所说的不测之人。”

春申君摇摇头，说：“先生，算了罢！不要再说了。李园是一个懦弱的人，我待他又很好，他怎能干出那种事来呢？”

朱英见春申君听不进他的告诫，怕将来受到牵连，便逃走了。十七天后，楚王病死。李园果然抢先进宫，埋伏下杀手，待春申君来到时，刺杀了春申君，并割下他的头扔到宫门外。李园还下令杀掉了春申君的全家。李园妹妹跟春申君所生的那个男孩，后被立为楚幽王。

文中“无妄之福”也是典故，指不想得到却得到的幸福。

闻一知十

【释义】

听到一件事，就能推知很多。形容聪明而善于推理。

【出处】

《论语·公冶长》："赐也何敢望回？回也闻一以知十，赐也闻一以知二。"

【故事】

孔子有两个得意的学生，一个叫子贡，另一个叫颜回。

有一次，鲁国受到齐国的武力威胁。孔子的学生中有很多人想去游说齐国，想劝说他不要攻打鲁国。最后孔子只同意了子贡的请求。子贡不但去了齐国，还到了南方的吴国、越国和北方的晋国。子贡"挑唆"起这几个大国间的混战，小小的鲁国就免去了一场浩劫。

虽然子贡这么能干，但孔子还是认为他比颜回要差一些。

有一天，孔子故意问子贡："你和颜回相比，到底哪个强一些呢？"子贡回答说："我怎么敢和他比呢，他闻一知十，我呢，闻一知二。"孔子点头说："是不如他，我同意。"

威武不屈

【释义】

威武，武力、权势。在强暴的压力下不屈服。

【出处】

《孟子·滕文公下》："富贵不能淫，贫贱不能移，威武不能屈，此之谓大丈夫。"

【故事】

孟子说:"真正的大丈夫是实行仁义的人。'仁'者爱人,'义'者帮助人,扶危济困,让自己的行为使别人受益。他不必名震四海。当他有机会施展抱负时,就会使天下人受益;即使不得志也不会埋怨命运不公,仍坚持自我的完善。真正的英雄不会因为富贵而胡作非为,也不会因贫贱而改变思想,更不会在暴力面前屈服。"

惘然若失

【释义】

惘然,失意的样子。心情不舒畅,好像丢掉了什么东西似的。

【出处】

南朝宋·范晔《后汉书·黄宪传》:"是时同郡戴良,才高倨傲,而见宪未尝不正容,及归,惘然若有失也。"

【故事】

黄宪是后汉慎阳(今天的河南正阳)人,家境贫寒,父亲是个牛医。

颍川荀淑和黄宪偶然相遇,当时黄宪才十四岁。荀淑和他说话,不想说了一整天也不愿离去,最后对黄宪说:"你可以做我的老师。"同郡的戴良才高气傲,但是见了黄宪未尝不正容,回到家里,惘然若有失。他母亲问他:"你又去见了那个牛医的儿子了吧?"同郡的陈蕃、周举常常相互叹息说:"几天看不见黄生,鄙吝之心复生。"

开始黄宪被推举为孝廉,后来又被举荐到京师任职,但黄宪到了京师只是看了看就回来了,最终也没有就职。

王侯将相宁有种乎

【释义】

宁:难道。王侯将相这样地位显赫的人,难道是天生的吗! 表明要改变自己命运的强烈愿望。

【出处】

《史记·陈涉世家》:“壮士不死则已,死即举大名耳,王侯将相宁有种乎!”

【故事】

公元前 209 年的一天,阴雨绵绵,冷风阵阵,满天的乌云,压抑着陈胜、吴广等九百名贫苦农夫的心。他们被朝廷征发戍守渔阳(今北京密云西南),须要按时前去报到,假如误了规定的日期,按照法律就要被斩首。如今大雨下个不停,道路不通,戍卒们被阻在大泽乡(今安徽宿县西南),无论如何也无法按时赶到目的地。想到这里,陈胜、吴广等人不寒而栗。

陈胜和吴广本不相识,因被征发相聚在一起,两人都是屯长(小队长),志趣相投,如今共遇危难,便敞开胸怀,坦诚相见。他们俩在一起商量起来。陈胜道:“事到如今,逃跑被抓回来免不了一死,举兵起义也是死,同样是死,为什么不去拼个鱼死网破呢?”吴广听了,连忙点头称是。陈胜又道:“如今朝廷施行暴政,老百姓吃尽了苦头。二世皇帝是始皇帝的小儿子,本不该由他继位,继位的应当是公子扶苏。”吴广睁大了眼睛听着,不知道陈胜说这些话是什么意思。陈胜接着说:“扶苏为人比较正直,屡次劝始皇帝不要过于压迫百姓,始皇帝一怒之下把他赶出京城,要他到边疆去领兵,听说二世皇帝为了夺取帝位,已经将扶苏杀死。”听到这里,吴广似有所悟,说:“嗯,我也听说过这回事。”陈胜看看四周,继续说道:“老百姓知道扶苏较为贤明,都很怀念他,多数人不知道公子扶苏已死,我们何不借他的名义起兵!”听到这里,吴广终于明白过来,坚定地点了点头。陈胜略略想了想,又说:“这里原先是楚国的故地,我们这些同伴也都是楚国人,当年楚将项燕曾经击败过秦军，在楚国人心目中的地位很高。现在，有的人以为他战死了，有的人以为他逃亡在外，假如我们假借公子扶苏、楚将项燕的名义起兵，更有号召力，人们一定会纷纷响应。"吴广认为这个办法很好，连忙表示同意。

他俩心里还不踏实，又去找算卦的算上一卦，看看是凶是吉。算卦的见他俩是戍卒打扮，心里明白了几分，向他俩暗示道："你们问的事当然能成。不过，你们求过神没有？"两人听后明白了他的言外之意，这是教他们装神弄鬼，好在戍卒中取得威信。

陈胜找来一方丝帕，用朱砂在上面写了"陈胜王"三个字，悄悄地塞在渔翁刚刚捕获的鱼的肚子里。戍卒们买鱼吃，剖开鱼的肚子看到丝帕上的字，惊讶万分。天黑以后，吴广趁别人不注意，偷偷地溜到驻地附近的荒庙中，点了火放在竹笼中，远远地望去，竹笼里的火如同鬼火一般闪闪烁烁。他又模仿狐狸的声音叫道："大楚兴，陈胜王。大楚兴，陈胜王。"戍卒们看到鬼火，听到狐狸的叫声，心里更加惊异。第二天一早，戍卒们悄悄地议论着，指指点点注视着陈胜。

吴广身为屯长，平常对戍卒很好，戍卒们愿意为他效力。那一天，押送戍卒的两名军官喝醉了酒，吆五喝六地训斥戍卒。吴广大声嚷嚷说要逃跑，故意激怒那两名军官。军官听了大怒，操起皮鞭劈头盖脸地向吴广打下去。军官觉得还不解恨，拔出剑来威胁吴广。吴广猛地跳起来，一把夺过军官手中的剑，顺手把那名军官杀死。陈胜连忙冲上去帮忙，结果了另一名军官的性命。

陈胜向戍卒发出号召："各位遇上大雨，已经误了日期，按照朝廷的法令，大家都已犯下了死罪。即使朝廷饶了我们，充军的又有几个能活着回去？大丈夫要么不死，准备死就要干出一番大事业。那些王侯将相，难道就是天生的吗？他们能做的事，我们为什么不能做！"一席话鼓动了戍卒，大家齐声说道："我们一定听从您的号令！"一场轰轰烈烈的农民起义就这样爆发了。星星之火，迅速燃遍中原大地。各地百姓纷纷杀死当地长官，响应陈胜起义；一些六国的旧贵族和各路英雄好汉也趁机而起，有的投奔陈胜，有的自立旗号，反秦的烈火越烧越旺。公元前206年，秦王朝的统治终于被推翻。

网开一面

【释义】

把捕鸟兽的网收起一面。比喻放开一条生路。

【出处】

《史记·殷本纪》:“汤出,见野张网四面,祝曰:‘自天下四方,皆入吾网。’汤曰:‘嘻,尽之矣!’乃去其三面。”

【故事】

夏朝末年,夏桀残暴无道,天下人对他恨之入骨。商汤关心民众疾苦,深受天下人的爱戴。他任用伊尹和仲虺为左右相,国力一天天强大起来。

有一天,商汤在外巡行,看到有人正在张网捕捉鸟兽。网刚刚张好,那人便念念有词祈祷起来:“天上飞的鸟,地上跑的兽,全都落入我的网中。”

商汤听了对那人说:“唉,你这么做太残忍了,天下的鸟兽岂不要被捕尽!除非夏桀这样的人,谁会做这样赶尽杀绝的事!”

商汤把那人架好的网收起了三面,只留下一面,教那人重新祷告:“天上飞的鸟,地上跑的兽,愿意向左就往左,愿意向右就往右,愿意向上就往上,愿意向下就往下,我只捕捉那些不要命的东西。”

这件事很快就传遍了天下,汉水以南的诸侯纷纷说:“商汤太仁慈了,连鸟兽都得到了恩泽。”很快,又有四十多个小国归顺了商汤。

这个典故本为“网开三面”,后来常作“网开一面”,比喻的意义相同。

唯马首是瞻

【释义】

瞻:看。原指作战时官兵们只看主将的马头决定行动的方向。后比喻只跟着领头人行动。

【出处】

《左传·襄公十四年》:“荀偃令曰:‘鸡鸣而驾,塞井夷灶,唯余马首是瞻。’”

【故事】

春秋时期,秦国渐渐强大。公元前560年,秦晋两军曾在栎地交战,晋军由于轻视秦军,被秦军打得大败。三年以后,晋国为了报栎地战败之仇,联合齐国、鲁国、郑国等组成联军,一道攻打秦国。晋国大将荀偃为统帅,统一指挥诸侯联军。

大兵压境,秦军一点儿也不胆怯。他们知道,诸侯联军人数虽多,但是人心不齐。作战最忌号令不一,联军恰恰犯了这个大忌。

联军到了泾水边,谁也不肯首先渡河。晋国大夫叔向跟鲁将叔孙穆子商量了一番,决定立即渡过泾水。鲁国军队率先泅渡,联军随后跟着渡河。岂料秦军在泾水上游投了毒,联军的士卒被毒死许多。这一来,更是弄得人心惶惶,联军的士气更加低落。

休整几天以后,荀偃发布总攻动员令,他大声说道:“明天早晨鸡鸣时分套好战车,填掉井、平掉灶,到了战场以后,大家只要看着我的马头行动!”

这话说得太专横,上了战场无须多下命令,只要看着他的马头就行!就连晋国的将领对此都感到不满,别说是其他国家的官兵了。

晋国一位将领首先发难,说:“晋军的命令从来没有这样下达过,现在我的马头要朝向东了。”说完,他便策马往东回晋国。其他的诸侯军看到这种情况,也纷纷撤回。这仗还怎么打?荀偃只好率领大军返回晋国。

尾生抱柱

【释义】

尾生抱着桥柱而死。比喻信守诺言。

【出处】

《庄子·盗跖》:“尾生与女子期于梁下,女子不来,水至不去,抱梁柱而死。”又,《战国策·燕策》:“信如微生,期而不来,抱果柱而死。”

【故事】

微生,又称尾生,春秋时鲁国人,孔子的学生。他为人正直,乐于助人,忠于爱情,信守诺言。他的这些高贵品质,两千多年来一直被人们传颂。

有一次,邻家向他讨些醋,不巧得很,他家的醋正好用完了。尾生不肯回绝人家,便对邻居说:‘你等一下,我到里屋去拿。’他悄悄从后门出去,从别人家要了些醋,给了邻家。

男大当婚,女大当嫁。尾生认识了一位年轻漂亮的姑娘,并渐渐爱上了她;女孩子也很喜欢他,并且和他定下了终身大事。

有一天,两人约好在河边桥下见面,时间定在晚上戌时(晚上七时到九时)。天刚刚断黑,尾生便兴冲冲地来到河边,等待和心上人相会。突然间,乌云密布,狂风大作,倾盆大雨从天而降。尾生为了避雨,躲到桥下。

远处突然传来“哗啦啦”的水声,不好,山洪来了!戌时已到,这该怎么办?为了不失约,尾生紧紧地抱住桥柱,等待心上人到来。山洪太猛烈了,不一会儿就淹到尾生的膝盖,尾生死死地抱着柱子,不肯离开。

那姑娘正准备出门,忽然下起了瓢泼大雨。为了不失约,她毅然走出家门,深一脚浅一脚向小桥走去。狂风吹着她,暴雨打着她,她只得艰难前行。到了小河边,桥下已是湍急的洪流,人没法待在那里,等了一会儿,姑娘失望而归。

第二天,云消雨住,姑娘总觉得心神不定,便到小桥那里去看看。到了河边,发现洪水已退。姑娘来到桥边一看,惊得她花容失色,尾生已经死去,两手还死死地抱着桥柱。她在尾生的身边痛哭了一会儿,一纵身跳入汹涌的河水中。

文翁化蜀

【释义】

文翁:汉代大臣,曾任蜀郡守;化:教化。文翁在蜀地教化百姓。比喻地方官教化百姓，移风易俗。

【出处】

《汉书·文翁传》："景帝末为蜀郡守。仁爱好教化……至今巴蜀好文雅，文翁之化也。"

【故事】

西汉时的文翁，庐江舒县（今安徽庐江）人，景帝末年被任命为蜀郡郡守，到四川去上任。

那时候，蜀地民风彪悍，文化落后。文翁决心改变这种情况，用儒家学说把蜀郡改变成文明之地。文翁知道，要做到这一点很不容易，它不仅要输送本地人才到京城去培养，还要在当地开办学校普及教育。

文翁在蜀地选拔了十几个天资聪颖的小吏，把他们送到长安跟京城的学者学习。他们有的学习儒家经典，有的学习法律法令，有的学习各种文案。为此，文翁削减了蜀郡的行政开支，把省下来的钱作为培训费用。几年以后，这些经过培训的小吏回到蜀地，文翁把他们分配到关键职位，不少人因为政绩突出，被提升到更重要的职位。

当时，蜀地还没有官学，文翁到处找处所，四处聘老师，终于把学校办成。文翁发布规定，凡是进入官学学习的，可以免除徭役；完成学业以后，根据考核成绩确定去留。命令刚一颁布，就有很多蜀郡子弟报名入学。

文翁的一系列举措，使得蜀地的风气发生了巨大变化。人们认真学习儒家经典，礼仪制度得到推广。几年之后，不仅在蜀地就读的学生增多了，在京师求学的蜀地学生人数，已经跟齐鲁等发达地区不相上下。

文翁的成功经验得到朝廷的肯定，汉武帝下令将蜀地的经验在全国推广，从此以后，各郡国都有了自己的官学。

文翁为蜀地百姓鞠躬尽瘁，死在蜀郡郡守任上。当地的百姓为了纪念他，为他修造了祠堂，每逢节日都要祭祀他。

五日京兆

【释义】

五日:形容时日不长;京兆:京兆尹,首都的行政长官。做不了几天京兆尹。比喻为官的日子不会长久。

【出处】

《汉书·张敞传》:"吾为是公尽力多矣,今五日京兆耳,安能复案事?"

【故事】

古代有个典故,叫作"张敞画眉",说的是汉代的张敞儿女情长,每天在老婆梳妆时都要给她画眉。后人将此传为佳话,用以比喻夫妻情深意笃。

汉宣帝时,张敞毛遂自荐,作了京兆尹(首都行政长官),别看他对待妇人满腹柔情,对待作奸犯科之徒却毫不留情。他也有个毛病,气量狭小,做事下手太狠。

张敞到任以后,为了加强京都的治安,首先处置了一批小偷强盗,然后毫不留情地惩办胡作非为的公子王孙。他任京兆尹达九年之久,得罪了不少达官权贵。

杨恽是丞相杨敞之子,被封为平通侯,因与太仆戴长乐失和,被戴长乐告了一状,说他言谈间竟敢拿皇上开玩笑。汉宣帝大怒,将杨恽抓进大狱,后来宣帝将他释放,贬为庶人。

杨恽出狱后广置家产,以此作为自我安慰。安定郡守孙会宗是杨恽的老友,写信给杨恽,劝他闭门思过,不要呼朋唤友、饮酒作乐。杨恽给孙会宗写了回信,信中对皇上表示怨恨,对孙会宗进行挖苦。孙会宗把这封信交给汉宣帝,汉宣帝盛怒之下将杨恽腰斩。

杨恽被腰斩后,有人乘机报复张敞,上书给皇上,说他和杨恽是同党。汉宣帝爱惜张敞的才华,认为他是个难得的人才,将奏章扣了下来。虽然如此,有人弹劾张敞的事还是沸沸扬扬传开了。

这时候,张敞命令属吏絮舜抓紧时间办案,絮舜认定张敞就要被撤职,睬都没睬,大摇大摆地回家休息去了。有人劝他不要这样做,他说:“张敞已是五日京兆,哪里还有心思办案!”

张敞得知后大怒,立即派人把他抓了回来,下令严办。结果终于查出了他的一些过错,张敞便将他判处死刑。当时正值年关,要是此时不杀,开春后絮舜会被赦免,张敞不肯放过他,下令立即执行死刑。临刑前张敞让人传话给絮舜:“你不是说我不过是五日京兆吗,看你还能不能活到过年!”絮舜一时轻狂,送掉了性命。

说实在话,絮舜虽然有罪,但是罪不至死。因为这件事,张敞被免去官职,贬为平民百姓。

五十步笑百步

【释义】

因为自己只向后逃跑了五十步,便去耻笑向后逃跑一百步的人胆小。比喻所犯错误只是大小、轻重略有不同,本质是一样的。

【出处】

《孟子·梁惠王上》:“填然鼓之,兵刃既接,弃甲曳兵而走,或百步而后止,或五十步而后止。以五十步笑百步,则何如?”

【故事】

孟子,战国时邹国人,是继孔子之后儒家的代表人物。他主张“施仁政,行王道”,倡导“民为贵,社稷次之,君为轻”的民本思想。他反对暴政敛民,反对掠夺战争。他的这些进步思想得到许多人的拥护。为了实现自己的政治理想,他经常到各国拜见国君,宣传自己的政治主张。

孟子去见梁惠王(即魏惠王,由于魏国的首都在大梁,所以魏又称梁),梁惠王对孟子说:“我对于自己的国家,可以说是尽心尽力了。河内一带遭受饥荒,我就把河内的百姓迁到河东,再把河东的粮食运一部分到河内。河东地区发生饥荒,我也这样做。看看邻近的国家,没有哪一个国君能像我这样为老百姓考虑的。可是,我国的百姓并没有增多,邻国的百姓也没有减少,这到底是什么原因呢?”

孟子说:“大王喜好打仗,请让我用打仗的情况来做比喻。‘咚咚咚’地敲起了战鼓,双方交锋,士兵扔下铠甲武器就跑,有的跑了一百步才停下,有的跑了五十步就停下了。逃跑了五十步的耻笑逃跑一百步的,那怎么样?”梁惠王说:“不行,他只是没有跑一百步罢了,但这也是逃跑。”

孟子说:“大王如果懂得这个道理,就不要指望你的百姓比邻国的百姓多。”

孟子向梁惠王指出:大王自以为做得好,实际上跟邻国没有本质的不同。要想使自己的国家强大起来,就必须实行仁政,只要把国家治理好,别的国家的百姓就会投奔到魏国来,人口自然就增多了。梁惠王听了虽然点头称是,但以后没有、也不可能做到。

伍员抉目

【释义】

伍员,字子胥,春秋末期吴国大夫、军事家;抉:剔出,挖出;目:眼睛。伍子胥要把眼睛挖出来挂在城头上,看着越军攻入吴都。比喻忠臣蒙冤,死不瞑目。

【出处】

《国语·吴语》:“遂自杀。将死,曰:‘以悬吾目于东门,以见越之入,吴国之亡也。’”

【故事】

春秋末年,伍子胥逃脱了楚王对他的缉捕,逃到了吴国。他帮助阖闾杀死吴王僚,夺取了王位,以后又帮助吴王阖闾治理国家,训练军队,使得吴国日益强盛。

公元前496年,吴王阖闾率领军队攻打越国,越国军队奋力抵抗,阖闾被乱箭射中,伤势严重。临死前,他对儿子夫差说:“你一定要打败越国,为我报仇。”

夫差继承王位以后,在伍子胥等人的辅佐下,日夜操劳,加紧训练军队,兵力一天天强大。

公元前494年,越王勾践想先发制人,却被吴王夫差击败。夫差乘胜追击,将勾践包围在会稽山上。这时候,越王勾践只剩下五千人马,没有力量继续抵抗,只好派文种去向吴王夫差求和。

伍子胥预见到两国不能共存,力谏夫差不可养痈遗患。文种却想尽了一切办法,买通了吴国太宰伯嚭,请他帮着说情。伯嚭一番花言巧语,终于使夫差接受了勾践的投降条件。

十年以后,越国已经恢复了元气。这时候,夫差却想率领大军攻齐,伍子胥再次劝告夫差暂时不要攻齐,先灭越以除心腹之患,又遭到夫差拒绝。

伍子胥知道吴国必定为越国所灭,把儿子托付给齐国鲍氏。这件事正好让太宰伯嚭找到借口,趁机对伍子胥进行诬陷。伍子胥没有办法辩白,最终被逼自杀。他死前对别人说:“死后将我的眼睛挖出来悬挂在京城东门上,让我看着越国军队进入吴国都城。”

伍子胥死后仅十年,越国灭吴,验证了他的预言。

我行我素

【释义】

不管别人怎么说,我还是照我本来的一套去做。

【出处】

西汉·戴圣《礼记·中庸》:“君子素其位而行,不愿乎其外。”

【故事】

有道德的正人君子,按照自己身份行事,不做那些不合乎自己身份地位的事。处于富贵地位的人,就做合乎富贵人要做的事。处于贫贱地位的人,就做贫贱人应当做的事。

这是古代经学家伦理观的一个重要内容,中心是维护封建法统,要人安于自己的现状,压迫者永远是压迫者,被剥削者永远是被剥削者。这种“安贫乐道”主张,妨碍着社会的进步。

过去说的“我行我素”就是表达上面说的意思，但是后来含义发生了变化，形容不顾客观实际，一味按照自己主观意愿行事，不受任何约束。

为渊驱鱼，为丛驱雀

【释义】

渊，回旋的深水；丛，茂密的树林；驱，赶。把鱼赶到深潭里，把鸟雀赶到密林里。比喻某些人不善于团结别人，把一些可以争取的人赶到对方那里去了。也比喻统治者施行暴政，结果使自己的百姓投向别国。

【出处】

《孟子·离娄上》：“为渊驱鱼者，獭也；为丛驱爵者，鹯也；为汤、武驱民者，桀与纣也。”

【故事】

有一天，孟子的几个学生针对夏、商两朝灭亡的原因展开了激烈的辩论。有的认为桀和纣的灭亡是天意，人的力量没法与天意抗衡。有人立即反驳说：“明明是人意嘛，哪里是什么天意！孔子说，‘天何能言？以人代言之。’意思就是说，即使是天意，也是通过人力来实现的。把一切因果都说成天意，人的努力还有什么意义呢？”

双方争执不下，就一起去请教孟子。孟子仔细听了双方争执的理由，分析道：“桀和纣之所以灭国亡身，不是什么天意，原因在于他们失去了民心，一个失掉百姓支持的国君当然要失败了。一个君主要想取得天下，都必须遵循一个原则，那就是首先取得百姓们的支持，百姓不支持的事情肯定办不成。怎样才能取得百姓支持呢？方法也很简单，那就是深得民心。民心是很容易争取的。”

这时有人提出质疑：“纣王造鹿台，百姓并不支持，但百姓被迫无奈。还是把鹿台造起来了。”

孟子说："鹿台是造起来了，但纣王却为这件事惹怒了百姓，纣王最后还是自杀了。这样看来，鹿台建成对纣王而言并不是什么好事呀。"有的学生不愿问题节外生枝，对孟子说："先生，您还是说说桀纣亡天下的原因吧。"

孟子

孟子说："好吧，我们回到原来的话题。还是先说说怎样取得民心。首先是为百姓着想，做百姓喜欢的事情，解决百姓的疾苦，让他们有房住，有衣穿，有饭吃。凡是百姓讨厌的事情就万万不可去做，更不能强迫他们去做。"

孟子站起来继续说："我打个比方，国君施行仁政，爱护百姓，百姓就涌向国君的周围。你们都知道，水獭是专门靠吃鱼为生的，水獭一经出现，鱼类必然潜往深水；鹰隼专吃小鸟，小鸟看到鹰隼一定会飞向树林深处。所以说，是水獭为深水将鱼儿赶来，是鹰隼为丛林聚积鸟类。由此可见，是桀纣把百姓驱赶到商汤王和周武王那儿去的。总之，桀纣的灭亡是因为人心向背，绝对不是什么天意。天意太难把握了，我们还是多尽人力吧。"

弟子们听了，都表示满意。

为富不仁

【释义】

为，做，引申为谋求；不仁，刻薄，没有好心肠。要谋求财富，就不能讲仁慈。现多指靠剥削发财致富的人没有好心肠。

【出处】

《孟子·滕文公上》："为富不仁矣，为仁不富矣。"

【故事】

战国的时候,滕国很弱小。当时各国诸侯都为开疆拓土而不断发动战争,尤其是大国诸侯随便制造一个事端就带领军队攻打小国。战胜之后,小国轻则割地赔款,重则国家从此消失。大国诸侯尝到了战争的甜头,所以发动战争的积极性也越来越高,战争持续的时间也越来越长。

滕国本来就非常弱小,到了滕文公继位的时候,面临的局面更为严峻:府库空虚,四周的大国都想着入侵,随时都有亡国的可能。滕文公决心收拾残局,振兴滕国。他首先征询朝中文武官员的意见。让官员们拿出治国兴邦的办法。滕国的官员们觉得这个题目太大,不知道应该从哪里开始,一个个都不说话。滕文公一气之下,命令散朝。

滕文公回到宫中倚着栏杆,默默沉思。他忽然想到,大学问家孟子现今正在滕国,为什么不请教他呢。于是,滕文公轻车简从,来到孟子住的地方。

孟子见国君亲自前来,觉得有些意外。滕文公落座之后,孟子就首先问道:"我不过是一个老百姓,不敢劳驾国君,如果有什么疑问,我非常愿意为您效力。"滕文公长叹一声说:"您是大学者,大贤人,所以特地来向您请教。您知道,滕国兵少将少,国家贫弱,先生,您看怎样才能使滕国早日富强起来,不受邻国欺侮呢?"

孟子见滕文公态度诚恳,便告诉他说:"人民是国家的本源,把一个国家比喻为大树,那么人民就是树根。只有树根发达粗壮,才能使枝干强健,树叶茂密,大树才能茁壮生长呀。"

滕文公问:"怎样才能使树根健壮呢?"

孟子说:"当然要施仁政,孔子说'仁者爱人'。要珍惜民力,不要做劳民伤财的事情,更不要随意增加人民的负税。人民安居乐业了,还愁国家不富吗?阳虎说,想要发财就不能讲仁义,他这话是十分荒谬的。对一个国家的君王来说,只有讲仁义才能使人民爱国,人民才肯为国家效命。如果,国君横征暴敛,弄得人民怨声载道,人民当然不愿为国君效力了。"

滕文公听了很高兴,决心在国内推行仁政。

外强中干

【释义】

干，枯竭，空虚。形容表面上强大，实质上很虚弱。

【出处】

春秋鲁·左丘明《左传·僖公十五年》："外强中干，进退不可，周旋不能。"

【故事】

有一年，晋国发生了灾荒，粮食减产很严重。晋惠公派人向秦国借粮，秦穆公很爽快地答应了，他派出船队，运了很多粮食到晋国去。

到了第二年，秦国也遭了大灾荒，而这年晋国却获得了大丰收。于是秦穆公也派人向晋国借粮，但是秦穆公的使者到了晋国却没有借到粮食，晋惠公不愿意帮助秦国。

秦穆公和大臣们见晋惠公这么忘恩负义，都非常气愤。于是，在公元前645年，秦国和晋国之间终于发生了战争。

晋惠公派人去向秦穆公下战书，秦穆公回答说："当初，你要当国君，我就帮助你当上了国君；你要借粮食，我就给了你粮食；如今你要打仗，我怎么能不答应呢！"

两国军队交战以后，秦军勇猛无比，晋军溃败不成军。晋惠公有些着急，就问大夫庆郑："秦军势不可挡，怎么办呢？"庆郑也对晋惠公忘恩负义的行为十分不满，认为晋惠公是个不讲信义的人，这时见晋惠公问他，就很不客气地说："是大王自己叫他们打过来的，我有什么办法！"

围魏救赵

【释义】

魏、赵都是战国时候的诸侯国。原指战国时齐军用围攻魏国的方法，迫使魏国撤回攻打赵国的部队而使赵国得救。后指类似的作战方法。

【出处】

西汉·司马迁《史记·孙子吴起列传》:“其后魏伐赵,赵急……大破梁军。”

【故事】

公元前354年,魏惠王欲报痛失中山之仇,便派大将庞涓前去攻打赵国。这中山原本是东周时期魏国北邻的小国被魏国收服,后来赵国乘魏国国丧伺机将中山强占了。魏将庞涓认为中山不过弹丸之地,距离赵国又很近,不如直打赵国都城邯郸,这样既解旧恨又一举两得。魏王听从了他的建议,立即拨五百战车以庞涓为将,直奔赵国,围了赵国都城邯郸。赵王急难中只好求救于齐国,并许诺解围后以中山相赠。齐威王应允,令田忌为将,并起用从魏国救得的孙膑为军师领兵出发。

齐国军师孙膑与魏将庞涓原本是同学,他对用兵之法谙熟精通,魏王曾用重金将他聘得。当时,庞涓也正在魏国效力。庞涓自觉能力不及孙膑,害怕孙膑超越自己,就用毒刑将孙膑两腿致残,并在他脸上刺字,企图使孙膑不能行走,又羞于见人。后来,孙膑装疯,幸得齐国使者救助,逃到齐国。这是一段关于庞涓与孙膑之间恩怨的旧事。

且说田忌与孙膑率兵进入魏赵交界之地时,田忌想直逼赵国邯郸,孙膑制止说:“解乱丝结绳,不可以握拳去打,排解争斗,不能参与搏击,平息纠纷要抓住要害,乘虚取势,双方因受到制约才能自然分开。现在魏国精兵倾国而出,若我直攻魏国。那庞涓必回师解救,这样一来邯郸之围定会自解。我们再于中途伏击庞涓归路,其军必败。”

田忌依计而行。果然,魏军离开邯郸,归路中又陷入齐军的伏击,与齐战于桂陵。由于魏国士兵长途奔波,十分疲惫,结果溃不成军。庞涓勉强收拾残部退回大梁,齐军大胜,赵国之围遂解。

这便是历史上有名的“围魏救赵”的故事。

又后十三年,齐魏之军再度相交于战场,庞涓复又陷入孙膑的伏击,他自知智穷兵败,遂自刎而死。孙膑以此名显天下,世传其兵法。

物以类聚

【释义】

同类的事物常聚在一起。现在多指坏人臭味相投,勾结在一起。

【出处】

《荀子·劝学》:“草木畴生,禽兽群焉,物各从其类也。”

【故事】

春秋战国的时候,齐宣王诏告天下贤士来帮助他治理齐国。有一个叫淳于髡的贤士在一天内给他推荐了七个有才能的人,齐宣王经过问答,果然个个本领高强。齐宣王觉得非常奇怪,就问淳于髡说:“我听说人才是很难得到的,在千里之内的土地上,如果能找着一个贤士那就不得了了。现在你却在一天之内,推荐了七个贤士,照此下去,贤士不是多得连齐国都容纳不下了吗?”

淳于髡听后说:“鸟是同一类的聚居在一起,兽也是同一类的走在一起。要找柴胡和桔梗这类药材,如果到洼地里去找,一辈子也不会找到一株,但是如果到山的北面去寻,那就可以用车装运了。这是因为天下的生物都是同一类的聚在一起,我淳于髡可算是个贤士吧,所以您叫我推荐贤士,就像是到河里打水、用打火石打火一样容易,我还准备给您再推荐一批贤士,哪里会只有这七个呢!”

畏首畏尾

【释义】

前也怕,后也怕。形容瞻前顾后、疑虑很多的畏怯样子。

【出处】

春秋鲁·左丘明《左传·文公十七年》:“古人有言曰:‘畏首畏尾,身其余儿?’”

【故事】

春秋时,北方的强国晋国,召集一些小国家开会。郑国没有出席,晋国怀疑郑国想投靠南方的大国楚国,于是准备攻打郑国。

郑国给晋国写了一封信,说,“自己国小势弱,对你们晋国从不怠慢。可是你们还怀疑我们,想攻打我们郑国。我们郑国宁可灭亡,也不能一味地忍受下去了!古人说‘畏首畏尾,身余其儿’……”晋国看到郑国强硬的态度,觉得出兵对自己也没有好处,最后就放弃了攻打郑国的念头。

未雨绸缪

【释义】

绸缪,紧密缠缚。趁着天还没有下雨,先修缮房门窗。比喻事先做好准备。

【出处】

《诗经·豳风·鸱鸮》:“迨天之未阴雨,彻彼桑土,绸缪牖户。”

【故事】

周武王灭掉商朝以后,过了两年就因为生病去世了,他的儿子周成王继成了王位。周成王当时还是个婴儿,就由周成王的叔父周公代替他当政。周成王的其他叔父管叔鲜、蔡叔度等对此极为不满,怀疑周公要夺取王位,便与商纣王的儿子武庚勾结,叛国作乱。周公亲率大军东征,经过两年的努力,终于平定叛乱,诛杀了武庚、管叔鲜,放逐了蔡叔度。此后,周公写了一篇《鸱鸮》的寓言诗呈送周成王,其中有一句是:“迨天之未阴雨,彻彼桑土,绸缪牖户。”意思是在天还没下雨的时候,剥取桑根树皮把门窗绑牢。周成王看到这首诗以后,非常感动。后来事实也证明周公并没野心。

“迨天之未阴雨,彻彼桑土,绸缪牖户”后被提炼为典故“未雨绸缪”。

韦编三绝

【释义】

韦编:用牛皮连接的竹简书。三:多次。绝:断。形容读书刻苦勤奋。

【出处】

《史记·孔子世家》:"读《易》,韦编三绝。"

【故事】

孔子是春秋末期杰出的思想家和伟大的教育家,儒家学派的创始人,被后人尊称为孔圣人。孔子和儒家思想对中国、日本、朝鲜半岛和东南亚地区有深远影响。

孔子早年丧父,家境衰落,母亲带着他移居曲阜,生活艰难。他从小就勤奋好学,虚心向人请教,乡里人称赞他博学。十五岁的时候,孔子立志要学习做人与生活的本领。他年轻时曾做过管理仓库和管理畜牧的小官。二十七岁,孔子开办私人学校,开始授徒讲学。连鲁大夫孟禧子的儿子孟懿子和南宫敬叔都来向他学礼,可见孔子办学已经闻名遐迩。

鲁国内乱,孔子离开鲁国到了齐国。齐景公向孔子请教治理国家的方法,可是齐国大权被大夫陈氏把持。孔子得不到重用,又返回鲁国。众多弟子从远方来求学,遍及诸侯国。孔子不满鲁国执政大夫阳货,不愿出来做官。后来阳货被驱逐,孔子担任中都宰一职,可还是难以施展政治抱负,带领十多个弟子离开鲁国,开始了长达十四年的周游列国的生活,直到六十八岁回到鲁国。

晚年时,孔子开始研究《易》。《易》内容广泛而复杂,而且是用当时已不多见的古文字写成,非常难读,大多数人不敢问津。当时的书,主要是以竹子为材料制成的,把竹子削成一根根竹签,称为"竹简",用火烘干后在上面写字。一根竹简上所写的字,多则几十个,少则八九个。一部书要用许多竹简,用牢固的绳子之类的东西,按次序编连起来才最后成书,便于阅读。通常,用丝线编连的叫"丝编",用麻绳编连的叫"绳编",用熟牛皮绳编连的叫"韦编"。孔子钻研《易》,反复阅读,以至于穿竹简的牛皮绳子被磨断了好几次,不得不换上新的再用。孔子谦虚地说:“假如我多活几年,就能对《易》的研究差不多了。”

玩火自焚

【释义】

比喻做坏事,干害人的勾当,最终将自食恶果。

【出处】

《左传·隐公四年》:“夫兵,犹火也,弗戢,将自焚也。”

【故事】

卫国州吁弑兄篡位后,一方面残酷地搜刮百姓钱财,一方面拉拢宋、陈、蔡等诸侯国一起攻打郑国,借以树立自己的威望,转移国内百姓对他的不满情绪。

鲁隐公得知此事后,向大夫众仲问道:

“依你看,州吁这次夺权能够成功吗?他的地位能长久保住吗?”

众仲摇摇头,说:“州吁依靠武力兴兵作乱,给百姓带来灾难,百姓决不会支持他。他如此残忍凶暴,没有一个人愿意跟随他,众叛亲离。要想取得成功是不可能的。”

接着,众仲又换一个角度说:

“兵,就像火一样。一味地用兵而不加以节制,结果必然自己烧死自己。依我看,等待他的必将是失败的命运。”

果然,不到一年,卫国人忍受不了州吁的残酷统治,在陈国的帮助下,杀死了州吁。

乌合之众

【释义】

合:聚合。众:许多人。比喻临时杂凑的、毫无组织纪律的一群人。

【出处】

《管子》:“乌合之众,初虽有欢,后必相吐,虽善不亲也”。

【故事】

西汉末年,王莽建立的王朝刚败亡,刘玄即位,派将领攻略四方,天下混乱不堪。扶风茂陵人耿弇跟随父亲耿况希望投奔刘玄。耿弇自幼好学,喜爱出兵布阵之事,勇猛善战,富有谋略。耿况的职位是王莽任命的,王莽政权覆灭,刘玄称帝,他心存忧虑。年仅二十一岁的耿弇自告奋勇代替父亲,进京上书、进贡,以求自保。

耿弇一路快马加鞭,到了宋子县,正碰上邯郸人王郎假冒汉成帝之子刘子舆,自立为帝,建都邯郸,准备起兵。耿弇的从官孙仓、卫包说:“刘子舆是汉成帝一脉相传的嫡子,舍弃他不归附,远行到哪里去?”耿弇听后大怒,用手握着剑柄说:“刘子舆是个欺骗蒙混的贼子,最终要成为投降的俘虏。我到长安,向朝廷报告上谷郡和渔阳郡的兵马状况,回去之后,征领骑兵,用来袭击那些乌合之众,犹如摧枯拉朽一般,定能获胜。看你们没有择主而从的眼光,离灭族之祸不远了!”孙仓、卫包逃跑了。

孙仓、卫包不听耿弇的劝告,归顺了王郎。耿弇听说刘秀在卢奴(今河北定州市),便前去拜见他。后来耿弇得到刘秀的重用,为东汉王朝的建立立下了汗马功劳。

为人作嫁

【释义】

比喻一个人空有满腹才华、本领,却不能直接为己所用,不得不借助他人力量,为他人服务。现多作为颂扬“甘为人梯”的精神,属褒义。

【出处】

《贫女》诗:“苦恨年年压金线,为他人作嫁衣裳。”

【故事】

唐代诗人秦韬玉，出身于尚武世家。他擅长作诗，参加科举考试，却屡考不中举，后来依附宦官田令孜，充当他的幕僚，后在田令孜的提拔下又担任工部侍郎、神策军等职务。他写的一首名为《贫女》的七言律诗，非常有名。全诗如下：

蓬门未识绮罗香，
拟托良媒益自伤。
谁爱风流高格调，
共怜时世俭梳妆。
敢将十指夸针巧，
不把双眉斗画长。
苦恨年年压金线，
为他人作嫁衣裳。

这首诗的大意是：我出生在穷人家，从小就穿粗布衣裳，从未穿过绫罗绸缎。已是待嫁之年却无人提亲，每当想请个好的媒人，便更加悲伤。世人都爱慕那些华贵的服饰、精美的生活，可有谁爱慕我这样高洁的品格、情操，能够和我一样靠自己节俭度日呢？所以，即使有良媒，也佳婿难觅呀！我能够自傲的是自己灵巧的双手，从来不羡慕他人秀美的容颜、华美的服饰，也并不仿效她们精心描眉梳妆。可叹、可恨的是，我年年拈针引线辛勤刺绣，做一些华美衣裳，却都是穿在别人身上，作别人的嫁衣，而我自己一直没有找到可以托付的良人，为此而感伤。

问牛知马

【释义】

从牛的价钱中可知道马的价钱。比喻一个人可以从侧面推究，料知事情真相。

【出处】

《汉书·赵广汉传》："钩距者，设欲知马贾（价），则先问狗，已问羊，又问牛，然后及马,参伍其贾(价),以类相准,则知马之贵贱,不失实矣。"

【故事】

汉朝有个人叫赵广汉,擅长用"钩距"法来处理各种事情。如果他想知道马价的话,首先不问马价,而问其他如牛、羊等价,最后才问马价,进行比较。他当过小官,对郡中的盗贼、乡里的豪侠所在地,以及属下官吏暗中收取贿赂的事情都知道得一清二楚。

有一次,富人苏回被两个歹徒绑票,向他的家人勒索钱财。不一会儿,赵广汉就带人赶到贼人家。他让长安丞龚奢敲门,警告贼人说:"你们把人质放了,出来自首,一定会好好对待你们。如果正好遇上皇上颁发大赦令,也许还可以免去死罪。"两个贼见赵广汉这么快就追踪过来,吓得赶紧开门出来,叩头请罪。赵广汉将两人送到监狱里,让狱卒以礼相待,整天好酒好肉。到冬天两人被判处死刑,赵广汉还预先为他们置办棺材和丧葬用的物品,并将情况据实以告,两人都说:"死无所恨!"

赵广汉不但在抓捕坏人、处理案件方面颇有神效,而且在行政处理和管理方面也深得百姓称颂。

望门投止

【释义】

投止:投宿。在窘迫中见有人家就去投宿。比喻情况急迫,来不及选择存身的地方。

【出处】

《后汉书·张俭传》:"俭得亡命,困迫遁走,望门投止。"

【故事】

东汉桓帝时,皇上无能,大权旁落,实权掌握在宦官手里。宦官们胡作非为,欺压百姓,搞得社会混乱不堪。

有一个大宦官名叫侯览，他利用手中的权势，在乡里称霸，经常欺压百姓。他在家乡霸占民宅，强占良田，还修建了规模极大的豪华住宅，引起了很大的民愤。

有个叫张俭的人曾在侯览的家乡当过官，知道了侯览在家乡残害百姓的事，非常气愤。于是，他就给皇上写了个奏章，告发侯览的罪行，要求皇上严惩侯览。侯览利用职权，把这份奏章扣了下来，没有让皇上看到。从此，侯览对张俭恨之入骨，一心想要报复他。

到了汉灵帝的时候，侯览终于找到了机会。张俭家有个仆人，因为品行不端，被张俭赶了出来。侯览知道了，就让这个仆人上书告发张俭，说张俭跟同乡的二十四个人结成同党，图谋造反。

侯览和其他一些宦官一起到汉灵帝那儿去，要求汉灵帝下诏令逮捕张俭等人，并把他们统统杀掉。汉灵帝当时只有十四岁，什么也不懂，侯览他们怎么说，他就答应怎么办。

张俭得到消息，连夜逃跑了。其他和宦官作对的人很多都被抓了起来，还有不少被杀了。侯览因为死对头张俭还没有抓到，心里很不高兴。他当然不会轻易善罢甘休，就请皇上又下了一道命令，要在各郡县搜拿张俭。并且说，如果有谁敢窝藏张俭，就将他一同治罪。

这样一来，各郡县官吏都到处捉拿张俭，张俭只好到处躲藏，见到人家就去投宿。大家都知道张俭是个正直的人，都情愿冒着生命危险保护他。等到官府知道了消息来抓他，他又跑到另一个地方躲起来了。

有一次，张俭躲到一个叫李笃的人家里，官府知道了，派了一个叫毛钦的人去抓他。毛钦到了李笃家，李笃对他说："张俭是个正派的好人，难道你忍心抓他吗?"毛钦也是个富有正义感的人，听了李笃的话，叹息了一声，就走了。

因为受到许多人的保护，张俭最终躲过了搜捕，保全了性命。但是那些曾掩护收留过他的人家，有许多却因此遭了殃，有的人坐了监狱，有的还被杀害了。

玩物丧志

【释义】

玩：玩赏。丧：丧失。志：志气。指迷恋于所玩赏的事物而消磨了积极进取的志气。

【出处】

《尚书·旅獒》:“玩人丧德,玩物丧志。”

【故事】

商朝末年,商纣王迷恋女色,过着穷奢极欲的生活,不管朝中的事务。老百姓生活在水深火热当中,都强烈不满商朝的统治。这时,西部的周国却出了一个明君周文王。周国在文王的领导下,逐渐强盛起来了。周文王去世以后,他的儿子周武王继承了他的事业,周国也越来越强大,最后消灭了商朝,建立了周王朝。

这时候,四方小国都派使者到周朝朝拜,同时还给周武王进贡各种各样的礼品。这些礼品都很罕见,周武王非常高兴,经常没事就把玩这些礼物。其中,有一个叫西戎的小国,也送来了大量贡品。其中包括一条他们当地的狗。这种狗叫“獒”,体形非常高大,在打猎时非常勇猛,能够在极短的时间里捕捉猎物。而且能听懂主人的话,选择了主人后就忠贞不贰。因此,周武王很喜爱这条狗,经常带着它出去打猎。

周武王的老师召公看到武王把玩狗,非常担心周武王也像商纣王一样迷恋豪华生活,于是他找机会向武王纳谏道:“一个圣明的君主,绝不能够沉醉在享乐之中。俗话说得好,君主如果把人当作玩物来戏弄,就会损害他的品德;如果沉溺于自己喜爱的物品,就会丧失进取心。就像这条狗,根本就对君王处理朝廷大事毫无用处,因此大王不该收留。”

武王听了召公的话后,生气地走开了。可是,他细细思量后,觉得还是召公的话有道理,于是把所有的贡品都分给了各路诸侯和有功的大臣。

望洋兴叹

【释义】

望洋:仰视的样子。仰望海神而兴叹。原指在伟大事物面前感叹自己的渺小。现多比喻做事时因力不胜任或没有条件而感到无可奈何。

【出处】

《庄子·秋水》:“于是焉,河伯始旋其面目,望洋向若而叹。”

【故事】

河伯,又名冯夷,是传说中黄河里的河神。

他一直都生活在黄河里,没有去过大海,所以,他总是以为黄河就是天下最大的河流,没有哪个地方的水有黄河里的水那么多。

秋天到了,水流暴涨,无数条小河的水都往黄河里汇集。黄河里的水一直上涨,浩浩荡荡,水面也宽了许多,两岸的景物都模糊了,甚至连对岸放牧的牛马也无法分辨。

于是,河伯得意扬扬,欣然自喜。他以为天下的水都流到自己这儿来了,自己是天下最了不起的人。于是,他趾高气扬地沿着水流的方向前进,来到了渤海。他抬头向东看去,只见大海一望无际,一直到天边也不见尽头。河伯一下子愣住了,这大海可比他的黄河不知要大多少倍!

见此情景,他平时的得意神情消失得一干二净。他远望着渤海的海神,叹息着说:“俗语说:‘听到过上百种道理,就自以为懂得很多,没有人比得上自己。’说的就是我这种人啊!而且我曾经听人说过,孔子的见识和伯夷的节义都没有什么了不起,开始我还不相信,今天我看到了大海的宽阔无边,我才相信他们的话是有道理的。要是我今天不到您这儿来,亲眼见到了无边无际的大海,那真是太危险啦!我肯定要长久地被那些有见识的人耻笑了!”

海神说:“不能跟生活在井底的青蛙谈论大海,也不能跟只生活在夏天的虫子谈论冰雪,因为它们受生活环境的限制,不可能明白天外有天、山外有山的道理。我容纳百川,比起江河来不知要大多少,但我也不敢自大,因为我知道,我在天地之间,就好像草原上的一棵小草,泰山上的一颗石子,是十分渺小的。”

握手言欢

【释义】

握手谈笑。多形容发生不和以后又和好。

【出处】

《后汉书·李通传》:“及相见,共语移日,握手极欢。”

【故事】

东汉时的外戚王莽篡夺皇位,建立大新政权,更加重了对人民的压迫,导致民怨四起。李守喜、李通父子在朝为官,一次在谈论谶语时,李守喜曾说:“刘氏复兴,李氏辅佐。”意思是反对王莽的就是刘姓的人,辅佐的是李氏。李通认为时机已到,就辞职归田,以待势而动。后来,李通听说下江、新市起兵,南阳动乱,也准备起兵响应。那时,刘秀在宛县躲避官吏追捕,李通立即派李轶去迎候刘秀。

李通和李轶找到刘秀后,就跟刘秀谈谶语的故事。刘秀一开始以为李通来找他就是为了交个朋友,自己在落难之时,难得有人欣赏。可是,李通却拿出谶语来告诉刘秀,刘秀也很兴奋。于是双方开始商量起兵的事项。

定下来计划之后,李通和刘秀开始分头行动。李通留在宛城,发动亲朋好友,组织武装力量,做准备工作。并准备在武试的日子,劫走南阳郡的长官,这样就可以号召民众。刘秀带着李轶回春陵,准备起兵。李通派堂兄之子李季到长安,将这件事告诉父亲李守喜。

没想到李季途中病死,李守喜发觉情况不好,连忙逃走。王莽听说后,就把李守喜抓起来关在牢中。正巧这时传来李通起兵的消息,王莽大怒,将李守喜及其在长安的家人全部杀死。南阳郡也诛杀李通的兄弟、族人共64人。李通悲痛欲绝,更坚定了要推翻王莽残暴统治的决心。

后来,李通和刘秀、李轶在棘阳县会合在一起,大军一鼓作气攻破南阳。并在姚期等大将辅助下推翻大新建立东汉。刘秀后来登基,就是光武帝。

X

惜余香

【释义】

怜惜多下来的香。本比喻临死前对妻妾的挂念，后泛指临死前对家小的挂念。

【出处】

曹操《遗令》："汝等时时登铜雀台，望吾西陵墓田。余香可分与诸夫人……"

【故事】

曹操，字孟德，三国时期政治家、军事家、诗人，"横槊（长矛）赋诗，固一世之雄。"

东汉末年，爆发了黄巾起义，天下枭雄趁乱而起，逐鹿中原。曹操在镇压黄巾起义时扩大自己的军事力量，于公元192年组建了自己的嫡系部队"青州兵"。公元196年率军进驻洛阳，奉迎汉献帝，迁都至许昌，"挟天子以令诸侯"。官渡之战大败袁绍，逐渐统一了中国北方。公元208年，在赤壁败于孙权和刘备联军，魏、蜀、吴三国鼎立的局面形成。公元216年，他被封为魏王，掌握了皇帝的权力，汉献帝只不过是傀儡而已。

曹操不但是一位杰出的政治家、军事家，还是一位颇有影响的诗人，他的《蒿里行》《观沧海》《短歌行》《龟虽寿》等著名诗篇一直流传至今。

大凡英雄，总有美人。杜牧就跟曹操开了个不小的玩笑，在《赤壁》诗中写道："东风不与周郎便，铜雀春深锁二乔。"意思是假如周瑜不能凭借东风发起火攻，大乔、小乔这两个美人就要成为曹操的战利品了。

不过,曹操的美人还真不少。被封为魏王以后,他的妻妾便有了正式的身份,除王后外,下面还有五等:夫人、昭仪、婕妤、容华、美人,拥有的美女不能说不多。英雄恋美人,也是人之常情,曹操临死之前写下遗令,对小老婆进行安排:把余香分给诸夫人,不必用它来祭祀。各房的人没事可做,可以学做鞋子去卖。他的这些遗言,对妻妾的挂念溢于言表。

“惜余香”和成语“分香卖履”同义,本比喻临死前对妻妾的挂念,后泛指临死前对妻儿的挂念。

喜折屐

【释义】

屐:木屐。由于非常高兴,跨门槛时不小心折断了木屐上的齿。形容十分欣喜。

【出处】

《晋书·谢安传》:“既罢,还内,过户限,心喜甚,不觉屐齿之折,其矫情镇物如此。”

【故事】

东晋时,北方的前秦苻坚,先后灭掉北方各国,攻取了东晋的梁州、益州,统一了北方。他野心勃勃,企图乘胜南下,一举消灭东晋,统一全国。

公元383年8月,前秦大军南下。前秦共有步兵六十多万,骑兵二十七万,前后连绵千里,旌旗相望。前秦的军队水陆并进,一齐逼向东晋边境,东晋的形势十分危急。

当此之时,朝廷命谢玄为前军都督,率领八万军队抗击前秦军。前秦军八十余万,谢玄只有八万人马,兵力过于悬殊。要想取胜,必须得施展计谋。他知道叔叔谢安很有韬略，临行前决定到叔叔那里请教锦囊妙计。

进了宰相府，只见谢安正在书房里闭目养神。谢玄问安后，向他讨教退敌之计。哪知谢安只是微微睁开眼睛，悠悠说了一句："退敌之事已有安排。"说完，又闭目养起神来。过了一会儿，谢玄见谢安不再开口，又不好再问，只好告退。

谢玄回到家中，越想越觉得任务艰巨，心里很不踏实，便托老朋友张玄去拜访谢安，趁便探明底细。谢安见到张玄，十分高兴，拉着他的手问长问短。随后，邀他到郊外别墅去，与亲朋好友欢聚。到别墅的途中，他让车夫将车帘卷起来，一路上跟张玄谈天说地，论古道今，时时发出爽朗的欢笑声。

当时，京城里人心惶惶。路人见宰相的神情这样自如，顿时将恐慌之心消去。一传十，十传百，宰相出游的消息传扬开来，京城的秩序迅速安定下来。这一天，谢安与大家游山玩水，饮酒赋诗，直到傍晚，才尽兴而归。

当天夜里，谢安将将帅们全部召来，进行军事部署。他一件件、一桩桩仔细交代，明确各人的任务和职责。将帅们见宰相如此镇定，布置得如此周密，一个个精神振奋，增强了必胜的信心。

这一仗，由于有精密的谋划，晋军官兵同仇敌忾，终于击败了十倍于自己的前秦军。谢玄写好捷报，派人火速送往建康(今江苏南京)。捷报送到时，谢安正在跟张玄下棋。他接过信，拆开来看了看，就像没事一样把它搁置在一旁，依旧下起棋来。张玄时时牵挂着前线的战事，急于知道情况，他手里拿着棋子，眼睛只顾望着谢安，落不下子。停了一会儿，他实在忍不住了，问道："前线战事如何?"谢安轻描淡写说了一句："孩子们把秦军打败了。"胜利的消息迅速传开了，人们顿时沸腾起来。

客人离开以后，谢安连忙拿过信函，仔仔细细又从头到尾看了一遍。他抑制不住兴奋的心情，急急忙忙往内室走，由于过于激动，跨门槛时不小心折断了木屐上的齿。

湘妃泪

【释义】

湘妃，即尧帝的两个女儿，姐姐叫娥皇，妹妹叫女英，后来都嫁给舜帝为妻。湘妃洒在竹子上的眼泪。比喻伤心的泪水。

【出处】

晋·张华《博物志》卷八:“尧之二女,舜之二妃,曰湘夫人。舜崩,二妃啼,以涕挥竹,竹尽斑。”

【故事】

禅让,指古代帝王让位给别人,如尧让位给舜,舜让位给禹。

尧,姓伊祁,名放勋,史称唐尧,传说是黄帝的五世孙,居住在西部平阳(今山西临汾一带)。尧当上部落联盟的首领以后,和大家一样住茅草屋,吃糙米饭,煮野菜做汤;夏天披件粗麻衣,冬天加块鹿皮御寒。老百姓拥护他,如爱父母一般。

尧在位七十年,年纪已经很大了,有人推荐他的儿子丹朱继位,尧认为他的儿子不能胜任,坚决不同意。为了继承人的问题,尧召开部落联盟议事会议,大家认为虞舜德才兼备,一致推举他为继承人。尧很高兴,把自己的两个女儿娥皇、女英嫁给舜,并且考验了他三年,才将帝位禅让给舜。

舜,号有虞氏,传说是颛顼的七世孙。舜接位后,亲自耕田、打鱼、制陶,深受大家爱戴。他完善了部落管理制度,对工作进行了分工,大大提高了工作效率。他年老后也仿照尧的样子召开部落联盟会议,大家推举禹来做继承人。

舜到晚年身体不好,却依旧到南方各地去巡视,最终病死在苍梧(今湖南境内)。舜去世以后,娥皇、女英痛不欲生。她俩整日哭泣,泪水洒在竹子上,竹子上都是斑斑泪痕。据说,湘妃竹上的斑点,就是她俩的泪斑;她俩的眼泪,又称“斑竹泪”。

想当然

【释义】

根据主观推断,事情大概或应该是这样。

【出处】

《后汉书·孔融传》:“以今度之,想当然耳。”

【故事】

汉朝末年的袁绍,汝南汝阳(今河南周口商水)人,出身名门望族。从他的曾祖父起,四代中有五人位居三公,因此有“四世三公”之称,袁氏的门生故吏遍天下。汉末群雄割据之时,他先占据冀州,又先后夺取了青州、并州。公元 199 年,他又击败了割据幽州的公孙瓒,势力达到顶点。

公元 200 年,袁绍率领精兵十万南下,攻打“挟天子以令诸侯”的曹操。骄横的袁绍在官渡之战中被曹操打败,从此走上了下坡路。

公元 203 年,曹操与儿子曹丕率军进攻袁绍的老巢邺城。那时袁绍已经去世,三个儿子离心离德,最终袁谭被杀,袁尚、袁熙逃亡辽西乌丸。

十八岁的曹丕进入袁府,看到一个美如天仙的少妇,仔细一问,原来是袁绍的儿媳妇——袁绍的二儿子袁熙的老婆甄氏。可怜袁绍再也没有想到,连自己的儿媳妇都成了曹操儿子曹丕的战利品。曹操看到甄氏也很满意,答应了他们的婚事。

这事引起轩然大波,人们对此议论纷纷。孔融知道后写信给曹操,说什么武王灭纣后将妲己赏给周公。曹操虽然博学多才,仍然不知这个典故出于何处。曹操向孔融问起这事,没想到孔融居然说,根据现在发生的事推想过去,当年武王当然要把漂亮的妲己赏给周公做老婆,这是“想当然耳”!

这个“想当然”把曹操讽刺得够厉害,曹操对此耿耿于怀。后来孔融被杀,跟这件事有很大的关系。

小时了了,大未必佳

【释义】

了了:形容聪明懂事;佳:好。年幼时很聪明,长大了未必有出息。

【出处】

南朝宋·刘义庆《世说新语·言语》:“太中大夫陈韪后至,人以其语语之,韪曰:‘小时了了,大未必佳。’文举曰:‘想君小时必当了了。’”

【故事】

孔融,是东汉末年著名的文学家,为“建安七子”之一。

孔融十岁时,跟随父亲来到洛阳。当时,李元礼的名气很大,普通人进不了他的家门,在他家进出的,都是才智出众之士。有一天,孔融来到李元礼的府门,对看门人说:“我是李府君家的亲戚,我要去见李府君。”看门人不敢怠慢,连忙进去通报。

孔融进了大厅,李元礼看到他有些奇怪:这是谁家的孩子,说是我的亲戚,我怎么不认识呢?李元礼问道:“你和我是什么亲戚关系?”孔融振振有词地说:“我的祖先孔仲尼(孔子)曾经拜你的先人李伯阳(老子)为师,我和您是世家通好的关系。”听孔融这么一说,李元礼暗暗称奇,连声向宾客夸奖道:“这孩子好聪明。”

大家正说着,太中大夫陈韪来了,大家就把孔融刚才说的话讲给他听。哪知陈韪听了淡淡一笑,冷冷地说:“别看他小时候聪明,长大了未必有出息。”

孔融马上回了一句:“想来您小时候一定很聪明。”

一句话就把堂堂的太中大夫给噎住了,顿时面红耳赤,好半天都没能说出一句话。

需要注意,单说“小时了了”,是称赞孩子聪明;如果和“大未必佳”连用,是“小时候聪明,长大了未必有出息”的意思,就没有称赞的意味了。

许由瓢

【释义】

隐士许由喝水用的瓢。比喻与世无争。

【出处】

汉·蔡邕《琴操·箕山操》:“人见其无器,以一瓢遗之,由操饮毕,以瓢挂树,风吹树动,历历有声,由以为烦扰,遂取损之。”

【故事】

上古唐尧之时,有个贤人叫许由,他率领许姓部落,在今天颍水流域的登封、许昌、禹州、汝州、长葛、鄢陵一带自由自在地生活。这一带后来便是许国的封地,他也成为许姓的始祖。

许由学问渊博,品德高尚,远远近近的人都知道他的大名。唐尧知道许由的道德声望,想请许由入朝为官,许由得到消息,连忙逃跑,使者到了那里,不见他的踪影。唐尧派人找他的次数多了,他就索性远离族人独居在箕山,远离世间喧嚣,不问人间烦扰事。

后来唐尧觉得自己年事已高,决定把天下让给许由。使者在箕山找到了他,他却坚决不肯答应。使者离开以后,许由觉得听到的话太污浊,赶紧跑到水边清洗耳朵。

他在山中日出而作,日落而息,过着自耕自食的生活。有一天,他看见一位农夫正在耕地,高兴地说:“这里是牛壮田肥之地。”以后这里便被称为牛田村,牛田村至今仍在。

许由的生活十分简朴,夏天住在巢里,冬天住进山洞;饿了在山上采点野果野菜充饥,渴了在河边饮水。许由的住处没有什么器具,喝水时用双手捧水。有人送给他一个饮水用的瓢,喝完水他就把瓢挂在树上,大风吹来树枝摇摆不定,那瓢便跟树干相撞发出声响,许由听了觉得心烦,把它从树上取下来砸毁。

许由去世后,人们把他埋葬在箕山之巅,为了纪念他,人们又把箕山叫作许由山。

虚张声势

【释义】

虚:佯装。张:夸大。假造声势,借以吓人。

【出处】

《论淮西事宜状》:"淄青、恒冀两道,与蔡州气类略同,今闻讨伐元济,人情必有救助之意,然皆暗弱,自保无暇,虚张声势,则必有之。"

【故事】

韩愈字退之,唐河内河阳人,世称韩昌黎。他是唐代古文运动的倡导者,唐宋八大家之首,与柳宗元并称"韩柳"。

韩文公,名愈,字退之。说起这名和字,倒有一段佳话。他长到十九岁时,已经是一位才华横溢的少年。这年恰逢皇科开选,郑氏为他打点行装,送他进京去应试。到京城后,他自恃才高,以为入场便可得中,从未把同伴搁在眼里。结果别人考中了,他却名落孙山。

后来,他在京中一连住了几年,连续考了四次,最后才算中了第十三名。之后,一连经过三次殿试,也没得到一官半职。由于银钱早已花尽,他由京都移居洛阳去找友人求助。在洛阳,友人穿针引线,他与才貌双全的卢氏小姐订了婚。卢小姐的父亲是河南府法曹参军,韩愈就住在他家,准备择定吉日与卢小姐结婚。

卢小姐天性活泼,为人坦率,一方面敬慕韩郎的才华,一方面又对韩郎那自傲之情有所担忧。她曾多次思忖,要使郎君日后有所作为,现在就应当规劝他一下,可是如何规劝他呢?这天晚饭后,二人闲聊诗文。畅谈中,韩愈提起这几年在求官途中的失意之事,卢小姐和颜悦色地说道:"相公不必再为此事叹忧,科场失意乃常有之事。家父对我总是夸你学识渊博,为人诚挚。我想你将来一定会有作为的,只是这科场失利,必有自己的不足之处。"韩愈听后,频频点头,心中暗道:卢小姐果有见地。卢小姐随即展纸挥笔，写道：人求言实，火求心虚，欲成大器，必先退之。韩愈手捧赠言，一阵沉思：自古道骄兵必败，自己身上缺少的正是谦虚之情。于是，他立即选用卢小姐赠言中的最后两个字：退之，给自己起了个新名字。

后来韩愈的文章越写越好，成为一代文宗。在他的《论淮西事宜状》中有这几句："淄青、恒冀两道，与蔡州气类略同，今闻讨伐元济，人情必有救助之意，然皆暗弱，自保无暇，虚张声势，则必有之。"意思是：淄青、恒冀两路兵马和蔡州的情况相似。听说要讨伐元济，在人情上还是想帮助的，可是自己能力有限，只能自保。也就是在口头上壮壮声势来呼应下而已。

先入为主

【释义】

指先听进去的话或先获得的印象往往在头脑中占有主导地位，以后再遇到不同的意见时，就不容易接受。

【出处】

《汉书·息夫躬传》："唯陛下观览古今，反覆参考，无以先入之语为主。"

【故事】

董贤、孙宠、息夫躬是汉哀帝的三个宠臣，汉哀帝非常宠信他们。可是在准备封他们为侯时，遭到丞相王嘉的阻挠。王嘉晓之以利害，却受到皇帝的斥责。

后来，息夫躬看到董贤权势日益扩大，想取代他。于是哄骗哀帝说："陛下，匈奴的单于今年没来朝见天子，恐怕要引兵侵扰边境，陛下应当赶紧想退兵之计……"原来息夫躬事先已派人通知单于，不让他入塞朝拜天子，所以单于没有入塞。

大臣们不肯信息夫躬的话，王嘉说："天子应该推诚行善，百姓万民才能安居乐业，息夫躬的话分明是一派谎言，想借天子出兵之际图谋不轨。陛下万不可信以为真，恐生后患，决不能因为息夫躬的话陛下先听到了，就以为他的话为真（先入为主),做出错误的决定啊!"哀帝还是相信了息夫躬的话,打算派军队出征,但因遭到董贤的反对,没能实现。不久,息夫躬的计谋露了馅儿,结果被关进大牢,死在狱中。

成语"先入为主"由此而演变产生。

先发制人

【释义】

发:开始行动。制:控制,制服。原指先动手的处于主动地位,可以控制对方。后也泛指争取主动,先动手来制服对方。

【出处】

《汉书·项籍传》:"先发制人,后发制于人。"

【故事】

秦朝末年,百姓因不堪忍受秦王朝的残暴统治,纷纷揭竿而起,其中陈胜吴广起义军声势最大。会稽郡守殷通接见项梁,想听听项梁对起义军的看法。

项梁大声地说:"现在大江两岸的人都起来反对暴秦统治了,这表明秦朝气数已尽了。这时候,先动手可以控制别人(先发制人),后动手会被别人控制。"

殷通说:"听说你家世世代代都是楚国的将军,看来,起事只有靠你了!"

项梁一直就想取殷通而代之,所以他走出门外小声地叮嘱侄儿项羽几句,又回来对郡守说:"请你召见项羽。"

殷通刚叫完项羽的名字,就见门外走进来一位健壮勇猛的青年,手里拿着一把寒光逼人的长剑。殷通一边打量着,一边不停地称赞:"一位勇士,真是将门虎子啊!"项羽走到他身边停住了,这时项梁对他使了个眼色,项羽马上一剑杀了殷通。项梁、项羽提着殷通的头,带着官印绶带,来到郡府,又杀了百来个大小官吏,其他的人都吓得趴在地上,不敢起身。

接着，项梁四处派人召集自己的旧友和相识的豪强、官员，告诉他们已杀掉了郡守，最后说："现在我们必须要发动吴中的军队，迅速攻打周围各县，建立起自己的武装，对各县实施直接的统治。先割据吴中一带，争取主动。"

惜墨如金

【释义】

惜：爱惜。爱惜墨就像金子一样。指不轻易动笔。

【出处】

宋·费枢《钓矶立谈》："李营丘惜墨如金。"

【故事】

五代末期、宋朝初期的李成，因祖上迁居营丘，又被称为李营丘，精通琴棋书画，虽然他官至光禄大夫，但一直倾心于艺术创作。尤其在绘画方面，李成功底极其深厚：画山，能画出峰峦重叠的效果；画树，能画出林木稀稠的不同层次；画水，能画出泉流的深浅层面；画石，能画得犹如一片片卷动着的云。看他所画的各种景物，都会使人有身临其境的感觉，后人称他这种技法为"卷云皴"。李成的画之所以会有如此艺术效果，与他作画时笔势锋利、墨法精致、喜用淡墨不无关系，所以人们也称其"惜墨如金"。

狭路相逢

【释义】

在很窄的路上相遇，没有地方可让。后多用来指仇人相见，彼此都不肯轻易放过。

【出处】

《相逢行》:“相逢狭路间,道隘不容车。”

【故事】

古时候,营丘这个地方,有个读书人,学问不高,但喜欢诡辩,爱给人出难题。

有一次,他来到艾子家中,说:“艾子,你是个大学问家,你能说说大车的下面和骆驼的脖颈上,为什么总挂个铃子吗?”

艾子回答说:“车子和骆驼的体积都很大,两者如果在夜间狭路相逢,恐怕无法避让,所以挂上铃子,使对方在未相遇时先听到铃声,就可以设法回避。”

营丘人反问道:“宝塔上也挂着铃,难道也是因为夜间走路要设法回避吗?”

艾子回答说:“这当然不是,而是另有原因。许多鸟雀都喜欢在高处筑巢,粪便撒得到处都是。塔上挂铃,目的是为了惊散鸟雀,不让鸟雀在塔上筑巢,它怎么能跟车子和骆驼之事类比呢?”

营丘人又争辩说:“那么鹞鹰的尾巴上也挂着一个小铃,哪有鸟雀会去鹞鹰的尾巴上筑巢呢?”

艾子听了哈哈大笑,说:“你这个人的思路太怪,太不合常理了!鹞鹰尾巴上装有小铃,是因为它出去捉鸟雀时,缚在脚上的绳子容易被树枝缠住。尾巴上装了小铃,它的主人便能循声找到它,怎么能说为防止鸟雀筑巢呢?”

营丘人若有所悟,说:“唔!我懂了!我见过大出丧,队伍前面的人手中摇着铃,嘴里唱着歌,过去我不知道这是为什么,现在才知道是为了怕被树枝绊住脚,但不知缚在那摇铃人脚上的绳子是皮绳还是麻绳?”

最后,艾子怎么也忍不住了,他昂起头,带着讥笑的口吻对他说:

“你胡扯些什么!那摇铃的人是给死者开路的。因为死者生前喜欢和人瞎争,所以摇摇铃,让那喜欢瞎争的死人开心一点罢了。”

小题大做

【释义】

小题：明、清科举考试时，以四书的文句命题称小题。本为明、清科举考试的惯用语，现泛指拿小题目做大文章。比喻把小事当作大事来办，有不值得这样做的意思。

【出处】

《玉堂荟记》："成既被提入京，欲伸前志，每为范木渐所阻，迨苋以艰去，而成遂奏揭纷出，小题大做矣。"

【故事】

战国时期，赵国孝成王很不争气。他目光短浅，喜欢独断专行，却不听大臣的建议。他贪心不足，经常贪小利而受大害。

有一年，赵国和燕国发生冲突。燕国国君一怒之下任命高阳为统帅，领兵十万人征讨赵国。赵孝成王看到燕国大军前来征讨的军报，吓得不知所措。他自认为赵国没有一个大将能带兵与燕国的高阳军队相抗衡。于是派人去齐国，请齐国大将田单担任赵军统帅，统领三军与燕国军队作战。齐王听完赵国使者的话，要求赵国把济水以东的三座城池和高唐平原一带的五十七座城邑、集市，作为酬谢全部赠送给齐国。使者返回赵国传达齐王的条件，孝成王觉得齐国趁火打劫，要价太高。但是他又担心不答应齐王的条件，齐王不让田单来赵国领兵作战，那样燕王会一举灭了赵国。他思前想后，终于决定答应齐国苛刻的条件。

孝成王的决定，让满朝大臣大为震惊，他们没想到孝成王会有这样荒谬的想法，做这样荒唐的决定，大臣在私底下议论纷纷。

朝中大臣中最为不满的是马服君赵奢，但他不敢公开反对孝成王的决定。他找到平原君商议，说："我们赵国并不是没有能统领军队、抵御外敌的大将。如今为了聘请齐国的田单,居然要割让五十多座城池给齐国,这不是小题大做吗?”平原君劝慰他说:“这是大王决定了的事情,再谈有什么用呢?”赵奢非常气愤地说:“我们赵国士兵强悍,大将勇猛,经常上战场作战的不少于万人。如果让我领兵迎敌,不出一百天就能把燕军消灭干净。”赵奢看着平原君,见他无动于衷,接着说:“田单算什么,如果他没本事,一定会败给燕国;如果他真有领兵作战的本领,也不会为赵国卖命的。用田单领军,有害而无利,道理清楚明白,大王怎么就看不透啊!”

赵奢慷慨陈词一番,见平原君态度冷漠,无动于衷,就叹口气走了。

小鸟依人

【释义】

依:依偎。指像小鸟一样亲近人。多形容少女或小孩的娇柔可爱。

【出处】

《旧唐书·长孙无忌传》:“褚遂良学问稍长,性亦坚正,既写忠诚,甚亲附于朕,譬如飞鸟依人,自加怜爱。”

【故事】

褚遂良是唐朝著名书法家,他的书法博采众长,变化多姿,自成一家。因为精通书法,被直谏敢言的魏征推荐给唐太宗,并受到他的赏识。

唐太宗任命褚遂良担任起居郎一职,专门记载皇帝的言行起居。有一次,唐太宗问褚遂良:“你每天记载我的言行起居,我可以看看吗?”褚遂良回答说:“如今设立起居郎的职务,如同古代的史官,善行恶行都要记录在案,以督促皇帝不犯错。我从未听说皇帝本人要看这些内容的。”唐太宗又问道:“如果我有不好的言论、行为,你也要记下来吗?”褚遂良回答说:“这是我的职责所在,您的一言一行,我都要记下来。”由此可见,褚遂良的忠贞和耿直非同一般。

不久之后,唐太宗对长孙无忌说:“我今天要当面评论你们的功过得失,引以为鉴，使你们警惕。说者没有过错，听者自己改过。”说完他就看着长孙无忌说：“你善于避嫌、随机应变，但是领兵打仗不是你的长项。高士廉博览群书，悟性很高，临危受难不变节，做官也不拉帮结派，但是缺少直谏的勇气。”唐太宗将朝中大臣评论一番，最后说到了褚遂良。唐太宗说：“褚遂良在学问方面大有长进，性格很刚直，对朝廷忠心，对我很有感情，平时一副飞鸟依人的模样，我很是怜爱他啊！”

下笔成章

【释义】

一挥动笔就写成文章。形容文思敏捷、才华出众。

【出处】

三国·魏·曹植《王仲宣诔》：“发言可咏，下笔成篇。”《三国志·魏书·陈思王传》：“言出为论，下笔成章。”

【故事】

三国时期，魏武帝曹操的儿子曹植自幼聪明伶俐，喜欢诗词歌赋，十几岁就通读了数百名篇，写得一手好文章。某次，曹操看过曹植的一篇文章，觉得风格清新，文笔老练，怀疑可能是别人代写，就把他叫到跟前问道：“你的文章由谁代写的？”曹植一听连忙跪下，说道：“我能言出为文下笔成章，为什么要请别人代写呢？如果父王不相信可以当面考我。”

当时，曹操下令建造的铜雀台刚刚竣工，为了庆贺这项工程，他领着百官登台视察。曹操有心试探一下儿子，便命曹植当场作赋，结果曹植拿起笔就写，不一会儿就呈上了自己的文章，曹操阅后不住地点头称赞。曹操对这个儿子极度喜爱，几次想立他为太子，终因长子曹丕从中作梗而未能成功，再加上曹植恃才任性，饮酒无度，曹操最后还是打消了这个念头。

项庄舞剑，意在沛公

【释义】

比喻说话和行动的真实意图另有所指。

【出处】

汉·司马迁《史记·项羽本纪》："良曰：'甚急。今者项庄拔剑舞，其意常在沛公也。'"

【故事】

在反秦战争中，项羽与刘邦领导的两支最大的起义军都打算进攻咸阳，楚怀王与他们约定："谁先平定关中，谁就称王。"结果，刘邦率先攻破咸阳，此举让军力较强的项羽大怒，于是破关直入驻军鸿门，誓要击破刘邦。

项庄舞剑，意在沛公

当时项羽在新丰鸿门屯兵四十万，刘邦只有十万士兵驻扎在霸上。项羽的谋士范增向他进言道："刘邦有天子之气，应该尽快除掉。"侧立一旁的项伯闻言大惊，他与刘邦的谋士张良关系很好，赶紧把这个消息透露给了张良。张良密告刘邦，刘邦心里非常担心，在张良的指引下，他只好拉拢项伯，约为亲家。有了这层关系，项伯才同意在项羽面前说情，说让他次日赶紧拜谢项羽。刘邦为了日后大业，只得委曲求全，第二天便带着少量随从来到新丰鸿门。

项羽已在军中设下酒宴，宾主两方坐定，各怀心事。酒宴照常进行，席间，范增数次抚摸身上玉佩，意在暗示项羽快快动手，但威猛雄健的项羽此时却偏偏像个小儿女般犹豫不决。急得范增只得另想办法：他叫来楚营中的另一位壮士项庄，暗中叮嘱道："项羽有不忍之心，请你进去舞剑庆贺，一定要找机会杀了刘邦。"项庄得令，当下即进账借助酒兴舞起剑来。张良一看，心中明白了七八分，急忙目示项伯，项伯便也拔剑而舞，时时用自己的身体遮蔽刘邦，让项庄找不到丝毫机会。

同时，张良又找到大将军樊哙说："现在情况危急！我看项庄拔剑而舞，是想要杀沛公啊。"樊哙当下不顾礼节，持剑拥盾闯入席间，怒瞪项羽。项羽爱其才，赐酒肉与他，项庄见樊哙勇猛刚健，也不敢轻举妄动。刘邦赶紧借口上厕所出了帐外，找了个机会偷偷溜走了。

谋士张良估计刘邦差不多已回到汉营，这才略致歉意，并取出带来的白璧一双送给项羽；玉斗一只送给范增，项羽欣然收下，范增却气得拔剑将玉斗劈碎，仰面长叹："唉，竖子不足与谋！将来与项王争夺天下的必然是刘邦，到时我们都将成为他的俘虏！"

小心翼翼

【释义】

翼翼：严肃谨慎。本是严肃恭敬的意思。现形容谨慎小心，一点不敢疏忽，也含有放不开手脚之意。

【出处】

《诗经·大雅·大明》："维此文王，小心翼翼。"

【故事】

春秋时期，天上出现彗星，人们认为灾祸降临，齐景公遂叫人准备除殃仪式。晏子引用《诗经·大雅·大明》中的"维此文王，小心翼翼。昭事上帝，聿怀多福"劝道："举行除殃的仪式没有用。天意并不怀疑我们，为什么要除殃呢？周文王虔诚恭敬以事上帝，怀德以受各国拥护，你又没有违背德行，为什么还要怕彗星呢？"齐景公听后很高兴，便罢去仪式。这里的"小心翼翼"指谦恭谨慎。

心怀叵测

【释义】

心怀:存心。叵:不可。指存心险恶,不可推测。

【出处】

明·罗贯中《三国演义》:"曹操心怀叵测,叔父若往,恐遭其害。"

【故事】

东汉末年,司徒王允除掉董卓后,汉献帝总算去了块心腹之患,可好景不长,曹操此时又趁势而起。这让汉献帝大伤脑筋,一心想找个有勇有谋的官员除掉曹操,使自己摆脱束缚。

很快,他发现西凉太守马腾有反曹之意,便写了诏书,派人夹在衣带中送出宫去,命马腾从西凉起兵讨伐曹操,以解救汉室之危。不料,这件事终被曹操察觉,他采用谋士荀攸的建议,索性将计就计,以献帝之名急召马腾进京。

马腾接到诏书后,不知是福是祸,与家人细细商量。

家中子侄们都主张先进京探个虚实,只有侄子马岱不同意,他说:"曹操此人诡计多端,别人很难看出背后的真实意图。如果叔父去了,可能会遭遇不测。"

马腾不听,自以为是的他带了儿子马休等少数人前往,结果被曹操轻易擒获,一并杀害。

信口雌黄

【释义】

信:任凭,听任。雌黄:即鸡冠石,黄色矿物,用作颜料。古人用黄纸写字,写错了,用雌黄涂抹后改写。比喻不顾事实,随口乱说。

【出处】

晋·孙盛《晋阳秋》:“王衍,字夷甫,能言,于意有不安者,辄更易之,时号‘口中雌黄’。”

【故事】

晋朝的清谈家王衍年轻时就喜欢谈书论道,某次他去当时名人山涛家中做客,离去后,山涛看着他的背影长叹道:“唉,不想世上竟有如此聪明之人,只怕将来误天下百姓的也是此人啊。”尚书卢钦因为听过王衍的“合纵”之论,就举荐他为辽东太守,没想到王衍迟迟不去赴任,卢钦这才知道他不过是纸上谈兵罢了。

王衍后来为官时,很少办公事,经常约人在一起没完没了地闲聊。他最喜欢手里拿着鹿尾拂尘,大肆谈论老子和庄子的玄理,但在谈论中又经常将老庄的道理讲错,漏洞百出。如遇有人质疑,王衍就随口更改,人们说他这是“口中雌黄”。没过几年,羯族人石勒起义,王衍被俘,为了活命他竟劝石勒称帝,石勒非常憎恶这种不忠行为,认为造成世道混乱、生灵涂炭的罪魁祸首正是像他这样的奸臣,一怒之下就把王衍杀了。

胸有成竹

【释义】

原指画竹子之前,心中要先有竹子的形象,喻指做事前要有完整的谋划打算。也作“成竹在胸”。

【出处】

宋·苏轼《文与可画筼筜谷偃竹记》:“故画竹,必先得成竹于胸中,执笔熟视,乃见其所欲画者,急起从之,振笔直遂,以追其所见,如兔起鹘落,少纵则逝矣。”

【故事】

北宋文学家苏轼有个好友叫文与可,文与可善于画竹,每次作画均不用草稿,提笔便画，所画竹子各具风姿，无一相同。当时很多达官显贵都慕名而来，带着白绢来求竹画，在他家中互相挤踩，此举惹得文与可非常讨厌，他将送来的白绢统统丢在地上，说："我要把这些白绢都用来做袜子！"人们将这事当作笑话四处传扬，时任徐州太守的苏轼听说后哈哈大笑，适逢这时文与可写了封信说："我近来常告诉那些求画的人，说我们画墨竹这一流派的人已传到近在徐州的苏轼，你们可去求他的画。想必不久，做袜子的材料就会聚集到您那里去了。"苏轼越发大笑不止，同时也更佩服文与可的绘画才能。

某次，两位好友碰面，苏轼问起文与可，为什么你的竹画如此传神。文与可说自己不管春夏秋冬、刮风下雨、天晴天阴，常年不断地出没于竹林，竹子在春夏秋冬四季的形状有什么变化，在阴晴雨雪天的颜色与姿势是什么样，在强烈阳光照耀下和在明净月光映照下又有什么不同，他都摸得一清二楚，同时亦点明："竹子开始生出时，虽然只是一个萌芽，但节、叶都已具备。待它像拔剑出鞘一样长高时，内在却和刚生出时一样。如今画竹的人都是一节节地画它，一叶叶地堆积它，这样哪里还会有完整的、活生生的竹子呢？所以画竹必定要心里先有完整的竹子形象，拿起笔来时，眼前仿佛就能看到想画的竹子，于是急速跟住它，动手作画方能一气呵成。"苏轼非常佩服这位好友的学画之道，在文与可去世后，他还写了篇文章以作纪念。

后来有位叫晁补之的人，亦称赞文与可道："文与可画竹，早已胸有成竹了。"人们遂据此概括出"胸有成竹"一词。

悬梁刺股

【释义】

将头发悬在梁上，用锥子刺大腿，形容刻苦学习。

【出处】

"悬梁"出自《太平御览》卷三百六十三引《汉书》记载："孙敬字文宝，好学，晨夕不休。及至眠睡疲寝，以绳系头，悬屋梁。后为当世大儒。""刺股"出自《战国策·秦策一》："（苏秦）读书欲睡，引锥自刺其股，血流至足。"

【故事】

“悬梁刺股”分别指“悬梁”和“刺股”两个典故。东汉时期的孙敬，经常闭门苦读，时间一久，他就周身疲倦至极，困得直想打瞌睡。为了不影响学习，孙敬想出个办法，他找了根绳子，一头绑住头发，另一头拴在屋梁上，每次读书累极想低头打盹儿时，那根绳子就会扯着头发阵阵发痛。孙敬立即就能变得清醒，而后再继续读书。

悬梁刺股

战国时期的苏秦也如此好学。他先拜鬼谷子为师，学成后下山归家，又变卖家产充作路资周游列国。苏秦本想有所作为，无奈各国诸侯都不重用他，只能落魄而回。回到家后，家人都冷眼相待，苏秦于是下定决心发愤读书。他每天读书到深夜还不休息，困倦时就用锥子在大腿上刺一下，让疼痛刺激自己清醒起来再继续读书。有时刺得狠了，流出的血淌到脚边他也不在意，仍然勤学苦读。

如此一年多后，苏秦整装而发，再次周游列国，凭着满腹学识终被尊为“六国之相”。

后人们根据这两则故事，概括出“悬梁刺股”一词，用以激励人们发愤读书。

心腹之患

【释义】

心腹，比喻要害；患，疾病。初作“心腹之疾”，指体内致命的疾病。比喻藏在内部的严重祸害。

【出处】

春秋鲁·左丘明《左传·哀公十一年》：“越在我，心腹之疾也。”

【故事】

鲁哀公十一年(前484年),吴国将要讨伐齐国,越王勾践率领众臣子携带丰厚的礼品朝见吴王阖闾,吴王和许多官员都得馈赠,上上下下一片喜悦,唯独伍子胥对勾践这个举动感到忧惧,他说:"勾践的行为不过豢养(养牲畜)吴人而已。"言外之意是勾践表面殷勤,实际是想宰割吴国。伍子胥上谏吴王说:"越国的存在,是我们的一大祸患,仿佛藏于心腹间的疾病,一旦发作无药可救。吴、越两地相接,勾践对吴国早就垂涎三尺。现在他表现出的柔顺服从是用来掩饰他预计灭吴的阴谋。鉴于此,为了吴国的安全,不如先下手将越王灭掉,以除疾患。"

"心腹之疾"作"心腹之患",最先见于《后汉书·陈蕃传》:"今寇在外,四支(肢)之疾;内政不理,心腹之患。"

后来人们就用"心腹之患"比喻可造成严重后果的隐患。

献鸠放生

【释义】

形容只顾形式,后果却适得其反。

【出处】

春秋鲁·左丘明《左传》:"邯郸之民,以正月之旦,献鸠于简子……捕而放之,恩过不相补矣。"

【故事】

古来有句俗话:"行善积德",这句话是劝人多做好事,多做善事。遇到灾荒年间,有些殷实人家为救那些饥寒交迫的灾民免于饿死,捐米赈灾,都是积德之举。太平年间,将鱼、龟放游到江河水池,将鸟放飞到大自然,叫"放生",都是积善之行。后来,有人在大年初一这天,把捉来的鸟雀放生,叫作"爱生灵"。

春秋时候,晋国权倾一时的大臣赵简子喜欢在过年的时候放生斑鸠。大年初一这天，来向赵简子进献斑鸠的老百姓络绎不绝，而且都得到了重赏。

赵简子的门客问他为什么要这样做？门客说："您对生灵有如此的仁慈之心，这是难得的。不知大人您想到过没有，如果全国的老百姓知道大人您要拿斑鸠去放生，从而对斑鸠争先恐后地你追我捕，其结果被打死打伤的斑鸠一定是很多很多啊！您如果真的要放生，想救斑鸠一命，还不如下道命令，禁止捕捉。像现在，您奖励老百姓捕捉大量斑鸠送给您，您再放生，那么大人您对斑鸠的仁慈确实还不能抵偿您对它们人为地造成的灾祸！"

赵简子听了门客的话，默默地点了点头说："对的。"

徙薪曲突

【释义】

突，烟囱。搬开灶旁柴禾，将直的烟囱改成弯的，本来指预防火灾。比喻先采取措施，防患于未然。

【出处】

东汉·班固《汉书·霍光传》："人为徐生上书曰：'臣闻客有过主人者，见其灶直突，傍有积薪……'"

【故事】

西汉时期，大将军霍光是著名大将霍去病同父异母的弟弟，他跟随汉武帝近三十年，是汉武帝时期的重要谋臣。汉武帝死后，他受命为汉昭帝的辅政大臣，汉昭帝死后又辅佐汉宣帝。霍光执掌汉朝政权近二十年，权倾朝野。茂陵的徐福看到霍氏专权，于是三次上书汉宣帝，望汉宣帝采取措施。但汉宣帝却没有采取任何行动。后来，霍光死后，他的家人谋反，有人告发，汉宣帝将霍家满门抄斩，并株连九族。汉宣帝对告发的人大加奖赏，却把曾经上书的徐福给遗忘了。

有人为徐福打抱不平，就上书汉宣帝，说："战国时，齐国人淳于髡有一次去朋友家做客，见到主人家的烟囱太直了，旁边还堆满了柴草，于是就劝说主人，'你应该把烟囱改成弯的，把柴草搬远点，否则会有火患。'主人听了，并不回应。不久，这家果然失火，幸亏邻居们来帮忙，才将火灭掉。主人为了感谢邻人的相助，就办了酒席答谢他们。酒席上，因奋力救火而被烧得焦头烂额的人坐在上座，其他的论功行赏，独独忘了当初给他警示的淳于髡。有人看不过眼，就对主人说，'如果当初你听客人一言，不至于今日落得费酒、肉，办宴席，差点亡于火灾。今天你论功请宾客，建议你曲突徙薪的人被忘在一边，而焦头烂额者却为上宾(曲突徙薪亡恩泽，焦头烂额为上客)?'主人这才醒悟过来，赶忙请来淳于髡。如今茂陵的徐福数次上书请陛下防止霍氏有变，却没有奖赏。望陛下能明察，重视徙薪曲突之策。

汉宣帝于是赐徐福帛十匹，并奖励他当了官。

相提并论

【释义】

把不同情况或性质不同的人或事物放在同等地位来对待。

【出处】

西汉·司马迁《史记·魏其武安侯列传》:"相提而论，是自明扬主上之过。"

【故事】

窦婴，是汉文帝窦皇后的堂兄的儿子。他喜欢宾客，而且善于用兵，在平定"七国之乱"中立下了汗马功劳，被封为魏其侯。

汉景帝四年(公元前153年)，立刘荣为太子，派魏其侯担任太子的太傅。汉景帝七年(公元前150年)，太子被废，魏其侯曾多次为太子争辩都没有效果。魏其侯就推说有病，隐居在蓝田县南山下，一连住了好几个月。许多宾客、辩士都来劝说他，但没有人能说服他回到京城来。

梁地人高遂于是来劝解魏其侯说:"能使您富贵的是皇上，能使您成为朝廷亲信的是太后。现在您担任太子的师傅，太子被废黜而不能力争，力争又不能成功，而又不能去殉职。自己托病引退，拥抱着歌姬美女，退隐闲居而不参加朝会。把这些情况互相比照起来看，这就是表明您要张扬皇帝的过失啊！假如皇上和太后都要加害于您，那您的妻子儿女都会一个不剩地被杀害。”魏其侯认为他说得很对，于是就出山回朝，朝见皇帝像过去一样。

血气方刚

【释义】

血气，精力；方，正；刚，刚强，旺盛。形容年轻人精力正旺盛。

【出处】

《论语·季氏》：“及其壮也，血气方刚，戒之在斗。”

【故事】

孔子曰：“君子有三戒，少之时血气未定，戒之在色；及其壮也，血气方刚，戒之在斗；及其老也，血气既衰，戒之在得。”

孔子说，君子有三点要加以警惕：在少年时期，血气还没定型，身子骨很弱，因此要戒色；等到成年时，身强体壮，血气方刚，因此要时时提醒自己，不能与人争斗；到老的时候，血气衰弱，虽然不再有色心，也不再喜欢好争斗，但老人多贪，因而要戒贪。

响遏行云

【释义】

遏，阻止。声音嘹亮，高入云霄，连浮动着的云彩也被止住了。

【出处】

《列子·汤问》：“抚节悲歌，声振林木，响遏行云。”

【故事】

薛谭向秦青学习唱歌，他没有把秦青歌唱的艺术学到家，却觉得已经学到了头，再没有什么可学的了。于是，他就向秦青告别，想回家。

秦青看透了薛谭的心思，并没有挽留他，而是在郊外的大道上设宴为他送行。送行这天，秦青与薛谭在郊外大道上作别，秦青手持酒杯，按着节拍，唱起了悲壮的歌。那嘹亮的歌声，震得道旁的树木，沙沙作响；高昂的旋律，直飞到九重天外，"响遏行云"。

薛谭领教到了秦青的真功夫，便诚恳地向秦青道歉，并请求随秦青回去，继续学习。

薛谭又回到秦青那里，认真学习，再也不敢轻易说回家了。

挟天子以令诸侯

【释义】

挟制着皇帝，用皇帝的名义发号施令。现比喻借着权威者的名义，发号施令。

【出处】

《三国志·蜀诸葛亮传》："今操已拥百万之众，挟天子而令诸侯，此诚不可与争锋。"

【故事】

东汉末年，汉室势衰力竭，曹操专权，以汉献帝的名义号令诸侯。当时，诸葛亮隐居乡间，常常把自己与管仲、乐毅相比，可是没有谁承认这一点。只有崔州平、徐庶跟他交情很好。

当时刘备驻军在新野。徐庶拜见刘备，刘备很器重他，徐庶对刘备说："诸葛孔明，是卧龙啊，将军可愿意见他吗？"刘备说："您和他一起来吧。"徐庶说："这个人只能到他那里去拜访，不能委屈他，召他上门来，您应当屈身去拜访他。"

于是刘备就去拜访诸葛亮，共去了三次才见到。刘备于是叫旁边的人避开，说：“汉朝天下崩溃，奸臣窃取了政权，皇上逃难出奔。我想为天下伸张大义，但是自己的智谋短浅，终于造成今天这样失败的局面。但是我的志向还没有罢休，您说该怎么办呢？”

诸葛亮回答道：“如今曹操已经拥有百万大军，而且挟持天子号令天下的诸侯，实在无法与他一决雌雄。孙权占据了江东地区，已经经历了三代，有天险可依，并且人民又依附他，有贤能的人为他出谋划策，他可以做您的盟友，您却不可吞并他。荆州北有汉水、沔水，南通南海诸郡，东与吴郡和会稽郡相连，西与巴郡、蜀郡相通，这是个便于用兵的地方；益州四面都是险阻的要塞，中间是肥沃的平原，它们的主人却不能很好地治理，简直是上天赐给您的！您是汉朝王室的后代，以信义名闻天下，统领各路英雄。如果占据了荆州和益州，依靠险要的地形，然后西面与各少数民族媾和，南面安抚好百越各部族，对外又与孙权结盟修好，对内治理好政务。一旦天下有变，可有攻有守，那么就可以完成霸业，复兴汉室了。”

刘备说：“好！”从此，他同诸葛亮的情谊一天天地深厚了。

关羽、张飞等人不高兴了，刘备劝解他们说：“我有了孔明，就像鱼得到水一样。希望你们不要再说什么了。”关羽、张飞这才平静下来。后来，诸葛亮尽心尽力扶持刘备建立蜀汉政权，最终与魏、吴三分天下。

瞎子摸象

【释义】

只知局部，不知整体，就像瞎子摸象摸到了象的哪个部分，就以为象是什么样子。

【出处】

《六度集经·镜面王经》：“今在殿下。王曰：‘将去以象示之。’臣奉王命……持牙者言如角，持鼻者对言。”

【故事】

在古代的印度,有一位国王,他特别喜爱大象,王宫里养了很多大象。每天,国王让他的佣人喂大象吃嫩草,吃香蕉,还给大象洗澡。

有一天,国王骑着大象到郊外游玩,走着走着,忽然看见一群人坐在路边休息,竟没有一个人向他打招呼。这和以往人们见了他,争着向他施礼、问候的情景不大相同。

国王心中暗暗生气,便喝令他们走过来,想问个究竟。等他们来到跟前,才发现他们都是瞎子。于是,国王产生了想捉弄捉弄他们的念头,对他们说:“你们知道吗,我是你们的国王。现在我来考考你们,你们谁知道大象是什么样子?”

瞎子们一齐摇头,连声说:“请国王恕罪,我们是一群盲人,实在不知道国王驾到,更不知道大象是什么样子。”国王笑了,说:“好了好了,我不怪罪你们。你们现在就用手来摸一摸大象,然后告诉我它是什么样子。”

瞎子们都感到新鲜,急忙凑过来,围着大象摸起来。

摸了一会儿,他们开始向国王报告。

摸到象牙的瞎子说:“大象就像一个又粗又长、光光溜溜的大萝卜。”

摸到大象耳朵的瞎子说:“大象跟芭蕉扇一样。”

摸到象腿的瞎子说:“大象和寺庙大殿里的柱子一样。”

摸到象脚的瞎子说:“大象如同舀米的石臼。”

摸到象背的瞎子说:“大象好似一张光滑的大竹床。”

摸到象腹的瞎子说:“大象好像一面鼓。”

最后一个瞎子似乎很认真。他抓着大象的尾巴,又摸又捏。好半天,才说:“国王,他们说得全不对,大象原来跟绳子一样。”

几个盲人争吵不休,都说自己摸到的才是真正大象的样子。而实际上呢?其实,他们一个也没说对。

国王听到之后,哈哈大笑地说:“你们又何必争论是非呢?你们仅仅看到了一点,就认为自己是对了吗?唉!你们没有看见过象的全身,自以为是得到了象的全貌。”

洗耳恭听

【释义】

形容专心、恭敬地聆听人讲话。多用作敬辞。

【出处】

《楚昭公》:“请大王试说一遍,容小官洗耳恭听。”

【故事】

许由名气很大,尧年老时想禅位于他,于是派人到箕山迎请他。

许由听完使者的来意,立刻跑了出去,一直来到山下的颍水岸边,舀水洗耳。

隐士巢父正巧在附近饮牛,觉得许由的举动有些奇怪,于是上前探问。许由说:“尧派人请我接他的位子做九州长,这简直是在弄脏我的耳朵,所以赶快下山洗耳呀!”

巢父听了十分不屑,对许由说:“你一向喜欢张扬招摇,贪图虚名,现在搞成这样,又来洗耳朵。快别让你洗耳的脏水玷污了我小牛的嘴!”说完,牵牛向上游走了。

弦外之音

【释义】

指言外之意,即言语本义还有耐人寻味的引申意义。

【出处】

《狱中与诸甥侄书》:“弦外之意,虚响之音,不知所从而来。”

【故事】

史学家范晔在狱中写了一封书信——《狱中与诸甥侄书》,也就是后来的《后汉书·自序》,在信中范晔谈及了自己对音乐的体会。

他认为:"听音乐固然美妙,但是不如自己亲自演奏更能体会到其中的意境,可是我平生一大恨事就是不能精通那些高雅的乐曲。然而即使是通俗音乐,到了它最成功的程度,其美妙绝伦的感受也和雅乐没有什么区别啊!其中体会到的妙趣是说也说不完的。琴弦演奏出来的乐声之外所蕴含的意味,以及那似有似无的袅袅余音,都不知道是从什么地方来的。"不久,范晔被杀。

相煎何急

【释义】

指骨肉之间相互残害。

【出处】

《世说新语·文学》:"文帝尝令东阿王七步中作诗,不成者行大法,应声便为诗曰:'煮豆持作羹,漉菽以为汁。其在釜下燃,豆在釜中泣。本自同根生,相煎何太急。'帝深有惭色。"

【故事】

曹丕继承父位后,嫉妒曹植的才能,打算迫害他。

一次,曹丕叫来曹植,当着文武百官的面对曹植说:"听说你总是感觉怀才不遇,对我这个当哥哥的很不满意。今天我就给你一个机会证实一下自己的能力,限你七步之内当众作诗一首,否则就要以妖言惑众的罪名处死!"说完,立即命令曹植开始。

曹植环视四周,在场百官都低头不语,无人敢为他鸣不平。曹植知道这是曹丕要借机杀他,悲愤之余也只有起步思索如何应对。

此情此景，使他灵机一动，片刻诗成，此时七步还没走完呢。

煮豆持作羹，漉菽以为汁，

其在釜下燃，豆在釜中泣。

本是同根生，相煎何太急。

诗的大意是：煮豆子是把豆子的残渣过滤出去，留下豆汁做羹。豆茎在锅下燃烧，豆子在锅里哭泣。原本生在同一个根上，为什么反而要这样着急地加害呢？

曹丕听了这首诗，感到很惭愧，立刻放了曹植，不忍加害于他。

削足适履

【释义】

无原则地迁就不合理的要求。

【出处】

《淮南子·说林训》："夫所以养而害所养，譬犹削足而适履，杀头而便冠。"

【故事】

楚灵王的弟弟弃疾是个野心勃勃、为达目的不择手段的人。在骗取了楚灵王的信任后，感觉当个陈蔡公已经不够了，于是在奸臣的怂恿下，突然带兵入都杀死了楚灵王的两个儿子，扫除了夺权的两块绊脚石。

可是弃疾还有两个哥哥，势力也很大，为了取得他们的支持，他假意拥立哥哥的儿子子比做国君，子皙为令尹，这样楚灵王就拿他没办法了。果然，楚灵王气得上吊而死。

弃疾一看楚灵王已死，就陷害并逼死子比，自立为国君，史称"楚平王"。

对此，《淮南子·说林训》评述说："这种伤害自己骨肉的事情，就好比把脚削去一部分，去适应鞋子的大小；把脑袋割掉一块去适应帽子尺寸一样愚蠢。"

喜形于色

【释义】

形:表现。色:脸色。内心的喜悦表现在脸上。形容抑制不住内心的喜悦。

【出处】

《贞观政要·纳谏》:“太宗闻其言,喜形于色,谓群臣曰:‘……及见魏征所论,始觉大非道理。’”

【故事】

南北朝时的高允,字伯恭,是北魏国的重臣。高允很小就成了孤儿,早熟,有非凡的气度。他生性喜欢文史典籍,常常不远千里到外拜师求学。

魏世祖曾召高允谈论刑法和政务,高允的话很合世祖的心意。于是世祖就问他:“国家众多的事务中,哪件事是首先就要做的呢?”当时贵族们占据了北魏大部分的良田,却不思农业耕作。于是,高允回答道:“我从小就出身卑贱,知道种田是百姓们最重要的事。古人说,如果辛勤劳作就会一亩田多收三斗粮食,不勤劳就会少收三斗。方圆百里的地方这样一增一减就会有几百万斤粮食产量的区别。现在我们国家不重视粮食生产,如果遇到灾年那可怎么办呀?只有鼓励农业生产,国家才能富足。”世祖认为他说的很好,于是解除了田禁,把大量农田分给了百姓种植。

到高祖朝时,他年龄已经很大了,身体也不好。在病重时,高祖派御医李修去探望他。高允强打精神,故意若无其事地下床谢恩,而且对李修说:“别看我年纪是有些大了,可身体强壮敏捷不减当年。请皇上放心,我还能为国家继续效劳。”李修回到宫内,向皇上复命探视的结果。他悄悄地对皇上说:“高允表面上看没什么病,但身体内有异常情况,恐怕是不久于人世了。”皇上让李修保密,派使臣赐给高允许多御用的珍奇宝贝、美味佳肴,还经常派人到高允家去慰问,嘱咐高允好好照顾自己。高允喜形于色,对别人说:“皇上对我恩重如山,照顾得真是无微不至,让我很好地安度晚年。”

高允去世后，皇上又赐高允侍中同空冀州刺史、将官等官职。并给他“文”的谥号。

笑里藏刀

【释义】

在笑容中藏着尖刀。比喻表面和善，内心阴险毒辣。

【出处】

《旧唐书·李义府传》：“义府貌状温恭，与人语必嬉怡微笑，而褊忌阴贼。既处权要，欲人附己，微忤意者，辄加倾陷。故时人言义府笑中有刀。”

【故事】

唐朝初年，有个叫李义府的人，出身贫寒，但他潜心读书，关心时政，胸怀大志。唐太宗时，他在科举考试中脱颖而出，被朝廷录用，当了一个小官。

唐高宗继位后，擅长奉承拍马的李义府升了官。过了几年，高宗想把武则天立为皇后，李义府百般拥护支持，博得了高宗的欢心，很快升任右丞相，成为掌握朝政大权的高级官员。

李义府表面上待人和蔼谦恭，脸上总是带着微笑，但心里却狭隘阴险，对冒犯或不顺从他的人打击报复，毫不手软，那些得罪过他的人都会遭到他的迫害。因此，大家在背后给了他一个外号：“笑中刀”。

有一次，李义府听说大理寺的监狱里关着一个犯死罪的女囚，长得非常美，便想霸占她。他私下里指使狱吏放了她，然后把她弄到手。事情败露后，主管大理寺的官员向高宗奏告，结果狱吏畏罪自杀。李义府以为死无对证，便没有把这件事放在心上。

侍御史王义方是负责掌管监察官员工作的。他在了解这件事的内情后，就向高宗奏告此案的主谋是李义府，要求朝廷对他严加惩处。但是，高宗加以偏袒，不仅不捉拿李义府问罪，反而将王义方贬到外地去做小官。事后，李义府还恬不知耻地讽刺了王义方。

后来，李义府越发目无法纪，胆大妄为。一次，他在宫中偷看到一份任职名单，便默记了一人，回家后指使儿子去向此人索要钱财。此人无意中将此事说了出去，高宗得知后大怒，便将李义府父子俩流放到边远的四川去了。长期作恶多端、笑里藏刀的李义府终于难逃法网，世人无不拍手称快。

Y

一箭双雕

【释义】

一支箭射中了两只雕,形容射箭技术高超。比喻做一件事情有两种收获。

【出处】

《北史·长孙晟传》:"尝有二雕飞而争肉,因以箭两只与晟,请射取之,晟驰往,遇雕相攫,遂一发双贯焉。"

【故事】

唐太宗贞观年间,长孙氏被册封为皇后,执掌后宫。她知书达理,宽厚仁德,从不给自己的家人和亲戚谋求官职、利益。不管是满朝文武还是普通老百姓,都十分敬重她。

有一次,唐太宗李世民本打算任命长孙皇后的哥哥长孙无忌为宰相,谁知征询长孙皇后的意见时,她却说:"一国的宰相应该有容人的肚量,而我哥哥性情太过耿直,对看不惯的人和事从不肯容忍,出任宰相之职恐怕不是最合适的人选。另外他又是我们的亲戚,如果被世人误解,影响也不好。天下有才能的人应该不少,何必一定让我兄长做宰相呢?"

唐太宗听了长孙皇后的意见觉得非常有道理,于是重新安排了宰相人选。这件事被长孙皇后的哥哥长孙无忌知道后,长孙无忌认为长孙皇后的看法很正确。大臣们知道后,更是由衷地佩服长孙皇后的贤德和英明。

在这个故事中,长孙皇后不仅成功地劝谏了唐太宗正确地选用合适的人才,同时也让自己获得了更高的威望。这个故事可以说是一箭双雕的成功范例。下面说说一箭双雕的起源故事。

长孙晟,字季晟,是南北朝周时洛阳人。他十分聪敏,不仅懂得排兵布阵,而且武功高强,尤其精通箭术。

北周皇帝为了安抚少数民族突厥人,决定把当朝公主远嫁给突厥国王摄图,并且派长孙晟率领部下护送公主。前往突厥的路途十分遥远,长孙晟历尽千辛万苦,终于护送公主平安到达。突厥国王摄图非常高兴,摆下酒宴,亲自宴请长孙晟。依照突厥的传统习惯,酒过三巡后大家要比武助兴。只见国王摄图命人拿来一张硬弓,请长孙晟射百步以外的铜钱。只见长孙晟拿起硬弓,"格勒勒"一声,硬弓就被拉成弯月,一支利箭"嗖"的一声射进了钱孔。霎时,叫好声不断,摄图也是连连惊叹。

经过此事,摄图对长孙晟更为喜爱,恳请他留在突厥住一年,并且经常邀请长孙晟陪着自己一块儿去打猎。一次,他俩正在打猎时,摄图突然看见天空中有两只大雕在争夺一块肉。他赶忙抽出两支箭递给长孙晟说:"能把这两只大雕为我射下来吗?""一支箭就足够了!"长孙晟一边回答一边接过箭。只见他搭上箭,拉满弓,瞄准那两只正打得难解难分的大雕。"嗖"的一声,便射中了两只大雕,"啪"的一下,两只大雕同时落地。

一丘之貉

【释义】

貉:一种形似狐狸的小兽。同一个山丘上的貉。比喻彼此没有差别,都是坏人。

【出处】

《汉书·杨恽传》:"若秦时但任小臣,诛杀忠良,竟以灭亡,令亲任大臣,即至今耳,古与今,如一丘之貉。"

【故事】

汉朝时，有一个人叫杨恽，他的父亲是汉昭帝的丞相杨敞，母亲是司马迁的女儿。杨恽自幼便受到良好的教育，很小的时候就已经成为当时的名人。汉宣帝时，霍光谋反被杨恽告发，因此杨恽被封为平通侯。

当时朝廷中贿赂之风极盛。官员中有钱的人可用钱行贿，经常在外玩乐；无钱行贿的官员，一年中几乎没有一天休息日。杨恽任中山郎后，革除了这些弊病。满朝官员都称赞他的廉洁，因此，皇帝更加器重杨恽。

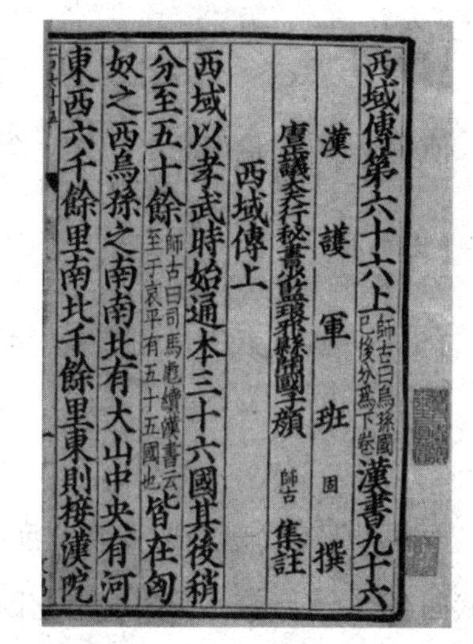

西域傳第六十六上 師古曰烏孫國已後分爲下卷 漢書九十六
漢 護 軍 班 固 撰
唐正議大夫行秘書少監琅邪縣開國子顏 師古 集註
西域傳上
西域以孝武時始通本三十六國其後稍
分至五十餘 師古曰司馬彪續漢書云至于哀平有五十五國也 皆在匈
奴之西烏孫之南南北有大山中央有河
東西六千餘里南北千餘里東則接漢阸

《汉书》书影

杨恽少年得志，又有功劳，自以为很了不起，便不把朝廷的大臣们放在眼里。他经常直接指出别人的缺点和过失，因此遭到一些人的嫉恨。

不久，太仆戴长乐被人告发，被捕入狱。戴长乐怀疑是杨恽告的密，因此他在狱中写了一封信向皇帝告状，说杨恽诽谤朝廷，咒骂圣上。戴长乐在信中写道：“有一次，杨恽听说匈奴单于被人杀了，他就大发议论说：‘昏庸的君主不采纳大臣们的良策，自然会得到如此下场的。秦二世胡亥宠信奸臣，杀害忠良，所以秦国会灭亡。若是他任用贤臣，也许秦朝会持续到现在呢！总而言之，古今的昏君都是一丘之貉。’这是杨恽引亡国之事，诽谤当世之主，违背人臣之礼……”

汉宣帝得知杨恽竟然有这样的言论，非常气愤，但念他过去有功，没有杀他，只是把他削职为民。

有一次，杨恽对着夏桀、商纣的古画像，随口说道：“要是皇帝能看到这幅画，从他们身上吸取教训，就可避免亡国换朝了。”

当这样的话传到汉宣帝的耳朵里时，汉宣帝下令把杨恽杀了。

一钱不值

【释义】

值:指货物与价值相当。连一个铜钱也不值。形容毫无价值或价值微不足道。

【出处】

《史记·魏其武安侯列传》:“生平毁程不识不直(值)一钱。”

【故事】

西汉时期有个著名的武将叫灌夫,是颍阴(今河南许昌)人,字仲孺。最初以勇武闻名,为人刚直不阿。吴楚七国之乱时,他和父亲灌孟一起从军,父亲战死在军中。他因勇猛过人,带伤作战,后来被皇帝任命为中郎将。汉武帝即位后,认为淮阳是天下的交通枢纽,必须加强兵力驻守,因此调任刚强勇武的灌夫担任淮阳太守一职。

灌夫性情刚烈,为人诚实守信,爱打抱不平,喜欢结交大侠勇士,家中每天的食客少则几十,多则近百。他最恨趋炎附势,经常怠慢皇亲国戚及朝廷权贵之类的人,反而敬重地位比他低的贫贱之人。有一次,灌夫和窦太后的弟弟窦甫喝酒,他喝醉酒了,竟然打了窦甫。皇上唯恐窦太后下令杀死灌夫,便调派他去别处任职。灌夫闲居在家,没有了权势,家中的宾客逐渐减少。虽然不再得势,但是灌夫刚直不阿的性情并没有改变。

有一年夏天,丞相田蚡娶燕王的女儿做夫人。太后下了诏令,让皇亲国戚前去祝贺。灌夫的好友魏其侯硬拉他一起去凑热闹。宴席上,灌夫起身向田蚡敬酒,田蚡只稍稍欠了一下上身说:“不能喝满杯。”灌夫嬉笑说:“丞相,你是贵人,这杯酒应该敬给您。”田蚡还是没有喝酒,灌夫觉得很没面子。他怒气冲冲地给临汝侯敬酒。当时,临汝侯正在跟程不识附耳说悄悄话,因此没有离开席位迎接他。灌夫见此情景,终于忍不住将心中的怒火发泄出来,他高声骂道:“平时就说程不识不值一钱,今天长辈给你敬酒,你却学妇人一样在那儿同程不识咬耳说话!”满屋宾客都知道灌夫心里不痛快，借题发挥。后来，田蚡找到罪名弹劾了灌夫。最终，灌夫和他的家属都被处决了。

一成一旅

【释义】

成：古时以方圆十里为一成。旅：古时以兵士五百人为一旅。形容地窄人少，力量单薄。比喻力量虽小却有所建树。

【出处】

《左传·哀公元年》："有田一成，有众一旅，能布其德而兆其谋，遂灭过戈，复禹之绩。"

【故事】

春秋时期，吴越两国发生了战争。鲁哀公元年，吴王夫差在大夫伍子胥的辅佐下，率兵击败了越军。越王勾践只剩下五千士卒，被吴军围困在会稽山上，危在旦夕。越国大夫文种和谋臣范蠡劝越王勾践向吴王求和。

范蠡与文种商议，他们知道吴王夫差好大喜功，只要投其所好，夫差就会接受越国投降的。只是吴国大夫伍子胥具有远见卓识，谋略不凡，担心他会从中阻碍。他们了解到吴国的太宰伯嚭与伍子胥不和，且爱财如命，只要贿赂伯嚭，此事必成。于是，勾践派遣文种去吴军帅帐，向夫差跪拜请降。夫差应允越国投降，但大夫伍子胥坚决反对。他上前进谏说："此事万万不可。常言道：'树立德行最好不断培植，去掉毒害最好扫除干净。'国君不能小视勾践，他胸怀大志，绝不肯屈从吴国。如今他派人来讲和，分明是缓兵之计，以图东山再起。您千万不能答应他们投降啊！"为了说服国君，伍子胥讲了帝相的遗腹子少康依靠有虞部落发展壮大，恢复夏朝的故事：

夏朝初期，太康失政。东方的有过氏部落首领寒浞，派大儿子过浇率兵攻杀了斟灌，又攻克了夏都，杀害了夏朝的皇帝后相。后相的妻子后缗怀有身孕，她偷偷从宫城中逃出，逃到娘家有过氏部落生下了少康。后来，寒浞得知后相的儿子叫少康，想斩草除根，杀死少康。少康逃亡到有虞氏部落，当上了有虞氏部落掌管伙食的官。有虞氏部落首领认为少康胸怀大志，文武双全，决定把两个女儿嫁给他，并且将纶作为他的封地。自此，他拥有了十里见方的土地和五百口人，也就是一成一旅。少康到了封地，繁衍积聚，训练军队，力量逐渐壮大。在其他部落的支持下，最终杀了过浇，恢复了夏王朝的统治。这件事，历史上称为"少康中兴"。

伍子胥又进谏说："现在的吴国不如当时的有过氏强大，而越国又比少康的封地纶大。如果我们不一鼓作气消灭越国，将来勾践向少康学习，等越国强大了再来报仇，悔之晚矣。"

夫差刚愎自用，不听伍子胥的劝告，反而听信太宰伯嚭的谗言，答应了越国的求和条件。伍子胥痛心地对大臣说："勾践用十年时间繁衍积聚，再用十年时间训练军队。那时他再来报仇，吴国的宫殿恐怕要变成一片废墟了。"

果不其然，一切都被伍子胥言中了。越王勾践忍辱负重，卧薪尝胆，日夜勤兵，一心想报仇。等到时机成熟，勾践率领众兵伐吴，围困吴都三年。吴王夫差见大势已去，求和不成，便自杀而死。勾践终于一举灭吴雪耻。

一窍不通

【释义】

窍：通气的窟窿。古人把两眼、两个鼻孔、两个耳朵和嘴称为七窍。七窍中没有一个窍是通气的，多用于形容知识贫乏。比喻对事物一点不理解，一点也不懂。

【出处】

《吕氏春秋·过理》："杀比干而视其心，不适也。孔子闻之曰：'其窍通，则比干不死矣。'"

【故事】

商朝有个非常残暴的国君叫纣王，他不理朝政，荒淫腐化，极端奢侈。纣王宠幸妲己,和她过着酒池肉林的生活。他还听信妲己的谗言,杀害了不少忠臣和无辜的老百姓,使得朝野上下怨声不断。

纣王的叔父比干是个正直善良的人。看着纣王犯下的诸多罪孽,他实在忍无可忍,于是跑去劝谏纣王,希望纣王改邪归正,重整朝纲,勤政为民。

纣王昏庸无道,梅伯因为正直敢言而令纣王不快,又加上听信妲己的谗言,纣王便无情地杀害了忠臣梅伯,还残忍地命人将其尸体剁成肉酱。大臣比干极力劝谏纣王不要错杀无辜,专宠妲己,听信谗言,误国误民。妲己得知比干如此劝谏纣王,怀恨在心,寻找机会加害比干。

有一天,妲己对纣王说:"国君,比干不是自称忠臣吗?怎么才能证明他是忠心的呢?不如把他胸膛剖开,把心献给您。"纣王听后,称赞道:"爱妃真是聪明,我要看看比干的心有多忠诚。"

纣王立即下令剖开比干的胸膛,取出他的心。

这件事被记录在《吕氏春秋》中,书中有一段话:"如果纣王的心通了一窍,就不会做出杀死比干这样的糊涂事了。"

一网打尽

【释义】

全部捉在网中,一个也不漏。比喻把自己的对立面或坏人全部逮住或彻底消灭。

【出处】

《东轩笔录》第四卷:"刘见宰相曰:'聊为相公一网打尽。'"

【故事】

苏舜钦,字子美,祖籍梓州铜山(今四川中江),后迁居开封(今河南境内)。苏舜钦是北宋时期著名诗人,他与梅尧臣齐名,时称"梅苏"。苏舜钦相貌伟岸,从小就颇有抱负。在政治上,苏舜钦倾向于以范仲淹为首的改革派,被范仲淹推荐担任集贤殿校理。

苏舜钦性格豪放,酒量极大。每天要喝一斗酒,却不需要菜,而是高声朗读《汉书》助兴。因此,苏舜钦"汉书下酒"被传为佳话。苏舜钦关心时政,不断上书宋仁宗,反复建议改革时弊,被保守派视为眼中钉、肉中刺。

京师百司库务每年春秋两季都会举行赛神会,同时还会置办酒席。官员们也会聚集在一起喝酒狂欢,赛神会是官吏们聚会饮酒的好日子。

这一年,进奏院的秋赛会是由监进奏院(官职)苏舜钦发起的,他按照惯例用拆奏封的废纸换钱,所得银两置办酒宴,招待馆阁同僚,自己还拿出十金赞助酒席。

这些书生饮酒作乐,得意忘形,竟然招来两名军妓劝酒。苏舜钦等人狂欢一夜,却不知道有人要举报他们。

原来,太子中舍李定想参加进奏院秋赛会,被苏舜钦回绝了。李定怀恨在心,打听到苏舜钦等人在秋赛会的行迹,便四下散布谣言。

保守派王拱辰等人正发愁找不到机会整治改革派,听到这些谣言非常高兴,立即让监察御史刘元瑜出面劾奏苏舜钦等人。

宋仁宗知道了这件事,果然非常生气,命令内侍连夜逮捕苏舜钦等人,下开封府治罪。保守派上书诬蔑苏舜钦监守自盗,参加宴饮的十多个人一同被贬,苏舜钦以主犯被削职为民。保守派借进奏院事件发难,致使革新派受到沉重的打击。事后监察御史刘元瑜到宰相面前邀功,他说:"我为宰相把苏舜钦团伙一网打尽了。"

一鼓作气

【释义】

原意是指打仗靠的是军士们的勇气。擂响第一次战鼓,军士们精神振奋,勇气最为旺盛。后来比喻抓住时机,一股劲儿把事情办成。

【出处】

《左传·庄公十年》:"夫战,勇气也。一鼓作气,再而衰,三而竭。"

【故事】

鲁庄公十年的春天,齐国军队攻打鲁国,鲁庄公将要迎战。曹刿请求庄公召见他。他的同乡说:“大官们会谋划这件事的,你又何必参与呢?”曹刿说:“大官们眼光短浅,不能深谋远虑。”于是他进宫去见庄公。曹刿问庄公:“您凭什么跟齐国打仗?”庄公说:“衣食是使人生活安定的东西,我不敢独自占有,一定拿来分给别人。”曹刿说:“这种小恩小惠不能遍及百姓,老百姓是不会听从您的。”庄公又说:“祭祀用的牛羊、玉帛之类,我从来不敢虚报数目,一定要做到诚实可信。”曹刿说:“这点诚意难以使人信服,神明是不会保佑您的。”庄公接着说:“大大小小的案件,虽然不能件件都了解得清楚,但一定要处理得合情合理。”曹刿说:“这才是尽本职的事,可以凭这一点去打仗。作战时请允许我跟您去。”

鲁庄公和曹刿同坐一辆战车,在长勺和齐军作战。庄公刚上战场就要击鼓进军,曹刿说:“现在不行。”齐军擂鼓三次之后,曹刿说:“可以击鼓进军了。”

结果,齐军大败。庄公正要下令追击,曹刿说:“还不行。”说完就下车去察看齐军的车印,然后又登上车,手扶车前横木观望齐军的队形。仔细观察后,他说:“现在可以追击了。”于是,庄公命令军队追击齐军。

最终,鲁国的军队战胜了齐军,鲁庄公向曹刿询问取胜的原因。曹刿答道:“打仗,要靠勇气。第一次擂鼓能振作士兵们的勇气;第二次擂鼓时,士兵们的勇气减弱;等到第三次擂鼓时,士兵们的勇气已经枯竭了。敌方的勇气已经枯竭而我方的勇气正盛,所以我们打败了他们。齐国是大国,难以摸清他们的情况。我察看他们的车辙、观察他们的队形,担心的是他们有埋伏。经过观察后,我发现他们的车印混乱,军旗也倒下了,所以才下令追击他们。”

一厢情愿

【释义】

厢:边,面。即一边情愿,一厢情愿。只考虑单方面愿望,而不考虑另一方是否愿意。

【出处】

《滹南遗老集》:“晏殊以为柳胜韩,李淑又谓刘胜柳,所谓‘一相情愿’。”

【故事】

从前,有个农家青年去京城游玩,偶然见到了美貌非凡的公主。公主的一颦一笑一直停留在他的脑海,挥之不去。他回家之后就得了相思病,每天茶不思、饭不想,日益消瘦下去。他的亲戚朋友赶紧来探望他,还请来医生帮他看病。可是,医生也查不出病因,摇摇头表示无能为力。

亲友们想,莫非他是害了心病?于是就问他为何整天魂不守舍。青年说:“我的魂魄已经跟随公主去了,如果娶不到公主当妻子,我恐怕也活不了多久了。”

亲友们听后无计可施。公主花容月貌,身份尊贵,怎么会看上青年呢?他们为了安慰青年,便好意骗他说:“我们会帮助你的,你不要难过了。我们马上派人去京城,向国王提亲,国王会考虑把公主嫁给你的。”

青年非常开心,信以为真,赶忙说:“你们快去吧,要是去迟了,会有其他人向国王提亲,公主是要嫁给我的。”之后,青年在兴奋中等待着,慢慢能吃点东西了,病也渐渐有些起色。

青年天天在村口等着去京城的人带来好消息。过了些日子,亲友们又来看他。他着急地问:“公主有没有答应嫁给我?我等得好辛苦啊!”亲友们看实在瞒不过去,就说:“我们派去的人带来口信说,公主不肯答应嫁给你,要你去寻觅他人。”

青年听了既高兴又难过,高兴的是公主关心自己,难过的是公主没有答应他的求婚。最后,他说:“公主一定不知道我是谁,如果公主见到我本人,她一定会答应嫁给我,做我的妻子的。”

这位青年只从自己的角度出发,没考虑到公主的身份和美貌、自己和公主是否门当户对,只是妄想公主会嫁给他。大家一定可以猜想到青年一厢情愿的结果是什么了。

一叶蔽目

【释义】

比喻目光为眼前细小事物所遮蔽，看不到远处更大的目标。

【出处】

《鹖冠子·天则》："夫耳之主听，目之主明。一叶蔽目，不见泰山；两豆塞耳，不闻雷霆。"

【故事】

从前，楚地住着个穷书生。他很迂腐，不出去找事做，整天想着发歪门邪道之财。家中都靠妻子帮人浆洗缝补所得的劳务费度日，一家人只能在贫困线上挣扎。

有一天，他闲来无事坐在家中读《淮南子》，读到螳螂捕蝉这一段。书中说螳螂伺机捕蝉时，为了不让蝉发现，常躲在树叶后面，树叶起到遮蔽作用，螳螂就能轻而易举地捕获蝉。

读完这个故事，书生顿时心生一计：螳螂用树叶遮蔽身体不让蝉发现，那我也可以用遮蔽螳螂身体的树叶遮住身体，这样别人就看不见我了，那样我就可以随心所欲去集市上拿别人的东西了。

于是，他去树林寻找遮蔽螳螂的树叶。他寻找了半天，终于发现一只螳螂躲藏在树叶的后面，正打算对一只大声鸣叫的蝉发动进攻。他轻轻地走过去，连忙摘下那片树叶，却不小心摔了一跤，那片树叶掉在一堆落叶之中了。

书生赶紧蹲下，去找那片树叶。可地上落满树叶，片片树叶都很相似，他也分辨不出哪片才是螳螂藏身的那片树叶。他索性把上衣脱了，将一堆树叶装进衣服里带回家。

书生回到家中悄悄关起大门，喊来妻子看他捡到的宝贝。妻子很诧异地问道："你的宝贝就是这堆树叶？"书生兴奋地说："你还不了解它的神奇，等一下就知道了。”

他拿起一片树叶挡在自己的眼前，问妻子：“你能不能看见我？”刚开始妻子如实回答：“看得见。”但是，这穷书生不厌其烦地拿树叶一次次地遮在眼前，并问妻子是否看得见他。妻子被他问烦了，心想：“如果我一直回答看得见，他会一直问。”于是便回答说：“这片树叶能遮住你，我看不见你了。”穷书生如获至宝，认为这片叶子就是那片螳螂藏身的“神叶”。他赶紧把这片叶子收好，躺在床上做起了发财梦。

第二天一早，书生就带上这片树叶来到集市。他一手用树叶遮在自己眼前，另一手去拿商贩的货品。他正准备转身走人，却被商人抓住交送到了官府。

到了县衙，县官让穷书生老实交代，为何要私自拿别人的商品。他就把事情经过详细说了一遍。县官一听案情始末，早笑得前仰后合，觉得书生愚钝迂腐到了幼稚可笑的地步，说他真是“一叶障目，不见泰山”。

一暴十寒

【释义】

暴：同“曝”，晒。原意为晒一天，冻十天。比喻学习或工作没有恒心，时而勤奋，时而懈怠。

【出处】

《孟子·告子上》：“虽有天下易生之物也，一日暴之，十日寒之，未有能生者也。”

【故事】

孟子，名轲，字子舆，战国时期邹国（今山东邹城）人。孟子是我国古代著名的思

一暴十寒

想家、教育家、政论家和散文家，也是战国时期儒家代表人物，被尊称为“亚圣”，与孔子合称为“孔孟”。

战国时代，百家争鸣，游说之风十分盛行。这些辩士各自坚持自己的主张，宣传自己的学说。他们学问高深、知识丰富，而且能言善辩，往往能说服执政者改变主意。孟子也曾仿效孔子，带领弟子周游各国，向诸侯国的执政者阐述他的民本思想和仁政学说。

有一年，孟子游说至齐国。齐王昏庸无能，没有主见，轻信奸佞谗言。齐国的忠臣义士得知孟子将游说齐王，倍感鼓舞，将希望寄托在孟子身上。

没过多久，有人责备孟子明知齐王不明智，还不辅佐他。孟子听完他们的埋怨，回答说：“不要认为这是大王不够聪明。即使是天下最容易生长的植物，晒它一天，又冻它十天，它也是不能够生长的。我和大王相处的时间有限，一旦我离开大王，那些奸佞小人又来动摇大王的决心，我就算能让大王萌生一些向善的念头，又有什么用呢？”

一诺千金

【释义】

诺：承诺，应允。千金：形容价值大。一句答允的话，价值千金。形容说话极有信用。

【出处】

《史记·季布栾布列传》：“得黄金百（斤），不如得季布一诺。”

【故事】

秦朝末年，楚地有个名叫季布的人。他个性耿直，行侠仗义，很讲信用，在楚地很有名气。只要他答应的事情，无论有多少困难，他一定想方设法努力办到。因此，他受到许多人的称赞，大家都很尊重他。于是在楚地广泛流传着“得黄金百斤，不如得季布一诺”的谚语。

楚汉相争时，季布是霸王项羽帐下五名大将之一。项羽派他率领军队出战，他曾多次使汉王刘邦吃了败仗。刘邦当上汉朝的开国皇帝后，一想到季布还活着，就气恨不已。刘邦下令通缉季布，并且宣布：凡是抓到季布的人，赏赐黄金千两；如果有人胆敢窝藏季布，灭三族。季布为人正直，而且时常行侠仗义，所以敬慕季布的人都在暗中帮助他。起初，季布躲在好友家中，后来，捉拿他的风声更紧了。他就化装成劳工，逃到山东一家姓朱的人家当佣工。朱家主人很欣赏季布，于是专程去洛阳请汝阴侯滕公向刘邦说情，希望能撤销追杀季布的通缉令。汝阴侯滕公觐见刘邦，对他动之以情，晓之以理。于是，刘邦就赦免了季布。后来，刘邦召见了季布，季布表示服罪，刘邦任命他做了郎中。

楚地有个人叫曹丘，他擅长辞令，能言善辩，专爱结交有权势的官员，借以炫耀和抬高自己，且多次借重权势获得钱财。他听说季布做了大官，想到自己与窦长君有交情，便要求窦长君写介绍信，把自己介绍给季布。

季布接到信后大怒，等着曹丘来找他。他准备奚落曹丘，让他下不来台。谁知道曹丘一到季布家中，毫不理会季布的脸色有多难看，就对季布作了个揖，说道：“我听说楚地流传一句谚语：‘得黄金百，不如得季布一诺’，您怎么能在梁、楚一带获得这样的声誉呢？再说，我是楚地人，您也是楚地人，我们是同乡。我到处宣扬您的好名声，难道我对您的作用还不重要吗？可是您为什么总是拒绝见我呢？”

季布听完曹丘的话，非常高兴，顿时改变了态度。不仅将他当作贵宾来招待，还送给他丰厚的礼物。季布声名远播，曹丘也起到了一定作用啊！

一鸣惊人

【释义】

比喻平时不动声色，却突然做出了惊人之举。

【出处】

《韩非子·喻老》：“虽无飞，飞必冲天；虽无鸣，鸣必惊人。”

【故事】

淳于髡是战国时期齐国著名的政治家和思想家。他以博学多才、善于辩论著称,他是稷下学宫中最有影响的学者之一。他长期活跃在齐国的政治和学术领域,上说下教,对齐国的振兴与强盛,做出了重要的贡献。

淳于髡出身卑贱,身材矮小、其貌不扬。但是他博闻强记,能言善辩,并多次用隐言微语的方式讽谏齐威王,使其居安思危,革新朝政。

齐威王刚即位时,齐国内政混乱,军队不振,政局岌岌可危。齐威王却沉迷于酒色,不理国政,每日只知饮酒作乐,而把政事都交给大臣去办理,自己则不闻不问。因此,政局动荡不安,官吏们贪污失职,再加上各国的诸侯也都趁机来侵犯,使得国内形势日渐严峻。虽然齐国有些大臣很担心国家安危,但因为不了解这位新君的秉性,不敢进言劝谏。

其实,齐威王是一个很聪明的人,很喜欢说些隐语来表现自己的智慧。然而,他不喜欢听别人生硬的劝谏,但如果劝告得法的话,他还是会接受的。淳于髡知道齐威王的爱好后,便想了一个计策,准备找个机会来劝告齐威王。

有一天,淳于髡见到了齐威王,就对他说:“大王,为臣有一个谜语想请您猜一猜:某国有只大鸟,栖息在大殿之上,三年不飞不鸣,只是毫无目的地蜷缩着。大王,您知道这鸟是怎么回事吗?”

齐威王胸有大志,只是暂时消沉,并非昏庸无能之辈,淳于髡的讽谏一下子点醒了他。沉吟了一会儿之后,他决定改过自新,做一番轰轰烈烈的事。于是,他也用隐语回答道:“此鸟不飞则已,一飞冲天;不鸣则已,一鸣惊人。”

淳于髡的讽谏促使齐威王下定决心变法图强。从此,齐威王不再沉迷于饮酒作乐,开始整顿国政。他首先诏令全国七十二个县的长官入朝奏事,奖赏一人,诛杀一人。结果,全国上下很快就振作起来,到处充满蓬勃的朝气。另一方面,他也着手整顿军事,加强军力,奠定国家的威望。各国诸侯听到这个消息后都很震惊,不但不敢再来侵犯,甚至还把原先侵占的土地都归还给了齐国。

一字千金

【释义】

一个字值一千金。形容某些文字价值很高。

【出处】

《史记·吕不韦列传》:"吕不韦乃使其客人人著所闻,集论以为八览、六论、十二纪,二十余万言,以为备天地万物古今之事,号曰《吕氏春秋》。布咸阳市门,悬千金其上,延诸侯游士宾客有能增损一字者予千金。"

【故事】

吕不韦是战国末期卫国著名商人,后为秦国丞相。他在赵国经商时,不惜散尽千金资助在赵国做人质的秦国王子异人,又辅佐他登上王位,是为庄襄王。秦庄襄王为报答吕不韦的恩德,便封吕不韦为文信侯,后又为丞相。三年后秦庄襄王病故,年幼的太子嬴政立为王,尊吕不韦为相国,吕不韦开始专断朝政。

吕不韦从一个商人摇身一变,成为一人之下、万人之上的显赫人物。朝中的众多官员表面上不敢有异议,但心中总是不服的,人们在私底下议论纷纷。而吕不韦也知道自己政治威望不够高,为此伤透了脑筋,于是召集门客商议对策。门客们提出的许多建议都被否决了。最终,吕不韦采纳了其中一个门客提出的著书立说的建议。

当时养士之风甚盛,有名的战国四公子魏国信陵君、楚国春申君、赵国平原君、齐国孟尝君都养有门客数千人,他们都礼贤下士,结交宾客,并在这方面要争个高低上下。吕不韦也养了三千门客,作为他的智囊团,想出种种办法来巩固他的政权。吕不韦组织门客各自将所见所闻记下,汇合了先秦各派学说,综合在一起成为八览、六论、十二纪,共二十余万言的巨著。他认为其中包括了天地万物古往今来的事理,所以号称《吕氏春秋》。

当时,吕不韦命人将《吕氏春秋》刊布在秦国首都咸阳的城门,并发出公告:如果有人能在书中增一字或减一字者,就赏赐千金。

布告贴出许久，人们畏惧吕不韦的权势，没人来自讨没趣。于是“一字千金”这个成语便流传至今。

一败涂地

【释义】

涂地：指血肉涂抹满地。一旦失败就肝脑涂地。比喻失败到无法收拾的地步。

【出处】

《史记·高祖本纪》：“刘季曰：‘天下方扰，诸侯并起，今置将不善，一败涂地。吾非敢自爱，恐能薄，不能完父兄子弟。此大事，愿更相推择可者。’”

【故事】

汉高祖刘邦，字季，沛郡丰邑中阳里（今江苏丰县）人。他性格豪爽，乐于助人。秦朝末年，刘邦担任泗水亭长（管理十里以内的小官）之职。有一次，刘邦奉命押送一批民夫到骊山去做苦工。不料，走到半路上，民夫接二连三地逃走了。刘邦心想：再这样下去，不等到骊山，民工就会逃光，自己免不了要被治罪。与其这样，不如把没有逃跑的都释放了，自己也逃跑吧！

有天晚上，他对大家说：“你们到骊山做苦工会累死，你们都走吧！”众人听了非常感动，当时就有一些民夫表示愿意跟随刘邦。于是，刘邦就和一些不想走的民工躲在芒、砀二县交界的山泽中。

秦二世元年（公元前209年），陈胜与吴广率领戍卒九百人，在蕲县大泽乡起义。沛县县令想归附起义军。县吏萧何和曹参建议说：“你是秦朝县令，现在背叛秦朝，恐有些人不服，最好把刘邦召回来，挟制那些不服的人，那就好办了。”沛县县令立即叫樊哙去请刘邦。可是当刘邦回来时，沛县县令见他带领了近百人，担心他不服从自己的指挥，又懊悔起来。于是下令紧关城门，不让刘邦进城，还打算杀掉萧何、曹参。萧何、曹参两人得知情况有变，便连夜逃到刘邦营中。刘邦在城外写了一封信，绑在箭上射入城中。在信中，刘邦让沛县百姓齐心杀掉县令，共同抗秦，以保全身家。城中百姓果真杀掉县令，打开城门，迎接刘邦的军队进驻沛县，并请他当县令。刘邦谦虚地说："现在天下形势很紧张，假若县令的人选安排不当，就会一败涂地，请你们另外推举更合适的人吧！"

虽然刘邦多次谦让，但在萧何、曹参等人的极力推举下，最后他还是当了县令。之后，刘邦率领沛县的三千子弟展开反抗暴秦的斗争，最后终于推翻了秦朝的统治，建立了汉朝。

一筹莫展

【释义】

筹：计策，办法。展：施展。形容束手无策，一点办法都没有。

【出处】

《宋史·蔡幼学传》："其极至于九重深拱而群臣尽废，多士盈庭而一筹不吐。"

【故事】

蔡幼学，字行之，温州瑞安（今浙江瑞安）人。自幼聪慧，少年时跟随陈傅良学习长达十年。蔡幼学勤奋好学，博览群书。他十八岁时，便一举夺取朝廷礼部会试第一名，成为当时最年轻的进士。

当时的宰相张说是宋孝宗的亲戚。朝中的政务全被张说一人独揽，朝廷腐败，政局混乱。蔡幼学上书宋孝宗，慷慨陈词，直率地批评朝政的失误。他认为宰相张说权势太重，不明大体，有些做法近乎胡作非为，应该受到严厉惩处。奏章内容传到宰相张说的耳中，他气恼不已，非要将蔡幼学降职任用不可。

时光如梭，宋孝宗死去，宋宁宗即位。宋宁宗决心重振朝纲，有所作为。于是，宋宁宗下令朝臣和地方官广开言路，多为朝廷提意见，批评朝政。

蔡幼学看到新即位的皇帝大力革新，心中万分高兴，便连夜草拟奏章，呈给宋宁宗。蔡幼学在奏章中写道:“皇上如果想成为一位贤明、有作为的君主,必须从这三个方面着手:一是要孝敬父母;二是要重用品质高尚、才能超群的人;三是要减轻赋税,立法宽厚,仁爱待民。要想抓好这三方面的事情,尤其要以任用贤能之人为最重要的事。近些年来,一些心术不正的人当道,谋害品德优秀而又有杰出才能的人。他们制造大量舆论,排挤为朝廷鞠躬尽瘁的忠臣。所以,大臣们有心为皇上和朝廷效力,励精图治,但又怕招惹是非,身遭不幸。皇上身边的人有意为朝廷办事,忠言直谏,又常常担心与皇帝的意见不符。朝中有学问的人不少,但他们不敢坦诚地说出自己正确的意见,使您一点办法都没有。在这种情况下,除非抓紧兴办教育,广泛地选拔人才,否则,怎么能使天下的仁人志士振奋精神呢?”

宋宁宗将蔡幼学的奏章反复阅读了许多遍,对蔡幼学的学识、人品、对朝廷的忠心十分欣赏。于是准备提升蔡幼学的官职,但是宰相韩侂胄却极力反对。宰相韩侂胄心胸狭窄,极力排斥与自己政见不合的官员。他执政期间,诬蔑道学是“伪学”,还将蔡幼学与朱熹、陈傅良、叶适等五十九人,全部列入“伪学”查禁的行列。刚直的蔡幼学,只好离开京城,到外地做官去了。

后人把蔡幼学奏章中的“一筹不吐”,久而久之说成“一筹莫展”。

一问三不知

【释义】

三不知:指对事情的开始、中间和结尾都不知道。不管怎样问,总说不知道。比喻对实际情况了解太少。也作“一问摇头三不知”。

【出处】

《左传·哀公二十七年》:“君子之谋也;始、中、终皆举之;而后入焉。今年三不知而入之;不亦难乎?”

【故事】

公元前468年,晋国的卿大夫荀瑶率领大军讨伐郑国。当时郑国是实力较弱的诸侯国，抵挡不住晋军的进攻，于是郑国国君派遣大夫公子般到齐国去求救。

齐国不能容忍晋国吞并郑国而变得更加强大，构成对齐国的威胁，于是就派大夫陈成子率军前去救援。陈成子率军到达濮水河岸的时候，天上下大雨，士兵们不愿意冒雨过河。郑国的向导子思说："晋国的兵马就在敝国都城的屋子底下，所以前来告急，现在军队不行进，恐怕要来不及了。"

陈成子披着雨衣，拄着兵戈站在山坡上指挥齐军过河。战马害怕滔滔河水，不愿过河，他抽出鞭子狠抽，逼迫战马渡河迎战。经过一番努力，齐军安全地渡过了濮水，准备与晋军交战。

荀瑶听说齐军安全渡河，严阵以待，心里有点害怕，便对部下说："我占卜过攻打郑国，却没有占卜过和齐军作战。"荀瑶下令撤军，同时派使者去齐军阵营拜见陈成子。使者说："我们的统帅让我向您解释晋国出兵郑国的原因：这次晋国出兵，其实是为了替您报仇。您这一族，是从陈国分支出来的，是郑国导致了陈国的灭亡。所以，我国国君派我来调查陈国被灭的原因，同时问您是否在为陈国的灭亡而忧愁。"

陈成子听了晋国使者的话，知道这是荀瑶故意编造出来的说辞。他很生气地说："欺压别人的人绝没有好下场，荀瑶这样的人难道能够活得长久吗？"

送走齐国的使者，有个名叫荀寅的部下报告陈成子说："我听到一个从晋军军营里来的人说，晋军准备派出一千辆战车来袭击我军的营门，要把齐军赶尽杀绝。"陈成子听了报告，严肃地对他说："我们的国君出发前命令我说：'不要追赶零星的士兵，不要害怕大批的人马。'晋军即便派出多达一千辆的战车，我们也不能逃避不迎战。回国以后，我要把你长敌人威风、灭自己志气的话报告国君。"

荀寅后悔地说："直到今天，我才知道自己总是得不到信任，却总要逃亡在外的原因了。君子谋划一件事情，对事情的发生、过程和结果这三方面都要考虑到，然后才会考虑向上报告。如今我对这三方面都不清楚，就盲目向上报告，怎么能不碰壁呢？"

没过几天，晋军撤兵，陈成子也率领齐国军队回国了。

一蟹不如一蟹

【释义】

比喻一个不如一个,越来越差。

【出处】

《艾子杂说》:“艾子行于海上……艾子喟然叹曰:‘何一蟹不如一蟹也!’”

【故事】

从前有个人叫艾子,他非常渴望去看看大海的壮美景观。经过长途跋涉,有一天他终于走到了海边。阳光下的海面瑰丽壮观,艾子激动不已。他盯着大海总觉得看不够,远处驶来几艘渔船,艾子想看看渔民有多少收获。渔船靠上岸边,渔民把渔网散开,捡起各种海鲜。艾子好奇地凑过去,突然见到一种身子又圆又扁而且有多条腿的动物,每只重一斤左右。他指着蟹问道:“这是什么东西?”

几个渔民大笑起来,一个渔民回答说:“这你都不认识?这是蝤蛑,又叫梭子蟹。”

“这梭子蟹看起来真可怕,能吃吗?”艾子又问道。

“当然能吃,这种蟹肉多,脂膏肥满,肉质细嫩,味道鲜美。”渔民边说边咂舌。

没过几天,艾子见到一种长得很像梭子蟹的动物,它们身子也是又扁又圆,同样长着许多脚,但形体比先前梭子蟹要小些,行动似乎也迟缓一些。他捉了一只,拿着去问渔夫。

艾子问:“这也是梭子蟹吗?看起来挺像的。”

渔夫心想:“这人真没见识,连螃蟹也不认识。”不过还是耐心地回答:“这不是梭子蟹,这是螃蟹,生长在淡水里,而梭子蟹生长在海洋的咸水里。”

又过了些日子,艾子居然发现一种长相似螃蟹,可是体形比螃蟹要小得多的蟹。它们的螯足没毛,步足有毛,壳和铜钱差不多大小。

“这还是蟹吗?”艾子问当地人。

一个老年人说:“这是蟛蜞,也是一种蟹。多栖息于江河堤岸、沟渠等处的洞穴中。”

艾子不觉感叹道:“唉,为什么一蟹不如一蟹呢!”

一人得道,鸡犬升天

【释义】

一个人得道成仙,全家连鸡、狗也都随之升天。比喻一个人做了官,和他有关系的人也都跟着得势。

【出处】

《论衡》:“招会天下有道之人,倾一国之尊,下道术之士,是以道术之士并会淮南,奇方异术,莫不争出。王遂得道,举家升天,畜产皆仙,犬吠于天上,鸡鸣于云中。”

【故事】

汉武帝时,淮南王刘安笃信修道炼丹,于是他整天求仙诵咒,如痴如狂。刘安痴迷修道的事广为天下人所传,于是,四面八方的巫师术士道人,全都聚集到淮南周围。

有一天,刘安遇到八个鹤发童颜的老翁,拜他们为师,尊称他们为“八公”。刘安邀请八公到王府,并派人赶紧修建一座豪华壮观的思仙台。八公掐诀念咒,钻天入地,移山倒海,撒豆成兵,呼风唤雨,腾云驾雾,神通广大,令人叹为观止。自此,刘安一心向八公学习修道炼丹。

刘安把自己关进暗房里,修道炼丹,只等仙丹练成,吞服升天。就在此时,发生了一件难以意料的事。刘安有个儿子名叫刘迁,平时喜好舞剑,技艺一般,但喜欢与人比试。这天,他硬逼刘安部下雷被比武,雷被剑艺精湛,在比试中,雷被失手击中了刘迁,从此惹怒刘迁。

刘迁处处难为雷被,他被逼得在淮南王府里待不下去了,于是雷被向刘安请求,跟随大将军卫青攻打匈奴。没想到刘安听后,反倒认为雷被起了叛心,并将其免了职。心怀怨恨的雷被索性逃出淮南王府,跑到长安城状告刘安。根据汉律,凡阻挠执行天子诏令者,应被判弃市死罪。此时正忙着"削藩"的汉武帝,早已对刘安的所作所为有所耳闻,因此雷被这一状正好告对了时候,汉武帝顺水推舟,剥夺了刘安的封地。

刘安的孙子刘建,竟然也跑到了京城状告刘安。如此一来,雷被告状在前,刘建告发在后。于是,汉武帝派有名的酷吏张汤前来办案,结果认定刘安谋反属实。刘安吓得六神无主,正手足无措之际,八公告诉他仙丹已炼成,于是刘安吞服丹药与八公携手升天。王府庭院中的鸡犬啄食炼丹炉上的残留药渣,结果也跟着刘安升天了。

一夔已足

【释义】

夔,本是兽名。此处是人名,相传为尧时乐官。只要一个有才干的人,就能把事情办好;或虽然缺点多,仍有专长。

【出处】

《韩非子·外储说左下》:"不也,夔非一足也,……一而足也。"《吕氏春秋·察传》:"夫乐,天地之精也,得失之节也,故唯圣人为能和,乐之本也。楚能和之,以平天下,若夔者一而足矣!"

【故事】

夔是古代音乐家,具有非凡的音乐才能,生活在远古尧舜时期。他精通音律,特别擅长打击磬。磬又称石磬,是用石头或玉制成的古老的打击乐器。形状有大有小，上面刻有花纹，并钻孔悬挂在架子下面，击打传声。夔经常敲击石磬，让大家装扮成各种野兽的样子，边歌边舞。

尧禅让帝位于舜，舜即位。舜认为音乐是天地间的精华，准备任命一位乐官制定音调。于是，派重黎去民间物色合适的人选。重黎历尽千辛万苦，终于找到具有非凡音乐才能的夔。重黎把他推荐给舜，夔受到舜的赏识，被提拔为乐官，主要管理乐舞之事。

夔的音乐才能得到充分发挥，舜决定派夔到各地去正音协律，推广美妙的音乐，让更多的人欣赏音乐，陶冶人们的情操。重黎担心夔一个人难以胜任如此重任，便向舜建议找寻更多的乐师协助夔的工作。舜听了重黎的建议后，便摇头说道："音乐之本，贵在能和。就天下来说，像夔这样精通音律的人，一个就足够了。"

一不做，二不休

【释义】

要么就不做，既然已经做了，就一定要做到底。

【出处】

唐·赵元一《奉天录》："张在临死时说：'传语后人：第一莫做，第二莫休。'"

【故事】

唐朝德宗时，有一支军队在长安叛变，拥立原卢龙节度使朱泚为皇帝。朱泚自称大秦皇帝，拜张光晟为副将。唐德宗命令李晟领兵讨伐朱泚，很快就逼近了长安。

张光晟率兵驻扎在九曲，与李晟的军队对阵。张光晟见李晟军队声势浩大，知道自己不是他的对手，于是暗中派心腹去与李晟联络。李晟表示欢迎他归降朝廷，张光晟就带领部下投降。李晟为他向唐德宗上奏章，要求对张光晟减罪并任用。李晟带张光晟参加宴会，华州节度使路元光非常生气，说："坚决不与反贼一起吃饭!”李晟只得把张光晟软禁起来,听候朝廷处理。不久,唐德宗下圣旨,认为张光晟罪不能赦,理应处死。

张光晟临死前悔恨地说:“传话给后人,‘第一莫作,第二莫休’。”

一手遮天

【释义】

一只手就把天遮住。形容依仗权势,欺上压下,使是非不明。

【出处】

唐·曹邺《读李斯传》:“欺暗常不然,欺明当自戮,难将一人手,掩得天下目。”

李斯

【故事】

李斯原本是楚国上蔡人,后来到了秦国,他劝说秦王,用金钱收买六国的诸侯大臣,收买不了的,就派人刺杀,先用这样的方法来离间六国的关系,然后派兵一一攻打。

二十多年后,秦始皇统一了天下。李斯又上书说:“天下大乱,是因为有各种学说流派惑乱民心。现在天下统一了,应该制定完备的法令,将诸子百家的书全部毁掉,这样,天下就太平了。”秦始皇照办了。

晚唐诗人曹邺说:“用欺骗挑拨来获取国家利益是不对的,用法律来限制人民的思想是自取灭亡。一个人的手要掩住天下人的眼睛,这怎么可能呢(难将一人手,掩得天下目)!”

后来人们用“一手遮天”形容依仗权势,玩弄手段,蒙蔽群众。

一日千里

【释义】

原形容马跑得很快,后形容进步或发展得迅速。

【出处】

《庄子·秋水》:“骐骥骅骝,一日而驰千里。”

【故事】

周穆王听说造父驯马驾车的本领最好,就把他招来。

造父知道周穆王想到遥远的西方运河去,就挑选了八匹好马拉车。造父驾着车,克服各种各样的困难,来到昆仑山的西王母国。美丽的西王母热情地接待了周穆王,并且天天陪着他游玩、观赏。一个多月过去了,周穆王玩得连自己的国家都快忘记了。

一天,周朝有个武士送来一份紧急文件,原来自己的国家发生了叛乱。周穆王大吃一惊,立刻叫造父准备车马,马上赶回镐京去。告别西王母,造父施展了全身本领,“一日千里”地向东飞驰,三天三夜就回到了镐京。周穆王立刻调动各路人马,亲自出征,很快平定了徐偃王的叛乱。周穆王重赏了造父。

从此,“造父”也就成了驯马驾车高手的代称。

一木难支

【释义】

大楼将要倒塌,不是一根木头能够支撑得住的。比喻一个人的力量难以维持全局。也作“独木难支”。

【出处】

隋·王通《文中子·事君》:“大厦将颠,非一木所支也。”

【故事】

南北朝(刘)宋顺帝的时候,萧道成把持政权,滥杀忠臣,横行霸道,企图篡夺王位。当时大臣袁粲和刘东两人,秘密商量要杀死萧道成,不料走漏风声,被萧道成同党褚渊得知。褚渊向萧道成告密,萧道成十分恼怒,立刻派部将戴僧静率领重兵去攻打袁粲,把袁粲的城池团团围住。这时,袁粲对他的儿子袁最说:“我明知道一支木柱不能支撑一座大厦的崩塌,但为了名誉义节,不得不死守下去。”

最后,戴僧静率领部下翻过城墙,冲进了城里。在敌人的刀枪下,袁最勇敢地用身体去掩护他的父亲。袁粲悲壮地对儿子袁最说:“我是个忠臣,你是个孝子,我们死而无愧了。”结果他们父子俩都为正义而牺牲了。

后人便把袁粲当时所说的“我明知道一支木柱不能支撑一座大厦的崩塌”这句话提炼为“一木难支”这则成语。

一毛不拔

【释义】

连一根毫毛也不肯拔。形容极其吝啬自私。

【出处】

《孟子·尽心上》:“杨子取为我,拔一毛而利天下,不为也。”

【故事】

古代有个富翁叫杨朱,大家都叫他六叔,他十分吝啬。由于他整天盘剥穷人,累得病倒了,差一点昏死过去。三天后,他稍微清醒了一点,看见屋里挤满了送终的亲友,就伸出两个指头想要表示什么。他的大侄说:“六叔,是不是还有两个亲人没见面?”他摇摇头,什么都没有说。二侄问:“是不是有笔银子放在哪里,还没有交代?”他仍然摇了摇头。还是他的妻子明白他,她看见两根灯芯同时点燃,就挑掉一根。这时六叔才微微舒了一口气,大家悬着的心也稍稍放了下来。

突然,快断气的六叔流着泪,凑近妻子的耳朵,说:

“我死后,把我留下的两张便纸分给前来吊孝的亲戚。”

“我死后,别用棺材来盛我,挖个坑,把我埋了就成。”

“我死后,不要请和尚念经,我在黄泉下自己会念经的。”

“我死后,把我的皮剥下来,卖给皮匠;把我的毛拔下来卖给做刷子的人,一根也别丢了。”

……

一发千钧

【释义】

钧,古代的质量单位,三十斤为一钧。危险得好像千钧重量吊在一根头发上。比喻极其危险。也作“千钧一发”。

【出处】

东汉·班固《汉书·枚乘传》:“夫以一缕之任,系千钧之重,上悬无极之高,下垂不测之渊,虽甚愚之人,犹知哀其将绝也。”

【故事】

西汉时期,有个著名的文学家名叫枚乘,他擅长写辞作赋。

开始,枚乘在吴王刘濞那里作郎中。刘濞想要反叛朝廷,枚乘就劝阻他说:“用一缕头发系上千钧重的东西,上边悬在没有尽头的高处,下边是无底的深渊,这种情景就是再愚蠢的人也知道是极其危险的。如果上边断了,无法再接上;如果坠人深渊,也不能再取上来。所以,你反叛汉朝,就如这缕头发一样危险啊!”

枚乘的忠告并没有得到刘濞的采纳，他只好离开吴国，去梁国作梁孝王的门客。到了汉景帝时，刘濞纠合其他六个诸侯国谋反，结果被平定。

一字之师

【释义】

改正文章中一个非常关键的字的老师。旧时有些好诗文，经旁人改正一个字而更加完美，原作者或旁人往往称改字者为“一字之师”或“一字师”。

【出处】

宋·陶岳《五代史补》：“郑谷在袁州，……齐己矍然不觉兼三衣，叩地膜拜，自是士林以谷为齐己一字之师。”

【故事】

唐朝是我国封建社会发展中一个非常繁荣的时期，文学艺术都很发达，其中以诗最具有代表性。当时，不仅诗人多，创作的诗多，而且在艺术上、内容上水平都很高。

在当时众多的诗人中，有一个诗人叫齐己。某年冬天，他在大雪后的原野上，看到雪中开放的梅花，诗兴大发，创作了一首《早梅》诗，赞叹在冬天里早开的梅花。诗中有两句这样写道：前村深雪里，昨夜数枝开。写好后，他觉得非常满意。

有一个叫郑谷的人，看到齐己写的这首诗后，认为诗的意味未尽。于是，他经过反复思考推敲，将这两句诗改为：前村深雪里，昨夜一枝开。因为他认为既然数枝梅花都开了，就不能算是早梅了。

郑谷的这一改动，虽然只将“数”字改为“一”字，只有一字之差，但却使《早梅》更贴切题意了，诗的意境也更完美了。齐己对郑谷的这一改动非常佩服，于是就称郑谷是自己的“一字师”。

一狐之腋

【释义】

腋，指狐狸腋下的皮毛。一只狐狸腋下的皮毛。比喻东西少，但珍贵。

【出处】

《慎子·知忠》："粹白之裘，盖非一狐之腋也。"

【故事】

赵简子是春秋时晋国的上大夫。他有一个家臣，名叫周舍，喜欢直言进谏。周舍死后，简子每次听朝，总是不怎么开心，大夫们都来请罪。赵简子说："不是你们的过错。我听说一千只羊的皮毛还不如一只狐狸腋下的皮毛值钱。诸位大夫上朝，我只听见一大片唯唯诺诺地回答，再也听不见像周舍那样的谔谔直言，我因此而伤心。"

司马迁说："从这件事可以看出来，为什么赵简子能安抚赵地的人，而使晋国的人来投奔。"

一笔勾销

【释义】

把账一笔抹掉。比喻把一切完全取消或一概不计较。

【出处】

宋·朱熹《五朝名臣言行录·参政范文正公》："公取班簿，视不才监司，每见一人姓名，一笔勾之。"

【故事】

范仲淹做皇家秘阁校理时，看到刘太后独揽大权，把宋仁宗当成傀儡，就直言上书，奏请太后还政。有人劝阻他，他却义正词严地说："人人都说说话会惹祸上身，不是明哲保身之计，其实说这种话的人才是没有眼光的，他们不懂得，只有大家都敢于直言，君主才不会犯错误、百姓才没有怨言；政治上清明了，才不生祸患，天下才没有忧愁，这才是真正的远离祸乱、保全自身的根本之计啊！"

范仲淹做了宰相后，选派了一批干练的按察使去各地考察官吏的善恶。每当得到按察使的报告时，他就毫不留情地把那些不称职的官员的名字勾掉。副职富弼见他勾掉了一个又一个的官员，劝他说："您一笔勾掉了事，要知道这一笔之下会有一家人痛哭呀！"范仲淹说："一家人哭总比一路人哭要好！"

文中"一路哭"也是典故，是说一个地区的人民因受害而悲伤哭泣。

言必信行必果

【释义】

说话一定要守信用，做事一定要果断。

【出处】

《论语·子路》："言必信，行必果，硁硁然小人哉。"

【故事】

在孔子的七十二弟子中，子贡最为勤学好问。《论语》中记述孔子与弟子答问，子贡的最多。后世一般认为，孔子的名声之所以能够传扬天下，子贡的大力传播功不可没。

有一天，子贡问孔子："什么样的人可以称作'士'？"

孔子说："要用羞耻之心来约束自己的言行，出使各国不辱使命，这样的人可以叫作'士'。"

子贡又问："那次一等的呢？"

孔子说："宗族里的人称赞他孝敬父母，乡里人称赞他尊敬兄长。这样的人也可以称作'士'。"

子贡接着问："请问再次一等的。"

孔子说："说话一定要守信用，做事一定要果断。这种人是不管别人怎么样、只管自己贯彻执行的人，但也可以说是再次一等的'士'了。"

子贡继续问道："现在那些做官的怎么样？"

孔子说："咳，那些人见闻不广、气量狭小，算是什么东西！"

掩鼻计

【释义】

教人遮住鼻子。比喻因嫉妒而陷害别人的毒计。

【出处】

《战国策·楚策》："子见王，常掩鼻，则王长幸子矣。"

【故事】

战国时，魏王为了跟楚王交好，给楚王送去一个美女。这个美人又年轻又漂亮，差点儿把楚王的魂都勾了去。楚王的宠姬郑袖恨得直咬牙，但表面上也装出喜欢这个美人的样子。她把自己的好衣裳送给美人穿，把自己的好佩饰送给美人戴，楚王看到了非常高兴，说："夫人知道我宠爱新来的美人，她便也宠爱这位美人，臣下侍奉君主，就要像夫人这样。"

过了一段时间，郑袖知道楚王已经不怀疑自己妒忌，便对那位美人说："大王非常宠爱你，但是不太喜欢你的鼻子，你要是经常捂住自己的鼻子，掩盖自己的缺陷，大王就会长久地喜欢你。"美人信以为真，每当楚王来到，就把自己的鼻子捂住。

有一天，楚王对郑袖说："新来的美人经常捂住鼻子，不知是怎么回事。"

郑袖“哦”了一声，欲言又止。楚王再三追问，她才吞吞吐吐地说：“前些天听美人说，她讨厌大王的体臭。”

楚王听了勃然大怒，对侍从说：“把美人的鼻子割掉！”美人的鼻子被割掉了，郑袖总算除去了威胁自己地位的劲敌。

雁书

【释义】

大雁带来的书信。指书信。

【出处】

《汉书·苏武传》：“后汉使复至匈奴，常惠请其守者与俱，得夜见汉使，具自陈道。教使者谓单于，言天子射上林中，得雁，足有系帛书，言武等在某泽中。”

【故事】

公元前200年，汉高祖刘邦在白登（今山西大同东北）被匈奴骑兵围困七天七夜，好不容易施计逃脱，以后汉朝对匈奴实行“和亲政策”，希望得以休养生息。然而匈奴对此并不满足，不时出兵侵扰汉朝边境。

公元前101年，匈奴且鞮侯单于即位，他怕汉朝乘机攻打，将扣押的汉朝使者全部放回。汉武帝为了表示友好，派遣苏武率领一百多人，带了许多财物，出使匈奴。

苏武完成了任务准备返回之时，匈奴上层发生了内乱，苏武一行受到牵连，被匈奴单于扣留下来。为了让苏武投降，单于软硬兼施，威胁利诱，苏武始终都不屈服。

单于既不忍心杀害苏武，又不想让他返回自己的国家，于是决定把苏武流放到北海（今西伯利亚的贝加尔湖一带），让他去牧羊。临行前，单于对苏武说：“什么时候公羊生了羊羔，我就让你回去。”到了北海，荒芜一人，陪伴苏武的只有代表使者身份的符节和一群公羊。

苏武在北海牧羊十九年，当初下令囚禁他的匈奴单于已去世了，汉武帝也离开了人世。新单于打算与汉朝和好,双方的关系渐渐改善。汉昭帝准备把苏武接回自己的国家,匈奴人却谎称苏武已经去世。

后来,汉朝使者到了匈奴地区,终于得知苏武依然健在,使者对匈奴人说,汉朝的天子在上林苑中射到一只大雁,雁的脚上系着帛书,帛书上清楚地写着苏武在北方沼泽之中。

单于听了大惊失色,只好答应将苏武送还。苏武去时带领着一百多人,返回时只有九人跟着他回到中原。

燕雀安知鸿鹄之志

【释义】

燕雀:小鸟;安:哪里;鸿鹄:天鹅。小鸟哪能知道天鹅的志向。比喻见识短浅的人哪里知道英雄人物的雄心壮志。

【出处】

《史记·陈涉世家》:"陈涉太息曰:'嗟乎,燕雀安知鸿鹄之志哉!'"

【故事】

秦始皇统一中国以后,实行严刑峻法:一人犯死罪,亲族都要被处死,叫作"族诛",一家犯法,邻里都要受牵连,叫作"连坐",贪暴官吏对百姓任意施刑,人们动辄得咎,再加赋税、徭役繁重,弄得民不聊生。到了秦二世时,专制统治更加残暴,人们生活在水深火热之中,农民起义的烈火一触即发。

阳城(今河南商水)有个人名叫陈胜,年轻时曾经跟别人一起受雇佣给有钱人家种地。他对朝廷对老百姓的压迫和剥削很不满,决心改变自己目前的社会地位。有一天,他放下农活到田埂上休息,因失望而感叹了好久,对同伴们说道:"如果将来谁富贵了,不要互相忘记了。"

他的同伴"嘻嘻"笑了起来,讥笑他道:"你跟我们一样,是个被雇佣耕地的人,怎么可能富贵呢?”

陈胜长长地叹了一口气,说:“唉,燕雀怎么知道天鹅的凌云壮志呢!”

公元前209年秋,陈胜与吴广率领戍卒发动农民起义,建立了中国历史上第一个农民政权。陈胜、吴广起义前后共六个月,从根本上沉重地打击了秦朝的腐朽统治,公元前206年冬,秦王朝终于被推翻。

燕然功

【释义】

燕然:古山名,即今蒙古人民共和国境内的杭爱山。比喻在边塞立下巨大战功。

【出处】

《后汉书·窦宪传》:“与北单于战于稽落山,大破之。虏众崩溃,单于遁走……遂登燕然山,去塞三千余里,刻石勒功,纪汉威德。”

【故事】

东汉的窦宪,说忠诚,不忠诚;说人品,没人品,可是他在边塞立下的大功,仍然被人们铭记。

窦宪能平步青云,全靠他的妹妹。公元78年,他的妹妹被立为皇后,窦宪得以为郎,后来步步高升,担任了侍中、虎贲中郎将。他的弟弟窦笃也身居要职,担任黄门侍郎。兄弟二人蒙受皇恩,气焰日盛。窦宪甚至低价强买沁水公主的庄园,公主不敢跟他相争。后来汉章帝知道了这件事,对他痛加责备,要他把庄园还给沁水公主。从此以后,汉章帝不再授予他重权。

和帝即位以后,太后临朝称制,念及兄妹之情,窦宪被重新重用。都乡侯刘畅来吊景帝之丧,被太后数次召见,窦宪怕刘畅分了他的权,派遣刺客将刘畅杀害。后来真相败露,太后盛怒之下把窦宪禁闭于内宫。

窦宪生怕太后杀了他,请求领兵出击匈奴以赎死罪。当时正好南匈奴请求汉朝出兵讨伐北匈奴,朝廷便任命窦宪为车骑将军,领兵出征。

第二年,窦宪命副校尉阎盘、司马耿夔等率精兵一万多人,与北单于在稽落山(今蒙古境内杭爱山)作战,大破匈奴军。匈奴军四散溃逃,单于逃走。窦宪领兵乘胜追击,一直追到私渠比鞮海(乌布苏诺尔湖)。这次战役,斩杀匈奴军一万三千多人,俘获马、牛、羊、驼百余万头,前来投降者前后二十多万。窦宪登上燕然山,刻石记叙功勋。

窦宪在历史上留下种种劣迹,因而备受贬责,但是,他所奠定的中国北疆新格局,是中华民族融合进程中的一环,窦宪的历史功绩也是不应抹杀的。

野叟献曝

【释义】

野叟:乡下的农夫;曝:晒太阳。乡下的农夫把晒太阳取暖的办法献给国君。比喻所献菲薄。用作谦辞。

【出处】

《列子·杨朱》:“负日之暄,人莫知之,以献吾君,将有重赏。”

【故事】

从前,宋国有一个农夫,一年到头在田里劳作。他的要求不高,只希望通过自己的辛勤劳动,一年到头能够吃饱肚子,冬季里穿得暖暖和和的就行。就这么个要求,农夫也实现不了。到了冬季,一家人只能穿着用乱麻作絮的薄薄的冬衣御寒。

有一天,晴空万里,太阳当头,他穿着冬衣晒太阳,暖暖和和的真舒服。他把妻子和孩子都叫出来,一家人一起晒太阳,享受这份难得的舒适。

突然间,他喃喃自言自语:“这个取暖的方法真好,我们的国君知不知道这个取暖的方法?”他一本正经地对妻子说:“晒太阳取暖的方法,大概没有什么人知道,我把这个取暖的方法献给国君，一定能够得到国君重赏。”

这个农夫不知道天下有高大宽敞的宫室，不知道天下还有狐皮大衣，只知道晒太阳取暖，真是太可笑了。

一动不如一静

【释义】

做没有把握的事还不如不做。指多一事不如少一事。

【出处】

宋·张端义《贵耳集》：“孝宗幸天竺及灵隐，有僧辉相随。见飞来峰，问辉曰：‘既是飞来，如何不飞去?’对曰：‘一动不如一静。’”

【故事】

杭州灵隐寺前面的飞来峰，有许多美丽的传说。

有一天，济颠和尚突然心血来潮，掐指一算，知道有座山峰将要飞到一座村庄那里。

不好，一座山飞来要压死多少无辜村民啊！济颠飞快地跑到那座村庄，要那里的人们赶快离开。村民都知道济颠和尚疯疯癫癫的，不知道这次又要弄出什么新花样，所以没有人听他的话。济颠和尚急中生智，冲进一家娶亲的人家，背起新娘就跑。村里人急了，全都跑了出来追赶，等到大家都跑到了村外，只听“轰隆隆”一阵巨响，一座山峰落在村庄上，哎呀，好险啊！后来，人们把这座突然飞来的山峰叫飞来峰。

这座山峰是从哪里飞来的呢？又有一个传说。飞来峰本是天竺（古印度）的灵鹫山，从天竺飞到了这里。东晋咸和初年，印度和尚慧理云游到此，看到这座嶙峋的石山，感到十分奇怪，说道：“这座山是天竺的灵鹫山，不知怎么会飞到这里来!”以后，他就在这里建造了灵隐寺，寺院前面的这座山便被称为飞来峰。

南宋时，宋孝宗到西湖游玩，看到灵隐寺那里的飞来峰，就问随行的和尚僧端：

"飞来峰既然是飞来的,为什么不再飞走呢?"

僧端煞是机灵,跟皇上打起佛家机锋,回答道:"一动不如一静。"

一饭千金

【释义】

饥饿难忍时别人给自己吃了一顿饭,日后自己发达了当以千金相报。比喻贫困时受到别人资助,发达后重谢予以报答。

【出处】

《史记·淮阴侯列传》:"信至国,如所从食漂母,赐千金。"

【故事】

秦末汉初,有位叱咤风云的人物,他就是帮助汉高祖刘邦打下天下的韩信。说起韩信,人们不禁想起他的英雄胆略、足智多谋,可是他年轻的时候,也曾是个游手好闲的小混混。

韩信少年丧父,家境贫困,可是他既不肯种田干活,又不会做买卖,成天在外面游荡。好在母亲疼爱他,情愿自己饿肚子,也要省给他吃,他也就这么混下去。

老娘不能管韩信一辈子,年老的母亲终于撒手人寰。母亲一死,没了管束,韩信更是整天东游西荡,肚子饿了就到处混饭吃。

当地的亭长和他有过来往,他便经常到亭长家蹭饭。亭长的家人对韩信十分嫌弃,可是他还是厚着脸皮到亭长家混吃混喝。

有一天,快要吃饭的时候,韩信又来到亭长家。亭长已经跟妻子说好,让妻子早早吃好饭,自己故意躲出去,等会儿韩信来了,看他怎么办!

韩信进了门,有一句没一句地跟亭长的妻子搭话,亭长的妻子不但不理睬他,还时不时地指桑骂槐说些难听话。

过了很长时间,不见亭长回来,也不见亭长家人开饭。韩信突然明白过来,人家是讨厌自己呀，故意让自己饿肚子，自己还傻乎乎地待在这里干等！韩信愤愤地离开了，发誓再也不进亭长的家门。

韩信无处可去，只好到淮水边钓鱼。能钓到鱼就再好不过了，好歹也能用它来充饥，可是他不会钓鱼，几天下来没钓到几尾。韩信饿坏了，脸色苍白，浑身乏力。

有个老婆婆，以洗纱为生。看到韩信可怜的样子，就把自己的饭分一半给韩信吃。一连好几天都是如此，韩信对她十分感激。

有一天，韩信吃完饭，对婆婆说道："婆婆这么关心我，我一定铭记于心。等我发达以后，一定好好报答您。"

婆婆不领他的情，教训他道："你连饭都混不上，算什么男子汉！我是看你可怜才给你饭吃，哪里指望你来报答。"

韩信听了羞愧万分，决心洗心革面发愤努力，一定要成就一番事业，出人头地。

不久，他到起义军首领项梁那里从军，项梁死后便跟随项羽，最后他投靠了刘邦，为刘邦夺取天下立下赫赫战功。

韩信被封为楚王以后，不忘婆婆的恩德。他找到了婆婆，赏给婆婆千金作为报答。他又找到了亭长，赏给亭长小钱一百，说："你做好事没能做到底，是个被人看不起的小人。"

一客不烦二主

【释义】

一个客人不去麻烦两个主家。指只麻烦一家，不去麻烦第二家。

【出处】

宋·释惟白《续传灯录》："一鹤不栖双木，一客不烦两家。"

【故事】

这个词语宋代已经有了，但是，更为人熟知的是《西游记》里的故事。

悟空自从杀了混世魔王，夺了一口大刀，每天带领猴子操演武艺。悟空觉得武器不称手，便到龙宫寻找武器。

龙王初次见到悟空，不好推辞，就叫鳜都司拿出了一把大杆刀。悟空见大杆刀轻飘飘的，请龙王另找一件。

龙王又叫人抬出一把九股钢叉。悟空见九股钢叉像点样子了，拿起钢叉练了一趟，说："轻，轻，轻！还是不合手！再求您另找一件。"龙王见悟空还是觉得轻，笑着说："上仙，这叉有三千六百斤重呢！"悟空说："不合手！不合手！"龙王只好叫人抬出来一把画杆方天戟。

这画杆方天戟有七千二百斤重。悟空拿起戟比画了两下，把戟往地上一戳，说："还是轻，还是轻！"老龙王见他还觉得轻，不免害怕起来，说："上仙，我的宫里这根戟最重，再没别的什么兵器了。"悟空笑笑说："古人说：愁谁也不愁海龙王没宝啊！你再去找找。"老龙王非常为难，摇摇头说："实在是没有了。"

他们俩正说着话，龙婆和龙女从后面走了出来，对龙王说："大王，咱们海底宝藏中，那块天河定底的神珍铁，这几天霞光四射，该派上用场了！"悟空道："拿出来我看。"龙王摇手道："扛不动，抬不动！须上仙亲去看看。"

龙王引导悟空前往，忽见金光万道，龙王说："那放光的便是。"悟空定睛一看，是一根铁柱子，约有斗来粗，长二丈有余。他上前摸了一把，说："太粗太长了，再短细些方可用。"话音刚落，那宝贝就短了几尺，细了一围。悟空拿起又颠一颠道："再细些更好。"那宝贝果真又细了几分。悟空拿起仔细一看，原来两头是两个金箍，中间一段乌铁，紧挨箍有镌成的一行字："如意金箍棒重一万三千六百斤。"悟空一边走，一边说："再短细些更妙！"拿出外面，只有丈二长短，碗口粗细。

悟空得了金箍棒，又要龙王送他一副披挂。龙王说没有，悟空说："一客不烦二主，若没有，我也定不出此门。"龙王没有办法，只好请来自己的兄弟，大家凑了一副披挂给他。这样，才算把他送出门。

一失足成千古恨

【释义】

失足：比喻犯错误。犯下一次错误成为终身的遗恨。

【出处】

明·杨仪《明良记》:“唐解元寅既废弃,诗云:‘一失足成千古笑,再回头是百年人。’”

【故事】

说起明代的诗文,有“江南四才子”:唐寅、祝允明、文徵明、徐祯卿,唐寅名列首位。唐寅的画也画得好,与沈周、文徵明、仇英并称“吴门四家”。他的一些风流韵事被编成故事在民间流传,人们津津乐道,“唐伯虎点秋香”就是其中一个故事。

唐寅,字伯虎,玩世不恭而又才气横溢。十六岁那年,考得秀才第一名,整个苏州城为之轰动。二十多岁时家里连遭不幸,父母、妻子、妹妹相继去世,家境一天天衰败。这时候,他已是心灰意冷,多亏好友祝允明耐心规劝,唐寅这才捧起书本潜心攻读。二十九岁那年,唐寅参加应天府乡试,考得第一名“解元”,又一次风光苏州城,可谓鹏程万里。

天有不测风云,唐寅三十岁时赴京参加会试,却受到考场舞弊案的牵连,被捕入狱。后来唐寅被释放,谪(官吏降职)往浙江为小吏,他以之为耻,没有前去赴任。唐寅对此无限感叹,说:“一失足成千古笑,再回头是百年人。”

后来人们把它改为“一失足成千古恨”,表示犯下一次错误成为终身的遗恨。

倚马可待

【释义】

倚在马前起草,别人可以在一旁等待文书完稿。形容才思敏捷,写作诗文极快。

【出处】

南朝宋·刘义庆《世说新语·文学》:“桓宣武北征,袁虎时从,被责免官,会须露布文,唤袁倚马前令作,手不辍(停止)笔,俄得七纸,殊可观。”

【故事】

袁宏，小名袁虎，是晋代著名的文学家。袁宏所撰《后汉纪》《三国明臣赞》，现在仍然流传于世。

袁宏年少时家境贫困，年轻时以给别人运货为生。有一天，镇守在牛渚（今安徽采石）的谢尚，换上便服，带着随从，趁着月色乘舟游玩。

忽然，谢尚听到有人在运粮船上咏诗，诗的内容、辞藻都很好，只是自己从来没有读过。他派人前去打听，才知道是运夫袁宏在咏诗，所咏之诗，为袁宏自作。谢尚听了随从禀告，连忙命人邀请袁宏到自己船上，一直交谈到天明。从此以后，袁宏便出了名。

袁宏先在谢尚那里做参军，后来做了大将军桓温的记室。桓温率军北伐，袁宏跟随出征。那时候，他因获罪被免去了官职。有一天，正巧要一份紧急文书，桓温把袁宏叫到面前，要他倚在马前起草。不一会儿，他便写好了，共有七张纸。桓温拿起来一看，写得有条有理，表达得非常清楚。

后来袁宏担任东阳（今浙江金华）郡守，许多人为他送行。临别时，谢石送给他一把扇子。袁宏真是七窍玲珑，接过扇子，朗声说道："谢谢大人一番美意。下官到了任所，一定发扬仁爱之风，抚爱百姓。"话音方落，便赢得一片赞叹声。

倚门倚闾

【释义】

闾：里巷的门。倚着自家大门、倚着里巷的门盼望亲人回家。形容盼望亲人归来的殷切心情。

【出处】

《战国策·齐策六》："女（汝）朝出而晚来，则我倚门而望；女（汝）暮出而不还，则吾倚闾而望。"

【故事】

要说"倚门倚闾",就要先说"淖齿乱齐"。

春秋的一段时期,齐国非常强大,经常攻打燕国。齐军屡战屡胜,蚕食了燕国大片土地。后来燕昭王筑招贤台广纳人才,乐毅等一批贤才来到了燕国,燕昭王让乐毅主持朝政,燕国国力日益强盛。

齐湣王自从攻打宋国杀死了宋王以后,日益骄横。卫、鲁、邹三国害怕齐国攻伐,纷纷向齐滑王称臣。齐湣王又把目光转向燕国,谋划发动新的进攻。燕昭王采取了乐毅提出的策略,联合了秦、魏、韩、赵四国,共同起兵攻打齐国。齐军毕竟不是各国联军的对手,被打得大败。

这时候楚王动起了歪脑筋,以援救齐国为名,让淖齿率领军队进入齐国境内。淖齿并不是真心救齐,只是想和别国一起瓜分齐国的土地。傻乎乎的齐王对淖齿感恩戴德,反而被淖齿杀死。这段历史被称作"淖齿乱齐"。

齐王的宗族王孙贾,十五岁就做了齐王的侍卫。他母亲只有这么一个儿子,对他百般呵护。王孙贾长大以后每当入朝,母亲总要再三叮嘱他早些回来。如果他回家晚了,母亲会焦急地倚着大门等着他回来;要是他有事彻夜未归,母亲便会倚在巷口焦急地等待。

发生动乱的那一天,可巧王孙贾不在齐王身边,动乱发生后,王孙贾四处寻找齐王,不见齐王踪影。后来听说齐王已经出逃,他怕母亲着急,便返回家中。

母亲见到他,首先问起的是齐王的消息。王孙贾说找不到齐王,母亲一下子就变了脸色。母亲严厉地训斥他:"你是大王的侍卫,竟然不知道大王在哪里,找不到大王,你还有脸回来!"母亲的训斥令他无地自容,他马上转身跑了出去。王孙贾到处询问,才知道齐滑王已被淖齿杀害。

王孙贾怒不可遏,高声喊道:"淖齿这个混蛋,你就以为齐国没有忠臣了吗!有愿意跟我去诛杀淖齿的,就卷起袖子露出右臂。"随着他的一声呼喊,立即有四百多人露出右臂。他们奋力攻打淖齿的住处,将淖齿乱刀砍死。

王孙贾又让大家分头寻找齐滑王的儿子法章,费了好大的劲终于将他找到。大臣们一致同意由法章继位,齐国终于得以保全。

薏苡明珠

【释义】

薏苡:一种多年生草本植物,果实可入药。薏米被进谗的人说成了明珠。比喻被人诬蔑,蒙受冤屈。

【出处】

《后汉书·马援传》:“南方薏苡实大。援欲以为种,军还,载之一车。……及卒后,有上书谮之者,以为前所载还,皆明珠文犀。”

【故事】

东汉名将马援,平定了边陲的动乱,被朝廷封为伏波将军。回到京师后大家向他祝贺,马援豪迈地对人说:“眼下匈奴、乌桓还在侵扰北部边疆,我想请求皇上再让我领兵跟敌人好好打一仗。男儿应当战死于边疆的沙场,用马革包裹着尸体而还,哪能舒舒服服地躺在床上,最终老死在妻子儿女的身旁!”这便是“马革裹尸”的出处。

西汉末年,天下大乱,马援先后投奔过王莽、隗嚣,最后归顺光武帝刘秀。马援为东汉王朝立下了赫赫战功,给后人留下不少动人的故事。“堆米为山”和“薏苡明珠”跟“马革裹尸”一样,千古流传。

公元32年,光武帝刘秀亲自领兵攻打隗嚣。大军到了漆县(今陕西彬县),因为不明敌情停止前进。不少将领认为,眼下不宜深入险阻之地。光武帝犹豫不决,决心难下。就在这关键时刻,马援奉命赶到。光武帝大喜,连夜召见了他。马援认为,隗嚣部众已经分崩离析,目前发动进攻定能大获全胜。

马援找来大米,堆成山陵山谷,指点着地形,向光武帝说明应当从哪里发动进攻,应当如何作战。听完他的分析,光武帝非常高兴,说:“敌人的情况已经完全显现在我的眼前,这一仗一定能取胜。”

战斗开始后,汉军摧枯拉朽,将敌人彻底击溃,隗嚣仓皇逃窜,他的十三员大将和十余万部众全部投降。

当初,马援南征交趾(古地名,泛指五岭以南地区)时,常吃一种名叫"薏苡(一种多年生植物,果实俗称'药王米')"的果实。这种果实能驱寒,避瘴气,赴南方作战的将士免不了经常食用。班师回京时,马援带回来满满一车,一则打算自己食用,一则准备做种。没料想有人看到这鼓鼓囊囊的一车东西,便以小人之心度君子之腹,说马援从南方掳掠了一车珍珠带回。这件事一传十,十传百,沸沸扬扬地传遍京城。

马援刚刚去世,马武、侯昱便上书给光武帝,说当年马援在南方征战,曾经搜刮一车珍宝带回京师;只因当年马援受宠,所以没有上奏给光武帝。光武帝闻报大怒,下令严加追查。

马援的妻儿不知马援身犯何罪,只得将马援草草埋葬。办完了丧事,马援的家人用草绳自缚,到朝廷请罪。光武帝把马武、侯昱的奏章拿给他们看,马援的家人这才知道蒙受了天大的冤屈。真相大白以后,光武帝让马援的家人将马援重新安葬。

咏絮才

【释义】

用柳絮随风飘扬来比喻雪花纷飞的文才。比喻女子的好文才。

【出处】

南朝宋·刘义庆《世说新语·言语》:"谢太傅寒雪日内集,与儿女讲论文义。俄而雪骤,公欣然曰:'白雪纷纷何所似?'兄子胡儿曰:'撒盐空中差可拟。'兄女(谢道韫)曰:'未若柳絮因风起。'公大笑乐。"

【故事】

东晋的王、谢两家,是当时最有声望的豪门世族,而才女谢道韫,就是他们两家的人。她是谢家安西将军谢奕的女儿,是书圣王羲之的儿媳。她的丈夫是王羲之的二子王凝之,可谓才子配佳人。这一对小夫妻一双两好,门当户对,直把当时的青年男女羡慕煞。可惜谢道韫红颜薄命,命运多舛,丈夫王凝之为孙恩所杀,后来她一直寡居在会稽(今浙江绍兴)。

谢道韫自幼聪慧,能言善辩。有一天,叔叔谢安问她:"你认为《诗经》中什么句子写得好?"谢道韫回答道:"吉甫作颂,穆如清风。仲山甫永怀,以慰其心。"谢安听了非常高兴,称赞她有"雅人深致(为人高雅,情趣深远)。"

某一冬日,谢安把儿女子侄叫到一起讲论文义,正好遇上天降大雪,谢公忽发雅兴,问小辈:"白雪纷纷何所似?"

他的一个侄子谢朗想也不想脱口而出:"撒盐空中差可拟。"这个比喻有点儿对不上榫,那些沉甸甸的盐粒,把它撒向天空怎能够随风飞舞?

侄女谢道韫不慌不忙回答道:"未若柳絮因风起。"柳絮随风飘扬,与雪花随风飞舞极为相似,这个比喻十分妥帖。谢安听罢,哈哈大笑。

优孟衣冠

【释义】

优孟:春秋时楚国著名的演员,擅长以说笑表演进行讽谏。优孟穿了戏服演出进行讽谏。比喻模仿古人或他人。也指演戏。

【出处】

《史记·滑稽列传》:"楚相孙叔敖死,其子贫困,优孟着孙叔敖衣冠……封之寝丘。"

【故事】

春秋时楚国令尹孙叔敖,是位历史上有名的忠臣名相。他尽心治国,廉洁奉公,因为功勋卓著,楚庄王屡次要对他进行封赏,可是孙叔敖都坚决推辞,不肯接受。说来令人难以置信,功勋如此卓著的国相,去世时连口棺材都没有。孙叔敖身后非常凄凉,他的家人在贫困中煎熬,过着衣不蔽体、食不果腹的生活。

楚庄王最喜欢的一个演员叫优孟,一天他有事外出,半道上遇见一个面黄肌瘦的小伙子,背着一捆柴草吃力地在山路上行走。他在无意中听说,那个小伙子就是孙叔敖的儿子。优孟大吃一惊,令尹大人的儿子竟然落到这个地步!以前光听说令尹大人一生廉洁,但绝没想到孙叔敖为官数十年,一点儿积蓄也没有。优孟又觉得楚王太薄情,对功臣的家人竟然没有一点儿照顾。

他找来孙叔敖穿过的衣服、戴过的帽子,练习模仿孙叔敖。练了整整一年,把孙叔敖走路的姿势,坐着的样子,说话的语气,都模仿得惟妙惟肖。

有一天,优孟假扮孙叔敖去见楚庄王。楚庄王见到他,大吃一惊,以为孙叔敖又活过来了,高兴地说:"哎呀,我好想你啊,你还来做楚国令尹吧!"只见假孙叔敖眉头皱了皱,说:"不是我不愿意做令尹,是我妻子不让我当令尹。"楚庄王有些奇怪,问道:"这是为什么?"假孙叔敖说:"做令尹一贫如洗,连家人都养不活。"

楚庄王听了这话,察觉出这是优孟在扮演孙叔敖。不过他还是被触动了,派人找到孙叔敖的儿子,对他进行封赏,使他的一家人衣食无忧。

有脚阳春

【释义】

阳春:温暖的春天,比喻德政、恩泽。长了脚的温暖春天。称赞为民造福的好官员。

【出处】

五代后周·王仁裕《开元天宝遗事·有脚阳春》:"宋璟爱民恤物,朝野归美,时人谓璟为有脚阳春,言所至之处,如阳春煦物也"

【故事】

宋璟,字广平,唐代著名的政治家。他少年时博学多才,十七岁便考中进士,从此步入仕途。他为官五十二年,为振兴大唐励精图治,与姚崇等大臣一起,把充满内忧外患的唐朝,改变成强盛的大唐帝国。

宋璟为官,时时想着百姓。唐中宗时,他曾任贝州(今河北邢台清河)刺史。他廉洁自律,尽力为百姓办事。经过一段时间的治理,那里的民风淳朴起来,家家户户都得以安居乐业。

唐玄宗时,宋璟曾任广州都督。那里的民房多用毛竹建成,容易引起火灾,宋璟教他们用砖瓦建房,火灾大大地减少了。

宋璟为官从来不为家人和亲属谋利。他担任宰相时,他的叔叔为"选人(候选官)",他叔叔为了能得到好的职位,向吏部官员说明了自己跟宋璟的关系。宋璟得知后立即关照吏部官员,不能给他叔叔授予官职。

由于他的口碑极好,得到朝野人士的一致尊重,就连宫中的太监也不例外。有个名叫王毛仲的宦官,深得唐玄宗欢心,他的干女儿要出嫁,唐玄宗问他还缺少什么,王毛仲说,有一个客人请不来。唐玄宗"哈哈"一笑,说:"请不来的一定是宋璟了。"

对于贪官污吏和昏庸官员,宋璟毫不留情。他为宰相时,不顾太平公主的反对,罢免昏庸官员数千人,因此得罪了太平公主,被贬为楚州(今江苏淮安)刺史。唐玄宗李隆基平定太平公主的叛乱后,他才得以重返京城。

当时,人们称宋璟为"有脚阳春",意思是他走到哪里,就把德政和恩泽带到哪里。

愚公谷

【释义】

笨老头居住的山谷。比喻隐者居住的地方,也比喻与世无争的地方。

【出处】

汉·刘向《说苑·政理》:"齐桓公出猎,逐鹿而走入山谷之中,见一老公而问之，曰：‘是为何谷？’对曰：‘为愚公之谷。’”

【故事】

有一次，齐桓公外出打猎，因追赶一头鹿而跑入山谷。他左看右看找不到那头鹿，只看到一位正在耕作的老人。

齐桓公问老人：“这里是什么地方？”老人回答道：“这里是愚公谷。”

齐桓公不禁感到奇怪，怎么会有这种怪名字的山谷？于是又问：“什么名字不好叫，为什么叫愚公谷？”老人不经意地说：“这个山谷是用我的名字命名的。”

齐桓公越发感到奇怪：“我看你并非愚人，为什么叫愚公？”老人回答道：“我原先养了一头母牛，母牛生下了一头小牛，小牛渐渐长大了，我就把它卖了，买了一匹小马。有个年轻人来到这里，要把小马抢走。我跟他争论起来，年轻人说：‘这马是你的吗？母牛能够生出小马驹来？’我可没得说了，眼睁睁地看着年轻人把马牵走。”

齐桓公“哦”了一声，说：“竟然有这样的事？”老人说：“可不是嘛，附近的邻居听说了这件事，一个个都说我太傻了，将我叫作‘愚公’，就把这山谷叫‘愚公谷’。”

齐桓公淡淡一笑，说道：“你为什么把马驹给了那个年轻人？你可真是够傻的。”

第二天上朝，齐桓公把这件事告诉了管仲。管仲听了，立即整了整衣服，向齐桓公拜了两拜，说：“要说愚蠢，是我管仲愚蠢。假使唐尧为国君，咎繇为法官，会有强取别人小马的人吗？如果有人遇见老人受到欺负，也一定会出手相助。那位老人知道现在官员断案不公，只好把小马给了那位年轻人，老人不是愚蠢，是聪明。这件事给了我很大的教训，我一定努力修明政治。”

孔子知道了这件事，对弟子们说：“你们一定要记住这件事！齐桓公是霸主，管仲是贤明的宰相，他们尚且把聪明当作愚蠢，更何况那些不如齐桓公和管仲的人呢！”

欲加之罪，何患无辞

【释义】

患：担心；辞：言辞，指借口。想给别人横加罪名，不愁找不到借口。

【出处】

《左传·僖公十年》："不有废也，君何以兴？欲加之罪，其无辞乎。"

【故事】

春秋时的晋献公，共有五个儿子：申生、重耳、夷吾、奚齐、卓子。当初，太子是长子申生。

晋献公的宠妃骊姬于心不甘，想立自己的儿子奚齐为太子。骊姬设计害死了太子申生，晋献公的另外两个儿子重耳、夷吾逃至国外避难，骊姬终于实现了自己的心愿，他的儿子奚齐成为晋国太子。晋献公的小儿子卓子是骊姬妹妹的儿子，仍然留在晋国。

晋献公去世以后，晋国又陷入了混乱。大夫里克立即发难，杀死了骊姬和十五岁的奚齐。当时晋献公尚未安葬，大夫荀息力主立晋献公的小儿子卓子为国君。里克又杀了卓子，逼死大夫荀息。

里克打算迎立公子重耳为国君，重耳知道国内政局不稳，回复道："父亲在世时我违命出逃，父亲去世后我没有尽孝，哪里还有脸回去做国君呢？"里克遭到重耳婉言谢绝，只好迎立重耳的弟弟夷吾为国君，他便是晋惠公。

晋惠公即位后，怕里克故伎重演，决心将他除掉。他派郤芮领兵包围里克家，让人对里克说："如果没有你，我就不能做国君。虽然如此，但是你杀掉了两个国君，逼死了一个大夫，做您的国君，实在是太难了！"

里克仰天长叹，绝望地说："不先废除原先的继位者，你怎么能当上国君？想给别人横加罪名，还怕找不到借口吗？"说完这懊悔话，里克便自刎而死。

鹬蚌相争，渔翁得利

【释义】

鹬：一种嘴细长的鸟，常在水边吃小鱼小虾、贝壳等。鹬鸟和大蚌争斗，相持不下，让渔翁把它们都捕获。比喻双方争斗不下，让第三者从中渔利。

【出处】

《战国策 · 燕策二》："蚌方出曝，而鹬啄其肉……渔者得而并禽之。"

鹬蚌相争，渔翁得利

【故事】

战国时，赵国为了扩张自己的势力，准备攻打燕国。燕王知道燕国不是赵国的对手，心里非常着急，请苏代到赵国去说情，希望赵国不要攻打燕国。

苏代见了赵王，没有直接说出自己的来意，先给赵王讲了个故事：

我这次前来路过易水，看见一只大蚌爬上岸，张开了扇甲，舒舒服服地在河岸上晒太阳。这时候，一只鹬鸟俯冲而下，一下子啄住了蚌的肉。大蚌大吃一惊，立即把扇甲合上，把鹬鸟的长嘴紧紧地夹住。它们各不相让，谁也不肯放开对方，结果，鹬鸟挣脱不了，大蚌也没有办法逃脱。

鹬鸟急了，威胁大蚌说："今天不下雨，明天不下雨，你就要活活地晒死在河滩上。"

大蚌不甘示弱，说："今天你的嘴拔不出来，明天你的嘴拔不出来，明天这里就有死鹬。"

这时候，一个渔夫正好路过，一下子把它们都抓住了。

讲完了这个故事，苏代对赵王说："赵国和燕国的力量差不多，打起来很难一下子决出胜负，长期打下去，老百姓受苦，国家遭受损失。我担心强秦趁着这个机会，像渔夫一样从中获取大利。”

赵王听了苏代的分析，吓出一身冷汗。对呀，现在主要的敌人是强秦，怎么能跟燕国去争斗呢？赵、燕相争，秦国一定会从中渔利！经过一番思量，赵王决定不去攻打燕国了。

云间陆士龙

【释义】

本为陆云向荀隐所做的自我介绍。后来比喻极有才华的人。

【出处】

南朝宋·刘义庆《世说新语·排调》：“陆举手曰：‘云间陆士龙。’荀答曰：‘日下荀鸣鹤。’”

【故事】

“云间陆士龙”“日下荀鸣鹤”是极有名的一段文坛佳话，也被很多人看作是我国最早的对联。这个故事的主人公是晋代的陆云和荀隐。

陆云，字士龙，是著名文学家陆机的弟弟，与哥哥陆机并称“二陆”，是当时文坛上响当当的人物；荀隐，字鸣鹤，也是一位极有才华的文人，当时名气也不小。

有一天，陆云在著名文学家、前辈张华家做客时，遇到了洛阳名士荀隐。二人之前不曾谋面，张华要他们互相自我介绍，介绍时不要用寻常俗语。

陆云拱手自报家门：“云间陆士龙。”荀隐一听，不禁心生敬意。古代“云间”为松江（今上海松江）的别称，说出了自己的籍贯，“陆士龙”是他的姓名，同时这句话又谐“云间露世龙”之音，这句自我介绍的话非同小可，不可小觑！

荀隐略一思索，答道：“日下荀鸣鹤。”陆云一听，暗暗叫绝。古代“日下”为京城的代称，说出了自己的籍贯，同时这句话又谐“日下寻名鹤”之音，真亏他想得出，难得！难得！

陆云又机敏地应接下去:“已经拨开云彩现青天,看见了白雉,为什么不张开你的弓,搭上你的箭?”

荀氏回答道:“我本来以为是威武的云龙,可原来是山野麋鹿;兽弱弓强,迟迟不敢放箭。”

张华听罢拊掌大笑,为二人的才华叫好。

庸人自扰

【释义】

庸:平庸。自扰:自找麻烦。指本来没事,自己找麻烦。

【出处】

《新唐书·陆象先传》:“天下本无事,庸人扰之为烦耳。”

【故事】

陆象先,唐朝宰相,苏州吴地人。睿宗时任宰相。初任扬州参军,景云二年(公元711年)拜相。

太平公主在朝中专权,想提拔自己的亲信崔湜为宰相。崔湜不好意思上任,他对太平公主说:“陆象先的名望最好,应该被提拔为宰相。如果他当不上,那我就辞职不干。”太平公主没有办法,就把陆象先和崔湜一起提名给皇帝,结果两人都当上了宰相。

唐玄宗后来革了陆象先的宰相职位,把他外放到益州,担任地方长官。陆象先为人宽厚,执政讲的是“仁恕”二字,从来不刻薄下属和百姓。他部下的司马韦抱真劝谏说:“大人应该用严厉的刑罚来树立威信,要不然,百姓们就会怠慢您,不畏惧您。”

陆象先笑了笑说:“为政,也就是按常规处理公务就可以了。难道非要用刑罚来树立威信吗?”他还是坚持自己那一套“仁恕”的原则,把四川一带治理得很好,百姓们都受到他的感化，形成了良好的社会风气。

后来，陆象先调任蒲州刺史兼按察史，仍然延续四川的执政风格。有一位小吏犯了罪，陆象先把他叫过来，批评教育了一通，就把他打发走了。这时候，一位“大吏”实在看不过眼，认为刺史太仁慈了，就劝谏道：“某某犯的罪，应该打板子了，大人怎么能放他走呢？”陆象先说：“人和人都是差不多的。你怕疼，他也怕疼，你有良心，他也有良心。难道他听不懂我的话？我批评了他半天，他应该会悔改的。如果非要用刑杖来教育人，那就从你开始。下回你犯了法，我先打一顿试试。”这位“大吏”红着脸退下了。

陆象先曾经讲过：“天下本无事，庸人扰之为烦耳。第澄其源，何忧不简邪？”也就是说：天下本来没有那么多是非，庸人们自己心里不安，就生出许多是非来了。如果能从心灵的源头上开始清理，那天下的事就简单多了。陆象先这种工作作风，很受下属和百姓的喜爱。他活了七十二岁，晚年官至太子少保。

英雄无用武之地

【释义】

形容有本领而无处施展。

【出处】

《资治通鉴·汉纪·献帝建安十三年》：“英雄无用武之地，故豫州遁逃至此。”

【故事】

东汉末年，曹操在打败袁绍之后，率领大军南征荆州。这时候，荆州牧刘表刚刚去世，他的两个儿子起内讧，争夺荆州的统治权。最后，还是小儿子刘琮继承了他的职位。刘琮年幼无知，被曹操吓破了胆，准备开城投降。

这时，刘备驻守在襄阳附近的樊城，在和曹操的先头部队的交锋中吃了亏，打了败仗。只好率领部下向南撤退，准备退入城中和刘琮一起抗敌。但是刘备在刘表的两个儿子的争斗中，是支持大儿子刘琦的，因此，撤军时，刘琮命令紧闭城门，不放刘备进来。诸葛亮这时劝说刘备趁机攻占襄阳，然后利用威望联合军民抗击曹操。

刘备并没有听从诸葛亮的意见，而是命令继续南下，朝江陵方向撤退，投靠驻守在江陵的刘琦。在行军的途中，刘备的队伍不断收留逃难的平民，整个队伍迅速膨胀，行动非常缓慢。尽管每天只能行进数十里，刘备仍然跟随整个部队行进，没有抛弃尾随自己的民众。然而，曹操的军队却越来越近了，情势已经处在非常危险的境地了。

曹军势如破竹，一路杀到了襄阳，刘琮果然开城门投降。曹操了解到刘备已率众南下，便派五千骑兵追击。不出几日，就在当阳的长坂坡追上了刘备的队伍。这支混杂的队伍，当然不是曹操骑兵的对手。刘备、诸葛亮等少数人突围而出，退到了樊口。

这时候，曹操的大军已经从江陵顺江东下。诸葛亮对刘备说："现在情势危急，还是让我去向孙将军求援吧。"孙将军就是东吴的孙权。刘备同意诸葛亮的意见，让他去见孙权。

此时，孙权正率军驻扎在柴桑坐山观虎斗。诸葛亮见到他后劝说道："当今天下大乱，将军占据了江东，刘将军也在汉水之南招募队伍，和曹操争夺天下。现在，曹操平定北方后，又攻下荆州，威镇四海。而刘将军这样的英雄也无所用武，所以退到这里。"

接着，诸葛亮故意激孙权道："希望孙将军掂量一下自己的实力：如果能以江东和曹操对抗，那就应该趁早跟曹操断绝关系；如果不能，那为什么不向曹操投降呢？现在孙将军表面上服从曹操，内心却犹豫不决。一个人在紧急关头不能当机立断，大祸临头的日子恐怕也就不远啦！"

孙权听了很恼火，反问道："既然如此，刘将军为什么不投降曹操呢？"

诸葛亮回答道："刘备是王室的后代，他的英雄才气盖世无双，天下人都敬慕他，他怎肯投降曹操呢？"孙权后来果然被诸葛亮说服，于是他和刘备结盟共同抗击曹操。最后，孙刘联军在赤壁之战中打败曹操，形成了天下三足鼎立的局势。

以貌取人

【释义】

以外貌来衡量人的才干。

【出处】

《史记·仲尼弟子列传》:“吾以言取人,失之宰予;以貌取人,失之子羽。”

【故事】

在孔子的众多弟子中,有个名叫宰予。他能言善辩,思想活跃,好学深思,善于提问,深得孔子的喜爱。宰予喜欢偷懒,白天上课睡觉,被孔子发现了,就责备他:“腐烂的木头不堪雕刻,粪土的墙壁不堪涂抹!对于宰予这个人,还有什么好责备的呢?”孔子说:“起初我对于人,是听了他说的话便相信了他的行为;现在我对于人,听了他讲的话还要观察他的行为。在宰予这里,我改变了观察人的方法。”

孔子对学生要求严格,特别是有关品行的方面,更是重视。有一次,宰予问孔子:“一个人死了父母以后要求守孝三年,这时间是不是过长了。君子三年不学习礼仪,礼仪一定会遭到破坏的;三年不联系音乐,音乐也肯定会溃散的。依我之见,守孝的时间一年也就够了。”孔子反问:“父母去世一年以后就一切恢复正常,你能心安理得吗?”宰予说:“能。”孔子说:“你要是能心安就那样做。君子在为父母守孝的时候,即使吃美食也不会觉得甘美,听音乐也不会觉得悦耳,所以才不忍心那样做啊。”宰予退出去。孔子说:“宰予实在太不仁义了,小孩子生下来三年后才开始能稍微离开父母的怀抱,所以子女为父母守孝三年是天下共同遵循的道理呀。”

孔子另一个弟子名叫澹台灭明,他字子羽,比孔子小四十九岁,他为人正直,其貌不扬。

孔子第一次见到他的时候,认为子羽能力浅薄,资质低下,并不看好他。子游做武城宰时,孔子问子游:“你那里得到什么人才了吗?”子游说:“有个叫澹台灭明的人，做事从来不走捷径、投机取巧；如果没有公事，他从不到我屋子里来。”后来子羽游历到长江，跟随他的弟子有三百人。他有一套教学管理制度，颇有影响，是当时儒家在南方有影响力的学派，他的才干和品德传遍了各诸侯国。

孔子听说了这件事，感慨地说：“我只凭言辞判断人的品质能力的好坏，结果对宰予的判断就错了；我只凭相貌判断人品质能力的好坏，结果对子羽的判断又错了！”

以卵击石

【释义】

拿蛋去碰石头。比喻不估计自己的力量，自取灭亡。

【出处】

《荀子·议兵》：“经桀作尧，譬之若以卵投石，以指绕沸。”

【故事】

荀子是我国战国时期著名的思想家、文学家、政治家，儒家代表人物，被人尊称“荀卿”。他早年去齐国游学，因学识渊博，曾三次担任齐国稷下学宫的祭酒一职。之后，受秦昭王的聘请，往西去秦国游学。后来又返回赵国，和临武君在赵孝成王面前谈论军事，他认为用兵的根本在于百姓。后来受到楚国春申君的任用，担任兰陵县令。晚年从事教育和著书。

有一次，荀子与临武君在赵国国君孝成王面前辩论用兵之道。赵孝成王说：“请问什么是用兵的要领？”

临武君回答说：“上得天时，下得地利，观察敌人的变化行动，比敌人后发兵而先到达，这就是用兵的要领。”

荀子说：“不是这样的。我听说古人用兵的道理是，用兵攻占的根本在于统一百姓。弓和箭不协调，就是善于射箭的后羿也不能射中目标，六匹马不协力一致，即便是擅长驾车的造父也无法驾驭马车到达远方；士人与百姓不亲近而是依附国君，即使是商汤、周武王也不能一定得胜。因此，善于使百姓归附的人，才是善于用兵的人。所以用兵的要领在于使百姓依附而已。”

临武君不以为然，说：“并非如此。用兵所重视的是形势要有利，行动要讲究诡诈多变。善于用兵的人，行事神秘，没有人能预料他会从哪里出动。孙武、吴用这种战术，无敌于天下，难道一定要依靠百姓的归附吗？”

荀况不同意他的观点，说：“不对。我所说的是仁人的用兵之道和统治天下的帝王的志向，您所看重的是权术计谋、形势利害。但是仁人用的兵，是不能欺诈的。能够施用欺骗之术对付的，是那些骄傲轻慢、疲惫衰弱的军队，以及君与臣、上级与下级之间不和，相互离心的军队。因此用夏桀的诈术对付夏桀，还有可能成功。而用夏桀的欺骗之术去欺诈尧，就如同拿鸡蛋砸石头，把手指伸进滚水中搅动，如同投身到水火之中，不是被烧焦，便是被淹死。”

以一当十

【释义】

当：当作，抵挡。多形容军队勇敢善战，战士英勇无比，一个人可以抵挡十个人。也可形容工作能力强或工作方法好。

【出处】

《战国策·齐策》：“一而当十，十而当百，百而当千。”《史记·项羽本纪》：“楚战士无不一以当十，楚兵呼声动天，诸侯军无不人人惴恐。”

【故事】

秦朝末年，秦王派大将章邯率领秦兵渡过黄河往北进攻赵国，大败赵军。当时赵歇为王，陈余担任大将，张耳担任国相，他们都逃进钜鹿城。章邯命令部下包围了钜鹿，军队驻扎在巨鹿南边。陈余率领几万士兵驻扎在巨鹿北边。

楚怀王任命宋义为上将军，项羽为次将，范增为末将，前去救援赵国。宋义率军抵达安阳，停留四十六天不前进。宋义不体恤士兵，却派自己的儿子去齐国为相，谋取私利。项羽前去宋义营帐，斩下他的头。楚怀王无奈，任命项羽为上将军。

陈余派人请求增援。项羽就率领全部军队渡过漳河，把船只全部弄沉，把锅碗全部砸破，把军营全部烧毁，只带上三天的干粮，以此向士兵表示一定要决一死战，毫无退还之心。项羽部队到达前线，就遭遇秦军，交战多次后大败秦军。这时，楚军强大，居诸侯之首，前来援救钜鹿城的诸侯各军筑有十几座营垒，没有一个敢发兵出战。等到楚军攻击秦军时，他们只在营垒中观战。楚军战士无不以一当十，士兵们杀声震天，诸侯军人人战栗胆寒。

项羽率领楚军破釜沉舟，一举击败二十万秦军，使得秦军遭受重创。通过这次战役，项羽名声大振，确立了在各路起义军中的领导地位。

蝇营狗苟

【释义】

像苍蝇那样追逐脏东西，像狗一样摇尾乞怜，苟且偷安。形容没有廉耻的人物的卑劣行为。

【出处】

《送穷文》："蝇营狗苟，驱去复返。"

【故事】

《诗经》是我国最早的一部诗歌总集，收录了从西周末年到春秋时期的诗歌三百零五篇，是我国现实主义诗风的伟大源头。在《诗经》里有一首题为《青蝇》的诗，共三节，每节都以"营营青蝇……"起句。第一节的四句原文是："营营青蝇，止于樊。恺悌君子，无信谗言。"大意是说：

绿头苍蝇真正讨厌，把它赶出篱笆外面。

和善明理的正派人,决不听信挑拨离间。

营营,形容往来频繁之状;青蝇,即绿头苍蝇,是蝇类中最惹人厌恶的;樊,义同藩,即篱笆;恺悌,兄弟般和睦的意思。这首诗,是用来讽刺昏君和谗臣的,诗人把搬弄是非、颠倒黑白的小人比作青蝇。从前,人们形容贪贿舞弊、争逐微利的卑劣人物时称之为“蝇营”,说他们好比往来营营的青蝇一般,讨厌之至。

唐代著名的文学家韩愈在他的《送穷文》中说:“蝇营狗苟,驱去复返。”他在“蝇营”二字之后,添了“狗苟”二字。狗,是苟且、贪婪、善于偷偷摸摸的牲畜,用来和讨厌的青蝇并列,是很恰当的。而且“蝇营”二字同音,“狗苟”二字也同音,这句成语,在字面上组合得相当巧妙,从此这成语就流传了下来。

栩栩如生

【释义】

栩栩:生动活泼。比喻形象生动逼真,就像活的一样。

【出处】

《庄子·齐物论》:“昔者庄周梦为胡蝶,栩栩然胡蝶也,自喻适志与!不知周也。俄然觉,则苲苲然周也。”

【故事】

庄子是道家学派的代表人物,是老子思想的继承者和发展者,先秦庄子学派的创始人。后世将他与老子并称为“老庄”,他们的哲学为“老庄哲学”。

庄子曾做过漆园吏,生活贫穷困顿,力图在乱世保持独立的人格,追求逍遥的精神自由。《庄子》一书想象力丰富,文笔变化多端,具有浓厚的浪漫主义色彩。内容采用寓言故事形式,富有幽默讽刺的意味,对后世文学语言有很大影响。《汉书艺文志》著录《庄子》五十二篇,但留下来的只有三十三篇。分为:外篇、内篇、杂篇。其中内篇七篇,一般定为庄子著;外篇杂篇可能掺杂有他的门人和后来道家的作品。

庄子善于运用寓言来说明自己的观点和阐释的道理。在《庄子·齐物论》中，庄子讲述了一个叫“庄生梦蝶”的寓言故事：

一天夜里，庄子很早就睡下了，刚睡下不久，庄子梦见自己变成了一只蝴蝶。这是一只欣然自得、轻快舒畅的蝴蝶，觉得很称心如意。这时，他已经完全忘记了自己是庄周。

过了一会儿，庄周从梦境中醒了过来，惊喜不已。他于是开始思考，到底是庄周梦见自己变成了蝴蝶，还是蝴蝶梦见自己变成了庄周。最终他自己也没有找到答案。

庄子讲这个寓言的目的是想告诉人们：天下万事万物的关系和差别都是相对的，很多时候我们很难确认我们自己的位置和坐标。

揠苗助长

【释义】

也作“拔苗助长”，原意是指把苗拔起，以助其生长，后用来比喻违反事物的发展规律，急于求成，反而坏事。

【出处】

《孟子·公孙丑上》：“宋人有闵其苗之不长而揠之者，芒芒然归。谓其人曰：‘今日病矣，予助苗长矣。’其子趋而往视之，苗则槁矣。”

【故事】

从前，宋国有个农夫，每天跑到

揠苗助长

田边去看他种的禾苗，总嫌它们长得缓慢。一天，他又去了田里，觉得禾苗还是没有长，就想："既然禾苗自己长不快，我何不帮助它们呢？"想到这里，他立刻卷起裤脚下了田地，把每棵禾苗都拔高了一截。直到太阳快落山，他才拖着疲惫的身体走回家。

一进门，他便喜滋滋地对家里人说："我今天虽然很累，但是很值得，因为我帮助禾苗长高了很多。"

他的儿子听了他的话感到很奇怪，问清原委后赶紧跑到田地里去看，发现禾苗都已经枯死了。

迎刃而解

【释义】

刃：刀口。原意是说，劈竹子时，头上几节一破开，下面的顺着刀口自己就裂开了。比喻处理事情、解决问题很顺利。

【出处】

《晋书·杜预传》："今兵威已振，譬如破竹，数节之后，皆迎刃而解。"

【故事】

杜预，字元凯，是西晋时期著名的政治家、军事家和学者。他从小就博学多闻、学识渊博、见多识广。他曾担任过文官，也担任过武将。他总是能够提出一些建国安邦的好政策，也精通军事，屡建军功，他的才能得到了晋武帝的赏识。公元207年，晋武帝起用他出任镇南大将军，镇守边关。

杜预到达荆州后，发现自陆抗死后，吴主孙皓逐渐削减了这里的兵力，他遂向晋武帝司马炎请战讨伐吴国。这时，驻守在扬州前线的晋军主帅王浑上表声称孙吴要发倾国之兵攻打晋朝，反对派也趁机上报武帝说吴国建国多年，实力不容小觑，不可能一下子将其打垮。更何况，现在正值酷暑，疾病、瘟疫容易流行。而且连下暴雨，河水泛滥，对大部队作战非常不利。因此，他们建议暂停收兵，等到明年冬天再集中兵力攻打。

杜预得知晋武帝要变卦，非常着急。他再次上书，陈述自己的见解。他说道："我军连连告捷，军威大振，而现在吴国的兵力相当紧张，只能集中力量保住夏口以东，连西线也无力增援。以我们这种斗志旺盛的军队去进攻连吃败仗、士气低落的吴军，继续打下去，其形势就像用利刀破竹子一样，前面几节破了之后，后几节只要刀刃一进，无须用力，竹子就顺势自然破开。所以，我们应该乘胜追击，不给吴国喘息的机会。"

公元280年，杜预调兵遣将，出动兵力，利用计谋，很快就占领了长江上游的很多城池，共斩杀、俘虏了孙吴都督、监军一类的高级官吏十四人，牙门、郡守一类的中级官吏多达一百二十人。

后来，西晋在这次灭吴大战中取得了绝对的胜利。最后，吴国灭亡。

饮鸩止渴

【释义】

鸩：传说中的毒鸟，用它的羽毛浸的酒喝了能毒死人。喝毒酒解渴。比喻用错误的办法来解决眼前的困难而不顾严重后果。

【出处】

《后汉书·霍谞传》："譬犹疗饥于附子，止渴于鸩毒，未入肠胃，已绝咽喉。"

【故事】

霍谞，东汉魏郡邺人，少年的时候发奋读书，精通四书五经，周围的人都称呼他为神童，长大后曾做过廷尉。

霍谞有个舅舅名叫宋光，在郡里当官。由于他秉公执法，得罪了一些权贵，有人就在大将军梁商的前面去告状，诬陷宋光私自删改朝廷的诏书，宋光因此被押到了京城洛阳，关进了监狱。

当时霍谞只有十五岁，但是他各方面都已经比较成熟了，因为经常和舅舅在一起，所以霍谞对于舅舅的为人一清二楚，知道他肯定不会干这种违法犯罪、弄虚作假的事。于是，霍谞就在想怎么才能为舅舅申冤，最后，霍谞给大将军梁商写了一封信，为宋光辩白。他在信中这样写道：

"宋光作为州郡的长官，一向奉公守法，得到朝廷的重用，怎么会触犯死罪篡改诏书呢？这好比为了充饥而去吃附子，为了解渴而去饮鸩酒。如果这样的话，还没有等东西进入肠胃，到了咽喉处人就已经断气了，他怎么可能这样做呢？"

梁商看到这封信后，觉得霍谞说得非常有道理，就把这封信呈给了皇上，并请求顺帝宽恕宋光。没过几天，宋光便被无罪释放了。

从那之后，霍谞的名声便迅速地传遍了整个洛阳城。

辕门射戟

【释义】

辕门，即营门。戟：古代的一种兵器。在营门口用箭射戟。形容非凡的射箭技术，并含有示威的意思。

【出处】

《三国志·吕布传》，吕布为了阻止袁术击灭刘备所使的计谋。后来罗贯中将这个典故改编为脍炙人口的"吕奉先射戟辕门"，也就是《三国演义》第十六回，三国名将吕布以他精湛的箭法平息了一场战争。

【故事】

三国时期，袁术派大将纪灵率三万人马，攻打驻扎在小沛的刘备。刘备这时候就向盘踞徐州的吕布求救。吕布连忙派兵火速救援刘备。他把军队驻扎在小沛城外，阻拦纪灵攻城。

吕布扎营以后，就分头请刘备和纪灵到他大营里来参加宴会。刘备、纪灵赶到吕布的大营，相互见了面，都吓了一跳，他们不知道吕布这样做葫芦里到底是卖的什么药，也不敢随便问，只得坐下饮酒。

酒过三巡，吕布对纪灵说："刘备是我的兄弟，现在被诸位将军围困，所以我前来相救。我平生不喜欢大家打来打去，只喜欢从中调解。不知道将军答应不答应？"吕布的英勇是天下共知的，纪灵也不好说什么，更不敢跟吕布交手。

吕布看见纪灵不说话，就接着说："将军不说话，就算答应了。我也不为难将军，就看天意怎么样？如果天意让诸位退兵，就请您退兵吧！"

于是，吕布让手下拿一支长戟，远远插在营门外告诉他们，说："大家看我射戟，如果我一箭射中戟上小支，那就是天意，你们两家就都罢兵回去。如果不中，你们就可以准备决斗了，我也不管了。"

吕布说罢，举起弓来，搭上了箭，用手一拉，叫了一声"着"，只听到"飕"的一声，那支箭朝着画戟飞去，不偏不倚，正射中了戟上的小支。旁边的将士见了，都齐声喝彩，说："将军神勇！"

纪灵以前只是听说吕布厉害，今天算是亲自见识了吕布高强的本领，不敢再战，只得收兵回去了。

偃旗息鼓

【释义】

偃：仰卧，引申为倒下。放倒旗子，停止敲鼓。原指行军时隐蔽行踪，不让敌人觉察。现比喻事情终止或声势减弱。

【出处】

《三国志·蜀书·赵云传》裴松之注引《赵云别传》："而云入营，更大开门，偃旗息鼓。公军疑云有伏兵，引去。"

【故事】

三国时，刘备与曹操争夺战略要地汉中。两军对垒，曹操的大将夏侯渊被刘备的老将黄忠杀死了。曹操得知消息，十分愤怒，就亲自率领大军前来进攻汉中。进军的同时，他先派士兵在北山寨中修建粮库，然后派人运送粮草囤积在那里，作为部队的军粮。

刘备和诸葛亮得到消息，就派黄忠和赵云一起领兵去烧曹操的粮草。黄忠和赵云扎下营寨，约定第二天一早由黄忠领兵偷偷过去烧曹操的粮库，并约好了回营的时间。

黄忠领兵到了曹营，正要放火烧粮，不料被曹军发现，双方厮打起来。曹军人多，黄忠他们怎么也脱不了身。到了约定的时间，赵云见黄忠还没有回来，就带了几十名精兵前去接应。走到半路，正碰上曹操带领大军杀来，赵云就同他们打了起来。赵云武艺高强，在曹军中左冲右突，杀死了不少曹兵。可是曹操的人马太多，把赵云围住了，赵云根本就冲不过去。赵云没有办法，只好回身杀出重围，回到自己的营寨。守营的将士见赵云他们回来了，得知曹操领着大军在后面追来，就要关上寨门坚守。赵云说:“不行，曹操人太多，我们硬守是守不住的，我们不如用计吓退他们。”

于是，赵云命令把营门打开，让士兵们埋伏在壕沟里，把旗帜全部放下，也不要敲击战鼓，自己则单枪匹马，站在营寨门口等着。

曹操领着大军一到，他看到蜀军的营寨里毫无动静，只有赵云镇定自若地站在那里。曹操的疑心是很重的，他看见赵云淡定的样子就开始怀疑蜀军有埋伏。于是他没有进攻，反而命令部队马上后撤。他的军队刚一后撤，赵云就一声令下，整个蜀军军营中战鼓齐鸣，埋伏在壕沟中的士兵们纷纷向曹军射箭，射死了不少曹兵。

曹操以为真的中了蜀国大军的埋伏，不知道蜀军到底有多少人，吓得乱了阵脚。所谓军败如山倒，曹军一旦队形乱了，就再也控制不住了。自己人争相逃跑，相互践踏，伤亡惨重，最后大败而回。

刘备知道这件事后，高兴万分，夸赞赵子龙有勇有谋，浑身是胆。

颐指气使

【释义】

颐指:动下巴示意，指挥别人。气使:用神情气色支使人。不说话而用面部表情和神色示意。形容有权势的人指挥别人的傲慢态度。

【出处】

《资治通鉴·唐纪·昭宣帝天祐二年》:“见朝士,皆颐指气使,旁若无人。”

【故事】

唐朝宣武节度使朱温因镇压黄巢起义而名闻天下。公元900年,宦官刘季述乘昭宗大醉之时发动政变,立太子李裕为帝而废黜了昭帝。他派人去联络朱温来支持他,以便控制朝局。朱温的谋士李振诡计多端,他建议朱温何不趁机以勤王为名消灭宦官,独揽大权。朱温采纳了李振的意见,派他去京城长安联络宰相崔胤共谋大事。崔胤答应后便调兵冲进宫中杀了刘季述,恢复了昭宗的帝位。朱温因功被封为梁王,从此对李振青眼有加,更加信任他。

公元904年,朱温又杀了崔胤并胁迫昭宗迁都洛阳,从此昭宗便成了傀儡天子。李振作为朱温的心腹亲信,常被派去洛阳窥察昭宗和其他大臣的动静。李振仗着朱温的权势,趾高气扬,目空一切。他经常用动动下巴和盛气凌人的态度去指使别人,遇到不顺眼的就训斥。每次他到洛阳,总要把自己看不顺眼的人贬掉几个。因此,朝臣们在背后都称他为“鸱枭”(猫头鹰)。

后来,朱温又动手把昭宗杀了,另立了一个十三岁的孩子做傀儡,就是昭宣帝。至于如何处置唐王朝的大臣,朱温手下的谋臣对朱温说:“你要干大事,这批人最难对付,不如把他们统统赶走。”李振,因为考进士没考上,更加痛恨朝臣。他跟朱温说:“这批人平时自命清高,把自己称作‘清流’,应该把他们扔到浊流里去。”朱温依了他的话,在一个深夜,把三十几名朝臣全部集中起来杀掉,扔到了黄河里。

公元907年,朱温废了唐昭宣帝,自立为帝,改国号为梁,建都汴(今河南开封),封为他出过大力的李振为户部尚书。17年后,后唐灭掉后梁以后把李振满门抄斩,也算是恶人有恶报。

掩耳盗铃

【释义】

指掩着自己的耳朵去偷盗铃铛,比喻自欺欺人。

【出处】

秦·吕不韦《吕氏春秋·自知》:“范氏之亡也,百姓有得钟者,欲负而走。则钟大不可负,以椎毁之,钟况然有音。恐人闻之而夺已也,遽其耳。”

【故事】

春秋时期,有个非常爱占便宜的人。有一天,他在范吉射家门前见到一口大钟,就想把它偷偷背走。但钟实在太重了,他根本背不动。他想来想去,想到了一个好办法,就是把钟敲碎,然后再分次拿走。于是,这人趁着夜晚人们都熟睡以后,拿把大铁锤,去敲那口钟。刚敲上去,就听到“嗡”的一声,大钟发出洪亮而深沉的声音,把他吓了一跳。他想:“钟声响起来,就会有人出来看,肯定看到我在这里偷钟,一定会把我抓走的。”于是,他自作聪明地用东西捂住自己的耳朵,他以为自己离得那么近都听不到钟声,别人肯定更听不到,这样就可以随便敲钟,把它偷走了。于是,他开始使劲不停地敲钟,把大家都惊醒了。大家跑出来,看见他的行为觉得很奇怪。范吉射过来问他:“你在干什么?”他奇怪地问道:“我都捂住了耳朵,你们怎么听到的呢?”这个愚蠢的人到现在还没明白,虽然自己的耳朵听不到钟声,但是别人依然会听到的。

叶公好龙

【释义】

指表面上爱好某事物,实际上并不真正爱好。

【出处】

西汉·刘向《新序·杂事》:“叶公子高好龙……是叶公非好龙也,好夫似龙而非龙者也。”

【故事】

叶公好龙

春秋时期，有位受封于叶地的楚国贵族，自称“叶公”。叶公非常喜欢龙，身上佩戴的钩剑、凿刀等武器上都刻有龙，家中的墙壁、门窗及梁柱上也雕刻了各种各样的龙，连吃饭的碗筷、睡觉的被褥上都画着龙。

叶公喜欢龙的名声传遍了各地，连天上的真龙也听说了，决定亲自到人间拜访他表示感谢。

有一天，叶公在午睡。忽然天上乌云密布，雷声轰鸣，把他惊醒了。他正要去关窗，只见一条神龙从天而降，龙头伸进窗户，尾巴甩到厅堂上。叶公顿时吓得魂飞魄散，昏倒在地上。神龙这才知道，原来叶公并不喜欢真龙，他喜欢的不过是那些画上的龙而已，于是便扫兴地回到天上去了。

余音绕梁

【释义】

指留下的音乐好像还在屋梁间回旋，形容歌声优美，令人难忘。

【出处】

《列子·汤问》：“昔韩娥东之齐，匮粮，过雍门，鬻歌假食。既去，而余音绕梁欐，三日不绝。”

【故事】

春秋战国时期，韩国有位善歌者叫韩娥。有一次，她经过齐国时，因为路费用尽，不得已在雍门卖唱。她的歌声清脆嘹亮，婉转悠扬，听过的人都印象深刻。据说，等韩娥走后三天，听众还仿佛听见美妙歌声在屋梁间缭绕飘荡。

缘木求鱼

【释义】

爬上树去找鱼。比喻行事的方向、方法不对,必将劳而无功。

【出处】

《孟子·梁惠王上》:“以若所为求若所欲,犹缘木而求鱼也……缘木求鱼,虽不得鱼,无后灾。以若所为求若所欲,尽心力而为之,后必有灾。”

【故事】

春秋时期,孟子与齐宣王一起谈治国之道。齐宣王告诉孟子,他想发动一次战争,以达到称霸诸侯的目的。

孟子劝阻他说:“难道大王一定要动员全国的军队,让将士冒着生命危险,使齐国跟各诸侯结怨,这样您的心里才能痛快吗?”齐宣王坦率地回答说:“我不过是为了满足自己最大的愿望罢了。”

孟子问他的愿望是什么?他笑而不答。孟子便用排除法提问,让他一一回答问题。最后,孟子一针见血地指出:“您最大的愿望就是扩张领土,使秦、楚这样的大国都来向您朝贡,做全天下的霸主,同时安抚周边落后的外族。”

接着,孟子又劝阻齐宣王说:“如果用发动战争的做法来满足您这样的愿望,就好像爬到树上去捉鱼一样,根本不可能实现,而且这种做法要比上树捉鱼更危险。因为,在树上捉不到鱼并不会有什么麻烦,而尽全力去满足您这种愿望,将来一定会导致祸患。”

约法三章

【释义】

泛指订立简单的条款，以资遵守。

【出处】

汉·司马迁《史记·高祖本纪》："与父老约法三章耳：杀人者死，伤人及盗抵罪。"

【故事】

汉楚争霸时期，刘邦攻入了秦国的国都咸阳。他本想在秦宫休息，但大臣樊哙和张良都劝谏他不要这样做，以免失掉人心。于是刘邦下令将秦宫的贵重财物封好，率军在霸上驻扎。

为了进一步获得众人的信任，刘邦召集各县豪杰，对他们说道："各位父老乡亲受秦朝苛刻法律的苦太久了，诽谤朝政的灭族，聚集一起谈论的要弃市。我与各诸侯约定，先攻入咸阳的人可以称王，现在我应当在关中称王，所以我与众父老乡亲约法三章：杀人者死，伤人或者偷盗的人抵罪。其他的秦朝法令全部废除！"接着，刘邦又派使者去各县各乡传达约法三章。百姓们听后，都热烈拥护刘邦，争着向汉军馈赠酒肉。刘邦又下令，严禁军士接受百姓的赠物，这样就使百姓们更加信任他，唯恐他不在关中称王。

月下老人

【释义】

原指掌管婚姻的神仙。后泛指媒人，简称"月老"，亦作"月下老儿""月下老"。

【出处】

唐·李复言《续幽怪录·定婚店》："杜陵韦固，少孤。思早娶妇，多歧，求婚不成……宋城宰闻之，题其店曰‘定婚店’。”

【故事】

唐朝的时候，一个名叫韦固的人到宋城去旅行，他在街上闲逛时，看到月光之下坐着一位老人正翻着一本又大又厚的书，他的身边还放着一个装满了红色绳子的大布袋。韦固很好奇，就问他说：“老伯伯，请问你在看什么书呀！”那老人回答说：“这是记载天下男女婚姻的书。”韦固又问：“那些红绳子又是做什么用的呢？”老人微笑着对韦固说：“这些红绳是用来系夫妻的脚的，我只要用这些红绳系在他们的脚上，他们就会结成夫妻。”韦固听了并不相信，就跟着老人，想看个明白。

到了米市，他们看见一个盲妇抱着一个三岁左右的小女孩迎面走过来，老人便对韦固说：“这盲妇手里抱的小女孩是你将来的妻子。”韦固听了很生气，以为老人故意开他玩笑，就叫家奴去把那小女孩杀掉，看他将来还会不会成为自己的妻子。家奴跑上前去，刺了女孩一刀以后，就跑了。

转眼十四年过去了，这时韦固即将结婚，对方是相州刺史王泰的女儿，人长得很漂亮，只是眉间有一道疤痕。韦固觉得非常奇怪，便问他的岳父说：“为什么她的眉间有疤痕呢？”相州刺史听了以后便说：“十四年前在宋城时，有一天保姆抱着她从米市走过，有一个人竟然无缘无故地刺了她一刀，幸好没有生命危险，只留下这道伤疤。”韦固想起了十四年前的事，这才明白月下老人的话并不是开玩笑。

不久，这件事传到宋城，当地的人为了纪念月下老人的出现，就把南店改为“订婚店”。

由于这个故事的流传，使得大家相信：男女结合是由月下老人系红绳加以撮合的。所以，后人就把媒人叫作“月下老人”，简称为“月老”。

以小人之心，度君子之腹

【释义】

小人，指道德品质不好的人；度，表示推测；君子，品行高尚的人。拿卑劣的想法,去推测正派人的心思。

【出处】

春秋鲁·左丘明《左传·昭公二十八年》:“愿以小人之腹,为君子之心。”

【故事】

春秋时,梗阳(今山西清源县)有一桩案件,被告担心输掉官司,打算对魏舒行贿,请他帮忙将官司打赢,魏舒“将许之”。

阎明与叔褒得知这消息后,商定一起劝阻魏舒。阎明说:“魏大人向来清廉,美誉传遍全国。如果这次接受了贿赂,他的声名将毁于一旦,此事万不可为。”说罢,二人一同去拜见魏舒。

他们到魏府时,魏舒正在进餐,见二人来访,便邀请他们一起用饭。席间,阎明以三声叹息引起了魏舒的注意。魏舒说:“人们常说,吃饭能够忘忧,可你为何三次叹气呢?”阎明见时机已到,便深沉地说:“我是小人啊,心太贪!眼前有这么多的美食,可我仍担心不够吃,此为一叹;吃的时候我又检讨自己,‘主人的赐食怎么可能不够?我有什么可顾虑的!’此为二叹;现在主人进食完毕,我也该量腹而食,适可而止。正如君子那样,不该有贪求之心。此为三叹。”魏舒听了这番话,明白了阎、叔的苦心。于是,他辞绝了被告的行贿。

阎明所语原作“以小人之腹,为君子之心”。后经改造,最终定型为“以小人之心,度君子之腹”。

以古非今

【释义】

“非”即非难、否定。表示用古代的人或事来否定攻击今天的现实。

【出处】

西汉·司马迁《史记·秦始皇本纪》:“有敢偶语《诗》《书》者弃市,以古非今者族。吏见知不举者与同罪。”

【故事】

公元前213年,秦始皇在咸阳宫摆设酒席,庆贺自己寿辰,六十位博士前来拜寿。

酒宴开始以后,丞相李斯说:“五帝的制度不是一代重复一代,夏、商、周的制度也不是一代传给一代,可都凭着各自的制度治理好了。这并非他们故意彼此不一样,而是由于时代变了,情况不同了。如今天下已定,法令出自陛下一人,百姓应当致力于农工生产,读书人应当学习法令。现在读书人不学现在的而效法古代的,以古非今(用古法来诽谤当朝),这就是扰乱民心。为此,我请求陛下让吏官把不是秦国的书籍全部焚毁。除博士官署所掌握的之外,天下有收藏《诗》《书》、诸子百家著作的,全部送到地方官那里去一起烧掉。如果人们在一块谈论《诗》《书》,就要处以死刑;用古代的人来否定攻击今天的,就满门抄斩。官吏如果知道而不举报的,就要受同样的处罚。从今往后三十天内仍不烧书的,要判以重刑。所不取缔的是医药、占卜、种植之类的书。如果有人想要学习法令,可以拜官吏为师。”

秦始皇赞成李斯的建议,因此就下了“焚书坑儒”的诏书。

以讹传讹

【释义】

讹,错误。把本来就不正确的话又错误地传出去,结果越传越错。

【出处】

出自宋·王柏《默成定武兰亭记》。

【故事】

从前,楚国有一个善捉飞禽的猎户挑着一只山鸡进城去卖。一个过路人看那山鸡的羽毛十分漂亮,误以为是凤凰,于是出二千金的高价买下了那只山鸡。过路人心想,凤凰是世界上的珍禽,自古以来表示祥瑞,把它献给楚王,楚王一定很高兴。谁知第二天那只山鸡却死了，过路人非常遗憾没能把活“凤凰”献给楚王。

不久，这件事传遍了京城，人们都以为那只卖得贵的山鸡真是凤凰，确实应该献给楚王。这件事最后传到了楚王那里，为了感谢忠诚的过路人，楚王赏赐给了过路人远远超过买山鸡的钱。

以身试法

【释义】

以自己的行为来试法律的威力，指明知法律的规定而还要去做触犯法律的事。

【出处】

东汉·班固《汉书·王尊传》：“太守以今日至府，愿诸君卿勉力正身以率下……明慎所职，毋以身试法。”

【故事】

王尊，字子赣，琢郡高阳人。王尊“少孤，归诸（伯）父”。他的伯父家境贫寒，王尊每日都要放羊，以此给家中赚些贴济。放羊时，他自学史籍，从书中学到许多刑律知识，十三岁那年，他在涿郡监狱求得一份差使——为监狱长做听差。这份不起眼的差使，王尊一干就是几年。在这期间，他系统地学习了朝廷颁布的各类刑律，对大汉的律法了如指掌。

后来，王尊被太守看中，并被留在了太守府做文书方面的工作。几年后，王尊辞去了太守府的职务，潜心研读儒学经典。多年后，王尊复仕，任西虢县令，兼美阳县令。王尊为官时，执法严明，除暴安良，深得百姓拥护。

汉元帝刘爽听说了王尊的事迹，将他提升为安定郡太守。当时，安定郡很不安定，大小官员利用权势鱼肉百姓，作威作福，官风靡腐。王尊一到任，便立即向各级官员发出通告：“今天，我（王尊自谓）正式就任太守，希望各级官员能忠于职守，以身作则，为下属做出良好的榜样。过去有错误的，若能自己更正可继续做官。每位官员都应该明白自己的职责，谨慎行使手中的权力，千万不要‘以身试法’。”

以邻为壑

【释义】

拿邻国当作排洪的大水坑。比喻只顾自己的利益，把困难或灾祸转嫁给别人。

【出处】

《孟子·告子下》："孟子曰：'子过矣，禹之治水，水之道也，是故禹以四海为壑。今吾以邻国为壑'。"

【故事】

"白圭曰：'丹之治水也，愈于禹。'孟子曰：'子过矣！禹之治水，水之道也，是故以四海为壑。今吾子以邻国为壑。水逆行，谓之洚水。洚水者，洪水也。仁人之所恶也。吾子过矣。'"

上面引文的大意是，白圭说："我治水比大禹强。"孟子说："你错了，大禹治水，遵从水的规律，所以以四海为泄水的沟。如今你把邻居当作泄水的沟，水逆着向下的规律流动，叫作洚水。洚水就是洪水，是主张仁政的人所憎恨的。我的朋友啊，你错了。"

国学经典文库

中华成语典故

品鉴语言精髓　赏阅轶事掌故

图文珍藏版

王书利⊙主编

线装书局

以规为瑱

【释义】

规，规劝；瑱，古人冠冕上垂在两侧以塞耳的玉。比喻不重视别人的规劝。

【出处】

春秋鲁·左丘明《国语·楚语上》："不然，巴浦之犀犛兕象，其可尽乎！其又以规为瑱也。"

【故事】

公元前541年，楚国的令尹公子围杀害了楚王，自己当上国君，史称楚灵王。楚灵王篡位不久，四处攻伐，滥杀无辜，荒淫无度，给百姓带来无穷无尽的灾难。宗室大臣白公子张对此非常忧虑。为了楚国的前途，他明知楚灵王不愿听逆耳之言，也要寻找一切机会向他进谏。楚灵王开始还能让子张把进谏的话讲完，但次数多了，越来越感到讨厌。于是，有的大臣怂恿楚灵王说："以后子张再唠叨，大王可以对他说，我常和鬼神打交道，听到各种各样的劝谏，不想再听其他话了。"

不久，子张又向楚灵王进谏，楚灵王就用那大臣教给他的话回答。子张听了，愤慨地说："殷朝的武丁是位贤明的君主，还到处求贤。大王的德行比不上武丁，却如此讨厌别人规劝。做大王的臣子太难了！"楚灵王听了这话，不便指责子张，勉强地说："好，那你就继续进谏吧。我虽然不能采纳你这些规劝的话，但还是愿意把它放在耳朵里的！"子张无可奈何，苦笑一声说："臣是为了大王采纳才进谏的。不然的话，巴浦产的犀角和象牙等多得很，大王尽可以用来做瑱塞耳，又何必把规劝的话当作瑱来塞耳呢？"

以管窥天

【释义】

窥，从小孔或缝隙里看。从管子中去看天。比喻见闻狭隘，看问题片面。

【出处】

《庄子·秋水》:“是直用管窥天,用锥指地也,不亦小乎?”

【故事】

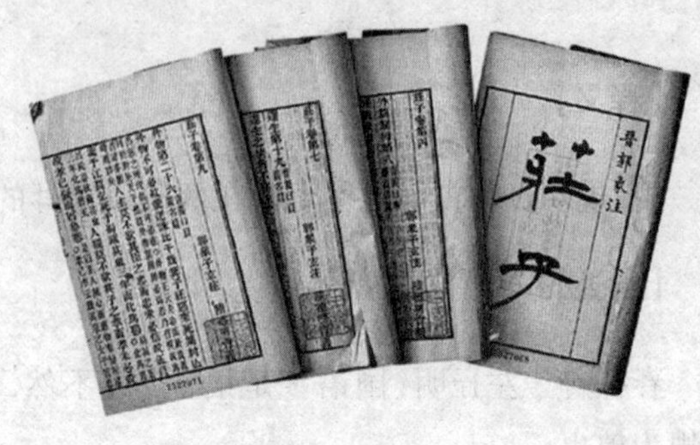
《庄子》书影

战国时期齐国的名医扁鹊,原名秦越人。因为他救活了许多即将死亡的人,所以当时人们把他称作传说中黄帝时代的神医扁鹊,而不去提他真实的姓名了。

传说扁鹊年轻时得到过一个名叫长桑君的奇人传授医术。长桑君给他服一种药,服后就能看见墙另一边的人,因此诊视病人时,能见到五脏内疾病的症结。从此,他就给人治病,成为闻名很远的神医。

有一年,扁鹊带领弟子外出巡医,路过虢国都城的王宫。见宫内外的人忙忙碌碌地在求神问鬼,祈祷为太子消灾。一会儿,又乱纷纷地准备棺木。

扁鹊见到这种情况,便走进宫门,问中庶子(主管谒见的官员)说:“请问太子有什么病?”中庶子回答说:“太子的病是血气运行没有规律,阴阳交错而不能疏泄,所以突然昏倒而死。”扁鹊赶紧问:“他死了多久?”……“从鸡鸣到现在。”扁鹊听中庶子说太子死还不到半天,也没有收殓,就说:“请禀告君王说,我是齐国的医生秦越人,能使太子复活。”中庶子瞧了瞧扁鹊,说:“先生该不是胡说吧!人死了还能治活?我听说上古有个姓俞的医生,治病不用汤剂、药酒及其他东西。一解开衣服诊视,就能知道疾病所在,然后剖开皮肤,疏通经脉,先生的医术能如此,那么太子就能再生了,不然,要使太子再生就是骗人的话了。”

扁鹊再三请求中庶子禀报国君,他就是不答应。过了好久,他仰望天空叹息说:“您说的那些治疗方法,就像从管子里去看天,从缝隙中看花纹一样。我用的治疗方法,不用给病人切脉、察看脸色、听声音,只要观察病人的体态神情,就能说出病因在什么地方呢!”

以人为鉴

【释义】

把人作为镜子，谓听取臣下的谏言，以把握治理的得失。也作“以人为镜”。

【出处】

北宋·欧阳修等《新唐书·魏征传》：“以铜为鉴，可以正衣冠；以古为鉴，可以知兴替；以人为鉴，可明得失。”

【故事】

唐太宗李世民临朝时常感叹地说：“用铜做镜子，能使服装冠冕端正；用历史作镜子，能把握治理国家的正确与否；用人作镜子，听取他的谏言，能明辨自己言行的是非。我曾经依仗这‘三鉴’，度过了危难时期。如今魏征去世，这面人镜便没有了。最近我派人去魏征家，得到魏征写的未完成的文稿。其中应该记住的是：‘世上的事情，有好有坏。任用好人国家就安定；任用坏人国家就衰败。国君对于臣子，会有或爱或憎的感情。不应该憎恨他，就只看到他的坏处；喜爱他，就只看见他的好处，应该怎么爱、怎么憎，这是必须认真考虑的。如果喜爱他更知道他的缺点，憎恶他更知道他的长处。这是国君应该做到的。如果铲除邪恶，就不要犹豫；如果任用贤士，就不要猜疑。这样做，国家就能兴旺了。’魏征的话大致如此。我回头想想，恐怕还有做得不够的地方。诸位爱卿应该把魏征的话写在手板上（原文为“笏”），发现我有什么过失就批评我。”

因势利导

【释义】

因势，顺着趋势；利导，向着顺利的方面引导。顺着事情的发展趋势很好地加以引导。

【出处】

西汉·司马迁《史记·孙子吴起列传》:“善战者,因其势而利导之。”

【故事】

公元前341年,魏国联合赵国去攻打韩国。韩国向齐国求援,齐威王任命田忌为大将,孙膑为军师,领兵五万去救援。田忌向军师孙膑求教救韩国之策,孙膑说:“魏军多,我军少,而且路途远,从下面绕道进兵韩国不行,我军如果直接向魏国的都城大梁出击,可获全胜。”

果然,魏军主帅庞涓听说齐军进攻国都大梁,唯恐京都有失,立即日夜兼程回救。此时,齐军已进入魏国境内。孙膑又向田忌献计说:“那三晋的战士,素来勇猛凶悍,轻视齐国,认为齐军胆怯。我们要‘因势而利导之’,用减灶的办法来迷惑敌人。”田忌说:“请问军师减灶之法?”

孙膑说:“我军在进入魏国境内的第一天,筑十万个灶台,第二天筑五万个灶台,第三天筑三万个灶台。”田忌依计而行。尾追在后的魏军主帅庞涓已追赶三天了,而且越追越高兴。因为他第一天察看齐军扎过的营地,叫人数了数做饭的炉灶,算来足够十万人用的,第二天就只够五万人用的,到第三天就只够三万人用的了。见此情景,庞涓洋洋得意地放声大笑道:“我原说齐军胆小,你们看,到我国才三天,兵士逃跑的就超过半数了。”于是,他决定扔下他的步兵,只带精锐的八千轻装骑兵,日夜追赶齐军。

孙膑获得这个情报后,认真地计算了庞涓的行军速度,准确地推算出在黑天的时候,庞涓会赶到马陵。马陵地势险要,道路狭窄,可以埋伏军队。孙膑建议田忌派人,在道路上堆放些树干、石块,并把路旁一棵大树的皮剥下一块,让它露出白色的木质,上面写着:“庞涓死在这棵树下!”又命令一万名弓箭手,埋伏在道路两侧,约定晚上看见树前点着火把,就一齐放箭。

夜里,庞涓率骑兵果然追到了马陵这个地方。他骄横轻敌,丝毫也没有看出什么破绽,想辨别一下方向,再往前追。透过朦胧夜色,他看见白色木质上有字迹,便命令手下人点起火把照着去看。庞涓就着火光去看树干上的字迹,就在这时,埋伏在道路两侧的齐军万箭齐发,向他射来。

魏军遭此突袭，顿时大乱，各不相让，四处逃命。庞涓自知败局已定，拔出宝剑，对天长叹一声，说："这一仗又帮助孙膑这小子成名了！"说毕，刎颈而死。齐军乘势全歼魏军，并生俘了魏王的太子中，然后才胜利地撤军回国。孙膑也因这一仗而名扬天下。

因噎废食

【释义】

噎，食物塞住食管；废，废止，停止。因为吃饭噎住过，索性连饭也不吃了。比喻因为出了一点问题或怕出问题，就把本来应该做的事情停下来不干。

【出处】

战国·吕不韦等《吕氏春秋·荡兵》："夫有以噎死者，欲禁天下之食，悖。"

【故事】

如果因为发生了吃饭噎着的事，就想禁止天下的人吃饭，这是荒谬的；如果因为发生了乘船淹死的事，就想禁止天下的人使用船只，这是荒谬的；如果因为发生了战争而亡国的事，就要取消天下的军队，这同样是荒谬的。战争是不可废止的。战争就像水和火一样，善于利用它就会造福于人，不善于利用它就会造成灾祸；这像用药给人治病一样，用良药就能把人救活，用毒药就能把人杀死。正义的战争正是治理天下的一副良药啊！

言不由衷

【释义】

衷，内心。指话不是从内心发出来的。指心口不一致。

【出处】

春秋鲁·左丘明《左传·隐三年》:“信不由中,质无益也。”

【故事】

春秋时期,郑国郑武公、郑庄公父子相继以诸侯身份供职于周王朝,兼掌王室实权。周平王想叫西虢公也参与执政,以削弱郑国势力,郑庄公因此埋怨周平王。周平王解释说没有这种事情,为此郑国与周朝交换人质以示协定。郑庄公的太子忽(后为郑昭公)在周朝作人质,周平王的太子狐在郑国作人质。周平王死后,周桓王即位,授予西虢公执掌朝政大权。四月,郑庄公派祭足领兵到周地温把麦子抢收回来。秋天,又去周地成周把谷子抢收回来,以此表示抗议。从这以后,郑国同周王朝的关系日益恶化。

针对周王朝和郑国交换人质的事件,《左传》作者评论说:“‘信不由中,质无益也(约定不是出自诚心实意,即便交换了人质也没有用)。’如果两方都讲究礼仪诚信,即使没有人质,又有谁能挑拨离间!真的讲信义,河池的野草,各种野菜,日用炊具,死水活水,都可以用来祭祀鬼神、供养王公贵人,更何况两国之间以诚信相见,还用什么人质!”

“信不由中”,原意指协定不是发自内心的诚意。后来发展为“言不由衷”,表示心口不一,说的话不是出自真心实意。

言归于好

【释义】

重新和好。

【出处】

春秋鲁·左丘明《左传·僖公九年》:“凡我同盟之人,既盟之后,言归于好。”

【故事】

春秋时,鲁僖公九年秋天的时候,齐桓公为扩张实力在葵丘邀请鲁、宋、卫、郑、许、曹等国相会结盟,规定不可以阻塞水源,不能阻碍各地粮食流通,不可以改换嫡子,不可以随便处死大夫;要尊贤育才,选拔贤士,不让士人世袭官职;同盟的诸侯们自与会时起,就要和睦共处,相好如初。

齐桓公的盟约从表面看来非常正义、公道,晋献公得知后马上驱车赶往葵丘,准备与齐结盟。而周朝太宰宰孔对齐桓公的真正意图非常了解,他对晋献公说:"齐侯说什么'言归于好'都是骗人的,他真正的目的是靠结盟来聚拢诸侯们的实力,协助自己攻打楚国,而后称霸。您可千万别上当啊!"

晋献公听了宰孔的话,便打道回国了。

有名无实

【释义】

空有名义或名声而没有实际。

【出处】

春秋鲁·左丘明《国语·晋语八》:"宣子曰:'吾有卿之名而无其实。'"

【故事】

一天,晋国的大夫叔向去拜访老朋友韩宣子。韩宣子是当时晋国的六卿之一,职位很高,但见了叔向,他却不住地唉声叹气,说自己很穷。不料叔向听他这样说,便站起身拱手向他祝贺。

韩宣子迷惑不解地问道:"我是有卿的名,而没有卿的实际,没有办法跟大夫们相比。我正为此犯愁。你为什么要祝贺我呢?"

叔向严肃地说:"我就是因为你贫穷才来道贺的呀!穷,不一定是坏事,你只要回忆一下弈武子三代的遭遇,就可以知道了!"叔向知道韩宣子很清楚奕武子三代的不同遭遇,所以特地提起了这件事。最后他又说:"我看你像弈武子一样贫困,就想到您已经有了他那样的德行,所以才表示祝贺啊!不然,我只会担心。"

韩宣子听了叔向的话,顿时愁云消散,向叔向行礼说:"多谢您对我的指教,要不然,我连自己将走向灭亡也不知道呢。"

饮水思源

【释义】

指喝水的时候想到水的来源。比喻人在幸福的时候,不忘掉幸福的来源。

【出处】

北周·庾信《徵调曲》:“落其实者思其树,饮其流者怀其源。”

【故事】

庾信是南朝人,梁元帝派他出使北朝的西魏。在他出使期间,梁朝被西魏灭亡,庾信也被扣留在长安(西魏都城),这一年庾信四十二岁。

虽然北朝封他做大将军,但是庾信却很想回去,南朝也几次向北朝讨要庾信,但都没有成功。在北朝的二十八年中,庾信常常思念故国和家乡,他在《徵调曲》中写道:“落其实者思其树,饮其流者怀其源。”意思是吃果子的时候要想一想结果的果树,喝水的时候要想一想流水的源头。

夜郎自大

【释义】

夜郎,汉代西南地区的一个小国。比喻妄自尊大。

【出处】

东汉·班固《汉书·西南夷列传》:“滇王与汉使言:‘汉孰与我大?’及夜郎侯亦然。各自以一州王,不知汉广大。”

【故事】

古时候贵州的北部有一个名叫桐梓的县。它的东面二十里的地方,在汉朝时是夜郎国的国都所在地。国王姓竹，关于他的姓氏还有一段有趣的传说。从前有一个女子在水边洗衣服，忽然看见水上漂了一根三节长的大竹子，隐隐约约听到竹子里面有小孩的哭声，于是她赶紧把竹子捞起来剖开，里面果真有一个小孩子，她高兴地把他抱回家抚养。孩子长大以后，居然做了夜郎国的国王，因为他是从竹子里捡来的，所以就以“竹”为姓。

夜郎在汉朝时是一个独立的国家，但是它的国土非常小，仅有汉朝一个县的地方那么大，这个国家物产非常少，牲畜也不多。可是，夜郎国的国王却非常骄傲，他认为他统治的国家很大、很富饶，当汉朝的使臣去访问的时候，他竟然问：“汉朝和夜郎国哪个大？”

怨女旷夫

【释义】

没有配偶的成年男女。

【出处】

《孟子·梁惠王上》：“内无怨女，外无旷无。”

【故事】

在齐国境内有一座周天子巡狩祭祀用的“明堂”，由于天子巡狩之礼已经久不实行了，很多人向齐宣王建议把泰山下的明堂拆了。宣王拿这件事来请教孟子。

孟子答说：

“那泰山下的明堂，是从前天子巡狩到东方，用来朝会诸侯的殿堂；陛下如果也希望实行称王天下的仁政，那就不必拆了。”

宣王问说：

“怎样实行称王天下的仁政，可以说来听听吗？”

孟子于是叙述以前文王治理人民的措施。当时文王在农业上施行井田制度，在商业上施行关税开放政策；百姓可以自由捕鱼打猎，要是犯罪，并不株连到无辜的妻儿家属。对于穷苦无告的老人和孤儿，特别照顾。孟子还引一句诗经上的话：

"富人是可以过活了,可怜这些孤苦无依的人吧!"

宣王听了,大为感动,说道:

"您讲得太好了!"

孟子便说:

"陛下如果认为很好,为什么不实行呢?"

宣王这时候讪讪地说:

"寡人有个毛病,就是喜欢财货!"

孟子说:

"没关系。从前周朝的祖先公刘也喜欢财货,但是他能和百姓共享,所以百姓都跟随他。陛下如果喜欢财货,也和百姓共享,如此要王天下又有什么困难?"

宣王又说道:

"寡人又有个毛病,就是喜欢女色。"

孟子说:

"这也没关系。从前周朝的祖先太公也喜欢女色,可是在他治理下的人民,内无怨女,外无旷夫,男婚女嫁,都很美满,若是这样,称王天下又有什么困难?"

从这里可以看出,孟子虽然坚持他那人道主义的旗帜,但是他从不故作清高,而是亲切落实,从最平凡可行的地方来引导人们发觉人人本有的良知爱心,扩而充之,达到"己立立人,己达达人"的境地。孟子告诉我们,想要成就完善的人格,或是达到仁政的理想,只是在于为与不为而已。

越俎代庖

【释义】

比喻越权办事或包办代替。

【出处】

《庄子·逍遥游》:"庖人虽不治庖,尸、祝不越樽俎而代之矣。"

【故事】

庖人,是负责宰杀三牲(牛、羊、猪)和办理酒席的厨师;尸祝,是掌管祭祀仪式和对鬼神祝祷的司祭。古时候，每逢祭祀，厨师先要整治三牲，司祭要负责把祭器摆好，然后把酒斟在樽中，把杀好的牛、羊、猪放在俎上，这才开始祭祀仪式。如果厨师不在厨房做饭，司祭也不能超越自己的职务范围去替代厨师的工作。

传说尧让位给舜前，曾找过许由，因当时尧认为许由是个道德高尚的贤人，所以要把帝位让给他。可是许由不愿接受，他对尧说："你治理天下，已经很好了。而要我来替代你，这不是让我享受现成的名声吗？所谓'名'，是'实'的附属品；'实'是主，'名'是客，你这样不就是让我做客吗？我要这么大的天下干什么？请你打消原意，我不能替代你。再说'庖人虽不治庖，尸祝不越樽俎而代之矣！'。"

逾淮之橘

【释义】

比喻同样的事物由于环境的不同而发生变化。

【出处】

《晏子春秋》："晏子避席对曰：'婴闻之，橘生淮南则为橘，生于淮北则为枳……'"

【故事】

晏子将要出使到楚国。楚王听到这个消息，对身边的侍臣说："晏婴是齐国善于辞令的人，现在他正要来，我想要羞辱他，用什么办法呢？"侍臣回答说："当他来的时候，请让我绑着一个人从大王您面前走过。大王就问'这是怎么回事？'我就回答说'他是齐国人。'大王再问'犯了什么罪？'我回答说'他犯了偷窃罪。'"

晏子来到了楚国，楚王请晏子喝酒，喝酒喝得正高兴的时候，两名公差绑着一个人到楚王面前来。楚王问道："绑着的人是干什么的？"公差回答说："他是齐国人，犯了偷窃罪。"楚王看着晏子问道："齐国人难道善于偷东西吗？"晏子离开了席位回答道："我听说，橘树生长在淮河以南就是橘树，生长在淮河以北就是枳树，橘树和枳树只是叶子相同，果实的味道却大不同。为什么会这样呢？是因为水土不同啊。现在这个人生长在齐国不偷东西，一到了楚国就偷东西，难道是楚国的水土让人善于偷东西吗?”

雁足传书

【释义】

雁,鸿雁,是大型冬候鸟,每年秋季南迁,常常引起游子思乡怀亲之情和羁旅伤感。指通信。也作“鸿雁传书”。鸿雁也指代书信。

【出处】

《汉书·苏武传》:“天子射上林中,得雁,足有系帛书,言武等在某泽中。”

【故事】

汉武帝时,苏武出使匈奴,被拘禁在北海边上。数年后,昭帝刘询即位,汉与匈奴和亲。作为岳父的汉昭帝,要求女婿、匈奴可汗送回苏武。匈奴谎称苏武已死。后来汉朝的使臣又来到匈奴,苏武原来的随从常惠听说汉使到来,请求与看守他的胡人一块去见汉使。夜里,常惠与汉使见了面,详细地诉说了他们一行出使到匈奴十多年的经过。并让使者见到单于时就说,“大汉皇帝在上林苑打猎,射中了一只大雁,雁足上绑着一封信,信中说苏武等人在匈奴的某个大沼泽边上……”使者一听常惠如此妙计,十分高兴。

转天,汉朝使者拜见了单于,就把常惠教给的话学说了一遍,严正谴责单于无理扣留汉朝使臣苏武一行并撒谎说“苏武已死”。单于听了汉使义正词严的一番话,尴尬地看了看左右近侍,感到十分吃惊。被逼得万般无奈的单于,只得向汉使道歉,说:“苏武等人确实还活着。”

苏武一行,跋涉万里,经历了十九年的苦难,终于回到了祖国。

愚公移山

【释义】

古代寓言故事。比喻十分坚强的毅力和不怕困难、不怕牺牲的精神。

【出处】

清·黄宗羲《张苍水墓志铭》:"愚公移山,精卫填海,常人藐为说铃,贤圣指为血路也。"

【故事】

愚公移山

太行和王屋两座大山,方圆七百里,高达几万尺,原来位于冀州的南面,河阳的北面。山北有位老人,叫作愚公,年纪快九十了。他家的住处正对着这两座大山。他苦于大山阻隔,出入的道路十分迂曲艰难,就召集全家人商议说:"我想和你们一起,用尽一切力量去搬掉这险阻,开出一条大路,直通冀州的南部,到达汉水的南面,你们说行吗?"全家人纷纷表示赞同。只有他的妻子提出一个疑问,说:"就凭你这点力气,就是像魁父这样的小山包,恐怕都搬不掉,又能把太行、王屋这两座大山怎么样呢?再说,挖出来的那些石头和泥土又往哪里扔呢?"家人七嘴八舌地说:"把它们扔到渤海的边上,隐土的北面去。"

于是,愚公就率领着三个能挑担子的子孙,凿石头,挖土块,再用簸箕和筐子把石土运到渤海的后面去。就这样从冬到夏,他们才能往返一次。愚公家搬山的事,惊动了邻居。邻居家的一位寡妇,有个遗腹子,才刚七八岁,也蹦蹦跳跳跑去帮忙。黄河边上住着一个老头,人称智叟。他以嘲笑的语气劝阻愚公说:"你怎么傻到这种地步呀!就凭你这把年纪,这点儿力气,要拔掉山上的一根树都不容易办到,又怎么能搬掉这么多的山石土块呢?"愚公长叹了一口气,说:"我看你太顽固了,简直不明事理,连那寡妇的小孩都不如!虽然我会死的,可是我还有儿子呢!儿子又生孙子，孙子又生儿子，儿子又生儿子，儿子又生孙子，这样子子孙孙都不会断绝的呀！而这两座山再也不会增高了，还怕挖不平吗？”智叟听了，无言以对。

山神听到了愚公的这些话，担心他挖山不止，就去禀告了天帝。天帝为愚公移山的诚意所感动，就派了夸娥氏的两个儿子去背走了那两座大山，一座山放在朔东，一座山放到雍南。从此以后，从冀州的南部，直到汉水的南面，再也没有大山挡路了。

摇尾乞怜

【释义】

乞，乞求。像狗一样摇着尾巴向主人乞求爱怜。指卑躬屈膝地献媚、讨好，以求得到一点好处。

【出处】

唐·韩愈《应科目时与人书》：“若俯首贴耳，摇尾而乞怜者，非我之志也！”

【故事】

南海的北岸，长江的南边，人们说这里有一条龙，与一般鳞甲类动物不一样。如果它得到水，便可以在风雨中变化，在云空上下腾舞并不困难；如果它离开了水，也只是七尺、八尺之间的身量而已。虽然没有高山、长坡、大道以及绝对险阻的障碍，但它的处境却十分尴尬。因为它不能自己引来水，如果被水獭之类讥笑，也是正常的。

这条陷于干枯的龙，如果遇见有力量的人，怜悯它的困境并改变它的命运，不过是“一举手一投足”之劳罢了。但是，这条龙与一般物不一样，它为此很自负，说：“我宁可在泥沙中枯烂而死，也是快乐的。如果‘俛（通“俯”）首贴（通“贴”）耳、摇尾乞怜’的话，就不是我的志向了。”由于这条龙不肯屈己求人，所以有力量的人遇见它，“熟视之若无睹”也。如此一来，这条龙是死是生，当然也就不可能知道了。

如今，又有一位有力量的人出现在这条龙的面前，暂且试着抬起龙头长啸一声吧。怎么知道有力量的人不怜悯它的困境,只是忘记“一举手一投足”的劳力而送它到江河去呢?

有人怜悯,是命;有人不怜悯,是命。知道是命,还要向人长啸,也是命。韩愈如今的处境,与这条龙相似。所以,我忘记了疏慢愚笨的过错,写下了这篇文章(原文见《古文观止》)。

文中“摇尾而乞怜”被炼为典故“摇尾乞怜”。

“俛首贴耳”也是典故,是说低着头、贴近着耳朵,形容恭顺驯服的样子。现通作“俯首贴耳”。也作“贴耳俯首”“伏首贴耳”。还有“俯首低眉”一说,义同。

“一举手一投足”被炼为典故“举首投足”,是说抬抬手抬抬脚,形容轻而易举、毫不费力。

“熟视之若无睹”被炼为典故“熟视无睹”,是说仔细(或经常)看却好像没看见,形容对事物漠不关心、态度冷淡。也作“视若无睹”。

殃及池鱼

【释义】

比喻因牵连而遭祸害或受损失。

【出处】

战国·吕不韦等《吕氏春秋·必己》:“宋桓司马有宝珠,抵罪出亡,王使人问珠之所在,曰:‘投之池中。’于是竭池而求之,无得,鱼死焉。此言祸福之相及也。”

【故事】

宋国负责军旅的司马桓魋想谋害宋公,被宋公发觉,就逃亡奔往卫国。司马桓魋有一颗很名贵的宝珠,被宋公惦念已久。于是宋公就派人到卫国找到了桓魋,问:“你那颗宝珠在什么地方?”桓魋说:“扔到护城河里了。”

宋公听了桓魋说的话后,就派人去护城河排水寻珠。

很快,护城河的水被排光了,但宝珠没有找到,水里的鱼却死光了。

意外的收获是从此留下个典故“殃及池鱼”。

后人附会,演化为"城门失火,殃及池鱼"。

远水救不了近火

【释义】

比喻缓慢的解决办法不能满足急迫的需要。

【出处】

《韩非子·说林上》:"失火而取水于海,海虽多,火必不灭矣,远水不救近火也。"

【故事】

战国时代的齐国(山东东北部)与鲁国(山东西南部)相邻,但鲁穆公不打算与齐国联盟,分别派他的公子到晋国、楚国去做官,游说晋、楚两国在鲁国发生战争时能援助鲁国,唯独不派人到齐国去。

鲁国大臣犁狙对鲁穆公说:"假如我国有人掉进水里,我们跑到江南的越国去请人来救,即使越人善于游泳,等他们赶到,人早就被淹死了。再如我们这里发生了火灾,派人到海边去取水救火,海水虽多,火也是无法扑灭的。这是因为远水救不了近火啊。现在晋、楚两国虽然强大,可是齐国是我们的近邻,如果不同齐国联合,鲁国一旦有了困难,晋、楚两国也是难以救助的。"

郢书燕说

【释义】

比喻穿凿附会,曲解原意。

【出处】

《韩非子·外储说左上》:"郢人有遗燕相国书者,夜书,火不明……治则治矣,非书意也。”

【故事】

古时候，有个人从楚国的郢都写信给燕国的相国。这封信是在晚上写的。写信的时候，烛光不太亮，此人就对在一旁端蜡烛的仆人说：“举烛”（把蜡烛举高一点）。可是，因为他在专心致志地写信，嘴里说着举烛，也随手把“举烛”两个字写到信里去了。

燕相收到信以后，看到信中“举烛”二字，琢磨了半天，自作聪明地说，这“举烛”二字太好了。举烛，就是倡行光明清正的政策；要倡行光明，就要举荐人才担任重任。燕相把这封信和自己的理解告诉了燕王，燕王也很高兴，并按燕相对“举烛”的理解，选拔贤能之才，治理国家。燕国治理得还真不错。

郢人误书，燕相误解。国家是治理好了，但根本不是郢人写信的意思。这真是一个穿凿附会的典型例子。

约定俗成

【释义】

约定，事物的名称依据人们的共同意向而制定；俗成，名称制定了，大家习惯上一致遵守，一直沿用。指事物的名称或社会习惯是由人们经过长期实践而认定或形成的。

【出处】

《荀子·正名》：“名无固宜，约之以命。约定俗成谓之宜，异于约则谓之不宜。”

【故事】

《荀子·正名》：“名无固宜，约之以命，约定俗成谓之宜，异于约则谓之不宜。名无固实，约之以命实，约定俗成谓之实名。”

引文大意是，事物的名称不宜一成不变，最好以语言或文字订立共同认可的名称。事物名称最好是约定俗成,不这样便没什么好处。不让事物名称固定不变,是符合自然事物规律的;以约定俗成的方式为事物制定名称是最实际的。也就是说,约定俗成的事物名称是最实用的名称。

后多以“约定俗成”指长期习用,为人们共同遵守,为社会所公认并固定下来的事情做法。

引狼入室

【释义】

引:招引。把狼招引到室内。比喻把坏人或敌人引入内部。

【出处】

元·张国宝《罗李郎》:“我不是引的狼来屋里窝,寻的蚰蜒钻耳朵。”

【故事】

有个牧羊人在山谷里放羊。他看见远远地有只狼跟着,就时刻提防着。几个月过去了,狼只是远远地跟着,并没有靠近羊群,更没有伤害一只羊。牧羊人渐渐地对狼放松了戒心。后来,牧羊人觉得狼跟在羊群后面有好处,不用再提防别的野兽了。再后来,他索性把狼当成了牧羊狗,叫它看管羊群。牧羊人见狼把羊管得很好,心里想,人们都说狼最坏,我看不见得……

有一天,牧羊人有事要进城去,就把羊群托狼看管,狼答应了。狼估计牧羊人已经进城了,就冲着山林中大声嚎叫了几声。它的嚎叫声引来了许许多多、大大小小的狼。那群羊全被狼吃掉了。

牧羊人不了解狼的本性,才被狼的伪善欺骗了。

引锥刺股

【释义】

晚间读书时想睡觉，就用锥子刺自己的大腿，以保持清醒。比喻刻苦学习。

【出处】

西汉·刘向《战国策·秦策一》："读书欲睡，引锥自刺其股，血流至足。"

【故事】

苏秦，洛阳人，字季子，拜纵横家始祖鬼谷子为师，学习纵横之学。纵，联合各国以抗秦，称"合纵"；横，秦国与各国分别结好，称"连横"。苏秦擅长合纵之术，曾任纵约长，六国丞相。

当初，苏秦游说秦惠王，十次上书都没被采用。身上的黑貂皮袄穿得掉了毛，百斤黄金的盘缠也已经用光，缺吃少喝，出头无望，便离开咸阳回家了。

苏秦打着布绑腿，穿着草鞋，挑着书担，背着书囊，脸色黢黑，面容憔悴，臊眉搭眼地回到家中。妻子见苏秦进门，装作没看见，继续织布；嫂子也不给他做饭，父亲母亲也不跟他说话。

苏秦感慨地说："妻子不把我当丈夫，嫂子不把我当小叔子，父亲母亲不把我当儿子，这都是我苏秦的过错啊！"

当天夜里，苏秦翻检所有的存书，总有几十个书箱子，终于找到了姜太公写的《阴符》。于是便伏案捧书，精读领会。读累了，想睡觉，便"引锥自刺其股"，鲜血一直流到脚跟。

苏秦苦读了一年，觉得差不多了，说："这真是足以游说当世国君的学问啊！"

羊裘垂钓

【释义】

披着羊皮袄钓鱼,形容不慕官爵,隐居不仕。

【出处】

《后汉书·严光传》:"光卧不起,帝即其卧所,抚光腹曰:'咄咄子陵,不可相助为理耶'?"

【故事】

东汉光武帝刘秀在完成统一大业后,没有贪图享受,仍然谋求发展,采取了在内整顿内政,在外吸收人才的有力措施。

一天,刘秀想起了在长安游学时的同窗严光(字子陵),决意把他请来。但刘秀登基后,严子陵便更改姓名隐居起来,要寻找他很是困难。

刘秀终于想出了一个办法:按像查访。他叫来画工,把严子陵的长相说了说,让画工去画。画好后,刘秀看看还像,便让再画几张,然后派人将画分送到各郡,叫当地官吏和百姓寻找严子陵。

过了不久,齐国(今山东省北部)上书给光武帝,说那里有个人,长相与画上的几乎一样。此人老是披着羊裘在河水边钓鱼。光武帝大喜,马上派使者备了车,带上礼品,到齐国去请他来京城。

使者见到严子陵后,奉上礼物,请他上车。不料,严子陵却推辞说:

"我是打鱼的,你们看错人了。我不想当官,让我安安稳稳地在这里过日子吧。"

使者便硬把他拉上车,直向京城驶去。

严子陵为了让刘秀放他回去,便在刘秀看望他时不搭理他,对他无礼。刘秀来了,他也不起身行礼,希望能如愿以偿。

第二天,光武帝把他接到宫里来,以朋友的身份,同他谈论学问。严子陵这才同光武帝无拘无束地交谈起来。

当天夜里，光武帝就和他睡在一起。半夜里，严子陵大打呼噜，大腿压在光武帝身上。光武帝让他压着，也不怪罪。第二天一早，光武帝故意问他："我比从前怎么样？"

"似乎好一点。"

光武帝哈哈大笑，当场就要拜他为谏议大夫。严子陵却说："你让我回去，我们还是朋友；你若硬要我当官，反而伤了和气。"光武帝本打算让严子陵协助他治理好国家，但严子陵志不在此，态度坚决，多说无益，只好让他回去，严子陵又过上了田园式的生活。

奄奄一息

【释义】

只剩下微弱的一口气，形容垂暮临终之状。

【出处】

《陈情表》："但以刘日薄西山，气息奄奄，人命危浅，朝不虑夕。"

【故事】

李密，字令伯，晋朝武阳县人。他曾在蜀汉担任尚书郎的职务。以文学才辩见称于世。蜀汉亡后，西晋一些地方行政首脑先后推举李密为官，他都以祖母无人供养为由推辞了。不久，晋武帝又征召他为太子侍从官。他不敢不从，更不愿离开年迈的祖母，就向晋武帝上表陈情，叙述自己的不幸身世，说明不能应征出仕的原因。李密在《陈情表》中说：臣命运坎坷，早年便连遭不幸。出世刚六个月，父亲亡故。四岁那年，舅舅逼迫母亲再嫁他人。臣全靠祖母刘氏抚养长大。现在祖母年老，长年疾病缠身，久卧不起，犹如西山落日，气息奄奄，生命不长，朝夕难保。臣如无祖母抚育，难有今日；祖母如果失去臣的奉养，也无法度完余年。祖孙二人，相依为命。臣今年四十四岁，祖母今年九十六岁，因此，臣为陛下效力的日子长，而报答祖母的日子短呀！所以臣以这种乌鸦反哺其母的私衷，来乞求陛下准允臣为祖母养老送终。臣之辛酸困苦，乡邻官府共睹，天地神明可察。文章写得委婉恳切，真挚动人。直到祖母死后，李密才出仕晋朝，官至汉中太守。

养虎遗患

【释义】

比喻纵容敌人，留下后患，自己反受其害。

【出处】

《史记·项羽本纪》："楚兵罢，食尽，此天亡楚之时也，不如因其机而遂取之。今释弗击，此所谓养虎自遗患也。"

【故事】

远古的时候，地广人稀。那时的人们除了种地之外，靠山近水的大都以渔猎为生。每当北风吹来，大雪飘飘之际，人们便进山打猎。有一次进山他们收获不小，竟用陷阱连着捕获了一雄一雌两只猛虎。大家将两只猛虎绑住，一个猎人便循着猛虎的踪迹，在深山的洞穴里找到了一只小虎崽。这只小虎崽刚刚睁开双眼，连奶还没有断，它睁着双眼看着猎人，一点也不害怕。猎人看到小虎崽毛茸茸、胖乎乎的样子分外喜爱，一时高兴，便将小虎崽抱回了家中。猎人的妻子和小孩看到猎人带回一只小虎崽，觉得很好玩，小孩子去抚摸小虎崽，小虎崽更不怕他，就与他玩耍开了。

小虎崽在猎人家人的饲养下，随着时间的推移，慢慢长大，变成了一只大老虎。但它并不伤人，吃饱了便在村里村外闲逛。逛累了就找个树荫趴下睡一觉。这样，人虎处得十分融洽，虎见人不避，人见虎也不躲，都习以为常。春风吹拂，冰消雪化，河水解冻了，人们收起猎具，开始下河捕鱼了。

猎人沿河捕鱼，十几天后才回家，可到家一看，不禁大吃一惊，他发现家中饲养的那只老虎嘴角上残留着血渍，自己的妻子和孩子却都不见了。猎人被一种巨大的恐惧笼罩了。还没等他回过神来，那只老虎猛地向他扑去，只几口便将他咬死了。

一鳞半爪

【释义】

比喻事物的一点、片段。

【出处】

《中兴间气集·苏涣》:“三年中作变律诗九首,上广州李帅,其文意长于讽刺,亦有陈拾遗一鳞半甲。”

【故事】

白居易是唐代有名的大诗人,他的晚年生活十分安适,沉溺诗酒,醉心佛道,却也隐藏着一种不能匡时济世的苦闷。白居易在东都任职时,常常以酒自娱。当时的尚书卢简辞在伊水旁有一座别墅,曾在冬天和他的子侄登高远眺嵩山洛水。不一会儿,下起了小雪。他们看见两个身穿蓑笠的纤夫,拖着一只小船走来。船头上覆盖着青色帐幕,帐幕下有一个白衣人与僧人对坐。船后立一个小灶,灶上架着铜锅,水汽袅袅、香气扑鼻,显然在烹鱼煮茗。小船溯流而行,在卢尚书面前经过,只听到船上正尽情地吟诗说笑。卢尚书被眼前如诗般的情景吸引了,忙使人询问白衣人是谁。有人告诉他,这是白居易和僧人伟光正从建春门向香山精舍而去。“啊,这般情趣,何等高雅!”卢尚书十分感叹。到了香山精舍,早已有几位当世文人在等着白居易。白居易和众人见过,忙唤家人上菜、温酒。一切备齐后,白居易起身道:“如此良宵,难得各位幸会,咱们还是以诗会友,赋了诗再饮吧。”

“好,好!客随主便。请你出题目吧。”众人齐声赞和。白居易略加思忖,道:“前次聚会,谈到了南朝兴废。不如以此为旨,每人作一首《西塞山怀古》可好?”

大家兴致勃勃,个个援笔弄墨。却只有刘禹锡自斟一杯酒,一饮而尽。众人见了,急道:“喂,刘兄,诗未成怎可先饮?”刘禹锡听到众人的责怪,扯过纸来,顷刻之间写出一首七律。其中后四句是:

人世几回伤往事,山形依旧枕寒流。

而今四海为家日,故垒萧萧芦荻秋。

白居易读罢，竖指赞道："真乃绝妙好诗！我们本欲一块下海探骊龙，你却先得了龙珠，剩下的一鳞半爪还有什么用啊？"意思是说，事物的主干和精华都被你捞去了，剩下的只是零星和片段而已，写出来也没什么味道了。众人随声附和，仰天大笑。随后收起笔墨，开怀畅饮，通宵达旦。

一衣带水

【释义】

像一条衣带那样狭窄的水域。原指窄小的水面间隔，后泛指地域相近，仅隔一水。

【出处】

《南史·陈后主纪》："隋文帝谓仆射高颎曰：'我为百姓父母，岂可限一衣带水不拯之乎？'"

【故事】

隋文帝杨坚取代北周称帝，建立了隋朝。隋文帝有志于统一中国，在北方实行了一系列富国强兵的政策，国力大增。而当时长江南岸的陈后主陈叔宝却十分荒淫，不理朝政。他虽然知道隋文帝有意征伐，却倚仗长江天险，并不把这件事放在心上。

一次，隋文帝向尚书左仆射高颎询问灭陈的计策，高颎回答说："江南的庄稼比江北成熟得早，我们在他们的收获季节，扬言出兵，他们一定会放弃农时，屯兵防守；他们做好了准备，我们便不再出兵。这样来几次，他们便不会相信。等他们不做准备，我们突然真的出兵渡江，便可打得他们措手不及。另外，江南的粮食不像我们北方囤积在地窖中，而是囤积在茅、竹修建的仓库中，我们可暗地差人前去放火烧毁它，如果连烧几年，陈朝的财力就大大削弱了，灭掉它也就容易多了。"

隋文帝采取了高颎的计策，经过七年的准备，在 588 年冬下令伐陈。出发前，他对高颎说："我是天下百姓的父母，难道能够因为一条像衣服带子一样狭窄的长江的阻隔，而不去拯救那里的老百姓吗？"隋文帝志在必得，派晋王杨广为元帅，率领五十万大军渡江南下，向陈朝的都城建康发动猛烈的进攻，并很快攻下了建康，俘获了陈后主，灭掉了陈朝。

一意孤行

【释义】

原意为谢绝请托，按照自己的意见去处理案件。现指顽固地按照自己的想法，独断专行或不采纳他人的意见。

【出处】

《史记·酷吏列传》："公卿相造请禹，禹终不报谢，务在绝知友宾客之请，孤立行一意而已。"

【故事】

西汉时期，有个叫赵禹的人，是太尉周亚夫的属官，一个偶然的机会，汉武帝刘彻看到了他写的文章文笔犀利，寓意深刻，认为在当时很少有人及得上他。汉武帝对他大为赏识，便让赵禹担任御史，后又升至太中大夫，让他同太中大夫张汤一同负责制定国家法律。

为了用严密的法律条文来约束办事的官员，他们根据汉武帝的旨意，对原有的法律条文重新进行了补充和修订。当时许多官员都希望赵禹能手下留情，把法律条文修订的宽松些，能有个回旋的余地，便纷纷请他和张汤一起做客赴宴，但赵禹从来不答谢回请。几次以后，不少人说他官架子大，看不起人。

过了一些时候，赵禹和张汤经过周密的考虑和研究，决定制定"知罪不举"和"官吏犯罪上下连坐"等律法，用来限制在职官吏，不让他们胡作非为。消息一传出，官员们纷纷请公卿们去劝说一下赵禹，不要把律法修订得太苛刻了。

公卿们带了重礼来到赵禹家，谁知赵禹见了他们，只是天南海北地闲聊，丝毫不理会公卿们请他修改律法的暗示，过了一会儿，公卿们见实在说不下去了，便起身告辞。谁知临走前，赵禹硬是把他们带来的重礼退还了。

这样一来，人们才真正感到赵禹是个极为廉洁正直的人，有人问赵禹："难道你不考虑周围的人因此对你有什么看法吗?”他说:“我这样断绝好友或宾客的请托,就是为了能自己独立地决定和处理事情,按自己的意志办事,而不受别人的干扰。”

有备无患

【释义】

事先有了充分的准备,就不会产生祸患。

【出处】

《尚书·说命中》:“惟事事,乃其有备,有备无患。”

【故事】

春秋时,晋悼公当了国君以后,想重振晋国的威名,像他的先祖晋文公一样,称霸诸侯。这时,郑国是一个小国,一会儿和晋结盟,一会儿又归顺楚国,晋悼公很生气。公元前562年,他集合了宋、鲁、卫等十多个国家的军队出兵伐郑。郑简公兵败投降,给晋国送去大批礼物,计兵车一百辆,乐师数名,一批名贵乐器和十六个能歌善舞的女子。晋悼公很高兴,把这些礼物的一半赏赐给魏绛,说:“魏绛,是你劝我跟戎族和好,又安定了中原各国,八年来,我们九次召集各国诸侯会盟。现在我们和各国的关系就像一曲动听的乐曲一样和谐。郑国送来这么多礼物,让我和你同享吧!”魏绛说:“能和戎族和平相处,这是我们国家的福气,大王做了中原诸侯的盟主,这是凭您的才能,我出的力是微不足道的。不过,我希望大王在安享快乐的时候,能够多考虑一些国家的未来。《书》里说:‘在安定的时候,要想到未来可能会发生的危险;您想到了,就会有所准备,有所准备,就不会发生祸患。’我愿意用这些话来提醒大王!”

有恃无恐

【释义】

因有所依靠而无所顾忌,无所畏惧。

【出处】

《左传·僖公二十六年》:"室如悬罄,野无青草,何恃而不恐。"

【故事】

春秋时,中原霸主齐桓公死后,他的儿子齐孝公继承了王位。鲁僖公二十六年夏天,鲁国遇到了严重的灾荒,齐孝公乘人之危,亲率大军,浩浩荡荡地向东进发,去讨伐鲁国。鲁僖公得知消息,知道鲁军无法和齐军对抗,便派大夫展喜带着牛羊、酒食去犒劳齐军。这时,齐孝公的军队还没有进入鲁国国境,展喜日夜兼程,在齐鲁边界上遇到了齐孝公。展喜对齐孝公说:"我们鲁国的君王听说大王亲自到我国,特地派我前来慰劳贵军。""你们鲁国人感到害怕了吗?"齐孝公傲慢地说。展喜是个能言善辩的人,他不卑不亢地回答说:"那些没有见识的人可能有些害怕,但我们鲁国的国君和大臣们却一点儿也不害怕。"齐孝公听了,轻蔑地说:"你们鲁国国库空虚,老百姓家中缺粮,地里没有庄稼,连青草也看不到,你们为什么不感到害怕呢?"展喜胸有成竹,不慌不忙地说:"我们依仗的是周成王的遗命。当初,我们鲁国的祖先周公和齐国的祖先姜太公,忠心耿耿、同心协力地辅佐成王,废寝忘食地治理国家,终于使天下大治。成王对他俩十分感激,让他俩立下盟誓,告诫后代的子子孙孙,要世代友好,不要互相侵害,这都是有案可稽的。我们的祖先是这样友好,大王您怎么会贸然废弃祖先的盟约,进攻我们鲁国呢?我们正是依仗着这一点,才不害怕。"齐孝公听了,认为展喜的话很有道理。就打消了讨伐的念头,班师回朝了。

有志者事竟成

【释义】

只要有坚定的意志和决心,事情最终就能成功。

【出处】

《后汉书·耿弇传》:"将军前在南阳建此大策,常以为落落难合,有志者事竟成也。"

【故事】

有一次，刘秀派耿弇去攻打占据山东青州十二郡的豪强张步。张步兵强马壮，是耿弇的一个劲敌。张步听说耿弇率兵来攻，就派大将军费邑等分兵把守历下、祝阿、临淄，准备迎击。耿弇先攻下祝阿，然后用计相继攻下历下和临淄。张步着急起来，亲自带兵反攻临淄，于是在临淄城外进行了一场生死搏斗的大血战。在战斗中，耿弇大腿中了一箭，可是他勇敢地用佩刀砍断箭杆，带伤坚持战斗。刘秀闻讯，亲自带兵前来支援。在援兵还未到达的时候，部下陈俊认为张步兵力强大，建议暂时休战，等到援兵到来后再发动进攻。可是耿弇却认为不能把困难留给别人，经过一场激烈的战斗，耿弇终于把张步打得大败。几天后，刘秀来到临淄慰劳军队，他在许多将官面前夸奖耿弇说："过去韩信开创基业，现在将军攻克祝阿，连战连捷，两功相仿，从前你在南阳曾建议请求平定张步，我当时以为你口气太大，恐怕难以成功，如今才知道，有志者事竟成啊！"

运筹帷幄

【释义】

在帐幕中谋划军机。常指在后方决定作战策略。

【出处】

《史记·高祖本纪》："夫运筹帷幄之中，决胜千里之外，吾不如子房。"

【故事】

张良是汉朝的开国功臣。他本是韩国人，韩国被秦国灭掉后，张良立志为韩国报仇，他变卖家产，四处结交英雄好汉。后来，他果然认识了一位勇士，就请他去刺杀秦始皇。遗憾的是，这次刺杀行动失败了，张良受到通缉，便逃到下邳。他在下邳隐姓埋名，一面钻研兵法，一面等候时机。

下邳距刘邦的家乡沛县很近。刘邦起兵后，张良就参加了他的部队。张良身体不好，从未带兵作战。但他足智多谋，为刘邦出了许多妙计。因此，他和萧何、韩信被称为“汉初三杰”,成为刘邦的主要谋士。

运筹帷幄

公元前202年,刘邦正式当上皇帝,史称汉高祖。汉高祖举办了一次盛大的庆功宴会,席间他对大臣们说:“我们今天欢聚一堂,说话不要有顾忌。你们说说,我是怎样得天下的?项羽又是怎样失天下的?”

大臣王陵等说:“皇上对将士有封有赏。所以大家肯为皇上效力;项羽嫉贤妒能,打了胜仗,就忘了人家的功劳,所以失去了天下。”

汉高祖笑了笑,说:“你们只知其一,不知其二。要知道,是成功还是失败,全在用人是否得当。运筹帷幄之中,决胜千里之外,我不如张良;镇守国家,安抚百姓,供应军饷,不绝粮道,我不如萧何;统领百万大军,无战不胜,无城不克,我不如韩信。这三个人,都是当代的人杰,我能用他们之所长,正是我取得天下的根本原因。项羽连一个范增都不能用,还谈什么拥有天下呢?”大家都佩服汉高祖的高见。后张良被封为“留侯”。

扬扬自得

【释义】

形容十分得意的样子。

【出处】

《史记·管晏列传》:“其夫为相御,拥大盖,策驷马,意气扬扬,甚自得也。”

【故事】

晏婴,字仲,谥平,人称晏子,春秋后期一位重要的政治家,思想家、外交家。晏婴是齐国上大夫晏弱之子,以生活节俭,谦恭下士著称。据说晏婴身材不高,其貌不扬。

晏婴虽然才智过人,官居高位,但他处事稳重,处处都表现得非常谦恭。晏婴有一个车夫，他很为自己能替晏子驾车而骄傲。他每次替晏婴驾着有华丽的车盖并由四匹马拉着的车外出，都非常神气，瞧不起别人，以为自己能替晏子驾车就比别人高一等。

一次，他驾着车正好从自己家门前经过，他的妻子从门缝中看到了丈夫那种扬扬自得的样子，心中很不高兴。这天，当车夫回家的时候，他的妻子铁青着脸闹着要回娘家，再也不回来了。车夫很惊奇，问："你今天怎么啦？发生了什么事？"他的妻子哀怨地对丈夫说："你今天驾车路过家门口，我看到你那副扬扬自得的样子，简直令人作呕。你看人家晏婴，他是一个相国，德高望重，虽然他身长只有六尺，但坐在车子里，看上去又稳重，又谦恭；可你呢？虽然身长八尺，不过是个车夫而已，却趾高气扬，表现出一副很了不起的样子。好像你比晏相国还了不起似的。像你这样的人还会有什么出息呢？因此，我觉得跟你这样的人在一起，不如回娘家去。"

车夫听了妻子的话，感到妻子的话很有道理，就向妻子认了错，保证以后改正。他的妻子也就原谅了他。从这以后，这位车夫在驾车时一反常态，处处表现得很谦逊。他的变化，引起了晏子的注意，晏子就问他是怎么回事，车夫便如实地说了。晏子认为车夫的妻子很有见解，也对车夫勇于改过的态度感到满意，便推荐车夫做了大夫。

欲盖弥彰

【释义】

弥：更加。彰：明显。企图掩盖事实真相，结果反而更加暴露得清楚了。

【出处】

《左传·昭公三十一年》："或求名而不得，或欲盖而名章，惩不义也。"

【故事】

春秋时，齐国的大夫崔抒掌管着齐国的军政大权，但他个人品行不道德，非常好色。有一次，同朝为官的棠公去世了，他就去棠公家吊唁。棠公是齐国棠邑的大夫，他的妻子棠姜非常年轻，是个绝色美人。崔抒一见到她，就给迷住了。于是在丧期结束后不顾众人的劝阻，娶了棠姜。

齐国国君庄公，也是个好色之徒。他在棠姜没嫁人之前就跟她私通。这时，他明知崔抒娶了棠姜，却还是与棠姜保持暧昧关系。世上没有不透风的墙，这事让崔抒知道了，崔抒非常气愤，便有意谎称自己有病，待在家里不去上朝。

不久，庄公听说崔抒生病了，就借探视崔抒的机会来和棠姜幽会。于是，崔抒就趁机把庄公杀了。

庄公死后，崔抒立景公为齐国国君，自己做了丞相。可是他杀害君主的事情还是隐藏不住，被传了出去，整个朝廷上下都知道了。

那时候，每个国家都有记录历史的史官，他们负责撰写本国的历史。杀死自己国家的君主，是大逆不道，为众人所憎恶，崔抒无法容忍史官这样记载自己。于是，崔抒多次暗示史官，要他把这事搪塞过去。可是这位史官是非常正直的人，认为真实地记录历史是他不可推卸的责任，于是他如实记述，说："崔抒杀了他的君主。"

崔抒气得不得了，马上派人把那个史官给杀了。可是，继任的史官也没有改变记录，仍然跟上一位一样，秉笔直书。崔抒想，既然杀一个还不足以堵住你们的嘴，我又何妨再杀一个，看你们怕不怕。崔抒就又把史官杀了。接着他又杀了第三任史官。到了第四任史官，这人仍坚持原则，不为崔抒的威胁所动摇。崔抒想：老杀人总不是个事呀，哎，还是算了吧！于是，崔抒只好不再徒劳，他杀害君主的事情也就被记录下来了。

Z

增兵减灶

【释义】

灶:锅灶,古代可以用清点锅灶的办法推算出兵力。指暗里增加兵力,明里装作减少兵力的计谋。

【出处】

《史记·孙子吴起列传》:“使齐军入魏地为十万灶,明日为五万灶,又明日为三万。”

【故事】

孙膑,是战国时著名的军事家,是《孙子兵法》的作者孙武的后代。年轻时,孙膑曾经和庞涓一起学习兵法,后来庞涓在魏国做了将军,庞涓生怕学识、才能比自己高出一头的孙膑给自己带来威胁,就把孙膑骗到魏国。魏王见到孙膑以后对他非常欣赏,使得庞涓对他更加妒忌。庞涓假造罪名,将孙膑陷害。庞涓命人挖掉孙膑双腿的膝盖骨,并且在他的脸上刺字涂墨,想使孙膑从此以后再也不能出头露面。

从此以后,孙膑在魏国远离尘世,含垢忍辱度日。有一天,他听说齐国的使者到了魏国,便暗暗设法脱身。一天断黑以后,他去拜见齐国使者,经过交谈,齐国使者发现他是个人才,就偷偷把他藏在车子里,带着他来到齐国。

到了齐国,孙膑得到大将田忌和齐王的赏识。公元前353年,魏国大将庞涓率军攻打赵国首都邯郸,赵国形势十分危急。赵王向齐王求救,齐王以田忌为主将,以孙膑为军师,率军驰援赵国。田忌采用了孙膑"围魏救赵"的计谋,在桂陵大败魏军,解救了赵国。

公元前342年,魏国攻打韩国,韩王向齐王求救。齐王仍以田忌为主将,孙膑为军师,率领十万大军援救韩国。两人领兵不是前往两国交战的战场,而是领兵攻打魏国的首都。

庞涓闻报齐军攻向魏国的国都,连忙撤离战场,火速回国驰援。孙膑得到庞涓返回的消息,对田忌说:"庞涓依仗魏军强悍,一向看不起齐国军队。我们要因势利导,让他更加骄横。魏军越是轻敌,对我军越有利。"

田忌问道:"该用什么办法取胜?"孙膑说道:"兵法上说,疾行百里去争利的,三军将领可能被敌人擒获;疾行五十里去争利的,只有半数人马能按时到达。为了使魏军疾行争利,我们可用此等计谋。"他将减灶之计细细说给田忌听,田忌认为大妙,决定依计而行。

庞涓领兵回到魏国,齐军已经越过边界进入魏国境内了。庞涓不敢耽搁,急忙领兵追赶。他一面追赶,一面留意齐军安营处的痕迹。追到齐军第一天安营的地方,庞涓让人数一数锅灶的数目,推算出齐军有十万人。第二天,又发现齐军安营的痕迹,数一数锅灶的数目,推算出齐军为五万人。等到他追到齐军第三天安营之处,细细一数锅灶的数目,推算下来齐军只有三万人了。

庞涓大喜,喜滋滋地说:"我早就知道齐军胆怯,现在看来一点儿不假。他们进入魏国境内时有十万人,第二天为五万人,第三天只有三万人,逃亡的官兵已经超过一半了,这样的军队自然不堪一击!"他当即做出决定,丢下辎重和步卒,只率领精兵锐卒日夜兼程追赶齐军。

他哪里知道,这是孙膑的计谋,故意制造假象让他上当。孙膑计算一下庞涓的行程,魏军当在傍晚时分赶到马陵(今山东莘县西南)。马陵那里地势险峻,道路狭窄,难以通行。孙膑让官兵们砍倒许多大树,堆放在路中央;把一棵大树的树皮刮掉,在白色的树干上写上"庞涓死于此树下"几个大字,然后在山坡上埋伏一万名弓箭手,命令他们:"夜晚只要看到火光,一齐向火光处射箭。"一切安排妥当,只等庞涓前来受死。

天刚断黑,庞涓果然领兵来到马陵。忽然先头部队向他报告,齐军在路上堆满了砍倒的大树,挡住了大军的去路。庞涓来到被堵处,细细察看情况。他发现路边的树上仿佛有字,于是大步向前,让士兵点起火把,细看上面写的是什么字。不看则已，一看差点儿把他气昏，上面赫然写着“庞涓死于此树下”！

埋伏的一万名弓箭手见到火光，一齐向火光处射箭，霎时间，矢如飞蝗，魏军在狭窄的山谷里挤成一团，根本没法躲避，官兵们纷纷中箭身亡。忽然，埋伏着的齐军如同猛虎下山，向魏军直扑过来。庞涓知道败局已定，拔出剑长叹一声：“终于成就了这小子的名声！”说完这句话，一狠心拔剑自刎。

庞涓一死，魏军更是一片混乱，很快就被齐军歼灭。这一仗魏军损失惨重，不仅损兵折将，连太子申也被齐军生俘。

这个典故本作“减灶”，后来演变成“增兵减灶”，比喻的意思差不多。

杖头钱

【释义】

指买酒的钱。

【出处】

南朝宋·刘义庆《世说新语·任诞》：“阮宣子常步行，以百钱挂杖头，至酒店，便独酣畅，虽当世贵盛不肯诣也。”

【故事】

魏晋南北朝时期，陈留郡阮氏活跃在历史的舞台上，阮籍、阮咸、阮孝绪、阮长之、阮佃夫等数十人成为名重一时的历史人物，阮修也是其中之一。

阮修，字宣子，他喜好《易》《老》，善于清谈。阮修讨厌凡夫俗子，在路上相遇便转身离去；而对志同道合的人，则不论贵贱，自由往来，即使无话可说，也乐意默默地相对而坐。

阮修不信鬼，常常为此跟别人辩论。有一次，别人都说有鬼，偏偏他说没有：“从古到今，见过鬼的人都说鬼穿着生前的衣服。如果人死后变成鬼，那么衣服也要变成鬼！”他这么一说，别人没有办法对他进行反驳。

有一次，阮修要砍土地庙里的树，有人阻止他，说：“砍掉了土地庙里的树，土地神会愤怒，就要做出对大家不利的事。”

阮修说："如果土地庙里只有树，砍了树也没什么；如果种树是为了土地神，砍了树土地神就走了。既然如此，土地神怎么会做出对人不利的事！"

阮修疏放任性，无意政事，饮酒成了他宣泄痛苦、躲避灾祸的一种方式。他常常将钱串起来挂在拐杖上，徒步行走，遇到酒店，便进去独酌独饮，一醉方休。

执牛耳

【释义】

春秋时代，诸侯之间订立盟约，要割牛耳歃血，由盟主拿着盛放牛耳的盘子。本指盟主。后泛指在某一方面居于领导地位。引申为位于第一。

【出处】

《左传·哀公十七年》："诸侯盟，谁执牛耳？"

【故事】

春秋时代，诸侯们为了扩大自己的地盘，巩固自己的势力范围，你打我，我打你，战争连年不断，这便是后世说的"春秋无义战"。

不过，有时候，诸侯国之间打得两败俱伤，双方都想休兵，于是便宣誓结盟，求得暂时的安宁；有时候，为了遏制某一个诸侯国的入侵，几个国家结盟共同抵御某一诸侯国；有时候，力量强大的诸侯为了使别国都听自己的指挥，也和其他的诸侯结盟，结盟以后，自己成为盟主，其他各国都必须听从自己的指挥。

宣誓结盟是件大事，马虎不得。举行这一隆重仪式时，组织这次结盟活动的"主盟者"先将一头活牛的耳朵割下，将牛耳盛于盘中，执盘祭拜天地神灵，并以牛血涂抹嘴唇以示诚意。随后，赴会的诸侯也要祭拜，同样要用牛血涂抹嘴唇，表示彼此之间的结盟誓言有天地神灵作证，倘若有人违背了誓言，必将受到神灵的惩罚，像牛一样死亡，这就是"歃血为盟"。

鲁哀公十七年（公元前478年），狂妄自大的鲁哀公在蒙地与齐平公结盟。在举行结盟仪式时，齐平公叩头为礼，鲁哀公只是弯腰作揖。齐国人为此恼怒，认为鲁哀公轻慢齐平公。鲁国人却说，这一次结盟鲁哀公执牛耳，是当然的盟主；既然是盟主，除了天子以外不向任何人叩头。

鲁哀公争夺盟主的名分，却没有做盟主的实力。十年以后，鲁哀公因为内乱逃亡国外，最终卒于有山氏。

掷果盈车

【释义】

盈：满。妇女把水果扔给潘安，水果堆满了他乘坐的车子。形容男子容貌俊美，女子对他十分倾慕。

【出处】

南朝宋·刘义庆《世说新语·容止》："潘岳妙有姿容，好神情。"刘孝标注引《语林》："安仁至美，每行，老妪以果掷之满车。"

【故事】

赞誉男子美貌，最常用的词语就是"貌如潘安"；夸人文才好，常说"陆海潘江"，陆指陆机，潘指潘岳，也就是潘安。潘安既有才又有貌，怪不得众多妇女对他倾慕了。

据说潘安年轻的时候，喜欢坐车到洛阳城外游玩，女孩子们见了他，立时手拉着手把他围在中央；即便是老妇人见了他，也要把水果扔给他。以至于潘安外出回家时，车上总是装满了水果，这就是"掷果盈车"的来历。

你可千万不要以为潘安是招蜂引蝶的纨绔子弟，潘安对待爱情真正是忠贞不贰。

潘安十二岁时，便与十岁的杨氏定亲。婚后两人共同生活二十多年，幸福美满，伉俪情深。妻子不幸早亡，潘安对她念念不忘，以后未曾再娶。他写下三首有名的《悼亡诗》，用来怀念亡妻，开创了悼亡诗的先河。

潘安还是个大孝子。他的母亲得了重病，思归故里。潘安立即辞官，奉母回乡。回到家乡后，他的母亲病愈，由于家境贫穷，他就亲自劳作，奉养母亲。在他精心护理下，母亲得以安度晚年。

不过,潘安最终还是没能摆脱荣华富贵的诱惑,经常参与依附贾谧的文人集团的活动,身陷宫廷争斗的漩涡中。贾谧是皇后贾南风的侄子,贾后很快败亡,司马伦发动兵变入宫,尽诛贾后党羽。公元300年,潘安在洛阳被杀,时年五十三岁。

重价求山鸡

【释义】

花大价钱购买山鸡。比喻不辨真伪。也用作有所奉献的谦辞。

【出处】

《太平广记》卷四六一引《笑林》:“楚人不识凤,重价求山鸡。”

【故事】

有个楚国人,笼子里装着山鸡在卖。有个人从这里路过,看到山鸡便停了下来,左打量右打量,说:“这只鸟的毛真好看。”卖山鸡的人说:“那当然。”那人又看了一会儿,问道:“这是什么鸟?”卖山鸡的人骗他:“这个鸟你都不知道?这是凤凰。”

那人听了一惊,说:“哦,怪不得!过去我只听说过凤凰,今天总算见到了。你这只凤凰卖不卖?”卖山鸡的人说:“当然卖了。”那人想了一会儿说:“一千两银子卖给我,怎么样?”卖山鸡地说:“亏你说得出口,一千两银子就想买凤凰?”那人问:“你说要多少钱?”卖山鸡地说:“最少也要两千两银子。”那人犹豫了一会儿,最后还是狠了狠心,花两千两银子把那只山鸡买下了。

那人买了山鸡,准备把它献给楚王。不料过了一夜,那只山鸡竟然死了。那人十分懊丧:买下这么贵重的宝贝,竟然没能献成!

一传十,十传百,这件事很快就沸沸扬扬传开了,大家都以为那人买了凤凰打算献给楚王,第二天凤凰却死掉了,最后没能献成,太可惜了!

这件事很快就传入宫中,楚王被那个买山鸡人的忠诚感动,于是召见了他,对他进行赏赐。那个人得到的赏赐,价值超过了买山鸡的十倍。

周妻何肉

【释义】

周颙有妻子,何胤要吃肉。本指二人学佛修行各有所累。后比喻饮食男女。

【出处】

《南齐书·周颙传》:“太子曰:‘所累伊何?’对曰:‘周妻何肉。’”

【故事】

周颙,字彦伦,南朝汝南安城(今河南汝南)人。他学识渊博,尤长于佛理。那时候,宋明帝刘彧喜好玄理,召他为内殿侍事。

宋明帝刘彧信鬼神,多忌讳,喜怒无常,行为荒唐。册立太子的那一天,刘彧让所有后妃、公主与命妇坐在一起欢宴。喝到半醉的时候,刘彧命令所有妇女脱光了衣服,赤裸着身体恣意欢谑。有时候他兽性大发,对臣下大加责罚,任意杀戮。周颙不敢对刘彧的所作所为进行劝谏,只是颂念佛经中因缘罪福之事。刘彧听说了此事,恶行稍稍有所收敛。

何胤,字子季,也是南朝时人。他自幼好学,精通儒家学说,作《毛诗隐义》十卷,《毛诗总集》六卷,《礼记隐义》二十卷,《礼答问》五十五卷。晚年独身一人,喜好玄学,注《百法论》一卷,《十二门论》一卷,《周易》一卷。

南齐时,周颙年纪渐老,清心寡欲,一年到头只吃蔬菜,虽有妻子,却独自住在山舍。

有一次,卫将军王俭问他:“你在山中吃些什么?”周颙回答道:“糙米白盐,绿葵紫蓼。”太子接着问道:“什么菜的味道最好?”周颙说:“春初早韭,秋末晚菘。”太子接着又问:“你跟何胤相比,哪一个更加精进?”周颙回答道:“三灾八难,在所未免。不过,各人受累有所不同。”太子问道:“你们受到什么牵累?”周颙回答道:“周妻何肉(我周某有妻子,他何某要吃肉)。”

自毁长城

【释义】

自己毁坏保卫边疆的万里长城。比喻自己杀害保卫国家的大将。后也比喻自己削弱自己的力量,也泛指自己破坏自己的事业。

【出处】

《宋书·檀道济传》:"初,道济见收,脱帻(头巾)投地曰:'乃复坏汝万里之长城!'"

【故事】

檀道济,南朝刘宋开国元勋,曾随宋武帝刘裕征战南北,为刘宋的建立做出了不可磨灭的贡献。

公元422年,宋武帝刘裕去世,太子刘义符继位。刘义符继位后恶习不改,终日游幸,被辅政大臣徐羡之等所废,不久被杀。随后刘裕的第三个儿子刘义隆即位,他就是宋文帝。

檀道济功勋显赫,威名日重,他的左右心腹都是身经百战之将,几个儿子又很有才气,引起了朝廷的猜忌。那时候,文帝久病不愈,执掌朝政的彭城王刘义康非常担心,万一文帝刘义隆去世,檀道济将难以被钳制。刘义康便向宋文帝屡进谗言,劝文帝尽早除掉檀道济。时隔不久,朝廷颁发诏书,召檀道济回朝。

檀道济接到朝廷的命令,准备整装启程。他的妻子向氏对檀道济说:"功高盖世,自古所忌。如今无事相召,恐怕有什么祸事。"

檀道济安慰她道:"我率领军队抵御外寇入侵,责任重大。如今诏书上说回朝商议边患之事,你也不要担心。"

檀道济入朝,探问文帝病势。公元436年春天,文帝病情有所好转,檀道济准备返回。刚要下船,忽然有人来报,皇上不省人事,檀道济只得回宫听候消息。

彭城王刘义康再不手软,指示禁军将檀道济拿下。刘义康编造事实,诬陷檀道济图谋不轨,随后将他杀害。临刑前,檀道济目光如炬,愤怒地喊道:"你们这是在自毁长城啊！"檀道济被杀，同时遇难的还有他的儿子和部将八人。随后，他的妻子和家人都被杀害。

北魏诸将得到这个消息，一个个欣喜万分，纷纷说道："檀道济死了，以后再不用惧怕吴儿之辈！"

公元450年，宋文帝再次北伐，结果大败而归。魏军乘胜南下，一直打到长江北岸的瓜步（今南京六合东南）。宋文帝登上石头城，后悔地说："假如檀道济还在，敌人怎么能打到这里来！"

走麦城

【释义】

关羽败走麦城（今湖北当阳两河镇）。比喻强者陷入失利的局面或绝境。

【出处】

明·罗贯中《三国演义》第七十六回："徐公明大战沔水，关云长败走麦城。"

【故事】

走麦城

孙、刘联军在赤壁大败曹军以后，关羽领兵驻扎荆州，与曹操的军队相对峙。

公元219年，关羽率领荆州大军，向驻守樊城（今湖北襄阳北）的曹仁发起进攻。樊城虽小，却是战略要地，曹操生怕有所闪失，忙派于禁、庞德率领人马火速增援。这一仗关羽打得实在漂亮，于禁被迫投降，庞德被杀，他们带去的人马全军覆没。这消息如同一声炸雷，惊得曹操坐立不安，连忙又派大将徐晃到前线抵御关羽。

关羽得到于禁的数万官兵后，粮草不继，便派兵夺取东吴储存在附近的粮食，供应自己的部队。孙权闻讯后大怒，派兵时时骚扰关羽。

孙权对荆州垂涎已久，这时趁机写信给曹操，请求允许他讨伐关羽为曹操效力，同时要求曹操不要把消息泄露出去，使关羽有所防备而贻误战机。曹操接到来信，和属下商量了一番，决定一方面答应孙权的要求，一方面将孙权将要攻打关羽的消息悄悄散布出去。

孙权得到曹操的应允，委派吕蒙为主帅，准备向关羽发起进攻，夺取荆州这块肥沃的土地。吕蒙说服了孙权，起用年轻的将领陆逊与关羽周旋。然后他借口有病，将兵权交给前来接任的陆逊。

关羽闻知吕蒙离任，由后生小子陆逊接替，心里麻痹起来。陆逊顺水推舟，派人给关羽送去一封措辞谦恭的信；关羽看了来信，更不把陆逊放在眼里。他放心大胆地将驻守后方的军队调来，增援攻打徐晃、曹仁的部队。

关羽将后防的军队调走，荆州防务空虚。孙权闻报后大喜，亲自率领大军向荆州进发。他让吕蒙为前部，悄悄向荆州方向移动。吕蒙将精兵锐卒伪装成商人，躲藏在船舱内，分批渡过长江，来到荆州地域。东吴的人马轻而易举地拿下了沿江的岗楼，荆州的警戒完全失灵，关羽对东吴军已经到来的事，竟然一无所知。

关羽领兵在外，屡屡催促驻守在江陵的糜芳和驻守在公安的傅士仁供应军需物资，军需物资未能完全送到，关羽怒道："待我回去以后惩治这两个小子！"两人听说后惴惴不安，对关羽产生了二心。吕蒙认为有机可乘，向他们分析利害得失，两人最终向东吴投降。

吕蒙进入江陵后，将被囚禁的于禁释放。他又向全军发布严令：不许骚扰百姓。这道严令起了很大的作用，当地军民没有人抗拒东吴军队。

关羽得知荆州一带失守，大吃一惊，连忙率领人马，向南撤退。他想夺回荆州，挽回自己一手造成的败局。关羽一面南撤，一面连连派出使者到荆州与吕蒙会见。吕蒙对关羽的使者都予以热情接待，并且允许他们在城中自由活动。将士们的家属有的向使者询问亲人的情况，有的托使者带信给自己的亲人。使者返回以后，将士们私下里向使者询问家中的情景，得知一切平安，将士们因此丧失了斗志。

就在这个紧要关头，孙权来到江陵，荆州的文武百官全都归附。这时的关羽陷入了困境，前有东吴的大军，后有曹操的军队，前进不得，后退也不成。吕蒙、陆逊见时机已到，率部迎头邀击，一边是养精蓄锐之师，一边是疲惫不堪、军心动摇之众，一经交锋，关羽的军队立即溃败。

关羽看看身边的将士，只剩下几百人。这么点儿兵力连突围都困难，哪里还能再收复荆州！他长叹一声，说："我关羽英雄一世，没料想今日落到如此地步。"他略一思索,决定先往麦城,然后再做打算。关羽刚进麦城,吕蒙便率领大军追到,一下子将麦城层层包围。

关羽并没有气馁,一面设法突围,一面期望救兵赶到。一连几天过去了,望眼欲穿的官兵们连一个援兵的影子也没有见到。孙权派人前去劝降,关羽假装答应下来。他让人用幡旗做了人像插在城头,自己率领部下乘敌人疏忽之际突出了麦城。

孙权估计大军困不住这位猛狮般的大将,事前已经命令朱然、潘璋切断了通往西川的道路。朱然、潘璋让部下挖好陷阱,只等关羽自投罗网。

关羽突出麦城以后,不敢走大路,只敢走崎岖不平的崎岖小道。这时候,跟随他的只有关平和十几个骑兵。没跑出几十里,朱然、潘璋领兵挡住了他的去路。关羽拍马上前,准备再拼杀一番,谁知战马才跑出几步,就"轰隆"一声连人带马掉进陷阱;关平连忙来救,也跌入另一个陷阱。

朱然命人将关羽、关平五花大绑捆好,押赴大营送到吕蒙面前。吕蒙好言劝降,招来的却是关羽一顿臭骂。他见关羽不肯降服,便将关羽关押起来。吕蒙想将关羽、关平押赴江陵,又怕途中发生意外。万一放虎归山,那可不得了。他思索再三,将关羽父子就地斩首。

荆州一带落入孙权之手,刘备僻处蜀中,实力大损。三国之间的矛盾冲突,也就更加复杂激烈了。

糟糠之妻不下堂

【释义】

糟糠:酒糟、米糠等粗劣食物,指不值钱的东西;堂:房屋的正房。贫贱时共过患难的妻子不离开正房。指不遗弃共过患难的妻子。

【出处】

《后汉书·宋弘传》:"臣闻贫贱之交不可忘,糟糠之妻不下堂。"

【故事】

汉代的大臣宋弘,因为"糟糠之妻不下堂"的佳话而流芳百世。

宋弘年纪轻轻便当上了大官，在哀帝、平帝两朝官居“侍中”。王莽篡权以后任命他为共工（官名）。赤眉军攻入长安，将宋弘一家俘虏，行至渭桥时，他纵身跳入河中，家人连忙把他救了起来，他便装死，才未被掳走。就在这次灾难中，宋弘认识了一位姑娘并和她结为连理。

光武帝即位，授予宋弘太中大夫的职务。建武二年（公元26年），宋弘代替王梁担任大司空，并被封为木匈邑侯。宋弘为官清廉，把自己的俸禄全都分送给了穷亲戚，家中没有一点积蓄。他为官口碑甚佳，后来光武帝刘秀改封他为宣平侯。

那时候，光武帝刘秀的姐姐湖阳公主刚刚死了丈夫，光武帝怕她一人孤单寂寞，想让她再嫁。光武帝看中了宋弘，但不知姐姐同意不同意。

有一天，光武帝故意跟她谈起朝廷群臣，暗暗揣摩姐姐的心思。湖阳公主说道：“宋公的相貌与道德，不是其他朝臣所能比的。”光武帝听了非常高兴，姐姐和自己想到了一处！

光武帝特地召见了宋弘，让公主坐到屏风后面仔细观察。谈了一会儿朝廷事务，光武帝便跟他闲谈起来。光武帝对宋弘说：“人升了官就换朋友，发了财就换老婆，这也是人之常情吧。”

宋弘何等聪明，一下子就明白了皇上的心思，于是回答道：“臣听到有这样的谚语：贫贱之交不可忘，糟糠之妻不下堂。”

能做皇上的姐夫，这是何等好事！连这样的好事都被他推脱了，光武帝不得不对他另眼相看。宋弘离开以后，光武帝对湖阳公主说：“看样子这件事办不成了！”

宋弘不仰慕权势，不贪图富贵，一句“糟糠之妻不下堂”，便传为千古佳话。

朝三暮四

【释义】

朝：早上。暮：晚上。早上三个，晚上四个。原指善于使用手段愚弄人。后用来比喻变换手法，欺骗别人，或主意不定，反复无常。

【出处】

《庄子·齐物论》：“狙公赋芧，曰：‘朝三暮四。’众狙皆怒。曰：‘然则朝四而暮三。’众狙皆悦。名实未亏而喜怒为用，亦因是也。”

【故事】

庄子是道家学派的代表人物，是老子思想的继承者和发展者，先秦庄子学派的创始人。后世将他与老子并称为“老庄”，将他们的哲学称为“老庄哲学”。

庄子曾做过漆园吏，生活贫穷困顿，力图在乱世保持独立的人格，追求精神自由。《庄子》一书想象力丰富，文笔变化多端，具有浓厚的浪漫主义色彩。内容采用寓言故事形式，富有幽默讽刺的意味，对后世语言文学有很大影响。

在《庄子·齐物论》中记载着这样一个寓言故事：

战国时，宋国有个老人养了一群猴子，人们称他为狙公。他家境并不好，但他非常喜爱猴子，宁可省吃俭用，腾出钱来给猴子买吃的，从不让它们饿肚子。

狙公和猴子们朝夕相处，双方极为融洽。猴子们想什么，狙公一看就知道；他说什么，猴子也能理解。

猴子很贪食，没完没了地吃，时间长了狙公实在供应不起。他准备减少它们的食物，又怕它们不顺从自己，因此想了一个办法。

一天，狙公对猴子们说：

“从明天起给你们吃栗子，早上三个，晚上四个，够了吗？”猴子们听了，又跳又叫地发起怒来。

狙公改口说：

“好吧，那就早上给四个，晚上给三个，这样够吃了吗？”猴子们听了，都高兴得在地上翻跟头。

其实，狙公给猴子栗子总数没有变化。后来人们从中演变出“朝三暮四”这句成语。

昭然若揭

【释义】

昭然：明显、显著的样子。揭：原意为高举，现也指揭开。形容真相全部暴露，一切都明明白白。

【出处】

《庄子·达生》:“昭昭乎若揭日月而行也。”

【故事】

庄子是道家学派的代表人物,是老子思想的继承者和发展者,先秦庄子学派的创始人。后世将他与老子并称为“老庄”,他们的哲学为“老庄哲学”。

庄子曾当过漆园吏,生活贫穷困顿,他力图在乱世保持独立的人格,追求逍遥的精神自由。《庄子》一书想象力很强,文笔变化多端,具有浓厚的浪漫主义色彩。该书采用寓言故事形式,富有幽默讽刺的意味,对后世文学语言有很大影响。《汉书艺文志》著录《庄子》有五十二篇,但留下来的只有三十三篇。分为:外篇、内篇、杂篇。其中内篇七篇,一般定为庄子著;外篇杂篇可能掺杂有他的门人和后来道家的作品。

在《庄子》的《外篇·达生》中记载着这样一个寓言故事:

孙休是春秋时鲁国人,他的老师名叫扁庆子,师徒俩常在一起研究问题,其中讨论最多的是关于修身处世的学问。

一天,孙休又来到扁庆子家,进门后就唉声叹气地说:“我的命运真不好。在田里种庄稼,却得不到好收成;到朝廷去做官,又遇不到贤明的君主;我被放逐到乡间,还要遭到乡官的嫌弃。我究竟有什么过错得罪了老天,才遭到这样的厄运?”

听了孙休的话,扁庆子教育他说:“你知道圣人如何评价自己的言行吗?他们非常清高,所以能忘记自身的欲望。如何对庸俗的事情视而不见,听而不闻,心胸中坦荡荡,这才是圣人的为人之道。”

接着,扁庆子谈到了孙休:“可是你呢,尽想着俗人的事情,表达自己的欲望,炫耀自己的才能又是那么明显。张扬自己太过于明显了,这怎么能做到像圣人那样呢?你应该感到庆幸,你生下来时身体长得很完全,五官一个也不少,后来也没有因为病或天灾变成聋人、瞎子、跛子,又生儿育女,享受天伦之乐,这不是已经很好了吗?你不应该怨天尤人,回家冷静地想想吧!”

忠言逆耳

【释义】

逆耳:不顺耳。对自己有利的话语听起来都觉得不顺耳。正直的劝告听起来不顺耳,但有利于改正缺点错误。

【出处】

《韩非子·外储说左上》:“夫良药苦于口,而智者劝而饮之,知其入而已己疾也;忠言拂于耳,而明主听之,知其可以致功也。”《史记·留侯世家》:“忠言逆耳利于行。”

【故事】

汉代的高祖刘邦和项羽一起反抗秦朝的暴政。刘邦的军队比项羽先行攻打到了咸阳,秦王子婴见大势已去,就领着仆人,带着皇帝的大印、兵符等来到刘邦的军营,向刘邦投降了。秦朝政权正式宣告灭亡。

刘邦率领军队进入了秦朝的都城咸阳,他的将士们都乱纷纷地争着去找宫中的库房宝物,大家都挑好的东西拿。刘邦也在将士们的陪同下来到了阿房宫,他看到宫殿那么富丽堂皇,陈设那么豪华,眼睛都看花了。他每到一处,都有许多美如天仙的宫女们跪在地上迎接他,使得他有些飘飘然。

他在宫中待了一会儿,坐了一下秦二世的龙床,感到舒服极了,真想在宫中住下来不走了。正在这时,刘邦的部将樊哙突然闯了进来,他毫不客气地对刘邦说:“您是想打天下呢,还是想当个大财主啊?秦朝为什么灭亡了?还不是因为这些奢侈华丽的东西!您要是想打天下,就不能留恋这些东西。还是赶快回到军营中去吧!”

刘邦还是不想马上离开,说:“你先回去吧!我再待一会儿。”恰好这时张良也进来了,樊哙就把刚才的事对他说了一遍,要他去劝劝刘邦。张良就对刘邦说:“正是因为秦朝的君主生活奢侈,荒淫无道,引起百姓造反,您才能够来到这儿。您为天下百姓除害,就应该勤俭朴素,而您却一进秦宫就想着享乐,这怎么能行呢?俗话说得好，良药苦口利于病，忠言逆耳利于行。樊将军说得很对，希望您能听从他的劝告。”

张良是刘邦的重要谋士，刘邦对他一向十分敬重。他听了张良的话以后，猛然醒悟，就命令将士不准拿宫中的一针一线，把库房也原样不动地封了，然后带着将士们回到了军营。

接着，刘邦召集了咸阳附近郡县的父老，向他们约法三章，设身处地为老百姓着想，得到了老百姓的拥护，为他以后夺取天下打下了良好的基础。

相敬如宾

【释义】

指夫妻互相尊敬，如同对待宾客一样。

【出处】

《左传·僖公三十三年》：“臼季使过冀，见冀缺耨，其妻馌之，敬，相待如宾。”

【故事】

春秋时代，晋国大夫胥臣奉命出使，路过冀地，遇见一人正在田间锄草。这时候，他看见农人的妻子把午饭送到田头，恭恭敬敬用双手捧献给丈夫。丈夫一本正经地接住，祝祷后进食，妇人站在一旁等他吃完，收拾餐具辞别丈夫而去。胥臣十分赞赏，认为夫妻之间尚如此尊敬，如同对待宾客一样，何况对待别人。

他深信农人一定是有德行的人，于是他停下车马，上前向农人请教姓名。原来，这个农夫是朝臣郤芮的儿子郤缺。郤芮原先因功封在冀地，被人称为冀芮，后犯谋逆罪被杀。他的儿子郤缺也被废为平民，以耕种为生，但人们仍习惯称他为冀缺。

胥臣完成使命回国，这时晋国两位贤臣狐偃、狐毛相继去世。晋文公失去了左右手，心情很不好，闷闷不乐的。胥臣便趁机向文公推荐郤缺，担保他才德兼备，如能起用，一定不比狐毛、狐偃差。文公很不高兴地说，罪臣的儿子怎么能重用呢？胥臣这时对言：

“在古代，尧、舜是贤君，可是尧的儿子丹朱、舜的儿子商君都是不贤德的。大禹的父亲鲧为舜治水，九年都没有成功，被舜处死了；舜却让他的儿子禹接着治水，禹治水时三过家门而不入，一心治水，终于把洪水治平了。后来，舜还把王位传给禹，使他成为一代圣君。可见贤与不贤并非父子相传，主公何必记着旧仇而抛弃有用之才呢？”

胥臣的一番话说得晋文公十分信服，于是立即下令任命胥臣为下军元帅，郤缺为下军大夫。不久，文公去世，襄公继位，晋国在国丧期间遭外族侵犯。郤缺一马当先，率军迎战外敌，迅速击溃敌军，立下了赫赫战功。晋襄公为了嘉奖郤缺，升任他为卿大夫，重新把原来他家的封地冀地封赏给了他。

相濡以沫

【释义】

濡：沾湿。沫：唾沫。泉水干了，鱼吐沫互相润湿。比喻一同在困难的处境里，用微薄的力量互相帮助。

【出处】

《庄子·大宗师》：“泉涸，鱼相与处于陆，相呴以湿，相濡以沫，不如相忘于江湖。”

【故事】

庄子年轻时家中很穷，经常没米下锅。一天，家中的米又断了，他妻子就叫他到邻居家去借点粮食，不然中午就没得吃了。于是，庄子拿起自己那件补满了补丁的粗布衣服穿上，就出门找邻居监河侯去借粮食。监河侯听到庄子说明来意后，就不想借给他。于是就说：“你放心，我们是邻居，我会帮你的。等秋天到了，我把封地的税收来后，再借给你，你看行吗？”

庄子听了很生气，回答：“我来的时候，看见道路上有马车所压的车辙印。印子中有几条鲫鱼看见我过来，就跟我求救，让我弄一瓢水救它们的性命。我答应了他们，却告诉它们说，你们先别急，等我先出去游历，回来时我引西江的水救你们。可是那几条鲫鱼却骂我说，哼，等你这样来救，我们早就变成鱼干了！”说完，庄子米也不借了，气愤地回家了。

庄子的妻子责怪他为什么不多跑几家去借，庄子说：“我有我的想法。”他妻子说：“天大的道理也得吃饭呀！人不吃饭，是会饿死的啊！”

庄子说：“你讲得不对，不能这样说。实际上，死和生是自然规律，就像白天与黑夜一样。例如河水干枯了，鱼儿们被困在陆地上。这时候，就会向对方身体上吹些潮湿的空气，或者用唾液浸润对方的身体，就已经很好了。”

说完，他低下了眉头，开始自言自语：“如果不能做到这一点，那就不如当初在大湖里就相互忘记，各不关心……”

庄子的妻子知道跟他说不通了，回到里屋哭了起来。

孜孜不倦

【释义】

孜孜：勤勉的样子。意指勤奋努力，不知疲倦。

【出处】

《尚书·君陈》：“惟日孜孜，无敢逸豫。”《后汉书·鲁丕传》：“性沉深好学，孳孳不倦。”

【故事】

在远古时期，我国的黄河流域洪水经常泛滥。洪水所到之处，庄稼全部被淹了，房子也被冲倒了，百姓们流离失所。

尧征求四方部落首领的意见，派谁去治理洪水，首领们都推荐鲧。鲧花了九年时间治水，也没有把洪水制伏。后来，鲧临死前叮嘱儿子“一定要把洪水治好”。

禹是鲧的儿子，他受到父亲的嘱托，也看到了百姓们困苦的生活，下定决心一定要把水治好。他改变了父亲的做法，带领群众凿开了龙门，疏通了沟渠，挖通了九条河，引渠入河，引河入江，引江入海。经过十几年的努力，终于把洪水引到大海里去，从此彻底解决了水患问题。

洪水治好后，地面上又可以供人种庄稼了，禹和稷一起教导百姓，并向他们传授种庄稼的方法，还和大家一起劳动。他戴着箬帽，拿着锹，带头挖土、挑土，经过他们的不懈努力，连年荒芜的土地上长出了茂盛的庄稼。等到庄稼丰收之后，禹又让大家按照自己的需要相互交换东西。从此，百姓们安居乐业，过上了幸福的生活。

舜年老以后，也像尧一样物色继承人。因为禹治水有功，大家都推选禹。到舜一死，禹就继任了部落联盟首领。禹对舜帝说："惟日孜孜，无敢逸豫。"意思是：我每天都认真勤奋地工作，不敢有半点懈怠，更不敢贪图享乐。

纸上谈兵

【释义】

在纸面上谈论打仗。比喻空谈理论，不能解决实际问题。也比喻空谈不能成为现实。

【出处】

《史记·廉颇蔺相如列传》记载：战国时赵国名将赵奢之子赵括，年轻时学兵法，谈起兵法来父亲也难不倒他。后来他接替廉颇为赵将，在长平之战中，只知道根据兵书办，不知道变通，结果被秦军大败。

【故事】

赵括，战国时期赵国人，赵国名将马服君赵奢之子。他从小就学习兵法，熟读兵书，所以谈论起用兵打仗的事，会引经据典，说得有条有理，所以他自认为天下没有人能够抵挡住他，赵括曾经跟他的父亲赵奢谈论过用兵打仗的事，赵奢不能驳倒他，但是也并不说他好。赵括的母亲问赵奢其中的原因，赵奢说："打仗是要以命相搏的事，但是赵括把他说得轻而易举。假使赵国不让赵括做将军，那倒是赵国的福气，如果一定要他担任将军，那么毁掉赵国军队的一定是赵括了。因为他从没上过战场，只会'纸上谈兵'，一旦真的领兵打仗，绝对会出问题！"

知子莫若父，赵奢对儿子的看法十分正确。秦昭王四十六年，秦王派大将王龁攻打韩国的上党，赵国大将廉颇奉赵王之命率兵二十万救援韩上党。他采取固守政策，坚守长平，和秦军相持了四个多月，秦军没能攻下长平。

眼看到手的韩上党归了赵，秦昭王十分恼火。于是，秦王采用宰相范雎的离间计，到赵国去散布谣言说："秦军所惧怕的，只有赵括一个人。廉颇是个无能之辈，再过些日子，他就要投降了。"

赵王听信了谣言，便准备派赵括去代替廉颇领兵。一天，赵王招来赵括，问他说"你能击败秦军，为国争光吗？"

赵括大言不惭地说："秦将白起，擅长用兵，要是碰上他，那我还得考虑一下对付的办法，但是现在是王龁领兵，我一定把他打得落花流水。"

于是，赵括接掌了廉颇的兵权后，对赵军进行了一番整顿，再与王龁交战。王龁不利，昭王听闻后，急忙改派武安君白起为主将，王龁为副将。白起与赵括决战，结果白起大败赵括，赵军四十万人马被俘后全部被活埋，"纸上谈兵"的赵括也在突围时中箭身亡。

在这场战役当中，赵国的损失惨重，几乎耗尽了国家的主要力量，元气大伤。经过了很长的时间，赵国的国力才恢复到战前的水平。

只许州官放火，不许百姓点灯

【释义】

比喻统治者可以任意胡作非为，老百姓却连正当的活动也要受到限制。也用来泛指自己可以为所欲为，对别人却严加限制。

【出处】

《老学庵笔记》卷五："田登作郡，自讳其名，触者必怒，吏卒多被榜笞。于是举州皆谓灯为火。上元放灯许人入州治游观，吏人遂书榜揭于市曰：'本州依例放火三日。'"

【故事】

陆游，字务观，号放翁，南宋时期著名的诗人。他创作了很多诗歌，今存九千多首，内容极为丰富，有的抒发政治抱负，有的反映人民疾苦，诗歌风格雄浑豪放；有的抒写日常生活，多为清新之作。《老学庵笔记》是他的一部重要的作品，内容多是作者或亲历，或亲见，或亲闻之事，或是读书考察的心得。以他那文学家流畅的笔调书写出来，不但内容真实丰富，而且兴趣盎然，是宋人笔记中的佼佼者。书中讲了这样一则故事：

当时有一个州官名叫田登。他这个人有个坏毛病，就是不准别人说登字，凡是跟“登”同音的字也不准说。如果谁违犯了他的规定，就会有生命危险。

有一次，有个小官吏一时疏忽，天黑的时候叫手下人点灯，恰好被田登听见了。田登见他竟然敢当面说“灯”字，大发雷霆，就命人把这个小官吏痛打了一顿。从此以后，州府里的人都把“灯”称为“火”。而且，田登还发布公告，州中百姓也不许说“点灯”，只能说成“点火”。

元宵节快到了，在节日期间，要举行灯会，家家户户都在门前张灯结彩，有钱人家更是互相攀比，奇灯异彩，富丽堂皇。百姓们到了晚上就成群结队到城中游玩、观灯，非常热闹。

田登的州府也要举办灯会，让百姓进城观灯。于是，田登让文书出了一张公告，公告中说：“本州依照惯例，放火三天。”原来，举办灯会称为“放灯”，但说“放灯”触犯了田登的忌讳，所以就说成“放火三天”。州中的百姓看到了这份告示，觉得田登的气焰实在是太嚣张了，于是忍不住说道：“可笑，如果真是放火三天，他田登还想活命吗？真是只许州官放火，不许百姓点灯啊！”

专横跋扈

【释义】

跋扈：霸道，不讲道理。专断横行，蛮不讲理。

【出处】

《后汉书·梁冀传》：“帝少而聪慧，知冀骄横，尝朝群臣。目冀曰：‘此跋扈将军也。’”

【故事】

东汉时期，大将军梁商的儿子梁冀，相貌阴险凶恶，说话结巴。他从小放荡不羁，整天游手好闲，喜欢喝酒，常玩弹棋、蹴鞠等游戏，又喜好打猎、斗鸡。他依靠父亲和当皇后的妹妹的权势，官运亨通，先后担任过黄门侍郎、虎贲中郎将、步兵校尉、执金吾等官职。

汉顺帝永和元年(公元136年)，梁冀又被封为河南尹。他上任后，为非作歹，肆意搜刮百姓。他父亲的好朋友吕放，时任洛阳令。一次，吕放去拜访梁商，就把梁冀的所作所为告诉他。梁商把梁冀狠狠训斥了一顿。梁冀怀恨在心，立刻派人在路上把吕放刺杀了。他害怕梁商知道真相，故意说是吕放的仇人害他的，请求让吕放的弟弟吕禹当洛阳令，去抓捕凶犯，又将吕放的宗族亲友、宾客一百多人迫害致死。

梁商去世后还没下葬，汉顺帝就封梁冀为大将军。梁冀控制了朝廷的军政大权，更是胡作非为，肆无忌惮。汉顺帝病死后，年仅两岁的汉冲帝刘炳即位，由梁太后代为执政。梁冀根本不把自己的妹妹放在眼里，更加恣意妄为。过了一年，汉冲帝也死了。为了专权，梁冀强立八岁的刘缵为帝，史称汉质帝。

汉质帝虽然年幼，但聪明伶俐，知道梁冀专横跋扈，他在朝堂上当着众臣的面指着梁冀说："此跋扈将军也(他是个蛮横无理的大将军)！"梁冀听了，怀恨在心。于是命令手下在汉质帝的汤饼里下毒，第二天汉质帝就被毒死了。

终南捷径

【释义】

原指唐代卢藏用曾隐居在京城长安附近的终南山，后来卢隐士得到了很大的名声，还做了大官。后用此词来比喻求官的最近的门路，也比喻达到目的的便捷途径。

【出处】

宋·欧阳修等《新唐书·卢藏用传》："卢藏用举进士，有意当世而不得调，乃隐迹于京师之终南山，易为时君所征召，果被召入仕，以高士被授以左拾遗。……卢藏手指终南山曰：'此中大有佳处，何必天台？'承祯乃云：'以仆所视，乃仕宦之捷径耳。'"

【故事】

唐朝时期，有位学士叫卢藏用，年少时即有才名，中了进士后非常想做官，却始终没得到朝廷的任命。于是，他便与哥哥一起隐居在长安附近的终南山，借此营造声名。

朝廷听说有位高士隐居在终南山，便召集他来做官，被授命为左拾遗。后来，有位隐士司马承祯打算从京师回天台山隐居，卢藏用为他送行，经过终南山附近时，卢藏用指着终南山说道："此山中大有佳处，你又何必非去天台山呢？"

司马承祯回答："以我看来，这里的'佳处'不过是通往仕宦的捷径罢了。"

烛影斧声

【释义】

原指宋太祖去世之前，太宗入宫的一段传说，相传宋太祖是在烛影斧声中突然死去的。

【出处】

宋·释文莹《续湘山野录·太宗即位》："宦官宫妾悉屏之。但遥见烛影下，太宗时或避席，有不胜之状。饮讫，禁漏三鼓，殿雪已数寸，帝引柱斧雪，顾太宗曰：'好做！好做！'遂解带就寝，鼻息如雷霆。"

【故事】

宋太祖赵匡胤的去世一直是个谜，根据宋代释文莹的《续湘山野录》记载，宋太祖去世那天，天降大雪。宋太祖与弟弟赵光义在寝宫中秉烛对饮，酒过三巡，夜深人静，宋太祖醉步出门，见殿前雪厚几寸，便用玉斧刺雪，畅言道："太容易了，真是太容易了！"当夜，赵光义留宿于宫内。第二天凌晨，宫中便传出太祖驾崩之噩耗，赵光义亦于同日登基称帝。有人认为，烛影斧声的背后真相可能是蓄谋已久的赵光义戕兄夺位；也有人认为，赵光义在君王榻侧调戏花蕊夫人，被惊醒的宋太祖察觉，他盛怒之下欲持玉斧砍向弟弟，赵光义一时冲动手刃亲兄；还有人认为，宋太祖之死与赵光义完全无关。此事因考证资料不足已成为一桩千古疑案。

坐怀不乱

【释义】

原指春秋时鲁国的柳下惠将受冻的女子裹于怀中，没有发生非礼行为。形容男子在两性关系方面作风正派。

【出处】

《诗经·小雅·巷伯》毛亨传："子何不若柳下惠然，妪不逮门之女，国人不称其乱。"

【故事】

春秋时期，鲁国大夫展禽的封地在柳下，死后谥号为惠，后人称其为柳下惠。有一次，柳下惠在郭门过夜时，遇到一位衣衫单薄的孤身女子，徘徊在暮色中找不到安身之处。他看到后心生怜悯，便将女子叫入郭门。到了夜里非常冷，柳下惠害怕女子挨冻，可又没有其他衣物可以御寒，只好解开衣服，把女子紧裹在怀里，就这样抱着她过了一夜，丝毫没有越礼的行为。

凿壁借光

【释义】

凿开墙壁借来光亮。形容人刻苦好学。

【出处】

《西京杂记》卷二："匡衡字稚圭，勤学而无烛，邻舍有烛而不逮。衡乃穿壁引其光，以书映光而读之。”

【故事】

凿壁借光

西汉时著名文学家匡衡，小的时候家里很穷，但他一直千方百计地找机会学习。

晚上，他家里点不起蜡烛来供他读书，但勤奋好学的匡衡不想虚度晚上的时光。匡衡的邻居家里日子过得挺好，每天晚上都点起蜡烛，屋里照得通亮。他想到邻居家里去读书，可是遭到了拒绝。后来，匡衡想出了一个好办法，他偷偷地在墙壁上凿了一个小洞，邻居家里的亮光就透过来了，他把书本对着这光，读起来也挺方便。

后来，匡衡读的书愈来愈多，可是他没有钱去买书，怎么办呢？有一天，他发现县里有一个财主，藏书很丰富。匡衡就去他家做工，却不收分文工钱。富翁感到很奇怪，问匡衡为什么。匡衡说：“我不想要工钱，只希望您能把家中的书都借给我读，我就很心满意足了。”富翁听了，被他那种勤奋好学的精神深深感动，就答应了他的请求。从此，匡衡就有了极好的读书机会，最后他成为一位学问渊博的学者。

汉元帝的时候，匡衡受推荐被朝廷任命为郎中，再升为博士、给事中。这时先后发生了日食和地震，汉元帝心中惶恐，怕是上天降下的灾殃警兆，就向大臣们咨询政治的得失。匡衡上奏，列举历史事实说明天象只是一种大自然的阴阳变化，祸福全在于人的作为。他建议皇上亲近忠臣正人，选拔贤才来应对危机。汉元帝很赞赏匡衡的见识，提升他为光禄大夫、太子少傅。

汉元帝宠爱傅昭仪和她的儿子定陶王超过了皇后和太子。匡衡对此提出了恳切的规劝，透彻地剖析“正家而天下定”的道理，要防止招致国家的祸乱。匡衡在朝廷中参议大政，引经据典，阐明法理道义，很受赞赏，由此升任为光禄勋、御史大夫，后来又升为丞相，封为乐安侯。

趾高气扬

【释义】

趾高:走路时脚抬得很高。气扬:意气扬扬。走路时脚抬得很高,神气十足。形容骄傲自满,得意忘形的样子。

【出处】

《左传·桓公十三年》:“举趾高,心不固矣。”《史记·管晏列传》:“意气扬扬,甚自得也。”

【故事】

孟尝君跟随齐王一起出行来到了楚国,楚王献上珍贵的象牙床表示对尊贵客人的敬意。

负责送象牙床的人叫登徒,不高兴干这趟差使。他就去拜访孟尝君的门人公孙戍,希望公孙戍想办法劝告孟尝君不要接受这个礼物,使自己免除这一差使。并答应事成后,愿以祖传的宝剑作为酬报。

公孙戍答应了下来。便去参见孟尝君问:“您接受了楚国的象牙床吗?”孟尝君点点头。

公孙戍说:“希望您不要接受。”

孟尝君诧异地问道:“为什么?”

公孙戍说:“好几个国家都让您执掌相印,是因您振兴了齐国,也是因为喜欢你做事的方式和清廉的作风,现在您接受楚国的宝物象牙床,那么您还没去的那些国家,他们怎么接待您呢?我恳请您别接受。”最后,孟尝君同意了公孙戍的意见。

公孙戍见目的已达到,正准备离去时,孟尝君则叫住了他问道:“你叫我不接受象牙床的意思很好。那么你现在赶路把脚抬得很高,脸上神采飞扬,这是为什么呢?”

公孙戍说:“因为我有三件喜事,外加一柄宝剑。”

孟尝君笑笑说:“说出来听听。”

公孙戍说："您的那么多门客都不来劝您，我来了，这是一喜。我的意见您听取了，这是二喜。我的意见纠正了您的过失，这是三喜。运送象牙床的人不喜欢这个差使，许诺送我一柄宝剑，现在我可以得到了。"

孟尝君听完，又好气又好笑，说："那你快去吧。"

此后，孟尝君告诉门下，若有能当面指出他的过失的人一定给予奖励，这样一来，向他直言的人越来越多了。

指鹿为马

【释义】

秦相赵高故意将鹿说成马，迫使大臣们承认，对不承认的就暗中加以迫害。比喻歪曲事实，颠倒是非。

【出处】

《史记·秦始皇本纪》："赵高欲为乱，恐群臣不听，乃先设验，持鹿献于二世，曰：'马也。'二世笑曰：'丞相误邪？谓鹿为马。'问左右，左右或默，或言马以阿顺赵高。"

【故事】

秦始皇死后，宦官赵高勾结秦始皇的小儿子胡亥，威胁丞相李斯，逼死了秦始皇的大儿子扶苏。最后胡亥继承了皇帝的大位，历史上被称为秦二世。

指鹿为马

赵高因为拥立胡亥而立了大功，被胡亥封为郎中令，成了秦朝的重要官员。可是，他的职位仍在丞相李斯之下，这让野心勃勃的他感到很不满意。于是，他就开始要谋害李斯，不停地在二世面前说李斯要谋反。最后他害死了李斯，自己当上了丞相。然而他的野心很大，甚至想取代二世当皇帝，但又担心大臣们会联合起来反对他。为了试探大臣们对他是否拥护，他想出了一个自认为很绝妙的主意。

一天上朝的时候，他让手下人牵着一只梅花鹿从朝堂门口经过。当经过的时候，他指着梅花鹿对秦二世说："这是我刚刚为陛下在很远的地方寻找到的一匹千里马，现在让我把它献给陛下。"

秦二世见赵高把梅花鹿说成是千里马，以为他脑子坏掉了，就笑着说："丞相你怎么糊涂成这样呢？连鹿和马都区分不开了。"

赵高这时候装作很认真的样子，仍旧坚持说："陛下，是您看错了。这确实是一匹千里马，不是梅花鹿。您如果不相信的话，可以问问朝中的大臣们，看它究竟是马还是鹿？"

他边说边扫视了一下站在下面的大臣们。很多人都躲开了赵高的目光。秦二世于是指名让大臣过来辨认。大臣们一一走上前来看过后，各自发表了意见。有的为了讨好赵高，顺着他说话，就说它是马；有的人不愿说假话，指出它是鹿。还有的人，既不得罪赵高，也不愿说出真相，只好不说话了。

赵高一一看大臣们发言，暗暗将不承认是马的大臣记下来。事后，他对这些人加紧迫害，很多人被投进了监狱，或者遭到了流放。从此以后，在朝堂上再也没有人敢反对赵高的意见了。

铸成大错

【释义】

铸，铸造；错，刀，王莽时代的钱币名称，借用为错误。指造成严重的错误。

【出处】

出自北宋·司马光《资治通鉴·唐纪·昭宗天祐三年》。

【故事】

唐朝从中期开始，藩镇割据，节度使的势力越来越大。

唐代宗时，田承嗣任魏博节度使，他从军中选了五千子弟兵，给他们丰厚的供给，组成了自己的卫队，叫牙军。过了二百年，到唐末罗绍威任节度使时，魏博的牙军势力很大，他们骄横无比，巧取豪夺，魏博的地方官吏对他们也奈何不了，而且牙军常常发动兵变，已经驱逐、杀死了好几任节度使。唐昭宗天祐二年，牙军李公佺作乱，罗绍威派人向当时最强大的宣武节度使朱温求援。朱温派了七万人马进入魏博，杀了八千牙军。这使整个魏博的军队都害怕了，许多人起来反叛。直到第二年，散据在魏博各地的反叛势力才得以平息。

朱温的军队在魏博半年，罗绍威给他们供给的钱财上亿，牛羊近七十万，粮草无数，他们离开时，又送钱百万。虽然罗绍威借助朱温除去了自己的心腹大患，但魏博从此衰弱。罗绍威因此很后悔，他说："把魏博六州四十三县的铁聚集起来，也铸不成这么大的错啊！"

智者千虑，必有一失

【释义】

聪明人对问题深思熟虑，也难免出现差错。

【出处】

《晏子春秋·内篇杂下》："智者千虑，必有一失；愚者千虑，必有一得。"

【故事】

齐国的宰相晏婴正在吃饭，齐景公差遣的使者到了。晏婴见使者光临，便分一半饭食招待使者。一份饭两个人吃，结果使者没吃饱，晏婴也没吃饱。二人都很尴尬。

使者回到朝廷，把在晏府吃饭的情况禀报给齐景公。齐景公听后说："唉！晏婴是齐国的三朝宰相，家里如此贫穷，我居然不知道，这是我的过错啊！"

于是，齐景公就派人送给晏婴黄金千两和一些集市上收来的税金，请晏婴用这些钱来招待宾客。

晏婴辞谢了齐景公的赏赐。而且是三赏三辞。最后一次，晏婴庄重地说："我晏婴家不穷。如果接受您这些赏赐，我的父族、母族和妻族都能得到恩惠，这份恩惠还可以扩展到我的朋友，还可以救济好多老百姓。您的赏赐真丰厚啊。但是，我晏婴家不穷。我听说，那些从国君那里得到丰厚钱财的臣子，如果把得到的好处都用在百姓身上，这是臣子代替国君管理百姓，这种越俎代庖的事，忠诚的臣子是不做的；如果从国君那里得到丰厚钱财而不用在老百姓身上，这是为自家的小仓库增添收藏，抱有仁爱之心的人是不做的。在朝中做官取悦了国君，就可以从国君那里得到钱财；不再做官，就会得罪那些读书明理的人。这种人死了以后他的财产就变成了别人的财产。这样的人活在世上只不过是钱财的主人罢了。聪明的人是不会这么做的。有一块布和一袋粮食，如果月月如此，足够我中年晚年受用了。——请原谅，我不能接受您的赏赐。”

齐景公对晏婴说：“原先我祖先桓公在位时，给了管仲一万两千五百户的赏赐，管仲没推辞，接受了——您拒绝我的赏赐这是为什么呢？”

晏婴回答说：“我听说，‘圣人千虑，必有一失；愚人千虑，必有一得。’我推测，管仲的失误，大概就是我的成功吧？所以，我再次庄重地叩请国君，我不能接受您的赏赐。”

曾子杀彘

【释义】

曾子，春秋时期孔子的学生；彘，猪。这个典故是说不能对孩子说假话，要做到言而有信。

【出处】

《韩非子·外储说左上》：“妻适市来，曾子欲捕彘杀之……遂烹彘也。”

【故事】

曾子的妻子要去赶集，他的儿子哭闹着要跟着去，曾妻哄他说：“乖孩子，你在家等着，妈妈回来杀猪炖肉给你吃。”不多时，曾妻赶集归来，一进门便见到曾子正在捕捉家里的肥猪，她立即上前阻拦曾参说：“别动真格啊！我早晨说的话是哄孩子的，你怎么当真了！”曾参严肃地说：“我们不能哄骗孩子！孩子小，很多事情还不明白，他以父母为榜样，处处向父母学习，接受父母的教育。今天，你哄骗他，就等于教他'哄骗'。做母亲的欺骗儿子，以后孩子不会再相信你，我们对他以往的教育将会失效，以后也很难成功。"说完，曾参手起刀落把猪杀了，实践了家长对孩子说过的话，也为后人留下了诚信教子的典范。

曾参杀人

【释义】

曾参，曾子。孔门弟子，以孝、信名世。比喻流言可畏或诬陷之祸。

【出处】

西汉·刘向《战国策·秦策二》："人告曾子母曰：'曾参杀人……则慈母不能信也。'"

【故事】

一次，秦武王召见大夫甘茂说："我准备攻打三川以扩张领地，你觉得怎么样？"甘茂说："不如先打宜阳。宜阳虽是县却地大如郡，物产丰厚，而且是战略要地，比三川的价值要大很多。但宜阳好守难攻，要想一举拿下绝非易事，恐怕秦国也要花费较长时间和许多人力、物力。在这期间，朝中会有许多关于我的流言，恐怕还没等到得胜我便已经获罪了。"秦武王说："你是我的爱卿，我怎能让你获罪呢？"

甘茂说："我并不怀疑您。但是，当初曾子在费邑时，有个与他同名的人犯了杀人罪。有人到曾家告诉曾母说'曾参杀人了。'曾母当时正在织布，听了这个消息后平静地说'我儿是位贤人，不可能杀人。'说罢，继续织布。过了一会儿，又有人向曾母来传告'曾参杀人了'，曾母还是不信，继续坦然织布。稍后又有人来告诉曾母'曾参杀人了'。这一次，曾母被流言吓慌了，扔下织梭跳墙逃走了。我比不上曾参的贤德，您能像曾母相信曾参那样相信我吗？恐怕用不了三次'曾参杀人了'，您就要'扔掉织梭'了。"

秦武王明白了甘茂的隐忧，立誓不信谗言，并让他率兵攻打宜阳。

如此一来，甘茂如同吃了定心丸，干劲十足，很快便将宜阳攻下。

掷地有声

【释义】

扔到地上会发出响亮的声音。原比喻诗文优美，声调铿锵有力。也形容才华很高，也赞美话语坚定有力、意义深远。

【出处】

南朝宋·刘义庆《世说新语·文学》："孙兴公作《天台赋》成，以示范荣期云：'卿试掷地，要作金石声！'"

【故事】

晋朝的孙绰年轻时隐居会稽（在今浙江绍兴），游放山水十几年，后来写了篇《遂初赋》来表达自己的志向。

在章安（在今天的浙江台州）做官时，孙绰写了篇《游天台山赋》，说置身于"穷山海之瑰富，尽人神之壮丽"的天台山，便会"恣语乐以终日，等寂默于不言"，辞致新奇，绘景如画。文章写成后，孙绰拿给朋友范荣期看，并开玩笑地说："你把它扔到地上，应当会发出金石之声。"范荣期每读到佳句，总是说："就应该这么写啊！"当时，人都以得到孙绰的文章为荣。

捉襟见肘

【释义】

襟，衣襟；见，同"现"，露出来。拉一下衣襟，就露出胳膊肘，形容衣服破烂。也比喻处境窘迫，顾此失彼，穷于应付。

【出处】

《庄子·让王》:“曾子居卫……三日不举火,十年不制衣,正冠而缨绝,捉衿而肘见。”

【故事】

原宪字子思,是孔子的学生。他的生活潦倒不堪,住的屋子又小又破,遇到下雨,屋子里满地是水。有一次同学子贡去看他,为了礼貌,他不得不整整衣冠。可是,“正冠则缨绝,振襟则肘见,纳履则踵决”。意思是想把帽子戴正,不料帽带子一碰就断;想把衣襟拉平,不料一拉就把袖子拉破,露出胳臂;想把鞋穿上,但一提后跟鞋就裂开,露出脚跟。

曾子(即曾参),字子舆,春秋时鲁人,也是孔子的学生。《庄子·让王篇》说,他住在卫国时,生活也很艰苦,十年没添过一件新衣,也是“正冠而绝缨,捉衿则肘见”。

知子莫如父

【释义】

没有像父亲那样了解儿子的。意思是父亲最了解自己的儿子。

【出处】

《管子·大匡》:“鲍叔曰:‘先人有言,知子莫若父,知臣莫若君。’”

【故事】

春秋的时候,越国宰相范蠡的二儿子在楚国杀了人,被楚国判了死刑,决定秋后处决,范蠡听说了这件事,急忙准备了千两黄金和一封书信,叫小儿子到楚国请他的结拜兄长——楚国宰相帮忙。

大儿子听到这件事后非常生气,就问父亲这么重要的事,为什么不让他去。范蠡对他说:“如果派你去,你二弟一定会起疑心的,只有小弟去了才能救活你二弟。”大儿子一听更不服气了:“同样有礼物,有书信,为什么我就办不成?”范蠡拗不过他,只好让他去,临行嘱咐他无论事情能否办成,礼物千万都不要带回来。长子刚一起身,范蠡就叫小儿子买了一口棺材,随后到楚国去接他二哥的尸体回来。

范蠡的长子到楚国后,急忙拜见了宰相,呈上了礼物和书信。第二天,宰相便以楚国将有天灾为借口,上奏楚王释放在押的死囚,以免除灾难。楚王听后便下旨大赦天下。范蠡的大儿子听说弟弟已经获释,心想:何必白白丢掉这千两黄金,便又回到宰相那里取回千两黄金。楚国宰相非常恼怒,于是又对楚王说:“大王大赦天下,本为消灾,岂料有人说我受了范蠡的贿赂,为了范蠡的儿子才提议大赦。如果放了他民愤难平。”楚王听了,就下令斩了范蠡的儿子,等到人头落地的时候,范蠡小儿子运的棺材正好赶到。

范蠡为什么能料事如神呢?原来,他的长子是在贫困时期出生的。从小历尽艰辛,深知钱财得来不易,而小儿子却是他发达后出生的,向来挥金如土,对千两黄金根本就不放在心上。所以他知道大儿子一定办不成这件事。

事后,人们常说:“真是知子莫如父啊!”

知足常乐

【释义】

知道满足,就总是快乐。常用以劝人不要苦心追求富贵、享乐。

【出处】

《老子》:“罪莫大于可欲,祸莫大于不知足;咎莫大于欲得。故知足之足,常足。”

【故事】

《老子·俭欲》:“天下有道,却走马以粪。天下无道,戎马生于郊。罪莫大于可欲,祸莫大于不足,咎莫大于欲得。故知足常足矣。”却,驱。走马,善于奔走的良马。粪,农田。据河上公注:“兵甲不用,却走马治农田。”

老子之言大意说,国泰民安时,好马可用来耕田;兵荒马乱时,雌马也上了战场，只能在野外生驹。多欲是极大的罪恶，最大的祸端莫过于不知足，最大的灾祸大不过贪求名位、财富。若是能知足的话，就会经常感到充足。

知难而退

【释义】

本意指作战时要见机而动，不硬做做不到的事情。现指见困难退缩不前的消极态度和做法。

【出处】

春秋鲁·左丘明《左传·宣公十二年》："见可而进，知难而退，军之善政也。"

【故事】

春秋的时候，晋国和楚国为了争夺霸权，不断地进行战争。郑国是个比较弱小的诸侯国，在晋、楚争霸的过程中，它有时依附晋国，有时又不得不依附楚国。

公元前597年，郑国投靠了晋国。不久，楚王领兵攻打郑国，将郑国都城围困了十七天，郑国招架不住，和楚国讲和，归降了楚国。

晋国听说楚国进攻郑国，于是派荀林父、士会等人领兵前往救援。晋国大军到达黄河边时，听说楚国已经与郑国讲和，订立了盟约。晋军内部产生了分歧，以中军副帅先縠为首的一批人想要继续前进，与楚军大战一场，以中军主帅荀林父为首的一批人想撤兵回国。

上军主帅士会和副帅郤克都同意荀林父的意见。士会说："用兵的道理在于观察时机，趁敌人暴露出空隙时发动攻击，才有胜利的希望。现在楚国的德行、政令、典章、礼仪都不违背常规，他们讨伐郑国，是因为邻国的三心二意。楚国的军队很有秩序，训练有素。作战时，将士们都清楚自己的攻击目标，纪律相当严格。楚国的国君善于选拔人才，从不漏掉有德行的人，奖赏也不忘记有功的人。对尊贵的人有一定的礼节，对他们表示尊重。对卑贱的人分出等级，表示威严。对于这样管理十分严密的国家，怎么能去攻击它呢？我看还是不要打楚国了，不如回去整顿军队，加强力量，将来去讨伐昏暗的国家。"

士会的意见很有说服力，荀林父不住地称赞他。但是先縠不同意，说："我们不能长敌人的志气，灭自己威风，怎见得我们一定会失败呢？怕打仗，就会失去晋国霸主的地位，不能退兵。"中军大夫赵括、赵同支持先縠。

士会接下来又说："作战，应当知己知彼，才能决定打与不打。不看实际情况就说'打是英雄，退却是怕死'，这不是研究战略的方法。我们看到了人家的优点，应当赶上，超过他们，这是正确的，而不是害怕。如果不看实际的强弱就去硬拼，也不见得是勇敢吧？'见可而行，知难而退'（看到胜利的可能就出兵，没有可能就后退），这才是治军的好方案。"

然而，先縠依然不同意退兵，甚至说："作为军队的统帅，却不是以大丈夫而告终，我是绝对不会干的！"于是，他单独率领自己的部队渡过黄河，准备和楚军决战。荀林父没有办法，也只好指挥军队前进。结果，晋军损兵折将，被楚军打败。

周公吐哺

【释义】

形容在位者礼贤下士。

【出处】

西汉·司马迁《史记·鲁周公世家》："然我一沐三捉发，一饭三吐哺，起以待士……慎无以国骄人。"

【故事】

周公旦是周文王的儿子，周武王的弟弟。他辅助周武王消灭了商纣。周武王死后，周成王还是个婴儿，他又辅佐周成王管理天下。

周朝把鲁地封给周公，周公派自己的儿子伯禽前去管理。临行时，周公告诫伯禽说："我是文王的儿子、武王的弟弟、成王的叔父，对于天下来说，我的地位也算很高了。可是我常常要中断洗澡，多次吐出口中的饭菜，赶快出来迎接来访的客人，就是这样我还害怕让天下人寒心！希望你到了鲁国，不要以自己的地位骄人。"

助桀为虐

【释义】

桀，夏代的最后一个统治者，相传是个暴君。虐，残暴。意即协助桀干暴虐的事。比喻帮助恶人做坏事。也作“助纣为虐”。

【出处】

西汉·司马迁《史记·留侯世家》：“夫为天下除残贼，宜缟素为资；今始入秦，即安其乐，此谓‘助桀为虐’。”

【故事】

秦末农民起义，最后以刘邦的胜利而告结束。当时，刘邦领兵攻破武关以后，长驱直入，打到了蓝田，在蓝田以北完全歼灭了秦国的兵力。秦王子婴迫不得已，只好穿上丧服，颈上系着丝条，捧着传国玉玺，请求投降，于是刘邦进入秦国的国都咸阳。

刘邦进入咸阳城后，看见宫殿很华丽，又有很多的珍宝和美女，就想留在宫中享受一番。当时的武将樊哙劝他不要因小失大，可是他不听。张良又劝他说：“我们之所以能够来到咸阳，主要是因为秦国残暴无道，自取灭亡。我们应该替天行道，消灭残余势力，改变秦朝的奢侈和淫乐，实行艰苦朴素来号召天下，现在您才占领了秦国，就要享受秦王所享受的快乐，这是‘助桀为虐’的行为。”刘邦认为张良的话有道理，于是撤出咸阳，把军队驻扎在霸上。

自以为是

【释义】

是，对的。认为自己的看法和做法正确，不接受别人的意见。形容主观，不虚心。

【出处】

《老子》:“自是者不彰。”

【故事】

凡是斗殴打架的人,一定认为自己是对的别人是错的。如果真是自己对了,别人错了,那么自己就是君子而别人就是小人了。

以君子的身份去和小人互相残害,从小里说,是忘记了自身;从近里说,是忘记了自己的亲人;从大里说,是忘记了自己的君主。这难道不是错得太厉害了吗?

这种人,就是平常所说的用狐父(地名)出产的利戈来斩牛屎。要是看作聪明吧,其实没有比这更愚蠢的了;要是看作有利吧,其实没有比这更有害的了;要是看作光荣吧,其实没有比这更耻辱的了;要是看作安全吧,其实没有比这更危险的了。

人们有斗殴的行为,到底为了什么呢?我想把这种行为归属于疯狂、惑乱等精神病吧,但又不可以,因为圣明的帝王还是要处罚这种行为的;我想把他们归到鸟鼠禽兽中去吧,但也不可以,因为他们的形体还是人,而且爱憎也大多和别人相同。

人们会发生斗殴,究竟是为了什么呢?总之,我认为这种行为是很丑恶的。

自强不息

【释义】

自强,自己努力向上;息,停止。自己努力向上,永不懈怠。

【出处】

《周易·乾卦》:“天行健,君子以自强不息。”

【故事】

“天行健,君子以自强不息”“地势坤,君子以厚德载物”,这是《周易》里的两句话。

意思是说：天（即自然）的运动刚强劲健，相应于此，君子处世，应像天一样，自我力求进步，刚毅坚韧，发愤图强，永不停息；大地的气势厚实和顺，君子就应增厚美德，容载万物。

也就是说君子应该像天宇一样运行不息，即使颠沛流离，也不屈不挠；如果你是君子，为人处世的度量就要像大地一样，没有任何东西不能承载。

自暴自弃

【释义】

暴，糟蹋、损害；弃，抛弃、鄙弃。自己轻视并糟蹋自己，甘于落后。

【出处】

《孟子·离娄上》："言非礼义，谓之自暴也；吾身不能居仁由义，谓之自弃也。"

【故事】

孟子说："自己糟蹋自己的人，和他交流谈不出什么有价值的话；自己抛弃自己的人，和他共事做不出什么有价值的事业。出言诋毁礼义，叫作自己糟蹋自己。自认为不能居仁心，行正义，叫作自己抛弃自己。仁，是人类最安适的精神住宅；义，是人类最正确的光明大道。把最安适的住宅空起来不去住，把最正确的大道舍弃在一边不去走，这可真是悲哀啊！"

在孟子这里，自暴自弃指自己不愿意居仁心，行正义，而且还出言诋毁礼义的行为。稍加引申，也就是自己不愿意学好人做好事而自卑自贱，自甘落后，甚至自甘堕落。现多指遭受挫折后不能重新振作。意思相近的成语还有"妄自菲薄""自惭形秽"。

自暴自弃，妄自菲薄，都含有"自己瞧不起自己，甘于落后"的意思。区别在于：妄自菲薄一般侧重于强调精神状态；而自暴自弃则更侧重于强调行为状态。妄自菲薄表示自轻自贱是在毫无根据的情况下产生的；而自暴自弃多表示自甘落后是有原因的。自暴自弃的语义比妄自菲薄重。

诅麑触树

【释义】

比喻慷慨就义，不惜牺牲。

【出处】

春秋鲁·左丘明《左传》：“宣子骤谏，公患之，使钼麑贼之，晨往，寝门辟矣……触槐而死。”

【故事】

春秋的时候，晋灵公昏庸无道，残暴不仁，经常以虐杀臣民为乐，他曾站在高台上，用弹弓射人，以观看台下人躲子弹射击时的痛苦的表情。厨师为他烹制熊掌，稍微差些火候，他就命人将厨师杀死，大卸八块，装在簸箕中让妇女搬出去扔掉。执政大臣赵盾屡次劝晋灵公改过，不要继续对臣民施暴作恶了。晋灵公十分害怕，于是想杀了赵盾。经过密谋，他派一个名叫诅麑的刺客前去行刺。刺客清晨潜入赵盾的住处，看见赵盾穿着上朝的服装在闭目养神，他俨然是正准备上朝。刺客对一心为国为民的赵盾不由得产生敬佩，走上前说：“不忘恭敬国君的人，是百姓可以信任的人。刺杀老百姓信任的人，是对老百姓不忠；而背弃国君的命令，是对国君不信。不忠不信，不论违背了哪一条，都不如死去。”刺客说完，向赵盾深鞠一躬，便一头撞死在赵盾院里的树下。

郑人买履

【释义】

形容只信教条，不顾实际的做法。

【出处】

《韩非子·外储说左上》:"郑人有欲买履者,先自度其足……宁信度,无自信也。"

【故事】

郑国有个人想给自己买一双鞋,动身之前,他先量了一下自己的脚,然后画了一个尺码准确的底样。他心想:我拿这个样子去买鞋,肯定不大不小正合适。他高高兴兴地把样子放在了座位上。

到集市上后,郑人看中了一双鞋子,却突然想起:"我忘了拿量好的尺码来了。"于是,赶紧跑回去拿底样。等到他赶回来时,集市已散了,鞋子也就没有买成。

郑人买履

有人问他:"你用自己的脚去试鞋子不就行了吗?为何还要跑回去看鞋样呢?"他说:"我宁可相信自己量好的尺码,也不相信自己的脚"。

作法自毙

【释义】

自己立法反而使自己受害。泛指自作自受。

【出处】

西汉·司马迁《史记·商君列传》:"商君亡至关下,欲舍客舍……嗟呼!为法之弊,一至此哉!"

【故事】

商鞅变法,首先取消了贵族的特权,规定重新按军功大小给予爵位。贵族由此失去了无功受禄的特权，对商鞅十分不满，但商鞅有秦孝公支持。贵族虽怀恨在心，仍然毫无办法。

变法过程中，太子的老师触犯了法律，商鞅为了新法能得以实施，请示孝公，依法严厉地做了公正处置。太子曾为老师说情，但无济于事，太子因此对商鞅恨之入骨。孝公驾崩后，太子继位，历史上称惠文王。

贵族们知道惠文王痛恨商鞅，便纷纷制造流言蜚语，有人甚至诬陷商鞅谋反。惠文王十分清楚商鞅没有谋反的动机，更没有谋反的可能，但是为了出气，他还是下令逮捕商鞅。商鞅知道早晚必有杀身之祸，便只身逃出家中，打算潜往别国，躲灾避祸。

商鞅急于逃离秦境，匆匆赶路，来到关下，不想被守关军士拦住，声称"商君有令，黄昏后非公事不得出城。"商鞅这才意识到必须投宿住店。他来到一家旅店，要求住宿。老板走出来说："既是客人我们当然欢迎，请问您是谁，弄不清身份，我会被杀头的。这是商君的法令，违背不得呀。"商鞅当然不敢承认自己的身份，走出旅店，仰天长叹："唉，'为法之敝（通"弊"），一至于此！'"

商鞅最后一句话的意思是："唉，我制定的法律的危害，竟到这个地步！"商鞅终于被捕，车裂而死。车裂，就是五马分尸。

惠文王杀了商鞅，却继续执行商鞅的政策，秦国日益强盛，为嬴政统一六国奠定了经济与军事基础。

纸醉金迷

【释义】

比喻沉醉于富丽的环境，也比喻奢侈豪华的生活。

【出处】

北宋·陶谷《清异录》："此室暂居，令人金迷纸醉。"

【故事】

唐昭宗时，有一个高明的医生叫孟斧。当时他住在国都长安，经常被请到宫中帮皇帝和妃子们治病。因为经常出入皇宫,所以他对皇宫的一切很熟悉,尤其孟斧看到皇宫里的人们总是过着荒淫奢侈的华丽生活,更是印象深刻。后来。黄巢领导的起义军叛变攻打长安,他吓得急忙逃出长安,躲到四川。

在四川,孟斧因为想念皇宫中的生活,就根据记忆,模仿皇宫的装饰布置自己的家。他把家中布置得跟皇宫一样华丽,其中有一间光线很好的房间,孟斧把房间里所有东西的表面,全部都糊上一层黄金做成的薄纸。在阳光的照射下,满屋子金光闪闪,让人觉得像是住在金子做成的屋子里。所有到过这屋子的人都说:“在这个屋子里休息一会儿,就会沉迷陶醉在满屋的金纸里。”

志在四方

【释义】

四方,天下。指有远大的抱负和理想。

【出处】

明·冯梦龙《东周列国志》:“妾闻‘男子志在四方’。君壮年不出图仕,乃区区守妻子坐困乎?”

【故事】

战国的时候,鲁国的孔穿(孔子第五代孙)去赵国游历,跟平原君门下的宾客邹文和季节结成好朋友。孔穿回国的时候,邹文、季节送了三天的行程。临别时,两人泪流满面,对孔穿依依不舍。但孔穿只对他们作了个揖便上路了。孔穿的学生认为他太不近情理。孔穿却不这样认为,他说:“我原以为他们是大丈夫,现在才知道他们像女人一样。人立于天地间,应有‘四方之志’,为实现自己的理想应四海为家,怎么能像动物一样整天聚在一起?”孔穿的学生不住点头称是,对老师更加敬重了。

后来,人们将“四方之志”引申为“志在四方”。

至死不悟

【释义】

到死也不醒悟。形容顽固之极。

【出处】

唐·柳宗元《临江之麋》:"麋出门,见外犬在道甚众……麋至死不悟。"

【故事】

临江有一个人,猎获了一只小鹿,把它带回家去喂养。一进门,他家豢养的一群狗都流着口水,摇着尾巴跑过来。猎人大声呵斥,对狗进行恐吓。以后,他每天都把小鹿抱到狗的跟前,训练狗不要伤害它。过了一些时候,又逐渐让它们在一起游戏,日久天长,狗终于训练得能完全按主人的意思同小鹿和睦相处了。

小鹿一天天长大,竟然得意忘形,以为狗真是自己的好朋友,整天和它们在一起厮混嬉戏,日益亲昵。那些狗畏惧主人,只得顺从小鹿,友好相待,然而仍然时常舔着舌头,很想吃它。

这样过了三年。一天,小鹿偶然走出猎人家门,看见路上有很多狗,就跑过去想同它们玩耍。那些狗一见小鹿,喜出望外,立即狂怒嗥叫着,一哄而上把它扑倒,咬碎吃掉,路上乱七八糟地丢下些皮毛骨头。

小鹿到死也不明白狗为什么要吃它。

竹头木屑

【释义】

比喻积聚可利用的废物。

【出处】

唐·房玄龄等《晋书·陶侃传》:“尝造船,其木屑竹头,……又以侃所贮竹头作丁装船。”

【故事】

陶侃是晋初鄱阳人,后来迁居浔阳,是晋末著名作家陶渊明的曾祖父。由于他一生为西晋尽忠,被封为长沙郡公,拜大将军。但他的生活却一直很俭朴。

陶侃青年时代,家境并不富裕,父亲早死,由母亲湛氏抚养成人。那时他虽然还只是浔阳县里的一名小吏,但他在军事方面已经有了十分独特的眼光。他很有学识,平常做事也很仔细,能自己做的事就自己做。

有一次公家造船,剩下许多竹根、竹梢和木屑。这些本来都算是废物了,陶侃却叫办事人员全部登记收藏。别人见他留下这些东西,心中暗暗好笑。

后来一次元旦大集会,恰逢雪后初晴,厅前泥泞难走,陶侃便叫人把木屑拿来铺地。过了些时候,为了军事需要,要造一批船,陶侃便拿出收藏的竹根、竹梢,用作造船用的竹钉。

“竹头木屑”比喻细微的东西,这和“鸡毛蒜皮”的意思不同。“鸡毛蒜皮”是形容没有用处的细微东西,而“竹头木屑”却含有精打细算、珍惜物力的意思。

左提右挈

【释义】

挈,提,带领。比喻互相扶持。也形容父母对子女的照顾。

【出处】

西汉·司马迁《史记·张耳陈余列传》:“夫以一赵尚易燕,况以两贤王左提右挈,而责杀王之罪。”

【故事】

秦末农民起义军将领武臣率兵攻克邯郸后,自立为赵王。武臣派部将韩广北上夺取燕地。韩广占领燕地后，自立为燕王。武臣闻报大怒，立即带领左、右校尉张耳、陈余前去伐燕。武臣带少数将校深入燕地了解敌情，被燕军发现，经过一场激战，终于因为人数太少敌不过多数敌军，被燕军俘获。为救武臣，张耳、陈余派人前去游说韩广。

赵使面见韩广后，欺骗说："张耳、陈余愿意让您把武臣杀掉，这样他俩便可平分赵国，自立为王。如果两个赵王互相提携、互相扶持，要消灭燕国就太容易了。"韩广一听，立即放了武臣。

濯缨濯足

【释义】

缨，系冠的带子，借指冠。洗涤帽子或洗脚。比喻随遇而安，欣然自乐。也比喻好坏皆由自定。

【出处】

《孟子·离娄上》："有孺子歌曰：'沧浪之水清兮，可以濯我缨；沧浪之水浊兮，可以濯我足。'孔子曰：'小子听之，清斯濯缨，浊斯濯足，自取之也。'"

【故事】

孟子，名轲，字子舆，战国时期人，著名思想家、教育家，儒家代表人物，著有《孟子》一书。孟子继承并发扬了孔子的思想，成为仅次于孔子的一代儒家宗师，有"亚圣"之称，与孔子合称为"孔孟"。

《孟子·离娄上》上有这样一段话：

孟子曰："不仁者可与言哉？安其危而利其菑，乐其所以亡者。不仁而可与言，则何亡国败家之有？有孺子歌曰：'沧浪之水清兮，可以濯我缨；沧浪之水浊兮，可以濯我足。'孔子曰：'小子听之！清斯濯缨，浊斯濯足矣。自取之也。'夫人必自侮，然后人侮之；家必自毁，而后人毁之；国必自伐，而后人伐之。《太甲》曰：'天作孽，犹可违。自作孽，不可活。'此之谓也。"

这段话的大意是：

孟子说："不仁的人，能够跟他交谈吗？他眼见别人危险，却无动于衷；利用别人的灾难，来谋取自家好处；把荒淫虐暴这些足以导致亡国败家的行为，当作快乐的享受。不仁的人，如果主动跟他交谈，那不是鼓励他亡国败家吗？没听见小孩子们这样唱吗？'沧浪之水清兮，可以濯我缨；沧浪之水浊兮，可以濯我足。'所以，孔子教育他的弟子们说：'年轻人听着！清澈的水可以洗帽子，浑浊的水可以洗脚。你们自己选择吧。'自身的行为是十分重要的。人，先是自己不尊重自己，别人才侮辱他；家，先是自己不珍惜保全，别人才毁坏它；国家，先是国君自己荒淫暴虐，别人才讨伐它。《太甲》说：'天作孽，犹可违；自作孽，不可活。'正是说的这个道理。"

"清斯濯缨，浊斯濯足"被提炼为典故"濯缨濯足"。

众叛亲离

【释义】

叛：背叛。离：离开。众人反对，亲人背离。形容完全孤立。

【出处】

《左传·隐公四年》："阻兵无众，安忍无亲，众叛亲离，难以济矣。"

【故事】

卫桓公有两个兄弟，一个名叫公子晋，另一个名叫公子州吁。州吁是一个野心很大的人，他见兄长卫桓公是一个忠厚本分之人，便想篡位自己当国君。

公元前719年，卫桓公动身到洛阳去参加周天子平王的丧礼，州吁在西门外摆下酒席，为桓公饯行。他端着一杯酒，对桓公说：

"祝兄长一路平安。"

"我很快就会回来，兄弟太费心了！"卫桓公说。

接着，卫桓公也斟了一杯酒回敬。州吁趁桓公不备，突然拔出匕首，把卫桓公杀了。

州吁杀了卫桓公，做了卫国国君。他害怕国内人民反对，便借对外打仗的办法转移国内人民的视线。他拉拢陈国、宋国、蔡国，一起去攻打郑国。但郑国早有防范，卫军大败而归。

鲁国的国君隐公得知这些情况后，问大夫众仲说；

“州吁这样干，能长久得了吗?”

众仲回答说：“州吁只知道倚仗武力，到处兴风作浪，老百姓是不会拥护他的；他为人非常残忍，杀戮无辜，谁还敢去亲近他呢？这样，老百姓反对他，他的亲信也会离开他，他的政权怎么会长久呢?”

众仲接着又说：“兵，就像火一样。一味地用兵，而不知道加以收敛和节制，其结果必定是玩火自焚。依我看，失败的命运正等着他呢!”

没到一年，卫国的老臣石碏借助陈国的力量，消灭了州吁以及他的手下。

斩草除根

【释义】

除草时要连根除掉，使草不能再长。比喻除去祸根要彻底，以免后患。

【出处】

《左传·隐公六年》：“为国家者，见恶如农夫之务去草焉，芟夷蕴崇之，绝其本根，勿使能殖，则善者信矣。”

【故事】

据《左传·隐公六年》记载：卫国与陈国想联手伐郑。郑庄公获悉后，旋即派出使者前往陈国，晓以利害，要求和谈，但陈桓公拒绝了。

五父（文公子佗）听说此事后，进宫劝陈桓公说：“我们与郑国是邻国，应该与邻国和睦相处，这样才有利于国家的稳定，并抵御威胁我国的强敌，所以，我们还是应该与郑国和谈。”

陈桓公听后勃然大怒，说：“宋国、卫国都比我们强大，我们不是他们的对手，不与他们开战还情有可原，可郑国是个弱小的国家，我们怎么不可以攻打它?”

一意孤行的陈桓公，率大军攻打郑国去了。由于郑国上下一心，共同抵抗，陈桓公此次讨伐郑国没有讨到任何好处，反而死伤不少人马，花费不少钱财，使国库空虚。

各国纷纷指责陈国说："这是陈国自讨苦吃，做恶事必然引火烧身。前人说过，作为一国之君，对待恶事要像农夫对待杂草一样连根拔掉，决不让它们再长出来。这样，正义才能够真正得到伸张。"

众志成城

【释义】

形容大家一条心，就像筑起坚固的城堡一样不可摧毁。现在常用来比喻众人齐心合力，事情一定会办成功。

【出处】

《国语·周语下》："故谚曰：'众心成城，众口铄金。'"

【故事】

周朝末年，周景王继位以后，为了个人行乐，下令把全国的好铜收集起来，铸造两口大钟。单穆公劝谏说："大王，你两年前铸大钱废小钱，使百姓受到很大损失，现在又要造大钟，这不仅劳民伤财，而且用大钟配乐，声律也不会和谐的。"但周景王仍不听，下令继续铸造。过了一年，两口大钟铸成了，一口叫"无射"，一口叫"大神"。

一个敲钟的人为了奉承景王，谄媚地说："新铸的大钟，声音非常好听。"

于是，周景王就命他敲击，他听了后，对司乐官州鸠说："你听，这钟声多和谐呀！"

州鸠深知景王铸钟给百姓带来的苦难，便回答说："这算不得和谐。如果大王铸钟，天下的老百姓都为这件事高兴，那才算得上和谐。可是，您为了造钟，弄得民穷财尽，老百姓人人怨恨，所以我不知道这钟好在什么地方。俗话说：'众志成城，众口铄金。'大家万众一心，什么事情都能办成；相反，如果大家都反对，就是金子，也会在大家口中消熔。"

止戈为武

【释义】

原意指止息兵戈才是武功。后人用它表示通过正义的战争平息战祸，求得和平。

【出处】

《左传·宣公十二年》："非尔所知也。夫文，止戈为武。"

【故事】

公元前597年，晋国为了救援被楚国围困的郑国，派出以荀林父为首的军队前去与楚国作战。晋国大军刚刚到达黄河边，郑军因抵挡不住楚军的围攻而投降了。此时，晋国内部出现了分歧。以中军主帅荀林父为首的一部分将领认为应撤军回国，避开楚军锋芒；以中军副帅先縠为首的一部分将领认为应维护晋国霸主地位，与楚军交战。

荀林父约束不住先縠，他单独率领自己的军队渡过黄河，准备与楚军决战。荀林父陷入了进退两难的境地。进，恐怕要打败仗；退，就等于把先縠送进虎口，他一时不知该如何处置。司马韩厥说："先縠如果失败，主帅您的过失就大了。既损失了军队，又丢掉了郑国，那太严重了。我看不如干脆进军，如不能胜利，失败的责任，众将也可分担一些，总比您一个人承担好些。"

荀林父无奈只得指挥全军渡过了黄河。楚军此时正在黄河边上休整，准备回国。听说晋国大军已渡过黄河，楚庄王就想早点撤离，避免同晋国交战。可是他的大臣伍参认为。与晋军交战，一定会取胜。他说："晋军的将领都是新换的，不能行使命令，尤其是荀林父的副手先縠，刚愎自用，不听指挥，所以晋军有令不行，一定会失败的。再说您是君王，同对方的大将作战而逃却，也是一种耻辱。"

楚庄王听从了伍参的意见，下令军队做好一切迎战晋军的准备。楚军利用谣言诱使先縠出击，然后又袭击了晋军的中军，荀林父事先防御不充分，又见楚军来势凶猛，不可抵抗，就下令赶紧渡过黄河，企图以天险来摆脱困境。可是由于时间仓促,为了抢船渡河,晋军内部自相残杀。楚军趁机掩杀,晋军大败,损失惨重。

楚军大获全胜,将士们欢欣鼓舞。大夫潘党建议楚庄王说:“大王,我们获得这次胜利,意义重大。我听说战胜了敌人要建一个纪念物将来给子孙看,以使他们不忘先人的武功。我看您也该这样做,将晋军尸首堆积起来,封土为丘,以示纪念。”

“不,不能这样做。”楚庄王若有所思地说,“战争不是为了宣扬武功,而是为了消除强暴,给百姓带来安定的生活。你认识这个‘武’字吗?在甲骨文里‘武’字是由‘止’和‘戈’两个字组成的,‘止戈’才是‘武’!止息兵戈才是真正的武功。武功应该具备七种德行:禁止强暴、消除战争、保持强大、巩固基业、安定百姓、团结民众、增加财富。现在晋、楚两国交兵,士卒皆有死伤,百姓生活不能安宁,这七种德行,我一种也没有,用什么留给子孙!晋国的军卒为了执行命令而战死,他们也没有错。我们还是先在黄河边上祭祀河神,然后回国。”楚庄王没有修筑纪念物以表彰这次战功,很快就班师回国了。

走马观花

【释义】

骑在跑着的马上看花。原形容得意、愉快的心情。现喻匆忙而不深入细致地观察事物。

【出处】

唐·孟效《登科后》:“春风得意马蹄急,一日春尽长安花。”

【故事】

孟郊是唐朝中期著名的诗人。他出生在一个贫穷的家庭,但从小就养成了勤奋好学的习惯,品学兼优,才华出众。但是,他的仕途却一直很不顺利,从青年到壮年,好几次参加进士考试都名落孙山。

他虽然穷困潦倒,甚至连自己的家人都养不起,但他性情耿直,不阿附权贵,决心用自己的真才实学,叩开仕途的大门。

唐德宗贞元十三年(公元797年),孟郊又赴京参加了一次进士考试。这次,他终于考中了，而此时，他也已经46岁了。几十年的拼搏，终于如愿以偿，孟郊高兴极了。他穿上崭新的衣服，扎上彩带红花，骑着高头大马，在长安城里尽情地游览。京城美丽的景色使他赞叹，考中进士的喜悦又使他万分得意，于是，他写下了这首著名的《登科后》诗：

昔日龌龊不足夸，

今朝放荡思无涯。

春风得意马蹄疾，

一日看尽长安花。

这首诗的意思是：过去那种穷困窘迫的生活是不值得再三提及的，今天我考中了进士，才真正感到皇恩浩荡；我愉快地骑着马儿奔驰在春风里，一天的时间就把长安城的美景全看完了。

这首诗把诗人中了进士后的喜悦心情表现得淋漓尽致，其中"春风得意马蹄疾，一日看尽长安花"成为千古名句。

也有人从这首诗中引申出"走马观花"这句成语。

自惭形秽

【释义】

惭：惭愧。形秽：指形态丑陋。因为长相丑陋而觉得比不上别人。比喻自愧不如。

【出处】

《世说新语·容止》："珠玉在侧，觉我形秽。"

【故事】

晋朝时候，有个骠骑将军名叫王济，他相貌英俊，风度翩翩。虽然是个提刀弄枪的将军，但他平时读书论经，才学很好，在城里也颇有名声。

跟王济一起齐名的还有王澄、王玄两人。这三王都有漂亮的外貌和不错的学识，常常是全城议论的中心。

有一年，王济的外甥卫玠母子前来投靠王济。王济一见卫玠如此眉清目秀，简直惊呆了。他对卫母说："人家都说我相貌漂亮过人，现在与外甥一比，就像把石块与明珠宝玉放在一起，我真是太难看了。"

过了几天，王济带着卫玠，骑着马去拜见亲朋好友。走到街上，看见卫玠的人都以为他是白玉雕成的，大家都争着围观，你挤我拥，轰动了全城。

好不容易到了亲戚家，亲友们都对卫玠的相貌赞叹不已，问卫玠平时读些什么书，卫玠说他在研究玄理。亲友邀请他谈谈研究玄理的体会，卫母听了连忙劝阻说：

"玄理很深奥，恐怕不是一时能讲清楚的，小儿体质较差，以后有机会再讲吧！"

可是亲友们都想了解一下外貌漂亮的卫玠学问是否出众，便坚持要他讲解。卫玠见推辞不了，便讲了起来。讲的时间不长，听的人却没有一个不称赞他讲得精深透彻的。王济、王玄和王澄也惊服得说不出话来。人们嬉笑着说：

"看来，你们三王还抵不上卫家的一个儿郎啊！"

王济说："是啊，和我这外甥一起走，就像有明珠在我身旁，熠熠发光。"

卫玠后来迁居建邺，不幸劳累成疾，因病去世。

自相矛盾

【释义】

矛：进攻敌人的刺击武器。盾：保护自己的盾牌。比喻自己说话做事前后抵触。

【出处】

《韩非子·难势》："客有鬻矛与楯者，誉其楯之坚：'物莫能陷也。'俄而，又誉其矛曰：'吾矛之利，物无不陷也。'人应之曰：'以子之矛，陷子之盾，何如？'其人弗能应也。"

自相矛盾

【故事】

古时候,有一个楚国人,以卖兵器为生,他经常拿矛和盾去卖。好多人都来看,他就举起他的盾,向大家夸口说:

"我的盾,是世上最最坚固的,不管多么锋利尖锐的东西也不能刺穿它!"

围观的人都凑上去看他的盾,想研究一下他的盾究竟是用什么做的,居然什么东西都刺不穿。

接着,那个楚国人又拿起一支矛,大言不惭地夸起来:

"我的矛,是世上最最尖利的,不管多么坚硬牢固的东西也挡不住它一戳,只要一碰上,嘿嘿,马上就会被它刺穿!"

他一边不住地夸着口,一边还不停地舞动着他的矛,发出"呼呼"的响声,显出十分威武的样子。这一下,果然又吸引来好多好多的行人。

他一见,更加得意,吆喝得也更加卖力了:

"快来看呀,快来看呀,世上最最坚固的盾和最最锋利的矛!"

有一个人再也看不下去了,便上前拿起他的矛提起他的盾毫不客气地对他说:"喂,假如用你的矛去戳你的盾,你猜会怎么样呢?"

那个楚国人哑口无言,最后万分羞愧地拿着他的矛和盾走了。

债台高筑

【释义】

形容欠了很多债。

【出处】

《汉书·诸侯王表序》:"分为二周,有逃责(债)之台。"

【故事】

战国后期,东周王朝已经名存实亡。东周国君周赧王只管辖几十个县,他实际只是在一天天混日子。

当时，秦国想灭掉六国，六国则联合起来抵御秦国。公元前257年，秦国出兵伐赵，赵国向魏国和楚国求救。魏公子信陵君设法窃取了魏王的兵符，并率兵打败了秦国。

楚孝烈王听到这个消息，就派人去说服周赧王，请他以天子的名义下令六国一起出兵伐秦。周赧王一直因为秦国势力强大后不遵从命令而怀恨在心，听了楚孝烈王的请求后，正好一拍即合。于是，他立刻答应了这个请求，用周天子的名义叫楚国去约会各国诸侯出兵。同时，周赧王还让西周公拼凑了一支六千人的部队，准备和六国的部队一起去讨伐秦国。

由于周赧王太穷了，他没钱给这支六千人的部队提供给养。于是，他向国内那些富裕的商人、地主借钱，并立下字据，说好打了胜仗以后连本带利一起归还。

借到钱后，周赧王便派西周公率军到了伊阙，在那儿驻扎下来，等候各诸侯国的人马。可是，等了三个多月，只有楚、燕二国派来了军队，其他诸侯国有的没有力量出兵，有的则是不愿出兵，联合伐秦的计划成了泡影。仗虽没打，但周赧王借的钱却全部花完了。

西周公无奈，只好领着军队撤回。等回到东周后，这时那些持有字据的富商、地主则天天来到宫门外要账。周赧王没钱还债，跑又没处跑，于是只好装作不知道，躲到宫中的一座高台上藏了起来。

后来，人们就给这座高台起了个名字叫“逃债台”。

醉翁之意不在酒

【释义】

原是作者自说在亭子里真意不在喝酒，而在于欣赏山里的风景。后用来表示本意不在此而在别的方面。

【出处】

《醉翁亭记》：“醉翁之意不在酒，在乎山水之间也。”

【故事】

欧阳修，字永叔，号醉翁，又号六一居士。吉安永丰（今属江西）人，自称庐陵

(今永丰县沙溪人),谥号文忠,世称欧阳文忠公,北宋卓越的文学家、史学家。

《醉翁亭记》为庆历六年(1046年)欧阳修任滁州太守时作:“环滁皆山也,其西南诸峰,林壑尤美。望之蔚然而深秀者,琅琊也。山行六七里,渐闻水声潺潺,而泻出于两峰之间者,酿泉也。峰回路转,有亭翼然临于泉上者,醉翁亭也。作亭者谁?山之僧智仙也。名之者谁?太守自谓也。太守与客来饮于此,饮少辄醉,而年又最高,故自号醉翁也。醉翁之意不在酒,在乎山水之间也。山水之乐,得之心而寓之酒也。”

这一段话的大意是:

环绕着滁州城的都是山。它西南面的许多山峰,树林、山谷尤其优美,远望那树木茂盛、又幽深又秀丽的地方,是琅琊山。沿着山路走六七里,渐渐听到水声潺潺,从两座山峰中间倾泻出来的是酿泉。山势回环,山路转弯,有亭子四角翘起,像鸟张开翅膀一样,高踞在泉水上边的,是醉翁亭。修建亭子的人是谁?是山中的和尚智仙。给它取名的人是谁?是太守用自己的别号(醉翁)来命名的。太守和客人到这里来喝酒,喝一点就醉了,而且年龄又最大,所以自己取号叫醉翁。醉翁的情趣不在于喝酒,而在于山水之间。欣赏山水的乐趣,领会它在心里,并寄托它在酒上。

从引文可知,欧阳修的意趣不在酒上,而在山水之间。酒,只不过是他对山水的意趣的寄托而已。

“醉翁之意不在酒”也省作“醉翁之意”。

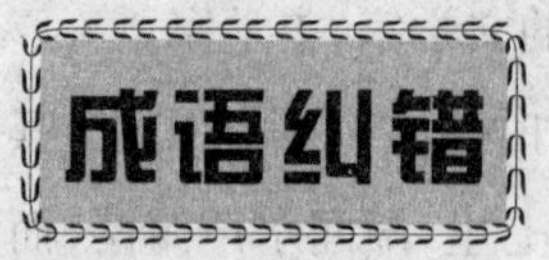

A

正:唉声叹气
误:哀声叹气

【错例】

①叽叽喳喳地商讨了一番,天青驼着光身子独自出去了。女人抱着孩子哀声叹气地坐了一夜,金山却睡得很好。(刘恒《伏羲伏羲》,《北京文学》1988 年第 3 期第 29 页)

②于是,我整整一天不吃饭,哀声叹气,愁眉苦脸,好像掉进了绝望的深渊。(莫应丰《难与人言的故事》,《钟山》1983 年第 1 期第 32 页)

【辨析】

“唉”,叹息的声音。“哀”,悲伤。“唉声叹气”表示因失望或不满发出的感叹声,其中含有“伤感”的意思,但是不能理解成“哀伤的叹气”。为了便于记忆,可以理解为:唉声叹气要张开口叹气,所以要用“口”露在外的“唉”字,而不用闭着“口”的“哀”字。汉语中有“唉声叹气”这个成语,而没有“哀声叹气”的说法。

正:爱不释手
误:爱不失手

【错例】

回顾历史,各种版本的《清明上河图》都是藏家爱不释手、甚至倾其所有的收藏之物;各种版本的《清明上河图》都是以惊人的涨幅增值。(《首套纯黄金奥运版

〈清明上河图〉限量发行》,《南京晨报》2008 年 12 月 27 日第 HO5 版)

【辨析】

爱不释手:喜爱得舍不得放下。“释”是放开、放下的意思。失手:因手没有把握住或没有掌握好分寸,而造成不好的后果。汉语中没有“爱不失手”这一成语。

正:安分守己
误:安份守己

【错例】

①这块示范园区大牌子的北面不远处是高高的连绵不断的沙丘。我们不禁顿生忧虑:如果这个地方开荒,毁掉 1OOO 亩天然植被,那些高高的沙丘还会不会安份守己地呆在原地不动呢?(顾炳枢《民勤盆地:拒绝第二个“罗布泊”》,《大地》2001 年第 21 期)

②主人公虽然多年安份守己、兢兢业业,但社会现实造成的阶层落差和贫富悬殊以及官场腐败导致的公正缺失,使他的价值取向和人格极度扭曲,最后深陷于“光宗耀祖出人头地一人之下万人之上”的认识误区中无法自拔。(贾春增《底线失守是一生的痛》,《番禺日报》2009 年 6 月 14 日第 A2 版)

【辨析】

安分守己:规矩老实,不做违法乱纪的事。“安分”义为规矩老实,守本分。“本分”是不能写成“本份”的,所以,“安分守己”不能写成“安份守己”。

正:安民告示
误:安民告事

【错例】

“当然不是,正是因为我对你很了解,所以才提前‘安民告事’。”(暂无人生《当爱神降临以后》,中华励志网 2009 年 3 月 15 日)

【辨析】

安民告示:安定人心的布告。现也指把要商量的或要办的事情预先通知大家。

毛泽东《党委会的工作方法》:“开会要事先通知,像出安民告示一样,让大家知道要讨论什么问题,解决什么问题,并且早做准备。”

这个成语中的“告示”不能写成“告事”。

正:按兵不动
误:安兵不动

【错例】

刘先生派出的人眼,也没有查出与春天在一起的陌生女人的下落,连春天那里也安兵不动。[巴楠《无法虚构的故事(3)》,新浪网 2004 年 12 月 25 日读书频道]

【辨析】

按:止住。按兵不动:使军队暂不行动。现也比喻暂不开展工作。不能写成“安兵不动”。

明·施耐庵《水浒全传》第六十八回:“又听得寨前炮响,史文恭按兵不动,只要等他入来,塌了陷坑,山后伏兵齐起,接应捉人。”

正:按部就班
误:按步就班|按布就班

【错例】

①我们一毕业就创办了这家公司,我觉得,眼前看不到巨额利润并不可怕,按步就班将来必有回报,而急功求利则必会翻跟斗。(《告别“蜗居”办公室》,《国际金融报》2000 年 7 月 2 日第 2 版)

②前期一帆风顺,年轻的谢衍忍着肝部疼痛,按步就班地走程序,选景、室外戏同步操作,其独特视角与细腻的人物凸现的艺术手法,令业内人士惊诧不已。(刘波《谢晋与白先勇 23 年前在美国第一次握手》,《桂林日报》2008 年 12 月 23 日第 7

版）

③我过着循规蹈矩按布就班的生活。（榕树网友《失乐园》，榕树下网站 2001 年 8 月 18 日）

【辨析】

按部就班：按照一定的条理，遵循一定的程序。“部”是部类的意思，有部类则条理清，所以不能写成“步骤”的“步”。

“按部就班”语出陆机《文赋》：“观古今于须臾，抚四海于一瞬。然后选义案（同‘按’）部，考辞就班。”在这里，“部”指“安排、布置”，“班”指“次序、层次”，故而“选义案部，考辞就班”实际就是“按照所安排的布局和层次来写作”的意思。后人截取其中的“按部”与“就班”，并将二者合成一个固定的四字格成语，用来指“按照一定的条理，遵循一定的程序”，其不仅可用来指写文章，还可用以指办事。此成语在实际运用中常被人写成“按步就班”或“按布就班”，乃“步”“布”与“部”读音相同而致。

正：按图索骥
误：按图索冀|按图索翼

【错例】

①维权中心的一位赖姓工作人员按图索冀，发现张先生所使用的那款劣质的挡风玻璃出自江西龙南工业园内一个叫“福义”的玻璃厂，于是赖姓工作人员将此情况向省质监稽查总队进行举报。（钟金平《劣质挡风玻璃作怪几次险酿车祸》，《信息日报》2009 年 6 月 26 日）

②境外热钱会否按图索翼地进入 C 股市场，目前给它打上一个大大的问号是自不待言的。但是，它对 A 股的致命冲击却是立竿见影的。（沈爱华《C 股化解热钱：危险之旅》，《中国经济周刊》2005 年第 5 期）

【辨析】

按图索骥：按照图像寻找好马，比喻按照线索寻找，也比喻办事机械、死板。“骥”的意思是好马，既然是马，那就应该用有马字旁的“骥”，而不能用没有马字旁的“冀”,写成“羽翼”的“翼”则更没有道理。

正:暗箭难防
误:暗剑难防

【错例】

“暗剑”难防,魏铖停顿了,没有任何准备,犹豫该怎么作答。(胡鸿《走,创业去》,《每日商报》2008 年 6 月 29 日第 11 版)

【辨析】

暗箭难防:冷箭最难防范。比喻阴谋诡计难以预防。不能写成“暗剑难防”。元·无名氏《独角牛》:“孩儿也,一了说:明枪好躲,暗箭难防。”

正:黯然神伤
误:暗然神伤

【错例】

所有这一切,都可能使中国微型车生产企业暗然神伤,挥泪于疆场,中微型汽车的未来在哪里、精神在哪里、气节在哪里?(王文昭《与时代俱进与同类争辉——中国微型汽车发展历程回顾》,《中国汽车报》2002 年 6 月 5 日第 15 版)

【辨析】

黯然,阴暗的样子,引申义为心神沮丧、情绪低落。现代汉语中没有“暗然”的说法。

正:黯然失色
误:暗然失色

【错例】

①此时此刻,一切华丽的辞藻都显得暗然失色,一切优美的词汇和比喻都变得

苍白无力。(姚家红、韩铭《可视性·知识性·趣味性》,《中国记者》1988 年第 11 期第 45 页)

②但是/不知何故/那盏明灯变得暗然失色 (铁木尔·达瓦买提《美丽的阿尔及利亚》,《大地》2000 年第 5 期)

【辨析】

作阴暗的样子或沮丧貌解释时,写为“黯然”。“黯”,黑字旁是义符。《说文解字》:“黯,深黑也。”《史记·孔子世家》:“黯然而黑。”错例中的“黯然”作阴暗的样子解,是其本义。“黯然”的引申义,是心神沮丧、情绪低落。如南朝·梁·江淹《别赋》:“黯然销魂者,惟别而已矣。”同类的用法还有“黯然泪下”“黯然神伤”等。现代汉语中没有“暗然”的说法。

正:黯然销魂
误:暗然销魂

【错例】

《梦桃》中暗然销魂的影像,是叙述的笔力深入桃花深处的魅力;……(杨建华《叙述,让激情的果汁醇正芬芳》,《达州日报》2008 年 10 月 2 日第 3 版)

【辨析】

黯然:心怀沮丧、面色难看的样子;销魂:灵魂离开肉体。黯然销魂:心怀沮丧得好像丢了魂似的。形容非常悲伤或愁苦。

南朝·梁·江淹《别赋》:“黯然销魂者,惟别而已矣。”

B

正:拔刀相助
误:拨刀相助

【错例】

在那时,摆在他们面前的有几种可能的选择:一是事不关己,高高挂起,做一个轻松的历史看客;二是路见不平,拨刀相助,与塔塔儿人并肩反击深入草原的朝廷孤军;三是深明大义,承担使命,协助朝廷剿灭塔塔儿叛军。(特·官布扎布《具有战略意义的一次出手》,《通辽日报》2010 年 8 月 16 日第 7 版)

【辨析】

拔:抽出。拔刀相助:拔出刀来助战,形容见义勇为,打抱不平。"拔"和"拨"字形相近,极易混淆,"拔刀相助"不能写成"拨刀相助"。

正:跋山涉水
误:爬山涉水

【错例】

①白天,老拐满腔懊恼一身臭汗爬山涉水在远处的大山里寻找(老狐狸)映山红的时候,映山红却伏在窑里养精蓄锐静静地休息。(张玉良《狐精》,《中国文学》1996 年第 3 期第 83 页)

②害群之马仅仅是少数,更多更多的干警则成天爬山涉水,风餐露宿,时刻面临同犯罪分子做斗争的危险,我讴歌他们,对得起自己良心!(赵洲美《执著此道终不悔》,《新闻出版报》1999 年 4 月 22 日第 3 版)

【辨析】

跋山:翻山越岭;在山上行走。爬山:抓着草木登山,手脚向上攀登。跋山涉水:形容走远路的艰辛。将“跋”写作“爬”,意境差别很大。为避免写错,可分别将“爬”“跋”与“涉”组合成词做比较,平常我们都说“跋涉”,而没有说“爬涉”的。

正:白璧微瑕
误:白壁微瑕

【错例】

然而,白壁尚有微瑕,有着特殊地理位置的会战大街,不论附近的百货大楼等大型商场,还是火车站、公交总站,每天都人头攒动、车水马龙,尽管道路宽敞,仍满足不了似潮水般购物者、赶车者横穿马路的需求。(马铁《会战大街咋不设过街天桥》,《大庆星期五》2008 年 3 月 27 日第 8 版)

【辨析】

白璧微瑕:洁白的玉上面有些小斑点,比喻很好的人或事物有些小缺点。璧,古代的一种玉器,扁平,圆形,中间有小孔。正因为是玉器,所以从玉,不能写成从土的、墙壁的“壁”。

正:白雪皑皑
误:白雪恺恺

【错例】

①祖国西北边陲,白雪恺恺的阿尔泰山,奔流的额尔齐斯河,环抱着广袤的富蕴草原。(张鸿印《天山的红花——追忆剧作家欧琳》,天山网 2006 年 10 月 13 日)

②1 月 31 日,湖南卫视新闻联播,航拍记者尹中在空中颠簸的直升机上,面对脚下白雪恺恺的群山和可敬可爱的电力工人,禁不住激动地向电视观众现场做了上述讲解报道。(蒋剑翔《三湘传媒:冰天雪地写忠诚》,今传媒网站 2008 年 12 月 16 日)

【辨析】

皑皑:洁白的样子,多用来形容霜雪。白雪皑皑:洁白的积雪银光耀眼。“皑皑”不能写成“恺恺”。

正:百步穿杨
误:百步穿扬

【错例】

今年刚满24岁的雷科巴在这个赛季里,以其漂亮的任意球和百步穿扬的射门,使老东家国际米兰队等许多球队吃尽了苦头。(宗偶《欧洲足坛新锐扫描》,《江南时报》2000年4月4日第5版)

【辨析】

春秋时楚国养由基善于射箭,能在一百步以外射中杨柳的叶子(见于《战国策·西周策》)。后用“百步穿杨”形容箭法或枪法非常高明。既然是“杨柳的叶子”,就不能写作提手旁的“扬”了。

正:百尺竿头,更进一步
误:百尺杆头,更进一步

【错例】

正是这种意识深深地铭刻在每一位公路建设者的心坎上,我们才深信:濮阳市公路建设在未来的日子里,一定会百尺杆头,更进一步!(郑书占《无私奉献 与路同行》,《人民日报海外版》2001年6月29日第16版)

【辨析】

百尺竿头,更进一步:比喻学问、成绩等达到了很高的程度以后仍继续努力。竿头,用竹竿的“竿”,不用木杆的“杆”。

正:百辞莫辩
误:百辞莫辨

【错例】

凯罗尔真是百辞莫辨,她懊恼地想:“我又多管闲事了!”[《尼罗河女儿(五)》,人民网2009年7月15日动漫频道]

【辨析】

百辞莫辩:用任何话语都无法辩白。既然是用“话语”,那就只能使用中间是“讠”的“辩”了。

正:百废俱兴
误:百废具兴

【错例】

扫赌进入高潮,百废具兴,当所有人都翘首以盼他能给中国足球带来一剂猛药,结果他却在这个时候丢出了一个草案——一个被媒体、球迷、评论家们攻击的千疮百孔、体无完肤的“草”案。(王智凤《如果的事》,《东方体育日报》2010年3月29日第13版)

【辨析】

百废俱兴:各种该办未办的事业都兴办起来。俱:全;都。具:器具,器物。可见“具”不能表达“全”“都”这个含义。

正:百舸争流
误:百轲争流

【错例】

如今,社会转型、千帆竞发、百轲争流,但浮躁病也随之泛化。(肖获《浮躁与淡定》,《今晚报》2008年4月16日第21版)

【辨析】

"舸"读 gě,"舸"者,大船也。"百舸"者,百艘船也。亦泛言船极多。毛泽东《沁园春·长沙》词:"看万山红遍,层林尽染;漫江碧透,百舸争流。"

"轲"读 kē,本义为具有两木相接的车轴的车。孟子名轲,此字又专指孟子之名。

可以想见,再高明的"轲",也是不会在水中"争流"的,因为不具备这种功能。若是明确了这一点,上述错误就可以避免了。

正:百炼成钢
误:百练成钢

【错例】

百练成钢(南方雨,《楚天都市报》2009 年 7 月 29 日第 42 版照片标题)

【辨析】

炼:锻炼。百炼成钢:铁经过反复锤炼便成为坚韧的钢。比喻经过长期的、多次的锻炼,使人非常坚韧,有钢铁性质。炼铁、炼钢都要用火,所以此成语中要用"火"字旁的"炼",不能用"彩练"的"练"。

正:百无聊赖
误:百无聊懒

【错例】

御花园中,皇帝百无聊懒地打着哈欠。突然间一声炮响,皇宫里乱成了一锅粥。(张芬娟《揭开〈复兴之路〉的神秘面纱》,《人民日报海外版》2009 年 8 月 31 日第 7 版)

【辨析】

百无聊赖:精神无所依托,感到非常无聊。把"赖"写成"懒"是明显的错误。

正:百战不殆
误:百战不怠

【错例】

闺蜜奉行“知己知彼,百战不怠”。没有通知参赛的时候,她就拉着我去现场勘查对手。(《10 年·10 个年轻人·10 段记忆》,《东方卫报》2009 年 12 月 28 日第 A22 版)

【辨析】

殆:危险。百战不殆:每次打仗都没有失败。形容善于用兵。“殆”不是“懈怠”的“怠”。

正:百折不挠
误:百折不饶

【错例】

一个创造力很强的人必须意志坚强,不怕困难,在困难面前百折不饶。(王真、尹华《打造教育航母　树育才新观念》,《市场报》2001 年 12 月 29 日第 12 版)

【辨析】

百折不挠:无论受多少挫折都不退缩,形容意志坚强。挠:弯曲,比喻屈服。不能写成“饶”。

正:班门弄斧
误:扳门弄斧|搬门弄斧

【错例】

①像我这样一位虽爱好文学但毕竟是一名新手的老妪,在名人作家面前扳门弄斧,会不会门庭冷落,闹个尴尬境地。(陈秀芳《夕阳路上赶时尚》,《大庆日报》

2008 年 3 月 6 日第 B3 版)

②都吃五谷杂粮,谁没个病患痛痒?但忻伟民得的这个颈椎病有些蹊跷,我不知道颈椎病分为哪几种类型,姑且称为"官员型颈椎病"以示区别,搬门弄斧地做一个病理分析。(吴龙贵《"官员型颈椎病"的病理分析》,《华商报》2008 年 11 月 5 日第 A9 版)

【辨析】

"班"指古代有名的木匠鲁班。"班门弄斧"即在鲁班面前摆弄斧头,比喻在行家面前卖弄本领。"搬"是搬动的意思,"搬门"(也有人误为"扳门")不成话。

班门弄斧

"班门弄斧"起源于柳宗元《河东先生集·王氏伯仲唱和诗序》:"操斧于班、郢之门,斯强颜耳。"后经明代诗人梅之焕的发挥,成了成语。一天,梅之焕来到采石矶旁的李白墓,一看心中大为不满,矶上、墓上,凡可以写字的地方,都被人留有诗句。那些文章写得狗屁不通,却想附庸风雅的游人,竟在被称为"诗仙"的李白的墓上胡诌乱题,真是可笑之极!梅之焕心中越想越不是滋味,感慨之余,挥笔题了一首诗:"采石江边一堆土,李白之名高千古。来来往往一首诗,鲁班门前弄大斧。"讥讽那些自以为会作诗的游人不自量力,竟在行家面前卖弄本领。

正:斑驳陆离
误:班驳陆离

【错例】

在车行地道记者看到,整个通道内非常暗,只剩下几盏昏暗的荧光灯亮着,墙面上则是班驳陆离,一块黑,一块黄。(贺平涛《地下通道也该美化》,《江南时报》2001 年 11 月 19 日第 2 版)

【辨析】

斑驳陆离:形容色彩繁杂。斑驳:一种颜色中杂有别种颜色,花花搭搭的。不能写成"班驳"。

正:坂上走丸
误:板上走丸

【错例】

十四五岁是增高长慧的年龄,我们却个小体轻。女生们铲土装车,男生单人推独轮车运土。几个课堂上的捣蛋鬼可找到地方大显身手了,老师让慢跑他们越快跑,看着他们板上走丸的样子,老师们悬心吊胆。(《延安路的歌》,《青岛晚报》2004年10月24日第A22版)

【辨析】

坂:山坡;斜坡。板:木板。坂从土,板从木,两者不可混淆。

正:半壁江山
误:半壁江山

【错例】

另一场中韩大战,谢中博/张亚雯经历三局苦战,力克韩国组合李龙大/河贞恩。加上何汉斌/于洋、徐晨/赵婷婷,中国混双占据8强半壁江山。(毛烜磊《国羽众将纷纷挺进8强》,《京华时报》2007年11月23日第55版)

【辨析】

半壁江山:指保存下来的或丧失掉的部分国土。半壁,半边,特指半壁江山。"壁"不能写成义为玉器的"璧"字。

正:暴虎冯河
误:暴虎凭河

【错例】

如虎添翼,是增强力量;为虎作伥,乃利令智昏。暴虎凭河,岂可无谋逞勇;调虎离山,应该乘势进军。(吕尚《虎年赋》,《老年日报》2010 年 2 月 10 日第 8 版)

【辨析】

暴虎:空手搏虎。冯河:涉水过河。成语比喻有勇无谋,鲁莽冒险。“冯”在这个成语中读 píng,徒步过水的意思。不能写成“凭”。

正:暴露无遗
误:暴露无疑

【错例】

窄脚的人可以尽管选择些花哨的装饰,色泽也可以大胆艳丽些。脚踝处短粗的人最好不要穿拖鞋,不然缺点会暴露无疑。(阿娜《粉红提示》,《健康时报》2004 年 7 月 29 日第 12 版)

【辨析】

无遗:没有遗留,一点儿不剩。无疑:没有疑问。暴露无遗指全部暴露出来,没有遗留,而不是没有疑问。

正:暴殄天物
误:暴殓天物|暴珍天物

【错例】

①我知道郭德纲的相声比较草根。所谓草根,就是茫茫荒野里的那些牛吃羊吃母狗拉粪的低贱东西,但现在随着郭草根一道,已火得不行。天性有恋名癖的吾等芸芸众生,不消费一本,实在算暴殓天物。(黄亚明《想逗谁玩》,《京华时报》2006 年 5 月 8 日第 18 版)

②“易小姐,怎么都不见你动筷子,快吃啊,不要暴珍天物!”“暴珍天物”,我愣

了几秒才明白他的意思,“噗嗤”一声笑出声来。这个卫科长还真是有才,竟在这么多人面前将暴殄天物的殄读成珍。(文俊《贪恋浪漫激情　错过家中绝好男人》,《楚天金报》2009 年 11 月 26 日第 50 版)

【辨析】

暴殄天物:任意糟蹋东西。天物:指自然界的鸟兽草木等。殄读 tiǎn,义为灭绝。殓读 liàn,义为把死人装进棺材。汉语中没有“暴殓天物”这种说法。

另外,“暴殄天物”也不能写成“暴珍天物”。“殄”与“珍”只是字形相近,音义均不同。

正:卑躬屈膝
误:卑躬曲膝|卑恭屈膝

【错例】

①从七岁讨到十八岁,最好的时光都在乞讨中过去。那样卑躬曲膝地站在人家的门口,惶恐,不安,屈辱。(罗茹冰《84 岁太婆捡垃圾为生》,《武汉晨报》2007 年 8 月 31 日第 31 版)

②在我所见的树木中,还少有这么整齐划一、节节正直向上,不卑恭屈膝、碗口粗细、不容攀附的树。(邓艺《日月潭,阿里山》,《清远日报》2009 年 6 月 28 日第 A3 版)

③从任人鱼肉到屹立东方,从卑恭屈膝到昂首前行,祖国啊,亿万儿女紧跟您稳健步伐,共同开创绚烂多姿的未来!(贺茜《颗颗童心向祖国　字字句句表真情》,《达州日报》2009 年 9 月 27 日教育 2 版)

【辨析】

卑躬:低头弯腰;屈膝:下跪。卑躬屈膝:形容没有骨气,低声下气地讨好奉承。“卑躬”不能写成“卑恭”。“屈膝”就是下跪,不能写成“曲膝”。

正:背道而驰
误:背道而弛

【错例】

但在职业改革带给队员以更多金钱与荣耀的时候，部分球员的变质却与职业化的要求背道而弛。（黄晓华《走了这么久　你变了没有?》，《市场报》2002年11月30日第6版）

【辨析】

背道而驰：朝着相反的方向走，比喻方向、目标完全相反。驰从马，表示车马等跑得很快。弛从弓，表示放松弓弦，由此引申出放松、解除、松懈等义。“背道而弛”的用法是不对的。

正：必经之路
误：必径之路

【错例】

根据实际需要，选出部分必读书籍反复阅读，深入理解，熟读牢记，这是求学者学有成效的必径之路。（萧德安《读书功夫在“破”》，《中国人事报》1999年6月18日第3版）

【辨析】

必经之路：必定要经过的道路，亦指必须遵循的规律或必须经历的过程。“经”，经过，是动词。而“径”只能做名词和副词用，义为小路和径直，不表示经过之意。两个字仅仅字形相似，词性、字义和声调都不相同。

正：毕恭毕敬
误：毕躬毕敬

【错例】

“公司盲目开发质次价高的邮品，最后卖不掉套住的必然是它自己。只是今天这里可是在举办邮展喔，像你这种话可不能随便乱说的，这里毕竟是人家的地盘!”

阿毛继续笑嘻嘻地调侃道。"是！是！是！言之有理！""周扒皮"毕躬毕敬地应声道。(殷敏《武汉之旅》,《国际金融报》2000 年 5 月 10 日第 6 版)

【辨析】

毕恭毕敬:形容态度十分恭敬。《诗经·小雅·小弁》:"维桑与梓,必恭敬止,靡瞻匪父,靡依匪母。""毕"在此成语中是"十分"的意思。"恭"不可写成"躬"。可以通过"恭敬"这个词来记忆成语"毕恭毕敬"。

正:筚路蓝缕
误:毕路蓝缕

【错例】

面临精神医学专业如此难办的窘境,齐医学院领导并没有轻言放弃,而是多次召开会议进行反复研讨和论证,并坚定了继续开设精神医学专业的决心和信心。以"毕路蓝缕、开启山林"的精神闯出一条颇具鲜明特色的办学之路。(李迎新、闫洪才《艰苦创业三十载　再续辉煌谱新章》,《黑龙江日报》2008 年 11 月 23 日)

【辨析】

筚路:柴车;蓝缕:破衣服。筚路蓝缕义为驾着简陋的车,穿着破烂的衣服去开辟山林。形容创业的艰苦。《左传·宣公十二年》:"筚路蓝缕,以启山林。"此成语也作"荜路蓝缕",但不能写成"毕路蓝缕"。

正:鞭长莫及
误:鞭长末及

【错例】

如此热衷于建商场是和前几年零售商业平均利润过高分不开的,追逐商业最大利润本来就是商家的最高目标,问题是一窝蜂大拨哄,难免要自尝苦果。肩负政府职能和行业管理的市商委对此也鞭长末及。(李锡铭《京城商厦欲破围城》,《中华工商时报》1997 年 10 月 28 日第 1 版)

【辨析】

此成语出自《左传·宣公十五年》,原文为:“虽鞭之长,不及马腹。”后写作“鞭长莫及”。“不”“莫”同义。指力量达不到。将“莫”写作当尽头讲的同音字“末”,显然错了。

正:鞭辟入里
误:鞭劈入里|鞭辟入理

【错例】

①该书对于重大历史事件发生当时的中国社会经济形势均作了详细深刻分析,有如展开一幅波澜壮阔的历史画卷,在宏伟广阔的政治社会经济背景映衬之下,使得对于历史事件,历史人物的分析鞭劈入里,入木三分。(吴能远《中国国民党的百年沧桑》,《厦门日报》2006年9月12日)

②姚广孝纵论古今,分析时局,鞭辟入理。朱棣听得连连称是,当即向朱元璋请求把姚广孝许给自己。(彭勇《姚广孝,披着袈裟的政治家》,《环球人物》2006年10月1日第15期)

【辨析】

鞭辟:鞭策,激励。里:最里层。鞭辟入里:形容做学问切实,也形容分析透彻,切中要害。“辟”在此读pì,不能写成“劈”。“里”不能写成“道理”的“理”。

正:变幻莫测
误:变换莫测

【错例】

①通信的技术标准正在逐步向上走,宽带的各种应用方式正在逐渐向用户渗透。两头并进、变换莫测的多事之秋,国内几大电信运营商不管怎样都在打自己的品牌,做本土的文章。(田瑾《通信展到底有没有“卖点”》,《国际金融报》2001年6月5日第7版)

②大海构成了天然屏障，但变换莫测的海上因素也同时为周界安防增加了不确定性，肯尼迪机场便被报道曾发生海上人员登陆并在机场禁区内游荡近1个小时才被发现的事件。（熊璋、李超、王剑昆《从起落架舱事件看机场周界安防电子化》，《光明日报》2004年11月24日）

【辨析】

“变幻莫测”指变化无常，无法捉摸，这样的神秘状态一方面令人神往，另一方面又令人恐惧。这个成语中最关键的字眼无疑是“幻”。“幻”指奇异的变化。

“换”，本义是拿出东西与人交易。“变换”只是一般的更换，没有奇异之处，谈不上“莫测”。

正：彪炳史册 误：标炳史册

【错例】

①雍正在位13年，励精图治，革除弊政，整顿纲纪，发展经济，抵御侵略，扩大疆土，是继往与开来的一代有为之君，其文治武功，标炳史册，山高自高，何须突出。（柴福善《雍正与西陵》，《人民日报海外版》2005年7月9日第7版）

②古镇面积1.5平方公里，名胜古迹完好，遗存众多。有4公顷的历史街区、古建筑群，长1000余米独具特色的古街，错落有致的古民居，独具匠心的庙宇，雄伟壮观的魁阁、牌坊以及标炳史册的红色文化。（张晓东《阆中重造老观古镇》，《四川工人日报》2009年2月20日第4版）

【辨析】

彪炳：文采焕发；照耀。无“标炳”一词。

正：别具匠心 误：别俱匠心

【错例】

这个园子的主人是苏州的著名篆刻家、国家一级美术师蔡廷辉，他不光自己亲手打造了这个园林，而且还别俱匠心地给这个园子取名为“翠园”。（《苏州：蔡廷辉打造私家园林》，《江南时报》2001 年 2 月 8 日第 2 版）

【辨析】

匠心：巧妙的心思。指在技巧和艺术方面具有与众不同的巧妙构思。“具有”的“具”不能写成“面面俱到”的“俱”。

正：彬彬有礼
误：彬彬有理

【错例】

彬彬有理的中国人，将一切都做得井井有条；反而是那些披着花花绿绿的旗帜、装扮怪异的外国人让我们更清醒地意识到：奥运，不仅是属于中国，更属于全世界。（姚冬琴《外媒的奥运视角》，《中国经济周刊》2008 年第 33 期）

【辨析】

彬彬：原意为文质兼备的样子，后形容文雅。彬彬有礼：形容文雅有礼貌的样子。“礼”是“礼貌”的意思，不能写成“道理”的“理”。

正：兵荒马乱
误：兵慌马乱

【错例】

①1940 年 2 月，当杜德富在山东省安丘县景芝镇后张家庄一间四面透风的土屋里降生时，迎接他的除了天寒地冻的天气便是兵慌马乱、刀光剑影的时势。（岳南、书耕《天职神圣》，《北京文学》1996 年第 4 期第 23 页）

②王老扣说那可不行，这兵慌马乱的，你一个女孩家，一个人在外面，我和你妈不放心。[张艳荣《你用战剑翻耕土地》，《小说月报》2009 年增刊原创长篇小说专号(3)第 92 页]

③“一个柔弱女子，孤苦伶仃，本来想着回去找她的舅父，可这兵慌马乱的，再

加上这身子骨儿……恐怕……要客死他乡了。”(李永生《画缘》,《保定晚报》2011年1月22日第12版)

【辨析】

荒:本义是荒芜,引申指人的行为放荡、没有节制。兵荒马乱:形容战时动荡不安的景象。它并非描述士兵慌慌张张,所以不能写作慌张的“慌”。

正:并驾齐驱
误:并驾齐趋

【错例】

……“三风”建设并驾齐趋,铸就学校骄人品牌,演绎着一曲曲动人乐章。(康立维《柠檬之都的教苑明珠》,《西南商报》2010年3月16日第3版)

【辨析】

并驾:几匹马并排拉着一辆车;齐驱:一齐快跑。并驾并驱:并排套着的几匹马一齐快跑。比喻彼此的力量或才能不分高下。“驱”是“快跑”的意思,不能写作“趋势”的“趋”。

正:并行不悖
误:并行不背

【错例】

她积极强调诗歌才能与治国才能并行不背的观点,她自己常常写诗,与很多诗人一起探讨音律,……(荒林《则天女皇的智囊上官婉儿》,《温州晚报》2009年1月3日)

【辨析】

并行不悖:同时实行,互不冲突。“悖”是相反、违反的意思,不能写成“背”。

正:病入膏肓
误:病入膏盲

【错例】

①人情病了。病入膏盲。于是让我们显得冰冷,显得残酷,显得自私,显得丑恶。所以怎么能携带着患有绝症的人情迈进21世纪呢?(李佩芝《人情美丽》,《光明日报》1995年5月3日第11版)

②须知“千里之堤,溃于蚁穴”,待到病入膏盲,再怎么控制也是无济于事的。(曾亚波、曹习礼《“第一次”与“腐败控制力”》,《宁夏日报》2000年9月29日第5版)

③亚宝曾欲兼并太原制药厂和大同制药厂两个国有大型制药企业,但这两家企业都已病入膏盲,凭亚宝当时的实力,即使股票上市,也不能使这两家企业起死回生。(鲁永勤、索玉祥《与改革开放同行——亚宝药业集团30年发展纪实》,《经理日报》2009年1月13日第3版)

【辨析】

膏肓:我国古代医学上把心尖脂肪叫膏,心脏和膈膜之间叫肓(肉月底是义符),认为是药力达不到的地方,“病入膏肓”的本义是病到了无法医治的地步,比喻事情严重到了不可挽救的地步。“盲”为眼睛失明,目字底是义符,因此不能写作“病入膏盲”。“盲”和“肓”形近易混,但音、义都有很大差别。

正:波澜壮阔
误:波澜壮观

【错例】

与日渐高涨的成本和波澜壮观的场面不同,宁浩的小成本制作有点寒酸,却引来影院座席上笑声不停;剧情的线索复杂人物繁多,让观众连上厕所都舍不得。(陈城《宁浩:我选择拍好看的电影》,《大地》2009年第13期)

【辨析】

波澜壮阔:比喻声势雄壮浩大(多用于诗文、群众运动等)。阔:面积或范围宽广。观:看,观察。可见,“阔”与“观”的形、音、义都不一样,不可替用。况且,成语是人们长期以来习用的、简洁精辟的定型词组或短句,不应随便改变其中的某个字。

正:不辨菽麦
误:不辨黍麦

【错例】

辜鸿铭颇不满,说:“满口诗云、子曰,黍麦不辨者,谓之书生。……”[严光辉《辜鸿铭传(三)》,孔子学院网 2006 年 11 月 24 日]

【辨析】

不辨菽麦:分不清豆子和麦子,形容缺乏实际知识。“菽”是豆类的总称,不能写成“黍”。

正:不计名利
误:不计名利

【错例】

为了让李信国这种济贫帮困、乐于助人、不求回报、不记名利的精神传播开去,王国军还决定采取一个特殊的报恩方式:在李信国曾经工作生活过的矿务局桃山煤矿设立“李信国教育基金”,用于建设希望小学或是资助贫困学生。(严红枫、朱伟光《爱心永续——记一位浙江民营企业家与一位东北普通矿工的爱心传奇故事》,《光明日报》2008 年 5 月 10 日第 4 版)

【辨析】

“计”的本义是结算、清算,如“计价”“计时”“计件工资”等;引申指计虑、考虑。如《管子·中匡》:“计得地与宝,而不计失诸侯;计得财委(积蓄),而不计失百姓。”“不计名利”是一个常见的说法,即不考虑个人的名位和利益。其中的“计”,就是计较、考虑的意思。类似的说法还有“不计成败”“无暇计及”等。

“记”的基本义就是“不忘,把印象保留在脑中”;引申指记录、登记等。如把对别人的仇恨记在心里叫“记仇”,把听到的话或发生的事写下来叫“记录”,办理有关手续时登记名字的制度叫“记名制”,等等。“记”没有表示“考虑、计较”的意思。

“计”与“记”各有所司,不可混淆。“不记名利”从字面看勉强也能说得通,即“不记住名利”,但没有这么说的。

正:不骄不躁
误:不骄不燥

【错例】

华佗听了,满意地拍了拍小伙子的肩头:“很好,你就留下来吧,从今天起,我要教你学病理、诊杂症、调处方、配药剂,只要不骄不燥、认认真真地学,我保你二十年后也会成为一代名医。”(谢丙月《华佗收徒》,《讽刺与幽默》2001 年 12 月 20 日第 14 版)

【辨析】

不骄不躁:不骄傲,不急躁。形容人态度谦逊,工作谨慎踏实。躁:急躁。不能写成干燥的“燥”。

正:不近情理
误:不尽情理

【错例】

除了要求我们遵守部队条令条例之外,许多特殊的规定都写在《航天员管理暂行规定》里,其中有这样几条对常人来讲几乎不尽情理的“五不准”:不准在外就餐;节假日不准私自外出;不准与不明身份的人接触;不准暴露自己的身份;不准抽烟喝酒等等。(杨利伟《天地九重》,《北京青年报》2010 年 3 月 15 日第 C7 版)

【辨析】

错例中的“不尽”显然不对,应该是“不近”。不近:不合乎。不尽:不完全;没有尽头。成语有“不近人情”,指不合乎人的常情,也指性情或言行怪僻。“不近情理”与“不近人情”意思差不多。“不尽情理”或可理解为“不完全的情理”“没有尽头的情理”,可是,没有这么说的。由此推断,“不近情理”才是对的。

正:不胫而走
误:不径而走

【错例】

①古佩雄要受处分的消息不径而走,全龙虎村的男女老少都为此愤愤不平。(管桦《深渊》,《中国作家》1987 年第 6 期第 121 页)

②年初,美国著名摇滚歌星麦当娜要来布宜诺斯艾利斯拍电影《埃维塔》并出演主角埃维塔的消息在阿根廷不径而走,举国上下议论纷纷,其中反对声一阵高过一阵。(薛鸿《麦当娜银幕扮强女》,《环球》1996 年第 6 期第 6 页)

③文物队发掘了珍贵文物的消息不径而走,第二天,就有数十人在这一带四处挖掘,方法仍然是将挖出的陶器一个一个砸碎,从中寻“宝”。(唐湘岳《古墓的遭遇》,《光明日报》1995 年 6 月 21 日第 2 版)

④后来,这首歌经朱蓬博演唱,不径而走,成为人民群众十分熟悉和喜爱的歌曲,歌曲表达的那种充满深情的倾诉“那就是我,那就是我,那就是我……”,抒发了人民对祖国挚爱眷念的深情。(谌强《谷建芬:绿叶对根的情意》,《光明日报》2009 年 8 月 2 日)

【辨析】

胫:小腿,肉月旁作义符。不胫而走:没有腿却能跑,形容传布迅速,是个老成语。径:狭窄的小路,双立人作义符。如写成“不径而走”,按字面理解则成了没有路也可以跑的意思,显然是“径”用错了,应该用肉月旁的“胫”。

正:不可理喻
误:不可理谕

【错例】

方术是在人们对自然无知的情况下产生的,是愚昧的、非理性的,特别是那些

"杂术",简直不可理谕。(沈仁康《中国的方术》,《清远日报》2008 年 12 月 20 日第 A3 版)

【辨析】

不可理喻:不能用道理使他明白,形容蛮横或固执。喻:开导,晓谕,使明白。明·沈德符《万历野获编·褐盖》:"此辈不可理喻,亦不足深诘也。""谕",古同"喻",但在此成语中不能写成"谕"。

正:不可思议
误:不可思义

【错例】

令人不可思义的是,要不是骗子陈某因其他事情自投法网主动供诉罪行的话,可能至今这些受骗的人仍想不起来用法律武器去维护自己的合法权益。(孙贵宝、邓燕宁、方莹《"防汛"公章竟错刻成"房心"》,《江南时报》2002 年 7 月 3 日第 3 版)

【辨析】

不可思议:原有神秘奥妙的意思。现多指无法想象,难以理解。不能写成"不可思义"。

正:不毛之地
误:不茅之地

【错例】

当我们念起今日的自贡,立即就会想到美丽而富饶的汇东新区,可是,十四年前,那里竟是一片不茅之地,……(胡幼云《撼动咸土地的感人乐章——读李开杰报告文学〈潮动咸土地〉》,《自贡日报》2007 年 11 月 13 日)

【辨析】

不毛之地:不长庄稼的荒地。形容荒凉、贫瘠。毛:像毛的东西,此处指庄稼。

不要理解为不长茅草的地方而写成“不茅之地”。

正:不容置疑
误:不容质疑

【错例】

“那你把它打算托付给谁?”“海潮。”梅茹回答坚决,不容质疑。[张艳荣《你用战剑翻耕土地》,《小说月报》2009年增刊原创长篇小说专号(3)第119页]

【辨析】

质疑,按照《现代汉语词典》的解释,就是“提出疑问”。一般常说“质疑问难”。碰到疑问,谁都可以提出来,这是每一个人的权利,谁那么霸道,还不准别人“质疑”?“质疑”有一个同音词“置疑”,意思是“怀疑”(多用于否定式),如“不容置疑”“无可置疑”“无庸置疑”“毋庸置疑”。看来,作者是误用了同音词。“不容置疑”,意思是不容许有什么怀疑。这个成语不能写作“不容质疑”,这是不容置疑的。

正:不同凡响
误:不同反响

【错例】

更实现了TPS技术、双转子直流变频压缩机等多项节能技术的研发,并通过了业内专业机构几乎苛刻的实验,验证了其高效节能的效果确实不同凡响。(《LG新品柜机空调惊艳节能市场》,《江南时报》2009年9月9日第18版)

【辨析】

不同凡响:形容事物不平凡,很出色。凡响:平凡的音乐。平凡的“凡”不能以相反的“反”来替代。

正:不屑一顾
误:不肖一顾

【错例】

收获季节，给大人帮忙，我对遗落在地里的谷穗、麦头等，不肖一顾，母亲嗔怒地批评："一个蔓上两颗瓜，丰收节俭不分家。"（刘永前《母亲语录》，《人民日报海外版》2002 年 5 月 1 日第 3 版）

【辨析】

不屑一顾：认为不值得一看。形容极端轻视。不屑：不值得，不愿意；顾：看。"不屑"不能写成"不肖"。

正：不修边幅
误：不修边辐|不修边福

【错例】

①看了片花后我很害怕，觉得我怎么会那么不修边辐，大家不会以后这样的戏才找我演吧？（《"男人婆"落下伤感泪　王海珍难忘摇摆女》，萧山网 2005 年 12 月 18 日）

②其三，是我的穿着太过寒酸，简直是不修边福。（安寿《一个乡村教师的人生回忆》，传记网 2007 年 9 月）

【辨析】

不修边幅：原形容随随便便，不拘小节。后形容不注意衣着或容貌的整洁。边幅：布帛的边缘，比喻人的衣着、仪表。既是布帛的边缘，就要用巾字旁的"幅"。

正：不翼而飞
误：不冀而飞

【错例】

11 月 20 日，原浒关镇红叶造纸厂保卫科高科长在巡视造纸厂时发现十多棵名木古树不冀而飞，他立即向苏州市绿化执法大队报告。（许倩《古树名木遭盗伐》，

《江南时报》2001年11月24日第1版）

【辨析】

不翼而飞：没有翅膀却飞走了。比喻物品忽然丢失。也比喻事情传播得很迅速。翼：翅膀。不能写成希冀的“冀”。

正：不在话下
误：不再话下

【错例】

哈飞民意的销售价格仅为39300元，相当于普通人两年的收入，在经济发达地区，这一价位更不再话下，而如果投入经营，两年返本还是比较低的估算。（方颖《哈飞民意 现代微面的代表作之一》，《中国汽车报》2004年4月13日）

【辨析】

不在话下：指事物轻微，或者理所当然，不值得一提。“在”不能写成“再”。

正：不知所措
误：不知所错

【错例】

①没有煽情惹火的床上戏，镜头照一下阿孝在房里不知所错的样子，再照一下每个门口都放着一只脸盆的楼道，然后一个面目不清的女人走过来敲敲门，接下来阿孝就已经办完事儿，站在门外的树下了。（晃晃《<童年往事>，一部少年个人史》，《新京报》2005年6月24日第C02版）

②时光荏苒，一天，我六岁的妹妹来我家玩，趁我不注意将我的电脑键盘乱按，把游戏里的人物调死了，愤怒的我对吓得不知所错的妹妹大发雷霆，恰好这时李明洋也在我家，他一边拉走了哭啼啼的妹妹一边对我说：“你不应该粗暴的（应改为‘地’）对待妹妹，她还小，不懂事，你不该怪她。”（张渊《我学会了宽容》，《辽沈晚报铁岭版》2009年10月30日第A10版）

【辨析】

措:安置,处理。此成语义为不知道怎么办才好,形容处境为难或心神慌乱。在古代,“不知所错”是同“不知所措”的,到了现代,汉字定形了,就不要再写作“不知所错”了。

正:不置可否
误:不知可否

【错例】

哥哥今天特别高兴,挑了一块(枣糕)送入嫂子嘴里,孩子气地问:“怎样?粉是我和的,糖是我加的,正好吗?”嫂子不知可否地一笑,说:“你们忙了这大半日,就为了做这几块糕!……”(程乃珊《归》,《小说月报》1994年第12期第72页)

【辨析】

不置可否:不说对,也不说不对。这是一个用字固定的老成语。而“不知可否”则是平常的说法,意为不知道是否可以。上例中说的是嫂子不说对、也不说不对,这就必须用“不置可否”。

正:布衣蔬食
误:布衣疏食

【错例】

姬昌哈哈哈仰天长笑,笑毕说:“吾每天是:闲忙有余登山临水觞诗,身无长物布衣疏食琴书。”(金黎《周文王传奇》,《安阳日报》2010年1月22日第7版)

【辨析】

布衣蔬食:穿布衣,吃粗粮。形容生活清苦。蔬食:粗食。不能写成“疏食”。

正:步履维艰
误:步履为艰|步履唯艰

【错例】

①在未来的市场竞争中,不可避免地将会有不少企业被淘汰出局,有的将陷入困境,步履为艰,一个巨大的市场将有大半可能被外商瓜分。(邹群、谢仲达《电机电器出路在电子技术》,《中国汽车报》2001 年 9 月 12 日第 7 版)

②除了汽车“步履唯艰”,一些载人的摩托车、自行车也被堵住了,有的摩托车、自行车干脆一个转弯,驶上人行道,借道而过。(刘莘瑜《涪江路　放学时段堵得慌》,《南充日报》2007 年 9 月 24 日第 5 版)

【辨析】

步履维艰:指行走困难,行动不方便。维:助词。不能写成“为”,也不能写成“唯”。

正:步入正轨
误:步入正规

【错例】

汶上社区社会组织备案管理步入正规　(王秀华、邵伟、姬广代,《济宁日报》2009 年 11 月 6 日标题)

【辨析】

步入正轨:走上正常的发展道路。正轨:正常的发展道路。不宜说“步入正规”。

C

正:惨不忍睹
误:惨不忍赌|惨不忍堵

【错例】

①听着儿子的喊叫,当朱女士将欢欢拽出时,欢欢的腰和屁股已经被烫得惨不忍赌。(刘家伟《三岁娃追小猫　一屁股坐进开水锅》,《辽沈晚报鞍山版》2008 年 11 月 18 日第 A4 版)

②……当台东太麻里乡残垣破壁,惨不忍堵的时候,我们感同身受,即使在大陆与台湾中间隔着那湾海峡。(评论员《今天,我们都是中华一家人》,《南方日报》2009 年 8 月 17 日第 A2 版)

【辨析】

惨不忍睹:凄惨得叫人不忍心看。睹:看。既然是看,就要用目字旁的“睹”。写作“赌”“堵”是误用了同音的形近字。

正:惨无人道
误:残无人道

【错例】

我身临其境般地目睹这场残无人道的大屠杀,仿佛已经闻到了空气中弥漫的那种尸臭与血腥,心几乎走向崩裂的边缘。(《以电影之名铭记“南京 1937”》,《东方卫报》2009 年 12 月 14 日第 A21 版)

【辨析】

惨无人道:残酷狠毒到极点,如野兽一样。惨:狠毒,残暴。不能写成“残无人道”。

正:沧海一粟
误:苍海一粟|沧海一栗

【错例】

沧海一粟

①人之于自然,苍海一粟。然而,人虽渺小,浩气动天,终成万物之灵。有限的,是人的肉躯;无尽的,是人的精神。(王坤山《南海乘船》,《中国人事报》1999 年 10 月 22 日第 4 版)

②十年,在历史的长河中,只是沧海一栗,可在人的一生中,又有几个十年?(陈小芳《一个乡村女教师的苦乐年华》,《中国经济周刊》2005 年第 50 期)

【辨析】

沧海一粟:大海里的一粒谷子。比喻非常渺小。粟:谷子,去皮后叫小米。不能写成“栗”。

沧海:大海(因水深而呈青绿色)。沧:水青绿色,三点水是义符。除水名、地名外,一般只组成“沧海”一词。苍:草色,一指青绿色(如苍葱、苍翠、苍黑、苍黄、苍绿、苍郁等),一指灰白色(如苍白、苍苍白发等),草字头是义符。“沧”“苍”二字不能互换。

“栗”和“粟”常常被混淆,如果了解了两字的字义,就不会写错了。“栗”是一种树,如板栗树,故下面是“木”字;“粟”是一种粮食,去皮后称小米,故下面是“米”字。

正:藏污纳垢
误:藏污纳诟

【错例】

①同一条小巷,可以是藏污纳诟"走廊",也可以是展示文明的阵地,关键是城市管理者把它放在什么样的位置。(《三家巷的启示》,《昆明日报》2009 年 3 月 17 日第 A1 版)

②可见,相比于行业内部的不规范运营,保健服务领域的"藏污纳诟"显然更是一个亟待整顿的问题。(《保健行业规范能否规范"灰色地带"?》,《江阴日报》2009 年 7 月 27 日第 B3 版)

【辨析】

藏污纳垢:比喻隐藏或包容坏人坏事。污、垢:肮脏的东西。诟是形声字,从言后声,本义:耻辱。不能说"藏污纳诟"。

正:草菅人命
误:草管人命

【错例】

我国古代史上有爱国爱民、舍生取义的英雄,也有卖国求荣、认贼作父的败类;有戎马倥偬、艰苦创立的开国之主,也有养尊处优、昏庸荒淫的亡国之君;有闻鸡起舞、枕戈待旦的志士,也有乐不思蜀、苟安夕旦的腐败之徒;有为民请命、救民水火的大夫,也有草管人命、鱼肉百姓的暴君酷吏。(蒲永超《如何在历史教学中培养学生道德情操》,《四川科技报》2009 年 8 月 4 日第 3 版)

【辨析】

菅:音 jiān,从草,是一个形声字。本义指一年生草本植物,野草。所谓"草菅人命",就是把人命看得如同野草一样,任意处置、残杀。管:音 guǎn,从竹,也是形声字。"管"是个很常用的字,一般不会写错,但"菅"是一个较生僻的字,只出现在"草菅人命"里,记住这个成语,也就记住了这个字。

正:草长莺飞
误:草长鹰飞

【错例】

在我的想象中，草原是一望无际的，草长鹰飞，全然像诗中的景象："天苍苍，野茫茫，风吹草低见牛羊。"（熊海燕《纵横驰骋浑善达克沙地》，《京华时报》2003年7月31日第B45版）

【辨析】

草长莺飞：形容江南暮春的景色。莺：黄鹂。南朝·梁·丘迟《与陈伯之书》："暮春三月，江南草长，杂花生树，群莺乱飞。"

体形较小、羽衣华丽、鸣声悦耳的"莺"，不能写成体形较大、性情凶猛的"鹰"。

正：层峦叠嶂
误：层峦叠障

【错例】

双鸭山林丰岭峻，层峦叠障，林地总面积8 632平方公里，林木蓄积量5000万立方米，松、柞、桦、杨等活立木储量1150万立方米，森林覆盖率达39.4%，自然保护区面积达72万公顷。（马玉忠、崔晓林、甘绍平《双鸭山：离美好明天越来越近》，《时代潮》2005年第15期）

【辨析】

层峦叠嶂：形容山峰多而险峻。层峦：山连着山；叠嶂：许多高险的像屏障一样的山。既然是山，就要用从山的"嶂"，不能写成"障"。

正：插科打诨
误：插科打浑

【错例】

倘若中国历史上的人物，不分年代，不分环境，不分历史背景地"统一"起来，甚至乾隆也是今天"插科打浑"的某某"董事长"，我不知道，这种统一看多了，观众

是否倒胃口。(鲁实《文化宝藏更需有序开采》,《市场报》2001 年 4 月 26 日第 4 版)

【辨析】

插科打诨:戏曲、曲艺演员在表演中穿插进去的引人发笑的动作或语言。科:指古典戏曲中的表情和动作;诨:诙谐逗趣的话。既是话,一定从言字旁,不能写成"浑"。

正:姹紫嫣红
误:姹紫妍红|姹紫焉红|诧紫嫣红

【错例】

①每到阳春三月,桃花竞相开放,姹紫妍红,到处都是花的海洋,花期可达 10 天左右。(李甫君《观光农业:盛开在桃花的故乡》,《中国经济快讯周刊》2002 年第 17 期)

②随风飘舞的柳叶,人们又开始说道:逝去的才是永恒,姹紫焉红,茫茫绿色成了人们不停地思念。(王唯《悟》,《燕赵晚报》2006 年 3 月 29 日第 C7 版)

⑧"原来诧紫嫣红开遍,似这般都付与断井颓垣,良辰美景奈何天,赏心乐事谁家院?"光影中他那里《牡丹亭》唱得悲切,黑暗里我这边听得悲凉。(王大辉《文化的精神》,《沈阳日报》2007 年 2 月 7 日第 B4 版)

【辨析】

姹紫嫣红:形容各种花朵娇艳美丽。姹、嫣:娇艳。"姹"不能写成"诧","嫣"不能写成"妍"或"焉"。

正:缠绵悱恻
误:缠绵绯恻

【错例】

①那时候,全城还没有卡拉 OK 之类的餐厅,没有 KTV 包厢,也没有缠绵绯恻

的流行歌曲。（宣儿《城市记忆》，《大家》1999 年第 3 期第 110 页）

②雪村的那首《梅》使很多人自然联想起是否雪村身上也发生过《梅》中描写的缠绵绯恻的爱情故事。（顾小萍《雪村坚持“平民文化”》，《江南时报》2002 年 3 月 15 日第 6 版）

【辨析】

悱：形声字，从忄非声，义为想说又不知道怎么说。悱恻：形容内心悲苦。而“绯”读 fēi，含义是红色。“绯”与“恻”毫不搭界。

正：长此以往
误：常此以往

【错例】

业内人士呼吁，常此以往，不利于素质教育的开展。（温素威《细分校园伤害事故责任》，《市场报》2002 年 9 月 4 日第 7 版）

【辨析】

长此以往：长期这样下去。长期的“长”不能写成经常的“常”。

正：长叹短吁丨长吁短叹
误：长叹短嘘丨长嘘短叹

【错例】

①有段时间，伍作兴的厂子因缺乏流动资金，原材料运不回，合同无法兑现，面临困境。工人们看到门庭冷落的气象，也一个个提不起精神。有人甚至说伍作兴的“背时运”来了。伍作兴免不了长叹短嘘。（谢续元、剑峰《折射五彩生活》，《湖南日报》1995 年 7 月 12 日第 7 版）

②这三千琴担堆在那儿，小山一样，吞不得，吐不得，王芝圃磨扇压手了。正长嘘短叹，陈俊看在眼里，灵机一动说道：“师傅，是为琴担子发愁吧？”（黄建华《琴韵》，《中国文学》1996 年第 3 期第 56 页）

③时值正午，空气十分闷热，村民大抵吃饱喝足，啥事也不顾了地还在午睡，村子沉溺在四周无数知了长嘘短叹类似村人鼾声的鼓噪之中。（周柳军《过路钱财》，《人民文学》1992年第12期第100页）

【辨析】

“吁”“嘘”二字读音相同，但词义有细微差别。“吁”表示叹气，也表示出气的声音，所以成语“长叹短吁”或“长吁短叹”，都要用“吁”。而“嘘”表示慢慢吐气，上述成语中不能用“嘘”。

正：陈词滥调
误：陈词烂调

【错例】

关于婚姻是风险投资的说法早已是陈词烂调了。（《CFO家庭奥斯卡》，《温州都市报》2007年6月22日第B26版）

【辨析】

“陈词烂调”应为“陈词滥调”。“陈词滥调”指陈旧而不切合实际的话。其中“滥调”指叫人腻烦的、不切合实际的言论或论调，不能写作“烂调”。

正：瞠目结舌
误：嗔目结舌|膛目结舌

【错例】

①我嗔目结舌地看着她消失在车厢的尽头，真想一头撞破车窗跳下车去。（朱文《看女人》，《大家》1999年第3期第100页）

②记者一番明查暗访了解到惊人内幕，其中的猫腻令人膛目结舌……（江南《锡城空调明降暗涨内有玄机》，《江南时报》2007年6月11日第22版）

【辨析】

瞠目结舌，形容极端惊异或恐惧。瞠：形声字，从目堂声，义为瞪着眼睛看。写成“嗔”显然不对,因为“嗔”的意思是生气、责怪。需要指出的是,“瞠”和“嗔”二字的读音在普通话中并不相同,分别读 chēng 和 chēn,南方人往往念法一样,这也是写别字的一个原因。

“瞠目结舌”语出清·霁园主人《夜谭随录·梨花》:“因耳语其故,公子大骇,入舱隐叩细君,细君结舌瞠目。”结舌:说不出话来。由于“瞠”与“膛”字形相近,极易写错。

正:惩前毖后
误:惩前毙后

【错例】

①其次,才是调查取证、组织处理,才是惩前毙后、治病救人。(张中伟《以人为本构建反腐倡廉新格局》,《湖北日报》2009 年 2 月 18 日第 10 版)

②一要保持“惩前毙后、治病救人”的与人为善态度……(胡念飞、徐滔《采访充满智慧时　势造就批评之风》,《南方日报》2009 年 10 月 23 日第 T38 版)

【辨析】

惩前毖后:批判以前所犯的错误,吸取教训,使以后谨慎些,不至再犯。惩:警戒;毖:谨慎。不能写成毙命的“毙”。

正:嗤之以鼻
误:嗤之一鼻

【错例】

街坊四邻见了他都开始嗤之一鼻了。(鹤坪《闲功夫》,《滇池》1999 年第 3 期第 5 页)

【辨析】

嗤之以鼻:用鼻子吭气,表示看不起。“以”,用,拿。不能写作音近的“一”。

正:叱咤风云
误:叱诧风云

【错例】

①在常人眼中,女企业家叱诧风云,美丽的鲜花、如潮的掌声、金光闪闪的奖杯,好似风光无限。(杨云英《逆境中崛起的女企业家》,《大地》2005 年第 13 期)

②曾经叱诧风云　如今面临“下课”(陶晓喆、庞国霞《2008 车界十大焦点人物》,《市场报》2008 年 12 月 22 日第 27 版小标题)

【辨析】

叱咤风云:一声呼喊、怒喝,可以使风云翻腾起来。形容威力极大。叱咤:怒喝声。怒喝要用口,所以用带口的“咤”,不能写成“叱诧”。

正:重蹈覆辙
误:重蹈复辙

【错例】

①你呀你,不但不支持我,反而挖苦我重蹈复辙,想当一名昙花一现的名牌知青。(黄天明《爱的波涛》,《长江》1982 年第 3 期第 38 页)

②我可不能重蹈那个可笑的古希腊老头泰利士的复辙,只顾遥望遥远的不可企及的星际图,却不幸跌入眼皮底下的深坑。(王英琦《我们头上的星空》,《人民文学》1994 年第 10 期第 119 页)

③英国女王伊丽莎白显然没料到自己四个子女就有了三个婚姻破裂,未婚的爱德华王子今后是否也会重蹈其兄复辙呢?(柯飞宁《离婚潮席卷全球》,《三联生活周刊》1996 年第 20 期第 21 页)

④现场所有参赛对手的掌声已经证明,中国跳水队此次雅典之行绝不会重蹈复辙。(《“亮晶晶”点燃“双响炮”》,《新京报》2004 年 8 月 14 日)

⑤在今年“保增长”的压力下,个别地方又借金融危机的“东风”,以“保八”的名义,开始重蹈以牺牲环境、资源、安全为代价的复辙。(张玉玲《保增长更要重质量》,《光明日报》2009 年 7 月 29 日第 9 版)

【辨析】

覆：底朝上翻过来；翻转；歪倒。覆辙：翻过车的道路，比喻曾经失败的做法。不能用音同形近的“反复”的“复”代替“覆”。

将“覆”错写成“复”的人为数不少，其原因是“复”“覆”在做“转回”和“回答”解时，曾经可以通用，如“翻来覆去”可写成“翻来复去”，“答复”可写作“答覆”。（见《现代汉语词典》1978年12月版第338页）但“重蹈覆辙”不能写作“重蹈复辙”，因为这个“覆”是表示颠覆、歪倒的意思，而“复”则表示重复、反复、恢复、回复的意思。1964年《简化字总表》中规定“覆”是“复”的繁体字。1986年10月重新公布的《简化字总表》对此做了调整，规定“覆”不再作“复”字的繁体字处理。一些人对1986年的规定了解重视不够，还以为“覆”早已简化为“复”了，其实不然。

正：崇山峻岭
误：重山峻岭|祟山峻岭

【错例】

①恍若隔世的重山峻岭上，逼真地刻画着山势的脉络一条条闯入我的眼里，顺着撩动山脚的河水，我寻觅山的源头，追踪执掌着山的筋脉，我探究山的崛起。（钟安定《扑进我心中的山》，《人民日报海外版》2002年5月10日第6版）

②为了实现3月5日前全部恢复通电的目标，抢修刻不容缓。运送电力器材的重任落到了武警清远支队官兵身上。该段线路全部位于重山峻岭间，山高达500多米，山路崎岖狭窄，又被因冰雪压断的树木拦住去路。（李作描、易争平、文进《军民携手重建家园》，《光明日报》2008年3月2日）

③临近春节，正是数九寒天。1月17日，穿越祟山峻岭，记者走进这个让许多人牵挂的高寒山区。（魏贺《只要精神不垮　一切从头再来》，《大地》2009年第2期）

④近日，蕉岭县在全国文物普查中，在地处祟山峻岭深处的南礤镇南礤村发现一座约有300年历史、保存完整的前后围龙的客家围龙屋“观察第”。（《蕉岭现客家围屋建筑》，《扬州晚报》2009年11月9日第A16版）

【辨析】

崇山峻岭:高大险峻的山岭。晋·王羲之《兰亭集序》:"此地有崇山峻岭,茂林修竹。""崇"不能写成同音的"重"。

崇,读 chóng,高,引申为重视。《说文》:"嵬(wéi)高也。"如崇高、崇山峻岭、推崇等。从山宗声。

祟,读 suì,原指鬼怪或鬼怪害人,如作祟。《说文》:"神祸也。"会意字,从示出声。鬼鬼祟祟:形容怕人发现的不光明、不正当的行为。

祟与崇,仅为形似字。二字构字方式完全不同:一为会意字,一为形声字。记住"崇"原意为"嵬高",嵬是山高而不平,所以"崇"字表意的形符是"山"。

正:抽丝剥茧
误:抽丝拨茧

【错例】

但种种谨小细微的细节,却有着抽丝拨茧后的快乐甜蜜,不必烦絮。(《午后的查济》,《牛城晚报》2009 年 11 月 2 日第 15 版)

【辨析】

抽丝剥茧:出自明·洪楩《清平山堂话本·蓝桥记》:"安绥惘纪,无行云流水之势,但如抽丝剥茧之行而为之,故望此云,无望得众。"意思是丝得一根一根地抽,茧得一层一层地剥。形容分析事物极为细致,而且一步一步很有层次。剥:去掉外面的皮或壳。不能写作拨拉的"拨"。

正:丑态毕露
误:丑态必露

【错例】

运用拟人表现喜爱的事物,可以把它写得栩栩如生,使人倍感亲切;表现憎恨的事物,可以把它写得丑态必露,给人以强烈的厌恶感。(车庆欣《拟人趣话》,《语

文教学与研究·读写天地》2006 年第 11 期）

【辨析】

丑态毕露：丑恶的形态彻底暴露。毕：完全。不能把成语的意思理解为丑恶的形态必然暴露而写成“丑态必露”。

正：出尔反尔
误：出而反而

【错例】

在仅有的两天时间里想要将议案的方方面面准备充分，是根本不可能实现的。这种时候，足协只能出而反而，只能通过拖延时间来取得上层的共识。（燕翎《足协又玩老伎俩：拖》，《新商报》2004 年 10 月 22 日）

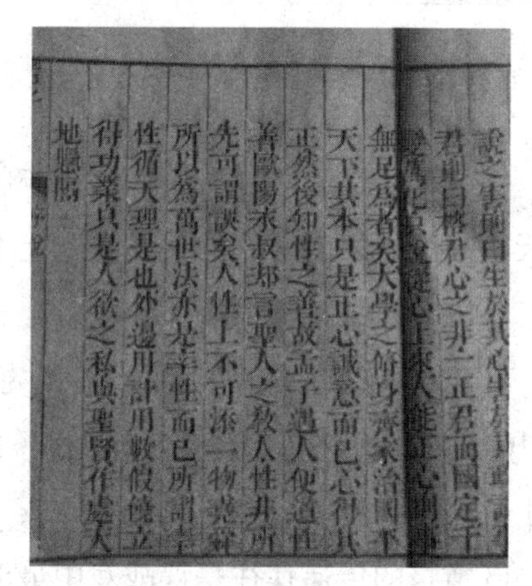
[illegible]之害顯曰生於其心害於其[illegible]
君[illegible]曰格君心之非一正君而國定[illegible]
[illegible]大人能正[illegible]
無足爲者矣大學之修身齊家治國平
天下其本只是正心誠意而已心得其
正然後知性之善故孟子遇人便道性
善歐陽永叔却言聖人之教人性非所
先可謂誤矣人性上不可添一物堯舜
所以爲萬世法亦是率性而已所謂率
性循天理是也外邊用計用數假饒立
得功業只是人欲之私與聖賢作處天
地懸隔

《孟子》书影

【辨析】

《孟子·梁惠王下》：“出乎尔者，反乎尔者也。”这里的“反”指“返回”，“尔”是第二人称代词，指“你”，整句话的意思是从你那儿出来的，还要返回到你那里去。意味你如何对待别人，别人也将如何对待你。后来指说了又反悔，或只说不做，前后言行自相矛盾，反复无常。

“而”读 ér，是连词，不能当代词用。

正：出谋划策
误：出谋画策

【错例】

收在他《定庵文集补编》中的《送钦差大臣侯官林公序》，就是为林禁烟此行出

谋画策、贡献良多的一封长信。(李国文《名人的儿子》,《大地》2005 年第 3 期)

【辨析】

出谋划策:制定计谋策略。指为人出主意。谋:计谋;划:筹划。不能写成“画”。

《第一批异形词整理表》也将“出谋划策”作为选取的推荐词形。《第一批异形词整理表》适用于普通话书面语,语文教学、新闻出版、辞书编纂、信息处理等场合均应遵照执行。

正:出其不意
误:出奇不意

【错例】

①林琳还是爱北京男人,大大咧咧的,张口就让你笑,出奇不意地再体贴一下,跟天生细腻的江南男人的关怀本质上不一样。(黄啸《爱你但不相信你》,《作家文摘》2000 年 2 月 18 日第 5 版)

②我与他共进午餐,席间,他出奇不意地问道:“你愿意申请英国军情六处(M16)的工作吗?”(詹姆斯·布利茨《去金融城招“邦德”》,《国际金融报》2009 年 6 月 4 日第 4 版)

③情报的传递往往是谍战戏中最能反映主创“想象力”的部分,一些出奇不意的传递手段很容易给作品加分,突出情节的惊险刺激……(肖扬《军事专家专抠细节“谍战片”多少外行话》,《北京青年报》2010 年 4 月 20 日 B10 版)

【辨析】

出其不意:趁别人没有料到时采取行动,泛指出乎对方意料之外。“其”,代词,他,他的。写作“出奇不意”则语义不通。成语“出奇制胜”要用奇特的“奇”,这里的“奇”是奇兵或奇计的意思。

正:出奇制胜
误:出奇致胜

【错例】

宁波港铃与物流公司困境中出奇致胜 （傅之庭、汤超男，《宁波日报》2010 年 2 月 23 日第 B2 版标题）

【辨析】

制，取得。“制胜”，取胜。不能写成“致胜”。

正：出人头地
误：出人投地

【错例】

①你当然失算了，老阴。算来算去，满以为能出人投地。（《小说家》1992 年第 1 期第 58 页）

②要说他也不是白吃干饭的，用他的话说，要文凭有文凭，要本事有本事，可总是没有出人投地的时候，好不容易混个副科长，又要下岗了。（元明《李三的困惑》，《讽刺与幽默》2001 年 8 月 20 日第 6 版）

【辨析】

出人头地：超出一般人；高人一等。为避免将“头”错写成同音字“投”，可将“出人头地”联想为“高出别人一头”。

正：出神入化
误：出神入画

【错例】

一个没有京剧生活体验的人又如何将一个“青衣”写得如此出神入画呢？陈枰的回答很简单：“我写的不是京剧，而是女人，这女人无论是唱京剧的也好、大夫也好，说什么都成立，因为只不过是一件外衣。”（顾小萍《陈枰：我写的女人不是京剧》，《江南时报》2002 年 11 月 26 日第 31 版）

【辨析】

出神入化:极其高超的境界。形容文学艺术达到极高的成就。神、化:指神妙的境域。“化”不能写成“画”。

正:初来乍到
误:初来咋到

【错例】

①像我这样初来咋到者,在没有相关完备手续的情况下,只能购买手机充值卡。办起来非常方便。(宋斌《便捷的瑞士手机实名制》,《光明日报》2010 年 9 月 12 日第 8 版)

②陈江春是安徽省安庆市人,2008 年 9 月经人介绍到四平经商,在北新华大街注册办理了四平市铁西区吉祥礼品商店,搞起了个体经营。初来咋到,人生地不熟,办理完税务登记就发愁……(《危机无情“税”有情》,《四平日报》2009 年 4 月 14 日第 3 版)

【辨析】

初来乍到:初次来到某个地方。乍:刚刚;起初。不能写作咋呼的“咋”。

正:除恶务尽
误:除恶勿尽

【错例】

近两年来,该所本着保一方平安、除恶勿尽的精神,采取网上追逃、设置信息员、明察暗访等形式,努力追查金某的去向。(李旭《云贵警方联手　跨省盗窃逃亡两年被擒》,云南网 2010 年 4 月 20 日)

【辨析】

除恶务尽:清除坏人坏事必须干净彻底。务:必须。“勿”是“不要”的意思,如果写作“除恶勿尽”,意思正好相反了。

正:传宗接代
误:传种接代

【错例】

这更是一位了不起的人,所以了不起,就是他的不惜牺牲自己,心甘情愿地割掉了传种接代的男根,这是何等舍己为人的高尚品质啊!(李国文《用人之道》,《大地》2009 年第 18 期)

【辨析】

传宗接代:传延宗嗣,接续后代。旧指生了儿子可以使家世一代一代传下去。宗:宗族,家族。代:后代。无“传种接代”这一成语。

正:吹毛求疵
误:吹毛求庇

【错例】

可十分健谈的父亲常对儿子沥血之作却没有半句的赞许之言,他对杨佐渝瑕不掩瑜的精美之作吹毛求庇,甚至严厉批评……(印华《倾情只为华夏美——记“梅竹游鱼”书画家杨佐渝先生》,《江南时报》2000 年 9 月 17 日第 8 版)

【辨析】

“疵”读 cī,病字旁,说明与病有关,本义指小毛病,引申为过失、缺点。“吹毛求疵”指吹开皮上的毛,寻找里面的小毛病,比喻刻意挑剔过失或缺点。“疵”隐藏在毛中,所以要刻意“吹”才找得到。“庇”读 bì,遮蔽、掩护的意思。写作“吹毛求庇”是误用了形近字。

左:垂涎三尺
误:垂涎三尽

【错例】

听说潘玉儿最漂亮，萧衍早就垂涎三尽，希望霸为己有。现在当了皇帝自然不会放过潘玉儿。（倪方六《帝王秘事》，湖北人民出版社 2009 年 1 月版第 55 页）

【辨析】

此处的“垂涎三尽”，明显是“垂涎三尺”之误。

正：唇枪舌剑
误：唇枪舌箭｜唇枪舌战｜舌枪唇剑

【错例】

①法庭上，他义正词严，唇枪舌箭，激烈的争辩不亚于战场，无私无畏的精神使不法分子心惊胆战。（高亚杰、奚海涛《与私盐贩子斗到底》，《市场报》2002 年 5 月 15 日第 8 版）

②李某意识到王某在骂自己，马上反骂，唇枪舌战之后，二人大打出手。（李炜《打扑克勾出旧账　舌战后动起拳头》，《威海晚报》2009 年 9 月 24 日）

③自由辩论的环节将辩论赛推向高潮，双方辩手在唇枪舌战中坚持各方的观点，……（王欣楠《巧思巧辩　在辩论中培养能力》，《番禺日报》2009 年 11 月 2 日第 A8 版）

④接下来那段日子，就是舌枪唇剑，我说你假造反你说我假革命，要不就到处串联，就像滚雪球似的越滚越大。（单田芳《言归正传：单田芳说单田芳》，《北京青年报》2011 年 2 月 8 日第 15 版）

【辨析】

“唇枪舌剑”是个常用成语，错成“唇枪舌战”，是“舌战”一词搅的局。

舌战，顾名思义即口头交锋。《三国演义》第四十三回：“诸葛亮舌战群儒　鲁子敬力排众议”，可谓妇孺皆知。前些年大学生辩论赛盛极一时，1993 年复旦大学代表队“舌战狮城”，在首届国际大专辩论赛上一举夺魁，堪称年度盛事。后来出版的《狮城舌战》一书，也成为当年全国的畅销图书。

唇枪舌剑：唇如枪，舌似剑，形容争辩激烈，言辞犀利。亦作“舌剑唇枪”。凡称得上“舌战”的，自然会有“唇枪舌剑”的场面；既然到了“唇枪舌剑”的程度，自是“舌战”无疑。正因如此，“唇枪舌剑”和“舌战”常被人们拉扯到一起，拼凑出一个似是而非的“唇枪舌战”。然而，容易混淆并不等于容许混淆。“唇枪舌剑”原本是由两个比喻组成的并列结构，对仗工整，节奏铿锵，有一种形式的美感，“舌战”一掺和进来，不但这种美感荡然无存，而且在表意上也显得模糊不清。

写成“唇枪舌箭”和“舌枪唇剑”也不对。

正：剌剌不休

误：刺刺不休

【错例】

陈寅恪先生在《柳如是别传》完稿后，写一偈语，头两句便明白表达了他的喜悦：“刺刺不休，沾沾自喜。”我欣喜地看到张宗子的文章也有这样的喜悦。（于仁秋《灵秀俊朗的优雅——读<书时光>》，《中华读书报》2007年12月26日）

【辨析】

剌剌不休：形容说话唠叨，没完没了。剌剌：多话的样子。不能写成“刺刺”。

中国华文教育网辨析过“刺”和“剌”二字，照录如下。

“刺”和“剌”写法酷似，只差一横，意思完全不同。“刺杀”之刺，左边不是“束”，不要封口；“乖剌”之“剌”，左边是个“束”字，必须封口。

这两个字，稍微不注意就会写错。要想记住它们，只要注意，凡是偏旁封口写为“束”的，大多都是la音，比如，“喇叭”“辣椒”“疤瘌”等。而不是“束”字偏旁的，亦即不封口的，读为“次”音，或由此衍出的摩擦音较重的字音，比如，“刺”“策”“棘”等。

有人将“棘手”一词读为“刺手”或是“辣手”，全属错读，是将“棘”看作“刺”或“辣”了。“棘”本义是丛生的小枣树，“棘手”是像手伸进了小枣树丛一样刺得难受，比喻事情难办。若错成“刺手”，则比喻意味全无。因此务必看清再读。

“刺”字比“剌”字用处多而广。如大家熟知的刺杀、刺客、刺刀、刺配、刺探、刺激、刺绣、刺耳、刺痒、寒风刺骨等。

古代苏秦"头悬梁、锥刺股"自律苦读的故事流传甚广,注意此处不是"刺骨",而是"刺股"。"股"乃大腿,是说苏秦用锥刺大腿防止困倦。"刺"还作尖利之骨解,如"鱼刺"。

中文口语有"刺儿头"说法,专指不讲理、说话带刺儿之人。

正:聪明才智
误:聪明才志

【错例】

出身平民的知识青年维特,纯洁无瑕,有才有志,但是在那个只重出身、权势、地位和等级的封建社会里,却不能施展他的聪明才志,他走到哪里,哪里就有鄙弃、仇视的眼光向他投来,找不到安身立命之地。(夏阳《德国社会的觉醒》,《黔南日报》2009 年 11 月 15 日第 4 版)

【辨析】

聪明才智:有丰富敏捷的智力和显著的才能。"智"指智力,不能写成"志"。

正:促膝谈心
误:触膝谈心

【错例】

①但原、被告双方的意见分歧无法化解。为此,承办法官再次与原、被告触膝谈心。(唐梦、凌蔚、叶利增《合作搞房地产失败　数百拆迁户权益不保》,《南方日报》2009 年 3 月 13 日第 F04 版)

②这时候你将心无旁骛地进入书中的世界,从而与先哲触膝谈心,一同去追问生命的意义,领悟人生的真谛。(汪震国《听雨退思园》,《三明日报》2010 年 4 月 8 日第 B3 版)

【辨析】

促膝谈心:形容亲密地谈心里话。促:靠近;促膝:膝碰膝,坐得很近。无"触膝谈心”这一成语。

正:猝不及防
误:猝不急防|遂不及防

【错例】

①这时夏利车突然来了个急刹车,于先生猝不急防,急忙刹车,于先生的车只轻微蹭了夏利车一下。(范增军《开车谨防“碰瓷人”》,《中国汽车报》2003 年 11 月 18 日第 35 版)

②当追至板井桥下时,警车从银夏利左侧包抄上前与之并行,银夏利突然打轮,猝不急防的警车被撞后冲向马路边的电线杆……(刘甲、胡蓉《烟店劫匪飞车撞坏警车》,《京华时报》2004 年 9 月 21 日第 A10 版)

③……对他们发黄的并偶尔可见斑斑迹迹的工作外衣,以及横眉冷对的面孔有遂不及防之感。(方方《看病》,《一个人怎样生活无需要问为什么》时代文艺出版社 2007 年版第 133 页)

【辨析】

猝不及防:事情来得突然,来不及防备。猝:突然,出其不意。“及”是“来得及”的意思,不能写成“急”。

错例③中的“遂不及防”当为“猝不及防”。当想象与现实形成反差,突然间就会有不及防备之感。遂,于是,就。“遂不及防”说不通。

另外,错例③把“斑迹”重叠为“斑斑迹迹”,也让人感到别扭。

正:催人奋进
误:摧人奋进

【错例】

①学校进入了新的发展时期,机遇前所未有,挑战更是摧人奋进。(羽平安《进一步解放思想做大做强延安技工教育》,《延安日报》2008 年 12 月 4 日第 4 版)

②校长石鑫在肯定摧人奋进的成绩表扬先进的同时,又根据学校发展的要求,

结合最近上级下达的《党政干部五项禁令》,对老师们提出了希望……(陆健《抬高标杆　再立新功　海中盘点期中佳绩》,《海门日报》2010年6月23日第B2版)

【辨析】

催人奋进:督促某人朝着他的目标奋斗,不断地进步。“催”不能写成“摧残”的“摧”。

正:璀璨夺目
误:璀灿夺目

【错例】

这条街还在整修,工人们丁丁当当的锤声预示它愈益美轮美奂。再过几年,它的青山碧水、红花绿树、雕梁画栋,会更璀灿夺目。(杜永道《北京最美丽的大街》,光明网2005年9月28日)

【辨析】

璀璨夺目:光辉灿烂耀人眼睛。璀璨:美玉发光。不能写成“璀灿”。

正:错落有致
误:错落有至

【错例】

项目位于沈阳西北部,地块南临二环路,东侧紧邻荷兰村。规划用地29公顷,建筑面积58万平方米,容积率2.0。项目整体建筑布局东低西高,具有错落有至的建筑轮廓。(王巨华《健身社区　投资价值堪比黄金》,《时代商报》2009年7月30日第C29版)

【辨析】

错落有致:形容事物的布局虽然参差不齐,但却极有情趣,使人看了有好感。错落:参差不齐。致:情趣。不能写成“至”。

D

正:打抱不平
误:打报不平

【错例】

当记者10月8日见到吴女士时,她腿上还有两块青青的疤痕。她还告诉记者,头到现在也还晕晕的,真想不到为别人说几句公道话,也会惹来这么大的麻烦,还要被人打,以后还有谁会说公道话、有谁还会打报不平呢?(俞凤琼、高建华《管一管这些"二城管"》,《市场报》2003年10月31日第2版)

【辨析】

打抱不平:遇见不公平的事,挺身而出,帮助受欺负的一方。抱:心里存着(想法、意见等),不能写成"报"。

正:大才槃槃
误:大才盘盘

【错例】

不管他自己的气度或智力是否足够,徐树铮的做派是到位的,一种大才盘盘、天马行空的味道烘托到极点。(伍立杨《纵横家以纵横杀身》,《库尔勒晚报》2009年3月28日第15版)

【辨析】

槃槃:形容大的样子。指有大才干的人。不能写成"盘盘"。

南朝·宋·刘义庆《世说新语·赏誉下》刘孝标注引《续晋阳秋》:"大才槃槃

谢家安。”

正:大材小用
误:大才小用

【错例】

上面说的是大才小用。同样,小才也可大用。(陈海涛《大才小用与小才大用》,《宣城日报》2009 年 2 月 12 日第 X14 版)

【辨析】

大材小用:把大的材料当成小的材料用。比喻使用不当,浪费人才。既然是材料,就不能用“才”字。

正:大放厥词
误:大放獗词

【错例】

①可是瞿海光却大放獗词,动摇军心,实际上是做了苏修的应声虫,是可忍,孰不可忍……(肖元恺《瞿家老院》,《十月》1994 年第 5 期第 168 页)

②1997 年,东京大学教授藤冈幸胜在他发起的“自由主义史观研究会”中大放獗词,提出以“自由主义史观”为指导,重编教科书。(宋恩荣《在东史郎家包饺子》,《中华读书报》2004 年 9 月 18 日)

【辨析】

大放厥词,原指铺张辞藻,施展才华,后指夸夸其谈,大发议论,多含贬义。“厥”,代词,其,他的。不要理解为大说特说猖獗的言词而写作猖獗的“獗”。

正:大谬不然
误:大缪不然

【错例】

①时髦和流行是同义词,但前者常被用作贬义,其实大缪不然。(郑荣来《今年的流行色》,《人民日报海外版》2005年9月12日第8版)

②乍一听,似乎大缪不然,仔细想想,也不无道理。(尚厘言《也说“回家卖红薯”》,《攀枝花日报》2009年8月21日第7版)

【辨析】

大谬不然:大错特错,完全不是这样。谬:荒谬,错误;然:如此,这样。不能写成“大缪不然”。

正:大声疾呼
误:大声急呼

【错例】

①7日下午7点多钟,市汽运公司出租车司机高爱芹出车时,在任城区长沟镇南薛村遇到了劫贼,她一边与劫贼搏斗,一边大声急呼:“救命啊!救命……”(王雁南、王海龙《荡气回肠奏壮歌》,《济宁日报》2004年7月14日)

②他有些失态地大声急呼,却无济于事。(陈心晖、林瑞声《小小“信鸽迷”大谈“养鸽经”》,《厦门日报》2006年6月26日)

【辨析】

大声疾呼:大声呼喊,引起人们注意。疾:快。不是紧急的“急”。

正:大是大非
误:大事大非

【错例】

①清醒就是头脑清醒。人只有保持清醒的头脑,才能做出正确判断,在大事大非上不糊涂,在具体生活中不失节。(杜万智《每逢佳节倍思“清”》,《光明日报》

2005年1月20日)

②大气——“大事不糊涂、小事不计较”。大事,是世界观、人生观,是立场、观点等大事大非的问题。(冉伟严《必须大力弘扬“大气、锐气、和气”的廊坊精神》,《廊坊日报》2010年3月6日第A3版)

【辨析】

大是大非:指带有原则性、根本性的是非问题。“是”与“非”是相对的,“事”与“非”不能相提并论。

正:大有裨益
误:大有俾益|大有稗益

【错例】

①总结汲取这些教训,对于切实贯彻落实好《公务员考核规定(试行)》大有俾益。(石飞《公务员考核力戒走形式》,光明网2007年1月25日光明评论)

②往年的这个时候,淅淅沥沥的春雨总是连绵不绝,难得有放晴之日,值此春耕的关键时刻,雨水的滋润对农作物的抽苗孕穗大有稗益。(青丝《亲历干旱》,《潮州日报》2010年4月6日第C3版)

【辨析】

大有裨益:形容益处很大。裨益:益处、好处。无“俾益”和“稗益”的说法。

“裨”有两个读音:一是读pí,辅佐的,常见词语为“偏裨”“裨将”。一是读bì,益处,常用的词语为“裨益”。“俾”则读为bǐ,义为“使”。“稗”读bài,比喻微小琐碎的。“稗官”,古代的小官。

正:戴罪立功
误:带罪立功|代罪立功|待罪立功

【错例】

①一名业务员因万吨卷板案被拘留,考虑其有过为公司创利百万元的贡献,我

亲自到检察院把他保了出来,让他带罪立功。(姜丽华《一位商品交易所女总裁的自述》,《中国妇女》1996年第6期第11页)

②此前有消息说,以军方让军中部分违纪士兵提前解除“禁闭”,重返前线以“代罪立功”。(刘欣伟《以军地面部队在黎南部与真主党交火》,《光明日报》2006年7月22日第8版)

③通过调查摸底和细致的思想工作,在群众检举揭发的基础上,动员土匪家属规劝自己的亲人脱离匪队,回家登记自新,敦促大小匪首投案自首,反戈一击,待罪立功,争取从宽处理。(刘健《女扮男装金坪剿匪》,《宜宾晚报》2009年8月17日第5版)

【辨析】

“带罪立功”,字面含义为随手拿着罪名立功,不通。“罪”是不能用手拿着的,故不能将“戴罪立功”写为“带罪立功”。“戴罪立功”的含义为在承当某种罪名的情况下建立功劳。

待罪:古代官吏任职的谦称,意谓不胜其职而将获罪。没有“待罪立功”的说法。写作“代罪立功”也不对。

正:丹书铁券
误:丹书铁卷

【错例】

……他为四团制定的“枪声就是命令”的这条铁打的军规永载青简素帛、丹书铁卷之中……(《开国少将吴岱话八连》,《临沂日报》2010年8月6日)

【辨析】

看过电视剧《康熙微服私访》的人都会记得一个情节:恶霸安德海仰仗祖上留下的“免死牌”胡作非为,欺压百姓。这“免死牌”就是“丹书铁券”或“铁券丹书”。语出《后汉书·祭遵传》:“丹书铁券,传于无穷。”又《汉书·高帝纪下》:“又与功臣剖符作誓,丹书铁契,金匮石室,藏之宗庙。”丹书:用朱砂写字或先刻字再用金嵌;铁券:铁制的凭证。这是古代帝王赐给功臣得以世代保持优待及免罪的凭证。

有人读作"丹书铁 juàn",这是由于不了解字义,加之"券"与"卷"字形相近,故错。实际这两个字还是好分辨的:"券"从"刀",分开的意思。古人用刀把一块木头一分为二(上文的"剖符"即是),双方各执一半,以做证据。后又称为"契""书契"。"证券"也不能读作"zhèngjuàn"。而"卷"从"卩",是"弯曲"的意思。

正:淡妆浓抹
误:浓装淡抹

【错例】

房交会"浓装淡抹"候嘉宾　(任然,《重庆时报》2004 年 10 月 12 日标题)

【辨析】

淡妆浓抹:淡雅和浓艳两种不同的妆饰打扮。妆:化妆;抹:抹粉。"妆饰"的"妆"不能写作"装"。

宋·苏轼《饮湖上初晴后雨》诗:"欲把西湖比西子,淡妆浓抹总相宜。"

亦作"浓抹淡妆"或"浓妆淡抹"。

正:得陇望蜀
误:得垄望蜀

【错例】

燕瘦环肥,得垄望蜀是女人之天性。(徐洪洁《瘦身记》,《都市晨报》2010 年 2 月 10 日第 D8 版)

【辨析】

得陇望蜀:已经取得陇右,还想攻取西蜀。比喻贪得无厌。蜀:指四川一带;陇:指甘肃一带。甘肃别称"陇",因古为陇西郡(地处陇山以西)而得名,不能写成"垄"。

正:德高望重
误:德高望众

【错例】

①用一位中央领导同志的话说:董建华先生是我国中医药界德高望众的泰斗,是国宝。(刘业勇、刘良鸣《爱的承诺》,《当代》1996年第2期第148页)

②某些小有成就的大导演就敢在大庭广众之下破口大骂;一些看上去德高望众的高官手竟伸得那么长,几乎都快抓到你的兜里了……(南云《赵新先:难逃宿命?》,《大地》2006年第1期)

③江苏省名中医顾克明、淮安市名中医陶春祥,是两位德高望众的老中医师。(张绍文、余海潮《新体制铸就辉煌——盱眙县中医院改革发展纪实》,《淮安日报》2009年6月14日第A2版)

【辨析】

德高望重:道德高、声望重,多用以称颂年高而有名望的人。写作"德高望众"是误用了同音字。"众",众多,可用在成语"人多势众"中。

正:灯火阑珊
误:灯火阑姗

【错例】

那一刻,孤的感觉爬上心头,孤单还是孤独?站在冬天的傍晚,夜色深黑下去,灯火阑姗起来,在三岔路口等待一辆回家的的士……(黄花地丁《倾听形影对话》,《清远日报》2009年1月18日第A2版)

【辨析】

灯火阑珊:灯火稀疏,指人烟稀少、比较冷清的地方。阑珊:将尽;衰落。不能写成"灯火阑姗"。

正:颠扑不破
误:巅扑不破

【错例】

请记住市场中一句巅扑不破的朴素真理:市场永远是对的!(《板块轮涨随庄起舞》,《沈阳晚报》2007 年 8 月 30 日第 21 版)

【辨析】

颠扑不破:无论怎样摔打都破不了。比喻理论学说完全正确,不会被驳倒推翻。颠:跌;扑:敲。“颠”不能写成山巅的“巅”。

正:雕虫小技
误:凋虫小技

【错例】

由此可见,我国堪称举世无匹的心计战略大国,西洋人那套凋虫小技又何足道哉!(梁文道《现代政治要有现代领导》,名师网个人中心 2010 年 6 月 27 日)

【辨析】

雕虫小技:比喻微不足道的技能(多指文字技巧)。雕:雕刻。虫:指鸟虫书,古代汉字的一种字体。“雕”不能写作“凋”。

正:吊儿郎当
误:吊儿浪当|吊儿啷当

【错例】

①小李是个凡事吊儿浪当、漫不经心的家伙,似乎患有好动症,干一气活,别人都坐下歇息,喝茶,抽烟,他却这儿走走,那儿碰碰。(郑柯《这里有八千双高擎的手》,《芙蓉》1988 年第 2 期第 123 页)

②其实用一只手的力气足矣,不就是吊儿浪当一坨网尾巴么,就弓身到舷外,

搭出手轻轻一扯……(《特区文学》1992 年第 1 期第 66 页)

③“张建国,过来!”队长又喊,额上青筋蹦起来了。他吊儿浪当过去:“什么?”(《中篇小说选刊》1992 年第 2 期第 23 页)

④罗淑珍嘀咕道:“死大刘吊儿啷当,前后加起来才十五分钟,不像话。”(《芙蓉》1992 年第 1 期第 58 页)

【辨析】

郎当:本指衣服不合身;不整齐。形容颓唐的样子。“吊儿郎当”是规范写法,形容仪容不整、作风散漫、态度不严肃。不要随意用近音字“啷”替代“郎”。“啷当”表示上下,如二十啷当岁,不能用来形容衣服不整。也不要因为这个词含有放浪形骸的意思,而将“郎”写成放浪、浪荡的“浪”。

正:丁是丁,卯是卯
误:钉是钉,卯是卯

【错例】

护士长陈素芳说:“尽管收治病人多、任务重、压力大,但我们的心情是愉悦的,工作起来并不感到累。”因为不管科室还是病人,不管是医生还是护士,一切都安排得钉是钉,卯是卯。(戴芳《医生洪志武》,《安庆日报》2009 年 6 月 9 日)

【辨析】

“丁是丁,卯是卯”是说干支不能搞错,错乱就会影响农历的推算。形容办事认真,界限分明,绝不会搞错。或作“钉是钉,铆是铆”,钉和铆截然不同,某个钉子一定要安在相应的铆处,不能有差错。现在常用的是“丁是丁,卯是卯”。

正:丢人现眼
误:丢人显眼

【错例】

二嫂这人说来也怪,她挨了二哥的耳光,反倒不再哭喊了,用手捂着脸,冷冷地对二哥说："骂也骂过了，打也打过了，你还要咋的？不嫌丢人显眼？"（思阳《风摆灵》，《萌芽》1994 年第 4 期第 29 页）

【辨析】

现眼：出丑；丢脸。显眼：明显而容易被看到；引人注目。"现眼"与"丢人"组合成"丢人现眼"，义为丢人；丢脸。"显眼"与"丢人"不能组合成词组。

正：丢三落四
误：丢三拉四

【错例】

每次作业前，黄岳飞都要给官兵灌输一遍排雷安全规程，交代一遍作业注意事项，尽管如此，仍有少许官兵丢三拉四。（李华、钟樊、周承强《闪耀雷场的"智多星"》，《解放军报》1999 年 12 月 17 日第 2 版）

【辨析】

丢三落四，形容马虎或记忆力不好而顾此失彼。"落"音 là，义为遗漏。"拉"有 lā、lá、lǎ、là 四读，但均无遗漏之义。

正：东跑西颠
误：东跑西巅

【错例】

大嫂二嫂在野外摘棉朵哩，娘忙家务，奶奶喂猫喂鸡照护你。不是你自己，你的侄子侄女和你大小差不多。你奶奶东跑西巅，也忙着哩。（刘真《云的衣裳》，《长城》1989 年第 2 期第 96 页）

【辨析】

"巅""颠"，均读 diān。巅：山顶。颠：跳起来跑；跑。例句中该用哪个 diān，一看自明。

正:独当一面
误:独挡一面

【错例】

①他苦笑地说:“他们要是能独挡一面,我早交给他们,就我病了这些天,全乱套了……”(李国文《病友》,《人民文学》1994年第11期第14页)

②工作中,他很刻苦,也很成功,独挡一面;工作之余,他活泼风趣,总是充满着朝气,走到哪里便将快乐的笑声带到哪里。(方刚《一个幸福的国际家庭》,《文汇报》1995年10月10日第9版)

③选举结果,这位女教师以最多的票数当选为市妇联主任。一年后,由于她工作的出色,市委又让她去独挡一面,担任了县委书记。(朱岩《年轻人:从政的大门向你敞开》,《中国青年》1996年第6期第26页)

④公司在周志道与周寅的带领下,不仅拥有一批结构、地基方面的专家作为技术支持,还培养了如姜平、朱雪军等独挡一面的诸多施工人才。(冯学泽、汪梅《承载责任　让“病建筑”起死回生——上海“华铸”“华冶”在建筑危难工程加固领域的探索与实践》,《人民日报海外版》2010年1月26日第5版)

【辨析】

独当一面:独自担当一个方面的任务。之所以将“当”错写成“挡”,与不了解这个成语的本义有关。“独当一面”并不是独自挡住一个方面。

正:独辟蹊径
误:独僻蹊径|独辟奚径

【错例】

①我所求学的那所学校坐落在一个山脚下,在学校里,几十人一个教室、八个人一间宿舍,我独僻蹊径,将“书房”建在了后山的一片树林里……(甘跃华《书房梦》,《中华读书报》2004年11月9日)

②他独僻蹊径的“见笔云”以其难度之高、描绘手法之独特,深为国内外人士

所赞赏，被誉为“天下第一云”。（王玉兰《云烟雾海抒豪情》，《光明日报》2006 年 7 月 28 日第 6 版）

③最启迪人的是，他接受新事物，与时代同行。思想解放，理念超前，使他能够敏锐地捕捉信息，敢于独辟奚径，敢为人先，最终借助一个好项目而生财有道。（孙东美《放飞梦想——记大港油田退休干部天鹅养殖能手王开良》，《天津日报》2008 年 4 月 11 日第 22 版）

【辨析】

独辟蹊径：自己开辟一条路。比喻独创一种风格或新的方法。辟：开辟，不能写成“偏僻”的“僻”。“蹊”不能写成“奚”。

正：独树一帜
误：独竖一帜

【错例】

他创作的京剧脸谱扇面独竖一帜，自成一格，融诗歌、绘画、书法于一炉，做工精巧，寓意深邃，已引起各方面的浓厚兴趣。（余晓春《江威：让“京剧脸谱”再放异彩》，《长江日报》2007 年 8 月 27 日第 14 版）

【辨析】

独树一帜：单独树起一面旗帜。比喻独特新奇，自成一家。树：立；帜：旗帜。“树”不能写成“竖”。

正：独行其是
误：独行其事

【错例】

劳伦斯脱离英军旨意独行其事，表现出了对英国殖民史的文化深层上的反思和否定，再一次表现了里恩的人道主义立场。（《他的电影，总是闪耀着人性的光辉……》，《江南时报》2004 年 7 月 12 日第 15 版）

【辨析】

独行其是:不考虑别人的意见,只照自己认为对的去做。是:对的。不能写成事情的“事”。

正:独占鳌头
误:独占鳖头

【错例】

二头:一个破推纱工能骂出个漂亮媳妇来,在全厂都能拔份儿!(即超过所有的人,独占鳖头的意思。)(梁秉堃《夜晚过去是早晨》,《啄木鸟》1985年第5期第38页)

【辨析】

鳌头:宫殿门前台阶上的鳌鱼浮雕,科举进士发榜时状元站此迎榜。独占鳌头:科举时代指点状元,比喻占首位或第一名。鳖头:亦称鳖首,为鳖科动物中华鳖的头。没有“独占鳖头”的说法。

正:妒贤嫉能
误:妒贤忌能

【错例】

因为从小集团或小宗派的利益出发所缔结的关系,常常把维护内部利益当成行事的前提,所以由此也就必然衍生出妒贤忌能、排斥异己等乖张之举。(笑浪《“关系”浅说》,《时代潮》2000年第9期)

【辨析】

妒贤嫉能:对品德、才能比自己强的人心怀怨恨。妒、嫉:因别人好而忌恨。不能说“妒贤忌能”。

正:短小精悍
误:短小精焊

【错例】

组织宣传队,编排短小精焊的文艺节目,广泛向群众宣传预防艾滋病和男性、妇科病预防知识,让群众在愉悦中接受教育,利用喜闻乐见的形式收到好的宣传教育效果。(梁发占、王国营《扶沟县人口计生委开展"五送健康"活动》,《周口日报》2008年10月23日第4版)

【辨析】

"短小精悍"语出《史记·游侠(郭解)列传》:"解为人短小精悍。"精悍:形容人精明能干,或文笔精练犀利。整个成语用来形容人身材短小但精明强干;也形容文章、讲话简短有力。

也有人误写成"短小精干",大概是由于常用词"精干"的影响,并且"悍"与"干"韵母相同,读起来很相近。

正:断章取义
误:断章取意

【错例】

语言不通,是涉外劳务人员最大的缺陷。这种障碍造成诸多不便,使得许多翻译从中作梗,断章取意,两面调唆,从而达到自己的目的。(赵西林《冷娃出国历险记》,《宝鸡日报》2008年9月8日第A7版)

【辨析】

断章取义:不顾全篇文章或谈话的内容,孤立地取其中的一段或一句的意思。指引用与原意不符。断:截断;章:音乐一曲为一章。不能说"断章取意"。

正:对牛弹琴
误:对牛谈琴

【错例】

我终于得出结论：女人以不按逻辑行事见长，争吵时千万别试图讲理。一来家务事本无所谓有理无理，二来跟女人讲理和对牛谈琴也差不了多少，女人是不讲事出有因，前因种后果的。（王旭《永恒的方式》，《中国妇女》1997 年第 5 期第 21 页）

【辨析】

对牛弹琴

汉·牟融《理惑论》："公明仪为牛弹清角之操，伏食如故。非牛不闻，不合其耳矣。"《建中靖国续灯录·汝能禅师》："对牛弹琴，不入牛耳。"这就是成语对牛弹琴的来历。比喻对外行人说内行话，说话不看对象。这个成语是对牛弹奏琴（奏乐），而不是谈说琴（聊天）。

正：多行不义必自毙
误：多行不义必自毖｜多行不义必自弊

【错例】

①多行不义必自毖，这伙连续开展诈骗活动的恶徒最终难逃法律的严惩。（郭春彦、侯阳《揭开"神医"诈骗案的真相》，《河南法制报》2009 年 1 月 15 日第 10 版）

②归根结底，存在就有理由，多行不义必自弊，只要自己不做亏心事，就不用害怕人肉搜索。（百度网友《网友评论》，《重庆晚报》2009 年 3 月 2 日第 9 版）

【辨析】

多行不义必自毙：坏事干多了，结果是自己找死。毙：倒下，失败。不能写成"毖"，也不能写成"弊"。

《左传·隐公元年》："多行不义必自毙，子姑待之。"

E

正:阿谀逢迎
误:阿臾逢迎

【错例】

到头来,他手下必然是一些只会阿臾逢迎、无德无能的庸才,这样的领导必然以失败而告终。(万宁《以科学的发展观确立用人机制》,《信息导刊》2004 年第 13 期)

【辨析】

阿谀逢迎:奉承拍马,讨好别人。阿谀:用言语恭维别人;逢迎:迎合别人的心意。谀:谄媚,奉承。谄媚、奉承别人是一定要用言语的,所以此成语用从言的"谀",不能用"臾"。

正:额手称庆
误:额首称庆

【错例】

①故此,对商务部的这则针对未成年人的"禁酒令"少有人额首称庆,称之为"空谈"者,倒是大有人在。(社论《未成年人禁酒:法律之外更需社会氛围》,《新京报》2005 年 7 月 3 日第 A02 版)

②当曹医生前往日宪兵队时,全院上下以为先生自投敌营,与兽性日军理论,深恐触其愤怒,有生命不测之虞,都为之担心不已,及至见曹钱二人一同安全归来,人人欢欣若狂,额首称庆。(何永年《淮安仁慈医院首任华人院长曹济生》,《淮安日报》2008 年 7 月 28 日古今淮安版)

【辨析】

额手:以手加额。额手称庆:把手放在额头上,表示庆幸。形容高兴和喜悦。如果写作“额首”,就成了把“首(脑袋)”放在额头上,无论如何,这是做不到的,除非是别人的脑袋。

正:扼腕叹息
误:扼腕叹惜

【错例】

①他牺牲令陈毅扼腕叹惜　龙树林儿子赴宁祭扫(董婉愉、宋峤、姜春《上饶日报大都市》2010年4月6日第1版标题)

②对于这样一个聪慧干练的金融企业干部,当我们在为她的前途扼腕叹惜的时候,是不是也要看看她所在的单位在这场悲剧中应当吸取什么教训呢?(张燕、飞虹《花样年华翻变成“安徽第一女贪”》,《大地》2001年第28期)

【辨析】

扼腕叹息:握着手腕发出叹息的声音。形容十分激动地发出长叹的情态。扼:握住,抓住。“叹息”再常见不过,不能写成“叹惜”。

正:饿虎扑食
误:恶虎扑食

【错例】

然而当她走过男人的身边时,她便被男人凶猛地抓住了。像恶虎扑食。她没有准备。(赵玫《欲望旅程》,《大家》1999年第5期第63页)

【辨析】

饿虎扑食:像饥饿的老虎扑向食物一样,比喻动作迅猛急迫。饿虎:饥饿的老虎。不要理解为凶恶的老虎而写作凶恶的“恶”。

正:饿殍遍野
误:饿孚遍野

【错例】

老人向记者娓娓道来,说是很早很早以前,天下大旱赤地千里,种下的庄稼颗粒无收,家家无粮,户户断炊,田野上的草根树叶都吃光了,那真是饿孚遍野,甚至发生人吃人的现象。(章敏《箬竹的故事》,《今日安吉假日周刊》2008 年 11 月 14 日第 8 版)

【辨析】

饿殍遍野:饿死的人遍布原野。殍:音 piǎo,从歹孚声。从歹表示字义与死、伤残有关。写作“孚”是不明字义,误用了形近字。

正:耳鬓厮磨
误:耳鬓斯磨

【错例】

她们不能与心爱的人长相厮守,耳鬓斯磨;不能与朝思暮想的丈夫花前月下,卿卿我我。(刘宝贵《解读军嫂》,《国防报》2003 年 6 月 2 日第 4 版)

【辨析】

耳鬓厮磨:耳与鬓发互相摩擦。形容相处亲密。鬓:鬓发;厮:互相;磨:擦。表示互相的“厮”不能写成“斯”。

正:耳濡目染
误:耳儒目染

【错例】

①据悉，赵文瑄的父亲是一位研究孙中山思想的学者，由于耳儒目染，赵文瑄从中获益不小，赵文瑄曾经在《宋家王朝》中演绎过孙中山，这次阅读了《孙中山》剧本之后，喜欢到有点害怕，言谈中，欣喜之情溢于言表。（郝明安《触摸国父的灵魂——访孙中山扮演者赵文瑄》，《江南时报》2001 年 11 月 27 日第 8 版）

②一切耳儒目染的事物能忘怀吗？真的不能。（李刚《过程是一道灿烂的风景》，《文学报》2006 年 7 月 27 日第 8 版）

【辨析】

耳濡目染：耳朵经常听到，眼睛经常看到，不知不觉地受到影响。濡：沾湿；染：沾染。表示沾湿的“濡”从水，不能写成儒家的“儒”。

正：耳熟能详
误：耳熟能祥

【错例】

我现在多么希望母亲能再次赴德，我将能陪她亲眼目睹她耳熟能祥的欧洲各地名胜古迹的风采。（丁红卫《老照片　醇情感——忆我的母亲》，《人民日报海外版》2006 年 9 月 14 日第 6 版）

【辨析】

耳熟能详：听得多了，能够说得很清楚、很详细。详者，详细也，不能写成吉祥的“祥”。

正：耳提面命
误：耳题面命

【错例】

夫差令一侍从，要时常地耳题面命：“你忘了杀父之仇了吗？”（翼龙浩然《中华

历史及旧事遗文》,盘龙中文网 2010 年 6 月 23 日)

【辨析】

耳提面命:不仅是当面告诉他,而且是提着他的耳朵对他讲。形容长辈教导热心恳切。“耳题面命”中的“题”应为“提”,“提”从“手”,义为“揪着”;“题”义为“写上”。

F

正:发愤图强
误:发奋图强

【错例】

带着这样的信念,我开始发奋图强。(马雅芹《并不浪漫的留学》,《人民日报海外版》2009 年 9 月 18 日第 6 版)

【辨析】

“发愤图强”的“愤”是“愤”而不是“奋”,许多人在使用传统成语时人云亦云,久而久之,反而变了味。

正:发扬蹈厉
误:发扬蹈励

【错例】

“丽都”的职员还成立了一个小足球队,提出了“正常娱乐,发扬蹈励”的口号,并经常举行慈善赛事从事抗日救国。(程乃珊《沪上体育的如烟往事》,《浙江日报》2008 年 11 月 28 日第 15 版)

【辨析】

发扬蹈厉:原指周初《武》乐的舞蹈动作。手足发扬,蹈地而猛烈,象征太公望辅助武王伐纣时勇往直前的意志。后比喻精神奋发,意气昂扬。《礼记 · 乐记》:“发扬蹈厉,太公之志也。”

厉,不要写作“励”。

正:翻来覆去
误:翻来复去|反来覆去

【错例】

①第二天,石根托隔壁的男人到山下去捎了一条女式筒裤……他却留在家里,挥斧伐起树来,一边伐,一边又唱那《十唱姐》,翻来复去唱那“姐儿好裤子”。(贾平凹《九叶树》,《钟山》1984 年第 4 期第 85 页)

②他越想越兴奋,每个细节都想到了,在床上翻来复去地睡不着。(残雪《痕》,《人民文学》1994 年第 1 期第 59 页)

③苏原没有心思仔细为自己洗涤,他疑虑重重,翻来复去在心里推敲这个神秘的马姓男人找他有何居心,以后的事是凶是吉。(尤凤伟《生命通道》,《小说月报》1994 年第 12 期第 13 页)

④这句话叫我整整一个下半夜睡不好,反来覆去回忆着这一段像梦又不像梦的经历。(谢德辉《钱,疯狂的困兽》,《芙蓉》1988 年第 2 期第 12 页)

【辨析】

翻来覆去:形容一次又一次,也形容来回翻动身体。覆:底朝上翻过来。在此成语中,“翻”和“覆”的意思是相近的,而“复”和“翻”的意思却不搭边,所以不能写作“翻来复去”。

翻:上下或内外交换位置。“翻”“覆”是对应的,如翻手,掌心向上,覆手,掌心向下;而“反”与“覆”是不对应的,故不能将“翻”错写成“反”。

正:翻云覆雨
误:翻云复雨

【错例】

鼎盛时期,他们翻云复雨的力量使欧洲的王宫贵族也甘拜下风。(《第六帝国——罗氏家族的神秘王国》,光明网 2008 年 6 月 6 日读书频道)

【辨析】

翻云覆雨:形容人反复无常或惯于要手段。唐·杜甫《贫交行》:"翻手作云覆手雨,纷纷轻薄何须数。"不能写成"翻云复雨"。

正:繁文缛节
误:繁文褥节

【错例】

①现在的一些人,总以为自己受到了现代文明的熏陶,就把过年的一些习俗看成是繁文褥节,这也禁了那也禁了,弄得过年失去了年味,难免有失偏颇。(邓耀华《喜欢过年》,《襄樊日报》2009 年 1 月 13 日第 B3 版)

②身处现代社会的人们,我们一方面在热烈地追求无比丰富的物质娱乐生活;一方面也在"享受"着各种繁文褥节的压力……(严米金《心理健康是快乐之源》,《鹰潭日报》2009 年 8 月 3 日第 A3 版)

③繁文褥节不胜其烦……一些地方过春节——从进门到出门,从说话到称呼,从入座到吃饭敬酒……礼数很多,也很讲究,80 后、90 后不胜其烦。(华峰《春节"恐归"的七个原因》,大河网 2010 年 2 月 3 日)

【辨析】

繁文缛节:过分烦琐的仪式或礼节。也比喻其他烦琐多余的事项。文:规定、仪式;缛:繁多;节:礼节。"缛"不能写成被褥的"褥"。

正:反唇相讥
误:反唇相击

【错例】

这位念中学的女孩仍用英语反唇相击:"这是在美国,应该说英语!"(闻莺《培养孩子的民族自豪感》,《人民日报海外版》2006 年 12 月 11 日第 6 版)

【辨析】

反唇相讥:受到指责不服气,反过来讥讽对方。反唇:回嘴、顶嘴。讥:讥讽。不能写成“击”。

正:返璞归真
误:反璞归真

【错例】

是的,作为每一个期待寻找美丽的行者,步履蹒跚后所找到的,也是这样一种反璞归真的人生体验。(黄守部《行走的真谛》,《人民日报海外版》2008 年 10 月 11 日第 7 版)

【辨析】

返璞归真:去掉外饰,还其本质。比喻回复原来的自然状态。回复用“返”不用“反”。

正:犯而不校
误:犯而不较

【错例】

虽然扛来扛去,蹭来蹭去,还有为摄影把前面的人头按下去的,也没见谁埋怨,因为大家都是来干活的,理解万岁么。子曰:犯而不较。牛啊!(高博《蹭访》,《科技日报》2009 年 3 月 14 日第 4 版)

【辨析】

犯而不校:受到别人的触犯或无礼也不计较。犯:触犯;校:同“较”,计较。《论语·泰伯》:“以能问于不能,以多问于寡;有若无,实若虚,犯而不校。”

正:飞扬跋扈
误:飞扬拔扈

【错例】

每逢华灯初上，端王府夹道北大工学院和辅仁大学的大学生、中学教师、商店伙计、排子车工人和三轮车夫、剃头师傅、小商贩，还有大学教授等都纷至沓来，还真没看见过那些飞扬拔扈的权贵。（陈浩《三教授在北京风味小吃摊》，《光明日报》2006年2月14日第7版）

【辨析】

“飞扬拔扈”的“拔”用错了，应为“跋”。“飞扬跋扈”原指意态狂豪，不受约束。现多形容骄横放肆，目中无人。飞扬：放纵；跋扈：蛮横。

正：非分之想
误：非份之想

【错例】

①三十至四十，已不再甘于安坐在讲台前了，竟生出一番舞文弄墨的非份之想。幸而这十年是改革开放的大盛之年，合该是我的福分，我当上专业作家。（程乃珊《知天命而不失天真》，《解放日报》1989年12月12日第6版）

②在菜园里和母亲一起莳弄菜苗时，我看见菜园埂边一窝一束的面枣叶，青绿且肥厚，想那埋在地下的枣果一定大若杏果，禁不住有了非份之想。（沈芙萍《母亲》，《文学大观》1995年第8期第38页）

【辨析】

份：整体里的一部分。分：职责、权力等的限度。“份”与“非”组成“非份”一词，岂不是变成了不是整体里的一部分？“非分”的含义为不守本分、不安分，引例中用的正是此义。

正：蜚声遐迩
误：斐声遐迩|蛮声遐迩

【错例】

①镜泊湖,风光秀美……其中飞瀑、大孤山、白石砬子等八大名山,更是斐声遐迩,驰名中外。(《新华月报》1980 年第 5 期第 194 页)

②新会陈皮是新会大红柑的干果皮,享誉海内外,学名枝柑,因其品质独特。早在明清以前就已蛮声遐迩,并被列为"贡品",行销国内外。(《繁华盛世 十月全球华人看江门》,《南方都市报》2008 年 10 月 13 日 BⅡ13 版)

【辨析】

斐:有文采(文字底是义符)。蜚:本义是一种飞虫(虫字底是义符),这里表示飞扬的意思。蜚声:即扬名。不可因为形近而写成"斐声"或"蛮声"。

正:斐然成章
误:蜚然成章

【错例】

他注重文化修养的积淀,爱好广泛并能持之以恒,不专于一技一能,情动于心而发之于书画,于是蜚然成章,粲然可观。(续鸿明《苍枝欣叶举精神——品读郭新民的竹画》,新华网 2009 年 1 月 14 日书画频道)

【辨析】

斐然成章:形容文章富有文采,很值得看。斐、章:文采。"斐"不能写成"蜚"。

正:废寝忘食
误:费寝忘食

【错例】

原来他看书入了神,错把墨汁当砂糖蘸粽子吃了。可见魏源读书的专心专注,到了费寝忘食的地步。(肖毅彪《魏源故居纪行》,《邵阳日报》2009 年 12 月 10 日第 2 版)

【辨析】

废寝忘食:顾不得睡觉,忘记了吃饭。形容专心努力。废:停止。不能写成浪费的“费”。

正:纷至沓来
误:纷至踏来|纷致沓来

【错例】

①各路客商纷至踏来,全国各地打工者蜂拥而入,九星村的管理任务一下子繁重起来,特别是治安形势十分严峻。(袁卫东《文化产业写华章——记上海烨华投资管理有限公司董事长吴继华》,《大地》2006 年 4 月 15 日第 8 期)

②从此,水乡不再宁静,中外游客纷至踏来,花大笔的钱来寻找浮躁世界之外的宁静和安谧;人们在感激《故乡的回忆 · 双桥》创作者独具慧眼的发现时,也搅破了这片水乡的宁静。(田晓明《褒贬周庄》,《人民日报海外版》2008 年 12 月 25 日第 8 版)

③肇兴的吊脚木楼,2006 年的记载是近 900 余家,现在来说,应该是逾 1000 家了,肇兴的吊脚木楼里,一年四季都有国内外游客纷致沓来。(黄沙《南侗风情活标本——肇兴》,《黔东南日报》2008 年 1 月 2 日第 6 版)

【辨析】

“纷至沓来”指连续不断地到来。将“杂沓”的“沓”,误解为“脚踏”的“踏”,似乎是觉得,到来一定要用脚,所以加“足”,实际是误解。“至”不能写成“致”。另,“近 900 余家”有语病,自相矛盾。

正:愤世嫉俗
误:愤世疾俗

【错例】

一生愤世疾俗、桀骜不驯的鲁老先生真是把事看透了,把话说绝了。(《韩愈:

进之艰难退之易?》,《大地》2002 年第 13 期)

【辨析】

愤世嫉俗:有正义感的人对黑暗的现实社会和不合理的习俗表示愤恨、憎恶。愤:憎恶,痛恨;嫉:仇恨,痛恨;世、俗:当时的社会状况。"嫉"不能写成"疾"。

正:风驰电掣
误:风弛电掣

【错例】

马达轰鸣、风弛电掣,蜿蜒的赛道上又掀起一阵风沙……(覃江宜《天才离去经典继续》,《当代生活报》2008 年 10 月 19 日)

【辨析】

风驰电掣:形容非常迅速,像风吹电闪一样。驰:奔跑;掣:闪过。表示奔跑的"驰"不能写成表示松弛的"弛"。

正:风华正茂
误:风华正貌

【错例】

人们不会忘记,当吴祖光被打成戏剧界最大的右派时,多少人劝新凤霞离婚。风华正貌的新凤霞坚定地说:"他是好人,我等着他。"(王建柱《吴祖光:斯人已去风范永存》,《人民日报海外版》2003 年 5 月 9 日第 7 版)

【辨析】

风华正茂:正是青春焕发、风采动人和才华横溢的时候。形容青年朝气蓬勃、奋发有为的精神面貌。风华:风采、才华;茂:旺盛。不能写成"貌"。

正:风声鹤唳
误:风声鹤戾

【错例】

①这也是目下黑帮猖獗，华埠到处风声鹤戾，人人自危的新兴作风。（《特区文学》1992 年第 1 期第 117 页）

②他分析说，前者说明我们的经济多元化程度不够，后者则决定了华人经济的脆弱，经不起风暴与打击，一有不利环境便风声鹤戾。（董志龙、李莉萍《张甲林："海外华人经济亟需改造"》，《中国经济周刊》2006 年 7 月 3 日第 25 期）

【辨析】

"戾""唳"，读音均为 lì。戾：罪过。唳：鹤、鸿雁等的鸣叫（口字旁是义符）。此成语既然指的是鹤的"鸣叫"，还是应当在"戾"的左边加上"口"字旁。

正：风雨如晦
误：风雨如诲

【错例】

风雨如诲，鸡鸣不已。即见君子，云胡不喜。（吕辉《"超女"！"超女"！》，《报告文学》2005 年第 10 期）

【辨析】

风雨如晦：白天刮风下雨，天色暗得像黑夜一样。形容政治黑暗，社会不安。晦：夜晚。日字旁作义符。不能写成"教诲"的"诲"。

正：风姿绰约
误：风姿卓约

【错例】

她用最热烈、最真挚、最能打动人心的语言向他表达了自己对他的爱慕之情，随信还附有一张制作精美的少女的玉照，照片上的少女风姿卓约，艳丽动人。（韩明强《死神论证：你的爱情合格》，《知音海外版》1996 年第 8 期第 37 页）

【辨析】

卓:高而直;高明。绰:(体态)柔美。“绰”与“约”组成“绰约”,词义为形容女子姿态柔美的样子,正是例句中所说之义。“卓约”不表示任何意思,不成词。

正:蜂拥而上
误:蜂涌而上|蜂踊而上

【错例】

①一旦发现其某个产品存在高额利润,如果进入门槛不高,往往大家蜂涌而上,然后把这个产品做滥,大家都不赢利。(张平一《创新是企业永恒的主题》,《信息导刊》2005 年第 20 期)

②以后凡是他在交易所门口一出现,人们便会蜂踊而上,像开会一样围着他,听他讲解股市的操作技巧、预测大盘未来的走势,并向他提出各种疑难问题。(王强《多灾多难的中国股民们》,《洪流》1995 年第 4 期第 39 页)

【辨析】

蜂拥而上:形容许多人一起拥挤着走上来。不能写成“蜂涌而上”或“蜂蛹而上”。

正:浮想联翩
误:浮想连翩

【错例】

它令你浮想连翩,令你如痴如醉;甚至会对探索世界之窗辉煌发展的奥秘,产生浓厚的兴趣……(孔晓宁《荟萃世界创一流》,《人民日报海外版》2002 年 6 月 17 日第 8 版)

【辨析】

浮想联翩:许许多多的想象不断涌现出来。浮想:飘浮不定的想象;联翩:鸟飞的样子，比喻连续不断。《第一批异形词整理表》以“联翩”为规范词形。

正：俯首称臣
误：伏首称臣

【错例】

虽然此后他顽强地以 12 比 10、11 比 9 扳回两分，但却在决胜的第 7 局中以 7 比 11 落败，连续第三次伏首称臣。（毛煊磊《孔令辉秦志戬双双出局》，《京华时报》2002 年 12 月 14 日第 A23 版）

【辨析】

俯首称臣：低着头以臣相称，表示降服或听命于人。“俯”指低着头，不能用成“伏案”的“伏”。

正：俯首帖耳
误：伏首贴耳

【错例】

比如游客拍照时要求狗与之亲热些，狗便抬爪挽住游客胳膊并将狗头歪向游客；比如游客希望狗恭顺些，狗便卧在游客脚前做伏首贴耳状。（铁凝《闲话做人》，《人民论坛》2003 年第 4 期）

【辨析】

俯首帖耳：像狗见了主人那样低着头，耷拉着耳朵。形容卑屈驯服的样子。不能写成“伏首贴耳”。

正：釜底抽薪
误：斧底抽薪

【错例】

年轻的王晓鹰下一贴“斧底抽薪”的猛药，匡正积弊，把《雷雨》拉回到人学的轨道，当然可喜可贺。（童道明《批评的尴尬——话剧<天朝 1900>》，《新京报》2008 年 5 月 1 日第 C2 版）

【辨析】

釜底抽薪：把柴火从锅底抽掉。比喻从根本上解决问题。釜：古代的一种锅；薪：柴。不能写成“斧底抽薪”。

正：负隅顽抗
误：负偶顽抗

【错例】

睡眼惺忪的陈金善见进门的不是女网友而是警察，知道事情已败露，企图负偶顽抗，被武警战士快速制服。（刘建立、王磊、李松明《20 万雇凶杀人 20 天全部落网》，《烟台晚报》2007 年 9 月 8 日第 8 版）

【辨析】

隅：本义指山水弯曲的边角处。偶：本义指仿人形制成的木偶，如“偶戏（木偶戏）”。现常用“偶”组成“配偶”“偶像”“偶数”“偶尔”等词。“隅”与“偶”，右半边都是一个“禺”，左半边前者为“阝”，后者为“亻”，两字字形相近，但读音、意义、用法却完全不同。

正：妇孺皆知
误：妇儒皆知

【错例】

小说《贫嘴张大民的幸福生活》前两年就火了一把，自从电视剧播出之后，刘恒更成了一位妇儒皆知的作家，就连他家楼下收破烂的老大爷都认得他，见面也要打个招呼。（张颐雯《刘恒的幸福生活》，《人民日报海外版》2000 年 8 月 30 日第 9 版）

【辨析】

妇孺皆知：妇女、小孩全都知道。指众所周知。孺：儿童；小孩。子字旁作义符。不能写成儒生的“儒”。

G

正:改邪归正
误:改斜归正

【错例】

①后来他妈妈根据阿龙的爱好,通过北京的朋友放他到某音乐学院读了半年的培训班,指望他改斜归正。(喻敏《狗保姆》,《宝安日报》2010 年 7 月 4 日“打工文学”周刊第 5 版)

②曾格嫦对儿子的未来颇为着急,通过朋友认识了李丽,想让李丽能开出良方,让儿子改斜归正。(喻向阳《善行 4 年 20 万人受益》,红网 2007 年 11 月 7 日)

【辨析】

“改邪归正”指不再做坏事,走上正路。将“奸邪”的“邪”误用为“歪斜”的“斜”,是没搞明白这两个字的词义轻重和适用范围。

正:感恩戴德
误:感恩带德

【错例】

企业高层管理人员从社会招聘一批下岗工人和待业青年,每个月只付给他们 500 元左右的工资。这些新聘的工人对他们却是感恩带德啊!(杨扬《国企高管薪酬透视》,《人民论坛》2007 年 6 月 1 日第 11 期)

【辨析】

感恩戴德:感激别人的恩惠和好处。戴:尊奉,推崇。不能写成“带”。

正:高枕无忧
误:高枕无虑

【错例】

在刚刚过去的一年里,裁员不幸成为最流行的企业行为。重组后的民航是不是首先也要拿起这个武器?民航的职工是不是已经在考虑自己那原本高枕无虑的未来?(朱悦华《怎一个重组了得》,《市场报》2002 年 lO 月 18 日第 5 版)

【辨析】

高枕无忧:垫高枕头睡觉,无忧无虑。比喻思想麻痹,丧失警惕。"无忧""无虑"虽然意思差不多,但在这个成语中不可互相替代。

正:格物致知
误:格物至知

【错例】

①与耀华先生有过几次"情溶之,神往之,心仪之"的相聚,谈儒家"格物至知"和"朝闻道夕死可矣"的执著;谈老庄"无为无不为"和"鲲鹏展翅九万里"的超然;谈禅意"幡动风动"和"菩提无树"的空灵。(潘上九《书法怪杰鲁耀华》,《昆明日报》2008 年 1 月 8 日第 B4 版)

高枕无忧

②"格物至知"长久而广泛地影响了我们的学统。(成知辛《解读文学分析的要义》,《中华读书报》2008 年 4 月 28 日)

【辨析】

格物致知:穷究事物原理,从而获得知识。格:推究;致:求得。不能写成“至高无上”的“至”。

正:隔靴搔痒
误:隔靴骚痒

【错例】

现在虽然隔上几个月,众人总要在一起碰碰头,但也无异于隔靴骚痒,真正的主宰就是叶家驹了。(莫然《大饭店风云录》,《当代》1993 年第 6 期第 209 页)

【辨析】

隔靴搔痒:隔着靴子搔痒痒。比喻说话作文不中肯、不贴切,没有抓住要点,或做事没有抓住关键。搔:抓。不能写成“骚扰”的“骚”。

正:各抒己见
误:各舒己见

【错例】

让我们在这里能够畅所欲言、各舒己见,愿我们能够成为好朋友!(叶连玉,叶连玉网站)

【辨析】

各抒己见:各人充分发表自己的意见。抒:抒发,发表。不能写成“舒展”的“舒”。

正:各行其是
误:各行其事

【错例】

偶尔,两个人斗嘴,互不相让,继而各行其事,形同陌路。(朱秀丽《最惜家的人》,《宜兴日报》2008 年 7 月 21 日第 A5 版)

【辨析】

是:正确的。其是:自以为正确的。各行其是:各人按照自己认为正确的一套去做。指思想、行动不一致。含有贬义。不要理解成各人做各人的事情,而写作“各行其事”。

正:工于心计
误:攻于心计

【错例】

①一个攻于心计,经常出入宫廷的小裁缝,早就打宋玉的算盘,他凭着缝制衣服的高超手艺和灵光的头脑,想利用宋玉之所长,为他发财致富当垫脚石。(张德林《宋玉做广告》,《讽刺与幽默》2006 年 10 月 6 日第 4 版)

②第一,政治家。且不说攻于心计,你永远也算计不过他,永远也不知道他是不是有什么阴谋,就是那为国为民的,他有时间来爱你吗? 嫁不得!(伊人《十大最不能嫁的职业男人》,《江南时报》2007 年 1 月 14 日第 22 版)

【辨析】

工于心计:擅长用心谋划。工:擅长。不能写成“攻打”的“攻”。

正:觥筹交错
误:斛筹交错|觞筹交错

【错例】

①一伙人一桶啤酒,两个人一瓶红酒,一个人一杯咖啡,西街上斛筹交错,灯影朦胧,生活方式的解释在这里统称为“浪漫”。(《国庆黄金周骑着座驾去旅游》,

《成都日报》2008 年 9 月 25 日第 10 版)

②浓郁的菜香溢满了整个教室,伴随着同学们觞筹交错的吆喝声,形成了一股股最纯最真的情感暖流,渗入了每个同学的心脾。那晚,我竟平生第二次喝得烂醉!(不醉不归 30《记忆中毕业前夕的杂烩盛宴》,中国日报网 2010 年 7 月 4 日)

【辨析】

觥筹:酒杯和酒筹。酒筹用以计算饮酒的数量。欧阳修《醉翁亭记》:"射者中,弈者胜,觥筹交错,起坐而喧哗者,众宾欢也。""觥筹"不能写成"斛筹",也不能写成"觞筹"。

正:苟延残喘
误:苛延残喘

【错例】

关盼盼看到这首诗,立刻大哭一场。她之所以不死,是唯恐别人误会张愔自私,让爱妾殉身,反辱没了张愔名声,所以苛延残喘,偷生了这些年,而白居易竟以诗作讽,逼她殉夫,怎不悲愤?(菊开那夜《燕子楼的悲剧》,《江南时报》2004 年 11 月 19 日第 22 版)

【辨析】

苟延残喘:勉强延续临死前的喘息。比喻暂时勉强维持生存。苟:暂且,勉强;延:延续;残喘:临死前的喘息。"苟"不能写成字形相近的"苛"。

正:呱呱坠地
误:瓜瓜坠地

【错例】

①六冠王瓜瓜坠地(《晶报》2009 年 12 月 21 日第 A32 版标题)

②专家介绍,孕妇体内的甲状腺激素、肾上腺激素等都会明显增加,使身体新陈代谢率、活力也会相对增强。而一旦孩子瓜瓜坠地,新妈妈体内的雌激素和孕酮

急剧下降,这种内分泌的突然改变导致产后抑郁。(徐姗、宋莉萍《产后一点点抑郁,正常!》,《信息时报》2010 年 1 月 5 日第 C6 版)

【辨析】

呱呱坠地:形容婴儿出生或事物问世。呱呱:象声词,形容小儿哭声。不能写成“瓜瓜”。把“呱呱”错读为“guā guā”,很容易由误读导致误写。

正:孤苦伶仃
误:孤苦伶丁

【错例】

没过多久,老刘就悄无声息地去世了,留下孤苦伶丁的孙女无人照看。(顾飞《老刘》,《江南时报》2002 年 2 月 7 日第 8 版)

【辨析】

孤苦伶仃:孤单困苦,没有依靠。伶仃:孤独,没有依靠。不能写成“伶丁”。

正:骨鲠在喉
误:骨梗在喉丨骨骾在喉

【错例】

①最近所住的小区不太平,虽然事情很快平息了下去,但还是犹如骨梗在喉,想一吐为快。一切都是为那烦人的车位。(邱永平《忽悠》,《中山日报》2006 年 9 月 7 日第 C4 版)

②书,我很快就看完了;然而,话,我却一句也说不出——我感到有骨骾在喉、如坐针毡,……(沈燕《守望麦田》,《上虞日报》2008 年 12 月 16 日第 8 版)

【辨析】

骨鲠在喉:鱼鱼骨头卡在喉咙里。比喻心里有话没有说出来,非常难受。鲠:鱼刺。鱼字旁作义符。不能写成“梗”。“骾”是“鲠”的异体字,应以“鲠”为首选用字。

正:蛊惑人心
误:盅惑人心

【错例】

了解真实的美国社会文化,不能靠收看以票房为第一考虑的好莱坞电影电视,不能靠阅读专事盅惑人心、哗众取宠的美国文字出版物……(沈宁《美国人:家庭最重要》,《书摘》2004 年 1 月 10 日)

【辨析】

蛊惑人心:用欺骗引诱等手段迷惑人,搞乱人的思想。蛊:原义是一种人工培养的毒虫,所以用虫作义符。蛊惑:迷惑。盅:饮酒或喝茶用的没有把儿杯子。“盅”与“惑”不能组词。

正:故技重演
误:故计重施

【错例】

小于不死心,又将它推了上来,结果老鼠故计重施又是一口。(徐一龙《老鼠遇见猫　竟然咬三口》,《京华时报》2002 年 12 月 12 日第 A07 版)

【辨析】

故技重演:老花招或老手法又重新施展。故技:老花招或老手法。不能理解为老计谋而写成“故计”。

正:故态复萌
误:固态复萌

【错例】

受了几千年的封建主义奴役,刚刚自由了没几天,奴性意识又固态复萌,没法

不让我辈“不愿做奴隶的人们”为之痛心疾首。(《流行与品位》,《人民日报》2006年1月28日)

【辨析】

故态复萌:旧的习气或毛病等又出现了。故态:老脾气,老样子;复:又;萌:发生。“故态”不能写成“固态”。固态是另一个词,意思是物质的固体状态。

正:顾名思义
误:故名思义|顾名思议

【错例】

①1985年,我在为单位订阅报刊时,从数百种报刊目录中发现了《人民日报海外版》,顿觉眼前一亮:人民日报一向以权威性著称,其海外版,故名思义,应该很有“海味”。于是,我选择了订阅《人民日报海外版》。(《二十年师友情结》,《人民日报海外版》2005年8月30日第2版)

②齐晖被认为是中国队夺金的最大热门,赛前她一直按“高住低练”的方法进行训练。这种训练方法顾名思议,就是在缺氧条件下生活,在正常环境下训练。(罗俊《拷问中国游泳》,《人民日报海外版》2007年4月6日第12版)

【辨析】

顾名思义:看到名称,就想到它的含义。“顾”本指回头看,如“瞻前顾后”,后泛指看,如“拔剑四顾心茫然”。不能写成“故”。义:意义,含义。不能写成“议”。

“故”,做名词有事故、缘故等意思,如“不知何故”等;做副词有故意的意思,如“明知故犯”;做连词指因此,如“天热,故活动取消”;做形容词指原来的,如“故乡”等。

“故名思义”和“顾名思议”,都不可思议。

正:刮目相看
误:剖目相看

【错例】

我国歌坛经过长久封闭状态之后,一旦出现不同风格的歌曲,就会令人剖目相看,逐渐引为时尚。但有的作品经不起时间的检验,毕竟是昙花一现。(李城外《"黄河""向阳"两不忘》,《人物》1996 年第 3 期第 76 页)

【辨析】

作"用新的眼光来看待"解释时,用"刮目相看"。刮:擦。最早的说法是"刮目相待",出自《三国志·吴·吕蒙传》注引《江表传》:"士别三日,即更刮目相待。"剖:破开。说擦擦眼睛看完全可以,说破开眼睛看,显然表达错了,是由于字用错了。

正:关怀备至
误:关怀倍至

【错例】

①渐渐的,程一序与女记者的事情便成了公开的秘密;渐渐的,连程一序的老婆也晓得了。程一序的老婆是个自制力很强的人,表面上并不说什么,对程一序反倒比从前更加关怀倍至。(何玉茹《他的想》,《萌芽》1994 年第 5 期第 26 页)

②关怀倍至:"天使"和"妈妈"的呵护 (马莉娜《超越客户的期待——太平洋安泰人寿服务纪实》,《解放日报》2007 年 1 月 17 日第 18 版)

【辨析】

"倍"是"加倍"的意思。"备"有周遍性的意思,"关怀备至"是说各方面都关怀到了。

正:官运亨通
误:官运享通

【错例】

你虽然埋头苦干,工作比我出色,但你不跑不送,不"结网"不"出血",焉能官

运享通，仕途发达？（吴武《谁叫咱是“公家人”呢》，光明网2007年3月20日光明评论）

【辨析】

官运亨通：仕途顺利，步步高升。官运：官场中的运气；亨通：顺利。不能写成“享通”。

正：光阴似箭
误：光阴似剑

【错例】

光阴似剑，逝水无痕，会切断或者冲淡人的记忆。（妙韵怡然《岁月的印痕》，《番禺日报》2009年4月17日第A8版）

【辨析】

光阴似箭：时间如箭，迅速流逝。形容时间过得极快。光阴：时间。“箭”是弓箭的“箭”，不能写成“宝剑”的“剑”。

正：归心似箭
误：归心似剑

【错例】

归心似剑的李小波因囊中羞涩，遂与同在徐州打工的朋友联系借钱，不想误入传销团伙，至今不能回家。（《灾区群众误入传销黑窝难回家　开发区民警倾情救助温暖人心》，《徐州日报》2008年5月28日第T01版）

【辨析】

归心似箭：想回家的心情像射出的箭一样快。形容回家心切。射出的只能是“箭”，不能是“剑”。

正:鬼斧神工
误:鬼斧神功

【错例】

①奇石是大自然给予人类的馈赠,以最能展示自然的鬼斧神功者为上品。(韩晓春《韩国女士的中华奇石情结》,《人民日报海外版》2000年2月17日第7版)

②然而,大自然的鬼斧神功在这里营造成不毛之地的同时,也在地下埋藏了众多人间弥足珍贵的宝藏。金、银、锡、碲、镉、锗、钴、锑、汞等贵重、稀有金属多达60多种,尤以含铜黄铁矿,含铜锌铁矿最多,堪称中国之最。(赵秉森、徐剑铭《中国西部大爆破》,《大地》2000年第17期)

【辨析】

鬼斧神工:像是鬼神制作出来的。形容艺术技巧高超,不是人力所能达到的。神工:神奇的造诣;非凡的才能。不能写成"神功"。

正:国计民生
误:国际民生

【错例】

由于豆油和其他食用植物油价格关系到国际民生,近期豆油价格持续走高将引起国家有关管理部门的关注,但是考虑到我国豆油尚需大量进口,国内储备库存有限,国家能够调控的手段有限。(陶金峰《豆油缘何成为期货市场新贵》,《国际金融报》2007年5月29日第8版)

【辨析】

国计民生:国家经济和人民生活。国际:国与国之间;世界各国之间。不能和"国计"混淆。

正:过江之鲫
误:过江之鲤|过江之鲭

【错例】

①近几年,每到“赶考”时节,那些背着画板、握着毛笔、提着水桶的“画家”多如过江之鲤,熙熙攘攘,遍布大街小巷,成为了城市中一道“靓丽”的风景,据说,不少农民靠出租房屋、提供伙食发了大财,这也算是提供了就业机会、拉动了内需吧。(踏雪寻梅香袭人《高考“水货”之研究报告》,《江南时报》2006 年 7 月 2 日第 15 版)

②这种病态的社会潮流,以所谓的“成功者”为风向标,人们犹如过江之鲭追求成功,竞相比时髦、比出位、比大胆、比谁比谁更无耻。(司马南《李一道长的马甲》,《北京晚报》2010 年 8 月 24 日第 43 版)

【辨析】

过江之鲫:中原沦落,东晋王朝在江南建立后,北方知识分子纷纷南渡来到江南。后人有诗句称“过江名士多于鲫”。比喻某种时兴的事物非常多。“鲫”和“鲤”“鲭”是不能混淆的。

正:过犹不及
误:过尤不及

【错例】

一款车适当推出不同配置满足不同消费需求,无可非议,但太多就过尤不及了。(刘士剑《一车多价　葫芦里卖的什么药?》,《市场报》2005 年 2 月 8 日第 14 版)

【辨析】

过犹不及:事情做得过头,就跟做得不够一样,都是不合适的。过:过分;犹:像;不及:达不到。“犹”不能写成音同形近的“尤”。

H

正:海晏河清
误:海清河晏

【错例】

是480场深入灵魂的讨论真的让深泽海清河晏了,还是开完会大家该干吗干吗去了,大概人人心里都有本账。(张丽《一个月讨论了480场“荤段子”》,《北京晚报》2009年8月11日第16版)

【辨析】

海晏河清:大海没有浪了,黄河水清了,比喻天下太平。晏:平静。黄河是世界上含沙量最多的河流,关于黄河的成语有很多,如“河清难俟”,义为很难等到黄河水清,比喻时间太久,难以等待。写成“海清”,则完全不搭边。

正:憨态可掬
误:憨态可拘

【错例】

记者还发现,展品中那幅憨态可拘的《大熊猫》,原作捐了,而吴先生家的客厅里只留个《大熊猫》挂毯做纪念。(赵李红《吴冠中:艺术只能在纯洁无私的心灵中诞生》,《人民日报海外版》2009年4月24日第7版)

【辨析】

憨态可掬:形容天真单纯的情态充溢在外,十分明显。可掬:可以用手捧取。不能写成“拘束”的“拘”。

正:含辛茹苦
误:含莘茹苦

【错例】

中年丧妻的张老汉,含莘茹苦养育两个儿子,并为他们盖了房子,娶了媳妇。(梁希东、于礼先、刘振宇《高歌为民谱新篇》,《德州日报》2007年7月19日)

【辨析】

含辛茹苦:形容忍受辛苦或吃尽辛苦。辛:辣;茹:吃。"辛"不能写成"莘莘学子"的"莘"。

正:汗流浃背
误:汗流夹背

【错例】

①几个男同志把五分场的人换下来,轮流哈在那憋憋屈屈的地方往外掏土,干几下就汗流夹背。(海岩《热血》,《当代》1987年第5期第177页)

②那里正举行一个葬礼。一个背负重命汗流夹背走上祭坛慨然牺牲的使者静卧在鲜花丛中领受人间赐予他的最后的安魂仪式。(《新华文摘》1991年第8期第87页)

③沿着与大裂谷平行的小路向前走,有一条通向谷底的通道,顺着它抓紧铁索一步一滑、心惊肉跳地往下爬几十米,早已汗流夹背,气喘吁吁。(晨曦《奇景何时落人间》,《环球》1996年第3期第17页)

④他的衣服被汗水浸透了,粘在前胸、后背上,真正是汗流夹背,两个腋窝下也湿了一大片。(刘兆景《感谢我的爷爷》,《江南时报》2010年1月27日第23版)

【辨析】

夹:基本含义是从两个相对的方面加压力,使物体固定不动,如"夹菜"等。用在"夹背"中显然说不通。浃:湿透,三点水旁做义符。写作"浃背",其义自见,就是湿透了背上的衣服。

正:汗牛充栋
误:汗牛充炼

【错例】

痞子文学之作即使多得汗牛充炼,也不如《孔乙己》《项链》《变色龙》等经典短篇更具生命力。难道不是吗?(辛雍《镇关西、痞子与阿Q》,《讽刺与幽默》2000年7月20日第13版)

【辨析】

汗牛充栋:书运输时牛累得出汗,存放时可堆至屋顶。形容藏书非常多。栋:栋宇,屋子。不能写成“锻炼”的“炼”。

正:悍然不顾
误:捍然不顾

【错例】

三国英雄,首推曹操,他的特长,全在心黑:他杀吕伯奢,杀孔融,杀杨修,杀董承伏完,又杀皇后皇子,捍然不顾,并且明目张胆地说:“宁我负人,毋人负我。”(《什么是厚黑学》,如雪生活网2010年5月10日)

【辨析】

悍然不顾:凶暴蛮横,不顾一切。悍然:凶残蛮横的样子。不能写成“捍然”。

正:蒿目时艰
误:篙目时艰

【错例】

长期剧烈的社会冲突使得人作篙目时艰,头脑中传统的“和谐意识”愈来愈为

“危机意识”“痛苦意识”“反抗意识”“牺牲意识”所代替。(杨昌江《中国近代文学的审美特征——悲剧美感》,《湖北教育学院学报》1999年第4期)

【辨析】

蒿目时艰:指对时事忧虑不安。蒿目:极目远望;时艰:艰难的局势。“蒿”不能写成“竹篙”的“篙”。

正:号啕大哭
误:号淘大哭

【错例】

①我号淘大哭,扯着二叔非让他下水为我捞上来不可。(《玻璃球事件》,《江南时报》2002年10月30日第18版)

②“我……我怎么没向她要电话号码啊! 我的爱情被格式化了……”小A当时差点就号淘大哭。(冯一刀《格式化爱情》,《讽刺与幽默》2007年9月14日第5版)

【辨析】

号啕大哭:放声大哭。号啕:大哭声。哭一定要用到口,所以要用带口的“啕”字,不能写成“淘气”的“淘”。

正:毫无二致
误:毫无二至

【错例】

这座巨大的坟冢置身群山之中,初看几乎和其他山头毫无二至,高33米,东西长55米,南北宽37米。(齐东方《神秘的血渭大墓》,《广州日报》2009年5月2日第B13版)

【辨析】

毫无二致:丝毫没有什么两样。指完全一样。二致:两样。不能写成

正:豪言壮语
误:毫言壮语

【错例】

《和平年代》后张丰毅曾经说过“5 年内没有人在演军人这个角色上能超越我”这样的毫言壮语,谈起这个问题,他依旧自信地说:“拍完《历史的天空》后我还敢说我塑造的军人形象是有一定造诣的,不是谁都能够超越的,至少这几年内。”(张忆军《“姜大牙”南京说大话》,《江南时报》2004 年 9 月 4 日第 8 版)

【辨析】

豪言壮语:豪迈雄壮的言语。形容充满英雄气概的话。不能写成“毫言壮语”。

正:好高骛远
误:好高鹜远

【错例】

①倘若不有的放矢,不从自己的实际情况出发,摸到书就读,好高鹜远,朝秦暮楚,不问是否看得懂,是否对自己的工作学习有利,十有八九将变成个书呆子。(邓居辉《读书“四要”》,《中国人事报》1998 年 5 月 22 日第 3 版)

②所以,最重要的是要去做,边做边学,不能幻想,更不能妄想,好高鹜远,而要踏踏实实去做,完善自我,否则永远也不能实现,更不能成功。(王华斌《学习的魔障与误区》,《书摘》2004 年 3 月 10 日)

【辨析】

字面之义为喜好高、追求远,引申为不切实际地追求过高的目标,叫做“好高骛远”,也可写作“好高务远”。“骛”,本义是马快跑,义符是马字底,比喻追求、致力、从事。“鹜”,本义是鸭子,鸟字底做义符,引申为野鸭,可组词“趋之若鹜”“鸡鹜争食”,但不能组成“好高鹜远”。

正:和盘托出
误:合盘托出|合盘端出

【错例】

①叶明终于将他的最终目的合盘托出:听说原因还比较复杂,这正是我来找你的原因。你去弄弄清楚,写写她吧,怎么样?(丁天《死因不明》,《北京文学》1995年第7期第25页)

②他俨然把自己装扮成林琳的丈夫身份,向林琳的父亲述说着林琳的种种不得意,他甚至把自己和林琳的一切包括肉体关系,都含而不露却又明确无误地合盘托给她的父亲。(肖复兴《长发》,《海峡》1994年第4期第89页)

③作品讲述了杨永信大夫治疗网瘾的故事,把网瘾给家庭和社会带来的危害合盘托出,直面现实矛盾,把戒治网瘾当成一场战争,体现出作者强烈的社会责任感。(杨文《<战网魔>直面网络成瘾问题》,《人民日报海外版》2008年7月10日第7版)

④紧接着下来的是几行黑体字的"娘……说"把故事合盘端出,娓娓道来,如同一顿套餐,色香味俱全。(邹卫东《图文并茂两翼齐飞》,《解放军报》2000年2月28日第7版)

【辨析】

作比喻全部说出或拿出来、没有保留解释时,用"和盘托出"。"和"在此词中表示连带。是说连同盘子一起端出来,不是把盘子合在一起端出来,所以不能把"和"误写成"合"。

正:和颜悦色
误:和言悦色

【错例】

①她一眼看中了个子高高肤色白皙的老板,站要贴,坐要靠,无师自通情万种,关键是要生米煮成熟饭上他的床。谁知那个中午她滚进老板的帐子,老板醒了却没乱方寸,推开她,和言悦色与她交谈。(高红十《境与界》,《十月》1995年第2期

第 60 页)

②我坚持说下去,尽可能让自己和言悦色,眼前同时出现一匹脱缰野马撒开四蹄在道路上狂奔的景象。(谭甫成《水之华》,《特区文学》1995 年第 4 期第 67 页)

③"你消消气,我们已经道过歉了。"大雪和言悦色,但仍回避驾照问题。(刘齐《公安六条》,《讽刺和幽默》2000 年 4 月 5 日第 2 版)

【辨析】

在形容态度和蔼可亲时,用"和颜悦色"。颜:面容;色:脸上的表情。这个成语形容脸色和蔼,不包括语言,所以写作"和言悦色"是不对的。

正:红头涨脸
误:红头胀脸

【错例】

①到底是白黎生阅历广些,他看看邹丽梅剪去了辫子的散发,又看看两人红头胀脸的样儿,已经猜出了事情的八九分。(从维熙《北国草》,《收获》1983 年第 2 期第 248 页)

②我走进教室,小广播已经通报,孩子们都有所收敛,可肇事者还是气势汹汹,不依不饶。教室恢复了平静,孩子们都回到座位上。"谁能借我面镜子?"我适时地得到了支援。我把镜子举到依然喘着粗气、红头胀脸地立在原地的"侠客"面前。(黄一明《给孩子一面镜子》,《今日安报·豫北新闻》2008 年 5 月 29 日第 11 版)

【辨析】

涨:本义是固体吸收液体后体积增大,三点水旁做义符。也指头部充血,如"头昏脑涨""红头涨脸"。胀:物体受热后其长度、体积增加,如"膨胀""热胀冷缩"。还指体内受压产生不舒服的感觉,如"腹胀""肿胀"。"涨"与"胀"二者都含有体积增大的意义,但原因和机制不同,一个与水的浸泡或血流加快、血量增加有关,一个与外界温度、压力增加有关。

正:红装素裹
误:红妆素裹

【错例】

①而我家常吃的一道菜,白嫩的豆腐上铺上鲜艳的西红柿,戏名之曰“红妆素裹”,勉强可谓带点诗意。(桂秉权《洁白多味豆腐珍》,《人民日报海外版》2002 年 6 月 3 日第 7 版)

②红妆素裹处处春——读姜金霞的长篇小说 (卞奎,《长河晨刊》2009 年 12 月 4 日第 16 版标题)

【辨析】

红装素裹:指衣着淡雅的妇女。也形容雪后天晴,红日和白雪相映衬的景色。毛泽东《沁园春·雪》词:“须晴日,看红装素裹,分外妖娆。”不能写成“红妆素裹”。

正:后事之师
误:后世之师

【错例】

前事不忘,后世之师。一个不敢正视历史的民族是可鄙的民族,同样,一个忘记历史的民族是可悲的民族。(张礼乔《为<新中国“双百”人物>叫好》,《宝安日报》2009 年 10 月 17 日第 A8 版)

【辨析】

前事不忘,后事之师:记取从前的经验教训,作为以后工作的借鉴。事:事情。“后事”不能写成“后世”。

正:呼天抢地
误:呼天呛地|抢天呼地

【错例】

①死者是女主人吴四妹,现场还有一把被火烧黑的斧头,男主人不在场。一双

儿女闻讯从学校跑回家，抱着母亲呼天呛地哭成了泪人一般。（张清贤《祸起疑心》，《中国妇女》1996 年第 11 期第 48 页）

②小豆怀中抱着已无气息的金霞，哭得抢天呼地的。（迟子建《五羊岭的万花筒》，《小说月报》2010 年第 5 期第 49 页）

【辨析】

抢：触；撞。抢地就是用头撞地。呼天抢地：大声叫天，用头撞地，形容极度悲痛。呛：水或食物进入气管而引起咳嗽，不能与“地”组词。

“呼天抢地”不能说成“抢天呼地”。人在极度悲痛时，常常口喊“天哪！”“我的天哪！”同时，用头撞地。没听过谁口喊“地呀！”“我的地呀！”而且，头也没法撞天，天有九重，高邈无垠，根本够不着。

正：胡诌八扯
误：胡绉八扯

【错例】

王爷一听，心里乐了，这是唱的什么？胡绉八扯！（汪林、张骥《静静流淌着的大运河传奇》，《济宁日报》2010 年 4 月 23 日第 B1 版）

【辨析】

胡诌八扯：胡扯瞎说。“诌”从言，跟说有关，不能写成“绉纱”的“绉”。

正：胡作非为
误：胡做非为

【错例】

这么些年，吃糠咽菜的日子也跟你过来了，我什么时候嫌过你？现在日子好些了，看我人老珠黄了，所以你就在外边……胡做非为了……是不是？（贾守成《错位的情恋》，《文学大观》1995 年第 8 期第 60 页）

【辨析】

作不顾法纪或舆论而任意行动解时,词典上规范的写法是“胡作非为”,不能写成“胡做非为”。“作”与“做”是古今字,有时容易用混,可以记住一条:凡是成语,大多写成“作”,如:作壁上观、作恶多端、作奸犯科、作茧自缚、作威作福、矫楺造作、精耕细作等。

正:怙恶不悛
误:怙恶不俊|怙恶不逡

【错例】

①正如福柯所说:对于重复犯罪,人们的目标不是法律规定的某种行为的责任者,而是犯罪者主体,是显示其怙恶不俊本性的某种意向,渐渐地,不是罪行,而是犯罪倾向成为刑法干预的对象。(吴平《前科制度的理论根据探讨》,《浙江工商大学学报》2007 年第 1 期第 10 页)

②后来,我上高二了,尤森离开倏已半年。我拼命的放纵自己。我在阁楼上发了疯的跳舞,木板吱吱地响,灰尘落下来,不知迷住了谁的眼睛。邻居们责斥我,说我怙恶不逡。老师说我变的乖戾,自甘堕落。之后,妈妈便打电话来,问我怎么回事。(喜糖沫沫《陨落的泪水》,榕树下网站 2005 年 7 月 8 日)

【辨析】

怙恶不悛:指坚持作恶,不肯悔改。亦作“讳恶不悛”“怙恶不改”。出自《左传·隐公六年》:“长恶不悛,从自及也虽欲救之,其将能乎?”悛:改过,悔改。不能写作“英俊”的“俊”,也不能写作“逡巡”的“逡”。

正:花里胡哨
误:花里胡俏

【错例】

①电视里正在播放国际足球赛的实况,在那激烈拼抢的间隙里,偶尔也出现体

育馆四周花里胡俏的广告牌。(夏坚勇《青苗会》,《钟山》1984 年第 4 期第 143 页)

②刘少鸿涂的花里胡俏的赛车内部大有乾坤。"一定是要后轮驱动的车",能够完成漂移的车辆必须经过专业改装。(李立志《"漂移客"最爱横着走》,《广州日报》2010 年 9 月 17 日第 AⅡ6 版)

【辨析】

即便不识字,用耳朵听,也该知道"花里胡哨"是正确的,怎么变成了"花里胡俏"呢?大概还是这两个字字形相似的缘故。把这个词组里的水分挤掉,只留干货,就变成"花哨"了。汉语中有"花哨"一词,却没有"花俏"一说。

正:花拳绣腿
误:花拳秀腿

【错例】

即使紧跟时髦,动用现代传媒手段,说得神乎其神,看起来也很有现代气息,但没有真正让人感到奇特之处,也只是花拳秀腿,架子把势一个。(钟源《侦探小说思考》,《啄木鸟》1999 年第 4 期第 88 页)

【辨析】

姿势好看而搏斗时用处不大的拳术称为"花拳绣腿"。"花"和"绣"均含有花纹的意思,这两个字有对应关系,不能把"绣"写作形近的同音字"秀"。

正:花团锦簇
误:花团绵簇

【错例】

新改造成的大楼透空式中厅里,花团绵簇,光线明亮。新增的 10 部自动扶梯,川流不息地把人们送到各个楼层。(张胜利、吴亚明《风雨之后见彩虹——安徽阜阳商厦托管安徽阜阳百货大楼纪事》,《人民日报海外版》2009 年 1 月 2 日第 8 版)

【辨析】

花团锦簇:形容五彩缤纷,十分鲜艳多彩的景象。也形容文章辞藻华丽。锦:有文采的丝织品;簇:丛聚。“锦”不可写成“绵软”的“绵”。

正:华而不实
误:花而不实

【错例】

她看上去就像一个花而不实的老女人,我实在不知道在这样的一个喜欢打情骂俏但让人提不起兴致的女人面前说些什么好。(赵命可《养生》,《萌芽》1994 年第 11 期第 25 页)

【辨析】

华:繁体字为華,形声字,草字头为义符。本义是花,引申为开花、光彩、华丽、浮华等。华而不实:只开花不结果,比喻徒有漂亮外表,并无实际内容。此词最早出自《左传·文公五年》:“且华而不实,怨之所聚也。”约定俗成,变成一个成语。“花”是一个后起字,产生于魏晋以后。“花”表花朵义及具体的比喻义,“华”表抽象的引申义。

正:哗众取宠
误:华众取宠|哗众取庞

【错例】

①而有些作者生活经历不丰富,创作提炼中意义肤浅,甚至华众取宠。(隗功臣《对<漫画老化>的分析》,《讽刺与幽默》2001 年 6 月 20 日第 5 版)

②在我国法律对口供的价值与采信有明确规定的情况下,提出“零口供”规则,如果说没有华众取宠之意,似乎也有画蛇添足之嫌。(沈泽龙《“零口供”,切莫走入误区》,《时代潮》2003 年第 3 期)

③有的头面人物想摆阔气,也有点戏、赏钱、赏烟,以哗众取庞的。在这种公开

场合,则清场、浑场都唱,以满足大众需要。(向东《洋河民间说唱》,《宿迁晚报》2010 年 4 月 1 日第 A26 版)

【辨析】

哗众取宠:以浮夸的言论迎合群众,骗取群众的信赖和支持。不能写成“华众取宠”。“宠”不能写成形近的“庞”。

正:化险为夷
误:化险为宜

【错例】

要知道 007 是冷战时期被神化的英国间谍。他英俊潇洒、百战不死,总能化险为宜、扭转败局。能如此,除了他敏捷的身手和绝佳的运气外,更重要的就是那些神乎其神的道具和武器。(曾家新《邦德还是回神坛好》,《京华时报》2008 年 11 月 6 日第 33 版)

【辨析】

化险为夷:化险阻为平易。比喻转危为安。险:险阻;夷:平坦。不能写成“宜人”的“宜”。

正:怀璧其罪
误:怀壁其罪

【错例】

“匹夫无罪,怀壁其罪”,一起普普通通的车祸因为肇事者的特殊身份在这一周以不普通的方式传遍了大江南北。(王蒲安《关键词:怀壁其罪·整合·劣质·环保·风云再起》,《西安晚报》2008 年 4 月 16 日第 21 版)

【辨析】

怀璧其罪:身藏璧玉,因此获罪。原指财能致祸。后也比喻有才能而遭受忌妒和迫害。璧:璧玉。不能写成“墙壁”的“壁”。

正:欢欣鼓舞
误:欢心鼓舞

【错例】

这对于我们这样一个被温饱困扰了数年的国家来说,这样的日子怎能不让人欢心鼓舞?(祁建《节日:给我们享受生活的理由》,《人民日报海外版》2010 年 2 月 8 日第 7 版)

【辨析】

欢欣:欣喜;鼓舞:振奋。欢欣鼓舞:形容高兴而振奋。“欣”不能写成“心灵”的“心”。

正:皇皇巨著
误:煌煌巨著

【错例】

①这部煌煌巨著记载了从战国时期到五代时期的史实,和《史记》一道被誉为史学“双璧”。(《司马光在洛阳的故事》,光明网 2010 年 6 月 4 日)

②以后,随着眼界的扩大,他的“兴致更高”,遂于“怦然心动”之余,发愿考究糖的历史,并最终完成了《蔗糖史》这部煌煌巨著。(葛维钧《穷搜百代　以竟厥功》,《中华读书报》2010 年 7 月 14 日)

【辨析】

皇皇巨著:形容著作浩大。皇皇:形容堂皇,盛大。不能写成“煌煌”,因为“煌煌”是形容明亮,如:明星煌煌。

正:皇天后土
误:皇天厚土

【错例】

它们犹如高山流水/飞流直下三千年/嬗递和见证了廉浦村民世代/对风调雨顺、五谷丰登、国泰民安的/祈求/以及对皇天厚土的/虔诚与迷惘 （邱泰斌《廉浦祈雨图·赈灾粮》,《福州日报》2008年1月11日第11版）

【辨析】

汉语中只有“皇天后土”的说法。语出《左传·僖公十五年》:“君履后土而戴皇天,皇天后土,实闻君之言。”“皇天”的“皇”,本义是“大”。在古人的观念中,人世间最大莫过于君王了,所以“皇”字引申指君王。“后土”的“后”,本来也是指君王。《说文·后部》:“后,继体君也。”段玉裁注:“后之言后(後)也,开创之君在先,继体之君在后也。”可见,“后”本是相对开国之君而言的,指的是开国君王之后的君位继承人。夏朝的最高统治者就叫“后”。古时候,先民对“天”和“地”顶礼膜拜,认为“天”是万物的主宰,“地”是万物的根源。因此,人们用人世间最尊贵的“皇”字“尊天”,“后”字“尊地”。民间常有“皇天在上,后土在下”的说法,用以盟誓。

可见,“厚土”就是厚实的泥土,与“皇天”在语义上不合榫,也从未见有文献将它们并提。

正:黄粱美梦
误:黄粱美梦

【错例】

①柳全忠朝春茂点头微笑说:“要比过独眼龙,压倒全区四十八村所有大财主家的炮手,大家又一次赞成,当个联防团团副,又有什么不可的呢?至少可以把老夜猫子的黄粱美梦打碎,如果真地当了团副,有人有枪有权在手,啥事都好办了。”(蔡天心《浑河的风暴》,《芙蓉》1981年第4期第205页)

②这时,书童失魂落魄,面无人色。睁开眼睛一看,原来是一场黄粱美梦,不,美梦加噩梦。（郭振亚《叶公的“门徒”》,《讽刺与幽默》2004年10月20日第14版）

【辨析】

黄粱美梦

黄粱:小米,是一种粮食作物,所以是米字底做义符。黄粱梦是一个笑谈,讲的是一个书生做了个好梦,醒来时小米饭还没有熟。由此产生了成语“黄粱美梦”“黄粱一梦”“一枕黄粱”。不了解这组成语的来历,容易将“粱”误写成“房梁”的“梁”(木字底做义符)。

正:绘声绘色
误:绘生绘色

【错例】

爱迪生的爸爸听到他讲得如此绘生绘色,真的非常想看。(《电报迷与看报迷——讲述爱迪生小时候的故事》,《张家口晚报》2010 年 1 月 15 日第 A31 版)

【辨析】

绘声绘色:摹写声音、描绘色彩。指叙述、描写非常生动、逼真。范文澜《中国近代史》上册附录:“他把惨杀当作痛快,后来每次战胜,总是用痛快的表情,绘声绘色的写出屠场惨景,宛然一幅一幅的地狱图,向……皇帝报功请赏。”不能写成“绘生绘色”。

正:蕙质兰心
误:惠质兰心

【错例】

婆婆是个干练的女人,……但更令人欣赏的,是她的惠质兰心。(《好婆婆,我一生的福》,《银潮》2009 年第 10 期)

【辨析】

蕙质兰心:同“兰质蕙心”。形容美丽而聪明。唐·王勃《七夕赋》:“金声玉韵,蕙心兰质。”蕙心:喻女子内心纯美。蕙:香草。不能写成“惠”。

正:昏天黑地
误:混天黑地

【错例】

看我忙得混天黑地,女儿眨着漂亮的眼睛说:“妈,我看你穷得连时间都没有了。”(林云《今年盼过年》,《中国青年报》1999年2月12日第2版)

【辨析】

昏天黑地:形容天色昏暗,比喻社会黑暗混乱。所引例句要表示的是昏昏沉沉或乱糟糟。昏:黑暗;模糊。混:表示混乱。昏暗的“昏”误写成混乱的“混”,这个成语就难以解释了。

正:火上浇油
误:火上烧油

【错例】

看到他那副样子,犹如火上烧油,我猛地蹿上去,掰开他的手,杂志“啪”地一声掉在地上。(杨朝晖《我的父亲》,《中国人才》1996年第8期第62页)

【辨析】

火上浇油,比喻使人更加愤怒或使事态更加严重,也说火上加油。用形近字“烧”代替“浇”,成了在火上烧油,就不可能表示“更加”的意思。

正:火中取栗
误:火中取粟

【错例】

火中取粟岂可得 (田飞,《中国建设报》2006年9月7日第5版标题)

【辨析】

“火中取栗”出自17世纪法国诗人拉·封登的寓言《猴子与猫》，猴子骗猫给它取出火中的栗子，结果猫不但没吃着，反倒把脚上的毛烧掉了。比喻受人利用，冒了风险，吃了苦头，却没有捞到好处。

栗：栗子，字形从西从木，木表形旁，是一种果树，也指它的果实。粟：粟米，字形从西从米，是一种粮食作物。粟放在火中很快就会被烧焦，怎么还能取出来呢？

正：豁然开朗
误：霍然开朗

【错例】

无意间，记者在没有任何阻拦的情况下走进了运动员通道。穿过这条长长的通道之后，头顶霍然开朗。（《“亮晶晶”点燃“双响炮”》，《新京报》2004年8月14日）

【辨析】

豁然开朗：变得宽敞明亮。比喻突然领悟了一个道理。豁然：形容开阔；开朗：开阔明亮。不能写成“霍然开朗”。

J

正:饥肠辘辘

误:饥肠漉漉|饥肠碌碌|肌肠辘辘

【错例】

①1960年,共和国正处于开国以来最困难的时期,大面积自然灾害和苏联逼债,使共和国的臣民饥肠漉漉面有菜色。(关文《天良》,《中国作家》1999年第5期第214页)

②这些都说明了饱食即卧,则脾胃不运,食滞胸脘,化湿成疾,大伤阳气,饥饿状态入睡则饥肠漉漉,难以入眠。(邱吉芬《老人睡眠的禁忌》,《人民日报海外版》2006年8月25日第14版)

③吃饭时还要站好、坐好才可以动筷子,已饿得饥肠碌碌的我们,恨不得趴下就吃。可见我们有多么辛苦、多么累吧。(钱景昱《军训让我们养成独立生活习惯》,《江南时报》2006年6月7日第24版)

④1962年,春节刚过,编辑部给晓天买了一张火车坐票,晓天便匆匆上路。夜寂人倦,通宵无眠,第二天下车,昏昏沉沉,肌肠辘辘,费了不少周折才见到文联领导人,找了一个歇脚的地方。(丁宁《江晓天与姚雪垠<李自成>》,《光明日报》2009年4月24日第10版)

【辨析】

饥肠辘辘:形容肚子饿了发出咕隆咕隆像车轮转动那样的声音。辘辘:象声词,形容车轮声。车字旁是义符。写成"湿漉漉"的"漉",是没正确掌握词义,误用了形近的同音字。写成"碌碌"也不对。

饥:饿,与食物有关,所以其义符是食字旁。饥肠:饥饿的肚子。肌:肌肉,肉月旁是义符。人太饿了,肠胃会难以忍受,而肌肉没有饥饿感,写成"肌肠"明显不对。

正:积重难返
误:积重难反

【错例】

①每条横空出世的谣言,其实都是积重难反的结果,多少有点群众心理基础做后盾。(陈白村《量身定做》,《京华时报》2005 年 12 月 9 日第 A39 版)

②而一些短期热点卡行情,也多见于炒家之行为,快升快跌,进一步消耗了市场资金,积重难反,修复不是朝夕之事。(许明罡《理性投资电话卡》,《国际金融报》2001 年 2 月 14 日第 7 版)

【辨析】

积重难返:经过长时间形成的思想作风或习惯,很难改变。重:程度深;返:回转。不能写成"反"。

正:吉人天相
误:吉人天象

【错例】

①毓玲出院后,又从家里给我来了电话。就在我恭喜她吉人天象时,她长长的叹息止住了我的话语。(笪志刚《泪洒富士山》,《人民日报海外版》2002 年 3 月 28 日第 5 版)

②所以当他不胜劳累经历了 1996 年突发脑出血的险象时,吉人天象,转危为安之后,看到的是儿子们各尽所能,独挡(应改为"当")一面;看到的是海城正骨医院和苏氏正骨惊人的发展速度和成果。(王荔《缔造苏氏正骨航母的光辉历程》,《辽沈晚报鞍山版》2008 年 10 月 24 日第 H2 版)

【辨析】

吉人天相:迷信的人认为好人会得到天的帮助。多用做对别人患病或遇到困难、不幸的安慰话。吉人:善人;相:帮助,保佑。不能写成"天象"、"气象"的"象"。

正:吉人自有天相
误:吉人自有天象

【错例】

①吉人自有天象,创卫正好给他带来了契机。他禅杖一挥,发出号召:全民动员,全面推进,全力以赴!手下一帮弟兄,雄赳赳奔赴战场,哗啦啦风卷残云。不到半年,二龙山焕然一新。(雷长风《二龙山"创卫"》,《宿迁日报》2010年9月5日第A3版)

②"将军心结不能解,但吉人自有天象。"(刘守忠《中缅血战——中国远征军大揭秘》,《遵义晚报》2010年1月18日第22版特稿连载)

【辨析】

吉人自有天相,意思是说幸运的人常常有上天帮助。相,动词,是"帮助"的意思。不能写成"象"。

正:急不可耐
误:急不可奈|急无可奈

【错例】

①这时,远远地传来了一阵隆隆的声音,有人说是解放军攻城的炮声,有人说是新年要到了,人们急不可奈地想迎接新年的到来,早早地放起了鞭炮。(边东子《国宝同仁堂》,《北京青年报》2010年4月6日第C7版每日连载)

②福西特脑袋一摆为美队奠定胜局。大喜过望的克林顿总统急不可奈地闯进女更衣室为美队祝贺。(杨明《美国女足大难不死进四强　巴西队艰难获取半决赛资格》,《四川日报》1999年7月3日第3版)

③李闯走后第二天,好像强盗就来了,大半夜的一个劲儿撞门。媳妇不敢开灯,不敢吭声,可是这强盗一个劲儿地撞门。急无可奈的时候,男人的那句话响了起来:"……你就要命别要钱……"(宋殿儒《虚惊》,《北京青年报》2010年9月28日第C1版)

【辨析】

错例中的“急不可奈”错了，应该是“急不可耐”。《中国成语大辞典》(上海辞书出版社)第571页：“急不可待：急得不能再等。形容心情急切难忍。《聊斋志异·青娥》：‘[母]但思鱼羹，而近地则无，百里外始可购致。时厮骑皆被差遣，生性纯孝，急不可待，怀赀独往。’”亦作“急不可耐”。《官场现形记》一四回：“六个人刚刚坐定，胡统领已急不可耐，头一个开口就说：‘我们今日非往常可比，须大家尽兴一乐。’”写作“急不可奈”，是没有搞清楚字义而误用了同音字。

正：集思广益
误：集思广议

【错例】

夏府的夜谈是集思广议、开讲有益的；夏家的客厅是老少聚集、多重交谊的。[夏祖丽著、张荷缩编《从城南走来（连载）——林海音传》，《人民日报海外版》2003年10月22日第7版]

【辨析】

集思广益：集中群众的智慧，广泛吸收有益的意见。集：集中；思：思考，意见；广：扩大。“益”不能写成“议”。

正：集腋成裘
误：积腋成裘|集掖成裘

【错例】

①王世襄在收藏这些藏品时，既无显赫的社会地位，又无雄厚的资金支持，全凭自己的学识与眼力，点点滴滴积腋成裘，其间付出的心血与精力非“甘苦”二字可以道出。（余玮《王世襄：大玩家“玩”出一个文化最高奖》，《大地》2006年6月1日第11期）

②将父亲工作、学习、家庭、交友等往事集掖成裘结集出书，既是对父亲、母亲

最好的纪念，也为社会和家人留下一份宝贵的精神财富。（何申《新年的阳光与敬意》，《承德日报》2010年3月26日第A6版）

【辨析】

集腋成裘：狐狸腋下的皮虽很小，但聚集起来就能制一件皮袍。比喻积少成多。腋：腋下，指狐狸腋下的皮毛；裘：皮衣。不能写成“积腋成裘”，也不能写成“集掖成裘”。

正：佶屈聱牙
误：佶屈赘牙

【错例】

“追求纯粹就是要求作品既摒弃佶屈赘牙、故弄玄虚的文风，又拒绝味如嚼蜡的粗俗的大白话，努力追求优美的诗意。”分会有关负责人解释说。（吕啸天、杨黛梅、江南《文化美宴齐品　大俗大雅共融》，《珠江时报》2008年3月14日）

【辨析】

佶屈聱牙：句子读起来不顺口。佶屈：曲折；聱牙：不顺口。唐·韩愈《进学解》：“周《诰》殷《盘》，佶屈聱牙。”聱，不能写作“赘”。

正：籍籍无名
误：藉藉无名

【错例】

①最近三年来，藉藉无名的阿富汗裔美国作家卡勒德·胡塞尼，忽然一夜成名红遍世界，创造了几乎堪同《达芬奇密码》作者丹·布朗相媲美的畅销奇迹。（赵武平《岁岁花照开，今朝谁最俏——2007年美国畅销小说回顾》，《中华读书报》2007年12月26日）

②一代人自有一代人的命运，不论是叱咤风云的名人，还是藉藉无名的草民，他们所遭遇的无疑都隐藏着历史的风云和时代的密码。（刘宜庆《个人记忆与历

史境遇》,《中华读书报》2008 年 12 月 3 日)

【辨析】

“籍籍无名”的意思是名声很小,没有多少人知晓。跟“默默无闻”的意思差不多。不能写成“藉藉无名”。

正:挤挤插插
误:挤挤擦擦

【错例】

车子在县城挤挤擦擦红红绿绿的人群里磕磕绊绊地走着,司机不停地把喇叭揿得震天价响。(徐坤《先锋》,《人民文学》1994 年第 6 期第 21 页)

【辨析】

形容拥挤的样子,一般用“挤挤插插”,“插”表示插进,而不用表示摩擦的“擦”。

正:计日程功
误:计日成功

【错例】

此书版权页注明六百万字,实际正文只占半数光景,每卷一万数千字,日观一卷,或三日二卷,贵在坚持,可以计日成功。(桂秉权《闲话<资治通鉴>》,《人民日报海外版》2000 年 3 月 20 日第 7 版)

【辨析】

计日程功:工作进度或成效可以按日计算。形容进展快,有把握按时完成。计:计算;程:估量,考核;功:成效。不能写成“计日成功”。

正:记忆犹新
误:记忆尤新

【错例】

①上次的教训记忆尤新,所以此次各公司纷纷声称:自己会想尽办法留住人才,即使是迫不得已要裁员,也会把被裁人员安顿好。(闻迪编译《美国公司难敌裁员压力》,《国际金融报》2001 年 7 月 27 日第 5 版)

②前不久发生的进口三菱越野车质量事件,想来很多人还记忆尤新。(姚福泰《汽车可能成为“召回”的试点》,《中国汽车报》2001 年 11 月 19 日第 1 版)

③李民是李智的大儿子,父亲从事秘密地下工作的情景,他至今还记忆尤新。(《璀璨时空——石家庄历史文化影像志》,《燕赵晚报》2010 年 10 月 21 日第 C22 版)

【辨析】

记忆犹新:过去的事,至今印象还非常清楚,就像刚才发生的一样。犹:还。不能写成形近的同音字“尤”。

正:既往不咎
误:既往不究

【错例】

①接着,又对监区广播:“犯人们听着,赶快回到各自的棚子里去,只有你们放下屠刀,政府保证既往不究,共产党说话算数……”(海岩《热血》,《当代》1987 年第 5 期第 187 页)

②谢长廷 5 日表示,他当选后将会“大赦”,过去到大陆投资的台商,只要在 18 个月至 24 个月内回台登记、申报,将既往不究……(《扁谢出尔反尔骗选票》,《钱江晚报》2007 年 11 月 7 日第 C8 版)

③他表示,在此之前,警方与村民举行过一连串的会谈,承诺只要村民不再偷窃,警方对过往的犯罪纪录既往不究。(《印度“贼村”几乎每家都出小偷居民誓言改邪归正》,《怀化日报》2009 年 12 月 22 日第 5 版)

【辨析】

咎,本义为“过失、罪过”,引申为“责备”。“不咎”即不责备。不能理解为不再追究而写成“不究”。

正:继往开来
误:既往开来|开往继来

【错例】

①望老对工作极其认真负责,对《辞海》修订工作既往开来,承前启后,建树尤多。(徐庆全《陈望道关于<辞海>的一封信》,《人民政协报》2004 年 11 月 14 日)

②末代皇帝溥仪的弟弟、著名书法艺术家溥杰作诗赞宝丰酒道:“每爱衔杯醉宝丰,香飞白堕绍遗风。开往继来传佳酿,誉溢旗帘到处同。”(周晓《宝丰酒何以飘香千年?》,《华夏酒报》2008 年 10 月 15 日第 34 版)

【辨析】

继往开来:继承前人的事业,开辟未来的道路。继:继承;开:开辟。不能写成“既往开来”。

“开往继来”是“开辟过去,继承未来”,在语义上不能搭配。成语不是魔方,其中的文字是不能随意互换位置的。

正:家长里短
误:家常里短

【错例】

这些人闲聚在一起,上至宫中秘闻,社会时事,下至街头巷尾的家常里短无所不聊,聊军之中肚子存货最多的当属许之章许五爷。(柯章和《古都沉冤》,《古今传奇》1991 年第 2 期第 121 页)

【辨析】

在指家庭日常生活时,用“家常”。“家长里短”意为家务琐事。在此词中不可将“长”写作“常”。为防止写错,可想到“短”的反义词是“长”,而不是“常”。

正:驾轻就熟
误:驾熟就轻

【错例】

①亚航来了,国内的航空公司除了跟着拉低票价以外,似乎并没有太多的应对手段,亚航的机票不通过中航信系统销售,70%的机票通过其网站直销使得传统机票代理也只能望洋兴叹,国内的航空公司所驾熟就轻的价格联盟、封杀策略也如隔山打虎,传统的渠道优势面对亚航也将荡然无存。(刘鲁《低价凶猛 国内航空面临巨大挑战》,《成都日报》2009 年 8 月 6 日第 A11 版)

②就慈禧而言,统治之术已驾熟就轻。(隋丽娟《说慈禧》,中华书局 2007 年 1 月第 1 版第 151 页)

【辨析】

"驾轻就熟"也可以说成"轻车熟路",其出处都是唐朝韩愈的《送石处士序》:"若驷马驾轻车就熟路,而王良造父为之先后也。"驾:驾驶;轻:轻便的车子;就:走;熟:熟悉的路。驾轻就熟,就是驾轻车走熟路,比喻对事情很熟悉,做起来得心应手。"驾熟就轻"无法解读。

正:坚忍不拔
误:坚韧不跋|坚忍不拨

【错例】

①在处理一些小事情上的细心使我想到他当车间主任时的朴实、稳重和坚韧不跋的务实风格。(《钟山》1992 年第 1 期第 195 页)

②走过几个风雨兼程的人生阶段后,戴爱莲仍保持着她的生活个性和做人方式:独立、率真、乐观、活泼、坚忍不拨。(牛抒真《心中的戴爱莲》,《人民日报海外版》2003 年 9 月 16 日第 7 版文艺副刊)

【辨析】

作在艰难困苦的情况下坚持而不动摇解释时,写作"坚忍不拔"。"不拔",即不动摇。不能写成“不跋”。“跋”是行走，“不跋”，则是不行走之义，与“坚忍”不能组合成词。注:坚忍不拔，亦作“坚韧不拔”。写成“坚忍不拨”是误用了形近字。

正:坚如磐石
误:坚如盘石

【错例】

城市、赛区乡镇、赛区周边、比赛场馆——“四道防线”坚如盘石 （叶滨等《问鼎大冬会平安“金牌”》,《哈尔滨日报》2009 年 2 月 17 日第 7 版）

【辨析】

《易·渐》:“鸿渐于磐。”王弼注:“磐，山石之安者。”因此说“安如磐石”。《玉篇·石部》:“磐，大石也。”“盘”“蟠”皆同音相借。《第一批异形词整理表》以“磐石”为规范词形。

正:缄口不言
误:箴口不言

【错例】

广阔的亚洲仅有两处曾经出现过这种罪恶，西伯利亚的奥斯加克和西藏——达赖喇嘛对此却箴口不言。(《国外出版人公布 20 世纪初全球食人族分布图》,北青网 2009 年 10 月 26 日）

【辨析】

缄口不言:封住嘴巴，不开口说话。缄:封闭。不能写成“箴言”的“箴”。

正:见风使舵
误:见风驶舵

【错例】

①事情并不像他预想的那么糟糕，只是老孙的态度变化太叫人吃惊了，真是小

人处世，见风驶舵啊！（曹克胜《爱的漩涡》，《清明》1988 年第 1 期第 90 页）

②四是见风驶舵，若某事引起媒体关注和社会议论，就按章处罚。反之，则是大事化小，小事化了。（魏俊兴《对违纪职工处罚朝令夕改说明啥》，《陕西工人报》2009 年 4 月 9 日第 A3 版）

【辨析】

舵：船、飞机等控制方向的装置。舵是不能“驶”的，“使舵”，在这里是“掌舵”之义。“见风使舵”指看风向转动舵柄，比喻跟着情势转变方向，多含贬义。

正：见贤思齐
误：见贤思奇

【错例】

“见贤而思奇，见不贤而自省”，身处于伟大的时代，每个人都应提高文明素质的内心修养，如此，才能既有功于民族，又有益于个人。（毛国寅、章新俊、陈地长《礼仪，生活中的重要一课》，恩施新闻网 2007 年 6 月 8 日）

【辨析】

见贤思齐：见到德才兼备的人就想赶上他。贤：德才兼备的人；齐：相等。不能写成奇特的“奇”。

正：剑拔弩张
误：箭拔弩张

【错例】

①大家笑了好久，先前箭拔弩张的气氛已作冰释，郑一鸣说：“再说说常正磊的事吧……”（李贯通《天下文章》，《当代》1993 年第 6 期第 151 页）

②伍红按约来到茶吧，为防不测，她带了一个异性朋友张飞一起去茶吧，而此时黄耀已提前来到茶吧，气氛在箭拔弩张中进行……（袁昕明《恋爱不成纵火　银铛入狱罪该》，《淮安日报》2007 年 8 月 19 日第 A3 版）

【辨析】

剑拔弩张:剑拔出来了,弓张开了。原形容书法笔力遒劲。后多形容气势逼人,或形势紧张,一触即发。剑拔:剑从鞘中拔出。不能写成"箭拔弩张"。

正:交相辉映
误:交相辉蚋|交相辉印

【错例】

①在林立的高楼大厦中,23 层、81 米高、天蓝色系的国际药械大厦平地而起,与蓝天白云交相辉蚋,显得格外醒目。(张锦德、马慧《京城"药谷"新地标——记北京国际药械大厦》,《人民日报海外版》2000 年 8 月 16 日第 8 版)

②总体看,10 月底 11 月初,和国家循环经济试点工作的展开刚好交相辉印,中国全境掀起了风电建设的新高潮。(傅光云《携循环经济神威风电迎来"黄金季节"》,《国际金融报》2005 年 11 月 10 日第 2 版)

【辨析】

交相辉映:各种光亮、色彩等互相映照。不能写成"交相辉印",写作"交相辉蚋"则更不成话。

正:焦头烂额
误:焦头滥额

【错例】

目前北京旧机动车交易市场内仅存的几家分期公司也已经奄奄一息,为追债忙得焦头滥额,根本没心思再接受采访了。(江云花《车贷新政"冷冻"二手车市》,《京华时报》2004 年 8 月 26 日第 C91 版)

【辨析】

焦头烂额:烧焦了头,灼伤了额。比喻非常狼狈窘迫。有时也形容忙得不知如何是好,带有夸张的意思。写成“焦头滥额”不好解释。

正:矫揉造作
误:娇揉造作

【错例】

①她的身体也极好,虽然坐着,但也可以看出,高高的个子,浑圆的双肩,挺实的乳胸,是那种成熟的丰满女性,没有年轻少女的娇揉造作,故作媚态,但又极具感染力。(曹克胜《爱的漩涡》,《清明》1988 年第 1 期第 69 页)

②高原的天空一如高原的人,纯朴自然,没有任何娇揉造作的成分,让人一见之后,此生再也难忘。(李宜《高原的天空》,《西藏日报》2001 年 10 月 19 日第 3 版)

③10 多岁的时候,娜塔丽娅已经出落得格外水灵。她的熟人兼邻居娜杰日达回忆道:“娜塔丽娅十分喜欢户外运动,这使她身材高挑匀称。但她的美更主要的还是那种纯真自然,没有任何的娇揉造作。”(《被误读的俄罗斯第一美人》,《承德日报》2008 年 9 月 5 日第 B3 版)

【辨析】

形容过分做作,极不自然,称为“矫揉造作”。“矫”有假托、矫饰之义,而“娇”则没有这个意思,故不能写成“娇揉造作”。

正:矫枉过正
误:校枉过正|娇枉过正

【错例】

①综观历史,第三个跳空缺口势必在短时间内补去,因此在第三个缺口形成之时,盲目杀跌,将面临踏空的危险,较难在低位回补筹码,因为市场必将对目前这种恐慌性下跌,在短时间内做出校枉过正的反应,一旦大盘进入反弹,不会在短时期内结束,到时候再逢高减仓也为时不晚。(《黎明前的黑暗》,《国际金融报》2000 年 9 月 23 日第 3 版)

②黑社会头目不减刑是娇枉过正 （杨涛,《番禺日报》2009年7月19日第A2版标题）

【辨析】

矫枉过正:把弯的东西扳正,又歪到了另一边。比喻纠正错误超过了应有的限度。矫:扭转;枉:弯曲。不能写成“校枉过正”或“娇枉过正”。

正:接长不短
误:接长补短

【错例】

她还能要求赵万全什么呢?赵万全这么多年一直没有结婚,已经够对得起自己的。她只希望他还能够接长补短地到她这儿浇浇她这块旱地,就知足常乐了。(肖复兴《长发》,《海峡》1994年第4期第90页)

【辨析】

“接长不短”形容时常,隔不多久。“不短”,不能写成“补短”。“补短”可以用到“截长补短”里。

正:揭竿而起
误:揭杆而起

【错例】

转过年来,刘胖子“揭杆而起”在家乡组建了自己的“北上工程队”。工程队包括表弟、连襟、小舅子、外甥在内共24条好汉,清一色体壮如牛。(崔晓林《低龄留学:远大前程还是黑色陷阱?》,《时代潮》2003年第15期)

【辨析】

揭竿而起:举起竹竿当旗帜,进行反抗。指人民起义。揭:高举;竿:竹竿,代旗帜。不能写成“木杆”的“杆”。

正:孑然一身
误:孓然一身|子然一身|孑孓一身

【错例】

①至于为啥要把这里说成"寡妇楼",有闲功夫的人当然有他们的道理——孤孤单单的一幢红楼,多像孓然一身的寡妇。(鹤坪《闲功夫》,《滇池》1999年第3期第9页)

②光青种菜内行,经商却不是料子,一连几年,生意屡做屡亏,前年回乡时,只落个两手空空,心情沉闷,生活维艰,虽过了不惑之年,仍然孓然一身。(郭亨渠《西瓜为媒》,《汕头日报》2009年7月24日第6版)

③想起子然一身的她,我的心里突然冒出许多年前唱过得(应改为"的")一首歌:我从遥远的地方来到这里,我还要到很远的地方去……(梦林《心灵的家园——梵净山纪行》,梵净山文艺网2008年3月14日)

④……是他为共和国舍却一切,孑孓一身的最好映照吧!(《一世的桃源》,《牛城晚报》2009年12月10日第B11版)

【辨析】

孑:单独;孤单。孑然:形容孤单。孓:单字无解,只用于"孑孓"一词。把"孑"写成"孓"或"子",是混淆了这三个字。

"孑孓"指蚊子的幼虫。和"孑然"比较,两词虽仅一字之差,词义却大相径庭,毫不搭界。

正:桀骜不驯
误:桀傲不驯|桀骜不训

【错例】

①第一次政变,她杀了桀傲不驯的肃顺等人,但实行的是一条没有肃顺的肃顺路线——大胆重用汉臣,使曾国藩、左宗堂(应改为"棠")、李鸿章等汉官成为维护封建统治的栋梁之才,"故卒能削平大乱,开一代中兴之局"。(《走出定东陵——

对慈禧太后的复述》,《大地》2002 年第 5 期)

②古代名士,大都喜好饮酒。有的是张扬个性,表现豪气;也有的是为了逃避现实,不与浊气为伍。桀傲不驯,放浪自任,轻佻礼疏。也许是他们的天性。(曹放《名士的酒狂之态》,《吉林日报》2007 年 8 月 16 日第 16 版)

③一般人以为牛总是温良忠厚的,其实牛中也有桀傲不驯的另类,那就得找人驯牛,将不听召(应改为"招")呼的犟牛调教得服服贴贴(应改为"帖帖")的,才好使唤。(朱秀坤《驯牛往事》,《潮州日报》2009 年 2 月 24 日第 B4 版)

④"打印、去势",首先必须把那些从来没经过驯教,桀骜不训的"生个子""野马、烈马"从马群中制服过来。(格尔乐图《"草原社火"招福会》,《松原日报》2008 年 5 月 29 日第 6 版)

【辨析】

桀骜不驯:性情倔强不驯顺。桀:凶暴;骜:马不驯良,比喻傲慢。不能写成"桀傲不驯",也不能写成"桀骜不训"。

正:竭泽而渔
误:竭泽而鱼

【错例】

①【竭泽而鱼】排尽湖中或池中的水捉鱼。比喻取之不留余地,只顾眼前利益,不顾长远利益。[中国社会科学院语言研究所词典编辑室《现代汉语词典(修订本)》,商务印书馆 1997 年版第 648 页]

竭泽而渔

②放水养鱼与竭泽而鱼——从两起经营事件说开 (耿毅军,《华南新闻》1999 年 5 月 18 日第 3 版标题)

【辨析】

渔:动词,义为捕鱼。鱼:名词,生活在水中的脊椎动物,有鳞和鳍,用鳃呼吸。

把“渔”写成“鱼”，是误用了形近的同音字。这个成语中的“渔”，原是捕鱼的意思，所以用“渔”字才对。

“竭泽而渔”出自《吕氏春秋·义赏》：“竭泽而渔，岂不获得？而明年无鱼。”竭：使……干涸；泽：水塘。该成语的意思是：排尽池水捉鱼，比喻只顾眼前利益，不作长远打算。也比喻残酷榨取，不留余地。

正：戒骄戒躁
误：戒骄戒燥

【错例】

①艰苦创业，廉洁奉公；戒骄戒燥，谦虚谨慎；克勤克俭，作风清正；赤子之心，公仆之型。（路玉香《鸿海精神咏歌》，光明网2006年2月6日）

②总之，作为一名教师，要忠诚党的教育事业，坚持四项基本原则，以“三个代表”为指导思想，全心全意为人民服务，一心扑在教育上，踏实工作，戒骄戒燥……（徐彦刚《教师——学生的榜样》，《陇南日报》2010年3月24日第4版）

【辨析】

戒骄戒躁：警惕并防止产生骄傲和急躁情绪。戒：警惕，预防。躁：急躁；不冷静。“躁”不能写成干燥的“燥”。

正：今夕何夕
误：今昔何昔

【错例】

整整一个春节，猫在异香扑鼻的小屋里，我狼吞虎咽着各路武功，间或用重型武器一遍遍刺杀希特勒，只觉着月挂西楼，燕号云走——今昔何昔啊！（黄啸《四堆银子过大年》，《中国青年报》1999年2月12日第2版）

【辨析】

“今夕何夕”出自《诗·唐风·绸缪》，原文为：“今夕何夕？见此良人！”翻译成白话就是:“今晚是个什么样的晚上呢?竟能跟这样的好人儿相会!”夕:本义指日暮,傍晚,引申指夜晚。昔:从前;过去。写作“今昔何昔”,词义不通。

正:金碧辉煌
误:金壁辉煌|金璧辉煌

【错例】

①故宫、颐和园等大批宫殿修复引起了海内外人士的广泛关注。在那些金壁辉煌的大殿里,不知你是否注意到了内檐棚壁上那些考究的文饰。(李樱《缘起缘灭为哪般》,《人民日报海外版》2006 年 3 月 31 日第 10 版)

②唐贞观八年秋天,长安城庆善宫金壁辉煌,唐太宗李世民在此大宴群臣,甚是欢欣。(马行健《同州钩沉　帝王将相轶事》,《渭南日报》2007 年 6 月 29 日第 5 版)

③在法国巴黎举行的“中国艺术节”和意大利金璧辉煌的大剧场演出苏州评弹,轰动了巴黎和罗马城,海外听众惊叹“找到真正的东方音乐的味道”。(《中国“最美的声音”:苏州评弹唱响世界》,光明网 2009 年 8 月 26 日文化频道)

【辨析】

“金”和“碧”,是国画的两种颜料:金黄色的泥金和翠绿色的石绿。用它们画出来的画,鲜亮耀眼。“金碧辉煌”通常用于形容建筑物装饰华丽。写成“金壁辉煌”和“金璧辉煌”都不对。

正:金刚怒目
误:金钢怒目

【错例】

两件事实质上都涉及人的“尊严”问题、涉及“文化歧视”问题,但当事者应对的方式不同,前者是“金钢怒目”,后者是“一笑了之”。(黄晴《自尊可以不拘一格》,《环球时报》2006 年 1 月 17 日第 11 版)

【辨析】

金刚怒目:形容面目威猛可畏。金刚:佛教称佛的侍从力士,因手拿金刚杵而得名。不能写成"金钢怒目"。

正:噤若寒蝉
误:禁若寒蝉

【错例】

看到别的同学因为海外关系不能升学受到欺辱,她和家人对"华侨"二字禁若寒蝉,他们不愿意承认自己是华侨的后代,但升学、当知青、工作,每走一步他们都不得不面对一张张表格的发问,不得不承认父亲来自那遥远的国度——马来西亚。(李艳萍《拳拳赤子心　殷殷强国梦——再访南洋华侨机工刘传授》,《德宏团结报》2005 年 10 月 10 日)

【辨析】

噤:闭口不言。从口禁声,禁兼表义,表示止息。寒蝉:秋后的蝉。寒蝉是不叫的。此成语用"寒蝉"做比喻,形容不敢作声。

正:泾渭分明
误:经渭分明|经纬分明|渭泾分明

【错例】

①近日,记者从南大街新华书店获悉,现今儿童书柜的连环画逐渐被成人青睐,而小孩却对卡通书情有独钟,真可谓经渭分明。(曾角奇《成人青睐连环画儿童钟情卡通书》,《江南时报》2003 年 3 月 3 日第 7 版)

②一石激起千层浪。默默生存了 10 年的小产权房终于浮出水面。围绕小产权房的争论也分成经纬分明的两派。小产权房何去何从?(王海《百姓为啥买小产权房》,《市场报》2007 年 8 月 10 日第 3 版)

③但受资源投入量和活动形式单薄的限制,其他时间段家电卖场和厂家所投

入的资源很有限,销售情况并不理想,形成了全年渭泾分明的淡旺季。(牛颖惠《国美大规模资源投入应对淡季》,《京华时报》2008 年 11 月 5 日第 53 版)

【辨析】

泾渭分明:泾河水清,渭河水浑,泾河的水流入渭河时,清浊不混。比喻界限清楚或是非分明。不能写成“经渭分明”。

另外,“泾渭分明”也不能说成“经纬分明”和“渭泾分明”。

正:惊心动魄
误:精心动魄|惊心动魂

【错例】

①英巴大战我已经别无所求了,不指望精心动魄,不指望留连忘返,“干净”已经是我最低的要求了,即使这是一场既沉闷、又丑陋的无聊碰撞。(王振《期待干净》,《江南时报》2002 年 6 月 21 日第 23 版)

②从崖下向上仰望,只见四面崖壁连环对峙,广阔的天空被缩成一方天井,巨石摇摇欲坠,令人惊心动魂,神摇目眩。(周丹《我爱莲花山》,《番禺日报》2009 年 9 月 23 日第 A2 版)

【辨析】

惊心动魄:使人神魂震惊。原指文辞优美,意境深远,使人感受极深,震动极大。后常形容使人十分惊骇,紧张到极点。写成“精心动魄”没法解释。写作“惊心动魂”可能是误用了形近字。

正:精兵简政
误:精兵减政

【错例】

①所以,在今年经济普遍不景气的形势下,企业在精兵减政的同时,也在想方设法保持住这些好处。(闻迪《公司裁人出新招》,《国际金融报》2001 年 9 月 7 日

第5版）

②“数字的变化显示，改革开放30年内的六次机构改革秉承了‘精兵减政’的思路，但数字也不能说明全部问题，六次机构改革也是转变政府职能，加快向服务型政府转变的一贯过程。”中央民族大学法学院教授熊文钊说。（《新一轮国务院机构改革启动》，《武进日报》2008年3月12日第A13版）

【辨析】

精简：去掉不必要的，留下必要的。简：使简单；简化。“精简”不是单纯的“减少”，而是去掉不必要的，留下必要的，从而使机构精干，人员素质更高。“精简”的真谛在于精干。

正：精神焕发
误：精神涣发

【错例】

猫经常梳洗、喜欢打盹。每次梳洗或打盹后，它总是精神涣发，成为最佳的猎手。（中证《炒股要向猫学习》，《绍兴晚报》2008年11月26日第12版）

【辨析】

精神焕发：形容精神振作，情绪饱满。焕发：光彩四射的样子。不能写成“涣散”的“涣”。

正：井然有序
误：井然有绪

【错例】

①正当一切井然有绪地进行时，B超医生的一份检查报告打破宁静。（蔡蕴琦《感天动地，无畏父亲捐肾救儿》，《扬子晚报》2006年2月23日）

②您心中装着您的人民/把我们灾后的生活安排得井然有绪　（谭波《温总理，我们谢谢您！》，《巴中日报》2008年6月11日第4版）

【辨析】

井然有序：整整齐齐，次序分明，条理清楚。井然：整齐不乱的样子。序：次序。不能写成“头绪”的“绪”。

正：久负盛名
误：久负胜名

【错例】

①河南开封久负胜名的“马豫兴”桶子鸡，形美、色美、味美，堪称豫菜一绝。（杨西河《开封“桶子鸡”》，《人民日报海外版》2001 年 3 月 1 日第 6 版）

②老街的商业繁荣，因而各种久负胜名的别称也非常多：如“古董一条街”“东南邹鲁”“东方的古罗马”……（鲍安顺《屯溪老街》，《人民日报海外版》2006 年 9 月 29 日第 15 版）

【辨析】

久负盛名：长时期地享有好的名声。盛名：很大的名望。没有“胜名”的说法。

正：久经沙场
误：久经杀场

【错例】

①我觉得，这种结论未免太简单化了，其实，关羽骄傲不假，但他久经杀场，作战的警惕性很高，但为何关羽最后兵败被杀了呢！依我看，是关羽中了陆逊的“捧杀”之计。（牟丕志《关羽败鉴》，《青海日报》2001 年 3 月 2 日第 3 版）

②我不禁暗叹道，真是魔高一尺，道高一仗（应改为“丈”）啊，姜老师不愧是久经杀场的老将！（蒋晨杰《“姜”是老的辣》，《常州晚报》2009 年 11 月 26 日第 B13 版）

【辨析】

“久经杀场”是“久经沙场”之误。“杀场”为犯人伏法之地，伏法只有一次，怎么可能“久经杀场”?“沙场”是广阔的沙地,多用来比喻战场。久经沙场:长时间征战战场。形容实际经验丰富。

正:鸠占鹊巢
误:鸠占雀巢

【错例】

如果说生物进化非有什么目的的话,就是要使得自己的基因流传下来,这就是为什么新的雄狮要吃掉母狮前夫留下的幼仔的原因,鸠占雀巢也是这个缘故。(余川《壮丽的进化论》,《大地》2009 年第 8 期)

【辨析】

鸠占的不是“雀巢”,而是“鹊巢”。“雀巢”咖啡倒是有的。

正:九州四海
误:九洲四海

【错例】

①九洲四海皆故乡,哪里黄土不埋人?(周公子《跨省恋情,家人反对》,《信息时报》2006 年 6 月 1 日第 D16 版)

②杜鹃的雏鸟孵出后就残忍地将恩鸟的孩子们拱出巢窝一个个摔死。但杜鹃啼血却传唱着一个神话般的故事而掩盖了它的罪恶,而叫着布谷鸟的杜鹃却大受农人的赞誉扬名九洲四海。(李德平《布谷声声》,《商洛日报》2009 年 6 月 9 日)

【辨析】

九州四海:犹言天下,泛指全中国。

州,本义指水中陆地,《说文》:“水中可居者曰州。”传说大禹治水将中国分成九个区域,《书·禹贡》作冀、兖、青、徐、扬、荆、豫、梁、雍。“禹别九州”,于是,“州”又用来指称行政区划,“九州”成了中国的别称。“州”的本义则另加三点水写作“洲”。“洲”可大可小,大的如欧洲、亚洲,小的如橘子洲、鹦鹉洲。有“七大洲”,却没有“九洲”。

正:酒过三巡
误:酒过三旬

【错例】

①酒过三旬,宾主频频举杯,数那位郭教授喝得最多。(马林《无处不忽悠》,《环球人物》2007年2月16日第4期)

②酒桌上大家频频举杯,欢声笑语,酒过三旬后,一众牌友又相聚在麻将馆准备再次酣战。(《团年前他好好的 喝酒后驾车横冲直撞被击毙》,《重庆时报》2010年2月8日第11版)

【辨析】

旬:十天。十天为一旬,一个月分上、中、下旬。后起意义指十年,一般用于高龄,如“年过八旬”。“酒过三旬”当为“酒过三巡”。巡:量词,多用于为酒席上全座所有的客人斟酒的次数,相当于“遍”。

正:鞠躬尽瘁,死而后已
误:鞠躬尽瘁,死而后己

【错例】

我们理当加倍珍惜,兢兢业业,埋头苦干,鞠躬尽瘁,死而后己。(南毅《现在,还不是享受“清静”的时候》,《人民论坛》2002年第8期)

【辨析】

鞠躬尽瘁,死而后已:勤勤恳恳,竭尽心力,到死为止。鞠躬:弯着身子,表示恭敬、谨慎;尽瘁:竭尽劳苦;已:停止。不能写成“自己”的“己”。

正:举一反三
误:举一返三

【错例】

以下的看盘方法可能不是每一个都实用,也不是有了这些方法就能只赚不亏,希望大家举一返三。(海融资讯《看盘做短法》,《市场报》2001 年 5 月 23 日第 12 版)

【辨析】

举一反三:比喻从一件事情类推而知道其他许多事情。反:类推。不能写成“往返”的“返”。

正:举世震惊
误:举世振惊

【错例】

那时,毛泽东的灵感最丰富,做出的决策常令举世振惊。(蔡少尤《王者之尊——评毛泽东和蒋介石》,读吧网 2010 年)

【辨析】

震惊:大吃一惊。无“振惊”一词。“令举世振惊”也有语病。

正:举手投足
误:举手头足

【错例】

①雏儿还表现在对玉雏这个角色的年龄定位,岳秀清认为:话剧版玉雏实际年龄是二十多岁,而举手头足间显露出的心理年龄是 30 多岁、富有心计又颇有手段的女子。(焦薇、赵璐苹、曾家新《<天下第一楼>谁演得更好》,《京华时报》2004 年 4 月 3 日第 A22 版)

②发展到现在,击剑已经是奥运会项目中的重要项目,击剑选手凭借速度、战术,以剑论高低,举手头足散发着无尽的优雅。(《奥运中国代表队之中级车》,《江

南时报》2008 年 8 月 19 日第 16 版)

【辨析】

举手投足:一抬手,一动脚。形容轻而易举,毫不费力。不能写成"举手头足"。

正:聚精会神
误:聚精汇神

【错例】

①在麦当劳和肯德基餐厅的一隅,一个男孩或女孩正在贪婪地吃着汉堡包或者啃着鸡大腿。小孩子聚精汇神旁若无人。(赵健伟《一切都是因为爱》,《书摘》2005 年 5 月 1 日)

②她说,活到老,学到老,九十多岁,读起书来还是聚精汇神。(《永远的丰碑——百岁老红军张剑峰的人生》,《老年时报》2007 年 1 月 5 日第 9 版)

【辨析】

聚精会神:原指君臣协力,集思广益。后形容精神高度集中。会:集中。不能写成"汇"。

正:卷帙浩繁
误:卷轶浩繁

【错例】

①杨教授博览了卷轶浩繁的典籍,援引了成千上万条资料,写就了 500 多万字的煌煌(应改为"皇皇")巨著《中华五千年文化经典丛书》,充分展示了中华五千年文明的瑰丽灿烂。(易蓉蓉《融会贯通文史医哲——记中国中医研究院教授、作家杨力》,《人民日报海外版》2003 年 1 月 28 日第 4 版)

②此外还有四书五经、诸子百家等各类著作,卷轶浩繁,种类很多,都要读到也非易事。(郑荣来《读万卷书》,《人民日报海外版》2006 年 6 月 10 日第 3 版)

【辨析】

卷帙浩繁:形容书籍很多或一部书的部头很大。卷帙:书籍或书籍的篇章。不能写成“卷轶”。

正:君子不器
误:君子不气

【错例】

我觉得像《论语》教我们开拓胸襟,“君子坦荡荡,小人常戚戚”,君子不气,君子气量不要像一个茶杯,一个茶壶这么小,气量宽阔大气。(《读经吗?》,中国教育电视台网站第一观察节目实录)

【辨析】

君子不器:君子不要像器具那样,只有某一方面的用途。春秋时期,器皿专用化程度很高,就酒具而言,盛酒的、温酒的、冰酒的、喝酒的都不同。孔子认为君子不应该像器皿一样,只有一种用处。君子应当博学多识,具有多方面才干,不只局限于某个方面。不能理解为君子不生气而写成“君子不气”。

K

正:开源节流
误:开源截流|截流开源

【错例】

①……五要开源截流保平衡,既要广辟税源,又要压缩开支,控制支出;……(《提振信心提速增效全面提升财税工作水平》,《江阴日报》2010 年 2 月 5 日要闻综合)

②为了改变这种状况,市物价局通过实施截流开源的措施,为方便企业使用标价签,提高明码标价率和企业诚信服务水平,提供必要的服务保证。(吕根生、贾栖《商品标价签不得随意制物价部门增设网点解忧》,《太原日报》2008 年 9 月 24 日第 3 版)

【辨析】

"截流"应为"节流",这里的"节流"是节约开支的意思。而"截流"是在水道中截断水流,以提高水位或改变水流方向。

正:开宗明义
误:开宗明意

【错例】

在项目建设工地实地察看后,10 时 40 分,郑廷贵径直走进了远安金祥塑料制品有限公司的会议室。郑廷贵开宗明意,说明来意。(金强《四十分钟解决七难题》,《三峡日报》2009 年 9 月 26 日第 T3 版)

【辨析】

开宗明义:说话、写文章一开始就讲明主要意思。开宗:阐发宗旨;明义:说明意思。不能写成“明意”。

正:可见一斑
误:可见一般

【错例】

记者从秦勇处得到确认,作为……大型油气田及煤层气开发重大专项,其煤层气开发项目已得到巨大的资金注入,国家对煤层气开发的重视力度可见一般。(胡珺《能源局欲促煤层气产业化发展》,《中国能源报》2009 年 5 月 4 日第 10 版)

【辨析】

可见一斑:比喻见到事物的一少部分也能推知事物的整体。斑:杂色的花纹或斑点。写成“可见一般”,意思满拧,变成“看起来稀松平常”。

正:克敌制胜
误:克敌致胜|克敌至胜

【错例】

①尽管越来越强调全面与均衡,但特长依然是克敌致胜的法宝。(梁宏达《用巴黎的火种点亮雅典》,《人民日报海外版》2003 年 6 月 16 日第 9 版)

②以人为本的理念能够团结最多的人,能够有极大的动员能力、鼓舞能力、凝聚能力,它是我们的抗震救灾、克敌致胜、安定团结、改革开放、和平发展、构建和谐社会与和谐世界的精神保证与力量源泉。(王蒙《我们的力量来自以人为本》,《人民日报海外版》2008 年 6 月 13 日第 1 版)

③同年秋天,日本投降,赵熙闻讯欢喜已极,认为克敌至胜,一洗甲午战争以来的 100 年国耻。(陈代星《赵熙年谱》,《自贡日报》2009 年 3 月 31 日第 3 版)

【辨析】

克敌制胜:制服敌人,取得胜利。克:战胜;制胜:取得胜利。不能写成“克敌致胜”,也不能写成“克敌至胜”。

正:恪尽职守
误:克尽职守

【错例】

①贾母因溺爱宝玉,生恐宝玉之婢无竭力尽忠之人,素喜袭人心地纯良,克尽职守,遂与宝玉。(侯国平《袭人升职》,《讽刺与幽默》2002 年 10 月 20 日第 14 版)

②于成龙有幸被立足未固的“异族”新皇朝所召用,而且是已届中年的功名微薄之人,对主上表现为感激涕零,此后他无论在何任上都是克尽职守,竭力效忠……(石英《从于成龙想到顾炎武　黄宗羲　王夫之》,《大地》2002 年第 11 期)

【辨析】

恪尽职守:谨慎认真地做好本职工作,严守自己的工作岗位。恪:认真。尽:完善。不能写成“克尽职守”。

正:空空如也
误:空空如野

【错例】

①繁华落尽处,空空如野;平静的感慨后,岁月的沧桑依旧……(雨漠红楼《平静的沧桑》,中国作家网 2004 年 5 月 31 日)

②曲终人散,他呆呆地望着空空如野的舞台,萌生了终生的志向——“大丈夫当如是也。”(李铮《大厂出了个赵德平》,《廊坊日报》2009 年 2 月 20 日)

【辨析】

空空如也:原形容诚恳、虚心的样子。现形容一无所有。空空:诚恳,虚心。不能写成“空空如野”。

正:口干舌燥
误:口干舌噪

【错例】

①那片子是黑白的,没有色彩。震耳的口号和惊人的画面,让人在激动的同时又看得口干舌躁。于是我以为那就是二郎山。(何申《二郎山不再遥远》,《人民日报海外版》2004 年 12 月 15 日第 6 版)

②一轮接一轮的谈判不仅使火烧眉毛的马化腾口干舌躁,而且使他对 QQ 的命运越来越担忧。(唐朝《QQ 之父马化腾:他改变了国人的沟通方式》,《市场报》2005 年 8 月 5 日第 10 版)

③出门前最好喝一杯白开水,喝水不仅能补充水分,解除一夜的口干舌躁,而且能降低血浓度,促进血液循环和物质代谢。(《冬季如何正确地进行慢跑锻炼》,《烟台日报》2007 年 11 月 29 日第 11 版)

【辨析】

口干舌燥:口舌都干了。形容说话太多。燥:缺少水分。形声字,从火喿声。不能写成“急躁”的“躁”。

正:苦心孤诣
误:苦心孤旨|苦心孤意之造诣

【错例】

①苦心孤旨购军火。那个主张“两国论”的台独分子李登辉为了充分实施他所谓的“防卫固守、有效吓阻”的安全战略,不但不惜血本,而且百折不回,不择手段。(未名《台湾面临抉择》,《国际金融报》2000 年 3 月 19 日第 1 版)

②故居大门前一对雄狮石鼓门礅虽风剥雨蚀,仍可捕捉到其苦心孤意之造诣。(史小溪《马岚风与陕北石雕》,《人民日报海外版》2002 年 8 月 13 日第 7 版)

【辨析】

苦心孤诣：费尽心思钻研或经营。孤诣：别人所达不到的。诣：到。不能写成“旨”。读音不准，将“诣”读成“zhǐ”，进而写作“旨”，也是犯错的原因。没有“苦心孤意之造诣”的说法。

正：脍炙人口
误：烩炙人口｜烩灸人口｜脍灸人口

【错例】

①阅读罗曼·罗兰的传记《贝多芬：伟大的创造性年代》，我感觉到了贵在尝试的魅力，天才也正是凭着对音乐深深的热爱和惊人的毅力，才创造出了烩炙人口的《热情奏鸣曲》；……（胡潜《阅读，是一种灵魂深处的美丽》，《萧山日报》2007 年 9 月 22 日第 5 版）

②九百年前，大文豪苏东坡在这里为官两年多，西湖畔、罗浮山下，留下了苏学士的深深足迹，留下了大量烩炙人口的诗文，“罗浮山下四时春，卢橘黄梅四时新。日啖荔枝三百颗，不辞长作岭南人”的名诗就在惠州写就。（鲁堂《群贤走笔西湖畔》，《清远日报》2009 年 9 月 8 日第 B2 版）

③他们观赏鬼城迷人的风光，神奇的殿宇，尽多挥毫抒怀，留下大量烩灸人口的诗词佳联，这便有助于观光客更好地从中品味鬼文化的神韵。（崔普卿《游鬼城》，《自贡日报》2008 年 7 月 2 日第 3 版）

④如今上了点年纪的人，谁不知道他创作的那些脍灸人口的歌曲？（王建柱《词作家张士燮：点燃自己》，《人民日报海外版》2001 年 12 月 19 日第 9 版）

⑤记得在小时候颂读王勃少年时期撰写的脍灸人口的名篇《滕王阁序》等文章时，觉得翩翩少年就写出这样特好的文章，确实不可思议。（腾天羽《让世界了解中国》，《大地》2003 年第 23 期）

【辨析】

脍：切得很薄的肉片；炙：烤肉。脍炙人口：比喻优美的诗文或美好的事物得到人们交口称赞。

脍音 kuài，不读 huì。“脍炙人口”中的脍、炙，前者指切细的肉，成语有“食不厌精，脍不厌细”；后者指烤熟的肉；它们被用来指代美味。所谓“脍炙人口”，意思是美妙的诗文传诵一时，如同美味一般，受到人们的普遍赞赏。脍、烩二字有明显不同的形符：“脍”字从“月”即肉，而“烩”字从火。一个是烹调成品，一个是烹调方法，不是一回事。把“炙”写作“针灸”的“灸”是误用了形近字。

L

正:拉马坠镫
误:拉马坠蹬

【错例】

实在说来,母亲对这件事重视得有些过头了,我又不是替父从军,外出远征,母亲不必拉马坠蹬地紧着为我做准备工作。(刘庆邦《拉网》,《小说选刊》1999年第11期第27页)

【辨析】

镫:挂在鞍子两旁供脚登的东西,多用铁制成,金字旁做义符。拉马坠镫:指牵着马,扶着镫,好使人骑上去。比喻恭恭敬敬地为人服务。写作蹬踏的"蹬",是忽视了偏旁的作用,误用了音近形近字。

正:烂醉如泥
误:醉成烂泥

【错例】

我、肖姣、老明和骏马这时正好走到上孝的街头,远远地看见屈禅那样子,以为他是收工回家,便都等在那儿,准备上他家再去喝一顿酒。肖姣还说这次她决不干涉我们,随我们个个醉成烂泥。(刘醒龙《爱到永远》,《收获》1997年第5期第206页)

【辨析】

烂醉:大醉。泥:虫名。无骨,在水则活,失水则醉,如一堆泥。(见唐·沈如筠

《异物志》）烂醉如泥：形容人喝醉酒后瘫软如泥。“醉成烂泥”，字面意思是醉得成了一摊烂泥巴。

正：滥竽充数
误：滥芋充数

【错例】

①在街头巷尾林林总总的服装干洗店背后，不法经营者究竟怎样滥芋充数，损害消费者利益的呢？（《明查暗访“干洗店”》，《解放日报》1997 年 12 月 8 日）

②要进一步建立健全科学完备、实际管用、人尽其才的干部使用管理制度和方法体系，……让懒人失去滥芋充数的环境，失去依赖别人的机会。（惠春林《加大“治懒治庸”力度深化干部作风建设》，《承德日报》2010 年 3 月 29 日第 A7 版）

③因此，他应邀了，加盟的理由是该书并不滥芋充数，而是精选了从 1949 年后还健全的诗书画人物 1600 位及其作品，其中有许多是享誉海内外的诗书画大家，画家界如齐白石、黄宾虹、徐悲鸿、范曾等 38 人。（黄春宇《张楚章入编<中华诗书画人物年鉴>》，《汕头日报》2009 年 10 月 7 日第 4 版）

【辨析】

“滥竽充数”语出《韩非子 · 内储说上》：“齐宣王使人吹竽，必三百人。南郭处士请为王吹竽，宣王说（悦）之，廪食以数百人。宣王死，湣王立，好一一听之，处士逃。”南郭先生不会吹竽而混在吹竽的队伍里凑数。比喻没有真才实学的人冒充内行，或以次充好；有时也用以表示自谦。“滥”，《现代汉语词典》解释：①泛滥。②过度；没有限制。这里引申为“蒙混”。“竽”，是个形声字，从竹于声，古时的一种簧管乐器，相当于今之“笙”。充数：凑数。

有人把“滥”写为“乱”，把“竽”写为“芋”，前者是因为方音的影响：东北方言的“乱”读音和“滥”相同，故写错；后者是因为对字义不了解：“芋”从艹于声，是一种植物，即土豆或地瓜。由于同“竽”音近，加之对字义不了解，故写错。

正：劳而无功
误：劳而无工

【错例】

由于基层普查员素质参差不齐，在清查摸底过程中有的将不属于填报范围的普查对象列入了普查范围，又有的对行业分类乱分一气。加大了基层县(区)级经普办的工作量，劳而无工。(尹波《基层普查工作中如何选调与培训指导员、普查员》，丽水统计信息网2005年10月9日)

【辨析】

劳而无功：花费了力气，却没有收到成效。不能写成“劳而无工”。

正：老奸巨猾
误：老奸巨滑

【错例】

①袁世凯本非善类，其老奸巨滑，其贼精狡诡，能被区区樊樊山这个糟老头子忽悠住，也令人费解。(李国文《樊樊山其人》，《大地》2009年第13期)

②刚才成功擒获嫌疑人的警官杨金顺是北京站公安段的民警，他已经跟踪老奸巨滑的梁某半个多月了。(严冰《北京站春运故事——我在北京站体验春运》，《人民日报海外版》2010年2月23日第4版)

【辨析】

老奸巨猾：形容十分奸诈狡猾。猾：狡猾。不能写成“滑头”的“滑”。

正：老生常谈
误：老声常谈

【错例】

①首先，要问清钻戒的“4C”，尽管钻石的“4C”即重量、净度、颜色、切工，虽是老声常谈，但在购买时多问问还是有益。(吴茗《选购钻戒　货比三家是制胜法宝》，《郑州日报》2007年6月29日第13版)

②“不随地吐痰、不说脏话粗话”“不攀爬、涂刻景点、文物”“公共场所不喧哗嬉闹”……诸如此类的口号,也许有人会认为这老声常谈,但现实生活中我们做到的又有几条呢?(周宁婧《“大手牵小手”促学文明》,《昆明日报》2009 年 8 月 31 日第 A5 版)

【辨析】

老生常谈:老书生经常说的话。比喻人们听惯了的没有新鲜意思的话。出自晋·陈寿《三国志·魏志·管辂传》:“此老生之常谈。”不能写成“老声常谈”。

正:乐此不疲
误:乐此不彼

【错例】

①当人们刚刚听说互联网这个名词的时候,求伯君就开始投资构架了 BBS 站,而且乐此不彼。当时的王志东正在为此奔忙,而丁磊,IT 业界根本没人认识他。(张翼南《求伯君不愿再失良机》,《人民日报海外版》2000 年 5 月 29 日第 10 版)

②对慈善事业和社会公益活动,徐肖冰和侯波更是乐此不彼,只要身体允许,他们总会积极参加。(常敬竹《徐肖冰、侯波,爱到深处情更浓》,《人民日报海外版》2008 年 11 月 7 日第 7 版)

③布鲁塞尔乐此不彼的淘宝乐园 (山西新闻网 2007 年 10 月 31 日标题)

【辨析】

乐此不疲:因酷爱干某事而不感觉厌烦。形容对某事特别爱好而沉浸其中。疲:疲乏;劳累。不要理解为乐于此事而放弃彼事,写作“乐此不彼”。

正:雷霆万钧
误:雷霆千钧

【错例】

2008 年“5·12”大地震瞬间,这块长 11 米、高 8 米、宽 3 米的巨石跳出大山的怀抱,从天而降,面朝震源,雷霆千钧地倒插在岷江和都汶路之间。(陈世旭《春回映秀》,《人民日报》2010 年 5 月 12 日副刊)

【辨析】

《汉书·贾山传》:“雷霆之所击,无不摧折者;万钧之所压,无不糜灭者。”钧:古代重量单位,30 斤为 1 钧。后以“雷霆万钧”比喻威力极大。通常都是这么用的。写成“雷霆千钧”,或许是受“千钧一发”的影响。

正:哩哩啦啦
误:沥沥拉拉

【错例】

雨下得让人心烦,整个世界都被这沥沥拉拉的秋雨扫荡得落花流水,愁云惨雾,没有一丝生机了。(马金萍《人欲》,《法制日报》1995 年 8 月 25 日第 3 版)

【辨析】

作零零散散或断断续续的样子解释时,规范的写法是“哩哩啦啦”,不写作“沥沥拉拉”。

正:礼尚往来
误:礼上往来

【错例】

然而,一百多年前文人朋友们的礼上往来、谈笑风生、吟诗作对的情景今已不复存在了。(洪三泰《陈兰彬真迹在实荣》,《湛江日报》2010 年 4 月 25 日第 3 版)

【辨析】

尚:崇尚,讲究。礼尚往来:指礼节上注重有来有往。不能写成“礼上往来”。

正:礼仪之邦
误:礼义之邦

【错例】

中国素以礼义之邦闻名于世,其重要原因就在于中国传统文化重视人的道德修养。(舒金城《继承和发扬中国传统文化的优秀成果》,《人民日报海外版》2010年4月28日第7版)

【辨析】

礼仪之邦:指讲究礼节和仪式的国家。礼仪:礼节和仪式;邦:国家。不能写成"礼义之邦"。

正:厉兵秣马
误:砺兵秣马|励兵秣马|秣马砺兵|历兵秣马|利兵秣马

【错例】

①此事,姜维尚不知晓,还在运筹帷幄、死守剑阁,砺兵秣马,与钟会20万大军鏖战,一心力挽蜀汉颓局,进而北定中原,一统天下,实现丞相遗愿。(王扬声《"姜维城"上藏书洞》,《人民日报海外版》2003年9月22日第7版)

②明末,李自成率农民起义军进入商洛,便在这儿搭建窝棚,设下帅营,开荒种粮,励兵秣马,扩充队伍,除暴安良,打富济贫,免除农税,深受山民拥戴。(崔德胜《寨洼庙、歇马店的由来》,《商洛日报》2008年10月11日)

③励兵秣马迎奥运 (吕顺哲,《保定晚报》2008年6月30日第3版标题)

④……还把教师进修学校建设成为教师文化交流、学术交流和情感交流的磁力场,教师秣马励兵的生活家园、思想家园和精神家园。(王立民《播种太阳——记省科研型名校长王玖财和长岭县教师进修学校》,《松原日报》2007年9月4日第3版)

⑤真心实意地听取读者意见,历兵秣马,大干新的一年,迎接十六大的召开。(苗奉思《"马"字成语祝"时报"》,《健康时报》2002年1月3日第21版)

⑥当前,悲观,或者耿耿于怀曾经的失误,似乎已毫无意义,那么,何不树立信心,在特区精神的鼓舞下,大家利兵秣马,奋起直追?(《风华正茂看今朝》,《汕头日报》2010年9月11日第4版)

【辨析】

厉兵秣马:磨好兵器,喂好马。形容准备战斗。厉:同“砺”,磨;兵:兵器;秣:喂牲口。虽然“厉”同“砺”,但成语的习惯和规范写法是“厉兵秣马”,不是“砺兵秣马”。写作“利兵秣马”是不了解词义而误用了同音字。

“秣”,《汉语大字典》注为:“‘袜’的讹字”。“袜”,有“诅咒”的意思。“秣马”不能写成“袜马”。

正:励精图治
误:厉精图治

【错例】

①其时,黎王刚创立基业不久,需要招徕各方英雄,厉精图治,以壮大国力,于是就下令招见陈上川。(《南三人陈上川之谜》,《湛江日报》2009 年 2 月 9 日红土季风版)

②邮储银行邯郸市分行成立以来,领导班子厉精图治,以发展为第一要务,创新体制机制,稳步推进邮政储蓄体制改革,取得了阶段性的成果:……(《写在中国邮政储蓄银行邯郸市分行成立一周年之际》,《邯郸晚报》2009 年 3 月 30 日第 8 版)

③38 载春去秋来,张家口市环保人为了头顶的天空晴朗湛蓝,为了脚下的大地宽广翠绿,他们厉精图治,锐意进取,开拓创新,用勤劳的双手,抒写了一曲绿色卫士动人的赞歌。(《为了家园水更清天更蓝》,《张家口日报》2010 年 2 月 4 日第 A7 版)

④中国邮政储蓄银行广西区分行成立以来,在中国邮政集团公司总行的指导下,广西区分行领导班子厉精图治,坚持以科学发展观为统领,按照集团公司和总行的决策部署,以扩大业务规模和提高发展质量为重点,创新体制机制,稳步推进邮政储蓄体制改革:……(《扶摇鲲鹏上九霄 邮储银行展宏图——写在中国邮政储蓄银行广西区分行成立一周年之际》,《广西日报》2008 年 12 月 18 日第 4 版)

【辨析】

励精图治:振奋精神,想办法治理好国家。励:奋勉;图:设法;治:治理好国家。

不能写成"厉精图治"。

正:立竿见影
误:立杆见影

【错例】

①现在外面交友渠道多得很,什么鹊桥会呀、红娘公司呀,还有单身俱乐部呀,常去转一转,不求立杆见影,换换心情也是好的。(朱文《看女人》,《大家》1999年第3期第104页)

②实行收费以后,光污染现状果真能得到立杆见影的改善吗?(张勇《光污染费是笔什么费》,《重庆时报》2010年4月22日)

【辨析】

立竿见影:竹竿竖立在阳光下,立刻可以看到影子。比喻功效迅速。如果抬杠的话,在阳光下不竖竹竿而竖木杆能不能见到影子?当然也能。但是构词用字的稳定性不允许用木杆的"杆"代替竹竿的"竿"。

我们可以这样来记忆:竹竿插稳很容易,而木杆不易,做同一件事,谁不愿意用容易的办法?

正:立功赎罪
误:立功恕罪

【错例】

"蜜月"中她和丈夫(牛志敬)商定,在山上住个把月,然后再一起回去收那十多亩庄稼。为"立功恕罪",牛志敬早早就向部队请好了探亲假。(雪域《"雪海孤岛"上的纯洁爱情》,《家庭之友》1996年第3期第8页)

【辨析】

建立功劳以抵消所犯的罪过,称为"立功赎罪"。赎:抵消;弥补。"赎"不能写成宽恕的"恕"。恕罪:客套话。请对方饶恕自己的过错。不要把"立功"和"恕罪"

两个不搭界的事情硬拉到一起而写作“立功恕罪”。

正:利欲熏心
误:利益熏心

【错例】

形势严峻,任务艰巨。特别是治超之初,由于利益熏心,过往车辆司机基本持抵触态度……(葛军献、庞雪莲、农环宇、黄誉斌《为公路畅通奏响平安和谐乐章》,《右江日报》2008年6月20日)

【辨析】

利欲熏心:贪财图利的欲望迷住了心窍。不能写成“利益熏心”。

正:连篇累牍
误:连篇累椟

【错例】

此桩命案,报纸连篇累椟报道,一时街头巷尾尽在议论,越剧十姐妹的名声也妇孺皆知,这股风潮延续到四九年后,当红越剧角儿一直不出十姐妹这几位,至于张春帆也因这官司进大牢,解放后清算历史丢了性命。(韦芈《你的海上花,我的牡丹亭》,《信息时报》2008年1月27日第C8版)

【辨析】

连篇累牍:形容篇幅过多,文辞冗长。累:重叠;牍:古代写字的木片。不能写成“椟”。椟:匣子。成语“买椟还珠”,就是这个“椟”字。

正:良辰美景
误:良晨美景

【错例】

于此良晨美景不拍张照确实说不过去,于是乎,我们翰林英杰们在天文台前留

下了美好的纪念。(《纪念"五四",团委组织登山活动》,南京图书馆网站2008年5月8日团情快讯)

【辨析】

"晨"指清早,太阳刚出来的时候;"辰"指时光。"良辰美景"的意思是美好的时光,优美的风景。不能写成"良晨美景"。

正:良莠不齐
误:稂莠不齐|良萎不齐|良秀不齐

【错例】

①首先,厂家月饼"准产证"取消后,一些中小厂家见有利可图也生产起月饼,从而造成了月饼质量的稂莠不齐……(明了《选购月饼擦亮眼》,《玉林日报》2005年9月9日综合副刊)

②另外,团购网站一窝蜂的涌现,必然导致服务上的稂莠不齐,甚至严重危害消费者的利益。此前,就有一家北京的名为"1288团购网"网站收款后不发货,导致许多消费者蒙受损失。(周璐璐、赵小菊《网络团购,渐成消费新潮流》,《大众日报》2010年8月6日第B3版)

③消费卡现状良萎不齐令人忧 (唐芝林、周家乐《是优惠还是温柔陷阱》,《番禺日报》2009年1月14日)

④山料又名山玉,产于山上的原生矿。其块度大小不一,呈棱角状,良秀不齐,质量常不如子玉。(侯玉霞、冯萍《琢工精细的扬州玉雕亮相青岛工美》,《青岛财经日报》2009年8月14日第13版)

【辨析】

良莠不齐:形容好的人和坏的人都有,混杂在一起。莠:指一种狗尾草。"萎"跟"莠"字形比较相近,注意不能写成"良萎不齐"。写作。"稂莠不齐"和"良秀不齐"也是误用了形近字。

这个成语出自洪秀全《整顿属员诏》:"兼之人品良莠不齐,诚恐因逸生事。"

正:两全其美
误:两全齐美

【错例】

①小苏说,两全齐美的事根本是不存在的。(荆歌《牛奶》,《收获》1997年第5期第70页)

②经过仔细观察,根据神经外科的有关原理,他认定从背伸肌止点处斜行切断,既有利于发挥肌肉的收缩力,又避免术后留下“死腔”,是一个两全齐美的妙方。(郭九林《他让“苦恼人”绽开笑容》,《中国人事报》1998年5月19日第4版)

【辨析】

做一件事顾全两个方面,使两方面都很好,叫做“两全其美”。“其”指他们,义为他们都得到好处。“齐”不表示他们,不能用来顶替“其”。

正:寥若晨星
误:廖若晨星|寥若辰星

【错例】

①然而,对古建筑的文化生态保护得如此好的范例在现今的城市建设与发展进程中却廖若晨星,倒是人为毁坏古建筑、制造空壳古董的现象愈演愈烈。(冯雁军《保护好文化生态》,《人民日报海外版》2001年10月19日第9版)

②在我们的自然保护区里,专业人才奇缺,并没有几个人愿意踏踏实实地研究动植物,不说十几年,哪怕连续做研究工作两三年的人都寥若辰星。(张劲硕《印度人是如何保护老虎的》,《中华读书报》2008年1月30日)

【辨析】

晨星:早晨的星星。当阳光越来越明亮,在早晨能看到的星星会越来越少。寥若晨星:稀少得像早晨的星星,指为数极少。

“辰”,原来特指二十八宿之一的心宿,后来泛指星,“星辰”就是星的通称。“辰星”在古代是专名,特指心宿或水星。说“寥若辰星”就像说“寥若月亮”一样不合事理。寥:稀疏。不能写成“廖”。

正:了如指掌
误:瞭如指掌

【错例】

对“鸡窝煤”窑瞭如指掌的李桂祥蓦然想起,附近有一座被石头堵死的废井和这小煤窑相通。(《人民文学》1991年第11期第35页)

【辨析】

“瞭”为“了”的古异体字,现已被“了”字所代替。“了”字只有两画,而“瞭”字却有十七画,舍方便求费事,这图什么呢?

正:淋漓尽致
误:淋漓尽至

【错例】

①去年6月份,女市长们在鞍山考察时,央求马路秧歌队重操家伙,在锣鼓声中大扭特扭,那个忘情劲儿,那个美滋滋劲儿,将她们的本性发挥得淋漓尽至!(陶斯亮《说不尽的中国女市长》,《中国公务员》1996年第3期第8页)

②先进文化在文明沙漠之中的这种强势与坚韧,在屯堡表现得淋漓尽至。(孔晓宁、胡跃平《大明遗风一寨留——贵州天龙屯堡文化旅游区探奇》,《人民日报海外版》2002年11月1日第6版)

【辨析】

淋漓尽致:形容文章或谈话表达得充分、透彻,也指暴露得很彻底。尽致:达到极点。写成形近的同音字“至”是不正确的。

正:鳞次栉比
误:鳞次栉枇|鳞次节秕

【错例】

①烈士雕像群周围的青松翠柏，鳞次栉枇，郁郁葱葱，我沿着林荫大道，拾级向纪念碑走去。（方萌《雨花台前》，《中国教育报》1995年6月26日第3版）

②小平同志接过望远镜，他深情地凝视呈现在眼前的那山，那海，那美丽的海港，那绿茵的烟台山，那鳞次栉枇的高层建筑，邓副主席那饱经风霜的脸上浮出欣慰的笑容。（郭金炎《邓小平在北海舰队》，《大地》2002年第3期）

③岛上林木葱茏，房屋鳞次节秕，西部是洁白的沙滩环绕，东部矗起黑色的礁岩。（张炜《岛主》，《信息时报》2007年4月8日第C15版）

【辨析】

像鱼鳞和梳齿一样按顺序排列，称为“鳞次栉比”。枇：枇杷。比：紧靠，挨着。将“鳞次栉比”错写成“鳞次栉枇”的原因，一是没准确掌握词义，二是偏旁类化。

栉：梳篦。不能写成“节”。“比”，写成“秕子”的“秕”更是没有道理。

正：伶牙俐齿
误：伶牙利齿

【错例】

第三部提及这种风俗的书为《红楼梦》，那个叫芳官的小戏子，伶牙利齿地损着赵姨娘：“我一个女孩儿家，知道什么粉头面头的！姨奶奶犯不着来骂我，我又不是姨奶奶买的梅香，拜把子都是奴才罢哩！”（李国文《“拜把子”说》，《中华读书报》2008年7月16日第7版）

【辨析】

伶俐：聪明灵活。伶牙俐齿：形容口齿伶俐，能说会道。现代汉语中的规范写法应该是“伶牙俐齿”。可以通过“伶俐”一词来记住“伶牙俐齿”这个成语。

正：玲珑剔透
误：灵珑剔透|玲珑剔秀

【错例】

①那年头，仰光的英人商店里卖有一种奇特的物件，它如玉石那样灵珑剔透，如玛瑙那样色泽诱人。（白山《山顶上的爷》，《延河》1998 年第 12 期第 14 页）

②过了城墙垃子，便是珍珠门。但见两座玲珑剔秀的小门，宛如珍珠，对峙湖中。（《新华月报》1980 年第 5 期第 194 页）

【辨析】

玲珑剔透：形容器物、诗文明晰精致，结构奇巧。多指镂空的手工艺品或供玩赏的太湖石等，亦比喻人聪明伶俐。玲珑：精巧细致。“灵”不能与“珑”组词。剔透：明澈。“剔秀”则无解。

正：凌霜傲雪
误：临霜傲雪

【错例】

在我心目中，武汉的青春美少女应该青春、漂亮、知性、智慧，心灵和外表如水一般清澈，同时又具有梅花一般临霜傲雪的坚强个性。（欧阳春艳《彭万荣：保持个性　自然绽放》，《长江日报》2009 年 4 月 28 日第 26 版）

【辨析】

凌霜傲雪：形容不畏霜雪严寒，外界条件越艰苦越有精神。比喻经过长期磨炼，面对冷酷迫害或打击毫不示弱、无所畏惧。宋·李曾伯《声声慢·和韵赋江梅》：“修洁孤高，凌霜傲雪，萧然尘外丰姿。”不能写成“临霜傲雪”。

正：另眼相看
误：令眼相看

【错例】

从用人单位来说，对这样由父母投送来简历的应聘者肯定会“令眼相看”，连排队投送简历这样举手之劳的事情都不愿做,由他人代劳,还能指望其将来能干什么大事?(朱慧松《子女在家纳凉,父母代送简历》,《华南新闻》2005 年 7 月 20 日第 2 版)

【辨析】

另眼相看:用另一种眼光看待。指看待某个人不同一般。也指不被重视的人得到重视。不能写成“令眼相看”。

正:流芳百世
误:留芳百世

【错例】

读了许多史书,我最敬佩的人物大多是这样一些人:他们在中国历史的长河中,以坚毅不屈,百折不回的忍耐精神留芳百世。(卢润祥《百忍成金的张良》,《中山日报》2002 年 7 月 19 日第 B3 版)

【辨析】

流芳百世:美名流传百世。流芳:流传美名。不能写成“留芳”。

正:流连忘返
误:流连忘反|留恋忘返

【错例】

①每至春暖花开,这里花如海,人如潮,到处洋溢着芬芳的花香,令游人流连忘反。(刘军《菏泽人“靠花吃花”旅游业成“摇钱树”》,《市场报》2003 年 3 月 24 日第 8 版)

②就连西哈努克亲王和莫尼克公主,也在华西的农民公园留恋忘返,合影留念。(袁养和《吴仁宝的燃情岁月》,《大地》2006 年第 2 期)

【辨析】

流连忘返:玩乐时留恋不愿离开。留恋得忘记了回去。流连:留恋不止。返:

回;返回。不能写成“流连忘反”,也不能写成“留恋忘返”。

正:流言蜚语
误:流言诽语|流言非语

【错例】

①面临债务缠身的困境和流言诽语的打击,痛心疾首的陈子厚陷入了深深的迷惘之中。(王明奎《好人啊!青天为你作证》,《家庭之友》1999年第6期第45页)

②不与张含韵比较　王媞坦然面对流言非语(网易2005年8月3日娱乐频道标题)

【辨析】

蜚:形声字,从虫非声。一种有害的小飞虫,形椭圆,发恶臭,生草中,食稻花。《左传·庄公二十九年》中提到“秋,有蜚,为灾也”。

流言蜚语:毫无根据的话,多指背后议论、污蔑或挑拨离间的话。语本《尚书·金縢》:“武王既丧,管叔及其群弟乃流言于国曰:‘公(周公)将不利于孺子。’”《史记·魏其武安侯列传》:“乃有蜚语,为恶闻上。”可见“流言”和“蜚语”含义相同。

由《现代汉语词典》可知:“蜚”同“飞”,“蜚语”同“飞语”,这里的“蜚(飞)”有“意外的,凭空而来”的意思,而“非”并无此意。因此“流言蜚语”可以写作“流言飞语”,但不可以写作“流言非语”。“诽”指毁谤,没有“飞”的意思,所以不能说“流言诽语”。

正:炉火纯青
误:炉火纯清

【错例】

画师技艺炉火纯清,笔力、腕力、功力发挥得淋漓尽致,充分展示了中国工笔画的线条魅力。(关松荣《春漫永乐宫》,《中国人事报》1999年6月18日第4版)

【辨析】

相传道家炼丹，到炉子里的火发出纯青色的火焰时，就算成功了。炉火纯青：比喻学问、技术或办事达到了纯熟的地步。用于颜色说“青”而不说“清”。不明词义而误用形近的同音字是致误的原因。

正：戮力同心
误：戳力同心

【错例】

①让我们以“三个代表”重要思想和科学发展观为指导，在市委、市政府和区委的正确领导下，进一步坚定信心，迎难而上，戳力同心，群策群力，抢抓机遇，真抓实干，为加快大港生态经济强区建设而努力奋斗！（张志方《在区政协七届三次会议闭幕会上的讲话》，《天津日报》2009 年 1 月 14 日第 14 版）

②戳力同心，红盾闪闪搏激流　（刘文波、荆霈钧《吉林工商系统抗洪抢险救灾纪实：红盾在洪水中闪光》，人民网 2010 年 8 月 13 日）

【辨析】

戮力同心：齐心合力。

戮：本义为杀。还有合力的意思，如戮力同心。戳：用尖端触及，如用手指一戳。“戮”与“戳”，是音义均异的形似字，容易混淆。

正：绿草成茵
误：绿草成荫

【错例】

①这里是动物的乐园，冬天不冷夏天不热，常年空气湿润，小山上树木成林绿草成荫。（王书春《大连蛇岛上的世界奇迹》，《大地》2000 年第 15 期）

②一抹晚霞中，一只红蜻蜓在飞舞，下面是这样一句醒目的广告语：蓝天白云，绿草成荫，美丽的红蜻蜓带你回归大自然。（胡笑红《楠溪江畔红蜻蜓梦》，《京华

时报》2008年12月15日第33版)

【辨析】

绿草成茵:绿油油的草仿佛成了地上铺的褥子。不要写作"绿树成荫"的"成荫"。成荫:指树木枝叶繁茂,形成树荫。

正:乱七八糟
误:乱七八遭

【错例】

①这一切孙文兴趣全无,他关心的只是和女助教呆在一起比和他的妻子更能身心愉快些,至于女助教的诗歌和她那些乱七八遭见不得人的经历,都让它见鬼去吧。(赵命可《养生》,《萌芽》1994年第11期第16页)

②我来到前院一看,傻了,银儿和她娘住过的东屋没了,一块砖也没留下,一片烂土摆着,小厨房也没了,还有墙,张着大口对天哭叫,院子里乱七八遭,没人管,像没人住的家。(刘真《云的衣裳》,《长城》1989年第2期第102页)

【辨析】

作混乱、乱糟糟解释时,写作"乱七八糟"。试想,不会有人将"乱糟糟"写作"乱遭遭",怎么同是这个意思的词,就写作"乱七八遭"呢?"糟"是糟糠,"遭"是遭遇,这两个字意思相差很远,不可混用。

正:略胜一筹
误:略胜一畴

【错例】

点评:联创空调扇在市场上占有很大优势,很多商场只销售联创的牌子,这一款由于它集风扇和取暖器于一身,加上产品本身的诸多优势,在同类商品中略胜一畴。(艾秀丽《夹缝中生存的空调扇之产品》,《京华时报》2002年7月4日第B35版)

【辨析】

略胜一筹:比较起来,稍微好一些。筹:筹码,古代用以计数的工具,多用竹子制成,所以用竹字头作义符。不能写成“田畴”的“畴”。

正:锣鼓喧天
误:锣鼓暄天

【错例】

截至12月16日,华山景区旅游人数首次突破150万人次,比去年同期增长35%。15日上午,华山景区锣鼓暄天、礼炮齐鸣,这是景区为第150万名登山游客举办了的隆重的欢迎仪式。(刘箐荔《魅力华山游客量首次突破150万人次》,《郑州晚报》2009年12月22日)

【辨析】

锣鼓喧天:锣鼓震天响。原指作战时敲锣击鼓指挥进退。后多形容喜庆、欢乐的景象。喧:声音大。不能写成“暄腾”的“暄”。

正:络绎不绝
误:络驿不绝

【错例】

①头些年,白塔寺前又挂起了“茶汤李”的字号,李世忠愣是不服老,在儿女们的帮助下,重新安上了磨糜子面的碾子,又打制了一把锃光瓦亮的大铜壶,每天在络驿不绝的人群面前拉开了架式。(马奇《茶汤世界》,《光明日报》1996年4月12日第6版)

②由于上、下九路、第十甫路,兼有以上的特点,故慕名前来观光、购物的人流络驿不绝,一般情况下,每天平均有30万人次,节假日更达到45万人次……(刁松如、剑一《古老西关尽显繁华——记中国广州市商业步行街》,《大地》2000年第6期)

【辨析】

(人、马、车、船等)前后相接、连续不断,称为“络绎”。古代也写作“络驿”,但到了现代,都统一写作“络绎”。《现代汉语词典》(修订本)不再收录“络驿”条。

正:落荒而逃
误:落慌而逃

【错例】

①老鼠一怔,扔下巧克力落慌而逃,我把脚上的鞋脱下来,追着老鼠拍,可老鼠一跃,又不见了影踪……(甘颖诗《我发现了老鼠偷巧克力的秘密》,《番禺日报》2008 年 10 月 6 日第 A3 版)

②匈奴主帅之一的韦伐也中箭落慌而逃,十多个亲兵拼命护卫他,连拉带拽将他扶上了一匹马,狼狈不堪地沿山麓急驰而去。(马自祥《阿干歌》,《民族日报》2010 年 6 月 1 日第 4 版)

【辨析】

落荒而逃:形容吃了败仗向荒野逃跑。落荒:离开大路,向荒野逃去。不能写成“落慌而逃”。

M

正:满腹经纶
误:满腹经伦

【错例】

①只是,他在苏联时曾经受到爱情的挫折,心灵受到过伤害,回国时,虽然带着满腹经伦,同时也带着一颗受伤的心。(柯兴《关露传》,《啄木鸟》1998年第5期第10页)

②上大奇之,命赐食,中有螃蟹,上出六言令对:"螃蟹浑身甲胄。"李东阳对:"蜘蛛满腹经伦。"程敏政对:"凤凰遍体文章。"(余珍晚《名人童时巧对》,《人民日报海外版》2001年7月23日第7版)

【辨析】

经纶:本义为整理过的蚕丝,所以两个字都用绞丝旁做义符,比喻政治规划。不能写作单人旁做义符、伦常的"伦",因为"经"与"伦"不能组词。

正:满目疮痍
误:满目疮夷

【错例】

①1976年和唐山大地震一起的那场地震之后,家家都在院子空档处盖起七扭八歪的简易房,使得好好一个大院子显得满目疮夷,拥挤不堪,让人不忍卒睹。(谭甫成《水之华》,《特区文学》1995年第4期第8页)

②汶川一震,天崩地裂,遍地废墟,满目疮夷,一幅幅惨绝人寰的图像,让我们的心阵阵揪痛。(吴卓《每一个细节都让我们热泪盈眶》,《海南日报》2008年5月

16日第5版)

【辨析】

"痍",创伤,与"疮"同义,都是病字旁,与伤病有关。而"夷"表示平安,如化险为夷,和"痍"表示的意思正相反,故写作"疮夷"是错误的。

满目疮痍

正:漫不经心
误:漫不精心|慢不经心

【错例】

①她拿起桌上一张报纸,似乎漫不精心翻阅起来,但很快就被一篇文章吸引住,随即把所有目光集中上去,身体不由得向前倾斜。(晓白《狭窄的缝隙》,《当代》1997年第6期第167页)

②兵贵神速,对于这次"中印医药行业首次反倾销案",国内企业显得有些慢不经心。(李萌《印度升级青霉素战》,《中国经济周刊》2006年第8期)

【辨析】

漫不经心:随随便便,不放在心上。经心:在意,留心。写成"精心",是误用了同音词。"精心"是特别用心,和这个成语要表达的意思不同。漫:随便。不能换成形近的同音字"慢"。

正:毛骨悚然
误:毛骨耸然|毛骨怵然

【错例】

①于是立即取出三千元,送到学生宿舍指定的房间。我满脸堆笑,把钱呈上。几个学生脸上都有点怪物相,不动不笑,令我毛骨耸然。(季羡林《牛棚杂忆》,中共中央党校出版社2005年1月第2版第28页)

②采桑子忽然从水底下钻了出来，仰视悬岩（应改为“崖”），她与南无极双目对视，却把我吓得毛骨耸然，走，快走，我一把拖起南无极，逃走了。（刘克《采桑子》，《清明》1988 年第 1 期第 14 页）

③李中华感到“女中音”的声音虽然很悦耳，但听起来又是那么的令人毛骨耸然。（《两闯禁区歼灭“拦路虎”》，光明网 2007 年 1 月 4 日）

④摸黑走在废墟、危房的小巷中，仿佛走进令人毛骨怵然的深渊，而两边的小楼说不准何时就垮下来。（何金武《一次灵魂的洗礼》，《新闻出版报》1996 年 6 月 14 日第 4 版）

【辨析】

毛骨悚然：义为毛发和骨头里都觉得恐惧。形容极端害怕。“悚”，字义为害怕，忄（竖心旁）做形符，表示与心理活动有关。“耸”，字义为耸立。不要把成语的意思理解为因为害怕毛发和骨头都耸立起来了，而写作“毛骨耸然”。“怵”，虽然也表示恐惧的意思，并可组成“怵惕”等词，但不说“怵然”。

正：冒天下之大不韪 误：冒天下之大不讳｜冒天下之大不违

【错例】

①你说胡十二子为什么要冒天下之大不讳让秦英子到村小去当民办教师？为什么他手下的一个贫下中农要娶秦英子为妻他却百般阻挠？（张廷竹《远土已黄，近草更绿》，《当代》1993 年第 6 期第 25 页）

②如搞出个什么世界最长世界最大的东西来吸引人眼球，甚而冒天下之大不讳弄出老汉戴胸罩促销、送美女初吻这样的恶俗炒作。（欧阳锡叶《恶俗炒作只能败坏企业声誉》，《市场报》2007 年 10 月 29 日第 13 版）

③从大方向看：剧中的花岗村“冒天下之大不违”，在全国率先实行大包干，分田到户成为天下第一村……（李幼谦《农民的命运因改革扭转》，《芜湖日报》2009 年 3 月 24 日第 B4 版）

【辨析】

冒天下之大不韪：义为公然敢干普天之下认为最大的错事。亦作“犯天下之不韪”。韪:对,是(常与否定词连用)。写作“冒天下之大不讳”,是错用了形近字,也可能与字音误读有关,“讳”,因有所顾忌而不敢说或不愿说,如讳言、讳疾忌医、讳莫如深。

写成“冒天下之大不违”也不对。

正:貌合神离
误:貌和神离

【错例】

两人貌和神离(南方网2004年3月16日标题)

【辨析】

貌合神离:表面上关系很密切,实际上是两条心。合:结合到一起;凑到一起。离:分离。“离”与“合”互为反义词。不能写成“貌和神离”。

正:没精打采
误:没精打彩

【错例】

①小老板打个哈欠站起来,没精打彩地说:“你们照顾一下,我得回家眯一觉,昨晚几个哥们搓麻将干了一夜……”(刘思华《城里不长庄稼》,《北京文学》1994年第1期第54页)

②翻来覆去,总睡不香。看看表,半夜十二点了。不行,今晚睡不好,明天日间定像遭瘟似的没精打彩,老敌见了又得啰嗦个没完。(马瞻《一个不三不四的故事》,《清明》1988年第1期第161页)

③那个乏味的汇报会草草地完了。我们三人没精打彩地从孔局长的棚子里退出来。(海岩《热血》,《当代》1987年第5期第190页)

④信里写的有些情景,长久地留在我的脑子里,很难忘记。比如她写到傍晚大家下工回来,照例是疲劳,没精打彩地做饭……(祖丁远《王安忆的文学之路》,《人民日报海外版》2002年8月23日第7版)

【辨析】

不高兴、不振作、打不起精神的样子,叫做“没精打采”。这里的“采”,是“神色”“精神”之义,不能写作色彩的“彩”。

正:媒妁之言
误:媒约之言

【错例】

①这时候艾青的个人感情生活有一次变故,和他的第一任妻子离异了,似乎是不可避免的,他们的结合是父母之命、媒约之言造成的。(彭燕郊《诗人艾青》,《湄洲日报海外版》2001 年 7 月 5 日兴安艺苑版)

②听母亲说,母亲与父亲组合一个家庭,全是父母之命、媒约之言,这在那个年代是极平常的。(江文胜《父亲的暴戾》,《农村新报》2008 年 10 月 15 日第 4 版)

【辨析】

媒妁之言:媒人的介绍。媒妁:说合婚姻的人。不能写成“媒约”。

正:每况愈下
误:每况逾下

【错例】

①有位在银行办理了车贷购车的客户说,看着车价每况逾下,想想每月的车贷还款,真是在购车价格上吃了大亏。(王苏凌《汽车信贷风险调查》,《国际金融报》2004 年 7 月 15 日第 5 版)

②2002 年,眼见生意每况逾下,王捎富干脆将摊位转租了……(黄蕾《如今谁是下“桥”者?》,《江南时报》2008 年 3 月 12 日第 9 版)

③然而,折腾来折腾去,精力、时间和金钱没有少花,可不知为什么总是没有取得预期效果,国足在世界上的排名是每况逾下,伤透了广大球迷的心。(《慎重选“帅”》,《芜湖日报》2009 年 2 月 25 日文体娱乐版)

④刘小姐说……小区的卫生状况每况逾下。（陈艳梅《物业服务提价要征得业主同意》,《番禺日报》20-10年6月4日第A7版）

【辨析】

每况愈下:越往下越明显。表示情况越来越坏。愈:更,越。不能写成“每况逾下”。

正:美轮美奂
误:美仑美奂|美伦美奂|美仑美焕

【错例】

①其实,我要说的并不是国色天香、倾国倾城、沉鱼落雁、美仑美奂等,我准备的只有两个字:真好。（刘醒龙《爱到永远》,《收获》1997年第5期第156页）

②博雅纸行的小册子令我眼前一亮,精美的印刷,考究的装帧,美仑美奂让我挪不开眼。（夏美美《佐丹奴·梦醒时分》,《作家》1995年第9期第66页）

③走过那由绿琉璃院墙、鹅卵石甬道乃至假山石、月亮门组成的街边公园,我忽然幻想《动物凶猛》里女主人公米兰美仑美奂的笑靥是否曾在这里绽现?（洪烛《北京的大院》,《书摘》1998年第11期第53页）

④在列为世界文化遗产的云南古城丽江游览,不但可以欣赏到美仑美奂的成片古建筑街区,更可领略到古朴、自然的民俗风情。（冯雁军《保护好文化生态》,《人民日报海外版》2001年10月19日第9版）

⑤一段看似平常的树根在他手下将如何变成美仑美奂的艺术品呢?（姜丰《正大综艺》,《中国电视报》1995年10月9日第1版）

⑥枞阳县周潭镇大山村1600多亩经果林立体种植和复合式经营模式,使树上粉红的桃花、雪白的梨花和李花与套种的金黄色油菜花错落有致、相互点缀,构成了一幅美仑美奂的田园风光图。（左文,《安庆日报》2010年3月31日第2版照片说明）

⑦最让我留恋的是马赛高地上的廊夏宫,美伦美奂的宫廷式建筑让人有被历史和艺术同时震撼的感觉。[《英雄倍(应改为“辈”)出 激励未来——马赛印象》,《华东旅游报》2010年1月21日第8版]

⑧如此豪华的宫室,如此艳丽的美女,可谓富丽堂皇,美仑美焕,充分显示了楚国雄厚的国力。(郑思礼《中国古代论辩案例》,新浪网 2007 年 3 月 30 日读书频道)

【辨析】

美轮美奂:形容高大华美,多用于赞美新屋。《礼记·檀弓下》:"晋献文子成室,晋大夫发焉。张老曰:'美哉轮焉,美哉奂矣。'"郑玄注:"心讥其奢也。轮,轮囷,言高大。奂,言众多。"不能用表示条理、伦次的同音字"仑"和"伦"顶替"轮"。"奂"也不能写作"焕"。

正:梦寐以求
误:梦昧以求

【错例】

他们中的大部分人都非常乐观、自信、积极向上和热爱祖国,经过短短几年的奋斗,有些人就跨进了美国人梦昧以求的中产阶级行列,龚晓龙先生就是其中一位。(陈晓凤《中国俊杰感受外国汽车公司》,《大地》2000 年第 6 期)

【辨析】

梦寐以求:做梦的时候都在追求。形容迫切地期望着。梦寐:睡梦。不能写成"梦昧"。

正:弥天大谎
误:迷天大谎

【错例】

事后经我们调查证明,这简直就是个迷天大谎,两家报社完全否认了给"某宁"评奖的说法。(冷文勇《传承者的仿冒之痛——访神宁发明人李济中》,《消费日报》2006 年 12 月 5 日)

【辨析】

弥天大谎:形容谎言已达到极致。弥天:满天。不能写成"迷天大谎"。

正:米珠薪桂
误:米珠薪贵

【错例】

"田园荒芜胡不归,米珠,薪贵,靠谁生?! 米珠,薪贵,靠谁生?!"4 月 8 日,家住府城的 83 岁的陈忠雄老人向记者提供了一份当年他的音乐老师蒙振森写的一首歌词。(谢向荣《风雨飘摇中的琼岛大地》,《海南日报》2010 年 4 月 26 日第 B3 版)

【辨析】

米珠薪桂:米贵得像珍珠,柴贵得像桂木。形容物价昂贵,人民生活极其困难。桂:桂木。不能写成"米珠薪贵"。

正:靡靡之音
误:糜糜之音

【错例】

到了 80 年代中后期,也就是我们上小学高年级的当儿,港台电视剧、音乐涌入,在我们眼前豁然展开了一个新世界:原来有这么多好看的像画上一样的人,有这么多好听的"糜糜之音"!(章果果《偶像消费的淡入和淡出》,《金华日报》2003 年 6 月 19 日第 6 版)

【辨析】

靡靡之音:低级趣味的音乐。靡靡:颓废淫荡。

很多人在提到"靡靡之音"的时候,都会读成"mímí 之音",其实应该读为"mǐmǐ 之音"。

我们可采取“记少去多法”来提高记忆多音字的效率。“少”是指使用范围较小、涉及词语少的读音,“多”则指使用范围广、涉及词语多的读音。我们只要记住涉词少的读音,就可以准确区分一些多音字了。

如“靡”有两个读音 mí、mǐ,只有作“浪费”讲时才读 mí,如“靡费”“奢靡”,因此我们只要记住这两个词语中它读 mí,剩下的其他词语中就都读 mǐ,如“风靡”“披靡”“靡丽”“靡然”“靡日不思”“委靡”等词中,“靡”字皆读 mǐ,如此一来,是不是容易一些呢?

正:靡有孑遗
误:靡有子遗

【错例】

嘉靖皇帝不理朝政,崇信道教,糜费无度,宠用奸臣严嵩,弄得民不聊生,哀鸿遍野,怨声载道,民间流传说:“嘉者,家也。靖者,尽也。民穷财尽,靡有子遗也。”(司徒彤《波罗诞记游》,《番禺日报》2006 年 10 月 3 日第 A4 版)

【辨析】

靡有孑遗:没有剩余。靡:无,没有;孑遗:遗留,剩余。不能写成“子遗”。

正:秘而不宣
误:密而不宣

【错例】

从密而不宣到透明开放 (刘逢安、黎云《18 次军演透视解放军大变革》,《大地》2009 年第 24 期)

【辨析】

秘而不宣:保守秘密,不肯宣布。宣:公开说出。不能写成“密而不宣”。

正:绵里藏针
误:棉里藏针

【错例】

①刘玉琴柔中带刚,棉里藏针:“这不符合办案程序!”(刘天琴《中国女神警》,《啄木鸟》1995 年第 3 期第 23 页)

②即便是讽刺,小品文也是柔中有刚、棉里藏针,它似乎从不对讽刺的对象发动全面的“总攻”,或是进行完全彻底的“清算”,最多只是抱着“恨铁不成钢”的善意,在风趣幽默的行文中偶露“锋芒”。(何东人《品出味道》,《散文天地》1999 年第 4 期第 63 页)

③他并不像有些人所说的是“老糊涂”或“好好先生”,他曾棉里藏针,巧治行政院长汪精卫;也曾以退为进,和蒋介石唱对台戏;并曾以一句不痛不痒的评价而使一向轻视他的福建省主席被撤换掉。(于保政《不应受冷落的“国府主席”——读<“无为而治”的国府元首——林森传>》,《时代潮》2002 年第 10 期)

【辨析】

绵里藏针有两义,一为形容柔中有刚;二为比喻外貌柔和,内心刻毒。例句用的是第一义。这个成语中用的“绵”指绵软,不是指棉花。误写成“棉”,是理解成棉花里藏针了。

正:面黄肌瘦
误:面黄饥瘦

【错例】

①如果面黄饥瘦、体汗较臭者,可用冬瓜子 150 克,无花果 60 克、白杨皮 60 克共研末,入瓷瓶,每餐饭后用白开水冲服 10 克,可使皮肤白而红润,体蕴杏香。(王志成《蕴生体香闺房秘诀——合理养生饮食使女人芬芳四溢》,《长沙晚报》2007 年 3 月 28 日第 C4 版)

②陈国元每次回到家里,看见孩子们满身的脏泥,个个饿得面黄饥瘦,无奈地抱住 3 个孩子哭成一团。(龚昌俊、揭兴伟《有妈的孩子像块宝——陈发玉用质朴

的情感书写无私的母爱》,《三峡日报》2009 年 9 月 4 日第 Z23 版)

③全家老小,面黄饥瘦,衣衫褴褛,长者,啼饥号寒,幼者,嗷嗷待哺,景象与平民市井何异,与黔首兆黎何异。(介子平《纸端乞米》,《太原日报》2010 年 1 月 11 日第 11 版)

【辨析】

面黄肌瘦:指脸色发黄,身体瘦削,这往往是一种病态的表现。“肌”即肉,在先秦时期,“肌”特指人肉,“肉”特指兽肉。现在统称“肌肉”。

“饥”左半边是“食”,表示与吃有关。

“面”与“肌”都属人体部位,并列合理;“饥”是一种生理状态,与“面”并列是不恰当的。

正:面授机宜
误:面受机宜

【错例】

①在你惊惶失措,忙问有何办法消灾时。他则不慌不忙,面受机宜……(周建《街头骗术知多少》,《商洛日报》2008 年 8 月 15 日第 3 版)

②宫氏家族中第十四代传人宫雅范(即宫杜若之父,宫廷御医宫锡九)、宫雅言、宫雅卿都是在有庆堂面受机宜,熟读医书药典,抄方把脉,直到制药抓药,熟悉药材产地质地,辨别药材真伪,逐步成为名医的,后分赴各地,开设药店。(官亦鸣《传奇老人的世纪传奇》,内蒙古新闻网 2007 年 10 月 12 日,原载《河套文化》2007 年第 3 期)

【辨析】

面授机宜:当面指示处理事务的方针、办法等。授:交付,给予;机宜:机密之事。受:接受。是“授”的反义词。“授”“受”不清,意思满拧。

正:民生凋敝
误:民生凋蔽

【错例】

①任吏部主事(六品)时,他就敢越级向朝廷上《直言天下第一事疏》,直言不讳地批评嘉靖皇帝迷信道教,不理朝政,致使民生凋蔽,百姓受苦的错误。(马明捷《说京剧的海瑞戏》,《大连日报》2008 年 12 月 29 日第 A13 版)

②淫祠的存在,消耗了大量的社会财富,使民生更加凋蔽,社会风气更加败坏,治安更加混乱。(南门太守《曹操秘史》,《佛山日报》2010 年 7 月 22 日第 B4 版)

【辨析】

成语"民生凋敝"形容社会很穷困,经济不好,人民的生活很困苦。"敝"没有草字头,不要写作"民生凋蔽"。

正:名副其实
误:名付其实

【错例】

①业内人士建议,有关部门应尽快制定相关法规,使"双向选择"名付其实。(陈向阳《求职者也有知情权》,《市场报》2001 年 3 月 4 日第 2 版)

②职工在企业中的位置,在许多企业特别是非公有制企业中,已经变成名付其实的"雇工"。(石书军《矿工要依靠直选工会向矿主要安全》,《新安全》2004 年第 5 期)

【辨析】

名副其实:名称或名声与实际相符合。副:符合。不能写成"付"。

正:名贯九州
误:名贯九洲

【错例】

崂山因地处偏僻海隅,"只因天涯海角背,不得高名贯九洲",但在这方圆 400

多里山海之中，却为老子创立的道教寻到了家园，为道教文化的发展找到了载体，成为道家企求修炼成仙的圣地。（胡美琳《崂山印象》，《长白山日报》2008 年 2 月 25 日第 3 版）

【辨析】

相传大禹治水成功后，将天下划分为九州，所以“九州”是“天下”的同义词。大禹时代的“天下”，即华夏大地。“九州”不能写成“九洲”。

“洲”为水中的陆地，如橘子洲、百花洲。地球上的大陆也被海洋包围，分称为七大洲。

“州”，是地方行政区划名。如少数民族“自治州”。

“九州”一词，原指中原上古行政区域，说法不一，《书·禹贡》作冀、兖、青、徐、扬、荆、豫、梁、雍。《周礼·职方》《尔雅·释地》《吕氏春秋·有始览》等载各异，是当时学者各就其所知的大陆所划分的九个地理区域。“九州”后指代全中国，如陆游诗：“但悲不见九州同”。

正：名噪一时
误：名躁一时

【错例】

①尼古拉·霍莉克曾因从摩根格林费尔公司激流勇退而名躁一时，她现在是某基金的经理。（沈禹钧编译《“浪尖上”的女人——女风险投资家扫描》，《国际金融报》2000 年 10 月 17 日第 4 版）

②祖父马诚方是著名的评书艺人，擅说《水浒》，名躁一时；父亲马德禄是“相声八德”之一，又是相声前辈艺人恩绪的宠徒和门婿；母亲恩萃卿曾学唱京韵大鼓；兄马桂元师承李德，以擅演“文哏”段子著称。（吴志菲、冯晓云《马三立：笑对人生踏春去》，《大地》2003 年第 3 期）

③重庆酉阳土家族苗族自治县的龙潭古镇，已有 1700 余年的历史。在沧桑岁月中，不但孕育了璀璨夺目的民族文化，勤劳智慧的土家苗族人民还创造了风味独特的传统饮食文化。尤其是名躁一时的四大名小吃，曾经声震渝鄂湘黔四省边区。（邱洪斌《龙潭古镇四大名小吃》，《四川工人日报》2008 年 2 月 22 日第 4 版）

【辨析】

名噪一时:一时名声很大。名声传扬于一个时期。噪:群鸣。不能写成急躁的“躁”。

正:明辨是非
误:明辩是非

【错例】

认知评价水平的提高,会使孩子明辩是非、判断是非的能力增加。(平山山《请保护孩子的羞耻心》,《宿迁日报》2009年10月29日)

【辨析】

明辨是非:分清楚是和非、正确和错误。明辨:辨别清楚。不能写成“明辩是非”。

正:明火执仗
误:明火执杖

【错例】

①往日在队里,罗荣生他们都是明火执杖上李子园摘李子,群众们意见可大了。(张宇《李子园》,《收获》1984年第5期第155页)

②明知是丫鬟之身却摆不正位置,试图明火执杖公然对抗大太太,下场不会太妙。(叶檀《王石的柔性救赎与任志强的暴戾救赎》,《中华读书报》2009年11月18日)

【辨析】

“明火执仗”的意思是:点着火把,拿着兵器,公然抢劫。泛指毫无顾忌地干坏事。这里的“仗”,是古代对兵器的统称。

“杖”在《现代汉语词典》中有两个义项:①拐杖;手杖。②泛指棍棒。从词义看,“杖”显然不能在“明火执仗”中代替表示兵器的“仗”。

正:明日黄花
误:昨日黄花

【错例】

①小雅望着屋外的壁报,那还是去年春节时的内容,像是被雨雪打得憔悴不堪的昨日黄花。(桂雨清《女劳教队长和“绿鹦鹉”》,《啄木鸟》1986 年第 1 期第 77 页)

②我在美国的时候,月月的歌早已经过了录制完毕、流传甚广、昨日黄花三个阶段,我从收音机里听到他的歌时没怎么听清歌词,摇滚歌手好像都不追求吐字的清晰。(王芫《什么都有代价》,《当代》2000 年第 1 期第 112 页)

③那种风雅和全民狂欢的氛围,至今思及,已如昨日黄花。(张稚丹《清明——春天的节日》,《人民日报海外版》2009 年 4 月 6 日第 7 版)

【辨析】

老成语“明日黄花”,源出宋代著名诗人苏轼《九日次韵王巩》诗:“相逢不用忙归去,明日黄花蝶也愁。”明日:指重阳节的下一天,即九月初十日。黄花:菊花。明日黄花:指重阳节过后,菊花即将枯萎,没有多大欣赏价值了,比喻过时的事物。不要以为“昨日”才表示过时,想当然地写作“昨日黄花”。

正:模棱两可
误:模凌两可|模菱两可

【错例】

①特别是在夏天,开襟很低的汗衫,项链的坠子正好镶在乳峰凹处,一低头,男人见了心乱如麻,一些女人特殊的内容似是而非模凌两可隐约可见。(吴尔芬《五色花》,《海峡》1994 年第 2 期第 130 页)

②记者心想,这个老先生的模糊学真是运用到家了,模菱两可,听起来云里雾里,似是而非,怎么感觉都对。(钟邦国《记者亲历“算命一条街”》,湛江新闻网

2009年3月9日)

【辨析】

“模”,一种生于周公墓冢上的树(圆形),“棱”,有四角的木(方形),合成“模棱”,即是圆也可,方也可,也就是含糊、不明确之义。“凌”并不表棱角,而是指冰,和方圆没关系,说成“模凌”,就不知所云了。写作“模梭两可”“模菱两可”也不对。

正:摩肩接踵
误:磨肩接踵|摩肩擦踵

【错例】

①中午12时,第一候车大厅里乘客磨肩接踵,一个穿紫色上衣年龄大约五六岁的小乞丐盯上了一对情侣。(郑海龙、兰和、姚婧《乞丐童子军长年行乞北京站》,《京华时报》2002年7月28日第24版)

②开放的明清老宅张厅和沈厅,更是摩肩擦踵,你拥我挤,对那“轿从门前进,船自家中过”的中国古代建筑奇观,又有多少心境能仔细揣摸把玩?(田晓明《褒贬周庄》,《人民日报海外版》2008年12月25日第8版)

【辨析】

摩肩接踵:肩碰着肩,脚碰着脚。形容人多拥挤。不能写成“磨肩接踵”,也不能写成“摩肩擦踵”。

正:摩拳擦掌
误:磨拳擦掌

【错例】

①当一切事过情迁之后,你就会恍然大悟:幸亏当时他没有陪在身边磨拳擦掌!(李忆《益友》,《人民日报海外版》2000年4月26日第7版)

②一脸书生气的方兴东也磨拳擦掌,准备大干一场,他似乎已经信心百倍地做好了从书生向CEO转型的心理准备,并且不只吆喝着博客,还吆喝着上市,吆喝着

赶超新浪。（张佳《“博客之父”方兴东》,《环球人物》2006 年 11 月 1 日第 17 期）

【辨析】

摩拳擦掌:形容战斗或劳动之前,人们精神振奋、跃跃欲试的样子。不能写成“磨拳擦掌”。

正:莫名其妙
误:莫名奇妙

【错例】

①等情绪好了,他会忽然从被窝里伸出脑袋问:“妈,你干嘛不参加红军去呀?”问得小脚莫名奇妙。（马铭《陋巷》,《当代》1987 年第 5 期第 168 页）

②如今想轻松地在书店里买一本书已不再是件容易的事了,你会发现你陷入了“丛书”的重围。每一本书都会凭空生出很多莫名奇妙的“兄弟”,让你哪怕是落下其中任何一本都会产生不完整的感觉。（王国华《做书时代》,《工人日报》1999 年 11 月 26 日第 7 版）

③如你现在由川藏公路进藏,你绝不会想到 1958 年 4 月,过松多兵站约 5 公里处,发生了一次令人啼笑皆非的莫名奇妙的战斗。（刘克《采桑子》,《清明》1988 年第 1 期第 52 页）

④而且随时会有一种莫名奇妙的热突然从身体里涌出来,接着就是一身大汗。出汗的时候仍然觉得冷嗖嗖（应改为“飕飕”）的。（董敬珠《中医让我重返大自然》,《人民日报海外版》2000 年 4 月 28 日第 11 版）

【辨析】

莫名其妙:没有人能说明它的奥妙或表示事情很奇怪使人不明白,“名”也可写作“明”。其、奇同音,但不同义。其妙:它的奥妙。奇妙:稀奇巧妙。把“莫名其妙”写成“莫名奇妙”,意思就大不相同了。

正:漠不关心
误:莫不关心

【错例】

①面对泡沫,有相当一部分开发商却是“胜似闲庭信步”,他们对泡沫不知是“没事偷着乐”,还是莫不关心,记者到沸腾的工地去问这个话题,他们踌躇满志的(应改为“地”)告诉你:哪有泡沫呀,我房子都不够卖。(张然《房地产:精彩不靠吹泡》,《市场报》2003 年 3 月 22 日第 2 版)

②有些老年人长期生活在极其安静的环境中,没有人与之聊天、谈心,也听不到富有生活气息的声音,时间长了就会变得性情孤僻,对周围的一切莫不关心,从而丧失生活的信心,健康状况日趋下降,甚至过早离开人世。(武静《老年人不宜过分安静》,《光明日报》2007 年 12 月 3 日)

【辨析】

漠不关心:态度冷淡,毫不关心。漠:冷淡。写成“莫不关心”,字面的意思就变成了没有不关心。

正:墨守成规
误:默守成规|默守陈规

【错例】

①时代变了,过去的那些好坏善恶的观念已被人们逐渐抛离脑后,适应新时代的新观念正在形成,只有那些甘于贫穷的傻瓜和默守成规的人才会死死抱住过时的旧观念不放。(谭甫成《水之华》,《特区文学》:1995 年第 4 期第 7 页)

②县市报要创新,首先编采人员思维要创新,摆脱默守成规的樊篱……(江南雨《树立品牌意识拓展区域优势》,《新闻战线》2000 年第 5 期)

③但与此同时,他对中医继承者在长达几千年的时间里默守陈规,只有生搬硬套的继承,缺少与时俱进的创新,发出了沉重的叹息。(董志龙《罗坤生:生物电影响人体健康》,《中国经济周刊》2007 年 6 月 18 日第 23 期)

【辨析】

因循守旧,不肯改进,称为“墨守成规”。这个成语出自古代。原来,战国时的墨翟(子)善于守城,后因称牢固防守为墨翟之守,简称“墨守”。后来,用“墨守成规”来形容因循守旧。明白了此词的来源,你就不会将“墨守成规”写做“默守成规”了。“默”是不说话,和这个成语的意思不沾边。

墨翟之守,说的是墨子与公输般较量攻守的故事,本义为“固守”,后来演变成“守旧”。成规:久已通行的规则或方法。墨守成规:比喻因遁守旧不知变通。不能写成“默守成规”或“默守陈规”。

正:目不暇接
误:目不瑕接|目不睱接|目不遐接

【错例】

①本周热点变化板块,大盘股(长虹、发展)、西部概念、有线网络股轮番表演使人颇有目不瑕接之感,热点变化如此之快,让人无从把握。(《股市调查实录》,《国际金融报》2000年3月11日第2版)

②大学毕业后林伟强回到汕头,发现东区的房子越来越漂亮,一座座高楼大厦如同雨后春笋矗立在人们眼前,风格迥异的花园住宅小区让人目不瑕接。(刘文华《从“挤不下”到住得舒适——汕头人的“住房变奏曲”》,《汕头日报》2009年10月1日第41版)

③可是,事情就从这儿开始有了转折,之后所发生的一切接二连三,让赵先生目不睱接,猝不及防。(徐郁华《房主暴死,购房人身陷连环官司》,《江南时报》2009年12月10日第15版)

④红色、蓝色、深橘色、粉色以及各种色彩的鲜切花,口红花、长寿花、风铃草各种造型的盆栽花,凤尾竹、玉竹、金鱼尾各种形状的观叶植物让人们目不遐接……(张海萍《园艺展上看流行》,《市场报》2004年5月14日第25版)

【辨析】

目不暇接：指东西太多，眼睛都看不过来。暇：没有事的时候；空闲。不能写成“遐迩”的“遐”，也不能写成“瑕疵”的“瑕”。“睱”，义为慢慢地看，用在此成语中也不对。

正：沐猴而冠
误：沐猴而寇

【错例】

韩生退下来对别人说：“怪不得人家说楚国人沐猴而寇，果然是乡巴佬！”（《项羽为何会输给刘邦　都城选址能决定王朝成败》，中国日报网 2010 年 7 月 1 日）

【辨析】

沐猴而冠：猴子穿衣戴帽，究竟不是真人。比喻虚有其表，形同傀儡。常用来讽刺投靠恶势力窃据权位的人。沐猴：猕猴；冠：戴帽子。不能写成形近的“贼寇”的“寇”。

正：暮霭茫茫
误：暮蔼茫茫

【错例】

①自石窟横跨西面的铁路，随至洋河岸边。深秋，河水清冽而湍急，两岸草木色彩斑斓，时见牛羊群来此探头饮水的足迹。东有鸡鸣山傲然挺立，西天是层峦起伏，暮蔼茫茫，忽然想起《滕王阁序》中“潦水尽而寒潭清，烟光凝而暮山紫”一句，大概当代人很少有闲暇去品味这种田园诗意了。［殷力欣、温玉清《京张铁路历史建筑调查纪略（5）》，山东省博物馆网站 2007 年 1 月 30 日］

②暮蔼茫茫湖水悠，行人不渡扁舟孤。（王明泽《题山水》，《中国书画报》2009 年 12 月 17 日第 8 版）

【辨析】

暮霭:黄昏时的云霞与雾气。霭:云气。雨字头做义符。柳永《雨霖铃》:“暮霭沉沉楚天阔。”不能写成“暮蔼”。

N

正:难以名状
误:难以明状

【错例】

①看到这里,我的疑虑消失了,油然而生了一种难以明状的心情,顺口夸了她一句:“你真行!”(刘永加《妻子摆书摊》,《新闻出版报》1996年6月14日第4版)

②在海外生活的炎黄子孙可能都体会过,中国的每一次变革、每一次腾飞,都会对无数的海外赤子产生一种难以明状的冲击。(汪延《创业,我选择中国互联网》,《人民日报海外版》2004年3月11日第6版)

【辨析】

难于说出事物的状态,称为“难以名状”。“名”,是说出之义,“明”是明白之义。在这个成语里以“明”代替“名”是错误的。

正:难以置信
误:难已置信

【错例】

运用军事学进行商战。孙广信的这一融会贯通,使广汇集团在短短的几年间,便创造了一个令人难已置信的神话——每年以400%的速度迅猛发展,4年的时间资产便由几十万元飞跃到2700多万元。(刘冰《广汇的军魂》,《中国青年报》1995年6月12日第1版)

【辨析】

作“难于相信”解释时，写作“难以置信”。难以：即难于；不容易；不易于。“难已”，无解。

正：恼羞成怒
误：脑羞成怒

【错例】

①脑羞成怒的特务们，气得两眼通红，从事刽子手职业以来，也遇到过一些“不怕死”的“硬鬼”，可没有哪一位比得上眼前的这位女人，简直不是人长的皮肉，好像是钢打铁铸的一样。（罗元生《红色大姐帅孟奇的传奇人生》，《大地》2001 年第 23、24 期合刊）

②敌军头目见李振民一个人打死他们几十人，竟脑羞成怒，残忍地割下李振民烈士的头颅挂在要路沟街头树上威胁群众。（于苏军《东北革命摇篮——建昌要路沟》，《葫芦岛日报》2008 年 12 月 26 日第 A9 版）

【辨析】

恼羞成怒：由于羞愧到了极点，下不了台而发怒。恼：动词，生气；烦闷；心里不痛快。竖心旁（忄）做义符。脑：名词，人体器官之一；脑筋。月肉旁做义符。不能写成“脑羞成怒”。

正：能屈能伸
误：能曲能伸

【错例】

也正因为他能曲能伸，能忍能让，他才能在那个奸佞横行、国君昏弱的时代，逢凶化吉，度（应改为“渡”）过一次又一次政治险滩，享尽富贵，以八十五岁的高龄，安然辞世。（佚名《忍是大福》，《山西青年报》2010 年 2 月 8 日第 20 版）

【辨析】

“屈”和“曲”读音相同，但意思有别。尽管它们都有“弯曲、使弯曲”的意思，但是前者多用于形容事物的形态，如“曲折”“弯曲”等；而后者则多用于形容人体器官或人的精神意志，如“屈指一算”“首屈一指”“屈节辱命”“屈尊就卑”等。故写成“能曲能伸”乃“屈”与“曲”音同而致。

正：拈花惹草
误：沾花惹草

【错例】

①据穆罕默德的一个私人飞行员回忆，当年，他经常驾驶私人直升机，送穆罕默德到沙特乡村“沾花惹草”，其间曾见过阿丽娅等几个女子的真容，无不羞花闭月、美艳动人。（穆雨晨《拉登家的女人们》，《环球人物》2007 年 8 月 1 日第 35 期）

②意大利总统贝鲁斯科尼最近准备派出四名美女——包括女演员、电视女主持人、模特儿等代表执政党参加欧洲议会选举，此举引得他的太太非常不满，由于贝氏喜欢沾花惹草，夫妻俩常闹矛盾。（《河东狮吼》，《讽刺与幽默》2009 年 5 月 15 日第 4 版）

【辨析】

拈花惹草：比喻到处留情，多指男女间的挑逗引诱。拈：捏；惹：招惹；花、草：比喻女子。不能写成“沾花惹草”。

正：年高德劭
误：年高德邵

【错例】

年超八旬的大企业家郭国英先生早已功成名遂，但他仍在追求新的人生目标。他年高德邵，喜欢排忧解难，很受人尊敬。（林和实《一位尊师爱校的楷模——记潮籍金中校友郭国英的事迹》，《潮州日报》2009 年 5 月 15 日第 C2 版）

【辨析】

年高德劭：年纪大，品德好。劭：美好。不能写成“邵”。

正：念念不忘
误：念念不望

【错例】

①虽然火锅城后来表示不收张先生的餐费，但是，张先生告诉记者，他和同事这两天每逢吃饭的时候，总会念念不望那只曾与其共进午餐的小“宠物”，胃中便会泛起干呕的感觉，便什么都不想吃了。（阮华骏《“要德”火锅吃出蟑螂》，《江南时报》2002 年 11 月 29 日第 4 版）

②在深切感受到落后之痛后，发展经济无可争议地成为了中国人念念不望的中心任务，而在这一追赶过程中，科学——更准确点说——数学——成为了无所不能的点金术与试金石。（葛丰《数字时代的数字》，《国际金融报》2004 年 7 月 23 日第 1 版）

【辨析】

念念不忘：形容牢记于心，时刻不忘。念念：时刻思念着。忘：忘记。不能写成“盼望”的“望”。

正：蹑手蹑脚
误：慑手慑脚

【错例】

这次，他不敢用电筒去寻找漂亮的女学生，一进门，便扯断电灯开关绳，然后，慑手慑脚地到一张床边，用匕首抵住常艳的脸沉声喝道：“快把裤子脱掉，敢吱声我马上划烂你的脸！”（严力《校园黑手》，《大地》2003 年第 11、12 期合刊）

【辨析】

蹑手蹑脚：形容放轻脚步走的样子。也形容偷偷摸摸、鬼鬼祟祟的样子。不能写成“慑手慑脚”。蹑:放轻(脚步)。与脚有关,所以用足做义符。慑:害怕;使害怕。与心理活动有关,所以用忄做义符。

正:忸怩作态
误:扭怩作态

【错例】

①“啫”这个字,字典上没有,是武汉独有的方言。它和上海话中的“嗲”有相近处又大不同,通常指那些没有资格撒娇、发嗲或摆谱,却又要装模作样、扭怩作态者之让人“恶心”“犯酸”处。(易中天《武汉人的脾气》,《文汇报》1998 年 4 月 2 日第 12 版)

②刘邦边赋大风边建汉朝,半遮半掩扭怩作态的准皇帝曹操也写些传世的磊落佳品,就连文化大概不太高的农民起义者黄巢都会合辙押韵地叫号“待到秋来九月八”。(门大为《李煜亡国真好》,《花溪》1999 年第 4 期第 60 页)

③这种诗性充分展示在他的序文的文字里。几乎每一篇序文里都是跳跃着的文字。不见一般序文常常难免的评说的干涩枯燥,更不见扭怩作态装腔扎势。(陈忠实《热风扑面——读董发亮序文集<山溪>》,《商洛日报》2009 年 8 月 15 日第 3 版)

【辨析】

形容不好意思或不大方的样子,称为“忸怩”,如忸怩作态。“忸”“怩”为同义字,作惭愧、不好意思解。因为是一种心理活动,所以用竖心旁做义符。把“忸”写成扭打的“扭”(提手旁是义符),是误用了同音字。

正:扭扭捏捏
误:扭扭昵昵

【错例】

她是个实干的过日子人,不喜欢那扭扭昵昵的,她卖掉了自己的嫁妆和那些绸缎的衣裙,把钱交给了公公婆婆,入了“老股”,让公公买成土地,会多得些收成。

(《长城》1984年第3期第108页)

【辨析】

走路时身体故意左右摇动称为“扭捏”。“扭”“捏”均为动作用字,组成“扭捏”义为摇动;叠用后,“扭扭捏捏”义为言谈举止不大方。但是,提手旁的“扭”和日字旁的“昵”不能合成“扭昵”。

正:弄巧反拙
误:弄巧反绌

【错例】

出版商把书展作为掘金的市场,不乏粗制滥造的作品,却要靠女艺人抛胸玩性感或是非绯闻来促销,赶喉赶命出来的却是错漏百出,难以自圆其说,弄巧反绌,令才女也成了笑柄。(韦枫《才女面懵》,《澳门日报》2009年7月26日第D02版)

【辨析】

请参见“弄巧成拙”。

正:奴颜婢膝
误:奴颜卑膝

【错例】

①他恃才自傲,愤世嫉俗,仿佛得了个无奴颜卑膝的红粉知己。(陈洁《杜十娘之冤》,《大地》2000年第11期)

②而国民党当局对于日本人恣意干涉中国内政的要求,奴颜卑膝,唯命是从。(张文阁《<国难记>:抗日救亡中的弹词代表作》,《烟台晚报》2007年9月30日)

【辨析】

奴颜:奴才的脸,满面谄媚相;婢膝:侍女的膝,常常下跪。指表情和动作奴才相十足。形容对人拍马讨好卑鄙无耻的样子。出自《抱扑子·交际》:“以奴颜婢眛者为晓解当世。”记忆的诀窍是,可以联想有“奴婢”一词,而无“奴卑”之说。

正:怒不可遏
误:怒不可竭

【错例】

一天(老 K)遇到本村一女青年,又生淫心,欲行非礼,可那姑娘性烈,极力反抗并大声呼救,那姑娘的家人闻声赶来,见情形后怒不可竭,将老 K 打了一顿。(萧微《乡霸老 K 的末日》,《文学大观》1995 年第 8 期第 74 页)

【辨析】

愤怒已极,不能抑制,称为“怒不可遏”。遏:阻止。竭:尽力。“怒不可竭”,按字面解释,是愤怒的情绪不能尽力之义,讲不通。

O

正:呕心沥血
误:呕心呖血|讴心沥血|呕心泣血|沤心沥血

【错例】

①光明日报《文荟》主编韩小蕙等认为,散文应是呕心呖血的结晶,是情绪、感受的涌动,笔只有记录的份儿。(李连泰《散文创作还缺少什么》,《散文天地》1999年第4期第61页)

②自大桥开工以来,我呕心呖血地做了方方面面的协调工作,从征地、开工到质量和安全,离开我老卢的支持它能顺利进行?(侯领元、石吾华《专员梦断鲁西南》,《中国监察》1999年第9期第18页)

③他讴心沥血、任劳任怨的敬业精神给职工留下深刻的影响。(赵育玲、刘陇华、李杰《闪光的足迹》,《甘肃经济日报》2004年1月14日)

④一代代的艺术家们犹如熠熠群星,照亮了中国现代美术史的天空,他们呕心泣血,筚路蓝缕,努力奋斗,为中国的艺术教育创造了一个又一个的高峰。(《八秩历史铸造家园记忆　两山风光牵引艺术望境》,《美术报》2008年4月5日第9版)

⑤《云南的响声》是《云南映像》的姊妹篇,是舞蹈家杨丽萍沤心沥血的又一力作。(任维东《<云南的响声>定位"衍生态"》,《光明日报》2009年5月21日)

【辨析】

呕心沥血:形容穷思苦索,费尽心血。沥:液体往下滴,"氵"是义符。写成形容鸟鸣声的"呖"("口"字旁做义符),是忽视了义符的作用,误用了形近的同音字。也不能写成"泣"。

呕心:费尽心思。不能写成"沤心",也不能写成"讴心"。

P

正:爬罗剔抉
误:爬罗剔决

【错例】

放弃经营去搞收藏之类,其实是在搞另一种经营:经营精神;放弃老板去当爬罗剔决的收藏家之类,其实是在当另一种老板:精神大亨。(陈林春《盛泽收藏家陈永泉先生的收藏心境探索》,《吴江日报》2009年1月6日)

【辨析】

爬罗剔抉:广泛地搜罗,精细地选择。爬罗:搜集;剔抉:筛选。不能写成"爬罗剔决"。

正:排忧解难
误:排扰解难

【错例】

①信访工作是重要的一环。中国侨联信访办公室认真回复来信,接待来访,为侨排扰解难。(连闻华《爱侨护侨助侨——侨联系统开展"维护侨益年"纪实》,《人民日报海外版》2002年9月25日第5版)

②常有农民"七盼""八盼"之类的意见或建议反映到领导的案头或见诸报端,"盼"的内容多是减轻农民负担、增加农民收入、改变领导作风、多为农民排扰解难等等,应该说这些"盼"条条都在情理之中。(夏剑钦《盼到何时休》,《人民日报》2003年12月21日第5版)

【辨析】

排忧解难:排除忧愁,解除困难。不能写成“排扰解难”。

正:判若两人
误:判若二人

【错例】

①到手的毛坯房与广告图判若二人,仿佛宴罢归来褪了盛装的迟暮女子让人不好意思直视。(沙佳《寻找一个家》,《人民日报海外版》2000 年 8 月 11 日第 12 版)

②不到 20 天时间,博仁先生与来时判若二人,看上去没有半点病容。老人激动地说,多亏你们帮忙,使我有机会来这里治病。(《老华侨得康复畅叙感激情》,《人民日报海外版》2001 年 5 月 30 日第 7 版)

【辨析】

判若两人:形容某人前后的言行明显不一致,像两个人一样。不能写成“判若二人”。

正:赔礼道歉
误:赔理道歉

【错例】

这几天,他一直在后悔,一直在责怪自己,为什么不一直跟着她呢?为什么不勇敢地站出来呢?胆小鬼,废物!以后一定要向她解释清楚,一定要向她赔理道歉。(王景文《班车上的世界》,《辽宁日报》1990 年 1 月 9 日第 3 版)

【辨析】

向人施礼,承认错误,表示歉意,叫作“赔礼道歉”。赔礼:向人施礼认错。写作道理的“理”,是误用了同音字。

正:怦然心动
误:砰然心动

【错例】

①一场大规模的拍卖会,不但要有令人砰然心动的大名家的惊世之作,而且要有叫人赏心悦目的中小名家的绝妙之作。(倪邑非《佳作的盛筵　文人的雅聚》,《国际金融报》2001年12月12日第6版)

②一年后,佩奇在高尔夫球场偶遇美国海军飞行员赫舍尔·豪斯。两人相遇的那刻,佩奇砰然心动。(江玮《墨索里尼,写给她100封情书》,《环球人物》2008年第19期)

【辨析】

怦然心动:心怦怦地跳动。怦:形容心跳的声音。砰:形容撞击或重物落地的声音。二者不能互换。

正:蓬荜生辉
误:篷荜生辉|篷筚生辉

【错例】

①狗儿见老福海干站在旁边,把他拉到灶间说:“别愣着啦,快张罗饭吧!你知道今天来的是什么人吗?作家!”……老福海顿觉篷荜生辉。作家,了得!(马铭《三友茶寮》,《收获》1985年第4期第128页)

②从刘翔保送读研读博,到赵薇、朱军、黄晓明等“考研深造”,李宇春考研也无可非议,只是校长的一番话不禁让人怀疑,“名气”会不会对李宇春考研有所帮助?川音的校长和老师们是不是一定要让她读上研究生,以使学校声名远播,篷筚生辉?(苏蕾《李宇春有望母校读研》,《广州日报》2006年1月21日第B4版)

【辨析】

贵客来临,或得人馈赠书画陈设时,自己感到非常荣幸,称为“蓬荜生辉”。

“蓬荜”是“蓬门荜户”的略语，义为用茅草建成的寒舍。“蓬”，蓬草，草字头做义符，不能写成竹字头的“篷”。此成语最早是写作“蓬筚生辉”的，现在以写作“蓬荜生辉”为规范。

正：披肝沥胆
误：披肝历胆

【错例】

本剧……是一个描写两个大学士、一个大将军和乾隆皇帝几十年间，为公为私，禅（应改为“殚”）思极虑；斗志斗勇，宦海争锋；披肝历胆，反腐倡廉；风起云涌，出生入死的历史篇章。（《铁齿铜牙纪晓岚》，金桥书城网站 2007 年 4 月 13 日内容提要）

【辨析】

语本《史记·淮阴侯传》：臣愿披腹心，输肝胆，效愚计，恐足下不能用也。《后汉书·诣阙拜章》：臣生长草野，不晓禁忌，披露肝胆，书不择言。后世多作“披肝沥胆”，比喻对人对事业极尽忠诚。披：剖露，表露。沥：往下滴。司马光《应诏论体要》：虽访问所不及，犹将披肝沥胆，以效其区区之忠。也作“披肝沥血”。柳宗元《为南承嗣请从军状》：“臣虽无似，有慕先人，虽身涂草野，死而不朽，披肝沥血，昧死上陈。”

正：披星戴月
误：披星带月

【错例】

寿险像一列无轨的电车，极具挑战，不服输的我披星带月，虽然很苦但从没停止过前进的脚步，一张张保单就如一个个音符，谱写着人生的华美乐章，我坚信，保险一定会为客户建立一道安全的屏障，筑一道遮挡风沙的绿洲。（于在媛《2007～2008 年度大连市“百佳寿险服务明星”展示》，《大连日报》2009 年 3 月 13 日第 B8 版）

【辨析】

披星戴月：身披星星，头戴月亮。形容连夜奔波或早出晚归，十分辛苦。不能写成“披星带月”。

“披星戴月”是一种“互文见义”的句法，等于说“披戴星月”。“披”指身披星月之光，“戴”指星月在头顶上辉映。根据词频统计，《第一批异形词整理表》以“披星戴月”为规范形式。

正：被发文身
误：被发纹身

【错例】

他们从实际的接触中朴素地感到，这帮红发、蓝眼、高鼻子的“番鬼”，并不像中国过去遇到的化外番邦，茹毛饮血，被发纹身，而是身强技熟，船坚炮利，很多方面都比中国强。（陈旭麓《中国近代史上的爱国主义》，《人民日报》1985 年 8 月 2 日）

【辨析】

被发文身：原指古代吴越一代的风俗。后也用以泛指未开化地带的风俗。被发：散发；文身：身上刺花纹。

第 5 版《现代汉语词典》第 1428 页，收有“文身”一词，解释为“在人体上绘成或刺成带颜色的花纹和图形”。另外，对比“文”与“纹”，“文”有在身上、脸上刺画花纹或字的意思，而纹有两个意思，一指丝织品上的花纹，二是指纹路。从中可以看出，“文身”符合现代汉语语法，“纹身”不符合现代汉语语法。考古学家和人类学家们指出，文身的习俗早在数万年前的旧石器时代就已经产生，那时人们把本部落的图腾文或刺在自己的身上，是许多民族在早期发展阶段中存在的一种风习。我国古籍中也早有记载，《礼记·王制》：“东方曰夷，被发文身，有不火食者矣。”《汉书·地理志》云：“（粤人）文身断发，以避蛟龙之害。”从中我们可以看出，古人用的也是“文身”。至于“纹身”，应该是人们对“文身”的误用。

正:劈头盖脸
误:辟头盖脸

【错例】

①姚晓明气得脚都发软,大清老早,辟头盖脸地被骂了一顿,而且不容分辩,这官实在不是人当的。(《中篇小说选刊》1988 年第 3 期第 12 页)

②一阵阵心火压抑不住,刚要争辩,雪瑛那冷嘲热讽带芒带刺的粗话又辟头盖脸地向他砸来。(巴一《淮北往事》,《北京文学·中篇小说月报》2003 年第 12 期第 72 页)

【辨析】

"劈头盖脸"就是正对着头和脸盖下来,形容来势凶猛。劈:正对着。需要指明的是,"劈头"一词作开头、首先解释时,也可写作"辟头",但在表达来势凶猛之义时,不能写作"辟头盖脸"。

正:牝鸡司晨
误:牝鸡伺晨

【错例】

我从一本"戏说"的《清宫十三朝演义》中,似乎看出了点答案。书上引用了当时无名氏的一首诗,诗云:/满清至斯国运剥,/牝鸡伺晨家之索。/曩昔武后是前车,/妇人当国亡此祚……(《走出定东陵——对慈禧太后的复述》,《大地》2002 年第 5 期)

牝鸡司晨

【辨析】

牝鸡司晨:母鸡报晓。旧时比喻妇女窃权乱政。牝鸡:母鸡;司:掌管。司晨:报晓。不能写成"伺晨"。

《尚书·牧誓》:"牝鸡无晨。牝鸡之晨,惟家之索。"

京剧电视连续剧《风雨同仁堂》第七集里,汉奸黄维廉到同仁堂大掌柜刘某家,想用两千两银子收买同仁堂的延寿长生酒秘方,遭到了掌管同仁堂的乐大奶奶的严词拒绝。剧中人的对话、唱词都有字幕,其中有一句为:“同仁堂眼下可是病鸡司晨哪。”“病鸡司晨”让人莫名其妙。其实,这里的“病鸡”是“牝鸡”之误。

正:迫不得已
误:迫不得己

【错例】

①一些家长称,他们住帐篷也是迫不得己。他们大多来自河南省、河北省的贫困地区。(陶婵《患儿家属冒低温医院“露营”》,《京华时报》2005 年 11 月 8 日第 A8 版)

②伯南克为自己辩护说,在去年的情况下,美国政府出手救它是迫不得己,就像邻居的房子着火,首先必须要灭火,再谈对邻居的处罚。(《美争论“华尔街国有化”提议》,《环球时报》2009 年 3 月 26 日)

【辨析】

迫不得已:被逼得没有办法,不得不这样。不能写成“迫不得己”。

正:迫不及待
误:迫不急待

【错例】

①她没有像往常那样一见她就迫不急待扑了上来,而是慢慢的,安安静静走了过来,她很少这样。(肖钢《红房子》,《中国作家》1994 年第 6 期第 72 页)

②“这几天你猫哪儿去了,我工作的事儿怎么办?”沙博迫不急待地问。(孙砺《皮甲克党人》,《小说家》1986 年第 1 期第 62 页)

③那天的黄昏,青树坪的枪声尚未完全平息,华中军政长官公署的“永丰大捷”战报已经拟好,迫不急待地交给参战飞行员,用机上电台发往台湾空军总部。(张嵩山、朱克岩《渴望决战》,《昆仑》1997 年第 1 期第 74 页)

④柏德迫不急待地扑上前去，连连叫道："爸爸，爸爸！我是柏德呀！……"柏德强忍悲愤，抑制住自己的感情。(《中将王尚荣的"风雨"爱情》，《大地》2002年第4期)

⑤在很长的一段时间内，每当田径场上或是篮球场上有一些新人冒头的时候，就会被人们迫不急待地冠以"小刘翔"或是"小姚明"之类的称号，这也正说明体坛是多么需要再有刘翔和姚明这样的明星升起。(罗俊《中国体育的两条腿》，《人民日报海外版》2009年7月8日第8版)

【辨析】

急迫得不能再等待，称为"迫不及待"。"不及待"，是不能再等待；"不急待"，是不着急等待，两种说法意思正相反了。因此，不能写作"迫不急待"。

正：破釜沉舟
误：破斧沉舟

【错例】

令人奇怪的是，即使大比分落后，中国队员依然不急不躁，不敢破斧沉舟，压出去打。任凭瑞典队员在后场从容倒球，也不全线压上，上前凶狠逼抢。看着米卢不断挥舞的压上的手势和焦急的神态，与队员麻木的面孔和迟缓的动作形成强烈的反差。(王振《失望的结果　难看的过程》，《江南时报》2001年2月18日第5版)

【辨析】

"釜"就是锅。"破釜沉舟"，意思是下定决心，不顾一切干到底。语本《史记·项羽本纪》：项羽与秦兵打仗，过河后就让部队砸破铁锅，凿沉船只，表示不胜利不再回来。

斧：斧头。写作"破斧沉舟"，字面意思变成了用破斧头凿沉船只，。与成语原意相去甚远。

正：破涕为笑
误：破啼为笑

【错例】

①外婆、外公眼疾手快,每次都飞奔过来抱起宝宝柔声轻哄,并满足她各种稀奇古怪的愿望,直到宝宝破啼为笑。(杨红筑《“收拾”宝宝的坏脾气》,《健康时报》2007 年 10 月 29 日第 12 版)

②泪花还挂在脸上,她已破啼为笑,所谓带露牡丹开。(叶倾城《小年的新丫丫》,《讽刺与幽默》2008 年 7 月 11 日第 7 版)

【辨析】

破涕为笑:一下子停止了哭泣,露出笑容。形容转悲为喜。涕:眼泪。不能写成“啼哭”的“啼”。

正:破绽百出
误:破锭百出

【错例】

陆平回来了。空着双手,表情轻松的(应改为“地”)回来了。他向众人撒谎,有朋友找他玩,他出去了。虽然他自己都觉的(应改为“得”)破锭百出,但人们心里都知道是怎么回事,也就不再往下问了。(落魄书生《牢》,榕树下网站 2010 年 4 月 19 日)

【辨析】

破绽:衣被靴帽等的裂缝;比喻说话做事漏洞非常多。破绽是指衣被靴帽等的裂缝,应该是“纟”旁的绽,而不是“金”旁的锭。因此,应该写成“破绽百出”,而不是“破锭百出”。

此成语出自宋朝李侗《李廷平集·答问下》:“却回头看释氏之书,渐渐破绽百出。”

正:扑朔迷离
误:扑簌迷离

【错例】

①犯罪嫌疑人和被害人是否熟悉？为何对花季少女下如此毒手？作案后又为何焚尸灭迹？……一条条线索织就起扑簌迷离的迷宫，等待警方正义之剑一一破解。（卢嫈、王志高《花季少年缘何走上不归路?》，《江南时报》2009 年 10 月 22 日第 16 版）

②那几经修葺完善的伟人故居，那碧波荡漾的池塘，那典雅质朴的毛氏宗祠，那扑簌迷离的滴水洞……都在向我演绎着毛泽东当年那丰富而又颇具传奇色彩的人生经历。（张辉《伟人故居行》，《滁州日报》2008 年 9 月 24 日第 A3 版）

③坐上飞船后，起先漆黑一片，突然随着风驶（应改为“驰”）电掣的高速运转，头顶出现明亮的夜色，眼前出现异彩缤纷的宇宙星际奇特风景。有不同远近的星星，有不同形状的行星卫星，有一闪而过的流星，还有拖着长尾巴的慧星随着过山车的不同角度和速度，显得变化万端，扑簌迷离。（何永顺《迪斯尼游记》，《宣城日报》2010 年 9 月 28 日第 A5 版）

【辨析】

扑朔：犹言扑腾，乱动的意思。迷离：眼睛迷起。扑朔迷离：形容事物错综复杂，不易看清真相。不能写成“扑簌迷离”。

《乐府诗集·横吹曲辞五·木兰诗》：“雄兔脚扑朔，雌兔眼迷离，双兔傍地走，安能辨我是雄雌。”

正：铺天盖地
误：扑天盖地|辅天盖地

【错例】

①三妹和老刘三天前离开他家不久，暴风雪便扑天盖地袭来，接着是数小时的昏天黑地，十米之外的一切全被那风雪淹没了。（马儿《雪灾》，《萌芽》1994 年第 9 期第 4 页）

②阳光扑天盖地砸落而至，天空浮云如丝，毫无遮拦，连些许的风都滞留凝固在空中，似化未化。在这个天气里约会无疑是糟糕的。（叶舟《徒手》，《人民文学》

1995年第6期第79页)

③你想把这里当成你补充给养的宿营地,你需要补充亲情和温暖对身体进行休整,你已经酝酿好了情绪和感情,你等着这温暖和亲情扑天盖地向你扑来。(刘震云《故乡面和花朵·娘舅》,《作家》1998年第2期第42页)

④随着“脑黄金”广告扑天盖地而来,巨人集团不仅渡过了资金周转难关,1个亿的广告也换回来近10亿元的收入。(石磊《史玉柱的十年征途》,《环球人物》2008年第19期)

⑤只要有发展前景极好的种养项目,售种、卖种者很快就会辅天盖地,其中究竟有多少销售合格的种子、种苗的单位呢?(孙红《选好种养项目有学问》,《市场报》2001年12月26日第6版)

【辨析】

作声势大、来势猛、到处都是解释时,写作“铺天盖地”。“铺”是把东西展开或摊平,“扑”是用力向前冲,二者意思很不同,不能用混。为防止将“铺”错写成“扑”,可联想有“铺盖”一词,而没有“扑盖”一词。“铺”与“盖”是对应的。“铺”也不能写成“辅”。

Q

正:欺上罔下
误:欺上惘下

【错例】

但夏瑚却被当地劣绅诬告陷害以“浮职滥报、欺上惘下”之罪革职。(宋永平《怒江最早的三部地方志》,云南日报网 2008 年 8 月 7 日)

【辨析】

欺上罔下:对上欺骗,博取信任;对下隐瞒,掩盖真相。罔:蒙蔽。不能写成“欺上惘下”。为防止写错,可联想到,有“欺罔”一词,而无“欺惘”之说。

正:欺世盗名
误:欺市盗名

【错例】

①要认识到,因为工作没有做好,有的出现“硬伤”,摘牌是理所当然的;不摘,则是欺市盗名,对人民群众不好交代。(《读者论坛》,《人民日报》2007 年 1 月 23 日)

②云南过桥都餐饮策划发展有限公司董事长陶鑫国从外地赶回昆明,代表本土米线行业发出声音:如果成都白家执意要在其生产的干包装米线上打“过桥”印记销售,那么在其产品面市时,我们云南本土有影响力的绝大多数米线企业,将会在全国媒体上发表联合声明——“白家生产的云南方便过桥米线根本不是‘云南过桥米线’,那是欺市盗名,因为‘云南过桥米线’是有营养的,而干米线不具备对人体的适宜营养”。(肖宇辉《过桥都有意在全国媒体公开声明:“白家米线”不是

"云南过桥米线"》,《昆明日报》2008 年 5 月 29 日第 B1 版)

【辨析】

欺世盗名:欺骗世人,窃取名誉。不能写成"欺市盗名"。

正:奇形怪状
误:奇型怪状

【错例】

①我指着那个奇型怪状的瓶子说,就是它吧,米米是个没有主意的人,她从小就什么都听我的……(雪小禅《暗恋是如此寂寞悲凉》,《兰州晚报》2005 年 8 月 22 日第 B7 版)

②岛上拥有亚洲最美的海滩,附近还有许多奇型怪状的小岛、钟乳石洞、天然洞窟等自然景观,沿岸的海水清澈湛蓝,海底世界更是美不胜收。(李丹丹、王嘉飞《普吉岛:享受"5S"海岛生活》,《中山日报》2009 年 5 月 12 日第 C3 版)

【辨析】

奇形怪状:不同一般的,奇奇怪怪的形状。不能写成"奇型怪状"。

正:奇装异服
误:奇妆异服

【错例】

我记得当时队里面规定不许谈恋爱,不许抽烟,不许奇妆异服,不许化妆,不许戴项链,不许烫头发,很多规定,我算了一下,几乎每一个都跟我沾边,像我这样的刺头,不批我批谁呢。(《曹燕华新浪聊天:王励勤技术无敌应多点阿 Q 精神》,新浪网 2005 年 5 月 2 日体育频道)

奇装异服

【辨析】

奇装异服:比一般人衣着式样特异的服装(多含贬义)。不能写成“奇妆异服”。

正:气冲霄汉
误:气冲宵汉

【错例】

①忠贤祠两廊和前面石长廊雕刻,悬挂“丹心贯日”“气壮山河”“正气冲宵汉”“雄风镇海门”等赞颂文天祥的诗句。(陈耀城《一峰莲石砺贞忠》,《南方日报》2008年4月13日第A11版)

②聚集历史,扫描现实,关注热点,揭露问题……翻开今天的《金胶州》报纸,字字气冲宵汉,篇篇令人回肠荡气!(栾敏《平面媒体:高扬旗帜奏强音》,胶州新闻网2009年10月1日)

【辨析】

气冲霄汉:形容魄力非常大。霄汉:指天空。不能写成“宵汉”。

正:气喘吁吁
误:气喘嘘嘘

【错例】

①一个身穿破旧工作服、两只袖口用细电线扎起来的小伙子闯上来,气喘嘘嘘的,当他抬手撩开披散在额前的长发时,脑门上立刻留下一块乌黑的油迹。(母国政《他们相聚在初冬》,《收获》1981年第4期第78页)

②轰!不是“炮”响,而是房门又撞开了,马得水气喘嘘嘘跑进来,后面还坠着一条“尾巴”,韩鼎。(王剑《纵深地带》,《收获》1984年第5期第47页)

③我是穿了双半高跟皮鞋上山的,三里石梯没爬到一半,右鞋后跟就松动了,好容易爬到鲫鱼背,早已气喘嘘嘘,外加一身大汗。(奚青《人约离婚时》,《长城》

1989 年第 2 期第 33 页)

④上山的小路又陡又窄,而且仅有一条路。痕攀住路边的乱藤和野草往上爬,毕竟已年近五十,动作不那么利索,一会儿他就气喘嘘嘘了。(残雪《痕》,《人民文学》1994 年第 1 期第 42 页)

⑤那对农村夫妇连声道谢,下了车往 65 路站点走去。"等一等!"小郭又气喘嘘嘘地追上来,把她随身携带的花露水递到孩子母亲手中。(康福军《司乘女明星》,《中国工运》1996 年第 3 期第 32 页)

⑥所以,不要看不起小小的病毒细菌,它们把不可一世的罗马帝国折磨得气喘嘘嘘,不堪重击。(丁学良《几次大瘟疫改变西方文明史》,《人民文摘》2003 年第 6 期)

【辨析】

"吁吁",形容出气的声音,与"气喘"组词后,指呼吸急促,大声喘气。"嘘"表示慢慢出气的意思,如慢慢嘘气,所以不能写"气喘嘘嘘"。

正:气势汹汹
误:气势凶凶

【错例】

①许老汉把再婚的想法提出后,儿媳撒泼嚎啕大哭,儿子气势凶凶地责问:"你是钱多烧的怎么? 这么大把年纪,作啥孽?"(《中国老年》1990 年第 12 期第 12 页)

②因当事人当时无现款,打了欠条。可等到第二天就变了卦,村民们气势凶凶地找到何海庭要欠条。(《民主与法制》1992 年第 1 期第 6 页)

③这天早晨民产生了几百年也走不完这条路的感觉,小道两边的尖着头的长茅草在民看来好像一把把挺起的刺刀,林立着,显一种气势凶凶的样子。(陈琳《恣意辉煌》,《东海》1995 年第 1 期第 18 页)

④果然,就在消灭石村大佐后的第二天,阿部规秀亲率日军气势凶凶地扑向涞源,欲寻我八路军的主力决战,以挽回所谓"皇军的体面"。(柯泽《杨成武率部击毙"名将之花"阿部规秀》,《人民文摘》2004 年第 3 期)

⑤一条警犬看到马路上过来一条普通狗,就气势凶凶地跑去质问它:我是警

犬,你是什么东西?(《便衣》,中山网 2008 年 6 月 20 日)

【辨析】

形容气势凶猛的样子,称为“气势汹汹”。“汹汹”本义是水声大,“氵”做义符。后多表示声势很盛的样子,含贬义。不要以为这个成语的意思是气势凶猛就把“汹汹”写成“凶凶”。

正:弃之敝屣
误:弃之敝履|弃之鄙履

【错例】

①她喃喃地说,从前是校长现在不是了,那现在是爱人呢,将来不也会弃之敝履么?(张廷竹《远土已黄,近草更绿》,《当代》1993 年第 6 期第 25 页)

②看着我们的辛苦所得成了这些身外之物,兴致所来被小女儿视为掌上明珠,爱好转移又弃之鄙履,也曾试着给她讲过节俭的道理,女儿总是振振有词:“现在是消费时代。”(郭军《小女“当家”》,《北京日报》1999 年 4 月 10 日第 6 版)

【辨析】

敝屣:破旧的鞋,比喻没有价值的东西。成语常说弃之敝屣,义为像扔掉破鞋一样将其抛弃,比喻毫不可惜。《孟子·尽心上》:“舜视弃天下犹弃敝屣也。”明·赵弼《三贤传》:“子食汉禄三世,而一旦弃之敝屣。”“履”,也是鞋的意思,但构词的稳定性不容许写作“弃之敝履”。“敝”表破旧,“鄙”表粗俗。“鄙履”不能成词,表示不了“破旧的鞋”的意思。

正:恰如其分
误:恰如其份

【错例】

①安琼的无邪的天性和她的超凡脱俗的品格拯救了我们,使我们心中郁结窒闷的一团在那一天的傍晚时分终于化解,重新变得轻松愉快,充满活力,恰如其份

地表现了我们以往的幽默、诙谐和睿智。（谭甫成《水之华》，《特区文学》1995年第4期第20页）

②哦，大师，您无须斟酌分寸的悼词，那著作等身已对您的人格、学问作出了恰如其份的评价与诠注……（陈菲《哦，大师》，《散文天地》1999年第4期第44页）

③作为一家大报的评论者应以充分的调查了解、以实事为依据才能谈上恰如其份的论点，对漫画界才有帮助，如果只是走马看“画”就匆忙地发表如此重要的论断，是否有些轻率武断？（方楠《“漫画老化”了？》，《讽刺与幽默》2001年7月5日第2版）

【辨析】

办事或说话正合分寸，称为“恰如其分”。“分”，指限度。“份”，整体里的一部分，不能写成“恰如其份”。

正：千锤百炼
误：千锤百练

【错例】

资格认证还要千锤百练　（蔡闯、李宁宁《教师门槛高了》，《市场报》2001年5月13日）

【辨析】

千锤百炼：比喻经历多次艰苦斗争的锻炼和考验。也指对文章和作品进行多次精心的修改。不能写成“千锤百练”。

正：牵马坠镫
误：牵马坠凳

【错例】

书文一双泪眼望着蝴蝶，一屈腿，跪在了蝴蝶面前……说：“姑娘，我来世做牛做马报答你的恩情，到那时，你高高在上，我给你牵马坠凳。”［张艳荣《你用战剑翻

耕土地》,《小说月报》2009 年增刊原创长篇小说专号(3)第 116 页]

【辨析】

错例中的“凳”错了,应当用“镫”。凳:形声字,从几登声,登兼表义。现代意义是有腿没有靠背的、供人坐的家具。常用词有:板凳、条凳、方凳、冷板凳、坐冷板凳、老虎凳。镫:也是形声字,从钅登声,登兼表义,指挂在鞍子两旁供脚登的东西,多用铁制成。常用词有:马镫、拉马坠镫、牵马坠镫、镫里藏身。“牵马坠镫”与“拉马坠镫”同义,指牵着马,扶着镫,好使人骑上去。比喻恭恭敬敬地为人服务。

正:前倨后恭
误:前据后恭|前踞后恭

【错例】

①雍正派出以穆香阿为首的十名三旗子弟充任大内一等侍卫,护送胤禟,到西北去历练。年羹尧前据后恭,胤禟借机行贿。(佚名《雍正王朝》,《中国电视报》1999 年 1 月 25 日第 8 版)

②母亲非常擅长朗诵。在昆明时期,我大概只是小学二年级,她教我《唐雎不辱使命》,自己读给我和姐姐听。一篇古文,被她读得绘声绘色:唐雎的英雄胆气,秦王前踞而后恭的窘态,听来简直似一场电影。(梁从诫《母亲林徽因的流亡生活》,《文摘报》2004 年 9 月 23 日)

③而在这种前踞后恭的态度背后,则是几十年来形成的如同铁板一块的文学体制,一碗“坚硬的稀粥”。(拇姬《重赏之下必有好作家吗?》,《新京报》2008 年 3 月 6 日第 C2 版)

④主犯伍勇昨日的态度可谓“前踞后恭”。庭审伊始,法庭询问伍勇姓名、籍贯等问题,伍勇极不耐烦:“拒绝回答,直接判我,免得耽搁时间。”(《主犯当庭翻供:“我不曾杀人”》,《辽沈晚报鞍山版》2009 年 11 月 25 日第 B2 版)

【辨析】

开始傲慢而后来恭敬,称为“前倨后恭”。此词最早出自《史记》卷六九《苏秦列传》:“苏秦笑谓其嫂曰:‘何前倨而后恭也?’”倨:傲慢。不能因为形近音同而写作“前据后恭”和“前踞后恭”。

正:前仆后继
误:前扑后继

【错例】

而几年后,前扑后继般爆发在海南和三亚的房地产泡沫的破灭,让我们又一次心惊肉跳。(魏雅华《假如我们放纵房价上涨——评博鳌“中国房地产发展前景”论坛》,《大地》2005 年第 9 期)

【辨析】

前仆后继:前面的倒下了,后面的紧跟上去。形容不怕牺牲,英勇斗争。仆:倒下;继:接着,跟上。仆,不能写成“扑”。

正:前仰后合
误:前仰后和

【错例】

看吧,我们有时自己滑,一不小心摔倒了,这个前仰、那个后和;这个蹲了个屁股蹲、那个跌了个大马趴。(伊玢《美丽的故乡》,《长河晨刊》2009 年 1 月 12 日第 11 版)

【辨析】

前仰后合:身体前后晃动。形容大笑或困倦得直不起腰的样子。不能写成“前仰后和”。

正:强颜欢笑
误:强言欢笑

【错例】

可是,她,她除了强言欢笑,给项羽宽心解闷儿,鼓舞士气,她还能怎么办?(方

如《看大王》,《十月》2010 年第 3 期第 111 页)

【辨析】

强颜欢笑:勉强地做出欢笑的样子。颜:脸;脸上的表情。写作言语的“言”,是误用了同音字。

正:敲诈勒索
误:敲榨勒索

【错例】

①这些大洋之所以一直放在祖父手里,是因为祖父回到竹皮寺时,胡森的母亲和那些嫡系亲戚不堪忍受汉奸们的敲榨勒索,已于头一年年底沿陆路逝往四川,不知何故,从此不见归来。(刘醒龙《爱到永远》,《收获》1997 年第 5 期第 146 页)

②十四岁那年,他们家乡遭到百年不遇的大旱。地主老财趁机敲榨勒索,强占了他们家仅有的二亩水田。(宋树根《鸟林渡》,《清明》1998 年第 1 期第 179 页)

③元代官吏凭借权势,公开巧取豪夺,敲榨勒索,胜过历代王朝。(偶春之《清官戏》,《中国老年报》1995 年 8 月 2 日第 4 版)

【辨析】

依仗权势或用威胁、欺骗手段,向别人索要财物,称为敲诈勒索。诈:欺骗。榨:压出物体里的汁液。写作“敲榨勒索”是误用了形近的同音字。

正:乔装打扮
误:巧装打扮

【错例】

①当地村民的帮助下巧装打扮化名李梅青,扮成一位房东大婶的。“儿媳妇”,躲过了日本鬼子的搜索。(刘新国等《胶东抗日地下医院揭秘》,《烟台日报》2005 年 7 月 25 日)

②稗草和水稻是一对孪生姐妹,童年时期,它们一样的翠绿,一样的茁壮成长,

父亲无法辨识。大约在春夏之交,身披翠绿衣的稗草现形了。尽管稗草还在巧装打扮,父亲还是一眼识破伪装。(顾万胜《稗草》,《池州日报》2009 年 3 月 12 日第 12 版)

【辨析】

乔装打扮:指进行伪装,隐藏身份。乔装:改变服装、面貌;打扮:指化装。不能写成"巧装打扮"。

正:螓首蛾眉
误:秦首蛾眉|螓首娥眉

【错例】

①"手如柔荑,肤如凝脂,领如蝤蛴,齿如瓠犀,秦首蛾眉",这是个欲望充斥灵魂的年代,梦里梦外,我无数次惊羡庄姜之美,揽镜自照,默然感慨"身体发肤,受之父母"的无可奈何。(应江莉《与<诗经>邂逅》,《绍兴文理学院报》2008 年 4 月 25 日)

②螓首娥眉"绣"美出尘——女性夏季文眉、绣眉正当时 (潘雯瑜,《南国早报》2010 年 6 月 11 日第 74 版标题)

【辨析】

螓首蛾眉:宽宽的额头,弯弯的眉毛。形容女子容貌美丽。螓:蝉的一种。螓首:额广而方;蛾眉:眉细而长。不能写成"秦首蛾眉"或"螓首娥眉"。

正:青红皂白
误:清红皂白

【错例】

①不分清红皂白地指责女色、肉欲,则是图解"女人祸水论""万恶淫为首"的儒家教条。(《名作欣赏》1991 年第 5 期第 79 页)

②于是,某些警察在面对执法对象时,常常是先来一个下马威,不分清红皂白,

让你尝尝厉害,“抗拒从严”嘛。(晓懂、孙北利《暴力取证:冤案的祸首》,《时代潮》2003 年第 4 期上)

③不一会,十几名学生先出学校,紧跟着一波一波的学生冲出校门,周俊等 5 人一言不发,抽出大刀冲入学生人群中不问清红皂白见人就砍,学生们用鹅卵石、扫帚、板凳还击,一阵刀光血影的追砍后,造成许多学生受伤。(孟军《五“刀客”校园门前逞凶》,《江南时报》2001 年 7 月 21 日第 1 版)

④在治疗妇女不孕症过程中,胥受天发现有很多妻子在替丈夫“背黑锅”。有一次,一对夫妇结婚三年多未孕,男方不分清红皂白提出离婚。女方经多方检查均无异常,胥老凭着多年临床经验,判定不孕原因在男方。(殷文静、梁杰《想为患者看病到百岁》,《江南时报》2009 年 1 月 16 日第 17 版)

⑤母亲对我很溺爱,直到现在也是。每次和妻子吵架,母亲从不问清红皂白,一律站在我这边。(余国璋《糖衣炮弹》,《上饶日报》2010 年 12 月 28 日第 6 版)

【辨析】

作比喻是非、情由等解释,写作“青红皂白”。这个成语是由表示颜色的青(此处指绿)、红、皂(黑)、白四字组成的。因此,不能用不是表示颜色的“清”字代替“青”字。

正:轻歌曼舞
误:轻歌漫舞|轻歌慢舞

【错例】

①解脱了一切羁绊/如吐絮的柳枝/轻歌漫舞/思想也趾高气扬了 (杨孔翔《三月的心情》,光明网 2006 年 4 月 29 日每日一诗)

②华夏今宵,轻歌漫舞,神舟揽月巡天。和谐万里喜空前。同庆贺,举杯纵酒,奇迹创,伟业无边,东风劲、催花育蕾,奥运呈欢。(郭淑芹《潇湘夜雨 建国六十年感慨》,《四平日报》2009 年 9 月 28 日第 B5 版)

③轻歌慢舞庆新年 (王蕾,《贵阳日报》2010 年 1 月 31 日第 A8 版)

【辨析】

轻歌曼舞:音乐轻快,舞姿优美。不能写成“轻歌漫舞”或“轻歌慢舞”。

正:情不自禁
误:情不自尽

【错例】

①顿时,室内弥漫着一股无法想象的穿透力,它会让你情不自尽地顺手抓起一个酱土豆扔到嘴里。(黄文祥《酱土豆》,《鞍山日报》2010 年 4 月 27 日第 B5 版)

②我在古城西安南城墙根儿土生土长 70 载春秋。每当我在环城公园看到自乐班唱秦腔时,情不自尽就想起 50 年前过年听秦腔的情景。(鲁迁《秦腔声中过春节》,《西安日报》2011 年 2 月 16 日第 8 版)

【辨析】

情不自禁:感情激动得不能控制。强调完全被某种感情所支配。禁:抑制。不能写成"尽量"的"尽"。

正:情有独钟
误:情有独衷

【错例】

①周冰倩的嗓音深沉中略有忧郁,痴情中溢满真情,使她的歌声具有穿透力。曾成功地推出邓丽君的日本最大的唱片公司 JVC,对她情有独衷,今年初特地为她制作了第一张华语专辑《沧桑情歌》,同时在中国和日本推出。(孙旭红《沧桑情不变》,《科技日报》1995 年 11 月 19 日第 4 版)

②当记者问及为什么对打造民族企业情有独衷时,胡国安深情地说,民强则国强,而现在绝大多数的人处在亚健康状态,健康问题严重制约着国家的发展。(任合一《绿之韵,流淌的律动》,《大地》2006 年第 8 期)

③据饭店员工介绍,宋美玲(应改为"龄")晚年侨居美国,依然对红豆糕情有独衷,每逢她的生日,圆山饭店的员工还专门从台湾打包,送到美国。(徐文华《台北圆山饭店:打出名人牌》,《人民日报海外版》2008 年 11 月 27 日第 8 版)

【辨析】

作感情专注于一人、一物等解释时,写作"情有独钟"。钟:(感情)集中。衷:内心。衷情:内心的感情。说"互诉衷情"可以,说"情有独衷"则词义不通。

正:情有可原
误:情有可愿

【错例】

普通群众吃不到嘴里情有可愿,难道我们这些堂堂的大队干部也不能白吃吗?那不翻了天了!(张宇《李子园》,《收获》1984 年第 5 期第 155 页)

【辨析】

情有可原:按情理,有可原谅的地方。原:原谅。不能写成"情有可愿"。

正:罄竹难书
误:馨竹难书|磬竹难书

【错例】

①侵华日军对我国人民以及亚洲各国人民所犯下的罪行,馨竹难书。(宫曙光《苏智良与中国慰安妇的沉重话题》,《大地》2001 年第 18 期)

②"岂止是猫腻?罪恶大了,磬竹难书哩!"这时候,越是开邪乎点儿的玩笑,把自己说得罪恶滔天,越是能化解矛盾,衬托出没什么大事。(肖复兴《长发》,《海峡》1994 年第 4 期第 83 页)

③在《工业精神》这本书中,马丁·布思引述过威廉·亨利的诗歌,它可以不断地给你以思想上的启迪:"它与最初如何艰难迈入大门无关,与如何指控磬竹难书的罪恶无关,我是我的命运的主人:我是我的精神的统帅。"([英]东尼·博赞《生活愿景与目标》,《书摘》2006 年 2 月 1 日)

【辨析】

罄:器皿中空,用尽;竹:竹简,古代的书写材料;罄竹:把竹简用光了。罄竹难书:多用以形容罪大恶极,比喻罪恶事实多得写不完。

“磬”与“罄”均读作 qìng。“磬”从石,《说文》的解释是“乐石也”。古代的一种打击乐器“罄”从缶——缶即盛酒用的瓦罐,《说文》的解释是“器中空也”。引申为尽、竭之义,如“罄南山之竹,书罪无穷;决东海之波,流恶难尽”(《旧唐书·李密传》)。成语“罄竹难书”即源于此。

将“罄竹难书”写作“磬竹难书”当然不对,写作“馨竹难书”也不行,“馨”,散布得远的香气,不能与“竹”组词。

正:穷兵黩武
误:穷兵赎武

【错例】

伊拉克本是中东一个盛产石油、资源丰富的富国。但自萨达姆推翻国王统治接管政权后,却穷兵赎武,毁灭性打击,富国由此变成穷国,人民生活苦不堪言。(王若谷《有感于萨达姆写小说》,《江南时报>2004 年 12 月 17 日第 3 版)

【辨析】

穷兵黩武:随意使用武力,不断发动侵略战争。形容极其好战。穷:竭尽;黩:随便,任意。不能写成“赎买”的“赎”。

正:茕茕孑立
误:茕茕子立|茕茕孓立

【错例】

①这种人……,往往也是个能言善辩却“茕茕子立、形影相吊”、周围人敬而远之者。(《应对职场十种讨厌的人》,杭州网 2005 年 7 月 27 日)

②但是如果终身不能找到自己的所爱,茕茕孓立,形影相吊呢,他或她还不是要度过自己的一生么。(李苏明《读秋》,《菏泽日报》2008 年 11 月 9 日)

【辨析】

茕茕孑立:孤身一人。形容一个人无依无靠,孤苦伶仃。不能写成“茕茕子立”和“茕茕孑立”。

正:曲意逢迎
误:曲意奉迎

【错例】

①说到底,我喜欢杰克逊,那位曲意奉迎的犹太佬,是享受不到政治家的幸福的。(《收获》1986 年第 2 期第 194 页)

②雪儿小语:真性情永远好过假伪善,所以曲意奉迎总是令人敬而远之,不善辞令倒总让人觉得稚拙可爱呢。(赵赵《不会说话》,《京华时报》2002 年 3 月 6 日第 20 版)

③在这里,齐少嫣将自己的优势发挥得淋漓尽致,她曲意奉迎每一位来吃饭的官员,满足他们的一切要求,她亲热并且暧昧地叫他们“哥哥”。(《女房地产商震动抚顺政坛》,《江南时报》2007 年 7 月 23 日第 6 版)

【辨析】

违反自己的本意去迎合别人的意思,叫做“曲意逢迎”。为什么不写作“奉迎”,而写作“逢迎”呢?这就要从“逢迎”的来历说起。该词最早出自《史记·项羽本纪》:“逢迎楚军。楚军大乱……”原意为冲击,后引申为奉承。虽引申为奉承,但不可写作“奉迎”。逢:迎,迎合。与“迎”组成“逢迎”,还是“迎合”之义。“迎合”和“奉承”词义不同。

正:屈指可数
误:曲指可数

【错例】

张导拍摄的广告片曲指可数,其效果相当突出。此次专程为 TCL 手机拍摄广告片意在为炽热的手机市场打响国产品牌的声誉。(《张艺谋金喜善牵手广告片》,《江南时报》2001 年 7 月 27 日第 8 版)

【辨析】

屈指:弯着手指头计算数目。屈指可数:形容数目很少,扳着手指头就能数过来。不能写成“曲指可数”。

正:趋炎附势
误:趋炎赴势|驱炎附势

【错例】

①封建保守派眼中的“假洋鬼子”,是那批“以夷变夏”的士林败类;而西化精英眼中的“假洋鬼子”,则是那些不学无术、趋炎赴势、蝇营狗苟的文化泡沫。(李兆忠《鲁迅与“假洋鬼子”》,《博览群书》2007 年 10 月 7 日中国文化版)

②在现实生活中,有人头脑发热,情绪浮躁,但记者不能。有人追风搞形式主义,记者也不能。有人驱炎附势,记者还是不能。(李梅、王慧《新形势下记者的社会责任》,昆明电视台网站 2008 年 6 月 17 日)

【辨析】

趋炎附势:奉承和依附有权有势的人。趋:奔走;炎:热,比喻权势。不能写成“趋炎赴势”,也不能用“驱赶”的“驱”代替“趋”。

正:阒无声息
误:阗无声息

【错例】

出宅子转转吧,如果不是周末,阗无声息,那里离主要的公路很远,离高速公路更有二十几分钟的车程,眼前的路径上不但看不到行人,连路过的汽车都没有。(刘心武《“声命线”》,《中华工商时报》1998 年 11 月 12 日第 8 版)

【辨析】

作没有声音解释时,写作“阒”。阗:充满。“阗无声息”不成词。

正:全军覆没
误:全军复没

【错例】

……发起三次反共高潮,制造亲痛仇快的"皖南事变",使新四军几乎全军复没。(张友坤《西安事变的动因与影响再探索》,中国青年网 20110 年 1 月 20 日)

【辨析】

全军覆没:整个军队全部被消灭。比喻事情彻底失败。"覆"并未简化为"复",不能写成"全军复没"。

正:全神贯注
误:全神惯注

【错例】

……他们坐在了离八一中安女篮教练席不远的一角,全神惯注地看着比赛,偶尔还能见到杰胜和大卫耳语几句,似乎在讨论些什么。(许倩《大卫、杰胜充当看客》,《江南时报》2002 年 3 月 16 日第 7 版)

【辨析】

全神贯注:全部精神集中在一点上。形容注意力高度集中。贯注:集中。不能写成"惯注"。

正:却步不前
误:怯步不前

【错例】

我站在那里,怯步不前,不断拷问心扉:你为此做了些什么?你到底是属于哪一种文化心态的书生?(陆士虎《江南大宅门》,《国际金融报》2004 年 8 月 16 日第

12 版）

【辨析】

却步：因畏惧或厌恶而向后退。无“怯步”一词。

正：群贤毕至
误：群贤必至

【错例】

3 日晚，萧山剧院高朋满座，群贤必至，欢声、掌声、音乐声压住了门外那个下着寒雨的冬夜……（李乍虹、洪科《46 年，在艺术的世界里演绎美丽》，《萧山日报》2010 年 2 月 8 日第 15 版）

【辨析】

群贤毕至：指贤能者齐集，济济一堂。毕：全。写成“群贤必至”，字面意思变成了众贤能者必须到，与成语原意不合。

R

正:惹是生非
误:惹事生非

【错例】

①她同情这个倒头姑,却也气嫌那个破嘴,经常惹事生非。(陆昭环《胭脂碧》,《当代》1987 年第 5 期第 115 页)

②原来这种电子跳舞音乐具有教化之功,可以使青少年沉湎于不关心政治的娱乐,不去惹事生非,能让当局腾出手来对付新法西斯光头党徒。(邵燕祥《戏说音乐》,《啄木鸟》1995 年第 3 期第 138 页)

③待我和小弟都不再撒娇的时候,父亲以为可以喘口气了,谁知年幼无知的我们,总是憋着劲儿与父亲过意不去,旷课逃学,惹事生非。(朱伟《路遇父辈》,《家庭》1995 年第 3 期第 35 页)

④以后他本人受了罪,文坛也跟着受罪,因为他自己写不出好作品来,看见别人能写就生气,就惹事生非,"没有运动盼运动,不搞运动不会动。"(蒋子龙《话说"职业期刊编辑"》,《作家文摘》1997 年 7 月 11 日第 8 版)

⑤华人自求多福、不想惹事生非的心态,某种程度上给作恶者以可乘之机。(关谯《侨领遇害说明了什么》,《人民日报海外版》2007 年 1 月 12 日第 6 版)

【辨析】

引起麻烦或争端,称为"惹是生非"。换言之,也就是"生出是非"。为避免将"是"错写成"事",可想到"非"与"是"互相对应。只说"惹事"时,才可以用"事",这个成语中必须用"惹是"。值得注意的是,另有一个成语叫做"无事生非",意思是:本来没有问题而故意造成纠纷。这里才写作"事"。

正:人才辈出
误:人才倍出

【错例】

数风流人物,还看今朝;三海岩前高考“井喷”,钦州风景这边独好;六峰山下人才倍出,荔乡江山如此多娇!(黄强《风景这边独好——看今天的灵山教育》,《钦州日报》2009年7月15日第4版)

【辨析】

人才辈出:形容有才能的人不断涌现。辈出:一批一批地出现。不要理解为人才成倍地涌现而写成“人才倍出”。

把“人才辈出”这一成语写作“人才倍出”的,不在少数。《现代汉语规范词典》在“辈出”词目下特别提示:“‘辈’不要误写做‘倍’。”清·李渔《闲情偶寄·词曲·格局》:“犹之诗赋古文以及时艺,其中人才辈出,一人胜似一人,一作奇于一作。”冯友兰《三松堂自序》:“当时已经是五四运动的前夕,新文化运动将达到高潮,真是人才辈出,百花争艳。”

正:人财两空
误:钱财两空

【错例】

①赌博,孕育着钱财两空;赌博,意味着家破人亡,我诚劝现在仍像我爸过去那样好赌的人,赶快收心,为了你的父母,妻子儿女,请不要再赌了!(王丽《赌博让我家破人亡》,《江南时报》2002年2月5日第2版)

②另外,许多华人语言不通的缺点也被犯罪分子给惦记上了:利用语言不通,对华人进行欺骗和敲诈。而华人往往在钱财两空之后才反应过来,为时已晚。(乔钟《盗与劫:华人的烦心事儿》,《人民日报海外版》2009年3月17日第6版)

【辨析】

人财两空:人和钱财都无着落或都有损失。不能写成“钱财两空”,因为“钱财”是一码事儿,即金钱,它损失了,只是“一空”,不是“两空”。

正:人杰地灵
误:地杰人灵

【错例】

①昆山地杰人灵,明代散文家归有光,爱国思想家、文学家顾炎武,著名教育家朱柏庐都是昆山人。(吴春明、王华清《昆山——昆曲的故乡》,《大地》2001 年第 19 期)

②江苏是文化大省,而南京一直享有地杰人灵、藏龙卧虎、人才济济的口碑,因而也有了国学之都的称号。(《方舟子博客话南京,徐韶杉直言自己的看法》,《江南时报》2007 年 6 月 8 日第 26 版)

【辨析】

人杰地灵:指有杰出的人降生或到过,其地也就成了名胜之区。杰:杰出;灵:好。不能任意颠倒词序,写成“地杰人灵”。

正:人尽其才
误:人尽其材

【错例】

①高洋领了科长的令箭,来到教工食堂,得到了一份人尽其材的工作:烧火。灶上十几口头号大锅全归在他的名下。食堂管理员开宗明义地告诉他,这份工作没有薪水;饭辙嘛,得自己去找。(曹康《看着我的眼睛》,《十月》1995 年第 2 期第 207 页)

②但如何人尽其材,是我们需要思考的问题。我们中部在用人机制,还有政策、环境等方面与沿海侨乡相比还有一些差距。(任成琦《“内陆侨乡”的吸引力》,《人民日报海外版》2009 年 3 月 12 日第 6 版)

③他教育和培养队员们“优胜劣汰,适者生存,能者上,庸者下”的危机意识,为大家创造平等的竞争机会,竞争答辩,优者上岗,使得人尽其材,物尽其用……

（杜娱《保安，神圣的职业》，《德州日报》2009 年 10 月 23 日）

【辨析】

人尽其才：每个人都可以充分发挥自己的所有才华与能力。这里的“才”不是指有才能的人，而是说人的才能。因此，不能用“人尽其材”。

正：人心惶惶
误：人心慌慌

【错例】

①前不久在贵阳发生了传媒称之为“空中客车偷袭贵阳”的怪事……结果，搞得贵阳城内人心慌慌，还真以为是外星人袭击了地球。（范立峰《发表“奇闻”应慎重》，《新闻出版报》1995 年 8 月 11 日第 1 版）

②主要是让大家统一思想，增强信心，避免人心慌慌，只要我们 2000 多名一把手不乱，全国就不会乱。（张聪《仰望星空与接地气的现实期待》，《大地》2008 年第 23 期）

【辨析】

人心惶惶：形容众人惶恐不安。“惶”和“慌”词义有细微差别，用法不同。惶：恐惧，害怕，常用词语有惊惶、惶惑、惶恐、人心惶惶；慌：紧张，心神不定，常用词语有心慌、恐慌、慌乱。

正：戎马倥偬
误：戍马倥偬|戌马倥偬

【错例】

①1955 年，名列榜首、被毛泽东主席授予共和国元帅军衔的朱德，伴着戌马倥偬生涯，他的家庭也和他波澜壮阔的历史一样，经历了几翻（应改为“番”）酸甜苦辣、几度悲欢离合。（李清华《朱德的女儿菲菲》，人物 ABC 网站 1996 年 5 月）

②他在戌马倥偬中，在日理万机时，也总是能挤出时间阅读大量书籍，并写下

了无数的经典文章，指引中国革命不断取得胜利。（张帆《领导干部应当带头读书写文章》，天山网2010年1月20日）

③就说左宗棠将军吧，他一介纠纠（应改为“赳赳”）武夫，在戎马倥偬、率兵打仗的艰辛岁月中，竟也能从想来并不怎么充裕的军费之中拨出2600两白银……（高俊才《柳湖与左宗棠》，《平凉日报》2003年5月7日）

左宗棠

【辨析】

戎马倥偬：形容军务繁忙。戎马：本指战马，借指军事；倥偬：繁忙。不能写成“戍马倥偬”和“戌马倥偬”。

“戊”“戍”“戌”“戎”等字，极易混淆。戊，本音茂，朱温避其曾祖讳改音wù，天干的第五位。戍，从人持戈，守边卫防，稍不留心就会写作“戌”。戌，从戊从一，地支的第十一位。不消说现代人，就是古时名家也会出错，颜真卿的《多宝塔碑》和王铎的书作中都有此错。戎，兵器总称。还有戉，古代兵器名。

有两句口诀可以帮助我们记忆这些形近字：点戍横戌十字戎，戊字里面空洞洞。

正：融会贯通
误：融汇贯通

【错例】

品茶是一种修养，一种境界，一种愉悦，通过对茶汤的“甘、香、滑、重”的鉴赏，融汇贯通对天地万物的认知，慢慢细细地品味出人生的百般滋味。（魏清潮《茶如人生》，《人民日报海外版》2009年2月26日第7版）

【辨析】

融会贯通：把各方面的知识或道理融合贯穿在一起，得到全面透彻的理解。融会：融合领会；贯通：贯穿前后。不能写成“融汇贯通”。

正:如出一辙
误:如出一辄|如出一撤

【错例】

①这既与金庸《射雕英雄传》"非有广济苍生的胸怀不能练就旷世武功"及《鸳鸯刀》"仁者无敌"的理念如出一辄,也与中国传统文化"天人合一"的精粹一脉相承——这也诠释了武侠小说家何以能博采众长、兼纳百川的根本原由。(袁永君《有容乃大》,《人民日报海外版》2004 年 1 月 9 日第 8 版)

②……又使央企无心主业,以投资赢利遮掩主营业务的萎靡不振,如当初的日本大企业关联持股、以土地作价抬高赢利指数如出一撤。(胡剑龙、张小龙《78 家不务正业央企退出地产业务》,《南方日报》2010 年 3 月 19 日第 A15 版)

【辨析】

如出一辙:好像出自同一个车辙。比喻两件事情非常相似。辙:车轮碾轧的痕迹。不能因为形近而错写成"辄"和"撤"。

正:如椽大笔
误:如掾大笔

【错例】

他在报上写了《这样子的宋子文非走不可》的檄文,以如掾大笔予以挞伐,硬是把宋氏逼下台……[《水浒英雄傅斯年》,《杂文月刊》2009 年第 9 期(上)]

【辨析】

椽:放在檩子上架着屋顶的木条。此成语义为像椽子那样大的笔,形容著名的文章,也指有名的作家。

"椽"是建筑材料,"掾"是官场中人,两者虽然形似,但意思风马牛不相及。

正:如法炮制
误:如法泡制

【错例】

可前些日子,老胡如法泡制,却惹得厂长发脾气,最后连“真门神”也当不成了。(《“门神”老胡》,《潮州日报》2010 年 5 月 1 日凤城夜话)

【辨析】

如法炮制:本指按照一定的方法制作中药。现比喻照着现成的样子做。

炮:加工中药的一种方法。把生药在热锅里炒,使它焦黄爆裂叫作炮。泡:物体较长时间放在液体中。“炮”“泡”声符都是“包”,但炮的义符为“火”,泡的义符为“水”。

炮制:用中草药原料制成药物的过程。方法是:烘、炮、炒、洗、泡、漂、蒸、煮等。制作过程中虽也有用水的,但统称为“炮制”。清·赵雨村《被虏纪略·虎口余生》:“我这药皆是从各省会上好药拣选出来,加以炮制,真是黄金难买。”加工中药,因与火有关,所以该用以“火”为义符的“炮”字。《现代汉语词典》立有“炮制”这一词条,而无“泡制”的身影。

正:如鲠在喉
误:如梗在喉|如骾在喉

【错例】

①戈革先生再三要求校对包括图片在内的全部文稿,但是出版社却始终没有交付图片的清样,自行开印并装订成书,图片次序严重错乱。这在要求不高的人来说,也许并不是一个不能容忍的错误。但是对于一个一生追求完美的人,则如梗在喉,如刺在背,羞于赠人。(田松《现代学者,古式文人——记科学史家、翻译家戈革先生》,《中华读书报》2004 年 4 月 14 日)

②考完后,听几个女生窃窃私议“我提前在耳孔里塞了点棉花,除噪效果真好,听得十分清楚。”突然心情大糟,像是受到了天大的不公平,如骾在喉。(安宁《远去的高考》,《汉中日报》2010 年 6 月 10 日)

【辨析】

如鲠在喉:像鱼骨头卡在喉咙里。比喻心里有话没有说出来,非常难受。不能写成“如梗在喉”,也不能写成“如骾在喉”。

正:如虎添翼
误:如虎添冀

【错例】

与此前国内最大的4500立方米自航耙吸挖泥船相比,吸泥能力提高了整整2倍,难度较大的长江口三期疏浚工程将如虎添冀。(李志华、顾立刚《国内最大挖泥船现身长江口》,《江南时报》2006年10月13日第20版)

【辨析】

如虎添翼:好像老虎长上了翅膀。比喻强有力的人得到帮助变得更加强有力。“翼”和“冀”不可混淆。

正:如雷贯耳
误:如雷灌耳

【错例】

①中国股市以无法更强烈的方式,明确地回答了中国证监会的征询答案,那声音如雷灌耳,如天崩地裂,如山呼海啸!(魏威《送旧迎新2001年中国股市大盘点》,《大地》2001年第22期)

②我是不抽烟的,但是和很多外地人一样,对“大前门”这几个字也早已听得如雷灌耳,在没来北京之前,早已把前门排列在和天安门相同的位置,是一定非去不可的。(《外地人眼中的前门》,《人民日报海外版》2006年3月10日)

【辨析】

如雷贯耳:响亮得像雷声传进耳朵里。形容人的名声大。贯:贯穿,进入。不能写成灌输的“灌”。

正:如愿以偿
误:如愿以尝|如愿已偿

【错例】

①在朋友的推荐下,林少青认识了一个国有企业的总经理。人是有了,但是要如愿以尝地挖到人,并非易事。(吴晓晖、周伟薇《凯毅品质——记福建晋江凯毅鞋业有限公司》,《时代潮》2002 年第 8 期)

②但是,没有知识的积累,单纯靠"强心针",显然不能如愿以尝。(张东《心理医生适合做"高考专家"吗?》,《健康时报》2005 年 4 月 28 日第 17 版)

③出门不便想换房　街道协调　如愿已偿　(唐晓芳、刘霞,《克拉玛依日报》2010 年 7 月 16 日第 B6 版标题)

【辨析】

偿:归还、抵补,引申为"满足"。"如愿以偿"表示自己的愿望实现了。不能写成"如愿以尝",也不能写成"如愿已偿"。

正:如坐针毡
误:如坐针毯

【错例】

她对笔者吐露,虽然外资银行也为她们缴纳了四金,日常保障是有了,但她总觉得不适意,周遭越来越多的女性疾病患者让她有种如坐针毯的感觉,于是她也为自己选购了一份针对都市女性的医疗保险,这总算让她有了些许安全感。(叶丽雅《惊与险银行家从容把握》,《国际金融报》2003 年 5 月 9 日第 6 版)

【辨析】

如坐针毡:像坐在插着针的毡子上。形容心神不定,坐立不安。"毡"和"毯"是不一样的,不能混用。

正:茹古涵今
误:茹古含今

【错例】

①记得每次临府,均日丽风和,均有香茗泛绿,继而聆听二位先生说话,真是茹古含今,娓语款款。(韦辛夷《鹊华秋色总关情——写在旅加画家张耀峰、曹敏夫妇画展之际》,《齐鲁晚报》2007 年 8 月 17 日)

②茹古含今清梦断,堪叹,雕虫亦赖结长缘。(曾宪翥《定风波》,《达州日报》2009 年 6 月 3 日第 3 版)

【辨析】

茹古涵今:犹言博古通今。对古代的事知道得很多,并且通晓现代的事情。形容知识丰富。不能写成“茹古含今”。

正:孺子可教
误:儒子可教

【错例】

新新人类最为人诟病的就是缺乏责任感,作为一个新人,学习建立负责任的观念,会让主管、同事觉得儒子可教。抱着多做一点、多学一点的心态,你很快就会进入状态。(《职场新人　学习 12 种动物精神》,《生活晨报》2008 年 3 月 21 日第 C38 版)

【辨析】

孺子可教:指年轻人可培养。不能写成“儒子可教”。

“孺子可教”出自汉代名将张良年轻时的旧事:

一天张良正在桥上走,某白胡子老人有意把一只鞋扔到桥下,然后对张良喊:“年轻人,我的鞋子掉桥下了,你帮我捡上来!”

张良把老人的鞋捡上来了。不料他脚一崴另一只鞋子又落下去,张良看他是老人便没计较,再去把鞋子捡上来。老人把脚一伸:“给我穿上!”张良微笑着帮老人把鞋穿上。老人没谢一声就走了，过了一会儿才回头喊张良，约他五天后的清晨来见面。

第五天清晨老人看见张良来了扭头便走，生气地说："年轻人比我还起得晚哪，过五天后的早晨再来。"张良好生蹊跷，觉得此必非凡之人。五天后张良三更天就来到桥上，老人满意地对张良说："孺子可教也。"并将一本《兵法》送给张良。张良读《兵法》后获益匪浅，为开创汉朝立了大功，还留下了"张良拾鞋"的故事。

后世有把"孺子可教"改为"孺子不可教"的，与孔夫子的"朽木不可雕"连着用，是指那些不可救药者。一字之差，天壤之别。

正：入木三分
误：入骨三分

【错例】

①白石翁喜画不倒翁，且有题诗："乌纱白扇俨然官，不倒原来泥半团，将汝忽然来打破，通身何处有心肝。"幽默诙谐，入骨三分。（《有感于齐翁之<不倒翁>》，《讽刺与幽默》2006 年 3 月 10 日第 9 版）

②他的画，既相当的严肃：有写实的个性描绘、有学术性的认真，又有调侃式的入骨三分的夸张，还有赏心悦目的唯美抒情。（《清新健朗　幽邃深沉》，《人民日报》2008 年 8 月 3 日）

【辨析】

入木三分：相传王羲之在木板上写字，木工刻时，发现字迹透入木板三分深。形容书法极有笔力。现多比喻分析问题很深刻。王羲之是在木板上写字，不是在骨头上写字，所以不能说"入骨三分"。

正：软硬兼施
误：软硬兼使

【错例】

①在一家歌舞厅，马永祥认识了一个 36 岁的女人，两人臭味相投，便好上了，

那女人缠上马永祥不放，在她的软硬兼使下，他竟带着她回到了延吉。（靳贤锋《苦涩的爱情，找不到停泊的港湾》，《家庭之友》1996年第3期第34页）

②民航——软硬兼使把好安检关 （苏赢《回家过年 一路走好——关注2003年春运安全》，《新安全》2003年第1期）

【辨析】

作软硬手段一齐用（多含贬义）解释时，写作"软硬兼施"。"施"是施行，即软的硬的手段一齐采用。写成"软硬兼使"不对。

正：锐不可当
误：锐不可挡

【错例】

①历经近20年的考验，已是54岁的他依然显得意气风发，锐不可挡，言谈举止中蕴藏着极大的热情和潜能，让我们从以下对话中感知今天的古井和劳模王效金的新风采。（褚多峰《古井深深》，《大地》2003年第19期）

②以巴乔和斯基拉奇组成的攻击线锐不可挡，而马尔蒂尼和巴雷西组成的防线固若金汤。（李峥《马尔蒂尼："点球梦魇"挥之不去》，《环球人物》2006年6月16日第8期）

【辨析】

锐不可当：形容勇往直前的气势，不可抵挡。锐：锐气；当：抵挡。"当"不能写成"挡"。

正：若即若离
误：若既若离

【错例】

距离，是引诱男人的最高境界。如同她对待程阳，永远若既若离。（雪小禅、七月果《男人心中也有一本账》，《现代妇女》2009年第8期）

【辨析】

若即若离:好像接近,又好像不接近。形容对人保持一定距离。也形容事物含混不清。若:好像;即:接近。不能写成“既”。

即:“即使”是现代汉语中的常用连词,表示让步关系,常和“也”“还”等副词搭配使用。既:“既”也可作连词,表示推论因果关系。如“既生瑜,何生亮”;或者表示并列关系、递进关系,如“既美观又实用”,“既没有迟到,更没有旷课”;但既、使二字不能成词。比如,在“即使国家获利,又使群众得益”这一句子中“使”是一个独立的动词,和“既”没有意义上的关联。

S

正:仨瓜俩枣
误:三瓜两枣

【错例】

①即便富人的财富是干净的,他们对穷人受穷没有任何责任,他们也不应该对贫富差距拉大的现象无动于衷,不应该就三瓜两枣一分半厘的小钱与穷人斤斤计较。(潘多拉《富人之仁》,《江南时报》2005 年 1 月 16 日第 2 版)

②街头小把戏的骗术不用说了,他们骗走的,大都是老太太们的三瓜两枣,那些坐着大班椅,开着奔驰车,西服革履的,骗走几百万、几千万都镇定自若,那叫炉火纯青。(周志兴《诚信的成本》,《人民日报海外版》2005 年 11 月 15 日第 8 版)

【辨析】

仨瓜俩枣:三个瓜两个枣,比喻一星半点的小事、小东西。不能写成“三瓜两枣”。

正:三长两短
误:三长二短

【错例】

这也难怪,IMF 是菲律宾最大的债主之一,一旦菲律宾经济有个“三长二短”,则放出的贷款,就有可能一去不回。(徐迅《“麻将”总统埃斯特拉达》,《国际金融报》2000 年 11 月 1 日第 4 版)

【辨析】

三长两短:指意外的灾祸或事故。特指人的死亡。不能写成"三长二短"。

中国的成语有不少源于史实或寓言故事,也有源于生活习俗的。这些成语大多容易找到出处,极少因年代久远而不易搞清的。

有学者认为"三长两短"指的是未盖上盖儿的棺材,因为棺材正好由三块长木板、两块短木板构成一个匣子。棺材是用来装死尸的,"三长两短"在口语中常指意外的灾祸、有生命危险的事故,或许与此有关。这位学者担心随着火葬制度的推行,后世见不到棺材也就搞不清"三长两短"的来源了。

据《礼记·檀弓上》记载,古时棺木不用钉子,用皮条把棺材底与盖捆合在一起。横的方向捆三道,纵的方向捆两道。横的方向木板长,纵的方向木板短,"三长两短"大概即源于此。

正:三跪九叩
误:三叩九跪

【错例】

所谓滴水之恩,当涌泉相报,没有三叩九跪重谢恩人,一声"谢谢"还是该说吧!(易心《真心感恩,不应止于口头》,《江门日报》2009年4月21日第A13版)

【辨析】

三跪九叩:双膝跪地下三次,磕九个头。这是最敬重的礼节。叩:磕头。

清朝定鼎中原后,以三跪九叩的拜天之礼,取代了明朝的五拜三叩之礼。清定制除了要对天子行三跪九叩之礼外,朝贡之国觐见之时亦须遵此礼。然而,各国礼仪习俗不一,遇有拒绝行此大礼的抗议,清以天朝上国自居,觉得免此大礼有失大国脸面,因此,时有"礼仪之争"。

正:三亲六故
误:三亲六姑

【错例】

①我以为根本的原因是哈马斯的“三亲六姑”太多……(《以军包围加沙城》,《北京晚报》2009 年 1 月 5 日第 22 版)

②那时真是要钱没钱、要粮没粮,全靠大姐在粮食方面的鼎力资助,二姐和三亲六姑的全力帮助,父老乡亲的无偿帮工,我们渡过了难关。(孙加慧《亲历弹指间的巨变》,《太行日报》2008 年 11 月 30 日第 2 版)

【辨析】

“三亲”指宗亲、外亲、妻亲,“六故”指父、母、岳父、岳母、自己、妻子方面的熟人。“三亲六故”泛指各种亲友。不能写成“三亲六姑”。

正:搔首弄姿
误:骚首弄姿

【错例】

于是,她学着别的女人的样子,穿着轻薄的而又时尚的衣裙,船形的尖头高跟鞋,并且把头发弄成一个同样时尚的造型,在黄昏来临的时候,涂着唇粉的脸骚首弄姿地在众目睽睽之下从村头穿过,勇往直前地走进夜幕的深处去了。(傅爱毛《“丁克先生”的性别问题》,《北京文学·中篇小说月报》2003 年第 12 期第 110 页)

【辨析】

搔首弄姿:形容装腔作势卖弄风情。搔首:用手挠头。不能写成“骚首”。

正:色彩斑斓
误:色彩斑烂

【错例】

她在衣橱里找衣服穿。是去离婚,穿得太鲜亮不好。可是,衣橱里都是色彩斑烂的时髦服装,一件稍微本色一点的衣服也找不出来。(薛韬《爱的手语》,《潮州日报》2009 年 5 月 28 日第 A3 版)

【辨析】

斑:斑点或斑纹;斓:多彩。斑斓:形容灿烂多彩。不能写成“斑烂”。

正:杀鸡儆猴
误:杀鸡警猴

【错例】

且大陆最近正在严肃整顿酒后驾车,也可谓是“正在风头上”,杀鸡警猴也是时候。(唐娟《南京酒驾案判无期　突破“不杀不足以平民愤”思维》,中国新闻网 2009 年 12 月 23 日)

【辨析】

杀鸡儆猴:杀鸡给猴子看。比喻用惩罚一个人的办法来警告别的人。儆:警诫。不能写成“警”。

正:铩羽而归
误:杀羽而归

【错例】

曾经有些报纸在广州想办这类报纸,最后杀羽而归,根本办不了。(《<京华时报>副总经理谭军波妙论京沪粤媒体》,人民网传媒频道 2003 年 6 月 27 日)

【辨析】

铩羽而归:指失败或不得志而归。铩羽:羽毛摧落,比喻失败或不得志。不能写成“杀羽”。

正:煞有介事
误:煞有其事

【错例】

①顾芸等三幼女被叫到周国伟的卧室后，周华忠指着李新民煞有其事地介绍说："这是公安局李局长，他需要把有些问题给你们讲一下！"（尤涛《罪恶的"天龙"》，《大地》2003 年第 11、12 期合刊）

②他一上来，就煞有其事地对我们讲："读博士就像炒菜"。（林曦《炒菜与读博士》，《人民日报海外版》2009 年 4 月 24 日第 12 版）

【辨析】

煞有介事：原是江浙一带的方言。指装模作样，活像真有那么一回事似的。多指大模大样，好像很了不起的样子。不能写成"煞有其事"。

正：山清水秀
误：山青水秀

【错例】

①我想，孟伯的墓地一定是山青水秀的好地方，长很多翠柏，有静谧有祥和也有朝霞也有晚霞。（乔瑜《少将》，《当代》1987 年第 5 期第 45 页）

②她住在这山青水秀的林间深处，更有几分水灵的娟美，那红润的脸蛋，动人的双眸，脆亮的嗓门，据说是吃鲜养育的。（孙文广《在苗家吃鲜》，《光明日报》1995 年 9 月 29 日第 11 版）

③怀柔县充分挖掘山青水秀、风景优雅的优势，将"绿色旅游"作为经济发展的重要措施。（魏海涛《怀柔大力兴办"绿色旅游"》，《北京日报》1995 年 8 月 12 日第 1 版）

④在山青水秀、气候宜人的江南生活没几年，1988 年，陈金水又接到西藏气象局的恳切邀请。（方益渡《雪域并蒂莲》，新华社杭州 1996 年 6 月 13 日电）

⑤远安境内地貌独特，气候温和，山青水秀，洞奇林美，自然景观与人文景观兼备，极具开发价值。（《嫘祖故里　绿色远安》，《人民日报海外版》2009 年 10 月 22 日第 8 版）

⑥天保工程英明决策山青水秀自然和谐——云台山林业局天保工程成效显著

（李开义,《大理日报》2009 年 9 月 24 日第 B1 版标题）

【辨析】

形容山水风景优美时,写作“山清水秀”。“清”与“秀”是对应关系,可组成“清秀”一词。这里是将“清秀”一词分开使用。“青”与“秀”不是对应关系,因此,不能写成“山青水秀”。但可写成“青山绿水”。“青”与“绿”都是颜色,为对应关系。

正:煽风点火
误:扇风点火

【错例】

然而,此等是非落在凡人下愚身上那就不一样了,乏味的日常生活中有了一点调味剂或者兴奋剂,那是求之不得的,焉有不大肆扇风点火之理!（彭谋《五泉随感:“是非”的是非》,《甘肃日报》2006 年 7 月 24 日）

【辨析】

煽风点火:比哈煽动别人闹事。煽,不要写作“扇”。

正:潸然泪下
误:潜然泪下

【错例】

看了张老总结的自己近百年的人生真谛,不仅让人潜然泪下,感慨至深。（周广生《做学问胜于做官》,光明网 2006 年 4 月 15 日光明评论）

【辨析】

潸然泪下:形容眼泪流下来。潸然:流泪的样子。把“潸”写成“潜”,是误用了形近字。

正:善罢甘休
误:善罢干休

【错例】

①你们趁早搬家，另寻出路。这事肃王和徐焕章知道后不能善罢干休，那时我可就护不住你们了。（邓友梅《烟壶》，《收获》1984 年第 1 期第 48 页）

②如果省里也采用行政干预的办法，骆天成更不会善罢干休，事态就会进一步扩大。（莫然《大饭店风云录》，《当代》1993 年第 6 期第 185 页）

③我老老实实地告诉她：不行！我太穷！房无一间，地无一垅，找职业没门路，找依靠没亲戚。而且，我父亲精明严厉，认识警察局的人，不会善罢干休的。（王火《异国的秋雨黄昏》，《十月》1996 年第 1 期第 47 页）

④三姨想了想——觉得我们说的也有道理，这才善罢干休，开始一个人独自迎着风回到六十年前和在戏中进入了角色。（刘震云《故乡面和花朵·娘舅》，《作家》1998 年第 2 期第 41 页）

⑤尽管如此，樱井武男知道厚见等死硬的日本法西斯分子的本质，深知他们决不会对学生善罢干休，为使韩行谦等免遭迫害，他为韩行谦办理了“出国证明”（当时，大连人从日本“关东州”进关需办理的所谓“出国”手续），让韩行谦去了北平，使日本法西斯迫害学生的阴谋彻底失败。（王军、米娓娓《20 世纪 40 年代大连学生的反日斗争》，《大连日报》2010 年 9 月 2 日第 A4 版）

【辨析】

出现纠纷后，不坚持闹下去，情愿罢休，称为“善罢甘休”。甘，甘心情愿。不能把“甘”误写成同音的干涉的“干”。

正：上吐下泻
误：上吐下泄

【错例】

①我刚苏醒过来时，大小便失禁，自己不知道料理。医院夜里不让陪床……我爱人就从医院厕所的窗户跳进来，夹个大衣，睡在我的床下……一来二去，把他也折腾病了，上吐下泄。（李静月《在爱的怀抱里》，《工人日报》1995 年 6 月 26 日第 5 版）

②由于长时间接触消毒液,在隔离休整期间,他和不少医生一样,连续几天出现上吐下泄症状,但在这段时间里,他并没有休息,而是抓紧时间继续采访写稿。(人民日报教科文部《力量源于团队　精品出自现场——抗击非典报道回顾与思考》,《新闻战线》2003 年第 9 期)

【辨析】

由于食物中毒或身体有病,引起呕吐和腹泻,称为“上吐下泻”。泻:很快地流。泻肚、泻药、上吐下泻,都用这个“泻”。泄:液体、气体排出。常用词有排泄、泄洪、泄漏、泄气、水泄不通,这时都不能用“泻”。明白了这两个字的含义,就不应该把“上吐下泻”错写成“上吐下泄”。

正:舌敝唇焦
误:舌敞唇焦

【错例】

车站分明在路旁,车中腹背变城墙。心雄志壮钻空隙,舌敞唇焦喊借光。(鲍文清《启功杂忆》,《检察日报》2006 年 4 月 14 日)

【辨析】

舌敝唇焦:说话说得舌头都破了,嘴唇都干了。形容费尽了唇舌。敝:破碎。敞:打开;张开。不能写成“舌敞唇焦”。

正:舌剑唇枪
误:舌箭唇枪

【错例】

这篇文章后来在校园曾引起过一番“大辩论”式的争鸣,弄得舌箭唇枪、刀光剑影的。(丁天《死因不明》,《北京文学》1995 年第 7 期第 30 页)

【辨析】

形容能说会道,言词锋利,称为“舌剑唇枪”或“唇枪舌剑”,原意为舌似剑唇似枪。"箭""剑"都为兵器的一种，为何写作"剑"，不写作"箭"呢？这要从"舌剑唇枪"这个成语的来源说起。此词最早出自《无名杂剧》元·高文秀《襄阳会》一："舌剑唇枪成功干，不分星夜到荆州。"

正：舍生取义
误：舍身取义

【错例】

①高尚者，或能克己复礼，舍身取义；普通如你我者，或许只是别人跌倒时的一只援手，只是开门关门之间一句简单的问候。（张铁《老妪饿死伦常何在》，《京华时报》2010 年 5 月 13 日第 2 版）

②古往今来，人难免一死，为拯救祖国而死，舍身取义，一片丹心将垂于史册，映照千古。（严冰《<过零丁洋>：关于选择的故事》，《人民日报海外版》2010 年 7 月 20 日第 7 版）

【辨析】

舍生取义：舍弃生命以取得正义。指为正义而牺牲生命。舍：舍弃；生：生命；取：求取；义：正义。不能写成"舍身取义"。

正：身体力行
误：身体立行

【错例】

他不仅这样说，而且在这种思想指导下，身体立行，圈点批注，反复阅读，取其精华，为己所用，终身不辍。（石玉山《步入艺术殿堂》，《博览群书》1993 年第 6 期第 11 页）

【辨析】

亲身体验，努力实行，称为"身体力行"。力：尽力；努力。不要理解为亲身体验，立即实行，而写作"立刻""立马"的"立"。

正:莘莘学子
误:一名莘莘学子|众多莘莘学子|莘莘学子们

【错例】

①几年前,我还将"莘莘学子"望文生义地读作"辛辛"学子。有次在大学里座谈,有"辛辛"之学子递上条子来纠正我——正确的发音是"shēn",请当众读三遍。我当众读了六遍,从此不复再读错。(梁晓声《写作与语文》,《中国青年报》1999年11月8日)

②为何一些已成名成家的资深学者还热衷于成为一名莘莘学子苦苦"攻博"?(陈家兴《博导"攻博"现象的背后》,《人民日报海外版》2001年5月9日第9版)

③盐城工学院大二学生小文,为他的报名理由写了满满三页纸,陈述的是一名莘莘学子心系奥运的拳拳之心:最遗憾的是圣火传递没能到达他求学的城市——盐城,最大的心愿是亲临现场为奥运健儿加油。(沈仪《人人都是奥运"民星"》,《江南时报》2008年6月12日第26版)

④"小语种招生考试每年都吸引着众多莘莘学子,其提前考试时的热闹场面丝毫不逊于电影学院的招生考试。"(金可《"小语种":红艳艳的玫瑰静悄悄地开》,《北京娱乐信报》2003年3月10日第41版)

⑤话说彩电市场上,英雄、皇族、小霸王三个品牌正在形成争霸天下的态势。作为皇族的老板,刘备的发迹史也成了莘莘学子们关注的热点。(成君忆《水煮三国》,中信出版社2008年10月第2版,2009年9月第8次印刷)

【辨析】

"莘莘学子"这个成语(曹先擢、苏培成二位先生在《汉字形义分析字典》中是这么说的,但《中国成语大辞典》和《现代汉语成语规范词典》均未收录)应该说不算生僻,但还是有人念错或用错。

首先是念错。认字认半边(半截),害了不少人。有些人不知道怎么念这个"莘"字,一看下半截是个"辛",就念"辛"吧。巧的是,这个字有两个读音,其中一个还真就念"辛",上海有个挺有名的地名叫做"莘庄",这里的"莘"念作"辛"。同样是地名,在山东的"莘县"(张海迪的老家)里就要念作"shēn"了。在成语"莘莘学子”里，念作“辛”也错了，应该念“深”。如果读作“辛辛学子”，就显得缺少点儿文化素养，别人可能也听不懂。

其次是用错。“莘”，本义是长的样子，“莘莘”是众多的意思，《国语·晋语》四：“《周诗》曰：‘莘莘征夫，每怀靡及。’”“莘莘学子”指的是众多学子。

有人因为不理解“莘莘”之义，在“莘莘学子”前加“一个”“一位”“一大批”“许许多多”“众多”，或者是在“莘莘学子”后面加“们”字，造成词义重复的错误，犯了逻辑上的错误。

正：深孚众望
误：深负众望

【错例】

无论是从事什么工作，一定是卓有成就的。他将是一个深负众望的人。（池莉《水与火的缠绵》，华艺出版社 2002 年版第 28 页）

【辨析】

孚：上从爪，下从子，其本义是禽鸟伏在卵上孵化。因为“鸟之孚卵皆如其期，不失信也”（《<说文>系传》），“孚”字后来就引申出诚信、信用的意思。“深孚众望”，意思是深受众人的信任。其中的“孚”，意思是为人所信服，使信服。

负：有辜负的意思，“深负众望的人”，只能理解为完全辜负了众人的希望的人。这样的人，想来是不会成为女子理想中的好丈夫的吧？

正：神采飞扬
误：神彩飞扬

【错例】

这时她发现，小女孩的两道眉毛，极像沈老！直直的，眉梢忽然斗拱似地往上那么一翘，使她那张生动的小脸，显得格外神彩飞扬。（杨林林《第五个电话》，《当代》1987 年第 5 期第 211 页）

【辨析】

神采飞扬:形容兴奋得意,精神焕发的样子。不能写成“神彩飞扬”。

正:神采奕奕
误:神采弈弈

【错例】

两天前,记者碰上了一位曾在期货市场上风云一时的朋友。好久没见,刚一照面几乎认不出来,与昔日的面黄肌瘦相比,眼前的他精神焕发、神采弈弈。(王立嘉《是谁剥夺了中国的市场定价权》,《市场报》2005 年 8 月 26 日第 2 版)

【辨析】

神采奕奕:形容精神饱满,容光焕发。奕奕:精神焕发的样子。不能写成“对弈”的“弈”。

正:神魂颠倒
误:神昏颠倒

【错例】

①她明白告诉他,她对于他的相思,她夜夜失眠,她做事神昏颠倒;但她为职业所束缚,不能飞来就他的怀抱。(巴人《南洋篇》,《收获》1985 年第 4 期第 104 页)

②货好也要吆喝,调价就是吆喝,投资者特别喜欢这种吆喝,连资不抵债的“郑百文”能吆喝得股民神昏颠倒。(王仁亮《反弹变反转　邮政该如何走》,《国际金融报》2001 年 3 月 28 日第 7 版)

【辨析】

“神”与“魂”是对应的。神:古代指神仙或能力、德行高超的人物死后的精灵。魂:古人认为人能离开身体而存在的精神。现代意义上的“神魂”,指精神、神志,而没有“神昏”之说。

正:生生世世
误:身身世世

【错例】

每一个舞姿都点亮了土家人的山山水水,每一个舞姿都启迪着土家人的身身世世。(杨舜山《土家族摆手舞》,恩施民族教育科研网2007年6月27日)

【辨析】

生生世世:指今生、来世以至永世。不能写成"身身世世"。

正:生死不渝
误:生死不愈|生死不逾

【错例】

①两人心中都明白,那是生死不愈的感情!(《雷霆扬威》,新时代书城网站)

②《情书》用镜头和情感精心编织了一段埋葬多年未被揭发和一段生死不逾的情感。没有任何一件事情可以纯粹得叫人沉醉。除了爱情。(《回顾那些记忆中的日式纯爱电影》,凤凰网2009年2月3日娱乐频道)

【辨析】

生死不渝:无论活着还是死去都不会改变。形容对理想、信念、友谊、盟约等忠贞不移。渝:改变。不能写成"愈",也不能写成"逾"。

正:生死攸关
误:生死悠关

【错例】

①银行的规范管理,对银行的生存与发展是生死悠关的,特别是对一些历史悠久、资产雄厚的银行来说,重视内部严格的管理,保持政策的连续性尤为重要。(马

越乾《花旗银行遭遇冒领事件》,《国际金融报》2001 年 9 月 3 日第 6 版)

②陈炜丽难受极了,不知不觉中,她回忆起了长江大桥上的生死悠关的一幕,回忆起了两人相濡以沫的日子。(华诚、张旭、南誉《南通女讲师与“逃犯”的传奇爱情》,《江南时报》2007 年 2 月 11 日第 16 版)

【辨析】

生死攸关:关系到生和死。指生死存亡的关键。攸:所。不能写成悠久的“悠”。

正:声泪俱下
误:声泪具下

【错例】

王晓棠在回忆那不堪的一幕时,声泪具下。(梅一辉《风华绝代　美哉慧珠》,中国京剧论坛 2007 年 12 月 6 日)

【辨析】

声泪俱下:一边说一边哭。形容极其悲恸。俱:都。写成具备的“具”,是误用了形近的同音字。

正:声誉鹊起
误:声誉雀起

【错例】

①环视这两年报业市场,就会发现,一次策划周密、创意独特的新闻解读,常常可以让一张报纸一夜之间声誉雀起。(贠瑞虎《发现力、策划力、凸现力——关于新闻解读的解读》,《新闻战线》2003 年第 12 期)

②在中国还未完全放开对海外资本的准入限制时,美国哥伦比亚公司与中国华谊兄弟太和影视公司合作投拍了《大腕》《天地英雄》《功夫》《手机》《可可西里》5 部知名电影,在国内市场声誉雀起。(晓临《中国电影市场内忧外患》,《时代潮》

2004 年第 24 期)

【辨析】

声誉鹊起:比喻声名迅速增高。鹊敏捷,善飞,飞行速度极快,形容一个人的知名度迅速提升时,便可以比之为“声名鹊起”。“鹊起”不能误为“雀起”

正:省吃俭用
误:省吃简用

【错例】

①这位母亲十分要强,一生勤劳,省吃简用,供儿子读书,供孙子上学。(余清楚、段心强《梅关古道今昔》,《人民日报海外版》2000 年 8 月 10 日第 5 版)

②她用来放省吃简用存下来的钱,盼望着有朝一日与丁嘉尧成亲之用,还想用来接济“小兵”。(张何平《王晓棠和她的<芬芳誓言>》,《人民日报海外版》2000 年 8 月 16 日第 9 版)

【辨析】

省吃俭用:形容生活简朴,吃用节俭。不能写成“省吃简用”。

正:盛名之下,其实难副
误:盛名之下,其实难负 | 盛名之下,其实难符

【错例】

①贝尔巴托夫(6 分):是压力过大还是盛名之下其实难负?贝尔巴托夫的表现的确差强人意。(孙晓筠《5 比 0!瑞典给你快感》,《新京报》2004 年 6 月 15 日)

②这本地化有多少能达到应有标准呢?盛名之下其实难符,能不误人子弟?(《别误了美育误了娃》,《人民日报》2009 年 5 月 31 日)

③日本作为丰田普锐斯汽车和《京都议定书》的诞生地,长期以绿色享誉世界。但近年来,其绿色之国的美誉却是盛名之下,其实难符。(杰夫·金士顿《鸠山政府的绿色回归之路》,《中国能源报》2009 年 10 月 12 日第 11 版)

【辨析】

盛名之下,其实难副:名望很大的人,实际的才德常常很难跟名声相符。指名声常常可能大于实际。用来表示谦虚或自我警戒。盛:大;副:相称,符合。不能写成"正负"的"负"或"符合"的"符"。

正:盛筵难再
误:盛宴难再

【错例】

而画家呆鸟般握手言别,犹以为胜地不常、盛宴难再,各自欣然回家无事,此景此情足供后之来者嗟叹者。(刘宝明《繁荣的北京书画》,《书摘》2008 年 10 月 1 日)

【辨析】

盛筵难再:比喻良机不易重逢。不能写成"盛宴难再"。

正:识时务者为俊杰
误:识实务者为俊杰

【错例】

正所谓识实务者为俊杰,产能严重过剩的情况下放弃不切实际的高价空想吧!(《冬储:你准备好了吗?》,《中华合作时报》2009 年 9 月 11 日农资专刊、市场)

【辨析】

识时务者为俊杰:能认清时代潮流的,是聪明能干的人。认清时代潮流的人,才能成为出色的人物。时务:形势或时代潮流。实务:实际事务。写成"实务",是误用了同音词。

正:拾人牙慧
误:拾人牙惠|拾人牙秽

【错例】

①……倒是这位声名显赫的皇帝拾人牙惠，挥毫泼墨，承续了一段邈远的历史渊源。（熊宗仁《开发黔中历史文化　拓展安顺旅游内涵》，《安顺日报》2008 年 1 月 4 日第 3 版）

②“懒官”“庸官”，只当和尚、吃斋饭，不敲木鱼、不撞钟；习惯于高高在上，要么不思考问题、不琢磨事，要么搬弄是非、老琢磨人，要么照抄照搬、拾人牙秽，只有唱功、没有做功……（寇占文《“说干就干干就干好”》，《承德日报》2009 年 5 月 19 日第 A4 版）

【辨析】

“拾人牙慧”语出南朝·宋·刘义庆《世说新语·文学》：“殷中军云：康伯未得我牙后慧。”常被用以比喻袭取别人的语言和文字。在这里，“牙慧”是指别人说过的精彩的只言片语。可能缘于与“牙秽”谐音吧，不少人就以别人咀嚼后吐出来的饭菜残渣误解之，其实是不对的。写作“拾人牙惠”是误用了形近的同音字。

正：食不甘味
误：食不干味

【错例】

李老只知其一，不知其二，……趁他现在大脑还没转过弯来之际，一举拨（应改为“拔”）除，岂不省事，若是养着这只老虎，任谁也食不干味啊！（《雪舞江山》，翠微居小说阅读网）

【辨析】

食不甘味：吃东西觉得没有味道。形容心里有事，吃东西也不香。甘味：感到味道好。不能写成“干味”。

正：食不果腹
误：食不裹腹

【错例】

①由于没有政府的救济，常常食不裹腹，一件衣服缝缝补补一家三代轮流穿上20多年，甚至有的夫妻共用一套衣服。（叶顺清《“状元”茶出在“博士”村》，《人民日报海外版》2001年3月24日第12版）

②即便如此，还常常是食不裹腹、身上衣单……艰苦的生活并没有影响王忠诚的学业，他以优异的成绩迎来了新中国的诞生。（王建柱《王忠诚：我站在塔尖，希望有人超越我》，《大地》2009年第2期）

【辨析】

“食不果腹”的意思是吃不饱肚子。这里“果”有“饱足”的含义。但是“果”的这一义项不太常用，以至在有些字、词典中都未载入这一义项。但写成“裹”就不对了，因为“裹”的含义是“包裹”，“（用纸、布等）缠绕，包扎”。不能说，吃的东西包不住肚子。

正：始终不渝
误：始终不愈|始终不逾

【错例】

①宁宿徐高速公路泗洪收费站始终不愈地坚持“以人为本、服务社会”的宗旨，不断地加强和提升文明服务。（王勇《泗洪收费站不断提升文明服务水平》，《宿迁日报》2008年12月3日第B4版）

②这也是他一生始终不逾的追求，也应该是评判军事绘画艺术的一个标准。（李广德《骆根兴油画艺术对当代军事绘画的启示》，《吉林日报》2010年1月4日第4版）

【辨析】

请参见“生死不渝”。

正：士气大振
误：士气大震

【错例】

不知可曾有人想过，作为一名指挥官，就因为能在战场上响亮地喊出部下的名字来，却使部队战斗力猛增，士气大震，热血沸腾，从而赢得胜利。（周广生《常喊部下的名字好》，光明网 2006 年 3 月 28 日）

【辨析】

“士气大振”的“振”指奋发和奋起，“士气”指战士的精神状态，自然是发自内心的，而“震”则是由外来因素引起。“士气大振”是发自内心的，只能用“振”，不能用“震”。

正：世外桃源
误：世外桃园

【错例】

①然而押解我们到这里来的革命小将和中将，对于这个风景宜人宛如世外桃园的地方，却怕得要命。（季羡林《牛棚杂忆》，中共中央党校出版社 2005 年 1 月第 2 版第 122 页）

②吴仁宝从 28 岁起担任华西村书记，直到 48 年后才宣布退休，期（应改为“其”）间他让华西村从一个讨饭村，变成了别墅成片、绿树连荫的世外桃园，2006 年全村销售收入是 400 亿，而同期蒙牛集团刚过百亿产值。（吴晓波《企业家吴仁宝》，《中华读书报》2008 年 4 月 9 日第 18 版）

世外桃源

③孙彤彤的建筑风景画，形式优美，在她的笔下，自然物象幻化为参差错落、疏密有致的画幅，精巧的线条与富有韵致的构图展示着“世外桃园”般的姿容。（赵文《孙彤彤的风景速写》，《人民日报海外版》2008 年 8 月 15 日第 8 版）

④在距离迭部县城约28公里的沟壑中，好像突然打开了一幅美丽的画卷：远山巍峨，环绕四周，山脚下屋舍俨然，农田相间，几处炊烟袅袅……俨然一个与世隔绝的“世外桃园”。（周小苑《天险腊子口　绿色新长征》，《人民日报海外版》2009年10月31日第3版）

【辨析】

“世外桃源”典出晋·陶渊明《桃花源记》。陶文中描写了一个与世隔绝的、安居乐业的好地方。后人遂将“世外桃源”比喻不受外界影响的地方或理想中的美好地方。《鲁迅书信集·致增田涉》：“惠昙村离照相馆那么远吗？真令人有世外桃源之感。”巴金《旅途随笔·赌》：“有些人就长年整月地把东方赌城当做了世外桃源。”

“桃园”意为种植桃树的园地。北京平谷的桃园、山东肥城的桃园，都是人世间著名的桃园。“世外”有没有桃园，谁也不知道，即使是去过月球的美国宇航员好像也没有见过吧？

正：事必躬亲
误：事必恭亲

【错例】

①若有利害关系，“衙内”事必恭亲；若无利害关系，陈连电话也懒得接，概由手下人应付。（《“京城衙内”其人其事》，《南方周末》1995年12月29日第1版）

②成豹也和两个哥哥一样，事必恭亲，不敢怠慢，做酱菜总是亲自动手，倒也不知哪来那一身桂花香。（白山《山顶上的爷》，《延河》1998年第12期第7页）

③使君祠是埋葬和纪念东汉使君百里嵩的祠堂。因为他生前为官，勤政爱民，体察民情，事必恭亲，所以深受人民群众的爱戴。（杨宏博《神往使君祠》，《新乡日报》2008年1月30日第A7版）

【辨析】

事必躬亲：不管什么事一定亲自去做。躬：自身。躬亲：亲自去做。这个成语并不表示什么事都要恭恭敬敬地去做，所以写成“恭敬”的“恭”是错的。

“躬亲”出自《诗经·小雅·节南山》:“弗躬弗亲”。“躬”和“亲”意思相同,都表示亲自。“躬亲”是由意思相同的语素组合成的词。“事必躬亲”也可以写为“事必亲躬”,但不能写成“事必恭亲”。

正:视若敝屣
误:视若敝屐

【错例】

……那些没有什么学问也没有什么用处的书,也许在某些正经人和革命者看来,不属大雅的书,视若敝屐的书,我就用吃石榴的办法来阅读了。(李国文《我的阅读主张》,《石家庄日报》2006 年 8 月 8 日第 10 版)

【辨析】

请参见“弃之敝屣”。

正:视若无睹
误:视若无堵

【错例】

①记者看到,在则徐大道/仓山科技园区路口,一些市民无视路口红灯,随意在车流中穿行,虽然协管员拼命吹哨子,也视若无堵。(陈海东、刘榕彦《则徐大道出城不堵了》,《福州晚报》2009 年 12 月 26 日第 A8 版)

②邹韶荣没有瞧向他,视若无堵,但却翘翘鼻子,流露出了鄙屑的神情。(徐智敏《惯性 2》,中国作家网 2010 年 7 月 16 日)

【辨析】

视若无睹:虽然看见了,却像没有看见一样。指对眼前事物漠不关心。睹:看见。不能写成堵塞的“堵”。

正:拭目以待
误:试目以待

【错例】

①面对浩渺的西方经济学理论的海洋,中国经济学者是手足无措、俯首称臣,还是采取更为积极合作的态度?让我们试目以待。(陈璐《又是诺奖》,《国际金融报》2002年10月11日第15版)

②随着竞争日益规范,这种穿梭于灰色领域的灵活手法是否还会有效?我们试目以待,华为这头土狼怎样快速地进化成狮子!(王志纲《老板是如何炼成的》,《书摘》2006年4月1日)

【辨析】

拭:擦;待:等待。此成语义为擦亮眼睛等着瞧。形容期望很迫切。也表示确信某件事情一定会出现。“试”为“尝试”之义,不能说“试目以待”。

正:舐犊之情
误:舔犊之情

【错例】

①陈景润49岁时得子,他至深至浓的舔犊之情是妻儿永远刻骨铭心的珍宝。(严平《陈景润与儿子》,《光明日报》1996年10月4日第6版)

②舔犊之情,人皆有之。现代家庭对待子女,尤其是独生子女,已是一个爱字难以了得。(徐海燕《走出爱的误区》,《中国妇女》1997年第8期第40页)

③夏夜已深,竹影摇动,才为人父的诗人“踮脚拂蚊去”(《小女恬睡》),生恐惊扰了睡意正浓的女儿,舔犊之情溢于言表。(杨义、阮爱东《在历史人生中体验诗性智慧》,《中华读书报》2005年4月13日第ll版)

④这种爱护孩子的资质,舔犊之情,在一切受灾地的中国人群中无处不在。(王宏甲《在天府的苍穹反复吟唱》,《光明日报》2009年5月12日第7版)

【辨析】

比喻人爱其子女如老牛之舐犊,称为“舐犊之情”。“舐”读 shì,误读成 tiǎn,就容易写成“舔”。“舐”与“舔”均为用舌头接触东西或取东西。但为什么在成语中写作“舐犊”是正确的呢？因为这是一个来源于书面上的文言词语。《后汉书》卷五十四《杨震传》附杨彪载：杨彪之子杨修被曹操所杀。后来，曹操见到杨彪，“问曰：‘公何瘦之甚？’对曰：‘愧无日？先见之明，犹怀老牛舐犊之爱。’”一般来说，“舐”多用于书面语，“舔”多用于口语。

正：噬脐莫及
误：舐脐莫及

【错例】

倘在民主制度下，不等元首事后擗踊哭号，泪如雨注，舐脐莫及，后悔万分，制度已强力纠错，防悔于未然，止泪于未流矣。（张永高《唐玄宗均眼泪》，天云教育网 2008 年 3 月 18 日）

【辨析】

噬脐莫及：像咬自己肚脐似的，够不着。比喻后悔也来不及。噬脐：用嘴咬肚脐。舐：舔。不能写成“舐脐”。

正：手无缚鸡之力
误：手无束鸡之力

【错例】

手无束鸡之力的依西梅尔被安排和投叉手奎奎克一个房间，奎奎克性格古怪，满脸满身的刺青让依西梅尔不由倒吸一口凉气。（《大白鲸》，《镇江日报》2006 年 9 月 8 日第 B03 版）

【辨析】

手无缚鸡之力：连捆绑鸡的力气都没有。形容身体弱、力气小。“缚”不能写成“束”。

正:首屈一指
误:首曲一指|手屈一指

【错例】

①广东省老年大学数量多、质量高在全国首曲一指,这既体现在各所老年大学建设投资大,硬件设施完备,更体现在老年大学因需施教,融知识性、福利性、娱乐性、服务性于一体的办学方针。(南贞《老年大学,一道独特风景线》,《华南新闻》1999年1月8日第3版)

②……在他的苦心经营下,他的家族产业从一间简陋的文具铺变成了该市手屈一指的复印机供应商。(贾野《乔治·卢卡斯光影与魔法》,《江南时报》2002年3月27日第8版)

【辨析】

首屈一指:扳指头计算,首先弯下大拇指,表示第一。指居第一位。引申为最好的。首:首先。屈,不能写成"曲"。写作"手屈一指",意思大变,即:手弯下一个指头。

正:授受不亲
误:受授不亲|授授不亲

【错例】

①而原来的有些嘉德善行,比如君子不饮盗泉之水、饿死是小失节是大、男女受授不亲之类,显然早已过时了。(王悦民《善与恶》,大河网2007年10月18日)

②要知道,在那封建社会,男女是授授不亲的,何况宝玉可卿是叔叔侄媳妇的关系,当时就有人提出了异议……(《到底谁才是贾宝玉的初恋情人?》,大河网2007年11月16日)

【辨析】

授受不亲:旧指男女不能互相亲手递受物品。指儒家束缚男女的礼教。授:给予;受:接受。不能写成"受授不亲"或"授授不亲"。

《孟子·离娄上》:"淳于髡曰:'男女授受不亲,礼与?'孟子曰:'礼也。'"

正:瘦骨伶仃
误:瘦骨零丁

【错例】

①1986年,周昌谷病重在上海瑞金医院住院期间,收到乐清诗人吴鹭山寄赠的《光风楼诗词》。那时他已是瘦骨零丁、生命垂危之际。(王志成《丹心片片皆是血》,《温州日报》2006年11月4日瓯越副刊)

②金刚山按季节享有各种美称,……冬天奇岩怪石,瘦骨零丁,名为皆骨山。(《探秘朝鲜秘境金刚山》,人民网2010年3月25日)

【辨析】

瘦骨伶仃:形容人或动物瘦得皮包骨的样子。伶仃,不要写作"零丁"。

正:书香门第
误:书香门弟

【错例】

①李一清出身于书香门弟,读过十年秀才的父亲厚实的文学功底,使李一清从小就对中国古典文学有着浓厚的兴趣。(章夫《"山杠爷"李一清》,《作家文摘》1995年8月18日第8版)

②今年六十五岁的刘教授,出生于一个书香门弟之家。(阮巍《初示老祖宗"性趣"》,《羊城晚报》2000年1月19日第A9版)

③阮山洪水最后一位越南妻子黎恒熏,出身书香门弟,美丽聪明,对爱情忠贞不渝。(马晓毅《中越两国将军阮山洪水》,《先明日报》2008年11月13日第12版)

④中西合璧　书香门弟　(袁瑞清《设计师要当智多星》,《郑州晚报》2009年4月30日第B75版小标题)

【辨析】

世代读书的人家称为“书香门第”。门第是封建时代指整个家庭的社会地位和家庭成员的文化程度等,“第”写作形近的同音字“弟”,这个成语就解释不通了。

弟:同辈人比自己小的男子,如胞弟、表弟、内弟、义弟、堂弟、老弟、小弟、愚弟(谦称)。第:(1)次序、次第;(2)住宅;(3)科举会试及格。如第一、第二、府第、宅第、进士及第、落第等。“第”“弟”二字音调相当,字形只差有无“竹”字头之别。

正:梳妆打扮
误:梳装打扮

【错例】

七十有六的老母亲每天下午都要去小区花园走一走,而且,出发前都要梳装打扮一下,那精神抖擞的样子,让周围邻里羡慕。(路遥《母唱儿随》,《老人天地》2004年4月1日)

【辨析】

梳妆打扮:对容颜衣着进行修饰。不能写成“梳装打扮”。

正:树碑立传
误:竖碑立传

【错例】

①为了与妻寻找平衡,我只得为这个两万元的目标而奋斗,只要能付给我相当可观的稿费,哪怕为闯江湖的人竖碑立传,我也在所不辞。(王富杰《妻子傍晚不回家》,《家庭》1996年第1期第20页)

②被评论界誉为“以浩荡、恢弘的诗歌为改革开放三十年竖碑立传”的长诗《三十年河东》,最近由四川文艺出版社以10 000册数再版。(铁瀚《梁平长诗<三十年河东>再版》,《光明日报》2010年1月12日第12版)

【辨析】

原意为把某人生平事迹刻在石碑上或写成传记加以颂扬,引申义为通过某种途径树立个人威信,抬高个人声望,这称为"树碑立传"。

"树"与"竖"都做名词时,各自的意思非常清楚,不会发生混淆。树是木本植物的总称;竖是与横相对的或是汉字笔画的一种。但它们在做动词时,两者意义存在交错点。"树"多用于比较抽象的事物。如:树德、树怨、树敌、树党、树雄心、树榜样、树典型、树风格等;"竖"主要用于比较具体的事物,如:宝塔竖在山上,门前竖着一根灯柱。

可以跟"竖"组词的有:竖立、竖电线杆、把柱子竖起来、竖直等。

正:水乳交融
误:水乳交溶

【错例】

生活中的老杜和警察不分你我,作品中的警察和老杜你我不分。这种水乳交溶的结合,就是"我写我"达到的深度,也是作品的高度,同时也是难度。(杨志杰《"我写我"时见真情——读杜斌国散文有感》,《海南日报》2008 年 8 月 17 日第 5 版)

【辨析】

水乳交融:比喻关系融洽或结合紧密。融:融合。不能写成"溶解"的"溶"。

正:水泄不通
误:水泻不通

【错例】

53 岁的李永健,干过公务员,也下海经过商,现在却一门心思迷上了透叶画。刚摆上自己的原创透叶画,小摊子就被赶集的人群围了个水泻不通。(蝎子、杨帆《生命是一次奇遇》,《武汉晚报》2008 年 4 月 11 日第 36 版)

【辨析】

水泄不通：像是连水也流不出去。形容拥挤或包围得非常严密。泄：排泄。不能写成“泻”。

泄：指排出，不强调迅疾；泻：指很快地流。“排泄、发泄、泄露、泄漏”，“一泻千里、上吐下泻”，不应混淆。

正：水性杨花
误：水性扬花

【错例】

就连女人的过、女人的错、女人的邪恶，也总离不开一个水字，什么“水性扬花”，什么“红艳祸水”。（石晶明《女人似水男人是泥》，《国际金融报》2002 年 8 月 30 日第 20 版）

【辨析】

水性杨花：像流水那样易变，像杨花那样轻飘。比喻妇女在感情上不专一。杨花，不能写成“扬花”。

正：死不瞑目
误：死不暝目

【错例】

①1962 年，正是河南兰考县遭受内涝、风沙、盐碱“三害”最严重的时刻，焦裕禄来到这里担任县委书记，面对重重困难，焦裕禄一开始就说：“坚决领导全县人民，苦战三五年，改变兰考的面貌。不达目的，死不暝目。”（《焦裕禄　葬在沙丘上的好书记》，《人民日报·华南新闻》2001 年 7 月 1 日第 4 版）

②湖南那母女俩死不暝目，留下遗书：“红波不出死不暝目，红波不出不许出殡。”（刘蠓子《六合彩，荒唐的发财梦》，《文摘报》2006 年 1 月 12 日人间万象版）

【辨析】

瞑目:闭眼。此成语义为死了也不闭眼。原指人死的时候心里还有放不下的事,现常用来形容极不甘心。“暝”从日,表明跟时间有关系,本义:天色昏暗,日落天黑了。“瞑”从目,表明跟眼睛有关系,义为闭眼。“死不瞑目”不能写作“死不暝目”。

正:死心塌地
误:死心踏地

【错例】

霍建华在剧中出演韩雪的老板,两人不是冤家不聚头,渐生情愫,然而对韩雪苦追许久的李铭顺始终死心踏地不改初衷,最终谁能赢得芳心成为本剧的悬念。(许青红《青春励志剧　爱情占线》,《京华时报》2008 年 5 月 1 日第 23 版)

【辨析】

死心塌地:原指死了心,不作别的打算。后常形容打定了主意,决不改变。不能写成“死心踏地”。

正:似是而非
误:似事而非

【错例】

在我们这个世界上,到处充满着似事而非的推理,而且是时时不断地发生的。(张斌峰《读<逻辑新引·怎样辨别是非>》,《博览群书》2005 年 7 月 7 日)

【辨析】

似是而非:好像是对的,实际上不对。似:像。非:不对。是:对。不能写成“事”。

正:驷马难追
误:四马难追

【错例】

一马当先,双骏齐奔,三骏同行,四马难追,五骥驰骋,六骏康顺,七骏闪烁,八骏雄风,九骏腾云和十骏争春等十幅画更是受到画界的好评。(刘会生《笔墨翻飞奉献真情　东方神骏展露雄姿》,《首钢日报》2004 年 4 月 5 日第 3950 期)

【辨析】

驷马难追:一句话说出了口,就是套上四匹马拉的车也难追上。指话说出口,就不能再收回,一定要算数。不能写成"四马难追"。

正:肆无忌惮
误:肆无忌弹

【错例】

①他只觉得,自己好像回到了大学时代,或者比大学时代还早,那时,虽然在别人眼里她已经是大姑娘了,但在自己的爸爸面前,她却可以肆无忌弹地撒娇。(杨林林《第五个电话》,《当代》1987 年第 5 期第 213 页)

②路透社报道说,在圣马科斯,罂粟种植和毒品交易可谓肆无忌弹。(《危武装劫囚车掠走大毒枭》,《京华时报》2007 年 7 月 25 日第 22 版)

【辨析】

肆无忌惮:任意妄为,毫无畏忌。惮:害怕。是一种心理活动,所以用竖心旁做义符。同音相混,写成"子弹""炮弹"的"弹"是讲不通的。

正:耸人听闻
误:悚人听闻|怂人听闻

【错例】

①……各种网站和刊物报道着各种悚人听闻的李小龙传记和奇闻,无数对武

术感兴趣的年轻人,因为种种传说而将李小龙奉作真神,将"截拳道"奉为武林秘笈,模仿李小龙的一举一动。(《李小龙:熟悉的陌生人》,《浙江日报》2008年11月7日文化休闲版)

②这到底是美国调查公司怂人听闻的又一次放风,还是中美关系真的面临调整和危机呢?(李琳《2010年中美冲突风险有多大?》,中广网2010年1月8日)

【辨析】

耸人听闻:夸大或捏造事实,使人听了感到惊异或震动。耸:惊动。不能写成"怂恿"的"怂",也不能写成"悚然"的"悚"。

正:俗不可耐
误:俗不可奈

【错例】

①残酷的"虐食"被美饰为"饮食文化",帝王将相的勾心斗角成了"政治文化",阴阳八卦鬼神风水就是"传统文化",连那些布衫上印几个俗不可奈的明星像就誉之为"文化衫"!(阎恩虎《文化的悲哀》,《太原日报》1999年11月1日第8版)

②但无奈的是我们周围到处都是所谓的音乐声,俗不可奈倒也罢了,而有的却是恐怖。(朱晓剑《像安然一样听音乐》,张家口新闻网2005年12月26日)

【辨析】

俗不可耐:庸俗得使人难以忍受。耐:受得住;禁得起。不要把这个成语理解为庸俗得使人无可奈何,而用同音字"奈"代替"耐"。

正:素昧平生
误:素昧生平

【错例】

我与昆洛先生素昧生平,只是在读了《南洋泪》后,才知道他是晋江侨乡一个同时写着小说的侨务工作者,一个作家。(梁晓声《诗性写作的脉迹——评长篇小说<南洋泪>》,《人民日报海外版》2004 年 10 月 15 日第 7 版)

【辨析】

素昧平生:彼此一向不了解。指与某人从来不认识。昧:不了解;平生:平素、往常。不能写成“生平”。

正:随声附和
误:随声附合

【错例】

①喝彩的自然也不乏其人,无聊的或有聊的,随声附合的和居心叵测的,鼓噪齐上,谀美之词,不一而足。(郭群《无人喝彩》,《北京日报》1995 年 7 月 12 日第 7 版)

②城川(审判长)向青年人投出锐利的一瞥,站起身喊:“起立!”法警们慌忙随声附合,人们都一齐站起来了,城川取消了宣判后的告诫,面沉似水地走出了法庭。(李乔《死人不会控诉》,《文学大观》1995 年第 8 期第 41 页)

③“这个假期太长了,”他用英语莫名其妙地诅咒道……“假期是让人感到无聊。”她用英语随声附合道。(邵子良《天堂之鸟》,《中国培训》1995 年第 2 期第 56 页)

【辨析】

别人说什么,自己跟着说什么,叫作“随声附和”,比喻没有主见。和:跟着他人说、唱。把“和”写成“合拍”的“合”,是误用了近音字。

正:随心所欲
误:随心所遇

【错例】

①若能做到随心所遇,物我两忘,就能活得无拘无束、潇潇洒洒,清风明月随我

爱，阶柳庭花任我赏，活出一份真性情，活出一份真精彩。（王虎林《人生"三乐汤"》，《健康时报》2002年7月18日第5版）

②可以想象的是，中、后排足够的移动空间，不仅让改装房车这样的梦想成为现实，随心所遇的内部布置更加满足现在消费者自我个性的充分表现，相较过往旧微客而言，高端微客的吸引力更具诱惑。（《解析高端微客的跨界概念》，《济南日报》2010年10月13日第12版）

【辨析】

随心所欲：随着自己的意思，想要干什么就干什么。随：任凭；欲：想要。不能写成"遭遇"的"遇"。

正：所答非所问
误：所问非所答

【错例】

2009年2月14日，在罗马七国财长和央行行长会议后举行的记者招待会上，麻生首相的铁杆盟友财务相中川昭一醉眼惺忪，哈欠连天，语无伦次，所问非所答的视频被全球媒体转播，日本国内舆论哗然。（周暄明《民主党赢得日本大选原因探析》，《人民论坛》2009年第24期）

【辨析】

所答非所问：回答的不是所问的内容。不能写成"所问非所答"。

正：所向披靡
误：所向披糜

【错例】

①无知的女人便只能依赖男人这根所向披糜的拐棍了，而男人有一天如果真地成了女人的拐棍，他们又会怨天尤人骂女人。（赵玫《欲望旅程》，《大家》1999年第3期第75页）

②而这批数额惊人的民间热钱，成为包括温州炒房团在内的，中国炒房大军的所向披糜无坚不摧的铁骑兵，不断地推动着楼市的疯涨。（魏葳《房地产市场又刮沙尘暴》，《大地》2006年6月1日第11期）

【辨析】

所向披靡：比喻力量所到之处，一切障碍全被扫除。披靡：（草木）随风散乱地倒下；（军队）溃散。靡：顺风倒下。这个词与粮食无关，不能写成米字底做义符、糜烂的“糜”。

T

正:谈笑风生
误:谈笑风声

【错例】

①平时注意保养“精气神”,经常谈笑风声,坚持运动。(袁月《大脑健康的“六好”标准》,《生命时报》2009年12月15日第5版)

②不过由于“计算失误”,这个曾与玛莉莲·梦露出双入对、与希腊船王称兄道弟、与美国总统谈笑风声的花花公子不小心提前花光了积蓄,最后15年的生活穷困潦倒,靠政府的失业救济金度日。(李媛《谁“杀”了豪门继承人》,《国际金融报》2010年1月13日第8版)

③散步在桥上,一阵阵凉风迎面拂来,好清爽啊! 人们在桥上谈笑风声。(郭琳《夏天的快乐》,《江南时报》2010年2月10日第23版)

【辨析】

谈笑风生:形容谈论时有说有笑,兴致很高,富有风趣。

语出宋·辛弃疾《念奴娇·赠夏成玉》:“遐想后日蛾眉,两山横黛,谈笑风生颊。”

“生”有产生、出现的意思。

“声”有“声音”“声名”等义。但谈笑风生,既不是在谈笑风的“声音”,也不是谈笑风的“声名”。

正:袒胸露背
误:坦胸露背

【错例】

①是不是去照一组艺术照贴在简介后面，好多女生都这样做，有的还坦胸露背，还有的说自己长项是喝酒。（许长彪《每个人都可以拾到很多麦穗》，《番禺日报》2008 年 6 月 15 日第 A3 版）

②而在工人影院门口，每天晚上都摆放着同样不雅的宣传画，画面上都是些女孩穿着坦胸露背的三点式装束，旁边的宣传语句也极其色情，“今夜不归，火爆、开放与刺激，十分精彩”。（丁女士《这样的演出谁来管?》，《宣城日报》2009 年 4 月 9 日第 A2 版）

③我每每走到街上，看到女人们坦胸露背的程度已经足可以毁掉任何一个无产阶级革命家意志的程度了，就免不了思忖：……（狄马《品味时尚》，《大众日报》2009 年 6 月 12 日第 A11 版）

【辨析】

袒胸露背：敞开上衣，露出胳膊。袒：脱去或敞开上衣，露出身体的一部分。与衣服有关，所以用衣补旁做义符。不能写成坦白的“坦”。“露”读 lù。

正：探本穷源
误：探本穷原

【错例】

著名美学家宗白华先生说：“历史上向前一步的发展，往往是伴着向后一步的探本穷原……”（张毅《浅谈青岛的原生态民俗文化》，青岛新闻网 2007 年 6 月 27 日）

【辨析】

探本穷源：寻找树根水源。比喻探求、追溯事物的根本。探：求索。本：树根。穷：探寻。源：水源。不能写成“原”。

正：探赜索隐
误：探颐索隐

【错例】

①意向性问题……因此逐渐成为当代心灵哲学、语言哲学、认知科学等关注的焦点，也成为国内外研究者竞相探颐索隐的重大课题，相关的佳作不断涌现。（王世鹏《意向性王国的探赜索隐》，《光明日报》2010年5月6日第7版）

②正是哲学，使辅圣登高望远，吐纳有自，究天人之际，穷事理之奥，将万千艺术现象纳入现代思辨理性之视野，条分缕析，举重若轻，看似信手拈来，"笔所未到气已吞"，实则探颐索隐，陵轹万象，执一御万、大而化之，如春风风人夏雨雨人，使无数同道长见识、得真知、获教益。（张凭《逸笔清风造化工——我所知道的卢辅圣》，《吉林日报》2007年5月17日第14版）

【辨析】

探赜索隐：探究深奥的道理，搜索隐秘的事情。探：寻求，探测；赜：幽深玄妙；索：搜求；隐：隐秘。"赜"不能写成"颐"。

正：堂而皇之
误：堂而煌之

【错例】

在传统的飞檐上架上霓虹灯，然后在下面堂而煌之地卖蹩脚做旧的假字画。（许力《最先改造的是观念》，《讽刺与幽默》2009年5月29日第6版）

【辨析】

堂皇：官署的大堂，引申为气势盛大的样子。堂而皇之：形容端正庄严或雄伟有气派。也指表面上庄严正大，堂堂正正，实际却不然。不能写作"堂而煌之"。

正：桃李不言，下自成蹊
误：桃李不言，下自成溪

【错例】

①桃李不言，下自成溪。王武虽然喜欢默默工作，不事张扬，但和他一起工作

战斗过的交警最了解他。(张丹平《请帖都发了　却结不了婚》,《凉山日报》2008年2月25日第3版)

②桃李不言,下自成溪,无数被您捧红的当红明星为您默默祈祷。(《十月的天空》,《上虞日报》2009年10月22日第6版)

【辨析】

成语原意是桃树、李树不说话招引人,但因它们有花和果实,人们在它们下面走来走去,就走成了一条小路。比喻人只要真诚、忠实,就能感动别人。"蹊"从足,义为小路,不能写成三点水做义符、"溪水"的"溪"。

正:提纲挈领
误:提纲契领

【错例】

而类似的定位,美国著名医学专家巴特曼教授在其被西方医学界誉为《圣经》的作品《水是最好的药》一书中,也给予了提纲契领性的概述:翻阅医学教科书,就会读到上千页的废话。(董志龙《罗坤生:生物电影响人体健康》,《中国经济周刊》2007年6月18日第23期)

【辨析】

提纲挈领:抓住网的总绳,提住衣的领子。比喻抓住要领,简明扼要。纲:鱼网的总绳;挈:提起。不能写成"契约"的"契"。

正:天翻地覆
误:天翻地复

【错例】

①不听他们的,不听。不管天翻地复也好,昏天黑地也好,我们到一起来寻找安谧。(李银河《爱你就像爱生命》,《中华读书报》2004年11月24日)

②×××××就像突然而至的12级台风,又像来势凶猛的海啸,疯狂得使人躲避

不及，刹那间天翻地复。（伍可娉《金山伯的女人》，《江门日报》2010 年 7 月 18 日第 A7 版）

【辨析】

"复"是重复的"复"，"转过来转过去；再，又"的意思。而"覆"，是"盖住；底朝上翻过来，歪倒"的意思。这两个字的字音相同，字义不同。正确的当然是"天翻地覆"了。

将"天翻地覆"写错为"天翻地复"的原因，当是 1964 年发布的《简化字总表》中，曾将"覆"简化为"复"。但在 1986 年重新发布的《简化字总表》作了调整，"覆"不再作"复"的繁体字处理，即"覆"不再简化为"复"。

正：天朗气清
误：天郎气清

【错例】

看其海岛风景，清幽雅致。天郎气清，惠风和畅。（张晨辉《舟山赋》，《舟山晚报》2008 年 3 月 20 日）

【辨析】

天朗气清：形容天空晴朗，空气清新。朗：明朗。不能写成"郎"。

正：天理良心
误：天地良心

【错例】

①"你可别跳着念。"贺志彪诙谐地指指心口，"咱们可要对得起天地良心。"（从维熙《北国草》，《收获》1983 年第 2 期第 251 页）

②司机说："天地良心，这是新社会了，女子无才便是德的传统说法过时了。"（池莉《一夜盛开如玫瑰》，《小说月报》1999 年第 3 期第 67 页）

③当然，这句话也是出自宫学斌之口，看似不太雅观的话，却如同悬在龙大人

头上的利剑,时刻提醒着龙大人以天地良心作保证,绝不掺假作假,严把质量这道关。(周小苑《中国农民如何走向世界?——<乡间大道>讲述农村社会改革的探索者》,《人民日报海外版》2008 年 11 月 17 日第 8 版)

【辨析】

天理良心:指人的天性和善心。天理:自然之理,上天主持的公理。良心:人类纯真善良之心。用作发誓时表示凭公理和善心行事,要写作"天理良心",写"天地良心"讲不通。

正:天旋地转
误:天眩地转

【错例】

他在新闻单位、咨询机构、点子公司等部门有众多的朋友,经常一起侃得天眩地转,云山雾罩。他从中获益匪浅。(刘抱峰《鸿鹄之鸣》,《人民文学》1995 年第 4 期第 119 页)

【辨析】

眩:眼睛昏花。"天"不会"眩",写"天眩"词义不通。"天"可以"旋转",写"天旋地转"是对的。为避免将"旋"错写成"眩",可联想"旋转"是一个词,在这里是分开使用。

正:天涯海角
误:天崖海角|天涯海脚

【错例】

①……领导人玩的费用可能远在天崖海角或乡镇一隅的单位给夹账报了,一吃嘴一抹,自己不掏钱,全家潇洒玩。(黄海客《五花八门的"小腐败"》,《中国经济周刊》2003 年第 14 期)

②天崖海角纽芬兰(《世界博览》2007 年 3 月号封面要目)

③是否是天涯海脚的椰林与阳光天生就制造浪漫,还是亚龙湾的碧浪与细沙注定要上演爱情？我们真的就越走越近了。(有个女孩《泪为什么一直流,是因为爱吗?》,新华网2005年2月25日发展论坛)

【辨析】

天涯海角:形容极远的地方,或相隔极远。涯:边际。不能写成"崖"。"海角"不能写成"海脚"。

正:天作之合
误:天作之和

【错例】

他们说我们是天造地设,是天作之和！想一想也确实如此。(阿耒《左手和右手》,《梧州日报》2010年4月24日第3版)

【辨析】

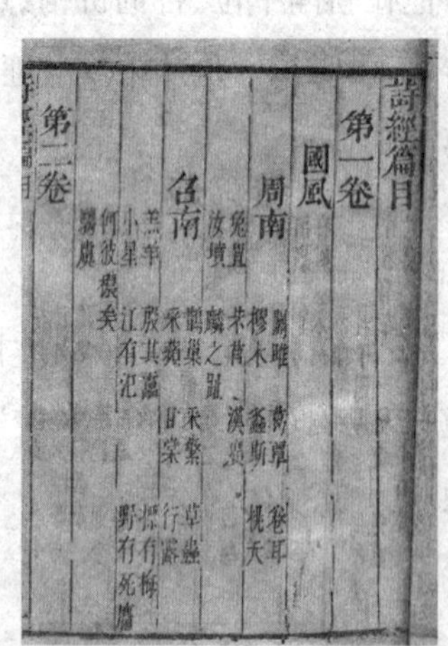
《诗经》书影

天作之合出自于《诗·大雅·大明》:"文王初载,天作之合。"原意为文王娶太姒是上天配合的。后世用来作为新婚的颂词,意即上天成全的婚姻。明·徐复祚《红梨记·诉衷》:"才子佳人,实是良偶,两下不期都来,可不是天作之合。"《儿女英雄传》一二回:"那张姑娘,方才听你说来,竟是天作之合的一段姻缘。"

合:在此处是匹配的意思。用"和"代替"合",是错用了同音字。为防止出错,可联想到与此相关的一个词"撮合",大概不会有人把"撮合"也写作"撮和"吧？

正:挑肥拣瘦
误:挑肥捡瘦

【错例】

在这种混乱局面下，许多企业挑肥捡瘦像吃“白菜心”似的从中间开采一趟，出现严重的资源浪费。（储国强、刘军、熊聪如等《西部能源开发呼唤理智》，《文摘报》2004 年 10 月 24 日）

【辨析】

“挑肥拣瘦”中的“拣”和“捡”音同而又义近，都有“拾取”的意思。但“拣”还有“选择、选取”的意思，所以“挑肥拣瘦”中的“拣”不能写成“捡”，这是据义别形。

正:条分缕析
误:条分屡析

【错例】

这一切都让我喜欢，感觉就像是寻常日子里对身边人群的张望，有懂得，让你惺惺相惜、满心欢喜，可更欢喜的还是不懂，因为会调动起想象，有记忆的复苏、辨识、剪辑拼贴，更有对未来的条分屡析、探头探脑。（方如《喜欢写，更想写好》，《十月》2010 年第 3 期第 124 页）

【辨析】

条分缕析，比喻有条理地分条剖析。缕:线析、剖析。不能用“屡次”的“屡”替代“缕”。

正:挑拨离间
误:挑拨离间

【错例】

①然而与会国家面临的局面却比 9 年前复杂多了。一是由于“万隆精神”对推动亚非国家民族独立运动产生了极大影响，殖民主义及霸权主义者千方百计采用收买、高压、挑拨离间等手段对第二次亚非会议进行阻挠破坏；二是由于国际政治

力量重新组合和亚非国家之间的关系出现了一系列新情况:……(宗道一《陈毅在日内瓦和雅加达会议期间》,《大地》2002 年第 1 期)

②无端怀疑同学挑拨离间故意伤害赔偿又领刑 (陶改华,中国法制新闻网 2010 年 11 月 1 日标题)

【辨析】

挑拨离间:搬弄是非,使别人不团结。拨,不能写成"选拔"的"拔"。

正:亭亭玉立
误:婷婷玉立

【错例】

①想当年,老婆虽算不上天姿国色、一笑倾城,但确也长得婷婷玉立、婀娜多姿,如今却体形臃肿、腰似水桶,快赶上肥肥沈殿霞了。(黄健《老婆减肥》,《江南时报》2007 年 2 月 5 日第 22 版)

②再是"无节良材",就是树没有节疤,培育的用材林像水泥电杆一样"婷婷玉立"。(邓三龙《做好"开"字文章　迎接生态文明》,《大地》2008 年第 18 期)

【辨析】

亭亭:高耸直立的样子。亭亭玉立:形容女子身材细长(不要因此想当然地写成女字旁的"婷"),也形容花木等形体挺拔。

正:通宵达旦
误:通霄达旦

【错例】

①他有充沛的体力、肺活量和通霄达旦工作的能力,以此便叱咤风云骠勇搏击于文山会海之间。(李云良《湖畔奏鸣曲》,《清明》1987 年第 4 期第 147 页)

②去年初的一天,组长陈绪富和村民代表陈世富、李小斌在经过几个通霄达旦商议后,做出一个大胆的决定:"修通组公路,让群众过上好日子。"(陈波《干沟愚

公修路记》,《商洛日报》2005 年 8 月 11 日第 2 版)

③在国际上,大型的音乐节发展已经有近百年历史,德国柏林、瑞士苏黎世、美国底特律等国际著名“电音音乐节市”吸引了全球电子音乐狂人纷纷前往这些电子音乐节去“朝拜”,与来自世界各地、穿着盛装的同好之人在街头和广场上通霄达旦地跳舞狂欢。(吴雅菁、周红艳《与激情电音的第一次亲密接触》,《海南日报》2009 年 12 月 7 日第 B13 版)

【辨析】

霄:云;天空。宵:夜间。作整夜解释时,写作“通宵”,写“通霄”是错误的。

正:同病相怜
误:同病相连|同病相联

【错例】

①“哎,就是,我最头疼的课程就是哲学了,上课听着听着就睡着了,以后索性来个干脆的——逃课。让人无奈的是,期末考试的时候哲学还是重点备考项目。”旁边一位“同病相连”的男同学也附和道。(都一鸣《考前“浓缩”资料 火了复印店》,《西部商报》2009 年 12 月 16 日第 A15 版)

②上世纪 80 年代初,米高梅迎来公司编年史上的一件大事——合并了同病相联的联艺公司,意图拷贝当年创始之初的奇迹,联艺曾拍出过《毕业生》《飞越疯人院》等奥斯卡名作,并带来了鼎鼎大名的 007 品牌。(《穷不思变,倚老卖老,没有后盾》,《彭城晚报》2010 年 11 月 5 日第 B5 版)

【辨析】

同病相怜:比喻因有同样的遭遇或痛苦而互相同情。怜:怜悯,同情。不能写成同音的“连”。

正:铜浇铁铸
误:铜浇铁涛

【错例】

“爹,你就是不为自己着想,也得为我想想,也得想到……咱娘。”老艄公像铜浇铁涛似的,丝毫不为所动。(刘成思《两代艄公》,《小说选刊》1986 年第 5 期第 91 页)

【辨析】

为避免将“铸”错写成“涛”,可联想“浇”与“铸”能组成“浇铸”一词。“铸”是金字旁,表示用铁水浇铸;“涛”是水字旁,是指波涛。两个字形、音、义都不同,不能误用。

正:头昏目眩
误:头昏目旋

【错例】

当男孩子旋转那根线绳,让他绕那只手做圆周运动时,他觉得头昏目旋,心率过速,出气不均,有将要被抛出去的恐惧和快感。(焦洱《海滨·墓园》,《大家》1999 年第 3 期第 177 页)

【辨析】

头脑晕乱、眼睛昏花,应写作“头昏目眩”。眩:形声字,从目玄声,义为眼睛昏花。旋:会意字,甲骨文从㫃从足,义为人足随旗帜而周旋,引申为旋转。和“头昏”相关的是“目眩”(眼花),“目旋”字面的意思是眼睛旋转,汉语中没有这种说法。

正:头昏脑涨
误:头昏脑胀

【错例】

①身体不舒服,感到头昏脑胀时,应放松心情,躺卧下来,解开束缚身体的衣物或包袱。(《野外感到身体不适怎么办》,《自贡日报》2008 年 11 月 5 日旅游天地

版）

②去年开始，周女士老是觉得头昏脑胀，浑身不舒服，提不起精神，吃饭也没胃口。（应艳《头昏脑胀　当心颈椎得病》，《永康日报》2010 年 4 月 12 日第 3 版）

【辨析】

头昏脑涨：因病或受重大刺激而造成的头脑昏沉的感觉。涨：头部充血。不能写成“胀”。

正：头晕目眩
误：头晕目炫

【错例】

在这个充满激烈竞争的手机市场，生存至上，利润第一的经营思想，迫使企业不断地提出一个又一个令人头晕目炫的新概念，以适应那些让人难以捉摸的市场需求。（吴超《手机市场进入“战国时代”》，《市场报》2003 年 9 月 8 日第 10 版）

【辨析】

请参见“头昏目旋”。

正：投机取巧
误：偷机取巧

【错例】

①许多人对付失败可能性的办法常常是：说不定，也许……这种偷机取巧的安慰犹如夏天的雪花一样持续不几秒钟。（张卫民《爱情：神话与常识之间》，《中国妇女》1997 年第 8 期第 24 页）

②不过，他的偷机取巧行为没能得逞。组委会最后决定不承认他的成绩，并规定撑竿跳高必须有一段距离的助跑，单脚起跳后越过横杆，不得使用双手交换上爬。这个规定一直沿用至今。（肖江《奥运赛场的投机取巧》，《沈阳日报》2008 年 5 月 3 日第 A4 版）

【辨析】

作利用时机谋取私利解释时,用“投机”,不用“偷机”。可以说“利用时机”,但不能说“偷取时机”。

正:突如其来
误:突如奇来

【错例】

直到婚姻成为事实后,他们才告诉双方的父母。双方的父母都惊呆了,被这突如奇来的消息搞乱了手脚。(《新闻链接》,《江南时报》2007 年 1 月 14 日第 13 版)

【辨析】

突如其来:出乎意料地突然发生。突如:突然。不能写成“突如奇来”。

正:荼毒生灵
误:茶毒生灵|涂毒生灵

【错例】

①我们读古文《吊古战场文》,必然会记得那描写所谓“秦汉武功”的句子,那些“秦起长城,竞海为关,茶毒生灵,万里朱殷”的悲惨和“汉击匈奴,虽得阴山,枕骸遍野,功不补患”的结算,如今我们思念起来,感想又是什么呢?(《北京法源寺》,新华网 2008 年 3 月 17 日读书频道)

②口耳相传,有孽龙在此涂毒生灵,危害乡邻,观音菩萨和关帝圣君,把恶龙降伏,锁于潭中,遂名龙潭山。(吴会山《七鼎龙潭寺》,《辽沈晚报铁岭版》2009 年 3 月 27 日第 A09 版)

【辨析】

荼毒生灵:指残害人民。荼毒:毒害、残害;生灵:指百姓。不能写成“涂毒生灵”,也不能写成“茶毒生灵”。

正:推崇备至
误:推崇倍至

【错例】

①申府先生可说对中国传统哲学的“中和”等思想推崇倍至了。(汤一介《读<张申府文集>》,《光明日报》2005 年 7 月 18 日第 6 版)

②他着重泼墨写意,崇尚清真气韵,倡导简练笔法,使陈洪绶、朱耷、石涛、郑板桥、赵之谦、及近代的吴昌硕、齐白石,无不受其影响并对他推崇倍至。(大鸟《仰望绍兴》,《邯郸日报》2006 年 2 月 18 日第 3 版)

【辨析】

推崇备至:极其推重和敬佩。推崇:推重,敬佩。不能写成“推崇倍至”。

正:囤积居奇
误:屯积居奇

【错例】

为了扭转尴尬局面,张老板在次年“黄梅”前一个月,便拿出大量资金暗中派人在余东四周几爿茶叶店就地整斤整斤地陆续买来,使得附近一些茶叶店都无甚余货,而他却堆积如山,准备屯积居奇。(李茂富《余东独有财神堂》,《海门日报》2009 年 2 月 16 日第 B02 版)

【辨析】

囤积居奇:把稀少的货物储藏起来。指商人囤积大量商品,等待高价出卖,牟取暴利。囤、居:积聚;奇:稀少的物品。不能写成“屯积居奇”。

W

正:瓦釜雷鸣
误:瓦斧雷鸣

【错例】

黄钟毁弃,瓦斧雷鸣,斯文不坠,大道不绝。霸王有难,可以别姬,只是姬断不可无义,别了霸王!(王大辉《文化的精神》,《沈阳日报》2007 年 2 月 7 日第 B4 版)

【辨析】

瓦釜雷鸣:声音低沉的沙锅发出雷鸣般的响声。比喻无德无才的人占据高位,威风一时。瓦釜:沙锅,比喻庸才。不能写成“瓦斧”。

正:完美无瑕
误:完美无暇

【错例】

①这种译法无法将书名中的“虚”(引申意义)与“实”(具体含义)完美无暇地结合在一起,难以充分体现作品既写现实、又写历史的这一叙述特点……(刁承俊《难道这样译就错了吗?——谈格拉斯两部作品的中文译名》,《中华读书报》2006 年 3 月 22 日第 4 版)

②如果每个都是由造物主亲手制造出来的话,那造物主对待我们真是太不公平了,或者是因为造物主早已看腻了人类一张张世俗而枯燥的脸,所以决定造出一个完美无暇的人。(式微《科学史上最美的女人》,《大地》2009 年第 24 期)

【辨析】

完美无瑕:达到最好标准。无瑕:没有瑕疵,比喻没有缺点或污点。无暇:没有空闲的时间。不能写成"完美无暇"。

正:莞尔一笑
误:宛尔一笑

【错例】

常常的,打开的是一个女人的裸体,或者是其它的多少能让他的心跳加速、能让他宛尔一笑的图片。(《顶好》,《杂文报》2010 年 4 月 6 日第 4 版)

【辨析】

"莞尔",音 wǎn'ěr,形容微笑,如"莞尔而笑""莞尔一笑""不觉莞尔"。"莞",另读 guān 时,指水葱一类的植物;读 guǎn 时,指"东莞",广东一市名。

"宛",①曲折,如"宛转";②姓;③仿佛,如"宛然""宛如""音容宛在"。

"莞尔"不能写成"宛尔"。

正:婉言谢绝
误:惋言谢绝

【错例】

①申丹峰越发思念家乡商州,尽管厂长再三用优厚的待遇挽留,申丹峰还是惋言谢绝了。(刘占良《巧手雕出新天地》,《商洛日报》2004 年 10 月 26 日第 3 版)

②当地政府及当事者表示请客送礼,感谢曲比达戈一行,被他们惋言谢绝了。(李威、赖基仁《于情于理话和谐　冰释冤结又好和》,《四川科技报》2009 年 7 月 23 日第 6 版)

【辨析】

婉言谢绝:用委婉的话加以拒绝。婉言:委婉的话。不能写成"惋言"。

正:万古长青
误:万古常青

【错例】

最后,中法两国朋友高举香槟酒,共祝伟大祖国60华诞,祝愿中法友谊万古常青。(梅仁《法国图卢兹第一大学孔子学院庆祝新中国60华诞》,《人民日报海外版》2009年10月19日第6版)

【辨析】

万古长青:千秋万代都像松柏一样永远苍翠。比喻崇高的精神或深厚的友谊永远不会消失。万古:千秋万代。长青,不能写成"常青"。

正:万念俱灰
误:万念具灰

【错例】

①昨天下午,万念具灰的周师傅觉得自己很对不起自己在老家的亲人,当他走到东新园小区北门的时候,路边正好有人在砌砖墙,他捡起一块红砖就往脑门上砸,想就此了结自己的生命。(殷梦奇《为了一台电脑板　砖拍向自己脑门》,《新民生报》2004年11月26日)

②唉声叹气,人生是低垂的迷雾;心灰意冷,人生是沉重的包袱;万念具灰,人生是凄凉的坟场。(董俊伟《多彩人生》,张家口新闻网2005年12月10日)

【辨析】

万念俱灰:所有的想法和打算都破灭了。形容极端灰心失望的心情。俱:副词,全,都。不要写作动词"具"。

正:万事俱备
误:万事具备

【错例】

今天是爸爸的生日，妈妈和我早早准备好了生日晚餐，可谓万事具备，只欠老爸了。（吴蔚然《家庭喜剧》，《江南时报》2009 年 6 月 4 日第 20 版）

【辨析】

“万事俱备，只欠东风”，义为一切都准备好了，只差东风没有刮起来，不能放火。比喻什么都已准备好了，只差最后一个重要条件了。“具”有“具有”之义，而“俱”义为全、都、皆等。因此，不能写成“万事具备”。

正：枉费心机
误：枉废心机|妄费心机

【错例】

①我知道我很可能是枉废心机。（谭延桐《许多东西在那里摇晃着》，《青春》2008 年第 12 期）

②因此，你分裂经念得再好、再悲，也没有几个人应合，更是妄费心机。（姜伟《一位公民对制造、参与动乱者说》，大河网 2009 年 7 月 7 日）

【辨析】

枉费心机：白费心思。枉：白白地，徒然。枉，不能写成“妄”。费，不能写成“废”。

正：望文生义
误：望文生意

【错例】

①兴儿对凤姐的概括不无道理，后来许许多多望文生意的红学家对王熙凤的评价，基本上与兴儿保持一致。（吴昊《醋劲儿美了王熙凤》，《文汇报》1998 年 7 月 15 日第 12 版）

②眼外伤望文生意就是眼部遭遇外伤,如果系机械损坏了病友的容貌,还严重影响了病友的视力。例如有一机械厂的工人在工作时,不慎被蹦出的工件击伤眼睛,经清创缝合发现病友的眼球被击破,眼睛保不住了,只能依赖一只眼观察事物。(王道升《警惕眼外伤伤着你》,《随州日报》2008 年 8 月 1 日第 A4 版)

【辨析】

不懂某一词句的正确含义,只从字面上去附会,做出错误的解释,这称为“望文生义”。为防止将“义”错写成“意”,可将“生义”联想为“生成含义”,因为很少有人将“含义”写成“含意”。

正:危如累卵
误:危如垒卵

【错例】

天保走投无路,危如垒卵,面临关门倒闭!(张玉明《天保之歌——记发展前进中的成都天保重型装备股份有限公司》,《成都日报》2010 年 1 月 6 日第 14 版)

【辨析】

累:堆积。累卵:一层层堆积起来的蛋,比喻局势极不稳定。不能写成“垒卵”。

正:为人处世
误:为人处事

【错例】

①小杨同志的确是一个不可多得的人才,虽然来我大马巷村时间并不长,但是人际关系、为人处事、工作能力各方面大家都有目共睹。(杨晓芳《一只在田野上飞舞的蝴蝶》,《大地》2009 年第 22 期)

②当然,利铭为人处事的热情、率真、坦诚,在书画界有着很好的口碑。(赵长青《艺术、责任两相宜》,《人民日报海外版》2010 年 2 月 11 日第 7 版)

【辨析】

为人处世:做人、在社会上活动,跟人往来相处。不能写成"为人处事"。

正:惟妙惟肖
误:唯妙唯肖|维妙维肖

【错例】

①……做工精细,结构严谨,唯妙唯肖的面人儿……这些平日里难得一见的稀罕玩意儿,在北京东岳庙民俗博物馆近日举办的"中国传统玩具与游艺展"上,被《市场报》记者撞了个正着儿。(陈辉《昔日玩伴儿今安在》,《市场报》2007 年 6 月 1 日第 24 版)

②马三立的表演维妙维肖,"马大哈"也成为了人们的日常词语,马三立还在中南海怀仁堂为毛主席和周总理表演了这段相声,并受到他们的称赞。(张伟《一生逗你玩——马三立》,《大地》2007 年 8 月 1 日第 15 期)

③维妙维肖的舞狮表演 (张丹《比利时的"舞狮"》,《人民日报海外版》2008 年 2 月 25 日第 6 版)

【辨析】

惟妙惟肖:形容描写或模仿得非常好,非常逼真。

《说文》:"维,车盖维也。"段注:"引申之,凡系者曰维。"做语气词时,"维"与"唯""惟"通用。但它们作为构词语素时,有所分工:"唯"有"唯一"义,"惟"一般做词缀用,"维"有"维系"义。

正:委曲求全
误:委屈求全

【错例】

①但最后终究是蒋介石委屈求全,补发了 128 师薪饷,将 128 师划属第五战区李宗仁领导,脱离汤恩伯。(《中国作家》1992 年第 2 期第 18 页)

②妻子脸上立时堆起一层乌云,说我愿意你少管你不愿意看就别看。他见状只好委屈求全,忍气吞声。(《人民文学》1991 年第 2 期第 110 页)

③端生也是个血性男儿,见继娘如此蛮横,晓得这个家再也无他立锥之地。加上日日看爹委屈求全,受足夹板气,于心不忍。(《清明》1992 年第 1 期第 68 页)

④滕先生为了办好学校,不仅是耗尽了许多心力,而且有时候得不到应有的理解,为了委屈求全,他甚至不惜忍辱负重,这多么使人感动呵!(沈平子《从傅雷和滕固的一次争吵说起》,《中华读书报》2008 年 6 月 11 日第 14 版)

【辨析】

作"勉强迁就、以求保全或为顾全大局而暂时忍让"解释时,用"委曲求全",在此词中不存在冤枉之义,故不用"委屈求全"。

曲:委曲己意。不能写成"屈"。

正:萎靡不振
误:萎糜不振

【错例】

随着高考、中考的结束和暑期的来临,旅游市场一扫端午节时期的萎糜不振,又在酝酿新一个旺季。(刘剑《中、高考之后迎来学生游》,《黄海晨报》2008 年 6 月 16 日第 A7 版)

【辨析】

萎靡不振:形容精神不振,意志消沉。萎靡:颓丧。不能写成"萎糜"。

萎:枯萎、萎谢。靡:倒下,如"披靡"。"萎"和"靡"都是不振作的意思,"靡"从"非"。而"糜"是"粥",引申为"糜烂",从"米"。正确写法是"萎靡不振"。

"糜"与"靡"字形相近,易误用,两字读音又相近,只是声调不同,一般人多误读,也是误用的原因。而字义虽不同,但用于此处似也可说通,此为误用的第三个原因。

正:唯唯诺诺
误:唯唯喏喏

【错例】

①我应该理直气壮地慢条斯理地不卑不亢地冷嘲热讽地发言。不要像贼心虚似的,不要语无伦次也不要唯唯喏喏。(陈村《鲜花和》,《收获》1997年第6期第143页)

②于是鲁迅接着分析说,这是中国环境的问题,把驯良当成可爱,压抑了孩子的天性,推而广之,在国民性上,则低眉顺眼,唯唯喏喏。(孙郁《鲁迅怎样做父亲》,《桂林日报》2009年10月14日第7版)

③朝中官员从此对他唯唯喏喏,再不敢向玄宗提意见了。(李杰《李林甫"口蜜腹剑"》,《清远日报》2010年4月18日第B3版)

④儿媳妇唯唯喏喏,不料她还是太轻视了小婷婷的耳朵了,真差点又惹祸了。(高延萍《小孙女的耳朵》,《三明日报》2010年7月13日第B2版)

【辨析】

"唯唯诺诺"是个贬义词,用于形容一味顺从,不敢或不愿提出不同的意见。"唯唯"指谦卑地应答,"诺诺"本指答应的声音(表示同意),在这里指连声答应。"喏"通常用做方言中的叹词,表示让人注意自己指示的事物。在成语"唯唯诺诺"中,"诺"不能写成"喏"。

正:未雨绸缪
误:未雨稠缪

【错例】

①教头曹大元去年即未雨稠缪,特意借来近来风头极猛的小将周睿洋,全队实力又跨上一级台阶,应是今年夺标的又一大热门。(观弈人《八年围甲冠名五变十二诸侯升帐点兵》,《光明日报》2007年5月11日第6版)

②这好像成了"潜规则",大家都在"未雨稠缪"。(钟欣《我们准备好了吗?》,《市场报》2008年1月2日第21版)

③企业应当自觉做好自我监督,加强防范,未雨稠缪,防患于未然;同时也要主动与上级有关部门建立良好的合作关系,自觉接受企业以外的监督与检查,及时解

决出现的各种问题。(任武贤《清洁文明生产　现代企业兴衰关键》,《经理日报》2008 年 7 月 22 日第 9 版)

【辨析】

未雨绸缪:天还没有下雨,先把门窗绑牢。比喻事先做好准备工作。绸缪:紧密缠缚。不能写成"稠缪"。

正:畏首畏尾
误:畏手畏尾

【错例】

①开赛后,主队在强大的助威声中发动猛攻,皇家社会逼迫式踢法让皇马巨星畏手畏尾,皇马直到第 23 分钟才有射门。(莫伦《皇马拱手让出半程冠军》,《京华时报》2004 年 1 月 12 日第.A27 版)

②当时反对办特区的声音很大,认为出现走私贩私、黄赌毒都是因为改革开放造成的,特区的干部开始畏手畏尾。(钱昊平《"梁大胆"起用"牛鬼蛇神"走上先富之路》,《新京报》2008 年 4 月 26 日日志中国版)

【辨析】

畏首畏尾:前也怕,后也怕。比喻做事胆子小,顾虑多。畏:怕,惧。不能写成"畏手畏尾"。

正:蔚然成风
误:慰然成风|尉然成风

【错例】

①九峰镇党委书记王昭良自豪而从容地说,九峰的巨变,根本因素之一就在于九峰人的文化素质高,农民学科技、讲科技、用科技已慰然成风。(李时平、黄福高《九峰乡民爱唱歌》,《华南新闻》2006 年 4 月 11 日第 4 版)

②当下的埝头村,孝道已成为时尚,爱老、敬老、助老尉然成风,这就为人们健

康长寿奠定了基础。(靳士平《寸草报春晖》,《廊坊日报》2010 年 4 月 29 日第 C3 版)

【辨析】

蔚然成风:指一件事情逐渐发展盛行,形成一种良好风气。蔚然:草木茂盛的样子。不能写成“慰然”或“尉然”。

正:蔚为大观
误:尉为大观

【错例】

①“红楼”选秀　尉为大观　(王前海《“红楼梦中人”全球大选秀:娱乐快餐?商业盛宴?文化大典?》)

②假如你的足迹曾踏遍神州,而且又对各地的名塔情有独钟、有所研究的话,那么就会惊喜地发现许多似曾相识的名塔在这里会聚一堂,尉为大观。(时明《解放公园访“名塔”》,《长江日报》2008 年 1 月 7 日第 15 版)

【辨析】

蔚为大观:发展成为盛大壮观的景象。形容事物美好繁多,给人一种盛大的印象。蔚:茂盛;大观:盛大的景象。不能写成“尉为大观”。

正:温文尔雅
误:温文而雅

【错例】

①海尔茂就是这种中产阶级男人的典型代表:事业有成,温文而雅,然而他们的内心却是腐朽而脆弱的:自私、贪婪而又谨小慎微。(李兵《<玩偶之家>新解》,《中华读书报》2007 年 12 月 5 日第 18 版)

②通过组织引导学生社团,围绕……“君子之聚理当温文而雅,饮水思源常忆养育之恩”等主题开展专题活动,让同学们在潜移默化中接受优秀传统文化的熏

陶。(郑晋鸣《独立学院如何走好自己的路——南京医科大学康达学院十年发展纪实》,《光明日报》2009 年 5 月 26 日第 7 版)

【辨析】

温文尔雅:形容人态度温和,举动斯文。现有时也指缺乏斗争性,做事不够大胆泼辣,没有闯劲。温文:态度温和,有礼貌;尔雅:文雅。不能写成"而雅"。

正:文过饰非
误:闻过饰非

【错例】

强调国际金融危机,而掩饰自己主观失误,这是闻过饰非的机会主义,是在国际金融危机的背景下吃"大锅药",于病无补,只会掩盖病因,埋下祸根。(蔡恩泽《金融危机不是"筐"》,《西安日报》2008 年 12 月 12 日第 8 版)

【辨析】

文过饰非:用漂亮的言词掩饰自己的过失和错误。文、饰:掩饰;过、非:错误。不能写成"闻过饰非"。"闻过"用在"闻过则喜"中。

正:闻名遐迩
误:闻名瑕迩

【错例】

而中国 2010 年上海世博会互联网的首次应用,将与这些闻名瑕迩的重要发明一样,载入世博会史册。(李晓莉《150 年世博会走进互联网新时代》,《光明日报》2009 年 9 月 20 日第 6 版)

【辨析】

闻名遐迩:形容名声很大,远近都知道。遐:远;迩:近。遐,不能写成"瑕疵"的"瑕"。

正:闻者足戒
误:闻者足诫

【错例】

要通过这样的悔过,使更多的官员得到警示,使闻者足诫。(杨耕身《贪官悔过,不娱乐又当如何》,《桂林晚报》2010 年 6 月 3 日第 19 版)

【辨析】

闻者足戒:听到别人正确的劝导足以引起警戒。《诗经大序》:"言之者无罪,闻之者足以戒。"不能写成"闻者足诫"。

正:瓮声瓮气
误:嗡声嗡气

【错例】

①姜亚芬也急忙在一旁说:"不要动! 你怎么回事?"可是,一个嗡声嗡气的声音从有孔巾下传了出来:"我……要咳,咳……嗽!"(谌容《人到中年》,《小说月报》1980 年第四期第 23 页)

②本地人外地人一律讲普通话,只是本地人讲得不像,有点嗡声嗡气。(《特区文学》1992 年第 1 期第 92 页)

③王丙福嗡声嗡气说:"郝乡长你要不让我们去挖金,那我们只有出去逃荒了,把几条性命保住,明年做阳春的时候再回来。"(向本贵《灾年》,《当代》1996 年第 2 期第 48 页)

④"嘿,兄弟!"忽然传来一声喊,嗡声嗡气的。一个高而粗壮的黑影,像铁塔一般的压过来。(横槊《从抒情冲动到经验秩序》,《博览群书》2006 年 3 月 7 日读书时空版)

⑤这时候点长脸上露出负疚的样子,嗡声嗡气地说:"早知是这样,当初就不会这么做了。"(董春阳《燃烧自己　挽救后代的豺》,《辽沈晚报铁岭版》2009 年 5 月 26 日第 A10 版)

【辨析】

形容说话的声音粗大而低沉时,用“瓮声瓮气”,即像拍打瓮(一种陶器)发出的声音一样,不能用“嗡声嗡气”。“嗡”,象声词,形容蜜蜂、苍蝇等飞的声音。

正:握手言和
误:握手言合

【错例】

近日,曾起诉百度侵权的全球四大唱片公司之一百代唱片(EMI Music)与百度握手言合,并达成战略合作……(廖春梅《搜索引擎开始为数字音乐买单?》,《国际金融报》2007 年 1 月 24 日第 6 版)

【辨析】

握手言和:彼此伸手相互握住,表示讲和或战平。言和:讲和。和:结束战争或争执。不能写成“握手言合”。

正:无耻谰言
误:无耻滥言

【错例】

对“180 师一万多人,突围出去一个营 1000 人。被俘了 7000 人,足以说明这个师没怎么进行抵抗”和“由原国军战俘组成的 180 师集体阵前起义”等此类有辱英烈的无知或无耻滥言,根本不屑一驳。(《中国人民志愿军抗美援朝》,辽宁省人民政府网站 2009 年 9 月 3 日)

【辨析】

无耻谰言:指不知羞耻的无赖话。谰言:诬蔑的话,毫无根据的话。不能写成“滥言”。

正:无精打采
误:无精打彩

【错例】

①孔局长开了将近一天的会,形容疲倦,无精打彩地听我们说完。(海岩《热血》,《当代》1987 年第 5 期第 184 页)

②消沉的侄子和妻子越来越无精打彩,他们想入天堂却入了阎罗的重围,它们是帮助金山的,他和她已经惶惶不可终日。(刘恒《伏羲伏羲》,《北京文学》1988 年第 3 期第 32 页)

③老槐树桩也失去往日的光彩,形单影只,孑然一身,孤零零地任风吹雨打,无精打彩地好几年,既不发芽,也不生枝,一条躯干直挺挺地"仰天长叹"。(程树榛《古槐》,《当代》1993 年第 3 期第 212 页)

④猫,一般都爱吃鱼的,可是咪咪,却有别于它的同类,不吃鱼;而且还很挑剔,残饭不吃,鱼腥不吃,拌好的猫饭它总是嗅一嗅之后,便无精打彩地走开。(梦莉《多情咪咪》,《四海》1995 年第 4 期第 109 页)

⑤整夜失眠,第二天上课也无精打彩。傍晚的时候跑到东街口邮局挂个电话给外婆,得知母亲已经安然到达了。(刘伟雄《远行的母亲》,《散文天地》1999 年第 4 期第 31 页)

⑥在新闻发布会上,特雷泽盖无精打彩地宣布了自己的决定……(周磊《特雷泽盖退出法国队》,《京华时报》2008 年 7 月 11 日第 44 版)

【辨析】

当"精神不振作"解释时,用"无精打采"。此成语中的"采"指精神、神色,而"彩"是指颜色或喝彩,不能用在这个成语中表示人的神态。

正:无可奈何
误:无可耐何

【错例】

许多手机用户都有过这样的经历,一开机就能收到各种各样的垃圾短信,却对

之无可耐何。(郭丽君《手机实名制“箭在弦上”》,《光明日报》2010 年 2 月 28 日第 6 版)

【辨析】

无可奈何:感到没有办法,只有这样了。奈何:如何,怎么办。不能写成“耐何”。

正:无理取闹
误:无礼取闹

【错例】

曹操大骂祢衡不知礼法,无礼取闹。(李阳泉《古代娱乐圈儿》,《中华读书报》2005 年 6 月 22 日第 23 版)

【辨析】

无理取闹:毫无理由地跟人吵闹。指故意捣乱。不能写成“无礼取闹”。

正:无所不至
误:无所不致

【错例】

从小时候起,家长和老师就耳提面命,小到穿衣吃饭,大到待人接物,林林总总,无所不致。(黄然《讲“规矩”》,《生活时报》2000 年 9 月 14 日)

【辨析】

无所不至:指没有不到的地方。也指什么坏事都做绝了。至:到。不能写成“致”。

正:无所事事
误:无所适事

【错例】

董侦探装作无所适事的样子，到马村附近去闲逛，到处随便打听着。（羽水《永定门外的女尸案》,《金盾》1996 年第 9 期第 35 页）

【辨析】

闲着什么事也不干，叫做“无所事事”。第一个事是动词，义为从事、做。第二个事是名词，义即事情。把“无所事事”写成“无所适事”，其含义就变了，似乎是“没有适合做的事情”了。

正:无微不至
误:无微不致

【错例】

①祖教授不但医技超人，在临床上，对病人主诉耐心倾听、无微不致、态度和蔼，在治疗中应用丰富的中医辩证理论，对每位病人不厌其烦地耐心解释，使患者焦急的心得以宽慰。（《心脏病患者的护航者》,《文摘报》2004 年 6 月 10 日环球博览版）

②学生畅所欲言，纷纷说出各自母亲是如何对自己无微不致的关怀，将来要如何去报答母爱。（夏广山《浅议小学语文阅读教学》,《宿迁晚报》2010 年 2 月 2 日第 A12 版）

【辨析】

无微不至：没有一处细微的地方不照顾到。形容关怀、照顾得非常细心周到。微：微细；至：到。不能写成“致”。

正:无以复加
误:无以附加

【错例】

①烟台的婚俗文化带有个性十足的地域特征。民间婚姻讲程序，重过程，其礼

仪之多,规程之严谨,无以附加。(李强《良辰吉日唱喜歌》,《烟台晚报》2007 年 11 月 5 日第 7 版)

②曲高和众　正茂·御景东方　沈文裕钢琴音乐会响彻兰州　座无虚席！无以附加的敬仰与陶醉！雷鸣般的掌声！连绵不断的鲜花！(《兰州日报》2006 年 9 月 5 日第 R5 版标题)

【辨析】

无以复加:不可能再增加。指程度达到了极点。不能写成“无以附加”。

正:毋庸置疑
误:勿庸置疑

【错例】

①勿庸置疑,白求恩一生中真心而长久所爱之人是弗朗西丝。(《白求恩生命中的红颜知已》,光明网 2010 年 7 月 15 日)

②首先,作为中国社会最庞大的农民阶层,太平天国提出的革新社会的理念,代表了社会进步的方向当勿庸置疑。(檀江林《太平天国改造农村社会的尝试》,《光明日报》2010 年 8 月 2 日)

【辨析】

毋庸置疑:指事实非常明显或理由非常充足,没有必要持怀疑态度。毋庸:无须,不必。不能写成“勿庸”。

正:五彩缤纷
误:五彩滨纷

【错例】

①陪同我们的韩先生说,如果四五月份来,漫山开放杜鹃花,有粉红、大红、白色、紫色,山下还有金灿灿的油菜花,那时的柴埠溪,是一个五彩滨纷的溪谷,花团锦簇的峰峦,百花盛开的世界。(韦启文《发现一座听风亭》,《人民日报海外版》

2006 年 9 月 6 日第 7 版）

②《春早》这幅作品是在一个水库的角落拍摄的。冰雪、雾和湛蓝的水、水中的倒影，形成了五彩滨纷的美丽景观。（潘永顺《在小景点中寻觅美》，《吉林日报》2008 年 3 月 30 日第 4 版）

【辨析】

五彩缤纷：指颜色繁多，非常好看。五彩：各种颜色；缤纷：繁多交错的样子。不能写成“滨纷”。

正：五黄六月 误：五荒六月

【错例】

在我的回忆中，家里总是缺粮，一年口粮还不够半年吃，每年五荒六月，父亲都要到亲戚家求祈，借来苦养，待下年收获时还人家谷子……（许文舟《吃的记忆》，《中华老年报》1999 年 7 月 26 日第 1 版）

【辨析】

五黄六月：农历五六月间，天气炎热的时候。这个成语不是说五六月闹灾荒，所以写作“灾荒”的“荒”，是误用了近音字。

正：五内如焚 误：五脏俱焚

【错例】

然而此刻，面对苦笋信里关于刘柳和兰言的文字他是五脏俱焚，他急乎想弄清事情的真相。（高翎《沙枣花》，《十月》1995 年第 2 期第 180 页）

【辨析】

五内如焚：五脏都像着了火一样。形容极度焦急或万分忧愁。五内：五脏；焚：

烧。不能写成“五脏俱焚”。

正:五脏俱全
误:五脏具全

【错例】

完美小户型“五脏具全”(译心,《都市时报》2008 年 9 月 12 日第 D28 版标题)

【辨析】

麻雀虽小,五脏俱全:比喻事物体积或规模虽小,具备的内容却很齐全。五脏:指心、肝、脾、肺、肾五种器官。俱:全;都。不能写成“具有”的“具”。

正:五脏六腑
误:五脏六腹

【错例】

①她的手指刚刚接触到舌根,就引起剧烈的干呕,直呕得她五脏六腹翻江倒海,泪水横流,被窒息得头昏眼花,结果依然减轻不了要摧毁她的灼痛。(邵子良《天堂之鸟》,《中国培训》1995 年第 7 期第 53 页)

②人的“五脏六腹”必须相互协调、运转顺畅,人才会感到舒服。(襄尔《发挥“五器官”作用　落实纪检干部五要求》,《襄阳日报》2010 年 7 月 24 日第 A3 版)

【辨析】

“腹”即肚子。人只有一个肚子,没有六个肚子。所以写“五脏六腹”不对。五脏,指心、肝、脾、肺、肾。“腑”,中医把胆、胃、大肠、小肠、三焦和膀胱称为六腑。故“六腑”不能写成“六腹”。

正:误入歧途
误:误入歧图

【错例】

①余队长示意他坐下,他开始交待着自己误入歧图的经过。(王炼锋《虎鲸303》,《法制日报》1995年11月25日第3版)

②一味片面地看重美女的能量而忘乎所以,只能误入歧图。(洪鸿《"美女经济"说》,《中国经济周刊》2003年第48期)

【辨析】

作"走入错误的道路"解释时,用"误入歧途"。途:道路。"误入歧图",用了图画、贪图的"图",就没法解释了。

X

正:嬉笑怒骂
误:嘻笑怒骂

【错例】

①嘻笑怒骂成文章,看似寻常见奇崛。(康青、春原《共品“时尚”,文以“味道”》,《扬州时报》2009 年 6 月 25 日第 A4 版)

②于丹老师说庄子“文章气势磅礴,纵横恣肆;思想深邃宏阔,笼盖古今;寓言想象奇特,寓意深远;风格嘻笑怒骂,了无拘囿”。(罗金耀《相濡以沫,不如相忘于江湖》,《昭通日报》2009 年 12 月 11 日五尺道副刊)

【辨析】

“嬉笑怒骂”是嬉戏、欢笑、愤怒、詈骂等不同情绪的表现,当以用“嬉”为是。“嬉笑怒骂”语出宋代黄庭坚《东坡先生真赞》:“东坡之酒,赤壁之笛,嬉笑怒骂,皆成文章。”谓不拘题材形式,任意发挥,皆成妙文。陈毅同志为鲁迅做挽联云:“要打叭儿落水狗,临死也不宽恕,懂得进退攻守,岂仅文坛闯将;莫作空头文学家,一生最恨帮闲,敢于嬉笑怒骂,不愧思想权威。”这两段文字,光芒四射,流传千秋。

正:细枝末节
误:细支末节

【错例】

以全新的商业理念首度光耀英雄城市,将有思想的新生活理念贯穿于生活的每一处细支末节,为四平的精英阶层提供专属的多元化和个性化的新生活配套服务。(侯翠《百年荣耀商街　启航新市中心财富金旅》,《四平日报》2009 年 5 月 4

日第2版）

【辨析】

细枝末节：细小的树枝，微末的环节。比喻事情或问题的细小而无关紧要的部分。末节：小事情，小节。枝，不能写成“支”。

正：瑕不掩瑜
误：暇不掩瑜

【错例】

作品本身在故事构思、人物描写、语言方面均很优秀，即使有一些笔误，也暇不掩瑜，不能阻挡它作为一部优秀的历史长篇小说所散发出来的光芒。（王明灯《专家评论摘登》，《毕节日报》2009年3月28日第6版）

【辨析】

瑕不掩瑜：比喻缺点掩盖不了优点，缺点是次要的，优点是主要的。瑕：玉上面的斑点，比喻缺点；掩：遮盖；瑜：美玉的光泽，比喻优点。瑕，左边是斜玉旁，不能写成闲暇的“暇”。

正：闲情逸致
误：闲情逸志

【错例】

①自从财局主任的小舅子郭光来到集装箱后，立刻就把潘虹的“现代派”，她的闲情逸志，她的奇妙的想象赶到九霄云外了。（曹克胜《爱的漩涡》，《清明》1988年第1期第85页）

②这个诗意，不是墨客骚人的闲情逸志，亦非曲水流觞中的吟风弄月；这个诗意必须在“苍山如海，残阳如血”的氛围中创造。（熊召政《长征是经典的话题》，《大地》2006年9月15日第18期）

【辨析】

作闲适的情致解释时，用“闲情逸致”。致：情趣。不可误写成“志气”的“志”。

正：相辅相成
误：相辅相承

【错例】

①世上的许多事物都相辅相承，只就“生命通道”计划而言，对我是难以想象的，然而对古川还有现在的北野这样的法西斯分子同样也是难以想象的。（尤凤伟《生命通道》，《小说月报》1994年第12期第19页）

②《易传》之于《易经》，《庄子》之于《老子》，《孟子》之于《论语》，《悟真篇》之于《参同契》，都有相辅相承的特征，因之皆可附入元典之列。（胡孚琛《道家生命哲学研究的一部力作》，《光明日报》2005年6月23日）

【辨析】

两种事物互相配合、互相辅助、互相补充、互相促成叫作相辅相成。这是一个常用成语。不能用同音字、“承担”的“承”取代“成”。

正：相濡以沫
误：相儒以沫

【错例】

①感谢上苍给了我一个相儒以沫的亲密爱人！（粟秀玉《半个世纪的牵手》，《新天地》2006年12月26日）

②他们从相识、相知、相恋，结为伉俪，相儒以沫，已经走过了70个春秋。（祝天泽《年过八旬还爱打网球——访两院院士严东生》，《健康时报》2007年5月14日第9版）

【辨析】

相濡以沫：泉水干了，鱼吐沫互相润湿。比喻一同在困难的处境里，用微薄的力量互相帮助。濡:沾湿;沫:唾沫。濡,不能写成"儒生"的"儒"。

正:相提并论
误:相题并论

【错例】

①何乃民还将"美国的滇缅公路"(即二战期间美国用7个月筑成1671里的阿拉斯加公路)与中国滇缅公路相题并论,谈到"这两条路的出世,都假战争做催产婆,在国际交通史上,都占重要而辉煌的一页"。(宋向东《抗战时期的滇缅公路:撼动世界的人间奇迹》,《云南日报》2008年10月23日)

②如此情形,实在令人感到悲哉、怜哉!与上面所说的快乐时光是不能相题并论的。(刘国昌《你的快乐时光在哪里?》,《人民日报海外版》2008年10月30日第7版)

【辨析】

相提并论:把不同的人或不同的事放在一起谈论或看待。相提:相对照;并:齐。提,不能写成"题"。

正:相形见绌
误:相形见拙

【错例】

①于是她捧着那杯半温不热的清茶,一口气拣出了一系列当代最重大、最时髦、最深奥、最尖端的问题作为今晚讨论的话题……以便使我这个大城市里来的摩登女郎相形见拙,露出绣花枕头的稻草瓤子来。(欧因《迷雾》,《小说家》1986年第1期第8页)

②当他拿到准考证以后,姜如雪那双纯净如水的眼睛好像时时刻刻盯着他,使他羞愧,自咎,相形见拙。(曹克胜《爱的漩涡》,《清明》1988年第1期第83页)

③就像国粹京剧,其唱、练(应改为"念")、做、打,一招一式无不功深百练、奥妙无穷,但它的自发的"票房指数"较之其他演艺形式却相形见拙得多。(高鸿《书

法行情何时能抬头？——冰火交"炙"困扰当代书法》,《市场报》2008年7月18日第25版）

【辨析】

相比之下显出不足称为"相形见绌"。绌:不够;不足;不如。成语是个固定词组,结构和用字要求稳定,不允许用笨拙的"拙"取代形近字"绌"。

正:相映成趣
误:相应成趣

【错例】

这样一来,在"十"字型的区域内,不管是承德市民还是外来的旅客,都可以尽情地在这两个地段信步徜徉,白天川流不息的购物者和夜晚消遣娱乐者相应成趣,各取所好,形成市中心区独具特色的一景。（任文田《开展"划、换、改"打造国际旅游城市》,《承德日报》2010年2月1日第A05版）

【辨析】

相映成趣:相互衬托着,显得很有趣味,很有意思。映:对照,映衬。不能写成"有求必应"的"应"。

正:逍遥自在
误:消遥自在

【错例】

①一说起逛街,男人们大多感到头疼,尤其是陪女孩逛街,更是需要有足够的耐心和耐力……既然男士不愿享受这份女士专有的乐趣,我们也不勉强,女孩子们相约一起去逛街,倒是更消遥自在。（陆柳香《女人爱逛街》,《光明日报》1995年11月1日第7版）

②在西贡开有一间餐厅的游一桥,闲时喜欢钓鱼,看似无欲无求、消遥自在,但他其实是个桌球高手,只因一个不为人知的秘密退出球坛。（《郑少秋演老爸<桌

球天王>再战江湖》,《钱江晚报》2009 年 6 月 1 日第 B14 版)

【辨析】

作没有约束、自由自在解释时,用“逍遥”。这两个字偏旁都为“辶”。“消”的字义是消失、消灭,偏旁是三点水。三点水的“消”和走之的“遥”不能组词。

正:销声匿迹
误:消声匿迹

【错例】

提包里一大摞朋友托朋友的条条,就像一张冰糖织成的鱼网,凌空一撒晶莹闪光,而落到水里,就消声匿迹了。(茅家梁《假票当道,回家梦难圆》,《讽刺与幽默》2008 年 2 月 1 日第 1 版)

【辨析】

销声匿迹:指隐藏起来,不公开露面。销:消失;匿:隐藏;迹:踪迹。销,不能写成“消灭”的“消”。

正:笑容可掬
误:笑容可鞠

【错例】

①在这小小的木板房里,王有祥笑容可鞠但又有些调皮地向我讲述他的“蹲坑”功夫。(《人民文学》1991 年第 5 期第 7 页)

②当我俩来到凤城市一家商店,出租柜台 B 小姐笑容可鞠地递过一双包装精致的袜子,说是正宗纯羊毛袜。(高仁家《当心用外文造假》,《文摘报》1996 年 5 月 16 日第 2 版)

③一次,钱宇平到韩国作赛,所住酒店的服务员不仅笑容可鞠,而且待客殷勤,这让敏感的钱宇平误以为对方对己心生好感。(许可《人生棋局里,“钝刀”划出温柔一刀》,《信息时报》2007 年 6 月 16 日第 B5 版)

【辨析】

笑容露出来,好像可以用手捧住,形容满面笑容,这称为"笑容可掬"。掬:两手捧(东西)。鞠:弯曲,如鞠躬。将"笑容可掬"错写成"笑容可鞠"是不明白这个成语的含义造成的。

正:胁从不问
误:协从不问

【错例】

朱瞻基充分了解了战场局势和士兵心理,派人将敕令捆在箭上射入城中,敕令上说明首恶必办、协从不问的原则……(当年明月《明朝那些事儿》,《现代快报》2007年3月15日)

【辨析】

"协从不问",正确的写法应是"胁从不问"。"胁从",被迫相从者;也做动词用,表示被胁迫而随从别人做坏事。法律上有个名词,叫"胁从犯",即被胁迫、诱骗参加犯罪的。可见,"胁从"包含两层意思:其一,并非主动干了坏事;其二,并非主犯,更非首犯。"协从"照字面理解即协助随从,并不包含"干了坏事"的意思,当然也就谈不上问罪与否了。

正:心潮澎湃
误:心潮彭湃

【错例】

①台上,演员们歌唱祖国,感悟生活;台下,侨胞们热泪盈眶,心潮彭湃。(袁建达《踏歌万里传亲情——中国侨联"亲情中华"艺术团慰问非洲侨胞纪实》,《人民日报海外版》2009年6月16日第6版)

②陆善真说,在上届世锦赛上,中国有了第一位女子跳马世界冠军,而在本届世锦赛上,中国女队又历史上首度夺得团体冠军,这可是圆梦啊!此刻,他心潮彭

湃,这一代运动员和教练员终于实现了多年的愿望。(周婉琪《童话国成就中国童话》,《广州日报》2006 年 10 月 20 日第 A24 版)

【辨析】

心潮澎湃:心里像浪潮翻腾。形容心情十分激动,不能平静。澎湃:波涛冲击的声音。不能写成"彭湃"。

正:心驰神往
误:心弛神往

【错例】

①一天,电视里播夏维(应改为"威")夷的风光片,旖旎的景色令我心弛神往,我拍着老公的肩膀说:"这位同志,你什么时候带我去夏维(应改为'威')夷呀?"(张晨燕《助兴》,《京华时报》2002 年 3 月 19 日第 B40 版)

②至于那位让白雪公主心弛神往的白马王子,则成了既没有高贵的气质、也充当不了拯救者角色的凡夫俗子……(王泉根《成人的"后现代"与儿童的"后现代"》,《中华读书报》2005 年 8 月 24 日第 7 版)

【辨析】

心驰神往:心神奔向所向往的事物。形容一心向往。驰:奔驰。马字旁作义符。不能写成"松弛"的"弛"。

正:心浮气躁
误:心浮气燥

【错例】

但他从不心浮气燥,而是恪尽职守、兢兢业业做好每一件事。(张志祥《别样的感受》,光明网 2009 年 10 月 29 日)

【辨析】

心浮气躁:形容人性情浮躁,做事不踏实。躁,不能写成"燥"。

正:心怀叵测
误:心怀巨测

【错例】

对一些心怀巨测的"朋友"要明察秋毫,坚持立场,是非分明,警惕被拉拢、被同化、被腐蚀……(周遐光《在市委中心组学习会上的发言》,上饶廉政网 2010 年 5 月 13 日)

【辨析】

心怀叵测:指存心险恶,不可推测。心怀:居心,存心;叵:"不可"的合声。不能写成形近字"巨"。

正:心灰意懒
误:心恢意懒

【错例】

一位 1 号线商铺业主表示,五年前地铁刚开通时,新街口站的不少店铺也是门可罗雀,部分经营者因心恢意懒败下阵来。(王娟《本报联合河海大学调查地铁商情》,《扬子晚报》2010 年 5 月 28 日第 A70 版)

【辨析】

"心恢意懒"中的"恢"应为"灰","灰"义为"意志消沉";"恢"义为"恢复"。

正:心旷神怡
误:心矿神怡

【错例】

里面大小石峰、石墙、石柱,群峰如林、高下参差;山间的空气,淡雅清新,令人心矿神怡。(简玮盈《迷人的丹霞山》,《番禺日报》2007 年 11 月 26 日第 A7 版)

【辨析】

心旷神怡：心境开阔，精神愉快。旷：开阔；怡：愉快。旷，不能写成“矿石”的“矿”。

正：心事重重
误：心事忡忡

【错例】

①白黎生看出迟大冰心事忡忡，问道：“你……不舒服？支书？”（从维熙《北国草》，《收获》1983年第2期第233页）

②她会因你突然的默然或黯淡而忐忑不安起来，想小心翼翼探寻，却又找不到合适的入口，就背转身轻轻叹气，然后心事忡忡地下楼，沉浸在她的痛苦之中。（韩鹏《春节咏叹调》，《邯郸日报》2008年2月16日第3版）

【辨析】

作心里盘算的（多指感到为难的）事很多解释时，用“心事重重”。“重重”即很多。例句中用“心事忡忡”不对。忡忡：忧愁的样子。“心事”不能说“忡忡”，可以说“忧心忡忡”。

正：心无旁骛
误：心无旁鹜

【错例】

①艺术女神就是这样一个怪物：你心无旁鹜，为之献身，它会对你大施青眼；你用心不专，移情别恋，它就对你不屑一顾。（车鹏飞《世态·心态·画态》，《人民日报海外版》2008年11月24日第7版）

②这让孩子的心总是悬浮在半空，患得患失，虚荣浮躁，学习上很难有心无旁鹜、脚踏实地的状态。（尹建莉《好妈妈胜过好老师》，作家出版社2009年1月第1版，第190页）

【辨析】

鹜:义为鸭子。常用词有"趋之若鹜""鸡鹜争食"。骛:义为:①纵横奔驰。常用词有"驰骛"。②追求致力。常用词有"好高骛远""外骛""旁骛"。"心有旁wù"和"心无旁wù"的wù,都得写作"骛",因为跟"鸭子"没有关系呀!

正:心心相印
误:心心相映

【错例】

陶行知先生说过:"真的教育是心心相映的活动,唯独从心里发出来的,才能打到心的深处。"(汪枫《教育是心心相映》,《辽宁日报》2006年10月8日)

【辨析】

心心相印:彼此的心意不用说出,就可以互相了解。形容彼此思想感情完全一致。心:心意,思想感情;印:符合,印证。"心心相印"原为佛教术语,本义为"以心印证佛法",后演化为成语,形容思想境界和感情完全一致。

正:欣喜若狂
误:心喜若狂

【错例】

拿到车钥匙的万某心喜若狂地脚底抹油、溜之大吉。(箫庐、刑宣、戴军《假冒警察骗抢汽车系列案告破》,《宜兴日报》2009年11月18日第15版)

【辨析】

欣喜若狂:形容高兴到了极点。欣喜:快乐;若:好像;狂:失去控制。不能写成"心喜若狂"。

正:兴利除弊
误:兴利除蔽

【错例】

完美无缺的体制从来不曾存在过，在认识和对待市场时，人们应该持有全面的观点，而在利用市场时，更要持兴利除蔽的态度……（刘诗白《发展社会主义市场经济体制需要不断的理论探索》，《光明日报》2009年8月4日第10版）

【辨析】

兴利除弊：兴办对国家人民有利的事业，除去各种弊端。弊：害处，坏处。不能写成“遮蔽”的“蔽”。

正：星罗棋布
误：星罗旗布|星罗其布

【错例】

①草坪灯星罗旗布地洒落在公园的四周，形成丰富的空间层次，一种曲径通幽的氛围映入眼帘，水的动感与石的浑厚相互衬托。（侯翠《巨匠之心　精诚之作——解析宏泰公园广场》，《四平日报》2008年10月30日第2版）

②车水马龙的街道两侧，星罗旗布的服装店里陈列着一款款炫目的时装，顾客毫无拘束地选购着心仪的衣服。（褚诗雨《祖国的“更衣记”》，《扬州时报》2009年11月5日第B4版）

③竹林、农舍星罗其布地点缀其间，形成一幅既美丽又散发着浓郁乡土气息的田园风光画。（饶兆丰《夏日缤纷360°全方位感受聚龙湾》，《佛山日报》2009年7月7日第C6版）

【辨析】

星罗棋布：像天空的星星和棋盘上的棋子那样分布着。形容数量很多，分布很广。罗：罗列；布：分布。棋，不能写成“其”，也不能写成“旗”。

正：行将就木
误：形将就木

【错例】

①她们都年过五十，心如死灰，形将就木，只叹息世风日下，人心不古了。（陆昭环《胭脂碧》，《当代》1987 年第 5 期第 132 页）

②多次催促，老姨的儿女们终究没有回家探望，老姨形将就木，眼圈发黑，嘴唇发紫，已数日茶水不下，总是念叨着儿女归来，可儿女们总是认为隔山隔水路途遥远，花费太大，不能成行。（张荣超《空巢守望》，《宿迁晚报》2009 年 12 月 28 日第 A26 版）

【辨析】

行将就木：指人寿命已经不长，快要进棺材了。行将：将要；木：指棺材。不能写成"形将就木"。

正：形单影只
误：形单影支

【错例】

而就在这支垃圾回收游击队的身旁，百大国际花园里的一个昆明市再生资源回收体系建设示范网点却形单影支……（肖宇辉《废品"游击队"困住回收正规军》，《昆明日报》2008 年 10 月 31 日第 B1 版）

【辨析】

形单影只：只有自己的身体和自己的影子。形容孤独，没有同伴。形：身体；只：单独。不能写成"支"。

正：形销骨立
误：形消骨立

【错例】

2002 年 1 月 29 日，杨为民教授临终的前一天上午，杨为民将协和医院特需病房的护士长叫进来，形消骨立、喘着粗气的杨为民断续地说：……（黄敏、劲松、彦良《你是这样的人——记我国著名可靠性工程专家、工程系统工程系杨为民教授》，北航新闻网 2006 年 3 月 3 日）

【辨析】

形销骨立：形容身体非常消瘦。销：消瘦。不能写成“消”。

正：形形色色
误：形形式式|行行色色

【错例】

①原先，我们想乘国际列车去莫斯科，一路上可以尽情欣赏西伯利亚大自然壮丽景色和令人神往的贝加尔湖风光，还可接触形形式式的“国际倒爷”，这些国际风云变幻的产物，时代的怪胎，充满传奇色彩。（张贤华《俄罗斯见闻》，《海峡》1994 年第 1 期第 147 页）

②行行色色的女人们像雨后的蜻蜓一样穿行于他们中间，弄得整个村子一天到晚都甜滋滋暖烘烘，到处流荡着一股温晕暖昧的气息。（傅爱毛《“丁克先生”的性别问题》，《北京文学·中篇小说月报》2003 年第 12 期第 110 页）

【辨析】

形形：本指生出这种形体。色色：本指生出这种颜色。后以“形形色色”形容事物品类繁多，各式各样。作为成语，构词用字的稳定性不允许将“色色”改为“式式”，也不允许将“形形”改为“行行”。

正：兴高采烈
误：兴高彩烈

【错例】

①先是走到了这座“楼”的侧厅，果然装修得大方漂亮。只是一点不妙，还不到四点半，这里已经高朋满座了。四面八方占据了座头的年轻人正在兴高彩烈地

喝啤酒。（黄裳《东单日记》,《收获》1984年第1期第181页）

②有一天,"冷饭"（操练）刚炒完,韩鼎鬼鬼祟祟把他拉到操场边,兴高彩烈报告了他一个"特大喜讯"——军长来找戴有琛的时候,他并没有给他好嘴脸。（王剑《纵深地带》,《收获》1984年第5期第72页）

③另一间屋里,江海生和赵小龙又透支四十万买了二万股大发,买到以后,大发又往上长,江海生兴高彩烈。（周梅森《天下财富》,《当代》1997年第6期第83页）

④回到家里,兴高彩烈地跟妈妈说起学习竞赛,唯独不提老校长发给我奖金的事……我知道这20元钱最后一定得交给妈妈,既然它不属于我,在手里多攥一会也好啊!（张文佳《一双白球鞋》,《中国青年报》1995年7月10日第6版）

⑤我邀请大家伙都来参加我的婚宴,一祝新婚大喜,二祝作品上《讽》报。大家开怀畅饮,吃得兴高彩烈。（刘子波《快乐碎片》,《讽刺与幽默》2008年11月28日第6版）

【辨析】

兴致高昂,情绪热烈,用一个成语来表述,要用"兴高采烈"。这里的"采"指的是人的情绪,不能写成作颜色或喝彩声解释的"彩"。

正:幸灾乐祸
误:兴灾乐祸

【错例】

①那桥太窄,容不得人牛共道,加上姜如雪面对庞然大物慌了神,几个空手道动作,尖叫一声掉到河里了。桑原一阵兴灾乐祸。（曹克胜《爱的漩涡》,《清明》1988年第1期第83页）

②"孟一夫是孟一夫,谭光是谭光,我不能因私废公。"孙继先故作公正地说。稍停,又兴灾乐祸地说:"周金海这人火气也不小,我们一定有好戏看了。"（崔亚斌《白狼》,《啄木鸟》1994年第4期第112页）

③脸这地方,该黑该白它自己已经摆弄好了,还很霸道,一有异物异色入侵,马上就眉目大变,呈现滑稽感,别人一见,往往"扑哧"一笑。人人都有不同程度的兴

灾乐祸心理。(林那北《息肉》,《小说月报》2010 年第 ll 期第 47 页,原裁《上海文学>2010 年第 9 期)

④我们都能以清楚的逻辑,与兴灾乐祸的优越感,确定地作下如是的结论。(长河《啃老族》,《大众日报》2009 年 9 月 4 日第 A11 版)

【辨析】

对他人遭到灾祸不同情反引以为庆幸,这就是“幸灾乐祸”。幸:庆幸。不能写成“高兴”的“兴”。

正:凶神恶煞
误:凶神恶刹

【错例】

老妇一想到这里,眼泪又情不自禁地流了下来。看着那张可恶的嘴脸。看着那凶神恶刹的眼神。老妇明白,现在只有“牺牲自己”了。(张嘉莉《石壕吏》,《番禺日报》2007 年 3 月 12 日第 A7 版)

【辨析】

凶神恶煞:原指凶恶的神。后用来形容非常凶恶的人。不能写成“凶神恶刹”。

正:兄弟阋墙
误:兄弟睨墙

【错例】

除遭到美国与以色列的强力压制外,“兄弟”睨墙也使其头疼不已。(《“兄弟”睨墙,哈马斯要发动第三次起义?》,《世界知识》2006 年第 10 期)

【辨析】

阋:争斗。此成语义为兄弟之间的纠纷,也比喻内部争斗。《诗经·小雅·常棣》:“兄弟阋于墙,外御其侮。”睨,义为斜着眼睛看。

正:休养生息
误:修养生息

【错例】

①对大部分人来说,睡眠是修养生息的过程;但在不安腿综合征患者看来,漫漫长夜实在是一种煎熬。(孙相如、陈静、郭小明《"不宁腿"让人失眠》,《生命时报》2009年3月20日第13版)

②现在人们生活节奏太快了,其实很多人都希望能有一个放松心情,让精神修养生息的地方。(陈胜伟、叶辉《让优秀文化成果惠及当地居民》,《光明日报》2010年1月25日第4版)

【辨析】

休养生息:指在战争或社会大动荡之后,减轻人民负担,安定生活,恢复元气。休养:休息保养;生息:人口繁殖。不能写成"修养生息"。

正:修葺一新
误:修茸一新

【错例】

那座修茸一新的小院没能迎来他慈爱的主人,这位平凡的老人,这位为别人奉献了一辈子的老人,带着他永远干不完的事走了。(丰捷《罗元章:一生奔忙为学子》,《光明日报》2007年2月12日)

【辨析】

"葺",从草,本义是指用茅草覆盖房屋,引申义泛指修理建筑物。"修葺"是同义语素构成的合成词。"茸",《说文》的解释是:"草茸茸貌。"本义为草初生时柔软纤细的样子,引申义可泛指具有类似特征的东西,如细密的兽毛、松软的织物等。"茸"又是"鹿茸"的简称。但以上"茸"字均不能做动词用,更不能和"修"字搭配组词。

"茸"字较"茸"字多了一个"口",是与"茸"字形、字音、字义都不相同的另一个字。所以,不能用"茸"代替"葺"。把"修葺"写成"修茸",恐怕是把"葺"的读音也搞错了。

正:修身养性
误:休身养性

【错例】

①"偏僻"一词在经济学中或许是阻碍发展的"绊脚石",可对人休身养性有着极大的益处。(汪瑛、陈伟红《田园生活惬意 爱说爱笑开朗 镇安山中的百岁老人汤清学》,《商洛日报》2006 年 5 月 20 日第 3 版)

②农家杂拌之三:群芳争艳一点绿 休身养性品百花 (杨焘郡等《五一,向农村出发!》,《宁夏日报》2009 年 4 月 30 日第 3 版)

【辨析】

修身养性:通过自我反省体察,使身心达到完美的境界。修身:使心灵纯洁;养性:使本性不受损害。不能写成"休身养性"。

正:虚无缥缈
误:虚无漂渺|漂渺虚无

【错例】

①经过这样一番耐心细致的观察、体验和推理以后,阿坤从大量扑朔迷离虚无漂渺的梦幻痴语里渐渐悟出了一点什么。(赵锐勇《浣江还是静静流》,《芙蓉》1988 年第 2 期第 76 页)

②次日,被久违的鸟鸣吵醒,洗漱间,水温的热气并未完全散去,河面像披了轻纱薄雾,漂渺虚无,随着水流的方向缓缓移动,河边的树木也仿佛沾了灵气,树枝伸展至水边,宛如苗女梳妆,树叶上的露珠镶嵌其上,青翠欲滴。(夏籽《黎母山青高湾河秀》,《海南日报》2009 年 3 月 9 日第 B9 版)

【辨析】

作隐隐约约、若有若无解释时,写作“缥缈”,也可写作“飘渺”,但不可写作“漂渺”。“缥”“飘”,都有飘浮不定也即若有若无之义。而“漂”为停留在液体表面不下沉,人们一般能看得很清楚,不是隐隐约约的样子,故不可写成“漂渺”。

正:虚与委蛇
误:虚于委蛇|虚以委蛇

【错例】

①参观的人们簇拥着他,他虚于委蛇地应付。(张廷竹《远土已黄,近草更绿》,《当代》1993 年第 6 期第 24 页)

②1941 年,国民党发动了“皖南事变”,他与国民党新闻检查官员虚于委蛇,把周恩来的题词在《新华日报》上刊登出来,挫败了国民党歪曲真相、遮天下人耳目的阴谋。(《章汉夫重庆<新华日报>总编辑》,新华网重庆频道 2005 年 8 月 7 日)

③他按照电影里的镜头,自己掏腰包买来龙井茶叶、广东香蕉,煞有介事地与日本人虚以委蛇。(熊能《突破在 1979:解放日报“文革”后率先恢复商品广告》,新华网 2008 年 2 月 26 日)

④中年是一个减法的过程。减去点酒肉的丰盛,你亲爱的胃会衷心感激你,味蕾也变得更加清爽、敏锐;减去点社交场合的虚以委蛇,弥天谎言,你的心会流动清静和谐之欢;……(陈融《减法》,《滕州日报》2009 年 2 月 25 日第 B7 版)

【辨析】

虚与委蛇:指对人虚情假意,敷衍应酬。虚:假;委蛇:随便应顺。不能写成“虚于委蛇”。

在电视剧《我的青春谁做主》中,周晋(陆毅饰)和赵青楚(赵琳饰)谈起麦冬的案子,周晋居然把虚与委蛇误读成了虚与委蛇。这个反面案例可以帮助我们记住这个成语的读音和用法。

王培焰先生曾撰文《又念错了“委蛇”》,发表在《咬文嚼字》杂志上,现照录如下,供读者朋友参考。

《咬文嚼字》曾指出纪连海先生将“虚与委蛇”错成“虚与委蛇”，没想到隋丽娟教授又把“委蛇”念错了。

在《说慈禧》第十六讲《驱逐奕䜣》里，隋教授介绍慈禧抓住清军抗击法国军队失利的机会，对以奕䜣为首的军机大臣兴师问罪。屏幕上出现了隋教授引用的慈禧上谕的文字：“恭亲王奕䜣等，始尚小心匡弼，继而委蛇保荣……”隋教授两次将“委蛇”念成了 wěishé。

“委蛇”连用的时候是个联绵词，其中的“蛇”不读 shé，也不是指爬行动物。联绵词中的用字只有记音的作用，并不单独表义。因此，一个联绵词往往有多种写法。比如“委蛇”就还有“逶迤”“逶迆”“逶蛇”“威夷”“委移”等词形。这些词都读 wēiyí；其含义也一样，就是绵延曲折的样子。成语“虚与委蛇”，意思是假意殷勤、敷衍应付，其中“委蛇”的意思是随便应付，是从绵延曲折的意思引申出来的。

“委蛇保荣”的意思，隋教授解释得很好，就是“为了保持虚名没有什么作为”。这里的“委蛇”是隐微曲折、不奋起作为的意思，也是从绵延曲折引申出来的。

正：虚左以待
误：虚座以待

【错例】

我们选中三幅，用四个位子登出来，让读者去选。其中一块是空白，虚座以待，希望有更好的创意。（金城濠《大榕树下好乘凉》，温网博客 2006 年 8 月 23 日）

【辨析】

虚左以待：空着左边的尊位恭候贵客，指特意留待他人。左，古礼主人居右，宾客居左，因以左为尊。不能写成“虚座以待”。

正：嘘寒问暖
误：叙寒问暖

【错例】

回到乡里，郑大进见过族亲宗谊，与阔别多年亲友叙寒问暖。（《郑大进劝

和》,潮汕风情网 2005 年 3 月 28 日)

【辨析】

嘘寒问暖:形容对人的生活十分关切,问冷问热。嘘:缓缓吹气。不能写成“叙谈”的“叙”。

正:栩栩如生
误:诩诩如生

【错例】

①不是一般意义的木匠,是苏北俗称的“细木匠”。是粗细的细,又不仅是粗细的细,这个“细”是对玲珑剔透、诩诩如生的亲昵而又简洁的认可。(赵恺《白玉雕像》,《雨花》1999 年第 11 期第 17 页)

②编导在叙述这段精彩的历史时,坚持唯物主义的英雄观,以饱满的热情,极致性地刻画人物,塑造出一个个诩诩如生的伟岸形象,悄然给观众以最大的满足与震撼。(汪国辉《遥想大航海的巅峰时代——电视连续剧<郑和下西洋>观后感》,《光明日报》2009 年 7 月 9 日第 7 版)

【辨析】

栩栩:联绵词,本义为欢喜自得的样子,引申为生动活泼。栩栩如生:形容形象逼真,好像活的一样。诩:说大话,夸耀。常说“自诩”如何如何,不叠用。

正:轩然大波
误:喧然大波|泫然大波

【错例】

①我终于开出了我想开的梦的香水店。这个主意的决定,对我来讲是一件欢天喜地的大事。我相当平静。对于旁人而言则是一场喧然大波。(詹政伟《在无人的地方》,《雨花》1999 年第 11 期第 29 页)

②我的讲话引起了喧然大波,赞成者有之,反对者有之,似乎赞成者占多数。

（《奥数班该叫停了！》，《中国教育报》2009 年 8 月 22 日新闻/纵深版）

③这一政策一经出台就引发泫然大波，大家都在质疑怎么可以给小学生发避孕套。（《给小学生发避孕套　美国“开放”小镇再起纷争》，中国新闻网 2010 年 6 月 25 日）

【辨析】

轩：高。轩然：高高扬起的样子。轩然大波：高高涌起的波涛，比喻大的纠纷或事件。写作喧哗、喧闹的“喧”，是不明词义，误用了同音字。写成“泫”也不对。

正：喧宾夺主
误：暄宾夺主|宣宾夺主

【错例】

①至于新标准统一饼干包装上的字体，记者看到，多数饼干外包装字体不统一，“暄宾夺主”现象依然存在……（唐捷《“五一”小假：休闲、劳动唱主角》，《内蒙古晨报》2008 年 5 月 5 日）

②然而做伴娘的你不妨尝试些冷艳的感觉，既增添了神秘感又不会宣宾夺主。（郑宇《新娘靠边闪》，《今日消费》2008 年 8 月 15 日第 B19 版）

【辨析】

喧宾夺主：客人的声音压倒了主人的声音。比喻外来的或次要的事物占据了原有的或主要事物的位置。喧：声音大。不能写成宣传的“宣”，也不能写成“暄腾”的“暄”。

正：悬梁刺股
误：悬梁刺骨

【错例】

①我是恐龙，所以我不用背着巨大的书包穿梭于图书馆，辛辛苦苦、孜孜不倦、日日夜夜、悬梁刺骨地埋首书卷……（夭夭零《校园恐龙的幸福生活》，《江南时报》

2003 年 7 月 23 日第 36 版）

②他引经据典，用“悬梁刺骨”“囊萤借光”的故事等，来启发孩子们勤奋读书。（郑国媛《读书有如蜜蜂采蜜》，《三峡晚报》2009 年 6 月 7 日第 A8 版）

悬梁刺股

【辨析】

悬梁刺股：形容刻苦学习。东汉·班固《汉书》：“孙敬字文宝，好学，晨夕不休。及至眠睡疲寝，以绳系头，悬屋梁。”西汉·刘向《战国策·秦策一》：“（苏秦）读书欲睡，引锥自刺其股，血流至足。”曾经有人写文章《又见“锥刺屁股”》（见《咬文嚼字》2002 年第 7 期），提醒那些将“股”理解成“屁股”的人，“股”在这里是“大腿”的意思。更没有“悬梁刺骨”的说法。

正：烜赫一时
误：炫赫一时

【错例】

但他们在活着的时候，凭借他们在厚黑上的一得之长，博取王侯将相，炫赫一时，身死之后，史传中也占了一席之地，可见厚黑学还是不辜负人！（《厚黑学成毕业生的“葵花宝典”？》，杭州网 2005 年 1 月 7 日）

【辨析】

烜赫一时：名声、气势在一个时期内很盛。烜：盛大。不能写成“炫”。

正：血流漂杵
误：血流飘杵

【错例】

①这是日本人发动的又一场无形的战争，虽不见凶锋所至、血流飘杵，却同样

是心机深远,动地鼙鼓。(胡平《情报日本:一场无形的战争》,《书摘》2008 年 12 月 1 日)

②王朝的连营埋进深草;将军的鹿角没入沼泽。方尖碑如断锷。水泡子是饮恨苍天的眼睛。从刀光火石到金戈铁马,从血流飘杵到冠盖如云,皆杳然如苍狼呜咽。帝王的霸业连同古战场一起退出历史,一个鞍马部族的史诗在季节河道声息干裂。(陈世旭《草原》,《光明日报》2010 年 9 月 10 日第 10 版)

【辨析】

血流漂杵:血流成河,舂米的木棰都漂了起来。形容战死的人很多。也泛指流血很多。杵:捣物的棒槌。漂,不能写成“飘”。

正:血流如注
误:血流如柱

【错例】

①一群孩子玩塑料枪打巷战,枪林弹雨之中,一粒飞速的塑料子弹射进一个小孩的太阳穴,血流如柱。(商绍敏《乖乖子弹》,《写作》1997 年第 7 期第 38 页)

②此时,他血流如柱,见此情景,受害的女孩急忙扶着到附近医院包扎,第二天受害的女孩向他送来了鲜花和锦旗。(吴道江《热血铸就英雄胆——记毕节市保安公司胡高位》,《毕节日报》2010 年 3 月 25 日第 3 版)

【辨析】

作血流得很猛、如同灌入一样解释时,用“血流如注”。注:灌入,如注射。木字旁的“柱”表示柱子,写“血流如柱”解释不通。

正:血雨腥风
误:血雨醒风

【错例】

读军队作家王波大校新著《毛泽东出兵山西》,仿佛被引领到革命战争的艰难岁月,其中有波澜壮阔的雄浑,有血雨醒风中的诡秘……(孟伟哉《还原历史的成功之作——评<毛泽东出兵山西)》,《光明日报》2009年11月25日第12版)

【辨析】

“血雨腥风”指溅出来的血像下雨一样,吹过来的风带着血腥味,形容残酷的屠杀,也比喻形势或时局险恶。错例中把“腥”写成形近音近的“醒”,是不对的。

正:循循善诱
误:徇徇善诱|循循善导

【错例】

①在教育儿子的问题上,两口子有不同的看法,丈夫信奉棍棒底下出人才,妻子反对粗暴以对,重徇徇善诱。(陈海《“三线”第二代的命途》,《南方人物周刊》2005年10月19日)

②许枞初一时数学并不太好,数学老师叶鹏徇徇善诱的上课方式很有特点,至少许枞对叶老师的讲解理解得特别快,在老师的鼓励下,他竟然在一次年级数学竞赛上得了一等奖,不管“年级”与“全国”比赛档次之间有多么大的距离,然而这次竞赛的成功使许枞树立了信心,也成了他迈上成功之路的第一步。(严敏《走近保送生》,嘉兴教育网2003年3月28日)

③去信后,他在给小姑娘的汇款单上又特意附上一句:“从最基本做起,光明就在眼前!”徇徇善诱,不倦引导,使小姑娘重新振作起来,从贫困自卑的阴影中逐渐走出,开始以平和达观的生活态度对待人生与生活中的不幸与挫折。(刘升翔、郑焕刚《超越血缘的友情——记张店钢铁总厂职工隋刚》,山东根德文化产业有限公司网站《淄博人物》杂志)

④老师们的循循善导,我学会了感恩,感谢父母,感谢老师感谢帮助过我们的人。(苏燕溪《学在象贤》,《番禺日报》2008年5月19日第A7版)

【辨析】

循循善诱:指善于引导别人进行学习。循循:有次序的样子;善:善于;诱:引导。循循,不能写成“徇徇”。“诱”不能写成“引导”“领导”的“导”。

正:徇情枉法
误:殉情枉法

【错例】

第四回“葫芦案”中明知香菱下落,雨村却殉情枉法,胡乱判断了此案,并不兑现自己的承诺。(朱楼梦剑《朱批红楼之红楼梦慧剑斩心魔》,腾讯网 2009 年 5 月 8 日读书频道)

【辨析】

徇情枉法:曲从私情,歪曲和破坏法律,胡乱断案。徇:曲从;枉:使歪曲。徇,不能写成“殉”。

正:徇私枉法
误:循私枉法

【错例】

①在权与法的这场较量中,刘玉琴没有半点畏惧,她想,自己是党培养多年的女刑警,不能循私枉法丢掉法律的正义啊!(刘天琴《中国女神警》,《啄木鸟》1995 年第 3 期第 23 页)

②而且一旦监督缺位,这种做法就极易为执法中常见的循私枉法行为打开方便之门,会导致更大的腐败现象发生。(徐云鹏《轻罚初次卖淫嫖娼者不可取》,《钦州晚报》2008 年 8 月 27 日第 5 版)

【辨析】

循:遵守;依照;沿袭。徇:依从;曲从。为了私情而做出不合法的事,写作“徇私”,不能写成“循私”。把成语错读成“:xún 私枉法”,也就会把“徇”写成“循”了。

正:徇私舞弊
误:循私舞弊

【错例】

①中绿集团企划总监袁军告诉记者:“公司已处理了此事,一是开除直接循私舞弊的责任人,二是对中绿(泉州)公司相关领导给予撤职和降级处分。”(俞凤琼、徐志南《上市公司制假行为未受处理》,《市场报》2008 年 6 月 23 日第 10 版)

②本次公开选拔工作本着公开、公平、公正的原则,严格条件和标准,严格工作程序,严格考试纪律,坚决杜绝弄虚作假、循私舞弊等现象。整个公开选拔工作由市纪检监察部门全程参与,同时接受社会监督。(李娜《我市公开选拔市卫生学校校长》,《包头日报》2008 年 12 月 14 日)

【辨析】

这是音近义近而误。“徇”是“曲从”之义,“徇私”就是为了私情而做不合法的事。而“循”是“遵守”“沿袭”等意思。此成语中的“徇”不是“遵循”的“循”所能代替的。

Y

正:牙牙学语
误:丫丫学语|呀呀学语

【错例】

①可爱的孩子一天天长大,到了丫丫学语的阶段,但受家庭环境的影响,语言和智力发育都比一般家庭的孩子迟缓,夫妇俩心有余而力不足。(齐晓峰、张冬萍《今晚我当妈妈》,《北京日报》1995 年 8 月 17 日第 1 版)

②而在中国,手机小说虽然还处于"呀呀学语"的婴儿期,但当它发展得如火如荼之后,谁又能说手机小说不会在大众之中"高歌猛进"呢?(姚瑶、郭玉娟《手机小说翩然而至》,《人民日报海外版》2009 年 4 月 16 日第 4 版)

【辨析】

小孩子刚开始学说话,称为"牙牙学语",不能写作"丫丫学语"。丫丫:指小女孩。"牙牙学语"并不单指小女孩刚刚开始学说话,也指小男孩。"牙牙"是个象声词,形容婴儿学说话的声音。"牙牙学语"也不能写作"呀呀学语"。

正:烟熏火燎
误:烟薰火燎

【错例】

①病人前额的头发已经相当稀疏了,一部络腮胡子隐隐夹杂着斑白的黑点,焦黄的门牙咧着,而且正中还被蛀了个小洞,那里有着明显的烟薰火燎的遗迹。(杨初《抖而不颤》,《海峡》1994 年第 1 期第 127 页)

②做饭不烧柴和炭,烟薰火燎不再现;照明不用油和电,经济实用又方便;沼肥

来施果和菜，增收还防病虫害；环境不再脏和乱，生活质量大改善。（刘庆功、王金辉《沼气，照亮康庄大道》，《聊城日报》2010 年 3 月 18 日第 A2 版）

【辨析】

薰：名词，一种香草，也泛指花草的香。熏：动词，（烟、气等）接触物体，使之改变颜色或沾上气味。由此可见，例句中写"烟薰"是不对的，写作"烟熏"才是正确的。

正：湮没无闻
误：淹没无闻

【错例】

我曾在拙作《遥远的白果树》中写道："比起那些抛头颅，洒热血，埋骨沙场，淹没无闻的同伴战友们来，父亲能侥幸存活下来，看到敌人的失败灭亡，看到新中国的诞生发展，他是幸运的。"（《康隆寺遐思》，《张掖日报》2006 年 5 月 23 日文化版）

【辨析】

湮没无闻：被埋没而无人知晓。湮：埋没。不能写成"淹灌"的"淹"。

正：严惩不贷
误：严惩不怠|严惩不待

【错例】

①亚父说：一个田荣就把整个齐国的天给闹翻，这个事的影响坏透了，必须严惩不怠。（潘军《重瞳》，《小说月报》2000 年第 2 期第 50 页）

②一客车超员竟达 100%　省高管民警严惩不待　（王德华、曾峥、齐同兴《一客车超员竟达 100%省高管民警严惩不待》，《楚天都市报》2006 年 1 月 24 日）

【辨析】

严惩不贷：严厉处罚，决不宽恕。贷：宽恕。写作"严惩不怠"是误用了同音字。怠:懒惰,轻慢。

把“严惩不贷”写成“严惩不待”,也是不准确的。“待”义为“等待”,“严惩不待”表达的是“惩”的紧迫性,强调时间上不能延缓、往后拖。“怠”为“懈怠”,“严惩不怠”表达的是“惩”的态度问题,至于“惩”的情况如何则比较模糊。只要理解了“严惩不贷”这个词语的意思,就不会弄错了。

正:严刑峻法
误:严刑竣法

【错例】

在国外产业资本和金融资本虎视眈眈的情况下,中国必须制定严刑竣法的法治化游戏规则来应对外资热钱的进入。(胡继洪《虚拟资金推高股市楼市》,《新安晚报》2007 年 8 月 20 日)

【辨析】

严刑峻法:严厉的刑罚和严峻的法令。峻:严酷。不能写成竣工的“竣”。

正:严于律己
误:严于律已

【错例】

朱惠民对自己是推功揽过,严于律已,对待他人以诚相待,办事公正。(刘玲《朱惠民:不简单的“七品官”》,《中国公务员》1996 年第 9 期第 20 页)

【辨析】

严格约束自己,称为“严于律己”。自己的“己”与已经的“已”虽然形近,但字义差得很远,不能写作“严于律已”。

正:言不及义
误:言不及意

【错例】

她想她更需要的是和宜思两个人安静地待上一会儿,没有任何人,让他们可以言不及意地说说话,互相凝视,她真的很喜欢看他的样子,也喜欢被他看着的感觉,有一点心动,有一点陶醉,还有一点困窘不安。(张曦《谁来自远方》,《北京文学·中篇小说月报》2003 年第 12 期第 10 页)

【辨析】

言不及义:指净说些无聊的话,没有一句正经的。及:涉及;义:正经的道理。不能写成同音字"意"。

正:言不由衷
误:言不由中

【错例】

可是提起自己十分欣赏的刀郎,为什么在这张专辑里没有合作时,谭校长可就有点言不由中了。(《谭咏麟跟刀郎不再合作　乐坛怪现象影响发片》,北方网 2007 年 5 月 11 日天视频道)

【辨析】

言不由衷:话不是打心眼里说出来的,即说的不是真心话。指心口不一致。由:从;衷:内心。不能写成形近的同音字"中"。

正:言简意赅
误:言简义赅

【错例】

①四是要在有限的画面内,言简义赅地说明战斗历程和战斗成果,怎么解决?(孙华伟、董雅《书画人生——记驻吴某部离休老干部张新鹏》,《吴忠日报》2008 年 1 月 24 日第 A4 版)

②彭洵，字古香，四川灌县人，廪生，官至县令，书法韵秀，有《灌记初稿》，刻《青城山记》一卷。此跋字斟句酌，言简义赅，有较高的学术价值，依拓本标点释录如下：……（曹昊《解读<苏孝慈墓志跋>》，《收藏快报》2007 年 10 月 31 日）

【辨析】

此成语中的“意”指意思，不应写成“词义”的“义”。

正：言近旨远
误：言近指远

【错例】

该专栏由报社资深编辑记者和社会名人学者就国内外时事热点、社会关注点等进行评论，高手操觚，言近指远，见仁见智，独树一帜。（王善明《我钟爱海外版的理由》，《人民日报海外版》2008 年 9 月 20 日第 6 版）

【辨析】

言近旨远：话很浅近，含义却很深远。旨：意思。《孟子·尽心下》：“言近而指远者，善言也。”从《孟子》原文我们可以看出，此成语第三字最初确实是“指”，但现代汉语中应该用约定俗成的“旨”字。

正：妍媸分明
误：妍嗤分明

【错例】

但金钱并不能起决定灵魂美丑的作用，否则同样在金钱面前，为什么会如此的妍嗤分明呢？（叶启橡《临财毋苟得》，《中国监察》1995 年第 8 期第 39 页）

【辨析】

作美丑分明解释时，写作“妍媸分明”。媸：丑。“媸”与作“美”解释的“妍”是对应的。嗤：看不起别人的笑；讥笑。因此，不能写作“妍嗤分明”。

正:眼不见为净
误:眼不见为静

【错例】

可是在对待早恋这样人类古已有之的现象时,我们依旧是“眼不见为静”。(李康乐《预防早恋　切忌掩耳盗铃》,《北京晨报》2007 年 9 月 5 日第 11 版)

【辨析】

眼不见为净:指心里不以为然,但又没有办法,只好撇开不管。也在怀疑食品不干净时,用做自我安慰的话。不能写成“眼不见为静”。

正:眼花缭乱
误:眼花瞭乱|眼花撩乱|眼花燎乱|眼花了乱

【错例】

①你仰面躺下来,被树叶筛碎的阳光眼花瞭乱地晃在宽宽的胸脯子上,很好看。(海岩《热血》,《当代》1987 年第 5 期第 196 页)

②彭学明认为,开头部分人物出场太多太密,场景转换太多太快,让人眼花瞭乱,容易让人放弃阅读。(卜昌伟《刘震云自评状态像蚂蚁》,《京华时报》2009 年 6 月 3 日第 34 版)

③但新兴的印刷工艺和庞杂的特种材料常常让设计师眼花撩乱而难以取舍,选择空间越大,掌控的难度也越大。(朱赢椿《纸张也有情》,《京华时报》2008 年 12 月 15 日第 27 版)

④走进 I 区 1606、1178 号商铺,陈跃新拆包、分扎、挂样,动作麻利熟练,笔者在一旁看得眼花燎乱。(尹忠《商场闹　商家乐》,《东阳日报》2011 年 1 月 24 日第 5 版)

⑤她穿一身网球运动员的白衣白裙,两条匀称的腿活泼地带动穿着白网鞋的灵秀的脚,一踢一踏地让人眼花了乱。(黄妮《路过你的路》,《特区文学》1995 年第 4 期第 154 页)

【辨析】

眼花缭乱的意思是眼睛看见复杂纷繁的东西而感到纷乱。缭:缠绕。“瞭”是瞭望,在高处看,错例①②写作嘹望的“瞭”,是误用了形近音近字。也不能写成“撩”“燎”或“了”。

正:偃旗息鼓
误:揠旗息鼓|掩旗息鼓

【错例】

①打假所追求的是消灭造假行为,让对手揠旗息鼓,不再犯造假的错误。(周文斌《学术打假与学术争鸣》,光明网 2005 年 1 月 4 日)

②于是雄心勃勃,含辛茹苦地折腾了三年,谁知刚起步就遭遇资金周转不灵的困境,苦苦挣扎了很久而还是终致败北,空有一腔热血,落得千疮百孔,最后只能灰溜溜掩旗息鼓了。(何丹萌《核桃与哲学》,《商洛日报》2007 年 12 月 25 日)

【辨析】

偃,本义为“人倒地若卧”,引申为“隐匿”。不能写作“揠”,也不能写作“掩”。“偃旗息鼓”指放倒旗帜,停止敲鼓,形容隐蔽行动,也指停止战争或停止行动。

正:殃及池鱼
误:秧及池鱼|泱及池鱼

【错例】

①无论是过生日的张宏民,还是前些日子补妆穿帮的贺红梅,直播露腿的段暄,不能说是央视的“替罪羔羊”,也可谓是被秧及的“池鱼”。(丛晓波《张宏民其实是遭了“池鱼”之劫》,《今晨 6 点》2008 年 3 月 28 日第 3 版)

殃及池鱼

②毕竟一家放水，会泱及多家“池鱼”，可以想见，焦虑若暗流涌动，早已冲破了多家公司的防线。（聂楠《六月　新乡地产大雾迷城》，《平原晚报》2008年6月19日第A12版）

【辨析】

殃及池鱼：比喻无缘无故地遭受祸害。殃：祸害；使受祸害。不能写成秧苗的“秧”，也不能写成泱泱大国的“泱”。

正：洋洋洒洒
误：扬扬洒洒

【错例】

拖沓冗长，这是如今公文中常见的一种毛病，下笔，扬扬洒洒；出手，浩浩荡荡。（方成义《惜墨如金》，《中国人事报》1999年7月9日第4版）

【辨析】

洋洋：盛大；众多。洋洋洒洒：形容说话、写作等丰富明快，连续不断。在这个成语中“洋洋”不能写成“扬扬”。只有在表示得意的样子时，既可以写作“洋洋”，也可以写作“扬扬”，如扬扬得意、扬扬自得可以写成洋洋得意、洋洋自得。

正：摇摇欲坠
误：摇摇欲堕

【错例】

她表示，余震最大的危害是对于那些已经被严重损壤（应改为“坏”）、摇摇欲堕的危房，若5·12之后没有及时处理或拆除，有可能对人造成生命危（应改为“威”）胁。（《四川地震灾区余震频发　多伦多华人继续筹款捐助》，中国新闻网2008年8月7日）

【辨析】

摇摇欲坠：形容极不稳固，就要掉下来或垮台。坠：掉下。不能写成“堕落”的

"堕"。

正:杳无音讯
误:查无音讯|沓无音信

【错例】

①(吴兆和)一怒之下,便叫来一个在中学当老师的本家侄孙写告状信……信寄出后已有月余,就如石沉大海,查无音讯。(曹布拉《风来云去》,《清明》1987年第4期第16页)

②三天过去了,冯·福林哈芳号仍沓无音信。([日]犬养健《在河内诱降汪精卫》,《中华读书报》2004年5月31日)

③"分家时他搬到咱县部家店村住。不久又搬迁了,从此沓无音信。"(赵青林《刘伯涛与半部<聊斋志异>手稿》,《光明日报》2008年11月26日)

【辨析】

杳:本义是幽暗,引申为不见踪影。杳无音讯:得不到任何消息。"杳"不读"查",写法比查少一横,辨清它们的区别,就不会写成"查无音讯"了。写作"沓"也不对,"杳"的上半部是"木","沓"的上半部是"水"。"音讯"不能写成"音信"。

正:夜阑人静
误:夜籁人静

【错例】

①每当夜籁人静,母亲就开始描花、绣花。半夜,我从梦中醒来,发现电灯上蒙上了一个纸罩,母亲佝偻着身子伏在绣架上,双手不停地上下舞动。(林韵《花品》,《上海文学》1994年第11期第61页)

②他利用拉板车的机会,浏览田野风光,工余则争分夺秒,刻苦自学音乐和绘画,练琴常到夜籁人静,户外写生直至暝幕才归;"文革"后,他还是常州第一批报考研究生的3个人之一。(何嫄《艺术的苦行僧——亲朋好友眼中的刘华明》,《常州日报》2010年10月30日第B1版)

【辨析】

作夜深人静解释时,写作“夜阑人静”。阑:原意为将尽。此处引申为深。籁:原义指古代的一种箫,也指从孔穴里发出的声音,后泛指声音。夜籁:直义为夜里的声音,与夜深人静之义不符,故不能写作“夜籁人静”。写“万籁俱寂”时,才写“籁”。

正:一唱一和
误:一唱一合

【错例】

一唱一合,陈水扁赞美辜宽敏“坚持原则又不失务实”。今年初阿扁废除“国统纲领”,就采纳了辜宽敏贡献的妙策:先用一年的时间冻结“一没有”,然后再提出终止“国统纲领”废“国统会”,于是完成了“终统”。(言浩《陈水扁要建“随便共和国”?》,《人民日报海外版》2006 年 10 月 20 日第 3 版)

【辨析】

一唱一和:一个先唱,一个随声应和。原形容两人感情相通。现也比喻二人互相配合,互相呼应。和,不能写成“合”。

正:一筹莫展
误:一愁莫展

【错例】

①他的家里失去经济支持,也很艰难,妻子在埋怨他,使他一愁莫展,家里已开始举债。(老蟋《大安澜营:都市净土》,《金盾》1996 年第 9 期第 6 页)

②一问才知道,困扰我们的饼铛或鏊子的问题,也使他们一愁莫展,不过到底是男子汉,敢想敢干,把罐头盒子铰开,几张铁皮镶在一起,就成了简易的烙饼锅,铺在炉台上,蛮像回事。(毕淑敏《雪山的少女们》,《当代》1997 年第 6 期第 152 页)

③正在他一愁莫展之时,他的一位在烟台工作的叔伯兄弟打来电话说:“烟台成友颈腰椎风湿病医院的张成友主任能治你的病”。(张道桢《创造治疗颈椎病的奇迹》,《烟台晚报》2009 年 5 月 30 日第 7 版)

【辨析】

一点儿计策也施展不出,称为“一筹莫展”。“筹”即“筹码”,是计数和进行计算的用具,多用竹片制成,所以“筹”字从竹。后来“筹”引申为“计策”。愁:忧虑。“一愁莫展”,词面之义为一点儿忧虑也施展不出,显然是讲不通的。理解成为无计可施而发愁,也不符成语的原意。

“一筹莫展”语出《宋史·蔡幼学传》:“其极至于九重深拱而群臣尽废,多士盈庭而一筹不吐。”清·孔尚任《桃花扇·誓师》:“下官史可法,日日经略中原,究竟一筹莫展。”

常有人把“筹”写成“愁”:既然“束手无策”,当然“愁”了,这纯属望文生义,因同音致错。

正:一哄而上
误:一轰而上

【错例】

报名时一轰而上,考试时急流勇退。公务员招考中的“虚热”现象折射出很多人的浮躁心态。(唐宋《公务员热考怎么啦》,《讽刺与幽默》2005 年 11 月 18 日第 5 版)

【辨析】

一哄而上:没有经过认真准备和严密组织,一下子行动起来。不能写成“一轰而上”。

正:一蹶不振
误:一厥不振

【错例】

①尤其是从1733年,俄国派出3万大军开进波兰推翻波兰自己选举的列钦斯基国王,强迫波兰议会重新选举亲俄的奥古斯都三世为波兰国王起,波兰就一直处在“俄罗斯的阴影之下”,并从此一厥不振,成为欧洲强国均势谈判桌上的砝码。(天衡《卡钦斯基之后的波兰》,《中国经济周刊》2010年第17期)

②有多少人,因为有过站在巅峰的荣耀而难以接受被推向深渊的命运?有多少人因为习惯了掌声与鲜花而难以接受被嘲讽被打击被诋毁的现实?于是我们看到,有的人投湖自杀了,有的人开枪自决了,有的人从此一厥不振,或纵情于酒或沉溺于色,或消极颓唐,或破罐子破摔,自暴自弃,就那样的自我毁灭。可叹吗?可悲吗?可怜吗?(王世军《54岁的艾柯卡——关于战胜挫折的一点思考》,《吉林日报》2007年12月1日第6版)

【辨析】

一蹶不振:一跌倒就再也爬不起来。比喻遭受一次挫折以后就再也振作不起来。蹶:栽跟头;振:振作。蹶,不能写成“厥”。

正:一览无余
误:一揽无余

【错例】

①在这里就餐,旋厅慢慢在旋转,边品咖啡边欣赏窗外徐州景色,市中心的景色一揽无余,就连远处的云龙山和云龙湖风光也尽收眼底,整个是一个最佳的空中观景场所。(蔡琳《雅致餐厅,谁是年末饭局的主角?》,《彭城晚报》2008年1月25日第B11版)

②邛崃境内现有国家、省、成都市重点文物保护单位10多处。有世界上最早开发利用天然气的遗址,镇江塔百年风雨,巍然屹立,登临塔顶,临邛古城秀丽风光一揽无余……(《邛崃宜居“方程式”浪漫+活力+品质+山水》,《成都日报》2008年8月29日第17版)

【辨析】

一览无余：一眼看去，所有的景物全看见了。形容建筑物的结构没有曲折变化，或诗文内容平淡，没有回味。览：看；余：剩余。览，不能写成“揽”。

正：一年之计在于春
误：一年之际在于春|一年之季在于春

【错例】

①负责人还是赔着笑脸说：“实在不好意思，现在是施工的季节。话说一年之际在于春，一日之际在于晨。你看，现在不正好是施工的时候吗?”我听这话有道理，一时没找出反驳的话。（成岳佳《施工》，《京华时报》2007 年 5 月 9 日第 26 版）

②一年之际在于春。春天是播种希望的季节，我们要不失时机地推进项目建设，辛勤耕耘，春华秋实，为绍兴的明天收获更多的希望，赢得更大的发展。（《一年之际在于春》，《绍兴日报》2009 年 1 月 31 日）

③一年之季在于春。在《政府工作报告》中，温总理表示要“创造条件让人民批评政府、监督政府”，而全国两会就是最好的时机、条件和环境。（《只有讲真话，才能开好两会》，《新京报》2010 年 3 月 7 日第 A2 版社论）

【辨析】

一年之计在于春：要在一年（或一天）开始时多做并做好工作，为全年（或全天）的工作打好基础。计：计划，打算。不能写成实际的“际”，也不能写成季节的“季”。

明·无名氏《白兔记·牧牛》：“一年之计在于春，一生之计在于勤，一日之计在于寅（凌晨 3~5 时）。春若不耕，秋无所望；寅若不起，日无所办；少若不勤，老无所归。”

正：一盘散沙
误：一团散沙

【错例】

……或者说，它们根本不是历史，它们像我们的日常生活一样是一团散沙，而无法凝聚成历史。（祝勇《蒋蓝的世界：他的文字彻骨冰凉》，《中华读书报》2008年7月17日）

【辨析】

“一盘散沙”指一盘松散开的沙子，比喻互相不团结、力量不集中的状况。说成“一团散沙”不合事理，因为“散沙”是团不起来的。

正：一抔黄土
误：一杯黄土|一抔黄土|一掊黄土

【错例】

①没有眼泪，只有一种超然的面对，看一杯黄土下曾经威仪与风流的背影。（《远古回响》，《天水日报》2008年1月14日）

②一杯黄土谢师恩　（周礼，昭通新闻网2008年9月5日标题）

③捧一河金汤生五谷，掬一抔黄土建杞园。（陆岩《中华杞乡赋》，《中卫日报》2010年3月16日第10版）

④悬崖边，沃土地；大道旁，山路上；水渠旁，山梁上，只要有一掊黄土都会有洋槐树的身影。（路一峰《家乡的洋槐树》，《陇东报》2008年7月10日北地风）

【辨析】

一抔黄土：一捧黄土。指坟墓。现多比喻不多的土地或没落、渺小的反动势力。“抔”是一个生僻字，用双手捧东西。“一抔”就是“一捧”。正是由于它的意思，加之“抔”“杯”字形相近，让人易将“一抔黄土”误为“一杯黄土”。

抷，读 pī，亦读 pēi。“一抔黄土”不能写成“一抷黄土”。

“掊”是个多音字，读 pǒu 时义为击或破开，还读 póu。“抔”“掊”二字读音相近，但含义不同。“一掊黄土”的说法是不正确的。

正:一气呵成
误:一气哈成

【错例】

儿行骨力弥漫、一气哈成的行草,洒脱无羁而不浮滑,神气十足而有法度,真是铁钩银划,力透纸背,当官的威严,诗家的狂放,活灵活现于眼前。(高信《我看王远山——商州书事之一》,《商洛日报》2007年8月25日第3版)

【辨析】

一气呵成:一口气做成。形容文章结构紧凑,文气连贯。也比喻做一件事安排紧凑,迅速不间断地完成。不能写成“一气哈成”。呵,音 hē,如错读为 hā(与“哈”同音),则会导致错写。

正:一窍不通
误:一窃不通

【错例】

①一窃不通:比喻一点儿也不懂。(中国社会科学院语言研究所词典编辑室《现代汉语词典》,商务印书馆1980年6月版第1342页)

②女儿是来问数学几何题。她妈妈对数学一窃不通,而他的数学又出奇地好,他能不理睬女儿吗?(陈金堂《人生之旅》,《小说选刊》1985年第11期第88页)

③另外我也看到自己身上有一些致命弱点:比如我对财务根本一窃不通,对于通过数据分析、经济模型来管理公司也是茫然,全凭一种感觉。(刘洲伟《“奔驰”为何驶入北大》,《文摘报》1999年12月16日第8版)

【辨析】

比喻什么也不懂、一点儿窍门也没有,称为“一窍不通”。“窃”,是盗窃,“一窃不通”,一点儿盗窃不懂,显然不是成语的原意。出错的原因是二字字形相似。

正:一如既往
误:一如即往|一如继往

【错例】

①沉默无言独来独往与愣神发呆一度成了她生活的全部内容。日子一如即往、不紧不慢地运行着。她又开始了一轮新的苦苦修行。(丁天《死因不明》,《北京文学》1995 年第 7 期第 26 页)

②想起现在的自己还是一如继往地学习着日语,在画的漫画里配上日语句子,以至于现在在写这篇文章时身旁都还放着一本《中日交流标准日本语》。(李颜汐《<中日交流标准日本语>,我的青春旅伴》,《中华读书报》2008 年 9 月 17 日第 19 版)

【辨析】

完全跟过去一样,称为"一如既往"。既:已经。此词中的"既往"与"既往不咎"中的"既往"是同一个意思。"即"是就,"即往"不成词。两词中的"既往"都不能写成"即往"。写作"一如继往"也不对。

正:一视同仁
误:一视同人

【错例】

①今年以来,各集团公司对农民工极为重视和关心,做到政治上一视同人,生活上切实关心,分配上同工同酬。(尹玉柯、尹万俊、张薇、张彬彬《让矿区稳定和谐让矿工安康幸福》,《吉林日报》2007 年 12 月 6 日第 7 版)

②从担任副校长职务以来,李玉华在教学管理上尝试有利于学生培养的特教特办的办学模式……工作做到有章可循,有法可依,一视同人……(刘珂言《无声的爱——记攀枝花市特殊教育学校副校长李玉华》,《攀枝花日报》2008 年 7 月 16 日第 2 版)

【辨析】

一视同仁:原指圣人对百姓一样看待,同施仁爱。后多表示对人同样看待,不分厚薄。不能写成“一视同人”。

正:一塌糊涂
误:一沓糊涂|一蹋糊涂

【错例】

①客房里的卧具及桌面,让我们搞得一沓糊涂,觉得这样好些,有一种大自由的感觉。(阿成《空中的老费》,《十月》1996年第1期第30页)

②还有的同学在晚饭时喝多了,醉得一沓糊涂。(要力石《往日重来》,《大地》2002年第22期)

③双雄会　0∶1国足一蹋糊涂　2∶1国奥力克强手　(牟晓杨,《大连日报》2007年5月17日第A7版标题)

④孙萍在为论坛的筹办奔走之余,还要为晚会主持全套编排工作、作为主演排演晚会中《贵妃醉酒》的段落,“忙得一蹋糊涂”。(鲁韵子《孙萍:像爱护眼睛一般爱着京剧》,《人民日报海外版》2009年11月27日第13版)

【辨析】

作乱(糟)到不可收拾解释时,写作“一塌糊涂”。“塌”的本义是倒下或陷下。在“一塌糊涂”这个词中,“塌”用的是引申义。“沓”,多而重复,不可写作“一沓糊涂”。写作“一遢糊涂”“一踏糊涂”“一蹋糊涂”都是不对的。

正:一团和气
误:一团合气

【错例】

①辽足与广药的热身赛本来一团合气,双方的很多队员都是多年的老朋友,尤其是从辽宁队转会到广州的徐亮更是如同回到了娘家一样。(《辽足热身赛变成“武林大会”》,《沈阳晚报》2008年1月29日第31版)

②为此,苏州桃花坞年画新派大师顾志军与绵竹年画大师陈刚一起创作了一幅年画作品,将绵竹年画的门神、仕女等代表作与桃花坞年画的“一团合气”等巧

妙融合在一起……(张红、周铃《千里相会闪耀“火花”》,《德阳日报》2009年3月9日第2版)

年画

【辨析】

一团和气:本指态度和蔼可亲。现也指互相之间只讲和气,不讲原则。不能写成“一团合气”。

正:一无是处
误:一无事处

【错例】

那只苍蝇还没有离开。他嫉妒、羞怒、恼恨这只苍蝇。在一切会飞的家伙里它一无事处不说,还使一切关于飞翔的话题都显得不那么美妙。(陆涛《零点播出》,《北京文学》1995年第7期第8页)

【辨析】

一点儿对的地方也没有,称为“一无是处”。是:对;正确。把这个成语中的“是”写成事情的“事”,是对成语理解错了。

正:一泻千里
误:一泄千里

【错例】

①慧田君……大胆的(应改为“地”)打破了独个字的造型,笔法的节奏快慢,墨色的浓淡变化,布白的疏密变化,情感的一泄千里,以不可阻挡之势,如墨悲丝染,器欲难量,信使可覆……将篆书、隶书、楷书的笔法都融铸在线条流变中。(周冰心《线条艺术之美》,《光明日报》2009年2月4日)

②也可能因跟庄机构被套,一时无法出局,只能在某一区间长期盘整。有机会

则猛拉一下,没机会一泄千里。(殷保华《七种股票坚决不买》,《国际金融报》2009年9月16日第6版)

【辨析】

一泻千里:形容江河奔流直下,流得又快又远。也比喻文笔或乐曲气势奔放。也形容价格猛跌不止。泻:(液体)很快地流。泄:(液体、气体)排出。不能写成"一泄千里"。

正:一言既出
误:一言即出

【错例】

一言即出,举座皆惊,不知"毛滂"为何人,又与临安有何干。(王安忆《遍地流火》,《文汇报》2003年12月15日)

【辨析】

一言既出,驷马难追:一句话说出了口,就是套上四匹马拉的车也难追上。指话说出口,就不能再收回,一定要算数。"既"是已经的意思,写成"一言即出",字面意思变成了:一句话即将出口。

正:一言以蔽之
误:一言以敝之

【错例】

①读什么书,虽不能一言以敝之,但一些专家、学者开列的书目,值得一读。(赵畅《有准备读书》,《光明日报》2005年8月19日第8版)

②一些贪小便宜、要小聪明的行为只会把自己定性为一个贪图小利、没有出息的人的形象,最终因小失大。对于这些行为,一言以敝之,就是"勿以恶小而为之"。(《十年寒窗与"金"饭碗中间的素质链接》,《宿迁晚报》2009年2月3日第12版)

【辨析】

一言以蔽之:指用一句话来概括。蔽:遮盖,引申为概括。在错例中用成“敝人”或“凋敝”的“敝”是不对的,应予改正。

正:一张一弛
误:一张一驰

【错例】

①你之所以能睡着,说明你需要,生理上需要。本来,学习之道,一张一驰。[王金战、隋永双《英才是怎样造就的(连载第20)》,《三峡晚报》2009年2月23日第A9版]

②学习要讲究一张一驰,劳逸结合,要适度放松,不要长时间上网或在网上打游戏。(陈员、方云凤《18岁帅哥头顶竟成“地中海”》,《钱江晚报》2010年5月12日第A1-16版)

③几十年来,虽然公务繁忙,却并没有妨碍他的马背文章。他始终践行“文武之道,一张一驰”的古训,忙里偷闲,信手挥笔,文能修身,字可养性。(吴泰昌《铁肩道义　妙手文章——<张忠孝文集>序》,《巴中日报》2008年7月29日第4版)

④独角龙虽然是个反面人物,却还有一个敢于刺杀他的女英雄,构成“蛟蛟斩独角龙”的故事,一刚一柔,一张一驰,大锣大鼓,大开大合,何等豪迈,何等气派!(杨东标《奇哉独角龙》,中国宁波网2006年2月7日)

【辨析】

一张一弛,文武之道:宽严相结合,是文王武王治理国家的方法。现用来比喻生活的松紧和工作的劳逸要合理安排。

“弛”与“驰”两字读音相同,但偏旁不同。“弛”字为弓字旁,“驰”字为马字旁。《礼记·杂记下》:“张而不弛,文武弗能也;弛而不张,文武弗为也。一张一弛,文武之道也。”“文”“武”指周文王、周武王,拉紧弓弦为“张”,放松弓弦为“弛”。这里用“张”和“弛”,说明治理国家要宽严相济。

“驰”的意思是跑得快。“松弛”是一个由“松”“弛”两个同义字组成的并列式复合词。所以，只有“松弛”一词，而没有“松驰”一词。

正：一朝一夕
误：一朝一昔|一朝一息

【错例】

①讨论活动现场，广大市民围绕市民素质的提高展开了激烈的讨论，大家一致认为市民素质的提高不是一朝一昔的事，要全社会动员起来，从现在开始，从身边的小事做起，影响和带动广大市民共同参与。（祝文平《月湖区掀起“构建和谐社区、建设文明月湖”活动热潮》，《鹰潭日报》2008 年 4 月 30 日第 A6 版）

②其实，减税这样的决定并不是一朝一昔能够很快做出的，国家对于汽车尾气排放的标准越来越严格控制……（《绿色环保新趋势混合动力争夺战拉开序幕》，《廊坊日报》2008 年 7 月 24 日）

③比什凯克市民卓娅的话似乎能够代表大多数选民的心声，“国家不可能在一朝一息间发生翻天覆地的变化，巴基耶夫需要时间来让国家变得更好。”（《巴基耶夫获胜不出意料》，《人民日报》2009 年 7 月 25 日）

【辨析】

一朝一夕：一个早晨或一个晚上。形容很短的时间。朝：早晨；夕：晚上。“夕”不能写成“息”，也不能写成“昔”。

正：衣衫褴褛
误：衣衫烂褛

【错例】

当我俩步入枫林簇拥的校园时，看到的是一幅破烂不堪的场景：……一群衣衫烂褛的学生，遍身污泥，正在奋力抢夺一个破肚子皮球。（罗雍品《今生难忘的一首歌》，中国作家网 2008 年 9 月 14 日）

【辨析】

衣衫褴褛：衣服破破烂烂。褴褛：破烂。不能写成“烂褛”。

正:依然故我
误:依然固我

【错例】

①而男友依然固我,每天晚上回家睡个觉,早上爬起来上班,就像上了发条一样的。让曼丽看着气不打一处来。(周江南《未婚夫收入降一半　准新娘幸福降五成》,《深圳晚报》2009 年 9 月 3 日第 A18 版)

②从一开始的科学技术至上,试图以现代的科技能力毕其功于一役,到后来的信赖市场经济刺激的力量,诱导人们的行为,即使成功于一时,人凌驾于自然环境之上的思想依然固我,并未从根本上得以改进。(马中《读<人与环境>书稿有感》,《光明日报》2009 年 12 月 30 日第 12 版)

③其次,如果她依然固我地造谣生事,就要动用儿女、亲戚、社区工作人员的力量,多管齐下,共同帮助徐阿姨改正错误,使之能尽快重返社区这个大家庭,过一份大家都能和平相处的和谐生活。(王惠钦《人应该学会自重》,《三明日报》2010 年 1 月 20 日第 A3 版)

【辨析】

依然故我:形容自己一切跟从前一样,没有变得更好。此“故”是“故旧”义,不能写成“依然固我”。

第 5 版《现代汉语词典》1604 页曾有“依然固我”词条,也写错了这个成语。经读者指出,在后印的第 5 版里纠正了过来。

正:怡然自得
误:宜然自得

【错例】

①人人都宜然自得,悠然地过着“慢半拍”的昆明生活,这个用“假日小镇”形容再贴切不过。(《绝版世博　别墅旗手》,《都市时报》2007 年 8 月 10 日第 T10 版)

②无论是居家还是养生，都能让您宜然自得，好心情随意切换。（《水晶城繁华城市的纯居生活》，《乐山晚报》2009 年 3 月 5 日第 32 版）

【辨析】

怡然自得：形容高兴而满足的样子。怡然：安适愉快的样子。不能写成“宜然”。

正：贻笑大方
误：遗笑大方

【错例】

如果没有机会尝一尝，至少可以多找些尝过的人来谈谈，或多或少总可以得出一个大体的判断，而不是想当然地纸上谈兵，大发宏谈，结果差之毫厘谬以千里，遗笑大方也就算了，还总要遭（应改为“招”）致群众的唾骂。（廖保平《决策应多一些体验性思维》，光明网 2005 年 11 月 7 日光明评论）

【辨析】

遗、贻二字，都有“留下”的意思，但使用时有所分工：表示“死人留下”用“遗”，表示一般留下用“贻”。大方：专家、方家。贻笑大方：让行家里手见笑。类似的成语还有“贻害无穷”“贻害后学”等。

赵化南先生在 2006 年第 7 期《唯实》上讲过，1957 年，毛泽东在写给《诗刊》的一封信中，将“贻误青年”的“贻”误写为“遗”。这封信的手迹发表后，北大一名学生写信给毛泽东，直言指出“遗误青年”的“遗”应为“贻”。毛泽东欣然接受这个意见，并专门给《诗刊》编辑部打招呼，请予更正。

正：以德报怨
误：以德抱怨

【错例】

其实退一步海阔天空，像紫薇对待皇后一样，以德抱怨，该是何等的胸怀？（海

燕《一个风花雪月的故事》,《中华工商时报》1998 年 12 月 5 日第 8 版)

【辨析】

用恩惠来回报怨恨,叫作“以德报怨”。报:回报。抱怨:心中不满、数说别人不对。写作“以德抱怨”与“以德报怨”的意思相左。

正:以儆效尤
误:以儆效优|以警效尤

【错例】

①在当前的反腐败斗争中,一个方面,对那些腐败透顶、冥顽不化的极少数贪官污吏必须运用党纪国法这把利剑严加惩处,重典治腐,以儆效优。(余武义《反腐倡廉:教育是基础》,《青海日报》2000 年 9 月 25 日第 2 版)

②加强职业道德教育,光靠理论学习显然不能解决问题,还应当对那些不讲规矩、横行霸道的人和事予以惩戒,以警效尤。(潮白《公交车司机要讲职业道德》,《南方日报》2003 年 11 月 18 日)

③天聪五年(1631)十一月,因多铎“服色奇异,流于般乐”即每日奇装异服,寻欢作乐,而对“新附蒙古汉人并不加意抚养”,使得太宗十分感慨,准备有闲时集众官对其加以训诫,以警效尤。[王艳春《英雄无觅,可记当年豪举?——清太祖第十五子和硕豫亲王多铎(上)》,《时代商报》2010 年 5 月 26 日第 A9 版]

【辨析】

以儆效尤:用严肃处理一个坏人或一件坏事的办法,警戒那些学做坏事的人。儆:使人警醒,不犯错误。不是“警惕”的“警”(戒备)。“尤”不能写成“优”。